Rüdiger Liedtke – Wem gehört die Republik?

Rüdiger Liedtke

Wem gehört die Republik?

Die Konzerne und ihre Verflechtungen

Namen · Zahlen · Fakten

2000

Eichborn.

DER AUTOR:
RÜDIGER LIEDTKE STUDIERTE POLITIKWISSENSCHAFT UND LEBT ALS JOURNALIST UND SCHRIFTSTELLER IN KÖLN

Umschlaggestaltung: Christina Hucke
Satz: Greiner & Reichel, 50672 Köln
Druck und Bindung:
Fuldaer Verlagsanstalt GmbH, 36037 Fulda
ISBN: 3-8218-1599-X

Verlagsprogramm schickt gern:
Eichborn Verlag, Kaiserstraße 66,
D-60329 Frankfurt am Main
www.eichborn.de

INHALTSVERZEICHNIS

Die Globalisierung der Wirtschaft und die Zunahme an Unternehmensfusionen bestimmen die ökonomische Diskussion. Zum Ende des Jahrhunderts hat das Fusionstempo ein Maß erreicht, das bis dahin kaum für möglich gehalten wurde. Allein in Deutschland gab es 1998 knapp 2.000 Fusionen in einer Größenordnung von mehr als 500 Mrd. DM. Und das Fusionsfieber scheint nicht nachzulassen. Weltweite Megafusionen dominieren täglich aufs Neue die Schlagzeilen. Besonders in der Bankenwelt, der Erdölindustrie, der Automobilbranche, der Telekommunikation sowie zunehmend auch der Energiewirtschaft werden Fusionen realisiert, die vom Volumen her das Bruttosozialprodukt ganzer Staaten überschreiten.

Auch die deutschen Konzerne akquirieren Unternehmen in einer nie gekannten Dimension: Die Fusion der Daimler-Benz AG mit der Chrysler Corp. zur DaimlerChrysler AG, die Übernahme von Bankers Trust durch die Deutsche Bank, die Verschmelzung der Hoechst AG mit Rhône-Poulenc zur Aventis bilden den internationalen Maßstab. Spektakuläre Großfusionen innerhalb Deutschlands sind der Zusammenschluß der ehemaligen Ruhrgebietsrivalen Thyssen und Krupp zur Thyssen Krupp AG, die Zusammenlegung der Bayerischen Großbanken Hypo-Bank und Vereinsbank zur Bayerischen Hypo- und Vereinsbank AG, die Verschmelzung des Degussa-Konzerns und der Hüls-Gruppe zur Degussa-Hüls AG als Teilkonzern der VEBA, die Akquisition von Salomon durch adidas, die Übernahme der GEA durch die Metallgesellschaft oder der Zugriff der Quelle-Schickedanz-Gruppe auf die Karstadt AG. Allein der Blick auf die in diesem Buch versammelten Unternehmen zeigt das rasante Fusionstempo auf, das selbst vor den ganz Großen nicht halt macht. Jährlich fallen renommierte Konzerne aus dem Portfolio dieser Veröffentlichung heraus, weil sie von der Konkurrenz übernommen wurden bzw. sich zur Fusion entschlossen haben. In der aktuellen Ausgabe sind das Krupp-Hoesch, der GEA-Konzern, Degussa und Quelle. Weitere werden folgen. Es gibt kaum einen Konzern, der 1998/99 nicht mindestens eine Großakquisition vermeldet hat.

Oder das Fusionsfieber aus einer anderen Perspektive betrachtet: In einer Großstadt wie Essen gab es vor wenigen Jahren noch ein rundes Dutzend Unternehmen, die zu den größten und bedeutendsten deutschen Konzernen zählten. 1999 waren es nur noch die Hälfte. Dabei wurde nicht der Standort verlegt, sondern die Firmierung geändert. Die Unternehmen sind nicht mehr selbständig, sondern in anderen aufgegangen.

Die großen Fusionen sind eine unmittelbare Folge der Globalisierung. Fusionen sind das zwangsläufige und logische Ergebnis von Unternehmensbestrebungen, die Produktion und den Absatz von Gütern und Dienstleistungen über nationalstaatliche Grenzen hinweg zu betreiben und ihre Attraktivität für ausländische Investoren zu erhöhen. Fusionen sind daher im Rahmen der Globalisierung keine Modeerscheinung. Motive für eine Fusion liegen in der Erwartung von Wettbewerbsvorteilen gegenüber der Konkurrenz (die dadurch ihrerseits zu Akquisitionen gezwungen wird), in der Erschließung neuer Märkte (mit dem Ziel einer starken Marktposition oder der Marktführerschaft) und in der Ausschöpfung von Synergien (in den Bereichen Einkauf, Logistik, Forschung und Entwicklung sowie im Personalbereich). Der wesentliche Motor für die Fusionsschnelligkeit ist die vom Aktionär verlangte Rendite, die sich in Dividende und Kurssteigerung der Aktie äußert. Das gilt gleichermaßen für den Großaktionär und Kleinaktionär, für das Management, dessen Einkommen immer stärker an den Aktienkurs gekoppelt wird, und für Investmentfonds, die große Summen verwalten und anlegen und dadurch immer mächtiger und einflußreicher werden.

Viele Fusionen gelingen und werden ein Erfolg, aber ebenso groß ist die Zahl der Zusammenschlüsse, die scheitern – und das meist mit fatalen Folgen für die Beschäftigten, die Standorte und auch den Aktionär. Einer Fusion haftet nichts grundsätzlich Negatives an. Es kann für zwei Unternehmen von Vorteil sein, wenn sie sich für ein gemeinsames Dach entscheiden. Aber eine sinnvolle Fusion muß bestimmten Regularien entsprechen. Größe, auch mit dem Ziel der Marktbeherrschung, kann allein kein Kriterium sein. Je klarer eine Fusion von beiden Seiten gewollt wird (also nicht als »feindlich« definiert ist), je sorgsamer sie vorbereitet und gehandhabt wird, desto eher können die Vorteile der Verschmelzung die Nachteile überwiegen und für die Belegschaft nachvollziehbar und vermittelbar sein. Die kulturelle Integration ist vor allem bei Fusionen über Ländergrenzen hinweg unabdingbar. Ob die Unternehmenskulturen von Rhône-Poulenc und Hoechst, Chrysler und Daimler wirklich dauerhaft kompatibel sind (u.a. unterschiedliche Sozialstandards und Gehaltsstrukturen), muß sich erst noch erweisen.

Haben schlecht gemanagte Fusionen häufig verheerende Folgen für nationale Standorte (Verlagerungen, Entlassungen, Steuerminderungen), so haben Großfusionen unter marktwirtschafts- bzw. wettbewerbspolitischen Prämissen mittelfristig fast immer negative Folgen für den Konsumenten. Die Gefahr zunehmender Marktbeherrschung (durch das Ausschalten oder Vereinnahmen der Konkurrenz, die ihrerseits dem Zugriff nur durch eigene Akquisitionen entgehen kann) durch eine immer kleiner werdende Gruppe global tätiger Konzerne wächst mit jeder Megafusion. In der Mineralölindustrie ist das seit Jahren so, nicht anders im Automobilbereich oder der Lebensmittelindustrie. Ganze Branchen werden nur noch von Wenigen beherrscht, die die Produktpalette und die Preisgestaltung nach ihrem Ermessen diktieren.

Zwei Beispiele hierzulande: Der Preussag-Konzern, der sich vom Kohle- und Stahlproduzenten zu einem Logistik- und Touristik-Unternehmen gewandelt hat, hat mit den Großakquisitionen Hapag-Lloyd und TUI eine starke Zentrierung innnerhalb der Tourismusbranche herbeigeführt. Dem sogenannten »roten Lager« der neuen Hapag-Touristik-Union (TUI, Hapag-Lloyd, Thomas Cook, First) steht als großer Block nur noch das »gelbe Lager« entgegen, der Zusammenschluß von Karstadt/Neckermann und Lufthansa/Condor zur C & N Touristic. Oder im Medienbereich: Erst versuchten der Medienkonzern Bertelsmann und die Kirch-Gruppe ihre beiden Pay-TV-Anbieter Premiere und DF1 unter einem gemeinsamen Bertelsmann-Dach zu fusionieren. Das Anliegen scheiterte an den europäischen Kartellbehörden. Dann verkaufte Bertelsmann Premiere an Kirch, der nunmehr seinerseits Premiere auf DF1 verschmilzt und diesmal, nicht nachvollziehbar, unbeanstandet das Monopol im deutschen Pay-TV erhielt. Das nächste Ziel der Kirch-Gruppe ist die europäische Dimension.

Niemals in der neueren Wirtschaftsgeschichte war die Kapitalseite mächtiger als heute. Größere Wirtschaftseinheiten mit immer mehr Eigenkapital, der beinahe weltweite Siegeszug der Marktwirtschaft, die ungebremsten Geld- und Handelsströme über alle Grenzen hinweg, der Abbau von Protektionismus und nahezu aller staatlichen Regulierungsmechanismen verleihen den multinational operierenden Konzernen eine nie gekannte Machtfülle und Einflußmöglichkeit. Dabei präsentiert sich der Kapitalismus immer weniger personenbezogen, den Kapitalisten als Einflußgröße gibt es nur noch begrenzt. Für den neuen »Aktionärskapitalismus« mit der Gleichsetzung von Unternehmen und Aktionär ist der Shareholder Value der nahezu alleinige Maßstab. Und dem müssen sich auch die Managements unterordnen. Die Kontrolle über die großen Konzerne übernehmen verstärkt die Finanzmärkte – zum Beispiel in Form von Pensions- und Rentenfonds. Große, mitunter gigantische Geldpakete wollen angelegt und vermehrt werden. So verwalten etwa die Pensionskassen der USA heute mehr als 80 Billionen DM. Bei all diesen ausschließlich am Shareholder Value orientierten Entscheidungen treten Eigenart und Schicksal des individuellen Unternehmens in den Hintergrund.

An eine Kontrolle oder gar Steuerung der Wirtschaft durch die Politik ist kaum noch zu denken. Eine ernst zu nehmende wettbewerbspolitische Diskussion findet nicht statt. Ob es die nationalen oder europäischen Kartellbehörden sind, eigentlich wird jeder Fusion zugestimmt, Auflagen sind eher marginal und kosmetischer Natur. Für nationale Politiken scheinen die jüngsten Megafusionen nicht mehr greifbar. Der Politik fehlt es am Willen und an der Macht, dem ungebremsten Fusions- und Konzentrationsfieber einen sozialverträglichen Rahmen zu geben. Unverständlich ist es, daß sich nicht wenigstens die EU auf politische Rahmenbedingungen verständigt, innerhalb derer sich Großunternehmen nicht zuletzt auch aus fiskalischen Gründen bewegen müssen. Immerhin regieren gegenwärtig in wichtigen europäischen Staaten Sozialdemokraten, von denen wenigstens eine kritische Auseinandersetzung mit den Konzentrationsprozessen als Folge der Globalisierung erwartet werden dürfte. Aber es hat vielmehr den Anschein, daß nationale Politiken zur Sicherung eigener Standorte und Wählerstimmen auf Kosten Dritter zu fast jedem Kompromiß fähig sind.

Die neue, vollkommen überarbeitete und ergänzte Ausgabe von »Wem gehört die Republik?« skizziert und charakterisiert die 100 größten und wichtigsten Konzerne. Sie beschäftigt sich schwerpunktmäßig mit den globalen Strategien der großen Unternehmen und ihrem daraus resultierenden Verhalten am Standort Deutschland. Im Zentrum stehen die großen Fusionen der jüngeren Vergangenheit, die Motive der An- und Verkäufer, die Auswirkungen auf den Arbeitsmarkt sowie die Folgen für den Aktionär.

Köln, im Oktober 1999

ABB ASEA BROWN BOVERI

Standort:
Gottlieb-Daimler-Straße 8
68165 Mannheim

Postanschrift:
Postfach 10 01 64
68001 Mannheim

Telefon: *(0621) 4381-0*
Telefax: *(0621) 4381-390*
Internet: *www.abb.de*

Branche: *Elektrotechnik, Energie- und Umwelttechnik, Maschinen- und Anlagenbau*

Rechtsform:
Aktiengesellschaft

Geschäftsjahr: *1.1.-31.12.*

Gründungsjahr: *1900*

Unternehmens-kommunikation:
Martin Büllesbach
Tel.: (0621) 4381-230
Fax: (0621) 4381-372
E-Mail: martin.buellesbach@deabb.mail.abb.com

Verbände: *Zentralverband der Elektrotechnik- und Elektronikindustrie e.V., Frankfurt/ Main; Verband Deutscher Maschinen- und Anlagenbau e.V., Frankfurt/ Main*

Geschichte und Entwicklung. Die größte Landesgesellschaft des heutigen ABB-Konzerns wurde im Juni 1900 von Charles Brown und Walter Boveri in Mannheim als Brown, Boveri & Cie. AG (BBC) gegründet. Der Schweizer Brown, dessen Vater die Lokomotiv- und Maschinenfabrik Winterthur aufgebaut hatte, und der deutsche Ingenieur Boveri hatten bereits 1891 in Baden/Schweiz ihr eigenes Elektrizitätswerk errichtet. Schon bald darauf erhielten sie den Auftrag, das städtische Elektrizitätswerk in Frankfurt/Main zu bauen. Brown sorgte mit der ersten Fernübertragung elektrischer Energie von Lauffen am Neckar nach Frankfurt/Main für Aufsehen. Zwischen den beiden Weltkriegen akquirierte BBC zahlreiche bedeutende Unternehmen im Bereich der Stromerzeugung, -übertragung und -verteilung.
Nach dem Zweiten Weltkrieg stieg das Unternehmen binnen weniger Jahre zu den führenden deutschen Konzernen im Kraftwerks-, Maschinen- und Anlagenbau auf. Eine bedeutende Position erwarb sich BBC auch in der Drehstromantriebstechnik für elektrische Lokomotiven. Im Kernkraftgeschäft entwickelte BBC den Hochtemperaturreaktor (HTR) wie zuvor schon den Leichtwasserreaktor in Mülheim-Kärlich. 1988 wurde im Zuge der Fusion der BBC (Schweiz) mit der Asea AB (Schweden) der Mannheimer Konzern in Asea Brown Boveri umfirmiert. 1990 wurde der Bereich Dampfturbinen von der AEG-Kanis in Nürnberg übernommen, die Zusammenlegung der Schienenaktivitäten von Thyssen und ABB in die ABB Henschel AG beschlossen und mit Siemens (KWU) gemeinsam die HTR-GmbH, Gesellschaft für Hochtemperaturreaktoren, gegründet. Zwischen 1990 und 1992 übernahm das Unternehmen mehrere Gesellschaften in Ostdeutschland, u.a. Energiebau Dresden, Automatisierungsanlagen Cottbus, Berliner Kraftwerksbau Bergmann-Borsig, Transformatorenwerke Halle-Nauen und Elektroinstallation Annaberg. Der Bereich Verkehrstechnik wurde Anfang 1996 auf das Gemeinschaftsunternehmen ABB Daimler-Benz Transportation GmbH (Adtranz) übertragen. 1999 wurde der 50%ige Adtranz-Anteil an DaimlerChrysler verkauft. 1999 wurde auch einerseits das Kraftwerksgeschäft in das neue von ABB und Alstom gegründete Gemeinschaftsunternehmen ABB Alstom Power Ltd. ausgegliedert, andererseits die neu erworbene Hartmann & Braun-Gruppe im Bereich der Prozeßautomation in die deutsche ABB integriert.

Besitzverhältnisse/Eigentumsstruktur.
Die ABB Asea Brown Boveri AG, Zürich/Schweiz, hält als Holdinggesellschaft des ABB-Welt-Konzerns unmittelbar oder mittelbar 98% des Aktienkapitals der ABB AG, Mannheim. Die restlichen 2% halten ca. 9.000 freie Aktionäre. Die ABB Asea Brown Boveri AG, Zürich/ Schweiz, gehört:

- ABB AB, Stockholm/Schweden (50%)
- ABB AG, Baden/Schweiz (50%)

Die Aktien der ABB Asea Brown Boveri AG werden nicht öffentlich gehandelt. Jedoch sind die Aktien der beiden Muttergesellschaften an den wichtigsten Wertpapierbörsen in Europa und den USA notiert.

Vorstand:
▮ *Dietz, Horst, Dr. (Vorsitzender)*
▮ *Barz, Karl-Heinz (Personal)*
▮ *Demling, Georg (Gebäudeausrüstung)*
▮ *Pihl, Bengt (Automation)*
▮ *Schmelcher, Werner (Finanzen und Controlling)*
▮ *Schneider, Joachim, Dr. (Stromübertragung und -verteilung)*

Vorstandsbezüge 1998:
6.322.000,– DM

Generalbevollmächtigte:
▮ *Boos, Kurt-Volker, Prof. Dr.*
▮ *Meyer, Thomas*
▮ *Renke, Rolf*

KONZERNÜBERBLICK. ABB ist ein weltweit operierender Konzern in den Bereichen Stromerzeugung, Stromübertragung und -verteilung, Automatisierungstechnik, Öl, Gas, Petrochemie, Produktgeschäfte und Contracting sowie Finanzdienstleistungen. Der ABB-Konzern erwirtschaftete 1998 einen Umsatz von 30,9 Mrd. US $ und einen Gewinn in Höhe von 1.305 Mio. US $. Die Zahl der Beschäftigten betrug 200.000. Sitz der Konzernleitung ist Zürich. Die dezentralen Einzelgesellschaften arbeiten in den jeweiligen Unternehmensbereichen global zusammen. 64% des Konzernumsatzes entfallen auf Europa, 16% auf Nord- und Südamerika, 14% auf Asien sowie 6% auf den Nahen und Mittleren Osten und Afrika.

Innerhalb der weltweiten ABB-Organisation ist die deutsche ABB die größte Unternehmensgruppe. Schwerpunkte des deutschen ABB-Konzerns sind Produkte, Anlagen, Systeme und Komplettlösungen für die Erzeugung, Übertragung und Verteilung elektrischer Energie sowie deren Anwendung in der Industrie und in Gebäuden. Weitere Aktivitäten umfassen die Steuerungs- und Regelungstechnik, die Industrieautomation, elektrisches Serienmaterial sowie Produkte, Anlagen und Systeme im Bereich der Umwelttechnik. Mit zahlreichen Produkten ist das Unternehmen Marktführer in Europa. Die Management-Holding Asea Brown Boveri AG in Mannheim koordiniert und steuert das operative Geschäft der rund 80 rechtlich selbständigen Tochtergesellschaften an über 40 Standorten. Nach der Ausgliederung des Bereiches Stromerzeugung mit zahlreichen operativen Gesellschaften (Umsatz 1998: 2.616 Mio. DM; Beschäftigte: 4669) in das neu gegründete ABB-Alstom-Unternehmen ABB Alstom Power Ltd. gliedert sich die deutsche ABB in vier für das operative Geschäft verantwortliche Vorstandsbereiche:

◆ Stromübertragung und -verteilung: Hoch- und Mittelspannungs-Schaltanlagen, Leistungs- und Verteiltransformatoren, Energiemanagement-, Energievertriebs- und Energiehandels-Systeme, Starkstromkabel, Freileitungen, Montage und Instandhaltung, Retrofit und Support, Infrastrukturanlagen, Flughafenausrüstungen. Umsatz 1998: 1.782 Mio. DM (Vorjahr: 2.090 Mio.); Beschäftigte 1998: 5.139 (Vorjahr: 5.662).

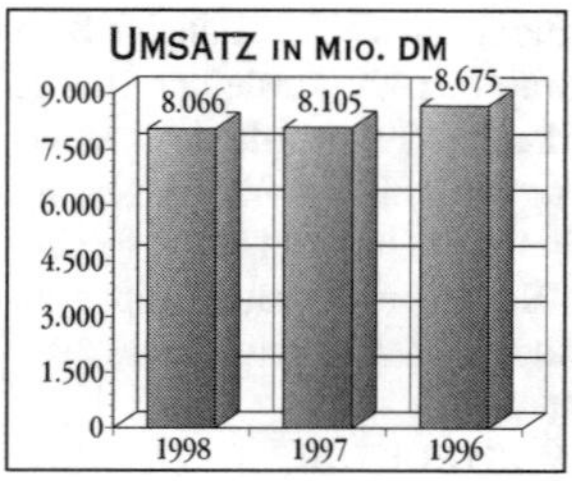

◆ Automation: Branchenspezifische elektrische und leittechnische Ausrüstungen, Prozeßautomatisierung, Kraftwerksleittechnik, Antriebs- und Meßsysteme, Lackiersysteme, Lackapplikationsanlagen, Robotersysteme, Montagesysteme für Fahrzeugaggregate, Elektromotoren, Hochdruckpressen, Indu-

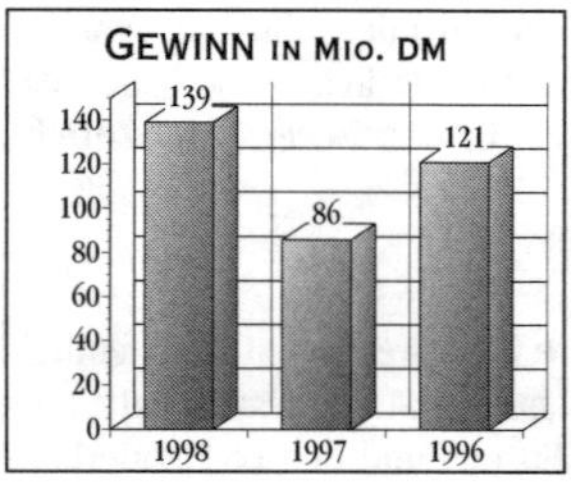

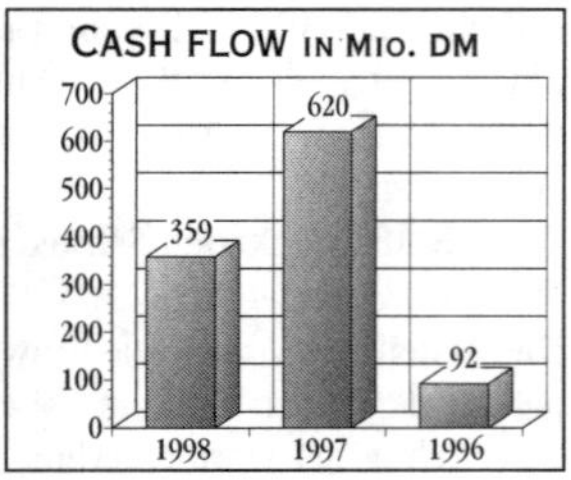

strieöfen und -wärmeanlagen, Service und Schulung, Turbolader und Dieselmotoren, Prozeß- und Analysesysteme. Zu den wichtigsten Tochtergesellschaften zählt in Deutschland die Hartmann & Braun-Gruppe, die 1999 vollständig in die deutsche ABB integriert wurde. Umsatz 1998: 1.809 Mio. DM (Vorjahr: 1.899 Mio.); Beschäftigte 1998: 4.242 (Vorjahr: 4.740).

◆ Gebäudetechnik: Mittel- und Niederspannungsschaltanlagen, Systeme für die Gebäudeautomation und Sicherheitstechnik, Geräte zum Schalten, Schützen und Steuern, Stark- und Schwachstrominstallationen, Anlagen und Geräte für die Lüftungs-, Klima- und Kältetechnik, elektrisches Installationsmaterial, Gebäudesystemtechnik, kompletter Service für Produkte, Systeme und Anlagen, Betriebsdienst, Generalunternehmerschaft Technische Gebäudeausrüstung. Umsatz 1998: 2.734 Mio. DM (Vorjahr: 2.677 Mio.); Beschäftigte 1998: 8.620 (Vorjahr: 8.667).

◆ Finanzdienstleistungen: Export- und Projektfinanzierung, Machbarkeitsstudien, Political Risk Management, Internationale Leasing-Finanzierung, Industrie- und Projektversicherungen, Consulting und Schulungen.

BETEILIGUNGEN. Zu den wichtigsten in- und ausländischen ABB-Beteiligungsgesellschaften in den vier Konzern- bzw. Vorstandsbereichen gehören zu jeweils 100%:

● Stromübertragung und -verteilung: ABB Calor Emag Schaltanlagen, Ratingen; ABB Energy Information Systems GmbH, Ladenburg; ABB Transformatoren GmbH, Bad Honnef; ABB Trafo-BB GmbH, Brilon; ABB Energieanlagenbau GmbH, Dresden; ABB Energiekabel GmbH, Mannheim; ABB Airport Technologies GmbH, Mannheim; Pucaro Elektro-Isolierstoffe GmbH, Roigheim.

● Automation: ABB Industrietechnik AG, Mannheim; ABB Kraftwerksleittechnik GmbH, Mannheim; ABB Energy Information Systems GmbH, Ladenburg; ABB Automatisierungsanlagen Cottbus GmbH, Cottbus; ABB Flexible Automation GmbH, Friedberg; ABB Flexible Power Train Assembly GmbH, Langenfeld; ABB Lackieranlagen GmbH, Butzbach; ABB Leistungszentrum Elektronik GmbH, Eberbach; ABB Kent-Taylor GmbH, Meerbusch; ABB Turbolader Vertriebs- und Service GmbH, Hamburg; ABB Elektromotoren GmbH, Saarbrücken.

● Gebäudetechnik: ABB Gebäudetechnik AG, Mannheim; ABB Gebäudeautomation GmbH, Ladenburg; ABB Stotz-Kontakt GmbH, Heidelberg; Busch-Jaeger Elektro GmbH, Mannheim/Lüdenscheid; ABB Schaltanlagentechnik GmbH, Ladenburg; Striebel & John GmbH & Co. KG, Sasbach-Obersasbach; ABB Schalt- und Steuerungstechnik GmbH, Heidelberg; ABB Fläkt Produkte GmbH, Butzbach; ABB Kondensatoren GmbH, Brilon; ABB Service GmbH Dortmund Instandhaltungen, Dortmund; ABB NetServ GmbH, Mannheim; ABB Power Supplies GmbH Geräte und Systeme der Stromversorgungstechnik, Soest.

● Finanzdienstleistungen: ABB Financial Consulting GmbH, Mannheim; ABB Leasing GmbH, Mannheim; ABB Energy Ventures GmbH, Mannheim.

GLOBALE STRATEGIEN UND DER STANDORT DEUTSCHLAND. Zehn Jahre nach der Fusion von BBC und Asea zu einem der größten international operierenden Elektrotechnik-Konzerne ist ABB dabei,

Aufsichtsrat:

- *Vogel, Dieter H., Dr. (Vorsitzender; ehem. Vorsitzender des Vorstandes der Thyssen AG), Düsseldorf*
- *Lindahl, Göran (Vorsitzender des Executive Committee der ABB Boveri AG), Zürich/Schweiz*
- *Bremkamp, Detlev (Mitglied des Vorstandes der Allianz AG), München*
- *Bund, Karlheinz, Dr. Dr. (Vorsitzender der Geschäftsführung der ENRO Energie und Rohstoff GmbH), Essen*
- *Karlsson, Sune (Mitglied des Executive Committee der ABB Asea Brown Boveri AG), Zürich/Schweiz*
- *Meyer, Armin, Prof. Dr. (Mitglied des Executive Committee der ABB Asea Brown Boveri AG), Zürich/Schweiz*
- *Müller, Klaus-Peter (Mitglied des Vorstandes der Commerzbank AG), Frankfurt/Main*
- *Sonnenmoser, Alois (Vorsitzender der Geschäftsleitung der Asea Brown Boveri AG), Baden/Schweiz*
- *Platzek, Heinz-Jörg (Mitglied des Vorstandes der Dresdner Bank AG), Frankfurt/Main*
- *Weiss, Ulrich, Dr. (Mitglied des Vorstandes der Deutsche Bank AG), Frankfurt/Main*

**Toussaint, Peter (stellv. Vorsitzender)*
**Belz, Udo*
**Faßbender, Karl-Erich*
**Kief, Werner*
**Menningen, Manfred*
**Schmitt, Adolf*
**Spatz, Gerhard, Dr.*
**Töppel, Joachim*
**Vaeth, Waltraud*
**Vogelmann, Hermann*

Aufsichtsratstantiemen 1998: *589.000,– DM*

BÖRSE, AKTIEN, KURSE
Grundkapital 1998:
327,6 Mio.
Jahreshöchstkurs 1998:
610,00 DM (311,89 €)
Jahrestiefstkurs 1998:
435,00 DM (222,41 €)
Aktie Jahresende 1998:
450,00 DM (230,08 €)
Dividende pro Aktie 1998:
13,00 DM

Die Dividende bezieht sich auf je 50,– DM Aktiennennbetrag. Die Dividendensumme belief sich 1998 auf 85,2 Mio. DM.

Umsatz 1998: *8.065,9 Mio.*
Umsatz 1997: *8.104,7 Mio.*
Umsatz 1996: *8.675,2 Mio.*

Gewinn 1998: *139,2 Mio.*
Gewinn 1997: *86,3 Mio.*
Gewinn 1996: *121,0 Mio.*

Cash flow 1998: *359,0 Mio.*
Cash flow 1997: *620,0 Mio.*
Cash flow 1996: *92,0 Mio.*

Cash flow: *Der Cash flow wurde für Investitionen in allen Unternehmensbereichen aufgewendet.*

Steueraufkommen 1998:
47,3 Mio.

Beschäftigte 1998: *23.774*
Beschäftigte 1997: *25.460*
Beschäftigte 1996: *27.092*

Umsatz pro Mitarbeiter 1998: *339.274,– DM*
Umsatz pro Mitarbeiter 1997: *318.331,– DM*
Umsatz pro Mitarbeiter 1996: *311.665,– DM*

sich neu am Markt zu positionieren. Das gilt maßgeblich auch für die deutsche ABB. Dazu wurden zwei neue Strategieschwerpunkte gesetzt: die Ausrichtung des Portfolios auf Märkte mit hohen Margen und erheblichen Wachstumspotentialen (und damit verbundene Akquisitionen und Desinvestitionen, die die diesem Ziel dienen) und die weitere konsequente Globalisierung. Weltweit ist ABB in über 140 Ländern aktiv, fast durchgängig mit eigener Wertschöpfung vor Ort. Im Rahmen einer neuen Organisationsstruktur, in der zukünftig weltweit aus sieben global agierenden Segmenten heraus operiert wird und nicht mehr regionenspezifisch, wurde konzernweit auf internationaler Ebene das Segment Industrie dreifach unterteilt: in Automation, Produkte und Contracting sowie Öl, Gas und Petrochemie. Die deutsche ABB wird sich in Zukunft besonders auf die Segmente Automation und Gebäudetechnik konzentrieren.
Anfang 1999 übernahm ABB eines der führenden Unternehmen auf dem Gebiet der Prozeßautomation, die Elsag Bailey Process Automation N.V., Amsterdam/Niederlande, die über 40 Werke in mehr als 30 Ländern verfügt. Eines der wichtigsten Unternehmen von Elsag Bailey, die Hartmann & Braun GmbH & Co. KG, Eschborn, wird vollständig in die deutsche ABB integriert. Hartmann & Braun erzielte 1998 mit rund 4.000 Beschäftigten knapp 900 Mio. DM Umsatz. Das Automationsgeschäft der deutschen ABB wird nach der

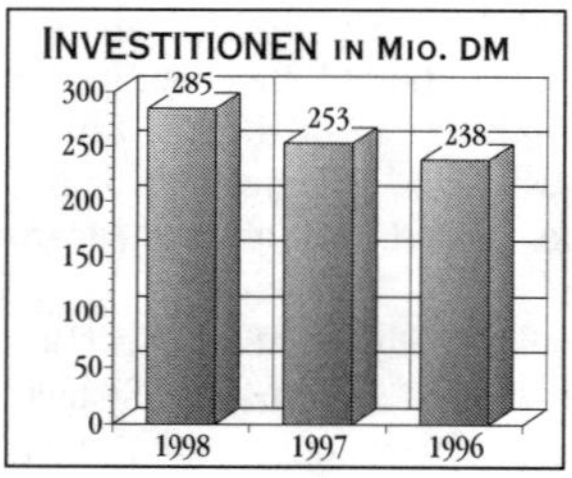

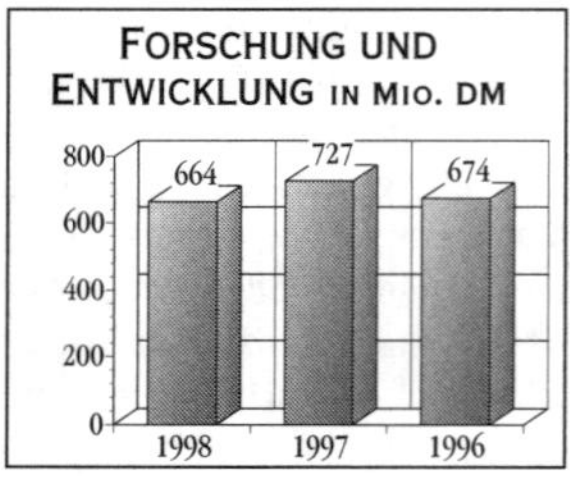

Einbeziehung von Hartmann & Braun (4.000 Beschäftigte) in drei Gesellschaften gegliedert, die insgesamt 8.000 Beschäftigte haben werden, von denen aber nach vollendeter Fusion rund 1.000 abgebaut werden sollen: ABB Utility Automation GmbH, Mannheim, ABB Automation Systems GmbH und ABB Automation Products GmbH, beide Eschborn.
Während die Automation jetzt das dominierende Geschäft der deutschen ABB wird, wurde der frühere Schwerpunktbereich, der seit Jahren eher stagnierende Unternehmensbereich Stromerzeugung, deutschland- und weltweit in ein neues Gemeinschaftsunternehmen mit Alstom überführt. Das Kraftwerksgeschäft wurde in die ABB Alstom Power Ltd. ausgegliedert. Betroffen sind davon am Standort Deutschland ein Umsatzvolumen von rund 2,3 Mrd. DM und 4.000 Beschäftigte, besonders der Unternehmen ABB Kraftwerke AG, Mannheim, ABB Turbinen Nürnberg GmbH, Nürnberg, ABB Kraftwerke Service GmbH, Berlin, ABB Abgasetechnik GmbH, Bammental, sowie die ABB Technikdienste und Logistik GmbH, Mannheim.
Das zwischen der ABB Asea Brown Boveri AG, Zürich, und der damaligen Daimler-Benz AG großangelegte Projekt der Zusammenlegung ihrer weltweiten Aktivitäten im Schienenverkehr (die deutsche ABB

brachte die Bahnaktivitäten der ABB Henschel AG und ihrer Tochtergesellschaften, Daimler-Benz den Bahnbereich der AEG Daimler-Benz Industrie in das Gemeinschaftsunternehmen ein) wurde 1999 von ABB ganz auf die neue DaimlerChrysler AG übertragen und für rund 800 Mio. DM verkauft. 1996 mußte Daimler-Benz als ursprünglich kleinerer Partner dieses Joint-ventures 1,3 Mrd. DM an ABB als Ausgleich zahlen. Das neue Unternehmen firmiert auch nach dem Verkauf an DaimlerChrysler weiter unter ABB Daimler-Benz Transportation GmbH (Adtranz).

INNERBETRIEBLICHE BÜNDNISSE. Bei ABB werden in allen Unternehmensbereichen Gruppen- und Teamstrukturen mit einem hohen Maß an Eigenverantwortlichkeit praktiziert, so daß die Arbeitsabläufe sowohl in der Fertigung als auch im administrativen Bereich prozeßorientiert und flexibel gestaltet werden können. In den Unternehmen der deutschen ABB existieren nahezu 200 Arbeitszeitregelungen: Gleitzeitregelungen, flexible Schichtmodelle und individuelle Zeitkonten. Die Gesamtzahl der Auszubildenden betrug Ende 1998 1.200.

UMWELTSCHUTZ. Umweltschutz ist bei ABB integraler Bestandteil sämtlicher Prozesse, Produkte und Lösungsansätze – auf allen Ebenen des Konzerns. Schwerpunkte der Umweltorientierung sind die kontinuierliche Weiterentwicklung energieeffizienter Technologien, die umweltrelevante Betrachtung von Produktlebenszyklen, die Nutzung geschlossener Wertstoffkreiskäufe sowie die Öko-Auditierung der Standorte, von denen rund 40 zertifiziert sind. Bis zum Ende des Jahres 2000 sollen alle Gesellschaften in Deutschland diesen Prozeß durchlaufen haben.
ABB definiert Umweltschutz aber auch als zwingende Aufgabe, um unternehmerisch erfolgreich zu sein, als Wettbewerbsfaktor. Alle Produktionsprozesse werden kontinuierlich auf ihre ökologischen Auswirkungen hin beleuchtet. Rund 50% aller Forschungsprojekte bei ABB haben direkt oder indirekt mit der Umwelt zu tun. In zahlreichen Bereichen ist ABB führend, z.B. beim Bau von Rauchgasreinigungssystemen. Jährlich erscheint ein Umweltreport.

FORSCHUNG, ENTWICKLUNG, INNOVATIONEN.
Der überwiegende Teil der produkt- und systemorientierten Forschungs- und Entwicklungsarbeit wird dezentral in den operativen ABB-Gesellschaften geleistet. Unterstützt werden die Entwicklungsaktivitäten vom Corporate Research Center in Heidelberg, einem von neun ABB Forschungszentren im weltweiten Verbund, in denen eng vernetzt rund 1.000 Wissenschaftler nach neuen, innovativen Lösungen für die elektrische Energietechnik, in der Automation und Petrochemie suchen.
Die Forschungsschwerpunkte der rund 200 Mitarbeiter in Heidelberg liegen auf den Gebieten Automatisierungs- und Informationstechnik, Modellierung und Simulation, elektrische Energietechnik sowie Material- und Oberflächentechnik.

Löhne und Gehälter 1998: *2.138,8 Mio.*
Löhne und Gehälter 1997: *2.172,1 Mio.*
Durchschnittsgehalt 1998: *89.964,– DM*
Soziale Abgaben und Aufwendungen 1998: *550,5 Mio.*
Soziale Abgaben und Aufwendungen 1997: *548,9 Mio.*

Bezüge pro Vorstandsmitglied 1998: *1.053.667,– DM*
Tantiemen pro Aufsichtsrat 1998: *29.450,– DM*

Investitionen 1998: *285,0 Mio.*
Investitionen 1997: *253,0 Mio.*
Investitionen 1996: *238,0 Mio.*

Forschung und Entwicklung 1998: *664,0 Mio.*
Forschung und Entwicklung 1997: *727,0 Mio.*
Forschung und Entwicklung 1996: *674,0 Mio.*

Mitbewerber: *Alcatel SEL, Alstom, Babcock Borsig, Blohm & Voss, Dürr, Eisenmann, General Electric, Kloeckner Moeller, Krupp Hoesch, MAN, Preussag, Siemens, Sulzer-Escher Wyss, Thyssen Krupp*

ADIDAS-SALOMON

Standort:
Adi-Dassler-Straße 1-2
91074 Herzogenaurach

Postanschrift:
Postfach 11 20
91072 Herzogenaurach

Telefon: *(09132) 84-0*
Telefax: *(09132) 84-2241*
Internet: *www.adidas.de*

Branche: *Sportartikel, Freizeitbekleidung*

Rechtsform:
Aktiengesellschaft

Geschäftsjahr: *1.1.-31.12.*

Gründungsjahr: *1948; 1997 Umfirmierung in adidas-Salomon AG*

Öffentlichkeitsarbeit/ Public Relations:
Peter Csanadi (Presse International und Wirtschaft)
Tel.: (09132) 84-2332
Mobil: (0171) 246 1024
Fax: (09132) 84-2624
E-Mail: peter.csanadi@adidas.de
Oliver Brüggen
(Presse Deutschland)
Tel.: (09132) 84-3100
Fax: (09132) 84-2624
E-Mail: oliver.brueggen@adidas.de

Verbände: *Bundesverband der Deutschen Sportartikelindustrie, Bad Honnef*

GESCHICHTE UND ENTWICKLUNG. Bereits 1920 stellte Adi Dassler in Herzogenaurach seinen ersten Turnschuh her, 1929 folgten die ersten Fußballschuhe, zwei Jahre später Tennisschuhe. Schnell galt Dassler weltweit als der Star unter den Sportschuhherstellern. 1948 gründete der Schuster die Firma adidas mit 47 Mitarbeitern. 1949 Kreierung der »drei Streifen«. Durchbruch 1954 mit dem Gewinn der Fußball-WM in adidas-Schuhen. Bei den Olympischen Spielen 1960 traten rund 75% aller Athleten in adidas-Schuhen an. Allein über 700 Patente und Gebrauchsmuster gehen auf den Firmengründer und Schuhexperten Adi Dassler zurück. Ursprünglich nur auf die Schuhproduktion beschränkt, begann adidas 1967 mit der Produktion von Sporttextilien und avancierte zum größten Sportartikelhersteller der Welt – eine Position, die ihm erstmals 1989 vom amerikanischen Hersteller Nike streitig gemacht wurde. Die Promotion lief über hochdotierte Spitzensportler als Werbeträger, produziert wurde immer mehr in Billiglohnländern der Dritten Welt.
Doch das klassisch geführte Familienunternehmen geriet in den 80er Jahren in eine Krise: Management-Flops, Fehlplanungen, überhöhte Werbeverträge, Massenentlassungen. Die Nachfolgefirma des Gründers Adi Dassler mußte Ende 1980 den gleichen Weg gehen wie zuvor schon die Firma »Puma« des Adi-Bruders Rudolf, mit dem man seit Jahrzehnten in Fehde lag: die Umwandlung des Familienbetriebs in eine Aktiengesellschaft mit professionellem familienfremden Management. Nach dem Tod des Gründer-Sohnes Horst Dassler verkauften dessen vier Schwestern 1990 ihren 80%igen Besitzanteil für rund 480 Mio. DM an den französischen Unternehmer Bernard Tapie. Puma war zuvor bereits an den schwedischen Aritmos-Konzern verkauft worden.
Nach erneuten Turbulenzen 1992 Gründung der adidas International Holding GmbH, in die die Tapie-Anteile, gehalten über die BTF GmbH, Essen (95%), eingebracht wurden. Anfang 1993 Rückzug Tapies. Verkauf der Anteile der Bernard Tapie Finance S.A., Paris, zum Preis von 615 Mio. DM. Neue Aktionärsstruktur; grundsätzliche Restrukturierung der Gesellschaft und Konzentration auf das Kerngeschäft. Schließung zahlreicher Fertigungsbetriebe und Konzentration der Produktbeschaffung mit 70% auf den Fernen Osten. 1993 Umfirmierung in eine Aktiengesellschaft. 1995 Gang an die Börse und weitere Internationalisierung des Konzerns. Neuer Aufschwung unter der Ägide von Robert Louis-Dreyfus. 1997 Übernahme des französischen Sportartikelherstellers Salomon S.A. und Umfirmierung in adidas-Salomon AG.

BESITZVERHÄLTNISSE/EIGENTUMSSTRUKTUR.
- Robert Louis-Dreyfus (4,3%)
- Christian Tourres (4,3%)
- Rest Streubesitz

KONZERNÜBERBLICK. Die adidas-Salomon AG entwickelt und vertreibt unter den Markennamen adidas, Salomon, Taylor Made, Mavic, erima und Bonfire Sport- und Freizeitartikel. Produkte der Marke adi-

das umfassen Sportschuhe, Sportbekleidung und Sportzubehör wie Taschen und Bälle. Die Produktkategorien im Bereich Sportschuhe sind: Running, Training, Fußball, Basketball, Tennis und sonstige. Bei Sportschuhen ist adidas mit Abstand weltweit Marktführer. Die Produktkategorien im Bereich Sportbekleidung sind: Sportbekleidung allgemein, Fußball, Lifestyle und Workout. Die Produkte werden von adidas entworfen, entwickelt und nahezu ausschließlich von Subunternehmen produziert. Produkte der Marke Salomon umfassen Skiausrüstungen im Bereich Ski Alpin und Langlauf (Skier, Skistiefel und Bindungen). Hinzu kommen Sommersportartikel wie Wanderschuhe und Inline-Skates. Die Salomon-Gruppe ist weltweit führender Anbieter von Wintersportartikeln. Entwickelt und produziert wird in Frankreich und Italien. Taylor Made entwickelt und produziert hochwertige Golfschläger und Golfausrüstungen. Zu den Produkten der Marke Mavic gehören Felgen und Laufräder für Mountainbikes und Rennräder. Unter den Markenzeichen erima und Bonfire wird Bekleidung vertrieben.
Die adidas-Salomon AG mit Sitz in Herzogenaurach firmiert als Führungs- und Trägergesellschaft für das deutsche Inlandsgeschäft sowie als Holding für die meisten Auslandsgesellschaften. Die Gruppe besitzt neben Herzogenaurach nunmehr eine zweite Konzernzentrale für die Bereiche Marketing, Design und Entwicklung im amerikanischen Portland. Schwerpunkte beider Zentren sind die marktspezifischen Sportarten, um das technische Know-how in den beiden wichtigsten Märkten Europa und Nordamerika optimal zu nutzen.
Um der massiven Konkurrenz von Nike und Reebok begegnen zu können, hat adidas-Salomon eine weltweite Vertriebs- und Marketingorganisation nach Regionen (Europa mit Afrika und Mittlerer Osten, Nordamerika, Asien/Pazifik, Südamerika) gegründet. Die Regionen sind jeweils für Vertrieb, Distribution und Marketing zuständig und operieren weitgehend selbständig, um den Marktgegebenheiten in den Regionen flexibel begegnen zu können. Hierzu wurden die in den USA und Kanada operierenden Tochtergesellschaften in die neu gegründete adidas Salomon North America Inc., Portland/Oregon, integriert.
adidas-Salomon produziert in 50 Ländern, verfügt über eigene Fabrikationsstätten, Beschaffungszentren (Frankreich für Europa, Hongkong für Fernost), Vertriebsgesellschaften und Distributoren. Neben Herzogenaurach produziert adidas-Salomon im Inland nur noch im mainfränkischen Werk Scheinfeld. 98% der Schuhproduktion des Unternehmens erfolgt außerhalb Deutschlands, mehr als 90% der Schuhprodukte des Konzerns werden in Asien beschafft. adidas-Salomon beschäftigt etwa 70% seiner Mitarbeiter in nationalen und regionalen Vertriebsorganisationen, die mehr als 160 Länder betreuen, in denen das Unternehmen seine Markenartikel vertreibt und lizenziert. Dabei wird das früher wichtige Lizenzgeschäft weiter reduziert, das internationale Netz der Tochtergesellschaften dagegen ausgebaut. Der Aufbau neuer Konzerngesellschaften geschieht meist dort, wo vormalige Lizenz- und Distributionsverträge gekündigt wurden.

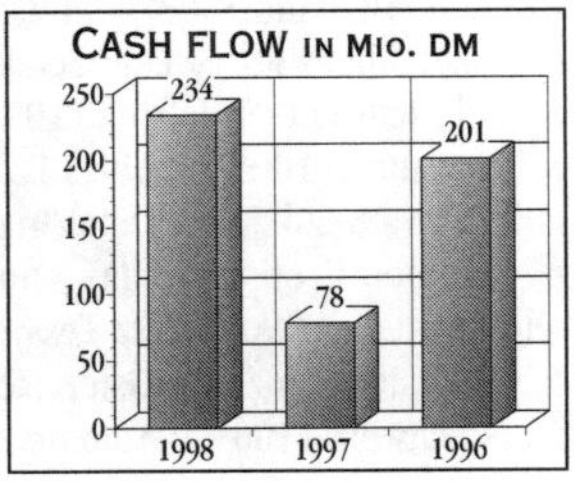

Vorstand:
- *Louis-Dreyfus, Robert (Vorsitzender), Davos/Schweiz*
- *Tourres, Christian (stellv. Vorsitzender; Vertrieb weltweit), Lungern/Schweiz*
- *Bennett, Glenn (Footwear Operations), Portland/USA*
- *Hainer, Herbert (Europa – Sales), Herzogenaurach*
- *Hawkins, Dean (Chief Financial Officer), Richmond/Großbritannien*
- *Ihle, Manfred (Recht), Frankfurt/Main*
- *Perraudin, Michel (Personal, Spezialprodukte), Nürnberg*
- *Stamminger, Erich (Europa – Marketing), Nürnberg*
- *Valdmaa, Jan (Marketing International), Münchaurach*

Vorstandsbezüge 1998:
20.707.000,– DM

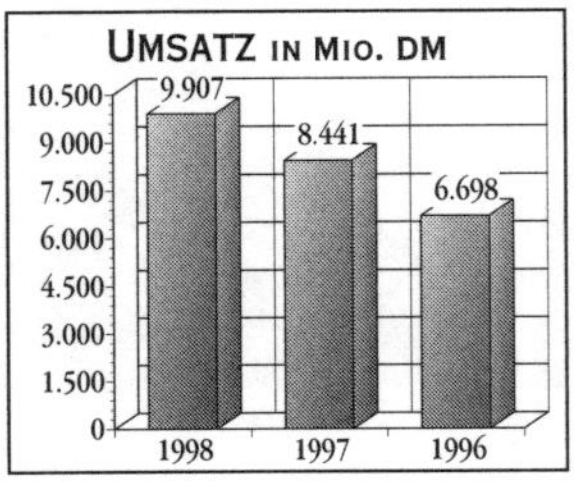

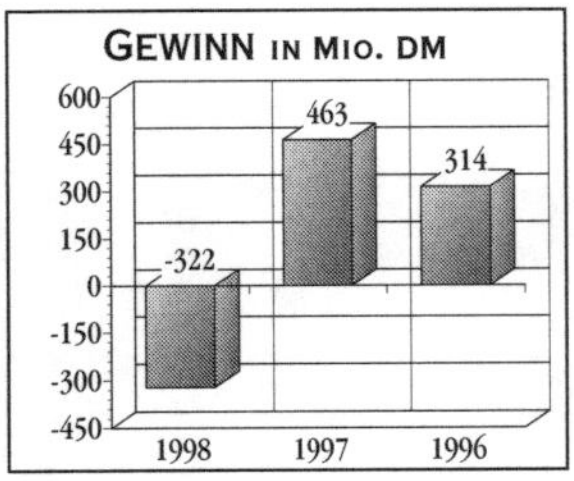

Aufsichtsrat:
- *Filho, Henri (Vorsitzender), Paris/Frankreich*
- *Friderichs, Hans, Dr. (stellv. Vorsitzender; Unternehmensberater), Mainz*
- *Brandt, Gerold (Mitglied des Vorstandes der Bayerischen Landesbank Girozentrale), Gräfelfing*
- *Bromilow, David (Director of MediMedia International Ltd.), Bangkok/Thailand*
- *Russell, Thomas, Dr. (Chairman Jessup Lamont Merchant Partners), Sarasota/USA*
- *Scott, Charles Thomas (Bates Europe Limited) London/Großbritannien*

**Kammerer, Fritz (stellv. Vorsitzender)*
**Bauer, Sabine*
**Becker, Ulrich*
**Thaler-Veh, Heidi*
**Müller, Herbert*
**Weiß, Klaus*

Aufsichtsratstantiemen 1998: *403.000,– DM*

1998 wurde damit begonnen, die akquirierte Salomon-Gruppe mit ihren eigenen Produktionsstätten in den Konzern zu integrieren.

MARKENIMAGE DURCH DREI STREIFEN. Mit großem Erfolg gelang Robert Louis-Dreyfus und seinem neuen Management die Verjüngung des Markenimages von adidas und die damit verbundene Wiederbelebung der drei Streifen nach schweren Krisenjahren. Die Ausgaben für Werbung und Promotion erreichten nie dagewesene Spitzenwerte. adidas-Salomon ist vor allem in den USA durch neue Verträge erstmals in den Profi-Ligen aller US-typischen Sportarten vertreten. Es wurde ein Vertrag mit der amerikanischen National Football League (NFL) unterzeichnet. Mit den New York Yankees, dem bekanntesten Team im amerikanischen Baseball, wurde ein Vertrag über 100 Mio. US $ über eine Laufzeit von zehn Jahren abgeschlossen. Verträge gibt es mit den Universitäten Notre Dame, University of Tennessee und Northwestern im Bereich College Sport. Auf nationaler Ebene schloß Bayern München mit adidas einen Vertrag über 20 Mio. DM ab (Laufzeit 1996 bis 2001). Bayern-Präsident und adidas-Salomon-Repräsentant Franz Beckenbauer hat darüber hinaus mit dem Unternehmen einen persönlichen Vertrag über 1,5 Mio. DM im Jahr.

BETEILIGUNGEN. Die wichtigsten Beteiligungen der adidas-Salomon AG sind:

- erima Sportbekleidungs GmbH, Reutlingen (100%); adidas Sarragan France S.a.r.l., Landersheim/Frankreich (100%); adidas Austria AG, Klagenfurt/Österreich (100%); adidas (U.K.) Ltd., Stockport/Großbritannien (100%); adidas (Ireland) Ltd., Dublin/Irland (100%); adidas España SA, Zaragoza/Spanien (100%); adidas Sverige AB, Hägersten/Schweden (100%); adidas Sport GmbH, Lindau/Schweiz (100%); adidas Benelux B.V., Etten-Leur/Niederlande (100%); adidas Budapest Kft., Budapest/Ungarn (85%); adidas Portugal Lda., Lissabon/Portugal (51%); adidas International Trading B.V., Amsterdam/Niederlande (100%); adidas Salomon North America Inc. (vormals adidas North America Inc.), Portland/USA (100%); adidas Salomon USA, Inc. (vormals Taylor Made Golf Company, Inc.), Carlsbad/Kalifornien, USA (100%); adidas (Canada) Ltd., Toronto/Kanada (100%); adidas Argentina S.A., Buenos Aires/Argentinien (100%); adidas do Brasil Ltda., São Paulo/Brasilien (100%); adidas de Mexico S.A. de C.V., Mexico City/Mexiko (100%); adidas Latin America S.A., Panama City/Panama (100%); 3 Stripes S.A. (adidas Uruguay), Montevideo/Uruguay (100%); adidas Hong Kong Ltd., Hongkong/China (100%); adidas Asia/Pacific Ltd., Hongkong/China (100%); adidas Singapore Pte Ltd., Singapur (100%); adidas Malaysia Sdn. Bdn., Kuala Lumpur/Malaysia (60%); adidas (Thailand) Co. Ltd., Bangkok/Thailand (50%); adidas Philippines Inc., Manila/Philippinen (100%); adidas Korea Ltd., Seoul/Korea (51%); adidas (South Africa) Pty Ltd., Kapstadt/Südafrika (100%); adidas Australia Pty Ltd., Mulgrave/Australien (100%); adidas Japan K.K., Tokio/Japan (100%); adidas India Private Ltd., New Delhi/Indien (100%).
- Salomon-Gruppe: adidas Salomon France S.A. (vormals Sport Développement S.C.A.), Metz-Tessy/Frankreich (100%); Salomon Österreich GmbH, Salzburg/Österreich (100%); Salomon Schweiz A.G., Stans/Schweiz (100%); Salomon GmbH, München (100%); Salomon

Italia S.p.A., Bergamo/Italien (100%); Salomon Taylor Made Ltd., Basingstoke/Großbritannien (100%); Mavic S.A., Saint-Trivier-Sur-Moignans/Frankreich (100%); Catidom S.A.S., Annecy/Frankreich (100%); Salomon North America, Inc., Georgetown/USA (100%); Salomon Canada Sports Ltd., Montreal/Kanada (100%); Bonfire Snowboarding Inc., Portland/USA (100%); Salomon & Taylor Made Co., Ltd., Tokio/Japan (79,7%).

Über Salomon zum DAX: Die Grossakquisition.

1997/98 akquirierte adidas das französische Unternehmen Salomon, einen der führenden Produzenten von Wintersportartikeln (Salomon), Golfausrüstungen (Taylor Made) und Fahrradkomponenten (Mavic), für rund 2,5 Mrd. DM, die teuerste jemals von den Herzogenaurachern getätigte Akquisition. Die Akquisition wurde ausschließlich durch Fremdmittel finanziert. adidas übernahm für einen Kaufpreis von 942 Mio. DM die Holding der Gründerfamilie Salomon (Sport Développement S.C.A.), die an der Salomon S.A., Annecy/Frankreich, die seit Jahren ein börsennotiertes Unternehmen war, 38,87% des Grundkapitals und 56,12% der Stimmrechte besaß. Nach dem Erwerb der Familienholding Sport Développement S.C.A., die in adidas-Salomon S.A. umfirmiert wurde, begann im Januar 1998 ein öffentliches Übernahmeangebot seitens adidas für sämtliche noch ausstehenden Aktien der Salomon S.A. Die Transaktion zur 100%igen Übernahme der Salomon S.A. im Rahmen des öffentlichen Übernahmeangebotes (pro Aktie zahlte adidas rund 155,– DM) kostete adidas rund weitere 1,5 Mrd. DM, komplett über Kredite fremdfinanziert. Nach dem Erwerb aller Aktien wurde die Salomon-Gruppe in den adidas-Konzern integriert und das Unternehmen in adidas-Salomon AG umfirmiert. Die adidas-Salomon-Aktie wurde im Mai 1998 in den DAX aufgenommen. adidas-Salomon hat nun endgültig die Jagd auf den Spitzenplatz von Nike eröffnet. Der ursprünglich für 1998 geplante Gang der adidas-Aktie an die US-amerikanische Börse wurde bis zur vollständigen Integration von Salomon verschoben.

Globale Strategien und der Standort Deutschland.

adidas-Salomon ist nicht nur geographisch ein Global Player, sondern deckt durch die Ergänzung durch das Marken-Portfolio von Salomon jetzt auch die verschiedenen Jahreszeiten mit den entsprechenden Regionen sportlich ab.

Oberste Priorität für die adidas-Salomon AG haben die weitere Eingliederung der Salomon-Gruppe in den Konzern und die Nutzung von Synergieeffekten. Das gilt für das Produktsortiment am Standort Deutschland, aber noch mehr für die internationalen Geschäfte. Besonders expansiv ist das adidas-Salomon-Unternehmen in Nordamerika, wo adidas 1998 die Sportmarke mit dem größten Wachstum der gesamten Sportartikelindustrie war. Der Umsatz stieg gegenüber dem Vorjahr um 68% auf 2,1 Mrd. DM. Die Verkaufsorganisationen von adidas und Salomon werden zusammengeführt. Die deutsche Salomon mit Sitz in München wurde in die Organisation von adidas in Herzogenaurach integriert, ähnlich soll es mit den meisten Auslandsgesellschaften in Europa und den USA geschehen. Im Zuge der Neuorganisation der Geschäftseinheit Golf fusionierte adidas Golf Amerika mit Taylor Made. 1999 wurde die Beschaffungsorganisation von Salomon Fernost in die dort

BÖRSE, AKTIEN, KURSE
Grundkapital 1998:
226,7 Mio. DM
Jahreshöchstkurs 1998:
329,00 DM (168,30 €)
Jahrestiefstkurs 1998:
151,00 DM (77,20 €)
Aktie Jahresende 1998:
182,00 DM (93,30 €)
Dividende pro Aktie 1998:
1,65 DM

Die Dividende bezieht sich auf je 5,– DM Aktiennennbetrag. Die Dividendensumme 1998 betrug 75,0 Mio. DM.

Umsatz 1998: *9.907,1 Mio.*
Umsatz 1997: *8.440,8 Mio.*
Umsatz 1996: *6.698,3 Mio.*

Gewinn/Verlust 1998:
-321,7 Mio.
Gewinn/Verlust 1997:
463,0 Mio.
Gewinn/Verlust 1996:
314,1 Mio.

Cash flow 1998: *234,0 Mio.*
Cash flow 1997: *78,0 Mio.*
Cash flow 1996: *201,0 Mio.*

Cash flow: *Die Investitionen in Sachanlagen wurden durch den Cash flow finanziert.*

Steueraufkommen 1998:
205,6 Mio.

Beschäftigte 1998: *12.036*
Beschäftigte 1997: *7.993*
Beschäftigte 1996: *6.986*

Umsatz pro Mitarbeiter 1998: *823.122,– DM*
Umsatz pro Mitarbeiter 1997: *1.056.024,– DM*
Umsatz pro Mitarbeiter 1996: *958.818,– DM*

Löhne und Gehälter 1998: *865,6 Mio.*
Löhne und Gehälter 1997: *547,9 Mio.*
Durchschnittsgehalt 1998: *71.918,– DM*
Soziale Abgaben und Aufwendungen 1998: *130,1 Mio.*
Soziale Abgaben und Aufwendungen 1997: *98,6 Mio.*

Bezüge pro Vorstandsmitglied 1998: *2.300.778,– DM*
Tantiemen pro Aufsichtsrat 1998: *33.583,– DM*

INVESTITIONEN IN MIO. DM

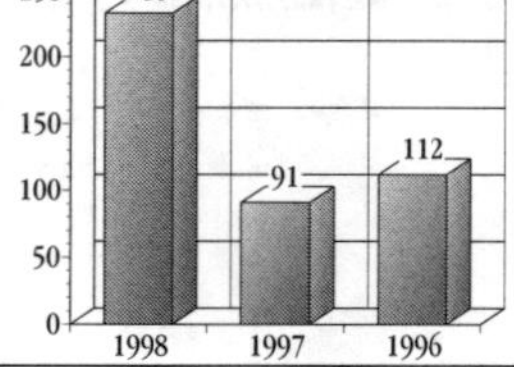

FORSCHUNG UND ENTWICKLUNG IN MIO. DM

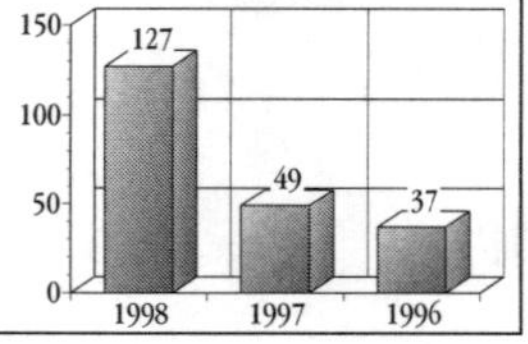

bestehende adidas-Organisation integriert. Im Bereich der Logistik wurden die Beschaffungsgeschäfte der gesamten adidas-Salomon-Gruppe in der neugegründeten Tochtergesellschaft adidas International Trading B.V., Amsterdam, gebündelt.
Nachdem in den letzten Jahren zahlreiche Produktionsstätten verkauft bzw. geschlossen (Werke Uffenheim und Thüngfeld) und Teilbereiche in Frankreich abgestoßen wurden, sind in Deutschland lediglich noch die Produktionsstätten Herzogenaurach und Scheinfeld verblieben. 1997 traf der adidas-Vorstand die Entscheidung, in Herzogenaurach eine neue Hauptverwaltung zu bauen, die »adidas World of Sports«, die im Jahr 2000 bezugsfertig sein soll. Der Neubau soll neben der Hauptverwaltung ein Zentrum für Kundenbetreuung, das Design- und Entwicklungszentrum, eine »adidas-Erlebniswelt« sowie eine Trainingsstätte für Spitzensportler umfassen.

INNERBETRIEBLICHE BÜNDNISSE. adidas hat in allen inländischen Werken flexible Arbeitszeiten, Gleitzeit und die Möglichkeiten der Einrichtung von Arbeitszeitkonten. Die Modelle basieren auf innerbetrieblichen Abmachungen und tarifvertraglichen Vereinbarungen. adidas-Salomon hat seit 1999 einen weltweit zuständigen Direktor für Sozial- und Umweltfragen, nachdem besonders auch die Sportartikelhersteller wiederholt wegen skrupelloser Ausbeutungsmethoden in Ländern der Dritten Welt in die Schlagzeilen geraten waren.

UMWELTSCHUTZ. adidas hat eine grundlegende Umweltanalyse des Standortes Herzogenaurach durchführen lassen. Zum Standort Herzogenaurach zählen dabei die adidas-Zentrale, die Vertriebsgesellschaft adidas Deutschland, das adidas-Zentrallager in Uffenheim und die adidas-Produktionsstätte in Scheinfeld.

FORSCHUNG, ENTWICKLUNG, INNOVATIONEN.
In den Forschungszentren in Portland/USA und Scheinfeld (Global Technology Center) wird ständig mit Hochdruck an neuen innovativen Produkten gearbeitet. Das Global Technology Center (GTC) in Scheinfeld verfügt über vier Labors zur Qualitätssicherung von adidas-Produkten: Formentwicklung (Paßform, Leistung, Design), Test-Center (Sicherung von Höchstleistung, Materialtest), Sonderanfertigung (nach den individuellen Bedürfnissen der Sportler), Zentrallabor (Qualitätssicherung). Die Entwicklungsaktivitäten von Salomon sind größtenteils der adidas-Organisation angegliedert worden. Es sind zwei neue Entwicklungszentren geplant für neue Konzepte und für die Kautschukforschung.

TIEFER FALL UND STEILER AUFSTIEG. Der neue Vorstand um Robert Louis-Dreyfus hat adidas wieder zur Spitzenmarke gemacht. Die spektakuläre Übernahme des französischen Sportartikelherstellers Salomon S.A. und die Umfirmierung in adidas-Salomon AG scheint in dieser steilen Aufwärtskurve nur mehr als logisch. Der wiedererstarkte adidas-Salomon-Konzern kennt nur ein Ziel: die beste Sportmarke der Welt zu werden, global führend zu sein in den Bereichen Schuhe und Bekleidung, den Konkurrenten Nike zu überflügeln. Dieses Ziel bzw. diese Vision treibt adidas in seinen Segmenten zu großen Forschungsanstrengungen und Spitzeninnovationen.

Die turbulenten Jahre scheinen Vergangenheit zu sein. Denn nach dem Boom der frühen 80er Jahre kam der tiefe Sturz. Die vier Töchter des Unternehmensgründers Adi Dassler verkauften das Unternehmen 1990 an den französischen Unternehmer und Präsidenten des Fußballclubs Olympique Marseille, Bernard Tapie, für rund 480 Mio. DM. Tapie, der diesen Deal zu 100% über Bankkredite (Crédit Lyonnais) finanziert hatte, kündigte an, die angeschlagene Marke wieder zum führenden Sportartikel-Hersteller der Welt zu machen. Doch Tapie konnte die Kredite nicht zurückzahlen und begann, mit seinen adidas-Aktien gewinnbringend zu spekulieren. Trotz neuer Aktionärsstruktur, verschiedener Wechsel im Management, einer tiefgreifenden Restrukturierung der Gesellschaft und der Konzentration auf das Kerngeschäft, verbunden mit der Schließung zahlreicher Fertigungsbetriebe und der Produktbeschaffung zu 70% im Fernen Osten, ließ sich die adidas-Krise nicht beheben. Die Konkurrenten Nike und Reebok zogen an adidas vorbei. Tapie ging schließlich mit nahezu allen seinen französischen Firmen in Konkurs und wurde in Frankreich zu zwei Jahren Gefängnis verurteilt.
Einen deutlichen Einschnitt gab es 1993. Eine gänzlich neue Eigentümerstruktur und ein Restrukturierungsprogramm sollten adidas wieder an die Weltspitze bringen. Garant des Erfolges wurde der Franzose Robert Louis-Dreyfus, zuvor Chef des Londoner Werbemultis Saatchi & Saatchi, der mit eigenem Geld bei adidas einstieg und binnen zweier Jahre die Wende schaffte. Im Rahmen der Umstrukturierung des Unternehmens stieg das neue Management aus den unteren Preissegmenten aus und trennte sich konsequent von allen Sonderposten. adidas verkaufte seine Beteiligungen und seine Nebenmarken »arena«, »Pony« und »Le Coq Sportif«. Anfang 1995 übernahm Louis-Dreyfus mit vier weiteren Partnern adidas zu fast 100%, ein Jahr später plazierte er das Unternehmen an der Börse. Tapie war vergessen – Olympique Marseille nicht. Robert Louis-Dreyfus und Vorstand Christian Tourres üben laut internationalem Geschäftsbericht »indirekten Einfluß auf den Fußballclub Olympique Marseille« aus; Louis-Dreyfus ist auch Vorsitzender des Clubs. Und: adidas ist über Promotionsverträge wiederum Hauptsponsor von Olympique Marseille.

Investitionen 1998: *233,0 Mio.*
Investitionen 1997: *91,0 Mio.*
Investitionen 1996: *112,0 Mio.*

Forschung und Entwicklung 1998: *127,0 Mio.*
Forschung und Entwicklung 1997: *49,0 Mio.*
Forschung und Entwicklung 1996: *37,0 Mio.*

Mitbewerber: *Amer, Aritmas, Asics, Benetton, Coleman, Descente, Diadora, Fila, Lotto, Mizuno, Nike, Pentland, Puma, Reebok, Russell, Spalding, Umbro*

Adranz siehe DaimlerChrysler
Agfa-Gevaert siehe Bayer

AGIV

GESCHICHTE UND ENTWICKLUNG. Die heutige AGIV AG ist aus dem 1974 vollzogenen Zusammenschluß zweier Gesellschaften hervorgegangen: der 1881 gegründeten und später unter ihrer Kurzbezeichnung ALOKA bekannten »Deutsche Local- und Straßenbahn-Gesellschaft« sowie der 1901 ins Leben gerufenen und unter ihrer Kurzbezeichnung VERKEHRSWESEN bekannten »Aktiengesellschaft für Verkehrswesen«, die in den 30er Jahren über mehr als ein Viertel des gesamten Privatnetzes Deutschlands verfügte. Beide waren Gründungen der Berliner Handels-Gesellschaft (BHG), heute Berliner Han-

Standort:
Wöhlerstraße 10
60323 Frankfurt/Main

Postanschrift:
Postfach 170 135
60075 Frankfurt/Main

__Telefon:__ (069) 17080-0
__Telefax:__ (069) 17080-800
__Internet:__ www.agiv.de

__Branche:__ Maschinenbau und Meßtechnik

__Rechtsform:__
Aktiengesellschaft

__Geschäftsjahr:__ 1.1.-31.12.

__Gründungsjahr:__ 1974 durch Fusion der 1881 gegründeten »Deutsche Local- und Straßenbahn-Gesellschaft« (ALOKA) und der 1901 ins Leben gerufenen »Aktiengesellschaft für Verkehrswesen« (AGV)

__Öffentlichkeitsarbeit/ Generalbevollmächtigter:__
Werner Renzel
Tel.: (069) 17080-520
Fax: (069) 17080-860
E-Mail: renzel@agiv.de

__Verbände:__ Vereinigung Deutscher Elektrizitätswerke (VDEW), Frankfurt/Main

__Vorstand:__
- *Stark, Udo G. (Vorsitzender), Frankfurt/Main*
- *Leitner, Wolfgang (Andritz), Graz/Österreich*
- *Moll, Klaus K. (Barmag), Frankfurt/Main*
- *Wiedemeyer, Gerd R. (Schenck), München*
- *Willasch, Dieter (Spectris), Eningen*

__Vorstandsbezüge 1998:__
14.400.000,– DM

dels- und Frankfurter Bank (BHF-BANK), die den Zweck verfolgten, auf dem Gebiet des Straßenbahn- und Eisenbahnverkehrs aktiv zu werden. An beiden sich selbständig und zunächst in unterschiedliche Richtungen entwickelnden Gesellschaften blieb die Bank beteiligt. Häufige Firmenänderungen und Sitzverlegungen begleiteten die Entwicklung der beiden Firmen.

BESITZVERHÄLTNISSE/EIGENTUMSSTRUKTUR.
- BHF-Bank AG (Berliner Handels- und Frankfurter Bank), Frankfurt/Main und Berlin (49% – die Bank ist in Streubesitz; größter Einzelaktionär ist die niederländische ING Groep NV mit ca. 40%)
- Energie Baden-Württemberg AG, Stuttgart (mehr als 10%)
- In- und ausländische institutionelle Investoren (rund 25%)
- Privataktionäre (rund 16%)

Knapp 15% der Akien liegen in ausländischen Depots.

KONZERNÜBERBLICK/BETEILIGUNGEN. AGIV ist ein international ausgerichteter Technologiekonzern mit dem Kerngeschäft Maschinenbau und Meßtechnik. Die AGIV-Gruppe ist auch nach ihrer grundlegenden Umstrukturierung 1997/98 dezentral organisiert. Dabei ist die AGIV AG als Konzernobergesellschaft für die strategische Führung verantwortlich. Dazu gehören insbesondere Fragen des Wertmanagements und der Portfoliozusammensetzung und -steuerung. Die einzelnen Teilkonzerne haben die volle operative und funktionale Verantwortung für ihr Geschäft auf der Basis abgestimmter strategischer Planungen für den gesamten Konzern. Der Vorstand wurde infolge der Umstrukturierung auf fünf Mitglieder erweitert und der neuen Führungsstruktur angepaßt. Vier der fünf Vorstandsmitglieder sind in Personalunion verantwortlich für die Kernbeteiligungen Andritz AG, Barmag AG, Carl Schenck AG und Spectris AG Sensoren und Systeme. Der Vorstandsvorsitzende hat neben seinen koordinierenden Vorstandsaufgaben auch die Funktion des Aufsichtsratsvorsitzenden der operativen Gesellschaften.
Die Unternehmen der AGIV AG sind führende Anbieter von Maschinen, Anlagen und Systemen für die verarbeitende und die Investitionsgüterindustrie. Die Unternehmen sind international ausgerichtet und haben auf den einzelnen Märkten meist führende Positionen inne. Die Weltmarktanteile im Bereich Maschinenbau und Meßtechnik liegen im Durchschnitt bei 20%, einige Segmente erreichen 40%. Insgesamt operiert die AGIV in 22 Geschäftseinheiten, die in den vier Segmenten Chemiefaser- und Textilmaschinen, Papier- und Zellstoffmaschinen, Prüf- und Meßtechnik sowie Spezialmaschinen und Anlagenbau zusammengefaßt sind. 85% des Gesamtumsatzes erzielen Maschinenbau und Meßtechnik. 15% des Umsatzes werden im Immobilien-Management, der Projektentwicklung und der Bauwerkserhaltung erzielt.
Zum Unternehmensbereich Maschinenbau und Meßtechnik gehören die Unternehmen Andritz, Barmag, Schenck und Spectris. Sonstige Gesellschaften sind die Unternehmen Münchener Baugesellschaft und Peininger. Insgesamt wurden in den Konzernabschluß 1998 neben der AGIV AG 62 inländische und 112 ausländische Unternehmen einbezogen.
◆ Andritz AG, Graz/Österreich (99,9%). Andritz ist einer der international führenden Hersteller von Anlagen und Maschinen für die Zell-

stoff- und Papierherstellung, die Stahlveredelung und Schlammbehandlung sowie für die industrielle Futtermittelherstellung. Das Unternehmen ist mit 20 operativen Tochtergesellschaften in 14 Ländern aktiv. Produktionsstätten befinden sich in Österreich, Deutschland, Dänemark, Frankreich, Finnland, den USA und China. Andritz ist ein Spezialitäten-Konzern: Weltweit führend ist das Unternehmen bei Maschinen und Anlagen für Holzplätze in Zellstoff- und Papierfabriken sowie bei Anlagen zur elektrolytischen Verzinkung von Stahlblechen. Geschäftseinheiten: Walz- und Bandbehandlungsanlagen, Umwelt- und Prozeßtechnologien, Futtermitteltechnik, Hydraulische Maschinen, Holzplatztechnik, Refinersysteme, Fasertechnik, Papiertechnik. Umsatz 1998: 1.241 Mio. DM (Vorjahr: 848 Mio.); Beschäftigte 1998: 2.991 (Vorjahr: 2.686).

◆ Barmag AG, Remscheid (75%). Barmag ist der weltweit größte Hersteller von Maschinen und Anlagen für die Produktion und Veredelung von Chemiefasern. Barmag hat zahlreiche Tochter- und Beteiligungsgesellschaften im In- und Ausland. Produktionsstätten befinden sich in Deutschland, China, Indien, den USA und Brasilien. In einigen Bereichen hat Barmag Weltmarktanteile bis zu 40%. Geschäftseinheiten: Spinnmaschinen, Textilmaschinen, Chemiepumpen, Kundendienst. Umsatz 1998: 1.120 Mio. DM (Vorjahr: 1.014 Mio.); Beschäftigte 1998: 3.029 (Vorjahr: 3.331).

◆ Carl Schenck AG, Darmstadt (50,5% – INDA Verwaltungsgesellschaft der Herbert-Quant-Gruppe 25%). Der Carl Schenck-Konzern ist ein international führender Hersteller von Anlagen, Systemen, Software und Ingenieurleistungen in erster Linie für die Automobil-, Elektro-, Chemie-, Nahrungsmittel-, Stahl- und Grundstoffindustrie. Produktionsstätten hat der weltweit operierende Konzern in Deutschland, Österreich, England, Indien, China, Japan, den USA und Brasilien. Geschäftseinheiten: Verfahrenssysteme, Prüf- und Automatisierungstechnik, Auswucht- und Diagnosetechnik. Umsatz 1998: 887 Mio. DM (Vorjahr: 1.042 Mio.); Beschäftigte 1998: 3.587 (Vorjahr: 4.245).

◆ Spectris AG Sensoren und Systeme, Langen (100%). Die Spectris AG fungiert als Management-Holding in den sieben Geschäftseinheiten Schall- und Schwingungsmeßtechnik, Sensoren für Papier- und Zellstofftechnik, industrielle Meßtechnik, Wägetechnik, Spezialventile, Überwachungssysteme und Mikroelektronik. Das Unternehmen produziert Meß- und Regelkomponenten zur Bestimmung akustischer und mechanischer Größen sowie von Stoffeigenschaften für die Fertigungs- und Verfahrensindustrie sowie für Forschung und Entwicklung. Produktionsstätten bestehen in Deutschland, Dänemark, der Schweiz, Schweden, den USA und China. Umsatz 1998: 659 Mio. DM (Vorjahr: 623 Mio.); Beschäftigte 1998: 2.792 (Vorjahr: 2.767).

Aufsichtsrat:

❙ *Schroeder-Hohenwarth, Hanns Christian, Dr. (Ehrenvorsitzender; Ehrenvorsitzender des Aufsichtsrates der BHF-Bank AG), Bad Homburg v.d.H.*

❙ *Kruse, Ernst Michael (Vorsitzender; Sprecher des Vorstandes der BHF-Bank AG), Frankfurt/Main*

❙ *Bode, Armin-Peter (Mitglied des Vorstandes der Stinnes AG), Mülheim/Ruhr*

❙ *Ellegast, Peter (ehem. Vorsitzender der Geschäftsführung der Woolworth GmbH), Konstanz*

❙ *Fiedler, Ralf-Hartmut (Mitglied des Vorstandes der BHF-Bank AG), Kronberg/Taunus*

❙ *Klee, Rainer (Mitglied des Vorstandes der Philipp Holzmann AG), Frankfurt/Main*

❙ *Lose, Jürgen, Dr. (Vorsitzender des Aufsichtsrates der Dyckerhoff AG), Wiesbaden*

❙ *Manke, Joachim, Dr. (Balzers und Leybold Holding AG), Hanau*

❙ *Siedentopf, Horst H., Dr., Düsseldorf*

**Schumann, Manfred, Dr. (stellv. Vorsitzender)*
**Dinchel, Herbert*
**Heußlein, Peter*
**Korytowski, Peter*
**Meier, Heinz*
**Moor, Hagen*
**Stammer, Gerhard*
**Wilzbach, Wolfgang*

Aufsichtsratstantiemen 1998: *1.700.000,– DM*

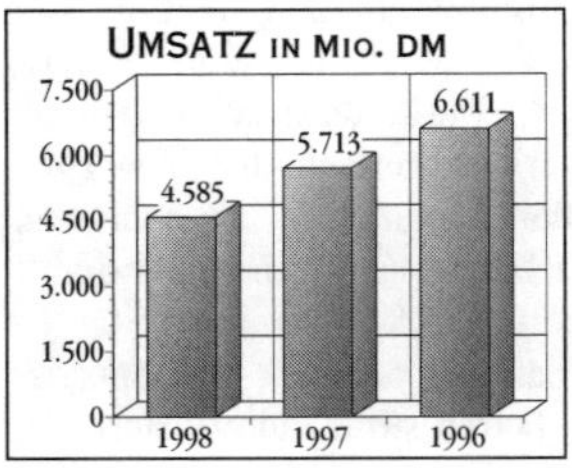

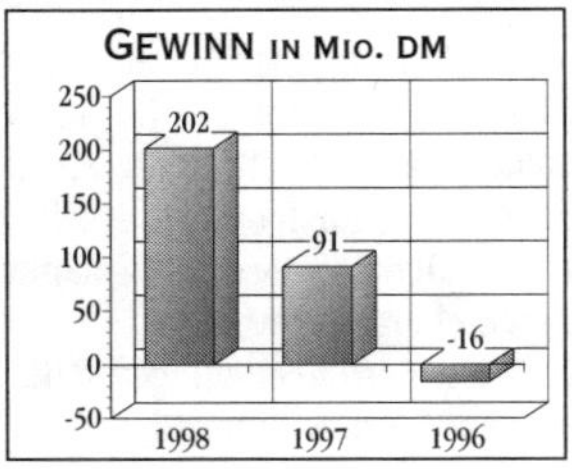

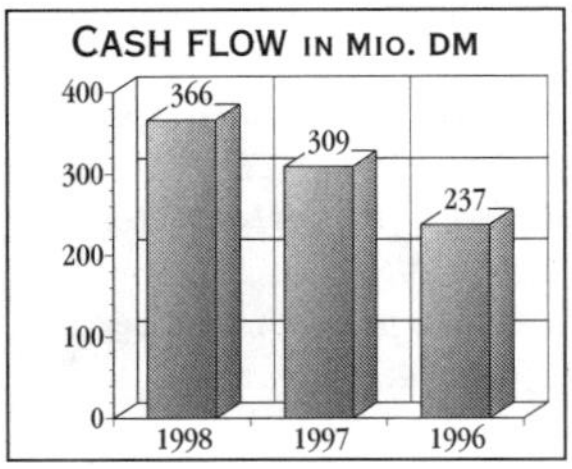

BÖRSE, AKTIEN, KURSE
Grundkapital 1998:
191,0 Mio.
Jahreshöchstkurs 1998:
55,00 DM (28,12 €)
Jahrestiefstkurs 1998:
30,20 DM (15,44 €)
Aktie Jahresende 1998:
43,00 DM (21,99 €)
Dividende pro Aktie 1998:
1,50 DM + Bonus von 2,00 DM

Das Grundkapital ist in Stückaktien eingeteilt, die auf den Inhaber lauten.

Umsatz 1998: *4.585,3 Mio.*
(davon Ausland: 3.372,0 Mio.)
Umsatz 1997: *5.713,3 Mio.*
(davon Ausland: 3.165,0 Mio.)
Umsatz 1996: *6.611,0 Mio.*
(davon Ausland: 3.381,0 Mio.)

Gewinn/Verlust 1998:
202,2 Mio.
Gewinn/Verlust 1997:
90,5 Mio.
Gewinn/Verlust 1996:
-15,7 Mio.

Cash flow 1998: *366,2 Mio.*
Cash flow 1997: *308,8 Mio.*
Cash flow 1996: *237,1 Mio.*

Cash flow: *Der größte Teil der Überschüsse wurde zur Tilgung von Finanzkrediten herangezogen.*

Steueraufkommen 1998:
48,8 Mio.

Beschäftigte 1998: *17.371*
Beschäftigte 1997: *23.170*
Beschäftigte 1996: *26.770*

Umsatz pro Mitarbeiter 1998: *263.963,– DM*
Umsatz pro Mitarbeiter 1997: *246.582,– DM*
Umsatz pro Mitarbeiter 1996: *246.956,– DM*

◆ Münchener Baugesellschaft mbH, Frankfurt/Main (99,9%). Die Mübau ist eine vorwiegend in den Regionen Rhein-Main, Dresden und Berlin tätige Immobiliengesellschaft mit insgesamt 14 Tochtergesellschaften. Leistungen: Projektentwicklung, Baubetreuung, Verwaltung und Nutzung von Grundstücken für eigene und fremde Rechnung. Umsatz 1998: 177 Mio. DM (Vorjahr: 118 Mio.); Beschäftigte 1998: 95 (Vorjahr: 95).

◆ Ernst Peiniger GmbH, Gelsenkirchen (100%). Peiniger bietet ein komplettes Leistungsspektrum rund um die Instandsetzung und -haltung von Bauwerken und technischen Anlagen. Das international auftretende Unternehmen arbeitet in den vier Geschäftsfeldern Oberflächentechnik, Gerüstbau, Bedachungen und Systemdienstleistungen. Zu den Systemdienstleistungen zählen die Bereiche Gebäude- und Umwelttechnik, Reinigungen, Restaurierungen und Komplett-Instandsetzung. Bauleistung 1998: 559 Mio. DM (Vorjahr: 571 Mio.); Beschäftigte 1998: 4.773 (Vorjahr: 4.542).

GLOBALE STRATEGIEN UND DER STANDORT DEUTSCHLAND.

Nach der tiefgreifenden Neuordnung von einem diversifizierten Beteiligungskonzern hin zu einem technologieintensiven Konzern mit weltweiter Marktpräsenz wurden die ursprünglich 19 wesentlichen Beteiligungen auf sechs reduziert und sollen schließlich auf die vier Teilkonzerne Andritz AG, Barmag AG, Carl Schenck AG und Spectris AG Sensoren und Systeme konzentriert werden. Dabei zog sich die AGIV aus drei von ursprünglich vier Unternehmensbereichen zurück: aus dem Verkehrswesen, dem traditionellen Standbein des Konzerns, aus der Bauindustrie und der Energietechnik. Dafür soll im verbliebenen Bereich Maschinenbau und Meßtechnik durch internationale Akquisitionen kräftig expandiert werden.
Mit dem Verkauf der GAH Anlagentechnik AG, Heidelberg (technische Gebäudeausrüstung/technisches Gebäudemanagement, Energie und Kommunikation) wurde der entscheidende Schritt zum Rückzug aus dem Bereich Technische Dienstleistungen eingeleitet. Als nächstes ist der Verkauf der Ernst Peininger GmbH geplant.
Veranlaßt durch die schlechte Konjunktur der Baubranche wurde zuvor bereits die Mehrheitsbeteiligung am Baukonzern Wayss & Freytag an die Hollandsche Beton Groep veräußert. Neben der vollständigen Trennung von allen Aktivitäten in der Bauindustrie – 1997 wurde die 60%ige Beteiligung am Sanitärgroßhändler Triton-Belco AG an die niederländische Schuttersveld Holding N.V. verkauft – hatte sich die AGIV durch den Verkauf der Log Sped Holding GmbH bereits ein Jahr zuvor auch aus dem Speditionsgeschäft zurückgezogen. Mit dem Verkauf der Tourplan Reiseservice GmbH (an die US-amerikanische Rosenbluth International), der traditionellen Aktivitäten im Schienen- und Straßenverkehr der DEG-Verkehrs-GmbH (an die Compagnie Générale d'Entreprises Automobiles) und der Beteiligung an der Bayerischen Zugspitzbahn AG (an die Gemeindewerke Garmisch-Partenkirchen) begann der Rückzug aus dem Verkehrsbereich, der Ende 1997 mit dem Verkauf der Luftfrachtspedition Kamino Ltd. abgeschlossen wurde. Der 25%-Anteil am Kapital der Lahmeyer International GmbH wurde ebenfalls veräußert.
Die vier Kernbeteiligungen Andritz, Barmag, Schenck und Spectris wurden darüber hinaus in den letzten Jahren strikt rationalisiert, mit

der Folge großer Arbeitsplatzverluste besonders bei Barmag und Schenck. 1999 sollen weitere 700 Arbeitsplätze abgebaut werden. Der Konzern beschäftigte Ende 1998 noch knapp 17.400 Mitarbeiter gegenüber dem Vorjahr mit 23.200 Personen, ein Rückgang, der in erster Linie durch den Verkauf der GAH Anlagentechnik AG mit 5.300 Beschäftigten bedingt war.
Nach zwei dividendenlosen Jahren zahlte die AGIV 1998 erstmals wieder eine Dividende. Der Umbau des Konzerns von einer breit gefächerten Finanzholding zum Maschinenbau- und Meßtechnikkonzern mit der Konzentration des Portfolios auf weltmarktführende Aktivitäten schlug sich an der Börse positiv nieder. Das Portfolio soll in Zukunft ausschließlich wertorientiert gesteuert werden. Dazu wurde ein internes Wertmanagement-System installiert. Immer wieder gibt es Spekulationen über einen Verkauf des BHF-Aktienpaketes an der AGIV.

INNERBETRIEBLICHE BÜNDNISSE. Viele AGIV-Unternehmen praktizieren innerbetriebliche Arbeitszeitmodelle und haben entsprechende Regelungen zwischen den Betriebsräten und den Geschäftsleitungen getroffen.

UMWELTSCHUTZ. Einen zentral kontrollierten Umweltschutz gibt es bei der AGIV nicht. Innerbetrieblicher Umweltschutz findet in den einzelnen AGIV-Unternehmen statt. Umweltschutzprodukte entstehen in den Unternehmen Andritz, Ernst Peininger, Schenck und Spectris.

FORSCHUNG, ENTWICKLUNG, INNOVATIONEN.
Die bestehende Technologieführerschaft absichern und ausbauen – das ist die Vorgabe des AGIV-Konzerns. Die Forschungsaktivitäten sind in den jeweiligen operativen Einheiten konzentriert. Konzernweit arbeiten 830 Mitarbeiter in der Forschung und Entwicklung. Äußerst innovativ ist der Konzern im Bereich Umwelttechnik.

Personalaufwand 1998: *1.650,0 Mio.*
Personalaufwand 1997: *2.069,0 Mio.*
Durchschnittsaufwand 1998: *94.986,– DM*

Bezüge pro Vorstandsmitglied 1998: *2.880.000,– DM*
Tantiemen pro Aufsichtsrat 1998: *106.250,– DM*

Investitionen 1998: *422,0 Mio.*
Investitionen 1997: *441,0 Mio.*
Investitionen 1996: *255,0 Mio.*

Forschung und Entwicklung 1998: *164,0 Mio.*
Forschung und Entwicklung 1997: *157,0 Mio.*
Forschung und Entwicklung 1996: *149,0 Mio.*

Mitbewerber (Mischkonzerne): *Heraeus, Preussag, Röchling, VEBA, VIAG, Werhahn*

ALCATEL SEL

GESCHICHTE UND ENTWICKLUNG. Die Standard Elektrik Lorenz AG wurde 1958 aus der zu ITT gehörenden Standard Elektrik AG und der C. Lorenz AG gegründet. Ursprüngliches Unternehmen von SEL aber war die 1879 gegründete »Telephon-, Telegraphen- und Blitzableiterfabrik Mix & Genest«, Berlin, die 1929 als »Mix & Genest AG« unter das Dach der neu gegründeten Holdinggesellschaft Standard Elektrizitäts-Gesellschaft AG kam, an der ITT, New York, beteiligt war. 1945 totale Demontage der Fabrikstätten. Nachdem die Firma wieder zu produzieren begonnen hatte, ging sie 1954 endgültig in der Standard Elektrizitäts-Gesellschaft AG auf und übernahm deren Namen. 1956 Änderung des Namens in Standard Elektrik AG.
Die Lorenz-Werke wurden 1880 in Berlin durch Carl Lorenz gegründet und firmierten 1906 zur C. Lorenz AG um, die bahnbrechende Entwicklungen auf dem Gebiet der Telegraphie machte. 1930 wurde

Standort:
Lorenzstraße 10
70435 Stuttgart

Postanschrift:
Postfach 40 07 49
70407 Stuttgart

Telefon: *(0711) 821-0*
Telefax: *(0711) 821-1111*
Internet: *www.alcatel.de*

Branche: *Elektrotechnik (einschl. Datenverarbeitung)*

Rechtsform:
Aktiengesellschaft

Geschäftsjahr: *1.1.-31.12.*

Gründungsjahr: *1879; AG seit 1889; 1958 aus Standard Elektrik AG und C. Lorenz AG zu Standard Elektrik Lorenz AG (SEL); seit 1992 Alcatel SEL AG; 1997 Bündelung aller Interessen der deutschen Alcatel-Gesellschaften in der Alcatel Deutschland GmbH, Stuttgart.*

Öffentlichkeitsarbeit:
Dr. Theo Wichers
Tel.: (0711) 821-44913
Fax: (0711) 821-45445
E-Mail: t.wichers@alcatel.de
Veronika Hucke
(Presse Alcatel SEL)
Tel.: (0711) 821-43843
Fax: (0711) 821-46055
E-Mail: v.hucke@alcatel.de

Verbände: *Zentralverband der elektrotechnischen Industrie e.V., Frankfurt/Main; zahlreiche Fachverbände der einzelnen Unternehmenssparten*

Vorstand Alcatel SEL:
- *Dutiné, Gottfried, Dr. (Vorsitzender; Vertrieb)*
- *Edig, Thomas (Personal)*
- *Kreutzer, Heinrich W. (Technik)*
- *Weik, Wolfgang (Finanzen)*

Vorstandsbezüge 1998:
2.849.000,– DM

Aufsichtsrat:
- *Falk, Erhard (Ehrenvorsitzender), Hannover*
- *Oppenhoff, Michael (Vorsitzender; Rechtsanwalt), Köln*
- *Cornu, Jozef (Chief Operating Officer Telecom Sector Alcatel), Paris/Frankreich*
- *Herrmann, Jobst, Prof. Dr., Aalen*

C. Lorenz mehrheitlich von ITT übernommen. 1945 vollständige Demontage der Berliner Werke. Wiederaufbau in Stuttgart, Esslingen und Pforzheim.
1958 Fusion beider ITT-Tochtergesellschaften zur SEL AG. SEL gehörte bis Ende 1986 der International Standard Electric Corporation, New York/USA (85,93%, Rest Streubesitz), einer 100%igen Tochter des US-Multis ITT. Als die SEL nach expansiven Jahren 1965 erstmals die Milliardengrenze überschritt, gehörten ihr u.a. auch die Graetz GmbH, Stuttgart, und ITT Schaub-Lorenz, Pforzheim. Nach Auf- und Verkäufen zahlreicher Unternehmen und Firmenverschiebungen innerhalb des ITT-Verbundes verkauften die New Yorker die SEL AG am 1. Januar 1987 mit 85,93% an die Alcatel N.V., einen Konzern, an dem die Compagnie Générale d'Electricité S.A. (anschließende Umbenennung in Alcatel Alsthom), Paris, mit 55,6% und die ITT Corporation, New York, mit 37% beteiligt sind. Seit Juli 1992 firmierte der Unternehmensverbund in Deutschland unter Alcatel SEL AG. 1996 Gründung der Holding Alcatel Deutschland GmbH, unter deren Dach die Alcatel SEL AG durch einen Beherrschungsvertrag als Teilkonzern neben der Alcatel Kabel Beteiligungs-AG agiert. 1998 grundlegende Neustrukturierung der weltweiten Aktivitäten des Alcatel-Konzerns mit dem Schwerpunkt Telekommunikation.

BESITZVERHÄLTNISSE/EIGENTUMSSTRUKTUR.

- Die Alcatel Alsthom S.A. (Alcatel), Paris/Frankreich, ist über die Alcatel Deutschland GmbH, Stuttgart, an der Alcatel SEL AG mittelbar mit mehr als 99% beteiligt.
- Rest Streubesitz

KONZERNÜBERBLICK. Alcatel Alsthom wurde Mitte 1998 grundlegend umgebaut mit Auswirkungen auch auf den deutschen Standort. Aus Alcatel Alsthom Compagnie Générale d'Electricité (Alcatel Alsthom) wurde nun die Alcatel mit nur noch zwei großen Geschäftsfeldern: Telekommunikation und Kabel & Bauelemente. Die GEC Alsthom N.V., Paris/Frankreich, 1989 aus dem Zusammenschluß der Energie- und Transport-Aktivitäten der britischen General Electric Company und der französischen Alcatel Alsthom entstanden (Hersteller des Schnellzuges TGV), wurde aus dem Konzernverbund herausgelöst und an die Börse gebracht, wo sie jetzt unter dem geänderten Namen Alsthom firmiert. Alcatel hält 24% des Kapitals der neuen Alsthom. Die Cegelec AG (Engineering und Systeme) wurde zuvor an Alsthom verkauft. Der Bereich Verteidigungselektronik wurde in die Thomson CSF eingebracht, an der neben Alcatel (ca. 25%) die Unternehmen Dassault Industries und Aerospatiale beteiligt sind.
Alcatel wird nach den einschneidenden Veränderungen ein Konzern sein, bei dem der Schwerpunkt mit 65% auf dem Telekommunikationsmarkt liegt. Hinzu kommt der Bereich Kabel & Bauelemente. Im Netz-Bereich (Vermittlungssysteme) ist Alcatel mit 200 Mio. installierten Festanschlüssen die Nummer eins auf dem Weltmarkt. Das gilt auch für den Bereich Energiekabel. Die Satelliten-Aktivitäten von Alcatel, Thomson CSF und Aerospatiale wurden zur Alcatel Space zusammengefaßt und dem Bereich Telekommunikation von Alcatel zugerechnet (Beteiligung 51%). 1999 übernahm Alcatel die amerikani-

sche DSC Communications Corp., Dallas/Texas. Der Alcatel-Konzern kam 1998 in 140 Ländern auf einen Umsatz von knapp 42 Mrd. DM und beschäftigt rund 120.000 Mitarbeiter.
Die deutschen Interessen des französischen Alcatel-Konzerns sind seit 1996 in der Alcatel Deutschland GmbH gebündelt. Nach dem Verkauf der Unternehmensteile Cegelec AEG GmbH, Frankfurt/Main, und Saft Nife GmbH, Berlin, im Rahmen des weltweiten Konzernumbaus von Alcatel besteht die deutsche Alcatel jetzt aus den Bereichen Alcatel SEL AG, Stuttgart (Telecom), und Alcatel Kabel Beteiligungs-AG, Hannover (Kabel & Bauelemente). Größter Teilkonzern und Kernstück der deutschen Alcatel-Interessen ist die Alcatel SEL AG. Der Alcatel SEL-Teilkonzern gliederte sich Anfang 1998 in folgende Unternehmens- bzw. Produktbereiche:

◆ Vermittlungssysteme: digitale Vermittlungssysteme und Konzentratoren auf der Basis Alcatel 1000 S12 mit Analog- und ISDN-Teilnehmeranschlüssen für öffentliche Orts- und Fernnetze, für Verwaltungsnetze, für Stadtnetze, für militärische Netze, für Vermittlungsstellen in digitalen Mobilfunknetzen; intelligente Netze; Netzmanagementsysteme, Dienstleistungen für Netzbetreiber (Network Operator Services).

◆ Übertragungssysteme: Komplettlösungen für Übertragungsnetze – synchrone Cross-Connect-Systeme und Add-/Drop-Multiplexer; Wellenlängen-Multiplex-Systeme; Netzmanagement-Systeme; professionelle Video- und Audiocodesysteme für private und öffentliche Netze; SHD-Richtfunksysteme.

◆ Zugangssysteme: hybrides Glasfaser-Koax-System 1570 BB für die Fernsehverteilung und für interaktive Video-, Sprach- und Datendienste; aktive und passive optische Teilnehmeranschlußsysteme; Systeme zur optimalen Nutzung von Kupferkabeln; Systeme für die Übertragung auf Hochspannungskabeln; flexible Sprach-/Datenmultiplexer und Cross Connects; Netz- und Service-Management-Systeme.

◆ Telecom Software & Services: Erstellung von kundenspezifischen Softwarelösungen auf dem Gebiet der Telekommunikations- und Informationstechnologie und die Erbringung entsprechender Serviceleistungen.

◆ Mobile Communication: Funksysteme GSM 900/DCS 1800 für digitale Mobilfunknetze inklusive Validations- und Testsysteme; Netzplanungssysteme; Richtfunksysteme; Dienstleistungen für Mobilfunknetzbetreiber.

◆ Business Systems: Telekommunikationssysteme (ISDN-Telekommunikationsanlagen, Sprechanlagen aller Art); Telekommunikationsendgeräte (Mehrfunktionstelefone; analoge und digitale Telefone, Multimedia-Terminals, Faxgeräte); Datensysteme (Datenkommunikationsnetze, Internet/Intranet-Lösungen, Corporate Networks, ISDN-Gateways); All-in-one-Dienstleistungsportfolio.

◆ Transportsysteme: Anlagen der Leit- und Sicherungstechnik; Telekommunikations-Anlagen; Anlagen und Systeme für den schienengebundenen Nah- und Fernverkehr; Telematiksysteme für den Straßenverkehr.

◆ Bauelemente: Mikrosysteme (Hybride, Multi-Chip-Module, intelligente Leistungsmodule, Drucksensoren); Industrielle Komponenten (Schalter, Programmsteuerungen); Motoren und Getriebe (Gleich- und Wechselstrom-Kleinmotoren, Jalousie- und Stellantriebe).

▌ *Hutter, Reinhard (Generaldirektor Alcatel Austria AG), Wien/Österreich*
▌ *Lauvergeon, Anne (President, Industrial Shareholdings Sector Alcatel), Paris/Frankreich*
▌ *Mecklinger, Roland, Dr. (ehem. Vorsitzender der Geschäftsführung der Alcatel Deutschland GmbH), Stuttgart*
▌ *Plinke, Wolfgang C., Dr. (Honorarkonsul der Republik Frankreich in Niedersachsen), Hannover*
▌ *Vagnières, Jean-Claude (Präsident des Verwaltungsrates der Alcatel Schweiz AG), Zürich/Schweiz*
**Süss, Alois (stellv. Vorsitzender)*
**Baur, Hans*
**Forchel, Otto*
**Lausmann, Horst*
**Mamouris, Dimitrios*
**Müller, Heinz*
**Rund, Dieter*
**Stark, Helmut*

Aufsichtsratstantiemen 1998: *405.000,– DM*

Umsatz 1998: *3.734,6 Mio.*
Umsatz 1997: *5.756,0 Mio.*
Umsatz 1996: *4.840,2 Mio.*

Gewinn/Verlust 1998: *-49,9 Mio.*
Gewinn/Verlust 1997: *259,0 Mio.*
Gewinn/Verlust 1996: *53,8 Mio.*

Steueraufkommen 1998: *11,7 Mio.*

Grund- bzw. Stammkapital 1998: *384,0 Mio.*

Beschäftigte 1998: *12.437*
Beschäftigte 1997: *13.839*
Beschäftigte 1996: *15.566*
(Beschäftigte 1992: 22.665)

Umsatz pro Mitarbeiter 1998: *300.281,– DM*
Umsatz pro Mitarbeiter 1997: *415.926,– DM*
Umsatz pro Mitarbeiter 1996: *310.947,– DM*

Löhne und Gehälter 1998: *1.270,3 Mio.*
Löhne und Gehälter 1997: *1.482,3 Mio.*
Durchschnittsgehalt 1998: *102.139,– DM*
Soziale Abgaben und Aufwendungen 1998: *364,5 Mio.*
Soziale Abgaben und Aufwendungen 1997: *414,1 Mio.*

Bezüge pro Vorstandsmitglied 1998: *712.250,– DM*
Tantiemen pro Aufsichtsrat 1998: *25.313,– DM*

Investitionen 1998: *110,0 Mio.*
Investitionen 1997: *115,0 Mio.*
Investitionen 1996: *121,0 Mio.*

Forschung und Entwicklung 1998: *799,0 Mio.*
Forschung und Entwicklung 1997: *933,0 Mio.*
Forschung und Entwicklung 1996: *922,0 Mio.*

Mitbewerber: *ABB, AEG, Bosch, DaimlerChrysler, Deutsche Telekom, Grundig, Miele, Osram, Philips, Siemens*

BETEILIGUNGEN. Die Alcatel Deutschland GmbH, Stuttgart, setzt sich zusammen aus den beiden Teilkonzernen Alcatel SEL AG, Stuttgart, und Alcatel Kabel Beteiligungs-AG, Hannover.

- Tochterunternehmen der Alcatel SEL AG: Alcatel SEL Finanz Beteiligungs- und Anlagegesellschaft mbH, Stuttgart (100%); ke Kommunikations-Elektronik GmbH & Co., Hannover (100%); Hans Heynau GmbH, Stuttgart (100%); Telenet GmbH Kommunikationssysteme, München (100%); Alcatel SEL TLH a.s., Liptovský Hrádok/Slowakei (100%); ESG Elektroniksystem- und Logistik-Gesellschaft mbH, München (30%); Electrocycling Anlagen GmbH, Goslar (25%); Alcatel Holding B.V., Amsterdam/Niederlande (45,8%).
- Tochterunternehmen der Alcatel Kabel Beteiligungs-AG: ke autoelectric GmbH, Floß (100%); Lacroix & Kress GmbH, Bramsche (100%); Alcatel Contracting GmbH, Hannover (100%).

GLOBALE STRATEGIEN UND DER STANDORT DEUTSCHLAND. Die traditionsreiche Alcatel SEL bzw. die Alcatel Deutschland befindet sich im Niedergang, obwohl Deutschland für die internationale Alcatel nach Frankreich der größte nationale Markt Europas ist und als optimaler Ausgangspunkt für Exportgeschäfte in Richtung Osteuropa angesehen wird. Doch auch 1998 gab es wieder eklatante Einbrüche bei Umsatz und Gewinn. Besonders in den Bereichen Vermittlungs- und Zugangssysteme brach die Alcatel SEL ein und konnte mit der Konkurrenz nicht mehr Schritt halten. Katastrophal wirkte sich der Investitionsrückgang der Deutschen Telekom als bisher größter Auftraggeber aus. Doch schon seit einigen Jahren wankt die deutsche Alcatel. Ein verschärfter Wettbewerb besonders in der Kommunikationstechnik, gravierende Managementfehler (z.B. Verzögerungen bei der Auslieferung digitaler Vermittlungssysteme), erhebliche Innovationsdefizite hatten die Erträge in der Vergangenheit drastisch sinken lassen. Die Folge: immer neue Panikreaktionen der Vorstände, kein wirklich erkennbares Grundkonzept, Umstrukturierungen, Unternehmens-Verschmelzungen, Ausgliederungen, Umfirmierungen, Standortschließungen, Personalabbau.

Sicherlich war das Rekorddefizit von 7,5 Mrd. DM im Geschäftsjahr 1995 von Alcatel Alsthom, der höchste Verlust in der französischen Firmengeschichte, mit ein Grund für die von der Pariser Konzernzentrale angekündigten harten Strukturmaßnahmen mit einem weltweiten Abbau der Belegschaft um rund 30.000 Stellen. Daß es die Deutschen besonders hart traf, durfte nicht wundern: Sie waren es, die 1995 von der französischen Mutter mit 1,3 Mrd. DM und ein Jahr später, diesmal von der neuen deutschen Mutter, wiederum mit 600 Mio. DM alimentiert werden mußten. Die Folgen am Standort Deutschland für die Alcatel SEL AG: weitreichende Veränderungen im Management, Firmenzusammenlegungen, -verkäufe und -schließungen sowie Massenentlassungen. Der Standort Landshut wurde verkauft, das Werk Mannheim geschlossen. Ähnliches bei der Alcatel Kabel Beteiligungs-AG, Hannover. Ende 1999 werden drei der sieben Werke in Deutschland schließen – Stadthagen, Berlin und Hamburg.

Alcatel ist in Deutschland äußerst öffentlichkeitsscheu. Wenn es nach den Franzosen ginge, würde die deutsche Tochter nicht einmal mehr eine eigene Bilanzpressekonferenz veranstalten. Doch durch das winzige, an deutschen Börsen plazierte Aktienpaket ist die Alcatel SEL publizitätspflichtig. Je stärker die Kabelgeschäfte wegbrechen, desto verschlossener ist in ihrem Auftreten auch die Alcatel Kabel Beteiligungs-AG, Hannover. Mit der Gründung der Alcatel Deutschland GmbH hat sich die Alcatel Deutschland endgültig aus der Reihe öffentlichkeitsfreundlicher Unternehmen verabschiedet.

INNERBETRIEBLICHE BÜNDNISSE. »Kahlschlagsanierung« nennen das Gewerkschaft und Betriebsrat. Oder eklatanten Vertragsbruch. Wurden Mitte der 90er Jahre bereits rund 7.000 Arbeitsplätze auf Geheiß der Pariser Zentrale in Deutschland gestrichen, so waren es 1997/98 erneut knapp 1.700; über 1.000 weitere Stellen werden bis Ende 1999 gestrichen. Innerbetriebliche Vereinbarungen sind bei Alcatel weitgehend unbekannt. Sogar die sogenannte »Mannheimer Erklärung« von 1995, wonach sich die Alcatel SEL AG verpflichtet hatte, im Werk Mannheim über 400 Mitarbeiter bis zum Jahr 2000 unter bestimmten Voraussetzungen zu beschäftigen, wurde 1997 vom Vorstand einseitig zu Makulatur erklärt. Die Vereinbarung war auch mit der Stadt Mannheim und dem Land Baden-Württemberg geschlossen worden. Ende 1998 befanden sich 660 Jugendliche in einem Ausbildungsverhältnis.

UMWELTSCHUTZ. Zur umweltgerechten Verwertung von Elektro- und Elektronikschrott hat sich Alcatel SEL an einem Joint-venture mit der Babcock Borsig-Tochter Noell, der Deutschen Telekom und Siemens beteiligt: der Electrocycling Anlagen GmbH, Goslar. Bei voller Auslastung kann die Recycling-Anlage jährlich 21.000 Tonnen Telekommunikationsschrott verarbeiten. Alcatel SEL bietet seinen Kunden ein komplettes Dienstleistungspaket mit der Übernahme der gesamten Produktverantwortung – vom Kauf einer Neuanlage bis zur Rücknahme und dem Recycling.

FORSCHUNG, ENTWICKLUNG, INNOVATIONEN.
Die Entwicklungsabteilungen und das Forschungszentrum von Alcatel SEL sind in die internationale Organisation von Alcatel Telecom eingebunden. Für Forschung und Entwicklung wendete Alcatel SEL 1998 799 Mio. DM auf, 21% des Umsatzes. Ende 1998 beschäftigte Alcatel SEL in diesem Bereich 3.230 Mitarbeiter. Zahlreiche wichtige Forschungs- und Entwicklungsprojekte werden federführend von Alcatel SEL durchgeführt, die im Alcatel Telecom-Verbund traditionell eine Spitzenstellung innehat. Im Rahmen der neuen Unternehmensstruktur wird Alcatel SEL für mehrere Produkte die technische Verantwortung haben, u.a. ist das Unternehmen für die Weiterentwicklung des Vermittlungssystems Alcatel 1000 S12 zuständig. Von den 850 Patentanmeldungen der weltweiten Alcatel 1998 stammten 150 von Alcatel SEL.

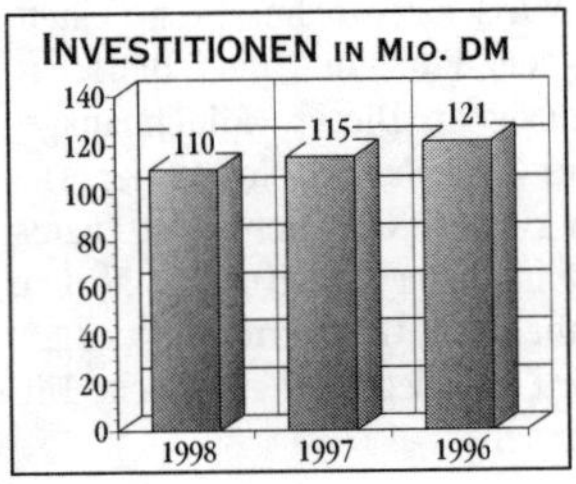

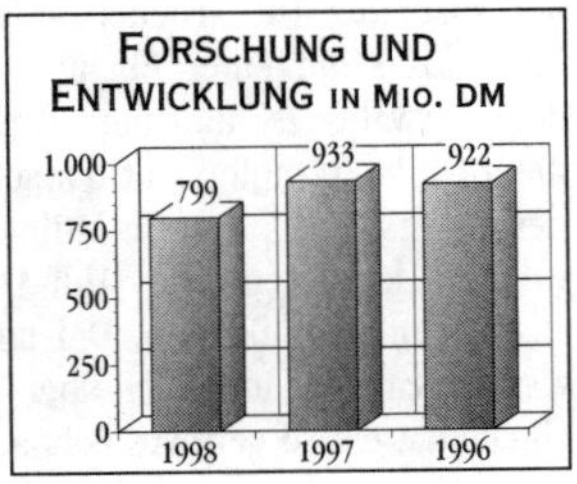

Vorstand Alcatel Kabel (Hannover):
- *Gumbel, Gerhard, Dr. (Vorsitzender)*
- *Bedorf, Wolfgang, Dr.*
- *Ravier, Pierre-Jean*

Aufsichtsrat:
- *Sellner, Jörg, Dr. (Vorsitzender)*

Öffentlichkeitsarbeit:
Barbara Buschkamp
Tel.: (0511) 676-2629
Fax: (0511) 676-2480
E-mail: barbara.buschkamp@wha.acab.alcatel.de

Umsatz 1998: *2.200,0 Mio.*
Beschäftigte 1998: *6.500*

Geschäftsführung Alcatel Deutschland GmbH (Stuttgart):
- *Dutiné, Gottfried, Dr. (Vorsitzender)*
- *Fritsche, Klaus, Dr. (Arbeitsdirektor; Arbeitsdirektor der Alcatel SEL AG)*
- *Gumbel, Gerhard, Dr. (Vorsitzender des Vorstandes der Alcatel Kabel Beteiligungs AG)*

Die Holdinggesellschaft Alcatel Deutschland GmbH hat einen Beherrschungsvertrag mit dem Alcatel SEL-Teilkonzern und der Alcatel Beteiligungs-AG. Die Alcatel Deutschland GmbH, Stuttgart, die jetzt als oberste Repräsentantin aller Alcatel-Interessen in Deutschland fungiert, macht lediglich Angaben zu Umsatz und Beschäftigten.

Umsatz 1998: *5.900,0 Mio.*
Umsatz 1997: *8.300,0 Mio.*
Umsatz 1996: *8.900,0 Mio.*

Beschäftigte 1998: *18.200*
Beschäftigte 1997: *19.500*
Beschäftigte 1996: *28.000*

ALDI

Standorte: *Essen und Mülheim/Ruhr*

Eckenbergstraße 16
45307 Essen

Telefon: *(0201) 8593-0*
Telefax: *(0201) 8593-252*
Internet: *www.aldi.com*

Burgstraße 37
45476 Mülheim

Postfach 10 01 53
45466 Mülheim

Telefon: *(0208) 9927-0*
Telefax: *(0208) 9927-278*
Internet: *www.aldi.com*

Branche: *Lebensmittel-Filialbetriebe, Gebrauchsgüter*

Rechtsform: *GmbH & Co. KG / GmbH & Co. oHG*

Geschäftsjahr: *1.1.-31.12.*

Gründungsjahr: *1962 (erster Aldi-Laden)*

Öffentlichkeitsarbeit:
Eckart Lessner (Geschäftsleitung)
Gisela Janssen (Presse und Sekretariat der Geschäftsleitung)
Tel.: (0201) 8522-701
Fax: (0201) 8522-752

GESCHICHTE UND ENTWICKLUNG. Den Grundstein zum gigantischen Feldzug der Brüder Theo und Karl Albrecht legte deren Mutter, die in Essen einen Lebensmittelladen führte, in dem Theo seine Lehrzeit absolvierte. Karl lernte in einem Essener Feinkostgeschäft. Nach dem Krieg übernahmen die Brüder das Geschäft der Mutter. Wenig später begann die Filialisierung. 1955 besaßen die Brüder bereits zahlreiche Läden im ganzen Ruhrgebiet. 1962 eröffneten sie dann den ersten Albrecht-Discount-Laden (Aldi) in Dortmund. 1972 besaßen sie 600 Filialen, 1990 über 2.000. 1999 gehören zum Aldi-Imperium in Deutschland ca. 3.000 Läden. Hinzu kommen einige hundert Filialen im Ausland.

BESITZVERHÄLTNISSE/EIGENTUMSSTRUKTUR.
Aldi gehört den Brüdern Karl und Theo Albrecht. Gesellschaftsrechtlich haben sich die beiden Brüder 1961 getrennt. Theo Albrecht regiert seither das Filialnetz im Norden, Karl Albrecht beherrscht den Süden. Die Geschäfte werden über regionale Gesellschaften abgewickelt. Die Mehrheit an diesen Gesellschaften halten Familienstiftungen, die Theo-Albrecht-Stiftung in Nortorf (Markus-Stiftung) und die Karl-Albrecht-Stiftung in Eichenau/Bayern (Siepmann-Stiftung). Gesellschafter der Nordgruppe sind die Regionalgeschäftsführer (10%) und Theo Albrecht sen. (90%). Gesellschafter der Südgruppe sind die Regionalgeschäftsführer (10%) und Karl Albrecht sen. (90%).
Aldi gilt durch seine gesellschaftsrechtliche Aufsplitterung und regionalisierte Struktur im juristischen Sinne nicht als Konzern, muß also auch keinen Konzernbetriebsrat einsetzen und ist nicht zur Publizierung einer Konzernbilanz verpflichtet. So basieren auch die meisten Zahlenangaben auf Schätzungen. Theo Albrecht ist als Mehrheitseigner der zur Geschäftsführung befugten Komplementär-GmbHs der regionalen Aldi-Kommanditgesellschaften (die Theo-Albrecht-Stiftung ist jeweils mit 60% Mehrheitskommanditist der 25 Aldi GmbH & Co. KGs, die restlichen Anteile halten Theo Albrecht und seine Familie) gesellschaftsrechtlich in der Lage, deren Geschäftspolitik zu bestimmen und Geschäftsführer seines Vertrauens einzusetzen.
Über Aldi (Süd) gibt es wenig aufschlußreiche Angaben. Die Struktur dürfte aber ähnlich sein. Die »Wirtschaftswoche« (18/1996) recherchierte einige Details zur Hierarchie in Albrechts Südreich. Danach gibt es ein fünfstufiges, streng gegliedertes Organisationssystem: Kassiererinnen, Filialleiter, Bezirksleiter, regionaler Verkaufsleiter, Niederlassungsleiter. Der regionale Verkaufsleiter, der für rund 50 Filialen zuständig ist, arbeitet – laut »Wirtschaftswoche« – in einem Fünferkreis auf einer Ebene neben dem Einkaufs-, dem Betriebs-, dem Verwaltungs- und dem Expansionsleiter. Dieses »Mittelmanagement-Quintett« untersteht danach dem Niederlassungsleiter, der wiederum an die Zentrale in Mülheim berichtet. Nach der »Wirtschaftswoche« kassieren alle Aldi-Angestellten der Südgruppe jährlich zusammen nur 400 Mio. DM an Löhnen und Gehältern, knapp 2,5% vom Umsatz, der im Süden über 15 Mrd. DM liegt. Keine deutsche Filialkette hat ein so geringes Lohnaufkommen.

KONZERNÜBERBLICK/BETEILIGUNGEN. Zum Aldi-Imperium gehören bundesweit rund 3.000 Filialen im Discountgeschäft mit einem Marktanteil im Handel mit Nahrungs- und Genußmitteln von ca. 15%. Albrecht hat im Gegensatz zu seinen großen Konkurrenten Tengelmann, Rewe und Metro niemals durch Aufkauf, sondern immer durch Neueröffnungen sein Lebensmittelreich vergrößert. Das Kernsortiment umfaßt lediglich zwischen 450 und 600 Artikel (ein Bruchteil dessen, was in vergleichbaren Supermärkten in den Regalen steht), wozu in den letzten Jahren auch noch ausgesuchte Gebrauchsgüter in hoher Stückzahl, die sogenannte Aktionsware, gekommen sind. 1999 erregte Aldi bundesweit Aufsehen mit einer Verkaufsaktion von Computern. An nur einem einzigen Tag verkaufte Aldi mehr als 200.000 PCs zum Preis von 1.777,– DM. Im Lebensmittelmarkt vertreibt Aldi größtenteils Eigenmarken, aber auch Produkte von Markenherstellern. Aldi gliedert sich in die Nord- und die Südgruppe.

- Zur Nordgruppe gehören u.a. Aldi Einkauf GmbH & Co. oHG, Essen; Aldi Einkauf GmbH, Herten; mehrere Aldi Einkauf GmbH & Co. KGs; Albrecht Kaffee GmbH & Co. KGs.
- Zur Südgruppe zählen: Aldi Einkauf GmbH & Co. oHG, Mülheim/Ruhr; Aldi Einkauf GmbH, Duisburg; mehrere Aldi GmbH & Co. KGs.

Insgesamt werden die Milliardengeschäfte über etwa 30 Gesellschaften in der Rechtsform der GmbH & Co. KG abgewickelt.
Jüngste Offensive der Brüder sind die Märkte Frankreichs und Großbritanniens. Mit für französische Verhältnisse sensationell niedrigen Preisen und einer aggressiven Niederlassungsstrategie gehen die Mülheimer in Frankreich vor. 200 Aldi-Läden wurden in einer ersten Etappe eröffnet. 300 Billigläden planen die Albrecht-Brüder auch in Großbritannien, wo sie ihre Offensive Ende 1990 mit den ersten Geschäften und mit bis zu 30% preiswerteren Waren als bei der Konkurrenz eröffneten. Dabei beschränkt sich Aldi in bewährter Manier auf ein engbegrenztes Sortiment, das von rund 20% der Bevölkerung verlangt wird.

KONZERNPHILOSOPHIE. Auf wenigen Quadratmetern mit geringem Personalaufwand einen möglichst hohen Umsatz bzw. Gewinn zu erwirtschaften und darüber nach außen hin Stillschweigen zu bewahren.

GLOBALE STRATEGIEN UND DER STANDORT DEUTSCHLAND. In Großbritannien eröffnete Aldi nicht nur eigene Märkte (50 Läden), sondern akquirierte erstmals in seiner Firmengeschichte auch bereits bestehende Lebensmittelketten, um sie in seinem Sinne umzufunktionieren. Ähnliches gilt für die USA (angepeilt sind 2.000 Läden) und Österreich, wo Albrecht durch die Akquisition der Hofer KG (über 190 Läden) und eigene Läden mit einem Umsatz von 1,5 Mrd. DM zum viertgrößten deutschen Unternehmen nach Siemens Österreich, BMW Austria und der Metro-Gruppe wurde. In Frankreich wurden 1996 die Discountgeschäfte Dia von der Promodès S.A. übernommen. Albrecht akquirierte auch in den Niederlanden (Aldi Inkoop und fünf Betriebsgesellschaften: Albrecht Culemborg BV mit 50 Läden, Albrecht Ommen BV mit 55 Läden, Aldo Best BV mit knapp 80 Läden), Belgien und Dänemark. Die Markus-Stiftung besitzt 11% an der amerikanischen Supermarktkette Albertsons Inc. in Idaho, die Siepmann-Stiftung knapp 6% an der holländischen Supermarktkette De Boer Winkelbedrijven. Aldi plant auch den Schritt nach Australien, wo mit eigenen Filialen

Geschäftsführung:
Zur Aldi GmbH & Co. KG, Essen und Mülheim, gehören die Nordgruppe (Essen) und die Südgruppe (Mülheim) mit der Aldi Einkauf GmbH & Co. oHG (Nord) und der Aldi Einkauf GmbH & Co. oHG (Süd). Geschäftsführende Gesellschafter der Nordgruppe: Theo Albrecht sen., Theo Albrecht jun. Geschäftsführende Gesellschafter der Südgruppe: Karl Albrecht, Maria Albrecht (über diverse Stiftungen wie Siepmann-, Oertel-, Elisen- oder Markus-Stiftung).

Umsatz 1998: *35.250,0 Mio.*
Umsatz 1997: *34.500,0 Mio.*
Umsatz 1996: *33.250,0 Mio.*

(geschätzter Einzelhandelsumsatz der Nord- und Südgruppe; zu Gewinn und Cash flow keine Angaben, wobei aber der Gewinn pro Jahr auf über 1 Mrd. DM geschätzt wird. Für Lohnkosten sollen lediglich 3% des Umsatzes aufgewendet werden)

Filialen 1998: *ca. 3.000*
Filialen 1997: *ca. 3.100*
Filialen 1996: *ca. 3.100*
(Filialen 1993: ca. 2.400)

Beschäftigte 1998: *20.500*
Beschäftigte 1997: *20.000*
Beschäftigte 1996: *21.000*

und einem gezielten Sortiment den Anbietern vor Ort Konkurrenz gemacht werden soll. Dennoch wird das Auslandsgeschäft weit weniger expansiv betrieben als z.B. durch Tengelmann, Edeka und Spar.
Aldi konzentriert sich in erster Linie auf den Ausbau seines Filialnetzes in Deutschland und die Abwehr von Billigkonkurrenten. Der Kampf um den Standort Deutschland im Discount-Markt hat sich in den letzten Jahren erheblich verschärft. Jede vierte Mark im deutschen Lebensmittelhandel wird im Discount-Markt ausgegeben (vor 20 Jahren war es jede 15. Mark). Das sind rund 230 Mrd. DM, die sich über 12.000 Billigläden in Deutschland verteilen. Neben Aldi kämpfen um die Anteile Tip (Asko), Netto (Spar), Norma (Norma-Roth), Lidl (Lidl & Schwarz), Penny Markt (Rewe), Plus (Tengelmann).

UMWELTSCHUTZ/INNOVATIONEN. Über Umweltschutz-Initiativen und irgendwelche Innovationen macht Aldi keine Angaben. Ein Leben aus dem Karton ...

KOMMENTAR. »Spekulation ist ein Grundsatz unseres Unternehmens. Keine Auskünfte!« So die für die Presse zuständige Gisela Janssen, die gleichzeitig das Sekretariat des Aldi-Geschäftsführers Eckart Lessner betreibt – auch wieder im Sommer 1999. Vom Kleinkrämer zum Großkrämer und vor allem zum Geheimniskrämer. Aldi gilt als die publizitätsfeindlichste Firma der Bundesrepublik. Die beiden Brüder Albrecht lassen keinerlei Informationen an die Öffentlichkeit, selbst Angaben zum Umsatz basieren auf einer Schätzung, die aber wohl realistisch sein dürfte – ein eigenartiges Verhalten beim größten deutschen Einzelhändler, durch dessen Kassen jede neunte Mark fließt, die im deutschen Lebensmittelhandel ausgegeben wird. Durch eine raffinierte Aufsplitterung ihres Imperiums in rechtlich selbständige Untergesellschaften entziehen sich die Albrechts auch weitgehend einer gewerkschaftlichen Mitbestimmung bzw. Kontrolle. Theo und Karl Albrecht haben sich ihr Reich aus gesellschaftsrechtlichen Gründen aufgeteilt. Theo herrscht über 1.700 Filialen im Norden, Karl regiert die 1.300 Niederlassungen im Süden der Republik. Und die Kunden leben aus den Aldi-Kartons recht preisgünstig: kaum Werbung und trotzdem volle Kassen. Eine Aldi-Filiale sei letztlich ein Lagerraum mit einer Kasse (so Dieter Brandes in seinem Buch »Konsequent einfach. Die Aldi-Erfolgsstory« von 1998).
50% aller Hausfrauen im Lande kaufen im Laufe eines Monats mindestens einmal bei Aldi ein. Zum Vergleich: Obwohl die Tengelmann-Discount-Tochter »Plus« mit über 2.300 Filialen über ein nahezu ebenso großes Filialnetz wie Aldi verfügt, kaufen dort weniger als 25% aller Hausfrauen.
Der entscheidende Durchbruch gelang Aldi Anfang der 70er Jahre auf spektakuläre Weise, als Bruder Theo vom Düsseldorfer Rechtsanwalt Heinz-Joachim Ollenburg entführt worden war und erst gegen ein Lösegeld von 7 Mio. DM wieder auf freien Fuß kam – was der Discount-König auch prompt als Werbekosten von der Steuer abzusetzen versuchte. Von nun an ging's bergauf mit den Aldi-Brüdern, den Königen des Einzelhandels, den »Pfennigfuchsern«.
Jetzt treibt die Aldi-Senioren die Nachfolgefrage um. Da die Discount-Brüder ihren Kindern offensichtlich nicht allzuviel zutrauen, haben sie die Mehrheiten ihres Konzerns in die Markus- bzw. Siepmann-Stiftung

eingebracht, Familienstiftungen, die keine Flops zulassen. Senior Karl Albrecht hat einen Sohn, den 48jährigen Karl jun., Bruder Theo die beiden Söhne Theo jun. und Berthold, die beide im Management neben Familienfremden derzeit nur eine Nebenrolle spielen. Das Wirtschaftsmagazin »Capital« (5/94) über den sich anbahnenden Generationskonflikt im Reich der Albrechts: »Offensichtlich quält beide Brüder der Gedanke, ob die nächste Generation das Zeug zur erfolgreichen Zukunftsgestaltung hat. Jung Theo zum Beispiel gilt als noch größere Krämerseele, als der Senior es je war. Berthold Albrecht hingegen soll zuviel Herz für Mitarbeiter und sogar für seine eigene Familie haben.«

Mitbewerber: *AVA, Deutsche SB-Kauf, Edeka, Gedelfi, Globus, Kaiser's, Karstadt/Hertie, Kaufring, Leckerland, Lidl & Schwarz, Mann, Metro (Allkauf/Kaufhof), Nanz, Norma-Roth, Plus, Rewe, Schlecker, Spar, Tengelmann*

ALLIANZ

GESCHICHTE UND ENTWICKLUNG. Gegründet wurde die Allianz 1890 durch den Versicherungskaufmann Carl von Thieme und den Bankier Wilhelm von Finck, die bereits 1880 die Münchener Rückversicherung aus der Taufe gehoben hatten. Sitz der Allianz Versicherungs-Aktien-Gesellschaft war Berlin. Die ursprünglich als Spezialgesellschaft für die Unfall- und Haftpflichtversicherung geplante Allianz dehnte sich schnell auf andere Versicherungsfelder aus und expandierte ins Ausland. Sie war Vorreiter bei der Einführung der Haftpflichtversicherung und etablierte die Maschinenversicherung. Ihr internationales Image erhielt sie über ihre Transportversicherung. Im Rahmen von Inflation und Weltwirtschaftskrise wurde die Allianz durch Akquisitionen zahlreicher in Schwierigkeiten geratener deutscher Versicherungsunternehmen zu einem großen Konzern ausgebaut. Nach dem ersten Weltkrieg wurden die Kraftversicherungs-AG und die Allianz Lebensversicherungs-AG gegründet. Besonders durch Akquisitionen während der Nazi-Zeit expandierte die Allianz weiter. Durch den Krieg verlor die Allianz ein Drittel ihres deutschen Geschäfts im Osten und das gesamte Auslandsgeschäft.

1949 wurde die Hauptverwaltung von Berlin nach München verlegt, und es begann ein rasanter Wiederaufstieg. In den 70er Jahren wurde das Auslandsgeschäft durch Beteiligungen und Firmenkäufe zu neuer Größe geführt. Mitte der 80er Jahre folgten die Neuordnung des Konzerns unter dem Dach der Allianz AG Holding und zahlreiche spektakuläre Großakquisitionen: 1984/87 stufenweiser Erwerb der Kapitalmehrheit an der Riunione Adriatica di Sicurtà S.p.A. (RAS), der zweitgrößten italienischen Versicherungsgruppe. 1986 Übernahme der britischen Cornhill Insurance PLC; 1989 Beteiligung von 50% an Via/Rhin et Moselle, der Versicherungsgruppe des französischen Mischkonzerns Compagnie de Navigation Mixte. 1990 Beteiligung an der Hungária in Budapest und Übernahme der staatlichen Versicherung der DDR mit rund 30 Mio. Verträgen; 1990 Gründung der Deutschen Versicherungs-AG in Ost-Berlin. 1991 kam es zum aufsehenerregenden Kauf der amerikanischen Versicherungsgruppe Fireman's Fund für 5,3 Mrd. DM. 1994 erwarb die Allianz von der Schweizer Rück deren Erstversicherungsgeschäft mit Mehrheitsbeteiligungen an der Elvia-Gruppe, Zürich, der italienischen Lloyd Adriatico, Triest, und der Vereinte Versicherungsgruppe, München, für knapp 6 Mrd. DM, die bis dahin

Standort:
Königinstraße 28
80802 München

Postanschrift:
80790 München

Telefon: *(089) 3800-0*
Telefax: *(089) 349941*
Internet: *www.allianz.de*

Branche: *Versicherungen*

Rechtsform:
Aktiengesellschaft

Geschäftsjahr: *1.1.-31.12.*

Gründungsjahr: *1890 als Allianz Versicherungs-AG; 1985 Gründung der Allianz AG Holding*

Öffentlichkeitsarbeit:
Emilio Galli-Zugaro
Tel.: (089) 3800-3345
Fax: (089) 3800-2114
E-Mail: Emilio.Galli-Zugaro@Allianz.de

Vorstand:
- *Schulte-Noelle, Henning, Dr. (Vorsitzender)*
- *Breipohl, Diethart, Dr. (Finanzen)*
- *Bremkamp, Detlev (Europa, Naher Osten, Afrika; Rückversicherung)*
- *Hagemann, Rainer, Dr. (Schaden- und Unfallversicherung Deutschland; Arbeitsdirektor)*
- *Hansmeyer, Herbert (Nord- und Südamerika)*
- *Rupprecht, Gerhard, Dr. (Lebens- und Krankenversicherung Deutschland)*
- *Diekmann, Michael (stellv. Mitglied; Asien-Pazifik)*
- *Perlet, Helmut, Dr. (stellv. Mitglied; Rechnungswesen, Steuern und Controlling)*

Vorstandsbezüge 1998:
11.900.000,– DM

Aufsichtsrat:
- *Liesen, Klaus, Dr. Dr. h.c. (Vorsitzender; Vorsitzender des Aufsichtsrates der Ruhrgas AG)*
- *Titzrath, Alfons Friedrich, Dr. (stellv. Vorsitzender; Vorsitzender des Aufsichtsrates der Dresdner Bank AG)*
- *Baumann, Karl-Hermann, Dr. (Vorsitzender des Aufsichtsrates der Siemens AG)*
- *Collomb, Bertrand (Président Directeur Général Lafarge)*
- *Dormann, Jürgen (Vorsitzender des Vorstandes der Hoechst AG)*
- *Pischetsrieder, Bernd (ehem. Vorsitzender des Vorstandes der BMW AG)*
- *Schmidt, Albrecht, Dr. (Sprecher des Vorstandes der Bayerische Hypo- und Vereinsbank AG)*
- *Schneider, Manfred, Dr. (Vorsitzender des Vorstandes der Bayer AG)*
- *Scholl, Hermann, Dr. (Vorsitzender der Geschäftsführung der Robert Bosch GmbH)*

größte Akquisition in der Allianz-Geschichte. Aus kartellrechtlichen Gründen wurde die Vereinte Versicherungsgruppe vorübergehend an die Münchener Rück weiterverkauft, dann aber Mitte 1996 im Rahmen eines Tausches endgültig von der Allianz übernommen. 1995 kam es zur Mehrheitsbeteiligung von 65% an der französischen Assurances Fédérales IARD, einer Tochter der Crédit Lyonnais. 1998 wurden für 9 Mrd. DM 51% des französischen Versicherungskonzerns Assurances Générales de France (AGF) übernommen. Die Allianz wurde damit zum weltweit größten Versicherungskonzern.

BESITZVERHÄLTNISSE/EIGENTUMSSTRUKTUR.
- Münchener Rückversicherungs-Gesellschaft AG, München (25%)
- Deutsche Bank AG, Frankfurt/Main (9,3%)
- Dresdner Bank AG, Frankfurt/Main (10%)
- Bayerische Hypo- und Vereinsbank AG, München (6,8%)
- Rest Streubesitz bei über 120.000 Aktionären (davon ca. 34.000 Belegschaftsaktionäre). Die Familie von Finck hält ein Aktienpaket von rund 5%. Im Besitz ausländischer Aktionäre befinden sich knapp 20% des Aktienkapitals.

KONZERNÜBERBLICK. Die Allianz gehörte bislang schon zu den größten Versicherungskonzernen der Welt und war Europas führende Versicherungsgruppe. Nach der Übernahme der französischen AGF ist sie das weltweit größte Versicherungs-Konglomerat. Das weltweite Beitragsaufkommen der Allianz-Gruppe lag 1998 bei 90,4 Mrd. DM (Vorjahr: 75,6 Mrd.) mit 105.700 angestellten Mitarbeitern, zu denen noch über 141.000 haupt- und nebenberufliche Vertreter kommen. Die Allianz AG ist die Dachgesellschaft des Allianz-Konzerns, der in 68 Ländern der Erde mit über 600 Konzernunternehmen, Beteiligungen, Kooperationen und Niederlassungen seinen Kunden im Versicherungsbereich zur Verfügung steht. Über die Hälfte des Prämienaufkommens erwirtschaftet die Allianz-Gruppe auf ausländischen Märkten.
Der Konzern gliedert sich in die weltweiten Geschäftsbereiche Schaden-/Unfallversicherung, Lebens- und Krankenversicherung sowie Asset Management.

◆ Das Schaden- und Unfallversicherungsgeschäft in Deutschland umfaßt die Aktivitäten der Sachversicherungsgruppe Deutschland, der Hermes Kreditversicherungs-AG und der Allianz AG einschließlich der von ihr mehrheitlich gehaltenen Vermögensholdings. Dazu nimmt die Allianz AG neben ihren Aufgaben als Holdinggesellschaft auch das Konzern-Rückversicherungsgeschäft wahr. Die Allianz Sachversicherungsgruppe ist der größte deutsche Schaden- und Unfallversicherer. Sie betreibt alle Sparten der Privatkunden-, Gewerbe- und Industrieversicherung. Die Kraftfahrtversicherung ist mit gut 40% am gesamten Beitragsaufkommen der inländischen Sachversicherungsgesellschaften die größte Einzelbranche. Der Bereich Schaden- und Unfallversicherung macht etwa zwei Drittel des gesamten Versicherungsgeschäftes der Allianz-Gruppe aus.

◆ Das Lebens- und Krankenversicherungsgeschäft wird von der Allianz Lebensversicherungs-AG mit Hauptverwaltung in Stuttgart, der Deutsche Lebensversicherungs-AG, der Vereinte Lebensversicherung AG sowie der Vereinte Krankenversicherung AG betrieben. Der mit Abstand größte Lebensversicherer der Republik besitzt in Deutschland knapp 11 Mio. Verträge mit einer Versicherungssumme von 393 Mrd. DM.

◆ Asset Management und sonstige Finanzdienstleistungen: 1998 schuf die Allianz neben den Versicherungsaktivitäten mit der Allianz Asset Management GmbH ein neues Kerngeschäftsfeld für das immer größer werdende Geschäft mit der Vermögensverwaltung – einmal für die Vermögen der eigenen in- und ausländischen Versicherungsgesellschaften, zum anderen für die Vermögen von Drittkunden. Der Wert der »Assets under Management« belief sich Ende 1998 auf 671 Mrd. DM.

BETEILIGUNGEN. Neben der Allianz AG wurden 1998 in den Konzernabschluß 97 (Vorjahr: 61) inländische und 491 (Vorjahr: 261) ausländische Unternehmen einbezogen. Die wichtigsten Konzernunternehmen und Versicherungsbeteiligungen sowie Beteiligungen an Banken und Industrieunternehmen sind den Tafeln auf Seite 34-36 zu entnehmen.

DURCH DIE AGF-AKQUISITION ZUR NUMMER EINS.
Wer dachte, die Allianz sei bezüglich ihrer Größe und Potenz nicht mehr steigerungsfähig, wurde eines Besseren belehrt. 1997/98 wurden 51% der Assurances Générales de France (AGF), der Führungsgesellschaft des zweitgrößten privatwirtschaftlichen französischen Versicherungskonzerns, für 9 Mrd. DM übernommen, der teuerste Kauf eines Unternehmens in der Firmengeschichte der Allianz. Damit stach die Allianz den italienischen Versicherungskonzern Generali, der die AGF in einem als feindlich empfundenen Übernahmeversuch beherrschen wollte, aus. Im Zuge der AGF-Übernahme wurden die von AGF und ein Teil der von Allianz gehaltenen Anteile (AGF 33,5%, Allianz 8%) an der AMB an Generali verkauft, die auf diese Weise Mehrheitsaktionär des AMB-Konzerns wurde. Auch nach der Übernahme soll die AGF ihre eigene Identität behalten und die verbliebenen 49% in breitem Streubesitz innerhalb des französischen Aktienindex verbleiben. Im Auslandsgeschäft allerdings werden zahlreiche Auslandstöchter von Allianz und AGF zusammengelegt. Die AGF ist auch ein bedeutender Industrieversicherer. In den Sparten Marine, Luftfahrt und Transport ist sie weltweit die Nummer eins. Finanziert wurde der Übernahme-Coup u.a. durch eine Kapitalerhöhung der Allianz AG im Volumen von rund 3 Mrd. DM. 4 Mrd. DM kamen aus der eigenen Liquidität, der Rest wurde über den Kapitalmarkt finanziert.

BETEILIGUNGS-COUP VON ALLIANZ UND MÜNCHENER RÜCK. Der Übernahme-Coup des Erstversicherungsgeschäfts der Schweizer Rück (zweitgrößter Rückversicherer der Welt) mit der Elvia-Gruppe, Zürich, der italienischen Lloyd Adriatico, Triest, und der Vereinte Versicherungsgruppe, München, durch die Allianz 1994 sorgte für reichlich Aufsehen. Immerhin zahlte die Allianz für das komplette Paket einen Kaufpreis von 6 Mrd. DM. Doch der Deal geriet in die Mühlen des Kartellamtes. Besaß doch die Allianz mit der Deutsche Krankenversicherung AG (DKV) bereits den deutschen Branchenprimus. Jetzt wollte sie mit der Vereinte Versicherungsgruppe auch noch den zweitgrößten deutschen privaten Krankenversicherer übernehmen. Die Übernahmeauflage der Kartellbehörden an die Allianz: Sie sollte zumindest die Vereinte Versicherungsgruppe an einen anderen Versicherungskonzern verkaufen. Doch bevor die Vereinte

❙ *Schrempp, Jürgen E.*
(Vorsitzender des Vorstandes der DaimlerChrysler AG)
**Miller, Karl*
(stellv. Vorsitzender)
**Blix, Norbert*
**Carlin, Klaus*
**Hickel, Rudolf, Prof. Dr.*
**Lembke, Reiner*
**Ley, Frank*
**Mackert, Alfred*
**Pohl, Reinhold*
**Renner, Gerhard*
**Schiemann, Roswitha*

Aufsichtsratstantiemen 1998: *2.200.000,– DM*

BÖRSE, AKTIEN, KURSE
Grundkapital 1998:
1.226,3 Mio.
Jahreshöchstkurs 1998:
679,50 DM (347,42 €)
Jahrestiefstkurs 1998:
424,50 DM (217,00 €)
Aktie Jahresende 1998:
620,00 DM (317,00 €)
Dividende pro Aktie 1998:
2,20 DM

Die Dividende bezieht sich auf je 5,– DM Aktiennennbetrag. Die Dividendenausschüttung 1998 betrug 539,0 Mio. DM. Börsenwert der Allianz zum 31.12.1998: 151,8 Mrd. DM (Vorjahr: 107,2 Mrd.). Ende 1998 wurde die nennwertlose Stückaktie eingeführt. Durch die Veränderung des Jahresabschlusses von HGB auf IAS (International Accounting Standards) sind nur noch die Zahlen der letzten beiden Jahre vergleichbar.

DIE ALLIANZ MIT IHREN WICHTIGSTEN KONZERNUNTERNEHMEN UND VERSICHERUNGSBETEILIGUNGEN

DEUTSCHLAND

- Allianz Versicherungs-AG
- Frankfurter Versicherungs-AG
- Bayerische Versicherungsbank AG
- Allianz Globus Marine Versicherungs-AG
- Vereinte Versicherung AG
- Vereinte Rechtsschutzversicherung AG
- Hermes Kreditversicherungs-AG
- Allianz Lebensversicherungs-AG
- Deutsche Lebensversicherungs-AG
- Vereinte Lebensversicherung AG
- Vereinte Krankenversicherung AG

EUROPA (ohne Deutschland)

Belgien
- AGF Assubel
- AGF L'Escaut
- Assubel Vie
- ELVIA Assurances S.A.

Dänemark
- Allianz Nordeuropa Forsikringsaktieselskabet
- Domus-Forsikringsaktieselskabet

Frankreich
- Assurances Générales de France
- Assurances Générales de France Iart
- Allianz Assurances
- LES ASSURANCES FÉDÉRALES IARD
- ELVIA ASSURANCES
- Euler
- Assurances Générales de France Vie
- Allianz Vie
- RHIN ET MOSELLE ASSURANCES FRANÇAISES Compagnie d'Assurances sur la Vie
- COMPAGNIE GÉNÉRALE DE PRÉVOYANCE

Griechenland
- Allianz General Insurance Company S.A.
- AGF Kosmos AG
- Allianz Life Insurance Company S.A.
- AGF Kosmos Vie

Großbritannien
- Cornhill Insurance PLC

Irland
- Allianz Irish Life Holdings

Italien
- Riunione Adriatica di Sicurtà S.p.A.
- Lloyd Adriatico S.p.A.
- Allianz Subalpina Società di Assicurazioni e Riassicurazioni S.p.A.

Luxemburg
- International Reinsurance Company S.A.

Niederlande
- Royal Nederland Schade
- Royal Nederland Leven
- Allianz Nederland N.V.
- ELVIA Schadeverzekeringen N.V.
- ELVIA Levensverzekeringen N.V.

Österreich
- Allianz Elementar Versicherung-AG
- Allianz Elementar Lebensversicherung-AG

Polen
- T.U. Allianz Polska S.A.
- T.U. Allianz Polska Życie S.A.

Portugal
- Portugal Previdente Companhia de Seguros S.A.
- Sociedade Portuguesa de Seguros S.A.

Russische Föderation
- Ost-West Allianz Insurance Company

Schweiz
- ELVIA Schweizerische Versicherungs-Gesellschaft
- Allianz Versicherung (Schweiz) AG
- Berner Allgemeine Versicherungs-Gesellschaft
- Alba Allgemeine Versicherungs-Gesellschaft
- ELVIA Schweizerische Lebensversicherungs-Gesellschaft
- Berner Lebensversicherungs-Gesellschaft
- Allianz Risk Transfer (ART)
- ELVIA Reiseversicherungs-Gesellschaft

Slowakische Republik
- Allianz poist'ovňa, a.s.

Spanien
- AGF Unión y Fénix
- Allianz-RAS Seguros y Reaseguros S.A.
- Athena Seguros
- Eurovida S.A. Compañía de Seguros y Reaseguros

Tschechische Republik
- Allianz pojišt'ovna, a.s.

Türkei
- Koç Allianz Hayat Sigorta T.A.Ş.
- Koç Allianz Sigorta T.A.Ş.

Ungarn
- Hungária Biztosító Rt

AMERIKA

Argentinien
- Allianz RAS Argentina S.A. de Seguros Generales

Brasilien
- AGF Brasil Seguros
- Allianz-Bradesco Seguros S.A.

Chile
- Allianz Compañía de Seguros S.A.
- Consorcio General
- Consorcio General de Seguros Vida
- Allianz Bice Compañía de Seguros de Vida S.A.

Kanada
- Allianz Insurance Company of Canada
- Canada West Insurance Company
- Canadian Surety
- Trafalgar Insurance Company of Canada

Mexiko
- Allianz México S.A. Compañía de Seguros

USA
- Fireman's Fund Insurance Company
- Allianz Insurance Company
- Jefferson Insurance Company of N.Y.
- Allianz Life Insurance Company of North America

Venezuela
- Adriática de Seguros C.A.

AUSTRALIEN

- Manufacturers' Mutual Insurance Group (MMI)

AFRIKA

Ägypten
- Arab International Insurance Company

Namibia
- Allianz Insurance of Namibia Ltd.

Südafrika
- Allianz Insurance Ltd.

Vereinigte Arabische Emirate
- Allianz Versicherungs-AG (Dubai Branch)

ASIEN

Brunei
- National Insurance Company Berhad

Hongkong
- Allianz Cornhill Insurance (Far East) Ltd.

Indonesien
- P.T. Asuransi Allianz Utama Indonesia
- P.T. Asuransi Allianz Life Indonesia

Japan
- Allianz Fire and Marine Insurance Japan Ltd.

Laos
- A.G.L.

Malaysia
- Malaysia British Assurance Life
- Malaysia British Assurance Non-Life

Philippinen
- Pioneer Allianz Life Assurance Corporation

Singapur
- Allianz Insurance (Singapore) Pte. Ltd.

Südkorea
- France Life

Thailand
- The Navakij Insurance Public Company Ltd.

Weitere wesentliche Beteiligungen an börsennotierten Unternehmen	Währung	Marktwert Mio.	Anteil %
AMB Aachener und Münchener Beteiligungs-AG, Aachen	DM	3.391,8	4,6
BASF AG, Ludwigshafen	DM	4.130,8	10,4
Bayer AG, Leverkusen	DM	2.554,4	5,0
Bayerische Hypo- und Vereinsbank AG, München	DM	9.576,1	17,4
Beiersdorf AG, Hamburg	DM	1.686,2	38,4
BEWAG-AG, Berlin	DM	437,6	4,4
Continental AG, Hannover	DM	222,1	4,2
DaimlerChrysler AG, Stuttgart	DM	1.761,4	1,1
Deutsche Bank AG, Frankfurt/Main	DM	2.629,0	5,0
Dresdner Bank AG, Frankfurt/Main	DM	18.516,0	21,7
Ergo Versicherungsgruppe AG, Hamburg	DM	2.748,9	7,8
Heidelberger Druckmaschinen AG, Heidelberg	DM	1.040,6	12,0
IKB Deutsche Industriebank AG, Düsseldorf/Berlin	DM	361,1	20,0
Karlsruher Lebensversicherung AG, Karlsruhe	DM	213,4	36,1
Karstadt AG, Essen	DM	1.043,6	14,2
Lahmeyer AG, Frankfurt/Main	DM	1.117,8	15,2
Leifheit AG, Nassau/Lahn	DM	32,2	10,1
Linde AG, Wiesbaden	DM	935,5	11,0
MAN AG, München	DM	984,5	12,9
Mannesmann AG, Düsseldorf	DM	573,9	0,8
Metallgesellschaft AG, Frankfurt/Main	DM	147,8	4,0
Monachia Grundstücks-AG, München	DM	46,6	48,7
Münchener Rückversicherungs-Gesellschaft AG, München	DM	5.287,5	25,0
RWE AG, Essen	DM	5.155,5	10,1
Schering AG, Berlin	DM	1.433,8	10,1
Schloßgartenbau-AG, Stuttgart	DM	10,4	7,0
Siemens AG, Berlin/München	DM	1.718,2	2,6
Süd-Chemie AG, München	DM	179,5	19,0
TELA Versicherung AG, Berlin/München	DM	312,8	25,0
Thyssen Krupp AG, Düsseldorf	DM	566,9	5,3
VEBA AG, Düsseldorf	DM	4.974,0	10,0
VIAG AG, München	DM	1.547,4	5,9
Banco Popular S.A., Madrid/Spanien	ESP	61.846,0	5,2
Banco Portugues de Investimento, Lissabon/Portugal	PTE	40.350,3	8,9
Generale Industrie Metallurgiche S.p.A., Florenz/Italien	ITL	9.200,1	3,9
Mediobanca S.p.A., Mailand/Italien	ITL	264.350,2	2,0
Paribas, Paris/Frankreich	FRF	3.523,9	4,5
Pirelli & Co. S.p.A., Mailand/Italien	ITL	103.503,1	5,4
Rolo Banca 1473 S.p.A., Bologna/Italien	ITL	811.785,7	4,2
Société Générale, Paris/Frankreich	FRF	2.203,0	2,4
Total, Paris la Defénce/Frankreich	FRF	1.200,4	0,9
UniCredito Italiano S.p.A., Mailand/Italien	ITL	1.401.335,5	3,1
Vivendi, Paris/Frankreich	FRF	1.603,8	0,7
Worms et Cie, Paris la Défence/Frankreich	FRF	1.541,3	15,1

Versicherungsgruppe in die Hände der Konkurrenz gelangen würde, landete die Allianz einen neuerlichen Beteiligungs-Coup. In einer großen Tauschaktion gab sie ihre Anteile an der DKV an die Münchener Rück ab und erhielt dafür deren 25%ige Beteiligung an der Vereinte und die Mehrheitsbeteiligung (50,3%) an der Hermes Kreditversicherungs-AG, Hamburg. Damit hatte die Allianz die Vereinte im Portfolio, zusätzlich die lukrative Hermes-Gruppe und damit den Einstieg ins Kreditversicherungsgeschäft und konnte die DKV beim Schwesterunternehmen Münchener Rück plazieren.

GLOBALE STRATEGIEN UND DER STANDORT DEUTSCHLAND. Nachdem es auf der westeuropäischen Karte für die Allianz-Strategen so gut wie keine weißen Flecken mehr gibt (die Allianz-Gruppe erzielt in den Ländern der Europäischen Währungsunion über 80% des Prämienvolumens; gemeinsam mit der AGF hält die Allianz in neun der elf Länder im Versicherungssektor Führungspositionen) und auch die USA bestens besetzt sind (im Jahr 2000 geht die Allianz an die New Yorker Börse), konzentrieren sie sich jetzt im Zuge der zunehmenden Globalisierung auf die sogenannten Wachstumsmärkte. In Japan, Singapur, Indonesien und Hongkong ist die Allianz bereits fest etabliert, andere Länder sollen folgen. Mitte 1999 wurden je 50% der Anteile an zwei taiwanesischen Versicherungen übernommen sowie ein koreanischer Versicherer akquiriert. In Osteuropa ist die Allianz bereits massiv vertreten. Schon 1989 kaufte sich der Versicherungs-Multi bei der Hungária Biztosito in Budapest ein, die dort mit Abstand Marktführer ist. Tochtergesellschaften gibt es in Tschechien, der Slowakei, Rußland und Polen. Große Potentiale sieht die Allianz weltweit in der Lebens- und Krankenversicherung, auch und besonders durch die Kooperation mit Banken, wo Allianz-Kunden weltweit in über 10.000 Bankfilialen Versicherungsschutz erwerben können. Weltweit beschäftigte die Allianz-Gruppe 1998 105.676 Mitarbeiter, 28.725 mehr als ein Jahr zuvor. Die Erhöhung ist auf den Zusammenschluß mit der AGF zurückzuführen. Im Inland hatte die Allianz 1998 40.543 Beschäftigte. Nachdem bereits seit langem eine Zusammenarbeit mit der Dresdner Bank im Bereich Asset Management im Raum stand, kam es 1999 zum Joint-venture ADAM Service GmbH. Die Allianz plant nach der AGF-Übernahme auch eine Beteiligung von knapp 6% an der französischen Großbank Crédit Lyonnais (CL).

INNERBETRIEBLICHE BÜNDNISSE. Die Allianz betont, daß bei ihr Entscheidungen vor Ort getroffen werden, daß die einzelnen Gesellschaften weitgehende Autonomie besitzen, um durch ein Höchstmaß an operativer Selbständigkeit flexibel am Markt zu agieren. Ausdruck dieses Führungsprinzips sei »eine bewußt schlanke Personalausstattung der Holding« mit nur 400 Mitarbeitern. Fortlaufend werde geprüft, ob die Geschäftsabläufe in den einzelnen Gesellschaften zwecks weiterer Kostenvorteile noch »schlanker« zu organisieren, die Qualifikation, Servicebereitschaft und Flexibilität der Mitarbeiter weiter zu optimieren sind.

UMWELTSCHUTZ. 1999 präsentierte die Allianz ihren Umwelt-Report 3 (Allianz Ökobilanz). In einer Input-Output-Bilanz werden nach den Kriterien Umlaufgüter, Anlagegüter, Energie, Wasser, Luft, Boden

Beitragseinnahmen 1998: *90.373,0 Mio. (Schaden/Unfallversicherung: 59.310,0 Mio.; Lebens-/Krankenversicherung: 31.063,0 Mio.)*
Beitragseinnahmen 1997: *75.576,0 Mio. (Schaden/Unfallversicherung: 48.177,0 Mio.; Lebens-/Krankenversicherung: 27.399,0 Mio.)*

Gewinn 1998: *3.557,8 Mio.*
Gewinn 1997: *2.706,2 Mio.*

Steueraufkommen 1998: *2.987,7 Mio.*

Eigenkapital 1998: *43.482,4 Mio.*

Kapitalanlagen des Allianz-Konzerns 1998: *530.598,0 Mio. (davon: Grundvermögen 29.308,0 Mio.; Anteile an anderen Unternehmen 37.176,5 Mio.; Hypothekendarlehen 34.374,2 Mio.; Wertpapiere 358.652,3 Mio.)*
Gesamtergebnis aus der Anlagetätigkeit 1998: *28.900,0 Mio.*

Versicherungstechnische Rückstellungen 1998: *424.100,0 Mio.*
Leistungen an Kunden 1998: *78.196,0 Mio.*

Beschäftigte 1998: *105.676 (davon im Ausland: 65.133)*
Beschäftigte 1997: *76.951 (davon im Ausland: 36.881)*
Beschäftigte 1996: *69.236 (davon im Ausland: 34.298)*

Löhne und Gehälter 1998: *6.756,0 Mio.*
Löhne und Gehälter 1997: *5.687,0 Mio.*
Durchschnittsgehalt 1998: *63.931,– DM*
Soziale Abgaben und Aufwendungen 1998: *2.708,6 Mio.*
Soziale Abgaben und Aufwendungen 1997: *1.621,4 Mio.*

Bezüge pro Vorstandsmitglied 1998: *1.487.500,– DM*
Tantiemen pro Aufsichtsrat 1998: *110.000,– DM*

Mitbewerber: *Albingia, AMB, Axa Colonia, Continentale, Ergo, Gerling, Gothaer, HUK Coburg, Iduna, Nordstern, Nürnberger, Provinzial, R+V, Signal*

(Input) sowie Produkte/Service, Abfall, Energieabgabe, Abwasser und Abluft (Output) die betrieblichen Vorgänge auf ihre Umweltrelevanz erfaßt sowie Maßnahmen zur Verbesserung der Ökobilanz vorgeschlagen. Bereits 1990 wurde mit einem Stiftungskapital von 100 Mio. DM die Allianz Stiftung zum Schutz der Umwelt ins Leben gerufen, die besonders im Natur- und Landschaftsschutz, in Wissenschaft und Forschung, Kunst und Kultur sowie im Bereich Bildung und Erziehung engagiert ist. Über Förderprojekte entscheidet ein Kuratorium.

KOMMENTAR. Die Allianz ist der mit Abstand größte Versicherungskonzern Europas und durch die Übernahme der französischen AGF (51%) auch die weltweite Nummer eins. Im Verbund mit der Münchener Rückversicherungs-Gesellschaft AG (»Münchener Rück«) ist sie international eine einzigartige Größe und die mächtigste Versicherungsallianz der Welt – durch eine gegenseitige Beteiligung von jeweils 25% sind die beiden Konzerne eng miteinander verzahnt. Der Allianz-Konzern deckt ein Risikovolumen von mehreren hundert Milliarden Mark ab, eine Summe, die weit über der des Bundeshaushaltes liegt. Im amerikanischen Magazin »Business Week« wurde die Allianz bereits 1990 bezüglich ihres Börsenwertes in der Liste der 1.000 größten Unternehmen der Welt an 35. Stelle geführt. Mit einem Börsenwert von mehr als 60 Mrd. DM wurde sie als teuerstes deutsches Unternehmen bzw. teuerstes Versicherungsunternehmen der Welt bezeichnet. Am 31. Dezember 1998 betrug der Börsenwert 151,8 Mrd. DM. Die Allianz ist über ein ausgeklügeltes Beteiligungsgefüge unter dem Dach der Münchner Holding, in der alle Fäden zusammenlaufen, einer der einflußreichsten Konzerne innerhalb der deutschen Wirtschaft, auch über den Versicherungsbereich hinaus. Eher leise hatte sich der Versicherer unter der Ägide des früheren Vorstandsvorsitzenden Wolfgang Schieren ein riesiges Anlage- und Beteiligungsportefeuille zusammengekauft, das auch unter dem jetzigen Vorstands-Chef Henning Schulte-Noelle fortgeführt und ausgebaut wird. Die Allianz gehört darüber hinaus mit der Münchener Rück zu den größten deutschen Anlegern im Immobilienbereich. Mehrere Milliarden Mark hat sie in den letzten zwei Jahrzehnten in den Grundstückskauf und in Bauprojekte gesteckt. Aus rund 40.000 Mietwohnungen kassiert der Assekuranzriese jährlich mehrere hundert Millionen Mark Miete.

allkauf siehe Metro

AMB

Standort:
Aachener und Münchener Allee 9
52074 Aachen

Postanschrift:
Postfach 186
52002 Aachen

GESCHICHTE UND ENTWICKLUNG. Die AM-Gruppe wurde 1825 als regionaler Feuerversicherer in Aachen gegründet. 1834 erfolgte die Zulassung in Bayern und die Firmierung unter Aachener und Münchener Feuer-Versicherungs-Gesellschaft. 1840 kam es zur Zulassung in allen deutschen Staaten, 1853 zur Gründung der Aachener Rückversicherungs-Gesellschaft. 1893 wurde mit den ersten Auslandsgeschäften begonnen. 1924 übernahm die AM die Thuringia

Versicherungs-AG. In den 60er Jahren expandierte die AM ins europäische Ausland, erwarb Beteiligungen und gründete Tochtergesellschaften. 1970 kam es zur Konstituierung der Aachener und Münchener-Gruppe mit der Aachener und Münchener Beteiligungs-Aktiengesellschaft als Obergesellschaft. 1971 wurde die Central Krankenversicherung AG, Köln, akquiriert, 1972 folgte die Cosmos Allgemeine Versicherungs AG, Saarbrücken. 1987 kam es zum Erwerb von 50% + 1 Aktie an der BfG Bank AG, Frankfurt/Main, die 1992 auf 25% + 1 Aktie zurückgeführt wurde. 1988 Umfirmierung der Aachener und Münchener Beteiligungs-Aktiengesellschaft in AMB Aachener und Münchener Beteiligungs-Aktiengesellschaft. 1989 begann in Schritten die Übernahme der Volksfürsorge Lebensversicherung AG. In den 90er Jahren wurde weiter expandiert, die AMB aber auch konsolidiert. 1998 kam es zum Einstieg und zur Mehrheitsübernahme durch den italienischen Versicherungskonzern Generali.

BESITZVERHÄLTNISSE/EIGENTUMSSTRUKTUR.
- Assicurazioni Generali S.p.A., Triest/Italien (65,1%)
- Dresdner Bank AG, Frankfurt/Main (5,1%)
- Münchener Rückversicherungs-Gesellschaft AG, München (4,8%)
- Allianz AG, München (4,6%)
- Rest Streubesitz bei etwa 6.700 Aktionären

KONZERNÜBERBLICK. Die Holding AMB Aachener und Münchener Beteiligungs-Aktiengesellschaft steht an der Spitze der Aachener und Münchener-Gruppe. Sie hält die Mehrheit an den Gruppen-Gesellschaften und ist für die Optimierung des Beteiligungsportfolios zuständig. Die AM-Gruppe versteht sich als Allfinanz-Unternehmen. Zum AM-Konzern gehören Versicherungsunternehmen und zwei Bausparkassen. Unter dem Dach der Holding AMB arbeiten Unternehmen, die das ganze Spektrum der Finanzdienstleistungen anbieten: Lebens-, Kranken-, Sach- und Rechtsschutzversicherungen, Baufinanzierungen, Bankprodukte und sonstige Dienstleistungen. Mit einem Umsatz von 19,9 Mrd. DM war der AM-Konzern 1998 nach der Allianz und der Ergo-Gruppe die Nummer drei der Erstversicherer in Deutschland. Der zweitgrößte Versicherungszweig des Unternehmens ist die Kraftfahrtversicherung. Zur AMB gehören so bedeutende Versicherer wie die Aachener und Münchener Versicherung AG (AMV), Aachen, Aachener und Münchener Leben, Aachen, Thuringia Versicherungs-AG, München, die Volksfürsorge-Gruppe mit Sach- und Lebensversicherung, die AdvoCard Rechtsschutzversicherung AG, Hamburg, die Central Krankenversicherung AG, Köln, und die Cosmos Versicherungs AG, Saarbrücken. Das Bauspargeschäft repräsentieren die Badenia Bausparkasse AG, Karlsruhe, und die DBS Deutsche Bausparkasse AG, Darmstadt.

BETEILIGUNGEN. Zu den wichtigsten inländischen Konzern-Unternehmen in den Unternehmensbereichen Versicherer, Bausparkasse/Bank, sonstige Dienstleister und Zwischenholdings gehören:
- Versicherungsunternehmen – Kompositversicherer: Aachener und Münchener Versicherung AG, Aachen (98,27%); Thuringia Versicherungs-AG, München (99%); Volksfürsorge Deutsche Sachversicherung AG, Hamburg (99,9%); AdvoCard Rechtsschutzversicherung AG, Hamburg (100%); Cosmos Versicherung AG, Saarbrücken

Telefon: *(0241) 461-01*
Telefax: *(0241) 461-1805*
Internet: *www.amb.de*

Branche: *Versicherungen und Kreditinstitute*

Rechtsform:
Aktiengesellschaft

Geschäftsjahr: *1.1.-31.12.*

Gründungsjahr: *1825*

Öffentlichkeitsarbeit:
Gabriele Greiwe-Fischer
Tel.: (0241) 461-1730
Fax: (0241) 461-1830
E-Mail: Presse.AMB@AM-Gruppe.de

Vorstand:
- *Jäger, Hans, Dr. (Vorsitzender)*
- *Kalka, Michael, Dr.*
- *Meyer, Lothar, Dr.*
- *Schorlemer, Elmo Freiherr von*
- *Thießen, Walter, Dr.*

Vorstandsbezüge 1998:
2.766.172,– DM

Aufsichtsrat:
- *Kaske, Wolfgang, Dr. (Vorsitzender)*
- *Balbinot, Sergio, Dr., Triest/Italien*
- *Bernheim, Antoine, Paris/Frankreich*
- *Cerchiai, Fabio, Dr., Venedig/Italien*
- *Eberstadt, Gerhard, Bad Homburg v.d.H.*
- *Gutty, Gianfranco, Dr., Triest/Italien*
- *Lüer, Hans-Jochen, Dr., Köln*
- *Perissinotto, Giovanni, Dr., Triest/Italien*
- *Philipp, Dieter, Aachen*
- *Pohl, Reinfried, Dr., Marburg*

**Hendricks, Monika (stellv. Vorsitzende)*
**Düsterdick, Karl-Heinz*
**Freitag, Lutz*

**Hille, Susanne*
**Kuß, Michael*
**Paul, Dieter*
**Preckel, Gerhard*
**Raninger, Karl*
**Schatta, Jürgen*
**Stüve, Peter*

Aufsichtsratstantiemen 1998: *2.124.243,– DM*

BÖRSE, AKTIEN, KURSE
Grundkapital 1998:
266,9 Mio.
Jahreshöchstkurs 1998:
Namensaktie: 296,00 DM (151,34 €)
Inhaberaktie: 242,00 DM (123,73 €)
Jahrestiefstkurs 1998:
Namensaktie: 191,07 DM (97,69 €)
Inhaberaktie: 170,00 DM (86,92 €)
Aktie Jahresende 1998:
Namensaktie: 245,00 DM (125,27 €)
Inhaberaktie: 196,10 DM (100,26 €)
Dividende pro Aktie 1998:
Namensaktie: 2,00 DM
Inhaberaktie: 2,00 DM

Die Dividende bezieht sich auf eine Stückaktie. Die Dividendenausschüttung 1998 betrug 106,8 Mio. DM.

Gesamtumsatz 1998:
19.867,1 Mio.
Gesamtumsatz 1997:
20.574,7 Mio.
Gesamtumsatz 1996:
20.019,5 Mio.
(Gesamtumsätze inkl. Beitragseinnahmen)

Gewinn 1998: *1.169,5 Mio.*
Gewinn 1997: *402,4 Mio.*
Gewinn 1996: *343,4 Mio.*

Steueraufkommen 1998:
379,8 Mio.

(100%). Lebensversicherer: Aachener und Münchener Lebensversicherung AG, Aachen (96,9%); Volksfürsorge Deutsche Lebensversicherung AG, Hamburg (100%); Cosmos Lebensversicherungs-AG, Saarbrücken (100%); Prudence Vie, S.A., Villepinte/Frankreich (99,9%). Krankenversicherer: Central Krankenversicherung AG, Köln (99,4%); Cosmos Krankenversicherung AG, Saarbrücken (100%); Volksfürsorge Krankenversicherung AG, Hamburg (100%). Rückversicherer: Cosmos Reinsurance Co. Ltd., Dublin/Irland (100%); Volksfürsorge Reinsurance Company Ltd., Dublin/Irland (100%).

● Bausparkasse/Bank: Badenia Bausparkasse AG, Karlsruhe (99,99%); DBS Deutsche Bausparkasse AG, Darmstadt (81,1%); BfG Bank AG, Frankfurt/Main (25% + 1 Aktie; Mehrheitsaktionär der BfG Bank ist die französische Crédit Lyonnais).

● Sonstige Dienstleistungsunternehmen: AM Informatik GmbH, Aachen (100%); AM Aachener und Münchener Immobilien GmbH, Aachen (100%); Deutsche Vermögensberatung AG DVAG, Frankfurt/Main (50% abzgl. 6 Aktien); Allwo Allgemeine Wohnungsvermögens-AG, Hannover (99,7%); AM Finanzanlagen-Management GmbH, Köln (100%); Holding der Firmengruppe H.J. Blumenauer Immobilien GmbH, Bad Soden/Taunus (100%).

● Holdinggesellschaften/Zwischenholdings: Volksfürsorge Holding AG, Hamburg (98,6%); AM EPIC GmbH, Aachen (100%); AM Prudence, S.A., Neuilly-sur-Seine/Frankreich (100%).

GLOBALE STRATEGIEN UND DER STANDORT DEUTSCHLAND. Anfang 1998 erwarb die italienische Assicurazioni Generali S.p.A. von Aktionären der AMB, in erster Linie vom bis dahin größten Einzelaktionär, der Assurances Générales de France (AFG) S.A., große Teile des Aktienkapitals. Die Übernahme stand in Zusammenhang mit einer Vereinbarung der Generali mit der Allianz AG zur Übernahme der AFG durch die Allianz. Generali und Vorstand der AMB haben über die zukünftige Stellung des AM-Konzerns in der Generali-Gruppe eine Kooperationsvereinbarung abgeschlossen. Danach soll die Funktion der AMB als Management-Holding zur Führung ihrer bisherigen Aktivitäten in Deutschland bestehen bleiben. AMB ist der drittgrößte Versicherungskonzern in Deutschland und kommt gemeinsam mit dem neuen Mehrheitsaktionär Generali bezogen auf das Bruttoprämienvolumen in Europa auf Rang drei.

Die AMB konzentriert sich zusehends auf das inländische Erstversicherungsgeschäft mit dem Schwerpunkt Privatkunden. Entsprechend wird das Kerngeschäftsfeld ausgebaut, das Beteiligungsportefeuille gestrafft. In diesem Zusammenhang wurde 1998 die Royal Nederland (Royal Nederland Schadeverzekering/Royal Nederland Levensverzekering) für 720 Mio. DM verkauft. Im Rahmen einer Straffung der Führungsstrukturen und Entscheidungswege wurden zwischen zahlreichen Konzerngesellschaften und der AMB Beherrschungsverträge abgeschlossen. Die Tochtergesellschaften verloren damit ihre bislang gepflegte Selbständigkeit an die AMB. Im Rahmen dieser Umstrukturierung wurde die AM-Konzernrückversicherung AG auf die AMB verschmolzen. Ziel ist eine koordinierte Rückversicherungspolitik für alle Tochtergesellschaften. Mit der Commerzbank AG wurde eine 1998 vereinbarte Vertriebskooperation 1999 weiterentwickelt. Die Commerzbank bietet Bausparverträge der zur AMB-Gruppe gehörenden Badenia Bausparkasse an und will im Schaltergeschäft Produkte der AMB-Tochtergesellschaft Volksfürsorge vermitteln. Im Gegenzug vertreiben AMB-Gesellschaften Bankprodukte der Commerzbank.

INNERBETRIEBLICHE BÜNDNISSE. Wie im Jahr zuvor erfolgte auch 1998 die Reduzierung des Personals im Innendienst bei den Komposit- und Lebensversicherern (Reduzierung des Personals von 12.900 auf 11.700 Mitarbeiter) durch Ausnutzen der natürlichen Fluktuation sowie Vereinbarungen zu Vorruhestandsregelungen. Durch die Flexibilisierung der Arbeitszeit wurde in vielen Bereichen der Wechsel aus der Vollzeit- in eine Teilzeitarbeit erreicht. Ende 1998 waren 806 Jugendliche in Ausbildung.

UMWELTSCHUTZ. Zur Organisation und Koordination von Umweltschutzmaßnahmen wurde eine unternehmensübergreifende Arbeitsgruppe gebildet. Ziele: Vermeidung von Doppelarbeiten, Entwicklung von Standards, gemeinsamer Marktauftritt bei den Entsorgungsunternehmen. Spezialwissen zum Umweltschutz soll zentral gebündelt und dann den Gruppengesellschaften zur Verfügung gestellt werden.

Beschäftigte 1998: *17.067*
Beschäftigte 1997: *18.108*
Beschäftigte 1996: *18.583*

Personalaufwand 1998: *1.747,6 Mio.*
Personalaufwand 1997: *1.817,7 Mio.*
Durchschnittlicher Personalaufwand 1998: *102.396,– DM*

Bezüge pro Vorstandsmitglied 1998: *553.234,– DM*
Tantiemen pro Aufsichtsrat 1998: *106.212,– DM*

Mitbewerber: *Albingia, Allianz, Axa Colonia, Continentale, Ergo, Gerling, Gothaer, HUK Coburg, Iduna, Nordstern, Nürnberger, R+V, Signal*

Aral siehe VEBA
Audi siehe Volkswagen
AVA siehe Edeka

BABCOCK BORSIG

GESCHICHTE UND ENTWICKLUNG. Die Babcock Borsig AG wurde 1898 unter dem Namen »Deutsche Babcock & Wilcox Dampfkessel-Werke AG« in Oberhausen gegründet und befand sich im Verbund der internationalen Babcock & Wilcox-Organisation. Die Amerikaner George Herman Babcock und Stephen Wilcox hatten einen Dampferzeuger, den »Sektionalkessel«, entwickelt, den sie in England und Deutschland nachbauen ließen. 1898 begann die Produktion mit 30 Mitarbeitern. Rund um den Standort Oberhausen – Kesselschmiede, Gießerei, Rohr-, Armaturen- und Vorwärmerfabrik – begann die Expansion der Babcock, die sich kontinuierlich vergrößerte, aber erst nach dem Zweiten Weltkrieg durch bedeutende Akquisitionen zum Großkonzern aufstieg. Seit ihrer Gründung vor über 90 Jahren ist die Babcock führend bei Energieerzeugungsanlagen und in der Kraftwerkstechnik. Heute ist die Babcock Borsig AG, die sich 1999 von Deutsche Babcock in Babcock Borsig umfirmiert hat, eine unabhängige Unternehmensgruppe.

BESITZVERHÄLTNISSE/EIGENTUMSSTRUKTUR.
- Preussag AG, Hannover (33%)
- Westdeutsche Landesbank Girozentrale, Düsseldorf (10%)

Standort:
Duisburger Straße 375
46049 Oberhausen

Postanschrift:
46041 Oberhausen

Telefon: *(0208) 833-0*
Telex: *08 56 951 dbab d*
Telefax: *(0208) 26091*
Internet: *www.deutsche-babcock.de*

Branche: *Maschinen- und Anlagenbau sowie Energie- und Umwelttechnik*

Rechtsform:
Aktiengesellschaft

Geschäftsjahr: *1.10.-30.9.*

Gründungsjahr: *1898*

Öffentlichkeitsarbeit:
Dr. Hans-Joachim Wieckmann
Tel.: (0208) 833-3536
Fax: (0208) 833-2519
E-Mail: hwi@notes.babcock.de

Verbände: *Verband Deutscher Maschinen- und Anlagenbau e.V. (VDMA), Frankfurt/Main*

Vorstand:
- *Lederer, Klaus G., Prof. Dr.*
- *Woriescheck, Gerd*
- *Kall, Fritz*
- *Rühl, Gisbert*

Vorstandsbezüge 1997/98:
7.327.052,– DM

- Fidelity Investments, Boston/USA (5,17%)
- Streubesitz bei 40.000 Aktionären. 45% des Anteilsbesitzes liegen bei Ausländern. Aktionärsstruktur: Privatpersonen (35%); Versicherungen und Banken (42%); Investmentgesellschaften (14%); Rest sonstige.

KONZERNÜBERBLICK. Die Babcock Borsig AG ist die Management-Holding der Babcock-Gruppe. Sie ist zuständig für die strategische Führung, Planung und Kontrolle der gesamten Unternehmensgruppe. Zur Holding gehören 170 weltweit operierende Gesellschaften. 1997/98 wurden im Rahmen einer grundlegenden Umstrukturierung die bis dahin bestehenden acht Unternehmenskreise und Zwischenholdings aufgelöst, die Strukturen des Konzerns gestrafft und im Zuge der Umbenennung von Deutsche Babcock AG in Babcock Borsig AG in fünf Kerngeschäftsfelder gegliedert: Antriebstechnik mit A. Friedr. Flender AG (Zahnradgetriebe, Getriebemotoren, elektrische Antriebssysteme); Kraftwerkstechnik mit Babcock Kraftwerkstechnik GmbH (Dampferzeuger, Abhitzkessel, Umbau/Service); Maschinenbau mit Moenus Textilmaschinen AG (Gebläse-Systeme, Textilmaschinen, Spezialmaschinen); Gebäudetechnik mit Krantz-TKT GmbH (technische Gebäudeausrüstung, Facility Management, lufttechnische Systeme); Energiesysteme mit Borsig Energy GmbH (Kraftwerkssysteme, Gasturbinenanlagen, Windkraftanlagen, Industriekessel, Elektro- und Prozeßleittechnik). Hinzu kommen einige wesentliche Beteiligungen.

BETEILIGUNGEN. Zur Deutsche Babcock AG gehören rund 170 in- und ausländische Gesellschaften. Zu den wichtigsten Konzerngesellschaften gehören in den einzelnen Kerngeschäftsfeldern:
- Antriebstechnik: A. Friedr. Flender AG, Bocholt (75,5%); Loher

Konzernstruktur

Babcock Borsig AG

Antriebstechnik	Maschinenbau	Kraftwerkstechnik	Energiesysteme	Gebäudetechnik
A. Friedr. Flender	Moenus	Babcock Kraftwerkstechnik	Babcock Prozeßautomation	Krantz-TKT
Flender-Graffenstaden	Babcock Textilmaschinen	Babcock Kraftwerksservice	Nordex	Lufthansa Gebäudemanagement Holding
Flender-Himmelwerk	Sucker-Müller-Hacoba	Steinmüller	Tuma Turbomach	Babcock Dienstleistungen
Flender ESAT	Krantz Textiltechnik	Deutsche Babcock Power Systems	Babcock-Omnical	Krantz-TKT Cleanroom Technology
Flender Guß	Babcock-BSH	Dt. Babcock Tangshan Boiler Company		
Loher	Schumag	DB Riley		
	Vits	Deutsche Babcock Anlagen		
	Turbo-Lufttechnik	Thomassen International		
	Neumag	IDEA		

Weitere Beteiligungen/ Konzerngesellschaften: Borsig, Oberflächentechnik, Balcke-Dürr Thermal Engineering, Balcke-Dürr Prozeßtechnik, WABAG, Industrierohrleitungsbau, Precismeca

AG, Ruhstorf an der Rott (74,6%); Flender Guß GmbH, Wittgensdorf (75,5%); Flender-Himmelwerk GmbH, Tübingen (75,5%).

● Kraftwerkstechnik: Babcock Kraftwerkstechnik GmbH, Oberhausen (100%); L. & C. Steinmüller GmbH, Gummersbach (74,9%), Deutsche Babcock Anlagen GmbH, Oberhausen (100%); Deutsche Babcock Power Systems GmbH, Oberhausen (100%); DB Riley Consolidated Inc., Worcester/Massachusetts, USA (100%); Thomassen International Holding B.V., Rheden/Niederlande (100%); Deutsche Babcock Tangshan Boiler Company Ltd., Tangshan/China (60%).

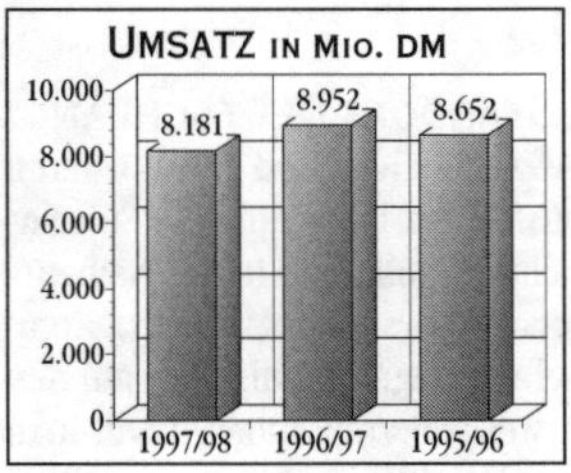

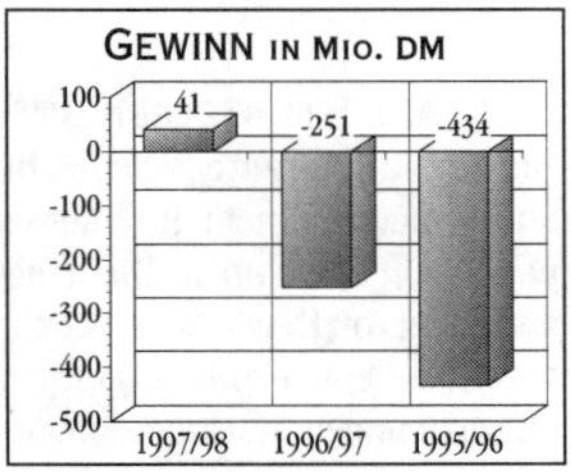

● Maschinenbau: Moenus Textilmaschinen AG, Mönchengladbach (74,2%); Sucker-Müller-Hacoba GmbH & Co., Mönchengladbach (74,2%); Babcock Textilmaschinen GmbH, Seevetal (74,2%); Turbo-Lufttechnik GmbH, Zweibrücken (69%); Precismeca-Montan Gesellschaft für Fördertechnik mbH, Sulzbach/Saar (100%); Schumag AG, Aachen (74,4%); Neumag-Neumünstersche Maschinen- und Anlagenbau GmbH, Neumünster (44,8%); Vits Maschinenbau GmbH, Langenfeld (69%).

● Gebäudetechnik: Krantz-TKT GmbH, Aachen (67,3%).

● Energiesysteme: Borsig Energy GmbH, Oberhausen (100%); Babcock-Omnical Industriekessel GmbH, Oberhausen (100%); Nordex Balcke-Dürr GmbH, Rerik (50,5%); Tuma Turbomach S.A., Mezzovico/Schweiz (63,5%).

● Weitere Beteiligungen/Konzerngesellschaften: BDAG Balcke-Dürr AG, Ratingen (67,3%); Wabag Wassertechnische Anlagen GmbH, Kulmbach (67,3%); Babcock Industrierohrleitungsbau GmbH, Leverkusen (67,3%).

DIE KRISE, DAS CRASH-PROGRAMM, DER TURNAROUND.

Im April 1998 konnte der neue, von ITT Automotive Europe GmbH/Frankfurt/Main gekommene Vorstandsvorsitzende Klaus Lederer (zuvor war es zum Rauswurf seines Vorgängers Heyo Schmiedeknecht gekommen) Aktionären und Belegschaft mitteilen: »Turnaround gelungen.« Dem vorausgegangen war eine rigorose Umstrukturierung des gesamten Konzerns mit strikter Abschaffung der Zwischenholdings, dem Verkauf von Beteiligungen, der Trennung von Verlustträgern mit einem Umsatz von 1 Mrd. DM, der Vereinfachung der Strukturen, der Reduzierung der Organisationskosten und einem massiven Personalabbau. Anzeichen hatten schon lange darauf hingedeutet, im Sommer 1996 war es dann gewiß: Die Deutsche Babcock befand sich in einer tiefgreifenden Krise (Standortkosten, Währungsveränderungen, Managementfehler, Fehlakquisitionen). Konzernverluste von über 400 Mio. DM wurden verbucht. Die Folge: ein tiefgreifendes, von rund 50 kre-

Aufsichtsrat:

I Neuber, Friedel (Vorsitzender), Düsseldorf
I Esser, Friedrich H., Essen
I Geitner, Thomas, Essen
I Henle, Christian Peter, Mülheim/Ruhr
I Kracht, Adolf, Köln
I Krämer, Hermann, Dr., Düsseldorf
I Linnebach, Klaus, Hannover
I Schimmelmann, Wulf von, Prof. Dr., Bonn
I Theye, Joachim, Dr., Bremen
I Wunderlich, Hermann, Dr., Leverkusen
**Westfeld, Heinz Georg (stellv. Vorsitzender)*
**Elze, Hannelore*
**Gehrke, Hans-Hermann*
**Holtmeyer, Günther, Dr.*
**Lück, Detlef*
**Pilgermann, Werner*
**Schartau, Harald*
**Weigel, Johannes*
**Witzke, Siegfried*
**Wurl, Bernhard*

Aufsichtsratstantiemen 1997/98: *503.461,– DM*

BÖRSE, AKTIEN, KURSE
Grundkapital 1999:
524,2 Mio.
Jahreshöchstkurs 1998:
130,00 DM (66,47 €)
Jahrestiefstkurs 1998:
88,50 DM (45,25 €)
Aktie Jahresende 1998:
81,00 DM (41,41 €)
Dividende pro Aktie 1998:
0,00 DM

Das Grundkapital ist eingeteilt in 7 Mio. Inhaber-Stammaktien zu je 50,– DM.

Umsatz 1997/98: *8.180,6 Mio.*
(Auslandsanteil: 40%)
Umsatz 1996/97: *8.952,4 Mio.*
(Auslandsanteil: 47%)
Umsatz 1995/96: *8.651,7 Mio.*
(Auslandsanteil: 47%)

Gewinn/Verlust 1997/98:
41,4 Mio.
Gewinn/Verlust 1996/97:
-250,5 Mio.
Gewinn/Verlust 1995/96:
-433,7 Mio.

Cash flow 1997/98:
260,0 Mio.
Cash flow 1996/97:
-72,0 Mio.
Cash flow 1995/96:
-279,0 Mio.

Steueraufkommen 1997/98:
19,8 Mio.

Beschäftigte 1997/98: *28.662*
Beschäftigte 1996/97: *27.763*
Beschäftigte 1995/96: *32.342*

Umsatz pro Mitarbeiter 1997/98: *285.416,– DM*
Umsatz pro Mitarbeiter 1996/97: *322.470,– DM*
Umsatz pro Mitarbeiter 1995/96: *267.507,– DM*

Löhne und Gehälter 1997/98: *2.033,6 Mio.*
Löhne und Gehälter 1996/97: *2.200,2 Mio.*
Durchschnittsgehalt 1997/98: *70.951,– DM*
Soziale Abgaben und Aufwendungen 1997/98:
454,3 Mio.
Soziale Abgaben und Aufwendungen 1996/97:
490,4 Mio.

ditgebenden Banken unter Federführung des Babcock-Großaktionärs WestLB mit Finanzierungshilfen von mehreren hundert Millionen DM sanktioniertes Sanierungsprogramm, das eine radikale Umstrukturierung des gesamten Konzerns vorsah. Zahlreiche Unternehmensbeteiligungen wurden verkauft, einige Bereiche stillgelegt. Die Zahl der Beschäftigten sank von rund 32.400 um 14% auf etwa 27.700 zum Ende des Babcock-Geschäftsjahres 1997. Wesentliches Element der neuen Konzernstruktur sollte eine »schlanke« Finanz- und Führungs-Holding für nunmehr fünf selbständige, straff gegliederte, ergebnisorientierte Geschäftsfelder sein. Der Holding-Vorstand wurde auf jetzt vier Mitglieder verkleinert.

Globale Strategien und der Standort Deutschland.

Die neu strukturierte Babcock Borsig AG will zunehmend global agieren und in den nunmehr fünf Kerngeschäftsfeldern internationale Spitzenpositionen einnehmen. Die neue Ausrichtung soll auch in der Namensänderung von Deutsche Babcock in Babcock Borsig zum Ausdruck kommen. Zum einen soll die »unverwechselbare Eigenständigkeit« auf den internationalen Märkten unterstrichen werden, zum anderen will man durch den alten Industrienamen Borsig an »deutsche Unternehmensgeschichte« anknüpfen.

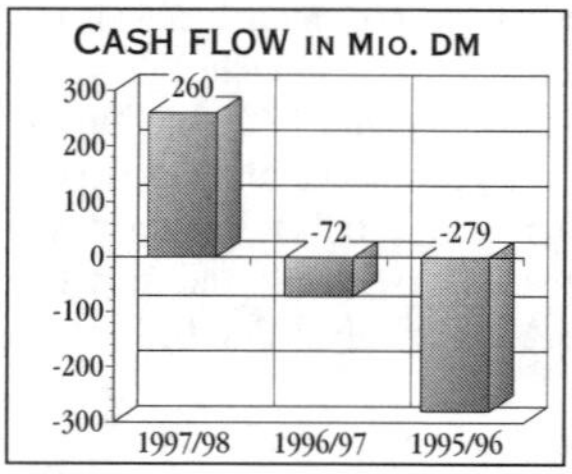

Durch die Übernahme der Steinmüller-Gruppe wurde das Geschäftsfeld Kraftwerkstechnik erheblich gestärkt. Alle Konzernaktivitäten auf diesem Feld wurden in die neue Babcock Borsig Power GmbH eingebracht, womit Babcock Borsig in der Kraftwerkstechnik zu den weltweit führenden Anbietern gehört und weitere starke Unternehmen, besonders in den USA, akquirieren möchte. Der Bereich Energiesysteme wurde in der neu geschaffenen Borsig Energy GmbH zusammengefaßt. Ende 1998 wurde im Rahmen weiterer Internationalisierung das Balcke-Dürr-Geschäft mit Kühltürmen und Wärmetauschern für Großkraftwerke in ein Joint-venture mit dem bis dahin amerikanischen Konkurrenten Thermal Engineering, einer Tochtergesellschaft der CitiCorp Venture Capital, eingebracht. Im Textilmaschinenbau soll die Moenus Textilmaschinen AG mit der schweizerischen Benninger-Gruppe verschmolzen werden.

Unter der Regie der WestLB wurde 1999 mit der Preussag AG, Hannover, vereinbart, die Mehrheit an der Howaldtswerke-Deutsche Werft AG (HDW) sowie sämtliche Anteile an den Unternehmen Preussag Noell, Würzburg, und Preussag Wasser- und Rohrtechnik, Hannover, zu übernehmen. Im Gegenzug wird sich die Preussag AG mit 30% an der Babcock Borsig AG beteiligen. Zu diesem Großgeschäft, das die Babcock-Borsig-Gruppe demnächst auf ein Umsatzvolumen von rund 14 Mrd. DM hochschnellen läßt, kam es im Zuge des Umbaus der Preussag AG verstärkt zu einem Konzern der Touristik.

Neben der Aktie der Babcock Borsig AG werden die Aktien der Konzerngesellschaften A. Fried. Flender AG, BDAG Balcke-Dürr AG, Babcock-BSH AG, Germania-Epe AG und Moenus Textilmaschinen AG an den deutschen Wertpapierbörsen gehandelt.

INNERBETRIEBLICHE BÜNDNISSE. In zahlreichen inländischen Werken wurden Vereinbarungen über Teilzeitarbeit getroffen. 1998 waren bei Babcock Borsig 1.090 Jugendliche in rund 30 Ausbildungsberufen in der Ausbildung.

UMWELTSCHUTZ. Babcock Borsig ist traditionell in verschiedenen Bereichen der Umwelttechnik tätig. Die Konzerngesellschaften liefern weltweit umwelttechnische Produkte und Know-how. Vielfach werden Erzeugnisse durch unternehmenseigene Forschungs- und Entwicklungsaktivitäten umweltfreundlicher und zugleich energiesparender produziert. Ein expansives Arbeitsgebiet ist die Energieerzeugung mit Windenergieanlagen. Firmeneigene Umweltschutzbeauftragte überwachen die Richtlinien.

FORSCHUNG, ENTWICKLUNG, INNOVATIONEN.
Mit der Konzentration auf die Kerngeschäftsfelder widmet sich die Babcock-Forschung verstärkt der Antriebs- und Energietechnik, dem verfahrenstechnischen Maschinenbau und der Gebäudetechnik. Forschungsschwerpunkte sind die Steigerung der Energie-Effizienz, die Entwicklung dezentraler Energiesysteme sowie technologieintensiver, computergestützter Dienstleistungen. Für den Bereich Forschung und Entwicklung, in dem 550 Mitarbeiter beschäftigt sind, wurden 1997/98 202 Mio. DM ausgegeben.

Bezüge pro Vorstandsmitglied 1997/98: *1.831.763,– DM*
Tantiemen pro Aufsichtsrat 1997/98: *25.173,– DM*

Investitionen 1997/98: *146,0 Mio.*
Investitionen 1996/97: *162,0 Mio.*
Investitionen 1995/96: *195,0 Mio.*

Forschung und Entwicklung 1997/98: *202,0 Mio.*
Forschung und Entwicklung 1996/97: *185,0 Mio.*
Forschung und Entwicklung 1995/96: *182,0 Mio.*

Mitbewerber: *ABB, Alsthom, GEA, Mannesmann, RWE, Siemens, Steag*

BANKGESELLSCHAFT BERLIN

GESCHICHTE UND ENTWICKLUNG. Am 1. Januar 1994 formierten sich erstmals privatrechtliche Kreditinstitute mit einer öffentlich-rechtlichen Bank unter dem Dach einer privatwirtschaftlichen Holding. Die Berliner Bank, die Berliner Hypotheken- und Pfandbriefbank AG (jetzt Berlin-Hannoversche Hypothekenbank AG) und die Landesbank Berlin Girozentrale schlossen sich zur Bankgesellschaft Berlin AG zusammen.
Die Berliner Bank AG wurde zur Unterstützung des Wiederaufbaus Berlins 1950 gegründet. Gründer und erster Vorsitzender des Aufsichtsrates war der damalige Regierende Bürgermeister von Berlin, Ernst Reuter. 1986 kam es zur Kooperation mit der Gothaer Versicherungsgruppe (Berliner Bank). Die Berliner Hypotheken- und Pfandbriefbank wurde 1868 als Berliner Pfandbrief-Institut gegründet. 1993 folgte die Umwandlung in eine AG und die Umfirmierung in Berliner Hypotheken- und Pfandbriefbank AG. Die Braunschweig-Hannoversche Hypothekenbank wurde 1871 in Braunschweig gegründet. Seit 1890 war Hannover Hauptsitz.
1996 erfolgte der Zusammenschluß mit der Berliner Hypotheken- und Pfandbriefbank AG unter der neuen Firmierung Berlin-Hannoversche Hypothekenbank AG (Berlin Hyp). Die nach dem Fall der Mauer in dieser Form 1990 gegründete Landesbank Berlin ist die öffentlich-rechtliche Bank im Konzern Bankgesellschaft Berlin. 1999 wurde die Berliner Bank AG auf die Holding Bankgesellschaft Berlin AG verschmolzen.

Standort:
Alexanderplatz 2
10178 Berlin

Postanschrift:
Postfach 11 08 01
10838 Berlin

Telefon: *(030) 245-500*
Telefax: *(030) 245-66333*
Internet: *www.bankgesellschaft.de*

Branche: *Kreditinstitute*

Rechtsform:
Aktiengesellschaft

Geschäftsjahr: *1.1.-31.12.*

Gründungsjahr: *1994*

Unternehmens-kommunikation:
Reinhard Fröhlich
Tel.: (030) 245-65500
Fax: (030) 245-65511
E-Mail: reinhard.
froehlich@bankgesellschaft.de

Vorstand:
- *Rupf, Wolfgang, Dr.* *(Vorsitzender)*
- *Kurze, Thomas, Dr.*
- *Leukers, Hans*
- *Pawlowski, Norbert*
- *Tröbinger, Leopold*
- *Wackerbeck, Lothar, Dr.*
- *Evers, Johannes, Dr.* *(stellv. Mitglied)*

Vorstandsbezüge 1998:
4.271.000,– DM

Aufsichtsrat:
- *Feddersen, Dieter, Prof. Dr.* *(Vorsitzender)*
- *Bodin, Manfred, Dr. h.c.*
- *Branoner, Wolfgang*
- *Dürr, Heinz, Dr. E.h.*
- *Fugmann-Heesing, Annette, Dr.*
- *Murmann, Klaus, Dr.*
- *Peiner, Wolfgang, Dr.*
- *Schadt, Dieter, Dr.*
- *Staudt, Erwin*
- *Stein, Heinz-Gerd*

**Tesch, Helmut*
(stellv. Vorsitzender)
**Brose, Dagmar*
**Friedrich, Hartmut*
**Hümpel, Carmen*
**Kock, Ernst-Otto*
**Reinhard, Bernd*
**Rohde, Andreas*
**Seidel, Hans-Christian*
**Tonndorf, Joachim*
**Wulff, Bärbel*

Aufsichtsratstantiemen 1998: *380.000,– DM*

BESITZVERHÄLTNISSE/EIGENTUMSSTRUKTUR.
- Land Berlin (56,8%)
- Norddeutsche Landesbank Nord/LB, Hannover (15%)
- Gothaer Beteiligungsgesellschaft mbH, Berlin (10%)
- Streubesitz (18,2%)

KONZERNÜBERBLICK. Mit der Bankgesellschaft Berlin entstand in Deutschland erstmals ein Bankenkonzern, der ein rein öffentlich-rechtliches Kreditinstitut und privatwirtschaftlich organisierte Banken in einer Aktiengesellschaft zusammenführte. Die Holding Bankgesellschaft Berlin AG koordiniert die am Markt eigenständig operierenden Banken. Mit der Verschmelzung der Berliner Bank AG auf die Bankgesellschaft Berlin AG 1999 wurde die Organisationsstruktur des neuen Bankenkonzerns weiterentwickelt. Die Bankgesellschaft Berlin ist mit den unter ihrem Dach agierenden Banken in den Geschäftssegmenten Retailbanking (inklusive Privatkunden, Private Vermögensanlagen und Firmenkunden), Großkunden/Ausland, Öffentliche Hand/Strukturierte Finanzierungen, Immobilien und Kapitalmarktgeschäfte tätig.

Die Bankgesellschaft Berlin ist eine national und international tätige Finanzgruppe. In ihrem Kernmarkt Berlin/Brandenburg tritt sie im Privatkunden- und Firmengeschäft unter der Firmierung »Berliner Bank, Niederlassung der Bankgesellschaft Berlin AG« und mit der Landesbank Berlin (LBB) auf, wo sie mit Abstand Marktführer ist.

Die Investitionsbank Berlin (IBB) ist Teil des Konzerns und agiert unter der Firmierung »Investitionsbank Berlin – Anstalt der Landesbank – Girozentrale«. Die 1990 gegründete Landesbank Berlin Girozentrale hatte nach der Wende die Sparkassen in beiden Teilen der Stadt übernommen und führt sie seither als Berliner Sparkasse – Abteilung der Landesbank Berlin. Die Berliner Sparkasse betreute 1998 mehr als 2,2 Mio. Kunden in 173 Filialen im Berliner Stadtgebiet.

Zur LBB gehört auch die Landesbausparkasse. Die Landesbank ist vor allem im Bereich öffentlicher Strukturpolitik und bei der regelmäßigen Finanzierung öffentlicher Aufgaben der Länder Berlin und Brandenburg tätig.

Neben den reinen Aufgaben als Holding betreibt die Bankgesellschaft Berlin selbst das Kapitalmarktgeschäft, das vorrangig von Berlin und London aus geführt wird. Nach der Verschmelzung der Berliner Bank AG auf die Bankgesellschaft Berlin werden hier das Großkunden- und überregionale Firmenkundengeschäft sowie das Auslandsgeschäft betrieben. Die bisherigen bundesdeutschen Niederlassungen der Berliner Bank firmieren jetzt unter »Bankgesellschaft Berlin«.

Die durch die Zusammenführung der Berliner Hypotheken- und Pfandbriefbank und der früheren Braunschweig-Hannoverschen Hypothekenbank entstandene Berlin Hyp (Berlin-Hannoversche Hypothekenbank AG) ist die Immobilienbank des Konzerns. Zusammen mit der Berlin Hyp, der LBB, der Immobilien- und Baumanagement der Bankgesellschaft Berlin GmbH und der Bankgesellschaft Berlin ist der Konzern einer der größten Anbieter von Immobilienfinanzierungen und -dienstleistungen in Deutschland.

Beteiligungen. Zum Konzern Bankgesellschaft Berlin AG gehören zahlreiche Banken mit Tochterunternehmen und Beteiligungen, Immobilien- und Baumanagement-Gesellschaften. Die wichtigsten Tochterunternehmen und Beteiligungen sind: Landesbank Berlin – Girozentrale, Berlin (100%); Berlin-Hannoversche Hypothekenbank AG, Berlin (87,6%); Weberbank Berliner Industriebank KGaA, Berlin (93,5%); InvestitionsBank des Landes Brandenburg, Potsdam (25%); LBB Beteiligungsgesellschaft mbH, Berlin (100%); SG Bank AG, Stuttgart (30%); Bankgesellschaft Berlin Investment GmbH, Berlin (50%); BB-Asset Management Vermögensverwaltung GmbH, Berlin (50%); BB-Kapitalbeteiligungsgesellschaft mbH, Berlin (50%); LHI Leasing GmbH, München (50%); Bankgesellschaft Berlin International S.A., Luxemburg (100%); Bankgesellschaft Berlin (Ireland) plc, Dublin/Irland (100%); Bankgesellschaft Berlin (UK) plc., London/Großbritannien (100%); Berliner Bank (Polska) S.A., Warschau/Polen (100%); Zivnostenska banka a.s., Prag/Tschechien (49,9%); Immobilien- und Baumanagement der Bankgesellschaft Berlin GmbH, Berlin (100%); Bildungsakademie Berlin-Brandenburg GmbH, Berlin (100%); Gothaer Credit Versicherung AG, Köln (50%); Concordia Bau und Boden AG, Oberhausen (15,06%).

Der gescheiterte Fusionsversuch. Es hätte eine der größten Bankenfusionen der letzten Jahre werden sollen. Wären 1999 die Pläne realisiert worden, nach denen die Nord/LB mit der Bankgesellschaft Berlin AG fusioniert hätte, wäre ein Bankenriese mit rund 620 Mrd. DM Bilanzsumme und einem Eigenkapital von 14 Mrd. DM entstanden – das dann viertgrößte Kreditinstitut Deutschlands. Der Beschluß zur Fusion mit der Nord/LB (besitzt 15% an der Bankgesellschaft Berlin) war nach zweijährigen Verhandlungen bereits gefaßt, ihre Umfirmierung in Bankgesellschaft Berlin-Hannover AG, eine börsennotierte Aktiengesellschaft, mit Sitz in Berlin und Hannover beschlossene Sache. Die Eigentümer der Nord/LB (die Länder Niedersachsen, Sachsen-Anhalt, Mecklenburg-Vorpommern sowie die dortigen Sparkassenorganisationen) sollten von der Bankgesellschaft einen Barausgleich von 1,3 Mrd. DM und 125 Mio. Aktien der fusionierten Bank erhalten, letztendlich 30% der Anteile. Doch dann platzte die Fusion in letzter Minute: Die Eigner der Nord/LB hatten auf Nachverhandlungen bestanden, um einen höheren Preis für die Einbringung ihrer Bank zu erlangen, u.a. weil sie sich wegen der Bewertung der Bankgesellschaft-Aktie unterbezahlt fühlten. Die Bankgesellschaft Berlin sagte daraufhin den Zusammenschluß ab.

Globale Strategien und der Standort Deutschland. Die Bankgesellschaft Berlin – nicht zuletzt ein Produkt der Wiedervereinigung, das von der Bilanzsumme her schlagartig zu den größten deutschen Banken hochgeschossen ist – sieht sich am Standort Berlin gerade vor dem neuen Hauptstadtstatus und dem Umzug der Regierung von Bonn nach Berlin als prädestinierte Bank zum Aufbau der Hauptstadt, der Wirtschaftsregion Berlin-Brandenburg und der Stärkung des Bankenplatzes Berlin. Von Berlin aus will die Bankgesellschaft massiv in die osteuropäischen Länder expandieren. Ein Anfang wurde mit der Gründung der Berliner Bank Polska und dem Erwerb eines 49,9%-Anteils an der tschechischen Zivnostenska Banka, Prag, gemacht. Toch-

Börse, Aktien, Kurse
Grundkapital 1998:
1.090,4 Mio.
Jahreshöchstkurs 1998:
48,98 DM (25,04 €)
Jahrestiefstkurs 1998:
25,75 DM (13,17 €)
Aktie Jahresende 1998:
27,00 DM (13,80 €)
Dividende pro Aktie 1998:
0,00 DM

Das Grundkapital wurde auf nennwertlose Stückaktien umgestellt.

Bilanzsumme 1998:
369.141,0 Mio.
Bilanzsumme 1997:
354.862,0 Mio.
Bilanzsumme 1996:
325.837,0 Mio.

Kreditvolumen 1998:
198.799,0 Mio.
Kreditvolumen 1997:
192.256,0 Mio.
Kreditvolumen 1996:
176.800,0 Mio.

Jahresüberschuß 1998:
68,0 Mio.
Jahresüberschuß 1997:
295,0 Mio.
Jahresüberschuß 1996:
47,0 Mio.

Steueraufkommen 1998:
381,0 Mio.

Eigenkapital 1998:
8.211,8 Mio.
Risikovorsorge 1998:
1.239,0 Mio.
Geschäftsstellen 1998: *422*
Kunden 1998: *3,4 Mio.*
Kundengelder 1998:
128.433,0 Mio.

Beschäftigte 1998: *16.673*
Beschäftigte 1997: *16.907*
Beschäftigte 1996: *16.928*

Löhne und Gehälter 1998: *1.464,9 Mio.*
Löhne und Gehälter 1997: *1.439,3 Mio.*
Durchschnittsgehalt 1998: *87.861,– DM*
Soziale Abgaben und Aufwendungen 1998: *428,7 Mio.*
Soziale Abgaben und Aufwendungen 1997: *388,4 Mio.*

Bezüge pro Vorstandsmitglied 1998: *854.200,– DM*
Tantiemen pro Aufsichtsrat 1998: *19.000,– DM*

terbanken und Beteiligungen unterhält die Bankgesellschaft Berlin darüber hinaus in London, Dublin und Luxemburg. Hinzu kommt eine Repräsentanz in Abu Dhabi. Auch die Immobilienfinanzierung soll in großem Stil auf andere europäische Länder ausgedehnt werden. Im Rahmen der strategischen Neuausrichtung des Konzerns – nicht zuletzt durch die geplatzte Fusion mit der Nord/LB, Hannover – wurde 1999 die Tochterbank Allgemeine Privatkundenbank AG (Allbank), Hannover, und deren Direktbank-Tochter Bank GiroTel AG verkauft.

INNERBETRIEBLICHE BÜNDNISSE. Flexible Arbeitszeit gibt es konzernweit. Teilzeitmodelle werden angeboten. Zwischen Konzernvorstand und Gewerkschaften wurden Ende 1998 Vereinbarungen über die Rahmenbedingungen zu den strukturellen Veränderungen innerhalb des Konzerns und zum Geltungsbereich des Bankentarifvertrages getroffen. Weiterhin wurden Regelungen zur Frage der Arbeitnehmervertreter für den Aufsichtsrat innerhalb der öffentlich-rechtlichen Unternehmen im Konzern Bankgesellschaft Berlin getroffen. Die konzerneigene Bildungsakademie Berlin/Brandenburg bietet Maßnahmen zur fachlichen Weiterbildung, Verkaufstraining, Managementqualifizierung, Sprachkurse sowie Studiengänge. 1998 waren 943 Jugendliche in der Ausbildung.

Barmag siehe AGIV

BASF

Standort:
Carl-Bosch-Straße 38
67063 Ludwigshafen

Postanschrift:
67056 Ludwigshafen

Telefon: *(0621) 60-0*
Telefax: *(0621) 60-42525*
Internet: *www.basf.de*

Branche: *Chemische Industrie, Chemiefasern und Kunststoffe*

Rechtsform:
Aktiengesellschaft

Geschäftsjahr: *1.1.-31.12.*

Gründungsjahr: *1865; I.G. Farbenindustrie AG 1925; Neugründung im Zuge der I.G.-Entflechtung am 30.1.1952*

GESCHICHTE UND ENTWICKLUNG. Am 6. April 1865 gründete Friedrich Engelhorn, Besitzer einer Leuchtgasfabrik in Mannheim, die Aktiengesellschaft »Badische Anilin- & Soda-Fabrik« auf der gegenüberliegenden Rheinseite in Ludwigshafen. Anfänglich mit der Herstellung von Teerfarbstoffen beschäftigt, entwickelte sich das Werk rasch zu einem bedeutenden Chemiekonzern. Schon in den 70er Jahren des letzten Jahrhunderts zahlreiche Akquisitionen und Fusionen und die ersten Niederlassungen in den USA, Frankreich und Rußland. Zahlreiche Patente und Erfindungen, u.a. 1890 Patent zur Herstellung von Indigo. Aus dem Katalog zur Weltausstellung in Paris 1900: »Die Badische Anilin- & Soda-Fabrik ist unbestritten die größte chemische Fabrik der Welt. Sie beschäftigt in Ludwigshafen am Rhein 148 wissenschaftlich gebildete Chemiker, 75 Ingenieure und Techniker, 305 kaufmännische Beamte. Die Zahl der Arbeiter, welche im Gründungsjahre der Fabrik, 1865, 30 betrug, ist fortdauernd gestiegen, sie erreichte am 1. Januar 1900 6.207.«
Im Ersten Weltkrieg wurde das Unternehmen in die Kriegswirtschaft eingebunden. Lieferungen für die Rüstungs- und Sprengstoffindustrie; chemische Produkte wurden als Kampfgase an der Front eingesetzt. Erweiterungen des Oppauer Ammoniakwerkes, neues Ammoniakwerk der BASF in Leuna. Nach dem Krieg Beschlagnahme der Fabrikationsstätten, Werke und Patente durch die Siegermächte. Die chemische Industrie erholte sich schnell. 1925 fusionierte die BASF mit fünf weiteren Firmen (darunter Hoechst und Bayer) zur »Interessengemein-

schaft Farbenindustrie Aktiengesellschaft« (I.G. Farben) und verlegte ihren Sitz nach Frankfurt. Bahnbrechende Erfindung des Magnetophonbandes in den 30er Jahren. Im Zweiten Weltkrieg Umstellung auf die Kriegswirtschaft, besonders in den Bereichen Stickstoff, Gummi und Benzin. I.G. Farben rekrutierte Zwangsarbeiter und KZ-Häftlinge. Als 1945 die I.G. Farben als mit Abstand größter Chemiekonzern der Welt – übermächtig in Deutschland, mit einem Zweigwerk in Auschwitz (Buna-Werk) und Mitproduzent von Zyklon B für die Gaskammern der KZs – von den alliierten Siegermächten zerschlagen wurde, hatte der Konzern rund 500 ausländische Beteiligungen. Die drei wichtigsten Nachfolger der I.G. Farben wurden die BASF (bereits 1948 wieder 22.000 Mitarbeiter; 1952 Neugründung im Rahmen der I.G.-Entflechtung), Bayer und Hoechst. 1973 Umfirmierung der Gesellschaft in BASF Aktiengesellschaft. Durch Akquisitionen in aller Welt und zahlreiche Firmengründungen wurde die BASF in den 70er und 80er Jahren größer, als es die I.G. je gewesen war. Erfindung von Indanthren, der Ammoniak-Synthese, von Styropor.

Öffentlichkeitsarbeit und Marktkommunikation:
Dr. Matthias Hensel
Tel.: (0621) 60-99286
Fax: (0621) 60-21487
E-Mail: matthias.hensel@basf-ag.de

Pressestelle:
Dr. Felix Gress
Tel.: (0621) 60-99223
Fax: (0621) 60-20129
E-Mail: felix.gress@basf-ag.de

Verbände: *Verband der Chemischen Industrie e.V., Frankfurt/Main*

BESITZVERHÄLTNISSE/EIGENTUMSSTRUKTUR.

- Allianz AG, München (12,36%)
- Rest Streubesitz bei 384.000 Aktionären

(Ausländische Aktionäre halten 30,4% des Aktienkapitals. 7% der Aktien liegen in Amerika.)

Die einzelnen Anlegergruppen sind wie folgt am Grundkapital von BASF beteiligt:

- Privatpersonen (28%)
- Investmentgesellschaften (19%)
- Versicherungen/Banken (49%)
- Industrie/Handel (2%)
- Sonstige Anleger (2%)

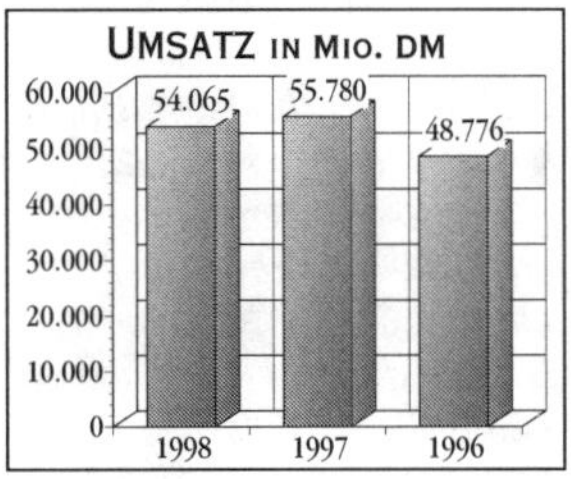

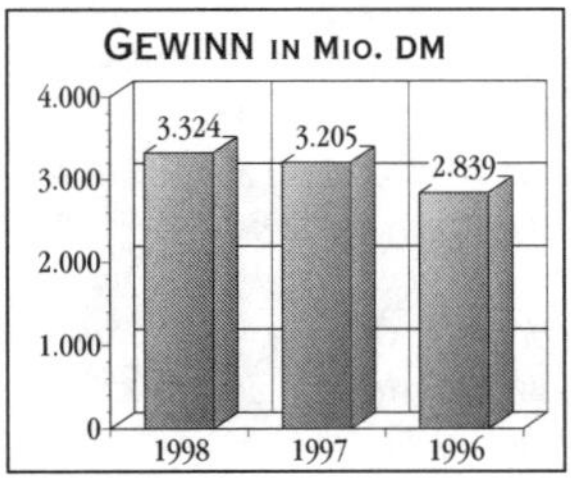

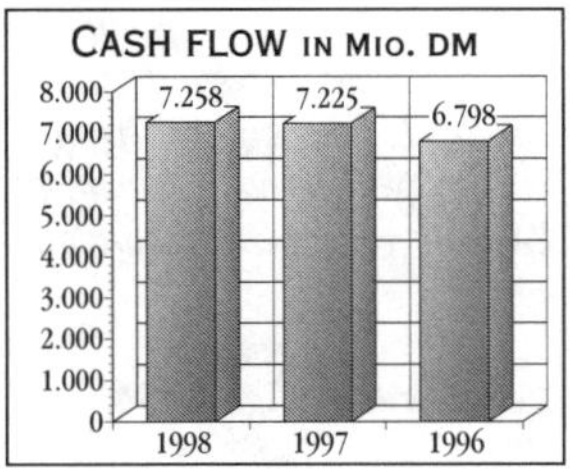

KONZERNÜBERBLICK. BASF gehört zu den größten Chemiekonzernen der Welt und ist multinational tätig. Die Arbeitsgebiete der BASF umfassen Öl und Gas, Produkte für die Landwirtschaft, Kunststoffe und Fasern, Chemikalien, Farbstoffe und Veredlungsprodukte sowie Verbraucherprodukte. Das Stammwerk der BASF befindet sich in Ludwigshafen. Die BASF-Gruppe hat Produktionsstandorte in 40 Ländern. Insgesamt werden mehr als 8.000 verschiedene Produkte hergestellt und in 170 Ländern verkauft. Die bedeutendsten Standorte in Europa sind Ludwigshafen (Deutschland), Antwerpen (Belgien), Tarragona (Spanien) und Seal Sands (Großbritannien). Die wichtigsten Produktionsstandorte in Amerika sind Geismar und Freeport (USA) und Altamira (Mexiko). Der Konzern gliedert sich in die fünf Arbeitsgebiete Gesundheit und Ernährung, Farbmittel und Veredlungsprodukte, Chemikalien, Kunststoffe und Fasern, Öl und Gas:

◆ Gesundheit und Ernährung: Zu diesem Arbeitsgebiet gehören die Unternehmensbereiche Pharma (Arzneimittel), Feinchemikalien (Vitamine, Säuren, Pigmente) und Pflanzenschutz. Das Angebot umfaßt: Arzneimittel zur Behandlung von Erkrankungen des Herz-Kreislauf-Systems, des Nervensystems und des Magen-Darm-Traktes sowie Schmerzmittel und Medikamente zur Wundheilung; Pharmachemikalien; Vitamine und andere Feinchemikalien für die pharmazeutische, die Lebensmittel- und Kosmetikindustrie sowie die Tierernährung; Pflan-

Vorstand:

- *Strube, Jürgen, Dr. (Vorsitzender; Zentralbereiche: Recht, Steuern und Versicherung, Planung und Controlling)*
- *Becks, Helmut (Arbeitsdirektor; Zentralbereiche: Ingenieurtechnik, Personal, Logistik, Umwelt, Arbeitssicherheit und Energie, Werkstechnik BASF AG)*
- *Hambrecht, Jürgen, Dr. (Unternehmensbereiche: Industriechemikalien, Zwischenprodukte, Petrochemikalien und Anorganika. Zentralbereiche: Antwerpen, Ammoniaklaboratorium)*
- *Kley, Max Dietrich (Unternehmensbereiche: Öl und Gas, Rohstoffeinkauf, Coatings. Länderbereiche: Osteuropa, Afrika, Westasien. Zentralbereich: Finanzen)*
- *Marcinowski, Stefan, Dr. (Sprecher der Forschung; Unternehmensbereiche: Dispersion, Farben, Spezialchemikalien. Zentralbereich: Farbenlaboratorien)*
- *Oakley, Peter (Unternehmensbereich: Faserprodukte. Länderbereiche: Nordamerika Chemie, Nordamerika Lacke und Farben, Nordamerika Kunststoffe, Nordamerika Verbraucherprodukte, Südamerika. Zentralbereich: Nordamerika Finanzen. Sitz: Mount Olive)*
- *Trautz, Volker, Dr. (Unternehmensbereiche: Styrol-Kunststoffe, Polyurethane/PVC, Technische Kunststoffe. Länderbereiche: Ostasien, Japan, Südostasien/Australien. Zentralbereich: Kunststofflaboratorium)*
- *Voscherau, Eggert (Unternehmensbereiche: Düngemittel, Pflanzenschutz, Pharma, Feinchemie. Länderbereiche: Zentraleuropa, Nordeuropa, Südeuropa. Zentralbereich: Hauptlaboratorium)*

Vorstandsbezüge 1998:
24.400.000,– DM

zenschutzmittel, insbesondere Herbizide und Fungizide. Durch die 1995 erfolgte Übernahme der Pharmasparte der Boots plc wurden die Märkte USA, Frankreich, Spanien und Großbritannien weiter ausgebaut. BASF erwarb 1996 die Mehrheit an dem japanischen Pharmaunternehmen Hokuriku Seiyaku. BASF Generics nahm 1995 mit der Einführung von zehn Generika das Geschäft auf. Aus diesem Grund wurden die französische GNR-pharma S.A. und die niederländische Sudco B.V. akquiriert. Anfang 1998 übernahm BASF von der koreanischen Unternehmensgruppe Daesang das Lysin-Geschäft innerhalb der Produktlinie Tierernährung.
Bei Produkten für die Landwirtschaft gehört die BASF zu den führenden Unternehmen der Welt; BASF ist weltweit der bedeutendste Hersteller, der sowohl Pflanzennährstoffe als auch Pflanzenschutzmittel anbietet. Düngemittel aller Kategorien, Pflanzenschutzmittel, Futterzusatzstoffe für die Tierernährung, Wachstumsregulatoren gehören zur Produktpalette. Die deutschen Kali- und Steinsalzaktivitäten der Kali und Salz AG wurden 1993 ausgegliedert und mit der Mitteldeutschen Kali AG zur Kali und Salz GmbH zusammengeführt. 1998 zog sich BASF aus der Kali und Salz-Gruppe zurück. Umsatz des Arbeitsgebietes 1998: 9.970 Mio. DM (Vorjahr: 8.972 Mio.).

◆ Farbmittel und Veredlungsprodukte: Zu diesem Arbeitsgebiet gehören die Unternehmensbereiche Farben (Farbstoffe und Prozeßchemikalien für Textilien und Leder, Pigmente, Druckfarben und Druckplatten), Dispersionen (Acrylsäure, Acrylat- und Styrol-Butadien-Dispersionen, Rohstoffe für Anstrichmittel, für Lacke und Klebstoffe, Farbstoffe) und Coatings (Lacke und Bautenanstrichmittel). 1996 Übernahme der weltweiten Textilfarbstoff-Aktivitäten der englischen Zeneca Ltd. und des Geschäfts mit Maisherbiziden von Sandoz. 1997 Übernahme des Industrielackgeschäfts der italienischen Firma Salchi Spa. Umsatz des Arbeitsgebietes 1998: 12.104 Mio. DM (Vorjahr: 12.791 Mio.).

◆ Chemikalien: Zu diesem Arbeitsgebiet gehören die Unternehmensbereiche Petrochemikalien und Anorganika (früher Grundchemikalien – werden an den Produktionsstandorten Ludwigshafen und Antwerpen überwiegend für den eigenen Bedarf hergestellt), Düngemittel (stickstoffhaltige Einzel- und Volldünger), Industriechemikalien (Weichmacher und Vorprodukte, Lösemittel, Leim- und Tränkharze, Formaldehyd), Zwischenprodukte (für chemische Synthesen) und Spezialchemikalien (Glykole, Tenside, Waschmittelrohstoffe, Kfz-Chemikalien, Kraft- und Schmierstoffadditive, Galvanochemikalien). 1997 Erwerb der Tensid-Geschäfte der US-amerikanischen Unternehmen Olin Corporation und PPG. Umsatz des Arbeitsgebietes 1998: 10.141 Mio. DM (Vorjahr: 10.675 Mio.).

◆ Kunststoffe und Fasern: Die Kunststoffproduktion wurde Mitte 1997 grundlegend neu gegliedert. Zu diesem Arbeitsgebiet gehören jetzt die Unternehmensbereiche Styrol-Kunststoffe (u.a. Polystyrol, Styropor), Technische Kunststoffe, Polyurethane/PVC, Faserprodukte (Nylon) und Polyolefine (Gemeinschaftsunternehmen Targor für Polypropylen mit Hoechst seit 1997 und Elenac für Polyethylen mit Shell seit 1998). BASF-Kunststoffe finden Anwendung im Flugzeugbau, in der Automobil- und Elektroindustrie, im Fertigteilbau und bei der Herstellung von Haushaltsgeräten. Das Geschäft mit synthetischen Fasern und Fäden wird von der BASF Corporation wahrgenommen. 1994 erwarb BASF die westeuropäischen Polypropylen-Aktivitäten der ICI und bereits 1992 die Mobil Chemicals. Umsatz des Arbeitsgebietes 1998: 14.812 Mio. DM (Vorjahr: 14.463 Mio.).

◆ Öl und Gas: Das Geschäft mit Öl und Gas wird von der Wintershall AG und ihren Beteiligungsgesellschaften wahrgenommen. Die Geschäftsfelder umfassen die Exploration und Förderung von Erdöl und Erdgas, die Rohölverarbeitung in der Raffinerie Lingen, den Vertrieb von Mineralölprodukten (zum Beispiel leichtes Heizöl oder Vorprodukte für die chemische Industrie), den Handel mit Erdöl und Erdgas sowie die Vermietung von Speicher- und Transportkapazitäten für Erdgas. Rund 60% der Kraftstoffe aus der Raffinerie Lingen werden über das Tankstellennetz Aral vermarktet, an dem Wintershall mit 15% beteiligt ist. Schwerpunkte der eigenen Exploration sind Norddeutschland, die holländische Nordsee, Libyen und Kanada. Wintershall ist auch an der Exploration in der britischen und norwegischen Nordsee, in Syrien, Ägypten, Indonesien und Argentinien beteiligt. Zwischen der Wintershall AG und der russischen Gazprom, dem größten Erdgas-Produzenten und -Exporteur der Welt, besteht ein bis zum Jahr 2000 angelegter Vertrag über Gaslieferungen. Basis ist das deutsch-russische Gemeinschaftsunternehmen Wingas GmbH, Kassel, an dem die BASF-Tochter Wintershall AG mit 65% und die russische Aktiengesellschaft Gazprom mit 35% beteiligt sind. Rund 4 Mrd. DM werden in bestehende und neue Gasfernleitungsprojekte investiert. Gazprom betreibt den Anschluß Westeuropas an die Erdgasvorkommen auf der sibirischen Halbinsel Jamal zur langfristigen Deckung des europäischen Erdgasbedarfs. Eine zweite Erdgasleitung soll von den Jamal-Feldern durch Weißrußland und Polen nach Frankfurt/Oder führen. Die Wingas hat in direkter Konkurrenz zur Ruhrgas AG inzwischen 12% des deutschen Erdgas-Marktes unter Vertrag. Umsatz des Arbeitsgebietes 1998: 5.251 Mio. DM (Vorjahr: 6.255 Mio.).

DIE »STADT« IN DER STADT – DAS WERK LUDWIGSHAFEN.

Größter Produktionsstandort der BASF-Gruppe, Sitz der Unternehmensleitung und Zentrum der Forschung ist das Werk Ludwigshafen – mit über 2.000 Gebäuden und Anlagen fast eine eigene Stadt. Hier werden jährlich über 8.000 verschiedene chemische Verkaufsprodukte hergestellt. In den über 130 Jahren seit der Gründung der BASF hat sich das Werk in Ludwigshafen am Rhein zum größten zusammenhängenden Chemie-Areal der Welt entwickelt. In mehr als 350 Produktionsbetrieben, Hunderten von Labors, Werkstätten, Büros und Serviceeinrichtungen sind rund 45.000 BASF-Mitarbeiter beschäftigt. Zusätzlich arbeiten etwa 7.000 Mitarbeiter fremder Firmen im Werk. Die ungeheuren Strommengen, die das Werk jährlich verbraucht (6,1 Mrd. kWh), werden überwiegend in BASF-eigenen Kraftwerken erzeugt oder kommen vom RWE. BASF verfügt zur Rohstoffzufuhr (Erdöl, Erdgas etc.) über Pipeline-Verbindungen zu verschiedenen Raffinerien. Für Kühlzwecke werden jährlich 1,25 Mrd. Kubikmeter gefiltertes Rheinwasser verwendet. Weitere Kennzahlen des Werkes Ludwigshafen zur Verkehrsinfrastruktur und zu den Güterströmen: 115 km Straßen, 211 km Bahngleise, 2.000 km oberirdische Rohrleitungen, 26 Schiffsladungen täglich, knapp 1.500 Lastkraftwagen täglich, über 600 Güterwagen täglich.

Aufsichtsrat:

- *Seefelder, Matthias, Prof. Dr. (Ehrenvorsitzender), Heidelberg*
- *Albers, Hans, Dr. (Vorsitzender), Bad Dürkheim*
- *Davignon, Etienne Graf (Präsident der Société Générale de Belgique), Brüssel/Belgien*
- *Diederich, François N., Prof. Dr. (Prof. an der Eidgenössischen Technischen Hochschule, Zürich), Zürich/Schweiz*
- *Heydebreck, Tessen von, Dr. (Mitglied des Vorstandes der Deutsche Bank AG), Frankfurt/M.*
- *Jentzsch, Wolfgang, Dr., Mannheim*
- *Leibinger, Berthold, Prof. Dr. (Geschäftsführender Gesellschafter der Trumpf GmbH + Co.), Ditzingen*
- *Scholl, Hermann, Dr. (Vorsitzender der Geschäftsführung der Robert Bosch GmbH), Stuttgart*
- *Schulte-Noelle, Henning, Dr. (Vorsitzender des Vorstandes der Allianz AG), München*
- *Studer, Robert (ehem. Präsident des Verwaltungsrates der Schweizerischen Bankgesellschaft), Zürich/Schweiz*
- *Werner, Helmut (ehem. Vorsitzender des Vorstandes der Mercedes-Benz AG), Stuttgart*

**Obenauer, Volker (stellv. Vorsitzender)*
**Daniel, Wolfgang*
**Hick, Lothar*
**Kleffmann, Rolf*
**Küppers, Ulrich*
**Messmer, Karlheinz, Dr.*
**Schneider, Ellen*
**Sebastian, Gerhard*
**Walter, Jürgen*
**Zibell, Gerhard*

Aufsichtsratstantiemen 1998: *3.100.000,– DM*

BÖRSE, AKTIEN, KURSE
Grundkapital 1998:
3.119,0 Mio.
Jahreshöchstkurs 1998:
92,90 DM (47,50 €)
Jahrestiefstkurs 1998:
58,30 DM (29,81 €)
Aktie Jahresende 1998:
63,55 DM (32,49 €)
Dividende pro Aktie 1998:
2,00 DM

Die Dividende bezieht sich auf eine nennwertlose Stückaktie. Dividendensumme der BASF AG 1998: 1.355,0 Mio. DM.

Umsatz 1998: *54.065,0 Mio. (Ausland: 40.352,0 Mio.)*
Umsatz 1997: *55.780,0 Mio. (Ausland: 41.400,0 Mio.)*
Umsatz 1996: *48.776,0 Mio. (Ausland: 35.805,0 Mio.)*

Gewinn 1998: *3.323,7 Mio.*
Gewinn 1997: *3.205,4 Mio.*
Gewinn 1996: *2.838,7 Mio.*

Cash flow 1998: *7.258,0 Mio.*
Cash flow 1997: *7.225,0 Mio.*
Cash flow 1996: *6.798,0 Mio.*

Cash flow: *Die Investitionen konnten vollständig aus dem Cash flow, dem neuerlich höchsten in der Geschichte der BASF, gedeckt werden. Der Finanzbedarf des Konzerns und die ausgeschüttete Dividende wurden wiederum vollständig aus dem Cash flow finanziert.*

Steueraufkommen 1998:
2.164,8 Mio.

BETEILIGUNGEN. Zum BASF-Konzern gehören weltweit über 400 Gesellschaften, darunter etwa 150 Produktionsgesellschaften. In den Konsolidierungskreis wurden 1998 172 Gesellschaften einbezogen.

● Wichtige Tochter- und Beteiligungsgesellschaften der BASF AG im Inland:

Wintershall AG, Celle/Kassel (100% – Erdöl, Erdgas, Mineralölprodukte. Die Wintershall AG ist mit 15% an der Aral AG, Bochum, beteiligt.); BASF Coatings AG, Münster (100% – Lacke); Knoll AG, Ludwigshafen (100% – Arzneimittel, Pharmachemikalien); Elastogran GmbH, Lemförde (100% – Polyurethan-Grundprodukte und -systeme, PUR-Spezialelastomere und technische Teile); BASF Schwarzheide GmbH, Schwarzheide (100% – Polyurethanprodukte und -systeme, Schaumstoffe, Pflanzenschutzmittel, Wasserbasislacke); BASF Drucksysteme GmbH, Stuttgart (100% – Druckfarben, Druckplatten); Compo GmbH, Münster (100% – Garten- und Haus-Spezialprodukte, Düngemittel); Targor GmbH, Mainz (50%, die übrigen 50% gehören der Hoechst AG – Polypropylen). Die Kali und Salz AG, Kassel (Kali, Steinsalz, anorganische Chemikalien, Düngemittel), wurde Ende 1993 mit der Mitteldeutschen Kali AG zur Kali und Salz GmbH zusammengelegt (knapp über 25% – nicht mehr im Konsolidierungskreis der BASF).

● Wichtige Tochter- und Beteiligungsgesellschaften der BASF AG im Ausland:

BASF Antwerpen N.V., Antwerpen/Belgien (100% – Düngemittel, Kunststoffe, Vorprodukte für Kunststoffe und Fasern, Chemikalien); BASF Española S.A., Barcelona/Spanien (100% – Chemikalien, Kunststoffe, Veredlungsprodukte, Pflanzenschutzmittel); BASF Italia Spa, Cesano Maderno/Italien (100% – Farbmittel und Veredlungsprodukte); BASF France S.A., Levallouis-Perret/Frankreich (100% – Vertrieb von Dünge- und Pflanzenschutzmitteln, Chemikalien, Kunststoffen, Farbmitteln und Veredlungsprodukten); BASF Coatings S.A., Clermont/Frankreich (100% – Lacke); BASF Vernici e Inchiostri Spa, Cinisello Balsamo/Italien (100% – Druckfarben); BASF plc., Cheadle/Großbritannien (100% – Chemikalien, Faservorprodukte); Elenac GmbH, Kehl/Elenac S.A., Straßburg/Frankreich (50% – Polyethylen); BASF Corporation, Mount Olive, New Jersey/USA (100% – Chemikalien, Pflanzenschutzmittel, Kunststoffe, Fasern, Farbmittel und Veredlungsprodukte, Lacke, Arzneimittel; einschließlich BASF de Mexico-Gruppe); Polioles S.A. de C.V., México D.F./Mexiko (100% – Polyurethan-Produkte, Styropor, Chemikalien); BASF Argentina S.A., Buenos Aires/Argentinien (100% – Styropor, Veredlungsprodukte, Pflanzenschutzmittel, Lacke); BASF Química Colombiana S.A., Medellin/Kolumbien (100% – Chemikalien, Polyesterharze, Veredlungsprodukte, Pflanzenschutzmittel); BASF S.A., São Bernardo do Campo/Brasilien (100% – Chemikalien, Farbmittel, Veredlungsprodukte, Lacke und Anstrichmittel, Pflanzenschutzmittel, Styrol-Kunststoffe); Knoll Produtos Quimicos e Farmaceuticos Ltda., Rio de Janeiro/Brasilien (100% – Arzneimittel); BASF Australia Ltd., Melbourne/Australien (100% – Kunststoffe, Veredlungsprodukte); BASF India Ltd., Bombay/Indien (100% – Styropor, Farbmittel, Veredlungsprodukte, Pflanzenschutzmittel); BASF Japan Ltd., Tokio/Japan (100% – Chemikalien, Veredlungsprodukte, Kunststoffe); BASF (Malaysia) Sdn. Bhd., Petaling Jaya/Malaysia (100% – Styropor, Chemikalien); BASF Company Ltd., Seoul/Korea (100% – Polyurethan-Grundprodukte und -Systeme, Styrol-Kunststoffe, Lysin, Zwischenprodukte); Knoll Pharmaceuticals Ltd., Bombay/Indien (100% – Arzneimittel, Pharmachemikalien).

GLOBALE STRATEGIEN UND DER STANDORT DEUTSCHLAND. Der möglichen Großfusion mit einem anderen Chemie- und Pharma-Giganten erteilt der BASF-Vorstand eine klare Absage. Von der starken Basis des Heimatmarktes aus global handeln und expandieren – die Devise aus Ludwigshafen. Bereits heute produziert BASF weltweit in 40 Werken, unterhält Geschäftsbeziehungen zu Kunden in 170 Ländern. BASF wählt seine Standorte dort, wo sichergestellt ist, daß die am Weltmaßstab dimensionierten Produktionsanlagen zu 70% den jeweiligen Markt beliefern können. Der nordamerikanische Markt wird fast ausschließlich durch Produktionen vor Ort beliefert. Und besonders hier wird das Unternehmens- und Produktportfolio durch Akquisitionen und Kooperationen ständig ausgebaut. Für 1 Mrd. DM wurde gemeinsam mit der Fina Inc. im texanischen Port Athur ein Steamcracker errichtet, aus dem die BASF-Standorte Freeport und Geismar von 2001 an kostengünstig mit Ethylen und Propylen versorgt werden können.
Immer häufiger entscheidet sich der Vorstand bei neuen Produktionen auch in Europa für Standorte außerhalb Deutschlands. So fiel die Entscheidung des Konzerns für eine neue, in Zusammenarbeit mit Shell Chemicals Europe Ltd. geplante Kunststoffabrik (Styrol, Propylenoxyd) zugunsten eines niederländischen Standortes aus, obwohl eigentlich die deutschen Standorte Wesseling oder Ludwigshafen den Zuschlag erhalten sollten. Auf den asiatischen Märkten expandiert BASF unaufhaltsam. In China ist die BASF maßgeblich an acht Gemeinschaftsunternehmen beteiligt und damit dort der größte ausländische Chemie-Investor. 1998 billigte China das bisher größte Projekt der BASF in China: ein Gemeinschaftsunternehmen mit der Yangzi Petrochemical Corp. und der China Eastern United Petrochemical (Group) Co. Ltd. zur Produktion von Styrol und Polystyrol in Nanjing (Investitionsvolumen 5 Mrd. DM). In einem Unternehmen mit dem US-Konzern DuPont soll in China eine Nylon-Produktion entstehen. In Korea wurden 1998 neue Anlagen in Betrieb genommen, die Hyosung BASF Co. Ltd. vollständig übernommen und weitere Akquisitionen getätigt, die alle in die BASF Company Ltd. eingebracht wurden.
Den weltweiten Akquisitionen stehen immer auch zahlreiche Unternehmensveräußerungen gegenüber, durch die sich die Belegschaft der BASF in den letzten Jahren, neben dem betriebsbedingten Personalabbau, um rund 30.000 Beschäftigte verringert hat. So wurde der Unternehmensbereich Informationssysteme (früher Verbraucherprodukte), einst ein Herzstück des Konzerns, mit der BASF Magnetics GmbH (Audio- und Videobänder für professionelle Studio- und Duplizieranwendung, Audio- und Videocassetten für Endverbraucher sowie Datenmedien) 1997 an die südkoreanische Kohap Inc. verkauft. Zuvor schon waren im Rahmen der Konzentration aller Magnetbandaktivitäten in der BASF Magnetics-Gruppe die Standorte Berlin, Ettenheim und Gien (Frankreich) geschlossen worden.

INNERBETRIEBLICHE BÜNDNISSE. »Vereinbarung 2000« für den Standort Ludwigshafen. 1997 legte der Vorstand der BASF ein umfassendes Standortkonzept vor, nach dem Ludwigshafen auch in den nächsten Jahren wichtigster Sitz der BASF bleiben soll. Werksleitung

Beschäftigte 1998: *105.945*
Beschäftigte 1997: *104.979*
Beschäftigte 1996: *105.589*

Umsatz pro Mitarbeiter 1998: *510.312,– DM*
Umsatz pro Mitarbeiter 1997: *531.344,– DM*
Umsatz pro Mitarbeiter 1996: *461.942,– DM*

Löhne und Gehälter 1998: *9.466,9 Mio.*
Löhne und Gehälter 1997: *9.167,0 Mio.*
Durchschnittsgehalt 1998: *89.357,– DM*
Soziale Abgaben und Aufwendungen 1998: *2.287,7 Mio.*
Soziale Abgaben und Aufwendungen 1997: *2.157,3 Mio.*

Bezüge pro Vorstandsmitglied 1998: *3.050.00,– DM*
Tantiemen pro Aufsichtsrat 1998: *155.000,– DM*

INVESTITIONEN IN MIO. DM

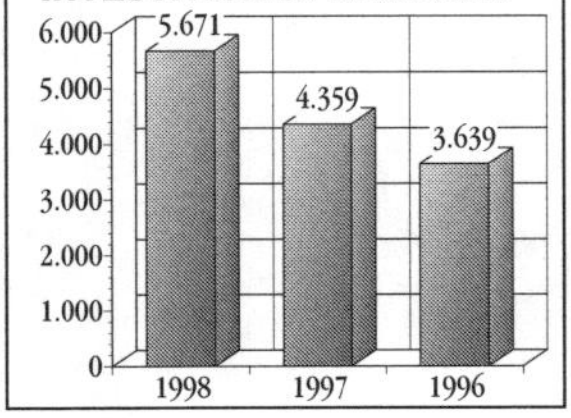

FORSCHUNG UND ENTWICKLUNG IN MIO. DM

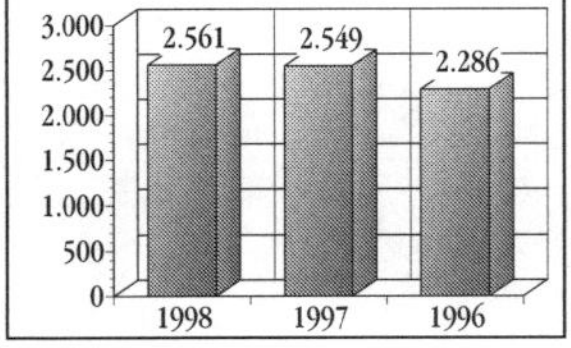

Investitionen 1998:
5.671,0 Mio.
Investitionen 1997:
4.359,0 Mio.
Investitionen 1996:
3.639,0 Mio.

Umweltschutz 1998:
900,0 Mio.
(Werk Ludwigshafen)
Umweltschutz 1997:
936,0 Mio.
(Werk Ludwigshafen)
Umweltschutz 1996:
936,0 Mio.
(Werk Ludwigshafen)

Forschung und Entwicklung 1998: *2.561,0 Mio.*
Forschung und Entwicklung 1997: *2.549,0 Mio.*
Forschung und Entwicklung 1996: *2.286,0 Mio.*

Mitbewerber: *Akzo Nobel, Bayer, Beiersdorf, Benckiser, Boehringer Ingelheim, Dow Chemical, DuPont, Hoechst, Degussa-Hüls, ICI, Merck, Novartis, Rhône-Poulenc, Roche, Rütgers, Sandoz, Schering, Solvay, Wacker*

und Arbeitnehmervertretungen einigten sich darauf, daß bis Ende des Jahres 2000 die Zahl der Beschäftigten (ohne Auszubildende) 39.000 bis 41.000 betragen soll. Betriebsbedingte Kündigungen dürfen nur in Ausnahmefällen ausgesprochen werden. Personalabbau darf nur sozialverträglich stattfinden. Flexible Arbeitszeiten wurden etabliert, Arbeitszeitmodelle eingeführt und die Teilzeitarbeit forciert.
Ein leistungsorientiertes Vergütungssystem für außertarifliche Angestellte wurde eingeführt, ein Belegschaftsaktien-Modell für alle Mitarbeiter aufgelegt und ein Aktienoptionsprogramm für Führungskräfte geplant. Ende 1998 befanden sich bei den deutschen BASF-Gesellschaften 3.454 Jugendliche in der Ausbildung, in der BASF AG 2.631. Nahezu allen wurde anschließend ein Arbeitsplatz angeboten.

UMWELTSCHUTZ. Die BASF war im Laufe der letzten Jahre in zahlreiche Umweltaffären verwickelt. Immer wieder sollen die Ludwigshafener (auch mit Duldung der Behörden) giftige Chemikalien in den Rhein geleitet haben, immer wieder entwichen bei Störfällen aus den Produktionsanlagen chemische Gifte, Chlorwasserstoff, Schwefelsäure und Chlor. Nicht zuletzt deshalb genießt Umweltschutz nun oberste Priorität. Man will vor allem ein besseres Verhältnis zur Öffentlichkeit und dadurch auch eine höhere Akzeptanz der Standorte erreichen. Im 1998 vorgelegten Umweltbericht verpflichtet sich die BASF, weltweit nach dem Leitgedanken des »Sustainable Development«, wie er auf der UN-Konferenz 1992 in Rio de Janeiro zur Wahrung ökologischer, ökonomischer und sozialer Prinzipien festgeschrieben wurde, zu handeln – bezogen auf Produkte und Dienstleistungen. Die Gruppengesellschaften handeln dabei eigenverantwortlich. Eindringlich weist BASF nicht zuletzt aufgrund der Vorkommnisse der letzten Jahre darauf hin, sich gegenüber Behörden und Politik in verschiedenen Punkten selbst zu verpflichten: zur Verringerung der Stickstoffbelastung des Rheins, zum Verzicht auf bestimmte Treibmittel, zur Reduzierung von Lachgas, auf eine Vereinbarung zum Kreislaufwirtschafts- und Abfallgesetz sowie zur Kommunikation bei Schadensfällen. In einem 120 Aktenordner umfassenden Abwasserkataster für das Werk Ludwigshafen wurden alle Abwasserströme registriert. Die BASF will den Ausstoß an Kohlendioxyd bis zum Jahr 2005 um 30% gegenüber den Werten von 1990 senken.

FORSCHUNG, ENTWICKLUNG, INNOVATIONEN.
Zahlreiche von der BASF entwickelte Verfahren gelten innerhalb der modernen Chemie als bahnbrechend. Der Bestand an Patenten und Anmeldungen beträgt weltweit rund 90.000. BASF liegt bei Patentanmeldungen an der Weltspitze. Allein 1998 wurden über 1.000 Patente angemeldet. In den Forschungslaboratorien der BASF-Gruppe arbeiten rund 10.000 Mitarbeiter, davon in deutschen Forschungseinrichtungen über 8.000, über 7.000 in Ludwigshafen. Im Jahr 2000 will die BASF ein Fünftel ihres Umsatzes mit Produkten erzielen, die in den letzten fünf Jahren neu in den Markt eingeführt wurden. Die BASF hat ihre gentechnische Forschung, nicht zuletzt wegen der deutschen Gesetzgebung, Anfang der 90er Jahre in die USA nahe Boston verlagert. 1997 wurde in einer Kooperation mit der amerikanischen Biotech-Firma Lynx Therapeutics Ltd. ein Gemeinschaftsunternehmen auf dem Gebiet der Molekularbiologie gegründet. Sitz dieses in der bio- und gentechnologischen Forschung tätigen Unternehmens ist Heidelberg.

BAYER

GESCHICHTE UND ENTWICKLUNG. Die Firma Friedr. Bayer wurde 1863 zur Herstellung von Anilinfarbstoffen in Wuppertal gegründet. Bereits wenige Jahre später weitere Fabrikationsstätten und Agenturen in den USA und in europäischen Ländern. 1881 Umwandlung in eine Aktiengesellschaft. 1884 Eintritt Carl Duisbergs in die Firma. Bahnbrechende Erfindungen. 1899 wurde Aspirin eingeführt, das fortan bekannteste Medikament der Welt. 1904 wurde das »Bayer-Kreuz« zum Warenzeichen des Konzerns. 1912 Verlegung des Firmensitzes nach Leverkusen, nachdem Bayer bereits 1891 die kleine Ultramarin-Fabrik Leverkus & Söhne gekauft hatte.
Bereits 1913 verfügte Bayer über 8.000 Patente und beschäftigte mehr als 10.000 Mitarbeiter. 1917 Produktion im Werk Dormagen, Agfa-Farbrasterplatte, erstes Farbmaterial. 1925 fusionierte Bayer mit den größten deutschen Chemiekonzernen zur I.G. Farbenindustrie Aktiengesellschaft. 1951 Entflechtung der I.G. Farben. Neugründung der Farbenfabriken Bayer AG mit den Werken Leverkusen, Elberfeld, Dormagen und Uerdingen mit dem Vorstandsvorsitzenden Ulrich Haberland.

ENTWICKLUNG, ENTFLECHTUNGS- UND LIQUIDATIONSMASSNAHMEN DER I.G. FARBEN AG. Hoppenstedt – »Handbuch der deutschen Aktiengesellschaften 90/91«: »Die Gesellschaft entstand am 9.12.1925 durch den Zusammenschluß der sechs größten deutschen Chemieunternehmen, in dem die fünf Gesellschaften Farbenfabriken vorm. Friedr. Bayer & Co., Leverkusen, Farbwerke vorm. Meister Lucius & Brüning, Höchst, Actiengesellschaft für Anilinfabrikation, Berlin, Chemische Fabriken vorm. Weiler ter Meer, Uerdingen, und die Chemische Fabrik Griesheim-Elektron, Frankfurt, ihr Vermögen auf die Badische Anilin- & Soda-Fabrik, Ludwigshafen, übertrugen. Bei dieser Gelegenheit änderte die BASF ihren Firmennamen in I.G. Farbenindustrie AG.
Nach dem Zweiten Weltkrieg wurde im Zuge der alliierten Dekartellisierungs- und Entflechtungsmaßnahmen das gesamte Vermögen der Gesellschaft beschlagnahmt und unter alliierte Verwaltung gestellt. Aufgrund des Gesetzes Nr. 35 der Alliierten Hohen Kommission war das Unternehmen in eine Reihe von Gesellschaften (Nachfolgegesellschaften) aufzuspalten. Die I.G. trat zum 1.1.1952 in Liquidation.«
Es entstanden zwölf Nachfolgegesellschaften der I.G. Farben, darunter Bayer, BASF und Hoechst.

BESITZVERHÄLTNISSE/EIGENTUMSSTRUKTUR.
Streubesitz bei ca. 295.000 Aktionären
- 2.100 Banken und Versicherungen (42,9%)
- 1.600 Investmentgesellschaften (18,6%)
- 4.500 Firmen aus Handel und Industrie (3,3%)
- 282.600 Privatpersonen (28,9%)
- 4.200 sonstige (6,3%)

Die inländische Belegschaft (Privatpersonen) besitzt 8% des Grundkapitals. 47% der Bayer-Aktien sind in ausländischem Besitz, wobei die meisten Aktien in Großbritannien und den USA gehalten werden.

Standort:
Bayerwerk
51368 Leverkusen

Telefon: *(0214) 30-1*
Telefax: *(0214) 30-66328*
Internet: *www.bayer.com*

Rechtsform:
Aktiengesellschaft

Geschäftsjahr: *1.1.-31.12.*

Gründungsjahr: *1863;*
1925 Einbringung in den I.G.-Farben-Konzern;
1951 Neugründung der Bayer AG

Branche: *Chemische Industrie, Chemiefasern und Kunststoffe; Pharmazeutische Industrie; Gummi- und Asbestindustrie*

Öffentlichkeitsarbeit:
Heiner Springer
Tel.: (0214) 30-81038
Fax: (0214) 30-50243
Internet: www.bayer.com

Verbände: *Verband der Chemischen Industrie e.V., Frankfurt/Main; Gesellschaft Deutscher Chemiker, Göttingen; Deutsche Gesellschaft für chemisches Apparatewesen, Berlin*

Vorstand:

- *Schneider, Manfred, Dr. (Vorsitzender; Vorsitzender Konzernkoordinierung; Finanzen)*
- *Bamelis, Pol, Dr. (Vorsitzender Forschung und Entwicklung; Technik und Umwelt; Arbeitsgebiet Landwirtschaft)*
- *Mohr, Hans-Jürgen (Arbeitsdirektor; Vorsitzender Personal; Finanzen; Marketing und Logistik; Region Europa)*
- *Molnar, Attila, Dr. (Technik und Umwelt; Marketing und Logistik; Regionen Nordamerika, Mexiko)*
- *Oels, Udo, Dr. (Vorsitzender Technik und Umwelt; Forschung und Entwicklung; Arbeitsgebiet Chemie)*
- *Spinner, Werner (Vorsitzender Marketing und Logistik; Personal; Technik und Umwelt; Arbeitsgebiet Polymere; Region Fernost)*
- *Wenning, Werner (Vorsitzender Finanzen; Konzernkoordinierung; Personal; Regionen Lateinamerika, Afrika, Nahost)*
- *Wenninger, Walter, Dr. (Forschung und Entwicklung; Konzernkoordinierung; Arbeitsgebiet Gesundheit)*

Vorstandsbezüge 1998:
15.198.414,– DM

KONZERNÜBERBLICK. Bayer ist eines der weltweit führenden Unternehmen der chemisch-pharmazeutischen Industrie und auf allen Chemiemärkten der Welt präsent. Bayer ist ein multinational operierender Universalchemiekonzern, der etwa 10.000 Produkte in seinen verschiedenen Geschäftsbereichen herstellt und vertreibt (weltweit ca. 150.000 feste Kunden und 50.000 Lieferanten). Zentrum des Unternehmens sind die Werke in Leverkusen, Dormagen, Uerdingen, Wuppertal-Elberfeld, Brunsbüttel, Bitterfeld und Antwerpen. Das Bayer-Werk in Leverkusen ist Hauptwerk und Herzstück des Chemie-Multis. Es umfaßt allein rund 630 Gebäude auf 3,4 km^2 Fläche und entwikkelte sich zu einem der größten europäischen Produzenten für anorganische und organische Produkte, Pharmazeutika, Farbstoffe, Polyurethane und Kautschuke. Es ist das Zentrum der Bayer-Forschung und Verwaltungssitz des Konzerns, von dem aus das Bayer-Weltimperium regiert wird. Allein im Werk Leverkusen sind – einschließlich der Mitarbeiter der Agfa-Gevaert AG, der Bayer Vital GmbH & Co. KG und der DyStar GmbH & Co. Deutschland KG – rund 31.000 Menschen beschäftigt.

Der Konzern untergliederte sich 1998 in die Arbeitsgebiete Gesundheit, Landwirtschaft, Polymere, Chemie und Agfa:

◆ Arbeitsgebiet Gesundheit mit den Geschäftsbereichen Pharma (produziert wird in 35 Ländern), Consumer Care (Medikamente in allen Varianten, z. B. Aspirin; das Insektenabwehrmittel Autan), Diagnostika (Sitz in den USA; Bayer gehört weltweit zu den vier größten Anbietern von Diagnostika). Umsatz 1998: 13.745 Mio. DM (Vorjahr: 13.327 Mio.).

◆ Arbeitsgebiet Landwirtschaft mit den Geschäftsbereichen Pflanzenschutz und Tiergesundheit. Umsatz 1998: 5.733 Mio. DM (Vorjahr: 5.568 Mio.).

◆ Polymere mit den Geschäftsbereichen Kunststoffe (Makrolon, Lustran), Kautschuk (Dispercoll), Polyurethane (Baytherm, NovaFlex, NovaForm), Lackrohstoffe, Farbmittel und Sondergebiete (Bayhydrol, Desmodur, Desmophen), Fasern (Dralon, Dorlastan) sowie Wolff Walsrode (Verpackungs- und technische Folien). Umsatz 1998: 17.216 Mio. DM (Vorjahr: 17.090 Mio.).

◆ Arbeitsgebiet Chemie mit den Geschäftsbereichen Chemikalien (organische und anorganische Grundchemikalien, anorganische Sondergebiete, Elektronik-Chemikalien), Spezialprodukte (anorganische Chemieprodukte, Polymeradditive, Spezialchemikalien für die Leder-, Papier- und Textilindustrie, Materialschutzprodukte, Ionenaustauscher), Haarmann & Reimer (Parfümerie- und Geschmacksstoffe), EC Erdölchemie (petrochemische Produkte), H.C. Starck (Spezialmetalle, Metallpulver, Ingenieur-Keramik), DyStar (Textilfarbstoff-Gemeinschaftsunternehmen mit der Hoechst AG). Umsatz 1998: 8.511 Mio. DM (Vorjahr: 9.868 Mio.).

◆ Agfa mit den Geschäftsbereichen Foto (Geschäftsfelder Film, Finishing – Fotopapiere und -chemikalien –, Laborgeräte), Grafische Systeme (fotografische Materialien, elektronische Druckvorbereitung, Farb- und Schwarzweißkopierer, Scanner, Drucksysteme), Technische Bildsysteme (diagnostische Bildsysteme/Röntgen, Mikrografie). Agfa expandierte besonders in den letzten Jahren (Erwerb des Druckplattengeschäfts von Hoechst und der Geschäftseinheiten Grafische Filme und Offset-Druckplatten des US-Konzerns DuPont) und bereitete so systematisch seinen Gang an die Börse vor. Umsatz 1998: 8.505 Mio. DM (Vorjahr: 8.084 Mio.).

BETEILIGUNGEN. 1998 wurden in den Abschluß des Bayer-Konzerns 35 inländische und 198 ausländische Tochtergesellschaften einbezogen (50% und mehr Anteile). Unberücksichtigt blieben 133 Tochtergesellschaften im In- und Ausland. Zu den wichtigsten Unternehmen der Bayer AG zählen im In- und Ausland:

● Agfa-Gevaert AG, Leverkusen (25%–50% wurden 1999 an der Börse plaziert, 25% an die Gevaert N.V. abgetreten. Umsatz 1998: 2.787 Mio. DM; Beschäftigte 1998: 5.781); EC Erdölchemie GmbH, Köln (50%, die restlichen 50% hält die Deutsche BP AG – Umsatz 1998: 2.472 Mio. DM; Beschäftigte 1998: 2.291); Bayer Vital GmbH & Co. KG, Leverkusen (100% – Umsatz 1998: 1.720 Mio. DM; Beschäftigte 1998: 1.359); DyStar Textilfarben GmbH, Frankfurt/Main (50% – DyStar mit 20 weiteren Gesellschaften ist der Zusammenschluß der Textilfarbstoffgeschäfte von Bayer und Hoechst – Umsatz 1998: 1.584 Mio. DM; Beschäftigte 1998: 3.179); Wolff Walsrode AG, Walsrode (100% – Umsatz 1998: 771 Mio. DM; Beschäftigte 1998: 2.409); H. C. Starck GmbH & Co. KG, Goslar (99,9% – Umsatz 1998: 608 Mio. DM; Beschäftigte 1998: 1.792); Haarmann & Reimer GmbH, Holzminden (100% – Umsatz 1998: 719 Mio. DM; Beschäftigte 1998: 1.792); Bayer Faser GmbH, Dormagen (100%); Rhein-Chemie Rheinau GmbH, Mannheim (100%); Polymer Latex GmbH & Co. KG, Marl (50%).

● Agfa-Gevaert N.V., Mortsel/Belgien (25%–50% wurden 1999 an der Börse plaziert, 25% an die Gevaert N.V. abgetreten. Umsatz 1998: 2.947 Mio. DM; Beschäftigte 1998: 5.597); Bayer Antwerpen N.V., Antwerpen/Belgien (100%); Bayer S.p.A., Mailand/Italien (100%); Bayer plc, Newbury/Großbritannien (100%); Bayer Corporation, Pittsburgh/USA (100% – ehem. Miles Inc., Umsatz 1998: 14.283 Mio. DM; Beschäftigte 1998: 23.405; 50 Werke; darin enthalten: Bayer Inc., Kanada); Bayer de México S.A. de C.V., México D.F./Mexiko (100%); Bayer S.A., São Paulo/Brasilien (100%); Bayer Argentina S.A., Buenos Aires/Argentinien (100%); Bayer Australia Ltd., Sydney/Australien (99,9%); Bayer (Proprietary) Ltd., Pretoria/Südafrika (100%); Bayer Yakuhin, Ltd., Osaka/Japan (75,6%); Sumitomo Bayer Urethane Co., Ltd., Tokio/Japan (50%).

AGFA GEHT AN DIE BÖRSE. Im Juni 1999 wurden in Frankfurt/Main und Brüssel 50% der Anteile der bis dahin 100%igen Bayer-Tochter Agfa-Gevaert N.V., Mortsel/Belgien, an die Börse gebracht und privaten wie institutionellen Anlegern angeboten. Weitere 15% der Anteile übernahm die belgische Finanzholding Gevaert N.V., die darüber hinaus die Option auf weitere 10% der Agfa-Aktien nach Ablauf eines Jahres hat. Bayer wird an Agfa-Gevaert schließlich nur noch 25% halten.

Der Börsengang galt als der größte der belgischen und einer der größten der deutschen Börsengeschichte. Der Einführungspreis der Aktie betrug 22 Euro. Die Bayer AG will sich durch die Trennung von Agfa noch weiter auf ihre Rolle als führendes Chemie- und Life-Sciences-Unternehmen konzentrieren und diese Bereiche weltweit weiter ausbauen.

Aufsichtsrat:

- *Grünewald, Herbert, Prof. Dr. (Ehrenvorsitzender), Leverkusen*
- *Hansen, Kurt, Prof. Dr. (Ehrenvorsitzender), Leverkusen*
- *Strenger, Hermann J. (Vorsitzender; ehem. Vorsitzender des Vorstandes der Bayer AG), Leverkusen*
- *Kohlhaussen, Martin, Dr. h.c. (Sprecher des Vorstandes der Commerzbank AG), Frankfurt/Main*
- *Kopper, Hilmar (Vorsitzender des Aufsichtsrates der Deutsche Bank AG), Frankfurt/Main*
- *Lennings, Manfred, Dr. (Industrieberater), Essen-Kettwig*
- *Leysen, André, Dr. h.c. (Vorsitzender des Verwaltungsrates der Gevaert N.V.), Mortsel/Belgien*
- *Maucher, Helmut O. (Präsident des Verwaltungsrates der Nestlé S.A.), Vevey/Schweiz*
- *von Pierer, Heinrich, Dr. (Vorsitzender des Vorstandes der Siemens AG), München*
- *van Wachem, Lodewijk Christiaan (Chairman des Supervisory Board der Royal Dutch Petroleum Company), Den Haag/Niederlande*
- *Winnacker, Ernst-Ludwig, Prof. Dr. (Präsident der Deutschen Forschungsgemeinschaft), Bonn*
- *Wunderlich, Hermann, Dr. (ehem. stellv. Vorstandsvorsitzender der Bayer AG), Odenthal*

**Nietzard, Rolf (stellv. Vorsitzender)*
**Alberti, Klaus, Dr.*
**Brayer, Petra*
**Fahlbusch, Detlef*
**Gipperich, Erich*
**Meinhardt, Dieter*
**Peppmeier, Hans-Dieter*
**Schlaefke, Waltraud*
**Schmoldt, Hubertus*
**Schulte, Dieter*

Aufsichtsratstantiemen 1998: *2.753.500,– DM*

BÖRSE, AKTIEN, KURSE
Grundkapital 1998:
3.651,7 Mio.
Jahreshöchstkurs 1998:
96,37 DM (49,27 €)
Jahrestiefstkurs 1998:
59,10 DM (30,22 €)
Aktie Jahresende 1998:
69,90 DM (35,74 €)
Dividende pro Aktie 1998:
2,00 DM

Die Dividende bezieht sich auf eine nennwertlose Stückaktie. Ausgeschüttet wurde 1998 der Bilanzgewinn von 1.461,0 Mio. Die Ausschüttungsquote betrug – bezogen auf den Konzerngewinn – 46%.

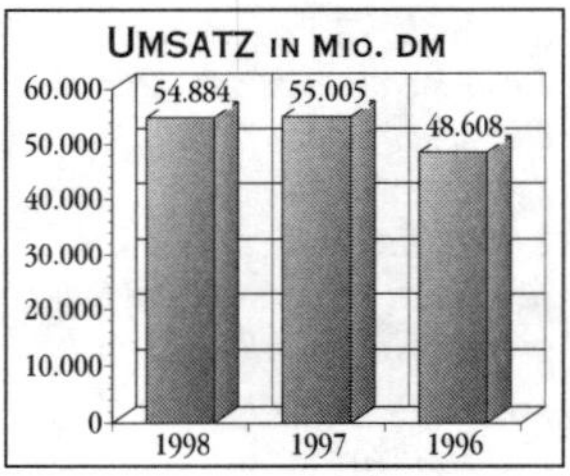

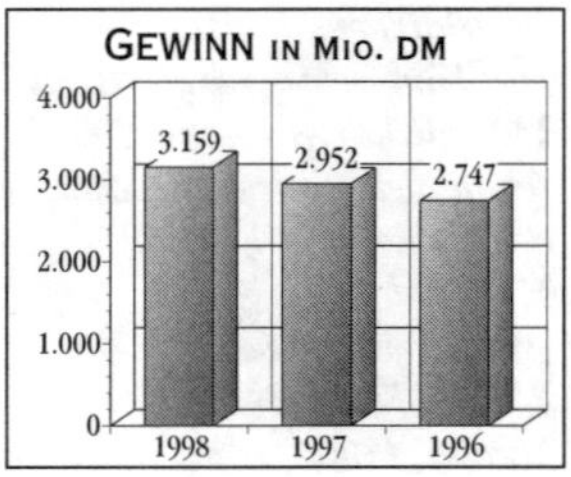

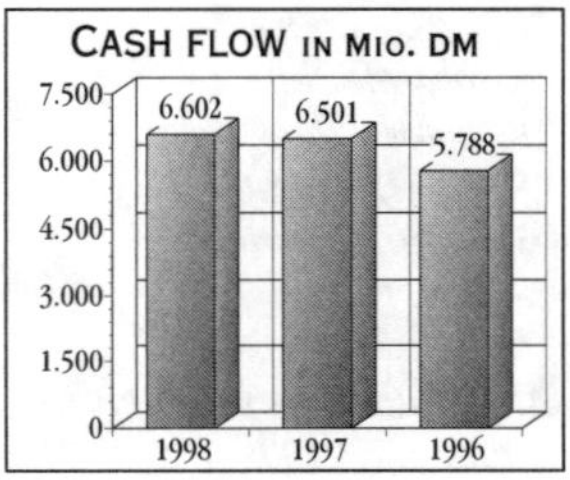

GLOBALE STRATEGIEN UND DER STANDORT DEUTSCHLAND.

1998 akquirierte Bayer weltweit für 3 Mrd. DM Unternehmen und Geschäfte. Bayer will besonders den Bereich Life Sciences durch weitere Übernahmen, wann immer sich Gelegenheiten bieten, auf globaler Ebene stärken. Ziel ist es, den Anteil der Life Sciences von 36% des Konzernumsatzes auf 50% (ohne Agfa) zu steigern.

Die größte wirtschaftliche Dynamik bietet für Bayer nach wie vor Nordamerika, wo es seit Jahren die größten Zuwachsraten gibt. Allein die Bayer Corporation setzt mit ihren Tochtergesellschaften jährlich rund 15 Mrd. DM um und beschäftigt in ihren 50 Standorten 24.000 Menschen. In den nächsten Jahren will der Bayer-Konzern mit einem Investitionsprogramm von rund 14 Mrd. DM seine Position in den USA weiter ausbauen. 1998 wurde das Diagnostika-Geschäft von Chiron Diagnostics wurde für 1,9 Mrd. DM akquiriert. Zuvor wurden 28,3% der Anteile des amerikanischen Generika-Unternehmens Schein Pharmaceuticals sowie eine Beteiligung am Feinchemie-Spezialisten ChemDesign gekauft. Durch die Übernahme des nordamerikanischen Sterling-Selbstmedikationsgeschäfts wurde Bayer eines der größten Unternehmen auf dem amerikanischen Markt für Selbstmedikation. Weiterhin wurde das ABS-(Acrylnitril-Butadien-Styrol-)Geschäft von Monsanto Co. übernommen und in das Arbeitsgebiet Polymere integriert. Mit Hoffmann-La Roche wurde im Selbstmedikamentionsbereich das Joint-venture Bayer-Roche LLC gegründet. Zum Ausbau des Pflanzenschutzbereiches übernahm Bayer 1998 50% des Saatgutbehandlungsgeschäfts der US-Firma Gustafson. In neun US-Forschungszentren für Pflanzenschutz, Pharma und Diagnostika arbeiten heute rund 2.400 Wissenschaftler.

Dabei hatte es Bayer in seinem globalen Auftreten besonders in den USA sehr schwer. Denn erst Mitte der 90er Jahre erhielt Bayer nach jahrelangem Streit für 1 Mrd. US $ die Rechte am »Bayer-Kreuz« zurück, das zusammen mit der Bayer Company (einschließlich aller Patente, Marken- und Warenzeichen) im Ersten Weltkrieg als Feindvermögen beschlagnahmt worden war. Bayer durfte bis dahin seine Produkte inklusive des lukrativen Aspirin-Geschäfts in den USA nicht unter seinem Namen vertreiben. Erst seit 1995 agiert die Bayer-Beteiligungsgesellschaft unter der Firmierung »Bayer Corporation« – zuvor immer nur unter den Namen von Tochtergesellschaften wie z.B. Miles.

Bis zum Jahr 2010 sollen auch im asiatisch-pazifischen Raum trotz zwischenzeitlich wirtschaftlicher Turbulenzen 8 Mrd. DM investiert werden – außer in Japan besonders in Thailand, Indien und China, wo bereits zahlreiche Joint-ventures unter dem Dach der Bayer (China) Ltd. gegründet wurden. Zum neuen Chrom-Standort des Konzerns wurde Südafrika auserkoren, wodurch die Chrom-Produktionsanlagen in Leverkusen geschlossen und verlagert werden sollen. So hat die südafrikanische Bayer-Tochter Bayer (Pty) Ltd. mit der südafrikanischen Chemiegruppe Sentrachem Ltd. ein Joint-venture zum Bau einer der größten Chromchemikalien-Fabriken der Welt geschlossen.

Den steten Erfolgsmeldungen beim Konzerngewinn standen in den vergangenen Jahren aber auch umfangreiche Restrukturierungsmaßnahmen und ein tiefgreifender Personalabbau gegenüber. Auch in Zukunft will sich Bayer rigoros von allen weniger profitablen Geschäftsfeldern, besonders am Standort Deutschland, trennen und das Portfolio einer ständigen Rentabilitätsüberprüfung unterziehen.

INNERBETRIEBLICHE BÜNDNISSE. Am 1. Juli 1997 trat die »Vereinbarung zur Standortsicherung und Beschäftigung« für die deutschen Werke bis zum Ende des Jahres 2000 als Ergebnis langer Verhandlungen zwischen der Bayer-Unternehmensleitung und dem Gesamtbetriebsrat in Kraft. Danach wird Bayer in den Werken Leverkusen, Dormagen, Wuppertal-Elberfeld, Krefeld-Uerdingen und Brunsbüttel mit derzeit 46.000 Arbeitsplätzen auf betriebsbedingte Kündigungen verzichten. Jeder »notwendige Arbeitsplatzabbau« soll sozialverträglich gestaltet werden. (Bayer hatte in den letzten zehn Jahren die Zahl der Beschäftigten um rund 25% reduziert.) Zusätzlich sollen jährlich mindestens 800 Ausbildungsplätze angeboten werden. Die Übernahme geeigneter Ausgebildeter in ein unbefristetes Arbeitsverhältnis ist bis zum 1. März 2001 garantiert. Darüber hinaus wurden Investitionen und Forschungsaufwendungen bis Ende 2002 von rund 20 Mrd. DM zugesagt. Der Gesamtbetriebsrat hat im Gegenzug Einsparungen von 300 Mio. DM pro Jahr bei den Personalkosten und den freiwilligen Unternehmensleistungen sowie einer verstärkten Arbeitszeitflexibilisierung zugestimmt.
Flexible Arbeitszeiten, Gruppenarbeit und Teamorientierung sind in den letzten Jahren zu festen Bestandteilen geworden. In der Bayer AG werden entsprechend den jeweiligen betrieblichen Gegebenheiten etwa 100 Arbeitszeitmodelle in betriebsspezifischer Ausprägung praktiziert. Teilzeitarbeit wird in rund 400 individuellen, auf die einzelnen Mitarbeiter bezogenen Varianten geleistet. Bayer entwickelt auch neue Arbeitsformen für Mitarbeiter in der Produktion. Interdisziplinär besetzte Teams sollen in den Produktionsbereichen der Bayer AG die bisher funktionale Arbeitsteilung ersetzen. Für leitende Mitarbeiter gibt es ein an der Leistung orientiertes Entgeltsystem. 1998 erhielten 800 Jugendliche einen Ausbildungsplatz; alle zur Vermittlung anstehenden 560 Ausgebildeten wurden in ein unbefristetes Arbeitsverhältnis übernommen. 1999 plant die Bayer AG wiederum die Neuaufnahme von 650 Auszubildenden und weitere 150 Einstellungen im Auftrag der »Gesellschaft zur Förderung der beruflichen Bildung e.V.«.

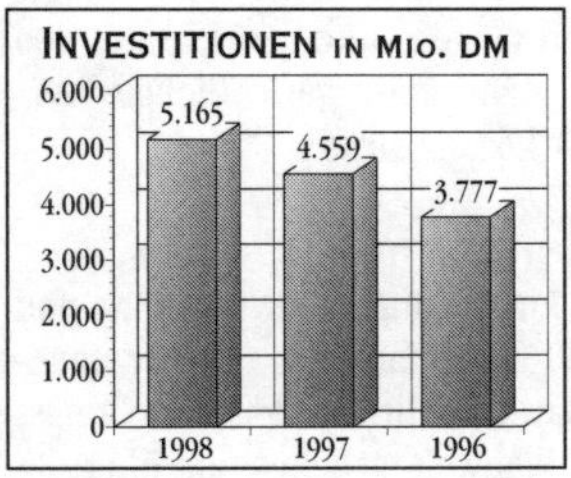

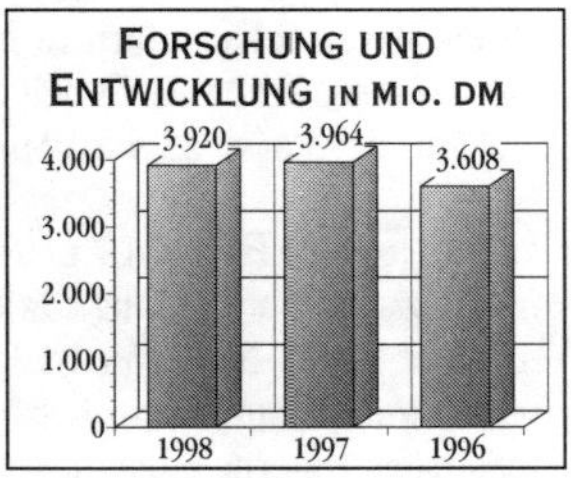

UMWELTSCHUTZ. Umweltschutz gilt bei Bayer als eine unternehmerische Aufgabe ersten Ranges. An der Spitze steht der Vorstandsausschuß Technik und Umwelt. Vor jeder größeren Investition sind ökologische und toxikologische Beurteilungen vorgeschrieben. Die Leiter der deutschen Bayer-Werke an den Produktionsstandorten Leverkusen, Dormagen, Krefeld-Uerdingen, Wuppertal-Elberfeld und Brunsbüttel sind die Störfallbeauftragten des Unternehmens. Allein in diesen Werken sind mehr als 1.000 Mitarbeiter im Umweltschutz beschäftigt. Es gibt ein umfassendes technisches Überwachungskonzept

Umsatz 1998: *54.884,0 Mio. (Auslandsgeschäft: 83,6%; Anteil ausländischer Gesellschaften: 67,5%)*
Umsatz 1997: *55.005,0 Mio. (Auslandsgeschäft: 83,9%; Anteil ausländischer Gesellschaften: 67,0%)*
Umsatz 1996: *48.608,0 Mio. (Auslandsgeschäft: 82,2%; Anteil ausländischer Gesellschaften: 65,4%)*

Gewinn 1998: *3.159,0 Mio.*
Gewinn 1997: *2.952,0 Mio.*
Gewinn 1996: *2.747,0 Mio.*

Cash flow 1998: *6.602,0 Mio.*
Cash flow 1997: *6.501,0 Mio.*
Cash flow 1996: *5.788,0 Mio.*

Cash flow: *Alle Sachanlagen und Akquisitionen wurden aus dem Cash flow finanziert.*

Steueraufkommen 1998: *2.177,0 Mio.*

Beschäftigte 1998: *145.100*
Beschäftigte 1997: *144.600*
Beschäftigte 1996: *142.200*
(Beschäftigte 1989: 170.200)

Umsatz pro Mitarbeiter 1998: *378.249,– DM*
Umsatz pro Mitarbeiter 1997: *380.394,– DM*
Umsatz pro Mitarbeiter 1996: *341.828,– DM*

Löhne und Gehälter 1998: *12.444,0 Mio.*
Löhne und Gehälter 1997: *12.116,0 Mio.*
Durchschnittsgehalt 1998: *85.762,– DM*
Soziale Abgaben und Aufwendungen 1998: *3.410,0 Mio.*
Soziale Abgaben und Aufwendungen 1997: *3.326,0 Mio.*

Bezüge pro Vorstandsmitglied 1998: *1.899.802,– DM*
Tantiemen pro Aufsichtsrat 1998: *137.675,– DM*

Investitionen 1998: *5.165,0 Mio.*
Investitionen 1997: *4.559,0 Mio.*
Investitionen 1996: *3.777,0 Mio.*

Umweltschutz (Betriebskosten) 1998: *2.200,0 Mio.; davon Investitionen 1998: 251,0 Mio. DM*
Umweltschutz (Betriebskosten) 1997: *2.300,0 Mio.; davon Investitionen 1997: 364,0 Mio. DM*
Umweltschutz (Betriebskosten) 1996: *2.200,0 Mio.; davon Investitionen 1996: 320,0 Mio. DM*

Forschung und Entwicklung 1998: *3.920,0 Mio.*
Forschung und Entwicklung 1997: *3.964,0 Mio.*
Forschung und Entwicklung 1996: *3.608,0 Mio.*

Mitbewerber: *BASF, Boehringer, Dow Chemical, DuPont, Degussa-Hüls, Hoechst, ICI, Imperial Chemical, 3M, Merck, Novartis, Roche, Sandoz, Schering, Solvay, Wacker*

für insgesamt 750 einzelne Bayer-Produktionsbetriebe weltweit. Durch das 1987 gestartete und inzwischen abgeschlossene Investitionsprogramm in Höhe von 3 Mrd. DM wurden u. a. die Emissionen an allen Produktionsstandorten weiter reduziert. Bayer gibt alle zwei Jahre einen Umweltbericht heraus.
Bayer vertritt das Konzept des integrierten Pflanzenanbaus und entwickelt hierfür umweltverträgliche Pflanzenschutzmittel. In keinem Entwicklungsland dürfen Pflanzenschutzmittel verkauft werden, die nicht zumindest den Zulassungskriterien Deutschlands oder der USA entsprechen. Denn Bayer ist in der Welt die Nummer eins bei der Produktion von Insektiziden, die Nummer zwei bei Fungiziden und die Nummer zehn bei Herbiziden.
Es gab bis in die jüngste Vergangenheit hinein immer wieder Betriebs- und Störunfälle in Bayer-Produktionsstätten. So 1997, als bei einem Betriebsunfall im Bayer-Werk Dormagen zwölf Tonnen einer krebsverdächtigen Chemikalie entwichen, von denen aber nur ein geringer Teil über die Werksgrenze gelangte. 1999 kam es zu einer schweren Explosion im Bayer-Werk Wuppertal. Lange wurde Bayer von Greenpeace wegen der Produktion angeblich grundwassergefährdender Pflanzenschutzmittel kritisiert. In die Schlagzeilen geriet Bayer auch in Zusammenhang mit einem Skandal um HIV-infizierte Präparate ihrer japanischen Tochter Bayer Yakuhin, an denen sich in den 80er Jahren rund 2.000 Bluterkranke infiziert hatten, von denen mittlerweile rund 400 an Aids gestorben sind. Im März 1996 entschuldigte sich die Bayer-Tochter formell bei den Klägern und stimmte mit den anderen betroffenen Unternehmen einem außergerichtlichen Vergleich zu, der Bayer etwa 80 Mio. DM kosten dürfte.

Forschung, Entwicklung, Innovationen.

Forschung und Entwicklung sowie die Einführung neuer Produkte und Verfahren stehen bei Bayer traditionell am Anfang des »unternehmerischen Wertschöpfungsprozesses«. Bayer gehört zu den forschungsintensivsten Unternehmen der Welt. Weltweit arbeiten an über 25 Standorten 14.000 Wissenschaftler im Forschungs- und Entwicklungsbereich, etwa 8.500 davon allein in Deutschland. Eines der modernsten Forschungszentren auf den Gebieten Pflanzenschutz- und Tiergesundheit liegt in Monheim.
Bayer unterhält Forschungseinrichtungen in Europa, den USA und Japan. 1998 wurden für Forschung und Entwicklung knapp 4 Mrd. DM ausgegeben, wovon knapp die Hälfte in den Bereich Gesundheit floß. Bis zum Jahr 2002 sollen mehr als 10 Mrd. DM in die Forschung und Entwicklung von neuen Arzneimitteln und Diagnostika investiert werden. Allein im Pharmabereich, so Bayer, kommt bis 2005 ein Dutzend neuer Produkte auf den Markt, die ein Umsatzpotential von rund 12 Mrd. DM haben.
Rund 45% des Forschungsbudgets fließen gegenwärtig ins Ausland, knapp 30% in die USA. Die ausländischen Forschungseinrichtungen sollen im Rahmen der Globalisierung, aber auch aus standortbedingten Kostengründen, verstärkt ausgebaut werden. Immerhin koste, so Bayer, die Entwicklung eines einzigen neuen Wirkstoffes im Durchschnitt 500 Mio. US $. Bayer ist zunehmend auf dem Gebiet der Gentechnologie engagiert und verfügt in den USA bereits über Produktionsanlagen. Ende 1998 wurde eine Kooperation mit der Millennium

Pharmaceuticals Inc. auf dem Gebiet der Arzneimittelforschung bzw. der medizinischen Biotechnologie geschlossen. Bayer übernahm dabei 14% des US-Unternehmens. Es gibt ein wachsendes Netzwerk von Kooperationen mit international führenden Instituten, Hochschulen und Forschungsfirmen.

BAYERISCHE HYPO- UND VEREINSBANK

GESCHICHTE UND ENTWICKLUNG. 1998 erfolgte die Fusion der beiden Münchener Großbanken Bayerische Vereinsbank und Bayerische Hypotheken- und Wechselbank zur Bayerische Hypo- und Vereinsbank AG.
Die Wurzeln der Bayerischen Vereinsbank lagen in der 1869 als Kredit- und Hypothekenbank gegründeten Bayerischen Vereinsbank und der Bayerischen Staatsbank von 1780, die 1971 auf die Vereinsbank verschmolzen wurde. Die Bayerische Vereinsbank hatte sich in den vergangenen Jahrzehnten von einer bayerischen Kredit- und Hypothekenbank zu einer deutschen Universalbank entwickelt, die weltweit operierte. Der Vereinsbank gelang 1983 durch die Akquisition des renommierten, 1748 gegründeten Frankfurter Bankhauses Gebrüder Bethmann das Entrée zum Norden der Republik. Ende 1990 stockte die Bayerische Vereinsbank auch noch ihre Schachtelbeteiligung an der Vereinsbank und Westbank, Hamburg, zum Mehrheitsbesitz auf, wodurch sie nunmehr in der ganzen Bundesrepublik über ein flächendeckendes Filialnetz verfügte.
Die Bayerische Hypotheken- und Wechsel-Bank wurde 1835 von König Ludwig I. gegründet. Die Gründungsstatuten sahen eine gemischte Bank vor: Drei Fünftel des Grundkapitals mußten für Darlehen auf Grund und Boden ausgereicht werden, zwei Fünftel waren für sonstige Bankgeschäfte bestimmt. So war sie von Anfang an eine Hypotheken- und Geschäftsbank und hatte auf privatwirtschaftlicher Basis auch wichtige öffentliche Aufgaben zu erfüllen. 1896 kam es zur Ausdehnung des Darlehensgeschäfts auf das ganze Reichsgebiet. 1923 wurde der Versicherungsbereich im Zuge der Inflation an die Allianz abgetreten.

BESITZVERHÄLTNISSE/EIGENTUMSSTRUKTUR.
- Allianz AG, München (17,6%)
- VIAG AG (über Bayernwerk AG), München (8,2%)
- Münchener Rückversicherung AG, München (6,5%)
- Bayerische Landesstiftung und Bayerische Forschungsstiftung, München (6,8% – gehört dem Freistaat Bayern)
- Rest Streubesitz bei etwa 123.000 Aktionären (davon ca. 14.000 Belegschaftsaktionäre)

Aktionärsstruktur:
- Institutionelle Anleger Inland (58,7%)
- Ausländische Aktionäre (25,7%)
- Private Inland und Sonstige (14,3%)
- Belegschaftsaktionäre (1,3%)

Standort:
Am Tucherpark 16
80538 München

Postanschrift:
80311 München

Telefon: *(089) 378-0*
Telefax: *(089) 378-25699*
Internet: *www.vereinsbank.de*

Branche: *Kreditinstitute*

Rechtsform:
Aktiengesellschaft

Geschäftsjahr: *1.1.-31.12.*

Gründungsjahr: *1835 (Bayerische Hypotheken- und Wechsel-Bank); 1869 (Bayerische Vereinsbank); 1998 (Bayerische Hypo- und Vereinsbank AG)*

Öffentlichkeitsarbeit/ Presseabteilung:
Thomas Pfaff
Tel.: (089) 378-25801
Fax: (089) 378-25699
E-Mail: presse@hypovereinsbank.de

Vorstand:

- *Schmidt, Albrecht, Dr. (Sprecher; Konzernentwicklung, Kommunikation und Volkswirtschaft, Vorstandsabteilung)*
- *Eisele, Egbert, Dr. (Recht; Immobilienfinanzierungsgeschäft und Immobilienkunden)*
- *Hoch, Peter, Dr. (Integration der beiden Banken)*
- *Juchem, Norbert, Dr. (International Markets)*
- *Knoth, Rainer (Firmenkunden)*
- *Kölsch, Martin (Privatkunden und Geschäftskunden)*
- *Rampl, Dieter (Firmenkunden)*
- *Rauch, Eberhard, Dr. (Dienstleistungsbereich Bankbetrieb)*
- *Schüller, Stephan, Dr. (Privat- und Geschäftskunden)*
- *Schütte, Martin, Dr. (Firmenkunden)*
- *Siebertz, Paul, Dr. (Personal; Immobilienfinanzierungsgeschäft und Immobilienkunden)*
- *Sprißler, Wolfgang, Dr. (Rechnungswesen und Controlling, Revision)*
- *Wertschulte, Joseph F. (Asset Management, International Markets)*

Vorstandsbezüge 1998:
19.528.000,– DM

KONZERNÜBERBLICK. Die neue Bayerische Hypo- und Vereinsbank übernahm nach vollzogener Fusion im wesentlichen die Organisationsstrukturen und operativen Verhaltensmuster der Bayerischen Vereinsbank. Sie arbeitet in fünf Geschäftsbereichen, die eigenständig in Marktauftrag und Ergebnisverantwortung sind – Privatkunden und Geschäftskunden, Firmenkunden, Immobilienfinanzierungsgeschäft und Immobilienkunden, International Merkets und Asset Management.

Hinzu kommen die Dienstleistungsbereiche mit Unterstützungsfunktion der Geschäftsbereiche – Konzernsteuerung und Bankbetrieb. Die operative Verantwortung am Markt und gegenüber den Kunden liegt bei den Vertriebseinheiten. Strategieentwicklung, Controlling und Back Office werden zentral gesteuert.

Die neue Bayerische Hypo- und Vereinsbank hat 4 Mio. Privatkunden, die von 73 Niederlassungen und rund 1.000 Filialen betreut werden. Im Zuge der Fusion wurde das Direktbankgeschäft auf die Direkt Anlage Bank AG, eine Tochter der ehemaligen Hypo-Bank, konzentriert (die frühere Advance Bank AG wurde an die Dresdner Bank AG verkauft). Das Firmenkundengeschäft umfaßt rund 60.000 mittelständische Kunden, 100 europäische multinationale Konzerne und 800 Korrespondenzbanken.

Schwerpunkt der Bank ist das klassische Bank- und Hypothekenbankgeschäft. Sie nimmt die Aufgaben einer Hypothekenbank (Hypotheken und Kommunaldarlehensgeschäft) wahr, in erster Linie zur Finanzierung des Wohnungsbaus und gewerblicher Bauten. Mit einem Hypothekendarlehensbestand von 292 Mrd. DM ist die HypoVereinsbank der größte Immobilienfinanzierer Europas. Die Bank kontrolliert die größte Gruppe von Hypothekenbanken in Europa und erreicht damit über 40% ihres Gesamtergebnisses. Der Hypothekendarlehensbestand wurde durch die Fusion in etwa verdoppelt.

International Markets ist für die Betreuung von Versicherungen, Banken, Sonderkreditinstituten, Zentralbanken und großen Kapitalsammelstellen weltweit verantwortlich. Im Asset Management werden Vermögen institutioneller Anleger und von Publikumsfonds im In- und Ausland verwaltet. Ende 1998 hatte der Konzern 191 Mrd. DM Assets under Management. Im Allfinanzbereich, also der Ausweitung der Geschäfte auf finanznahe Bereiche, kooperiert die HypoVereinsbank mit der Victoria-Versicherungsgruppe in der Vermittlung von Lebens- und Sachversicherungen durch die Bank, mit der Heimstatt Bauspar-AG in der Vermittlung von Immobiliendarlehen sowie Kapitalanlagen durch die Vereinsbank Victoria Bauspar AG.

Die HypoVereinsbank kooperiert in Europa mit der spanischen Banco de Sabadell, der Banco Portugues do Atlantico, der britischen Lloyds Bank, der italienischen Bankengruppe ARCA NordEst und dem bedeutendsten französischen Spezialinstitut des Immobilienkredits, der Crédit Foncier de France.

BETEILIGUNGEN. Der Konzernabschluß 1998 schloß neben der Bayerischen Hypo- und Vereinsbank AG 128 inländische (Vorjahr: 88) und 87 ausländische (Vorjahr: 95) Unternehmen ein. 351 weitere Unternehmen blieben wegen ihrer untergeordneten Bedeutung unberücksichtigt. Zu den wesentlichen Unternehmen der HypoVereinsbank-Gruppe gehören im Bankenbereich:

● Bankhaus Gebrüder Bethmann, Frankfurt/Main (100%); Bankhaus Neelmeyer AG, Bremen (100%); norisbank AG, Nürnberg (100%); Direkt Anlage Bank AG, München (100%); Westfalenbank AG, Bochum (99,8%); Vereins- und Westbank AG, Hamburg (75%); Bankhaus Maffei & Co. GmbH, München (100%); Bank von Ernst & Cie. AG, Bern/Schweiz (100%); SKWB Schoellerbank AG, Wien/Österreich (100%); Bank Przemyslowo-Handlowy S.A., Krakau/Polen (46,7%); Heimstatt Bauspar-AG, München (100%); Vereinsbank Victoria Bauspar AG, München (70%); Hanseatische Investitions-Bank GmbH, Hamburg (100%); HypoVereinsbank Bulgaria GmbH, München (51%); HypoVereinsbank CZ, a.s., Prag/Tschechien (100%); HypoVereinsbank Hungária TR, Budapest/Ungarn (100%); HypoVereinsbank Luxembourg S.A., Luxemburg (100%); HypoVereinsbank Polska S.A., Warschau/Polen (100%); HypoVereinsbank Ireland, Dublin/Irland (100%); HypoVereinsbank Slovakia a.s., Bratislava/Slowakei (100%); Bayerische Immobilien-Leasing Gruppe, München (100%); Bayerische Handelsbank AG, München (76,4%); Nürnberger Hypothekenbank AG, Nürnberg (85,4%); Süddeutsche Bodencreditbank, München (54,7%); Westfälische Hypothekenbank AG, Dortmund (75%); Württembergische Hypothekenbank AG, Stuttgart (75,8%); Banco Popular Hipotecario S.A., Madrid/Spanien (50%); HVB Capital Asia Limited, Hongkong/China (50%); HVB Capital Corp., New York/USA (100%); Allfonds Gesellschaft für Investmentanlagen mbH, Unterföhring (100%); Bayerische Kapitalanlagegesellschaft mbH, München (100%); Hypo Capital Management Investmentgesellschaft mbH, München (100%); Hypo Capital Management Investmentgesellschaft S.A., Luxemburg (100%); Nordinvest Nordeutsche Investment-Gesellschaft mbH, Hamburg (100%); SKWB Schoellerbank Invest AG, Salzburg/Österreich (100%); Banca di Trento e Bolzano S.p.A., Trient/Italien (12,1%); International Moscow Bank, Moskau/Rußland (12%); Rasbank S.p.A., Mailand/Italien (8,4%).

● Die HypoVereinsbank ist direkt oder über zahlreiche Vorschalt- oder Beteiligungsgesellschaften an den verschiedensten Industrieunternehmen beteiligt. Zu den wesentlichen Unternehmen der HypoVereinsbank-Gruppe gehören im Nicht-Bankenbereich: Allianz AG, München (6,8%); Münchener Rückversicherungs-Gesellschaft AG, München (13,3%), VIAG AG, München (10,3%); Brau und Brunnen AG, Dortmund (55,2%); Agrob AG, München (52,7%); Gabriel Sedlmayr Spaten-Franziskaner-Bräu KGaA, München (19,7%); Rheinhold & Mahla AG, München (12,7%); Aktienbrauerei Kaufbeuren AG, Kaufbeuren (75,7%); VBW Bauen und Wohnen GmbH, Bochum (10%); Köllmann AG, Wiesbaden (10%); Württembergische AG Versicherungs-Beteiligungsgesellschaft mbH, Stuttgart (15,1%).

Die grösste Bankenfusion in Deutschland. Durch die spektakuläre Fusion der beiden Münchener Großbanken Bayerische Vereinsbank und Bayerische Hypotheken- und Wechselbank, bis dahin harte Konkurrenten um die Vormachtstellung am Bankenplatz München, entstand nach der Deutschen Bank die zweitgrößte deutsche Bank. Die globale Herausforderung, der innereuropäische Konkurrenzdruck und die Dominanz der Frankfurter Großbanken wurden als Motive für eine in hohem Maße verblüffte Öffentlichkeit ins Feld geführt.

Aufsichtsrat:
- *Hackl, Maximilian, Dr. (Ehrenvorsitzender), Krailling*
- *Viermetz, Kurt F. (Vorsitzender), München*
- *Trautner, Richard, Dr., (stellv. Vorsitzender), Krailling*
- *Doppelfeld, Volker (Vorsitzender des Aufsichtsrates der BMW AG), München*
- *Faber, Joachim, Dr. (Mitglied des Vorstandes der Allianz Versicherungs-AG), München*
- *Gröpl, Erhard, Dr., München*
- *Holzer, Jochen, Dr., München*
- *Jannott, Edgar, Dr. (Vorsitzender des Vorstandes der Ergo Versicherungsgruppe AG), Kaarst*
- *Kley, Max Dietrich (Mitglied des Vorstandes der BASF AG), Ludwigshafen*
- *Martini, Eberhard, Dr., München*
- *Schrempp, Jürgen E. (Vorsitzender des Vorstandes der DaimlerChrysler AG), Stuttgart*

**Betz, Herbert (stellv. Vorsitzender)*
**Dennl, Heidi*
**Eigner, Ernst*
**Grünewald, Klaus*
**Harbauer, Heinz-Georg*
**Hofer, Anton*
**König, Peter*
**Kreuser, Hanns-Peter*
**Schmidt, Christoph*
**Wunder, Helmut*

Aufsichtsratstantiemen 1998: *2.648.000,– DM*

BÖRSE, AKTIEN, KURSE
Grundkapital 1998:
2.078,0 Mio.
Jahreshöchstkurs 1998:
180,00 DM (92,03 €)
Jahrestiefstkurs 1998:
107,00 DM (54,71 €)
Aktie Jahresende 1998:
131,80 DM (67,39 €)
Dividende pro Aktie 1998:
1,60 DM

Die Dividende bezieht sich auf je 5,– DM Aktiennennbetrag. Das Grundkapital wurde auf Stückaktien umgestellt. Die Dividendensumme 1998 betrug 667 Mio. DM.

Bilanzsumme 1998:
901.000,0 Mio.
Bilanzsumme 1997:
833.000,0 Mio.

Kreditvolumen 1998:
656.825,0 Mio.
Kreditvolumen 1997:
608.279,0 Mio.

Jahresüberschuß 1998:
3.884,0 Mio.
Jahresüberschuß 1997:
1.754,0 Mio.

Steueraufkommen 1998:
1.231 Mio.

Bei der Fusion schrieb die stärkere Bayerische Vereinsbank das Drehbuch: Die Vereinsbank wollte von Anfang an den Hypo-Bank-Einstieg aus ihren stillen Reserven finanzieren, ihre Aktien also unberührt lassen. Initiiert dürfte die Fusion bei der Allianz AG worden sein, die schließlich alle Fäden zog. Die Vereinsbank bot den Hypo-Aktionären nicht ihre eigenen Aktien an, sondern tauschte Allianz-Aktien aus ihrem Portfolio gegen Aktien der Hypo-Bank in einem Tauschverhältnis von 6:1, sechs Hypo-Aktien also für eine Allianz-Aktie. Die großangelegte Informationskampagne unter der Überschrift »Der 6:1-Clou« wurde ein voller Erfolg. Rund 47% des Grundkapitals der Hypo-Bank wurde von ihren Aktionären zum Tausch angeboten. Gemeinsam mit den Paketen von Allianz und Münchener Rück hatte die Bayerische Vereinsbank nun die große Mehrheit an der Hypo-Bank, die notwendige Voraussetzung zur Verschmelzung, der im Mai 1998 von beiden Hauptversammlungen zugestimmt wurde. Nach dem Verschmelzungsvertrag wurde das Vermögen der Bayerischen Hypotheken- und Wechsel-Bank auf das Vermögen der Bayerischen Vereinsbank übertragen. Die Vereinsbank-Aktien wurden nach der offiziell vollzogenen Fusion 1998 im Verhältnis 1:1 in Aktien der neuen Bayerische Hypo- und Vereinsbank umgetauscht (die Vereinsbank war rechtlich das aufnehmende Unternehmen der Fusion).
Der neue Hypo- und Vereinsbank-Konzern ist eine Macht: Mit einem Anlagevolumen in der professionellen Vermögensverwaltung von rund 200 Mrd. DM gehört sie zu den drei größten Vermögensverwaltern in Deutschland. Und die Ziele sind hoch gesteckt: Innerhalb von fünf Jahren soll ein Volumen von 500 Mrd. erreicht werden. Im Immobilienfinanzierungsgeschäft ist die neue Bank mit Abstand die Nummer eins in Deutschland und führend in Europa. Bei der Wohnungsbaufinanzierung erreicht die neue Bank in Deutschland einen Marktanteil von 11%, bei gewerblichen Beleihungen rund 16%. In der Außenhandelsfinanzierung (Firmenkunden) erreicht die neue Bank einen Marktanteil von 16%. Mit 4 Mio. Privatkunden hält die Bank in Deutschland einen Marktanteil von knapp 5% im Privatkundengeschäft. Eine Fusion der beiden Bausparkassen-Töchter Vereinsbank Victoria Bauspar und Heimstatt wird erwogen. Erste Akquisition der neuen Münchener Großbank: die Nürnberger norisbank AG.

GLOBALE STRATEGIEN UND DER STANDORT DEUTSCHLAND. Europa sieht die HypoVereinsbank als ihren Heimatmarkt an. Entsprechend agiert sie, wenngleich die Integration der beiden Banken derzeit im Vordergrund steht. Das Auslandsgeschäft wurde bereits in fast allen Ländern zusammengelegt auf den jeweilig potenteren Partner, in Ungarn beispielsweise auf die ehemalige Hypo-Hungaria. In Luxemburg und Tschechien wurde die neue Bank durch die Fusion die stärkste deutsche Bank. In Österreich wurden die beiden Tochtergesellschaften Salzburger Kredit- und Wechsel-Bank und Schoellerbank zur SKWB Schoellerbank verschmolzen. Die Hypo-Bank war traditionell besonders stark in den osteuropäischen Ländern vertreten. Darauf wird aufgebaut: In Osteuropa ist die Bank in Ungarn, Bulgarien, Polen und Rußland mit Geschäftsstellen vertreten. In Tschechien verfügt sie über eine Lizenz für das Hypothekenbankgeschäft. 1998 wurden 46,7% der polnischen Bank BPH gekauft. Die Neuordung des Filialnetzes erfolgt im Zuge der Integration der Hypo-Bank. Dabei hat zumindest für den Standort Bayern die Großfusion Konsequenzen. Denn die Fusion beinhaltet die drastische Reduzierung des Filialnetzes in Süddeutschland, da beide Banken flächendeckend, teilweise in unmittelbarer Nachbarschaft zueinander, vertreten sind. Dafür will der neue Bankenriese verstärkt im Norden der Republik expandieren. Insgesamt werden fusionsbedingt bis zum Jahr 2000 rund 500 auf 220 Filialen zusammengeführt. Rund 6.000 Stellen dürften in den nächsten Jahren zur Disposition stehen.

INNERBETRIEBLICHE BÜNDNISSE. Insgesamt wurden, bedingt durch die Fusion, in Abstimmung mit den Arbeitnehmervertretern etwa 30.000 Beschäftigte innerbetrieblich versetzt und erhielten teilweise neue Verträge. 1.100 Stellen wurden 1998 gestrichen. Die neue Bank setzt, wie schon zuvor die Vereinsbank, zunehmend auf flexible Arbeitszeitmodelle, zusätzliche Teilzeitarbeit und ein neues Altersteilzeit-Modell ab dem 55. Lebensjahr. Teams können ihre Arbeitszeit in einem variablen Rahmen selbst gestalten. Innerbetrieblich wurde die Verankerung eines leistungsabhängigen Vergütungssystems festgelegt. Das Vergütungssystem gilt für alle tariflichen und außertariflichen Mitarbeiter. Das 14. Monatsgehalt soll leistungsbezogen gezahlt werden, zusätzliche Leistungen sollen weitgehend wegfallen. Dafür soll es Leistungsboni und Leistungsaktien geben. Telearbeit wird in Pilotprojekten getestet. Ende 1998 hatte die HypoVereinsbank 2.010 Auszubildende.

KOMMENTAR. Was als großer Coup gedacht war und den Bankenplatz München an die europäische Spitze führen sollte, geriet schon kurz nach der Fusion in Schieflage. Wegen eklatanter Management- und Bewertungsfehler des ehemaligen Hypo-Bank-Vorstandes im gewerblichen Immobilienbereich, vornehmlich im Ost-Immobiliengeschäft, mußte der Vorstandssprecher der neuen HypoVereinsbank und frühere Vereinsbank-Chef, Albrecht Schmidt, im Jahresabschluß 1998 eine außerordentliche Wertberichtigung von 3,5 Mrd. DM vornehmen. Das Geld wurde aus stillen Reserven der Vereinsbank entnommen. Schmidt rechtfertigte die Wertberichtigung gegenüber den Aktionären als unerläßlich, weil man sich ansonsten strafbar gemacht hätte. Die Staatsanwaltschaft trat dennoch auf den Plan: Verdacht der Untreue bei der Vergabe von Krediten und der Bilanzfälschung gegen einstige führende Manager der Hypo-Bank. Besonders ins Zwielicht geriet der ehemalige Hypo-Bank-Chef Eberhard Martini. Der Vorsitzende des Aufsichtsrates der neuen HypoVereinsbank, Klaus Götte, der diesem Gremium auch schon in der Hypo-Bank vorgestanden hatte, trat zurück. Das Image der neuen Bank und der Bankenplatz München waren schwer beschädigt.
Ohnehin tauchte immer wieder die Frage auf, ob die alte Hypo-Bank womöglich Pleite war und zum Zeitpunkt der Fusion bereits ohne Eigenkapital dastand. War die angebliche Fusion zweier »Gleicher« am Ende nur eine Farce? Auch wenn die beiden Vorstandsvorsitzenden Albrecht Schmidt und Eberhard Martini anfänglich immer wieder betont hatten, die Fusion vollziehe sich unter gleichberechtigten Partnern, so konnte der Sachlage nach davon keine Rede sein. Die Vereinsbank war seit Jahren größer, offensiver und vor allem moderner und globaler im Denken und Handeln. Die Hypo-Bank, ohnehin schwer angeschlagen durch eine teilweise verheerende Industriepolitik und zusätzlich immer

Eigenkapital 1998:
23.264,0 Mio.
Finanzanlagen 1998:
100.728,0 Mio.
Sachanlagen 1998:
8.409,0 Mio.

Forderungen an Kreditinstitute 1998: *112.438,0 Mio.*
Forderungen an Kunden 1998: *606.526,0 Mio.*

Verbindlichkeiten gegenüber Kreditinstituten 1998:
133.283,0 Mio.
Verbindlichkeiten gegenüber Kunden 1998:
288.543,0 Mio.

Risikovorsorge 1998:
3.245,0 Mio.
Risikovorsorge 1997:
2.711,0 Mio.

Geschäftsstellen 1998: *1.420*
Geschäftsstellen 1997: *1.505*

Beschäftigte 1998: *39.447*
Beschäftigte 1997: *39.608*

Löhne und Gehälter 1998:
3.778,0 Mio.
Löhne und Gehälter 1997:
3.535,0 Mio.
Durchschnittsgehalt 1998:
95.774,– DM
Soziale Abgaben und Aufwendungen 1998:
1.060,0 Mio.
Soziale Abgaben und Aufwendungen 1997:
1.042,0 Mio.

Bezüge pro Vorstandsmitglied 1998: *1.502.154,– DM*
Tantiemen pro Aufsichtsrat 1998: *132.400,– DM*

wieder in Skandale und Affären verwickelt, war ein eher umständlich operierendes, zu sehr im bayerischen Lokalkolorit verhaftetes Bankengebilde. Es schien von Anfang an eine ausgemachte Sache, daß die traditionsreiche Bayerische Hypotheken- und Wechsel-Bank in der Bayerischen Vereinsbank aufgehen würde.

Bayernwerk siehe VIAG

BAYWA

Standort:
Arabellastraße 4
81925 München

Postanschrift:
Postfach 81 01 08
81901 München

Telefon: *(089) 9222-0*
Telefax: *(089) 9222-3448*
Internet: *www.baywa.de*

Branche: *Agrar-, Baustoff- und Mineralölhandel; Landtechnik; Haustechnik; Bau- und Gartenmärkte*

Rechtsform:
Aktiengesellschaft

Geschäftsjahr: *1.1.-31.12.*

Gründungsjahr: *1923*

Öffentlichkeitsarbeit:
Dr. Marion Soceanu
Tel.: (089) 9222-3690
Fax: (089) 9222-3698
E-Mail: presse@baywa.de

Vorstand:
- *Deml, Wolfgang (Vorsitzender)*
- *Braunhofer, Karl, Dr.*
- *Dannheuser, Ulrich*
- *Hurtmanns, Frank*
- *Pröll, Siegfried*
- *Trager, Ralf*

Vorstandsbezüge 1998:
4.300.000,– DM

GESCHICHTE UND ENTWICKLUNG. Die gegen Ende des 19. Jahrhunderts in zahlreichen Orten Bayerns entstandenen Genossenschaften beschäftigten sich hauptsächlich mit dem gemeinsamen Einkauf von Betriebsmitteln und dem Verkauf von landwirtschaftlichen Bodenerzeugnissen. Sie übertrugen ihre genossenschaftlichen Warengeschäfte auf die Bayerische Zentral-Darlehenskasse (BZDK), die spätere Bayerische Raiffeisen-Zentralbank (BRZ). Durch den wirtschaftlichen Druck innerhalb der Landwirtschaft beschloß die Bank 1923 die Einrichtung einer eigenen Warenzentrale, der BayWa AG. An der Zeichnung des Grundkapitals beteiligten sich die Zentral-Darlehenskassen und rund 1.500 bayerische Genossenschaften. 1933 geriet die BayWa zusehends unter staatliche Führung, im Krieg wurde die gesamte landwirtschaftliche Produktion an den Staat geliefert.
Nach dem Krieg ging es mit der BayWa steil bergauf. Lagerstätten für Getreide, Reparaturwerkstätten, zentraler Einkauf von Maschinen, Ersatzteillager für Landmaschinen etc. ließen die BayWa boomen. 1959 erzielten 8.500 BayWa-Mitarbeiter einen Umsatz von 1,1 Mrd. DM, 20 Jahre später bereits 5,4 Mrd. DM. Die BayWa ist inzwischen ein vielseitiges Handels- und Dienstleistungsunternehmen. 1991 erwarb die BayWa sechs Saatgutbetriebe mit rund 40 Betriebsstätten der früheren DDR und stellte sie auf das Vertriebsnetz der BayWa um. 1996 gab sich die BayWa ein neues Corporate Design.

BESITZVERHÄLTNISSE/EIGENTUMSSTRUKTUR.
- Bayerische Raiffeisen-Beteiligungs-AG, München (42,2%)
- Kredit-Genossenschaften (42,2%)
- Sonstige Aktionäre (15,6%)

KONZERNÜBERBLICK. Die BayWa AG besteht aus den Sparten Agrar, Technik, Baustoffe, Bau- und Gartenmarkt, Haustechnik und Mineralöle. Sie ist ein genossenschaftlicher Handelskonzern, der wichtigste Partner der bayerischen Landwirtschaft und eines der führenden Unternehmen im Baustoffhandel. Sie versteht sich als Wirtschaftspartner des ländlichen Raums. In Sachsen sowie in Teilen von Brandenburg, Thüringen und Sachsen-Anhalt verfügt die BayWa über ein eigenes Betriebsstättennetz und arbeitet dort auch über Franchise- und Händlerverträge mit Partnern zusammen.
Mit der gewerblichen Wirtschaft, vor allem der Bauwirtschaft und dem Bauhandwerk, aber auch mit den Kommunen und privaten Verbrauchern, betreibt die BayWa Groß- und Einzelhandel mit Baustoffen,

Hobby- und Gartenartikeln (Bau- und Gartenmärkte für Verbraucher), Mineralölen und Brennstoffen. Die BayWa verfügt über zahlreiche große Tanklager, Tankstellen und Tankfahrzeuge. Die Haustechnik, vor allem Heizungsbau und Sanitärinstallation, ist ein weiterer Geschäftsbereich.

Die BayWa vermarktet landwirtschaftliche Bodenerzeugnisse und Produkte im In- und Ausland. Andererseits versorgt sie die Landwirtschaft mit landwirtschaftlichen Betriebsmitteln und Dienstleistungen. Zum Angebot für Landwirte zählen Produkte wie Saat- und Pflanzengut, Dünge- und Pflanzenbehandlungsmittel, Futtermittel, Mineralöle und Schmierstoffe. Die Produktion von Kraftfutter erfolgt in der Raiffeisen-Kraftfutterwerke Süd GmbH (RKW), Würzburg, dem größten Mischfutterhersteller Süddeutschlands.

Die BayWa bietet der Landwirtschaft darüber hinaus ein komplettes Programm an Maschinen und technischen Anlagen für den Bauernhof. Dazu kann die Landwirtschaft auf Spezialisten und Kundenberater der BayWa zurückgreifen. Die BayWa ist ferner die Warenzentrale für rund 300 lokale Genossenschaften, z. B. für viele Raiffeisengenossenschaften Bayerns. Sie betreibt den Großhandel mit der getreide- und kartoffelverarbeitenden Industrie, also mit Mühlen, Brauereien, Mälzereien und Lebensmittelunternehmen. Insgesamt ist die BayWa in ihren sechs Kernsparten an rund 700 Standorten in Deutschland vertreten.

BETEILIGUNGEN. Zu den wichtigsten Beteiligungen der BayWa AG gehören: Raiffeisen-Warenverband Tirol GmbH, Innsbruck/Österreich (52%); »Unser Lagerhaus« Warenhandelsgesellschaft m.b.H., Klagenfurt/Österreich (51%); Raiffeisen-Kraftfutterwerke Süd GmbH, Würzburg (50%); Karl Theis GmbH, München (100%); Donau-Tanklagergesellschaft mbH & Co. KG, Deggendorf (100%); BRVG Bayerischer Raiffeisen- und Volksbanken Verlag GmbH, München (25%); Deutsche Raiffeisen-Warenzentrale GmbH, Frankfurt/Main (17,9%); R+V Allgemeine Beteiligungs-GmbH, Wiesbaden (10%); Südstärke GmbH, Schrobenhausen (6,5%); Bayerische Raiffeisen-Beteiligungs-AG, München (3,4%). Die rund 600 BayWa-BHG-Franchise-Partner werden von der BayWa Handelssysteme Service GmbH (BHSS), München, einer hundertprozentigen BayWa-Tochter, betreut. Ihr Umsatz von über 800 Mio. DM ist im Konzernumsatz nicht enthalten.

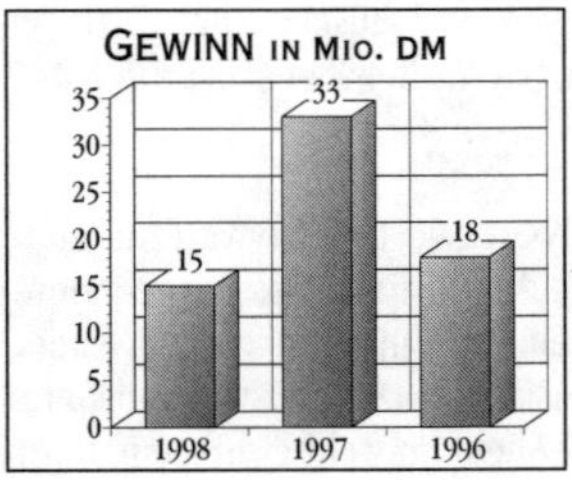

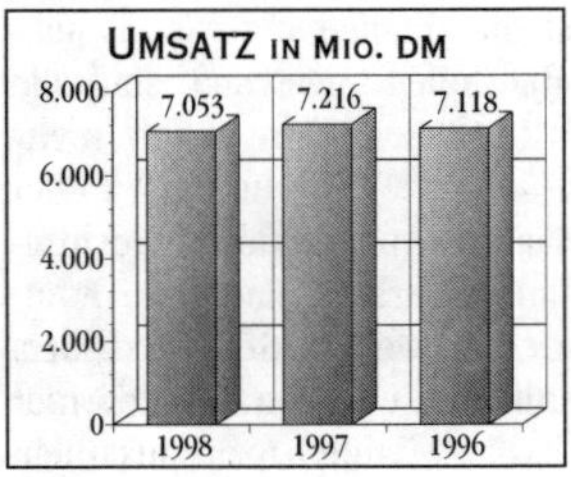

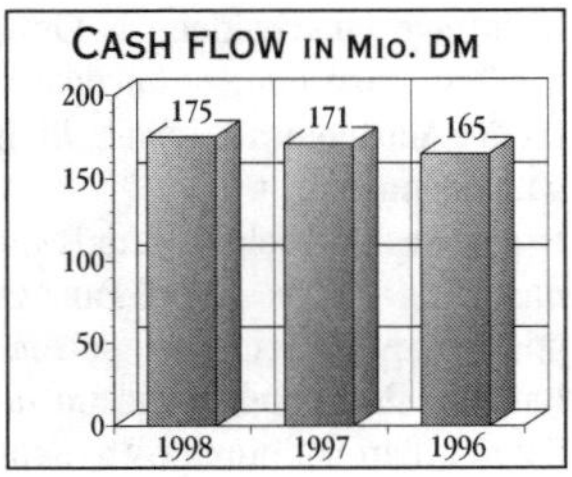

Aufsichtsrat:

- *Folz, Willibald, Dr. (Vorsitzender; Vorsitzender des Vorstandes des Genossenschaftsverbandes Bayern e.V.), München*
- *Eichwald, Berthold, Dr. (Mitglied des Vorstandes der DG Bank), Frankfurt/Main*
- *Empl, Martin (Landwirt), Augsburg*
- *Konrad, Christian, Dr. (Präsident des Österreichischen Raiffeisenverbandes), Wien/Österreich*
- *Linseisen, Martin (Direktor der Raiffeisenbank Hallertau eG), Ingolstadt*
- *Nüssel, Manfred (Landwirt; Bezirkspräsident des Genossenschaftsverbandes Bayern e.V.), Rimlas bei Bad Berneck*
- *Schaller, Erich (Mitglied des Vorstandes der Bayerische Raiffeisen-Beteiligungs AG), Griesstätt*
- *Spanner, Josef (Direktor der Raiffeisenbank Mengkofen/Ndb.), Mengkofen*

Kurtz, Theodor (stellv. Vorsitzender)
Auhuber, Klaus
Beck, Franz
Fürbaß, Ludwig
Pinkl, Brigitte
Schad, Siegfried
Spitzauer, Hermann
Steiger, Lothar

Aufsichtsratstantiemen 1998: *300.000,– DM*

BÖRSE, AKTIEN, KURSE
Grundkapital 1998:
143,3 Mio.
Jahreshöchstkurs 1998:
376,00 DM (192,25 €)
Jahrestiefstkurs 1998:
253,00 DM (129,36 €)
Aktie Jahresende 1998:
277,00 DM (141,63 €)
Dividende pro Aktie 1998:
7,00 DM

Die Dividende bezieht sich auf einen Nennbetrag von DM 100,–. Die BayWa AG ist an der Bayerischen Börse im geregelten Markt notiert. 1999 wurde das Grundkapital in Stückaktien eingeteilt. An die Stelle einer Aktie im Nennwert von DM 100,– treten 20 Stückaktien.

Umsatz 1998: *7.053,3 Mio.*
Umsatz 1997: *7.216,2 Mio.*
Umsatz 1996: *7.117,8 Mio.*

Gewinn 1998: *14,6 Mio.*
Gewinn 1997: *32,9 Mio.*
Gewinn 1996: *18,0 Mio.*

Cash flow 1998: *175,3 Mio.*
Cash flow 1997: *171,4 Mio.*
Cash flow 1996: *165,4 Mio.*

Cash flow: *Der Cash flow finanzierte die gesamte Investitionstätigkeit.*

Steueraufkommen 1998: *31,3 Mio.*

Beschäftigte 1998: *13.458*
Beschäftigte 1997: *13.520*
Beschäftigte 1996: *12.720*

Löhne und Gehälter 1998: *600,1 Mio.*
Löhne und Gehälter 1997: *600,0 Mio.*
Durchschnittsgehalt 1998: *44.590,– DM*
Soziale Abgaben und Aufwendungen 1997: *159,3 Mio.*
Soziale Abgaben und Aufwendungen 1998: *172,2 Mio.*

Bezüge pro Vorstandsmitglied 1998: *716.667,– DM*
Tantiemen pro Aufsichtsrat 1998: *18.750,– DM*

GLOBALE STRATEGIEN UND DER STANDORT DEUTSCHLAND. Durch den anhaltenden Strukturwandel in der deutschen Landwirtschaft sieht sich die BayWa schon seit längerem dazu veranlaßt, verstärkt auf das Ausland zu setzen. Vor allem der Geschäftsaufbau in Mittel- und Osteuropa sowie in Österreich wird weiter forciert. Besonders im Agrarbereich wurden die Aktivitäten in Ungarn, Bulgarien und Polen vorangetrieben. Bis zum Jahr 2000 soll der Auslandsanteil deutlich erhöht werden. Die Verkaufsstellen in Deutschland sollen auf weniger, aber stärkere Einheiten konzentriert werden. In den Konzernabschluß der BayWa AG sind die Raiffeisen-Kraftfutterwerke Süd GmbH, Würzburg, die »Unser Lagerhaus« Warenhandelsgesellschaft mbH, Klagenfurt/Österreich, und der Raiffeisen-Warenverband Tirol, Innsbruck/Österreich, eingeschlossen.
1999 wurde erfolgreich die strategische Allianz mit dem führenden österreichischen Agrarhandelsunternehmen Raiffeisen Ware Austria AG (RWA) vollzogen. Im Rahmen eines Aktientausches erhielt die BayWa AG 46,5% (wurde auf 50% aufgestockt) an der ebenfalls genossenschaftlichen RWA AG, die sich wiederum im Rahmen einer Kapitalerhöhung mit 11,2% an der BayWa AG beteiligt. Auch im Baustoffhandel zählt RWA zu den größten Anbietern des Landes. 1998 kam der RWA-Konzern mit 2.400 Mitarbeitern auf einen Umsatz von rund 2,8 Mrd. DM. Durch diese Verbindung sollen die internationale Position maßgeblich gestärkt und zahlreiche Synergien ausgeschöpft werden.
Die strategische Expansion aller Unternehmenssparten wird von der BayWa und der RWA auf internationaler Ebene gesucht; besonders an weitere Akquisitionen und Kooperationen in Mittel-, Süd- und Osteuropa ist dabei gedacht.

INNERBETRIEBLICHE BÜNDNISSE. In der BayWa wurde ein Arbeitszeitmodell vereinbart. Danach können die BayWa-Betriebe im Rahmen fixierter Obergrenzen die Arbeitszeiten an die tatsächlichen Anforderungen anpassen. Arbeitsintensive Zeiten, z.B. für die Sparten Agrar und Baustoffe im Sommer wegen Ernte und Bautätigkeit, werden durch weniger arbeitsintensive Zeiten ausgeglichen, z.B. im Winter. Die Ausbildungsquote in den BayWa-Betrieben lag 1998 bei 13%.

UMWELTSCHUTZ UND INNOVATIONEN. Die BayWa-Unternehmensleitlinien: die Umwelt schonen und natürliche Ressourcen sinnvoll nutzen, die Förderung von Vertrieb und Einsatz nachwachsender Rohstoffe (Schmieröle auf Pflanzenbasis, Bio-Diesel), Ökobaustoffe. Die BayWa selbst spricht von dem hohen Umweltbewußtsein ihrer Kunden und will durch ihre Mittlerfunktion zwischen Angebot und Nachfrage entscheidenden Einfluß auf die Qualität der Waren nehmen. So wird ein Sortiment an Öko-Baustoffen angeboten, sind alle BayWa-Märkte verpflichtet, in ihr Sortiment kein Tropenholz mehr aufzunehmen.
In einem Pilotprojekt fördert die BayWa den Anbau und die Verwendung von Flachs als Dämm-Material. Erneuerbare Energien, Kompostierung, Lärmschutz und Entsorgung sind weitere Geschäftsfelder. Im Bereich Gewerbe- und Umwelttechnik ist die BayWa Marktpartner für den Bau von Kompostieranlagen. BayWa-Märkte organisieren den

Kompost-Absatz. Öko-Spezialität der BayWa aber sind die eigenen Tankstellen mit dem alternativen Kraftstoff Bio-Diesel. Auch andere Großabnehmer beziehen immer mehr Bio-Diesel und biologisch abbaubare Schmierstoffe. Die BayWa bietet den Landwirten Verträge, in denen die Abnahme von Getreide garantiert ist, das nach kontrolliert ökologischen Anbaumethoden produziert wurde. Ähnliches gilt für andere Bereiche des Nahrungsmittelanbaus. Eine computergestützte Düngeplanung erleichtert den bedarfsgerechten Einsatz der Mittel und einen entsprechenden Verwendungsnachweis. Jede Art von Pflanzenschutz soll »ökonomisch sinnvoll und ökologisch verträglich« sein.

Investitionen 1998:
137,6 Mio.
Investitionen 1997:
158,6 Mio.
Investitionen 1996:
156,1 Mio.

Mitbewerber: *Landmaschinenhandel, Mineralölhandel, Baustoffhandel, Bau- und Gartenmärkte*

BEIERSDORF

GESCHICHTE UND ENTWICKLUNG. 1882 gründete der märkische Apotheker Carl Paul Beiersdorf in Hamburg nach der Erfindung des neuartigen medikamentösen Pflasters »Guttaplaste« eine kleine Firma. Gemeinsam mit dem Dermatologen Paul Gerson Unna entwickelte Beiersdorf Salbenstifte, Pastenstifte und medizinische Seifen. Nach einer persönlichen Krise verkaufte Beiersdorf 1890 das Unternehmen, das in eine offene Handelsgesellschaft umgewandelt wurde. Der neue Besitzer, der 27jährige schlesische Apotheker Oscar Troplowitz, brachte mit seinen Wissenschaftlern 1901 Leukoplast auf den Markt; 1906 erschien das Lassoband als erstes technisches Klebeband, dann die Pebeco-Zahnpasta. 1909 kam der Lippenpflegestift »Labello« auf den Markt, bis heute wie fast alle Beiersdorf-Produkte ein Verkaufsschlager.
Zur Jahreswende 1911/12 erschien dann Nivea. Es folgte die Ausweitung des Geschäftes auf zahlreiche europäische Länder und die USA. Zu Beginn des Ersten Weltkrieges bestanden Fabrikationsstätten für Beiersdorf-Produkte in Buenos Aires, Kopenhagen, Mexiko, Moskau, New York, Paris und Sydney. In 29 Ländern waren Vertretungen ernannt. Nach dem Tod von Oscar Troplowitz, der keine direkten Nachkommen hatte, wurde Beiersdorf zuerst in eine GmbH (1920) und schließlich zur Beiersdorf & Co. AG (1922) umfirmiert.
Unter den Nazis geriet Beiersdorf in Schwierigkeiten. Es sei ein jüdisches Unternehmen, hieß es, Deutsche dürften kein Leukoplast oder Hansaplast mehr kaufen. »Wer Nivea-Artikel kauft, unterstützt damit eine Judenfirma!« Verschiedene Manager und Vorständler des Unternehmens gingen ins Ausland, der Konzern produzierte weiter.
Nach dem Krieg ging es mit Beiersdorf steil nach oben. Nivea erschien 1947 neu auf dem Markt, 1951 wurde als erste desodorierende Seife in Europa 8x4 herausgebracht, ebenso pH5-Eucerin, eine kosmetische Salbe. 1955 begann die Erfolgsgeschichte von »Atrix«. Beiersdorf expandierte und baute einen weltweit operierenden Konzern auf. 1965 wurde »tesa« auf den Markt gebracht. 1967 folgte die Umfirmierung in Beiersdorf AG. 1973 kam es zum Rückerwerb der im Krieg beschlagnahmten Warenzeichen in den USA; 1982 wurde dort mit der Produktion von tesa-Klebebändern begonnen. Seit 1989 konzentriert sich der Konzern auf seine eigentlichen Hauptfelder und baut diese

Standort:
Unnastraße 48
20253 Hamburg

Postanschrift:
20245 Hamburg

Telefon: *(040) 4909-0*
Telefax: *(040) 4909-3434*
Internet: *www.beiersdorf.de*

Branche: *Chemische Industrie, Medizinisch-pharmazeutische Produkte, Klebebänder und Kosmetik*

Rechtsform:
Aktiengesellschaft

Geschäftsjahr: *1.1.-31.12.*

Gründungsjahr: *1882; Aktiengesellschaft seit 1922*

Presse & Public Relations:
Peter Nebel
Tel.: (040) 4909-2001
Fax: (040) 4909-6143
Manuela Rousseau
Tel.: (040) 4909-3991
Fax: (040) 4909-3434/6143
E-Mail: info@hamburg beiersdorf.com

Verbände: *Verband der Chemischen Industrie e.V., Frankfurt/Main; Bundesverband der Pharmazeutischen Industrie e.V., Frankfurt/Main*

Vorstand:
▌ *Kunisch, Rolf, Dr. (Vorsitzender)*
▌ *Meyer-Burgdorf, Hans H. (medical)*
▌ *Opgenoorth, Werner, Dr. (Personal)*
▌ *Schäfer, Peter, Dr. (Finanzen)*
▌ *Steinmeyer, Dieter W. (tesa)*
▌ *Wölfer, Uwe (cosmed)*

Vorstandsbezüge 1998:
6.300.000,– DM

Aufsichtsrat:
▌ *Claussen, Georg W. (Ehrenvorsitzender)*
▌ *Meinhardt, Hans, Dr. (Vorsitzender; Vorsitzender des Aufsichtsrates der Linde AG), Wiesbaden*
▌ *Herz, Günter (stellv. Vorsitzender; Vorsitzender des Vorstandes der Tchibo Holding AG), Hamburg*
▌ *Boysen, Wilfried (Tchibo Holding AG), Hamburg*
▌ *Breipohl, Diethart, Dr. (Mitglied des Vorstandes der Allianz AG), München*
▌ *Claussen, Carl A., Dr. (Geschäftsführer der UFA Entertainment GmbH), Potsdam-Babelsberg*
▌ *Wöbcke, Hans-Otto, Hamburg*
**Krause, Jürgen (stellv. Vorsitzender)*
**Buhse, Margret*
**Dimbeck, Walter, Dr.*
**Holland, Rainer*
**Ranft, Norbert*
**Rousseau, Manuela*

Aufsichtsratstantiemen 1998: *1.428.000,– DM*

aus. Ende 1992 gelang der Rückerwerb der nach dem Zweiten Weltkrieg verlorengegangenen Nivea-Markenrechte in Großbritannien und zahlreichen Commonwealth-Staaten. 1996 wurden die amerikanischen Marken Futuro und Curad von der Kendall Comp., Mansfield/USA, übernommen. 1997 akquirierte Beiersdorf den polnischen Kosmetik-Hersteller Pollena-Lechia S.A. und konnte damit die Markenrechte an »Nivea« in Polen zurückgewinnen. Anschließend erfolgte die Umfirmierung in Beiersdorf-Lechia S.A. 1998 stieg der weltweite Umsatz der Marke »Nivea« auf über 3 Mrd. DM.

BESITZVERHÄLTNISSE/EIGENTUMSSTRUKTUR.
● Allianz AG, München (38,4%)
● Tchibo Holding AG, Hamburg (25,9% – Tchibo gehört zu 100% der Familie Herz, Hamburg)
● Nachfahren der Familie Troplowitz (etwa 15%)
● Kleinaktionäre

KONZERNÜBERBLICK. Beiersdorf zählt zu den führenden Unternehmen in der Herstellung von Körperpflegemitteln, pharmazeutischen Präparaten, Pflastern und Hospitalbedarf sowie technischen Klebebändern und Klebern. Der Klassiker des Konzerns ist »Nivea«. Die 1912 erstmalig auf den Markt gebrachte Rezeptur einer »besonders hautverträglichen und pflegewirksamen Wasser-Fett-Emulsion« wird in 150 Ländern verkauft und ist die größte und berühmteste Körperpflegemarke der Welt. Weltweit gilt Beiersdorf mit seiner Marke tesa als zweitstärkster Anbieter von Klebebandtechnik. Mit dem Namen Beiersdorf verbinden sich aber noch weitere Markenklassiker: Leuko- und Hansaplast, ABC-Pflaster, atrix-Handpflege und 8x4 Deo. Beiersdorf produziert und vertreibt seine Produkte in mehr als 50 Werken bzw. Tochtergesellschaften in 36 Staaten. In 40 Ländern werden Beiersdorf-Produkte durch Lizenznehmer hergestellt und verkauft. Das Unternehmen gliedert sich in die Sparten cosmed, medical und tesa, also in kosmetische und medizinisch-pharmazeutische Produkte sowie Klebeprodukte. Beiersdorf verfügt in Deutschland über zwölf produzierende Werke (einschließlich Tochtergesellschaften), davon fünf in Hamburg und weitere in Berlin, Emmerich, Harrislee (Flensburg), Offenburg, Stuttgart, Heitersheim und Baden-Baden.

◆ Die Sparte cosmed entwickelt und vermarktet Produkte in den Bereichen Kosmetik und Körperpflege. Die Hauptmarken: Nivea, Labello, 8x4, atrix, Gammon, Juvena, la prairie, Basis pH. Zu diesem Bereich gehören die kompletten Produktpaletten der Tochtergesellschaften Juvena International AG, Zürich, und La Prairie Inc., New York. Umsatz 1998: 3.873 Mio. DM (Vorjahr: 3.425 Mio.)

◆ In der Sparte medical wurden die früheren Teilbereiche medical und pharma zusammengefaßt. Die Sparte medical besteht aus den Geschäftsfeldern professionelle Wundversorgung (Wundmanagement, Verbandfixierung, Brandnarbentherapie), Dermatologie (Eucerin/Laceran), Orthopädie/Phlebologie (Stützen und Schienen im Orthopädiebereich) und »Personal Health Care« (Pflaster). Die Hauptmarken: Hansaplast, Futuro, Jobst, Eucerin, Cutinova, Leukoplast, Hidrofugal, ABC-Pflaster, Curad. Die nicht-dermatologischen Arzneimittel wie Herz- und Kreislaufmittel (Novodigal, Aquaphor) wurden in die Beteiligungsgesellschaft Beiersdorf-Lilly GmbH, Hamburg, eingebracht. Weitere Produkte: Eloflex, Acrylastic (Binden), Manex (OP-Handschuhe). Desinfektions- und Reinigungsmittel in der Tochtergesellschaft Bode Chemie GmbH, Hamburg, medizinische Kompressionsstrümpfe in der Tochtergesellschaft Jobst GmbH, Emmerich. 1996 erwarb Beiersdorf die Bereiche Futuro-Bandagen und Curad-Pflaster von der Kendall Comp., einer Tochtergesellschaft der Tyco International Ltd., Exeter/New Hampshire, USA. Curad ist die führende Pflastermarke in den USA, Futuro Marktführer bei Kompressionsstrümpfen und orthopädischen Bandagen. Umsatz 1998: 1.478 Mio. DM (Vorjahr: 1.474 Mio.)

◆ Die Sparte tesa gliedert sich nach einer 1997 vollzogenen grundlegenden Umstrukturierung in die drei Sparten Befestigungs- und Verbindungstechnik, Abdeck- und Schutzsysteme sowie Verpackung. Die Hauptmarken: tesa Film, tesa Power-Strips, tesa Poster-Strips, tesa Krepp, tesa Print, tesa Fix, tesa »Bodygard«. Hinzu kommen technische Kleber unter den Namen technicoll und techniplast Dichtungsmassen. Umsatz 1998: 1.236 Mio. DM (Vorjahr: 1.390 Mio.)

BETEILIGUNGEN. Zu den wichtigsten Tochter- und Beteiligungsgesellschaften von Beiersdorf zählen: Cosmed-Produktions GmbH, Berlin (100% – Bade- und Duschzusätze, Haarshampoos und -spülungen); Bode Chemie GmbH & Co., Hamburg (75% – Desinfektions- und Konservierungsmittel); Juvena Produits de Beauté GmbH, Baden-Baden (100% – Tochtergesellschaft: La Prairie GmbH); tesa-Werke Offenburg GmbH, Offenburg (100% – Klebebänder, überwiegend der Produkte tesakrepp, -band, -fix, -film und -pack); Juvena (International) AG, Volketswil/Schweiz (100% – Depot-Kosmetik; zahlreiche Tochtergesellschaften); Beiersdorf-Lechia S.A., Posen/Polen (99,9%); Beiersdorf Gesellschaft m.b.H., Wien/Österreich (100%); BDF Nivea SA, Madrid/Spanien (100%); Beiersdorf s.a., Savigny-le-Temple/Frankreich (99,8%); Beiersdorf UK Ltd., Milton Keynes/Großbritannien (100%); Beiersdorf SpA, Mailand/Italien (100%); Beiersdorf N.V., Almere/Niederlande (100%); Beiersdorf AB, Kungsbacka/Schweden (100%); Beiersdorf, Inc., Wilton/CT, USA (100%); tesa tape inc., Charlotte/NC, USA (100%); BDF Nivea Ltda., São Paulo/Brasilien (100%); BDF México, S.A. de C.V., Mexico City/Mexiko (100%); Beiersdorf-Jobst Inc., Charlotte/NC, USA (100%); La Prairie, Inc., New York/USA (100%); Beiersdorf Australia Ltd., North Ryde/Australien (100%); Nivea-Kao Co., Ltd., Tokio/Japan (60%); tesa tape Asia Pacific Pte. Ltd., Singapur (100%).

GLOBALE STRATEGIEN UND DER STANDORT DEUTSCHLAND. Beiersdorf setzt ganz auf Internationalisierung. 67% des Umsatzes wird außerhalb Deutschlands erwirtschaftet. Und weltweites Wachstum bleibt das oberste Ziel von Beiersdorf. In den USA akquirierten die Hamburger mit der Kendall Comp. auch die Futuro Inc. und damit den US-amerikanischen Marktführer auf den Gebieten Kompressionsstrümpfe und orthopädische Bandagen (Futuro) und Pflaster (Curad). Futuro entwickelt sich inzwischen zu einer Weltmarke. Beiersdorf expandiert zunehmend durch strategische Akquisitionen, Joint-ventures und eigene Niederlassungen in Asien und Südamerika sowie in die osteuropäischen Länder. 1997 akquirierte Beiersdorf das polnische Kosmetik-Unternehmen Pollena-Lechia S.A., das in Beiersdorf-Lechia S.A. umfirmiert

BÖRSE, AKTIEN, KURSE
Grundkapital 1998:
420,0 Mio.
Jahreshöchstkurs 1998:
126,00 DM (64,42 €)
Jahrestiefstkurs 1998:
75,50 DM (38,60 €)
Aktie Jahresende 1998:
115,00 DM (58,80 €)
Dividende pro Aktie 1998:
1,20 DM

Die Dividendensumme 1998 betrug 101,0 Mio. DM. Das Grundkapital von 420,0 Mio. DM ist eingeteilt in 84 Mio. auf den Inhaber lautende Aktien im Nennwert von 5,– DM.

Umsatz 1998: *6.547,0 Mio.*
(davon Ausland: 4.387,7 Mio.)
Umsatz 1997: *6.288,2 Mio.*
(davon Ausland: 4.211,7 Mio.)
Umsatz 1996: *5.778,2 Mio.*
(davon Ausland: 3.725,1 Mio.)

Gewinn 1998: *320,0 Mio.*
Gewinn 1997: *140,3 Mio.*
Gewinn 1996: *233,8 Mio.*

Cash flow 1998: *633,0 Mio.*
Cash flow 1997: *430,0 Mio.*
Cash flow 1996: *547,0 Mio.*

Cash flow: *Der Cash flow deckte die Finanzierung der Investitionen und die Dividendenausschüttung.*

Steueraufkommen 1998:
221,0 Mio.

Beschäftigte 1998: *16.933*
Beschäftigte 1997: *16.447*
Beschäftigte 1996: *17.385*

Umsatz pro Mitarbeiter 1998: *386.641,– DM*
Umsatz pro Mitarbeiter 1997: *382.331,– DM*
Umsatz pro Mitarbeiter 1996: *332.367,– DM*

Löhne und Gehälter 1998: *1.096,0 Mio.*
Löhne und Gehälter 1997: *1.098,0 Mio.*
Durchschnittsgehalt 1998: *64.726,– DM*
Soziale Abgaben und Aufwendungen 1998: *336,0 Mio.*
Soziale Abgaben und Aufwendungen 1997: *303,0 Mio.*

Bezüge pro Vorstandsmitglied 1998: *1.050.000,– DM*
Tantiemen pro Aufsichtsrat 1998: *119.000,– DM*

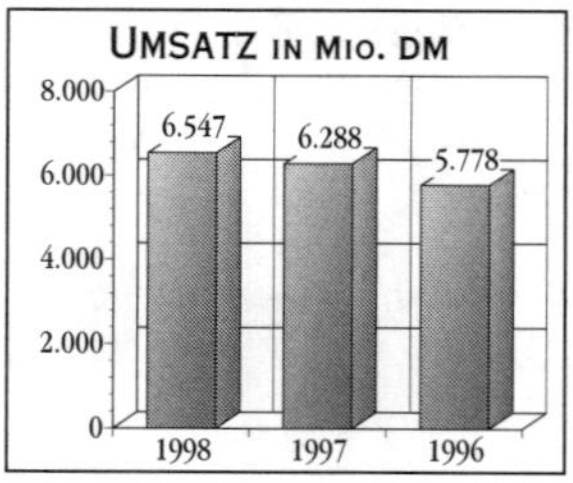

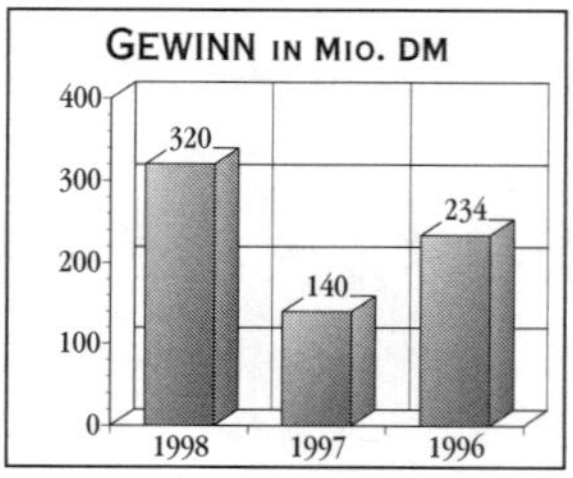

wurde. Für Beiersdorf war diese Akquisition deshalb so bedeutend, weil Pollena-Lechia seit Ende des Zweiten Weltkrieges die Markenrechte für Nivea in Polen besaß. Beiersdorf verfügt nun wieder weltweit über alle Nivea-Markenrechte.
1997 wurde die Sparte tesa grundlegend umstrukturiert. Der Grund: eine zu breite Produktpalette, zu viele Produktionsstandorte. Die tesa-Produktion, die in vier europäischen, drei amerikanischen und drei asiatischen Werken für 16 Märkte mit 90 Untermärkten erfolgte, wurde gestrafft, ohne daß eines der Werke geschlossen wurde. Allerdings wurde die Belegschaft von 4.700 Mitarbeitern auf 4.000 reduziert.

INNERBETRIEBLICHE BÜNDNISSE. In den meisten inländischen Beiersdorf-Werken gibt es flexible Arbeitszeitmodelle, Gruppenarbeit und entsprechende Beurteilungssysteme sowie ein neues Gehaltssystem mit der Neuordnung übertariflicher Entgeltbestandteile. Insgesamt waren bei Beiersdorf in Deutschland 160 Jugendliche in der Ausbildung.

UMWELTSCHUTZ. Umweltschutzorientierte Produktentwicklung, produktionsintegrierter Umweltschutz und umweltschonende Entsorgung sind die Aktivitätsfelder des integrierten Umweltschutzes, die nach und nach auch international zur Geltung kommen sollen. Nach eigener Auskunft arbeitet Beiersdorf weltweit an allen Produktionsstandorten an der Optimierung der Abluft- und Abwasser-Reinigungs- und Aufbereitungsanlagen sowie an der Ressourcenschonung. Für Deutschland hat Beiersdorf einen langfristigen Umweltplan aufgestellt und die internen Umwelt- und Sicherheitsprüfungen systematisch verstärkt. Beiersdorf veröffentlicht eine Umweltschutzbroschüre, macht aber über Investitionen im Umweltschutz keine Angaben.
Umweltverträgliche Produkte garantieren natürlich beste Geschäfte. Die Umweltverträglichkeit neuer Produkte gehört zu den Hauptzielen der Forschungs- und Entwicklungsarbeit im Beiersdorf-Konzern. Weitere Schwerpunkte der Forschung sowie der Produkt- und Pakkungsentwicklung: Einsatz reiner und umweltschonender Rohstoffe, Vermeidung von Konservierungsstoffen; Entwicklung neuer, umweltverträglicher Systeme von Klebstoffen und ihrer Träger; Entwicklung umweltschonender Verpackungen und weitere Reduzierung des Verpackungsaufwandes (Nivea-Creme ohne Konservierungstoffe, tesa-Vielzweckkleber und tesa-Klebestifte ohne Lösungsmittel).

FORSCHUNG, ENTWICKLUNG, INNOVATIONEN.
Forschung und Entwicklung konzentrieren sich auf die Kerngeschäftsfelder Hautpflege, Wundpflege und Klebebänder. Unternehmensstrategie ist die verstärkte Forschung auf dem Gebiet der Dermatologie, da die Hautpflege seit jeher ein wesentliches Betätigungsfeld der Beiersdorfer ist (u.a. die Erforschung der Wirkung von UV-Strahlen auf den Menschen). Das gilt für Produkte zur Behandlung von kranker Haut ebenso wie für Körperpflegemittel. Nach eigener Aussage gelang Beiersdorf 1998 der Durchbruch in der Bekämpfung von Hautfalten. 34% des Umsatzes wird mit Produkten erwirtschaftet, die fünf Jahre und jünger sind. Die Forschung konzentriert sich in erster Linie auf das in Hamburg ansässige Paul Gerson Unna-Forschungszentrum mit

200 Mitarbeitern. Insgesamt sind in der Forschung, Entwicklung und Qualitätssicherung weltweit mehr als 600 Mitarbeiter tätig.

NIVEA, HANSAPLAST UND TESA. Als eine weltweit operierende Unternehmensgruppe ist Beiersdorf überall in der Welt ein Begriff. Doch der Name Beiersdorf ist den meisten weniger bekannt als seine Produkte, die in Deutschland über 70% der Bevölkerung kennen, z.B. Nivea. Die 1912 erstmalig auf den Markt gebrachte Rezeptur wird in 150 Ländern verkauft. Längst ist es nicht mehr bei der Creme geblieben – ein ganzes Set, vom Duschbad bis zum Aftershave, begeistert die Menschen rund um den Globus und die Konzernbesitzer in Hamburg. Neuester Renner: Nivea Beauté. 1998 setzte allein die Marke Nivea weltweit erstmals über 3 Mrd. DM um (nach 1 Mrd. DM im Jahre 1990 und 2 Mrd. DM im Jahre 1995) und konnte damit ihre Position als weltweit größte und bekannteste Körperpflegemarke weiter ausbauen. Nivea steht im Bereich Körperpflege in 17 und im Bereich Gesichtspflege in sieben europäischen Ländern an erster Stelle. Neben diesem Evergreen unter den Kosmetika wartet Beiersdorf mit zahlreichen weiteren bekannten Marken auf, die besonders im Ausland für Riesenumsätze sorgen: das 8x4 Deomittel-Programm, die Gammon-Herren-Duftprodukte, die Limara-Parfüm-Sprays und – der Renner in Japan – ein Lippenstift-Programm unter der Marke Shine flonée. In Japan ist Beiersdorf bei Deodorants führend. Dazu kommen Hits wie Labello, atrix, die Hansaplast-Reihe und das riesige tesa-Programm. Bei »tesafilm« hält Beiersdorf in Deutschland einen Marktanteil von 80%, beim Pflastergeschäft in den Apotheken einen Anteil von 70%. Beide Segmente vertreten in fast allen europäischen Ländern Spitzenpositionen oder haben die Marktführerschaft inne. Im Bereich cosmed liegt Beiersdorf weltweit auf Platz 10, bei medical auf Platz 6, bei tesa auf Platz 2.

Investitionen 1998: *271,0 Mio.*
Investitionen 1997: *281,0 Mio.*
Investitionen 1996: *240,0 Mio.*

Forschung und Entwicklung 1998: *203,0 Mio.*
Forschung und Entwicklung 1997: *189,0 Mio.*
Forschung und Entwicklung 1996: *185,0 Mio.*

Mitbewerber: *Avon, Bayer, BASF, Degussa-Hüls, Dow Chemicals, Henkel, Hoechst, Johnson & Johnson, Kendall, 3M, Nitto, L'Oréal, Procter & Gamble, Schering, Smith & Nephew, Unilever, US Surgical, Wella*

CASH FLOW IN MIO. DM

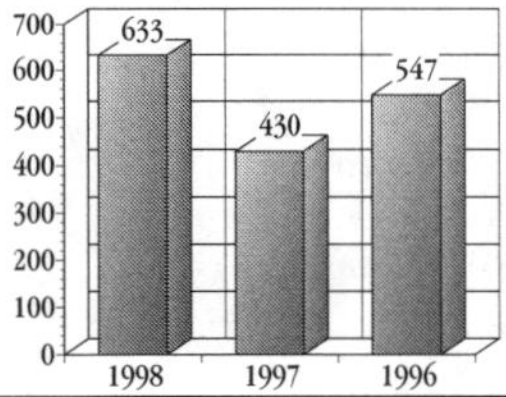

BENTELER

GESCHICHTE UND ENTWICKLUNG. 1876 eröffnete Carl Benteler in Bielefeld einen Eisenwarenhandel. 1908 Übernahme des Geschäftes durch Sohn Eduard. 1916 Erwerb der Bielefelder Maschinenfabrik Gustav Steinkröger; 1917 Umbenennung der Fabrik in Maschinenfabrik Eduard Benteler. 1922 Gründung der Benteler-Werke-Aktiengesellschaft. 1923 Erwerb einer Produktionshalle in Schloß Neuhaus bei Paderborn zur Herstellung von nahtlosen und geschweißten Rohren. 1930 Fabrikation von Masten und Kandelabern. 1936 Aufbau einer Fertigung für Automobil-Rahmen und Chassis. 1942 Übernahme des Unternehmens durch Eduard Bentelers Sohn Erich. 1944 starke Zerstörungen des Bielefelder Werkes durch Luftangriffe.
1945 bis 1959 Wiederaufbau aller Betriebe in Bielefeld und Schloß Neuhaus durch Helmut und Erich Benteler. 1950 Fertigung von Kühlschränken der Marke »Delta«. Errichtung des »Paderwerk Gebr. Benteler« in Schloß Neuhaus zur Produktion von nahtlosen, warmgezo-

Standort:
Residenzstraße 1
33104 Paderborn

Postanschrift:
Postfach 1340
33043 Paderborn

Telefon: *(05254) 81-0*
Telefax: *(05254) 13666*
Internet: *www.benteler.de*

Branche: *Stahl/Rohr, Automobiltechnik, Maschinenbau, Handel*

Rechtsform:
Aktiengesellschaft

Geschäftsjahr: *1.1.-31.12.*

Gründungsjahr: *1876;*
1922 Umwandlung in eine Aktiengesellschaft

Unternehmens-kommunikation:
Detlev Sirringhaus
Tel.: (05254) 81-4901
Fax: (05251) 71500
E-Mail: Detlev.Sirringhaus@Benteler.com

Verbände: *Verband Deutscher Maschinen- und Anlagenbau e.V., Frankfurt/Main; Verband der Automobilindustrie e.V., Frankfurt/Main; Stahlrohrverband, Düsseldorf; Fachvereinigung Kaltwalzwerke e.V., Düsseldorf*

Vorstand:
- *Benteler, Hubertus (Vorsitzender)*
- *Fischer, Friedhelm*
- *Fuess, Rainer*
- *Kürpick, Heinrich, Prof. Dr.*
- *Larsson, Bo*
- *Vaubel, Gert, Dr.*
- *Wenk, Siegmund*

Vorstandsbezüge 1998:
keine Angaben

genen Stahlrohren. 1952 Produktion eines Kleinwagens unter dem Namen »Champion«. 1956 Produktionsbeginn im neu errichteten Preß- und Walzwerk Talle bei Paderborn. In den 70er Jahren Erwerb und Neugründung zahlreicher Gesellschaften, u.a. der Benteler Klimatechnik KG in Warburg (Produktion von Heizelementen), Gründung der Stahlwerk Lingen GmbH & Co. KG Stahl- und Röhrenwerke in Dinslaken, Siegen und Hagen. 1980 Gründung der Benteler Corporation in den USA.
1987 Änderung der Firma in Benteler Aktiengesellschaft. Rasante Expansionsphase in den 80er und 90er Jahren im In- und Ausland durch zahlreiche Neugründungen und Akquisitionen. 1992 Übernahme der Fa. Wolf Montage- und Handhabungstechnik in Helmstadt bei Würzburg. Werke in Mexiko, Spanien, Portugal, Frankreich und Tschechien. Forcierung der Automobiltechnik. Joint-ventures in Argentinien, Brasilien, Indien und Südafrika. Beteiligung am Schweizer Unternehmen Thécla S.A. 1996 Gründung von Unternehmen in Argentinien und Brasilien. Unter Leitung von Hubertus Benteler (in vierter Generation) übersprang der Umsatz 1997 erstmals die Grenze von 4 Mrd. DM.

BESITZVERHÄLTNISSE/EIGENTUMSSTRUKTUR.

- Dipl.-Ing. Erich Benteler GmbH, Paderborn (50%)
- Dr. Ing. E.h. Helmut Benteler GmbH, Paderborn (50%)

KONZERNÜBERBLICK. Die Benteler AG ist in den Bereichen Stahlerzeugung (nahtlose und geschweißte Stahlrohre), Automobiltechnik (Kraftfahrzeugkomponenten und Systeme), Maschinenbau (Automobil- und Glastechnik, Werkzeugbau, Fördertechnik) und Handel mit Stahlprodukten tätig. Benteler produziert in 35 Werken in elf Ländern. 13 Produktionsstätten liegen in Deutschland, fünf in den USA, weitere in Spanien, Italien, Portugal, Tschechien, Frankreich, England, Mexiko, Argentinien und Brasilien.
Die wichtigsten Produktionsstätten in Deutschland: Werk Lingen (Stahlwerk), Werk Dinslaken (warmgefertigte Stahlrohre), Werk Paderborn/Schloß Neuhaus (Zentralverwaltung mit 530 Beschäftigten; nahtlose, kaltgezogene und warmgefertigte Stahlrohre), Werk Paderborn/Talle (Automobiltechnik, Werkzeugbau), Werk Schwandorf (Automobiltechnik).
◆ Stahl/Rohr: Der Geschäftsbereich Stahl/Rohr erzeugt nahtlose und geschweißte Rohre. Benteler gehört zu den großen europäischen Stahlrohrherstellern. Neben dem umfangreichen Standardprogramm von hoher Präzision werden vor allem Stahlrohre zu speziellen Zwekken produziert, u.a. Kesselrohre, Apparatebaurohre, Line Pipes und OCTG-Rohre für den Energiebereich. Zu den Kunden gehören die Kraftwerks- und chemische Industrie, Raffinerien, Ölgesellschaften, der Maschinenbau sowie die Hydraulik-, Automobil- und Kälteindustrie. Umsatz 1998: 845 Mio. DM (Vorjahr: 792,9 Mio.); Beschäftigte 1998: 3.234 (Vorjahr: 3.074).
◆ Automobiltechnik: Der Geschäftsbereich Automobiltechnik entwickelt und produziert in acht inländischen und 20 ausländischen Werken in elf Ländern einbaufertige Komponenten und Systeme aus Blech und Rohr für Karosserie, Chassis und Motor von Automobilen. Die Automobiltechnik ist der zentrale und mit Abstand umsatzstärkste

Geschäftsbereich des Konzerns. Nahezu alle großen Pkw-Hersteller der Welt zählen zu den Kunden von Benteler Automobiltechnik. Die mit Abstand größte Auslandsgesellschaft ist die Benteler Automotive Corporation, Grand Rapids/Michigan, USA mit fünf Werken und 2.200 Beschäftigten. Umsatz 1998: 2.920 Mio. DM (Vorjahr: 2.499,7 Mio.); Beschäftigte 1998: 10.125 (Vorjahr: 8.690).

◆ Maschinenbau: Das Produktionsprogramm umfaßt Anlagen für die Automobil- und Glastechnik sowie für den Werkzeugbau und die Fördertechnik. Abnehmer sind die in- und ausländische Automobilindustrie sowie die Flachglasindustrie. Maschinen- und Werkzeugbau wird im Werk Bielefeld, Fördertechnik bei der Wolf GmbH in Helmstadt/Würzburg betrieben. Umsatz 1998: 103,9 Mio. DM (Vorjahr: 107,6 Mio.); Beschäftigte 1998: 506 (Vorjahr: 492).

◆ Handel: Die Benteler-Handelshäuser vertreiben in erster Linie Stahlrohre, Rohrzubehör, bearbeitete Bleche und Spezialprofile. Umsatz 1998: 1.039,5 Mio. DM (Vorjahr: 968,6 Mio.); Beschäftigte 1998: 1.351 (Vorjahr: 1.277).

BETEILIGUNGEN. Zu den wichtigsten in- und ausländischen Tochterunternehmen der Benteler AG, Paderborn, gehören in den Geschäftsbereichen:

● Stahl/Rohr: Rohstoff-Handelsgesellschaft Günther Voth GmbH, Paderborn (47,5%); Trafileria Alessandro Ronconi SpA, Mailand/Italien (100%); Benteler (U.K.) Ltd., London/Großbritannien (100%); Benteler France S.A., Paris/Frankreich (100%); Benteler Italiana S.R.L., Mailand/Italien (100%); Benteler Benelux B.V., Breda/Niederlande (100%); Benteler Tubos y Maquinaria S.A., Abera/Spanien (100%); Benteler Steel & Tube Corporation, Houston/USA (90%).

● Automobiltechnik: Benteler Automobiltechnik Eisenach GmbH, Eisenach (99,7%); J.I.T. Martorell S.A., Abrera/Spanien (100%); Benteler España S.A., Abrera/Spanien (100%); Benteler Automotive UK Ltd. Partnership, Corby/Großbritannien (100%); Benteler C.R. k.s., Liberec/Tschechien (100%); Thécla S.A., Saint-Ursanne/Schweiz (66,4%); Benteler Automotive Corporation, Grand Rapids/USA (100%); Benteler de Mexico S.A. de C.V., Puebla/Mexiko (100%); Benteler Componentes Automotivos Ltda., Campinas/Brasilien (100%); Benteler-RB S.A., Buenos Aires/Argentinien (51%).

● Maschinenbau: Wolf-Montage-Automationsanlagen und Sondermaschinen GmbH, Helmstadt (100%).

● Handel: Röhren- und Stahllager GmbH & Co. KG, Ratingen (100%); BEROHA Benteler Rohrhandel GmbH, Berlin (100%); Emil Weingärtner GmbH & Co. KG, Hamburg (100%); Kindlimann AG, Wil/Schweiz (100%); Charles Nell S.A., Bussigny/Schweiz (100%); Heléns Rör A/B, Halmstad/Schweden (75%); Heléns Stal A/B, Halmstad/Schweden (100%); Polarputki Oy, Helsinki/Finnland (100%); Seditube S.A.R.L., Gonesse/Frankreich (100%); Pipe & Tube Group Ltd., Bolton/Großbritannien (100%); Benteler Far East Manufacturing Pte. Ltd., Singapur (100%).

GLOBALE STRATEGIEN UND DER STANDORT DEUTSCHLAND. Seit Jahren sind die Ostwestfalen ein Global Player, der eher im stillen expandiert. Besonders expansiv ist Benteler in Nord- und Südamerika. Im Ausland erzielt Benteler einen Umsatz von über 3 Mrd. DM. Dort

Aufsichtsrat:
- *Koehler, Robert J. (Vorsitzender), Wiesbaden*
- *Adams, Peter, Essen*
- *Benteler, Karin, Bielefeld*
- *Dürr, Heinz, Dr., Berlin*
- *Wessing, Kurt, Dr., Düsseldorf*
- *Zapp, Hans-Werner, Düsseldorf*

**Glunz, Clemens (stellv. Vorsitzender)*
**Bergs, Norbert*
**Bröckel, Manfred*
**Duschka, Paul*
**Jung, Hermann*
**Schmidt, Karl-Ernst*

Aufsichtsratstantiemen 1998: *keine Angaben*

Umsatz 1998: *4.590,3 Mio.*
Umsatz 1997: *4.117,3 Mio.*
Umsatz 1996: *3.577,1 Mio.*

Gewinn 1998: *76,5 Mio.*
Gewinn 1997: *60,2 Mio.*
Gewinn 1996: *56,4 Mio.*

Cash flow 1998: *280,0 Mio.*
Cash flow 1997: *243,0 Mio.*
Cash flow 1996: *231,5 Mio.*

Cash flow: *Die Investitionen wurden überwiegend aus dem Cash flow finanziert. 77% der Investitionen betrafen den Geschäftsbereich Automobiltechik.*

Steueraufkommen 1998: *39,1 Mio.*

Grund- bzw. Stammkapital 1998: *200,0 Mio.*

Das gezeichnete Kapital ist in 200.000 Stück auf den Namen lautende vinkulierte Stammaktien im Nennbetrag von je 1.000,– DM eingeteilt. 1998 wurde an die beiden Familien Erich und Helmut Benteler eine Dividende von 20 Mio. DM zu gleichen Teilen ausgeschüttet.

Beschäftigte 1998: *15.746*
Beschäftigte 1997: *14.071*
Beschäftigte 1996: *12.941*

Umsatz pro Mitarbeiter 1998: *291.523,– DM*
Umsatz pro Mitarbeiter 1997: *292.610,– DM*
Umsatz pro Mitarbeiter 1996: *276.420,– DM*

Löhne und Gehälter 1998: *919,1 Mio.*
Löhne und Gehälter 1997: *826,4 Mio.*
Durchschnittsgehalt 1998: *58.370,– DM*
Soziale Abgaben und Aufwendungen 1998: *247,8 Mio.*
Soziale Abgaben und Aufwendungen 1997: *202,1 Mio.*

Investitionen 1998: *321,0 Mio.*
Investitionen 1997: *263,5 Mio.*
Investitionen 1996: *216,8 Mio.*

Mitbewerber: *Continental, FAG Kugelfischer, Klöckner, Mannesmann, MAN, Preussag, Thyssen Krupp, Voith*

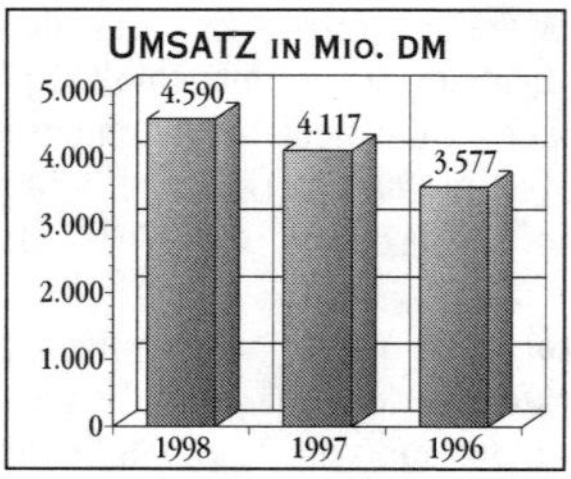

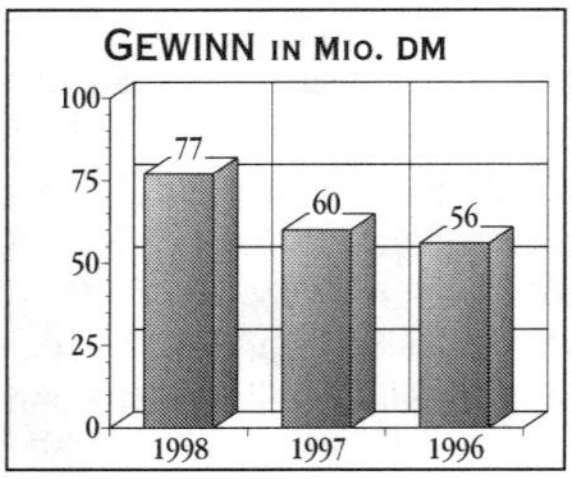

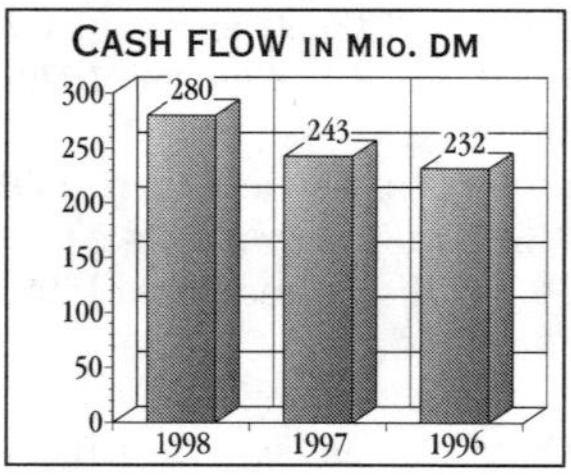

liegen auch, neben den deutschen Standorten, die Schwerpunkte der Investitionstätigkeit der Gruppe. Besonders expandiert der Geschäftsbereich Automobiltechnik, wo die Internationalisierung durch neue Produktionsstätten in England, den USA und Brasilien weiter forciert wurde. Benteler will den Kunden auch in Zukunft weiter ins Ausland folgen, aber keine inländischen Produktionsstätten dorthin verlegen. Von den rund 15.750 Beschäftigten der Benteler-Gruppe arbeiteten 1998 über 9.700 im Inland. Im Ausland stieg die Belegschaft erneut um fast 18% auf 6.040. Benteler hat in den letzten drei Jahren weltweit rund 2.800 neue Arbeitsplätze geschaffen, 1.140 davon an deutschen Standorten.

INNERBETRIEBLICHE BÜNDNISSE. Mit dem Gesamtbetriebsrat der Benteler AG wurde seitens des Vorstandes ein Abkommen zur Sicherung der Arbeitsplätze geschlossen. Die über die regelmäßige wöchentliche Arbeitszeit hinaus geleisteten Arbeitsstunden werden einem individuellen Arbeitszeitkonto gutgeschrieben. Sie können innerhalb eines mehrjährigen Zeitraumes durch Freizeit abgegolten werden. Es gibt innerbetriebliche Bündnisse zur Teilzeitarbeit. Die Flexibilisierung der Arbeitszeiten ist auf fast allen Produktionsebenen eingeführt. Benteler beschäftigte 1998 402 Auszubildende, 21% mehr als ein Jahr zuvor.

UMWELTSCHUTZ. Benteler macht über Umweltschutz keine Angaben, einen Umweltbericht gibt es nicht. Ähnliches ist auch in absehbarer Zukunft nicht geplant. Erstaunlich für ein Unternehmen, das Produktionsstätten in unmittelbarer Nachbarschaft zu dichtbesiedelten Orten hat oder sogar, wie in Schloß Neuhaus bei Paderborn, integraler Bestandteil einer Ortschaft ist.

FORSCHUNG, ENTWICKLUNG, INNOVATIONEN.
Forschung und Entwicklung liegen in der Zuständigkeit der einzelnen Geschäftsbereiche. Die größten Innovationen gibt es in der Automobiltechnik. Benteler ist bereits in der Konzeptphase für neue Fahrzeuggenerationen in die Prozeßentwicklung bei vielen seiner Kunden aus der Automobilbranche eingebunden.

BERTELSMANN

Standort:
Carl-Bertelsmann-Straße 270
33335 Gütersloh

Postanschrift:
Postfach 111
33311 Gütersloh

Telefon: *(05241) 80-0*
Telefax: *(05241) 80-9662*
Internet: *www.bertelsmann.de*

Branche: *Verlage, Print- und elektronische Medien, Ton- und Datenträger, Druckbetriebe*

Rechtsform:
Aktiengesellschaft

Geschäftsjahr: *1.7.-30.6.*

Gründungsjahr: *1835 als C. Bertelsmann Verlag; seit 1971 AG*

Öffentlichkeitsarbeit:
Manfred Harnischfeger
Tel.: (05241) 80-2765
Fax: (05241) 80-66 120
E-Mail: manfred.harnischfeger@bertelsmann.de
Helmuth Runde (Presse)
Tel.: (05241) 80-2466
Fax: (05241) 80-66 130

Verbände: *Der Konzern ist Mitglied in allen einschlägigen Verbänden entsprechend seinen Unternehmensbereichen.*

GESCHICHTE UND ENTWICKLUNG. 1835 gründete Carl Bertelsmann den C. Bertelsmann Verlag mit eigener Buchdruckerei. Der verlegerische Schwerpunkt lag auf christlicher Literatur und allgemeinbildenden Büchern. 1849 übernahm Heinrich Bertelsmann vom Vater den Verlag mit 14 Mitarbeitern. Nach dem Tod von Heinrich Bertelsmann gelangte dessen Schwiegersohn Johannes Mohn 1887 an die Spitze des Hauses, das inzwischen 85 Mitarbeiter zählte. Ab 1921 führte Heinrich Mohn die Firma, die durch die Aufnahme von Unterhaltungsliteratur ins Verlagsprogramm expandierte. Wegen der liberalen Ausrichtung und des kirchlichen Engagements des Verlages kam es zur vorübergehenden Schließung während der Nazi-Zeit. Reinhard Mohn (geb. 1921) übernahm 1947 die Alleingeschäftsführung. 1950 wurde durch Mohns Vertriebschef Fritz Wixforth mit sensationellem Erfolg der »Lesering« gegründet. Neue Verlage folgten, eine Lexikonredaktion, das Kartographische Institut, die hauseigene Schallplattenfirma Ariola (1958). 1962 begannen die Buchgemeinschaften mit Neugründungen im Ausland zu expandieren. 1968 wurden elf Einzelverlage zur Verlagsgruppe Bertelsmann zusammengefaßt. Es folgten Akquisitionen weiterer Verlage aller Richtungen. 1969 begann der Einstieg bei Gruner+Jahr. 1971 erfolgte die Umwandlung des Unternehmens in die Bertelsmann AG, 1977 die Gründung der Bertelsmann Stiftung. 1981 wechselte Reinhard Mohn vom Vorstands- in den Aufsichtsratsvorsitz, blieb aber der alles entscheidende starke Mann im Unternehmen. Akquisitionen zahlreicher Verlage folgten in den 80er Jahren, u.a. Siedler und Goldmann. 1984 kam es zur Zusammenfassung der Fernsehaktivitäten von Bertelsmann und Gruner+Jahr in der Ufa Film- und Fernseh-GmbH. 1986 erfolgten entscheidende Großakquisitionen in den USA und der Einstieg ins Amerikageschäft: die Übernahme von RCA Records mit der Gründung der Bertelsmann Music Group (BMG mit den Labels RCA, Arista, Ariola) und der Erwerb des Verlagshauses Doubleday mit der Gründung der Buchverlagsgruppe Bantam Doubleday Dell Publishing Group. 1987 wurde neben Gütersloh eine weitere Hauptverwaltung in New York errichtet. 1989 kam es zu einer grundlegenden Neustrukturierung des Buchgeschäfts, 1990 zum massiven Geschäftseinstieg in den neuen Bundesländern. 1994/95 wurde das Engagement im Geschäftsfeld Multimedia mit dem Aufbau von Online-Diensten forciert, 1996 der Ausbau der strategischen Allianzen im TV-Bereich betrieben, der 1997 im Zusammenschluß des Luxemburger Rundfunkveranstalters CLT und der Bertelsmann-eigenen UFA gipfelte. 1998 erwarb Bertelsmann die renommierte US-Verlagsgruppe Random House und den Wissenschaftsverlag Springer. Hinzu kam der Einstieg beim US-Internet-Buchhändler barnesandnoble.com.Inc., der 1999 an der Börse plaziert wurde.

1991 zog sich Reinhard Mohn aus dem Aufsichtsrat der Bertelsmann AG zurück und übernahm bis 1999 den Vorsitz der Bertelsmann Stiftung. 1993 übertrug Reinhard Mohn die Mehrheit des Aktienvermögens seiner Familie auf die gemeinnützige Bertelsmann Stiftung. Im Sommer 1999 wurden die rund 90% der Stimmrechte an der Bertels-

Vorstand:
- *Middelhoff, Thomas, Dr. (Vorsitzender), Gütersloh*
- *Schulte-Hillen, Gerd (stellv. Vorsitzender; Gruner+Jahr), Hamburg*
- *Dornemann, Michael, Dr. (BMG Entertainment), New York/USA*
- *Eierhoff, Klaus, Dr. (Multimedia), Gütersloh*
- *Luther, Siegfried, Dr. (Hauptverwaltung), Gütersloh*
- *Thielen, Gunter, Dr. (Bertelsmann Industrie AG), Gütersloh*
- *Wössner, Frank (Bertelsmann Buch AG), Gütersloh/München*

Vorstandsbezüge 1997/98:
46.406.629,– DM

mann AG, die Reinhard Mohn bis dahin persönlich hielt, auf die acht Gesellschafter umfassende neue Führungsgesellschaft, die Bertelsmann Verwaltungsgesellschaft mbH, übertragen.

BESITZVERHÄLTNISSE/EIGENTUMSSTRUKTUR.
Kapitalverhältnisse im Konzern (Aktienkapital):
- Bertelsmann Stiftung, Gütersloh (68,8%)
- Familie Mohn, Gütersloh (20,5%)
- ZEIT Stiftung (10,7%)

DIE BERTELSMANN STIFTUNG. Bei der Gründung der Stiftung 1977 spielten gesellschafts- und unternehmenspolitische Überlegungen eine gleichberechtigte Rolle. Zum einen verfolgt die Bertelsmann Stiftung gemeinnützige Zwecke, indem sie zukunftsorientierte Projekte in den Schwerpunktbereichen Wirtschaft, Staat und Verwaltung, Öffentliche Bibliotheken, Medien, Politik, Kultur sowie Medizin und Gesundheitswesen fördert. Damit soll sie in institutionalisierter Form das traditionelle gesellschaftspolitische Engagement der Familien Bertelsmann und Mohn fortführen. Zum anderen soll sie die Unternehmenskontinuität sichern. Dem Vorstand der Bertelsmann Stiftung gehören neben dem Vorsitzenden Dr. Mark Wössner noch Reinhard Mohn (hatte den Vorsitz bis 1999 inne) und Prof. Dr. Werner Weidenfeld an. Der Verlag Bertelsmann Stiftung gibt ein umfassendes Programm wissenschaftlicher Publikationen in den Tätigkeitsbereichen der Stiftung heraus. Jährlich wird der mit 300.000 DM dotierte Carl-Bertelsmann-Preis verliehen. Ausgezeichnet werden innovative Lösungs- und Modellversuche für zentrale gesellschaftspolitische Problembereiche, um »der öffentlichen Diskussion neue Impulse zu geben«.

KONZERNÜBERBLICK. Bertelsmann ist nach Time Warner/Turner und Walt Disney/Capital Cities der weltweit drittgrößte Medienkonzern und multinational tätig. Zum Gütersloher Imperium gehören literarische und wissenschaftliche Verlage, Publikumszeitschriften, Wirtschafts- und Spezialmagazine, Buch- und Schallplattenclubs, Druckereien, Distributionsfirmen, die Bereiche Musik, Radio, Film und Fernsehen, Multimedia-Aktivitäten und Online-Dienste – kurz: die gesamte Medienpalette mit weltweit knapp 600 Unternehmen und rund 58.000 Beschäftigten.
Der Bertelsmann-Konzern gliedert sich nach einer 1998 erfolgten einschneidenden Umstrukturierung und inhaltlichen Straffung in sechs Produktlinien: Buch AG, Industrie, Gruner+Jahr, BMG Entertainment, CLT-UFA, Multimedia. Die Bertelsmann AG selbst ist die geschäftsführende Holding ohne wesentliche eigene operative Geschäfte. Jeder Produktlinie steht ein mit einem Vorstand vergleichbares Führungsgremium vor, der sogenannte Board, dem in der Regel der AG-Vorstand angehört. Der Board wird vom jeweiligen Fachvorstand geleitet und ist für das operative Geschäft und die strategische Weiterentwicklung des Bereichs zuständig. Die Dezentralisierung der Einzelgesellschaften wird aber nicht aufgehoben. Das Konzept der Produktlinien soll die Vorteile der Unternehmensführung nach dem deutschen Aktienrecht mit den positiven Aspekten des anglo-amerikanischen Board-Systems verbinden und so zu wichtigen Kooperations- und Synergieerfolgen führen.

◆ Produktlinie Buch mit der Bertelsmann Buch AG: Hier sind die Buchclubs, die Buchverlage, die Fachinformationen und der Direktvertrieb zusammengeführt. Die Buch AG gliedert sich in die vier Bereiche »Deutschland, Österreich, Schweiz, Osteuropa«, »Europa«, »Amerika/Asien« und »Fachinformation«. Die Bertelsmann Buch AG ist das mit Abstand größte Verlagshaus der Welt.
– Buchclubs: Weltweit sind mehr als 25 Mio. Menschen Mitglieder in einem der Bertelsmann-Clubs. Die Mitglieder kaufen jährlich rund 300 Mio. Bücher. 6 Mio. Clubmitglieder gibt es in Deutschland, Österreich und der Schweiz, u.a. in den Bertelsmann-Buchclubs, der österreichischen Buchgemeinschaft Donauland und der Deutschen Buch-Gemeinschaft in Gütersloh. Die Clubs besitzen bundesweit eine Ladenkette mit über 300 Club-Filialen. Bertelsmann besitzt die Doubleday-Clubs in den USA, Kanada, England und Australien mit 5,8 Mio. Mitgliedern, die Nummer eins Großbritanniens, die Buchclubs BCA (Book Club Associates) mit 2,4 Mio. Mitgliedern, die France-Loisirs-Gruppe in Frankreich, Belgien, der Schweiz und Kanada mit 5,4 Mio. Mitgliedern, die direkt unter der Leitung von Bertelsmann stehen. Dazu kommen Clubs in Italien, Spanien, Skandinavien und Südamerika und neue Clubs in Ungarn, Tschechien und Polen. In den USA wurde ein Club für Hörbücher, Audio Books Direct, aufgebaut. Expansiv wird der neue Club in China, die Bertelsmann Shanghai Culture Company, betrieben. Die Clubs erwirtschaften 60% des Umsatzes der Bertelsmann Buch AG.
– Buchverlage: Verlage im deutschsprachigen Raum sind u.a. C. Bertelsmann, Knaus, Blanvalet, Blessing, Goldmann und Siedler, Berlin, RV Verlag, Bertelsmann Lexikon Verlag und das »Chronik-Programm« der Harenberg Kommunikation. Im internationalen Bereich dominieren die Bantam Doubleday Dell Publishing Group in den USA und die spanische Plaza y Janés. 1998 wurde die US-Verlagsgruppe Random House übernommen. In Random House sollen alle US-Buchverlagsaktivitäten integriert werden.
– Fachinformationen: Hierzu gehören über 20 deutsche Fachverlage, z.B. Gabler, Vieweg, Vogel, Westdeutscher Verlag mit rund 80 Fachzeitschriften auf den Gebieten Wirtschaft/Wissenschaft, Medizin, Verkehr, Bau und Umwelt, Direct Marketing sowie Entertainment und Patente mit umfangreichen CD-ROM-Versionen. 1999 wurden rund 80% der Anteile des Wissenschaftsverlages Springer GmbH & Co. KG, Berlin/Heidelberg, übernommen.
Umsatz 1997/98: 7.249 Mio. DM; davon im Ausland: 5.134 Mio. DM (Vorjahr: 7.108 Mio./4.798 Mio.); Beschäftigte 1997/98: 18.405; davon im Ausland: 12.841 (Vorjahr: 17.770/12.072).
◆ Produktlinie Industrie mit der Bertelsmann Industrie AG: Zu diesem Bereich gehören weltweit 20 Druckereien, die Bertelsmann Distribution und verschiedene Spezialverlage. Die wichtigsten deutschen Druckereien sind die Großdruckerei Mohndruck in Gütersloh und maul-belser in Nürnberg. Die Graphischen Großbetriebe Pößneck GmbH, die größte Buchdruckerei Ostdeutschlands zu DDR-Zeiten, wurden modernisiert und ausgebaut und in die Industriegruppe integriert. Eine herausragende Rolle unter den Bertelsmann-Industriebetrieben spielen die Druckerei Arti Grafiche in Bergamo und die amerikanischen Druckbetriebe (u.a. Offset Paperback Manufactures). Die italienische Papierfabrik Cartiere del Garda wurde Ende 1997 ver-

Aufsichtsrat:
❙ *Mohn, Reinhard (Ehrenvorsitzender; Mitglied des Vorstandes der Bertelsmann Stiftung), Gütersloh*
❙ *Wössner, Mark, Dr. (Vorsitzender; Vorsitzender des Vorstandes der Bertelsmann Stiftung), Gütersloh*
❙ *Vogel, Dieter H., Dr. (stellv. Vorsitzender; ehem. Vorsitzender des Vorstandes der früheren Thyssen AG), Düsseldorf*
❙ *Bütler, Hugo, Dr. (Chefredakteur und Geschäftsführer der Neuen Zürcher Zeitung), Zürich/Schweiz*
❙ *Hoffmann-Becking, Michael, Dr. (Rechtsanwalt), Düsseldorf*
❙ *Kohlhaussen, Martin (Sprecher des Vorstandes der Commerzbank AG), Frankfurt/Main*
❙ *Weiss, Heinrich (Vorsitzender des Vorstandes der SMS Aktiengesellschaft), Düsseldorf*
❙ *Wrede, Bernd (Vorsitzender des Vorstandes der ehemaligen Hapag-Lloyd AG), Hamburg*
**Lexer, Oswald*
**Ruppik, Erich*
**Swientek, Uwe, Dr.*
**Werner, Jochen*

Bertelsmann unterliegt als Tendenzunternehmen nicht der gesetzlichen deutschen Mitbestimmung. Die Drittel-Zuteilung an Arbeitnehmervertretern im Aufsichtsrat geschieht auf freiwilliger Basis.

Aufsichtsratstantiemen 1997/98: *900.000,– DM*

GENUSS-SCHEINE
Grund- bzw. Stammkapital 1998*: 938,0 Mio.*
Genußkapital 1998: *1.305,0 Mio.*
Genußschein-Jahreshöchstkurs 1998: *248,00 DM (126,80 €)*
Genußschein-Jahrestiefstkurs 1998: *214,30 DM (109,57 €)*
Genußschein-Jahresende 1998: *224,50 DM (114,79 €)*
Ausschüttung pro Genußschein 1997/98: *15,00 DM*

Die Ausschüttung bezieht sich auf einen Genußschein im Nominalwert von 100,– DM. Die Ausschüttung betrug 1998 insgesamt 145,3 Mio. DM. Die jährliche Gewinnbeteiligung der Mitarbeiter wird in Genußscheinen angelegt. Die Gewinnbeteiligung bleibt damit dem Unternehmen als Kapital erhalten. Die Hälfte des Genußkapitals befindet sich in Händen der Mitarbeiter. Rund 60% aller Mitarbeiter der Bertelsmann-Unternehmen im In- und Ausland erhalten eine Gewinnbeteiligung. Das Genußkapital stellt 30% des Konzerneigenkapitals.

kauft. Die US-Tochterfirma Offset Paperback Manufactures (OPM) stellt rund 1 Mio. Taschenbücher täglich her – 40% des gesamten Druckvolumens in den USA in diesem Segment. Umsatz 1997/98: 3.369 Mio. DM; davon im Ausland: 1.514 Mio. DM (Vorjahr: 3.571 Mio./ 1.684 Mio.); Beschäftigte 1997/98: 14.132; davon im Ausland: 5.568 (Vorjahr: 13.846/5.569).

◆ Produktlinie Gruner+Jahr mit der Gruner+Jahr AG: Gruner+Jahr gehört mit über 80 Zeitschriften (davon knapp die Hälfte in Deutschland) und zehn Zeitungen zu den größten Zeitschriften- und Zeitungsverlagen Europas. Gruner+Jahr-Zeitschriften erscheinen in Deutschland, Österreich, Frankreich, Spanien, Großbritannien, Italien, Polen, den USA und neuerdings in Rußland und China in einer Gesamtauflage von über 550 Mio. Exemplaren. Tageszeitungen besitzt das Unternehmen in Deutschland, Ungarn und der Slowakei. Gruner+Jahr hielt 1998 einen Anteil von rund 20% am Anzeigengeschäft der deutschen Publikumszeitschriften und verfügt über zahlreiche Druckereien und Vertriebsgesellschaften.

– Zeitschriften Inland: Stern, Brigitte, Frau im Spiegel, Eltern, Geo, Art, Capital, Impulse, Börse Online, Gala, Sports, Marie Claire, P.M. Magazin, Essen & Trinken, TV Today, Schöner Wohnen, Yps, Bizz, Flora, Raten & Gewinnen, Online Today, Konr@d.

– Zeitschriften International: Mitte der 90er Jahre übernahm Gruner+Jahr für rund 600 Mio. DM die Zeitschriften-Gruppe der New York Times Company mit u.a. den Frauenzeitschriften Family Circle (über 5 Mio. Auflage), McCalls (über 4 Mio.), dem Dekorationstitel American Homestyle (über 1 Mio.), der Elternzeitschrift Child (650.000) und dem Wellnessmagazin Fitness (830.000). In Frankreich ist Prisma Presse mit 13 Titeln der zweitgrößte Zeitschriftenverlag des Landes. In Spanien zählt Gruner+Jahr España mit sechs Titeln ebenfalls zu einem der großen Zeitschriftenverlage. Weitere Zeitschriftenverlage mit zahlreichen Titeln besitzt der Verlag in Großbritannien, Italien, Polen und durch die 1998 erfolgte Akquisition der News-Gruppe, Wien, auch in Österreich. In Rußland (Geo) und China (Car & Motor) wurden jeweils Markteintritte getätigt.

– Zeitungen: Täglich erscheinen in Gruner+Jahr-Verlagen und -Druckereien mehr als 1,5 Mio. Tageszeitungen: Berliner Kurier, Berliner Zeitung, Chemnitzer Morgenpost, Dresdner Morgenpost, Hamburger Morgenpost, Sächsische Zeitung, Tip sowie zwei Zeitungen in Ungarn (Népszabadság, Délmagyarország) und eine in der Slowakei (Nový Čas). Gemeinsam mit der zur englischen Pearson-Gruppe gehörenden Financial Times bringt Gruner+Jahr eine deutschsprachige Ausgabe der Wirtschafts-Tageszeitung auf den Markt.

Umsatz 1997/98: 5.129 Mio. DM; davon im Ausland: 2.843 Mio. DM (Vorjahr: 4.813 Mio./2.571 Mio.); Beschäftigte 1997/98: 12.043; davon im Ausland: 5.587 (Vorjahr: 12.432/5.856).

◆ Produktlinie BMG Entertainment: Hier sind die weltweiten Musikaktivitäten von Bertelsmann (Bertelsmann Music Group), die immer umfangreicher werdenden Unterhaltungssparten Home Video, Interactive Entertainment sowie die CD- und Musikkassettenproduktion zusammengefaßt.

– Nordamerika/BMG Entertainment International: Durch die Mammut-Akquisition von RCA und die Umfirmierung der früheren Ariola zur Bertelsmann Music Group (BMG) ist Bertelsmann mit den Labels

RCA, Ariola und Arista eine der größten CD- und Tonträgerfirmen der Welt mit Tochtergesellschaften, Beteiligungen und 200 aktiven Musiklabels in über 50 Ländern. Durch den Lizenz- und Distributionsvertrag mit der MCA Corp., Los Angeles, vertreibt BMG die Schallplatten-Labels MCA, Geffen und GRP weltweit außer in den USA, Kanada und Japan. In den USA (BMG Entertainment North America) hält BMG mit einem Marktanteil von 14,6% den zweiten Rang. In Japan, dem zweitgrößten Musikmarkt der Welt, akquirierte BMG die Musikfirma Fun House. BMG Entertainment International hält rund 14% des Weltmusikmarktes und expandiert zunehmend in die nichtmusikbezogenen Unterhaltungsbranchen Video und Interactive Entertainment. BMG residiert mit seiner Weltzentrale auch im Bertelsmann-Headquarter am New Yorker Broadway/Times Square.

– Speichermedien: Das wichtigste Unternehmen ist die Tonträgerfabrik Sonopress in Gütersloh mit ihren Produktionsstätten in acht Ländern, besonders in den USA. Die tägliche Fertigungskapazität von Sonopress liegt weltweit bei mehr als 2 Mio. CDs. Die CD-Audio-Produktion machte 1998 48% aus, der CD-ROM-Bereich 39% und die MC-Produktion 10%. Der Bereich Speichermedien ist der weltweit führende Hersteller von CD-ROMs und nimmt bei CDs den zweiten Platz ein.

Umsatz 1997/98: 7.911 Mio. DM; davon im Ausland: 6.782 Mio. DM (Vorjahr: 7.329 Mio./6.301 Mio.); Beschäftigte 1997/98: 11.740; davon im Ausland: 9.871 (Vorjahr: 11.740/9.904).

◆ CLT-UFA: In der CLT-UFA, dem Zusammenschluß der Film-, Funk- und Fernsehaktivitäten der Bertelsmann-eigenen UFA Film- und Fernseh GmbH mit den Firmen der Luxemburger Compagnie Luxembourgeoise de Télédiffusion (CLT), sind die europäischen Film-, Fernseh- und Hörfunk-Unternehmungen zusammengefaßt. Mit 22 Fernsehstationen und 22 Hörfunkstationen ist CLT-UFA führend in Europa.

– Fernsehen: In Deutschland zählen dazu RTL, Premiere, RTL 2, Super RTL und VOX. In Frankreich gehören dem Unternehmen die Sender M6, Serie Club, Multivision, TMC und RTL 9, in den Niederlanden RTL 4, RTL 5 und Veronica, in Belgien RTL TV 1 und Club RTL, in Luxemburg RTL Tele Letzebuerg, in Großbritannien Channel 5, in Polen RTL 7 und in Ungarn RTL Klub. CLT-UFA ist in Deutschland deutlicher Marktführer des werbefinanzierten Fernsehens. 77% des Umsatzes von CLT-UFA werden mit den Fernsehsendern erwirtschaftet. RTL, an dem CLT-UFA mit 89% beteiligt ist, hat sich seit 1993 zum erfolgreichsten kommerziellen Fernsehveranstalter Europas und Marktführer der Fernsehanbieter in Deutschland entwickelt, vereinigt rund ein Drittel aller Fernsehwerbung in Deutschland auf sich und ist damit der größte Werbeträger Europas. RTL kaufte 1998 für 2,25 Mrd. DM die Film- und TV-Serienrechte der amerikanischen MCA Television Group bis zum Jahr 2006. Der von Bertelsmann seit 1991 betriebene Pay-TV-Kanal Premiere mit etwa 1,7 Mio. Abonnenten wurde 1998 nach zahlreichen Auseinandersetzungen mit dem Konkurrenten Leo Kirch für 1 Mrd. DM an die Kirch-Gruppe verkauft, die jetzt in Deutschland das von ihm lange angestrebte Monopol in diesem Segment innehat. Bertelsmann hält lediglich noch eine Minderheitsbeteiligung.

– Hörfunk: Mit Beteiligungen an 22 Radiosendern in acht europäischen Ländern ist CLT-UFA auch das größte private Hörfunkunterneh-

Umsatz 1997/98:
22.958,0 Mio.
(davon im Ausland: 15.945,0 Mio.)
Umsatz 1996/97:
22.414,0 Mio.
(davon im Ausland: 15.085,0 Mio.)
Umsatz 1995/96:
21.529,0 Mio.
(davon im Ausland: 14.115,0 Mio.)

Gewinn 1997/98:
1.122,0 Mio.
Gewinn 1996/97:
1.022,0 Mio.
Gewinn 1995/96:
905,0 Mio.

Cash flow 1997/98:
1.882,0 Mio.
Cash flow 1996/97:
1.937,0 Mio.
Cash flow 1995/96:
1.743,0 Mio.

Cash flow: *Die Investitionen und die Akquisitionen von Random House und Springer wurden aus dem Cash flow finanziert.*

Steueraufkommen 1997/98:
520,0 Mio.

BERTELSMANN – ORGANISATIONSSTRUKTUR UND KONZERNGESELLSCHAFTEN

Buch AG

Verlage/Direktvertrieb Deutschland, Österreich, Schweiz

Albrecht Knaus Verlag, Berlin, München
Berlin Verlag, Berlin 74,9
Bertelsmann Lexikon Verlag, Gütersloh, München
Bertelsmann LEXIKOTHEK Verlag für Bildungssysteme, Gütersloh, Schweiz, Österreich
C. Bertelsmann Verlag, München
C. Bertelsmann Jugendbuch, München
Bertelsmann Electronic Publishing, Gütersloh, München
Blanvalet Verlag, München
Karl Blessing Verlag, München
Chronik Verlag, Gütersloh, München
Frederking & Thaler Verlag, München
GeoData, Berlin, Leipzig, Stuttgart
Wilhelm Goldmann Verlag, München, Berlin
Mosaik Verlag, München
ORBIS Verlag, München
Prisma Verlag, München
RV Verlag, München, Stuttgart
Wolf Jobst Siedler Verlag, Berlin
Verlagsgruppe Falken, Niedernhausen 70
VS Verlagshaus Stuttgart, Stuttgart

Clubs Deutschland, Österreich, Schweiz, Osteuropa

Bertelsmann Club, Gütersloh, Rheda-Wiedenbrück
Bertelsmann Medien (Schweiz), Zug, Schweiz
Best!Seller Medien-Versandhandel, Stuttgart
Buchgemeinschaft Donauland Kremayr & Scheriau, Wien, Österreich 75
Deutsche Buch-Gemeinschaft, Gütersloh, Rheda-Wiedenbrück
Deutscher Bücherbund, Stuttgart
EBG Buch + Musik, Stuttgart
Hallo RTL, Gütersloh
Knizni Klub, Prag, Tschechische Republik
Media Select, Zug, Schweiz
Ring der Musikfreunde, Club TOP 13, Gütersloh
Swiat Ksiazki, Warschau, Polen

Europa

Belgique Loisirs, Ath, Belgien 50
Circulo de Lectores, Barcelona, Spanien
Circulo de Leitores, Lissabon, Portugal
ECI voor Boeken en Platen, Antwerpen, Belgien 88,6
ECI voor Boeken en Platen, Vianen, Niederlande 88,6
Editorial Debate, Madrid, Spanien
Editorial Lumen, Barcelona, Spanien 80
Editorial Sudamericana, Buenos Aires, Argentinien 60
Editorial Sudamericana, Santiago de Chile, Chile 60
Euroboek, Antwerpen, Belgien
Euroboek, Utrecht, Niederlande
Euroclub Italia, Novara, Italien
France Loisirs, Paris, Frankreich 50
Grambo, Vianen, Niederlande
L.D.R., Paris, Frankreich 50
Lexicultural, Lissabon, Portugal
Nederlandse Lezerskring NLK, Amsterdam, Niederlande 88,6
Plaza y Janés Editores, Barcelona, Spanien
Plaza y Janés Mexico D.F., Mexiko
Quebec Loisirs, Montreal, Kanada 50
Setralog, Noyelles-sous-Lens, Frankreich 50
S.G.E.D., Paris, Frankreich 50
S.P.C.L., Paris, Frankreich 50
Suisse Loisirs, Crissier, Schweiz 50
Temas & Debates, Lissabon, Portugal
Universo Musical, Barcelona, Spanien 50

Amerika/Großbritannien/Asien/Australien

BCA, London, Großbritannien
Bookclub of Ireland, Dublin, Irland
Doubleday Australia, Sydney, Australien
Doubleday Book Clubs, Toronto, Kanada 30
Doubleday Canada, Toronto, Kanada 30
Doubleday Direct, New York, USA
Doubleday New Zealand, Auckland, Neuseeland
Doubleday Select, New York, USA
Random House, New York, USA
Random House Canada, Toronto, Kanada
Random House UK, London, Sydney, Auckland, Johannisburg
Shanghai Bertelsmann Culture Industry, Shanghai, China 70
Transworld Publishers, London, Sydney

Theologischer Verlag

Gütersloher Verlagshaus, Gütersloh

Fachinformation

ABI Building Data, Neston South Wirral, Großbritannien
Autohaus Verlag, Ottobrunn
Autohaus Akademie, Ottobrunn 52
Auto Fachzeitschriften, Wien, Österreich 51
Ärzte Zeitung Verlagsgesellschaft, Neu-Isenburg
Bau-Data Österreich, Hallein-Vigaun, Österreich
Bau-Data Projekt Informacios Consulting Iroda, Budapest, Ungarn
BauNetz, Berlin
BDB-Bau Datenbank, Celle 99
Bertelsmann CIS, Peking, China 51
Bertelsmann Fachzeitschriften, Gütersloh, München
Bertelsmann Media, BPI CR, Prag, Tschechische Republik
Bertelsmann Szakkiado, Budapest, Ungarn
BWF Bertelsmann Wydawnictwa Fachowe, Warschau, Polen
Codes Rousseau, Les Sables d'Olonne, Frankreich
Deutscher Universitäts-Verlag, Wiesbaden
Deutsches Finanzdienstleistungs-Informationszentrum (DFI), Wiesbaden
Doyma, Barcelona, Spanien 50
ETRASA Editorial Trafico Vial, Madrid, Spanien
Entertainment Media, München 47,5
Européenne de Presse, Paris, Frankreich
Eurosoft, Bilbao, Spanien
Friedr. Vieweg & Sohn, Wiesbaden
Fuchsbriefe Dr. Hans Fuchs, Bonn
Gabler Verlag, Wiesbaden
Garage Fachverlag, Zürich
Groupe Impact Médecin, Neuilly-sur-Seine, Frankreich 50
Heinze, Celle
HOS Multimedica, Berlin 37,5
ibud informacje budowiane, Posen, Polen
ICW International Construction Week, Neston South Wirral, Großbritannien
i.p. ibau-Planungsinformationen, Münster
info-Build, Kortrijk, Belgien
Lifeline, Berlin 50
MMV Medien & Medizin Verlagsgesellschaft, München
MMV Medien & Medizin Verlag, Zürich, Schweiz
MVS Baumarketing, Schlieren, Schweiz
Technopress Fachzeitschriften Verlagsgesellschaft, Wien, Österreich
Verlag Aktuelle Information, Frankfurt
Verlag Heinrich Vogel Fachverlag, München
Verlag Heinrich Vogel, Zürich, Schweiz
Wendel Verlag, Kassel
Westdeutscher Verlag, Wiesbaden

Die Organisationsstruktur gibt die rechtliche Struktur des Konzerns nur teilweise wieder.

Anteile an Konzerngesellschaften in Prozent
Firmen ohne Beteiligungsangabe = 100 %

Industrie

Druckereien/Technische Betriebe

Berryville Graphics, Berryville (VA), USA
Dynamic Graphic Finishing, Horsham (PA), USA 90,2
Elsnerdruck, Berlin,
Eurohueco, Barcelona, Spanien 65
Graphischer Großbetrieb Pößneck, Pößneck
maul-belser, Nürnberg 75
maul-belser Studios, Nürnberg 75
Mohndruck Graphische Betriebe, Gütersloh
Nuovo Istituto Italiano d'Arti Grafiche, Bergamo, Italien 98,8
Offset Paperback Manufacturers, Dallas (PA), USA
Printer Colombiana, Bogotá, Kolumbien 50
Printer Indústria Gráfica, Barcelona, Spanien
Printer Portuguesa Indústria Gráfica, Mem Martins, Portugal

Dienstleistungen

Bertelsmann Distribución España, Barcelona, Spanien
Bertelsmann Distribution, Dublin, Irland
Bertelsmann Distribution, Gütersloh
Bertelsmann Industry Services, Valencia (CA), USA
Bertelsmann Service Center, Posen, Polen
Distributionszentrum Bertelsmann Rußland, Jaroslavl, Rußland
eps Bertelsmann Electronic Printing Service, Gütersloh
Bertelsmann Services France, Noyelles-sous-Lens, Frankreich
medialog Spedition, Gütersloh
MSN – Marketing Service, Wilhelmshaven
MSW Marketing Service Südwest, Stuttgart
Trust Internat. Hotel Reservation Services, Frankfurt 70
BD Medien Service, Münchenstein, Schweiz
Bertelsmann Industry Services UK, London, Großbritannien
Bertelsmann Event Media, Gütersloh
Todisa, Total Distribución, Madrid 66,7
AZ Bertelsmann Direct, Gütersloh
Deutsche Post Adress, Gütersloh 49
Swiss Post Data Service, Luzern, Schweiz 50
Data Center, Luzern, Schweiz 50
Bertelsmann Österreich, Wien, Österreich
Bertelsmann Direct, Barcelona, Spanien

Spezialverlage

Bertelsmann Kalender, Gütersoh
Deutscher Supplement Verlag, Nürnberg 75
Astrosat spol., Prag/Nürnberg 49
Tele Magazyn, Warschau, Polen 49
NEON – Newspapers Online Network, Nürnberg 25,1
DPS Deutscher Programmservice für Presse+Multimedia, Berlin 24,75
Pressens Media DSV Service, Stockholm, Schweden
Editoriale Johnson, Seriate, Italien 98,8
Mohndruck Kalenders, Breda, Niederlande
Mohndruck Wydawnictwo Kalendarzowe, Posen, Polen
WV Kalenderverlag, Himberg b. Wien, Österreich 75

Gruner+Jahr

Zeitschriften/Zeitungen/Druckereien

Druck- und Verlagshaus Gruner+Jahr, Hamburg, Itzehoe 74,9

Zeitschriftenverlage

Börse Online Verlag, München 74,9
Ehrlich & Sohn, Hamburg 74,9
G y J España Ediciones S.L. S. en C., Madrid, Spanien 74,9
G+J (Schweiz), Zürich, Schweiz 74,9
G+J (UK), London, Großbritannien 74,9
G+J Gruner+Jahr Polska, Warschau, Polen 74,9
G+J ZAO, Moskau, Rußland 74,9
Gruner+Jahr USA Publishing Company, New York, USA 74,9
G+J Verlagsgesellschaft, Wien, Österreich 74,9
Gruner+Jahr Mondadori, Mailand, Italien 50
manager magazin, Hamburg*) 24,9
Max Verlag, Hamburg*) 25
M.C. Verlagsgesellschaft, München*) 50
MVF Magazin-Verlag am Fleetrand, Hamburg 74,9
News-Gruppe, Wien, Österreich 75
Norddeutsche Verlagsgesellschaft, Hamburg 74,9
Prisma Presse, Paris, Frankreich 74,9
SPIEGEL-Verlag Rudolf Augstein, Hamburg*) 24,75
TIP Verlag, Berlin 74,9
Verlagsgesellschaft Neues Wohnen, Hamburg 74,9

Zeitungen

Dresdner Druck- und Verlagshaus, Dresden 60
G+J Berliner Verlag, Berlin 74,9
Morgenpost Verlag, Hamburg*) 90
Morgenpost Sachsen Verlagsgesellschaft, Dresden*) 60
Vydavatelstvo casopisov a novin spol. s.r.o., Bratislava, Slowakei 51
Délmagyarország Kft., Szeged, Ungarn 52,98
Expres s.r.l., Bukarest, Rumänien 50
Népszabadság Rt., Budapest, Ungarn 67,06

Druckereien/Technische Betriebe

Brown Printing Company, Waseca, USA 74,9
G+J Berliner Zeitungsdruck, Berlin 74,9
Gruner Druck, Itzehoe 74,9

Dienstleistungen

Berliner Pressevertrieb, Berlin 74,9
DPV Deutscher Pressevertrieb, Hamburg 74,9
Hamburger Journalistenschule, G+J-Die Zeit, Hamburg*) 95
IPV Inland Presse Vertrieb, Hamburg 74,9

Funk und Fernsehen

G+J Funk und Fernsehproduktion, Hamburg 74,9

*) Konzernanteil

BMG Entertainment

Musikfirmen

Arista Records, New York, USA
BMG Ariola
Athen, Griechenland
Auckland, Neuseeland
Bangkok, Thailand 75
Bogotá, Kolumbien
Bombay, Indien 51
Brüssel, Belgien
Budapest, Ungarn
Buenos Aires, Argentinien
Caraças, Venezuela
Dublin, Irland
Hamburg
Helsinki, Finnland
Hilversum, Niederlande
Hongkong, Hongkong
Istanbul, Türkei
Johannesburg, Südafrika
Kopenhagen, Dänemark
Kuala Lumpur, Malaysia
Lissabon, Portugal
Madrid, Spanien
Manila, Philippinen 45
Mexiko City, Mexiko
München
Oslo, Norwegen
Paris, Frankreich
Prag, Tschechische Republik
Rio de Janeiro, Brasilien
Rom, Italien
Santiago, Chile
Seoul, Korea
Singapur, Singapur
Stockholm, Schweden
Sydney, Australien
Taipeh, Taiwan
Warschau, Polen
Wien, Österreich
Zürich, Schweiz

BMG Ariola Media, München
BMG Ariola Miller, Quickborn
BMG Central America, San José, Costa Rica
BMG Classics/RCA Victor, New York, USA
BMG Direct, New York, USA
BMG Music Canada, Toronto, Kanada
BMG Music, New York, USA
BMG Musique Quebec, Montreal, Kanada 66,6
BMG Records (UK), London, Großbritannien
BMG U.S. Latin, Miami, USA
BMG Japan, Tokio, Japan
CMC International Records, Raleigh-Durham, USA 50
Hansa Musik, Berlin
RCA Records Label, New York, USA
Windham Hill, Palo Alto, USA
Jive Records, New York, USA 20
Elite Entertainment, Taipeh, Taiwan 80
Fun House, Tokio, Japan 90
Music Impact, Hongkong, Hongkong 80
Conifer Records, London, Großbritannien

CLT-UFA

Musikverlage

BMG Songs, Los Angeles, Nashville, New York, USA
Careers - BMG, New York, USA
BMG Music Publishing Athen, Griechenland
Bogotá, Kolumbien
Brüssel, Belgien
Buenos Aires, Argentinien
Caraças, Venezuela
Hilversum, Niederlande
Hongkong, Hongkong
Johannesburg, Südafrika
Kuala Lumpur, Malaysia
Lissabon, Portugal
London, Großbritannien
Los Angeles, USA
Madrid, Spanien
Mexiko City, Mexiko
Nashville, USA
New York, USA
Paris, Frankreich
Rio de Janeiro, Brasilien
Rom, Italien
Santiago, Chile
Singapur, Singapur
Stockholm, Schweden
Sydney, Australien
Taipeh, Taiwan
Tokio, Japan
Toronto, Kanada
Ufa Musikverlage, München

Video und andere Geschäftsfelder

BMG Video, New York, USA
Ufa Video , München
Ufa Medianet, Düsseldorf, Berlin

Speichermedien

Bertelsmann Speichermedien, Gütersloh
Sonopress, Gütersloh
Topac, Gütersloh
Sonopress Ibermemory, Madrid, Spanien ... 49
Sonopress, Dublin, Irland
Sonopress São Paulo, Brasilien
Sonopress-Rimo Industria, São Paulo, Brasilien ... 52
Sonpress Buenos Aires, Argentinien ... 52
Sonopress, Rom, Italien
Sonopress Pan Asia, Hongkong ... 75
Sonopress Pan Asia, Tokio, Japan ... 75
Sonopress, Mexiko, Mexiko
Sonopress, Weaverville, USA
Sonopress, Bromhof, Südafrika

Fernsehen

Free TV

RTL Television, Köln ... 89
RTL 2, Grünwald ... 33,4
Super RTL, Köln ... 50
VOX, Köln ... 24,9
M6, Neuilly-sur-Seine, Frankreich ... 39,9
Série Club, Neuilly-sur-Seine, Frankreich ... 39,9
TÉVA, Neuilly-sur-Seine, Frankreich ... 20,3
Fun TV, Neuilly-sur-Seine, Frankreich ... 65,4
M6 Music, Neuilly-sur-Seine, Frankreich ... 39,9
RTL9, Luxemburg/Frankreich ... 35
TMC, Monaco ... 23,8
RTL4, Luxemburg/Niederlande ... 64,2
RTL5 Nievws & Weer, Luxemburg/Niederlande ... 64,2
Veronica, Hilversum, Niederlande ... 64,2
RTL TVI, Luxemburg, Brüssel, Belgien ... 66
Club RTL, Luxemburg, Brüssel, Belgien ... 66
RTL Télé Lëtzebuerg, Luxemburg
Channel 5, London, Großbritannien ... 29
RTL7, Luxemburg, Warschau, Polen ... 50
RTL Klub, Budapest, Ungarn ... 49

Pay TV

Premiere, Hamburg ... 5
TPS, Issy les Moulineaux, Frankreich ... 10

TV Services

CBC, Köln
MMC, Hürth ... 28,8
VCF, Saint-Cloud, Frankreich
DTS, Luxemburg
CLT-UFA Video Production & Broadcasting
ENEX, Luxemburg ... 64,7
Infomedia, Luxemburg ... 50

Radio

RTL, Paris, Frankreich
Fun Radio, Paris, Frankreich ... 90,8
RTL2, Paris, Frankreich
104.6 RTL, Berlin
RTL Radio – Die größten Oldies, Luxemburg
Antenne Bayern, Unterföhring ... 16
Radio NRW, Oberhausen ... 16,1
Radio Hamburg, Hamburg ... 29,2
Klassik Radio, Hamburg ... 46,8
Berliner Rundfunk 91.4, Berlin Mitte ... 30
Atlantic 252, Trim, Irland ... 80
Bel RTL, Brüssel, Belgien ... 43
Radio Contact, Brüssel, Belgien ... 35
RTL Radio Letzebuerg, Luxemburg
Veronica FM, Hilversum, Niederlande ... 64,2
Bandit 105.5, Stockholm, Schweden
104,7 RTL, Stockholm, Schweden ... 49
92.9 RTL, Wien, Österreich ... 25,1

Radio Services

FM Radio Network, Augsburg ... 51

Produktion & Rechte

UFA Film & TV Produktion, Potsdam-Babelsberg
Trebitsch Produktion, Hamburg ... 74
UFA Sports, Hamburg
CLT-UFA International, Luxemburg
Delux Productions, Luxemburg
AVEC, Luxemburg ... 50
Holland Media House, Hilversum, Niederlande ... 64,2
Cinevideo Plus, Montreal, Kanada ... 30
First Choice, London, Großbritannien ... 15

CLT-UFA
Alle Beteiligungsangaben zeigen den Gesellschafteranteil der CLT-UFA.
Firmen ohne Prozentangabe = 100 % CLT-UFA.

Multimedia

Bertelsmann Online Services

AOL Bertelsmann Online Deutschland, Hamburg 45
AOL Bertelsmann Online (UK), London, Großbritannien 50
AOL Bertelsmann Online France SNC, Paris, Frankreich 50
AOL Bertelsmann Service Operations, Dublin, Irland 50
AOL Bertelsmann Service Operations, Duisburg 50
AOL Bertelsmann Online Europa, Hamburg 50
AOL Bertelsmann Online Services, Sydney, Australien 50
CompuServe Interactive Services Deutschland, Gütersloh 50
CSI CompuServe Interactive Services UK, Reading, Großbritannien 50
CompuServe Interactive Services France SNC, Rueil Malmaison, Frankreich 22,5
CompuServe Interactive Services Nederland C.V., Utrecht, Niederlande 50
CompuServe Interactive Services Schweiz, Tägerwilen, Schweiz 50
CompuServe Interactive Services, Dublin, Irland 50

Bertelsmann Interactive Studios

T1 – New Media Gesellschaft für audio-visuelle Produktionen, Hamburg 65
Lycos Bertelsmann, Gütersloh 50
Bertelsmann Interactive Studios, Gütersloh ......
Sport eins Medien, Hamburg 50
Bertelsmann Infoline, Gütersloh ......
Bertelsmann Game Channel, Hamburg ......
AdOn Online Marketinggesellschaft, Hamburg ......
company B, Babelsberg ......

Bertelsmann Electronic Commerce

barnesandnoble.com, New York, USA 50
BOL US Online, New York, USA ......
BOL Medien, Gütersloh ......
bol., London, Großbritannien ......
BOL, Paris, Frankreich ......
Books On-Line Iberica, Barcelona, Spanien ......
BOL Online Media Bertelsmann, Vianen, Niederlande ......

Bertelsmann mediaSystems

mediaWays Internet-Services, Gütersloh 50
C@llas Clever Communications, Gütersloh ......
OMS Online-Media-Service, Gütersloh ......
Telemedia, Gütersloh ......
Pixelpark Multimedia Agentur, Berlin 75
Pixelpark MMK, Basel, Schweiz 75
Pixelpark France, Paris, Frankreich 75
Pixelpark, New York, USA 75
Bertelsmann mediaSystems, Gütersloh ......
Bertelsmann mediaSystems France, Paris, Frankreich ......
Bertelsmann IT Infrastructure North America, Delaware, USA ......
Prompt' 92, Budapest, Ungarn 51
Mtec Gesellschaft für Medientechnologie, Rostock ......

Beschäftigte 1997/98: *57.807*
(davon im Ausland: 33.990)
Beschäftigte 1996/97: *57.173*
(davon im Ausland: 33.443)
Beschäftigte 1995/96: *57.996*
(davon im Ausland: 33.872)

Umsatz pro Mitarbeiter 1997/98: *397.149,– DM*
Umsatz pro Mitarbeiter 1996/97: *392.038,– DM*
Umsatz pro Mitarbeiter 1995/96: *371.215,– DM*

Löhne und Gehälter 1997/98: *4.351,0 Mio.*
Löhne und Gehälter 1996/97: *4.084,0 Mio.*
Durchschnittsgehalt 1997/98: *75.268,– DM*
Soziale Abgaben und Aufwendungen 1997/98: *1.032,0 Mio.*
Soziale Abgaben und Aufwendungen 1996/97: *1.011,0 Mio.*

Bezüge pro Vorstandsmitglied 1997/98: *6.629.518,– DM*
Tantiemen pro Aufsichtsratsmitglied 1997/98: *81.818,– DM*

men Europas. In Deutschland gehören zur CLT-UFA die Hörfunkbeteiligungen Berliner Rundfunk, Antenne Bayern, Radio NRW, Radio Hamburg, Klassik Radio, international die Sender Fun Radio, Atlantic 252 und Talk Radio UK. Rundfunkaktivitäten gibt es neben Deutschland in Frankreich, Belgien, Tschechien, Luxemburg, den Niederlanden, Schweden und Großbritannien.
– Produktion und Rechte: Mit der UFA Film & TV Produktion und Trebitsch Produktion ist CLT-UFA Marktführer im deutschen TV-Produktionssektor mit etwa 900 Programmstunden pro Jahr. Hinzu kommt Grundy TV mit dem Format der Daily Soap. Die CLT-UFA International nimmt den Film-Rechtehandel wahr, tritt aber auch als Ko-Produktion auf. Im Bereich Sportrechtehandel ist die CLT-UFA durch UFA Sports Europas größter Sportvermarkter. Übertragungs- und Werberechte bestehen an 200 europäischen Fußballclubs, 30 Nationalmannschaften, zehn Bundesligaclubs sowie acht Tennis-Events. Die Rechte werden in über 140 Länder verkauft. Mit der Akquisition der Havas Intermediation/IP hat CLT-UFA eine der führenden Vermarktungsagenturen für Werbezeiten übernommen.
Der bei Bertelsmann nicht konsolidierte Umsatz von CLT-UFA belief sich 1998 auf 5,5 Mrd. DM bei knapp über 4000 Beschäftigten. Die CLT-Muttergesellschaft Audiofina S.A. und Bertelsmann halten gemeinsam 98% der Anteile an der CLT-UFA.
◆ Multimedia: In dieser Produktlinie sind die neuen Technologien gebündelt, die sich in den beiden Geschäftsfeldern Bertelsmann New Media und mediaSystems niederschlagen.
– Bertelsmann New Media: Im Internet-Online-Markt ist Bertelsmann besonders durch den Online-Dienst AOL vertreten, der weltweit 12,5 Mio. Mitglieder hat. Das europäische Geschäft mit 2,8 Mio. Mitgliedern betreibt Bertelsmann in einem Joint-venture mit der AOL Inc. (jeweils 50%). AOL Deutschland (AOL Bertelsmann Online GmbH & Co. KG, Hamburg) hat über 600.000 Mitglieder. 1998 übernahm AOL Europa auch den Konkurrenten CompuServe Corp. Die Dienste wurden u.a. auch für Großbritannien und Frankreich eröffnet. In einem Joint-venture mit der Lycos Inc. betreibt Bertelsmann die gleichnamige europäische Suchmaschine. Darüber hinaus werden in den Bertelsmann Interactive Studios Online-Angebote zu den Themen Sport, Games, News und Travel entwickelt und vermarktet. Eine zentrale Rolle spielt dabei die Produktionsgesellschaft T1 in Hamburg.
– mediaSystems: Dieser Bereich bietet mit seinen Tochter- und Beteiligungsgesellschaften globale Dienstleistungen im Bereich der Informations- und Kommunikationstechnologien. Größtes Projekt von mediaSystems ist die neue Bertelsmann-Plattform BOL mit der BOL Medien GmbH zum Buchkauf im Internet. Bislang werden in der Internet-Buchhandlung BOL rund 800.000 Buchtitel angeboten. BOL soll in Europa agieren, während das Online-Geschäft in den USA gemeinsam mit der Buchhandelskette Barnes and Noble über die gemeinsame Tochter barnesandnoble.com Inc., New York, betrieben wird, die 1999 als erstes Bertelsmann-Unternehmen an die Börse ging. Bertelsmann betreibt auch den Multimedia-Dienstleister Pixelpark.
Umsatz 1997/98: 313 Mio. DM; davon im Ausland: 93 Mio. DM (Vorjahr: 117 Mio./74 Mio.); Beschäftigte 1997/98: 853 (Vorjahr: 596).

Beteiligungen. Die wichtigsten Konzern-Gesellschaften und Beteiligungen der einzelnen Unternehmensbereiche bzw. Produktlinien gehen aus dem Schaubild auf den Seiten 82-85 hervor. Die Bertelsmann AG ist die Holdinggesellschaft für die sechs Produktlinien Buch AG, Industrie, Gruner+Jahr, BMG Entertainment, CLT-UFA und Multimedia. Zum Bertelsmann-Konzern gehören weltweit knapp 600 Unternehmen aus dem Medienbereich.

Investitionen 1997/98:
1.402,0 Mio.
Investitionen 1996/97:
2.695,0 Mio.
Investitionen 1995/96:
1.681,0 Mio.

Globale Strategien und der Standort Deutschland. Bertelsmann betrachtet sich heute als »deutsch-amerikanisches Medienunternehmen mit deutschen Wurzeln«. So jedenfalls definiert Aufsichtsratsvorsitzender und Ex-Vorstandschef Mark Wössner den von Gütersloh und New York global operierenden Medienkonzern. Die Internationalisierungs-Strategie der letzten Jahre habe dazu geführt, daß Bertelsmann das einzige wirklich internationale Medienunternehmen der Welt ist. Tatsächlich ist Bertelsmann in so vielen Kulturen und Sprachräumen tätig wie kein amerikanischer Konzern. Zwei Drittel des Konzern-Umsatzes sind internationales Geschäft.

Seit Jahren wartet Bertelsmann immer wieder mit Großakquisitionen auf, die nicht selten in Fusionen münden. In den 80er Jahren wurde die US-Verlagsgruppe Doubleday akquiriert und die Buchverlagsgruppe Bantam Doubleday Dell gegründet. Dann wurden die Musikfirmen von RCA Records gekauft und mit den bereits vorhandenen Musikunternehmen wie Ariola zur Bertelsmann Music Group fusioniert. Spektakulär war 1997 die Fusion der innerhalb der UFA Film- und Fernseh GmbH organisierten Film-, Funk- und Fernsehaktivitäten des Bertelsmann-Konzerns mit den Firmen der Luxemburger Compagnie Luxembourgeoise de Télédiffusion (CLT) zur CLT-UFA, womit die stärkste europäische Gruppierung im werbefinanzierten Free-TV entstand, u.a. mit der RTL-Gruppe.

Gruner+Jahr akquirierte sieben, zum Teil in Millionenauflage erscheinende Zeitschriften der New York Times-Gruppe, die inzwischen in das Unternehmen integriert wurden. Gruner+Jahr hat damit eine Position in der Spitzengruppe der US-Zeitschriftenverlage inne.

1998 übernahm Bertelsmann spektakulär das renommierte US-amerikanische Verlagshaus Random House, ein neuerlicher Coup, der in den USA zwischenzeitlich als Ausverkauf amerikanischer Buchkultur an die Deutschen kritisiert wurde. Bertelsmann ist jetzt in der US-amerikanischen Verlagswelt die unumschränkte Nummer eins.

Unter der Ägide des neuen Vorstandsvorsitzenden Thomas Middelhoff soll jetzt verstärkt von New York aus in den Multimediabereich investiert werden. Akquisitionen sind geplant, ebenso Börsengänge weiterer Tochterunternehmen an den »Neuen Markt« zur Kapitalbeschaffung.

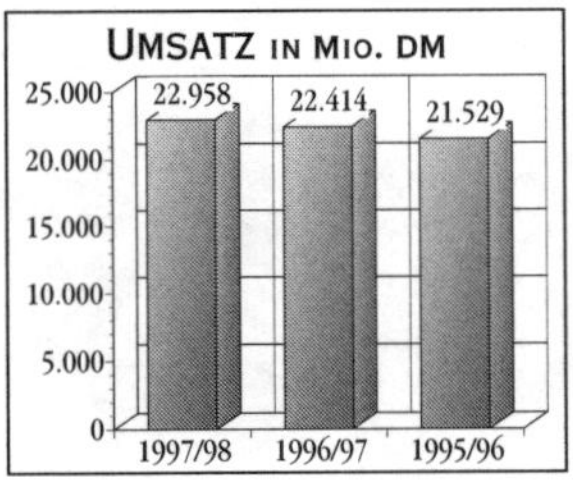

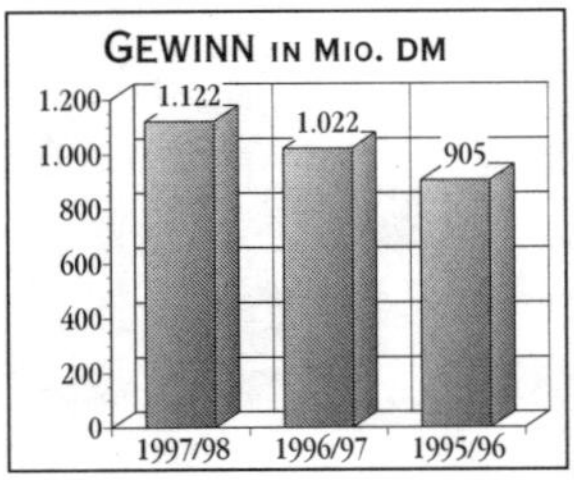

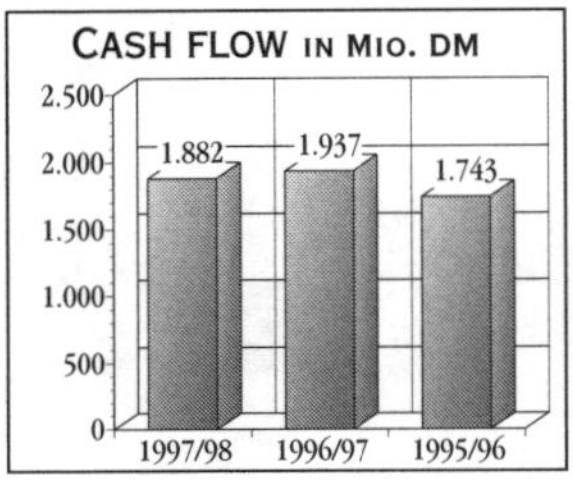

Innerbetriebliche Bündnisse. Bertelsmann legt besonderen Wert auf die Einbeziehung der Mitarbeiter in Entscheidungs- und Gestaltungsprozesse. Das verlangt wiederum die Sicherung der Arbeitsplätze. In einem »Pakt für die Arbeit« haben sich Vorstand und Führungskräfte darauf geeinigt, in zukunftsträchtigen Bereichen neue Arbeitsplätze zu schaffen und Arbeitsplätze dort zu sichern, wo sich aufgrund von Marktveränderungen negative Einflüsse abzeichnen. Der Arbeitsplatzverlust im Einzelfall soll minimiert und sozial abgefedert

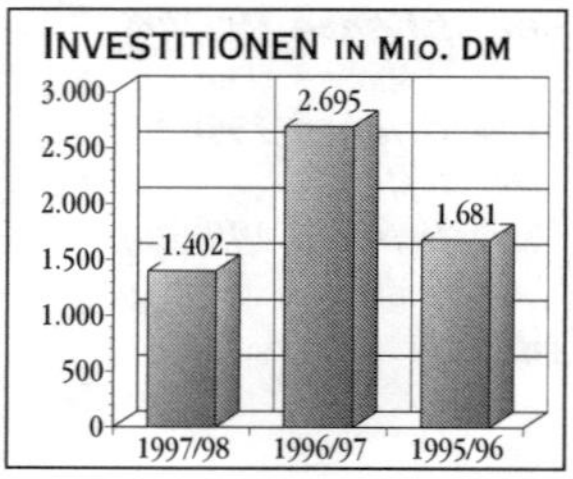

Mitbewerber: *CBS, Dai Nippon, Bauer, Burda, Fininvest, von Holtzbrinck, Matra-Hachette, MCA, NBC, News Corporation, Paramount, Polygram, Sony, Springer, Time Warner, Times Mirror, Thomson, Thorn EMI, Walt Disney*

werden, das Einkommen der Beschäftigten möglichst erhalten bleiben. Mit dem Konzernbetriebsrat wurde eine computergestützte konzerninterne Stellenbörse eingerichtet. Unterschiedliche Arbeitszeitmodelle wurden eingeführt. Die Zentrale Informationsverarbeitung schaffte in einer Übereinstimmung zwischen Geschäftsleitung und Betriebsrat die Kernarbeitszeiten ab.
Bei Mohndruck am Standort Gütersloh sieht eine zwischen Geschäftsführung und Betriebsrat geschlossene Vereinbarung bis zum 30. Juni 2001 eine Beschäftigungsgarantie bei gleichzeitigem Lohnverzicht vor. Der für die Bertelsmann Distribution geltende Haustarifvertrag, der die 35-Stunden-Woche vorschreibt, wurde durch die Beibehaltung der 36-Stunden-Woche außer Kraft gesetzt. Geschäftsleitung und Betriebsrat kamen zu dieser Übereinkunft, »um die Arbeitsplätze auf lange Sicht zu sichern«. 1998 waren bei Bertelsmann in Deutschland 604 Jugendliche in der Ausbildung. Intensiv arbeitet die betriebseigene Berufsschule mit der Verwaltungs- und Wirtschaftsakademie (VWA) Essen zusammen.
Die bei Bertelsmann seit 1970 jährlich ausgeschüttete Mitarbeiter-Gewinnbeteiligung wird traditionell in Genußscheinen angelegt. Die Bedingungen für den Genußschein legen fest, daß bei einer Gesamtkapitalrendite zwischen 12% und 16% immer 15,– DM je Genußschein im Nennwert von 100,– DM ausgeschüttet werden.

UMWELTSCHUTZ. Bertelsmann bekennt sich zur ökologischen Verantwortung im Druckbereich. Mohndruck Gütersloh, Europas größte Offsetdruckerei, legt jährlich eine umfassende Ökobilanz vor, die einerseits Rechenschaft über die Umweltverträglichkeit ihrer Produktionsweise gibt, andererseits zum Ziel hat, alle Produktionsprozesse ökologisch zu optimieren. Das gleiche gilt für die Tonträgerfabrik Sonopress. Gruner+Jahr betreibt ein Umweltreferat, das jährlich einen Umweltbericht erstellt. Die Gruppe verfolgt damit das Ziel, für den gesamten Lebensweg seiner Druck- und Pressepapiere ökologische Kriterien zu erarbeiten (geschlossene Kreisläufe für Lösungsmittel beim Druck bis zur Selbstverpflichtung der Papierlieferanten, Roh- und Zellstoffe künftig ausschließlich aus Wäldern zu beziehen, in denen nicht mehr mit Großkahlschlägen geerntet wird). Verstärkt gearbeitet werden soll mit umweltverträglichen Druck- und Pressepapieren und mit Altpapier. Die Rücknahme und Verwertung gebrauchter grafischer Papiere sowie ihr anschließendes Recycling werden gewährleistet.

FORSCHUNG, ENTWICKLUNG, INNOVATIONEN.

1998 wurde die »Bertelsmann University« zur Entwicklung und Förderung »leistungsstarker Unternehmertalente« und zur Erweiterung internationaler Bertelsmann-Managenent-Seminare gegründet. Die virtuelle »Corporate University« ist für die Top-Führungskräfte des Unternehmens aus 50 Ländern gedacht und arbeitet eng mit den weltweit führenden Business Schools Harvard (USA) und IMD (Schweiz) zusammen. Bertelsmann hat schon immer hochqualifiziertem Führungsnachwuchs oberste Priorität eingeräumt. Das gilt noch stärker im Zuge der weiteren Internationalisierung der Bertelsmann-Unternehmen. Voraussetzungen sind ein qualifiziert abgeschlossenes Studium, MBA, Promotion etc. und eine starke »unternehmerische Persönlichkeit«.

BILFINGER + BERGER

GESCHICHTE UND ENTWICKLUNG. Die heutige Bilfinger + Berger Bauaktiengesellschaft geht auf drei maßgebliche Baukonzerne zurück, die knapp 100 Jahre lang eine entscheidende Rolle im Hoch- und Tiefbau in aller Welt spielten. 1880 Gründung der Baufirma Weis & Bernatz in Speyer, der 1886 der bauleitende Ingenieur der Firma Benckiser (Pforzheim), August Grün, beitrat. 1890 Gründungen der Julius Berger Tiefbaugesellschaft im westpreußischen Zempelburg sowie der Berlinischen Bodengesellschaft (Ursprung der späteren Bauboag) durch Kommerzienrat Haberland in Berlin. 1892 Ausscheiden von August Bernatz aus dem Unternehmen; Eintritt von Regierungsbaumeister Paul Bilfinger, neuer Firmenname: Grün & Bilfinger. 1906 Umwandlung mit Unterstützung der Dresdner Bank in die Grün & Bilfinger AG. Weltweite Bauaktivitäten der drei Firmen: Eisenbahnstrecken, Brücken, Tunnels, Hafenanlagen und Staudämme, Bahnhöfe, Hochhäuser und ganze Städte. Die einzelnen Unternehmen akquirierten zahlreiche Baubetriebe, z.B. 1938 Erwerb der Tesch GmbH, Berlin, durch die Julius Berger AG. Hochkonjunktur der Bauriesen nach dem Zweiten Weltkrieg. Verlegung des Julius Berger-Geschäftssitzes von Berlin nach Wiesbaden. 1955 Zusammenschluß der Berlinischen Bodengesellschaft mit vier Tochtergesellschaften zur »Bauboag AG für Ingenieurbauten des Hoch- und Tiefbaus« in Düsseldorf. 1969 Fusion der Julius Berger AG mit der Bauboag AG zur »Julius Berger-Bauboag AG«. 1971 Übernahme einer Mehrheitsbeteiligung an der Julius Berger-Bauboag AG durch Grün & Bilfinger. 1973 Eingliederung; 1975 Zusammenführung der Firmen Grün & Bilfinger AG, Mannheim, mit der Julius Berger-Bauboag AG, Wiesbaden, zur Bilfinger + Berger Bauaktiengesellschaft, Mannheim.

BESITZVERHÄLTNISSE/EIGENTUMSSTRUKTUR.
Eine im Februar 1997 durchgeführte Erhebung der Aktionärsstruktur ergab, daß 20.600 Aktionäre an der Gesellschaft beteiligt sind, davon 900 aus dem Ausland. Mit einem Anteil von 80% am Grundkapital bilden die institutionellen Anleger die stärkste Aktionärsgruppe. Größter Einzelaktionär ist die Dresdner Bank.

- Dresdner Bank AG, Frankfurt/Main, über die FGI Frankfurter Gesellschaft für Industriewerte mbH, Frankfurt/Main (25,1%)
- Institutionelle Anleger Inland (rund 31%)
- Institutionelle Anleger Ausland (rund 24%)
- Private Anleger Inland (19%)
- Private Anleger Ausland (1%)

KONZERNÜBERBLICK. Bilfinger + Berger ist eine der größten international tätigen Baugesellschaften. Die Zentrale und die Operationsbasis für Europa sitzt in Mannheim, das Baugeschehen im außereuropäischen Ausland wird von Wiesbaden aus gesteuert. Bilfinger + Berger bearbeitet seine in- und ausländischen Märkte von 70 Niederlassungen und Geschäftsstellen aus sowie mit etwa 100 Beteiligungsgesellschaften.
Die Tätigkeit des Konzerns unterteilt sich in die Geschäftsfelder Bauen

Standort:
Carl-Reiß-Platz 1-5
68165 Mannheim

Postanschrift:
Postfach 10 05 62
68005 Mannheim

Telefon: *(0621) 459-0*
Telefax: *(0621) 459-2366*
Internet: *www.bilfingerberger.de*

Branche: *Bauindustrie*

Rechtsform:
Bauaktiengesellschaft

Geschäftsjahr: *1.1.-31.12.*

Gründungsjahr: *1880*

Öffentlichkeitsarbeit:
Ludwig Feldrappe
Michael Weber
Tel.: (0621) 459-2227/2464
Fax: (0621) 459-2221/2500
E-mail: mweber@bub.de

Verbände: *Das Unternehmen ist in allen wichtigen Verbänden der Bauindustrie organisiert.*

Vorstand:
- *Bodner, Herbert (Vorsitzender; Unternehmensstrategie; ausländisches Baugeschäft und Betreiberprojekte; Personal, Recht, Öffentlichkeitsarbeit)*
- *Ehlers, Klaus-Dieter, Dr. (Inländisches Baugeschäft; Zentrale Technik und Maschinentechnik, Umwelttechnik; Investitionen)*
- *Schetter, Hans Helmut (Inländisches Baugeschäft, Projektentwicklung, Tunnelbau; europäische Beteiligungsgesellschaften)*

▌Schneider, Jürgen M., Dr. (Finanzen, Bilanzen, Controlling; kaufmännische Betreuung operativer Einheiten)
▌Hinder, Walter, Dr. (stellv. Mitglied; kaufmännische Betreuung operativer Einheiten; Baustoffe, Einkauf)

Vorstandsbezüge 1998:
6.399.000,– DM

Aufsichtsrat:
▌Becker, Gert (Vorsitzender; ehem. Vorsitzender des Vorstandes der Degussa AG), Frankfurt/Main
▌Majewski, Otto, Dr. (Vorsitzender des Vorstandes der Bayernwerk AG), München
▌Otto, Peter, Dr. (Mitglied des Vorstandes der Heidelberger Zement AG), Heidelberg
▌Pleines, Thomas (Vorsitzender der Geschäftsleitung der Allianz Versicherungs-AG, Baden-Württemberg), Stuttgart
▌Pohr, Michael (ehem. Corporate Senior Vice President der ABB Asea Brown Boveri AG), Zürich/Schweiz
▌Roth, Christian, Dr. (ehem. Vorsitzender des Vorstandes der Bilfinger + Berger Bauaktiengesellschaft), Mannheim
▌Walter, Bernhard (Vorsitzender des Vorstandes der Dresdner Bank), Frankfurt/Main
▌Weber, Jürgen (Vorsitzender des Vorstandes der Deutsche Lufthansa AG), Köln
**Schmidt, Dieter (stellv. Vorsitzender)*
**Brose, Frank*
**Erdner, Wolfgang*
**Hilgendorf, Wolfgang*
**Knerler, Rainer*
**Kotsch, Herbert*
**Schmitt, Maria*
**Steinmann, Rolf*

Aufsichtsratstantiemen 1998: *504.000,– DM*

Inland, traditionell das Stammgeschäft der Bilfinger + Berger-Unternehmensgruppe (Umsatz 1998: 3.218 Mio. DM; Vorjahr: 3.748 Mio.), Bauen Ausland mit den großen Beteiligungsgesellschaften Baulderstone Hornibrook, B+B Asia, Entreprise Razel Frères, Fru-Con, Hydrobudowa, Kin Ching China und Julius Berger Nigeria (Umsatz 1998: 5.125 Mio. DM; Vorjahr: 4.952 Mio.), Entwickeln und Betreiben mit der Bilfinger + Berger Projektentwicklung und der Bilfinger + Berger BOT (Umsatz 1998: 400 Mio. DM; Vorjahr: 244 Mio.), Umwelttechnik (Umsatz 1997: 708 Mio. DM; Vorjahr: 738 Mio.) sowie Baustoffe (Umsatz 1997: 226 Mio. DM; Vorjahr: 276 Mio.).
Bilfinger + Berger baut weltweit: Wohnanlagen, Verwaltungsgebäude, Ferienappartements in großem Stil, Brückenbauwerke, Straßen, Tunnels, Hafenanlagen, Staudämme, Kanäle, Schleusen, Kraftwerke, Pipelines, Hotels, Sportanlagen und Flughäfen. Die Gesellschaft plant, leitet und führt Bauleistungen aller Art durch. Bilfinger + Berger ist ständig im Inland auf über 2.000 Baustellen im Hoch- und Industriebau sowie im Tiefbau und Spezialtiefbau tätig. Eine Spezialität von Bilfinger + Berger ist der Tunnelbau besonders im U- und S-Bahn-Bereich.
Von der Leistung im Inland entfielen 12% auf den Wohnungsbau, 62% auf den Wirtschaftsbau und 26% auf den öffentlichen Bau. 24% der Inlandsleistung wurden im Tiefbau einschließlich Brücken-, Tunnel- und Spezialtiefbau, 40% im Hochbau, 16% in der Umwelttechnik und der Rest im Industriebau, im Bereich Entwickeln und Betreiben sowie im Bereich Baustoffe erbracht.

BETEILIGUNGEN. Zum Konsolidierungskreis gehörten 1998 neben der Bilfinger + Berger Bauaktiengesellschaft 28 inländische Unternehmen sowie vier Teilkonzerne und sechs weitere Unternehmen mit Sitz im Ausland.
● Die wichtigsten Beteiligungen im Inlandsbau: Achatz GmbH Bauunternehmung, Mannheim (100%); Bau-Union Potsdam GmbH, Potsdam (100%); bebit Informationstechnik GmbH, Mannheim (100%); Bilfinger + Berger Baustoffe GmbH, Leipzig (100%); Kieswerke GmbH Nordhausen, Nordhausen (100%); Westsächsische Steinwerke GmbH, Hartmannsdorf (100%); Bilfinger + Berger Projektentwicklung GmbH, Mannheim (100%); Bilfinger + Berger Umweltbau GmbH, Mannheim (100%); GBV – Gesellschaft für Bau-Versicherungs-Vermittlung

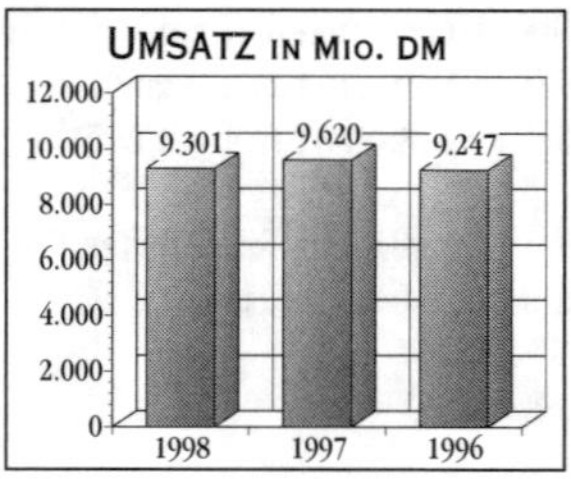

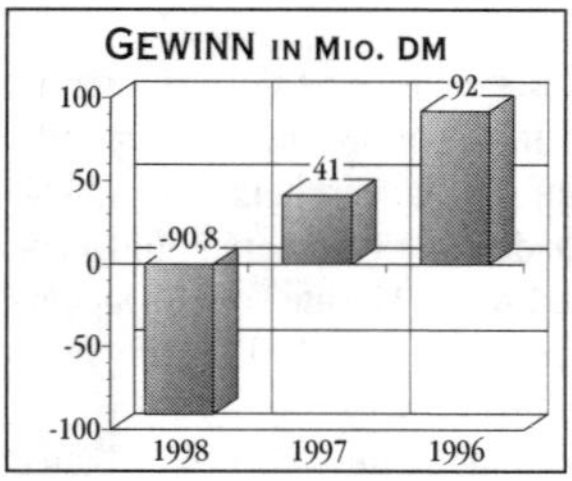

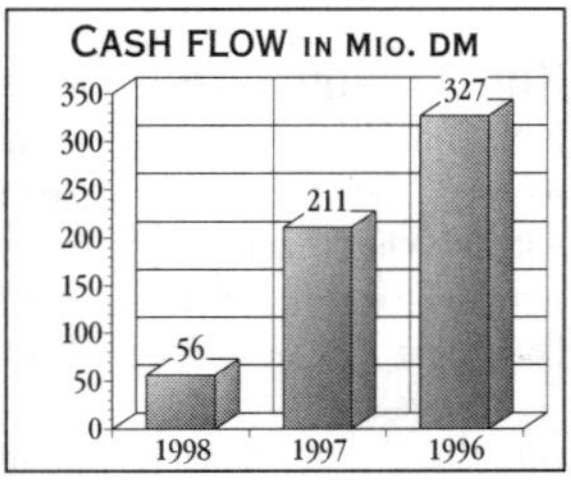

mbH, Mannheim (100%); GKW Plan Ingenieurbüro für Infrastruktur und Umwelttechnik GmbH, Mannheim (100%); Hüser & Co. GmbH, Mannheim (100%); Franz Kassecker GmbH, Mannheim (57%); Modernbau GmbH, Saarbrücken (100%); Passavant-Werke AG, Aarbergen (100%); Schlosser-Pfeiffer GmbH, Aarbergen (100%); Propria Bauträger- und Verwaltungsgesellschaft mbH, Frankfurt/Main (100%); Roediger Anlagenbau GmbH, Hanau (100%); Sönnichsen & Görtz Baugesellschaft mbH, Kiel (100%); Gottlieb Tesch GmbH, Bauunternehmung, Berlin (100%); Tesch Industrie- und Rohrleitungsbau GmbH, Essen (100%); Klösters Baustoffwerke GmbH & Co. KG, Teltow (50%); Buderus AG, Wetzlar (25%).

● Die wichtigsten Beteiligungen im Auslandsbau: A.W. Baulderstone Holdings Pty. Limited, Sydney/Australien (100%), mit zahlreichen Tochter- und Beteiligungsgesellschaften in Australien und mehreren asiatischen Staaten; Fru-Con Holding Corporation, Ballwin/Missouri, USA (100%), mit zahlreichen Tochter- und Beteiligungsgesellschaften in Nordamerika; Grün + Bilfinger Gesellschaft mbH, Wien/Österreich (100%); Hydrobudowa S.A., Warschau/Polen (99%); Kin Ching China Limited, Hongkong (100%), einschließlich der B+B Far East Limited, Hongkong, mit zahlreichen Tochter- und Beteiligungsgesellschaften in Fernost; UFIR Holding SA, Saclay/Frankreich (84%), als Holdinggesellschaft der UFIR SA, Saclay/Frankreich (84%), und der Entreprise Razel Frères SA, Saclay/Frankreich (86%), mit zahlreichen Tochter- und Beteiligungsgesellschaften in Frankreich und den USA; Zapadokamen Plzen a.s., Pilsen/Tschechien (98%); Julius Berger Nigeria PLC, Lagos/Nigeria (44%).

Globale Strategien und der Standort Deutschland.

Traditionell haben die großen Bauunternehmen ihre Standorte dort, wo sie im Bau auch aktiv sind. Kein Wunder, daß sich Bilfinger + Berger seit vielen Jahren als international operierendes Unternehmen definiert. Großakquisitionen in Asien, Australien, Amerika und Europa haben B+B den Marktzutritt zu anderen Kontinenten und Ländern und eine starke Marktpräsenz vor Ort ermöglicht. An der Gesamtleistung der B+B-Gruppe hatte das Auslandsgeschäft 1998 einen Anteil von 56% (Vorjahr: 52%), die ausländischen Beteiligungsgesellschaften erbrachten davon 84% (Vorjahr: 81%). Die Schwerpunkte der Geschäftstätigkeit im Ausland lagen in Australien, Südostasien, den USA, Westafrika (B+B ist traditionell marktführend in Nigeria) und Frankreich.

Bereits 1993 erwarb B+B eines der führenden australischen Bauunternehmen, die Baulderstone Hornibrook-Gruppe mit über 20 Niederlassungen und Beteiligungsgesellschaften innerhalb und außerhalb Australiens. Das berühmteste Bauwerk der neuen B+B-Tochter ist das Opernhaus von Sydney. In Europa erwarb Bilfinger + Berger 1994 die Mehrheit an der französischen Baugesellschaft Entreprise Razel Frères und spielt auf dem Baumarkt Frankreichs nun eine maßgebliche Rolle. Hinzu kommen, von herausragender Bedeutung in ihren Märkten, die Kin Ching China Limited, Hongkong, und die US-amerikanische Gesellschaft Fru-Con Holding Corporation, Ballwin/USA.

Während im Ausland auch in den kommenden Jahren mit einer positiven Baukonjunktur gerechtet wird, beklagt Bilfinger + Berger im Inland den weiter harten Wettbewerb und den Druck auf die Baupreise.

BÖRSE, AKTIEN, KURSE
Grundkapital 1998:
180,7 Mio.
Jahreshöchstkurs 1998:
68,20 DM (34,87 €)
Jahrestiefstkurs 1998:
31,20 DM (15,95 €)
Aktie Jahresende 1998:
42,50 DM (21,73 €)
Dividende pro Aktie 1998:
0,80 DM

Die Dividende bezieht sich auf je 5,– DM Aktiennennbetrag. Der Bilanzgewinn 1998 betrug 28,9 Mio. DM.

Leistung/Umsatz 1998:
9.301,0 Mio.
(Ausland: 5.199,0 Mio.)
Leistung/Umsatz 1997:
9.620,0 Mio.
(Ausland: 4.979,0 Mio.)
Leistung/Umsatz 1996:
9.247,0 Mio.
(Ausland: 4.383,0 Mio.)

Gewinn/Verlust 1998:
-90,8 Mio.
Gewinn/Verlust 1997:
40,7 Mio.
Gewinn/Verlust 1996:
92,4 Mio.

Cash flow 1998: *56,0 Mio.*
Cash flow 1997: *211,0 Mio.*
Cash flow 1996: *327,0 Mio.*

Cash flow: *Der geringe Cash flow floß in die Investitionen.*

Steueraufkommen 1998:
9,1 Mio.

Beschäftigte 1998: *55.171 (Ausland: 43.846)*
Beschäftigte 1997: *57.662 (Ausland: 45.458)*
Beschäftigte 1996: *51.171 (Ausland: 37.485)*

Umsatz pro Mitarbeiter 1998: *168.585,– DM*
Umsatz pro Mitarbeiter 1997: *166.834,– DM*
Umsatz pro Mitarbeiter 1996: *180.708,– DM*

Löhne und Gehälter 1998: *1.398,1 Mio.*
Löhne und Gehälter 1997: *1.492,4 Mio.*
Durchschnittsgehalt 1998: *25.341,– DM*
Soziale Abgaben und Aufwendungen 1998: *323,7 Mio.*
Soziale Abgaben und Aufwendungen 1997: *353,5 Mio.*

Bezüge pro Vorstandsmitglied 1998: *1.279.800,– DM*
Tantiemen pro Aufsichtsrat 1998: *31.500,– DM*

Investitionen 1998: *263,0 Mio.*
Investitionen 1997: *332,0 Mio.*
Investitionen 1996: *265,0 Mio.*

Mitbewerber: *Braas, Dyckerhoff Zement, Dywidag, Heidelberger Zement, Heilit + Woerner, Hochtief, Philipp Holzmann, Readymix, Strabag, Teerbau, Walter Bau, Wayss & Freytag, Züblin*

Der seit vielen Jahren erstmals verzeichnete Jahresfehlbetrag von 91 Mio. DM resultiert aus einem kostspieligen Hochstraßenprojekt in Bangkok/Thailand, für das bereits 300 Mio. DM zurückgestellt worden sind. Trotz eines fehlenden Jahresüberschusses wurde eine Dividende bezahlt. Ende 1998 hatte B+B weltweit knapp über 55.000 Beschäftigte, 2.500 weniger als ein Jahr zuvor. Rund weitere 1.000 Arbeitsplätze sollen abgebaut werden. Im Geschäftsfeld Umwelttechnik wurden Anfang 1999 die beiden Traditionsunternehmen Passant und Roediger zur Passant-Roediger Umwelttechnik GmbH, Aarbergen, zusammengelegt. Durch eine stringente Marktausrichtung und die Nutzung von Synergien sollen die Wettbewerbs- und Ertragsfähigkeit gesteigert werden. Passant-Roediger soll mit 1.400 Beschäftigten einen Umsatz von rund 500 Mio. DM erwirtschaften. Die Beteiligung an dem Heizungsbauer Buderus AG, Wetzlar, wurde 1999 von 15% auf 25% aufgestockt.

INNERBETRIEBLICHE BÜNDNISSE. Als Folge des Wegfalls von Schlechtwettergeld bei witterungsbedingten Arbeitsausfällen seitens der Bundesanstalt für Arbeit wurden im Rahmen von Betriebsvereinbarungen die Arbeitszeiten weitgehend flexibilisiert. Die Tarifpartner haben sich auf Arbeitszeitkonten verständigt, auf denen gewerblich Beschäftigte bis zu 150 Stunden ansparen können. Arbeitsausfälle sind nicht mehr automatisch mit Lohnkürzungen verbunden. Eine Öffnungsklausel im Tarifvertrag erlaubt den Unternehmen in den neuen Bundesländern, innerbetrieblich eine Absenkung des Lohn- und Gehaltsniveaus um bis zu 10% zu vereinbaren. Das 13. Monatsgehalt wurde auf 77% abgesenkt, auf seine Einführung in den neuen Bundesländern wurde verzichtet. Die Entgeltfortzahlung an den ersten drei Krankheitstagen beläuft sich auf 80%. Mit 601 (Vorjahr: 679) war die Zahl der Ausbildungsverhältnisse 1998 wiederum rückläufig.

UMWELTSCHUTZ. Umwelttechnische Produkte und Dienstleistungen sind zu einem lukrativen Geschäftsbereich geworden, wenngleich dieser Bereich durch die restriktive Finanzpolitik der öffentlichen Hand nicht mehr so wächst wie in den Vorjahren. Zum Leistungsspektrum in der Umwelttechnik gehören: Deponiebau, Umschließung von Altlasten, Rückbau kontaminierter Gebäude, Grundwasserreinigung und Bodenluftabsaugung, Bodenreinigung, Schadstoffsanierung. Zum Bereich Umwelttechnik gehören die Unternehmen Passavant und Roediger, die 1999 zusammengeführt wurden, die B+B Umweltverfahrenstechnik und das GKW Plan Ingenieurbüro für Infrastruktur und Umwelttechnik.

FORSCHUNG, ENTWICKLUNG, INNOVATIONEN. Schwerpunkte der Forschungs- und Entwicklungsarbeit liegen im Brückenbau, der Betonverbesserung, der Umwelttechnik, der Optimierung von Baugeräten und in der Entwicklung und Erprobung von Meßverfahren für die Qualitätssicherung. Auf dem Gebiet der Umwelttechnik stützen sich die praxisorientierten Entwicklungen in erster Linie auf Untersuchungen des Technikums Mannheim.

BMG siehe Bertelsmann

BMW

Geschichte und Entwicklung. Das Unternehmen wurde 1916 als »Bayerische Flugzeugwerke AG« von Gustav Otto in München gegründet. 1917 tat sich der Unternehmer Otto Rapp (»Rapp Motoren Werke«) mit Gustav Otto zusammen. Beide firmierten ihr Unternehmen am Münchener Oberwiesenfeld in »Bayerische Motoren Werke GmbH« um. 1918 Umwandlung in eine AG. Der Versailler Vertrag verbot den Bau von Flugmotoren, wodurch die Umstellung auf Schiffsmotoren und der Beginn der Produktion von Motorrädern eingeleitet wurde. Die erste BMW-Maschine R 32 wurde 1923 auf dem Pariser Automobilsalon eine Sensation. 1928 folgte die Übernahme der Fahrzeugwerke Eisenach (Dixi-Werke) mit einer 30jährigen Automobilbauerfahrung. Die Automobilproduktion von BMW Eisenach wurde zu einem Riesenerfolg (Dixi/BMW). Während der Nazi-Zeit expandierte das Flugmotorengeschäft in München mit der 1934 vollzogenen Gründung der »BMW Flugmotorenbau GmbH«. 1939 wurde auf Veranlassung des Reichsluftfahrtministeriums die »Brandenburgische Motorenwerke GmbH« in Berlin-Spandau von Siemens übernommen, die schließlich unter dem Firmennamen »BMW Flugmotorenwerke Brandenburg GmbH« in den Konzern eingegliedert wurde. In München, Eisenach und Berlin wurden bis 1945 Zehntausende Flugmotoren gebaut, darunter eines der ersten serienmäßig hergestellten Strahlentriebwerke der Welt. Alle BMW-Werke arbeiteten hochgradig für die Rüstungs- und Kriegsproduktion. Auch bei BMW wurden während des Zweiten Weltkrieges KZ-Häftlinge, Fremdarbeiter und Kriegsgefangene ausgebeutet. Aus dem KZ Dachau und seinen Nebenlagern rekrutierte das Unternehmen einen nie versiegenden Nachschub an Zwangsarbeitern. Die Häftlinge, vermutlich bis zu über 20.000, arbeiteten unter grausamen Bedingungen an der Herstellung von Flugzeugmotorenteilen und beim Bau von unterirdischen Betonhallen.

1945 wurde das Vermögen der Bayerische Motoren Werke AG innerhalb der amerikanischen Zone beschlagnahmt und die gesamte Produktion stillgelegt. BMW erlebte die nahezu völlige Demontage und den Abtransport aller Werkzeugmaschinen sämtlicher Werke als Reparationsleistung. Die demontierten Anlagen wurden an 16 Nationen verteilt. Das Werk Eisenach wurde enteignet. Aber bereits 1946 wurde wieder die Produktion von Kfz-Ersatzteilen genehmigt. 1948/49 kam es zum Wiederaufbau und zur Wiederaufnahme der Produktion mit neu erworbenem Maschinenpark im Werk München-Milbertshofen. Mit dem Rückerhalt des Werkes Berlin-Spandau begann erneut die Motorrad-Produktion. 1952 startete die Serienfertigung der ersten BMW-Personenwagen. Zahlreiche Werksgründungen und neue Niederlassungen im Ausland folgten. 1991 wurde das Gemeinschaftsunternehmen BMW Rolls-Royce in Oberursel zur Entwicklung und zum Bau von Flugzeugtriebwerken gegründet. Seit 1992 werden in der BMW Fahrzeugtechnik GmbH, Eisenach, Werkzeuge und Preßteile für die Automobilindustrie gefertigt. 1994 wurden die britische Rover Group Holding plc und die Rover Group USA Inc. von BMW akquiriert. Damit gelang BMW der Sprung unter die zwölf größten Automobilproduzenten der Welt.

Standort:
Petuelring 130
BMW-Haus
80809 München

Postanschrift:
80788 München

Telefon: *(089) 382-0*
Telefax: *(089) 382-25885*
Internet: *www.bmw.com*

Branche:
Automobilindustrie

Rechtsform:
Aktiengesellschaft

Geschäftsjahr: *1.1.-31.12.*

Gründungsjahr: *1916*

Unternehmens-kommunikation:
Richard Gaul
Tel.: (089) 382-24556
Fax: (089) 382-24412
E-mail: richard.gaul@bmw.de

Herbert Quandt-Stiftung:
Die Herbert Quandt-Stiftung wurde als gemeinnütziger Verein von der BMW AG ins Leben gerufen und dient der Pflege des Deutschlandbildes im Ausland.

BMW-Museum und Kultursponsoring:
BMW hat es verstanden, durch eine aktive kulturelle Sponsortätigkeit in den Städten die Kritiker ruhigzuhalten, obwohl die Industriebetriebe teilweise inmitten besiedelten Stadtgebietes liegen.

Verbände: *Verband der Automobil-Industrie e.V. (VDA), Frankfurt/Main; Verband der Fahrrad- und Motorradindustrie e.V. (VFM), Bad Soden/Taunus; Landesverband der Bayerischen Industrie e.V., München; Verein der Bayerischen Metall-Industrie, München*

Vorstand:
- *Milberg, Joachim, Prof. Dr. Dr. h.c. (Vorsitzender)*
- *Baumann, Ernst (Personalvorstand und Arbeitsdirektor)*
- *Forster, Carl (Engineering und Produktion)*
- *Heitmann, Heinrich, Dr. (Vertrieb und Marketing)*
- *Lorenz, Günter (Finanzdienstleistungen und Beteiligungen)*
- *Panke, Helmut, Dr. (Finanz- und Betriebswirtschaft)*
- *Sämann, Werner, Prof. Dr. (Vorsitzender des Vorstandes und Chairman der Rover Group, Ltd.)*
- *Teltschik, Horst, Dr. h.c. (Wirtschaft und Politik)*
- *Ziebart, Wolfgang, Dr. (Entwicklung)*

Vorstandsbezüge 1998:
17.400.000,– DM

Generalbevollmächtigter:
- *Lüderitz, Hagen, Dr.*

Chefsyndikus:
- *Löchelt, Dieter, Dr.*

BESITZVERHÄLTNISSE/EIGENTUMSSTRUKTUR.
- Erben der Familie Herbert Quandt (46,6% des stimmberechtigten Kapitals; davon: Johanna Quandt, die dritte Ehefrau von Herbert Quandt, 16,2%; ihr Sohn Stefan 17,4%; ihre Tochter Susanne Klatten 13,0%)
- Dresdner Bank AG (5%)
- Siemens AG (1%)
- Aachener und Münchener Lebensversicherungs AG (1%)
- Hamburg Mannheimer AG (1%)
- R+V Versicherungs AG (1%)
- Rest Streubesitz

KONZERNÜBERBLICK. Die BMW-Gruppe besteht aus den Unternehmensbereichen BMW Automobile und Motorräder, Rover Group Automobile, Flugtriebwerke sowie Finanzdienstleistungen und sonstige Beteiligungen. Im BMW-Konzern wurden 1998 insgesamt 1,2 Mio. Automobile der Marken BMW, Rover, Land Rover, MG und Mini gefertigt. BMW entwickelt und produziert Fahrzeuge der gehobenen Klasse. Mit einer Produktion von 706.400 (Vorjahr: 672.200) Automobilen war BMW 1998 wiederum die weltweit erfolgreichste Automobilmarke im oberen Marktsegment. Bei Rover wurden 1998 497.600 (Vorjahr: 522.500) Fahrzeuge gefertigt. An Kunden wurden insgesamt 1,2 Mio. Personenwagen ausgeliefert. Damit gehörte der BMW-Konzern zu den fünf größten europäischen Automobilherstellern. Die Motorradproduktion lag 1998 bei 60.150 (Vorjahr: 54.900) Stück.
Die wichtigsten Absatzmärkte sind Deutschland, Großbritannien und die USA. In diesen Ländern ist der Konzern mit kompletten Automobilwerken vertreten; dort wird jedes zweite BMW- oder Rover Group-Automobil abgesetzt. BMW ist mit weltweit rund 40 konzerneigenen Vertriebsgesellschaften, rund 180 Importeuren und mehr als 6.000 Handelsbetrieben für Automobile und Motorräder in den wichtigsten Automobilmärkten der Welt vertreten. In Deutschland werden BMW-Produkte über rund 850 Händlerbetriebe und 17 Werksniederlassungen vertrieben; die Vertriebsorganisation der Rover Group umfaßt in Deutschland über 250 Händlerbetriebe. Das Einkaufsvolumen betrug 1998 29,1 Mrd. DM, wovon die Hälfte aus Deutschland stammt, 30% aus England und 20% aus anderen internationalen Quellen. 1998 schlossen BMW-Konzerngesellschaften insgesamt 1.015.000 neue Leasing- und Kreditverträge ab. 1995 wurde damit begonnen, Teile und Komponenten sowie Werkstoff- und Technologiekonzepte für BMW- und Rover-Group-Automobile zu vereinheitlichen. Herausragende Bedeutung erhielt dabei die Entwicklung einer gemeinsamen Elektrik- und Elekronik-Plattform für die Automobile des BMW-Konzerns.
◆ BMW produziert Automobile in den Werken München (3er Limousine, 3er compact), Dingolfing (3er-Reihe, 5er-Reihe, 7er-Reihe, 8er Coupé), Regensburg (3er Limousine, 3er Coupé, 3er touring, 3er Cabrio), Spartanburg/USA (Z3 roadster, Z3 coupé), und Rosslyn/Südafrika (3er Limousine, Land Rover Defender). Hinzu kommen die Werke Landshut (Kunststoff- und Austauschteile, mechanische Komponenten), Berlin (Produktion von Motorrädern; Komponenten), Eisenach (Preßwerkzeuge und Preßteile), Wackersdorf (Aluminium-Zulieferteile), Steyr/Österreich (Motoren).

◆ Rover produziert Automobile in den Werken Birmingham (Rover 200, 400 MGF, Mini), Oxford (Rover 75) und Solihull (Land Rover: Defender, Discovery, Range Rover, Freelander). Hinzu kommt das Werk Swindon (Preß- und Karosseriewerk). Land Rover do Brasil Ltd. baut im Bundesstaat São Paulo ein Werk zur Fertigung des Land Rover Defender. In Hams Hill bei Birmingham wird ein neues Motorenwerk gebaut.
◆ BMW Rolls-Royce Flugbetriebe. Gemeinsam mit dem englischen Triebwerkshersteller Rolls-Royce plc. gründete BMW die BMW Rolls-Royce GmbH, Oberursel (demnächst soll die Zentrale in das Entwicklungs- und Montagezentrum Dahlewitz bei Berlin verlegt werden). Das Unternehmen baut Triebwerke für kleinere City-Jets und Geschäftsflugzeuge. 1997 wurde die Produktion aufgenommen. Ironie der Geschichte: Als BMW Mitte der 60er Jahre aus Finanzgründen aus dem Triebwerksgeschäft ausstieg – immerhin gehörte man weltweit zu den Pionieren des Düsentriebwerkbaus und hatte seinerzeit auch das Triebwerk für den Starfighter gebaut –, wurde die BMW-Triebwerksbau GmbH an die MAN AG verkauft. Aus diesem Verkauf entstand nach einem Zusammenschluß mit Daimler-Benz später die MTU Motoren- und Turbinen-Union München GmbH, eine 100%ige DaimlerChrysler-Tochter.

BETEILIGUNGEN. BMW und die Rover Group besitzen verschiedene Produktions-, Vertriebs-, Finanzierungs- und Dienstleistungsgesellschaften im In- und Ausland. Zu den wichtigsten verbundenen Unternehmen und Beteiligungen im Bereich Automobile und Motorräder gehören:
● Automobile und Motorräder BMW: BMW AG, München. Entwicklung: BMW Ingenieur-Zentrum GmbH + Co., München (100% – Zentrales Forschungs- und Ingenieurzentrum); BMW Motoren AG, Steyr/Österreich (100% – Diesel-Entwicklungszentrum); BMW GmbH Gesellschaft für individuelle Automobile, München (100% – Motorsport); BMW Technik GmbH, München (100%); Charles W. Pelly Designworks, Inc., Newbury Park, Kalifornien/USA (100%). Fertigung: inländische Werke in München, Dingolfing, Regensburg, Wackersdorf, Landshut, Berlin, Eisenach (BMW Fahrzeugtechnik GmbH, Eisenach). Ausländische Werke: BMW Motoren AG, Steyr/Österreich (100% – Werk Steyr); BMW Manufacturing Corp., Wilmington, Delaware/USA (100% – Werk Spartanburg); BMW de México S.A. de C.V., Mexico City/Mexiko (100% – Werk Toluca); BMW (South Africa) (Pty) Ltd., Pretoria/Südafrika (100% – Werk Rosslyn).
● Automobile Rover: Rover Group Ltd., Warwick (100%). Entwicklungs- und Testzentrum: Gaydon. Fertigung: Werke in Birmingham, Solihull, Oxford und Swindon. Rover ist weltweit in 13 Ländern mit Montagen und Vertriebsgesellschaften vertreten, u.a. der Rover Deutschland GmbH, Neuss (100%).
● Flugtriebwerke, Finanzdienstleistungen und weitere Beteiligungen: BMW Rolls-Royce GmbH, Oberursel (50,5%), mit dem Entwicklungszentrum Dahlewitz und den Werken Dahlewitz und Oberursel; Finanzdienstleistungs-Organisationen in 15 Ländern; Kontron Elektronik GmbH, Eching (100%); BMW Bank GmbH, München (100%); BMW Leasing GmbH, München (100%); Bavaria Wirtschaftsagentur GmbH, München (100%); Betek Bau- und Energietechnik GmbH, München

Aufsichtsrat:
❙ *Doppelfeld, Volker (Vorsitzender; ehem. Mitglied des Vorstandes der BMW AG), Ammerland*
❙ *Leibinger, Berthold, Prof. Dr. E.h. (stellv. Vorsitzender; geschäftsführender Gesellschafter der Trumpf GmbH+Co.), Ditzingen*
❙ *Quandt, Stefan (stellv. Vorsitzender; Vorsitzender des Aufsichtsrates der Delton AG, in der verschiedene Industriebeteiligungen der Familie Quandt gebündelt sind), Bad Homburg v.d.H.*
❙ *Kelly, Arthur L. (geschäftsführender Gesellschafter der KEL Enterprises Ltd.), Chicago/Illinois, USA*
❙ *Klatten, Susanne (Betriebswirtin, MBA; Tochter von Johanna und Herbert Quandt; stellv. Vorsitzende des Aufsichtsrates der Altana AG, die mit über 50% Mitgliedern der Familie Quandt gehört und deren Großaktionärin Susanne Klatten ist), Bad Homburg v.d.H.*
❙ *Markl, Hubert, Prof. Dr. Dr. h.c. (Präsident der Max-Planck-Gesellschaft zur Förderung der Wissenschaften e.V.), München*
❙ *Röller, Wolfgang, Dr. (ehem. Vorsitzender des Aufsichtsrates der Dresdner Bank AG), Frankfurt/Main*
❙ *Soltmann, Dieter, Dr. (persönlich haftender Gesellschafter der Gabriel Sedlmayr Spaten-Franziskaner-Bräu KGaA), München*
❙ *van Wachem, Lodewijk C. (Vorsitzender des Aufsichtsrates der Royal Dutch Petroleum Company/Shell), Den Haag/Niederlande*
❙ *Winkhaus, Hans-Dietrich, Dr. (Vorsitzender der Geschäftsführung der Henkel KGaA), Düsseldorf*

*Schoch, Manfred
(stellv. Vorsitzender)
*Rehmeier, Ernst
(stellv. Vorsitzender)
*Benz-Overhage, Karin, Dr.
*Eckelmann, Ulrich
*Glas, Hans
*Gottinger, Konrad
*Gutsmiedl, Gerhard
*Löw, Willibald
*Neugebauer, Werner
*Niklas, Hans-Günther

Aufsichtsratstantiemen
1998: *2.500.000,– DM*

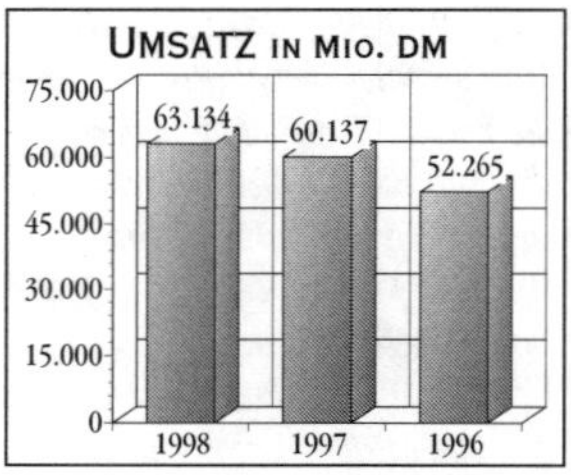

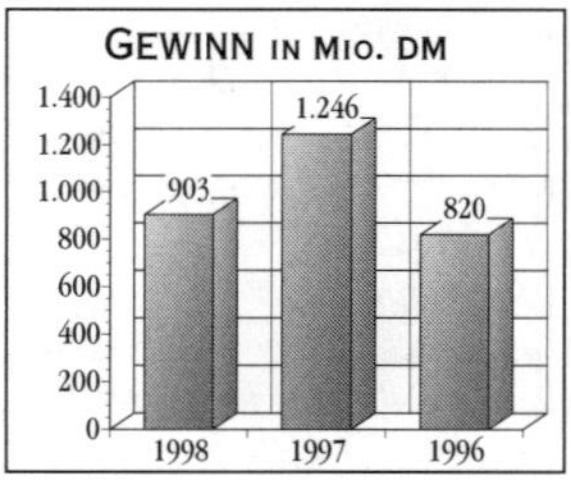

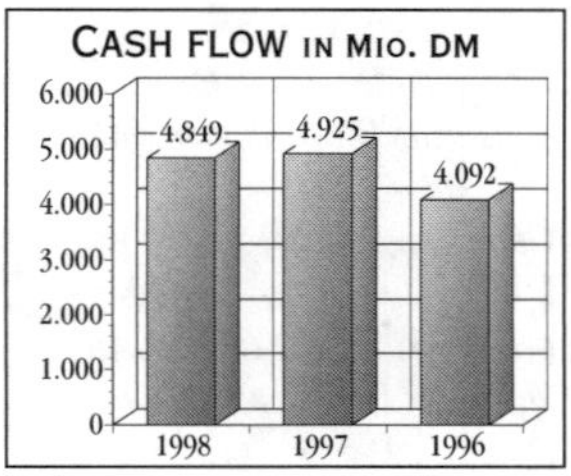

(100%); softlab GmbH für Systementwicklung und EDV-Anwendung, München (100%); BMW Maschinenfabrik Spandau GmbH & Co., Berlin (100%); BMW Ingenieur-Zentrum GmbH & Co., München (100%).

GROSSAKQUISITION MIT SPÄTFOLGEN. Anfang 1994 unterzeichnete BMW einen Vertrag mit der British Aerospace plc über den Kauf der 1884 gegründeten englischen Traditionsmarke Rover Group Holdings plc und der Rover Group USA Inc. und stieß so in völlig neue Marktsegmente vor. Die Modelle der traditionsreichen Rover-Gruppe ergänzten, so der BMW-Vorstand damals, die BMW-Modelle vortrefflich. BMW erwarb mit dieser für über 2 Mrd. DM getätigten und äußerst spektakulären Großakquisition mit einem Schlag Marktsegmente, die in der Firmenpalette bislang gefehlt hatten und deren Entwicklung Investitionen in Milliardenhöhe verschlungen hätte – den Einstieg in den Markt mit Geländewagen (Land Rover, Range Rover) und den von allen Automobilherstellern entdeckten Kleinwagenmarkt mit der ganzen Palette des »Mini«. Hinzu kam der Sportwagen MG. Die Nichtentwicklung eines eigenen, auf den deutschen Markt zugeschnittenen Kleinwagens sollte sich aber als eklatanter Fehler erweisen. Vertraglich festgelegt wurde, daß kein BMW in britischen Fabriken und kein Rover in deutschen Fabriken produziert werden sollte.
Wurde die Rover-Akquisition ursprünglich als unternehmenspolitisches Meisterstück euphorisch gefeiert, so endete sie 1999 für BMW in einem unternehmerischen Desaster. Die Rover Group fuhr einen Verlust von 1,9 Mrd. DM ein, der die Renditen von BMW erheblich drückte und die erfolgsverwöhnten Besitzer und Aktionäre auf den Plan rief. Die Folgen waren einschneidend: Der bis dahin stets hochgelobte Vorstandsvorsitzende und Rover-Akquisiteur Bernd Pischetsrieder und sein Entwicklungschef Wolfgang Reitzle wurden abgelöst, die Briten endgültig an die Münchener Unternehmenszentrale angebunden und Rover deutscher Führung unterstellt. Sah es zwischenzeitlich so aus, als wollten sich die Münchener lieber heute als morgen aus ihrem England-Engagement zurückziehen, so gingen sie Mitte 1999 in die Offensive. Großbritanniens größtes Automobilwerk soll runderneuert werden, aufgelegt wird für die nächsten fünf Jahre ein Investitionsprogramm von rund 10 Mrd. DM. Das Traditionswerk Longbridge bei Birmingham soll zu einem modernen Produktionsstandort um- und ausgebaut werden. Die britische Regierung schießt Subventionen in Höhe von etwa 500 Mio. DM zu, die Gewerkschaften ließen sich auf Betriebsvereinbarungen und Arbeitsmodelle, analog denen bei BMW, in Deutschland ein. 2002 soll die Tochtergesellschaft Rover, wenn alles nach Plan läuft, wieder Gewinne einfahren.

GLOBALE STRATEGIEN UND DER STANDORT DEUTSCHLAND. BMW ist als Global Player auf den internationalen Märkten zu Hause und errichtet verstärkt neue Standorte im Ausland – Produktionsverlagerungen mit Langzeitwirkung auf der Basis lokaler Wertschöpfungen. Asien bleibt für BMW trotz Krise und wirtschaftlicher Einbrüche eine entscheidende Wachtumsregion. Die »Asienoffensive« von BMW hat nach Thailand (1999 wurde der Grundstein für ein neues Montagewerk gelegt), Malaysia und Indonesien jetzt auch Vietnam und die Philippinen auf der Karte. Als erster europäischer Fahrzeughersteller begann BMW in diesen beiden Ländern bereits Mitte der 90er Jahre mit der Montage von Autos. Der lokale Partner Vietnam Motors Corporation – ein Jointventure des vietnamesischen Transportministeriums, der Columbian Motors Group der Philippinen und des japanischen Handelshauses Nichimen Corporation – ist vom Erfolg überzeugt. In Südkorea hat BMW als international erster Autobauer eine Vertriebsgesellschaft gegründet. Auch in China plant der BMW-Vorstand in den nächsten Jahren massiv zu expandieren. Die Pläne für ein Montagewerk in Indien wurden zurückgestellt. BMW will auch stärker auf dem australischen Markt expandieren. Im russischen Kaliningrad wurde ein Montagewerk errichtet zur Fertigung von Autos der BMW-Fünfer-Reihe sowie des Land Rover Defender. Im Juli 1999 lief der erste BMW vom Band. BMW arbeitet intensiv an einem neuen Rolls-Royce-Modell für das Jahr 2003, wenn ihm von Volkswagen die Namensrechte an Rolls-Royce vertraglich zufallen. Rolls-Royce soll in einer Rover-Fabrik im englischen Oxford produziert werden. Zur Erinnerung: Der 1998 geplante Kauf der britischen Nobelmarke Rolls-Royce/Bentley scheiterte am Zuschlag der Muttergesellschaft Vickers an den mitbietenden VW-Konzern. Doch dann die Überraschung: BMW standen über seine Kooperation mit dem englischen Triebswerkshersteller Rolls-Royce plc. überraschend die Namensrechte an Rolls-Royce zu, die VW nun abtreten muß. Seinerseits darf VW nur die Marke Bentley behalten. Mit etwa 2 Mrd. DM wurde 1998 erneut die Hälfte der Investitionen in Deutschland getätigt – aber nur 27% des Umsatzes werden in Deutschland erzielt. Dennoch bekennt BMW sich nach wie vor offensiv zum Standort Deutschland. Von den 120.000 BMW-Konzern-Mitarbeitern (dreimal soviel wie vor 20 Jahren) in über 120 Ländern arbeitet über die Hälfte in Deutschland. Nie zuvor waren bei der BMW AG, ihren inländischen Beteiligungsgesellschaften und Rover Deutschland mehr Menschen beschäftigt: 69.000. Allein 1998 wurden u.a. zur Vorbereitung neuer Produktlinien wieder 3.700 Arbeitsplätze geschaffen. In der Zentrale und im Werk München waren Ende 1998 24.700 Mitarbeiter beschäftigt (Vorjahr: 23.270). Bei Rover Automobile allerdings verloren rund 2.400 Beschäftigte ihre Arbeit.

INVESTITIONEN IN MIO. DM

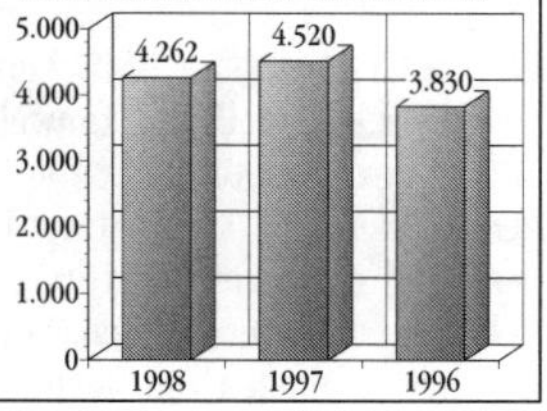

INNERBETRIEBLICHE BÜNDNISSE. BMW hat seit einigen Jahren den Akkordlohn abgeschafft und durch ein neues Entgeltsystem und leistungsbezogene individuelle Gratifikationen für die in Gruppen arbeitenden Beschäftigten ersetzt. Dazu gibt es umfassende Regelungen für Altersteilzeit und eine Betriebsvereinbarung für die inländischen BMW-Werke über die Führung von Arbeitszeitkonten für Tarifmitarbeiter. Modellcharakter haben inzwischen die neuen Arbeitsstrukturen im Werk Regensburg erlangt. Das Werk, das von Anfang an auf neue Modelle ausgelegt war, ermöglicht eine Auslastung der Fertigungsanlagen von mindestens 99 Stunden in der Woche, wobei die persönliche Arbeitszeit der Mitarbeiter von der Betriebszeit abgekoppelt wird. Inzwischen arbeiten bei BMW über 13.000 Beschäftigte nach diesem oder ähnlichen Schichtmodellen in einer persönlichen Viertagewoche. Gruppenarbeit betrifft bei BMW inzwischen etwa die

BÖRSE, AKTIEN, KURSE
Grundkapital 1998:
1.287,0 Mio.
Jahreshöchstkurs 1998:
Stammaktie: 1.980,00 DM
(1.012,36 €)
Vorzugsaktie: 1.272,00 DM
(650,36 €)
Jahrestiefstkurs 1998:
Stammaktie: 910,00 DM
(465,28 €)
Vorzugsaktie: 550,00 DM
(281,21 €)
Aktie Jahresende 1998:
Stammaktie: 1.293,00 DM
(661,10 €)
Vorzugsaktie: 780,00 DM
(398,81 €)
Dividende pro Aktie 1998:
Stammaktie: 20,00 DM
Vorzugsaktie: 21,00 DM

Die Dividende bezieht sich auf je 50,– DM Aktiennennbetrag. Sämtliche Aktien lauten auf den Inhaber. Die Dividendensumme 1998 belief sich auf 457 Mio. DM.

Umsatz 1998: *63.134,0 Mio.*
Umsatz 1997: *60.137,0 Mio.*
Umsatz 1996: *52.265,0 Mio.*

Gewinn 1998: *903,0 Mio.*
Gewinn 1997: *1.246,0 Mio.*
Gewinn 1996: *820,0 Mio.*

Cash flow 1998: *4.849,0 Mio.*
Cash flow 1997: *4.925,0 Mio.*
Cash flow 1996: *4.092,0 Mio.*

Cash flow: *Der Cash flow finanzierte die Investitionen und Entwicklungskosten.*

Steueraufkommen 1998:
1.173,0 Mio.

Beschäftigte 1998: *119.913*
Beschäftigte 1997: *117.624*
Beschäftigte 1996: *116.112*

Umsatz pro Mitarbeiter 1998: *526.498,– DM*
Umsatz pro Mitarbeiter 1997: *511.265,– DM*
Umsatz pro Mitarbeiter 1996: *450.126,– DM*

Löhne und Gehälter 1998: *9.617,0 Mio.*
Löhne und Gehälter 1997: *9.024,0 Mio.*
Durchschnittsgehalt 1998: *80.200,– DM*
Soziale Abgaben und Aufwendungen 1998: *1.915,0 Mio.*
Soziale Abgaben und Aufwendungen 1997: *1.801,0 Mio.*

Bezüge pro Vorstandsmitglied 1998: *1.933.333,– DM*
Tantiemen pro Aufsichtsrat 1998: *125.000,– DM*

Investitionen 1998: *4.262,0 Mio.*
Investitionen 1997: *4.520,0 Mio.*
Investitionen 1996: *3.830,0 Mio.*

Mitbewerber: *Audi, British Aerospace, Daewoo, Daimler-Chrysler, Fiat, Ford, General Electric, General Motors, Honda, Hyundai, Isuzu, Lancia, Mazda, Mitsubishi, Nissan, Opel, Peugeot, Porsche, Pratt & Whitney, Renault, Saab-Scania, Suzuki, Toyota, Volkswagen, Volvo*

Hälfte der Arbeitsplätze in den Fertigungsbereichen. Konzernweit gibt es bereits über 200 verschiedene Arbeitszeitmodelle. Neue Entgeltsysteme, Gruppenarbeit und flexible Arbeitszeitmodelle werden jetzt auch in Übereinstimmung mit den britischen Gewerkschaften bei Rover eingeführt. 1998 begannen bei BMW über 1.000 Jugendliche mit einer Ausbildung. Bis zum Jahr 2000 will BMW die Zahl der Auszubildenden in Deutschland in über 40 verschiedenen Berufen auf 3.000 erhöhen.

UMWELTSCHUTZ. BMW verfügt über ein umfassendes Umweltmanagement und stellt den Umweltschutz in der Produktion, im Verkehr und in der Ressourcen-Schonung ins Zentrum. Neue Technologien in der Lackiertechnik sollen die Emissionen von Lösungsmitteln verhindern und die gesetzlich vorgeschriebenen Emissionsgrenzwerte deutlich unterschreiten. In den Werken Regensburg und Spartanburg sind die Lackieranlagen von Beginn der Fertigung an auf Wasserbasislacke ausgelegt worden. Alle BMW-Automobilwerke sind inzwischen Öko-auditiert.
Neben der Vermeidung von Umweltbelastungen bei der Produktion und der Verbesserung der Fahrzeuge (Minderung des Schadstoffausstoßes, der Lärmemissionen und des Kraftstoffverbrauchs) wird besonderer Wert auf das Recycling von Altfahrzeugen gelegt. Bei BMW wird an alternativen Antriebskonzepten gearbeitet, auch auf der Basis von Wasserstoff als Automobilkraftstoff, der bereits bis zur Serienreife entwickelt wurde. BMW arbeitet auch an der Entwicklung von Elektroautos für den Stadtverkehr und an Hybridfahrzeugen mit einer Kombination von Otto- und Elektromotoren. Nur an eines wird bei BMW nicht gedacht: ein Tempolimit zum Schutz der Umwelt. BMW-Motto wie eh und je: Freie Fahrt für freie Bürger.

FORSCHUNG, ENTWICKLUNG, INNOVATIONEN.
Der BMW-Konzern verfügt über einen weltweiten Entwicklungsverbund, in dessen Mittelpunkt das BMW Forschungs- und Ingenieurzentrum (FIZ) in München mit mehr als 6.000 Ingenieuren, Designern, Modellbauern, Computerfachleuten und Wissenschaftlern verschiedener Bereiche steht, die in zahlreichen Projektgruppen für alle BMW-Baureihen tätig sind. Hinzu kommt das Entwicklungs- und Testzentrum der Rover Group in Gaydon bei Birmingham mit über 1.000 Technikern und Ingenieuren, das inzwischen eng mit München zusammenarbeitet. Der Rover 75 ist das erste vollständig neue Auto der Marke Rover Cars seit der Übernahme durch BMW. In Kalifornien besitzt BMW mit Designworks ein eigenes Designstudio. Hinzu kommt seit 1998 das Technology Office in Palo Alto/USA, das mit führenden US-Firmen auf den Gebieten Elektronik, Telekommunikation und neue Werkstoffe zusammenarbeitet. In München arbeitet die BMW Technik GmbH losgelöst vom Tagesgeschäft an neuen Innovationen. Mit dem verstärkten Einsatz computergestützter Simulationstechniken soll eine neue Qualität der Entwicklungs- und Planungsprozesse erreicht werden.

BOEHRINGER INGELHEIM

Geschichte und Entwicklung. 1885 kaufte der in Stuttgart geborene Albert Boehringer eine kleine Fabrik und ließ sie unter seinem Namen als Fabrik chemischer Produkte in das Binger Handelsregister eintragen. Produziert wurden Weinstein und Weinsäure für Apotheken und Färbereien. Die zufällige Entdeckung des Herstellungsverfahrens von Milchsäure ließ das inzwischen in C.H. Boehringer Sohn umfirmierte Unternehmen zum bedeutendsten Hersteller auf diesem Gebiet werden. Neues Betätigungsfeld auf dem Gebiet der Alkaloide. 1905 Produktion von Morphin und Codein. 1912 Schmerzmittel »Laudanon«, wenige Jahre später die berühmten Kreislauf- und Herzpräparate »Cadechol« und »Perichol«.
1923 Ausweisung aus Ingelheim durch die französische Besatzungsmacht. Verlegung der Firmenleitung nach Hamburg, Bau des Alkaloidbetriebs in Hamburg-Moorfleet, in dem 1925 die Opiate-Produktion anlief und der die Arbeitsgruppe »Pharmazeutische Spezialitäten« beherbergte. 1931 Rückkehr der Firmenleitung nach Ingelheim. Ende der 30er Jahre Entdeckung und Herstellung von Zitronensäure. 1939 übernahmen die Söhne Albert Boehringers, Albert und Ernst, sowie sein Schwiegersohn Julius Liebrecht die Firma, die zu der Zeit 1.500 Mitarbeiter hatte. Einführung des Asthma-Präparates »Aludrin«, Herstellung synthetischen Coffeins.
Nach zweimonatiger Werksschließung zum Ende des Zweiten Weltkrieges begann die Produktion erneut. 1946 Gründung der Dr. Karl Thomae GmbH in Biberach, die das erfolgreiche Schmerzmittel »Thomapyrin« auf den Markt brachte. Expansion des Bereiches Pflanzenschutz- und Schädlingsbekämpfungsmittel. In den 60er Jahren zahlreiche Firmengründungen im Ausland. 1984 Schließung der Produktionsanlagen in Hamburg-Moorfleet im Rahmen eines Dioxin-Skandals. 1998 Zusammenlegung der Boehringer Ingelheim KG und der Dr. Karl Thomae GmbH zur Boehringer Ingelheim Pharma KG.

Besitzverhältnisse/Eigentumsstruktur.

- Familien Boehringer und von Baumbach, Ingelheim (100%)

Konzernüberblick. Boehringer Ingelheim ist ein weltweit operierender Firmenverband mit dem Stammhaus in Ingelheim am Rhein. An der Spitze des Unternehmensverbandes Boehringer Ingelheim steht C.H. Boehringer Sohn für das weltweite Geschäft. Daneben – zwar ohne unmittelbare Beteiligung, jedoch durch geschäftsplanmäßige Regelungen eng verbunden – steht die Boehringer Ingelheim GmbH. Die Boehringer Ingelheim International GmbH, einst Muttergesellschaft für die Auslandsaktivitäten des Konzerns, wurde als Tochterunternehmen in die C.H. Boehringer Sohn eingebracht. Boehringer Ingelheim gehört mit mehr als 150 eigenen Produktions-, Vertriebs- und Forschungseinrichtungen zu den weltweit 20 größten Pharmakonzernen. Produziert wird an 22 Pharma- und vier Chemie-Standorten in 20 verschiedenen Ländern. Eigene Zielvorgabe: Die Ingelheimer wollen innerhalb der nächsten fünf Jahre zu den 15 führenden Pharmaunternehmen der Welt gehören.

Standort:
Binger Straße
55218 Ingelheim

Postanschrift:
55216 Ingelheim

Telefon: *(06132) 77-0*
Telefax: *(06132) 72-0*
Internet: *www.boehringer-ingelheim.com*

Branche: *Pharmazeutische und chemische Industrie*

Rechtsform: *GmbH, unterschiedlich strukturierter Familienverband*

Geschäftsjahr: *1.1.-31.12.*

Gründungsjahr: *1885*

Öffentlichkeitsarbeit:
Andreas Breitsprecher
Tel.: (06132) 77-9585
Fax: (06132) 77-3999
E-Mail: breitsp@ing.boehringer-ingelheim.com

Verbände: *Bundesverband der Pharmazeutischen Industrie, Frankfurt/Main; Bundesverband der Chemischen Industrie, Frankfurt/Main*

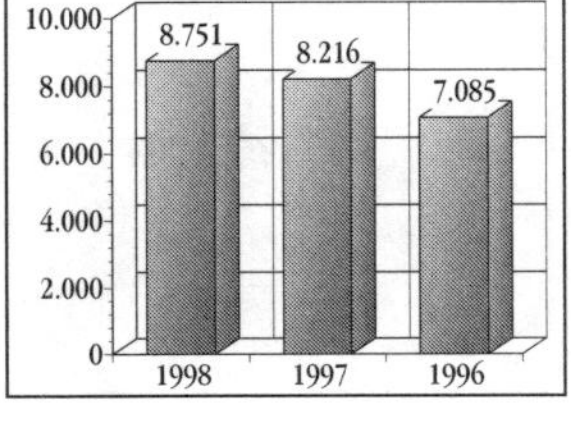

Unternehmensleitung:

- *Johann, Heribert, Dr. (Sprecher der Unternehmensleitung; Unternehmensbereich Finanzen)*
- *Krebs, Rolf, Prof. Dr. Dr. h.c. (stellv. Sprecher; Unternehmensbereich Pharma)*
- *Leuchs, Hans-Jürgen, Dr. (Unternehmensbereich Technologie und Pharma-Herstellung)*
- *Rohleder, Claus D., Dr. (Unternehmensbereich Personal; Industrie- und Spezialprodukte)*

Bezüge der Unternehmensleitung 1998: *6.113.000,– DM*

Beraterkreis:

- *Hoffmann-Becking, Michael, Dr. (Vorsitzender; Rechtsanwalt), Düsseldorf*
- *Breuer, Rolf-E., Dr. (Sprecher des Vorstandes der Deutsche Bank AG), Frankfurt/Main*
- *Goebell, Harald, Prof. Dr. (Direktor der Abt. Gastroenterologie der Med. Klinik und Poliklinik des Universitätsklinikums Essen), Essen*

Gesellschafterausschuß:

- *von Baumbach, Erich (Vorsitzender)*
- *Boehringer, Albert*
- *Boehringer, Hans*
- *Boehringer, Otto*

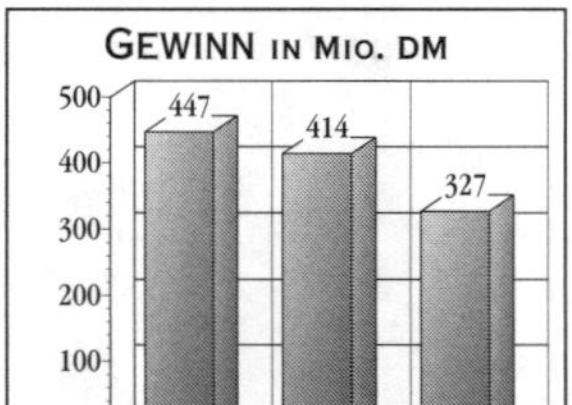

Das Unternehmen gliedert sich in das Hauptgeschäftsgebiet Humanpharma (verschreibungspflichtige Arzneimittel, Selbstmedikation) und den Unternehmensbereich Industrie- und Spezialprodukte mit den Geschäftsgebieten Chemikalien (Feinchemikalien, Spezialprodukte, Biosysteme) und Tiergesundheit. Das Geschäftsgebiet Back- und Nahrungsmittel wurde 1998 im Rahmen der Konzentration auf die Kerngeschäfte an die niederländische Firma CSM verkauft.

Mit Abstand größter Umsatzbringer der Ingelheimer ist das Geschäftsgebiet Humanpharma mit den strategischen Geschäftseinheiten Praxis/Hospital, Indikationsgebiete (Atemwegspräparate, Herz- und Kreislauf-Präparate, Magen-Darm-Präparate, Spezialpräparate) und Selbstmedikation (u.a. Thomapyrin). Mit einem Umsatz von 7.897 Mio. DM (Vorjahr: 6.978 Mio.) erbrachte dieser Bereich 1998 rund 85% des Boehringer-Weltumsatzes. Verschreibungspflichtige Medikamente machten dabei 85%, das Selbstmedikationsgeschäft 15% aus. Die in Deutschland im Bereich Pharma tätigen großen Gesellschaften Boehringer Ingelheim KG und Dr. Karl Thomae GmbH, Biberach, wurden 1998 zur Boehringer Ingelheim Pharma KG mit Sitz in Ingelheim und einer Betriebsstätte in Biberach verschmolzen. Am Markt soll weiterhin mit den Produktlinien Boehringer Ingelheim und Thomae aufgetreten werden.

BETEILIGUNGEN. Boehringer Ingelheim besteht aus insgesamt 142 verbundenen Unternehmen im In- und Ausland. In den Konzernabschluß wurden 1998 neben den Muttergesellschaften C.H. Boehringer Sohn, Boehringer Ingelheim GmbH und C.H. Boehringer Sohn Grundstücksverwaltungs KG weitere 114 Gesellschaften einbezogen, an denen die Muttergesellschaften direkt oder indirekt die Mehrheit der Stimmrechte besitzen.

- Zu den wichtigsten in- und ausländischen Gesellschaften unter dem Dach der C.H. Boehringer Sohn und Boehringer Ingelheim GmbH gehören zu je 100%: Boehringer Ingelheim Pharma KG, Ingelheim (durch Fusion der Boehringer Ingelheim KG, Ingelheim, und Dr. Karl Thomae GmbH, Biberach); Delta-Pharma GmbH, Biberach; Boehringer Ingelheim Vetmedica GmbH, Ingelheim; Pharmaton GmbH, Biberach.
- Die wichtigsten Auslandsgesellschaften werden über die Boehringer Ingelheim International GmbH, Ingelheim, und die Pharma Investment Ltd., Toronto/Kanada, geführt. Zu den bedeutendsten Auslandsgesellschaften gehören: Boehringer Ingelheim Corporation East Asia, Tokio/Japan; Nippon Boehringer Ingelheim Co. Ltd., Kawanishi/Japan; Boehringer Ingelheim Corporation, Ridgefield/Connecticut, USA; Roxane Laboratories Inc., Columbus/Ohio, USA; Boehringer Ingelheim S.A., Mexico City/Mexiko; Boehringer de Angeli Química e Farmaceutica Ltda., São Paulo/Brasilien; Ben Venue Laboratories Inc., Bedford/Ohio, USA.

GLOBALE STRATEGIEN UND DER STANDORT DEUTSCHLAND. Jede Spekulation um eine mögliche Großfusion weist Boehringer weit von sich. Aus eigener Kraft ein »Global Player« werden im Konzert der 15 weltweit größten Pharma-Unternehmen, das ist das erklärte Ziel der Ingelheimer. Bis 2001 soll der Pharmaumsatz auf 10 Mrd. DM steigen. Boehringer legt immer wieder besonderen Wert darauf, sich als seit über 100 Jahren unabhängiges, selbständiges und erfolgreiches Familienunternehmen darzustellen. Das soll sich auch in den nächsten Jahrzehnten nicht ändern. Für mindestens 15 bis 20 Jahre soll Boehringer ein Familienunternehmen bleiben.

Die Internationalisierung von Boehringer schreitet voran. Über 88% des Umsatzes werden inzwischen im Ausland erwirtschaftet, Schwerpunktmarkt wird zunehmend Nordamerika. Nur noch 33% aller Beschäftigten arbeiten in Deutschland. Die größte Akquisition seiner Unternehmensgeschichte tätigte Boehringer 1997 mit dem Kauf des amerikanischen Unternehmens Ben Venue Laboratories, Bedford/Ohio, einem Spezialisten für Injektionsprodukte (Geschäftsgebiet Humanpharma). Damit sollen die Basis für das internationale Hospitalgeschäft vergrößert und die Präsenz am US-Markt ausgebaut werden, wo Boehringer 1998 bereits auf einen Umsatz von 3,3 Mrd. DM kam.

Am Standort Deutschland plant Boehringer in den kommenden vier Jahren Investitionen von 1,5 Mrd. DM, besonders für Produktionsbetriebe, vornehmlich in Ingelheim (Pharma-Wirkstoffbetrieb für mehr als 300 Mio. DM). Dennoch hagelte es massive Proteste seitens der Belegschaft und Gewerkschaft, als Boehringer 1997 daran ging, sein Pharmageschäft neu zu organisieren. Boehringer Ingelheim KG und die Dr. Karl Thomae KG wurden zur Boehringer Ingelheim Pharma KG fusioniert, die Basotherm GmbH, Biberach, wurde an die Galderma Deutschland GmbH, Freiburg, verkauft. In Biberach werden die Forschung und Entwicklung konzentriert und die Biotechnologie weiter ausgebaut, während in Ingelheim mittelfristig die Pharmaproduktion für ganz Deutschland zusammengefaßt werden soll.

INNERBETRIEBLICHE BÜNDNISSE. Auch Boehringer setzt zunehmend auf innerbetrieblich vereinbarte flexible, leistungsorientierte Vergütungssysteme. Das System soll schrittweise von den Führungsebenen hin zu anderen Mitarbeitergruppen geführt werden. In vielen Geschäftsbereichen wurden bereits Mitte der 90er Jahre »Teilautonome Arbeitsgruppen« eingerichtet, feste Teams von 7 bis 15 Beschäftigten im Rahmen der Arbeitsorganisation mit deutlich erweiterten Handlungs- und Entscheidungsspielräumen. Die Gruppe ist für einen ganzheitlichen Arbeitsvorgang verantwortlich, führt die Arbeit aus und organisiert sich weitgehend selbst. Das »Boehringer Ingelheim European Forum« ist ein Gremium von Arbeitnehmervertretungen aus 14 europäischen Ländern, die ca. 13.000 Beschäftigte dieser Region vertreten. Bei Boehringer waren 1998 443 Jugendliche in der Ausbildung.

UMWELTSCHUTZ. Boehringer bekennt sich zur weltweiten Initiative »Sustainable Development« und zum Konzept des »Responsible Care«, zum »verantwortungsbewußten Handeln«. Alle Standorte des Unternehmensverbandes legen ihre Programme zur Verbesserung des Umweltschutzes und der Sicherheit nach diesen Grundsätzen fest. Vor dem Hintergrund der bis heute nachwirkenden Umweltkatastrophe bei Boehringer in Hamburg präsentiert sich das Unternehmen an den deutschen Produktionsstandorten als vorbildlich. 1998 wurde ein Umweltbericht für die Standorte Ingelheim und Biberach vorgelegt. Darin werden die Verbesserungen im Umweltschutz der letzten Jahre aufgezeigt und konkrete Ziele für die Zukunft festgelegt. In einer Öko-

Umsatz 1998: *8.751,0 Mio. (Auslandsanteil: 88%)*
Umsatz 1997: *8.216,0 Mio. (Auslandsanteil: 78%)*
Umsatz 1996: *7.085,0 Mio. (Auslandsanteil: 81%)*

Gewinn 1998: *447,0 Mio.*
Gewinn 1997: *414,0 Mio.*
Gewinn 1996: *327,0 Mio.*

Cash flow 1998: *1.163,0 Mio.*
Cash flow 1997: *1.097,0 Mio.*
Cash flow 1996: *834,0 Mio.*

Cash flow: *Die Investitions- und Akquisitionstätigkeit wurde vollständig aus dem Cash flow gedeckt. Investitionen flossen besonders in Neubauprojekte im Bereich Forschung und Entwicklung.*

Steueraufkommen 1998: *207,0 Mio.*

Kapital der Gesellschafter 1998: *863,0 Mio.*

CASH FLOW IN MIO. DM

Beschäftigte 1998: *25.927*
Beschäftigte 1997: *24.860*
Beschäftigte 1996: *24.074*

Umsatz pro Mitarbeiter 1998: *337.525,– DM*
Umsatz pro Mitarbeiter 1997: *330.491,– DM*
Umsatz pro Mitarbeiter 1996: *294.301,– DM*

Löhne und Gehälter 1998: *2.079,0 Mio.*
Löhne und Gehälter 1997: *1.937,0 Mio.*
Durchschnittsgehalt 1998: *80.187,– DM*
Soziale Abgaben und Aufwendungen 1998: *677,0 Mio.*
Soziale Abgaben und Aufwendungen 1997: *547,0 Mio.*

Bezüge pro Mitglied der Unternehmensleitung 1998: *1.528.250,– DM*

FORSCHUNG UND ENTWICKLUNG IN MIO. DM

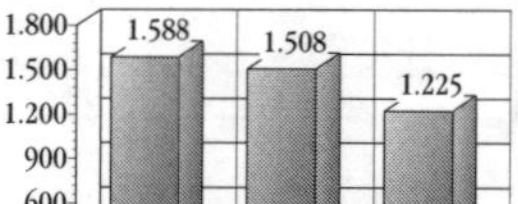

INVESTITIONEN IN MIO. DM

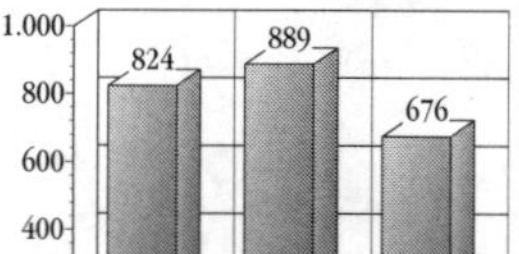

bilanz werden alle Inputs und Outputs der gesamten Unternehmensgruppe dargelegt. Darin wird der Einsatz von Energie, Wasser-, Roh- und Packmaterial den Produkten, Emissionen und dem Abfall gegenübergestellt. Weltweit kümmern sich bei Boehringer rund 400 Mitarbeiter um den Umweltschutz.

BOEHRINGER IN HAMBURG-MOORFLEET. Boehringer hängt immer noch der Makel »Dioxin« an. Schließlich verursachte das Pharma-Unternehmen einen der größten Umweltskandale der Nachkriegszeit. Mit Heimlichtuerei und vorgeschobenen Betriebsgeheimnissen hatte es das bis vor einigen Jahren äußerst öffentlichkeitsscheue Unternehmen Boehringer Ingelheim jahrelang verstanden, die Hamburger Behörden zu täuschen, ruhig zu halten bzw. unter Druck zu setzen. Umweltschützer hatten immer wieder auf die »Giftschleuder« Boehringer in Hamburg-Moorfleet hingewiesen und deren Stilllegung gefordert, aber die SPD drückte ein ums andere Mal beide Augen zu – aus Angst vor dem möglichen Verlust von Arbeitsplätzen und aus Furcht vor einer »negativen« Signalwirkung für den »Wirtschaftsplatz Hamburg«. Das Hamburger Boehringer-Werk, das hauptsächlich Pestizide, u.a. das Insektenvernichtungsmittel Lindan, herstellte, hatte allein auf Hamburger Deponien 7.600 Tonnen hochtoxischer Abfälle mit dem Seveso-Gift Dioxin abgeladen, auf Müllkippen im ganzen Bundesgebiet gar 15.500 Tonnen. Erst im Juni 1984 wurde das Hamburger Werk des Chemie-Multis aufgrund staatlicher Auflagen geschlossen, und der »Fall Boehringer« fand ein vorläufiges Ende. Inzwischen hat sich Boehringer Ingelheim ganz still und heimlich aus dem Geschäft mit Pflanzenschutzmitteln zurückgezogen und gegen den Protest der Umweltschützer 1989 einen Teil der Anlagen nach Spanien verkauft. Im Juli 1990 schrieb die »Frankfurter Rundschau« (dpa): »Jeder dritte Todesfall unter den früheren Beschäftigten des 1984 geschlossenen Hamburger Chemiewerkes C. H. Boehringer ist auf Krebs zurückzuführen. Von den 1520 ehemaligen Mitarbeitern der Chemiefirma sind bis heute 354 gestorben, 114 von ihnen an bösartigen Tumoren ... Darüber hinaus sei eine größere Zahl früherer Boehringer-Arbeiter inzwischen an Krebs erkrankt. Erschreckend hoch, so Arbeitsmediziner Alfred Manz, sei mit 22 Selbstmorden auch die Zahl der Todesfälle, die auf psychische Veränderungen zurückzuführen sei. 1989 hatte ein Hamburger Gericht erstmals die Krebserkrankung eines inzwischen verstorbenen Boehringer-Arbeiters als Berufskrankheit anerkannt.«
Auch noch 1994 hatten die Ingelheimer mit den Spätfolgen ihres früheren Pflanzenschutzwerkes zu kämpfen. Die Sanierung des kontaminierten Geländes kostete Boehringer insgesamt bereits über 200 Mio. DM. 1995 wurde damit begonnen, das verseuchte Erdreich mit Betonitwänden bis zu einer Tiefe von über 40 Metern und einer festen Oberflächenabdeckung einzuschließen. 1998 wurde die 1.200 Meter lange in den Boden eingelassene Dichtwand zur Einkapselung des Geländes fertiggestellt.

FORSCHUNG, ENTWICKLUNG, INNOVATIONEN.
Boehringer Ingelheim erforscht, entwickelt, produziert und vermarktet Arzneimittel für den Weltmarkt. Boehringer Ingelheim definiert sich selbst als forschendes Pharmaunternehmen. Insgesamt werden

über 40 Forschungsprogramme in den therapeutischen Gebieten Atemwegserkrankungen, Herz/Kreislauferkrankungen, Erkrankungen des zentralen Nervensystems, Onkologie, Virologie sowie Immunologie und Entzündungserkrankungen betrieben. Hinzu kommten als neues Gebiet metabolische Erkrankungen. Nach der Zusammenlegung der deutschen F+E-Kapazitäten in Biberach wird Boehringer Ingelheim in Zukunft an den vier Hauptstandorten Laval/Kanada, Ridgefield/USA, sowie Biberach und Wien forschen. Ein Grundlagenforschungsinstitut ist in Japan geplant. Im Bereich Forschung und Entwicklung arbeiteten 1998 rund 4.000 Mitarbeiter. Jedes Jahr werden zahlreiche neue Substanzen für Arzneien in die Entwicklung genommen. Der Produktionsnachschub soll auf vier Säulen aufbauen: der eigenen Grundlagenforschung, der Akquisition und Lizenznahme, auf bilateralen Kooperationen mit forschenden Unternehmen und auf externen Forschungskooperationen. Das beinhaltet auch Abbrüche und Neuaufnahmen von Forschungsprojekten. Boehringer Ingelheim ist zahlreiche Kooperationen mit Universitäten und spezialisierten Forschungsfirmen eingegangen. Boehringer Ingelheim hat 1998 insgesamt 1.588 Mio. DM für Forschung und Entwicklung aufgewendet, 18,1% des Gesamtumsatzes in Höhe von 8.751 Mio. DM. Schwerpunkt der Aktivitäten war mit 90% das Geschäftsgebiet Humanpharma.

Investitionen 1998: *824,0 Mio.*
Investitionen 1997: *889,0 Mio.*
Investitionen 1996: *676,0 Mio.*

Forschung und Entwicklung 1998: *1.588,0 Mio.*
Forschung und Entwicklung 1997: *1.508,0 Mio.*
Forschung und Entwicklung 1996: *1.225,0 Mio.*

Mitbewerber: *BASF, Bayer, Degussa-Hüls, Dow Chemical, Du Pont, Hoechst, ICI, Merck, Novartis, Roche, Sandoz, Schering, Wacker*

BOSCH

GESCHICHTE UND ENTWICKLUNG. 1886 eröffnet Robert Bosch (geb. 1861) mit zwei Mitarbeitern in Stuttgart die »Werkstätte für Feinmechanik und Elektrotechnik«. 1897 wird erstmals die Bosch-Niederspannungs-Magnetzündung in einem Kraftfahrzeug eingesetzt; Beginn der Erstausrüstung im Kraftfahrzeug. 1898 wird in Großbritannien die erste Bosch-Auslandsvertretung eingerichtet. Nach der Jahrhundertwende verkauft Bosch seine Magnetzünder in die ganze Welt, alle größeren Automobilfirmen gehören zu seinen Kunden. Bei Kriegsausbruch 1914 liefert Bosch fast 90% seiner Produktion ins Ausland. Nach dem Ersten Weltkrieg expandiert Bosch durch zahlreiche Akquisitionen (Junkers, Blaupunkt etc.). Marktrenner werden elektrische Scheibenwischer, Einspritzpumpen und die überaus erfolgreichen Bosch-Kühlschränke.
Nach dem Zweiten Weltkrieg bringen neue Erfindungen und technische Entwicklungen Bosch schnell wieder an die Weltspitze: neue Benzin-Einspritzpumpen, Transistor-Autoradios, Geschirrspüler, die Lambda-Sonde, ein von Bosch entwickelter Sauerstoffsensor zur Abgasreinigung, das Verkehrsinformationssystem ARI von Blaupunkt, das Bosch-Antiblockiersystem (ABS) für Pkw, die elektronische Diesel-Einspritzung, Fahrzeugnavigationssysteme, die Fahrdynamikregelung ESP sowie Hochdruckeinspritzsysteme für Dieselmotoren.

BESITZVERHÄLTNISSE/EIGENTUMSSTRUKTUR.
- Robert-Bosch-Stiftung, Stuttgart (ca. 92% des gezeichneten Kapitals)
- Familie Bosch (8%)

Standort: *Robert-Bosch-Platz 1*
Gerlingen-Schillerhöhe
70839 Gerlingen

Postanschrift: *Postfach 10 60 50*
70049 Stuttgart

Telefon: *(0711) 811-0*
Telefax: *(0711) 811-6630*
Internet: *www.bosch.de*

Branche: *Kraftfahrzeugausrüstung, Telekommunikation, Elektrotechnik, Heiztechnik, Maschinen- und Anlagenbau*

Rechtsform: *GmbH*

Geschäftsjahr: *1.1.-31.12.*

Gründungsjahr: *1886*

Öffentlichkeitsarbeit:
Frank-Ulrich Breitsprecher
Tel.: (0711) 811-6280
Fax: (0711) 811-7612
E-Mail: Frank-Ulrich.
Breitsprecher@de.bosch.com

Verbände: *Verband der Automobil-Industrie (VdA) e.V., Frankfurt/Main; Zentralverband der elektrotechnischen Industrie e.V, Frankfurt/Main; Verband Deutscher Elektrotechniker, Stuttgart*

Geschäftsführer:
- *Scholl, Hermann (Vorsitzender)*
- *Todenhöfer, Tilman (stellv. Vorsitzender)*
- *Hahn, Rainer*
- *Hoffmann, Claus Dieter*
- *Oswald, Robert S.*
- *Rojahn, Stephan*
- *Romberg, Gotthard*

Stellvertretende Geschäftsführer:
- *Bohr, Bernd*
- *Chur, Wolfgang*
- *Dais, Siegfried*
- *Fehrenbach, Franz*

Bezüge der Geschäftsführer 1998: *8.000.000,– DM*

Im Hinblick auf ihre Gemeinnützigkeit hat die Robert-Bosch-Stiftung auf das Stimmrecht aus ihren Geschäftsanteilen an der Robert Bosch GmbH verzichtet und es auf die Robert Bosch Industrietreuhand KG übertragen. Deren Aufgabe ist es, die Robert Bosch GmbH im Geist des Unternehmensgründers fortzuführen.

ROBERT-BOSCH-STIFTUNG. Seit 1964 gehört die Robert-Bosch-Stiftung zu den großen Industriestiftungen der Bundesrepublik und verkörpert die gemeinnützigen Bestrebungen des Stifters Robert Bosch. Sie ist mit fast 92% am Stammkapital der Robert Bosch GmbH beteiligt. Die ihr anteilig zufließende Dividende verwendet sie ausschließlich und unmittelbar gemeinnützig. Bis Ende 1998 hat die Stiftung rund 825 Mio. DM für gemeinnützige Zwecke zur Verfügung gestellt. Im Gegensatz zur Stiftung Volkswagenwerk ist sie nicht ausschließlich auf Wissenschaftsförderung ausgelegt, sondern engagiert sich auch im sozialen Bereich. Im Zentrum der Fördertätigkeit stehen die Gesundheitspflege, u.a. mit den Einrichtungen in Stuttgart (Robert-Bosch-Krankenhaus, Dr. Margarete Fischer-Bosch-Institut für klinische Pharmakologie, Institut für Geschichte der Medizin), Völkerverständigung, Wohlfahrtspflege, Bildung und Erziehung, Kunst und Kultur sowie Geistes-, Sozial- und Naturwissenschaften.

KONZERNÜBERBLICK. Bosch ist weltweit für zahlreiche Produkte und Erzeugnisgebiete ein fester Begriff: für elektrische und elektronische Kraftfahrzeugausrüstung wie ABS, Bremsen, Einspritztechnik und Fahrerinformationssysteme, für private und öffentliche Kommunikationstechnik, Funktechnik und Verkehrsleittechnik, für Elektrowerkzeuge, Hausgeräte und Thermotechnik sowie für Automationstechnik und Verpackungsmaschinen. Weltweit bieten 52 Fahrzeughersteller Bosch-ABS serienmäßig oder als Sonderausstattung in 352 verschiedenen Fahrzeugmodellen an. Das neue Sicherheitssystem Fahrdynamikregelung ESP (basiert auf dem ABS) ist ebenfalls ein großer Erfolg.
Die global tätige Bosch-Gruppe verfügt über rund 250 Produktionsstätten, Tochter- und Beteiligungsgesellschaften in 48 Ländern. Weltweit ist Bosch an etwa 37 Gemeinschaftsunternehmen beteiligt. Gefertigt wird an 185 Produktionsstandorten, davon 142 außerhalb Deutschlands.
Die Bosch-Gruppe bezog 1998 durch ihre Einkaufsorganisationen weltweit Material, Dienstleistungen und Sachanlagen im Wert von 26,7 Mrd. DM. Rund 56% aller Bezüge kommen aus dem Ausland, die Hälfte davon aus Amerika und Asien. In der Forschung und Entwicklung arbeiten weltweit knapp 15.000 Mitarbeiter. Organisatorisch gliedert sich die Bosch-Gruppe in vier Unternehmensbereiche: Kraftfahrzeugausrüstung, Kommunikationstechnik, Gebrauchsgüter und Produktionsgüter.
◆ Unternehmensbereich Kraftfahrzeugausrüstung: Mit 31,8 Mrd. DM Umsatz war die Kraftfahrzeugausrüstung auch 1998 wieder der mit Abstand größte Unternehmensbereich. Damit ist Bosch einer der weltweit größten Hersteller von Kraftfahrzeugausrüstung. Der Unternehmensbereich gliedert sich in zehn Geschäftsbereiche. Neun davon entwickeln, fertigen und beliefern die Automobilindustrie weltweit mit Kraftfahrzeugausrüstung. Sie werden vier großen Geschäftsfeldern zu-

geordnet: Einspritztechnik für Benzin- und Dieselmotoren, elektrische Maschinen (Starter, Generatoren, Kleinmotoren), Systeme für die aktive und passive Fahrzeugsicherheit (ABS/ASR/ESP, Airbag-Auslösung, Bremsen, Lichttechnik) sowie Erzeugnisse der mobilen Kommunikation (Autoradios, Anzeigesysteme, Navigations- und Fahrerinformationssysteme). In Deutschland und im Ausland produziert Bosch diese Erzeugnisse in rund 110 Fertigungsstätten. Die revolutionierenden Erfindungen der Diesel- und Benzineinspritzsysteme, Zündanlagen und ABS Antiblockiersysteme sind unvermindert weltweite Bestseller. Im Geschäftsbereich Mobile Kommunikation ist Bosch mit der in Europa führenden Blaupunkt-Werke GmbH vertreten: Autoradios und Zubehör, Bordanzeigesysteme, Fahrzeugantennen, Mobilfunktechnik, Ortungs- und Navigationssysteme. Fertigung in Braga, Hildesheim und Penang. 1998 wurden die Aktivitäten in der Karosserie-Elektronik im neuen Geschäftsbereich Bord-Elektronik mit Sitz in Schwieberdingen bei Stuttgart konzentriert (Anzeigensysteme von MotoMeter, Schließsysteme von Bomoro, Zentralelektrik einschließlich Relais, Fahrzeugsicherungssysteme, Komfortelektronik und Module, GKR Gesellschaft für Fahrzeugklimaregelung mbH, Robert Bosch Multimedia-Systeme GmbH & Co. KG).

◆ Unternehmensbereich Kommunikationstechnik (Bosch Telecom GmbH mit Produktbereichen): Dieser Bereich kam 1998 auf einen Umsatz von 5 Mrd. DM. Bosch konzentriert sich in diesem Unternehmensbereich auf die zukunftsträchtigen Geschäftsfelder der Telekommunikation für öffentliche und private Netze, Mobiltelefone sowie auf Sicherheits- und Raumfahrttechnik einschließlich damit verbundener Dienstleistungen. Dieses Geschäft wird von sechs Produktbereichen wahrgenommen. Das Angebot reicht von Systemen für Richtfunk, Multiplextechnik, Glasfaserübertragungstechnik und Netzmanagement über Brandmelde-, Notrufmelde- und Videoüberwachungsanlagen bis hin zu Handys und der Ausrüstung für die Satellitentechnik.

◆ Unternehmensbereich Gebrauchsgüter: Hierzu gehören die Geschäftsbereiche Elektrowerkzeuge, Thermotechnik und Elektrohausgeräte. Der Umsatz des Unternehmensbereiches betrug 1998 11,3 Mrd. DM. In dieser Zahl ist der Umsatz der BSH Bosch und Siemens Hausgeräte GmbH, München, an der Bosch (neben Siemens) mit 50% beteiligt ist und die den Bereich Elektrohausgeräte abdeckt, anteilmäßig enthalten. Bosch zählt weltweit zu den führenden Herstellern von Elektrowerkzeugen. Die Aktivitäten dieses Geschäftsbereiches stützen sich auf drei Säulen: das Geschäft mit Erzeugnissen für Handwerk, Industrie und Heimwerker, Zubehör für Elektrowerkzeuge und Außenbereichswerkzeuge für den Garten. Der Geschäftsbereich Thermotechnik mit den Marken e.l.m. Leblanc, Geminox, Junkers, Radson, Shenzhou, Vulcano und Worcester hat sich hauptsächlich auf Gas als besonders umweltverträglichen Energieträger konzentriert. Das Produktprogramm umfaßt u.a. Gas-Warmwassergeräte, Gas-Zentralheizungsthermen sowie Gas-Heizkessel und Heizungsregelungen.

◆ Unternehmensbereich Produktionsgüter: Dieser Bereich, der 1998 auf einen Umsatz von 2,2 Mrd. DM kam, unterteilt sich in die zwei Geschäftsbereiche Automationstechnik und Verpackungsmaschinen. Der Geschäftsbereich Automationstechnik bietet integrierte Systemlösungen für die Fertigungsautomation an. Abnehmer sind fast alle bedeutenden Zweige des Maschinenbaus und Fahrzeughersteller. Der

Aufsichtsrat:

❙ *Bierich, Marcus, Dr. Dr. h.c. (Vorsitzender; ehem. Vorsitzender der Geschäftsführung der Robert Bosch GmbH), Stuttgart*
❙ *Adolff, Peter, Dr. (ehem. Mitglied der Geschäftsleitung der Allianz Versicherungs-AG), Stuttgart*
❙ *Berggren, Bo Erik, Dr. h.c. (stellv. Vorsitzender des Verwaltungsrates der Investor AB), Stockholm/Schweden*
❙ *Cartellieri, Ulrich, Dr. (Mitglied des Aufsichtsrates der Deutsche Bank AG), Frankfurt/Main*
❙ *Eychmüller, Wolfgang, Dr. (Vorsitzender des Vorstandes der Wieland-Werke AG), Ulm*
❙ *Gutbrod, Karl, Dr. (ehem. Geschäftsführer der Robert Bosch GmbH; Vorsitzender des Kuratoriums der Robert Bosch Stiftung GmbH), Stuttgart*
❙ *Madelung, Gero, Prof. (ehem. TU München/Lehrstuhl für Luftfahrttechnik), München*
❙ *Queisser, Hans-Joachim, Prof. Dr. (ehem. Direktor am Max-Planck-Institut für Festkörperforschung), Stuttgart*
❙ *Rinderknecht, Urs B. (Generaldirektor der USB AG), Ennetbaden/Schweiz*
❙ *Stihl, Hans Peter (Vorsitzender des Vorstandes der Andreas Stihl AG & Co.), Remseck*
**Bauer, Walter (stellv. Vorsitzender)*
**Angstenberger, Knut*
**Fischer-Pusch, Ruth*
**Funk, Hans-Henning*
**Hamacher, Gudrun*
**Jaquet, Hans-Joachim*
**Klein, Dieter*
**Kunz, Olaf*
**Sautter, Gerhard*
**Wolff, Hans*

Aufsichtsratstantiemen 1998: *1.000.000,– DM*

Umsatz 1998: *50.333,0 Mio.*
(Auslandsanteil: 56%)
Umsatz 1997: *46.851,0 Mio.*
(Auslandsanteil: 65%)
Umsatz 1996: *41.146,0 Mio.*
(Auslandsanteil: 61%)

Gewinn 1998: *850,0 Mio.*
Gewinn 1997: *1.659,0 Mio.*
Gewinn 1996: *500,0 Mio.*

Cash flow 1998:
4.904,0 Mio.
Cash flow 1997:
5.219,0 Mio.
Cash flow 1996:
3.539,0 Mio.

Cash flow: *Der Cash flow floß zu großen Teilen in die hohen Investitionen in Sachanlagen.*

Steueraufkommen 1998:
1.176,0 Mio.

Grund- bzw. Stammkapital 1998: *1.800,0 Mio.*

Bilanzgewinn 1998:
80,0 Mio. (Dividende der Robert Bosch GmbH)

INVESTITIONEN IN MIO. DM

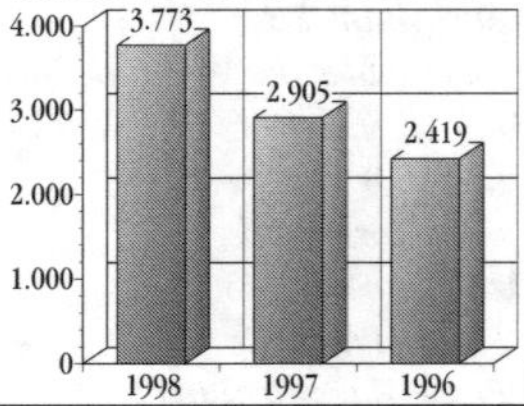

FORSCHUNG UND ENTWICKLUNG IN MIO. DM

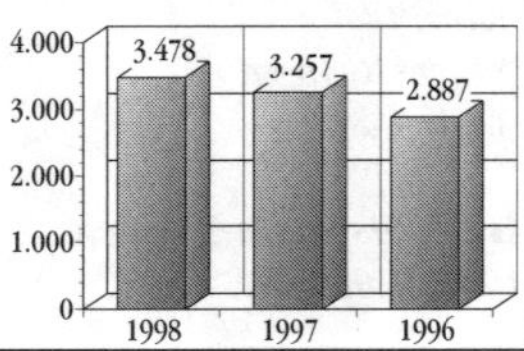

Geschäftsbereich Verpackungsmaschinen entwickelt und fertigt Spezialmaschinen für die Nahrungs- und Genußmittel-, die Süßwaren-, die Pharma- und die chemisch-technische Industrie.

BETEILIGUNGEN. Zu den wichtigsten Unternehmen und Beteiligungen des Bosch-Konzerns im Inland gehören:

● Blaupunkt-Werke GmbH, Hildesheim (100%); BSH Bosch und Siemens Hausgeräte GmbH, München (50%); Bosch Telecom GmbH, Stuttgart (100%); Bosch Telecom Leipzig GmbH, Leipzig (100%); BT Magnet-Technologie GmbH, Herne (50%); Hawera Probst GmbH, Ravensburg (100%); Robert Bosch Fahrzeugelektrik Eisenach GmbH, Eisenach (100%); VB Autobatterie GmbH, Hannover (35%).

● Die USA sind der größte Auslandsmarkt der Bosch-Gruppe, gefolgt von Frankreich, Großbritannien, Italien, Spanien und Brasilien. Die wichtigsten Gesellschaften im Ausland: Robert Bosch (France) SA, Saint-Ouen/Frankreich (100%); Robert Bosch Ltd., Denham/Großbritannien (100%); Worcester Group plc, Worcester/Großbritannien (100%); Robert Bosch SpA, Mailand/Italien (100%); Robert Bosch Sistemi Frenanti SpA, Crema/Italien (100%); Scintilla AG, Solothurn/Schweiz (85%); Blaupunkt Auto-Rádio Portugal Ltd., Braga/Portugal (100%); Vulcano Termo-Domésticos SA, Aveiro/Portugal (100%); Robert Bosch España SA, Madrid/Spanien (100%); Robert Bosch Produktie NV, Tienen/Belgien (100%); Robert Bosch AG, Wien/Österreich (100%); Robert Bosch spol. s r.o., České Budějovice/Tschechien (100%); Bosch Diesel spol. s r.o., Jihlava/Tschechien (100%); Bosch Sanayi ve Ticaret AS, Bursa/Türkei (100%); Bosch Telecom Danmark A/S, Pandrup/Dänemark (100%); Robert Bosch Ltda, Campinas/Brasilien (100%); Robert Bosch SA de CV, Toluca/Mexiko (100%); Robert Bosch Corporation, Broadview/USA (100%); S-B Power Tool Company, Chicago/USA (100%); Vermont American Corporation, Louisville/USA (50%); Diesel Technology Company, Wyoming/USA (85%); Motor Industries Co Ltd, Bangalore/Indien (51%); Bosch KK, Yokohama/Japan (100%); Nippon ABS Ltd., Yokosuka-shi/Japan (50%); Zexel Corporation, Shibuya-ku (Tokio)/Japan (50,4%); Nippon Injector Corporation, Odawara-shi/Japan (35%); Doowon Precision Industry Co. Ltd., Seoul/Korea (20%); Kefico Corporation, Kunpo-Si/Korea (25%); Robert Bosch (South East Asia) Pte Ltd, Singapur (100%); Robert Bosch (Malaysia) Sdn Bhd, Penang/Malaysia (100%); Robert Bosch (Australia) Pty. Ltd, Clayton (Melbourne)/Australien (100%).

GLOBALE STRATEGIEN UND DER STANDORT DEUTSCHLAND. Das Fusionskarussel dreht sich weltweit gerade bei den Unternehmen der Automobil-Zuliefererindustrie. Davon will Bosch nichts wissen und hält durch eigene Akquisitionen und eine ständig offensive Expansionspolitik auf den Weltmärkten dagegen. Denn Bosch muß im Rahmen der fortschreitenden Globalisierung zunehmend die Auslandsmärkte bearbeiten. Über 40% der Bosch-Wertschöpfung entfiel 1998 auf Auslandsfertigungen, der Umsatzanteil des Auslands lag bei 65%. Von den rund 190.000 Beschäftigten arbeitet knapp die Hälfte im Ausland. Bosch wird in den nächsten Jahren verstärkt im Ausland investieren, um auf den Märkten mit den größten Wachtumschancen zusätzliche Kapazitäten zu schaffen. Besonders große und schlagkräftige Einheiten sollen geschaffen werden.

1999 wurde mit dem italienischen Fiat-Tochterunternehmen Magneti Marelli SpA, Mailand, ein paritätisches Gemeinschaftsunternehmen in der Auto-Lichttechnik für Kraftfahrzeuge gegründet, das Bosch und Marelli in diesem Segment in Europa an die zweite Stelle rücken läßt. Durch die Erhöhung der Beteiligung von rund 30% auf 50,4% im April 1999 an der japanischen Zexel Corporation, Tokio, kam es zur ersten Mehrheitsübernahme eines wesentlichen Kfz-Zulieferers in Japan durch ein ausländisches Unternehmen. Neue Dimensionen im Bereich Fahrzeugbremsen für Personenkraftwagen in Japan: Zu einer von Bosch geführten Kooperation soll es in Japan durch den Zusammenschluß von Bosch, seiner japanischen Beteiligungsgesellschaft Zexel und drei weiteren japanischen Unternehmen – Jidosha Kiki Co. Ltd., Nabco Ltd., Nippon ABS Ltd. – kommen. Aus japanischer Produktion sollen Bremskomponenten, Module und komplette Bremssysteme einschließlich ABS, ASR und ESP für alle Pkw-Klassen und leichte Nutzfahrzeuge angeboten werden.
In den vergangenen Jahren wurden bereits Milliarden in Großakquisitionen investiert. Die Übernahme der Bremssparte von AlliedSignal Inc., die Bosch zum Komplettanbieter von Bremsanlagen machte, kostete mit 24 Werken und etwa 11.000 Beschäftigten rund 2,2 Mrd. DM. Der 1997 erworbene dänische Handy-Hersteller Dancall Telecom A/S, mit dem Bosch verstärkt in die Handy-Technologie einstieg, wurde inzwischen zur Bosch Telecom Danmark A/S umfirmiert und in den Konzernverbund integriert. Im Bereich Elektrowerkzeuge wurde das US-Joint-venture S-B Power Tool Company ganz übernommen, der französische Hersteller von Heiz- und Warmwassergeräten e.l.m. Leblanc SA wurde gekauft. Wachstum und gesteigerte Chancen am Weltmarkt rechnet sich Bosch auch aus durch den Zusammenschluß von Daimler-Benz und Chrysler zur DaimlerChrysler AG.
Das mit der ZF Friedrichshafen AG gegründete Gemeinschaftsunternehmen für Servolenkungen und komplette Lenksysteme nahm Anfang 1999 seine Arbeit auf. Die Aktivitäten auf dem Gebiet Druckluftbremsen und ABS für Nutzfahrzeuge wurde in die Knorr Bremse Systeme für Nutzfahrzeuge GmbH, München, eingebracht. Bosch hält daran 20%, weitere Gesellschafter sind die Knorr Bremse AG, München, und die AlliedSignal Inc., Morristown/New Jersey, USA. Die Signalbau Huber AG, München (Verkehrsleittechnik), wurde verkauft.

INNERBETRIEBLICHE BÜNDNISSE. Rund 100 verschiedene Arbeitszeitmodelle zur Flexibilisierung der Arbeitszeit und Verlängerung der Maschinenlaufzeiten (flexible Schichtsysteme) wurden bei Bosch bisher vereinbart. An zahlreichen Standorten wurden Arbeitszeitmodelle eingeführt, die den Samstag als regelmäßigen Arbeitstag einbe-

Beschäftigte 1998: *189.537*
(davon im Ausland: 94.180)
Beschäftigte 1997: *180.639*
(davon im Ausland: 89.113)
Beschäftigte 1996: *176.481*
(davon im Ausland: 81.400)

Umsatz pro Mitarbeiter 1998: *265.558,– DM*
Umsatz pro Mitarbeiter 1997: *259.363,– DM*
Umsatz pro Mitarbeiter 1996: *233.147,– DM*

Löhne und Gehälter 1998: *12.125,0 Mio.*
Löhne und Gehälter 1997: *11.279,0 Mio.*
Durchschnittsgehalt 1998: *63.972,– DM*
Soziale Abgaben und Aufwendungen 1998: *3.450,0 Mio.*
Soziale Abgaben und Aufwendungen 1997: *3.080,0 Mio.*

Bezüge pro Mitglied der Geschäftsleitung 1998: *727.273,– DM*
Tantiemen pro Aufsichtsrat 1998: *50.000,– DM*

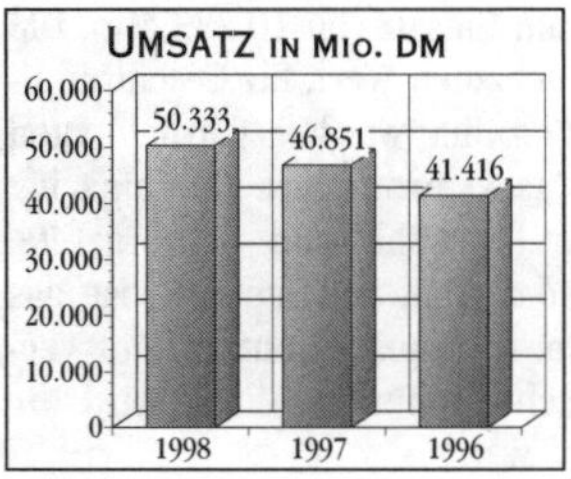

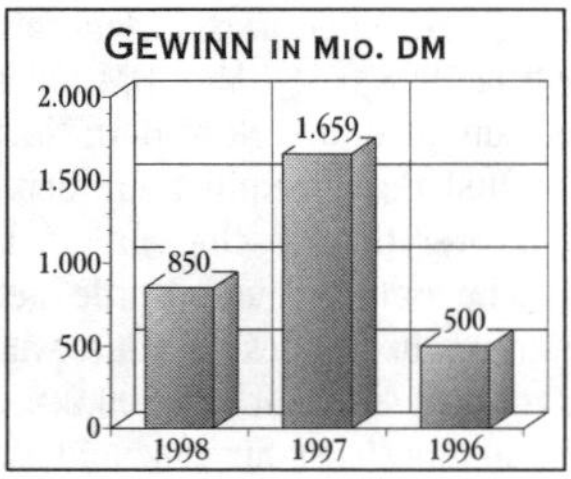

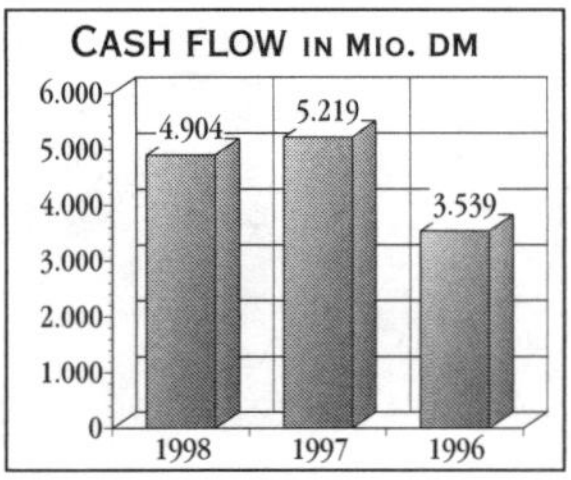

Investitionen 1998:
3.773,0 Mio.
Investitionen 1997:
2.905,0 Mio.
Investitionen 1996:
2.419,0 Mio.

Forschung und Entwicklung 1998: *3.478,0 Mio.*
Forschung und Entwicklung 1997: *3.257,0 Mio.*
Forschung und Entwicklung 1996: *2.887,0 Mio.*

Mitbewerber: *ABB, AEG, Alcatel SEL, Behr, Braun, Continental, Delphi Automotive Systems, Denso, Electrolux AB, Grundig, MAN, Mannesmann, Miele, Philips, Röchling, Siemens, Thyssen Krupp*

ziehen oder dies im Bedarfsfall ermöglichen. Für die Arbeit an Samstagen erhalten die Mitarbeiter Freizeit an anderen Wochentagen. 1998 wurden 1.115 Lehrlinge eingestellt. Insgesamt befanden sich Anfang 1999 3.538 Jugendliche in einem Ausbildungsverhältnis. Geschäftsführung und Gesamtbetriebsrat einigten sich 1998 auf eine Betriebsvereinbarung zur Altersteilzeit im Rahmen der bestehenden Tarifverträge.

UMWELTSCHUTZ. Bosch veröffentlichte 1998 erstmals einen Umweltschutzbericht. Bosch hat für die gesamte Unternehmensgruppe Richtlinien zum Umweltschutz definiert und einen Maßnahmenkatalog zur Vermeidung und Verminderung ökologischer Belastungen erstellt. Dies gilt besonders auch für ausländische Gesellschaften an solchen Standorten, wo noch kein ausgeprägtes Umweltbewußtsein vorherrscht. In Deutschland sind bei Bosch konzernweit 50 Umweltschutzbeauftragte tätig. In der Automobiltechnik arbeitet Bosch an Systemen zur Verringerung der Autoabgase.

FORSCHUNG, ENTWICKLUNG, INNOVATIONEN.

15.700 Wissenschaftler, Ingenieure und Techniker arbeiten ständig an der Entwicklung neuer Bosch-Produkte, -Systeme und -Verfahren sowie an der Verbesserung von Funktion und Zuverlässigkeit bestehender Erzeugnisse. Bosch gehört weltweit zu den zehn Unternehmen mit den meisten Patentanmeldungen. Allein in Deutschland wurden 1998 rund 1.800 Patente angemeldet; arbeitstäglich waren das sieben Patente. 1998 betrugen die Aufwendungen für Forschung und Entwicklung 3,5 Mrd. DM. Der Forschungsanteil am Umsatz betrug 1998 6,9%.

BSH BOSCH UND SIEMENS HAUSGERÄTE GMBH.

Die 1967 von den Konzernen Bosch und Siemens mit einem jeweils 50%igen Anteil gegründete Bosch-Siemens Hausgeräte GmbH, München, ist nach dem Marktführer Electrolux aus Schweden mit einem Marktanteil von 20% die Nummer zwei in der Herstellung elektrotechnischer Gebrauchsgüter in Europa. Bei Haushalts-Großgeräten ist BSH die Nummer eins. In Deutschland ist die BSH mit einem Marktanteil von über 30% Spitzenreiter. Mit der Zentrale in München und mehr als 90 Gesellschaften mit 30 Werken und 34.000 Beschäftigten weltweit (davon im Ausland knapp 17.000) umfaßt das Produktspektrum: Kühl- und Gefriergeräte, Wäschepflegegeräte, Geschirrspüler, Herde und Mikrowellenherde, Küchen, Bodenpflegegeräte, Getränkeautomaten, Warmwassergeräte, Klima- und Kühlaggregate, Fernseh- und Videogeräte, Hi-Fi-Anlagen und tragbare Audiogeräte. Der Vertrieb der Erzeugnisse erfolgt unter den Marken »Bosch«, »Siemens«, »Constructa« und »Neff« durch die Robert Bosch Hausgeräte GmbH, die Siemens-Electrogeräte GmbH und die Constructa-Neff Vertriebs-GmbH, München. Der Auslandsanteil am Umsatz von 10.283 Mio. DM betrug 1998 6.589 Mio. DM. Im neu gebauten Werk für Geschirrspüler am Standort New Bern/North Carolina werden jährlich rund 200.000 Geschirrspüler für den US-Markt produziert. In China hat BSH drei Gemeinschaftsunternehmen für Kühl- und Gefriergeräte, Waschmaschinen und Herde gegründet. Das bedeutendste ist das Joint-venture mit Wuxi Little Swan Co. in China (Montage und Vermarktung von jährlich 500.000 Waschmaschinen). China wird die Produktionsbasis für ganz Südostasien werden.

BRAUN

GESCHICHTE UND ENTWICKLUNG. Das Unternehmen geht zurück auf die »Rosen-Apotheke« Melsungen, die 1839 von Julius Wilhelm Braun erworben wurde. Erweiterung des Handels mit chemischen und pharmazeutischen Produkten. 1867 Eintragung der Firma B. Braun Melsungen in der Rechtsform der »Einzelfirma« durch Bernhard Braun. 1900 Übernahme des Unternehmens durch Sohn Carl Braun. Seit 1908 Herstellung von Steril-Katgut nach dem Kuhnschen Sterilisationsverfahren und Durchbruch ins nationale und internationale Klinikgeschäft. 1914 Bildung der medico-mechanischen Werkstatt (Schienen für die Chirurgie, einfache Extensionen und Blutdruckmeßgeräte). 1922 Gründung der B. Braun Milano als erster Fertigungsbetrieb im Ausland. Zahlreiche Innovationen: Bluttransfusionsgeräte, synthetisches Nahtmaterial, Glanzglasspritzen. 1929 Übernahme des inzwischen als offene Handelsgesellschaft operierenden Unternehmens durch Sohn Otto Braun. 1949 Vergrößerung des Produktionsprogramms im Apparatebau mit der Herstellung von Einhängethermostaten und Infusionspumpen. 1956 Beginn der Herstellung von Infusionsgeräten aus Kunststoff. 1962 Verkaufsfreigabe der Braunüle, der ersten einteiligen Plastikkanüle für Dauerinfusionen. 1971 Umwandlung der B. Braun GmbH in die B. Braun Melsungen AG. 1976 Erwerb einer Mehrheitsbeteiligung an der Aesculap AG. 1987 Verselbständigung des Geschäftsbereiches Biotechnik. 1997 Akquisition der US-amerikanischen Firma McGaw Inc. und damit Zugang zu einer vollständigen Produktpalette in der Infusionstherapie. 1998 erstmals über 4 Mrd. DM Umsatz.

BESITZVERHÄLTNISSE/EIGENTUMSSTRUKTUR.
- Familiengruppe Braun (100%)

KONZERNÜBERBLICK. B. Braun ist ein national und international tätiges Unternehmen in der Herstellung und im Vertrieb medizinisch-chemisch-pharmazeutischer Erzeugnisse, ärztlicher Bedarfsgegenstände, chirurgischer Instrumente und von Krankenhausbedarfsartikeln. Das Unternehmen ist einer der größten Krankenhausversorger und Ausstatter ärztlicher Praxen. B. Braun gliedert sich in die Sparten Medical, Aesculap, Pharma, Medizin- und Biotechnik und OPM (Out Patient Market). B. Braun ist besonders stark in Frankreich, Spanien und Portugal engagiert. Durch die Akquisition der US-amerikanischen McGaw Inc. avancierte B. Braun im US-amerikanischen Markt der Krankenhausversorger zur Nummer drei und vergrößerte und internationalisierte nahezu alle Sparten des Konzerns.

◆ Die Sparte Medical ist mit ihren Produkten Systemanbieter für Akut- und Intensivmedizin im Bereich des Krankenhauses sowie für Therapie und kardiologische Diagnostik. Produktprogramm: Infusions- und Transfusionsgeräte, Infusionspumpen und Zubehör, Spritzen und Kanülen, periphere und zentrale Venenpunktion, Produkte für die Kardiologie, Produkte für die Regionalanästhesie, Urinableitung und -messung, intraoperatives Absaugen und Wunddrainage, Hygienebedarf, Procedere Kits. Die Sparte Medical verfügt über Produktions-

Standort:
Carl-Braun-Straße 1
34212 Melsungen

Postanschrift:
Postfach 1120
34209 Melsungen

Telefon: *(05661) 71-0*
Telefax: *(05661) 71-4567*
Internet: *www.bbraun.com*

Branche: *Chemie, Pharma, Medizin- und Biotechnik*

Rechtsform: *Aktiengesellschaft*

Geschäftsjahr: *1.10.-30.9.*

Gründungsjahr: *1839*

Öffentlichkeitsarbeit:
Dr. Bernadette Tillmanns-Estorf
Tel.: (05661) 71-1630
Fax: (05661) 71-3569
E-Mail: bernadette.tillmanns-estorf@bbraun.com

Verbände: *Verband der Chemischen Industrie e.V., Frankfurt/Main; Bundesverband der Pharmazeutischen Industrie e.V., Frankfurt/Main*

Vorstand:
▮ *Braun, Ludwig Georg (Vorsitzender; Sparte OPM)*
▮ *Schnell, Joachim, Dr. (stellv. Vorsitzender; Sparte Medical, Region Asien/Pazifik)*
▮ *Feller, Wolfgang, Dr. (Sparte Pharma, Sparte Medizintechnik)*
▮ *Hofer, Klaus (Personal- und Rechtswesen; Arbeitsdirektor)*
▮ *Neubauer, Caroll H. (Region Nord- und Südamerika)*
▮ *Niemann, Harald (Finanzen, Steuern und Controlling, zentrale Service-Bereiche)*
▮ *Ungethüm, Michael, Prof. Dr. (Sparte Aesculap; Vorsitzender der Geschäftsleitung der Aesculap AG & Co. KG)*

Vorstandsbezüge 1997/98: *6.374.000,– DM*

und Vertriebsstätten weltweit. Umsatz 1997/98: 1.400 Mio. DM (Vorjahr: 1.214 Mio.).

◆ Die Sparte Aesculap umfaßt das medizinische Tätigkeitsfeld Chirurgie des B. Braun-Konzerns. Dazu gehören die Geschäfte mit chirurgischen Instrumenten, Geräten und Implantaten der Aesculap AG & Co. KG sowie das Nahtmaterialgeschäft und die chirurgischen Spezialitäten der B. Braun Surgical GmbH. Beide Bereiche wurden 1997 in der Sparte Aesculap als Teilkonzern zusammengeführt. Das Produktprogramm umfaßt die vier Bereiche Chirurgie (chirurgische Instrumente), Nahtmaterial und chirurgische Spezialitäten, Orthopädie und Traumatologie (Implantate, Athroskopie) und Dienstleistungen (technischer Service, Instrument Management Systeme). Umsatz 1997/98: 974 Mio. DM (Vorjahr: 936 Mio.).

◆ Die Sparte Pharma wurde durch die McGaw-Akquisition um ein komplettes Infusionslösungsprogramm erweitert. Produktprogramm: Fluidtherapie/Volumenersatztherapie, klinische Ernährung, Hospital Drugs, Desinfektion und Hygiene, Fertigungsservice für Industriekunden. Umsatz 1997/98: 1.014 Mio. DM (Vorjahr: 766 Mio.).

◆ Die Sparte Medizin- und Biotechnik umfaßt folgendes Produktprogramm: Dialysetechnik, extrakorporale Blutbehandlung, Fermenter und Peripherieanlagen, Laborgeräte für Mikrobiologie und Chemie. Umsatz 1997/98: 324 Mio. DM (Vorjahr: 234 Mio.).

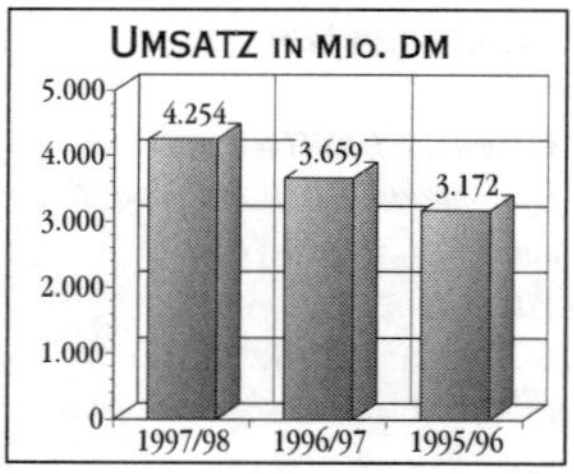

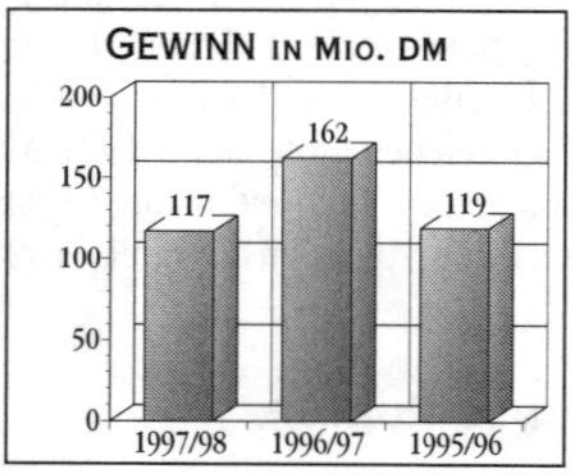

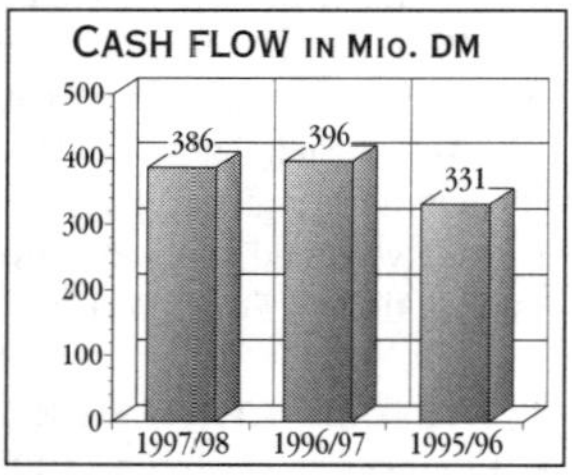

Aufsichtsrat:
▮ *Erasmus, Friedrich C., Dr. E.h. (Vorsitzender), Essen*
▮ *Braun-Lüdicke, Barbara, Melsungen*
▮ *Flick, Hans, Dr., Bonn-Bad Godesberg*
▮ *Hempelmann, Gunter, Prof. Dr. Dr.h.c., Gießen*
▮ *Miele, Rudolf, Gütersloh*
▮ *Mische, Justus, Kelkheim*
**Lohmann, Willi (stellv. Vorsitzender)*
**Engberding, Antonius, Dr.*
**Keller-Lauscher, Veronika*
**Ludwig, Volker*
**Rist, Ekkehard*
**Siewert, Sonja*

Aufsichtsratstantiemen 1997/98: *414.000,– DM*

◆ Die Sparte Out Patient Market (OPM) umfaßt die ganzheitliche Patientenversorgung und wurde durch den Erwerb von McGaw wesentlich erweitert. Produktprogramm: Infusionstherapie und enterale Ernährung, Diabetikerversorgung, Wundversorgung, Blutentnahmesysteme und Laborbedarf, Schmerztherapie, urologische Systeme und Stomaversorgung, Praxis- und Hygienebedarf. Umsatz 1997/98: 525 Mio. DM (Vorjahr: 401 Mio.).

BETEILIGUNGEN. Zum Braun-Konzern gehören mehr als 140 Tochtergesellschaften in rund 50 Ländern. In den Konzernabschluß wurden neben der B. Braun Melsungen AG 23 inländische und 95 ausländische Unternehmen einbezogen. Zu den bedeutendsten gehören: Aesculap AG & Co. KG, Tuttlingen (99,6%); Almo-Erzeugnisse E. Busch GmbH, Arolsen (60%); B. Braun Biotech International GmbH, Melsungen (90%); B. Braun Schiwa GmbH & Co. KG, Glandorf (100%); B. Braun Surgical GmbH, Melsungen (100%); B. Braun Medical Ltd., Sheffield/Großbritannien (99,8%); Aesculap S.A., Chaumont/Frankreich (99,6%); B. Braun Austria Ges. m.b.H., Maria Enzersdorf/Österreich (60%); B. Braun Medical AG, Emmenbrücke/Schweiz (51%); B. Braun Medical S.A., Boulogne/Frankreich (100%); B. Braun Medical S.A., Rubí/Spanien (100%); B. Braun Milano S.p.A., Mailand/Italien

(100%); Aesculap Inc., San Francisco/USA (99,6%); B. Braun Medical Inc., Bethlehem/USA (100%); B. Braun of America Inc., Bethlehem/USA (100%); Laboratories B. Braun S.A., São Gonçalo/Brasilien (100%); McGaw Inc. at Puerto Rico, Sabana Grande/Puerto Rico (100%); B. Braun Japan Co. Ltd., Tokio/Japan (100%); B. Braun Medical Industries Sdn.Bhd., Penang/Malaysia (100%); B. Braun Mohan Pharmaceutical Co. Ltd., Tomioka/Japan (51%).

GLOBALE STRATEGIEN UND DER STANDORT DEUTSCHLAND.

Das Familienunternehmen B. Braun erteilt allen Übernahmeversuchen durch andere Pharmakonzerne eine deutliche Absage, will aber gleichzeitig zur Sicherung und zum Ausbau seiner starken internationalen Stellung weiter expandieren und passende Unternehmen akquirieren. Im Zentrum aller Strategien steht aber die »unabhängige Kontinuität«. Dennoch ist aus dem stillen hessischen Unternehmen B. Braun in den vergangenen Jahren ein erfolgreicher Global Player geworden. Durch gezielte Akquisitionen wurde die 4-Mrd.-Marke beim Umsatz überschritten, vergrößerte sich die Zahl der Beschäftigten in den vergangenen zwei Jahren um rund 5.000 auf über 27.000. Rund 29% des Umsatzes wird in Deutschland erzielt, über 31% inzwischen in Nord- und Südamerika. Die Internationalisierung des Unternehmens verdeutlicht sich auch an den Mitarbeiterzahlen. An deutschen Standorten arbeiten rund 7.600.

Die größte Akquisition in der Unternehmensgeschichte von B. Braun war die Übernahme der McGaw Inc., Irvine/Kalifornien, USA, (Kosten 550 Mio. DM), wodurch B. Braun schlagartig zum Großkonzern avancierte. Durch diese Akquisition wurde B. Braun zum Komplettanbieter auf dem amerikanischen Gesundheitsmarkt. McGaw wurde mit der B. Braun Medical Inc. zusammengeführt. Zur weiteren Erschließung der Märkte in Südamerika wurden Joint-ventures in Argentinien, Chile und Peru eingegangen. Mit lokalen Produktionsstätten ist B. Braun in Chile, Peru und Kolumbien vertreten, in Argentinien und Ecuador mit eigenen Vertriebsgesellschaften. In Brasilien wurde in einer neuen Infusionslösungsfertigung 1999 mit der Produktion begonnen. In Großbritannien fusionierten die Geschäftsaktivitäten der Aesculap Ltd. mit B. Braun Medical Ltd. B. Braun-Vertriebsgesellschaften in Schweden, Norwegen, Finnland und Dänemark bearbeiten dort die jeweiligen Märkte, die Gruppengesellschaften in Estland, Litauen und Lettland werden von Finnland aus betreut.

Am Standort Tuttlingen wird eine neue Orthopädie- und Traumatologieprodukte-Fertigung gebaut, die auch den asiatischen Markt mit OT-Produkten aus deutscher Fertigung versorgen soll.

INVESTITIONEN IN MIO. DM

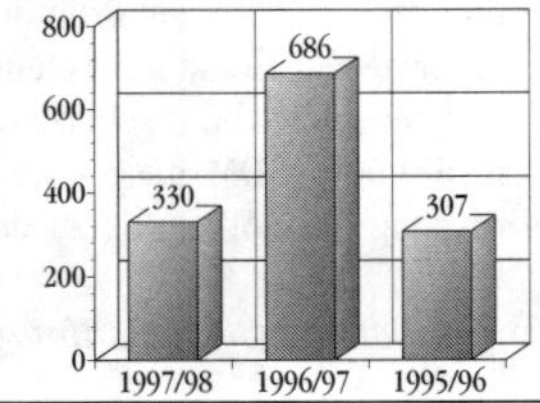

INNERBETRIEBLICHE BÜNDNISSE.

Bei B. Braun wird auch über das Stammwerk Melsungen hinaus flächendeckend Gruppenarbeit eingeführt, in aller Regel mit leistungsorientierten Entgeltsystemen. Flexible Arbeitszeiten gibt es in den meisten Konzerngesellschaften. Insgesamt werden bei B. Braun 15 verschiedene Arbeitszeit- und

Umsatz 1997/98: *4.254,1 Mio.*
Umsatz 1996/97: *3.659,2 Mio.*
Umsatz 1995/96: *3.172,3 Mio.*

Gewinn 1997/98: *116,5 Mio.*
Gewinn 1996/97: *162,2 Mio.*
Gewinn 1995/96: *118,8 Mio.*

Cash flow 1997/98: *385,5 Mio.*
Cash flow 1996/97: *396,2 Mio.*
Cash flow 1995/96: *331,0 Mio.*

Cash flow: *Die Investitionen wurden vollständig aus dem Cash flow finanziert.*

Steueraufkommen 1997/98: *56,2 Mio.*

Grund- bzw. Stammkapital 1998: *200,0 Mio.*

Die Aktien werden nicht öffentlich gehandelt.

FORSCHUNG UND ENTWICKLUNG IN MIO. DM

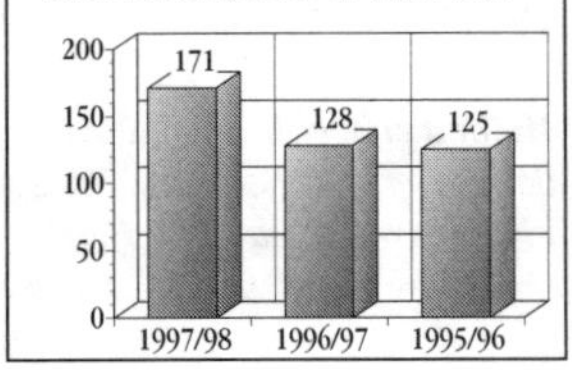

Beschäftigte 1997/98: *27.371*
Beschäftigte 1996/97: *24.041*
Beschäftigte 1995/96: *22.945*

Umsatz pro Mitarbeiter 1997/98: *155.424,– DM*
Umsatz pro Mitarbeiter 1996/97: *152.210,– DM*
Umsatz pro Mitarbeiter 1995/96: *138.260,– DM*

Löhne und Gehälter 1997/98: *1.259,6 Mio.*
Löhne und Gehälter 1996/97: *1.074,4 Mio.*
Durchschnittsgehalt 1997/98: *46.020,– DM*
Soziale Abgaben und Aufwendungen 1997/98: *359,1 Mio.*
Soziale Abgaben und Aufwendungen 1996/97: *311,7 Mio.*

Bezüge pro Vorstandsmitglied 1997/98: *910.571,– DM*
Tantiemen pro Aufsichtsrat 1997/98: *34.500,– DM*

Investitionen 1997/98: *330,4 Mio.*
Investitionen 1996/97: *686,0 Mio.*
Investitionen 1995/96: *307,0 Mio.*

Forschung und Entwicklung 1997/98: *170,6 Mio.*
Forschung und Entwicklung 1996/97: *127,7 Mio.*
Forschung und Entwicklung 1995/96: *125,4 Mio.*

Mitbewerber: *BASF, Bayer, Boehringer, Degussa-Hüls, Fresenius, Glaxo, Hoechst, ICI, Merck, Novartis, , Roche, Sandoz, Schott*

Schichtmodelle und über 130 Zeitvarianten praktiziert. Die Teilzeitarbeit wird intensiv gefördert. Am Standort Tuttlingen (Sparte Aesculap) wurde 1998 zwischen der Unternehmensleitung und dem Betriebsrat ein Standortsicherungsvertrag geschlossen. Die Vereinbarung war die Voraussetzung für die Zusage des Baus eines neuen Implantatewerkes in Tuttlingen, einer sogenannten »Benchmark Factory«. Die Mitarbeiter verpflichten sich, einen Beitrag von 360 unbezahlten Stunden für Qualifizierungsmaßnahmen innerhalb von sechs Jahren zu leisten. Auf der anderen Seite wird auf betriebsbedingte Kündigungen verzichtet und die Ausbildungsquote am Standort Tuttlingen um 10% erhöht. 1998 wurden konzernweit 571 Jugendliche (davon 406 in Deutschland) in 18 unterschiedlichen Berufen ausgebildet.

UMWELTSCHUTZ. Umweltschutz ist bei B. Braun in den Unternehmensleitlinien verankert und in alle betrieblichen Abläufe integriert. Er gilt für die Beschaffung möglichst umweltfreundlicher Ausgangsstoffe, für alle Produktionsprozesse, für alle Arbeitsplätze und schließt Schulungen und Informationen der Mitarbeiter ausdrücklich ein. Hinzu kommen die Abfallbehandlung, der Gewässerschutz, die Verminderung von Emissionen sowie der Lärmschutz. Die Standorte Melsungen, Berlin, Glandorf, Maria Enzersdorf in Österreich und der Aesculap-Standort Tuttlingen wurden nach der EG-Öko-Audit-Verordnung zertifiziert. Die Zertifizierung weiterer Standorte ist geplant.

FORSCHUNG, ENTWICKLUNG, INNOVATIONEN.
Forschung und Entwicklung findet in den sogenannten Centers of Excellence statt. Im Zentrum aller Aktivitäten stehen Produktinnovationen, besonders in der Infusionstechnik und der Intensivmedizin. Im Zentrum aller Forschung soll der erhöhte Therapienutzen für den Patienten stehen. Dazu gehören die Optimierung der Verfahrensentwicklung sowie die Herstellung neuer und verbesserter Produkte mit den dazu gehörenden klinischen Studien. Seit 1990 gibt es den mit jährlich 400.000,– DM ausgestatteten Otto-Braun Stipendien Fonds zur Förderung der Forschung an der Universität Kassel.

BSH Bosch und Siemens Hausgeräte siehe Bosch

COMMERZBANK

Standort:
Kaiserplatz
60311 Frankfurt/Main

Postanschrift:
60261 Frankfurt/Main

Telefon: *(069) 1362-0*
Telefax: *(069) 285389*
Internet: *www.commerzbank.de*

GESCHICHTE UND ENTWICKLUNG. 1870 wurde die Bank als »Commerz- und Disconto-Bank in Hamburg« von zwölf namhaften Privatbankiers und Kaufleuten mit internationalen Handelsverbindungen gegründet. 1905 Übernahme der Berliner Bank; 1920 Akquisition der Mitteldeutschen Privatbank in Magdeburg mit über 100 Filialen; Umfirmierung in Commerz- und Privat-Bank. 1929 Verschmelzungsvertrag mit der in Frankfurt ansässigen Mitteldeutschen Creditbank mit dem Stammland in Hessen und Sachsen sowie in Süd- und Südwestdeutschland. 1932 Expansion ins Ruhrgebiet durch die Übernahme des Barmer Bankvereins in Wuppertal; weitere Übernahmen von Banken führten zu einem Netz von 400 Filialen; Auslands-

aktivitäten. 1940 Umfirmierung in Commerzbank AG. Auch die Commerzbank engagierte sich mit den Nazis und wirkte massiv in der Rüstungsfinanzierung mit. 1945 Zerschlagung der Großbanken durch die Siegermächte; Enteignung im Osten; Begrenzung des Bankgeschäftes auf die Besatzungszonen im Westen.
Im Rahmen der alliierten Entflechtungsmaßnahmen Bildung von neun wirtschaftlich selbständigen Nachfolgeinstituten unter neuen Bankennamen. 1952 durfte jede der alten Großbanken drei Nachfolgeinstitute gründen. Im Fall Commerzbank waren das: Bankverein Westdeutschland AG, Düsseldorf; Commerz- und Disconto-Bank AG, Hamburg; Commerz- und Credit-Bank AG, Frankfurt. 1958 erfolgte der Wiederzusammenschluß der drei Banken in der Commerzbank AG mit dem juristischen Sitz in Düsseldorf.
1970 erfolgte die Verlegung aller zentralen Funktionen nach Frankfurt/Main, 1990 auch des juristischen Sitzes. Die Commerzbank AG wuchs durch eine Reihe wesentlicher Bankenakquisitionen, den Ausbau des Filialnetzes und eine expansive Auslandsaktivität national und international erneut schnell zu einer der bedeutendsten deutschen Großbanken.

BESITZVERHÄLTNISSE/EIGENTUMSSTRUKTUR.
Streubesitz bei ca. 410.000 Aktionären:
- Institutionelle Anleger (60%)
- Arbeitnehmer und Pensionäre, sonstige private Anleger und Selbständige (40%)

Größte Einzelaktionäre sind die italienische Assicurazione Generali (Generali-Gruppe) mit gut 5,25%, die spanische Banco Santander Central Hispanoamericano S.A. mit 3,1% sowie die italienischen Institute Mediobanca und Banca Commerciale Italiana mit knapp 2%. Insgesamt werden rund 38% des Kapitals von ausländischen Aktionären gehalten. Rund 2% entfallen auf die Mitarbeiter der Bank (25.000 Belegschaftsaktionäre).

KONZERNÜBERBLICK. Die Commerzbank ist eine in allen Bereichen des internationalen Finanzwesens operierende Universalbank. Zentrum des Konzerns ist die Commerzbank AG, Frankfurt/Main, mit ihren weltweiten Niederlassungen und Repräsentanzen. Die Bank gliedert sich in die fünf Unternehmensbereiche Konzernsteuerung, Services, Inländisches Filialgeschäft, Internationales Finanzgeschäft und Investment Banking. Die über 1.000 Geschäftsstellen betreuen 4,2 Mio. Kunden mit 7 Mio. Konten. Im Rahmen des Allfinanz-Konzepts der Bank – die Zusammenfassung aller Finanzdienstleistungen von Bank, Versicherung und Bausparkasse unter einem Dach – kooperiert die Commerzbank künftig mit der Aachener und Münchener-Gruppe (AM Leben, AM Versicherung) sowie mit der dazugehörenden Badenia Bausparkasse. Sie betreibt das Leasinggeschäft und besitzt teilweise direkt oder über Vorschaltgesellschaften einzelne Pakete an deutschen Industrie-Perlen.
Die Fondsgesellschaft ADIG wird mehrheitlich von der Commerzbank kontrolliert und verwaltet ein Vermögen von rund 60 Mrd. DM. Insgesamt verwaltet die Commerzbank über verschiedene eigene Investment- und Kapitalanlagegesellschaften ein Vermögen von 200 Mrd. DM.

Branche: *Kreditinstitute*

Rechtsform: *Aktiengesellschaft*

Geschäftsjahr: *1.1.-31.12.*

Gründungsjahr: *1870*

Öffentlichkeitsarbeit:
Ulrich Ramm
Tel.: (069) 1362-2461
Fax: (069) 1362-9349
Peter Pietsch (Presse)
Tel.: (069) 1362-2379
Fax: (069) 1362-9955
E-Mail: peter_pietsch@commerzbank.com

Vorstand:
- *Kohlhaussen, Martin, Dr. h.c., (Sprecher)*
- *Coenen, Erich, Dr.*
- *Gloystein, Peter, Dr.*
- *Käsbeck, Norbert, Dr.*
- *Lemmer, Jürgen*
- *Müller, Klaus-Peter*
- *Müller-Gebel, Klaus*
- *Patig, Klaus*
- *Ruedorffer, Axel Frhr. von, Dr.*
- *Hockmann, Heinz-Josef, Dr. (stellv. Mitglied)*
- *de Maizière, Andreas (stellv. Mitglied)*

Vorstandsbezüge 1998:
17.493.000,– DM

Aufsichtsrat:
- *Seipp, Walter, Dr. (Ehrenvorsitzender; ehem. Vorsitzender des Aufsichtsrates der Commerzbank Bank AG), Frankfurt/Main*
- *Frowein, Dietrich-Kurt (Vorsitzender; ehem. Mitglied des Vorstandes der Commerzbank AG), Frankfurt/Main*
- *Börsig, Clemens, Prof. Dr. (Mitglied des Vorstandes der RWE AG), Essen*
- *Gutty, Gianfranco, Dr. (Assicurazioni Generali S.p.A.), Triest/Italien*

❙ *Happel, Otto, Dr. (Vorsitzender des Aufsichtsrates der GEA AG), Bochum*
❙ *Mamsch, Helmut (Vorstand VEBA AG), Düsseldorf*
❙ *Schulz, Ekkehard, Dr. (Vorsitzender des Vorstandes der Thyssen Krupp AG), Düsseldorf*
❙ *Strenger, Hermann Josef (Vorsitzender des Aufsichtsrates der Bayer AG), Leverkusen*
❙ *Strube, Jürgen, Dr. (Vorsitzender des Vorstandes der BASF AG), Ludwigshafen*
❙ *Weiss, Heinrich (Vorsitzender des Vorstandes SMS AG), Hilchenbach und Düsseldorf*
❙ *Werhahn, Wilhelm (Fa. Wilh. Werhahn), Neuss*
**Jurkat, Hans-Georg (stellv. Vorsitzender)*
**Busch, Heinz-Werner*
**Foullong, Uwe*
**Herrmann, Gerald*
**Kayser, Detlef*
**Klinger, Dieter*
**Locher, Torsten, Dr.*
**Sauer, Horst*
**Schönfeld, Werner*
**Seum, Alfred*

Aufsichtsratstantiemen 1998: *2.282.800,– DM*

BÖRSE, AKTIEN, KURSE
Grundkapital 1998:
2.479,0 Mio.
Jahreshöchstkurs 1998:
76,00 DM (38,86 €)
Jahrestiefstkurs 1998:
39,70 DM (20,30 €)
Aktie Jahresende 1998:
53,50 DM (27,35 €)
Dividende pro Aktie 1998:
1,50 DM

Die Dividende bezieht sich auf je 5,– DM Aktiennennbetrag. Die Dividendensumme 1998 betrug 744,2 Mio. DM. Das Grundkapital wurde auf nennwertlose Stückaktien umgestellt.

BETEILIGUNGEN. Zur Commerzbank gehören direkt oder indirekt über 120 Tochtergesellschaften, Beteiligungen an in- und ausländischen Kreditinstituten sowie an zahlreichen Unternehmen aus diversen Branchen. Die Commerzbank besitzt außerhalb des Finanzbereiches zahlreiche Beteiligungen an großen Konzernen. Zu den wesentlichen Beteiligungen der Commerzbank zählen:

● RHEINHYP Rheinische Hypothekenbank AG, Frankfurt/Main (97,9%); Deutsche Schiffsbank AG, Bremen/Hamburg (40%); DBV-Winterthur Holding AG, Wiesbaden (15,1%); Hypothekenbank in Essen AG, Essen (51%); Bankhaus Bauer AG, Stuttgart (83,7%); comdirect bank GmbH, Quickborn (100%); ADIG Allgemeine Deutsche Investment-Gesellschaft mbH, München/Frankfurt/Main (42,7%); Commerzbank Investment Management GmbH, Frankfurt/Main (100%); Commerzbank Grundbesitz Investmentgesellschaft mbH, Wiesbaden (75%); Commerz International Capital Management GmbH, Frankfurt/Main (100%); CommerzLeasing und Immobilien GmbH, Düsseldorf (100%); Commerzbank Unternehmensbeteiligungs-AG; Frankfurt/Main (40%); Karl Baumgartner + Partner Consulting KG, Sindelfingen (43,1%); Jupiter International Group PLC, London/Großbritannien (97,2%); Montgomery Asset Management, LLC, Wilmington/Delaware, USA (88,5%).

● Commerzbank International S.A., Luxemburg (100%); Commerzbank (Budapest) Rt., Budapest/Ungarn (100%); Commerzbank (Nederland) N.V., Amsterdam/Niederlande (100%); Commerzbank (Schweiz) AG, Zürich/Schweiz (100%); Commerzbank Europe (Ireland), Dublin/Irland (40,8%); Commerzbank Belgium SA, Brüssel/Belgien (100%); Commerzbank (Eurasija) SAO, Moskau/Rußland (100%); Commerzbank Capital Markets (Eastern Europe) a.s., Prag/Tschechien (100%); Commerzbank (South East Asia) Ltd., Singapur (100%); Commerzbank Capital Markets Corporation, New York/USA (100%); Commerz (East Asia) Ltd., Hongkong (100%); Commerz Securities (Japan) Company Ltd., Hongkong/Tokio (60%); Hispano Commerzbank (Gibraltar) Ltd., Gibraltar (49,9%);

● Banca Commerciale Italiana SpA, Mailand/Italien (4,95%); Banco Santander Central Hispanoamericano S.A., Madrid/Spanien (1,8%); Erste Bank der oesterreichischen Sparkassen AG, Wien/Österreich (2%); Korea Exchange Bank, Seoul (29,8%); Unibanco – União de Bancos Brasileiros S.A., São Paulo/Brasilien (7,2%); Bank Rozwoju Eksportu SA, Warschau/Polen (48,7%); Caisse Centrale de Réescompte, Paris/Frankreich (92,1%); P.T. Bank Finconesia, Jakarta/Indonesien (24,6%); Agror Heraeus SA, Mendrisio/Schweiz (35%).

● Wesentlicher Paketbesitz der Commerzbank: Alno AG, Pfullendorf (29,4%); Buderus AG, Wetzlar (10%); Heidelberger Druckmaschinen AG, Heidelberg (9,9%); Linde AG, Wiesbaden (10,2%); MAN AG, München (6,5%); Sachsenring Automobiltechnik AG, Zwickau (10,8%); Salamander AG, Kornwestheim (10,7%); Thyssen Krupp AG, Düsseldorf (3,5%).

GLOBALE STRATEGIEN UND DER STANDORT DEUTSCHLAND. Die Commerzbank will von Großfusionen in der Bankenbranche nichts wissen und zählt sich selbst nicht zu einem möglichen Übernahmekandidaten. Übernahmephantasien und Fusionsspekulationen

hatte es aber in der Vergangenheit immer wieder gegeben. Ein Grund: die breite Streuung der Commerzbank-Aktien. Global Player über die jetzt schon praktizierte internationale Ausrichtung will die Commerzbank aber sehr wohl sein. Verstärkt bevorzugt die Commerzbank Kooperationen mit anderen europäischen Instituten, länderübergreifende Allianzen und Überkreuzverflechtungen.
Mit der italienischen Versicherungsgruppe Generali wurde 1998 ein Kooperationsvertrag geschlossen, der in den kommenden Jahren besonders im Allfinanzbereich weiter ausgebaut werden soll. Über Generali erhält die Commerzbank einen direkten Zugriff auf die Aachener und Münchener Versicherungsgruppe (AMB), bei der Generali Großaktionär ist. Besonders im Rahmen einer Neuorientierung im Bausparbereich setzt die Commerzbank ganz auf die zur AMB-Gruppe gehörende Badenia Bausparkasse. Die 40%-Beteiligung an der Leonberger Bausparkasse wurde veräußert, die Zusammenarbeit mit der DBV-Winterthur Holding AG, Wiesbaden, beendet. Über eine Kapitalerhöhung hat sich Generali mit 5,25% an der Commerzbank beteiligt. Bis 2001 will sich die Commerzbank ihrerseits im Rahmen einer Überkreuzverflechtung mit 2,5% an Generali beteiligen. In Frankreich erwarb die Commerzbank 1999 im Rahmen der Privatisierung und des Börsenganges der Crédit Lyonnais einen Kapitalanteil von 4%.
Die Auslandsaktivitäten der Commerzbank wurden in den vergangenen Jahren besonders in Südostasien und China verstärkt. In Shanghai hat die Commerzbank eine Filiale mit Vollbanklizenz und kann alle von der chinesischen Nationalbank für ausländische Kreditinstitute zugelassenen Geschäfte durchführen. Es bestehen Tochtergesellschaften in Singapur und Hongkong, Bankenbeteiligungen in Südkorea, Japan und Indonesien. Ein weiterer Auslandsschwerpunkt sind die Staaten Mittel- und Osteuropas. Die Bank ist in allen GUS-Staaten vertreten und unterhält Banken oder Bankenbeteiligungen in Budapest, Prag und Warschau. Als erste internationale Bank eröffnete die Commerzbank 1995 in Johannesburg/Südafrika eine Filiale mit Vollbanklizenz. Insgesamt umfaßt das Auslandsnetz der Commerzbank mehr als 60 eigene Stützpunkte in über 40 Ländern.
Im Zuge des systematischen Ausbaus des Investment Bankings will die Commerzbank ihr Engagement, wie schon zuvor die Deutsche und die Dresdner Bank, am Finanzplatz London verstärken. Die Commerzbank hat die britische Bank Jupiter Tyndall Plc. übernommen (Asset Management) und ist in den USA an der Martingale Asset Management und der Montgomery Asset Management maßgeblich beteiligt.

INNERBETRIEBLICHE BÜNDNISSE. Es gibt innerhalb der Commerzbank zahlreiche Arbeitszeitmodelle, unter denen die Beschäftigten auswählen können – variable Arbeitszeiten, Teilzeitarbeit, Telearbeit, Altersteilzeit. Im inländischen Filialgeschäft wurde mit den Arbeitnehmervertretern eine ergebnis- und leistungsorientierte Vergütung eingeführt. Das Vergütungssystem ist eng mit den Steuerungsgrößen der Bank verknüpft – Umsatz, Aufwandsquote, Kapitalrendite – und orientiert sich am Erreichen vorgegebener Unternehmensziele. Das Arbeitsergebnis des einzelnen wird dabei zum zentralen Bewertungskriterium.

Bilanzsumme 1998:
638.014,0 Mio.
Bilanzsumme 1997:
536.741,0 Mio.
Bilanzsumme 1996:
448.003,0 Mio.

Kreditvolumen 1998:
405.942,0 Mio.
Kreditvolumen 1997:
362.461,0 Mio.
Kreditvolumen 1996:
309.458,0 Mio.

Risikovorsorge 1998:
1.723,0 Mio.
Risikovorsorge 1997:
1.864,0 Mio.
Risikovorsorge 1996:
1.216,0 Mio.

Jahresüberschuß 1998:
1.744,0 Mio.
Jahresüberschuß 1997:
1.251,0 Mio.
Jahresüberschuß 1996:
1.214,0 Mio.

Steueraufkommen 1998:
582,8 Mio.

Eigenkapital 1998:
19.675,0 Mio.
Sachanlagen 1998:
4.056,0 Mio.
Beteiligungen 1998:
5.546,0 Mio.

Filialen 1998: *1.052*
Kunden 1998: *4,2 Mio.*
Kundengelder 1998:
183.000,0 Mio.

Beschäftigte 1998: *32.470*
Beschäftigte 1997: *30.446*
Beschäftigte 1996: *29.334*

Löhne und Gehälter 1998:
3.169,0 Mio.
Löhne und Gehälter 1997:
2.888,0 Mio.
Durchschnittsgehalt 1998:
97.598,– DM
Soziale Abgaben und Aufwendungen 1998:
871,0 Mio.
Soziale Abgaben und Aufwendungen 1997:
836,0 Mio.

Bezüge pro Vorstandsmitglied 1998: *1.590.273,– DM*
Tantiemen pro Aufsichtsrat 1998: *114.100,– DM*

KOMMENTAR. Auch die Commerzbank steckte in der Affäre um Steuerhinterziehung und -manipulation. In einer der »größten Durchsuchungsaktionen der Steuerfahndung« (Spiegel 17/1996) durchsuchten rund 250 Ermittlungsbeamte die Commerzbank-Büros einschließlich der Vorstandsetage und beschlagnahmten große Mengen Unterlagen. Der Vorwurf der Frankfurter Staatsanwaltschaft: Verdacht der Beihilfe zur Steuerhinterziehung durch Bankkunden und der Beihilfe zur Steuerhinterziehung durch Mitarbeiter der Bank sowie des Verstoßes gegen das »Geldwäschegesetz«. Betuchte Bundesbürger hatten mit Hilfe ihrer Bank große Geldsummen ins Ausland transferiert – vor allem nach Luxemburg und in die Schweiz, möglicherweise auch nach Gibraltar, um die Zinsen aus den Milliardenbeträgen nicht versteuern zu müssen. Ganz vornean: die 100%ige Commerzbank-Tochter Commerzbank International S.A., Luxembourg (Cisal). Nachdem über hundert Steuersünder ihrer Vernehmung bzw. Verhaftung durch Selbstanzeige bei den Finanzbehörden zuvorgekommen waren, wurde das Ausmaß des Betruges deutlich. Und es wurde einmal mehr deutlich, daß diese Methode der systematischen Kapitalflucht zwecks Steuerhinterziehung anscheinend zur Alltagspraxis der Großbanken gehört. Die Frankfurter Staatsanwaltschaft leitete im Zusammenhang mit möglicher Steuerhinterziehung Ermittlungsverfahren gegen frühere Vorstandsmitglieder und amtierende Aufsichtsräte der Commerzbank ein.

Condor siehe Lufthansa

CONTINENTAL

Standort:
Vahrenwalder Straße 9
30165 Hannover

Postanschrift:
Postfach 169
30001 Hannover

Telefon: *(0511) 938-01*
Telefax: *(0511) 938-2766*
Internet: *www.conti.de*

Branche: *Gummi- und kunststoffverarbeitende Industrie*

Rechtsform:
Aktiengesellschaft

Geschäftsjahr: *1.1.-31.12.*

Gründungsjahr: *1871*

GESCHICHTE UND ENTWICKLUNG. Die Continental wurde im Oktober 1871 als Continental-Caoutchouc- und Gutta-Percha Compagnie Aktiengesellschaft in Hannover gegründet. Im Stammwerk wurden u.a. Weichgummiwaren, gummierte Stoffe, Massivbereifungen für Kutschen und Fahrräder hergestellt. Das Unternehmen wurde in der Reifentechnologie schnell die Nummer eins in Deutschland und Europa: erste Luftreifen der Welt mit Profil, erste schlauchlose Reifen, erste spezielle Winterreifen, erster Luftfederbelag für Omnibusse und Lastwagen. Mercedes-Rennwagen und Auto-Union-Fahrzeuge feierten in den ersten Jahrzehnten des Jahrhunderts auf Continental-Bereifungen Triumphe.
1928/29 kam es zur Fusion mit bedeutenden Betrieben der deutschen Kautschukindustrie zur Continental Gummi-Werke AG. 1960 begann die Serienproduktion von Gürtelreifen. Continental begann auf internationaler Ebene zu expandieren. 1979 kam es zur Übernahme der europäischen Reifenproduktionsstätten von Uniroyal (USA) in Deutschland, Belgien, Frankreich, Großbritannien und Luxemburg. 1983 Vorstellung des als revolutionär geltenden Conti-Reifen-Systems für Pkw. 1985 kam es zum Erwerb der Semperit Reifenwerke (Österreich), 1987 zum Kauf der General Tire Inc. (USA) mit Werken in USA, Mexiko und Kanada sowie Beteiligungen in Südamerika, Asien und Afrika. 1988 Erwerb der französischen Anoflex-Gruppe, 1990

Übernahme der britischen Reifenhandelskette National Tyre Service Ltd. (über 400 Filialen).
1991 wurde der Konzernbereich ContiTech massiv ausgebaut. Zur Intensivierung des Systemgeschäftes mit der Kfz-Industrie wurde 1994 der Konzernbereich Fahrzeugsysteme (Automotive Systems) gegründet. 1995 kam es zu einem Kooperationsvertrag mit Michelin. Nach dem 1998 getätigten Kauf der unter dem Namen Teves bekannten Fahrwerkaktivitäten (Bremsen und Chassis) von ITT Industries, Inc., erfolgte die Gründung von Continental Teves und deren Integration in den Konzernbereich Continental Automotive Systems.

Unternehmens-kommunikation:
Peter Schwerdtmann
Tel.: (0511) 938-1146
Fax: (0511) 938-1055
E-Mail: prkonzern@conti.de

***Verbände**: Verband der Chemischen Industrie, Frankfurt/Main*

BESITZVERHÄLTNISSE/EIGENTUMSSTRUKTUR.
- Deutsche Bank AG (knapp 8% – über Boja Beteiligungs-AG & Co.)
- Dresdner Bank (knapp 5%)
- Allianz AG Holding (ca. 4%)
- Weitere institutionelle Anleger (42,6% – davon in Großbritannien 7,1%, in Nordamerika 15,7%, in Deutschland und der Schweiz 19,8%).
- Rest Streubesitz

KONZERNÜBERBLICK. Continental ist das größte Unternehmen für die Herstellung von Kautschukwaren aller Art in Deutschland. Der Konzern produziert und vertreibt Reifen für Pkw, Lkw, Transporter, Busse, Motorräder, Maschinen- und alle nur denkbaren Industriefahrzeuge, Autozubehör und Werkstättenmaterial. Darüber hinaus produziert Continental technische Erzeugnisse aus Gummi und Kunststoffen: Schläuche, Formteile, Profile, Transportbänder und Zubehör, beschichtete Gewebe, Innenaustattungen für Autos, Drucktücher, Keilriemen, Walzenbezüge, Weichschaum, Hartgummi, Schuhbedarf etc. Continental besitzt ein europäisches Netz von rund 1.000 konzerneigenen Reifenhandelsfilialen. Continental produziert in drei inländischen Werken in Hannover, in Korbach, Dannenberg, Northeim, Gohfeld und Mendig. Dazu kommen zahlreiche Produktionsstätten im Ausland.
Der Continental-Konzern liegt seit seinem Einstieg in den amerikanischen General Motors- und Ford-Ausrüster General Tire Inc. und nach dessen schließlicher Übernahme mit 8% Marktanteil und einer jährlichen Produktion von 85 Mio. Reifen unter den größten Reifen- und Gummi-Herstellern der Welt hinter Goodyear/Sumitomo, Bridgestone und Michelin auf Platz 4 – noch vor dem italienischen Konzern Pirelli. In Europa rangiert Continental nach der Übernahme der europäischen Uniroyal-Englebert-Gesellschaft und der Semperit Reifen AG unter den Gummi-Produzenten an zweiter Stelle.
Die Reifenmarken des Continental-Konzerns: Continental, Uniroyal, Semperit, Gislaved, General Tire, Barum, Mabor, Viking und Sava. Reifen-Produktion und -Handel unterteilen sich in die drei Konzernbereiche Pkw-Reifen, Nfz-Reifen und Continental General Tire und machen 65% des Konzernumsatzes aus. Von den jetzt über 62.000 Continental-Beschäftigten arbeiten knapp 60% in den Konzernbereichen Reifen.
Seit Jahren fährt Continental die Strategie, das reine Reifen-Geschäft mit weiteren Technologien rund ums Automobil zu ergänzen. Neben dem seit Jahren erfolgreichen Konzernbereich ContiTech wurde mit der Übernahme des Produktbereiches Fahrwerkaktivitäten, Bremsen

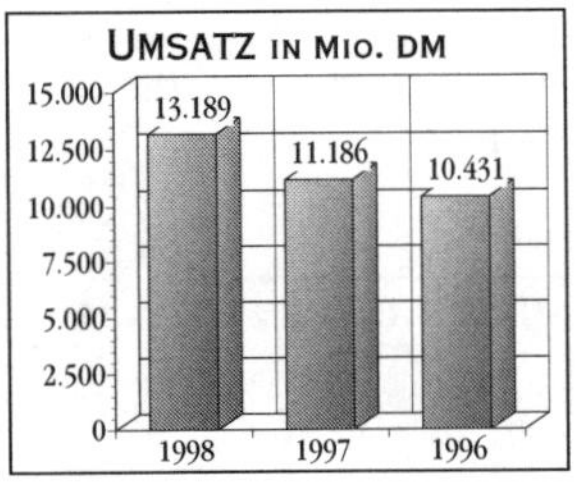

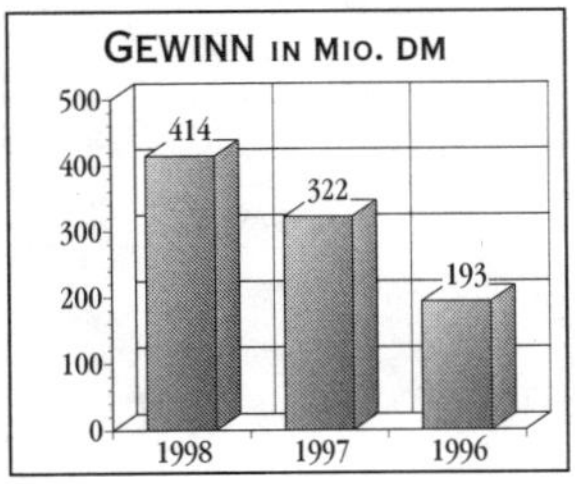

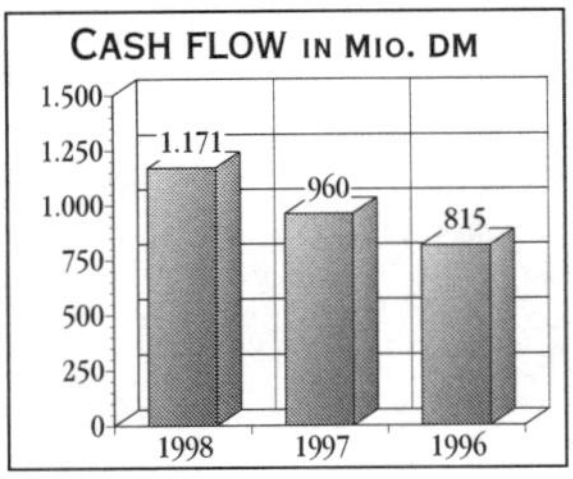

Vorstand:
- *Kessel, Stephan, Dr. (Vorsitzender; Personenwagenreifen)*
- *Beller, Hans Albert (Continental Automotive Systems)*
- *Frangenberg, Bernd (Continental General Tire, Inc.)*
- *Friedland, Klaus (Arbeitsdirektor; Finanzen, Controlling und Recht)*
- *Nikolin, Hans-Joachim, Dr. (Nutzfahrzeugreifen; Umwelt und Qualität; International)*
- *Wennemer, Manfred (ContiTech)*

Vorstandsbezüge 1998:
13.588.000,– DM

Generalbevollmächtigte:
- *Hausmann, Bernadette, Dr. (Konzerneinkauf und Strategische Reifen-Technologie)*
- *Paschke, Werner P. (Konzerncontrolling)*

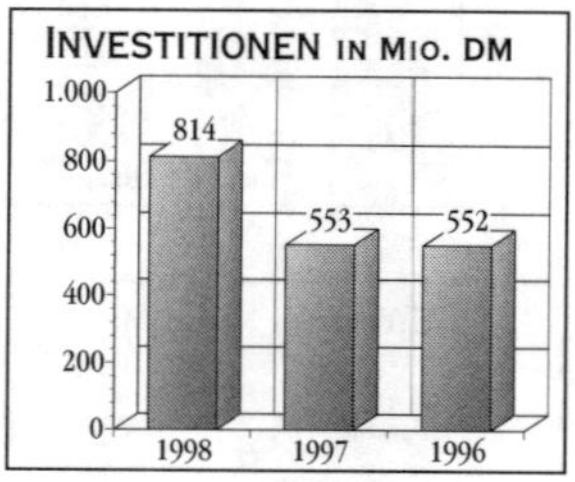

und Chassis von ITT/Teves der neue Konzernbereich Continental Automotive Systems in eine neue Dimension gehoben und der entscheidende Schritt auf dem Weg zu einem kompletten Technologie- und Systemlieferanten der Kraftfahrzeugindustrie getan. Der Continental-Konzern gliedert sich in fünf Konzernbereiche:

◆ Konzernbereich Pkw-Reifen (inkl. Handelsgesellschaften): Vom Umsatz entfielen auf die größten Marken Continental 55%, Uniroyal 15%, Semperit 10%, Gislaved/Viking 5% und Barum 6%, sonstige 9%. Umsatz 1998: 4.673 Mio. DM.

◆ Konzernbereich Nutzfahrzeugreifen: Vom Umsatz entfielen auf die größten Marken Continental 54%, Uniroyal 5%, Semperit 12% und Barum 13%, sonstige 16%. Umsatz 1998: 1.485 Mio. DM.

◆ Konzernbereich Continental General Tire: Dem Umsatz nach Produktgruppen entsprechend entfielen auf Pkw-Reifen-Erstausrüstung 22%, Pkw-Reifen-Ersatzgeschäft 33%, Private Brands 7%, Lkw-Reifen 26%, Landwirtschafts- und Erdbewegungsfahrzeuge 7%, sonstige 6%. Umsatz 1998: 2.405 Mio. DM.

◆ Konzernbereich ContiTech: Hersteller technischer Gummiartikel, Kfz-Innenausstattung/Textil, Schläuche und Schlauchleitungen, Schwingungs- und Dichtungstechnik, Industrietechnik. Zu diesem Bereich gehören knapp 30 operative Tochter- und Beteiligungsgesellschaften mit 40 Werken unter dem Dach der ContiTech in zwölf Ländern Europas. Umsatz nach Sparten: ContiTech Fluid (Schläuche und Schlauchleitungen) 31%, Benecke-Kaliko (Folien) 21%, ContiTech Antriebssysteme 8%, ContiTech Transportbandsysteme 10%, ContiTech Elastomer-Beschichtungen 3%, ContiTech Formteile 12%, ContiTech Luftfedersysteme 6%, ContiTech Profile 5%, sonstige 4%. Umsatz 1998: 3.333 Mio. DM.

◆ Konzernbereich Continental Automotive Systems: Systemgeschäft, komplette Fahrwerksysteme für die Automobil- und Nutzfahrzeug-Industrie; Achsmodule, Antiblockiersysteme (ABS), Antriebsschlupfregelungen (ASR), Elektronische Stabilitätsprogramme (ESP), Radbremsen, Sensoren, Luftfeder- und Niveauregulierungssysteme, Reifendruckkontrolle. Continental Teves liegt in der Produktlinie Radbremse mit der Scheibenbremse weltweit auf Platz eins, in allen weiteren Bremsproduktfeldern gehört Continental Teves zu den Marktführern. Continental Teves arbeitet mit nahezu allen Automobilherstellern zusammen. Umsatz nach Sparten: Elektronische Bremssysteme 48%, Radbremse 29%, Bremsbetätigung 10%, Ersatzgeschäft 6%, Kompletträder/Conti Airspring Suspension System 7%. Umsatz 1998: 1.231 Mio. DM.

BETEILIGUNGEN. Der Continental-Konzern (Konsolidierungskreis) umfaßte Ende 1998 neben der Muttergesellschaft 186 in- und ausländische Unternehmen. Zu den wichtigsten zählen:

● Benecke-Kaliko AG, Hannover (50,1%); Continental Teves AG & Co. oHG, Frankfurt/Main (100%); ContiTech Antriebssysteme GmbH, Hannover (100%); ContiTech Formteile GmbH, Hannover (100%); ContiTech Schlauch GmbH, Hannover (100%); ContiTech Transportbandsysteme GmbH, Hannover (100%); Techno-Chemie Kessler & Co. GmbH, Karben (100%); KG Deutsche Gasrusswerke GmbH & Co., Dortmund (32,1%); Drahtcord Saar GmbH & Co. KG, Merzig/Saar (50% – die übrigen 50% bei Pirelli Deutschland).

● Anoflex SCN, Caluire/Frankreich (100%); Barum Continental spol. s r. o., Otrokovice/Tschechien (70%); Continental General Tire (Teilkonzern), Charlotte/North Carolina, USA (81,6% mit den beiden 100%igen mexikanischen Tochtergesellschaften General Tire de Mexico, S.A. de C.V. und Compañía Hulera Euzkadi, S.A. de C.V.); Continental Gislaved Däck, Gislaved/Schweden (100%); Continental Tyre Group Ltd., West Drayton/Großbritannien (100%); Continental Suisse S.A., Dietlikon/Schweiz (100%); Continental Industrias del Caucho SA, Madrid/Spanien (100%); Continental Mabor Indústria de Pneus S.A., Lousado/Portugal (100%); Continental France SNC, Clairoix/Frankreich (100%); Hycop AB, Motala/Schweden (100%); National Tyre Service Ltd., Stockport/Großbritannien (100%); Continental Benelux S.A., Herstal-lez-Liège/Belgien (100%); Semperit Reifen AG, Wien/Österreich (100%); Continental Pneus SNC, Sarreguemines/Frankreich (100%); Continental Tyres Ltd., Newbridge/Großbritannien (100%); ContiTech AGES S.p.A., Santena/Italien (100%); Compañía Ecuatoriana del Caucho, Cuenca/Ecuador (38,2%); General Tire & Rubber Company of Morocco, Casablanca/Marokko (34,2%); Continental Tyre South Africa (Pty.) Ltd., Port Elizabeth/Republik Südafrika (60%).

ITT/TEVES – AKQUIRIERT UND INTEGRIERT. Mitte 1998 tätigte Continental die größte Akquisition seiner Geschichte. Für knapp 3,5 Mrd. DM kaufte sie von der ITT Industries Inc., White Plains/USA, den Teilbereich ITT Automotive Brake and Chassis. ITT Automotive B&C mit Firmensitz in Frankfurt/Main war aus der ehemaligen Alfred Teves GmbH hervorgegangen. ITT Automotive galt immer als kompetenter Lieferant der Automobilindustrie für Bremsen und Fahrwerkregelsysteme. Bei Scheibenbremsen war ITT Automotive seit Jahren weltweit die Nummer eins, bei ABS und Bremskraftverstärkern die Nummer zwei. Das international operierende Unternehmen mit einem Umsatz von rund 3,8 Mrd. DM mit über 10.500 Beschäftigten wurde in Continental Teves AG & Co. oHG umfirmiert und in den Konzernbereich Continental Automotive Systems integriert. Finanziert wurde diese Großakquisition durch eine Kapitalerhöhung und die Aufnahme langfristigen Fremdkapitals in Höhe von etwa 60% des Kaufpreises. Der Rest wird innenfinanziert. Continental Teves beschäftigt jetzt weltweit rund 10.000 Mitarbeiter in 16 Werken.

GLOBALE STRATEGIEN UND DER STANDORT DEUTSCHLAND. Continental entwickelt sich systematisch zum Global Player rund ums Auto. Durch die Erweiterung der traditionellen Kompetenzen in der Kautschuktechnologie für Reifen und technische Produkte um die Bereiche Fahrwerk und Fahrdynamikregelung wurde in den letzten Jahren ein Konzern gezimmert, der in zahlreichen Bereichen Technologieführerschaft anmeldet. Nach der Abwehr des Versuchs einer feindlichen Übernahme seitens des Konkurrenten Pirelli Anfang der 90er Jahre ging Continental seinerseits in die Offensive. Auf der einen Seite wurden potente und zum Portfolio passende Unternehmen akquiriert, andererseits unrentable, im harten Wettbewerb der Gummi-Industrie stehende Standorte verkauft, geschlossen oder ausgelagert.
Durch die im Rahmen der konsequenten Globalisierungsstrategie des Vorstandes vollzogene Übernahme der Fahrzeugaktivitäten von ITT In-

Aufsichtsrat:
- *Grünberg, Hubertus von, Dr. (Vorsitzender; ehem. Vorsitzender des Vorstandes der Continental AG)*
- *Bodin, Manfred, Dr. h.c. (Vorsitzender des Vorstandes der Norddeutsche Landesbank Girozentrale)*
- *Breipohl, Diethart, Dr. (Mitglied des Vorstandes der Allianz AG)*
- *Breitschwerdt, Werner, Prof. Dr. E.h. (ehem. Vorsitzender des Vorstandes der Daimler-Benz AG)*
- *Frenzel, Michael, Dr. (Vorsitzender des Vorstandes der Preussag AG)*
- *Henkel, Hans-Olaf, Dr. h.c. (Mitglied des Aufsichtsrates der IBM Deutschland GmbH)*
- *Steingraber, Fred. G. (Chairman of the Board und Chief Executive Officer der A.T. Kearney)*
- *Vita, Giuseppe, Dr. (Vorsitzender des Vorstandes der Schering AG)*
- *Voss, Bernd W., Dr. (Mitglied des Vorstandes der Dresdner Bank AG)*
- *Weiss, Ulrich, Dr. (ehem. Mitglied des Vorstandes der Deutsche Bank AG)*

**Köhler, Richard (stellv. Vorsitzender)*
**Aschermann, Heidemarie*
**Deister, Michael*
**Eickmann, Wilfried*
**Hilker, Karl-Heinz*
**Knuth, Gerhard*
**Löschner, Hartmut*
**Mierswa, Werner*
**Stark, Rainer, Dr.*
**Wingefeld, Jürgen*

Aufsichtsratstantiemen 1998: *1.646.000,– DM*

BÖRSE, AKTIEN, KURSE
Grundkapital 1998:
632,5 Mio.
Jahreshöchstkurs 1998:
63,30 DM (32,36 €)
Jahrestiefstkurs 1998:
31,00 DM (15,85 €)
Aktie Jahresende 1998:
46,30 DM (23,67 €)
Dividende pro Aktie 1998:
0,80 DM

Die Dividende bezieht sich auf je 5,– DM Aktiennennbetrag. Die Dividendensumme 1998 betrug 92,0 Mio. DM.

Umsatz 1998: *13.188,6 Mio.*
(Auslandsanteil: 66,4%)
Umsatz 1997: *11.186,1 Mio.*
(Auslandsanteil: 67,4%)
Umsatz 1996: *10.430,6 Mio.*
(Auslandsanteil: 66,1%)

Gewinn 1998: *413,9 Mio.*
Gewinn 1997: *321,8 Mio.*
Gewinn 1996: *192,5 Mio.*

Cash flow 1998: *1.171,4 Mio.*
Cash flow 1997: *960,1 Mio.*
Cash flow 1996: *814,6 Mio.*

Cash flow: *Der Cash flow floß überwiegend in die Konzerninvestitionen und diente dem Abbau der Finanzschulden.*

Steueraufkommen 1998:
197,5 Mio.

dustries und weitere bedeutende Akquisitionen im Reifengeschäft in jüngster Zeit – Übernahme des Reifengeschäftes der mexikanischen Grupo Carso S.A. und Mehrheitsbeteiligung an der südafrikanischen Gentyre Ltd. – erreicht Continental 1999 die Umsatzmarke von 17 Mrd. DM bei über 62.000 Beschäftigten und hat für das Jahr 2001 eine Größenordnung von 20 Mrd. DM im Visier.
Seit Jahren ist Continental jeweils unter massiven Protesten der Belegschaften dabei, Produktionskapazitäten an kostengünstigere Standorte zu verlegen. Die Produktion wird besonders in den europäischen Niedrigkosten-Standorten Tschechien und Portugal forciert. Das Werk Lousado in Portugal ist inzwischen die leistungsfähigste europäische Fabrik des Continental-Konzerns. Continental ist mit eigenen Fertigungsstätten in Tschechien (Mehrheitsbeteiligung beim tschechischen Reifenhersteller Barum mit 65 Barum-Handelsbetrieben), in Ungarn und in Slowenien (Kooperation mit dem Reifenhersteller SAVA, Jointventure mit Matador) vertreten. Die Produktion von Landwirtschaftsreifen wurde nach Polen verlegt. Eine im Bau befindliche Reifenfabrik soll Rumänien zum Großstandort machen.
Auch ContiTech fertigt zunehmend an Niedrigkostenstandorten, u.a. bei den Gesellschaften IMAS S.A. in Griechenland sowie bei ContiTech Elastorsa S.A. in Spanien. Das Gemeinschaftsunternehmen ContiTech Vegum wurde zur Herstellung von Profilen und Formteilen in der Slowakei gegründet. Das ContiTech-Werk Hannover-Limmer, das bis zum Jahr 2000 geschlossen werden soll, verlagert Teile der Produktion nach Hannover-Stöcken und in die Slowakei zu ContiTech Vegum Vibration Control.

INNERBETRIEBLICHE BÜNDNISSE. Im Rahmen des geltenden Tarifvertrages mit der IG Chemie gibt es bei Continental Betriebsvereinbarungen zur Arbeitszeitflexibilisierung. Hinzu kommen eigens entwickelte Gruppen- und Teamarbeitszeitmodelle. Variable Bezahlungssysteme werden zunehmend eingeführt. Für die oberen Führungskräfte wurde ein System variabler Vergütung eingeführt, das die Jahreseinkommen an die wirtschaftliche Entwicklung der jeweiligen Geschäftseinheit und den persönlichen Leistungsbeitrag koppelt. Neben den traditionellen Belegschaftsaktien hat Continental ein Mitarbeiter-Beteiligungsprogramm zur Zeichnung von Aktien unter der Firmierung Conti 2000 aufgelegt. Ende 1998 gab es im Continental-Konzern 907 (Vorjahr: 582) Auszubildende. Die meisten Jugendlichen wurden in feste Arbeitsverhältnisse übernommen.

UMWELTSCHUTZ. Der Continental-Konzern hat als Deutschlands Kautschukverarbeiter Nummer eins in seinen Unternehmensgrundsätzen ökologische und ökonomische Ziele als gleichwertig nebeneinander gesetzt. Für die Werke Hannover-Stöcken und Korbach, für das Werk Uniroyal Aachen und das Werk Vinnhorst der Benecke-Kaliko AG gibt es ein Umweltmanagement-System mit fest definierten Programmen zum betriebsinternen Umweltschutz, zum Schutz der angrenzenden Bevölkerung und zum projekt- bzw. produktionsbezogenen Umweltschutz. Benecke-Kaliko konnte PVC-freie Folien entwickeln. Recycling und Verwertung von Altgummi betreibt die Tochtergesellschaft Vergölst, einer der größten Runderneuerungsbetriebe in Europa. (Runderneuerung der Reifen kann bis zu 75% des

Markteinsatzes im Vergleich zu Neureifen sparen.) Es gibt bei Continental eigene Forschungsprogramme zur Wiederverwendung und Verwertung von Altgummi. Continental hat den »umweltfreundlichen« Reifen ContiEcoContact CP entwickelt, der den Benzinverbrauch drosseln soll, länger haltbar ist und den Lärm reduziert. Bei diesem Pkw-Umweltreifen werden bei den Gummimischungen zu 30% nachwachsende Rohstoffe eingesetzt, in erster Linie Naturkautschuk.

FORSCHUNG, ENTWICKLUNG, INNOVATIONEN.

Forschung von Continental und Teves liegen auf hohem technischen Niveau. Verfahrens- und Produktentwicklung haben zentrale Bedeutung. Schwerpunkte sind die Entwicklung »intelligenter Reifen« und neuer Pannenlaufsysteme. Der Aufwand für Forschung und Entwicklung betrug 1998 4% vom Umsatz. Die europäischen Forschungs- und Entwicklungskapazitäten für Pkw- und Nfz-Reifen sind im Werk Hannover-Stöcken vereinigt, wo 1.000 Mitarbeiter tätig sind. In unmittelbarer Nachbarschaft befindet sich das Entwicklungszentrum für Fahrzeugsysteme; Synergien zwischen Reifen und ContiTech werden zunehmend genutzt. Die Continental-Tochter Techno-Chemie Kessler & Co. GmbH eröffnete 1997 ein F+E-Zentrum für den Werkzeug- und Prototypenbau, das für zahlreiche Continental-Werke arbeitet. Continental Teves verfügt über Entwicklungszentren in Frankfurt/Main und Detroit.

KOMMENTAR. Die Autoindustrie als entscheidender Abnehmer dominiert die Reifenbranche. Die Autogiganten bestimmen die Preise für Gummi und Kautschuk und zeichnen verantwortlich für den ungeheuren Konkurrenzdruck innerhalb des Gummi-Kartells und somit für den rasanten Konzentrationsprozeß. Die Abschlüsse mit der Automobilindustrie decken seit Jahren nicht einmal die Kosten der Hersteller, wobei Erstausstattungen auch mit Minusabschlüssen deshalb von Bedeutung sind, weil sie eine gewisse Reifentreue beim Kunden erzeugen. Durch den zunehmenden Konkurrenzdruck innerhalb der Branche konzentrieren sich die Beteiligungen in erster Linie auf den Erwerb strategisch interessanter Händler und Handelsketten in Nordamerika, Europa und Japan, d.h. auf den Reifenmarkt, der unabhängig von der Erstausstattung durch die Automobilkonzerne ist. Continental hat sich Ende der 80er Jahre in zahlreiche Handelsunternehmen eingekauft, u.a. wurde Anfang 1990 die zweitgrößte britische Reifenhandelskette National Tyre Service, Stockport/Manchester, mit über 400 Fachbetrieben übernommen.

Die 1995 abgeschlossene strategische Allianz zwischen der französischen Michelin S.A. und Continental, den Nummern eins und zwei auf dem europäischen Reifenmarkt, die in einem Joint-venture gemeinsam Niedrigpreis-Reifen produzieren, Kompletträder montieren und teilweise ihre Einkaufs- und Logistikbereiche zusammenlegen wollen, dürfte den großen Automobilherstellern zumindest zwischenzeitlich Paroli bieten. Continental erhielt in diesem Zusammenhang auch die unbegrenzte Nutzung der Markenrechte für Uniroyal-Reifen in Europa zurück, die es vor einigen Jahren verloren hatte.

Beschäftigte 1998: *62.357*
Beschäftigte 1997: *44.797*
Beschäftigte 1996: *44.767*

Umsatz pro Mitarbeiter 1998: *211.502,– DM*
Umsatz pro Mitarbeiter 1997: *249.706,– DM*
Umsatz pro Mitarbeiter 1996: *232.998,– DM*

Löhne und Gehälter 1998: *2.939,6 Mio.*
Löhne und Gehälter 1997: *2.645,1 Mio.*
Durchschnittsgehalt 1998: *47.141,– DM*
Soziale Abgaben und Aufwendungen 1998: *849,0 Mio.*
Soziale Abgaben und Aufwendungen 1997: *780,5 Mio.*

Bezüge pro Vorstandsmitglied 1998: *2.264.667,– DM*
Tantiemen pro Aufsichtsrat 1998: *82.300,– DM*

Investitionen 1998: *814,2 Mio.*
Investitionen 1997: *552,8 Mio.*
Investitionen 1996: *551,5 Mio.*

Mitbewerber: *Bosch, Bridgestone/Firestone, Goodyear, Michelin, Nokia, Pirelli, Sears, Sumitomo/Dunlop*

DAIMLERCHRYSLER

Standort (Deutschland):
70546 Stuttgart

Telefon: *(0711) 17-1*
Telefax: *(0711) 17-94022*
Internet: *www.
DaimlerChrysler.com*

Standort (USA):
Auburn Hills, MI 48326-2766

Telefon: *001-248-576-5741*
Telefax: *001-248-576-4742*

Branche: *Automobilindustrie, Luft- und Raumfahrt, Dienstleistungen, Bahnsysteme, Automobil-Elektronik, Dieselantriebe*

Rechtsform:
Aktiengesellschaft

Geschäftsjahr: *1.1.-31.12.*

Gründungsjahr: *1883 Firma »Benz u. Cie. Rheinische Gasmotorenfabrik«, Mannheim (erste Automobilfabrik der Welt), 1890 Daimler-Motoren-Gesellschaft, 1926 Zusammenschluß beider Firmen zur Daimler-Benz AG; 1998 Fusion mit der Chrysler Corp. zur DaimlerChrysler AG*

GESCHICHTE UND ENTWICKLUNG. 1926 entstand die Daimler-Benz AG durch Verschmelzung der Aktiengesellschaft »Benz & Cie.« (gegr. 1883 als Privatfirma durch Karl Benz) und der Daimler-Motoren-Gesellschaft (gegr. 1890 durch Gottlieb Daimler) mit der Zentralverwaltung in Stuttgart-Untertürkheim. Die Daimler-Motoren-Gesellschaft fungierte dabei als aufnehmende Gesellschaft. Benz und Daimler gehörten zu den innovativsten Persönlichkeiten der aufstrebenden Automobil- und Motorenbranche. Es folgten zahlreiche Erfindungen und bahnbrechende Entwicklungen. In den 90er Jahren des letzten Jahrhunderts entwickelte die Firma Benz den ersten Omnibus, die DMG den ersten Lkw der Welt. Rennwagen wurden mit Daimler-Motoren ausgestattet. 1902 wurde der Name »Mercedes« gesetzlich geschützt. Beide Unternehmen expandierten und verzeichneten zahlreiche internationale Erfolge. Als Antwort auf die Wirtschaftskrise der 20er Jahre kam es zwischen beiden Unternehmen zur Fusion. Das Pkw- und Nfz-Programm wurde ausgebaut, der Großmotoren-Bau mit Dieselmotoren gestartet und das Mercedes-Benz-Programm mit sensationellen Erfolgen präsentiert. Der Konzern expandierte durch zahlreiche Akquisitionen. 1934 gab es die ersten Erfolge der legendären »Silberpfeile«. Daimler-Benz wurde immer stärker in die Propaganda und schließlich in die Rüstungsexpansion der Nazis eingebaut, besonders bei der Produktion von Großmotoren sowie Flug- und Schiffsmotoren. Es gab verstärkt eigene Triebwerkskonstruktionen zu Kriegszwecken.

1945 wurden große Teile der Werke zerstört, die im Osten gelegenen Niederlassungen enteignet und demontiert. 1946 begann die Wiederaufnahme der Lkw-Produktion, 1947 der Pkw-Produktion. In den 50er Jahren expandierte Daimler-Benz verstärkt ins Ausland. Es kam zur Gründung zahlreicher bedeutender Tochtergesellschaften vor allem in Süd- und Nordamerika, zum Bau neuer Werke und zu Akquisitionen zahlreicher Unternehmen. 1969 erfolgte die Gründung der »Hanomag-Henschel-Fahrzeugwerke« GmbH, Hannover, 1970 die gemeinsame Gründung mit MAN der »Motoren- und Turbinen-Union München GmbH« (MTU). Weitere Auslandsniederlassungen und Produktionsstätten, zahlreiche Übernahmen und Beteiligungen in aller Welt folgten. 1985 übernahm Daimler-Benz die restlichen 50% an MTU sowie der Mehrheit an Dornier und eine Beteiligung von 24,9% an der AEG, die 1986 zur Mehrheitsbeteiligung wurde und 1988 in einen Beherrschungs- und Gewinnabführungsvertrag mündete. 1989 folgte die Übernahme der Mehrheit von MBB und eine grundlegende Neuordnung des Konzerns in die drei Unternehmensbereiche Mercedes-Benz, AEG und Deutsche Aerospace. 1989 folgte die Gründung der Deutschen Airbus GmbH, 1990 die der Daimler-Benz Inter Services AG (debis) als vierter Unternehmensbereich. 1993 wurden 51,4% der niederländischen Fokker NV, Amsterdam, akquiriert.

Nach finanziellen Einbrüchen kam es 1996 zu einer grundlegenden Neuorientierung des Konzerns: Teilverkauf der AEG und Auflösung der Frankfurter Zentrale; Verschmelzung der verbliebenen Geschäftsfelder der AEG Daimler-Benz-Industrie auf Daimler-Benz, Beendigung des

Fokker-Engagements, Verkauf der Dornier Luftfahrt GmbH. 1997 wurde die Mercedes-Benz AG auf die Mutter Daimler-Benz AG verschmolzen. Es kam zu einer grundlegend neuen Führungsstruktur für 23 Geschäftsbereiche in den Geschäftsfeldern Personenwagen, Nutzfahrzeuge, Luft- und Raumfahrt, Dienstleistungen sowie direkt geführte industrielle Beteiligungen. Anfang 1998 folgte der spektakuläre Beschluß zur Fusion mit der Chrysler Corp. zur DaimlerChrysler AG, der Ende 1998 durch die Verschmelzung Realität wurde. DaimlerChrysler ist eine Aktiengesellschaft nach deutschem Recht.

BESITZVERHÄLTNISSE/EIGENTUMSSTRUKTUR.

- Deutsche Bank AG, Frankfurt/Main (12%)
- Emirat Kuwait (7%)
- Streubesitz bei 1,4 Mio. Aktionären

Mehr als die Hälfte des Aktienkapitals liegt in Europa, rund 25% sind im Besitz von US-Investoren.

KONZERNÜBERBLICK. DaimlerChrysler ist eines der führenden Automobil-, Transport- und Dienstleistungsunternehmen der Welt. Zu seinen Personenwagen-Marken zählen Mercedes-Benz, smart, Chrysler, Plymouth, Jeep und Dodge. Nutzfahrzeuge werden unter den Markennamen Mercedes-Benz, Freightliner, Sterling und Setra produziert. Die DaimlerChrysler Aerospace (Dasa) ist der Luft- und Raumfahrtkonzern des Unternehmens, DaimlerChrysler Services (debis) bietet Finanz- und andere Dienstleistungen an. Das fusionierte Unternehmen wird von den beiden Firmenzentralen in Stuttgart und Auburn Hills/ Michigan, USA gesteuert. Dem aus 17 Mitgliedern bestehenden Vorstand stehen Jürgen E. Schrempp und Robert J. Eaton vor, die den Konzern gemeinsam steuern. Nach drei Jahren soll Eaton dann in den Aufsichtsrat wechseln und Schrempp alleiniger Vorstandsvorsitzender werden. Der neue DaimlerChrysler-Konzern besteht aus fünf zentralen Geschäftsfeldern. Hinzu kommen die drei Geschäftseinheiten Bahnsysteme, Automobil-Elektronik und MTU/Dieselantriebe.

◆ Das Geschäftsfeld Personenwagen besteht aus den Marken Mercedes-Benz und smart mit den deutschen Produktionsstandorten Sindelfingen (Karosserie- und Montagewerk), Untertürkheim (Fertigung von Motoren, Achsen und Getrieben; Gießerei, Schmiede), Bremen (Karosserie- und Montagewerk), Berlin (Fertigung von Aggregaten und Teilen für Pkw- und Nutzfahrzeugmotoren sowie von Pkw-Tauschmotoren), Hamburg (Fertigung von Fahrgestellteilen und Kleinaggregaten für Pkw und Nutzfahrzeuge) und Rastatt (Montagewerk). Die Produktionsstandorte im Ausland sind: Mercedes-Benz U.S. International Inc., Tuscaloosa/Alabama, USA (Fahrzeugwerk für die M-Klasse), Micro Compact Car Smart GmbH, Renningen (Fahrzeugwerk für den Smart; Werk in Hambach/Frankreich), Mercedes-Benz do Brasil S.A., Juiz de Fora/Brasilien (Fahrzeugwerk für die A-Klasse). Produziert werden folgende Typen: A-Klasse, C-Klasse, CLK/Cabrio, SLK, E-Klasse, S-Klasse/SL, M-Klasse, G-Modelle, smart. 1998 wurden weltweit 922.800 (Vorjahr: 715.000) Personenwagen abgesetzt, eine neuerliche Höchstmarke in der Geschichte des Unternehmens. Geplant ist die Produktion einer Luxuslimousine Mercedes-Benz Maybach (geplanter Preis: 400.000,– DM). DaimlerChrysler engagiert sich sehr im Bereich des Motorsports; in der Formel 1 startet das McLaren-Merce-

Kommunikation/ Unternehmenspresse

Dr. Christoph Walther
Tel.: (0711) 17-93445
Fax: (0711) 17-94403
E-Mail: christoph.walther@ daimlerchrysler.com
Nicole Gall
Tel.: (0711) 17-93130
Fax: (0711) 17-94946
E-Mail: nicole.gall@ daimlerchrysler.com
Roland Klein
Tel.: (0711) 17-93635
Fax: (0711) 17-94686
E-Mail: roland.klein@ daimlerchrysler.com
Jürgen E. Wittmann
Tel.: (0711) 17-93317
Fax: (0711) 17-94946
E-Mail: jw139@ daimlerchrysler.com
Eckhard Zanger
Tel.: (0711) 17-93311
Fax: (0711) 17-94686
E-Mail: eckhard.zanger@ daimlerchrysler.com

Betriebsbesichtigungen der Daimler-Benz-Werke sind möglich in den Werken Sindelfingen, Untertürkheim, Bremen, Berlin-Marienfelde, Rastatt, Wörth, Gaggenau, Kassel.

Verbände: *Verband der Automobilindustrie e.V. (VDA), Frankfurt/Main; Gesamtverband Deutscher Metallgießereien, Düsseldorf; Gesamtverband Kunststoffverarbeitende Industrie e.V., Frankfurt/Main*

Vorstand:

- *Schrempp, Jürgen E. (Vorsitzender)*
- *Eaton, Robert J. (Vorsitzender)*
- *Bischoff, Manfred, Dr. (Aerospace und Industrielle Beteiligungen außerhalb des Automobilbereiches)*
- *Cordes, Eckhard, Dr. (Konzernentwicklung und IT-Management, einschl. Verantwortung für MTU/Dieselantriebe und Automobil-Elektronik)*
- *Cunningham, Theodor R. (Vertrieb Lateinamerika – alle Automobilmarken – und operatives Geschäft Chrysler Trucks)*
- *Gale, Thomas C. (Produktstrategie, Design und operatives Geschäft Personenwagen der Marken Chrysler, Plymouth, Jeep und Dodge)*
- *Gentz, Manfred, Dr. (Finanzen und Controlling)*
- *Holden, James P. (Markenmanagement Chrysler, Plymouth, Jeep und Dodge und Vertrieb Nordamerika – alle Automobilmarken – und operatives Geschäft Minivans)*
- *Hubbert, Jürgen (Personenwagen Mercedes-Benz und smart)*
- *Lauk, Kurt J., Dr. (Nutzfahrzeuge und Markenmanagement Nutzfahrzeuge)*
- *Mangold, Klaus, Dr. (Dienstleistungen)*
- *Sidlik, Thomas W. (Einkauf für die Marken Chrysler, Plymouth, Jeep und Dodge und operatives Geschäft Jeep)*
- *Stallkamp, Thomas T. (Personenwagen und Trucks Chrysler, Plymouth, Jeep und Dodge)*
- *Tropitzsch, Heiner (Personal und Arbeitsdirektor)*
- *Valade, Gary C. (Weltweiter Einkauf)*

des-Team. Umsatz 1998: 63.735 Mio. DM (Vorjahr: 53.893 Mio.); Beschäftigte 1998: 95.158 (Vorjahr: 91.753).

◆ Das Geschäftsfeld Personenwagen und Nutzfahrzeuge besteht aus den Chrysler-Marken Chrysler, Plymouth, Jeep und Dodge. Die rund 3 Mio. produzierten Personen- und Nutzfahrzeuge werden in erster Linie in den nordamerikanischen Märkten USA, Kanada und Mexiko abgesetzt. Produziert werden die Fahrzeuge in 15 amerikanischen, zwei kanadischen und drei mexikanischen Werken sowie im österreichischen Graz. Die Pkw-Produktion stieg 1998 auf 865.300 (Vorjahr: 778.200) Fahrzeuge, die Fertigung leichter Nutzfahrzeuge (Minivans, Geländewagen, Pick-ups) auf 2.117.300 (Vorjahr: 1.995.100) Fahrzeuge. Umsatz 1998: 110.191 Mio. DM (Vorjahr: 101.590 Mio.); Beschäftigte 1998: 123.180 (Vorjahr: 118.639).

◆ Zum Geschäftsfeld Nutzfahrzeuge gehören die Marken Mercedes-Benz, Freightliner, Sterling und Setra. Bei Nutzfahrzeugen ist Mercedes der weltweit größte Hersteller von Lastwagen über 6 Tonnen. Das Modellangebot reicht vom Transporter bis zum Schwerlastwagen, vom Spezialfahrzeug bis zum Unimog, vom Reise- und Überland- bis zum Stadtbus. Die amerikanischen Produktionsgesellschaften wurden in den Geschäftsbereichen Nutzfahrzeuge NAFTA und Nutzfahrzeuge Lateinamerika zusammengefaßt. Im Geschäftsfeld Nutzfahrzeuge spielte die Daimler-Benz-Tochtergesellschaft Freightliner (USA) auch schon in der Vergangenheit eine bedeutende Rolle. 1997 akquirierte Freightliner das Schwerlastwagen-Geschäft von Ford in Nordamerika. Die europäischen Busaktivitäten der DaimlerChrysler AG sind seit der Übernahme der Kässbohrer Fahrzeugwerke GmbH in der EvoBus GmbH zusammengefaßt.

Nutzfahrzeug-Produktionsstandorte in Deutschland sind Mannheim (Fertigung von Nutzfahrzeug- und Industrie-Motoren, Gießerei; Textilfertigung für Pkw), Wörth (Lkw-Montage inkl. Fahrerhausbau), Gaggenau (Karosserie- und Montagewerk für Unimog), Düsseldorf (Karosserie- und Montagewerk für Transporter), Kassel (Fertigung von Achsen für Geländewagen und sämtliche Nutzfahrzeuge), Nutzfahrzeuge Ludwigsfelde GmbH (Karosserie- und Montagewerk für Transporter), EvoBus GmbH, Ulm/Neu Ulm, Mannheim (Karosserie- und Montagewerk für Omnibusse), MB-Lenkungen GmbH, Düsseldorf (Fertigung von Lenkungen für Personenwagen und Nutzfahrzeuge). Hinzu kommen die Nutzfahrzeug-Produktionsgesellschaften Freightliner Corporation in den USA, Mecedes-Benz Mexico S.A., Mercedes-Benz do Brasil S.A., Mercedes-Benz Argentina S.A., Mercedes-Benz of South Africa (Pty.) Ltd., Mercedes-Benz España S.A., Madrid/Spanien, Mercedes-Benz Türk A.S., die schweizerische NAW Nutzfahrzeuge AG und eine Produktionsgesellschaft in Indonesien. Der Absatz an Nutzfahrzeugen stieg 1998 auf 489.700 (Vorjahr: 417.400) Fahrzeuge. Mercedes-Transporter wurden 199.500 (Vorjahr: 182.200) abgesetzt, besonders die Transporter »Sprinter«, »Vito« und »Vario«. Umsatz 1998 45.301 Mio. DM (Vorjahr: 39.140 Mio.); Beschäftigte 1998: 89.711 (Vorjahr: 85.071).

◆ Das Geschäftsfeld DaimlerChrysler Service AG (debis) ist aus der Zusammenlegung der Finanzdienstleistungsaktivitäten der Chrysler Financial Services und der Daimler-Benz InterServices entstanden. debis bietet umfangreiche Finanz- und andere Dienstleistungen an und ist nach der Fusion mit einem Portfolio von 140 Mrd. DM der viertgrößte Finanzdienstleister der Welt außerhalb des Banken- und Versicherungssektors. Zu debis gehören die Geschäftsbereiche Financial Services (Absatzfinanzierung, Leasing, Versicherungen für alle Konzernunternehmen, Mitarbeiter und Drittkunden), IT Services (Informationstechnik, Softwarelösungen, Anwendungssysteme) und Telecom Services (Telekommunikation). Die mit der Metro betriebene debitel Kommunikationstechnik GmbH & Co. KG, Stuttgart, wurde in eine Aktiengesellschaft umgewandelt und zu Teilen an die Börse gebracht. Ein weiterer Teil der Debitel AG wurde Mitte 1999 für 3,2 Mrd. DM an die Schweizer Telefongesellschaft Swisscom verkauft, die jetzt mit 58% Hauptaktionärin ist. Umsatz 1998: 18.723 Mio. DM (Vorjahr: 15.498 Mio.); Beschäftigte 1998: 20.221 (Vorjahr: 14.898).

◆ Das Geschäftsfeld Luft- und Raumfahrt wird durch die DaimlerChrysler Aerospace repräsentiert, in der alle Luft- und Raumfahrtaktivitäten des Konzerns gebündelt sind. Das Geschäftsfeld gliedert sich in die Geschäftsbereiche Verkehrsflugzeuge (Airbus-Programm), Hubschrauber (Joint-venture mit Eurocopter), Militärflugzeuge (Eurofighter, Tornado), Satelliten, Raumfahrt Infrastruktur (Raumlabors, Ariane), Verteidigung und Zivile Systeme sowie Antriebe Luftfahrt. Das Airbus-Konsortium besteht aus der deutsch-amerikanischen DaimlerChrysler Aerospace, der französischen Aérospatiale, der British Aerospace und der spanischen Casa (Construcciones Aeronáutica SA). Mitte 1999 gaben die Dasa und das zur Privatisierung anstehende spanische Staatsunternehmen für Luft- und Raumfahrt Casa ihre Fusion bekannt. Mit der Casa-Übernahme erwirbt die Dasa neben ihrem eigenen Anteil von 37,9% am Airbus-Konsortium (Aérospatiale 37,9%, British Aerospace 20%) den 4,2%igen Anteil der Casa und avanciert damit zum mit 42,1% größten Anteilseigner am Airbus. Durch die 13%ige Beteiligung der Casa am Eurofighter ist die Dasa nun auch mit 44% stärkster Partner an diesem Projekt. Die Dasa vereint insgesamt etwa 80% der deutschen Luftfahrtbranche auf sich. Die bisherige Eigentümerin der Casa, die spanische Staatsholding SEPI, erhält etwas über 10% an dem fusionierten Unternehmen. Vor dem Hintergrund der geplanten Neuordnung des europäischen Luft- und Raumfahrtmarktes hin zu einem großen europäischen Luftfahrtkonzern in der Form einer Kapitalgesellschaft (nicht zuletzt als Antwort auf die Fusion von Boeing/McDonnell Douglas in den USA) dürfte die Position der Dasa, die allerdings lieber mit der British Aerospace fusioniert hätte, äußerst gestärkt sein. Die Dasa ist im Rahmen der Privatisierung des italienischen Luft- und Raumfahrtkonzerns Alenia auch an diesem Unternehmen interessiert. Ein Börsengang der starken DaimlerChrysler Aerospace AG wird mittelfristig nicht ausgeschlossen. Umsatz 1998: 17.153 Mio. DM (Vorjahr: 15.287 Mio.); Beschäftigte 1998: 45.858 (Vorjahr: 43.521).

◆ Die direkt geführten industriellen Beteiligungen bestehen aus den Geschäftseinheiten Bahnsysteme, Automobil-Elektronik und MTU/Dieselantriebe.

– Bahnsysteme (ABB Daimler-Benz Transportation GmbH): Mit diesem 1995 vereinbarten Joint-venture zwischen Daimler-Benz und ABB zur ABB Daimler-Benz Transportation (Adtranz), in das die beiden Unternehmen ihre jeweiligen Aktivitäten auf dem Schienenverkehrssektor eingebracht hatten, entstand der größte Bahnhersteller der Welt. Die Produktpalette umfaßt Lokomotiven für den Nah- und Fern-

▌ *Vöhringer, Klaus-Dieter (Forschung und Technologie)*
▌ *Zetsche, Dieter, Dr. (Markenmanagement Mercedes-Benz und smart sowie Vertrieb Europa, Asien, Afrika, Australien/ Pazifik – alle Automobilmarken)*

Vorstandsbezüge 1998:
80.189.000,– DM

Der Vorstand soll mittelfristig auf etwa ein Dutzend Mitglieder reduziert werden.

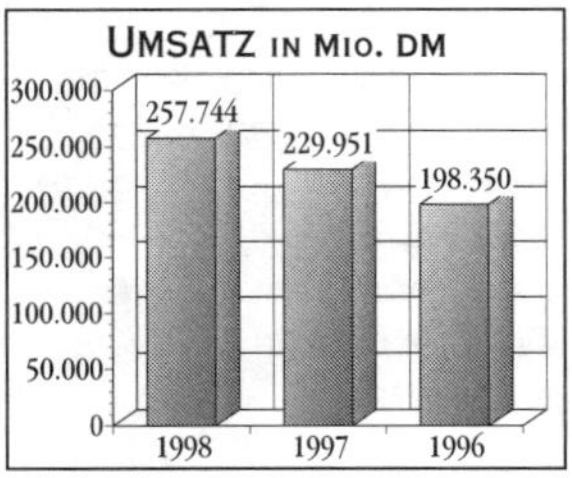

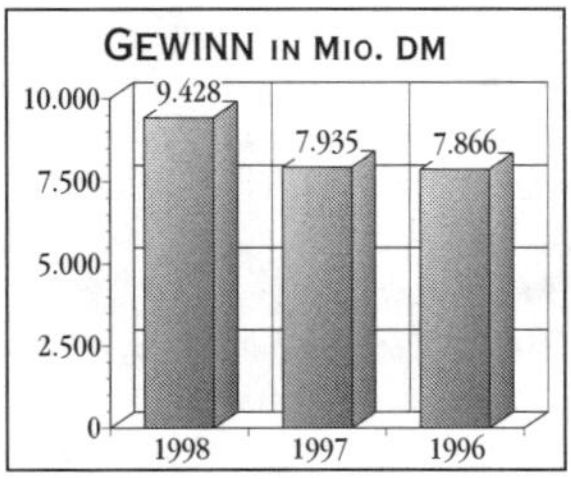

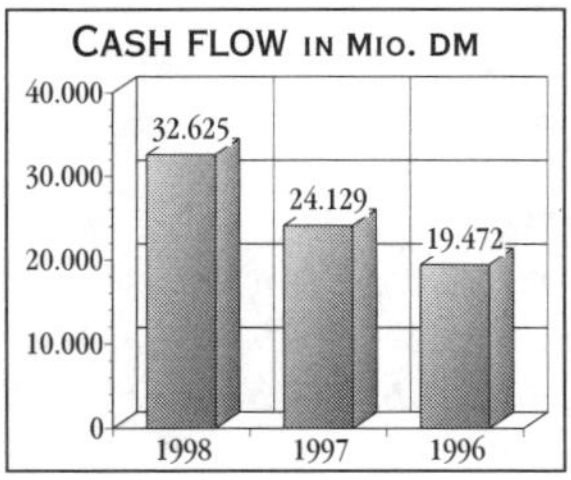

Aufsichtsrat:
- *Kopper, Hilmar (Vorsitzender; Vorsitzender des Aufsichtsrates der Deutsche Bank AG), Frankfurt/Main*
- *Allen, Robert E. (Retired Chairman of the Board and Chief Executive Officer of AT & T Corp.), Berkeley Heights/USA*
- *Browne, John (Chief Executive Officer of BP Amoco p.l.c.), London/Großbritannien*
- *Lanigan, Robert J. (Chairman Emeritus of Owens-Illinois, Inc.), Toledo/USA*
- *Magowan, Peter A. (Retired Chairman of the Board of Safeway, Inc., President and Managing General Partner of San Francisco Giants), San Francisco/USA*
- *Schneider, Manfred, Dr. (Vorsitzender des Vorstandes der Bayer AG), Leverkusen*
- *Thoman, G. Richard (President and Chief Operating Officer of Xerox Corporation), Stamford/USA*
- *Walter, Bernhard (Sprecher des Vorstandes der Dresdner Bank AG), Frankfurt/Main*
- *Wilson, Lynton R. (Chairman of the Board of BCE Inc.), Toronto/Kanada*
- *Wössner, Mark, Dr. (Vorsitzender des Aufsichtsrates der Bertelsmann AG), Gütersloh*

**Feuerstein, Karl (stellv. Vorsitzender)*
**Böhm, Willi*
**Göbels, Manfred*
**Klemm, Erich*
**Kuda, Rudolf*
**Lense, Helmut*
**Schiller, Herbert*
**Schönfelder, Peter*
**Wurl, Bernhard*
**Yokich, Stephen P.*

Aufsichtsratstantiemen 1998: *3.911.660,– DM*

verkehr, Wagen, U-Bahnen und Bahnsysteme aller Art. 1999 übernahm DaimlerChrysler die Adtranz volständig. Umsatz 1998: 6.486 Mio. DM (Vorjahr: 6.378 Mio.); Beschäftigte 1998: 23.785 (Vorjahr: 22.715).
– Automobil-Elektronik (TEMIC Telefunken microelectronic GmbH): Die Geschäftseinheit Automobil-Elektronik arbeitet in den sechs Produktbereichen Antrieb und Fahrwerk, Sicherheit, Komfort, ABS, Sensorik sowie elektrische Motoren. Umsatz 1998: 1.475 Mio. DM (Vorjahr: 1.089 Mio.); Beschäftigte 1998: 4.638 (Vorjahr: 3.848).
– MTU/Dieselantriebe (MTU Motoren- und Turbinen-Union Friedrichshafen GmbH): Zur Geschäftseinheit MTU/Dieselantriebe gehören die Produktbereiche Triebwerke (Triebwerke für Verkehrs- und Transportflugzeuge, Hubschrauber, Turbopropflugzeuge, Kampf- und Trainerflugzeuge) und Dieselmotoren. MTU ist Marktführer bei Schiffsmotoren für Schnellfähren. Umsatz 1998: 1.801 Mio. DM (Vorjahr: 1.717 Mio.); Beschäftigte 1998: 5.893 (Vorjahr: 5.758).

BETEILIGUNGEN. Der Konsolidierungskreis umfaßte 1998 neben der DaimlerChrysler AG 481 in- und ausländische Tochterunternehmen sowie 82 Gemeinschaftsunternehmen. Die wichtigsten Beteiligungsgesellschaften der DaimlerChrysler AG:
● Personenwagen: Mercedes-Benz (Schweiz) AG, Zürich/Schweiz (100%); Mercedes-Benz Italia S.p.A., Rom/Italien (100%); Micro Compact Car AG, Biel/Frankreich (100%); Mercedes-Benz Hellas S.A., Athen/Griechenland (100%); Mercedes-Benz of North America, Inc., Montvale/USA (100%); Mercedes-Benz U.S. International, Inc., Tuscaloosa/USA (100%); Mercedes-Benz Group Indonesia, Jakarta/Indonesien (95%); Mercedes-Benz Japan Co. Ltd., Tokio/Japan (100%); Mercedes-Benz India Ltd., Pune/Indien (86%).
● Personenwagen & Nutzfahrzeuge (Chrysler, Plymouth, Jeep, Dodge): DaimlerChrysler Corporation, Auburn Hills/USA (100%); Chrysler Canada Ltd., Windsor/Kanada (100%); Eurostar Automobilwerk GmbH & Co. KG, Graz/Österreich (50%); Chrysler Pentastar Aviaton, Inc., Waterford/USA (100%); Chrysler Transport, Inc., Detroit/USA (100%); Chrysler de Mexiko S.A. de C.V., Mexico City/Mexiko (100%); Chrysler Financial Company L.L.C., Southfield/USA (100%); Chrysler Credit Canada Ltd., Mississauga/Kanada (100%); Chrysler Insurance Company, Southfield/USA (100%).
● Nutzfahrzeuge (Mercedes-Benz, Freightliner, Sterling, Setra): EvoBus GmbH, Stuttgart (100%); Mercedes-Benz Lenkungen GmbH, Düsseldorf (100%); Mercedes-Benz España S.A., Madrid/Spanien (100%); Mercedes-Benz Belgium S.A./N.V., Brüssel/Belgien (100%); NAW Nutzfahrzeuge AG, Arbon/Schweiz (100%); Freightliner Corporation, Portland/USA (100%); Mercedes-Benz Mexico S.A. de C.V., Mexico City/ Mexiko (100%); Mercedes-Benz do Brasil S.A., São Bernardo do Campo/Brasilien (100%); Mercedes-Benz Argentina, Buenos Aires/Argentinien (100%); Mercedes-Benz of South Africa (Pty.) Ltd., Pretoria/ Südafrika (100%); Mercedes-Benz (Australia) Pty. Ltd., Melbourne/ Australien (100%); Mercedes-Benz Türk A.S., Istanbul/Türkei (55,6%).
● Dienstleistungen: DaimlerChrysler Services (debis) AG, Berlin (100%); debis Systemhaus GmbH, Leinfelden-Echterdingen (100%); debitel Kommunikationstechnik GmbH & Co. KG, Stuttgart (52,4%); Mercedes-Benz Finanz GmbH, Stuttgart (100%).

● Luft- und Raumfahrt: DaimlerChrysler Aerospace AG, München (100%); DaimlerChrysler Aerospace Airbus GmbH, Hamburg (100%); Dornier GmbH, Friedrichshafen (57,6%); Dornier Satellitensysteme GmbH, München (100%); Eurocopter S.A., Marignane/Frankreich (75%); Eurocopter Deutschland GmbH, Ottobrunn (100%); LKF-Lenkflugkörpersysteme GmbH, München (100%); Nortel Dasa Network Systems GmbH & Co. KG, Friedrichshafen (50%).
● Direkt geführte industrielle Beteiligungen: ABB Daimler-Benz Transportation GmbH, Berlin (100%); TEMIC Telefunken microelectronic GmbH, Heilbronn (100%); MTU Motoren- und Turbinen-Union GmbH, Friedrichshafen (88,4%).

BÖRSE, AKTIEN, KURSE
Grundkapital 1998:
5.008,9 Mio.
Jahreshöchstkurs 1998:
184,24 DM (94,20 €)
Jahrestiefstkurs 1998:
138,08 DM (70,60 €)
Aktie Jahresende 1998:
163,51 DM (83,60 €)
Dividende pro Aktie 1998:
4,60 DM

Die Dividende bezieht sich auf nennwertlose Stückaktien. Die Dividendensumme (ohne Sonderausschüttung) betrug 1998 4.608,0 Mio. DM. Die DaimlerChrysler AG firmiert als deutsche Aktiengesellschaft. DaimlerChrysler-Stammaktien werden seit dem 17. November 1998 an den Börsen von New York und Frankfurt/Main wie auch an 19 weiteren bedeutenden Börsen weltweit gehandelt.

GLOBALE STRATEGIEN UND DER STANDORT DEUTSCHLAND.

Als Anfang Mai 1998 der Vorstandsvorsitzende von Daimler-Benz, Jürgen Schrempp, und der Chef der amerikanischen Chrysler Corp., Robert Eaton, die spektakulärste Fusionsabsicht des Jahres bekanntgaben und schließlich mit der Gründung der DaimlerChrysler AG in die Tat umsetzten, schrieben beide Industriegeschichte. Schließlich war die Fusion die bislang größte ihrer Art in der Automobilgeschichte. Daimler-Benz hatte bereits seit Jahren als erfolgreicher Global Player auf allen lukrativen Märkten der Welt operiert. Doch der Fusions-Coup mit Chrysler katapultierte das Unternehmen in eine neue Dimension. Bezogen auf Umsatz, Börsenwert und Ertrag rangiert das fusionierte Unternehmen DaimlerChrysler unter den internationalen Automobil-Herstellern nach General Motors und Ford an dritter Stelle. Und das ehrgeizige DaimlerChrysler-Management läßt keinen Zweifel an dem Ziel, mittelfristig der größte Automobilkonzern der Welt zu werden. Die Produktpaletten der Konzerne zeigen wenig Überschneidungen und ergänzen sich nach Meinung von Experten ausgezeichnet. Chrysler verspricht sich von der Fusion einen größeren Marktauftritt in Europa, Daimler-Benz eine noch stärkere Präsenz in den USA. Der Konzern verfügt über Produktionsstätten in 34 Ländern und verkauft seine Produkte in mehr als 200 Staaten weltweit.
Die Wachstumsstrategie des DaimlerChrysler-Konzerns besteht – so der Vorstandsvorsitzende Jürgen Schrempp – aus drei Kernelementen: wertorientierte Führung, Innovation und Globalisierung. Im Planungszeitraum 1999 bis 2001 will DaimlerChrysler rund 80 Mrd. DM in das Unternehmen investieren. Schwerpunkte bei den Investitionen sollen neue Produkte und Modelle bei Personenwagen und Nutzfahrzeugen sein (Nachfolgereihen für die C- und E-Klasse von Mercedes-Benz, für den Dakota Truck sowie den Chrysler Minivan), höhere Fertigungskapazitäten in den Fahrzeugbereichen und bei Verkehrsflugzeugen (Entwicklung neuer Airbus-Baureihen). Vor diesem Hintergrund ist auch die Fusion zwischen DaimlerChrysler Aerospace und der spanischen Casa zu sehen. Produziert werden soll aus Kostengründen und Standortvorteilen in Zukunft neben den deutschen Standorten verstärkt im Ausland. Stellt Mercedes-Benz jeden 50. Personenwagen im Ausland her, so soll schon in wenigen Jahren jeder 10. Wagen im Ausland gefertigt werden. Nutzfahrzeuge werden zu über 50% in Übersee gebaut. Jahrelang hing der damalige Daimler-Benz-Vorstand an der Vision eines sogenannten integrierten Technologiekonzerns, dem neben der Autoproduktion ganze Branchen im hochtechnologischen Bereich ein-

verleibt wurden. Nach horrenden wirtschaftlichen Einbrüchen wurden seit Mitte der 90er Jahre vom neuen Vorstand unter Jürgen Schrempp das »Portfolio des Konzerns« »unter strengen Renditekriterien« analysiert, die »Verlustquellen« gefunden und radikal verändert: die damalige AEG Daimler-Benz Industrie und der Luftfahrtbereich. Im »Interesse der Aktionäre« wurde die AEG zerschlagen und in kleinen Happen an industrielle Partner verkauft. Die im Konzern verbliebenen Aktivitäten, wie die Adtranz, die Automobil-Elektroniktochter TEMIC oder MTU, wurden auf die Daimler-Benz AG verschmolzen und werden bis heute als eigene Bereiche geführt. Das verlustreiche Tochterunternehmen Fokker N.V., Amsterdam, wurde ebenso abgestoßen wie die Dornier Luftfahrt GmbH. Alle Maßnahmen gingen einher mit Standortschließungen und Entlassungen in großem Stil.

INNERBETRIEBLICHE BÜNDNISSE. Mit weltweit 440.000 Beschäftigten, von denen etwa 233.000 in Deutschland und 117.000 in den USA tätig sind, kommt DaimlerChrysler auch in der Beschäftigungspolitik eine wichtige Rolle zu.
Bei DaimlerChrysler in Deutschland gibt es weitreichende Betriebsvereinbarungen für insgesamt 134.000 Mitarbeiter der Standorte Untertürkheim, Sindelfingen, Bremen, Berlin, Kassel, Wörth und Mannheim, durch die Produktionskosten gesenkt werden sollen, bei gleichzeitigem Verzicht auf betriebsbedingte Kündingungen bis zum Ende des Jahres 2000. Als Gegenleistung verzichten die Mitarbeiter auf Teile der Entgeltzuwächse und auf übertarifliche Leistungen. Ein ähnliches Modell gibt es am Standort Ulm/Neu-Ulm der EvoBus GmbH. Im Daimler-Benz-Motorenwerk in Bad Cannstatt (»Fabrik der Zukunft«) wurden flexible Arbeitszeitmodelle, Gruppenarbeit sowie ein neues erfolgsorientiertes Entlohnungssystem geschaffen. Ein »intelligentes Schichtmodell« zum Ausgleich von Nachfrageschwankungen für die A-Klasse wurde in Rastatt etabliert. Auf betriebsbedingte Kündigungen wird bis zum Ende des Jahres 2000 verzichtet. Ähnliche Betriebsvereinbarungen gibt es auch bei MTU und Airbus Bremen. 1998 wurden konzernweit über 3.300 Auszubildende neu eingestellt. Konzernweit sind über 10.000 Jugendliche in der Ausbildung.

UMWELTSCHUTZ. Umweltschutz ist bei DaimlerChrysler gerade nach der Fusion und der gestiegenen globalen Verantwortung Unternehmensziel und integraler Bestandteil aller Produktionsprozesse. An allen umweltrelevanten Standorten gibt es Umweltmanagementsysteme nach internationalen Standards, die von externen Prüfern zertifiziert werden. 1998 wurden alle deutschen Mercedes-Produktionsstandorte sowie der Jeep-Produktionsstandort in Österreich nach der europäischen Öko-Audit-Verordnung validiert. Schwerpunkte umweltschonender Entwicklungen liegen in neuen Leichtbaukonzepten (Mercedes-Benz), besonders beim Fahrwerk und der Karosserie, sowie in der Steigerung des Recyclatanteils in der Produktion. Bei den Marken Chrysler, Plymouth, Jeep und Dodge soll bis 2002 der Anteil der Kunststoffe aus Recyclatmaterial auf 30% erhöht werden. In einer Kooperation mit dem kanadischen Unternehmen Ballard Power Systems Inc., Vancouver, und Ford Motor Co., Detroit/Michigan, USA, werden neue Brennstoffzellen entwickelt, die in Zukunft eine umweltfreundliche Alternative zu Otto- und Dieselmotoren in Personenwagen darstel-

Umsatz 1998: *257.744,0 Mio.*
Umsatz 1997: *229.951,0 Mio.*
Umsatz 1996: *198.350,0 Mio.*

Gewinn 1998: *9.428,0 Mio.*
Gewinn 1997: *7.935,0 Mio.*
Gewinn 1996: *7.866,0 Mio.*

Cash flow 1998:
32.625,0 Mio.
Cash flow 1997:
24.129,0 Mio.
Cash flow 1996
19.472,0 Mio.

Cash flow: *Der Cash flow floß überwiegend in die Investitionen des Konzerns.*

Steueraufkommen 1998:
6.014,0 Mio.

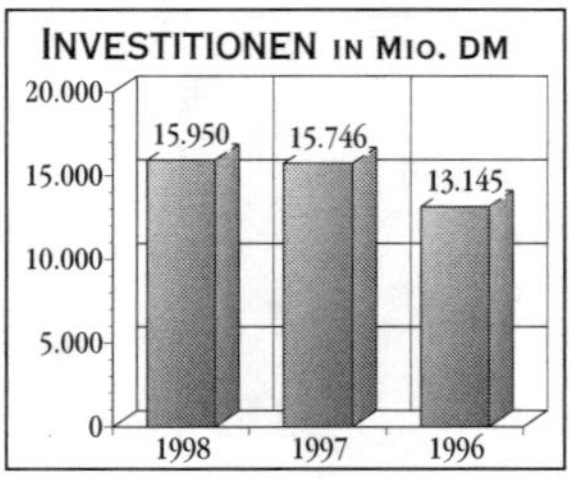

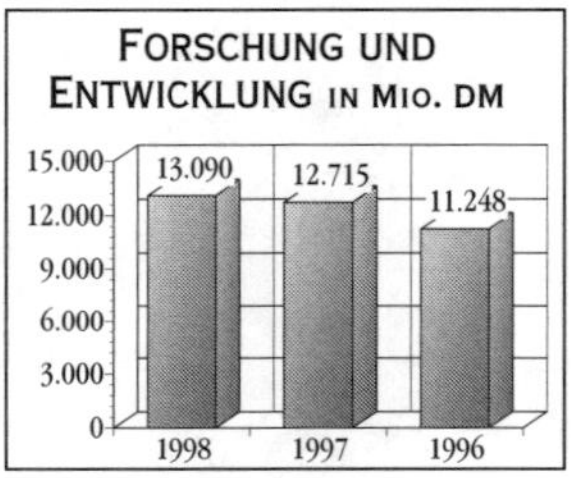

len könnten. DaimlerChrysler will als erstes Unternehmen ein wirtschaftlich vertretbares Serienfahrzeug auf den Markt bringen. DaimlerChrysler ist mit 20% an Ballard beteiligt.

Beschäftigte 1998: *441.502*
Beschäftigte 1997: *425.649*
Beschäftigte 1996: *418.811*

Umsatz pro Mitarbeiter 1998: *583.789,– DM*
Umsatz pro Mitarbeiter 1997: *540.024,– DM*
Umsatz pro Mitarbeiter 1996: *473.603,– DM*

Löhne und Gehälter 1998: *39.082,0 Mio.*
Löhne und Gehälter 1997: *36.488,0 Mio.*
Durchschnittsgehalt 1998: *88.521,– DM*
Soziale Abgaben und Aufwendungen 1998: *9.879,0 Mio.*
Soziale Abgaben und Aufwendungen 1997: *9.220,0 Mio.*

Bezüge pro Vorstandsmitglied 1998: *4.717.000,– DM*
Tantiemen pro Aufsichtsrat 1998: *195.583,– DM*

Forschung, Entwicklung, Innovationen.

Neue Fahrzeuggenerationen und Aggregate bis hin zur Serienreife zählen zu den Schwerpunkten des Forschungs- und Entwicklungsbereiches bei DaimlerChrysler, in dem weltweit über 36.000 Mitarbeiter beschäftigt sind. Für die Entwicklung neuer und erfolgreicher Produkte werden jährlich rund 12 Mrd. DM aufgewendet. Im neuen Entwicklungs- und Vorbereitungszentrum für Mercedes-Benz-Fahrzeuge in Sindelfingen sollen rund 6.000 Ingenieure und Techniker Personenwagen und Nutzfahrzeuge entwickeln.

Jürgen Schrempp – Hardliner auf Erfolgskurs.

Jürgen Schrempp war bei Amtsantritt im Vorstandsvorsitz von Daimler-Benz nicht unumstritten. Vier Jahre drastischer Konzernumbau unter seiner Ägide und die von ihm eingefädelte Fusion mit Chrysler ließen seine Kritiker verstummen, zumindest vordergründig. Denn Schrempp gilt als der starke Mann der Fusion, er schrieb das Drehbuch der Verschmelzung, und er wird nach drei Jahren Fusion der DaimlerChrysler AG allein vorstehen. Dann nämlich wechselt Robert Eaton, der den Konzern zunächst mit Schrempp leitet, absprachegemäß an die Spitze des Aufsichtsrates. Obwohl das fusionierte Unternehmen von den beiden Firmenzentralen in Stuttgart und Auburn Hills gesteuert wird und sich der Vorstand aus den beiden Chefetagen der fusionierten Unternehmen zusammensetzt, spielt die Musik in Stuttgart. Nicht zuletzt, weil das neue Unternehmen als deutsche Aktiengesellschaft firmiert.
Im Mai 1995 wurde Jürgen Schrempp Nachfolger von Edzard Reuter im Vorstandsvorsitz von Daimler-Benz. Reuter, der Schrempp stets gefördert hatte, war 1986 angetreten mit der Vision, aus der Auto-Nobelmarke einen »integrierten Technologiekonzern« zu bauen. Er versuchte, dieses Ziel durch Großakquisitionen wie die von Dornier, AEG, Telefunken, MBB und Fokker in die Tat umzusetzen, scheiterte aber letztendlich aufgrund von Managementfehlern (immerhin hatte sein Konzernumbau auch 70.000 Menschen den Arbeitsplatz gekostet) und objektiven gesellschaftlichen Veränderungen wie dem Zusammenbruch des Ostblocks und dem Rückgang der Rüstungsgeschäfte. Der Konzern geriet in den Unternehmensbereichen AEG und Dasa in die roten Zahlen. Vor der Hauptversammlung 1996 verließ Edzard Reuter, jetzt als Sündenbock, auch noch den Daimler-Benz-Aufsichtsrat, dessen Vorsitzender er ursprünglich hätte werden wollen.
Da schlug die Stunde des Jürgen Schrempp. Der Vorstandsvorsitzende der Dasa und Mitglied des Vorstandes der Daimler-Benz AG setzte sich nach internen Kämpfen gegen den damaligen und äußerst ambitionierten Mercedes-Chef Helmut Werner durch. Schrempp, so seine Förderer, sollte bei Daimler-Benz einen Generationswechsel markieren. Für ihn sprach auch sein rigoroses Vorgehen bei den Sanierungsversuchen innerhalb der Daimler-Benz Aerospace. Schrempp galt als Kind des Konzerns, der es vom Kfz-Lehrling bis in den Vorstand gebracht hatte.
Als Schrempp zu der von ihm so genannten »Generalbereinigung« der Verlustquellen ansetzte, die dem Konzern Verluste in Milliardenhöhe

Investitionen 1998:
15.950,0 Mio.
Investitionen 1997:
15.746,0 Mio.
Investitionen 1996:
13.145,0 Mio.

Forschung und Entwicklung 1998: *13.090,0 Mio.*
Forschung und Entwicklung 1997: *12.715,0 Mio.*
Forschung und Entwicklung 1996: *11.248,0 Mio.*

Mitbewerber: *ABB, Alcatel SEL, Audi, BMW, Bosch, British, Aerospace, Fiat, Ford, General Motors, Honda, Hyundai, IBM, Isuzu, MAN, Mannesmann, Mazda, Mitsubishi, Nissan, Peugeot, Philips, Porsche, Renault, Rover, Saab, Scania, Siemens, Thomson, Toyota, Volkswagen, Volvo, Whirlpool, Boeing, McDonnel, Lockheed, Aerospatiale*

beschert hatten (allein die von ihm bis dahin geführte Dasa wies einschließlich der Fokker-Belastungen einen Konzern-Jahresfehlbetrag von 4,2 Mrd. DM aus), wurde die AEG kurzerhand aufgelöst und verkauft, die niederländischen Fokker-Werke durch die radikale Einstellung aller Zahlungen an den Rand des Konkurses gebracht und Dornier unter Zuzahlung von rund 300 Mio. DM an die US-Flugzeugfirma Fairchild verkauft. Durch Deinvestitionen und Entlassungen nahm die Belegschaft des Konzerns um mehrere zehntausend Mitarbeiter ab. Schrempp mußte sich aber selbst auch massive Vorwürfe gefallen lassen: Denn er war es, der als Chef der Dasa maßgeblich an der als verfehlt diagnostizierten Unternehmenspolitik beteiligt gewesen war.
Um so rigoroser brachte er den Konzern wieder in die schwarzen Zahlen. Die Fokussierung auf Kernbereiche, besonders auf das Herzstück des Konzerns, die Geschäftsfelder Personenwagen und Nutzfahrzeuge, griff innerhalb eines Jahres. Der Umbau des Konzerns mit der deutlichen Reduzierung von Geschäftsfeldern und mit einer neuen Führungsstruktur machte ihn endgültig zum starken Mann bei Daimler-Benz. Und mit dem Fusions-Coup DaimlerChrysler schrieb er 1998 ein Stück globaler Industriegeschichte.

Dasa siehe DaimlerChrysler
DEA siehe RWE
Degussa-Hüls siehe VEBA

DEUTSCHE BANK

Standort:
Taunusanlage 12
60325 Frankfurt/Main

Postanschrift:
60262 Frankfurt/Main

Telefon: *(069) 910-00*
Telefax: *(069) 910-34225*
Internet: *www.deutsche-bank.de*

Branche: *Kreditinstitute*

Rechtsform: *Aktiengesellschaft*

Geschäftsjahr: *1.1.-31.12.*

Gründungsjahr: *1870; 1957 Neugründung der Deutsche Bank AG als Rechtsnachfolgerin der Deutschen Bank*

GESCHICHTE UND ENTWICKLUNG. Die Deutsche Bank wurde 1870 in Berlin gegründet und expandierte schnell zum führenden deutschen Kreditinstitut. Hauptgründer der Bank war Georg von Siemens. Zahlreiche Akquisitionen im Bankenbereich folgten ebenso wie die Gründung eines aufwendigen Auslandsnetzes. 1888 Erteilung der Konzession zum Bau der Anatolischen Eisenbahn. 1922 Übernahme der Deutschen Petroleum AG. 1929 große Bankenfusion mit der damals zweitgrößten deutschen Bank, der Disconto-Gesellschaft von 1851. Maßgeblicher Einfluß auf zahlreiche bedeutende Industrieunternehmen, u. a. Mannesmann, BMW, Daimler-Benz, Rheinische Braunkohle, Reemtsma. Weitreichendes Engagement mit der Nazi-Regierung. Mit der aggressiven Politik der Nationalsozialisten dehnte die Deutsche Bank ihren Einflußbereich auf die Territorien der überfallenen Länder aus. 1938 Kontrolle über Österreichs größte Bank, den Creditanstalt-Bodenverein.
Die Deutsche Bank beherrschte die AEG, die I.G. Farben und die Mannesmann-Röhrenwerke. Sie finanzierte maßgeblich die Kriegs- und Rüstungswirtschaft der Nazis. »Die Deutsche Bank spielte eine führende Rolle unter den Geschäftsbanken bei der Ausbeutung der wirtschaftlichen Reserven der annektierten, okkupierten und zu Satelliten gemachten Länder Europas.« So in einer Zusammenfassung der »OMGUS – Ermittlungen gegen die Deutsche Bank« der amerikanischen

Militärregierung nach Beendigung des Zweiten Weltkrieges. »Seit dem ›Anschluß‹ im Jahre 1938 ging sie mit großer Aggressivität daran, ihr Bankimperium über die alten Grenzen Deutschlands hinaus auszudehnen.« Während des Krieges rückte die Deutsche Bank immer in die von den Nazis eroberten Länder nach, akquirierte Banken und Industriebetriebe, »arisierte« Industrie- und Finanzunternehmen, besonders in Osteuropa. »Die Deutsche Bank benutzte ihre gewaltige Macht in der deutschen Wirtschaft, um bei der Durchführung der verbrecherischen Politik des Nazi-Regimes auf wirtschaftlichem Gebiet mitzuwirken.«
OMGUS empfahl, daß »1. die Deutsche Bank liquidiert wird, 2. die verantwortlichen Mitarbeiter der Deutschen Bank angeklagt und als Kriegsverbrecher vor Gericht gestellt werden, 3. die leitenden Mitarbeiter der Deutschen Bank von der Übernahme wichtiger oder verantwortlicher Positionen im wirtschaftlichen und politischen Leben Deutschlands ausgeschlossen werden«.
Bereits im Mai 1945 wurde die Deutsche Bank ebenso wie die anderen Berliner Großbanken von den Siegermächten stillgelegt. Im Osten kam es zur Enteignung aller Einrichtungen der Deutschen Bank, in den Westzonen zur Dezentralisierung in zehn unter Verwaltung stehende Niederlassungen, die 1952 zu drei Regionalbanken zusammengefaßt wurden: Norddeutsche Bank AG in Hamburg, Rheinisch Westfälische Bank AG in Düsseldorf, Süddeutsche Bank AG in München. 1957 erfolgte der Zusammenschluß der drei Regionalbanken zur Deutsche Bank AG mit Sitz in Frankfurt/Main.
Unter Vorstandssprecher Hermann Josef Abs, der auch während des ganzen Kriegs der Bank »gedient« hatte, begann der neuerliche Aufschwung der Deutschen Bank zur deutschen Nummer eins und zu einer der mächtigsten Banken der Welt. Die alten Großbeteiligungen wurden wieder übernommen, die Deutsche Bank agierte, als hätte es Nazi-Deutschland und den Krieg nie gegeben. Erst 1999 holte die Geschichte die Deutsche Bank ein: Historiker belegten, daß die Deutsche Bank auch den Bau des Konzentrationslagers Auschwitz mitfinanziert hatte. Am 1999 von verschiedenen deutschen Großkonzernen geschaffenen Entschädigungsfonds für ehemalige Zwangsarbeiter während der Zeit des Nationalsozialismus beteiligte sich auch die Deutsche Bank und bekannte sich damit erstmals zu so etwas wie einer moralischen Verantwortung für die Verbrechen der Nazi-Zeit und zu ihrer eigenen Verstrickung im Dritten Reich.

BESITZVERHÄLTNISSE/EIGENTUMSSTRUKTUR.
Streubesitz bei rund 500.000 Aktionären, davon

- Arbeitnehmer und Pensionäre (21,8% – darunter ca. 50.000 Belegschaftsaktionäre mit etwa 2,2%)
- Sonstige Privatpersonen (7,9%)
- Selbständige (6,7%)
- Institutionelle Anleger und Unternehmen (63,6% – davon Ausländer, zumeist institutionelle Investoren, 41%; größter bekannter Einzelaktionär ist die Allianz AG mit 5,03%)

KONZERNÜBERBLICK. Die Deutsche Bank ist als weltweit operierender Finanzkonzern nach einer 1998 neu geschaffenen Struktur in fünf Unternehmensbereichen tätig: Privat- und Geschäftskunden (Re-

Öffentlichkeitsarbeit:
Dierk Hartwig
Tel.: (069) 910-33400
Fax: (069) 910-33422
E-Mail: db.presse@db.com

Vorstand:
- *Breuer, Rolf-E., Dr. (Sprecher; Strategische Konzernplanung, Beteiligungen, Konzernmarketing und Kommunikation, Presse, Recht und Compliance, Führungskräfte, Volkswirtschaft)*
- *Ackermann, Josef (Globale Unternehmen und Institutionen)*
- *von Boehm-Bezing, Carl L. (Unternehmen und Immobilien)*
- *Dobson, Michael (Asset Management)*
- *Fischer, Thomas R. (Treasury und Marktrisikomanagement)*
- *Heydebreck, Tessen von (Privat- und Geschäftskunden; Personal)*
- *Krumnow, Jürgen, Dr. (Controlling, Steuern, Kreditrisikomanagement und Revision)*
- *Lamberti, Hermann-Josef (Global Technology and Services)*
- *Schmitz, Ronaldo H. (Globale Unternehmen und Institutionen)*

Vorstandsbezüge 1998:
30.990.233,– DM

Aufsichtsrat:
- *Kopper, Hilmar (Vorsitzender), Frankfurt/Main*
- *Baumann, Karl-Hermann, Dr. (Vorsitzender des Aufsichtsrates der Siemens AG), München*
- *Cartellieri, Ulrich, Dr., Frankfurt/Main*
- *Hughes, Louis R. (Executive Vice President General Motors Corporation), Detroit/USA*
- *Kracht, Adolf (Unternehmensberater), München*
- *Leibinger, Berthold, Prof. Dr. E.h. (Vorsitzender der Geschäftsführung der Trumpf GmbH + Co.), Ditzingen*
- *Liesen, Klaus, Dr. (Vorsitzender des Aufsichtsrates der Ruhrgas AG), Essen*
- *Otto, Michael, Dr. (Vorsitzender des Vorstandes der Otto-Versand GmbH & Co.), Hamburg*
- *Scholl, Hermann, Dr. (Vorsitzender der Geschäftsführung der Robert Bosch GmbH), Stuttgart*
- *Woeste, Albrecht (Vorsitzender des Aufsichtsrates und Gesellschafterausschusses der Henkel KGaA), Düsseldorf*

**Förster, Heidrun (stellv. Vorsitzende)*
**Brülls, Heinz*
**Hahn, Peter*
**Horn, Sabine*
**Kaufmann, Ulrich*
**Mönig-Raane, Margret*
**Neuhaus, Heinz-Jürgen*
**Renner, Gerhard*
**Schwedler, Klaus*
**Wacker, Lothar*

Aufsichtsratstantiemen 1998: *2.619.279,– DM*

tail Banking, Private Banking, inländisches Filialnetz), Unternehmen und Immobilien (Firmenkunden, Immobilien, Financial Services), Globale Unternehmen und Institutionen (Investment Banking Division, Global Markets, Global Equities, Global Banking Services), Asset Management (Institutionelles und Retail Asset Management, Private Equity) sowie Global Technology and Services (Zahlungsverkehr, Wertpapierabwicklung, Custody Services, Electronic Banking Services, Informationstechnologie, Standort-Services). Alle Unternehmensbereiche besitzen volle operative Führungsverantwortung und handeln weltweit. Die Konzernführung gliedert sich in den aus neun Personen bestehenden Konzernvorstand, die Bereichsvorstände und den Konzernführungskreis. Die operative Verantwortung für die fünf neuen Unternehmensbereiche liegt jetzt bei Bereichsvorständen, die zwischen zwei und sechs Vorstandsmitglieder umfassen und denen jeweils ein Konzernvorstand vorsteht. Zusätzlich gibt es zwei Geschäftsleitungen für die Regionen Asien/Pazifik und Nordamerika. Das von den Mitgliedern des Vorstandes direkt geführte Corporate Center nimmt die bereichsübergreifenden Funktionen im Konzern wahr.

Als Universalbank ist die Deutsche Bank in allen wesentlichen Bereichen des Finanzgeschäfts auf allen Kontinenten tätig. Schwerpunktregionen der Deutschen Bank in Übersee sind der amerikanische Kontinent und die asiatisch-pazifische Region. Der Konzern Deutsche Bank ist in mehr als 50 Ländern mit über 2.300 Niederlassungen vertreten, davon mit 1.400 Filialen und 250 Anlagezentren für insgesamt 7 Mio. Kunden in Deutschland.

Kernstück des Konzerns ist natürlich die Muttergesellschaft Deutsche Bank AG mit ihrer Zentrale in Frankfurt/Main. Neben zahlreichen Beteiligungen im Bereich der Geschäftsbanken und Realkreditinstitute besitzt die Deutsche Bank weltweit zahlreiche Investmentbanken, Kapitalmarkt- und Kapitalanlagegesellschaften, Absatzfinanzierungs- und Leasinggesellschaften, Spezialinstitute wie die Deutsche Bank Bauspar-AG und die Deutsche Bank Lebensversicherungs-AG. Das Hypothekenbankgeschäft des Konzerns nimmt seit 1998 die aus der Fusion von Frankfurter Hypothekenbank Centralboden AG und Lübecker Hypothekenbank AG hervorgegangene Eurohyp AG Europäische Hypothekenbank der Deutschen Bank wahr.

Der 1998 eingerichtete Unternehmensbereich Globale Unternehmen und Institutionen konzentriert sich auf etwa 1.000 bis 1.200 der größten, zumeist global tätigen Unternehmen und Institutionen. Besonders der Zusammenschluß mit Bankers Trust soll hier ebenso zum Tragen kommen wie im Asset Management, wo das verwaltete Anlagevolumen 1998 bereits 448 Mrd. DM betrug. In acht internationalen Fondsgesellschaften und der DWS Deutsche Gesellschaft für Wertpapiersparen mbH waren 1998 allein knapp 200 Mrd. DM konzentriert. Das Asset Management der Deutschen Bank operiert in Deutschland als Asset Management Deutschland und im Ausland unter dem Namen Morgan Grenfell. Durch den Erwerb von Bankers Trust steigt das Asset under Management um 170 Mrd. DM. Immer breiteren Raum nehmen die Electronic Banking Services ein. Mit der »Bank 24« verfügt die Deutsche Bank über eine der großen deutschen Direktbanken, mit der sie überwiegend junge Menschen erreichen will, die mit ihrer Bank ausschließlich über die Mittel der Telekommunikation verkehren sollen. Die filiallose Bank 24 hat ihren Sitz in Bonn. Ende 1998 hatte die Bank 24 über 380.000 Kunden. Ziel der Deutschen Bank ist eine Art »Finanzkaufhaus«, in dem der Kunde alles, was mit Geld und Versicherungen zusammenhängt, unter einem Dach findet.

BETEILIGUNGEN. Die Deutsche Bank AG besitzt von allen deutschen Banken die mit Abstand größte Anzahl an Tochtergesellschaften im In- und Ausland, Beteiligungen an nationalen und internationalen Kredit- und Finanzierungsinstituten sowie die potentesten Beteiligungen an Industrieunternehmen. Hinzu kommen zahlreiche Grundstücks-, Wohnungsbau-, Vermietungs- und Verwaltungsgesellschaften. Der Anteilsbesitz der Deutschen Bank umfaßte Anfang 1999 knapp 1.000 Gesellschaften. In den Konzernabschluß 1998 wurden neben der Deutschen Bank 134 inländische und 280 ausländische Unternehmen einbezogen. Zu den wichtigen Unternehmen des Konzerns im Bankenbereich gehören:

- Bank 24 AG, Bonn (100%); Deutsche Bank Bauspar AG, Frankfurt/Main (100%); Deutsche Vermögensbildungsgesellschaft mbH, Bad Homburg (100%); Deutscher Herold Rechtsschutzversicherungs-AG der Deutschen Bank, Bonn (100%); DWS Deutsche Gesellschaft für Wertpapiersparen mbH, Frankfurt/Main (100%); Globale Krankenversicherungs-AG, Köln (100%); Grunelius KG Privatbankiers, Frankfurt/Main (100%); Deutsche Asset Management GmbH, Frankfurt/Main (100%); ALD AutoLeasing D GmbH, Frankfurt/Main (100%); Deutsche Gesellschaft für Mittelstandsberatung mbH, München (100%); Deutsche Grundbesitz-Investmentgesellschaft mbH, Frankfurt/Main (100%); Deutsche Immobilien Anlagegesellschaft mbH, Frankfurt/Main (100%); Frankfurter Hypothekenbank Centralboden AG, Frankfurt/Main (100%); GEFA Gesellschaft für Absatzfinanzierung GmbH, Wuppertal (100%); DB Immobilien GmbH, Heidelberg (100%); Deutsche Bank Lübeck AG vormals Handelsbank, Lübeck (100%); Banco de Madrid S.A., Madrid/Spanien (100%); Europäische Hypothekenbank S.A., Luxemburg (100%); Deutsche Bank Luxembourg S.A., Luxemburg (100%); Deutsche Bank S.p.A., Mailand/Italien (100%); Deutsche Bank (Suisse) S.A., Genf/Schweiz (100%); Deutsche Bank Trust Company, New York/USA (100%); DB Investment Management S.A., Luxemburg (100%); Deutsche Bank de Bary N.V., Amsterdam/Niederlande (100%); Deutsche Bank Argentina S.A., Buenos Aires/Argentinien (100%); Deutsche Bank S.A. – Banco Almao, São Paulo/Brasilien (100%); Deutsche Bank Polska S.A., Warschau/Polen (100%); Deutsche Bank Rt., Budapest/Ungarn (100%); Deutsche Morgan Grenfell & Co. Ltd., London/Großbritannien (100%).
- Die Deutsche Bank gehört zu den größten Besitzern von Industriebeteiligungen in Deutschland. Die Summe der Beteiligungen stellt einen Börsenwert von weit über 50 Mrd. DM dar, ein Grund, weshalb 1999 die Beteiligungen in die neu gegründete Gesellschaft DB Investor ausgegliedert und rechtlich verselbständigt wurden. Zu den wesentlichen Beteiligungen im Nichtbankenbereich gehören: Allianz AG, München (9,3%); BHS tabletop AG, Selb (28,9%); Continental AG, Hannover (8,4%); DaimlerChrysler AG, Stuttgart (12%); Deutsche Beteiligungs AG Unternehmensbeteiligungsgesellschaft, Frankfurt/Main (15%); Deutz AG (25,8%); Fuchs Petrolub AG, Mannheim (7,7%); Heidelberger Zement AG, Heidelberg (10,1%); Philipp Holzmann AG, Frankfurt/Main (20,9%); Leonische Drahtwerke AG, Nürnberg (6,3%);

Beraterkreis der Gesamtbank:

- *Wössner, Mark, Dr. (Vorsitzender; Vorsitzender des Aufsichtrates der Bertelsmann AG), Gütersloh*
- *Necker, Tyll, Dr. h.c. (stellv. Vorsitzender; Geschäftsführender Gesellschafter der Hako-Werke GmbH & Co.), Bad Oldesloe*
- *Burgard, Horst, Dr., Frankfurt/Main*
- *Craven, Sir John, London/Großbritannien*
- *Deuss, Walter, Dr. (Vorsitzender des Vorstandes der Karstadt AG), Essen*
- *Funk, Joachim, Dr. (Vorsitzender des Vorstandes der Mannesmann AG), Düsseldorf*
- *Hartmann, Ulrich (Vorsitzender des Vorstandes der VEBA AG), Düsseldorf*
- *Kley, Max Dietrich (Mitglied des Vorstandes der BASF AG), Ludwigshafen*
- *Krupp, Georg, Frankfurt/Main*
- *Kurosawa, Yoh (Chairman of the Board of Directors IBJ The Industrial Bank of Japan, Ltd.), Tokio/Japan*
- *Leysen, André, Dr. h.c. (Vorsitzender des Aufsichtsrates der Agfa-Gevaert-Gruppe), Mortsel/Belgien*
- *Loehr, Helmut (Mitglied des Vorstandes der Bayer AG), Leverkusen*
- *Mer, Francis (Président Directeur Général d'Usinor Sacilor), Paris/Frankreich*
- *Neubürger, Heinz-Joachim (Mitglied des Vorstandes der Siemens AG), München*
- *Oetker, August, Dr. (persönlich haftender Gesellschafter Dr. August Oetker), Bielefeld*
- *Pfeiffer, Eckhard (President and Chief Executive Officer Compaq Computer Corporation), Houston/USA*

▌*Piëch, Ferdinand, Dr. h.c. (Vorsitzender des Vorstandes der Volkswagen AG), Wolfsburg*
▌*Rüschen, Gerhard, Dr., Bad Soden*
▌*Schrempp, Jürgen E. (Vorsitzender des Vorstandes der DaimlerChrysler AG), Stuttgart*
▌*Stihl, Hans Peter (Geschäftsführender persönlich haftender Gesellschafter der Firma Andreas Stihl), Waiblingen*
▌*Trömel, Frank, Dr. (Vorsitzender des Vorstandes der Delton AG für Beteiligungen), Bad Homburg v.d.H.*
▌*Wallenberg, Marcus (Executive Vice President Investor AB), Stockholm/Schweden*
▌*Weiss, Ulrich, Dr., Frankfurt/Main*
▌*Zapp, Herbert, Dr., Frankfurt/Main*
▌*Zech, Jürgen, Dr. (Vorsitzender des Vorstandes der Gerling-Konzern Versicherungs-Beteiligungs-AG), Köln*

BÖRSE, AKTIEN, KURSE
Grundkapital 1998:
2.664,9 Mio.
Jahreshöchstkurs 1998:
162,20 DM (82,93 €)
Jahrestiefstkurs 1998:
81,40 DM (41,62 €)
Aktie Jahresende 1998:
98,05 DM (50,13 €)
Dividende pro Aktie 1998:
2,20 DM

Die Dividende bezieht sich auf je 5,– DM Aktiennennbetrag. Das Grundkapital wurde auf nennwertlose Stückaktien umgestellt. Die Dividendensumme 1998 betrug 1.173 Mio. DM.

Linde AG, Wiesbaden (10,1%); Metallgesellschaft AG, Frankfurt/Main (13%); Münchener Rückversicherungs-Gesellschaft AG, München (10%); Nürnberger Beteiligungs-AG, Nürnberg (26,3%); Phoenix AG (10%); Südzucker AG, Mannheim (10,1%); VEW AG, Dortmund (6,3%); Vossloh AG, Werdohl (8,2%); WMF Württembergische Metallwarenfabrik AG, Geislingen (9,6%).
Außerhalb der DB Investor gibt es drei weitere wichtige Beteiligungen: Divaco AG & Co. KG, Frankfurt/Main (38,9% – hier sind die ausgegliederten Unternehmen der Metro AG versammelt); Gerling-Konzern Versicherungs-Beteiligungs-AG, Köln (30%); Mannesmann Arcor AG & Co. KG, Düsseldorf (7,5%).

MIT BANKERS TRUST ZUR WELTSPITZE. Eine solche Fusion hatte es bislang nicht gegeben: Ende 1998 gab die Deutsche Bank den Kauf des amerikanischen Instituts Bankers Trust Corp. für rund 17 Mrd. DM und damit den Sprung an die Weltspitze bekannt. Im Juni 1999 war die Fusion perfekt. Zwei Hürden hatte die Bankenfusion zu nehmen: die Zustimmung der US-Bankenaufsicht und die drohenden Sammelklagen von Holocaust-Opfern auch gegen die Deutsche Bank in Milliardenhöhe. Vor der Schweizer UBS ist die Deutsche Bank mit einer Bilanzsumme von 1,6 Billionen DM und 95.000 Beschäftigten nun die weltweit unangefochtene Nummer eins. Den größten Teil der Kaufsumme bezahlte die Deutsche Bank aus eigenen Kassen, über 6 Mrd. DM wurden durch eine Kapitalerhöhung mit dem Verkauf von 77 Mio. neuen Aktien eingenommen, der Rest wurde durch die Ausgabe von Wandelanleihen finanziert.
Bankers Trust ist die achtgrößte amerikanische Bank, der sechstgrößte Asset Manager der USA und liegt an zehnter Stelle im Asset Management weltweit. Bankers Trust beschäftigt weltweit etwas über 20.000 Mitarbeiter und hat eine Bilanzsumme von 260 Mrd. DM. Die Deutsche Bank ist mit der Übernahme von Bankers Trust die erste deutsche Großbank, der eine Großakquisition in den USA gelungen ist und die jetzt in Amerika eine besonders starke Stellung im lukrativen Investment Banking und im Asset Management einnimmt. Nach der Akquisition betreut die Deutsche Bank jetzt Vermögen von rund 1 Billion DM. Der Name Bankers Trust wird mittelfristig weitgehend eliminiert, rund 5.000 Beschäftigte, überwiegend in New York, verlieren ihre Jobs. Mit der Integration von Bankers Trust in den Konzern der Deutschen Bank ist nun mehr als die Hälfte der Beschäftigten der Bank international tätig. Von der Fusion erwartet die Deutsche Bank jährliche Kostenvorteile von rund 1,7 Mrd. DM.

GLOBALE STRATEGIEN UND DER STANDORT DEUTSCHLAND. Die Akquisition von Bankers Trust war nur der Höhepunkt einer jahrelangen expansiven Globalisierungsstrategie der Deutschen Bank. Bereits mit dem Kauf der britischen Merchant Bank Morgan Grenfell Group plc hatte die Deutsche Bank seit Anfang der 90er Jahre ihre Marschrichtung für die Zukunft klar vorgegeben. 1995 wurde Morgan Grenfell in die übrigen Investment-Banking-Aktivitäten des Konzerns Deutsche Bank integriert und als Deutsche Morgan Grenfell für das weltweite Asset Management in London zusammengefaßt. 1998 wurden die Deutsche Morgan Grenfell und das Großkundengeschäft der Deutschen Bank zu einer Organisationseinheit verschmolzen. Rund um den Globus be-

dienen 8.000 Mitarbeiter die 1.000 anspruchsvollsten Großkunden mit Produkten und Wertpapieren.
In Spanien übernahm die Deutsche Bank Mitte der 90er Jahre die Banco de Madrid und führte sie mit ihren anderen Aktivitäten unter dem Namen Deutsche Bank S.A.E. mit 350 Filialen zusammen. In Italien wurde die italienische Bank Banca Popolare di Lecco mit 250 Geschäftsstellen akquiriert, die jetzt den Zusatz »Divisione della Deutsche Bank« im Namen führt und mit der aus der Banca d'America e d'Italia hervorgegangenen Deutsche Bank S.p.A. fusioniert ist. In Spanien und Italien ist die Deutsche Bank die größte Auslandsbank. Für 1,2 Mrd. DM wurde 1999 die belgische Tochter des französischen Crédit Lyonnais übernommen. Mit der griechischen EFG Eurobank wurde eine Kooperation eingegangen. An der polnischen Bank BIG Bank Gdanski S.A. beteiligte sich die Deutsche Bank mit knapp 10%. Kooperiert wird mit dem japanischen Versicherungskonzern Nippon Life. In den USA erwarb die Deutsche Bank für 1,4 Mrd. DM die ITT-Finanztochter ITT Commercial Finance Division, die in Deutsche Financial Services Corp. (DFS) umfirmiert wurde. In nahezu allen Ländern Osteuropas steht die Deutsche Bank unter den Auslandsbanken in vorderster Reihe. In Moskau wurde 1998 eine Tochterbank gegründet.
Für den weiteren Umbau des Konzerns Deutsche Bank wurden 2,5 Mrd. DM zurückgestellt – mit ganz konkreten Folgen für den Standort Deutschland: 1,8 Mrd. DM sind für einen neuerlichen Stellenabbau vorgesehen. Denn die Bank setzt zunehmend auf das lukrative Investment Banking, dessen Anlauf- und Ausbaukosten durch drastische Restrukturierungsmaßnahmen und ein striktes Kostenmanagement vor allem im klassischen Inlandsgeschäft kompensiert werden. Arbeiten am Bankplatz London inzwischen über 2.500 teilweise mit höchsten Gehältern ausgestattete Mitarbeiter, so sind am Standort Deutschland weitere drastische Kosteneinsparungen geplant – und das bedeutet Stellenabbau besonders in den inländischen Filialen. Weltweit will die Deutsche Bank mittelfristig 9.000 Stellen streichen, im Inland 5.000. Die Zahl der Filialen im Inland soll bis zum Jahr 2000 auf rund 1.250 sinken. In den vergangenen Jahren waren bei der Deutschen Bank im Inland bereits 9.000 Stellen abgebaut worden.

INNERBETRIEBLICHE BÜNDNISSE. Die Deutsche Bank macht über ihre Belegschaft unzureichende bis mangelhafte Angaben. Einen Sozial- bzw. Personalbericht gibt es nicht, etwas Ähnliches ist auch nicht geplant. Betriebsrat und Vorstand der Bank vereinbarten 1998 eine Regelung zur Altersteilzeit, wonach Angestellte der Deutschen Bank ab dem 55. Lebensjahr in Altersteilzeit gehen können. Die Betriebsvereinbarung gilt für die knapp 49.000 Beschäftigten im Inland. Das Karriere- und Vergütungssystem im außertariflichen Bereich wurde in den vergangenen zwei Jahren grundlegend geändert. Verantwortungsstufen wurden an die Stelle der bisherigen Titel-Hierarchien gestellt. Das bislang starre Gehaltsgruppensystem wurde durch die Abschaffung der bisherigen Koppelung von Titel, Hierarchiestufe und Bezahlung aufgehoben. So sollen der Einsatz der Mitarbeiter flexibler und die Bezahlung stärker leistungsorientiert werden. Über die tariflich bezahlten Mitarbeiter sowie über neue Arbeitszeitmodelle macht die Deutsche Bank keine oder nur unwesentliche Angaben. Ende 1998

Bilanzsumme 1998:
1.225.530,0 Mio.
Bilanzsumme 1997:
1.042.964,0 Mio.
Bilanzsumme 1996:
886.090,0 Mio.
Bilanzsumme 1994:
592.634,0 Mio.
Bilanzsumme 1990:
399.850,0 Mio.
Bilanzsumme 1980:
174.594,0 Mio.
Bilanzsumme 1970:
38.398,0 Mio.

Kreditvolumen 1998:
486.190,0 Mio.
Kreditvolumen 1997:
447.916,0 Mio.
Kreditvolumen 1996:
411.358,0 Mio.

Jahresüberschuß 1998:
3.376,0 Mio.
Jahresüberschuß 1997:
1.019,0 Mio.
Jahresüberschuß 1996:
2.218,0 Mio.

Cash flow 1998:
45.686,0 Mio.
Cash flow 1997:
10.537,0 Mio.
Cash flow 1996:
14.404,0 Mio.
(aus operativer Geschäftstätigkeit)

Steueraufkommen 1998:
4.509,0 Mio.

Eigenkapital 1998:
34.502,0 Mio.
Finanzanlagen 1998:
88.617,0 Mio.
Sachanlagen 1998:
11.427,0 Mio.

Forderungen an Kunden 1998: *537.510,0 Mio.*
Forderungen an Kreditinstitute 1998: *181.300,0 Mio.*

Verbindlichkeiten gegenüber Kunden 1998:
451.537,0 Mio.
Verbindlichkeiten gegenüber Kreditinstituten 1998:
371.955,0 Mio.

Risikovorsorge 1998:
1.525,0 Mio.
Risikovorsorge 1997:
2.205,0 Mio.
Risikovorsorge 1996:
715,0 Mio.

Geschäftsstellen 1998: *2.310*
(davon im Ausland: 744)
Geschäftsstellen 1997: *2.355*
(davon im Ausland: 771)
Geschäftsstellen 1996: *2.417*
(davon im Ausland: 790)

Beschäftigte 1998: *75.306*
Beschäftigte 1997: *76.141*
Beschäftigte 1996: *74.356*

Löhne und Gehälter 1998:
9.378,0 Mio.
Löhne und Gehälter 1997:
8.760,0 Mio.
Durchschnittsgehalt 1998:
124.532,– DM
Soziale Abgaben und Aufwendungen 1998:
2.741,0 Mio.
Soziale Abgaben und Aufwendungen 1997:
2.280,0 Mio.

befanden sich bei der Deutschen Bank konzernweit 3.196 (Vorjahr: 3.366) Jugendliche in der Berufsausbildung.

Macht, Einfluss und Flops der Deutschen Bank.

Die Deutsche Bank ist sicherlich das mächtigste und einflußreichste Unternehmen in Deutschland. Und jetzt schickt sich die Bank an, mit der Akquisition von Bankers Trust diese Rolle auch global zu spielen. Die Vorstandsmannschaft und das höhere Management verwalten über 200 Aufsichtsratsmandate, haben also Schlüsselstellungen innerhalb der deutschen Wirtschaft inne und kontrollieren somit auch die Geschicke zahlreicher deutscher Großunternehmen. Zwangsläufig beeinflußt die Führung der Deutschen Bank die Besetzungen der Vorstandsetagen der ganz Großen in ihrem Sinne, sei es nun bei DaimlerChrysler, der Metallgesellschaft, Volkswagen oder Philipp Holzmann, um nur einige zu nennen. Schließlich läuft über die Konten der Deutschen Bank mehr als ein Viertel des gesamten deutschen Außenhandels und ein rundes Drittel aller Geschäfte mit Osteuropa. Andererseits pflegt die Deutsche Bank ihre Großkunden durch ein raffiniertes System von Hunderten von Beiräten. Alles, was Rang, Namen, Einfluß und Geld hat – auch aus der Politik –, wird in Beiräten und Regionalbeiräten, geographisch gesplittet bis hinunter in kleinere Städte und entfernte Regionen, gehätschelt und gepflegt – zum Wohle der Bank.

Jahrzehntelang waren es die Sprecher der Deutschen Bank, die zu den engsten Beratern der jeweiligen Bundeskanzler zählten, meist dezent und im Verborgenen. Hermann Josef Abs bei Konrad Adenauer, Karl Klasen bei Willy Brandt, Friedrich Wilhelm Christians und Wilfried Guth (ein Neffe Ludwig Erhards) bei Helmut Schmidt, Alfred Herrhausen und Hilmar Kopper bei Helmut Kohl. Die Chefs der Deutschen Bank agierten meist dezent und im Verborgenen, wie überhaupt das vorgegebene Understatement der Deutschen Bank bisweilen den Charakter eine Loge hatte.

Das alles soll mit der neuesten Konzernstruktur nun anders werden: Das Konzern-Dickicht soll durchschaubarer, die Struktur der Führungsriege und die von ihr getroffenen Entscheidungen sollen nach außen transparenter werden. Damit will man den Veränderungen im internationalen Bankengeschäft, der zunehmenden Globalisierung und den technologischen Entwicklungen einerseits, dem katastrophalen Image in der Öffentlichkeit und der miserablen Konzern-PR andererseits Rechnung tragen. Und das war bitter nötig. Denn gelitten hat das saubere Image der Deutschen Bank in den letzten Jahren durch eine Reihe von Pannen und ungeschickten Verhaltensweisen: Die ursprünglich geplante Thyssen-Übernahme durch Krupp wurde ungeschickt eingefädelt und anfänglich als »feindlich« angesehen, die von der Bank initiierte Attacke des Hochtief-Konzerns auf den Konkurrenten Philipp Holzmann scheiterte, beim Skandal um die renommierte Metallgesellschaft, dem spektakulärsten Spekulationsabsturz der letzten Jahre, hatte die Deutsche Bank ihre Aufsichtsratspflichten grob vernachlässigt. In die Insolvenz des traditionsreichen Anlagenbauers Klöckner-Humboldt-Deutz (KHD) war die Deutsche Bank ebenso verwickelt, wie sie eine unrühmliche Rolle in der Schneider-Affäre, der größten Immobilienpleite der Nachkriegszeit, spielte, in deren Sog 250 Zulieferer und Handwerksbetriebe um ihre Zukunft und um über

200 Mio. DM Außenstände bangen mußten, die für den damaligen Vorstandssprecher Hilmar Kopper im Vergleich zum Geschäftsvolumen seiner Bank nur »Peanuts« waren. Die Deutsche Bank war dem größten Kreditbetrug der deutschen Wirtschaftsgeschichte aufgesessen. Auf den rund 120 Schneider-Immobilien lasteten rund 5 Mrd. DM Bankschulden. Immer wieder hatte die Deutsche Bank Schneider Millionenkredite gewährt, insgesamt für 1,2 Mrd. DM.
Und Mitte 1998 durchsuchten 300 Steuerfahnder die Zentrale und zahlreiche Filialen der Deutschen Bank wegen angeblicher Transaktionen von Geldern anonymer Kunden an der Steuer vorbei nach Luxemburg und in die Schweiz. Im Juni 1999 wurden gegen vier amtierende und zwei ehemalige Vorstandsmitglieder der Deutschen Bank, darunter auch den Vorsitzenden Rolf-E. Breuer, Ermittlungsverfahren wegen des Verdachts der systematischen Beihilfe zur Steuerhinterziehung eingeleitet.

Bezüge pro Vorstandsmitglied 1998: *3.443.359,– DM*
Tantiemen pro Aufsichtsrat 1998: *130.964,– DM*

DEUTSCHE BP

GESCHICHTE UND ENTWICKLUNG. 1904 gründete eine Gruppe von Wiener Industriellen die Aktiengesellschaft für österreichische und ungarische Mineralölprodukte mit dem Namen OLEX. 1911 übernahm die deutsche Erdöl-AG die Aktienmehrheit der OLEX und funktionierte sie zu ihrer Vertriebsorganisation um. Einen anderen Ursprung hat die Deutsche BP in der Deutschen Petroleum-Verkaufs-Gesellschaft (DPVG), die zu den schon groß angelegten Ölinteressen der Deutschen Bank gehörte. 1926 schloß sich die OLEX, von den Ölquellen abgeschnitten, mit der DPVG zusammen. Bis 1931 wurde die so gebildete neue OLEX zur Tochtergesellschaft der damaligen Anglo-Persian Oil Company, der heutigen British Petroleum Company. Nach starker Zerstörung im Zweiten Weltkrieg wurde aus der regenerierten OLEX und der Europäischen Tanklager und Transport AG (Eurotank), die in Hamburg eine Raffinerie besaß, die BP Benzin und Petroleum GmbH, die später zur Aktiengesellschaft wurde. 1974 kam es zur Umfirmierung von BP Benzin und Petroleum AG in Deutsche BP Aktiengesellschaft. Gemeinsam mit der Bayer AG wurde die EC Erdölchemie GmbH, eines der größten petrochemischen Unternehmen in Europa, gegründet. 1979 wurde von der VEBA AG die Gelsenberg AG übernommen. Ende der 80er Jahre wurde die Deutsche BP zur Dachgesellschaft verschiedener Betriebsführungsgesellschaften umstrukturiert und Anfang 1993 in Deutsche BP Holding AG umfirmiert. Nach der Fusion von British Petroleum mit dem US-amerikanischen Mineralölkonzern Amoco zur BP Amoco p.l.c. am 31. Dezember 1998 wurde die Deutsche BP im Februar 1999 in Deutsche BP Aktiengesellschaft umfirmiert.

BESITZVERHÄLTNISSE/EIGENTUMSSTRUKTUR.
● BP Amoco p.l.c., London/Großbritannien (100%). BP Amoco kam 1998 auf einen Umsatz von 68,3 Mrd. US $ und einen Gewinn von rund 3,3 Mrd. US $.

Standort:
Überseering 2
22297 Hamburg

Postanschrift:
Postfach 60 03 40
22291 Hamburg

Telefon: *(040) 6395-0*
Telex: *2 17 007-0*
Telefax: *(040) 6395-3715*
Internet: *www.bpamoco.com*

Branche: *Mineralölindustrie; Mineralölverarbeitung und -vertrieb*

Rechtsform:
Aktiengesellschaft

Geschäftsjahr: *1.1.-31.12.*

Gründungsjahr: *1904*

Öffentlichkeitsarbeit:
Wolf-Rüdiger Grohmann
Tel.: (040) 6395-2600
Fax: (040) 6395-3715
E-Mail: GrohmaWR@bp.com

Verbände: *Verband der Chemischen Industrie e.V., Frankfurt/Main; Mineralölwirtschaftsverband e.V., Hamburg*

Vorstand:
- *Franke, Uwe, Dr. (Vorsitzender)*
- *Knoedel, Peter*

Vorstandsbezüge 1998: *5.380.000,– DM*

Aufsichtsrat:
- *Stomberg, Rolf, Dr. (Vorsitzender), London/Großbritannien*
- *de Fabiani, Michel (Chief Executive Officer BP Oil Europe und Associate President BP France S.A.), Paris/Frankreich*
- *Kohlhase, Klaus, London/Großbritannien*
- *Lipp, Ernst-Moritz, Prof. Dr. (Mitglied des Vorstandes der Dresdner Bank AG), Frankfurt/Main*
- *Zetsche, Dieter, Dr. (Mitglied des Vorstandes der DaimlerChrysler AG), Stuttgart*
- *Vogler, Winfried P. (ehem. Vorsitzender der Deutsche BP Aktiengesellschaft), London/Großbritannien*

**Benk, Jürgen (stellv. Vorsitzender)*
**Basler, Dieter*
**Cramer, Manfred*
**Löding, Rainer*
**Schübel, Karl*
**Sichler, Franz-Peter*

Aufsichtsratstantiemen 1998: *276.000,– DM*

KONZERNÜBERBLICK. Die Deutsche BP gehört zu den größten in Deutschland agierenden Mineralölkonzernen. Die Deutsche BP Aktiengesellschaft bildet das gemeinsame Dach für die Bereiche Öl, Chemie und Gas, gibt übergeordnete Ziele und Strategien vor, kontrolliert deren Durchsetzung und nimmt zentrale Aufgaben wahr. Seit einer neuerlichen Umstrukturierung 1999 unterliegt ihr auch das operative Geschäft für die Ölaktivitäten. Der Chemiebereich wird vor allem durch die EC Erdölchemie GmbH und die BP Chemicals Marl GmbH repräsentiert, der Gasbereich durch die Gelsenberg AG mit einer gut 25%-Beteiligung an der Ruhrgas AG.
Das Tankstellennetz umfaßte Anfang 1999 1.129 (Vorjahr: 1.207) Stationen. Mitte 1999 verfügten rund 420 BP-Tankstellen in Deutschland über ein »Express Shopping«, von denen rund 80% mit einem »Petit Bistro« ausgestattet waren. Seit Herbst 1998 bietet der »Pharmamarkt« als erste Ölgesellschaft in Deutschland an vielen Tankstellen freiverkäufliche Arzneimittel an. Seit Anfang 1999 kann an allen BP-Tankstellen bargeldlos in Euro gezahlt werden. Die Deutsche BP ist in Deutschland an über 50 Flughäfen vertreten und gehört zu den bedeutendsten Lieferanten namhafter nationaler und internationaler Luftfahrtgesellschaften.
Der britische BP-Konzern und der amerikanische Mobil-Konzern hatten 1996 ein Joint-venture für ihr Raffinerie- und Vertriebssystem in Europa gegründet. Die jeweiligen Aktivitäten in den Bereichen Kraft- und Brennstoffe sowie Schmierstoffe wurden zusammengelegt. Das galt auch für Deutschland. BP führt das Kraftstoffgeschäft, Mobil den Bereich Schmierstoffe. Für die Führung im Kraft- und Brennstoffgeschäft in Deutschland ist die Deutsche BP direkt zuständig, die damit auch die wirtschaftliche Steuerung der Raffinerie- und Pipelinebeteiligungen wahrnimmt. Für die Führung des Schmierstoffgeschäftes ist die Mobil Schmierstoff GmbH zuständig. Entsprechend dem europäischen Joint-venture hat die Deutsche BP auch in Deutschland am Kraft- und Brennstoffgeschäft einen Anteil von 70% (Mobil 30%) und am von Mobil geführten Schmierstoffgeschäft einen Anteil von 49% (Mobil 51%). In das Geschäft nicht einbezogen ist die Beteiligung der Mobil an der Aral AG.

BETEILIGUNGEN. Zur Deutsche BP AG gehören in den Bereichen Öl, Chemie und Gas zahlreiche Tochter- und Beteiligungsgesellschaften.
● Öl: Bayernoil Raffineriegesellschaft mbH, Vohburg (30%). Bayernoil entstand aus dem Zusammenschluß der Raffineriegesellschaft Vohburg/Ingolstadt mbH, Vohburg (RVI), und der Raffinerie Neustadt. Gesellschafter der Bayernoil sind BP und Mobil mit 30% bzw. 25%, Ruhr Oel mit 25% und Agip mit 20%. BP Direkt GmbH, Hamburg (100%). BP Direkt entstand aus dem Zusammenschluß der Handelsgeschäfte der BP Handel GmbH und der Mobil Handel GmbH. Union-Tank Eckstein GmbH und Co. KG, Kleinostheim (49%); Berliner Tankdienst Gesellschaft GbR, Berlin (50%); BFS Berliner Fuelling Services GbR, Berlin (12,5%); DFS Düsseldorf Fuelling Services GbR, Düsseldorf (25%); DTS Düsseldorfer Tank Services GbR, Düsseldorf (25%); Rhein-Main-Rohrleitungsgesellschaft mbH, Köln (31%); Deutsche Transalpine Oelleitung GmbH, München (11%); BP Euroservice GmbH, Hamburg (100%); AFS Aviation Fuel Services & Management

GmbH, Hamburg (25%); Hydranten-Betriebsgesellschaft Flughafen Frankfurt/M., Frankfurt/Main (11,1%); TBN Tanklager-Betriebsgesellschaft Nürnberg mbH, Nürnberg (40%); Tanklagergesellschaft Köln-Bonn (TGK), Hamburg (14,29%); Tanklager-Gesellschaft Tegel (TGT), Hamburg (33,3%); TLS Tanklager Stuttgart GmbH, Stuttgart (45%); EFS Erfurt Fuelling Services GbR, Hamburg (50%); FFS Frankfurt Fuelling Services GbR, Hamburg (33,3%); MFS Munich Fuelling Services GbR, Hamburg (20%); weitere neun Tankdienstgesellschaften.

● Chemie: EC Erdölchemie GmbH, Köln (50% – Bayer AG 50%. EC ist eines der größten Petrochemie-Unternehmen Europas); Aethylen-Rohrleitungs-GmbH & Co. KG, Marl (16,67%); BP Chemicals Marl GmbH, Marl (100%); BP Chemicals Trelleborg AB, Trelleborg/Schweden (100%).

● Gas: Gelsenberg AG, Essen (100%); Ruhrgas AG, Essen (25,52%).

BP und Amoco fusionieren zur BP Amoco Corp.

Zum Jahreswechsel 1998/99 fand eine der spektakulärsten Fusionen der internationalen Ölindustrie statt: die Akquisition der Amoco Corp., Chicago, durch die British Petroleum Plc, London, und deren anschließende Fusion zur BP Amoco Plc. BP zahlte für Amoco 55 Mrd. US $. Der Umsatz des neuen Unternehmens liegt bei knapp 110 Mrd. US $, der Börsenwert bei 140 US $. Größer als BP Amoco sind nur noch die Exxon Mobil Corp. (Fusion aus Exxon und Mobil, beide USA) und die niederländisch-britische Royal Dutch/Shell-Gruppe. Nachdem BP Amoco Mitte 1999 bekanntgab, sich von Unternehmensteilen in verschiedenen Geschäftsfeldern im Wert von rund 10 Mrd. DM zu trennen, folgte gleich der nächste Akquisitionsschlag: die Übernahme des ebenfalls amerikanischen Konkurrenten Altlantic Richfield (Arco). Dazu kommt, daß BP Amoco weltweit das Personal drastisch reduzieren möchte, wovon wieder einmal auch der Standort Deutschland nicht verschont bleiben dürfte, obwohl die Personaldekke der Deutschen BP bereits äußert dünn und an der Grenze der Belastbarkeit ist.

Globale Strategien und der Standort Deutschland.

Im Zusammenhang mit der Akquisition des US-amerikanischen Mineralölkonzerns Amoco Corp. durch BP Ende 1998 und der anschließenden Fusion beider Öl-Multis gab es auch Veränderungen am Standort Deutschland. Die Deutsche BP AG wurde von ihrer reinen Holdingfunktion wieder zur operativen Gesellschaft umfunktioniert, die nun die Ölsparte und alle entsprechenden Aktivitäten direkt führt. Die bis dahin für die Ölsparte verantwortliche BP Oil Deutschland GmbH wurde aufgelöst. Auf das operative Ölgeschäft dürfte die Fusion keine Auswirkungen haben, da Amoco in Deutschland nicht im Ölgeschäft tätig war. Das Amoco-Chemiewerk in Gronau wird in die Deutsche BP AG integriert.

1998 wurden zur Absicherung des Raffineriestandortes Bayern die Raffinerie Neustadt GmbH & Co. oHG und die Raffineriegesellschaft Vohburg/Ingolstadt mbH unter der Firmierung Bayernoil Raffineriegesellschaft mbH zusammengeschlossen. Die Bayernoil mit den drei Betriebsteilen Ingolstadt, Neustadt und Vohberg arbeitet als Lohnverarbeitungsraffinerie mit einer Rohöldestillationskapazität von insgesamt

Umsatz 1998: *19.823,0 Mio.*
(davon Mineralölsteuer: 11.600,0 Mio.)
Umsatz 1997: *20.909,0 Mio.*
(davon Mineralölsteuer: 10.858,0 Mio.)
Umsatz 1996: *16.132,0 Mio.*
(davon Mineralölsteuer: 8.616,0 Mio.)

Gewinn 1998: *585,0 Mio.*
Gewinn 1997: *850,0 Mio.*
Gewinn 1996: *338,0 Mio.*

Cash flow 1998: *880,0 Mio.*
Cash flow 1997: *942,0 Mio.*
Cash flow 1996: *600,0 Mio.*

Steueraufkommen 1998: *207,8 Mio.*
Mineralölsteuer 1998: *11.600,0 Mio.*

Tankstellen 1998: *1.129*
Tankstellen 1997: *1.207*
(Tankstellen 1994: 1.465)

Grund- bzw. Stammkapital 1998: *1.000,0 Mio.*

Beschäftigte 1998: *1.321*
Beschäftigte 1997: *1.415*
Beschäftigte 1996: *1.832*
(Beschäftigte 1994: 2.477)

Umsatz pro Mitarbeiter 1998: *15.006.056,– DM*
Umsatz pro Mitarbeiter 1997: *14.776.678,– DM*
Umsatz pro Mitarbeiter 1996: *8.805.677,– DM*

Löhne und Gehälter 1998: *161,0 Mio.*
Löhne und Gehälter 1997: *131,0 Mio.*
Durchschnittsgehalt 1998: *121.877,– DM*
Soziale Abgaben und Aufwendungen 1998: *25,0 Mio.*
Soziale Abgaben und Aufwendungen 1997: *23,0 Mio.*

Bezüge pro Vorstandsmitglied 1998: *2.690.000,– DM*
Tantiemen pro Aufsichtsrat 1998: *23.000,– DM*

rund 12 Mio. Tonnen pro Jahr. Nach der Übertragung aller Aktivitäten der Mobil Handel GmbH auf die BP Handel GmbH für das von ihr betriebene Geschäft mit privaten und gewerblichen Verbrauchern wurden die beiden Bereiche 1998 in der neuen BP Direkt GmbH zusammengeführt. Im Zuge dieser Neuordnung wurden die bisherigen insgesamt rund 45 Verkaufsbüros von BP und Mobil zu sechs regionalen Service-Centern mit Sitz in Berlin, Essen, Hamburg, Hanau, München und Stuttgart zusammengefaßt. Der Bereich Handel gehört jetzt zu den drei größten Anbietern von Heizölen, Treibstoffen und Schmierstoffen in Deutschland. Die Deutsche BP erwarb im Chemiebereich von der Veba-Gruppe (Hüls) die Styrenix Kunststoffe GmbH & Co. KG mit einem Umsatzvolumen von 500 Mio. DM und Produktionsstätten in Marl und dem schwedischen Trelleborg.
Kein anderer Ölmulti hat die deutschen Standorte in den letzten Jahren so zusammengestrichen wie BP Amoco. Bereits Mitte der 90er Jahre hatte sich die Deutsche BP grundlegend umstrukturiert, rationalisiert und die Belegschaft weiter reduziert. Damit wollte man auf die neuen Marktbedingungen (Wiedervereinigung, Öffnung der osteuropäischen Märkte) und den härteren Wettbewerb reagieren. Hatte die Deutsche BP 1990 noch 6.270 Beschäftigte, so waren es nach dem Abbau ihrer Raffineriekapazitäten 1992 noch 3.600, Ende 1998 gerade mal noch knapp über 1.300.

INNERBETRIEBLICHE BÜNDNISSE. Das Joint-venture zwischen BP und Mobil Oil bestimmte auch 1998 maßgeblich die innerbetrieblichen Abläufe im Konzern. Betriebsräte, Mitglieder der Tarifkommission und der Personalbereiche von BP und Mobil haben intensiv an der Harmonisierung von Tarifverträgen, Betriebsvereinbarungen und Arbeitsvertragsbedingungen gearbeitet. Immerhin wechselten im Rahmen des Joint-ventures 500 Mitarbeiter von BP zu Mobil und 300 von Mobil zu BP.

UMWELTSCHUTZ. Im Mittelpunkt der Umweltschutzaktivitäten der Deutschen BP stehen die Luftreinhaltung sowie der Gewässer- und Bodenschutz. Durch Installation der »Saugrüssel«-Systeme wurden die bei der Fahrzeugbetankung auftretenden Benzindämpfe in den Vorratstank der Tankstelle zurückgeführt. Hinzu kommen die flüssigkeitsdichte Fahrbahnversiegelung im Zapfsäulenbereich sowie die Installation von doppelwandigen Erdtanks, von Leckanzeigern und von Wasseraufbereitungssystemen für Autowaschanlagen.
BP Amoco hat sich verpflichtet, die Kontrolle und Senkung des CO_2-Ausstoßes in den eigenen Unternehmen bis zum Jahr 2000 gegenüber 1990 um 10% zu reduzieren. Seit 1999 rüstet BP Amoco Tankstellen mit Solarpaneelen aus. Die 1999 gegründete BP Solarex zählt mit sechs Produktionsstätten und einem Marktanteil von 20% zu den größten der Welt. Auch in Deutschland wird das Photovoltaik-Geschäft von BP Solar forciert.

FORSCHUNG, ENTWICKLUNG, INNOVATIONEN.
Das von der Deutschen BP Anfang der 90er Jahre auf dem Gelände der BP Oiltech GmbH in Hamburg gegründete Technology Centre Hamburg (TCH), in dem für die gesamte Deutsche BP die Forschungs- und Entwicklungsbereiche sowie die Anwendungstechnik zusammen-

gefaßt wurden, ging im Rahmen des Joint-ventures mit Mobil in die operative Führung von Mobil über. Die Deutsche BP partizipiert in erster Linie an den Forschungs- und Entwicklungsarbeiten der internationalen BP Amoco-Gruppe, insbesondere an den Forschungszentren in Großbritannien und den USA.

KOMMENTAR. Wie sich die Deutsche BP als Wirtschaftsunternehmen präsentiert, läßt zu wünschen übrig. Kein anderer Mineralölkonzern legt einen so dürftigen Jahresabschluß bzw. Geschäftsbericht vor wie die Deutsche BP: zwei konfus strukturierte Pappendeckel. Gerade nach der Brent Spar-Affäre hatten die Mineralölkonzerne eine bessere Öffentlichkeitsarbeit und mehr Transparenz versprochen. Während sich die damals unmittelbar von dem Umwelt-Skandal betroffenen Deutsche Shell und Esso daran halten und akzeptable Geschäftsberichte präsentieren, wirkt die Deutsche BP zunehmend verstockter und unsicherer. Allein die mit den ständigen Strukturveränderungen des Unternehmens einhergehende Unsicherheit der Beschäftigten kann es nicht sein, ebensowenig die Angst vor den Folgen der Megafusion am Standort Deutschland. Vielmehr scheint es, als scheue das neue Management der Deutschen BP eine den Ölmultis gegenüber kritische Öffentlichkeit, die man durch allzuviel Transparenz nicht noch schüren will.

Investitionen 1998:
233,0 Mio.
Investitionen 1997:
201,0 Mio.
Investitionen 1996:
140,0 Mio.

Mitbewerber: *Agip, Aral, Chevron, Elf Aquitaine, Esso, Minol, Mobil Oil, RAG, RWE-DEA, Shell, Total, VEBA Oel, Wintershall*

DEUTSCHE SHELL

GESCHICHTE UND ENTWICKLUNG. 1890 Gründung der »Koninklijke Nederlandsche Petroleum Maatschappij tot Exploitatie van Petroleumbronnen in Nederlandsch-Indie«, der Königlich Niederländischen Petroleumgesellschaft oder Royal Dutch. 1897 gründete Marcus Samuel The »Shell« Transport and Trading Company Limited. Die größer werdende Konkurrenz der amerikanischen Standard Oil ließ die beiden Gesellschaften seit 1903 mit der gemeinsamen Vertriebsgesellschaft »Asiatic Petroleum« immer dichter zusammenrücken.
1907 fusionierte die Royal Dutch mit The »Shell« Transport and Trading Company, p.l.c. zur Royal Dutch/Shell-Gruppe. Beide Unternehmen vereinbarten, die Interessen im Verhältnis 60:40 einzubringen, während die getrennte Identität gewahrt bleiben sollte. Heute steht diese Bezeichnung für eine Gruppe von Gesellschaften, die weltweit in über 130 Ländern in den Geschäftsbereichen Erdöl und Erdgas, Chemie und Erneuerbare Energien tätig und Europas größtes Unternehmen ist.
Die Deutsche Shell entstand 1902 mit der Gründung der »Benzinwerke Rhenania G.m.b.H.« in Düsseldorf durch die Royal Dutch zur Errichtung einer Benzinfabrik zur Verarbeitung von Rohbenzin. 1909 wurde in Deutschland das »Shell«-Zeichen eingeführt. 1917 Gründung der »Mineralölwerke Rhenania A.G.«; 1924 erste Shell-Tanksäule mit Stellin-Benzin in Neuss. 1925 Kauf der 1888 gegründeten Hamburger »Ölwerke Stern-Sonneborn AG«. Fusion zur »Rhenania-Ossag Mineralölwerke AG«. 1930 Umzug von Düsseldorf nach Hamburg.

Standort:
Überseering 35
22297 Hamburg

Postanschrift:
Postfach 60 05 20
22205 Hamburg

Telefon: *(040) 6324-0*
Telefax: *(040) 6321051*
Internet: *www.deutsche-shell.de*

Branche: *Erdöl- und Erdgasgewinnung, Erdgasvertrieb, Mineralölverarbeitung und -vertrieb, Chemie (Herstellung und Vertrieb), erneuerbare Energien*

Rechtsform:
Aktiengesellschaft

Geschäftsjahr: *1.1.-31.12.*

Gründungsjahr: *1902*

Information und Presse:
Rainer Winzenried
Tel.: (040) 6324-5650
Fax: (040) 6324-5652
E-Mail: Rainer.R.Winzenried@OPE.shell.com

Verbände: *Verband der Chemischen Industrie e.V., Frankfurt/Main; Mineralölwirtschaftsverband e.V., Hamburg*

Nach fast völliger Zerstörung der Raffinerien, Werke und Lager im Zweiten Weltkrieg wandelte die Royal Dutch/Shell-Gruppe 1947 bei Wiedereröffnung ihre Tochter in »Deutsche Shell AG« um.

BESITZVERHÄLTNISSE/EIGENTUMSSTRUKTUR.

- Royal Dutch/Shell Gruppe (100% – im Verhältnis 60:40)

Die Shell Petroleum N.V., Den Haag/Niederlande, ist unmittelbar im Besitz der Mehrheit der Aktien der Deutsche Shell AG, Hamburg. Als Muttergesellschaften üben die niederländische Royal Dutch Petroleum Company (Royal Dutch) mit 60% und die britische The »Shell« Transport and Trading Company, p.l.c. (Shell Transport) mit 40% selbst nicht unmittelbar Betriebstätigkeiten aus. Sie sind Aktiengesellschaften, jeweils eine mit Sitz in den Niederlanden und in Großbritannien. An der Royal Dutch sind rund 350.000 Aktionäre (Privatpersonen und institutionelle Anleger), an der Shell Transport etwa 300.000 Aktionäre beteiligt. Die Aktien der Gesellschaften werden an den Börsen in acht europäischen Ländern und in den USA gehandelt. Die Muttergesellschaften besitzen direkt oder indirekt Aktien der Holdinggesellschaften der Gruppe, u.a. der Shell Petroleum N.V., Niederlande, und der The Shell Petroleum Company Limited, Großbritannien. Diese Holdinggesellschaften besitzen unmittelbar oder mittelbar Beteiligungen an den zahlreichen Gesellschaften, die mit dem Sammelnamen Royal Dutch/Shell-Gruppe bezeichnet werden. Dazu gehören alle Betriebsgesellschaften in über 100 Ländern (ausgenommen die amerikanische Shell Oil Company und deren Tochtergesellschaften), also auch die Deutsche Shell AG und ihre Tochter- und Beteiligungsgesellschaften. Der weltweite Umsatz des Shell-Konzern lag 1998 bei knapp 172 Mrd. DM und einem Gewinn von fast 8 Mrd. DM.

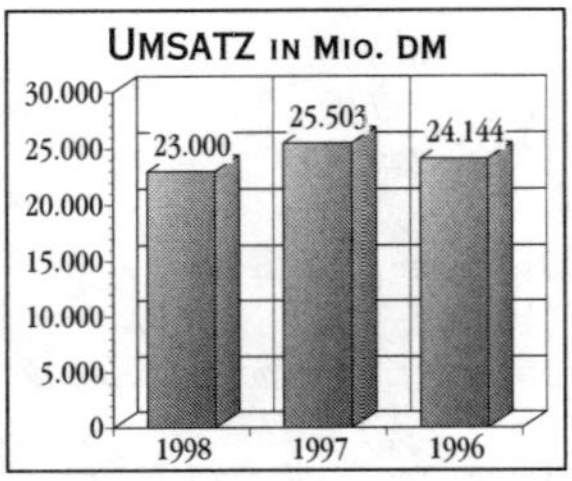

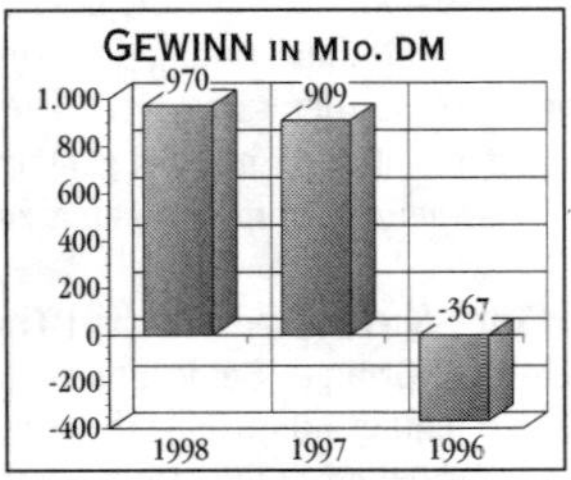

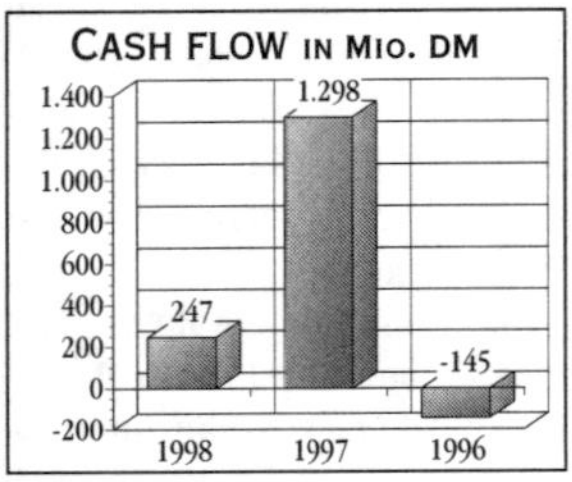

KONZERNÜBERBLICK. Die Royal Dutch/Shell-Gruppe ist einer der führenden Erdölproduzenten der Welt. Die Gruppe betreibt heute in über 130 Ländern der Welt Betriebsgesellschaften in den Geschäftsbereichen Erdöl und Erdgas, Chemie, Kohle und Sonstige Sparten. Die Deutsche Shell ist ein Konzern unter vielen im Royal Dutch/Shell-Geflecht. Sie ist ein integriertes Energie- und Chemie-Unternehmen und nach dem Business-Center-Prinzip organisiert: Die Bereiche der Mineralölverarbeitung und der Produktion, des Verkaufs und des Marketings operieren innerhalb des Gesamtunternehmens als eigenständige und eigenverantwortliche Geschäftszentren. Die Deutsche Shell ist in die vier Geschäftsbereiche Mineralöl, Erdgas, Chemie und seit

1997 Erneuerbare Energien (Solarzellen, Photovoltaikanlagen) gegliedert. Hinzu kommen einige andere Sparten und die deutsche Shell-Forschung. Zum Produktionsprogramm gehören Motor- und Flugturbinenkraftstoffe, Leicht- und Schwerbenzine für die Petrochemie, leichtes und schweres Heizöl, Heizgase, Petroleum, Kraftfahrzeug-, Luftfahrt- und Industrieschmierstoffe, Bitumen. Schwerpunkt im Mineralölgeschäft von Shell ist der Absatz über Tankstellen. Das deutsche Shell-Tankstellennetz umfaßte Anfang 1999 1.616 Tankstellen. 1996 übernahm Shell in Ostdeutschland das gesamte Tankstellennetz der »Total«. Für den Heizölhandel ist die Shell Direct mit neun Gesellschaften zuständig. Daneben gibt es noch eine Reihe von Shell-Markenhändlern.
Shell betreibt zwei Raffinerie-Zentren. Die Raffinerie in Hamburg-Harburg, die 1928 in Betrieb genommen wurde, verarbeitet jährlich 4,8 Mio. Tonnen Rohöl zu Otto- und Dieselkraftstoffen, leichtem und schwerem Heizöl, Grundölen für die Schmierstoffproduktion, Testbenzinen und Flugkraftstoffen. Die Shell-Raffinerie in Köln-Godorf wurde 1960 eröffnet. Ihre Produktion: 8,5 Mio. Tonnen pro Jahr. Neben Benzin und Heizöl werden im wesentlichen Grundprodukte für die chemische Industrie hergestellt. An der Suche und Förderung von Erdöl und Erdgas ist die Deutsche Shell über ihre 50%ige Beteiligungsgesellschaft BEB Erdgas und Erdöl GmbH, Hannover, beteiligt. Das Shell-Schmierstoffwerk in Hamburg-Grasbrook, das bereits 1888 gegründet wurde, stellt heute rund 650 verschiedene Schmierstoffarten her und ist zum Zentrum eines grenzübergreifenden Versorgungsnetzes im nordeuropäischen Raum geworden. Im Schmierstoffgeschäft ist Shell mit einem Marktanteil von 17% Marktführer. Über ihre 100%ige Tochtergesellschaft, die Deutsche Shell Tanker-Gesellschaft mbH, verfügt die Deutsche Shell über eine eigene Tankerflotte (drei Schiffe mit einer Tragfähigkeit von 680.000 tdw). Die Bereederung liegt in den Händen der Shell Shipping Ltd., London/Großbritannien.

BETEILIGUNGEN. Die wichtigsten Beteiligungsgesellschaften der Deutschen Shell: Brigitta Erdgas und Erdöl GmbH, Hannover (50%); Elwerath Erdgas und Erdöl GmbH, Hannover (50%); BEB Erdgas und Erdöl GmbH, Hannover (50%); Gasint-Gesellschaft für Gasinteressen mbH, Hamburg (100% – durch diese Gesellschaften ist die deutsche Shell mit 14,75% an der Ruhrgas AG, Essen, beteiligt. Hinzu kommt eine indirekte Beteiligung an der Verbundnetz Gas AG, Leipzig, von 10,53%); Deutsche Shell-Tanker-Gesellschaft mbH, Hamburg (100%); AG Rhein-Main-Rohrleitungstransportgesellschaft mbH, Köln (41%); Gesellschaft für Mineralölveredelung und Distribution Rhäsa G.m.b.H., Ketzerbachtal (38%); Shell Direct GmbH, Hamburg (100%); neun regionale Shell Direct zu jeweils 100%; Flüssiggas-Terminal Emden GmbH, Emden (100%); Propan-Menke, Chr. Menke & Co. GmbH, Hamburg (100%); Thüringer Flüssiggas-Vertrieb GmbH, Ebeleben (50%); caratgas Flüssiggas-Versorgungs-Gesellschaft mbH, Wuppertal (50%); Willersin & Walter Flüssiggas-Versorgungs- und Handelsgesellschaft mbH & Co. KG, Ludwigshafen (50%); Shell Gastechnik GmbH, Gladenbach (100%); Deutsche Gesellschaft für Ölwärmeinteressen mbH, Hamburg (100%); Gevem Gesellschaft für die Veredelung und Verarbeitung von Mineralölprodukten mbH, Hamburg (100%);

Vorstand:
- *Berkhout, Pieter (Vorsitzender)*
- *Cassens, Agnus, Dr.*
- *Schönfeld, Maarten*
- *Vahrenholt, Fritz, Prof., Dr.*

Vorstandsbezüge 1998: *3.367.864,– DM*

Aufsichtsrat:
- *van der Veer, Jeroen (Vorsitzender)*
- *Loader, Adrian*
- *Offen, Hans-Henning*
- *Saßmannshausen, Günther, Dr. E.h.*
- *Stach, Manfred, Dr.*
- *Voser, Peter P.R.*

**Kleinesper, Rolf (stellv. Vorsitzender)*
**Förster, Gottlieb*
**Müller, Heinz Günter*
**Prüßing, Peter*
**Schlüter, Sabine*
**Stöhr, Jens-Peter*

Aufsichtsratstantiemen 1998: *240.000,– DM*

Umsatz 1998: *22.999,8 Mio.*
(davon Mineralölsteuer: 11.844,5 Mio.)
Umsatz 1997: *25.502,9 Mio.*
(davon Mineralölsteuer: 11.745,9 Mio.)
Umsatz 1996: *24.149,3 Mio.*
(davon Mineralölsteuer: 11.557,8 Mio.)

Gewinn/Verlust 1998:
970,3 Mio.
Gewinn/Verlust 1997:
908,6 Mio.
Gewinn/Verlust 1996:
-367,3 Mio.

Cash flow 1998: *246,8 Mio.*
Cash flow 1997: *1.298,1 Mio.*
Cash flow 1996: *-144,7 Mio.*

Steueraufkommen 1998:
532,6 Mio.
Mineralölsteuer 1998:
11.844,5 Mio.

Anzahl der Tankstellen 1998: *1.616*
Anzahl der Tankstellen 1997: *1.715*

Grund- bzw. Stammkapital 1998: *1.000,0 Mio.*

Carissa Einzelhandel- und Tankstellenservice GmbH, Oststeinbek (100%); euroShell Deutschland GmbH, Hamburg (100%); Shell Immobilien GmbH (vorm. Statoil Immobilien GmbH), Berlin (100%); Shell Bautechnik mbH, Hamburg (100%); AIT Abdichtungs- und Isoliertechnik GmbH, Neuss (100%); Colas Rositz Bauchemie GmbH, Rositz (100%); Deutsche Shell Chemie GmbH, Eschborn (100%); Shell Agrar Beteiligungs-GmbH, Eschborn (100%); Rheinische Olefinwerke GmbH, Wesseling (50%). Die Shell-Straßenatlanten und -karten erscheinen in Mairs Geographischem Verlag.

GLOBALE STRATEGIEN UND DER STANDORT DEUTSCHLAND.

Trotz fast unglaublich erscheinender Megafusionen in der internationalen Ölindustrie – BP/Amoco, Exxon/Mobil – macht Shell/Royal Dutch keinerlei Anstalten zu einer ähnlichen Fusion, wenngleich sich immer wieder Fusionsgerüchte um den zweitgrößten amerikanischen Öl-Multi Chevron Corp. ranken. Shell/Royal Dutch will Expansion weiterhin aus eigener Stärke.

Die Royal Dutch/Shell-Gruppe plant unter den Schwestergesellschaften eine verstärkte Zusammenarbeit auf europäischer Ebene, die Standortverlagerungen ausdrücklich einbezieht. Mit der Shell Europe Oil Products B.V. (SEOP) will die Muttergesellschaft im europäischen Ölgeschäft neue Wachstums- und Ertragspotentiale erschließen. Eine Verringerung der Belegschaft auf europäischer Ebene von 15% ist vorgesehen. In die Organisation eingebunden sind die Vertriebszentren Schmierstoffe, Bitumen, Binnenschiffahrt und Shell Direct (ehemals Deugerd), das Werk Grasbrook und die euroShell. Die Entwicklung und Planung des Tankstellennetzes wird auf europäischer Ebene koordiniert. Bei Raffinerien, im Ölhandel und in der Logistik sollen Voraussetzungen zur länderübergreifenden, effizienteren Zusammenarbeit geschaffen werden.

Am Standort Deutschland wurde 1998 die Elenac GmbH, Kehl, gegründet, ein Gemeinschaftsunternehmen von BASF und Shell (je 50%), in dem die europäischen Polyethylen-Aktivitäten (Hauptanwendungsgebiet: Herstellung von Verpackungsfolien) beider Gesellschaften gebündelt sind. Dazu gehören die Rheinischen Olefinwerke GmbH, die Polyethylen-Aktivitäten der BASF und von Montell (50% Shell, 50% Montedison). Bis zum Jahr 2002 sollen in Deutschland rund 3 Mrd. DM investiert werden. 1997/98 wurde im Rahmen einer globalen Initiative der Royal Dutch/Shell-Gruppe auch in Deutschland der neue und damit vierte Geschäftsbereich »Erneuerbare Energien« eingerichtet. Gemeinsam mit der Pilkington Solar International GmbH, Köln, entsteht in Gelsenkirchen die größte Solarzellen-Fabrik der Welt, an der Pilkington mit 20% und Shell mit 80% beteiligt sind. Gemeinsam mit der Hamburgische Electricitäts-Werke AG (HEW) bietet Shell neuerdings sogenannten Öko-Strom aus erneuerbaren Quellen an.

Nachdem im Zuge des Tankstellen-Modernisierungsprogramms nahezu alle Tankstellen auf das neue Shell-Erscheinungsbild umgestellt worden sind, wurde 1998 damit begonnen, an 900 Shell-Stationen ein neues Marketingkonzept für die Shops einzurichten. Die Pächter-Tankstellen werden dann mit Food- und Nonfood-Artikeln direkt von der Lekkerland Deutschland GmbH & Co. KG, Frechen, beliefert. Shell strebt eine Spitzenposition im stark wachsenden »Convenience-

Markt« an. Mit der Übernahme der 48 Tankstellen von »Statoil« wurde die Marktposition in den neuen Bundesländern gestärkt, wo Shell jetzt über 233 Tankstellen verfügt.

INNERBETRIEBLICHE BÜNDNISSE. In den vergangenen Jahren wurden in der Deutschen Shell-Gruppe rund 1.200 Arbeitsplätze abgebaut, bei der geringen Beschäftigtenzahl des deutschen Shell-Konzerns eine stattliche Zahl. In Übereinstimmung mit den »Mitbestimmungsgremien« des Konzerns kam man überwiegend zu sozialverträglichen Lösungen und vereinbarte weitere innerbetriebliche Regelungen. Das Ziel: mehr Flexibilität in der Personalpolitik, leistungsorientierte Bezahlungsmodelle und ein Beurteilungssystem für das Management. Shell bietet konzernweit, also länderübergreifend, eine offene Stellenausschreibung an.
Bei der Deutschen Shell gibt es die Aktion »Vermögensbildung durch Aktien«. 90% aller Tarif- und außertariflichen Beschäftigten machen davon Gebrauch und haben im Rahmen eines Aktiensplittings der Royal Dutch-Papiere im Verhältnis 1:4 (dem vierten in der Geschichte des Konzerns; Aktienvolumen: 2,1 Mrd.) bis zu 2% der Jahresbezüge in Aktien investiert, wobei die Deutsche Shell etwa 50% des Kaufpreises übernimmt.

UMWELTSCHUTZ. 1998 wurde erstmals von der Deutschen Shell gemeinsam mit dem Institut für Energie- und Umweltforschung Heidelberg GmbH (ifeu) ein eigenständiger Umweltbericht veröffentlicht. Shell gewährte dem Institut, nicht zuletzt vor dem Hintergrund der massiven Kritik rund um die geplante Versenkung der Brent Spar, Einblick in alle umweltrelevanten Daten des Unternehmens. Danach gibt es rund um die Raffinerien Köln-Godorf und Hamburg-Harburg keine kritischen Umweltbelastungen für die Umgebung. Nach dem Bericht der Gutachter wurde die größte Entlastung der Umwelt durch Produktverbesserungen erreicht. Alle Grenzwerte werden danach eingehalten. An knapp 1.300 Tankstellen wurden inzwischen Umweltschutzmaßnahmen realisiert: Saugrüssel, flüssigkeitsdichte Fahrbahnen, doppelwandige Tanks.

FORSCHUNG, ENTWICKLUNG, INNOVATIONEN.
Im Zentrum der Forschungs- und Entwicklungsaktivitäten steht das Shell PAE-Labor in Hamburg-Harburg (PAE steht für Produkte, Anwendung, Entwicklung), das im weltweiten Verbund mit 13 Laboratorien der Royal Dutch/Shell-Gruppe arbeitet und sich in erster Linie auf die Weiterentwicklung von Motorenbetriebsstoffen konzentriert – Kraftstoffe, Schmierstoffe, Brennstoffe, Bitumen. Außer für die Automobilindustrie werden auch Produkte für die Maschinenbaubranche und den Wärmemarkt entwickelt. Im Shell PAE-Labor arbeiten etwas über 130 Mitarbeiter. 1997 wurde das PAE-Labor in das weltweite Netzwerk von Forschungs- und Serviceeinrichtungen für das Ölgeschäft der Royal Dutch/Shell-Gruppe einbezogen und firmiert jetzt unter »Shell Research and Technology Centre Hamburg«.

SHELL IN DER GESELLSCHAFT – BRENT SPAR UND NIGERIA. Die Royal Dutch/Shell-Gruppe hat sich einen Verhaltenskodex für die in 130 Ländern tätigen Shell-Gesellschaften und deren Mit-

Beschäftigte 1998: *4.511*
Beschäftigte 1997: *4.732*
Beschäftigte 1996: *4.773*

Umsatz pro Mitarbeiter 1998: *5.098.603,– DM*
Umsatz pro Mitarbeiter 1997: *5.389.455,– DM*
Umsatz pro Mitarbeiter 1996: *5.284.311,– DM*

Löhne und Gehälter 1998: *338,8 Mio.*
Löhne und Gehälter 1997: *321,3 Mio.*
Durchschnittsgehalt 1998: *75.105,– DM*
Soziale Abgaben und Aufwendungen 1998: *257,8 Mio.*
Soziale Abgaben und Aufwendungen 1997: *232,8 Mio.*

Bezüge pro Vorstandsmitglied 1998: *841.967,– DM*
Tantiemen pro Aufsichtsrat 1998: *20.000,– DM*

Investitionen 1998:
333,7 Mio.
Investitionen 1997:
525,1 Mio.
Investitionen 1996:
516,1 Mio.

Umweltschutz 1998:
271,1 Mio.
Umweltschutz 1997:
326,7 Mio.
Umweltschutz 1996:
252,1 Mio.

Forschung und Entwicklung 1998: *40,6 Mio.*
Forschung und Entwicklung 1997: *54,3 Mio.*
Forschung und Entwicklung 1996: *47,3 Mio.*

Mitbewerber: *Agip, Aral, Avia, Deutsche BP, Elf, Esso, Fina, Minol, Mobil Oil, Ruhrgas, RWE-DEA, Total, Wintershall*

arbeiter auferlegt, mit dem auf die verheerende Außenwirkung und den desaströsen Imageschaden rund um die geplante Versenkung der Ölplattform »Brent Spar« und angebliche Menschenrechtsverletzungen in Nigeria reagiert werden soll. Öffentliche Kampagnen, Transparenz, der verstärkte Dialog mit der Öffentlichkeit und die Bekundung, sich gegenüber Protestgruppen aus der Umwelt- und Menschenrechtsbewegung offener zu verhalten, sollen Shell aus den negativen Schlagzeilen der Vergangenheit bringen.
Aus diesem Grund brachte die Royal Dutch/Shell-Gruppe 1998 erstmals einen gesonderten Bericht über die Rolle von Shell in der Gesellschaft heraus, der zeigen soll, »daß sich ethische Grundsätze und Gewinnstreben nicht ausschließen müssen«. Der Bericht mit dem Titel »Gewinne und ethische Grundsätze – ein Widerspruch in sich? Shell Report 1998«, der künftig jährlich erscheinen soll, beschreibt die Konzernaktivitäten auf wirtschaftlichem, sozialem und ökologischem Gebiet und soll die »tatsächlichen Handlungen und Ergebnisse mit den Grundsätzen, die sich Shell selbst gesetzt hat«, vergleichen.
Zur Erinnerung: Als es darum ging, die fast 20 Jahre alte, ausgediente Ölplattform Brent Spar als kostengünstigste Variante im Atlantik zu versenken, geriet der Konzern im Sommer 1995 in die internationale Kritik. Greenpeace kämpfte in spektakulären Aktionen gegen die Versenkung der angeblich mit schwermetallhaltigen Ölschlämmen und radioaktiven Salzen belasteten Plattform, da man einen Präzedenzfall für die rund 200 weiteren Bohrinseln in der Nordsee fürchtete. Der Funke sprang besonders in Deutschland auf die Bevölkerung über. Die unterschiedlichsten gesellschaftlichen Gruppen riefen zum Boykott von Shell-Tankstellen und Shell-Produkten auf. Aber die britische Shell, verantwortlich für die Versenkung, betrieb anfänglich einen unnachgiebigen Kurs. Der Protest eskalierte. Shell verzichtete auf die Versenkung und versprach eine andere Entsorgungslösung. Nach zweijähriger Prüfung von rund 400 Vorschlägen zur Entsorgung der Brent Spar entschied sich Shell 1998 zur Zerlegung der Ölplattform, um sie als Teil einer neuen Kai-Anlage im norwegischen Mekjarvik zu verwenden.
Der Konzern geriet 1996 erneut in die Schlagzeilen. Der Vorwurf: Shell sei in Nigerias Erdölregion für eine Umweltkatastrophe riesigen Ausmaßes verantwortlich, für die rücksichtslose Ausbeutung der Lagerstätten im nigerianischen Ogoni-Gebiet bei gleichzeitiger Verelendung der Bevölkerung, für die Kumpanei mit den dortigen Militärmachthabern und dadurch indirekt zumindest moralisch mitschuldig an der trotz weltweiter Proteste erfolgten Hinrichtung des nigerianischen Menschenrechtlers und Schriftstellers Ken Saro-Wiwa. Besonders peinlich wurde der Fall, als die Londoner Shell-Zentrale des Konzerns versuchte, gegen das letzte Buch des Menschenrechtlers vorzugehen. Titel: »Flammen der Hölle«. Untertitel: »Nigeria und Shell: Der schmutzige Krieg gegen die Ogoni«.
Shell plant in den nächsten Jahren in Nigeria, nach wie vor einem der wichtigsten Förderländer des Konzerns, Investitionen von über 8 Mrd. US $.

DEUTSCHE TELEKOM

GESCHICHTE UND ENTWICKLUNG. 1989 begann die Umwandlung der Telekom von einer Ministerialbehörde zu einem global agierenden Unternehmen der Telekommunikation. Mit der ersten Postreform wurde zum 1. Januar 1990 der Betriebsbereich der Deutschen Bundespost in drei Unternehmenseinheiten mit eigenverantwortlichen Managementstrukturen gegliedert: Telekom, Postdienst und Postbank. Die Telekom begann sogleich mit der Gründung von Auslands-Tochtergesellschaften. Es folgte die Liberalisierung des Endgerätemarktes. Mit der Vereinigung der beiden deutschen Staaten im Oktober 1990 fusionierten deren Telekommunikationsgesellschaften. Die Deutsche Bundespost Telekom war jetzt zuständig für ganz Deutschland. Europaweit begann die Telekom zu expandieren und schloß zahlreiche Kooperationen.
Im Juli 1991 stieg die Telekom mit dem Startschuß für D1 in den digitalen Mobilfunk ein. Im Juli 1993 nahm die Mobilfunktochter DeTeMobil ihre Arbeit auf. Im Rahmen der zweiten Postreform des Bundestages im Juni 1994 fiel der Beschluß in parteiübergreifendem Konsens, die Telekom zum 1. Januar 1995 in eine Aktiengesellschaft umzuwandeln. Es folgte die Umfirmierung von Deutsche Bundespost Telekom in Deutsche Telekom AG. Im November 1996 kam es zum ersten Gang an die Börse, der im Juni 1999 der zweite folgte. Akquisition des britischen Mobilfunkanbieters One2One.

BESITZVERHÄLTNISSE/EIGENTUMSSTRUKTUR.

- Bundesrepublik Deutschland (44%)
- Kreditanstalt für Wiederaufbau (22%)
- Streubesitz (34% – Privatpersonen und institutionelle Investoren wie Banken, Versicherungen und Fondsgesellschaften)

Das »Going-Public« der Deutschen Telekom war der bedeutendste Börsengang der deutschen Wirtschaftsgeschichte und eine der größten, milliardenschweren Aktientranchen, die es bisher weltweit gegeben hat. Der Börsengang wurde von einem internationalen Bankenkonsortium unter Federführung der Deutschen Bank, der Dresdner Bank und der Goldman Sachs geleitet. Die Positionierung der Deutschen Telekom als »Global Player« sollte besonders internationale Investoren anziehen, aber auch im Inland auf möglichst breiter Basis getragen werden. Die Tranche wurde wie folgt verteilt: 40% wurden deutschen Privatanlegern und 4% internationalen Privatanlegern zugeteilt. 53% der Tranche gingen an institutionelle Investoren und 3% an Beschäftigte der Deutschen Telekom (156.000 Belegschaftsaktionäre). Es wurden 1 Mrd. Aktien plaziert und ein Emissionserlös von ca. 20 Mrd. DM erzielt. Die Deutsche Telekom hatte am Tag des Börsenganges (18. November 1996) einen Unternehmenswert von rund 78 Mrd. DM und überschritt bereits bei einem Kurs von 36,50 DM die 100-Milliarden-Grenze (inklusive der noch im Bundesbesitz befindlichen Anteile). Die Deutsche Telekom avancierte damit zum wertvollsten deutschen Unternehmen (die Schulden sind im Börsenwert allerdings nicht enthalten). Die starke Stellung der Deutschen Telekom

Standort: *Zentrale*
Friedrich-Ebert-Allee 140
53113 Bonn

Postanschrift:
Postfach 2000
53105 Bonn

Telefon: *(0228) 181-0*
Telefax: *(0228) 181-8872*
Internet: *www.telekom.de*

Branche: *Telekommunikation*

Rechtsform:
Aktiengesellschaft

Geschäftsjahr: *1.1.-31.12.*

Gründungsjahr: *1990*
Deutsche Bundespost Telekom;
1995 Umwandlung in Deutsche Telekom AG

Presse- und Unternehmenskommunikation:
Jürgen Kindervater
Tel.: (0228) 181-4949
Fax: (0228) 181-8941
E-Mail: Kindervater@telekom.de

Öffentlichkeitsarbeit:
Marion Schöberl
Tel.: (0228) 181-9420
Fax: (0228) 181-8604
E-Mail: Marion.Schöberl@telekom.de

Presse:
Ulrich Lissek
Tel.: (0228) 181-9420
Fax: (0228) 181-8604
E-Mail: Ulrich.Lissek@telekom.de

Vorstand:
▮ *Sommer, Ron, Dr. (Vorsitzender; Konzernstrategie und -kommunikation, Konzernrevision und -organisation)*
▮ *Brauner, Josef (Vertrieb und Service)*
▮ *Buchal, Detlev (Produktmarketing)*
▮ *Hedberg, Jeffrey A. (International)*
▮ *Hultzsch, Hagen, Dr. (Technik Dienste)*
▮ *Klinkhammer, Heinz, Dr. (Personal und Recht)*
▮ *Kröske, Joachim, Dr. (Finanzen, Controlling)*
▮ *Tenzer, Gerd (Technik Netze, Einkauf und Umweltschutz)*

Vorstandsbezüge 1998:
9.174.787,– DM

wurde neuerlich durch den zweiten, im Juni 1999 stattgefundenen Börsengang eindrucksvoll unterstrichen. Neuerlich wurden 1,7 Mrd. weitere Stückaktien (Ausgabekurs: 39,50 Euro) der Deutschen Telekom im Rahmen einer Kapitalerhöhung an die Börse gebracht, mit denen rund 21 Mrd. DM erlöst wurden.

KONZERNÜBERBLICK. Die Deutsche Telekom ist der umsatzstärkste europäische und weltweit drittgrößte Telefonnetzbetreiber. Mit einem Investitionsvolumen von 120 Mrd. DM hat die Deutsche Telekom seit ihrer Umwandlung und Loslösung aus der Post 1989 eine grundlegend neue Telekommunikations-Infrastruktur in Deutschland geschaffen. Dabei hat sich die Deutsche Telekom konsequent auf Kundengruppen ausgerichtet.
Die Deutsche Telekom hat über 35 Mio. Privatkunden, über 2 Mio. Geschäfts- und Systemkunden sowie 5,5 Mio. Mobilfunkkunden. Ende 1998 hatte die Deutsche Telekom 46,5 Mio. Telefonanschlüsse installiert, eine Anschlußdichte von etwa 600 Anschlüssen pro 1.000 Einwohner. Der Anteil der eingerichteten ISDN-Kanäle liegt bei über zehn Millionen, womit sich das digitale Telekommunikationsnetz ISDN zum Top-Produkt der Deutschen Telekom im Privat- und Geschäftskundenbereich und zum weltweit größten seiner Art entwickelt hat. Hinzu kommen fast 3 Mio. T-Online-Kunden.
1998 wurde die Geschäftsverteilung innerhalb des Vorstandes neu geordnet. Die Vertriebs- und Serviceaktivitäten für Privat- und Geschäftskunden wurden im Vorstandsbereich »Vertrieb« gebündelt (Telefonnetzkommunikation, spezielle Mehrwertdienste, Endgeräte, Vertrieb und Service Geschäfts- und Privatkunden). Der Vorstandsbereich »Globales Systemgeschäft« umfaßt die Konzerngeschäftsfelder Systemlösungen, Datenkommunikation, Multimediakommunikation und die Steuerung von »Global One«. Im Vorstandsbereich »Technik Netze« werden die Konzerngeschäftsfelder »Lizenzierte Diensteanbieter/Carrier« und »Breitbandkabel und Rundfunk« gebündelt. Im Vorstandsbereich »International« werden das operative Auslandsgeschäft und die Steuerung der Beteiligungen in den Regionen Amerika, Asien/Pazifik und Europa getätigt.
Die Deutsche Telekom verfügt über das weltweit größte Breitbandkabelnetz mit über 17 Mio. angeschlossenen Haushalten. Das Kabelfernsehgeschäft soll als eigenständige GmbH aus dem Konzernverbund ausgegliedert werden. Mit über

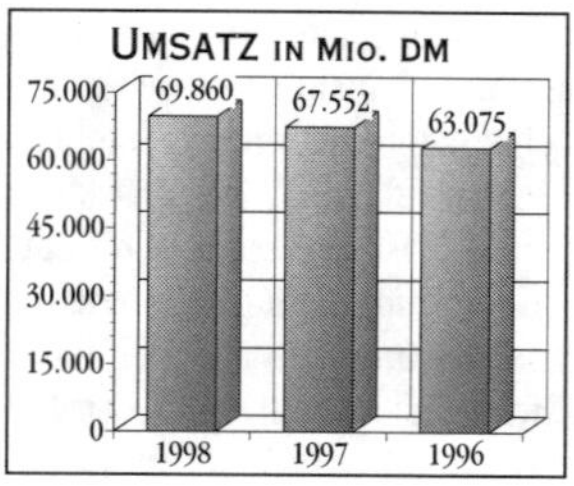

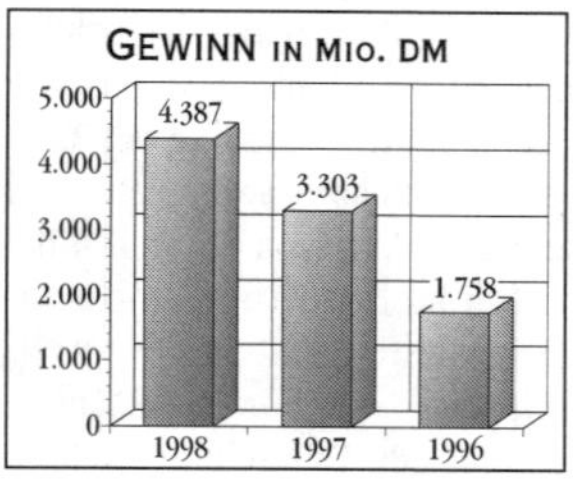

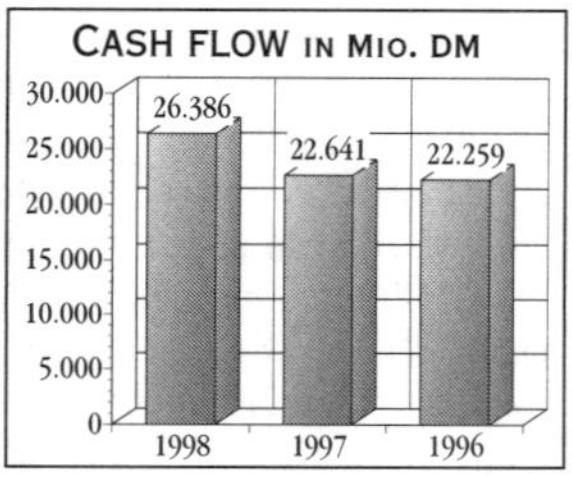

120.000 Kilometer verlegter Glasfaserkabel verfügt die Deutsche Telekom über das dichteste Glasfaserkabelnetz der Welt. T-Online ist mit fast 3 Mio. Teilnehmern und 60% Marktanteil der mit Abstand größte Online-Dienst Deutschlands. T-Online entwickelte sich aus den Vorläufern Btx und Datex J. Zur besseren Vermarktung wurde T-Online der selbständig operierenden Deutsche Telekom Online Service GmbH mit Sitz in Darmstadt übertragen.
Mit dem Großkundenmanagement wurde eine eigene Vertriebs- und Supportorganisation mit bundesweit 40 Vertriebsstellen zur Betreuung der 3.500 größten Geschäftskunden geschaffen. Jeder Großkunde erhält einen eigenen Großkundenmanager. Die 800 größten Kunden der Deutschen Telekom werden durch die DeTe System GmbH mit der Zentrale in Frankfurt/Main und zehn Niederlassungen an den wichtigsten deutschen Wirtschaftsstandorten betreut. Der Bund selbst gehört zu den größten Kunden der Deutschen Telekom.
Die Mobilkommunikation der Deutschen Telekom ist in der Tochtergesellschaft Deutsche Telekom MobilNet GmbH (T-Mobil) gebündelt, die das T-C-Tel- und T-D1-Netz mit 5,5 Mio. Kunden betreibt. T-Mobil ist auch Vollsortimenter im Bereich Mobilfunk.

BETEILIGUNGEN. Die wichtigsten Tochtergesellschaften und Beteiligungen der Deutschen Telekom AG im In- und Ausland sind den Seiten 150 und 151 zu entnehmen.

DIE GESCHEITERTE FUSION. Es sollte der Mega-Deal des Vorstandsvorsitzenden Ron Sommer werden, die größte jemals praktizierte europäische Firmenfusion. 1999 gaben zur Überraschung der europäischen Konkurrenz die beiden ehemaligen Staats- und Monopolunternehmen Deutsche Telekom und Telecom Italia ihr geplantes Zusammengehen bekannt. Die beiden Vorstandsvorsitzenden Ron Sommer und der inzwischen abgedankte Franco Bernabe wollten mit dem neuen Mammutunternehmen mit einem addierten Jahresumsatz von 115 Mrd. DM und über 300.000 Beschäftigten den europäischen Telekommunikationsmarkt dominieren. Mit einem Börsenwert von 317 Mrd. DM sollte Europas größte börsennotierte Gesellschaft entstehen. Beide Unternehmen hätten über 72 Mio. Teilnehmeranschlüsse verfügt, ein Marktanteil von 24% in der Zone des Euro. Doch der italienische Olivetti-Konzern machte den Ex-Monopolisten einen gründlichen Strich durch die Rechnung. Überraschend gab das Olivetti-Management bekannt, die Aktienmehrheit an der Telecom Italia erworben zu haben im Rahmen einer »feindlichen Übernahme«, also gegen den ausdrücklichen Willen des Telecom Italia-Vorstandes – für über 60 Mrd. DM. Für die Deutsche Telekom war der Olivetti-Coup in mehrfacher Hinsicht ein Schock. Zu dem erheblichen Imageschaden kam die hochgradige Verärgerung des Kooperationspartners France Télécom über die angestrebte Fusion. France Télécom kündigte an, alle gemeinsamen Joint-ventures mit der Deutschen Telekom zu überprüfen und behielt sich vor, den deutschen Konkurrenten auf Schadensersatz zu verklagen. Der schärfste Konkurrent der Deutschen Telekom in Deutschland, Mannesmann Arcor, ging als Sieger aus dem Fusionskarussell hervor. Vereinbarungsgemäß übernahm Mannesmann für knapp 15 Mrd. DM von Olivetti die Mehrheiten an den Mobilfunk- und Festnetzbetreibern Omnitel und Infostrada.

Aufsichtsrat:
- *Sihler, Helmut, Prof. Dr. (Vorsitzender; Mitglied des Gesellschafterausschusses der Henkel KGaA)*
- *Becker, Gert (ehem. Vorsitzender des Vorstandes der Degussa AG)*
- *Bon, Michel (Präsident der France Télécom)*
- *Hundt, Dieter, Dr. (Geschäftsführender Gesellschafter der Allgaier Werke GmbH & Co. KG; Präsident der Bundesvereinigung der Deutschen Arbeitgeberverbände)*
- *Leysen, André, Dr. h.c. (Vorsitzender des Aufsichtsrates der Agfa Gevaert N.V.)*
- *Reich, Hans W. (Mitglied des Vorstandes der Kreditanstalt für Wiederaufbau)*
- *Stolte, Dieter, Prof. Dr. h.c. (Intendant des ZDF)*
- *Walter, Bernhard (Sprecher des Vorstandes der Dresdner Bank AG)*
- *Winkhaus, Hans-Dietrich, Dr. (Vorsitzender der Geschäftsführung der Henkel KGaA)*
- *Zitzelsberger, Heribert, Prof. Dr. (Staatssekretär im Bundesministerium der Finanzen)*

**Schulze, Rüdiger (stellv. Vorsitzender)*
**Ahrensmeier, Reinhard*
**Falbisoner, Josef*
**Klare, Franz-Josef*
**Litzenberger, Waltraud*
**Löffler, Michael*
**Röll, Rainer*
**Schmitt, Wolfgang*
**Steinke, Ursula*
**Wegner, Wilhelm*

Aufsichtsratstantiemen 1998: *492.000,– DM*

Die wichtigsten Beteiligungen der Deutschen Telekom AG

Datenkommunikation

100,00 %	T-Data Gesellschaft für Datenkommunikation mbH, Bonn	
100,00 %	DeTeLine Deutsche Telekom Kommunikationsnetze GmbH, Berlin	
	100,00 %	DeTeLine Budapest GmbH, Budapest
	25,00 %	Chirkom, Tschirtschik (Usbekistan)

Telefonnetzkommunikation

20,15 %	VocalTec Communications Ltd., Herzeliya (Israel)

Systemlösungen

50,00 %	EUCOM Gesellschaft für Telekommunikations-Mehrwertdienste mbH, Saarbrücken
49,00 %	Deutsche Telepost Consulting GmbH (DETECON), Bonn

Mobilkommunikation

100,00 %	DeTeMobil Deutsche Telekom MobilNet GmbH, Bonn	
	100,00 %	Chekker ProRegio Bündelfunk GmbH, Landshut
	84,55 %	CMobil B.V., Brummen (Niederlande)
	71,00 %	max.mobil. Telekommunikation Service GmbH, Wien
	50,00 %	DDG Gesellschaft für Verkehrsdaten mbH, Düsseldorf
	50,00 %	TEGARON Telematics GmbH, Bonn
	45,94 %	MTS, CJSC Mobile TeleSystems gAG, Moskau
	22,50 %	PTC, Polska Telefonia Cyfrowa Sp.z o.o., Warschau

Multimediakommunikation

100,00 %	Deutsche Telekom Online Service GmbH, Darmstadt	
	25,00 %	WSI Webseek Infoservice GmbH & Co. KG, Hamburg

Breitbandkabel und Rundfunk

99,78 %	DeTeKabel Service GmbH, Bonn
	21 Regionale Kabelgesellschaften
100,00 %	Kabel Deutschland GmbH, Bonn
100,00 %	KabelService Deutschland GmbH, München
45,00 %	Bayern Digital Radio GmbH, München
24,00 %	KABELCOM Braunschweig GmbH, Braunschweig
24,00 %	KABELCOM Osnabrück GmbH, Osnabrück
24,00 %	KABELCOM Wolfsburg GmbH Wolfsburg
23,00 %	company B GmbH, Potsdam (ehem. HTC Babelsberg)
22,50 %	Deutsche Datenrundfunk GmbH, Oberhausen
16,67 %	SES Société Européenne des Satellites S.A., Betzdorf (Luxemburg)

Endgeräte

25,50 %	Electrocycling GmbH, Goslar
25,00 %	Electrocycling Anlagen GmbH, Goslar

Spezielle Mehrwertdienste

100,00 %	DeTeMedien, Deutsche Telekom Medien GmbH, Frankfurt/Main	
	25,10 %	DAV Deutsche Acressbuchverlag für Wirtschaft und Verkehr GmbH, Roßdorf
	15,00 %	GfT Gesellschaft für Telekommunkation mbH, Nürnberg
100,00 %	TeleCash GmbH, Stuttgart	

Konzernbereich — Direkte Beteiligung der Deutschen Telekom AG — Indirekte Beteiligung der Deutschen Telekom AG

International

100,00 %		Deutsche Telekom Inc., New York
	100,00 %	Deutsche Telekom (Canada) Inc., Toronto
	100,00 %	T-Access Inc., Red Bank (New Jersey, USA)
	50,00 %	ThinkOne Brisbane (California, USA)
100,00 %		Deutsche Telekom S.A.R.L., Paris
100,00 %		Deutsche Telekom Asia Pte. Ltd., Singapur
100,00 %		Deutsche Telekom K.K., Tokio
100,00 %		Deutsche Telekom Ltd., London
97,00 %		Deutsche Telekom gAG, Moskau
100,00 %		DeTeSat, Deutsche Telekom Ges. für Satellitenkomm. mbH, Bonn
100,00 %		Deutsche Telekom Holdings Ltd., London
	25,00 %	MetroHoldings Ltd., London
82,00 %		Infonet Network Services Deutschland GmbH, Frankfurt/Main
50,00 %		Atlas Telecommunications S.A., Brüssel
	66,67 %	Global One Communications Holding B.V., Hoofddorp (Niederlande)
	50,00 %	Global One Communications World Holding B.V., Hoofddorp (Niederlande)
50,00 %		MagyarCom Holding GmbH, Bonn
	59,58 %	MATÁV RT, Budapest
50,00 %		MagyarCom Service KFT, Budapest
50,00 %		Multilink S.A., Vernier (Schweiz)
50,00 %		DT-FT Italian Holding GmbH, Bonn
	49,00 %	Wind Telecomunicazioni S.p.A., Rom
49,88 %		Asiacom Philippines Inc., Makati City, Metro Manila (Philippinen)
25,00 %		Visay-Tech Inc., Makati City, Metro Manila (Philippinen)
25,00 %		PT Satelit Palapa Indonesia (Satelindo), Jakarta (Indonesien)
22,82 %		Dial – The Israeli Company for International Communications Services Ltd., Tel Aviv
	46,00 %	BARAK I.T.C., Tel Aviv
20,99 %		Technology Resources Industries Bhd., Kuala Lumpur (Malaysia)
19,50 %		Utel Ukrainian Telecom gAG, Kiew (Ukraine)
16,33 %		Ukrainian Mobile Communications (UMC) JV, Kiew (Ukraine)
10,42 %		Isla Communications Company Inc., Makati City, Metro Manila (Philippinen)
10,00 %		Sprint Corp., Kansas City
2,00 %		France Telecom S.A., Paris

Netzinfrastruktur

7,99 %	Eutelsat, Paris
3,45 %	Intelsat, Washington
4,30 %	Inmarsat, London

Vertrieb Privat- und Geschäftskunden

100,00 %	DeTeSystem, Deutsche Telekom Systemlösungen GmbH, Frankfurt/Main

Informationsverarbeitung

100,00 %	Deutsche Telekom Berkom Ges. für Forschung & Entwicklung von Anwendung in der Telekommunikation mbH, Berlin
100,00 %	Multimedia Software GmbH Dresden, Dresden
50,00 %	SAP Solutions GmbH, Freiberg am Neckar
30,00 %	DANET Gesellschaft für Beratung und Software-Entwicklung mbH, Weiterstadt

Forschung und Entwicklung

100,00 %	DeTeCSM, Deutsche Telekom Computer Services Magdeburg GmbH, Magdeburg
17,98 %	EURESCOM – European Institute for Research and Strategic Studies in Telecommunications GmbH, Heidelberg

Fakturierung/Debitoren

100,00 %	SAF Servicegesellschaft für automatisierten Forderungseinzug mbH, Heidelberg
100,00 %	SolvenTec GmbH, Hannover

Grundstücke und Gebäude

100,00 %	DeTe Immobilien, Deutsche Telekom Immobilien und Service GmbH, Münster

Sonstige Beteiligungen Inland

100,00 %		DeTeAssekuranz, Deutsche Telekom Assekuranzvermittlungsgesellschaft mbH, Monheim
100,00 %		T-Telematik Venture Holding GmbH, Bonn
	100,00 %	1. T-Telematik Venture Beteiligungsgesellschaft mbH, Bonn
	50,00 %	CT-Beteiligungsverwaltungs Gesellschaft mbH, Bonn
	50,00 %	Bonn-Innova GmbH & Co. Venture-Beteiligungs KG, Bonn
	40,00 %	Global IT-Venture Holding N.V., Amsterdam
5,04 %		EXPO Beteiligungsgesellschaft der Deutschen Wirtschaft mbH & Co. VerwaltungsKG, Hannover

Stand:
Februar/März 1999

BÖRSE, AKTIEN, KURSE
Grundkapital 1998:
13.719,0 Mio.
Jahreshöchstkurs 1998:
55,61 DM (28,43 €)
Jahrestiefstkurs 1998:
31,19 DM (15,95 €)
Aktie Jahresende 1998:
54,80 DM (28,02 €)
Dividende pro Aktie 1998:
1,20 DM

Die T-Aktie wurde im November 1996 an der Börse mit einem Eröffnungskurs von 28,50 DM plaziert. Im Juni 1999 wurden aus dem Portfolio der Kreditanstalt für Wiederaufbau, wo Anteile des Bundes geparkt waren, weitere 1.743 Mio. Aktien an der Börse plaziert. Der Einführungspreis lag bei 43,70 € (85,47 DM). Die Aktien im Nennwert von 5,– DM wurden in nennwertlose Stückaktien umgewandelt.

Umsatz 1998: *69.860,0 Mio.*
Umsatz 1997: *67.552,0 Mio.*
Umsatz 1996: *63.075,0 Mio.*

Gewinn 1998: *4.387,0 Mio.*
Gewinn 1997: *3.303,0 Mio.*
Gewinn 1996: *1.758,0 Mio.*

Cash flow 1998:
26.386,0 Mio.
Cash flow 1997:
22.641,0 Mio.
Cash flow 1996:
22.259,0 Mio.

Cash flow: *Die Gesamtinvestitionen des Konzerns wurden vollständig aus dem operativen Cash flow finanziert.*

Steueraufkommen 1998:
5.191,0 Mio.

Finanzschulden 1998:
78.102,0 Mio.

Um nicht völlig das Gesicht zu verlieren, kaufte die Deutsche Telekom im Sommer 1999 den viertgrößten britischen Mobilfunkbetreiber One2One und zahlte dafür den bisherigen Eigentümern Cable & Wireless und MediaOne rund 20 Mrd. DM, also den gesamten Erlös aus dem zweiten Börsengang. Experten freilich sind der Meinung, daß der Preis für One2One völlig überzahlt ist und sich die Deutsche Telekom durch ihre Fusions-Pleite mit Telecom Italia selbst unter Druck und Zugzwang gesetzt hat, um sich der Öffentlichkeit und der Konkurrenz als Global Player zu beweisen.

GLOBALE STRATEGIEN UND DER STANDORT DEUTSCHLAND.

Trotz oder gerade wegen der gescheiterten Fusion mit der Telecom Italia versichert der Vorstand der Deutschen Telekom bei jeder sich bietenden Gelegenheit, nun erst recht einen Global Player zu schmieden. Deshalb haben für die Deutsche Telekom die verstärkte Internationalisierung und der systematische Ausbau zu einem multinational operierenden Konzern oberste Priorität. Nicht zuletzt deshalb wurde auch der neue Vorstandsbereich »International« eingerichtet. Die Akquisition des britischen Mobilfunkanbieters One2One will die Deutsche Telekom als strategischen Durchbruch zum Global Player verstanden wissen.
Mit eigenen Auslandstochtergesellschaften ist die Deutsche Telekom bereits vertreten in Brüssel, Paris, London, New York, Tokio, Moskau und Singapur. Besonders im asiatisch-pazifischen Raum soll expandiert werden. In Indonesien ist die Deutsche Telekom mit 25% an Satelindo, dem größten GSM-Netzbetreiber des Landes, beteiligt. 21% hält sie an TRI Bhd., dem Marktführer auf dem malaysischen mobilen Telekommunikationsmarkt, 10,42% an Isla Communications Co. Inc., einer philippinischen Telekommunikations-Gesellschaft. Mit der China International Telecommunications Construction Corp. wurde eine Zusammenarbeit vereinbart.
Mit France Télécom und dem drittgrößten Festnetzbetreiber der USA, Sprint Corporation, wurde die strategische Allianz »Global One« gegründet, aus der sich nach der geplanten und dann gescheiterten Fusion der Deutschen Telekom mit der Telecom Italia die Franzosen möglicherweise zurückziehen werden. Das gemeinsam mit dem italienischen Energieversorgungs-Unternehmen Enel gehaltene Joint-venture Wind würden die Franzosen am liebsten ohne die Deutschen bestreiten. Gleiches gilt für das in Großbritannien mit dem Telekommunikationsanbieter Energis operierende Joint-venture Metropolitan Area Networks. 1998 hatten Deutsche Telekom und France Télécom eine Überkreuzbeteiligung bzw. -verflechtung von jeweils 2% am Grundkapital des anderen bekanntgegeben. In Osteuropa ist die Deutsche Telekom mit knapp 60% an der ungarischen Telefongesellschaft Matav beteiligt, die 84% aller ungarischen Telefonanschlüsse betreibt. In Tschechien, Polen und der Ukraine betreibt die Deutsche Telekom über ihre Tochter DeTeMobil Mobilfunknetze. In Österreich besitzt die Deutsche Telekom mit ihren Konsortialpartnern die Lizenz zum Aufbau eines digitalen Mobilfunknetzes.

INNERBETRIEBLICHE BÜNDNISSE. Mit knapp 180.000 Beschäftigten Ende 1998 gehört die Deutsche Telekom trotz nach wie vor massiven Personalabbaus immer noch zu den größten Arbeitgebern Deutschlands. Durch eine systematische Analyse der Arbeitsabläufe

hatte das Management schon vor der Privatisierung einen »Personalüberbestand« von 60.000 Arbeitskräften festgestellt. Ziel der Deutschen Telekom ist es, im Jahr 2000 nur noch 170.000 Mitarbeiter zu beschäftigen. Die Personalreduzierung soll auch weiterhin in Übereinstimmung mit den Arbeitnehmervertretungen möglichst sozialverträglich vonstatten gehen (natürliche Fluktuation, Vorruhestandsregelungen, Abfindungsregelungen). Auf betriebsbedingte Kündigungen, so sieht es eine tarifliche Vereinbarung vor, soll bis zum Ende des Jahres 2000 möglichst verzichtet werden. Dafür wird von den Beschäftigten mehr Flexibilität und Mobilität in puncto Einsatzgebiet und Einsatzort verlangt. Die beamtenrechtlichen Bestimmungen sollen dabei fortbestehen.
Versorgungsansprüche der Beamten werden über eine Unterstützungskasse abgewickelt. Das Postpersonalrechtsgesetz verpflichtet die Telekom zu jährlichen Zahlungen in Höhe von 2,9 Mrd. DM bis einschließlich 1999. Danach bemessen sich die jährlichen Zahlungen auf 33% der Bruttobezüge der aktiven Beamten. Fehlbeträge in der Unterstützungskasse gleicht der Bund aus, da er weiterhin Dienstherr der Beamten ist.
Schrittweise wird ein einheitliches leistungsgerechtes Vergütungssystem eingeführt. Der Ausgleich von Überstunden kann nur noch in Freizeit erfolgen. Die Anzahl der Auszubildenden betrug 1998 konzernweit knapp 7.000.

Beschäftigte 1998: *179.000*
Beschäftigte 1997: *191.000*
Beschäftigte 1996: *201.000*
(Beschäftigte 1993: 234.000)

Umsatz pro Mitarbeiter 1998: *390.279,– DM*
Umsatz pro Mitarbeiter 1997: *353.675,– DM*
Umsatz pro Mitarbeiter 1996: *313.806,– DM*

Löhne und Gehälter 1998: *12.668,0 Mio.*
Löhne und Gehälter 1997: *12.955,0 Mio.*
Durchschnittsgehalt 1998: *70.771,– DM*
Soziale Abgaben und Aufwendungen 1998: *5.266,0 Mio.*
Soziale Abgaben und Aufwendungen 1997: *5.385,0 Mio.*

Bezüge pro Vorstandsmitglied 1998: *1.146.848,– DM*
Tantiemen pro Aufsichtsrat 1998: *24.600,– DM*

UMWELTSCHUTZ.

Umweltschutzinitiativen der Deutschen Telekom sind in der Zentralstelle für Umweltschutz in Darmstadt gebündelt. Diese Abteilung verfügt über Bereichs- und Regionalstellen mit rund 100 Mitarbeitern in ganz Deutschland. Das Umweltschutzkonzept der Deutschen Telekom umfaßt u.a. die Wiederaufbereitung von Telefonen und ganzen Telefonanlagen, von Kabeln und Telefonkarten, die Einführung »umweltfreundlicher« Telefonhäuschen (u.a. auf der Basis von Wind- und Sonnenenergie). Gearbeitet wird auch an der Reduzierung des Schadstoffausstoßes der Telekom-Kraftfahrzeug-Flotte. Die Deutsche Telekom unterhält immer noch den größten zivilen Fuhrpark Europas mit knapp 50.000 Fahrzeugen.

Investitionen 1998: *9.400,0 Mio.*
Investitionen 1997: *15.500,0 Mio.*
Investitionen 1996: *22.600,0 Mio.*

FORSCHUNG, ENTWICKLUNG, INNOVATIONEN.

Im Zentrum von Forschung und Entwicklung der Deutschen Telekom stehen anwendungsoptimierte Produkte und Dienste mit hohem Kundennutzen und zu erwartenden Gewinnen auf der Basis zukunftssichernder Technologien. Rund 4.500 Mitarbeiter sind in den Bereichen Forschung und Entwicklung beschäftigt, die Hälfte davon in den Software-Entwicklungszentren und bei der Multimedia Software GmbH, Dresden. In den Technologiezentren Darmstadt und Berlin werden die Entwicklungsarbeiten für neue Produkte und die Optimierung der Netzinfrastruktur vorgenommen. Mit dem T-Netz besitzt die Deutsche Telekom eine moderne, flächendeckend integrierte Netzinfrastruktur mit rund 1,5 Mio. km Kupferkabel und über 120.000 km Glasfaserkabel. Der Ausbau der sogenannten »intelligenten Netze« wird erheblich forciert, der Aufbau einer Glasfaserinfrastruktur im Netzzugangsbereich beschleunigt und die Übertragungstechnik flexibilisiert. 1998 wurde die Digitalisierung der Ortsnetze in Deutschland abgeschlossen. Entwicklungsschwerpunkte liegen u.a. in den Berei-

Forschung und Entwicklung 1998: *1.300,0 Mio.*
Forschung und Entwicklung 1997: *1.200,0 Mio.*
Forschung und Entwicklung 1996: *1.250,0 Mio.*

Telefonanschlüsse 1998:
46,5 Mio.
Telefonanschlüsse 1997:
45,2 Mio.

ISDN 1998: *Basisanschlüsse: 3.996.900; Kanäle: 10.093.500*
ISDN 1997: *Basisanschlüsse: 2.831.200; Kanäle: 7.341.300*
T-D1-Netz-Kunden 1998:
5.474.000
T-D1-Netz-Kunden 1997:
3.276.000

T-Online-Kunden 1998:
2.699.000
T-Online-Kunden 1997:
1.919.000

Kabelanschlüsse 1998:
17,3 Mio.
Niederlassungen 1998: *118*
T-Punkt-Läden 1998: *578*

Mitbewerber: *Bell South, First Telecom, Mannesmann Arcor, Mobilcom, NetCologne, NTT, Otelo, Talkline, TelDaFax, Tele 2, SBC Communications, Viag Interkom, zahlreiche weitere nationale und internationale Telefongesellschaften*

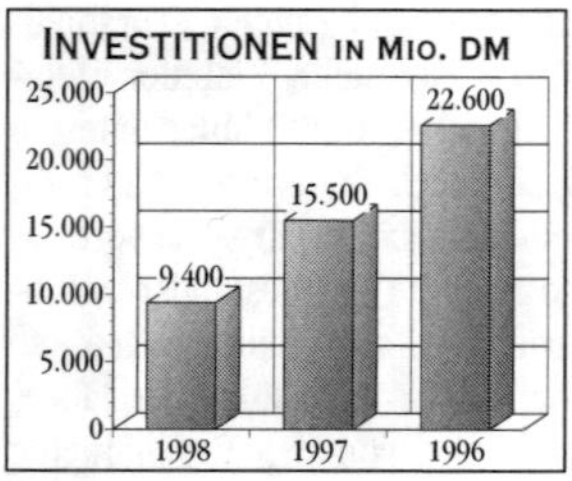

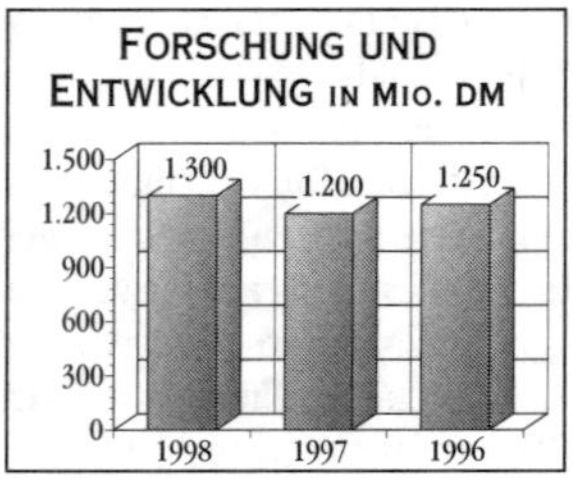

chen Telesicherheit, nutzerfreundliche Bedienoberflächen, Sprachverarbeitung, intelligentes Netz auf der Basis objektorientierter Architektur sowie bei Anwendungen wie Telearbeit, Teleoffice und Telelernen. In den Bereichen Internet und Multimedia wurde 1997 im Silicon Valley die Deutsche Telekom Advanced Solutions eingerichtet. Die Corporate Venture Capital-Gesellschaft T-Venture (T-Telematik Venture Holding GmbH) beteiligt sich an Technologieunternehmen aus dem Telematikbereich. Zur konzernweiten Bündelung der Entwicklungsinitiativen für innovative Produkte und Lösungen wurde die Tochtergesellschaft T-Nova GmbH gegründet. 1998 wurden konzernweit 363 Patente neu angemeldet. Weltweit besitzt die Deutsche Telekom etwa 3.000 Schutzrechte.

KOMMENTAR. Die Strategie der Deutschen Telekom in den letzten drei Jahren – modernes Image, neue Leistungsstärke, drastische Reduzierung des Personals, Expansion im Ausland, Innovation im Innern – hält nach der Liberalisierung des europäischen Telefonmarktes mit der Abschaffung der Telefondienst- und Netzmonopole zum 1. Januar 1998 nicht mehr vor. Noch hat die Deutsche Telekom rund 80% am deutschen Telekommunikationsmarkt im Griff, aber die Konkurrenz drängt in die angestammte Domäne. Wenn die Telekom zu einer wirklich marktgerechten Preisgestaltung kommt, werden die Renditen sinken. Zu schwer wiegen die Altlasten. Obwohl der Schuldenabbau vorangeht, liegen die Finanzschulden des Konzerns immer noch bei 78 Mrd. DM. Aus dem nationalen Postunternehmen wurde ein multinational operierender Konzern, der es plötzlich mit der Öffnung des deutschen Telekommunikationsmarktes zu tun hat. Noch rührt die Stärke der Deutschen Telekom aus ihrer ehemaligen Monopolstellung, ihrem Know-how und großen Besitz heraus, womit sie den Wettbewerb auf dem deutschen Kommunikationsmarkt nach wie vor bestimmen möchte. Besonders deutlich wird das am gespannten Verhältnis zwischen der Regulierungsbehörde für Telekommunikation und Post (Nachfolger des ehemaligen Bundesministeriums für Post und Telekommunikation) und der Deutschen Telekom bei der Frage der Kosten für die Leitungsbenutzung und sonstige Leistungen für die neuen Anbieter. Auch möchte man möglichst lange den lukrativen Markt für Ortsgespräche monopolisieren. Im Ortnetz müssen Konkurrenten der Deutschen Telekom für die Miete der Teilnehmer-Anschlußleitung monatlich 25,50 DM zahlen – eine hohe Summe. Ansonsten zieht die Deutsche Telekom im Wettbewerb nach und senkt ihre Preise drastisch – das deutliche Zeichen für die jahrelange Ausnutzung eines Monopols auf Kosten der Kunden.

DG BANK

GESCHICHTE UND ENTWICKLUNG. Die Idee, mit genossenschaftlichen Banken auch Handwerkern und Bauern Kredite zu gewähren, die ihnen die etablierten Banken versagten, wodurch sie sie in die Arme von Geldverleihern und Wucherern trieben, hatten Mitte des letzten Jahrhunderts der Jurist und Parlamentarier Hermann Schulze-Delitzsch (1808–1883) und der rheinpreußische Landbürgermeister Friedrich Wilhelm Raiffeisen (1818–1888). Sie riefen zur Selbsthilfe und zur Gründung genossenschaftlicher Banken auf. Nachdem Genossenschaften und Genossenschaftsbanken zahlreich entstanden waren, wurde 1895 auf gesetzlicher Grundlage die Preußische Central-Genossenschafts-Kasse (»Preußenkasse«) in Berlin gegründet. (In diesem Jahr gab es in Deutschland bereits rund 6.000 Genossenschaften.) 1921 kam es zur Bildung der Deutschen Genossenschafts-Hypothekenbank durch die »Preußenkasse«; 1931 zur Umfirmierung der »Preußenkasse« in Deutsche Zentralgenossenschaftskasse. 1949 wurde als ihr Funktionsnachfolger die Deutsche Genossenschaftskasse (DGK) mit Sitz in Frankfurt/Main gegründet. 1957 wurde ihr das Emissionsrecht verliehen. 1972 kam es zu einer ersten Beteiligung an einer Bankengründung im Ausland (Luxemburg). 1976 trat das Gesetz über die Deutsche Genossenschaftsbank in Kraft. Es folgte eine expansive Phase der DG Bank mit zahlreichen Akquisitionen und Beteiligungen an Banken. 1990 übernahm die DG Bank das Zentralbankgeschäft der Genossenschaftsbank Berlin und fungiert seitdem als Zentralbank für die Kreditgenossenschaften in den neuen Bundesländern. 1998 erfolgte die Umwandlung in eine Aktiengesellschaft in genossenschaftlichem Besitz. Aus der Körperschaft des öffentlichen Rechts wurde die DG Bank AG.

BESITZVERHÄLTNISSE/EIGENTUMSSTRUKTUR.

- Genossenschaftliche Holdinggesellschaften der Volks- und Raiffeisenbanken (52,44%)
- Genossenschaftliche Landeszentralbanken (30,18%)
- Kreditgenossenschaften (2,39%)
- sonstige Genossenschaften (4,65%)
- Genossenschaftliche Zentralinstitutionen/Verbände (4,00%)
- Sonstige (6,34%)

KONZERNÜBERBLICK. Die DG Bank AG ist das Spitzenkreditinstitut der deutschen Genossenschaftsorganisationen und gleichzeitig eine große, international tätige Geschäftsbank. Sie hat den gesetzlichen Auftrag, das deutsche Genossenschaftswesen zu fördern, und betreibt als universell und international arbeitende Geschäftsbank mit Emissionsrecht Bankgeschäfte aller Art, die unmittelbar oder mittelbar der Erfüllung dieses Zweckes dienen. Sie ist Bindeglied zwischen den genossenschaftlichen Banken und den nationalen und internationalen Finanzmärkten.

Für rund die Hälfte der 2.248 Kreditgenossenschaften mit ca. 18.700 Bankstellen nimmt die DG Bank auch die Funktion der Zentralbank wahr. Dazu gehören die Volksbanken und Raiffeisenbanken im Norddeutschen Genossenschaftsverband Schleswig-Holstein und Hamburg,

Standort:
Am Platz der Republik
60325 Frankfurt/Main

Postanschrift:
60265 Frankfurt/Main

Telefon: *(069) 7447-01*
Telefax: *(069) 7447-1685*
Internet: *www.dgbank.de*

Branche: *Kreditinstitute*

Rechtsform: *Aktiengesellschaft*

Geschäftsjahr: *1.1.-31.12.*

Gründungsjahr: *1895*

Öffentlichkeitsarbeit:
Dr. Detlef Marquardt
Tel.: (069) 7447-2009
Fax: (069) 7447-6702
Dr. Frank Steinmeyer
Tel.: (069) 7447-2380
Fax: (069) 7447-2959
E-Mail: frank-steinmeyer@dgbank.de

Vorstand:
- *Thiemann, Bernd, Dr. (Vorsitzender; Beteiligungen, Compliance Office, Personal, Revision, Vorstandsstab/Kommunikation)*
- *Bruns, Heiko, Dr. (Internationale Finanzierungen, Kredit, Kreditgenossenschaften; Berlin/Neue Bundesländer)*
- *Eichwald, Berthold, Dr. (Kreditgenossenschaften/Zentralbanken, Electronic Banking/Zahlungssysteme; Bayern)*
- *Flach, Uwe E. (Investment Banking/Aktien/Corporate Finance/Strukturierte Finanzierungen, Investment Banking/Zins und Währung, Asset Management)*

▮ *Flesch, Johann Rudolf, Dr. (Handelsadministration, Organisation und Informatik, Finanzen, Unternehmenssteuerung, Datenschutz)*
▮ *Malt, Friedbert, Dr. (Auslandskunden; Hamburg)*
▮ *Panner, Bedo (Immobilienkunden, Recht, Sonderengagements, Verwaltung, Kassel)*
▮ *Pleister, Christopher, Dr. (Firmenkunden/Mittelstand, Agrar- und Ernährungswirtschaft, Volkswirtschaft; Hannover, Weser-Ems)*
▮ *von Stechow, Friedrich-Leopold Freiherr, Dr. (Firmenkunden/Großkunden, Institutionelle Kunden)*

Vorstandsbezüge 1998:
11.731.000,– DM

Aufsichtsrat:
▮ *Grüger, Wolfgang (Vorsitzender; Bundesverband der Deutschen Volksbanken und Raiffeisenbanken e.V.)*
▮ *Dahlgrün, Volker, Dr. (stellv. Vorsitzender; Sprecher des Vorstandes der Volksbank Hannover eG)*
▮ *Bramlage, Gerhard (Vorsitzender des Vorstandes der Emsländische Volksbank eG)*
▮ *Brixner, Ulrich, Dr. (Vorsitzender des Vorstandes der SGZ-BANK Südwestdeutsche Genossenschafts-Zentralbank AG)*
▮ *Heinke, Eberhard (Vorsitzender des Vorstandes der WGZ-Bank Westdeutsche Genossenschafts-Zentralbank eG)*
▮ *Koschka, Helmut (Wirtschaftsprüfer)*
▮ *Partenheimer, Jürgen (Vorsitzender des Vorstandes der Münchner Bank eG Volksbank)*
▮ *Sorge, Bernhard (Mitglied des Vorstandes der Raiffeisen-Volksbank Gräfing eG)*

im Genossenschaftsverband Weser-Ems, im Genossenschaftsverband Berlin-Hannover, im Genossenschaftsverband Bayern und die Volks- und Raiffeisenbanken in Ostdeutschland sowie die kurhessischen Raiffeisenbanken im Genossenschaftsverband Hessen/Rheinland-Pfalz/Thüringen, ferner die Post- und Darlehensvereine. Die genossenschaftliche Bankengruppe steht im Geschäft mit 30 Millionen Kunden, von denen 14,6 Millionen gleichzeitig Mitglieder der Volksbanken und Raiffeisenbanken sind. Die addierte Bilanzsumme der genossenschaftlichen Bankengruppe betrug 1998 rund 1,6 Billionen DM.
Als universell arbeitende Geschäftsbank stellt die DG Bank ihre Produkte und Dienstleistungen vor allem den deutschen genossenschaftlichen Zentralbanken, den Kreditgenossenschaften sowie Firmen und institutionellen Anlegern zur Verfügung. Der Tätigkeitsbereich umfaßt sämtliche Bereiche des Kreditgeschäftes, den Geld- und Devisenhandel, das Wertpapier-Konsortialgeschäft, den Zahlungsverkehr, den Wertpapierhandel, die Vermögensverwaltung und alle Sparten des Auslandsgeschäfts. Verwaltungssitz und Zentrale der Bank ist Frankfurt/Main. Die DG Bank unterhält 22 Niederlassungen und Geschäftsstellen in Deutschland sowie 26 Stützpunkte an den wichtigsten Finanzplätzen Europas, Amerikas, Asiens und Afrikas. Im Rahmen der Unico-Bankengruppe unterhält die DG Bank enge Beziehungen zu genossenschaftlichen Spitzeninstituten in Österreich, Frankreich, Belgien, den Niederlanden, Finnland und Italien.
Zum Konsolidierungskreis der DG Bank gehören im Immobilienbereich eine der größten privaten Hypothekenbanken der Republik, die Deutsche Genossenschafts-Hypothekenbank AG, Hamburg, die Bausparkasse Schwäbisch Hall (BSH) und die DIFA Deutsche Immobilien Fonds AG, Hamburg, für Spezialfinanzierungen die DG Diskontbank GmbH, für Verkehrsfinanzierungen die Deutsche Verkehrs-Bank AG (DVB), für Asset Management die DEVIF Deutsche Gesellschaft für Investment-Fonds GmbH, für Private Banking die DG Capital Management GmbH sowie für Beratung die DG Corporate Finance GmbH und die DG Consult Unternehmens-Beratungsgesellschaft mbH.
Die DG Bank ist außerdem an der mächtigen Versicherungsgruppe R+V mit ihrem gesamten Versicherungsverbund und an der großen deutschen Fondsgesellschaft Union-Invest beteiligt. Die Kapitalanlagen der Versicherungsgruppe R+V lagen 1998 bei 48 Mrd. DM, die Beitragseinnahmen der R+V betrugen 1998 9,3 Mrd. DM. Die Schwäbisch Hall ist mit 7,2 Mio. Verträgen und 289 Mrd. DM Bausparsumme und einem Marktanteil von 23,2% die mit Abstand größte deutsche Bausparkasse. 1998 erreichte das Neugeschäft rund 39 Mrd. DM Bausparsumme.

BETEILIGUNGEN. Die DG Bank besitzt weit über 100 Grundstücksverwaltungs-, Immobilien- und Baugesellschaften allein im Inland. Darüber hinaus verfügt sie über zahlreiche Tochtergesellschaften und Beteiligungen im In- und Ausland. Zu den wichtigsten Unternehmen gehören:
● Banken: Bausparkasse Schwäbisch Hall AG, Schwäbisch Hall (50,01%); Deutsche Genossenschafts-Hypothekenbank AG (DG Hyp), Hamburg (100%); DG Diskontbank GmbH, Frankfurt/Main (100%); Deutsche Verkehrs-Bank AG, Frankfurt/Main (63%); EDEKABANK AG, Hamburg (25,20%); VR-Leasing GmbH, Eschborn/Taunus (63,06%);

DG Capital Management GmbH, Frankfurt/Main (70%); Bank für Wertpapiere und -systeme AG, Frankfurt/Main (50%); Österreichische Volksbanken-AG (ÖVAG), Wien/Österreich (25,02%); DG Bank Luxembourg S.A., Luxemburg (97,24%); DG Bank (Schweiz) AG, Zürich (100%); Banco Cooperativo Español S.A., Madrid/Spanien (15%); DG European Securities Corporation, New York/USA (69,90%); DG Immobilien Management Gesellschaft mbH, Frankfurt/Main (100%); GZS Gesellschaft für Zahlungssysteme mbH, Frankfurt/Main (20%); Magyar Takarékbank, Budapest/Ungarn (71,95% – Dachorganisation der ungarischen Spargenossenschaften); Bank Amerikanski w Polsce S.A., Warschau/Polen (71,07%);

● Kapitalgesellschaften: DEVIF Deutsche Gesellschaft für Investment-Fonds GmbH, Frankfurt/Main (63%); Union-Investment-Gesellschaft mbH, Frankfurt/Main (36,55%); DEFO Deutsche Fonds für Immobilienvermögen GmbH, Frankfurt/Main (90%); DIFA Deutsche Immobilien Fonds AG, Hamburg (60%);

● Versicherungen: R+V Versicherung AG, Wiesbaden (50% – mit allen R+V-Versicherungen, u.a. R+V Allgemeine Versicherung AG, R+V Lebensversicherungs-AG).

GLOBALE STRATEGIEN UND DER STANDORT DEUTSCHLAND.

Die DG Bank AG unterhält 26 Stützpunkte an den wichtigsten Finanzplätzen Europas, Amerikas, Asiens und Afrikas. Besonders die Präsenz in Osteuropa und Asien ist in den letzten Jahren ausgebaut worden. So wurden Repräsentanzen in Warschau, Budapest, Prag, Peking, Shanghai, Bombay, Tokio, Bangkok, Seoul, Jakarta, Johannesburg und Mexiko eröffnet. Außerdem hat sich die DG Bank an der Österreichischen Volksbanken-AG (ÖVAG), dem Spitzeninstitut der österreichischen Volksbanken, mit etwas über 25% beteiligt. Über das Stützpunktnetz der ÖVAG sollen zusätzlich die Märkte in der Slowakei, in Tschechien, Slowenien und Ungarn erschlossen werden.

1997 wurden 55,98% der ungarischen Tabarékbank, der Dachorganisation der ungarischen Spargenossenschaften, übernommen und durch Kapitalerhöhung auf 71,95% ausgebaut. Ebenfalls erhöhte die DG Bank AG 1999 ihren Anteil an der polnischen AmerBank, Warschau, von 62,19% auf 71,07%, was einem Anteil der Stimmrechte von 49,22% entspricht. Dadurch erhalten auch die deutschen lokalen Volks- und Raiffeisenbanken über die DG Bank einen Zugriff auf die ausländischen Märkte, ohne über eigene Auslandsrepräsentanzen verfügen zu müssen. Auf diese Weise können die Volks- und Raiffeisenbanken auch im Auslandsgeschäft die gleichen Bankdienstleistungen anbieten wie die international tätigen Großbanken. Das ist um so wichtiger, da sich auch immer mehr mittelständische Betriebe, zu deren Hausbanken die Volks- und Raiffeisenbanken vielfach zählen, stärker an ausländischen Stützpunkten orientieren.

Über die aus acht genossenschaftlichen Banken Europas gebildete Unico Banking Group mit insgesamt über 38.000 Filialen bzw. Geschäftsstellen, zu der auch die DG Bank zählt, ergeben sich Synergieeffekte bei grenzüberschreitenden Geschäften im Ausland. Besonders aktiv ist die Schwäbisch Hall in der Slowakei, Tschechien und Ungarn, wo sie gemeinsam mit Partnern die Erste Bausparkasse AG in Bratislava, die Tschechisch-Mährische Bausparkasse AG in Prag und die Fundamenta Ungarisch-Deutsche Bausparkasse AG in Budapest ge-

▌*Zimmermann, Franz (Vorsitzender des Vorstandes der Volksbank eG Neumünster)*
▌*Zimpelmann, Uwe (Landwirtschaftliche Rentenbank)*
**Preußer, Helga (stellv. Vorsitzende)*
**Apitzsch, Wolfgang*
**Baier, Rainer*
**Beins, Rüdiger*
**Groll, Michael*
**Hägele, Siegfried*
**Kaufmann, Walter*
**Kleinert, Sigmar*
**Rückl, Adolf*
**Schmidt, Gudrun*

Aufsichtsratstantiemen 1998: *1.121.000,– DM*

Bilanzsumme 1998: *437.861,0 Mio. (IAS)*
Bilanzsumme 1997: *369.998,0 Mio. (IAS)*
Bilanzsumme 1996: *331.782,0 Mio. (HGB)*

Kreditvolumen 1998: *251.023,0 Mio.*
Kreditvolumen 1997: *216.253,0 Mio.*
Kreditvolumen 1996: *keine Angabe*

Jahresüberschuß 1998: *549,0 Mio.*
Jahresüberschuß 1997: *447,0 Mio.*
Jahresüberschuß 1996: *347,0 Mio.*

Steueraufkommen 1998: *480,0 Mio.*

Grundkapital 1998: *2.833,0 Mio.*

Risikovorsorge 1998: *384,0 Mio.*
Risikovorsorge 1997: *458,0 Mio.*
Risikovorsorge 1996: *keine Angabe*

Fremde Gelder/ Verbindlichkeiten 1998:
286.282,0 Mio.
Eigenmittel 1998:
17.189,0 Mio.
Beteiligungen 1998:
759,0 Mio.
Sachanlagen 1998:
751,0 Mio.

Beschäftigte 1998: *12.466*
Beschäftigte 1997: *11.970*
Beschäftigte 1996: *11.237*

Löhne und Gehälter 1998:
1.181,0 Mio.
Löhne und Gehälter 1997:
1.077,0 Mio.
Durchschnittsgehalt 1998:
94.738,– DM
Soziale Abgaben und Aufwendungen 1998:
340,0 Mio.
Soziale Abgaben und Aufwendungen 1997:
377,0 Mio.

Bezüge pro Vorstandsmitglied 1998: *1.303.444,– DM*
Tantiemen pro Aufsichtsrat 1998: *56.050,– DM*

gründet hat, die insgesamt bereits 1,9 Mio. Bausparverträge verzeichnen. In der Slowakei ist Schwäbisch Hall mit 84%, in Tschechien mit 41% und in Ungarn mit knapp 40% Marktführer im Bauspargeschäft.

INNERBETRIEBLICHE BÜNDNISSE. 1999 wurde ein modernes Arbeitszeitmanagement eingeführt, in das auch das 1996 realisierte Teilzeitkonzept integriert wurde. Aufgrund der hohen Flexibilität bei der Einteilung der Arbeitszeit erhofft sich die DG Bank eine höhere Mitarbeitermotivation sowie eine Verbesserung der Kommunikation. Ein Pilotprojekt zur Telearbeit läuft. Die DG Bank hat ein Projekt unter dem Motto »Lernende Bank« initiiert, durch das Erfahrungspotentiale mobilisiert, Kreativität genutzt und Eigeninitiative gestärkt werden sollen. Seit 1996 gibt es ein Pilotprojekt »Potentialförderung«. 1998 befanden sich in der DG Bank AG 107 Jugendliche in der Ausbildung. 72 Kandidaten absolvierten eine »dualakademische« Ausbildung – an der Hochschule für Bankwirtschaft oder der Berufsakademie.

DIE DG BANK ALS AKTIENGESELLSCHAFT. Im Rahmen ihrer Privatisierungspolitik hat die Bundesregierung die von der Genossenschafts-Holding Berlin GBB gehaltenen Bundesanteile von 6,1% des Grundkapitals der DG Bank im Dezember 1997 an die übrigen Eigner für knapp 660 Mio. DM veräußert. Hieran schlossen sich die Vorbereitungen für ein DG-Bank-Umwandlungsgesetz an, mit dem der Bund seine Restbeteiligung von nominal 1 Mio. DM veräußerte und die DG Bank von einer Körperschaft des öffentlichen Rechts in eine Aktiengesellschaft umgewandelt wurde. Nach Abschluß des Gesetzgebungsverfahrens erfolgte die Umwandlung rückwirkend zum 1. Januar 1998. Die Eigner der DG Bank erhalten vinkulierte Namensaktien, um die DG Bank in genossenschaftlichem Besitz zu halten. Entsprechend ist ein Börsengang nicht vorgesehen. Die DG Bank verspricht sich vom Rechtsformwechsel Eigenkapital- und Ratingvorteile sowie ein höheres internationales Standing.
Die DG Bank hat sich vor der Umwandlung in eine Aktiengesellschaft gründlich restrukturiert und auf neue Beine gestellt – ein dringend notwendiger Einschnitt nach all den Skandalen und Affären der Vergangenheit (Devisenskandal, co op-Affäre, Rentenhandel-Skandal). Ein Teil der Beteiligungen und Immobilien wurde verkauft, ein Sanierungsprogramm von mehreren Millarden DM seitens der Genossenschaften und ihrer Organisationen wurde aufgelegt und begann zu greifen. Die Bank besann sich wieder auf die sie tragenden Organisationen und ihren eigentlichen Zweck.

DOUGLAS

Standort:
Kabeler Straße 4
58099 Hagen

Postanschrift:
58085 Hagen

GESCHICHTE UND ENTWICKLUNG. Die Douglas Holding AG ist aus der 1821 in Hamburg als Seifen- und Parfümfabrik gegründeten Firma Douglas & Söhne (der Gründer war Schotte) hervorgegangen. Deren fünf kleine Parfümerien wurden 1969 von dem 1949 in Hagen gegründeten Süßwarenfilialbetrieb Hussel übernommen, nachdem sich die Hussel Holding AG Ende der 60er Jahre zusehends

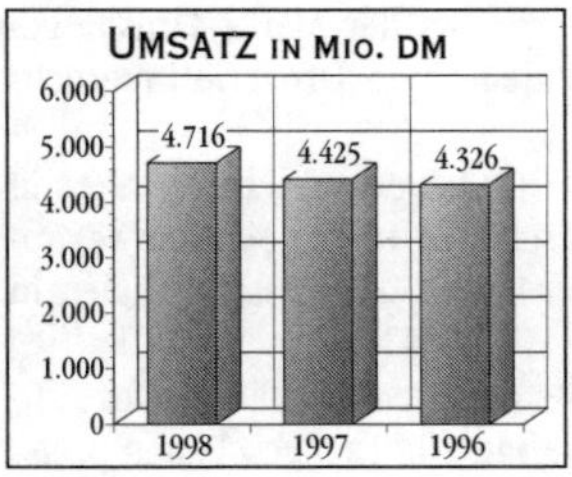

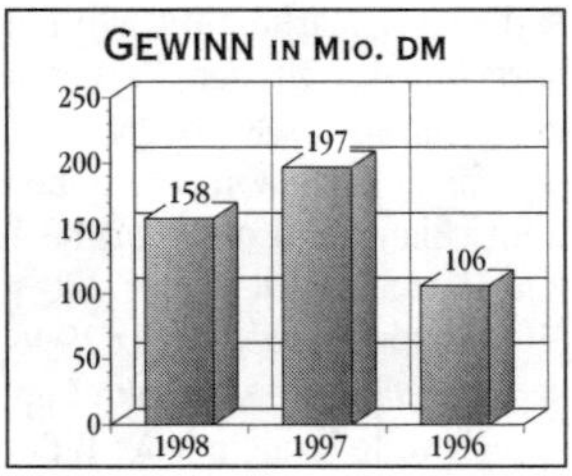

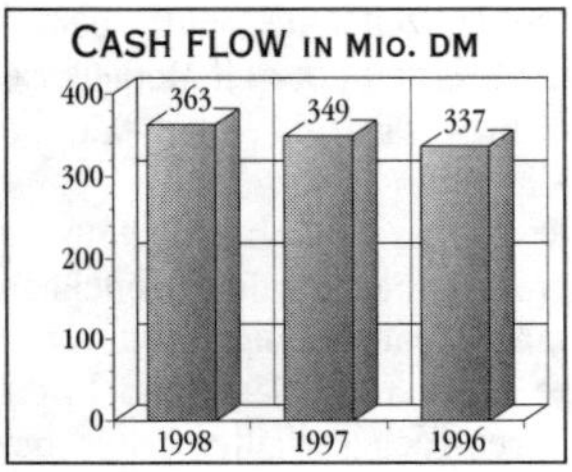

in der Kosmetikbranche engagiert und bereits zahlreiche Parfümerien erworben hatte. (1968 kam der einstige Süßwarenhersteller Hussel mit 270 Geschäften auf einen Umsatz von 87 Mio. DM.) 1975 Eröffnung der ersten Drogeriemärkte; 1979 Übernahme der Montanus-Buchhandlungen sowie der Weiss-Juweliergeschäfte. 1984 Einstieg in den Sportbereich durch Voswinkel. Hinzu kam der Bereich Mode durch die Beteiligung an Appelrath-Cüpper. 1989 wurde Hussel in Douglas Holding AG umfirmiert, weil die Douglas-Parfümerien zum bedeutendsten und erfolgreichsten Geschäftszweig des Unternehmens geworden waren. Weitere Neugründungen und Akquisitionen. 1990 Beteiligungen an der BiBa Mode GmbH und dem Jeans-Spezialisten Werdin. Einstieg in den Herrenbekleider Pohland. Mit der 1995 erfolgten Übernahme der Christ Holding GmbH, Hanau, wurde die Douglas-Gruppe zu einem der größten europäischen Anbieter für Schmuck und Uhren.

BESITZVERHÄLTNISSE/EIGENTUMSSTRUKTUR.

- Herbert Eklöh – Konsortium, Hagen (ca. 35%)
- Dr. August Oetker, Bielefeld (11%)
- Württembergische Lebensversicherung AG, Stuttgart (5%)
- Rest Streubesitz bei ca. 2.500 Aktionären, darunter zahlreiche institutionelle Anleger

KONZERNÜBERBLICK. Die Douglas-Gruppe ist mit fast 1.900 Fachgeschäften (davon rund 300 im Ausland) der unterschiedlichsten Segmente eine feste Größe im deutschen und europäischen Einzelhandel. Die Douglas-Gruppe ist dezentral organisiert. Die Entscheidungskompetenzen liegen in allen Geschäftsbereichen vor Ort, in den Fachgeschäften. Schnelle Informations- und Entscheidungswege sollen garantiert sein durch die drei Ebenen Filialleitung, Bereichsleitung und Geschäftsleitung. Die Douglas-Gruppe ist in sechs operative Geschäftsbereiche und die Sparte Dienstleistungen gegliedert:

◆ Parfümerien: Das größte Segment der Douglas-Gruppe ist der Bereich Parfümerien. Douglas ist die Nummer eins unter den europäischen Parfümerieunternehmen mit 620 Parfümerien in Deutschland, Holland, Österreich, Italien, Frankreich, Spanien, Portugal und der Schweiz sowie sieben Parfümerien in den USA. Umsatz 1998: 2.017 Mio. DM.

Telefon: *(02331) 690-0*
Telefax: *(02331) 690-271*
Internet: *www.douglas-holding.de*

Branche: *Kosmetik; Einzelhandel; Parfümerien, Schmuck, Bücher, Süßwaren, Mode/Sport, Drogerien*

Rechtsform:
Aktiengesellschaft

Geschäftsjahr: *1.1.-31.12.*

Gründungsjahr:
1821 Douglas & Söhne;
1969 Übernahme durch die 1949 in Hagen gegründete Hussel Süßwarenfachgeschäfte GmbH; seit 1989 Douglas Holding AG

Öffentlichkeitsarbeit:
Uwe Schedlbauer
Tel.: (02331) 690-366
Fax: (02331) 690-690
E-Mail: u.schedlbauer@douglas-holding.de

Vorstand:
- *Kreke, Jörn, Dr. (Vorsitzender)*
- *Schmidt, Heinz (stellv. Vorsitzender; Finanzen, Konzernrechnungslegung, Steuern und Recht)*
- *Maiwaldt, Jan-Christoph (Geschäftsbereich Schmuck, Controlling, Organisation und Informatik)*
- *Mingers, Claus (Geschäftsbereiche Parfümerien und Drogeriemärkte)*
- *Kreke, Henning, Dr. (Geschäftsbereich Mode/Sport, Immobilien und Investitionscontrolling)*

Vorstandsbezüge 1998:
5.258.000,– DM

Aufsichtsrat:
▌*Sandler, Guido, Dr. Dr. h.c. (Vorsitzender), Bielefeld*
▌*Bierbaum, Detlef, Köln*
▌*Eklöh, Hartmut, Hagen*
▌*Hellwig, Hans, Hagen*
▌*Huth, Klaus-D., Dr., Hamburg*
▌*Kreke, Henning, Schwaig/Nürnberg*
▌*Neuber, Friedel, Duisburg*
▌*Oetker, Maja, Bielefeld*
**Pinkowski, Margarete (stellv. Vorsitzende)*
**Engel, Dietmar*
**Fuß, Wolfgang*
**Giese, Heinz-Joachim*
**Harth, Isabelle*
**Meiwald, Gerhard*
**Vahldiek, Elke*
**Zorn, Helmut*

Aufsichtsratstantiemen 1998: *875.000,– DM*

BÖRSE, AKTIEN, KURSE
Grundkapital 1998: *176,5 Mio.*
Jahreshöchstkurs 1998: *110,00 DM (56,24 €)*
Jahrestiefstkurs 1998: *55,30 DM (28,27 €)*
Aktie Jahresende 1998: *98,50 DM (50,36 €)*
Dividende je Aktie 1998: *1,60 DM*

Die Dividende errechnet sich je Stückaktie.

Umsatz 1998: *4.716,2 Mio.*
Umsatz 1997: *4.425,1 Mio.*
Umsatz 1996: *4.326,3 Mio.*

Gewinn 1998: *158,4 Mio.*
Gewinn 1997: *196,9 Mio.*
Gewinn 1996: *105,6 Mio.*

Cash flow 1998: *362,8 Mio.*
Cash flow 1997: *349,4 Mio.*
Cash flow 1996: *336,5 Mio.*

Steueraufkommen 1998: *17,9 Mio.*

◆ Drogeriemärkte: Mit 250 Drogeriemärkten der Marke Drospa gehört Douglas zu den bedeutendsten deutschen Drogerie-Unternehmen. Umsatz 1998: 677 Mio. DM.
◆ Schmuck: Die Christ-Gruppe ist mit 200 Juwelier-Fachgeschäften in Deutschland und mit rund 80 Fachgeschäften in der Schweiz vertreten. Hinzu kommen über 200 preisoffensive Gold Meister-Filialen in SB-Warenhäusern. Umsatz 1998: 932 Mio. DM.
◆ Mode/Sport: Appelrath-Cüpper betreibt zwölf Häuser für anspruchsvolle Damenmode; BiBa verkauft in 100 Fachgeschäften preiswerte Damenmode; Werdin bietet in 70 Geschäften aktuelle Jeans- und Freizeitmode; Sport Voswinkel unterhält 37 Sportgeschäfte; Pohland verfügt über elf Modehäuser in Sachen Herrenmode; mit »Adam & Eve« wird ein neues Wäschekonzept getestet. Umsatz 1998: 682 Mio. DM.
◆ Bücher: Phönix-Montanus betreibt 54 Geschäfte. Phönix betreibt großflächige Sortimentsbuchhandlungen, Montanus aktuelle Boulevard-Buchhandlungen. Umsatz 1998: 227 Mio. DM.
◆ Süßwaren/Cafés: Hussel verfügt in Deutschland über 230 Süßwaren-Fachgeschäfte; Feller betreibt Cafés und Confiserien in der Schweiz. Umsatz 1998: 181 Mio. DM.
◆ Dienstleistungen: Service- und marktorientierte Dienstleistungsgesellschaften unterstützen die Vertriebsgesellschaften.

BETEILIGUNGEN. Die wichtigsten Gesellschaften und Beteiligungen der Douglas Holding AG sind:
● Parfümerien: Parfümerie Douglas GmbH, Hagen (100%); IPA Brixner GmbH, Hagen (75%); Er + Sie Parfümerie GmbH, Hagen (100%); Baratti Cosmetics GmbH, Düsseldorf (100%); Parfümerie Douglas International GmbH, Hagen (100%).
● Drogeriemärkte: Drospa Drogeriemärkte GmbH, Hagen.
● Schmuck: Christ Juweliere und Uhrmacher seit 1863 GmbH, Hanau (100%); Christ Uhren und Schmuck AG, Zürich/Schweiz (100%); Gold Meister GmbH, Hanau (100%).
● Mode/Sport: inter-moda GmbH, Hagen (100%); Reiner Appelrath-Cüpper Nachf. GmbH, Köln (75%); Reiner Appelrath-Cüpper GmbH, Aachen (75%); Reiner Appelrath-Cüpper GmbH, Hagen (100%); BiBa Mode GmbH, Duisburg (51%); Werdin GmbH & Co. KG, Lübeck (100%); Sport Küpper GmbH, Hagen (100%); Sport Voswinkel GmbH & Co. KG, Bochum (100%); Pohland GmbH & Co. Herrenbekleidung, Düsseldorf (48%); adam & eve the underwear company GmbH, Hagen (100%).
● Bücher: Buchhandlung Phönix-Montanus GmbH, Hagen (100%); Universitätsbuchhandlung Phönix GmbH, Hagen (100%).
● Süßwaren/Cafés: Hussel Süßwarenfachgeschäfte GmbH, Hagen (100%); Confiserie Feller AG, Rüti/Schweiz (100%).
● Dienstleistungen: Douglas Media & Werbeagentur GmbH, Hagen (100%); Douglas Immobilien GmbH & Co. KG, Hagen (100%); Weltweit-Reisen GmbH Reisevermittlung, Hagen (100%).

GLOBALE STRATEGIEN UND DER STANDORT DEUTSCHLAND. Schwerpunkt der Douglas-Gruppe bleibt das Geschäft in Deutschland. Aber auch im Ausland wird über die Douglas International GmbH weiter kräftig expandiert. Mit 220 Douglas-Parfümerien sind die Hagener bereits auf den Auslandsmärkten Holland, Österreich, Italien, Frankreich, Spanien, Portugal, Schweiz und USA vertreten. Griechenland, Tschechien und Ungarn sollen folgen. Douglas versteht sich zunehmend als europäisch operierendes Handelsunternehmen. In Spanien und Portugal arbeitet Douglas im Bereich Parfümerien mit der Textilgruppe Cortefiel, S.A., Madrid/Spanien, zusammen. An der neu gegründeten Douglas Spain, S.A. sind Cortefiel und die Parfümerie Douglas International zu je 50% beteiligt. Alle Akquisitionen und Investitionen der Douglas-Holding in den kommenden Jahren sollen darauf konzentriert werden, den Fachgeschäftskonzern immer stärker auf einen international agierenden »Lifestyle-Konzern« auszurichten. Das gilt in erster Linie für den Unternehmensbereich Parfümerien. In Holland, Österreich und Italien ist Douglas bereits Marktführer. Die Umsätze im Ausland stiegen 1998 um 16,7% auf 605 Mio. DM.

INNERBETRIEBLICHE BÜNDNISSE. Der Douglas-Vorstand hat von Anfang an die neuen Ladenöffnungszeiten begrüßt. Man hat die Öffnungszeiten je nach Standort den Wünschen und Bedürfnissen der Kunden angepaßt und den Beschäftigten flexible Arbeitszeiten bzw. Wahlarbeitszeiten angeboten, die auf der ganzen Linie angenommen wurden. Das flexible Arbeitszeitsystem nützt dem Unternehmen durch eine umsatzorientierte Einsatzplanung. Man will erreichen, daß die Mitarbeiter dann in den Geschäften sind, wenn die Kunden ihre Beratung wünschen. Andererseits ist die flexible Arbeitszeit von Vorteil für die über 90% weiblichen Arbeitnehmer im Konzern, die teilweise vor dem Problem der Vereinbarkeit von Familie und Beruf stehen. Die bei Douglas angebotene Wahlarbeitszeit wird von den Beschäftigten einer Filiale weitgehend selbst bestimmt. Douglas hofft, durch flexible Arbeitszeiten attraktivere Arbeitsplätze zu schaffen. 1998 wurden den Mitarbeitern Belegschaftsaktien angeboten, von denen 30% Gebrauch machten. 1998 begannen in der Douglas-Gruppe 1.343 (Vorjahr: 1.080) Jugendliche mit einer Ausbildung.

Beschäftigte 1998: *18.335*
Beschäftigte 1997: *17.587*
Beschäftigte 1996: *17.388*

Löhne und Gehälter 1998: *741,5 Mio.*
Löhne und Gehälter 1997: *702,2 Mio.*
Durchschnittsgehalt 1998: *40.442,– DM*
Soziale Abgaben und Aufwendungen 1998: *154,3 Mio.*
Soziale Abgaben und Aufwendungen 1997: *143,1 Mio.*

Bezüge pro Vorstandsmitglied 1998: *1.051.600,– DM*
Tantiemen pro Aufsichtsrat 1998: *54.688,– DM*

Investitionen 1998: *162,6 Mio.*
Investitionen 1997: *178,1 Mio.*
Investitionen 1996: *163,0 Mio.*

Mitbewerber: *Karstadt-Quelle, Metro (Kaufhof), Schlecker*

DRESDNER BANK

GESCHICHTE UND ENTWICKLUNG. 1871 Gründung der Dresdner Bank in Dresden als Aktienbank durch ein Gründungskonsortium verschiedener Kreditinstitute. Sofortige Übernahme des bereits 100 Jahre bestehenden Bankhauses Kaskel als Basis der geschäftlichen Tätigkeit; 1884 Verlegung der Geschäftsleitung der Dresdner Bank nach Berlin. Expansion durch Übernahme zahlreicher Banken; rege Auslandsaktivitäten, Filialnetz im Ausland; Aufbau von Industrieunternehmen und Finanzierungsgesellschaften. 1906 Gründung der Deutschen Orientbank und der Deutsch-Südamerikanischen Bank. 1931/32 Bankenkrise und wirtschaftlicher Einbruch, Rettung durch die Verschmelzung mit der kurz vor dem Zusammenbruch stehenden renommierten Darmstädter und Nationalbank und ihrem Filialnetz. Großer Einfluß auf die deutsche Wirtschaft durch Akquisition zahlreicher eng mit der Wirtschaft verbundener Banken, u.a. der Ol-

Standort:
Jürgen-Ponto-Platz 1
60329 Frankfurt/Main

Postanschrift:
60301 Frankfurt/Main

Telefon: *(069) 263-0*
Telefax: *(069) 263-4831*
Internet: *www.dresdner-bank.de*

Branche: *Kreditinstitute*

Rechtsform:
Aktiengesellschaft

Geschäftsjahr: *1.1.-31.12.*

Gründungsjahr: *1872*

Unternehmens-kommunikation:
Gabriele Eick
Tel.: (069) 263-4866
Fax: (069) 263-2908
E-Mail: Gabriele.Eick@dresdner-bank.com

Vorstand:
- *Walter, Bernhard (Sprecher; Generalsekretariat, Konzernplanung, Recht, Revision, Unternehmens-kommunikation)*
- *Bezold, Andreas (stellv. Mitglied; Risikocon-trolling)*
- *Fahrholz, Bernd, Dr. (Firmen und Institutionen; Regionen Nord-, Mittel- und Osteuropa)*
- *Fischer, Leonhard H. (Institutional Asset Management, Global Equities, Global Markets)*
- *von Harbou, Joachim, Dr. (Privatkunden/Vermögens-beratungskunden; Regionen Rheinland, Rhein-Main, Ruhr und Westfalen)*
- *Häusler, Gerd (Chairman Management Board der Investment Banking Sparte Dresdner Kleinwort Benson; Regionen Asien, Australien, Nordamerika, Großbritannien)*
- *Lipp, Ernst-Moritz, Prof. Dr. (Firmen und Institutionen, Global Corporate Finance; Region Westeuropa)*
- *Müller, Horst, Dr. (Finanzen/Controlling, Organisation und Informatik, Personal, Kredite; Regionen Nordost, Südost)*

denburgischen Landesbank. Unter der Federführung der Dresdner Bank Zusammenfassung der Firmen Audi, Horch, DKW und Wanderer zur Auto-Union.
Keine Großbank verschrieb sich Nazi-Deutschland stärker als die Dresdner Bank. Akquisitionen zahlreicher Industrieunternehmen und Banken aus jüdischem Besitz; Expansion durch rücksichtslose »Arisierung« zahlreicher Unternehmen. Aus der Zusammenfassung der Akten der amerikanischen Militärregierung »OMGUS – Ermittlungen gegen die Dresdner Bank«: »Die beherrschende Stellung, zu der sie in den zwölf Jahren der Nazi-Herrschaft aufstieg, resultierte aus ihrer skrupellosen Ausnutzung aller Bereicherungsmöglichkeiten, die das Nazi-Regime ihr bot, zunächst innerhalb Deutschlands, später in allen eroberten Ländern Europas.«
Die Dresdner Bank gehörte durch zahlreiche Beteiligungen an bedeutenden Industrieunternehmen und personelle Verflechtungen und Querverbindungen zwischen Industrie und Politik zu den entscheidenden Finanziers ganzer Schlüsselbereiche des deutschen Wiederaufrüstungsprogramms. Leitung des Bankenkonsortiums, das 1937 das Grundkapital der Hermann Göring-Werke finanzierte. Im Vorstand und Aufsichtsrat der Dresdner Bank saßen maßgebliche SS-Führer. »Mit ihren Zweigniederlassungen und Filialen bildete sie sowohl in Deutschland als auch in den eroberten Ländern die treibende Kraft zur Zwangs›arisierung‹ von Unternehmen in jüdischem Besitz. Viele große und kleinere Firmen gingen in ihren Besitz über, nachdem die jüdischen Eigentümer ins Gefängnis oder in Konzentrationslager verschleppt worden waren, wo man sie unter Androhung der Todesstrafe zwang, ihre Geschäftsanteile der Dresdner Bank zu übertragen.« So weiter in der OMGUS-Zusammenfassung. Vorstand, Aufsichtsrat und die verantwortlichen Mitarbeiter der Dresdner Bank wurden als »Kriegsverbrecher« bezeichnet, die »von wichtigen Positionen im politischen und wirtschaftlichen Leben Deutschlands zu entfernen und für die Zukunft davon auszuschließen« seien.
Auf die Stillegung der Dresdner Bank in Berlin, ihre Schließung und Enteignung im Osten und ihre regionale Aufsplitterung in den westlichen Besatzungszonen folgte 1952 aufgrund des »Großbankengesetzes« die Gründung der drei Nachfolgeorganisationen Hamburger Kreditbank AG, Rhein-Main Bank AG in Frankfurt und Rhein-Ruhr Bank AG in Düsseldorf. 1957 fusionierten die drei Banken aufgrund des Gesetzes zur Aufhebung der Beschränkung des Niederlassungsbereiches für Großbanken zur Dresdner Bank AG mit Sitz in Frankfurt/Main. 1967 erste Nachkriegsgründung einer deutschen Bank im Ausland, in Luxemburg. Mit zahlreichen alten Gesichtern und früheren Beteiligungen begann die Dresdner Bank ihre neuerlichen Expansions- und Akquisitionszüge und stieg zwischenzeitlich zur zweitgrößten Bank der Republik auf. Erst 1998/99 stellte sich die Dresdner Bank im Rahmen der Stiftungsinitiative deutscher Unternehmen zaghaft ihrer Mitverantwortung für die Verbrechen Nazi-Deutschlands.

BESITZVERHÄLTNISSE/EIGENTUMSSTRUKTUR.

- Allianz AG Holding, München (22,3%)
- FGF Frankfurter Gesellschaft für Finanzwerte mbH, Frankfurt (etwa 10%)

- Vermo Vermögensverwaltungsgesellschaft mbH, Düsseldorf (etwa 10%). FGF und Vermo gehören ersten Adressen aus der Industrie- und Versicherungswirtschaft.
- Rest Streubesitz bei rund 200.000 Aktionären, darunter zahlreiche institutionelle Investoren aus dem In- und Ausland. Unter den Aktionären befinden sich rund 43.000 Mitarbeiter und Pensionäre des Dresdner Bank-Konzerns, die 2% des Grundkapitals halten.

KONZERNÜBERBLICK. Die Dresdner Bank ist hinter der Deutschen Bank und der Bayerischen Hypo- und Vereinsbank die Nummer drei der deutschen Großbanken. Die Dresdner Bank-Gruppe ist neben ihrem deutschen Filialnetz mit Vertretungen an allen wichtigen Finanzplätzen der Welt präsent, mit Niederlassungen, Filialen, Repräsentanzen, Tochter- und Beteiligungsgesellschaften. Die Dresdner Bank gehört nach Bilanzsumme, Marktwert und Zahl der Kunden zu den führenden europäischen Banken. Sie unterhält Geschäftsbanken (mit der Dresdner Bank als wichtigster Bank), die Hypothekenbank Deutsche Hyp Deutsche Hypothekenbank Frankfurt-Hamburg AG (Fusion der drei Hypothekentöcher 1998), agiert im Bausparbereich, verfügt über zahlreiche Kapitalanlage-, Investment- und Asset-Management-Gesellschaften, Immobilien- und Finanzierungs-, Kapitalbeteiligungs-, Beratungs- und Vermittlungsgesellschaften. Zur Dresdner Bank gehören auch das Münchner Bankhaus Reuschel & Co. und dessen Tochter WKV-Bank GmbH sowie die Oldenburgische Landesbank AG.
Die Dresdner Bank kooperiert mit großen Versicherungsunternehmen (Allianz Versicherungs-AG, Deutscher Herold Lebensversicherungs AG, Hamburg-Mannheimer Versicherungs-AG und Victoria Lebensversicherungs-AG) im Verkauf von Bank- bzw. Versicherungsdienstleistungen. Die Dresdner Bank betreut im Firmenkundengeschäft weltweit über 200.000 Unternehmen, engagiert sich stark in den Finanzgeschäften mittelständischer Unternehmen und ist ins Leasinggeschäft eingestiegen.
Die Dresdner Bank gliedert sich in die vier Sparten Firmenkundengeschäft, Institutional Asset Management, Investment Banking und Privatkundengeschäft. Im Rahmen einer neuen Regionalstruktur hat die Dresdner Bank ihre 16 Niederlassungen zu acht Regionen mit klareren Führungs- und Ergebnisverantwortungen zusammengefaßt. Auch die Betreuung der Firmenkunden wurde in diesem Zusammenhang bedarfsgerechter ausgerichtet. Im Privatkundengeschäft tritt die Bank jetzt als »Beraterbank« auf. 1997 wurde von der Bayerischen Vereinsbank die Direktbank Advance Bank übernommen. Neue Strukturen auch für die Investment-Banking-Organisation, die unter dem Namen Dresdner Kleinwort Benson betrieben wird und aus vier von London bzw. Frankfurt/Main betreuten Geschäftsfeldern besteht: Global Corporate Finance (Emissionsgeschäft, Beratung, Mergers & Acquisitions), Global Equities (Handel und Vertrieb von Aktien, Aktienresearch), Global Finance (syndiziertes Kreditgeschäft, strukturierte und Projektfinanzierungen), Global Markets (Emission, Handel, Vertrieb von Renten; Devisen, Edelmetalle, Derivate, Markt-Risiko-Management).
Im Ausland verfügt die Dresdner Bank über zahlreiche Niederlassungen, Tochterbanken und Repräsentanzen in mehr als 70 Ländern. Sie ist die führende deutsche Auslandsbank in Mittel- und Osteuropa. Die Dresdner Bank besitzt zahlreiche Beteiligungen an bedeutenden Indu-

- *Platzek, Heinz-Jörg (Beschaffungs- und Flächenmanagement, Compliance/Corporate Security, Zentrale Geschäftsabwicklung; Regionen Südwest, Lateinamerika, Nah- und Mittelosten, Afrika)*
- *Voss, Bernd W., Dr. (Finanzen/Controlling, Kredite; Region Bayern)*

Vorstandsbezüge 1998:
17.129.980,– DM

Aufsichtsrat:
- *Röller, Wolfgang, Dr. (Ehrenvorsitzender), Frankfurt/Main*
- *Titzrath, Alfons Friedrich, Dr. (Vorsitzender; ehem. Mitglied des Vorstandes der Dresdner Bank AG), Frankfurt/Main*
- *Carstensen, Meinhard (ehem. Mitglied des Vorstandes der Commerzbank AG), Hamburg*
- *Frühauf, Martin, Dr. (Vorsitzender des Aufsichtsrates der Hoechst AG), Frankfurt/Main*
- *Kriwet, Heinz, Dr. (Vorsitzender des Aufsichtsrates der Thyssen Krupp AG), Düsseldorf*
- *Krubasik, Edward G., Dr. (Mitglied des Vorstandes der Siemens AG), München*
- *Kuhnt, Dietmar, Dr. (Vorstandsvorsitzender der RWE AG), Essen*
- *Pébereau, Michel (Président Directeur Général der Banque Nationale de Paris S.A.), Paris/Frankreich*
- *Pischetsrieder, Bernd (ehem. Vorstandsvorsitzender der BMW AG), München*
- *Schinzler, Hans-Jürgen, Dr. (Vorsitzender des Vorstandes der Münchener Rückversicherungs-Gesellschaft AG), München*
- *Schulte-Noelle, Henning, Dr. Vorsitzender des Vorstandes der Allianz AG), München*

**Plucinski, Uwe*
(stellv. Vorsitzender)
**Carlin, Klaus*
**Drönner, Reinhard*
**Eggert-Lehmann, Claudia*
**Enseling, Bernhard*
**Haimerl, Peter*
**Karsten, Manfred*
**Kibermanis, Ainis*
**Kriegeskorte, Bernd*
**Salam, Sultan*

Aufsichtsratstantiemen 1998: *2.019.000,– DM*

Bezüge des Verwaltungsbeirates 1998: *1.380.000,– DM (46 Personen überwiegend aus der Großindustrie)*
Bezüge der Landesbeiräte 1998: *3.211.000,– DM (ca. 600 Personen)*

BÖRSE, AKTIEN, KURSE
Grundkapital 1998:
2.588,0 Mio.
Jahreshöchstkurs 1998:
115,50 DM (59,05 €)
Jahrestiefstkurs 1998:
50,00 DM (25,56 €)
Aktie Jahresende 1998:
70,00 DM (35,79 €)
Dividende pro Aktie 1998:
1,55 DM

Die Dividende bezieht sich auf je 5,– DM Aktiennennbetrag. Die Dividendensumme 1998 betrug 802,0 Mio. DM. Das Grundkapital wurde auf nennwertlose Stückaktien umgestellt.

Bilanzsumme 1998:
714.808,0 Mio.
Bilanzsumme 1997:
671.923,0 Mio.
Bilanzsumme 1996:
561.163,0 Mio.

strieunternehmen und Versicherungsgesellschaften (teils direkt, teils indirekt durch Vorschaltgesellschaften gehalten), von denen 1999 ein Großteil in einer eigenen Gesellschaft gebündelt wurde. Der Anteilsbesitz umfaßt einen Börsenwert von knapp 25 Mrd. DM.

BETEILIGUNGEN. Die Dresdner Bank ist weltweit an knapp 200 Unternehmen sowie deren zahlreichen Töchtern beteiligt, darunter auch Dutzende großer Banken, Leasinggesellschaften, Bau- und Grundstücksverwaltungsgesellschaften sowie Industrieunternehmen.

● Zu den wichtigsten Tochtergesellschaften und Beteiligungen im Bankbereich gehören: Advance Bank AG, München (100%); Bankhaus Reuschel & Co., München (über 50 %), sowie dessen Töchter WKV-Bank GmbH, München, und Privatinvest Bank AG, Salzburg (64%); Oldenburgische Landesbank AG, Oldenburg (64%); Dresdner Bank Lateinamerika AG (vormals Deutsch-Südamerikanische Bank AG), Hamburg (100%); Dresdner Bauspar AG, Bad Vilbel (100%); Deutsche Hyp Deutsche Hypothekenbank Frankfurt-Hamburg AG, Frankfurt/Main (95%); Albertini & C. SIM p.A., Mailand/Italien (67%); Banque Internationale de Placement SA, Paris (über 50%); Dresdner Bank Luxembourg SA, Luxemburg (100%); Dresdner Bank (Ireland) plc, Dublin/Irland (100%); Dresdner Bank México SA, Mexico City/ Mexico (100%); Bank for Europe Ltd, Luxemburg (100%); Banque Veuve Morin-Pons, Lyon (100%); Dresdner Bank AG (Schweiz), Zürich (100%); Dresdner Bank Canada, Toronto (100%); Dresdner (South East Asia) Ltd., Singapur (100%); Dresdner Kleinwort Benson North America LLC, Wilmington/New York, USA (100%); Dresdner Kleinwort Benson (Asia) Ltd., Hongkong/Tokio (100%); Kleinwort Benson Group plc., London/Großbritannien (100%); Dresdner Kleinwort Benson (Marchés), Paris/Frankreich (100%); Dresdner Vermögensberatungsgesellschaft mbH, Frankfurt/Main (100%); Dr. Lübke GmbH, Stuttgart (100%); Deutscher Investment-Trust Gesellschaft für Wertpapieranlagen mbH, Frankfurt/Main (100%); DEGI Deutsche Gesellschaft für Immobilienfonds mbH, Frankfurt/Main (100%); dresdnerbank asset management SA, Luxemburg (100%); Dresdner Asset Management Ltd., Singapur (100%); Dresdner RCM Global Investors LLC, Wilmington/Delaware, USA (100%); Meiji Dresdner Asset Management Co., Ltd., Tokio/Japan (49%).

● Zu den wichtigsten Beteiligungen an Unternehmen im Nichtbankenbereich gehören: Allianz AG, München (10%); AMB Aachener und Münchener Beteiligungs AG, Aachen (5,1%); Bilfinger + Berger Bauaktiengesellschaft, Mannheim (25,1%); BMW AG, München (5%); Bremer Woll-Kämmerei AG, Bremen (14,7%); Buderus AG, Wetzlar (11,4%); Continental AG, Hannover (5,3%); Dyckerhoff AG, Wiesbaden (15,4%); Fresenius AG, Bad Homburg v.d.H. (9,9%); Herlitz Falkenhöh AG, Berlin (10%); Karstadt AG, Essen (10%); Metallgesellschaft AG, Frankfurt/Main (13,5%); Münchener Rückversicherungs-Gesellschaft AG, München (9,3%).

GLOBALE STRATEGIEN UND DER STANDORT DEUTSCHLAND. Die Dresdner Bank hatte mit der Ausrichtung auf Europa und dem sich öffnenden Binnenmarkt schon frühzeitig eine stärkere Auslandspräsenz in die Wege geleitet, so u.a. durch den Erwerb der Mehrheitsbeteiligung an der Banque Internationale de Placement SA, Paris, so-

wie zuvor schon der bedeutenden Banque Veuve Morin-Pons, Lyon. Zur internationalen Geschäftsstrategie der Dresdner Bank gehört auch die Zusammenarbeit mit der Banque Nationale de Paris (BNP). Gemeinsam mit der BNP ist die Dresdner Bank an maßgeblichen weiteren Banken beteiligt. 1995 übernahm die Dresdner Bank für einen Kaufpreis von 2,2 Mrd. DM zu 100% die traditionsreiche englische Merchant Bank Kleinwort Benson, die Nummer drei am Londoner Bankenplatz. Mit dem Verkauf der 200 Jahre alten Kleinwort Benson Group Plc ging nach Barings und Warburg auch die letzte noch in englischem Besitz verbliebene große Investmentbank in ausländischen Besitz über. Mit dieser Großakquisition wollte die Dresdner Bank vor dem Hintergrund des wachsenden internationalen Wettbewerbs ihr weltweites Investment Banking-Geschäft weiter ausbauen. Anfang 1996 ging auch noch die amerikanische Vermögensverwaltungsgesellschaft RCM Capital Management and Travelers Group, San Francisco, für 450 Mio. DM in den Besitz der Dresdner Bank über. 1998 erwarb die Dresdner Bank das italienische Brokerhaus Albertini, Mailand, und zwei Crédit-Lyonnais-Filialen in Stockholm und Kopenhagen.
Die Dresdner Bank ist in über 70 Ländern der Welt vertreten, zunehmend in Lateinamerika, Mittel- und Osteuropa sowie Asien. Im asiatisch-pazifischen Raum unterhält die Bank in 15 Ländern über 40 Stützpunkte. Zur Unterstützung der Kundschaft beim China-Geschäft wurde eine Kooperation mit der Bank of China geschlossen. Die Aktivitäten in diesem Wachstumsmarkt werden von Singapur aus koordiniert. In Chile wurde die Banco Crédit Lyonnais Chile S.A. erworben, so daß sich die operative Präsenz der Dresdner Bank in Lateinamerika jetzt auf die Länder Brasilien, Mexiko, Chile und Panama erstreckt. Gemeinsam mit ihrer Partnerbank Banque Nationale de Paris (BNP) ist die Dresdner Bank besonders aktiv in Mittel- und Osteuropa. Mit der BNP wurden die Tochterbank BNP-Dresdner Bank (Rossija) in St. Petersburg, die BNP-Dresdner Bank a.s., Prag, die BNP-KH-Dresdner Bank Rt., Budapest, und die BNP-Dresdner Bank (Polska) S.A., Warschau, gegründet. In Bulgarien, Kroatien und seit 1998 in Rumänien gibt es BNP-Dresdner Bank-Tochterbanken.
Das verstärkte Auslandsgeschäft der Dresdner Bank darf aber nicht darüber hinwegtäuschen, daß im inländischen Bankengeschäft zunehmend rationalisiert und kostensenkend vorgegangen wird. Im inländischen Filialnetz wurden in den letzten fünf Jahren rund 5.000 Stellen gestrichen, der Beschäftigtenzuwachs resultiert aus den zahlreichen Akquisitionen. Größter Coup der letzten Jahre war die Verschachtelung von Dresdner Bank und Allianz. Die Allianz hält an der Dresdner Bank eine Beteiligung von knapp über 22%, während die Bank an der Versicherung mit 10% beteiligt ist.

INNERBETRIEBLICHE BÜNDNISSE. 1998 wurde seitens des Unternehmens die Zusage gegeben, auf betriebsbedingte Kündigungen bis zum Jahr 2000 zu verzichten. Die »kundenorientierten variablen Arbeitszeiten« werden weiter entwickelt. Die Schalteröffnungszeiten sollen sich stärker an den neuen Ladenöffnungszeiten orientieren. Die Flexibilisierung, besonders die Teilzeitarbeit, soll forciert, Telearbeit weiter ausgebaut werden. Die Telearbeit wurde in einer zentralen Betriebsvereinbarung geregelt. In der Zusammenarbeit mit verschiedenen

Kreditvolumen 1998:
388.218,0 Mio.
Kreditvolumen 1997:
357.460,0 Mio.
Kreditvolumen 1996:
322.791,0 Mio.

Jahresüberschuß 1998:
1.858,0 Mio.
Jahresüberschuß 1997:
1.195,4 Mio.
Jahresüberschuß 1996:
1.579,9 Mio.

Steueraufkommen 1998:
757,9 Mio.

Eigenkapital 1998:
21.393,0 Mio.
Beteiligungen 1998:
8.056,0 Mio.
Sachanlagen 1998:
7.028,0 Mio.

Risikovorsorge 1998:
2.185,0 Mio.
Risikovorsorge 1997:
1.435,0 Mio.
Risikovorsorge 1996:
1.101,0 Mio.

Geschäftsstellen 1998: *1.506*
Geschäftsstellen 1997: *1.553*
Geschäftsstellen 1996: *1.576*

Privatkunden Inland 1998:
6 Mio.
Verbindlichkeiten gegenüber Kunden 1998:
261.682,0 Mio.
Fremde Gelder insgesamt 1998: *600.095,0 Mio.*
(Bankeneinlagen, Kundeneinlagen, verbriefte Verbindlichkeiten)
Firmenkunden weltweit 1998: *über 200.000, davon 145.000 in Deutschland*

Beschäftigte 1998: *48.948*
Beschäftigte 1997: *46.577*
Beschäftigte 1996: *45.816*

Löhne und Gehälter 1998: *5.513,9 Mio.*
Löhne und Gehälter 1997: *4.968,1 Mio.*
Durchschnittsgehalt 1998: *112.648,– DM*
Soziale Abgaben und Aufwendungen 1998: *1.217,7 Mio.*
Soziale Abgaben und Aufwendungen 1997: *1.167,2 Mio.*

Bezüge pro Vorstandsmitglied 1998: *1.712.998,– DM*
Tantiemen pro Aufsichtsrat 1998: *100.950,– DM*

Hochschulen finanziert die Dresdner Bank diverse Lehrstühle für Betriebswirtschaftslehre, u.a. der Wissenschaftlichen Hochschule für Unternehmensführung WHU (Otto Beisheim Hochschule) und der Universität Frankfurt/Main. 1998 wurden 1.400 Ausbildungsplätze besetzt.

KOMMENTAR. Kein deutsches Geldinstitut entwickelt bis zum heutigen Tag in den Chefetagen soviel kriminelle Energie wie die Dresdner Bank. Einige tausend Kunden der Dresdner Bank gerieten Mitte der 90er Jahre in Verdacht, mit Hilfe der Dresdner Bank systematisch Steuern hinterzogen und Gelder in Milliardenhöhe auf Luxemburger Konten transferiert zu haben. Gegen rund 350 Mitarbeiter der Bank, die diese Transaktionen eingefädelt haben sollen, wurde staatsanwaltschaftlich ermittelt. 1996 kam es wegen der Schwarzgeldkonten in Luxemburg erstmals zur rechtskräftigen Verurteilung von Mitarbeitern der Dresdner Bank. 1998 ermittelte die Staatsanwaltschaft wegen der Hinterziehung von Steuern auf Kapitalerträge auch gegen verschiedene Vorstandsmitglieder der Bank, u.a. gegen Vorstandssprecher Jürgen Sarrazin und den Ex-Vorstandssprecher und Aufsichtsratsvorsitzenden Wolfgang Röller (eine anonyme Anzeige gegen ihn wegen angeblicher größerer unversteuerter Auslandsvermögen hatte die Affäre ins Rollen gebracht), die beide über die Affäre stürzten. Pikanterie am Rande: Vorstandsmitglied Hans-Günther Adenauer zeigte sich erst wegen Steuerhinterziehung selbst an (und muß mehrere hundertausend DM nachzahlen), wollte dann aber doch im Amt bleiben. Erst auf massiven Druck, auch aus der Bank selbst heraus, räumte er seinen Sessel. 1999 einigten sich Bank und Staatsanwaltschaft auf die Zahlung eines Bußgeldes von 40 Mio. DM seitens der Bank, um einen Schlußstrich unter die Ermittlungen zu ziehen und die entsprechenden Verfahren gegen mehr als 350 Mitarbeiter der Dresdner Bank einzustellen. Jürgen Sarrazin akzeptierte darüber hinaus eine Bewährungsstraße von einem Jahr unter der Auflage einer Zahlung von 1,5 Mio. DM. Der aktuelle Vorstandsvorsitzende der Dresdner Bank, Bernhard Walter, bestätigte die Zahlung einiger Millionen DM an die Betroffenen für das Akzeptieren der Strafbefehle. Es wäre nicht die Dresdner Bank, wenn die nicht zum vorläufigen Ende der Steueraffäre noch einen besonderen Einfall gehabt hätte. Sie ernannte den über den Skandal gestürzten Ex-Aufsichtsratsvorsitzenden Wolfgang Röller kurzerhand zum Ehrenvorsitzenden des Aufsichtsrates.

Dynamit Nobel siehe Metallgesellschaft
Dywidag siehe Walter Bau

EDEKA

Standort:
New-York-Ring 6
22297 Hamburg

Postanschrift:
22291 Hamburg

GESCHICHTE UND ENTWICKLUNG. Die EDEKA wurde 1907 als »Einkaufsgenossenschaft der Kolonialwarenhändler« gegründet. Dabei ging es den selbständigen Kaufleuten vor allem um bessere Konditionen in den Verhandlungen mit der Markenartikelindustrie. Aus der »Zentraleinkaufsgenossenschaft des Verbandes deutscher kaufmännischer Genossenschaften eGmbH« wurde die heutige

EDEKA ZENTRALE AG. 1909 Gründung der EDEKABANK zur Vergabe von Warenkrediten und finanziellen Hilfeleistungen an die Genossenschaftsmitglieder und Händler. 1911/12 sogenannter »Markenartikelkampf«, in dem 44 Markenartikelfabrikanten die Zentraleinkaufsgenossenschaft boykottierten. Anfang der 20er Jahre zählte der EDEKA-Einzelhandel mehr als 30.000 Mitglieder. 1924 einheitliche Kennzeichnung aller Geschäfte mit »EDEKA«. Ende der 20er Jahre Umfirmierung der Genossenschaften in »EDEKA Großhandel«. Während der Nazi-Zeit Integration in die Reichsgruppe Handel. Nach dem Krieg expandierte die EDEKA zu einer der größten Handelsorganisationen der Bundesrepublik. In der früheren DDR setzten sich analog zur EDEKA die HO-Geschäfte durch. 1969 Gründung der EDEKA Zentralhandelsgesellschaft mbH. Mitte der 70er Jahre ca. 50 Großhandelsbetriebe und 40.000 EDEKA-Märkte. Kooperation mit der Horten AG im Lebensmittelbereich. Ende der 80er Jahre Beginn einer großen Restrukturierungskampagne und die damit verbundene langsame Umorientierung auf die private Konkurrenz. Einstieg bei der AVA AG mit 50% (minus einer Aktie), bei der Nanz-Gruppe (25%) und der GEDELFI GmbH + Co. KG (50%). 1998 Übernahme von 50% der drittgrößten österreichischen Einzelhandelskette Adeg AG, Wien.

BESITZVERHÄLTNISSE/EIGENTUMSSTRUKTUR.

- Regionale Großhandelsbetriebe (84,8%)
- EDEKA Zentralinstitutionen und Sonstige (15,2%)

Nach dem Selbstverständnis der EDEKA erfolgen der Aufbau und die Willensbildung des gesamten Unternehmens von »unten nach oben«. Die 5.780 EDEKA-Kaufleute (selbständige Lebensmitteleinzelhändler) sind Mitglieder der regionalen EDEKA-Genossenschaften, die über zwölf EDEKA-Großhandelsbetriebe verfügen. Diese Genossenschaften sind Aktionäre der EDEKA ZENTRALE AG und der EDEKABANK AG sowie Mitglieder des EDEKA Verbandes kaufmännischer Genossenschaften e.V., des Prüfungsverbandes für die zur EDEKA-Gruppe gehörenden Genossenschaften.

KONZERNÜBERBLICK. Die EDEKA-Gruppe ist ein freiwilliger Zusammenschluß selbständiger Einzelhandels-Kaufleute des Lebensmittelhandels und eine der größten Kooperations-Gruppen des Handels in Europa. EDEKA hielt 1998 am deutschen Lebensmittelhandel (Nahrung, Genußmittel und Drogerie) einen Anteil von gut 23% (Vorjahr: 23,8%). Der Umsatz auf der Einzelhandelsstufe betrug im Jahr 1998 35,7 Mrd. DM (Vorjahr: 33,5 Mrd.), einschließlich der Beteiligungsgesellschaften wie AVA, Nanz und GEDELFI sogar 57,3 Mrd. DM (Vorjahr: 57,8 Mrd.). Die Einzelhandelsstufe der Gruppe umfaßte 1998 insgesamt 11.183 (Vorjahr: 10.882) Geschäfte mit ca. 5,2 Mio. (Vorjahr: 4,5 Mio.) m^2 Verkaufsfläche. Der Trend zu großflächigen Geschäften bei gleichzeitiger Reduzierung kleinerer Geschäfte hält unvermindert an. So lag der Umsatzanteil kleiner Geschäfte mit Verkaufsflächen bis 200 m^2 Ende 1998 bei 8,6% (Vorjahr: 10,5%), während der Anteil großer Geschäfte über 400 m^2 81,5% (Vorjahr: 78,3%) erreichte. Fazit: Der »Tante-Emma-Laden« hat bei den EDEKA-Managern auch weiterhin keine Chance mehr.
Die zwölf EDEKA-Großhandelsbetriebe dienen der Warenversorgung des angeschlossenen Einzelhandels. Durch radikale Rationalisierung

Telefon: *(040) 6377-0*
Telex: *21 953-202 ed d*
Telefax: *(040) 6377-2231*
Internet: *www.edeka.de*

Branche: *Einzelhandel, Groß- und Außenhandel, Getränkeindustrie, Drogeriemärkte*

Rechtsform:
Aktiengesellschaft

Geschäftsjahr: *1.1.-31.12.*

Gründungsjahr: *1907 als »Zentral-Einkaufsgenossenschaft des Verbandes deutscher kaufmännischer Genossenschaften e.G.m.b.H.«;*
1972 Umwandlung der EDEKA ZENTRALE eGmbH in EDEKA ZENTRALE AG

Öffentlichkeitsarbeit:
Joachim Brozio
Tel.: (040) 6377-2575
Fax: (040) 6377-4575
E-Mail: joachim.brozio@edeka.de

Vorstand:
- *Werberger, Bartholomäus (Vorsitzender), Hamburg*
- *Peter, Gerhard, Hamburg*

Vorstandsbezüge 1998:
keine Angabe

Aufsichtsrat:
❙ *Hieber, Jörg (Vorsitzender), Binzen*
❙ *Ruetz, Hermann J. (stellv. Vorsitzender), Würzburg*
❙ *Achatz, Siegfried, Waldsassen*
❙ *Fanderl, Reiner, Ingolstadt*
❙ *Frenk, Alfons, Minden*
❙ *Kefer, Bernhard, Offenburg*
❙ *Nickel, Horst, Oberkaufungen*
❙ *Paschmann, Heinz Wilhelm, Mülheim/Ruhr*
❙ *Preuß, Karl Stefan, Minden*
❙ *Schausberger, Siegfried, Lilienthal*
❙ *Süllau, Günter, Trittau*
❙ *Trabold, Horst, Zellingen*
**Dörling, Karl-Heinz*
**Hertel, Andreas*
**Schwark, Viktor*
**Stapelfeldt, Huber*
**Tepp, Udo*
**Trautwein, Kurt*

Aufsichtsratstantiemen 1998: *288.750,– DM*

EDEKA-Gruppe *(einschließlich selbständiger Einzelhändler, Regie-Einzelhandel, Beteiligungsgesellschaften, EDEKA Danmark A/S und Kooperationspartner):*

Umsatz 1998: *58.684,0 Mio.*
Umsatz 1997: *59.202,0 Mio.*
Umsatz 1996: *56.583,0 Mio.*

Anzahl der Mitglieder 1998: *5.780*
Anzahl der Geschäfte (nur EDEKA) 1998: *11.183*

Umsatz EDEKA-Großhandel 1998: *31.548 Mio.*

Inklusive des EDEKA-Einzelhandels, der EDEKA-Großhandelsbetriebe, Kooperationspartner und Beteiligungen sind in der EDEKA-Gruppe 120.000 Mitarbeiter beschäftigt.

wurde seit 1985 die Zahl der Großhandelsbetriebe zum Teil durch Fusionen von 31 auf zwölf reduziert. Die Großhandelsbetriebe haben seit Anfang 1997 ihre wirtschaftlichen Aktivitäten in den drei Kooperationsgesellschaften Nord, West und Süd gebündelt. Hinzu kommen die Organisation und die Durchführung gemeinsamer Vertriebsmaßnahmen, die Mitgliederbetreuung und die Sicherung neuer Einzelhandels-Standorte. Der Umsatz der Großhandelsbetriebe betrug 1998 31,5 Mrd. DM (Vorjahr: 28,9 Mrd.). Die EDEKA-Großhandelsbetriebe unterhalten 17 Fleischwerke zur Versorgung des Einzelhandels mit Fleisch- und Wurstwaren sowie rund 100 C+C-Läger, in erster Linie für die Versorgung der Gastronomie, Hotellerie und sonstiger Großverbraucher. Außerdem werden Betreuungs- und Beratungsaufgaben für den Einzelhandel wahrgenommen. Die EDEKA Datenverarbeitungs-Gesellschaft mbH übernimmt die EDV-Arbeiten sowohl für die EDEKA ZENTRALE AG als auch für die Mehrzahl der EDEKA-Großhandelsbetriebe. Eine wichtige Dienstleistung stellt die Zentralregulierung aller Warenbezüge im Vertragsgeschäft für die EDEKA-Großhandelsbetriebe, Beteiligungsgesellschaften und Kooperationspartner dar.
EDEKA betreibt seit einigen Jahren auch intensiv das Eigenmarken-Geschäft. EDEKA-Eigenmarken für die EDEKA-Händler sind Gelati Mario (Eis), Bancetto (Pizzen), Backstube, Rio Grande, Gärtners Beste, Gemüse Küche, fischfein, Domino, Kingsgold, eka-Gewürze, Wertkost, Luisenhof, Mibell und Asia House. Neuestes Segment seit Herbst 1999: »Bio Wertkost« für rund 80 Artikel aus biologischem Anbau. Diese Marken gelten als entscheidender Wettbewerbsfaktor, sollen dem Kunden Produktsicherheit und -information über Herkunft und Qualität geben. Im Drogeriemarkt hat EDEKA die Exklusivmarken Blütenweiss, Frapan und Sandra. Das Drogeriemarkt-Geschäft wird im Franchise-Verfahren unter dem Zeichen »elkos« betrieben.
Im Rahmen einer Corporate Identity, durch die EDEKA seine Handelsgruppe im Markt stärken will, wurden folgende EDEKA-Linien kreiert: EDEKA Friedrichsen (Nachbarschaftsmarkt bis 400 m^2 Vkfl.), EDEKA aktiv markt (Supermarkt 400-1.000 m^2 Vkfl.), EDEKA neukauf (Verbrauchermarkt 1.000-2.500 m^2 Vkfl.), EDEKA center (SB Warenhaus ab 2.500 m^2 Vkfl.), EDEKA elkos drogeriemarkt (Drogeriemarkt ab 220 m^2 Vkfl.), EDEKA C+C Großmarkt (C+C Großmarkt ab 2.000 m^2 Vkfl.).

BETEILIGUNGEN. Die wichtigsten Tochtergesellschaften des EDEKA-Konzerns sind:
● EDEKA Zentralhandelsgesellschaft mbH, Hamburg (100% – Dieser Bereich ist zuständig für das aktive Warengeschäft im Food-Sortiment. Die Gesellschaft hält außerdem 50%ige Beteiligungen an zwölf in der Rechtsform der »EDEKA Handelsgesellschaft« geführten Großhandelsbetrieben der Gruppe; Rest bei den regionalen Genossenschaften); EDEKA Produktions- und Handelsgesellschaft mbH, Hamburg (100% – Eigengeschäft einschließlich Import und Produktion. Hierzu gehört die Zentralkellerei Bingen); EDEKA Fruchtkontor GmbH, Hamburg (100% – zuständig für das Obst- und Gemüsegeschäft); Rheinberg Kellerei GmbH, Bingen (100%); Königstein Kellerei GmbH, Bingen (100%); St. Josefskellerei GmbH, Bingen (100%); Kofur Handelsgesellschaft mbH, Hamburg (100%); TAWA Handelszentrale für Tabakwaren GmbH, Hamburg (100%); EDEKA DANMARK A/S, Horsens/Dänemark (50%);

EDEKABANK AG, Hamburg (30%). Die 1914 gegründete Universalbank ist das zentrale Finanzierungsinstitut der EDEKA-Gruppe.

● GEDELFI GmbH + Co. KG, Köln (50%). Die GEDELFI ist ein traditionsreiches Kölner Einkaufskontor mit einem Umsatz von über 5 Mrd. DM und zahlreichen Tochtergesellschaften.

● AVA Allgemeine Handelsgesellschaft der Verbraucher AG, Bielefeld (49,99%). Die AVA-Gruppe erzielte 1998 einen Umsatz von 9,8 Mrd. DM bei 27.700 Beschäftigten. Zur AVA gehören u.a. die Lebensmittel-, SB- und Baumärkte der Marktkauf GmbH, Bielefeld; Kaufmarkt (oHG), Nürnberg; dixi GmbH, Bielefeld; basar GmbH, Bielefeld; Krane Optik und Akustik GmbH & Co. Betriebs KG, Rheda-Wiedenbrück; HELCO KG, Göttingen; FG Frischwaren GmbH, Bielefeld; Plaza Nürnberg GmbH, Nürnberg; Delta Hauser Baumarkt GmbH & Co. KG, Nekkarsulm. AVA ist mit 75% an der Nanz-Gruppe, Stuttgart, beteiligt und hat dort die operative Verantwortung inne. 1998 wechselten drei der fünf Supermarktgesellschaften der AVA, die sich künftig stärker auf das Großflächengeschäft konzentrieren soll, zur EDEKA: allfrisch Warenhandelsgesellschaft mbH, Bielefeld (66 Märkte), BVA Bayerische Warenhandelsgesellschaft der Verbraucher AG, Nürnberg (150 Märkte unter den Namen Comet und condi; Fleischwerk Nürnberg der FG Frischwaren GmbH), »Preisfux« Lebensmittel Discount & Co. KG, Stuttgart (110 Supermärkte).

● Nanz-Gruppe, Stuttgart (25% – ohne die AVA-Beteiligung), mit allen Unternehmen, u.a. Nanz-Supermärkte, EZA-Märkte, 1a, Preisfux, aktuell. Die AVA übt die operative Führung bei der Nanz-Gruppe aus. Die Nanz-Gruppe kam 1998 auf einen Umsatz von 1,5 Mrd. DM.

GLOBALE STRATEGIEN UND DER STANDORT DEUTSCHLAND. Auch im Handel gewinnt die Globalisierung nach Einschätzung des EDEKA-Managements weiter an Tempo und Dynamik. Die ersten Zehn im deutschen Lebensmittel-Einzelhandel erzielten 1998 einen Gesamtumsatz von 294 Mrd. DM und besetzten damit 84% des Marktes. Die führenden 30 Handelsunternehmen erreichten bereits einen Marktanteil von 97% mit einem Gesamtumsatz von 341 Mrd. DM. Die Konzentration in Deutschland, der zunehmende Konkurrenzdruck und der Mangel an weiteren Wachstumschancen sind Gründe für das immer stärkere Engagement der großen Einzelhandelsketten im Ausland, besonders auf den mittel-, süd- und osteuropäischen Märkten. EDEKA sieht den Einstieg der amerikanischen multinational operierenden Handelskette Wal-Mart in den deutschen Markt (Akquisitionen von Wertkauf und Interspar) als weitere Stufe im Preiskampf, der die hiesigen Unternehmen ebenfalls zu globalen Stategien zwingt.

EDEKA will sich künftig, ähnlich wie die großen Konkurrenten Rewe und Intermarché (Spar), stärker im Ausland engagieren. Bisher verfügt die EDEKA über etwa 350 Märkte im Ausland. 1998 übernahm EDEKA 50% der drittgrößten österreichischen Einzelhandelskette Adeg AG, Wien, die in Österreich mit 1.250 Einzelhandelsgeschäften und 7.000 Beschäftigten auf einen Marktanteil von 12,5% kommt. Die Adeg AG übernahm im Gegenzug 19,2% an der EDEKA Süd.

EDEKA setzt weiterhin auf wettbewerbsstarke Verkaufsflächen in Form von Neueröffnungen und Geschäftsausweitungen. Dazu gibt es gezielte Akquisitionen bestehender Filialunternehmen. Kleine Einheiten wer-

EDEKA ZENTRALE AG und Tochtergesellschaften:

Umsatz 1998: *31.530,0 Mio.*
Umsatz 1997: *30.663,0 Mio.*
Umsatz 1996: *28.647,0 Mio.*

Abzüglich verrechneter Warenwerte im Vermittlungsgeschäft der EDEKA ZENTRALE AG und der GEDELFI GmbH + Co. KG verbleiben:

Umsatzerlöse 1998: *17.382,2 Mio.*
Umsatzerlöse 1997: *17.121,4 Mio.*
Umsatzerlöse 1996: *17.297,0 Mio.*

Gewinn 1998: *92,7 Mio.*
Gewinn 1997: *81,4 Mio.*
Gewinn 1996: *61,7 Mio.*

Steueraufkommen 1998: *42,3 Mio.*

Grund- bzw. Stammkapital 1998: *105,0 Mio.*

Das Grundkapital der EDEKA ZENTRALE AG von 105,0 Mio. DM setzt sich zusammen aus 75.000 vinkulierten Namensaktien bzw. Stammaktien im Nennwert von je 1.000,– DM = 75,0 Mio. DM (18 Aktionäre, davon 17 auch gleichzeitig Vorzugsaktionäre), von denen je 500,– DM Nennbetrag eine Stimme gewähren, sowie 60.000 stimmrechtslosen vinkulierten Namensaktien bzw. Vorzugsaktien im Nennwert von je 500,– DM = 30,0 Mio. DM (374 Aktionäre). Die Dividendenausschüttung 1998 betrug 6,9 Mio. DM.

Beschäftigte 1998: *682*
Beschäftigte 1997: *754*
Beschäftigte 1996: *783*

Löhne und Gehälter 1998:
65,9 Mio.
Löhne und Gehälter 1997:
71,9 Mio.
Durchschnittsgehalt 1998:
96.628,– DM
Soziale Abgaben und Aufwendungen 1998:
17,3 Mio.
Soziale Abgaben und Aufwendungen 1997:
19,9 Mio.

Tantiemen pro Aufsichtsrat 1998: *16.042,– DM*

Mitbewerber: *Aldi, Deutsche SB-Kauf, Globus, Lidl & Schwarz, Kaisers, Karstadt, Kaufring, Lekkerland, Metro (Kaufhof), Rewe, Schaper, Schlecker, Spar, Tengelmann, Wal-Mart*

den gestrichen, größere, konkurrenzfähige Geschäfte, möglichst mit Verkaufsflächen von mehr als 800 m², gebildet. Die durchschnittliche Verkaufsfläche aller EDEKA-Geschäfte soll 1999 500 m² erreichen. Vor zehn Jahren wurden bei der EDEKA noch 12.700 Geschäfte mit einer Verkaufsfläche unter 200 m² gezählt, 1995 waren es nur noch 5.140. Durch diese Konzentration auf größere Geschäftseinheiten konnte die einst als Genossenschaftsidee zur Stärkung der selbständigen Unternehmer im Handel gedachte EDEKA der privaten aggressiven Konkurrenz von Aldi, Tengelmann, Metro, Schaper und Rewe begegnen. Die großen Privaten diktieren der Markenartikelindustrie Konditionen, rationalisieren ihre Filialen bis in den letzten Winkel und können Verkaufskonzepte ohne langwierige Diskussionen durchsetzen. Das genossenschaftliche Unternehmen Rewe hat durch das Zusammengehen mit dem »Tante-Emma-Laden-Schlucker« Leibbrand schon vor Jahren gezeigt, wohin der Weg geht – zu immer stärkeren und mächtigeren Einheiten. Vor diesem Hintergrund ist auch die neue Konzeption der EDEKA zu verstehen, mit der sie sich immer stärker von der traditionellen Dreistufigkeit – Einzelhandel, regionaler Großhandel und Zentrale – wegbewegt und auf wirtschaftliche und konkurrenzfähige Einheiten setzt.

INNERBETRIEBLICHE BÜNDNISSE. Von den rund 120.000 in der EDEKA beschäftigten Mitarbeitern waren 1998 5.940 (ohne AVA) in der Ausbildung. Die AVA-Gruppe hat Haustarife abgeschlossen, flexible Arbeitszeitmodelle eingeführt, Nachwuchsförder- und Weiterbildungsprogramme aufgelegt sowie für alle Beschäftigten eine zusätzliche Altersversorgung eingeführt.

UMWELTSCHUTZ. EDEKA legt großen Wert auf hohe Qualität ihrer Produkte, besonders bei den Eigenmarken. Das Qualitätsmanagement verlangt die Festlegung der Produktqualität in Form einer mit den Herstellern vertraglich festgelegten Produktspezifikation, die Kontrolle des Herstellungsprozesses vor Ort und die Überprüfung der Qualitätsmanagement-Systeme der Hersteller. Die EDEKA-Gruppe ist im Rahmen des Entsorgungskonzeptes DSD mit einem hohen Mehrweganteil an Getränkebehältern vertreten. Die AVA-Gruppe hat zahlreiche Mehrwegsysteme eingeführt und Recycling-Programme aufgelegt.

FORSCHUNG, ENTWICKLUNG, INNOVATIONEN.
Das von der EDEKA ZENTRALE AG entwickelte Scanneranalyse-Programm »Sherry« mit dem Schwerpunkt auf Aktionsanalyse wird in mehreren Großhandelsbetrieben praktisch angewendet. Es soll Grundlage sein für künftige Scanneranalyse-Tools von EWIS (EDEKA Warenwirtschafts- und Informationssystem) zur Optimierung der Abläufe auf allen Stufen. Die EDEKA Betriebsberatungs- und Kapitalbeteiligungsgesellschaft mbH (EBK) bietet im Rahmen von Standortanalyse und Betriebsberatung eine zentrale Existenzgründungsberatung.

Eduscho siehe Tchibo

ENBW

GESCHICHTE UND ENTWICKLUNG. Die Energie Baden-Württemberg AG (EnBW) wurde 1997 gegründet. Sie ist aus der Fusion der Badenwerk Holding AG und der Energie-Versorgung Schwaben Holding AG entstanden und ist das viertgrößte deutsche Energieversorgungsunternehmen. Das neue Unternehmen ist mit einer Struktur ausgestattet, die den Anforderungen des nunmehr liberalisierten Energiemarktes entsprechen soll. Die Verschmelzung beider Unternehmen trat nach Zustimmung der Aktionäre beider Unternehmen im August 1997 rückwirkend zum 1. Januar 1997 in Kraft. Das Badenwerk wurde 1921 als »Badische Landeselektrizitätsversorgung AG« gegründet und 1938 in Badenwerk AG umfirmiert. Die Energie-Versorgung Schwaben AG entstand 1939 aus der Vereinigung von acht öffentlich-rechtlichen Elektrizitätszweckverbänden und der Leitungsgesellschaft Elektrizitäts-Versorgung-Württemberg AG.

BESITZVERHÄLTNISSE/EIGENTUMSSTRUKTUR.
Stimmrechtsanteile der Aktionäre:

- Zweckverband Oberschwäbische Elektrizitätswerke (OEW), Biberach/Riß, bzw. OEW-Beteiligungsgesellschaft mbH (34,50%)
- Landesbeteiligungen Baden-Württemberg GmbH, Stuttgart (25,01%)
- Landeselektrizitätsverband Württemberg, Weil im Schönbuch (12,04%)
- Gemeindeelektrizitätsverband Schwarzwald-Donau, Deißlingen (8,82%)
- Technische Werke der Stadt Stuttgart GmbH, Stuttgart (9,00%)
- Im Badischen Elektrizitätsverbund (BEV), Karlsruhe, zusammengeschlossene Aktionäre (5,40%)
- Sonstige (0,30%)
- Rest Streubesitz

Der Zusammenschluß der beiden Unternehmen erfolgte durch Aktienumtausch: Die früheren EVS-Aktionäre erhielten 62,96%, die Badenwerk-Aktionäre 37,04% der EnBW-Anteile.

KONZERNÜBERBLICK. Das Kerngeschäft der Energie Baden-Württemberg AG (EnBW) ist die Energieerzeugung und -verteilung in den Segmenten Strom, Gas und Fernwärme. Dazu kommen die Geschäftsfelder Entsorgung und thermische Müllbehandlung, Telekommunikation sowie Industrie, Service und Verkehr. Die EnBW AG agiert als Holdinggesellschaft und ist nicht selbst operativ am Markt tätig.

◆ Im Kernbereich Energie der EnBW AG gehören bedeutende Kraftwerke wie die Atomkraftwerke Neckarwestheim, Obrigheim und Leibstadt zum Portfolio. Entsprechend den Erfordernissen des liberalisierten Energiemarktes wurden kurz nach der Fusion von Badenwerk AG und EVS AG verschiedene Gesellschaften neu gegründet bzw. umfirmiert. In der EnBW Kraftwerke AG werden alle konzerneigenen Energie-Erzeugungskapazitäten gebündelt: Kern-, Kohle- und Wasserkraftwerke. In der EnBW Energie-Vertriebsgesellschaft mbH wurde das Geschäft mit den energieverbrauchenden Marktkunden zusammenge-

Standort:
Durlacher Allee 93
76131 Karlsruhe

Postanschrift:
Postfach 2349
76011 Karlsruhe

Telefon: *(0721) 63-06*
Telefax: *(0721) 63-12725*
Internet: *www.enbw.com*

Branche: *Energiewirtschaft (Elektrizität, Gas, Kernenergie), Entsorgung, Dienstleistungen, Telekommunikation*

Rechtsform:
Aktiengesellschaft

Geschäftsjahr: *1.1.-31.12.*

Gründungsjahr: *1997*

Öffentlichkeitsarbeit:
Klaus G. Wertel
Tel.: (0721) 63-14321
Fax: (0721) 63-12672
E-Mail: info@enbw.com

Verbände: *verschiedene Verbände der Elektrizitätswirtschaft*

Vorstand:
- *Goll, Gerhard (Vorsitzender), Karlsruhe*
- *Arndt, Hans-Jürgen, Gerlingen*
- *Bilger, Harmut, Dr., Ettlingen*
- *Kasper, Klaus J., Dr., Stuttgart*

Vorstandsbezüge 1998:
3.192.799,– DM

Aufsichtsrat:
- *Schürle, Wolfgang, Dr. (Vorsitzender; Landrat), Ulm*
- *Autenrieth, Manfred (Landrat), Zimmern*
- *Blaser, Guntram, Dr. (Landrat), Ravensburg*
- *Epple, Karl, Dr. (Wirtschaftsministerium Baden-Württemberg), Stuttgart*
- *Mayer-Vorfelder, Gerhard (Finanzminister a.D. Baden-Württemberg), Stuttgart*
- *Rückert, Wolfgang (Finanzministerium Baden-Württemberg), Leonberg*
- *Scheck, Günter, Steinenbronn*
- *Spadinger, Ernst (Bürgermeister), Deißlingen*
- *Stückle, Ulrich (Landrat), Schwäbisch Hall*
- *Widder, Gerhard (Oberbürgermeister), Mannheim*

**Vetter, Ernst (stellv. Vorsitzender)*
**Beller, Gisela*
**Dinkel, Adolf*
**Eichkorn, Manfred*
**Fischer, Franz*
**Gräber, Gisela*
**Koch, Rolf*
**Vogelbacher, Günther*
**Weber, Klaus-Michael*
**Wollny, Harry*

Aufsichtsratstantiemen 1998: *1.068.815,– DM*

Umsatz 1998: *8.149,7 Mio.*
Umsatz 1997: *8.327,2 Mio.*

Gewinn 1998: *717,9 Mio.*
Gewinn 1997: *297,8 Mio.*

Cash flow 1998: *2.309,0 Mio.*
Cash flow 1997: *2.768,0 Mio.*

Cash flow: *Die Investitionen wurden nahezu vollständig aus dem hohen Cash flow finanziert.*

Steueraufkommen 1998: *935,8 Mio.*

faßt (verschiedene Elektrizitäts- und Kraftwerke besonders in Baden-Württemberg). Die Gesellschaft ist für die Marktkunden ausschließlicher Ansprechpartner. Die EnBW Energie-Vertriebsgesellschaft mbH wird von der EnBW Gesellschaft für Stromhandel mbH beliefert, die für alle Leistungsbedürfnisse und -kapazitäten verantwortlich ist. Die EnBW Transportnetze AG ist für die Funktionsfähigkeit und den Ausbau der eigenen Netze verantwortlich.
Die beiden 1999 gegründeten Gesellschaften EnBW Regional AG und EnBW Service GmbH sind aus der Fusion von Badenwerk AG und Energie-Versorgung Schwaben AG hervorgegangen und mit ihren Tochtergesellschaften als große Regionalverteilungsgesellschaften für die Tarifkunden verantwortlich. Die Mitte 1999 gegründete Yello Strom GmbH, Köln, bietet auf dem liberalisierten Strommarkt neue Haushaltstarife und strebt bundesweit einen Marktanteil am »Billigstrom« von 30% an.

◆ Neben der Energie ist die neue EnBW in weiteren zukunftsträchtigen Bereichen engagiert. Die Aktivitäten des Konzerns umfassen neben der Energie die Geschäftsfelder Entsorgung und thermische Müllbehandlung, Telekommunikation, Industrie und Services (mit den Sparten Innovation sowie Gebäude- und Grundstücksmanagement) und Verkehr. Hinzu kommen einige weitere Beteiligungen, u.a. die Rheinmetall Elektronik AG und die Salamander AG. Mit der Beteiligung an der DEG-Verkehrs-GmbH wurde der Geschäftsbereich Verkehr ins Leben gerufen. Im Bereich Telekommunikation wurde die Telekommunikationsholding Südwest GmbH gegründet, die Beteiligungen an Unternehmen erwerben und verwalten soll, die sich im liberalisierten Telekommunikationsmarkt betätigen. Wichtigstes Unternehmen im Telekommunikationsbereich ist die tesion Communicationsnetze Südwest GmbH & Co. KG, an der die Swisscom und EnBW mit jeweils 50% beteiligt sind.

BETEILIGUNGEN. Der Konsolidierungskreis umfaßt neben der EnBW AG 87 in- und ausländische Tochterunternehmen, 24 Gemeinschaftsunternehmen und 53 assoziierte Unternehmen. Die wesentlichen Beteiligungen der Energie Baden-Württemberg AG sind:
- Energieerzeugung mit der EnBW Kraftwerke GmbH (100%) und folgenden Beteiligungen: Kraftwerk Bexbach Verwaltungsgesellschaft mbH (66,7%); Kernkraftwerk Obrigheim GmbH (63%); Neckar AG (60,2%); Centrale Electrique Rhénane de Gambsheim S.A. (50%); Rheinkraftwerk Iffezheim GmbH (50%); Kraftwerk Reckingen AG (50%); Obere Donau Kraftwerke AG (40%); Schluchseewerk AG (37,5%); Rheinkraftwerk Säckingen AG (37,5%); Grosskraftwerk Mannheim AG (32%); Kernkraftwerk Leibstadt AG (7,5%); Deutsche Gesellschaft zur Wiederaufbereitung von Kernbrennstoffen mbH (12,1%); EnBW Ingenieure GmbH (100%).
- Energieverteilung und -vertrieb, Gas: EnBW Regional AG (100% – hervorgegangen aus der Fusion von Badenwerk AG und EVS AG); EnBW Service GmbH (100% – hervorgegangen aus der Fusion von Badenwerk AG und EVS AG); EnBW Energie Vertriebsgesellschaft mbH (100%); EnBW Gesellschaft für Stromhandel mbH (100%); EnBW Transportnetze AG (100%); EnBW Gas GmbH (100%); Yello Strom GmbH, Köln (100%). Zur EnBW International GmbH (100%) gehören u.a. Kraftwerke in Ungarn und Tschechien.

● Entsorgung und thermische Müllbehandlung: U-plus Umweltservice AG (100%); Bautrans Umweltservice GmbH (100%); Thermoselect Südwest GmbH (100%); Thermoselect AG (25,1%); Evas-Gesellschaft für thermische Restmüllbehandlung mbH (100%).
● Telekommunikation: Telekommunikationsholding Südwest GmbH (100%); tesion Communicationsnetze Süd-West GmbH & Co. KG (50%); Novacom Telekommunikation GmbH (25%).
● Industrie, Services, Verkehr, Sonstige Beteiligungen: DEG-Verkehrs-GmbH (40%); Reederei Schwaben GmbH (30%); Innotech Innovationen und neue Technologien Beteiligungs-GmbH (100%); Rheinmetall Elektronik AG (32,9%); Salamander AG (25,1%); Stock Beteiligungsgesellschaft GmbH (100%).

GLOBALE STRATEGIEN UND DER STANDORT DEUTSCHLAND. Die neue EnBW AG versteht sich als modernes Unternehmen für den europäischen Wettbewerbsmarkt Energie, mit neuen Strukturen und besseren Lösungen für die Kunden. Das Monopol soll der Vergangenheit angehören. Wesentliche Beteiligungen an Elektrizitätswerken besitzt EnBW in Ungarn (Budapesti Elektromos Müvek Rt., Eszak-Magyaroszági Áramszolgáltató Rt.), Tschechien (Prazská energetiká a.s.) und Thailand (Amata Power Ltd., Rojana Power Company Ltd.).
Die ehemaligen Energie-Versorgung Schwaben AG und die Badenwerk AG, die jetzt gemeinsam als EnBW Regional AG und EnBW Service GmbH auftreten, sollen dabei »als Botschafter vor Ort«, so die neue EnBW-Strategie, weiterhin als Regionalverteiler für die Tarifkunden tätig sein. Nach dem Wunsch des EnBW-Vorstandes sollte die Landesbeteiligung Baden-Württemberg in Höhe von 25,01% im Falle eines Verkaufes an den französischen Stromanbieter Electricité de France (EdF) gehen und nicht an einen deutschen Konkurrenten. Ziel des ehrgeizigen EnBW-Managements ist es, in absehbarer Zeit die Nummer drei unter den deutschen Energieversorgungsunternehmen hinter RWE und VEBA zu werden.

INNERBETRIEBLICHE BÜNDNISSE. Vor dem Hintergrund zunehmenden Wettbewerbs werden marktorientierte, flexible Konzern- und Unternehmensstrukturen forciert. Arbeitszeitmodelle und Teamarbeit sind in zahlreichen Unternehmensbereichen eingeführt worden. Mit einer systematischen Führungskräfteentwicklung wurde begonnen. Alle Veränderungsprozesse in Zusammenhang mit der Öffnung des Energiemarktes und der Fusion sollen ohne Kündigungen bewältigt werden. Eine neue Ausbildungsinitiative hat zum Ziel, mittelfristig jeweils rund 10% der Gesamtbelegschaft mit Auszubildenden zu besetzen.

UMWELTSCHUTZ. Zahlreiche Unternehmen sind im Umweltschutz tätig, besonders im Bereich der Entsorgung und thermischen Müllbehandlung (Thermoselect, Umweltservice, Telwest Recycling).

FORSCHUNG, ENTWICKLUNG, INNOVATIONEN. Die Verantwortung für die meisten Forschungs- und Entwicklungsprojekte liegt immer noch bei der Energie-Versorgung Schwaben und beim Badenwerk, die auch schon vor der Fusion recht aktiv und an zahlreichen Projekten beteiligt waren, u.a. an der Gründung der Stif-

Grund- bzw. Stammkapital 1998: *1.250,0 Mio.*

Die Dividende bezieht sich auf eine nennwertlose Stückaktie (vormals im Nennwert von 5,00 DM). Das Grundkapital ist eingeteilt in 141,1 Mio. auf den Namen lautende Stammaktien und 108,9 Mio. auf den Inhaber lautende Stammaktien. Der Bilanzgewinn 1998 von 217,0 Mio. DM wurde mit einer Dividende von 0,90 DM je Aktie ausgeschüttet.

Beschäftigte 1998: *12.605*
Beschäftigte 1997: *12.769*

Umsatz pro Mitarbeiter 1998: *646.545,– DM*
Umsatz pro Mitarbeiter 1997: *652.142,– DM*

Löhne und Gehälter 1998: *1.085,2 Mio.*
Löhne und Gehälter 1997: *1.078,0 Mio.*
Durchschnittsgehalt 1998: *86.093,– DM*
Soziale Abgaben und Aufwendungen 1998: *560,5 Mio.*
Soziale Abgaben und Aufwendungen 1997: *455,0 Mio.*

Bezüge pro Vorstandsmitglied 1998: *798.200,– DM*
Tantiemen pro Aufsichtsratsmitglied 1998: *53.441,– DM*

Investitionen 1998: *3.938,0 Mio.*
Investitionen 1997: *2.397,0 Mio.*

Mitbewerber: *Arcor, Bayernwerk, Contigas, Deutsche BP, Deutsche Shell, Deutsche Telekom, Esso, Klöckner, Mobil Oil, Otelo, Preussag, PreussenElektra, RAG, Ruhrgas, RWE, Siemens, Steag, VEBA, VEW, VIAG*

tung Energieforschung und der deutsch-französischen Entwicklung des Europäischen Druckwasserreaktors EPR. Ein weiterer Forschungsschwerpunkt lag auch schon in den vergangenen Jahren im Bereich rationeller, umweltschonender und sicherer Erzeugung, Verteilung und Anwendung von Energie, besonders bei der Nutzung regenerativer Energien, u.a. ein Verfahren zur Regeneration von Rauchgaskatalysatoren.

Ergo siehe Müchener Rück

ESSO

Standort:
Kapstadtring 2
22297 Hamburg

Postanschrift:
22285 Hamburg

Telefon: *(040) 6393-0*
Telefax: *(040) 6393-3368*
Internet: *www.esso.de*

Branche: *Erdöl- und Erdgasgewinnung, Mineralölverarbeitung*

Rechtsform:
Aktiengesellschaft

Geschäftsjahr: *1.1.-31.12.*

Gründungsjahr: *1890*

Öffentlichkeitsarbeit:
Karl-Heinz Schult-Bornemann
Tel: (040) 6393-3330
Fax: (040) 6393-2211
E-Mail: kschulb@exxon.sprint.com

Verbände: *Mineralölwirtschaftsverband e.V., Hamburg; Wirtschaftsgemeinschaft Erdölgewinnung und -verarbeitung, Hamburg*

GESCHICHTE UND ENTWICKLUNG. Die Esso A.G. ist die älteste deutsche Mineralölgesellschaft. Sie wurde 1890 unter dem Namen Deutsch-Amerikanische Petroleum-Gesellschaft (DAPG) mit Sitz in Bremen gegründet und war ein »Joint-venture« zwischen den norddeutschen Reedern und Kaufleuten Wilhelm Anton Riedemann, Franz-Ernst und Carl Schütte sowie der amerikanischen Standard Oil Company (heute Exxon Corporation), New York, des John D. Rockefeller. Das Importhaus Schütte & Sohn galt als Marktführer im Leuchtölhandel, der Reeder Riedemann hatte 1886 den überhaupt ersten Tankdampfer der Welt in England bauen lassen. Ab jetzt wurden Petroleum und andere Mineralöle nicht mehr im Faß, sondern »in bulk« verschifft. Vom Start weg erreichte die DAPG mit 90% Marktanteil fast eine Monopolstellung.
1904 übernahm die Standard Oil das gesamte Aktienkapital der Deutschen sowie fast alle Genußscheine der DAPG und brachte »Dapolin«, das »beste Automobil- und Motorradbenzin«, auf den Markt. In diesem Jahr wurde die Zentrale der DAPG von Bremen nach Hamburg verlegt. 1923 eröffnete die DAPG ihre erste Straßenzapfstelle in Hamburg, nachdem bis zu diesem Zeitpunkt Benzin und Petroleum ausschließlich aus Kanistern verkauft worden waren, und errang wieder eine führende Marktstellung. 1927 erste Großtankstelle mit verschiedenen Kraftstoffen unter einem Dach. Durch den Krieg Zerstörung des Tankstellennetzes und der Tankerflotte von 48 Schiffen. 1951 Namensänderung in Esso AG. 1966 Einführung des Tigers in die Werbung. Esso besaß von den 41.000 Tankstellen in der Bundesrepublik 5.700 – heute sind es nicht einmal 1.500 – und beschäftigte 5.500 Mitarbeiter. Bis Mitte der 70er Jahre erneut mehr als 30 Hochseetanker in Betrieb (u.a. »Esso Deutschland«), Bau von Rohölpipelines durch die Esso A.G. Abbau der Kapazitäten in den 80er Jahren. 1982 Schließung der Kölner Raffinerie unter großem Protest der Belegschaft und der Kommunalpolitiker. 1986 Stillegung der Deurag-Nerag-Raffinerie bei Hannover, 1987 Schließung der Esso-Raffinerie in Hamburg. 1989 Entwicklung eines Profit-Center-Konzepts für Tankstellen, Raffinerien/Versorgung, Vertriebscenter Nord, Vertriebscenter Süd, Schmierstoffe, Produkt-Distribution, Erdöl/Erdgas. 1996 Zusammenlegung der Karlsruher Raffinerien der Oberrheinischen Mineralölwerke (OMW) und der Esso A.G.

BESITZVERHÄLTNISSE/EIGENTUMSSTRUKTUR.
● Exxon International Holdings Inc., Wilmington/Delaware, USA, und Exxon Corporation, Irving/Texas, USA (100%).
Das Mutterunternehmen, das den Konzernabschluß für den größten Kreis von Unternehmen aufstellt, ist die Exxon Corporation.

KONZERNÜBERBLICK. Esso-Deutschland gliedert sich unter dem Dach der Hamburger Zentrale in die Sparten Mineralöl (Verarbeitung, Lagerung, Transport und Vertrieb), Erdgas und Erdöl (Exploration, Förderung und Vertrieb) sowie Chemie und Auslandsgesellschaften. Esso ist auf dem Gebiet der Förderung, Gewinnung, Verarbeitung, Lagerung sowie im Transport und Vertrieb von Erdöl, Erdgas und Kraftstoffen tätig. Aus Rohöl und Rohölprodukten stellt Esso u.a. her: Vergaserkraftstoffe, Dieselkraftstoffe, technische Benzine, Flugzeugkraftstoffe, Petroleum, Heizöle, Industrieschmierstoffe, Schmierstoffe für Kraftfahrzeuge, Flugmotorenöle, Bitumen, Flüssiggas, Grundstoffe für die Petrochemie, chemische Produkte sowie Erdgas.
Esso verfügte in Deutschland Anfang 1999 über ein Tankstellennetz von etwas über 1.400 Stationen. Im Zuge einer ständigen Modernisierung des Tankstellennetzes wurden inzwischen rund 680 Esso »Snack & Shop«-Stationen eingerichtet, von denen über 350 mit dem neuen Back-Shop ausgestattet sind. Inzwischen ist das Esso-Tankstellennetz, so der Vorstand, zur größten Bäckerei-Ladenkette Deutschlands geworden, zudem sei man einer der drei führenden Zigarettenverkäufer Deutschlands.
Im Shop-Geschäft wurde 1998 mehr als ein Drittel des Einkommens der Esso-Tankstellenpartner erwirtschaftet, die Dienstleistungen und der Verkauf von Kraft- und Schmierstoffen sind ebenfalls mit je rund einem Drittel am Einkommen beteiligt. 1998 umfaßte das Esso-Stationsnetz in den neuen Bundesländern rund 150 Betriebe, die dem neuesten Stand der Technik, des Umweltschutzes und des Marketings entsprachen. Fast 50% des Inlandsabsatzes aller Esso-Produkte werden über die Esso-Vertretungen abgewickelt.
Die Vertriebsorganisation besteht aus zwölf regionalen Esso-Mineralölvertriebsgesellschaften. Von diesen Gesellschaften aus wird über einige hundert Vertragspartner das gesamte Verbraucher- und Industriegeschäft für die Esso A.G. mit leichtem Heizöl, Dieselkraftstoff und Schmierstoffen wahrgenommen. Die BEB Erdgas und Erdöl GmbH, Hannover, hat für Esso in den Bereichen Erdgas und Rohöl sämtliche Aktivitäten von der Suche über die Förderung bis zum Vertrieb inne. Esso-Produkte kommen zu zwei Dritteln aus der inländischen Mineralölproduktion der Raffinerien Karlsruhe und Ingolstadt. Der Gesamtbedarf der Esso A.G. wurde 1998 zu 70% aus der Raffinerieproduktion sowie zu 30% aus Importen und Zukäufen aus dem Inland gedeckt.

BETEILIGUNGEN. Zu den wichtigsten Esso-Gesellschaften gehören in den Sparten:
● Mineralölgeschäft: Favorit Unternehmens-Verwaltungs-GmbH, Hamburg (100% – Betrieb von 70 Fernheizwerken); TBN Tanklager Betriebsges. Nürnberg mbH, Nürnberg (60%); eine Transportgesellschaft mbH (51%); 11 regionale Mineralölvertriebs-GmbHs (100%); 2 kleinere Gesellschaften mit unterschiedlichen Aufgaben (100%);

Vorstand:
▌*Siemer, Jobst D. (Vorsitzender), Hamburg*
▌*Hanson, Paul A., Hamburg*
▌*Lachmann, Wingolf, Hamburg*

Vorstandsbezüge 1998:
2.081.819,– DM

Aufsichtsrat:
▌*Jönck, Uwe, Dr., (Vorsitzender), Hamburg*
▌*Asche, Klaus, Dr., Hamburg*
▌*Dieter, Werner H., Dr., Lohr*
▌*Häusler, Gerd, Frankfurt/Main*
▌*Schadt, Dieter, Dr., Mülheim/Ruhr*
▌*Voigt, Fritz R., Hamburg*
**Heitmann, Joachim (stellv. Vorsitzender)*
**Fischer, Peter*
**Hauck, Jochen*
**Malott, Günter*
**Petersen, Susanne*
**Sindel, Rudolf*

Aufsichtsratstantiemen 1998: *322.500,– DM*

Umsatz 1998: *17.358,8 Mio. (davon Mineralölsteuer: 8.816,6 Mio.)*
Umsatz 1997: *20.038,2 Mio. (davon Mineralölsteuer: 9.319,9 Mio.)*
Umsatz 1996: *19.554,0 Mio. (davon Mineralölsteuer: 9.355,2 Mio.)*

Gewinn/Verlust 1998: *751,6 Mio.*
Gewinn/Verlust 1997: *916,2 Mio.*
Gewinn/Verlust 1996: *-151,1 Mio.*

Cash flow 1998: *897,0 Mio.*
Cash flow 1997: *1.026,0 Mio.*
Cash flow 1996: *-7,0 Mio.*

Steueraufkommen 1998:
471,8 Mio.

Mineralölsteuer 1998:
8.816,6 Mio.

Anzahl der Tankstellen 1998: *1.440*
Anzahl der Tankstellen 1997: *1.493*

Grund- bzw. Stammkapital 1998: *600,0 Mio.*

Das Grundkapital ist eingeteilt in 60.000 Namensaktien im Nennwert von je 10.000,– DM. Alleinige Aktionärin ist die Exxon Corporation, Irving/Texas, USA. Die 1998 in die USA überwiesene Dividendensumme betrug 768,0 Mio. DM. 1998 legte Esso erstmals keinen deutschen Konzernabschluß vor und verweist auf den Abschluß der amerikanischen Mutter Exxon Corp., der auch in deutscher Sprache offengelegt wird. Die Esso A.G. hat Gebrauch gemacht von der Verordnung über befreiende Konzernabschlüsse und Geschäftsberichte von Unternehmen mit Sitz in einem Staat, der nicht zur Europäischen Gemeinschaft gehört.

TLS Tanklager Stuttgart GmbH, Stuttgart (55%); Esso Tankdienstgesellschaft Bremen mbH, Bremen (100%); ETS Esso Tankdienstgesellschaft Stuttgart mbH, Stuttgart (100%); MVD Rhäsa GmbH, Rhäsa (38,1%); MiRO GmbH & Co. KG, Karlsruhe (25%).

● Erdgas und Erdöl: Thyssengas GmbH, Duisburg (25%); BEB Erdgas und Erdöl GmbH, Hannover (50%); Brigitta Erdgas und Erdöl GmbH, Hannover (50%); Elwerath Erdgas und Erdöl GmbH, Hannover (50%); Schubert KG, Münster (29,9% über Elwerath); Ruhrgas AG, Essen (25% über Brigitta, 15% über Schubert KG); Norddeutsche Erdgas Transport GmbH, Haan/Rheinland (50% über Ruhrgas AG, 50% über Thyssengas GmbH); Mittelrheinische Erdgas Transport GmbH, Haan/Rheinland (66,7% über Ruhrgas AG, 16,7% Esso A.G.); Süddeutsche Erdgas Transport GmbH, Haan/Rheinland (50% über Ruhrgas AG, 25% Esso A.G.); Deutsche Erdgas-Transport GmbH, Essen (50% über Ruhrgas AG, 25% Esso A.G.).

● Chemie und Auslandsgesellschaften: Deutsche EXXON CHEMICAL GmbH, Köln (100%); Esso Standard N.V., Brüssel/Belgien (100%); Esso GmbH, Prag/Tschechien (100%); Esso Polen GmbH, Posen/Polen (100%); Esso Slowakei GmbH, Bratislava/Slowakei (100%); Esso Ungarn GmbH, Budapest/Ungarn (100%); Esso Coordination Center N.V., Brüssel/Belgien (45%); Polish Petr. Development Company GmbH, Warschau/Polen (50%).

GLOBALE STRATEGIEN UND DER STANDORT DEUTSCHLAND.

Die Megafusion schlechthin kündigte Ende 1998 die Exxon Corp. an. Der größte amerikanische Öl-Multi will die Nummer vier der USA, die Mobil Corp. übernehmen (siehe Mobil Oil) und würde damit vor der holländisch-britischen Shell/Royal Dutch der größte Öl-Konzern der Welt. Die Monopolisierung würde neue globale Dimensionen erreichen.

Globalisierung bedeutet für die deutsche Esso A.G. in erster Linie Europäisierung mit grenzüberschreitenden und länderübergreifenden Konzepten. Eine besondere Rolle nimmt für Esso Deutschland die Expansion nach Osteuropa ein, wo ein bedeutender Markt für Tankstellen besteht. Tochtergesellschaften hat die deutsche Esso in Polen, Tschechien, der Slowakei und Ungarn. In allen vier Ländern soll ein flächendeckendes Vertriebsnetz für Esso-Schmierstoffe aufgebaut werden. 1998 wurde die Polish Petr. Development Company gegründet.

Das Raffineriesterben zum Ende der 80er Jahre mit einer Halbierung der inländischen Verarbeitungskapazitäten von rund 80 Mio. Jahrestonnen betraf auch die Esso A.G., die ihre Raffinerien von vier auf

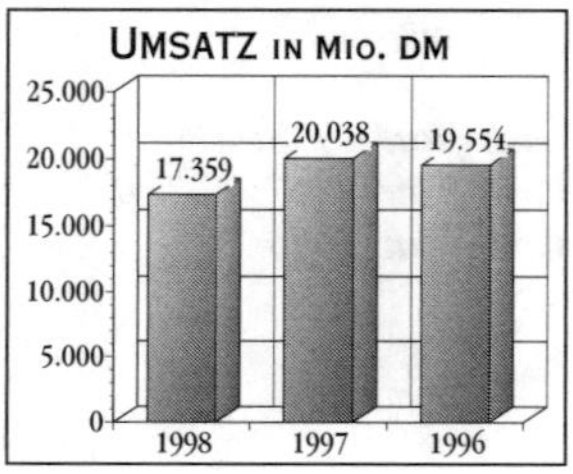

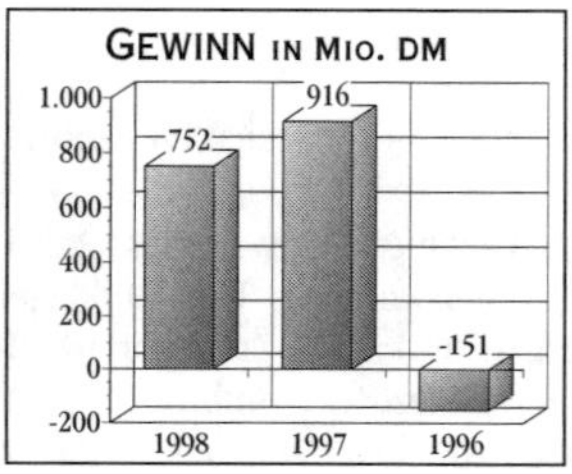

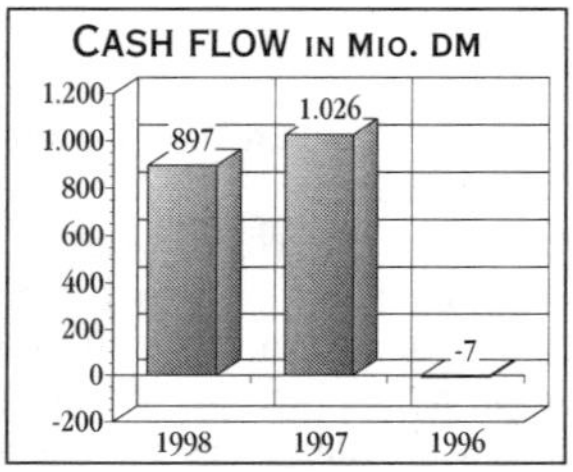

zwei und die Kapazitäten von 24 auf 12 Mio. Tonnen reduzieren mußte. 1996 folgte eine weitere einschneidende Veränderung am Raffineriestandort Karlsruhe. Die Gesellschafter der Oberrheinischen Mineralölwerke GmbH (OMW) – DEA Mineralöl AG, Conoco Inc. und Ruhr Oel GmbH (eine Tochtergesellschaft der VEBA Oel) – und die Esso A.G. legten ihre benachbarten Raffineriebetriebe in Karlsruhe zusammen und gründeten die Mineralölraffinerie Oberrhein GmbH & Co. KG (MiRO). Die Gesellschafter der OMW und Esso brachten ihre Betriebsstätten in die neue Gesellschaft ein, an der die Esso A.G. 25% hält (Conoco 18,75%, DEA 32,25%, Ruhr Oel 24%). Der Raffinerieverbund, der die süddeutschen Raffineriestrukturen grundsätzlich verändert hat, ist nun als Lohnverarbeiter für die beteiligten Gesellschafter tätig.

INNERBETRIEBLICHE BÜNDNISSE. Von der Fusion der Karlsruher Esso Raffinerie in die MiRO waren mehrere hundert Beschäftigte betroffen. Esso hatte bereits in den 80er Jahren in drastischem Maß rationalisiert, Personal abgebaut und Werke stillgelegt, gleichzeitig die Produktivität bis Mitte der 90er Jahre mehr als verdoppelt. Aber dieses Programm hatte auch einen Haken: Durch Einstellungsstopps über viele Jahre hinweg ist die Esso-Belegschaft, so der Vorstand, heute überaltert. Esso versucht nun, über gezielte Neueinstellungen und altersbedingtes Ausscheiden von Beschäftigten eine weitreichende Verjüngung durchzuführen. Dabei soll besonders bei jüngeren Mitarbeitern der Wunsch nach Teilzeitarbeit, soweit dies betriebliche Belange zulassen, berücksichtigt werden. Ende 1998 gab es an Esso-Stationen 370 Auszubildende, über 200 davon im neuen Berufsbild »Tankstellenkaufmann«.

UMWELTSCHUTZ. Umweltschutz ist für Esso Unternehmensziel. Esso propagiert die sogenannte »Drei-Parteien-Initiative« für das Auto/Öl-Programm zur Realisierung von Luftqualitätszielen einschließlich der Verringerung der Ozonkonzentration. Die Beteiligten: die EU-Kommission, der Europäische Automobilverband ACEA und der Europäische Mineralölwirtschaftsverband EUROPIA.
1998 waren über 1.200 Esso-Tankstellen mit der neuen Gasrückführungstechnik und flüssigkeitsdichten Fahrbahnen in Betrieb, mit einer Technik, so die Esso A.G., die weit über den Stand des früheren »Saugrüssels« hinausgeht, weil sie verhindert, daß beim Tanken Benzindämpfe entweichen. Das Gas wird beim Tanken aus dem Autotank abgesaugt und in einen Erdtank, der später entsorgt wird, zurückgeführt.

FORSCHUNG, ENTWICKLUNG, INNOVATIONEN. Für die Forschung und Produktentwicklung in Europa verantwortlich ist das Esso Research and Development Center in Abingdon/England, aber auch die Esso-Forschung in Hamburg. Die Esso-Forschung hat mit hohem Forschungs- und Testaufwand einen Benzin-Zusatz (Additiv) entwickelt, der die Emissionen senkt, die Wirkung des Katalysators steigert und gleichzeitig Benzin spart. Kraftstoffe mit integrierter Umweltschutz-Technologie werden an allen Esso-Tankstellen verkauft.

Ferrostaal siehe MAN

Beschäftigte 1998: *1.688*
Beschäftigte 1997: *1.780*
Beschäftigte 1996: *2.129*

Umsatz pro Mitarbeiter 1998: *10.283.649,– DM*
Umsatz pro Mitarbeiter 1997: *11.257.416,– DM*
Umsatz pro Mitarbeiter 1996: *9.184.594,– DM*

Löhne und Gehälter 1998: *210,1 Mio.*
Löhne und Gehälter 1997: *213,2 Mio.*
Durchschnittsgehalt 1998: *124.468,– DM*
Soziale Abgaben und Aufwendungen 1998: *140,7 Mio.*
Soziale Abgaben und Aufwendungen 1997: *122,7 Mio.*

Bezüge pro Vorstandsmitglied 1998: *693.940,– DM*
Tantiemen pro Aufsichtsrat 1998: *29.318,– DM*

Investitionen 1998: *459,0 Mio.*
Investitionen 1997: *562,0 Mio.*
Investitionen 1996: *448,0 Mio.*

Umweltschutz 1998: *83,0 Mio.*
Umweltschutz 1997: *93,0 Mio.*
Umweltschutz 1996: *160,0 Mio.*

Mitbewerber: *Agip, Aral, Chevron, Deutsche BP, Deutsche Shell, Elf Aquitaine, Mobil Oil, RWE-DEA, Total, VEBA Oel*

FORD

Standort:
Henry-Ford-Straße 1
50735 Köln

Postanschrift:
50725 Köln

Telefon: *(0221) 90-0*
Telefax: *(0221) 90-12984*
Internet: *www.ford.de*

Branche:
Automobilindustrie

Rechtsform:
Aktiengesellschaft

Geschäftsjahr: *1.1.-31.12.*

Gründungsjahr: *1925*

Öffentlichkeitsarbeit:
Paul Schinhofen
Tel.: (0221) 90-17507
Fax: (0221) 90-12984
E-Mail: pschinho@ford.com

Verbände: *Verband der Automobilindustrie e.V. (VDA), Frankfurt/Main*

GESCHICHTE UND ENTWICKLUNG. 1925 Gründung der Ford Motor Company AG, Berlin. Das erste in Deutschland montierte T-Modell lief im April 1926 vom Band, bis zum Jahresende wurden ca. 2.700 »Tin Lizzies« gebaut. (Gründung der Ford Credit AG.) 1931 Schließung des Werkes Berlin, Produktion des Modells »A« im neuen Kölner Werk. 1938 erreichte das Kölner Werk eine Jahresproduktion von knapp 37.000 Einheiten. Umbenennung in »Ford-Werke AG«. 1939–1945 Produktion von Ford-Lkw. Die Pkw-Produktion kam in den letzten Kriegsjahren fast zum Erliegen, 1945 Produktion von Austauschmotoren und Einzelteilen. 1948 Wiederaufnahme der Produktion mit dem Bau der ersten »Taunus«. 1958 Jahresproduktion von 130.000 Autos. Neue Werke in Wülfrath und im belgischen Genk, in Düren und Saarlouis. 1968 Beginn der Ford-Escort-Produktion in Genk. 1969 Einführung des »Capri«. 1976 Einführung des »Fiesta« und vieler neuer Modellreihen. 1993 Einführung des »Mondeo« und serienmäßige Airbags für alle Modelle. 1995 Einführung der Großraumlimousinen »Galaxy« und »Windstar«. 1996 Einführung des neuen Kleinwagens »Ka«. 1997 Einführung des Sportcoupés »Puma«, 1998 des »Focus«.

BESITZVERHÄLTNISSE/EIGENTUMSSTRUKTUR.
- Ford Motor Company, Dearborn/Mich., USA (99,8%)
- Rest Streubesitz

Der amerikanische Konzern gehört der Ford Foundation (26,8%), der Familie Ford (11%) und knapp 300.000 Stammaktionären. 1998 verkaufte der amerikanische Ford-Konzern rund 7 Mio. Fahrzeuge und erzielte einen Umsatz von über 150 Mrd. US $. Weltweit arbeiten mehr als 360.000 Menschen an den 185 Ford-Standorten – 89 davon befinden sich in Nordamerika, 47 in Europa und 21 in Asien. Die Ford Motor Company besitzt die Mehrheit an der amerikanischen Mietwagenfirma Hertz Corp. Ford ist mit 33,4% an der japanischen Mazda Motor Corp. beteiligt. Ford akquirierte 1998 das Personenwagengeschäft von Volvo. Zu Ford gehören die Marken Ford, Volvo, Jaguar, Lincoln und Aston Martin.

KONZERNÜBERBLICK. Die Ford-Werke sind nach VW und Opel der drittgrößte Automobilhersteller Deutschlands. 956.500 Fahrzeuge der Typen Ka, Fiesta, Puma, Escort, Focus, Mondeo, Cougar, Explorer, Maverick, Galaxy (wird in Portugal gebaut), Windstar, Fiesta Van & Courier, Escort Express und Transit wurden 1998 von der Ford-Werke AG produziert (Vorjahr: knapp 992.600). 1998 wurden 1.097.000 Mio. Pkw und leichte Nutzfahrzeuge im In- und Ausland verkauft. 64,4% aller von der Ford-Werke AG produzierten Fahrzeuge werden exportiert, davon die meisten nach Großbritannien, Italien und Frankreich. In Deutschland hatte Ford 1998 bei Neuzulassungen aller Pkw einen Marktanteil von 9,7% (Vorjahr: 11,0%), an leichten Nutzfahrzeugen von 18,7% (Vorjahr: 23,2%) und an mittleren Nutzfahrzeugen von 13,6% (Vorjahr: 14,7%).
Erfolgreichstes Modell der Ford-Werke AG war 1998 mit knapp

320.000 verkauften Autos wieder der Mondeo. Bedeutende Zuwächse verzeichneten der Ford Puma und der Ford Transit. Zum wichtigsten Modell-Ereignis 1998 wurde die Markteinführung des neuen Ford Focus. Ford Deutschland produziert auch Motoren. Ford sucht mit seinen sogenannten New-Edge-Modellen nach einem neuen Marktauftritt mit ganz eigenen Ford-Charakteristika.
Ford-Deutschland verfügt über fünf Produktionsstandorte:

- Stammwerk Köln: Getriebe, Gelenkwellen, Bremsscheiben, Getriebe-Gehäuse (Köln-Getriebewerk); Motoren (Köln-Motorenwerk); Schmiede- und Druckgußteile (Schmiede- und Druckgußwerk); Montage und Fertigung der Baureihen Fiesta und Puma.
- Werk Düren (Chassis-Werk der Visteon-Gruppe): Kupplungs- und Getriebegehäuse, Hinterachsen, Getriebe- und Antriebsaggregate, Antriebswellen, Bremstrommeln, Vorderachsenwellen. Alle in Düren hergestellten Chassisteile werden global vermarktet.
- Werk Saarlouis: Montage und Fertigung des Escort und des Focus.
- Werk Wülfrath (Chassis-Werk der Visteon-Gruppe): Servolenkungen, manuelle Lenkungen, Achsschenkel und Schwenklager, Getriebeteile. Alle in Wülfrath hergestellten Chassisteile werden global vermarktet.
- Werk Berlin: Kunststoffteile, Instrumententafeln, Mittelkonsolen, Kühlergrills, Türverkleidungen.
- Werk Genk (Belgien): Räder, Kunststoff-Stoßfänger; Montage und Fertigung der Baureihen Mondeo und Transit.

BETEILIGUNGEN. Ford Credit Europe plc, Brentwood/England (19,6%); Ford Treasury Services Dublin, Dublin/Irland (100%); Ford-Werke AG und Co. Leasing KG, Lockstedt (49%); Saar-Industrie (gegründet 1920) GmbH, Köln (100%); Ford-Investitions-GmbH, Köln (100%); Ford Motor Company (Austria), Salzburg/Österreich (100% – Vertrieb von Ford-Erzeugnissen in Österreich); Jaguar Deutschland GmbH, Kronberg (100%); Ford-Forschungszentrum Aachen GmbH, Aachen (100%); ZeBra Autocenter GmbH, Berlin (100%); AutoEuropa Automoveis Lda., Palmela/Portugal (50% – Gemeinschaftsprojekt mit VW zur Herstellung einer Großraumlimousine in Portugal); Autohaus Triesterstraße Ges.m.b.H., Wien/Österreich (25%). Die Ford Bank AG, Köln, mit 14 Filialen in Deutschland, ist eine Tochtergesellschaft der Ford Credit Europe Plc. mit Sitz in Großbritannien (Finanzdienstleistungen in 24 Ländern).

GLOBALE STRATEGIEN UND DER STANDORT DEUTSCHLAND. Der Ford-Konzern ist in jeder Beziehung im Wandel. Und sinkende Produktions- und Verkaufszahlen lassen auch die deutsche Ford-Werke AG nicht zur Ruhe kommen. Sichtbarer Beweis dafür sind die wiederholten, fast hektischen Wechsel an der Spitze des Vorstandes. Nun soll in Deutschland einer höheren Effizienz wegen, so jedenfalls die Hoffnungen von Ford Europa, eine Ford Holding-Gesellschaft gegründet werden, der zunächst die Ford-Werke AG und das Forschungszentrum in Aachen angehören sollen. Ford will sich mit verschiedenen Unternehmen und Sparten – dazu gehört auch das internationale Visteon-Konzept – zu einem Dienstleister rund ums Auto entwickeln. Wesentliche Einschnitte wird es auch im Händlernetz geben, das von jetzt über 1.000 auf 300 Vertretungen reduziert werden soll. Der

Vorstand:

- *Zimmermann, Rolf (Vorsitzender)*
- *Mettes, Bernhard (stellv. Vorsitzender; Marketing und Verkauf)*
- *Becker, Hans Peter (Personal- und Sozialwesen)*
- *Göransson, Claes (Finanzen)*
- *Heller, Peter (Fertigung)*
- *Hollman, Hermann H., Dr. (Recht, Steuern, Patente, Generalsekretariat)*
- *Kalkert, Werner, Prof. Dr. (Entwicklungsbereiche und Fahrgestellgruppe)*
- *Kunze, Hans-Peter (Einkauf)*
- *Rooke, Duncan (Kundenbeziehungen)*
- *Schneider, Wolfgang, Dr. (Europa-Angelegenheiten)*
- *Wegerhoff, Susanne, Dr. (Öffentlichkeitsarbeit und Regierungskontakte)*

Vorstandsbezüge 1998:
8.500.000,– DM

Aufsichtsrat:

- *Caspars, Albert (Vorsitzender), Pulheim*
- *Boddie, William W. (Ford Motor Company), Köln*
- *Eversheim, Walter, Prof. Dr. (TH Aachen), Aachen*
- *Hesterberg, Earl (Ford of Europe Incorporated), Köln*
- *Müller, Klaus-Peter (Mitglied des Vorstandes der Commerzbank AG), Frankfurt/Main*
- *Klein, Gerhard (Ford of Europe Incorporated), Köln*
- *Oppenhoff, Michael (Rechtsanwalt Oppenhoff & Rädler), Köln*
- *Scheele, Nicholas V. (Ford of Europe Incorporated), Köln*
- *Walker, John (Ford of Europe Incorporated), Köln*
- *Wendelstadt, Dieter (Vorsitzender des Aufsichtsrates der AXA Colonia Konzern AG), Köln*

**Kuckelkorn, Wilfried (stellv. Vorsitzender)*
**Breuer, Johann*
**Hartz, Kurt*
**Hinkelmann, Dieter*
**Nigmann, Heiko*
**Röhrig, Theo*
**Roth, Siegfried*
**Szygula, Hans*
**Unkel, Klemens*
**Yeni, Rahmi*

Aufsichtsratstantiemen 1998: *100.000,– DM*

Umsatz 1998: *27.761,4 Mio. (Exportquote: 64,4%)*
Umsatz 1997: *28.105,0 Mio. (Exportquote: 64,4%)*
Umsatz 1996: *26.404,1 Mio. (Exportquote: 62,4%)*

Gewinn/Verlust 1998: *146,2 Mio.*
Gewinn/Verlust 1997: *42,6 Mio.*
Gewinn/Verlust 1996: *-551,6 Mio.*

Cash flow 1998: *1.880,2 Mio.*
Cash flow 1997: *1.138,5 Mio.*
Cash flow 1996: *661,9 Mio.*

Cash flow: *Alle Investitionen wurden aus dem hohen Cash flow finanziert.*

Steueraufkommen 1998: *8,5 Mio.*

Grund- bzw. Stammkapital 1998: *720,0 Mio.*

deutsche Markt soll schließlich in 150 einzelne Wirtschaftsräume unterteilt werden, in denen dann jeweils nur ein einziger marktverantwortlicher Ford-Vertragspartner tätig und berechtigt sein soll, Neuwagen zu verkaufen. Die Neustrukturierung des Vertriebsnetzes dürfte einige Tausend Arbeitsplätze kosten.
Im Rahmen einer Standort-Vereinbarung wurde festgelegt, daß in Köln zukünftig der Fiesta-Nachfolger und ein völlig neuer Dreizylinder-Direkteinspritzmotor gebaut werden sollen, womit die Fahrzeugfertigung in Köln, einschließlich des Karosserie- und Preßwerkes, bis über das Jahr 2010 hinaus gesichert ist. Im Entwicklungszentrum Köln-Merkenich wird die nächste Generation für den weltweit vertriebenen Mondeo entwickelt. Für Saarlouis wurde die Produktion des Escort-Nachfolge-Modells vereinbart. Hier wird außer in Valencia auch der Focus gebaut. Auch die Produktionen in Düren, Wülfrath und Berlin sind gesichert.
1998 wurde auch bei Ford Deutschland die Neugründung Visteon, ein Tochterunternehmen der Ford Motor Company, integriert. Weltweit arbeiten rund 78.000 Beschäftigte an mehr als 74 Standorten für Visteon, das weltweit die Nummer eins unter den Anbietern von Automobilkomponenten werden will. In Deutschland zählen 3.800 Beschäftigte der Komponentenwerke Düren, Wülfrath und Berlin der Ford-Werke AG sowie einige Bereiche des John-Andrews-Entwicklungszentrums in Köln zur globalen Visteon-Struktur.

INNERBETRIEBLICHE BÜNDNISSE. 1997 unterzeichneten Geschäftsführung und Betriebsrat eine bislang in der deutschen Automobilbranche einmalige Investitionsvereinbarung zur Sicherung der Ford-Standorte bis über das Jahr 2000 hinaus. Im Gegenzug wurden die vorgesehenen Gehalts- und Lohnerhöhungen mit den über- und außertariflichen Anteilen verrechnet. Wie schon in früheren Vereinbarungen gilt bei Ford eine 37,5-Stunden-Woche; die Differenz zu der tariflich vereinbarten 35-Stunden-Woche wird durch 15 Freischichten (freie Tage) ausgeglichen. Samstagsarbeit ist möglich. Angesparte Zeiten können auch in Arbeitszeitkonten angelegt werden oder in das neue Altersteilzeit-Modell eingebracht werden. An den fünf deutschen Standorten der Ford-Werke AG gab es 1998 insgesamt 900 Auszubildende und Praktikanten.

UMWELTSCHUTZ. Umweltschutz ist bei Ford Unternehmensziel für den gesamten Entstehungsprozeß des Autos – von der Forschung über die Produktion bis zum Recycling. Die Umweltleitlinien von Ford: Integration des Umweltschutzes in Produkt- und Prozeßentwicklung, Vermeidung des Einsatzes von Problemstoffen, recyclinggerechte Fahrzeugkonstruktion und abfallarme Produktion, Pflege und Ausbau von ökologischen Schutzzonen an Ford-Standorten, Einbindung der Zulieferer in die Ford-Umweltschutz-Strategie. Dazu gibt es ein umfangreiches Störfall-Management in den einzelnen Werken, die ständige Fortschreibung und Optimierung der Umwelt-Management-Systeme und die ständige Analyse von Umwelteinwirkungen durch Produktionsprozesse in den Werken und deren Umgebung. Alle deutschen Werke der Ford-Werke AG sind inzwischen nach der EG-Öko-Audit-Verordnung zertifiziert. Das in Köln ansässige werkseigene Recycling-Forschungszentrum arbeitet an den bestmöglichen Demontage- und Recyclingtechniken für den weltweiten Ford-Verbund. Weitere Forschungsprojekte im Umweltschutz: neue Technologien zur Verminderung des Kraftstoffverbrauchs und der Emissionen, alternative Antriebe, die Reduzierung der Geräusche und intelligente Verkehrssysteme/Telematik.

Forschung, Entwicklung, Innovationen.

Der weltweite Forschungs- und Entwicklungsbereich von Ford ist seit 1995 in Dunton/Großbritannien und in Köln angesiedelt. Schwerpunkt der Entwicklungsarbeit: kleine und mittlere frontangetriebene Fahrzeuge. Mit der Entwicklung des Ka, des ersten von einem deutschen Hersteller unterhalb der Fiesta-Klasse entwickelten und produzierten Autos, hat die Ford-Forschung Pionierarbeit geleistet. Das im Sommer 1997 eingeführte Sportcoupé Puma wurde in der Kölner Forschungsabteilung in ganzen 135 Tagen am Computer entwickelt und designt und wird auf der Bodengruppe des Fiesta im Kölner Werk gebaut. Der im sogenannten New-Edge-Design gestylte Focus wurde ebenfalls in Köln entwickelt. Das im John-Andrews-Entwicklungszentrum in Köln-Merkenich angesiedelte Fertigungszentrum für Prototypengetriebe hat die weltweite Verantwortung für die Entwicklung handgeschalteter Getriebe für kleinere und mittlere frontgetriebene Fahrzeuge. Im Ford-Forschungszentrum Aachen wird Grundlagenforschung betrieben. Ein wichtiges Hilfsmittel in allen Bereichen der Ford-Forschung und -Entwicklung ist der Cray-Supercomputer in Köln-Merkenich, der leistungsstärkste Rechner der europäischen Automobilindustrie. Hier werden Crash-Versuche simuliert.

Im globalen Verbund: Ford 2000. Ford, der zweitgrößte Automobilhersteller der Welt, beschloß Mitte der 90er Jahre die einschneidendste Neuorganisation in der Geschichte des Unternehmens seit der Einführung der Fließbandarbeit. Das Projekt »Ford 2000« bezeichnet eine für sämtliche Unternehmensbereiche und -prozesse geltende, global einheitliche Struktur. Um die Produktvielfalt zu erhöhen und neue Märkte zu erschließen, wurde die »Ford Automotive Operations« (FAO) gegründet; sie führte die beiden bislang größten Ford-Märkte der Welt, Amerika und Europa, zusammen. Ziel war die Harmonisierung sämtlicher Kommunikations- und Arbeitsprozesse rund um den Globus, die doppelte Entwicklungen beim Design und der Fahrzeugkonstruktion, bei der Planung, der Fertigung und der Produktinvestition vermeiden sollte. Der neue weltweite Unternehmensbereich »Process Leadership« identifiziert effiziente und flexible Prozesse, entwickelt sie weiter, um sie schließlich global im Rahmen eines ganzheitlichen Netzwerkes aller Unternehmensabläufe im Ford-

Beschäftigte 1998: *44.315*
Beschäftigte 1997: *44.409*
Beschäftigte 1996: *45.161*

Umsatz pro Mitarbeiter 1998: *626.456,– DM*
Umsatz pro Mitarbeiter 1997: *632.867,– DM*
Umsatz pro Mitarbeiter 1996: *584.666,– DM*

Löhne und Gehälter 1998: *3.869,3 Mio.*
Löhne und Gehälter 1997: *3.425,6 Mio.*
Durchschnittsgehalt 1998: *87.314,– DM*
Soziale Abgaben und Aufwendungen 1998: *1.426,3 Mio.*
Soziale Abgaben und Aufwendungen 1997: *1.001,2 Mio.*

Bezüge pro Vorstandsmitglied 1998: *772.727,– DM*
Tantiemen pro Aufsichtsrat 1998: *5.000,– DM*

Investitionen 1998: *1.748,1 Mio.*
Investitionen 1997: *1.101,1 Mio.*
Investitionen 1996: *1.057,0 Mio.*

Forschung und Entwicklung 1998: *959,9 Mio.*
Forschung und Entwicklung 1997: *933,2 Mio.*
Forschung und Entwicklung 1996: *924,8 Mio.*

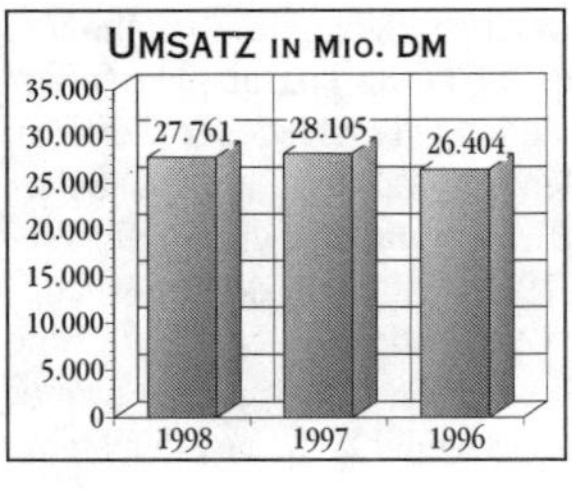

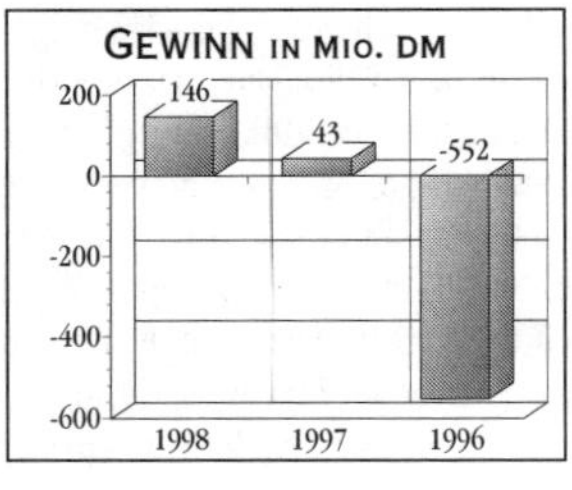

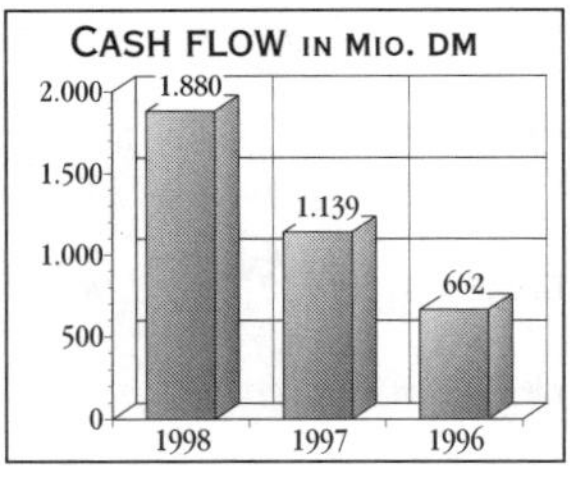

Mitbewerber: *Audi, BMW, Daewoo, DaimlerChrysler, Fiat, General Motors, Honda, Lancia, Mazda, Mitsubishi, Nissan, Opel, Peugeot, Porsche, Renault, Rover, Saab-Scania, Suzuki, Toyota, Volkswagen, Volvo*

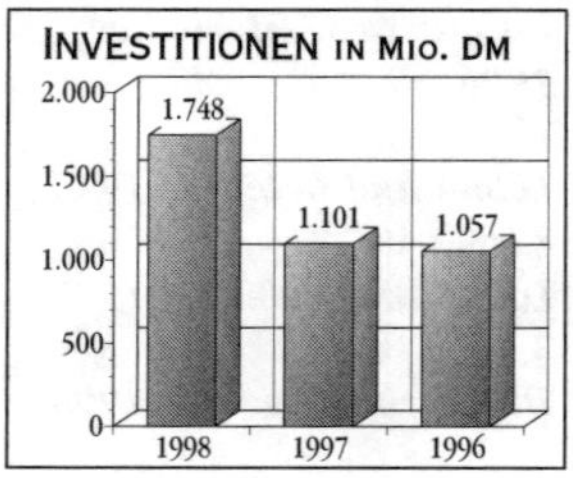

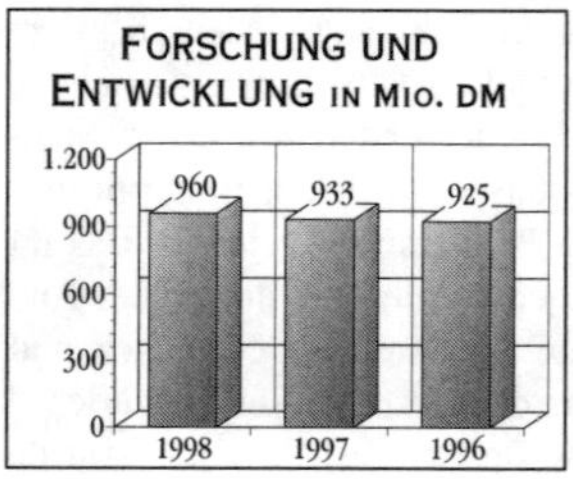

Konzern einzuführen. Ziel ist es, die Entwicklungszeit neuer Modelle, die Bodengruppen der Fahrzeuge, die verschiedenen Lenkräder und diversen Startbatterien sowie die Vielfalt der Motoren und Getriebe zu reduzieren.

Die Verantwortung für Entwicklung und Konstruktion wurde global nach Produktgruppen in drei Fahrzeugzentren (»Vehicle Centers«) geordnet, die Verantwortung für Design, Entwicklung und Produktion bestimmter Fahrzeuggruppen tragen – weltweit und für die gesamte Lebensdauer des Produkts. Unter Berücksichtigung der unterschiedlichen Kundenanforderungen werden individuell zugeschnittene Automobil-Modelle für die lokalen Märkte auf der Basis verringerter Plattformen produziert. Vier Fahrzeugzentren für die größeren Modellreihen mit Front- und Heckantrieb sowie für leichte und schwere Nutzfahrzeuge sind in den USA angesiedelt, das Fahrzeugzentrum mit weltweiter Verantwortlichkeit für Vierzylinder-Benzin- und Dieselmotoren sowie kleine und mittlere frontgetriebene Personenwagen (vom Stadtauto bis zum Mittelklassewagen Mondeo) ist in Köln und Dunton/Großbritannien beheimatet. Diese Produktklasse ist mit 50% Weltmarktanteil größtes Marktsegment bei Ford.

FRESENIUS

Standort:
Else-Kröner-Straße 1
61352 Bad Homburg v.d.H.

Postanschrift:
61346 Bad Homburg v.d.H.

Telefon: *(06172) 608-0*
Telefax: *(06172) 608-2294*
Internet: *www.fresenius.de*

Branche: *Pharmazeutische Industrie, Medical, Klinische Medizinprodukte, Projekte und Service*

Rechtsform:
Aktiengesellschaft

Geschäftsjahr: *1.1.-31.12.*

Gründungsjahr: *1912; 1981 Aktiengesellschaft*

GESCHICHTE UND ENTWICKLUNG. 1912 Gründung des Pharmazie-Unternehmens Dr. E. Fresenius durch den Apotheker Dr. Eduard Fresenius, Inhaber der Hirsch-Apotheke in Frankfurt/Main. Schwerpunkte der Fertigung sind Arzneispezialitäten wie Nasensalben, Injektionslösungen und serologische Reagenzien. 1921 importiert Fresenius die Neuentdeckung Insulin für Diabetiker. 1933 Verlegung der Produktionsfirma nach Bad Homburg. Der Tod von Dr. Eduard Fresenius 1946 gefährdet die Existenz von Apotheke und Produktionsbetrieb. 1951 Übernahme der Geschäfte durch Else Kröner. 1955 Ausbau der Produktgruppe Infusionslösungen. 1966 Übernahme des Vertriebs von Dialysegeräten und Dialysatoren verschiedener ausländischer Firmen. Entwicklungsbeginn der Sparte Medizintechnik. 1971 Gründung von Tochtergesellschaften in Frankreich und der Schweiz. Entwicklung zahlreicher Behandlungsmethoden, Geräte und Präparate. 1974 Gründung der Firma Pharmaplan (pharmazeutische Produktionsanlagen). Gründung verschiedener Werke in Deutschland und Tochtergesellschaften im Ausland, u.a. in Österreich, Brasilien und Jugoslawien. 1981 Umwandlung der Dr. E. Fresenius KG in eine Aktiengesellschaft. 1985 Gründung der amerikanischen Tochtergesellschaft Fresenius Corporation. 1986 Einführung der Fresenius-Vorzugsaktie an der Börse. 1988 Tod von Else Kröner (ihr Mann war seit Jahren Vorstandsvorsitzender). Ihr aus der Mehrheit der Fresenius-Stammaktien bestehendes Vermögen geht in die Else-Kröner-Stiftung über. 1990 erstmals über 1 Mrd. DM Umsatz. Internationale Expansion und zahlreiche Akquisitionen. 1992 Erwerb von vier Gesellschaften der BASF-Tochter Knoll. Erstmalige Ausgabe börsennotierter Stammaktien. 1994 Erwerb der Hospitalia International GmbH von der Siemens AG. Weitere Akquisitionen im Ausland; Inbetriebnahme von Dialysatorenproduktionen in den USA und Japan. Akquisition der National Medical Care, Inc. 1996 Zusammenschluß mit dem Unternehmensbereich Dialysetechnik der Fresenius AG zur Fresenius Medical Care AG. 1998 Akquirierung des internationalen Infusionsgeschäfts von Pharmacia & Upjohn (Kabi Pharmaca). 1999 Einbringung des Unternehmensbereiches Pharma in die neue Fresenius Kabi AG.

BESITZVERHÄLTNISSE/EIGENTUMSSTRUKTUR.

- Else Kröner-Fresenius-Stiftung, Bad Homburg v.d.H. (68% der Stammaktien)
- Neunte Herakles Beteiligungs-Gesellschaft mbH & Co. KG, Bad Vilbel (9,98% der Stammaktien – Dresdner Bank AG)
- AW-Beteiligungs-GmbH, Ochsenfurt (9% der Stammaktien)
- Rest der Stammaktien im Streubesitz
- Alle Vorzugsaktien im Streubesitz

KONZERNÜBERBLICK. Fresenius ist ein international operierender Konzern im Pharma- und Medizintechnikmarkt mit Produkten und Dienstleistungen für die Dialyse, das Krankenhaus und die ambulante medizinische Versorgung. Hinzu kommen Produkte für die Infusionstherapie, die enterale Ernährung, Infusions- und Hämotechnologie sowie Diagnostik, Arzneispezialitäten und klinische Medizinprodukte. Fresenius plant und baut pharmazeutische und medizintechnische Produktionsanlagen sowie Krankenhäuser und Krankenhauseinrichtungen und liefert deren medizinische und technische Ausrüstung. Ergänzt werden die Produkte durch Beratung, Facility Management und medizintechnische Instandhaltung. Fresenius unterteilt sich in die Unternehmensbereiche Dialyse, Pharma, Intensivmedizin & Hämotechnologie sowie Projekte & Service.

◆ Zum Unternehmensbereich Dialyse gehört die Fresenius Medical Care AG mit ihren in- und ausländischen Töchtern. Arbeitsgebiete: Dialyse-Dienstleistungen und Dialyse-Produkte. Die Arbeitsgebiete Homecare und Diagnostik USA wurden 1998 verkauft. Die Fresenius Medical Care AG ist der weltweit führende Anbieter von Dialyse-Produkten und Dialyse-Dienstleistungen für Patienten mit chronischem Nierenversagen. In mehr als 740 Dialyse-Kliniken in den USA (Marktanteil 24%) und über 200 in Europa, Asien und Lateinamerika versorgt Fresenius Medical Care weltweit rund 75.000 Dialyse-Patienten. Der Unternehmensbereich Dialyse ist mit 76% vom Umsatz der mit Abstand größte Unternehmensbereich der Fresenius AG. Umsatz 1998: 6.371 Mio. DM (Vorjahr: 5.659 Mio.); Beschäftigte 1998: 28.739 (Vorjahr: 28.019).

◆ Zum Unternehmensbereich Pharma (in Zukunft Fresenius Kabi) gehört die Fresenius AG mit ihren ausländischen Tochtergesellschaften. Arbeitsgebiete: Infusionstherapie, enterale Ernährung, Home Care, klinische Medizinprodukte. Mitte 1998 akquirierte Fresenius

Öffentlichkeitsarbeit:
Oliver Heieck
Tel.: (06172) 608-2101
Fax: (06172) 608-2294
E-Mail: Oliver.Heieck@fresenius.de

Verbände: *Verband der Chemischen Industrie e.V., Frankfurt/Main; Bundesverband der Pharmazeutischen Industrie e.V., Frankfurt/Main*

Vorstand:
- *Krick, Gerd, Dr. (Vorsitzender; Vorsitzender des Aufsichtsrates der Fresenius Medical Care AG), Königstein*
- *Baule, Rainer (Unternehmensbereich Intensivmedizin & Hämotechnologie), Ettlingen*
- *Hohmann, Rainer (Unternehmensbereich Projekte & Service), Bochum*
- *Schmidt, Matthias, Dr. (Unternehmensbereich Pharma), Königstein*
- *Werlé, Udo (Finanzen und Arbeitsdirektor; Vorsitzender des Vorstandes der Fresenius Medical Care AG), Lampertheim*

Vorstandsbezüge 1998:
5.908.000,– DM

Aufsichtsrat:
- *Kröner, Hans (Ehrenvorsitzender), Bad Homburg v.d.H.*
- *Schneider, Karl, Dr. (Vorsitzender; ehem. Sprecher des Vorstandes der Südzucker AG), Mannheim*
- *Kröner, Gabriele, Dr., München*
- *Roggemann, Gerhard (Mitglied des Vorstandes der WestLB), Hannover*
- *Schaudwert, Manfred, Dr. (Dresdner Bank AG), Frankfurt/Main*
- *Schenk, Dieter, Dr., München*

▌*Wunderlin, Bernhard, Dr.*
(Geschäftsführer der Harald Quandt Holding GmbH),
Bad Homburg v.d.H.
**Mattik, Ulrich*
(stellv. Vorsitzender)
**Danneck, Arnold*
**Meyer, Friedrich*
**Neumann, Christel*
**Oesterle, Ilona*
**Weber, Volker*

Aufsichtsratstantiemen 1998: *709.000,– DM*

BÖRSE, AKTIEN, KURSE
Grundkapital 1998:
100,0 Mio.
Jahreshöchstkurs 1998:
Stammaktie: 399,00 DM (204,01 €)
Vorzugsaktie: 437,00 DM (223,43 €)
Jahrestiefstkurs 1998:
Stammaktie: 210,00 DM (107,37 €)
Vorzugsaktie: 220,00 DM (112,48 €)
Aktie Jahresende 1998:
Stammaktie: 300,00 DM (153,39 €)
Vorzugsaktie: 350,00 DM (178,95 €)
Dividende pro Aktie 1998:
Stammaktie: 2,50 DM
Vorzugsaktie: 2,60 DM

Die Dividende bezieht sich auf je 5,– DM Aktiennennbetrag. Die Dividendensumme 1998 betrug 51,0 Mio. DM. Das Grundkapital wurde 1999 auf nennwertlose Stückaktien umgestellt.

Umsatz 1998: *8.444,0 Mio.*
Umsatz 1997: *7.455,0 Mio.*
Umsatz 1996: *3.635,0 Mio.*

Gewinn 1998: *285,0 Mio.*
Gewinn 1997: *211,0 Mio.*
Gewinn 1996: *132,0 Mio.*

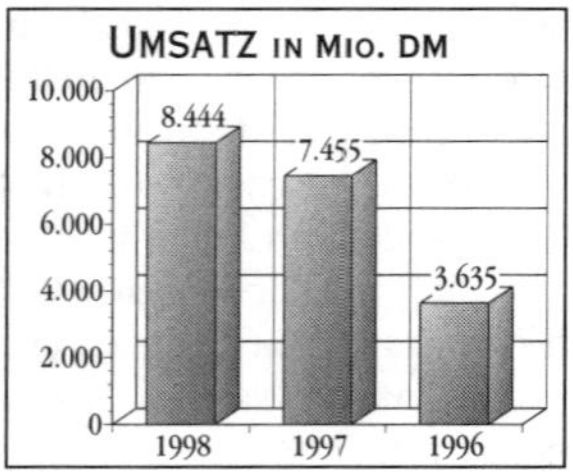

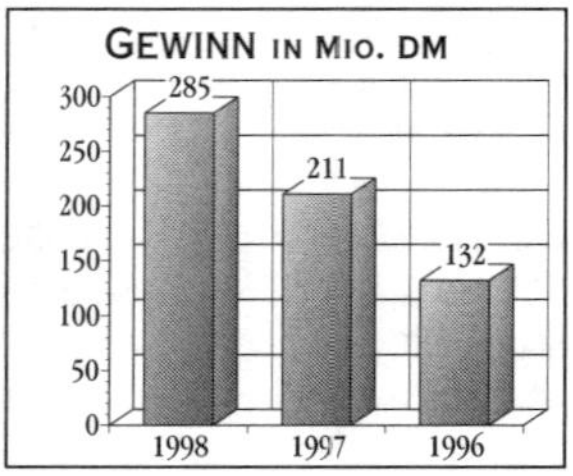

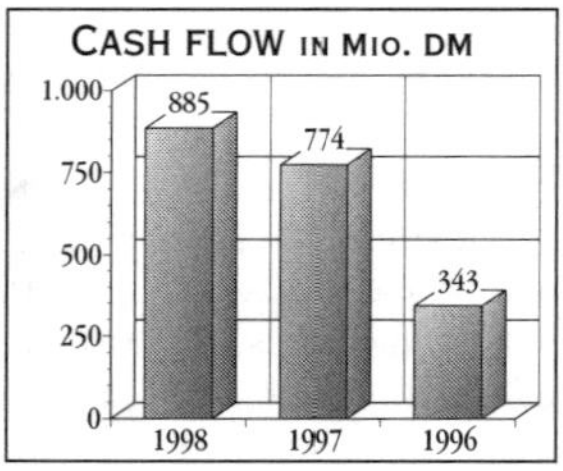

das internationale Infusionsgeschäft von Pharmacia & Upjohn mit dem Ziel der weltweiten Marktführerschaft im Bereich Infusionslösungen.
Das bis dahin unter Kabi Pharmaca firmierende Infusionsgeschäft wurde 1999 mit dem Unternehmensbereich Pharma zur Fresenius Kabi AG zusammengeschlossen. Ziel der Fusion ist die Marktführerschaft in der Ernährungs- und Infusionstherapie. Fresenius Kabi ist in die drei produktorientierten Sparten Infusionstherapie, parenterale Ernährung, enterale Ernährung sowie die serviceorientierte Sparte Ambulatory Care gegliedert. Umsatz 1998: 1.307 Mio. DM (Vorjahr: 1.096 Mio.); Beschäftigte 1998: 7.402 (Vorjahr: 4.765).

◆ Zum Unternehmensbereich Intensivmedizin & Hämotechnologie gehören die Fresenius AG und ihre ausländischen Tochtergesellschaften. Arbeitsgebiete: Infusionstechnologie, Transfusionstechnologie, Absorbertechnologie, Immuntherapie. Umsatz 1998: 308 Mio. DM (Vorjahr: 235 Mio.); Beschäftigte 1998: 1.759 (Vorjahr: 862).

◆ Zum Unternehmensbereich Projekte & Service gehören die Vamed AG, hospitalia International GmbH und Pharmaplan GmbH. Arbeitsgebiete: Planung und Errichtung von Krankenhäusern und Krankenhauseinrichtungen, Krankenhausmanagement, Planung und Realisierung von pharmazeutischen und medizintechnischen Produktionsanlagen. Umsatz 1998: 458 Mio. DM (Vorjahr: 465 Mio.); Beschäftigte 1998: 1.620 (Vorjahr: 1.625).

BETEILIGUNGEN. In den Konzernabschluß wurden 1998 neben der Fresenius AG 25 inländische und 381 ausländische Unternehmen einbezogen. Zu den wichtigsten Gesellschaften der Fresenius AG gehören: Fresenius Medical Care AG, Hof (44,6%, 50,3% Stimmrechtsanteil – zahlreiche in- und ausländische Tochter- und Beteiligungsgesellschaften); Pharmaplan GmbH, Bad Homburg v.d.H. (100%); hospitalia International GmbH, Bad Homburg v.d.H. (100%); MC Medizintechnik GmbH, Alzenau (100%); Caremark Deutschland GmbH, Neufahrn (100%); S.I.F.RA S.p.A., Verona/Italien (100%); Laboratorios Mein S.A., Vilassar de Dalt/Spanien (100%); Fresenius France Pharma S.A., Sèvres/Frankreich (100%); Fresenius Ltd., Basingstoke/Großbritannien (100%); Fresenius Pharma Austria GmbH, Graz/Österreich (100%); Vamed AG, Wien/Österreich (77%); Grupo Fresenius México S.A. de CV, Guadalajara/Mexiko (100%); Fresenius Laboratórios Ltda., Campinas/São Paulo, Brasilien (100%); Beijing Fresenius Pharmaceutical Co., Ltd., Peking/China (100%); NPBI B.V., Emmen/Niederlande (51%); Fresenius Mafatlal Medicals Private Ltd., Puna/ Indien (100%).

GLOBALE STRATEGIEN UND DER STANDORT DEUTSCHLAND. 87% des Umsatzes wird im Ausland erwirtschaftet, 89% aller Beschäftigten arbeiten dort. Fresenius ist seit Jahren ein Global Player, und die Internationalisierung wird unvermindert fortgesetzt. Nach der Akquisition von National Care und der darauf erfolgten Gründung der Fresenius Medical Care im Jahr 1996 kam es 1998 zu einer weiteren Großakquisition, die 1999 in eine neuerliche Fusion führte: die Übernahme des internationalen Infusionsgeschäftes von Pharmacia & Upjohn (Kabi) und deren Zusammenführung mit dem Unternehmensbereich Pharma zur rechtlich selbständigen Fresenius Kabi AG, einer 100%igen Tochtergesellschaft der Fresenius AG.
Das neue Unternehmen, Marktführer bei der Ernährungs- und Infusionstherapie in Europa, unterhält 20 Produktionsstätten und sechs effiziente Forschungs- und Entwicklungszentren. In Deutschland verfügt Fresenius Kabi über die europaweit modernste Produktionsstätte für Standard-Infusionslösungen, in Schweden wird gegenwärtig eine hochautomatisierte Fabrik für Infusionslösungen zur parenteralen Ernährung fertiggestellt. Fresenius Kabi beschäftigt derzeit weltweit 7.500 Mitarbeiter in 31 Ländern und erzielt einen Umsatz von annähernd 2 Mrd. DM.
Marktführerschaft strebt Fresenius in allen Kerngebieten an. Der Unternehmensbereich Fresenius Medical Care ist nach dem Verkauf des amerikanischen Diagnostik-Unternehmens Gull nun zu 100% auf Produkte und Dienstleistungen für die Dialyse ausgerichtet. In allen Bereichen der Dialyse ist Fresenius auf der Welt führend: bei der Zahl der Patienten, der Kliniken und der Produkte. In diesem Bereich wurden 1998 allein vier neue Gesellschaften akquiriert, 65 Dialyse-Kliniken erworben, rund weitere 60 eröffnet und 24 neue Produkte am Markt eingeführt. Die Geschäfte der Unternehmensbereiche Intensivmedizin & Hämotechnologie sowie Projekte & Service werden in neu gegründete GmbHs eingebracht.

INNERBETRIEBLICHE BÜNDNISSE. Fresenius hat an den meisten deutschen Standorten die Flexibilisierung der Arbeitszeit und Gruppenarbeitsmodelle eingeführt. An den Standorten Friedberg und St. Wedel gibt es neue Arbeitszeitmodelle mit Jahresarbeitszeitkonten. Tariflichen Mitarbeitern im Inland mit mindestens dreijähriger Betriebszugehörigkeit wird eine Erfolgsbeteiligung in Höhe von 1.050,– DM überwiegend in Form von Aktien gezahlt. Leitende Mitarbeiter erhalten eine erfolgs- und ergebnisabhängige Bezahlung als variablen Gehaltsbestandteil, der bis zu 40% des Gehalts ausmachen kann.

UMWELTSCHUTZ. Der Fresenius-Konzern integriert festgelegte Umweltschutzziele in die interne Betriebsorganisation. Dazu zählen die Reduzierung der Emissionen, der Gefahrenstoffe, des Transportaufkommens und die Steigerung der Recyclingquote. Ziel ist es, alle Werke nach der EG-Öko-Audit-Verordnung zu zertifizieren.

Cash flow 1998: *885,0 Mio.*
Cash flow 1997: *774,0 Mio.*
Cash flow 1996: *343,0 Mio.*

Steueraufkommen 1998: *277,0 Mio.*

Beschäftigte 1998: *39.923 (Auslandsanteil: 89%)*
Beschäftigte 1997: *35.543 (Auslandsanteil: 89%)*
Beschäftigte 1996: *32.521 (Auslandsanteil: 87%)*
(Beschäftigte 1995: 9.064 Auslandsanteil: 50%)

Umsatz pro Mitarbeiter 1998: *211.507,– DM*
Umsatz pro Mitarbeiter 1997: *209.746,– DM*
Umsatz pro Mitarbeiter 1996: *111.770,– DM*

Löhne und Gehälter 1998: *2.056,0 Mio.*
Löhne und Gehälter 1997: *1.819,0 Mio.*
Durchschnittsgehalt 1998: *51.499,– DM*
Soziale Abgaben und Aufwendungen 1998: *428,0 Mio.*
Soziale Abgaben und Aufwendungen 1997: *411,0 Mio.*

Bezüge pro Vorstandsmitglied 1998: *1.181.600,– DM*
Tantiemen pro Aufsichtsrat 1998: *59.083,– DM*

Investitionen 1998: *1.599,0 Mio.*
Investitionen 1997: *1.642,0 Mio.*
Investitionen 1996: *530,0 Mio.*

Forschung und Entwicklung 1998: *153,0 Mio.*
Forschung und Entwicklung 1997: *123,0 Mio.*

Mitbewerber: *BASF, Baxter, B. Braun, Bayer, Boehringer, Du Pont, Gambro/Vivra, Glaxo, Hoechst, Merck, Novartis, Nycomed, Total Renal Care*

FORSCHUNG, ENTWICKLUNG, INNOVATIONEN.
Die Forschungs- und Entwicklungsaktivitäten des Fresenius-Konzerns sind auf die Kernkompetenzen der jeweiligen Unternehmensbereiche ausgerichtet: Dialyse, Ernährungs- und Infusionstherapie sowie Infusions- und Hämotechnologie. In der Forschung und Entwicklung arbeiten 570 Mitarbeiter.
Die 1972 gegründete Fresenius-Stiftung dient ausschließlich gemeinnützigen Zwecken, insbesondere der Förderung der Medizin im praktischen und wissenschaftlichen Bereich.

FREUDENBERG

Standort:
Höhnerweg 2-4
69469 Weinheim/Bergstraße

Postanschrift:
Postfach 10 03 63
69465 Weinheim/Bergstraße

Telefon: *(06201) 80-0*
Telefax: *(06201) 88-0*
Internet: *www.freudenberg.de*

Branche: *Textil; Gummi- und kunststoffverarbeitende Industrie; Ledererzeugung und -verarbeitung (einschl. Schuhe), Dichtungs- und Schwingungstechnik*

Rechtsform:
Kommanditgesellschaft

Geschäftsjahr: *1.1.-31.12.*

Gründungsjahr: *1849 gegr. durch Carl Johann Freudenberg; 1921 Gründung der Dachgesellschaft Freudenberg & Co.*

Öffentlichkeitsarbeit:
Dietrich von der Ropp
Tel.: (06201) 80-5808
Fax: (06201) 88-3430
E-Mail: dietrich.von.der.ropp@freudenberg.de

GESCHICHTE UND ENTWICKLUNG. 1849 übernahm Carl Johann Freudenberg in Weinheim eine Gerberei, die schnell expandierte und über Jahrzehnte hinweg eine der größten Lederfabriken Europas war. 1900 Einführung der Chromgerbung als erstes Unternehmen in Europa. 1921 Gründung der Dachgesellschaft Freudenberg & Co. sowie der ersten Auslandsgesellschaften. 1929 Herstellung von Lederdichtungen, Entwicklung des Simmerring; weltweiter Erfolg. Akquirierung der Schuhfabriken Gustav Hoffmann (heute Freudenberg-Schuh GmbH) und Conrad Tack. 1936 Einsatz von Synthesekautschuk für Dichtungsringe (Simrit), Entwicklung von Vliesstoffen.
1948 brachte Freudenberg die ersten Vliesstoffprodukte auf den Markt: Vileda Haushaltstuch und Vlieseline Bekleidungseinlage. Fertigung von Bodenbelägen (Kautschuk). 1960 Beteiligung an Dichtungs- und Vliesstoffunternehmen in Japan (NOK Corporation und Japan Vilene Company Ltd.). 1965 Beginn der Spinnvlies-Produktion. Vliesstoffprodukte für Medizin und Hygiene. Firmengründungen in den USA, Vliesstoffgesellschaft in Brasilien. 1989 Gründung der Freudenberg-NOK General Partnership, USA, für die deutsch-japanische Dichtungs- und Schwingungstechnik für Nordamerika. 1990 Produktionsbeginn Spinnvliesstoffe in Taiwan. 1995 wurden die Geschäftseinheiten des Stammunternehmens Carl Freudenberg, Weinheim, in neun selbständige Kommanditgesellschaften umgewandelt. 1996 gemeinsame Gründung eines Vliesstoffwerkes in der Volksrepublik China mit der Japan Vilene Company (JVC). 1997 Gründung des Joint-ventures Freudenberg Politex Vliesstoffe GmbH (hochfeste Polyester-Vliesstoffe).

BESITZVERHÄLTNISSE/EIGENTUMSSTRUKTUR.
- Familie Freudenberg, Freudenberg-Stiftung (100%)

Die Unternehmensgruppe Freudenberg ist ein Familienunternehmen. Dachgesellschaft der Gruppe ist Freudenberg & Co., Weinheim/Bergstraße (100%), eine Kommanditgesellschaft mit Sitz in Weinheim. Die Kapitalanteile werden von 280 zur Familie gehörenden Kommanditisten (auch über die Freudenberg Stiftung) gehalten. Aus dem Gesellschaftervertrag, den 1936 18 Gesellschafter geschlossen hatten, können Familienangehörige keine Ansprüche auf eine Tätigkeit im Unternehmen ableiten. Die Unternehmensleitung besteht aus den persönlich haftenden Gesellschaftern und gegebenenfalls aus anderen Mitgliedern. Sie wird von einem durch die Gesellschafterversammlung gewählten Gesellschafterausschuß beraten, zu dem auch Mitglieder zählen, die nicht der Familie Freudenberg angehören. Der Gesellschafterausschuß, vergleichbar mit dem Aufsichtsrat einer Aktiengesellschaft, soll auch das Einvernehmen zwischen den Gesellschaftern und der Gesellschaft fördern und die Geschäftsführung überwachen. Seine Zustimmung ist für eine Reihe von Beschlüssen erforderlich. Übertragbar sind Gesellschafteranteile lediglich innerhalb des engeren Familienkreises. Ein Verkauf von Anteilen an familienfremde Personen ist nicht möglich. Freudenberg & Co. ist eine Holdinggesellschaft, die keinerlei Industrie- oder Handelsgeschäfte direkt betreibt. Ihr unterstehen einzelne Gesellschaften, die die Geschäftsgruppen bzw. -bereiche abdecken. Mit Peter Bettermann trat 1997 erstmals ein Familienfremder an die Spitze des Unternehmens.

KONZERNÜBERBLICK. Freudenberg ist trotz seiner Größe und wirtschaftlichen Potenz nach wie vor ein reines Familienunternehmen. Obwohl es in Deutschland kaum einen Privathaushalt ohne Freudenberg-Produkte gibt, ist dieser Konzern aus Weinheim der Öffentlichkeit nach wie vor wenig bekannt. Erst durch neue handelsrechtliche Vorschriften wurde die Personenhandelsgesellschaft Freudenberg verpflichtet, einen Konzernabschluß aufzustellen und offenzulegen. Das macht das Unternehmen transparenter.
Freudenberg ist international führend in der Herstellung technischer Produkte auf Gummi- und Kunststoffbasis, insbesondere bei Dicht-Elementen und Schwingungsdämpfern sowie Vliesstoffen. Rund drei Viertel des Umsatzes erzielt Freudenberg mit einer breiten Palette von Zulieferteilen und Zwischenprodukten für die verschiedensten Branchen. Hauptkunden von Freudenberg sind die Autoindustrie und die Investitionsgüterindustrie, die Textil- und Bekleidungsindustrie, die Schuh- und Lederwarenindustrie sowie der Groß- und Einzelhandel. Rund ein Viertel der Erzeugnisse von Freudenberg sind Endprodukte wie Haushaltsprodukte (Vileda), Bodenbeläge (nora) und Schuhe (elefanten).
Führungsgesellschaft der Unternehmensgruppe ist die Kommanditgesellschaft Freudenberg & Co., die die Funktion einer Holdinggesellschaft ausübt. 1995 wurden die Aktivitäten von Carl Freudenberg neu geordnet und in neun selbständige Produktions- und Servicegesellschaften ausgegliedert, alle in der Rechtsform der KG, und der Konzernholding Freudenberg & Co. direkt unterstellt. 32,4% des Freudenberg-Umsatzes entfallen auf Deutschland, 33,8% auf das übrige Europa, 25,7% auf Nordamerika, 8,1% auf die übrigen Länder.
Freudenberg gliedert sich in zehn Geschäftsgruppen unterschiedlicher Größe, die die industriellen Aktivitäten der Unternehmensgruppe wahrnehmen, sowie einige Geschäftsbereiche (Schuhhandel, Leder) und Dienstleistungsgesellschaften.
◆ Geschäftsgruppen Dichtungs- und Schwingungstechnik Europa mit 31 eigenen Werken in elf Ländern; Dichtungs- und Schwingungstechnik Amerika/Freudenberg-NOK mit 17 Standorten in den USA, Kanada und Mexiko; Dichtungs- und Schwingungstechnik Brasilien (Radialwellendichtringe/Simmerring, Dichtungen für Hydraulik, Pneumatik und Bremssysteme, für Stoßdämpfer und Ventile; Membranen, Man-

Unternehmensleitung:
- *Bettermann, Peter, Dr. Dr. (Sprecher; pers. haftender Gesellschafter), Weinheim*
- *Dahlström, Norbert (pers. haftender Gesellschafter), Weinheim*
- *Hüchting, Hans-Jochen, Dr. (pers. haftender Gesellschafter), Weinheim*
- *Schön, Ernst, Dr. (pers. haftender Gesellschafter), Weinheim*
- *Stehle, Peter, Dr. (pers. haftender Gesellschafter), Weinheim*

Bezüge der Unternehmensleitung 1998: *6.500.000,– DM*

Gesellschafterausschuß:
- *Freudenberg, Reinhart, Dr. (Vorsitzender), Heidelberg*
- *Rogowski, Michael, Dr. (stellv. Vorsitzender), Heidenheim a.d. Brenz*
- *Einsmann, Harald, Dr., Brüssel/Belgien*
- *Fabricius, Walter, Dr., New York/USA*
- *Freudenberg, Wolfram, Dr., Stuttgart*
- *Freudenberg-Beetz, Maria, Dr., Weinheim*
- *Hahne, Bettina, Dr., Wangen/Frankreich*
- *Hoffmann, Norbert, Oberursel*
- *Sigle, Walter, Dr., Stuttgart*
- *Wentzler, Martin, Großhesselohe*
- *Wunderlich, Hermann, Dr., Odenthal-Hahnenberg*

Bezüge des Gesellschafterausschusses 1998: *200.000,– DM*

Verbände: *Bundesverband der Chemischen Industrie, Frankfurt/Main; Bundesverband der Kunststoffverarbeitenden Industrie, Frankfurt/Main*

Umsatz 1998: *6.661,3 Mio.*
(Ausland: 4.502,0 Mio.)
Umsatz 1997: *6.140,7 Mio.*
(Ausland: 4.151,0 Mio.)
Umsatz 1996: *5.385,0 Mio.*
(Ausland: 3.535,0 Mio.)

Freudenberg hält darüber hinaus zahlreiche Minderheitsbeteiligungen an deutsch-japanischen Gesellschaften mit einem Umsatz von rund 3,7 Mrd. DM.

Gewinn 1998: *174,3 Mio.*
Gewinn 1997: *249,0 Mio.*
Gewinn 1996: *200,2 Mio.*

Cash flow 1998: *563,0 Mio.*
Cash flow 1997: *589,0 Mio.*
Cash flow 1996: *492,0 Mio.*

Cash flow: *Die Investitionen wurden vollständig aus dem Cash flow gedeckt. Die Investitionsschwerpunkte lagen in den Geschäftsgruppen Dichtungs- und Schwingungstechnik Europa und Nordamerika sowie bei den Vliesstoffen.*

Steueraufkommen 1998:
189,3 Mio.

Grund- bzw. Stammkapital 1998: *480,0 Mio.*

schetten, Gummi-Metall-Komponenten, Kupplungen und Motorkomponenten für das Auto, Auto-Formteile/Simrit).

◆ Geschäftsgruppen Technischer Handel (31 Standorte); Spezialschmierstoffe mit 24 Tochtergesellschaften (2.000 verschiedene Schmierstoffe, darunter Gleitlacke, Trennstoffe und Kompresssorenöle); Bausysteme (Kautschukbodenbeläge, Schuhkomponenten); Flexible Leiterplatten (Freudenberg Mektec).

◆ Geschäftsgruppen Vliesstoffe (22 eigene Werke in Europa, USA, Südamerika, Afrika und Japan; Faservliesstoffe, Spinnvliesstoffe); Freudenberg Politex Vliesstoffe (Joint-venture mit der italienischen Firmengruppe Politex); Haushaltsprodukte (Tücher und Schwämme auf Vliesstoff- bzw. Viskosebasis, Reinigungsgeräte, Handschuhe, Autotücher – mit den Marken Vileda, Enka und Wettex); Schuhe (Kinderschuhe der Marken elefanten und Jela).

BETEILIGUNGEN. Zur Unternehmensgruppe Freudenberg gehörten Ende 1998 244 Gesellschaften in 41 Ländern. 189 Gesellschaften wurden voll konsolidiert, darunter 71 Produktions- und 74 Vertriebsgesellschaften. Freudenberg hält darüber hinaus zahlreiche Minderheitsbeteiligungen, besonders in Japan (NOK Corporation, Japan Vilene Company Ltd.), die nicht in die Bilanz einfließen, aber einen Umsatz von rund 3,7 Mrd. DM ausmachen.

Unter der Führungsgesellschaft Freudenberg & Co., die als Holding Konzernfunktionen wie Finanzen, Konzernrechnungswesen und -controlling, Steuern, Recht und Personal (Führungskräfte) wahrnimmt, firmieren u.a. folgende Gesellschaften:

● Inländische Produktionsgesellschaften: Freudenberg Dichtungs- und Schwingungstechnik KG, Weinheim (100%), Freudenberg Dichtungs- und Schwingungstechnik KG, Berlin (100%); Freudenberg Vliesstoffe KG, Weinheim (100%); Freudenberg Bausysteme KG, Weinheim (100%); Freudenberg Leder KG, Weinheim (100%); Freudenberg Anlagen- und Werkzeugtechnik KG, Laudenbach (100%); Freudenberg Haushaltsprodukte Augsburg KG, Augsburg (100%); Freudenberg Mektec GmbH & Co. KG, Weinheim (60%); Freudenberg Spinnvliesstoffe KG, Weinheim (100%); Freudenberg Mektec Erkelenz GmbH, Erkelenz (100%); Convert Vliesveredlung GmbH & Co. KG, Waldfischbach-Burgalbern (60%); Elefanten KG, Kleve (100%); Jela Schuh KG, Kleve (100%); Integral Accumulator KG, Weinheim (75%); Klüber Lubrication München KG, München (100%); Klüber Chemie KG, Maisach (100%); Merkel Freudenberg Fluidtechnic GmbH, Hamburg (100%); Simrax GmbH, Gleitringdichtungen, Weinheim (60%); Freudenberg Politex GmbH, Weinheim (50%).

● Inländische Vertriebsgesellschaften: Tack Schuh GmbH, Weinheim (100%); Vileda GmbH, Weinheim (100%); Freudenberg Vertrieb Einlagestoffe KG, Weinheim (100%); Technischer Handel Freudenberg KG, Weinheim (100%).

● Verwaltungs- und sonstige Gesellschaften: Carl Freudenberg, Weinheim (100%); Freudenberg Haushaltsprodukte KG, Weinheim (100%); Freudenberg Service KG, Weinheim (100%).

GLOBALE STRATEGIEN UND DER STANDORT DEUTSCHLAND. Freudenberg agiert in allen Bereichen international und entwickelt, produziert und vertreibt seine Produkte in allen wichtigen Industrie-

ländern selbst, überwiegend durch eigene Tochterunternehmen, aber auch durch Joint-ventures und Unternehmen, an denen Freudenberg Minderheitsbeteiligungen hält.
Durch die weltweite Verantwortung der einzelnen Geschäftsgruppen wurde die Globalisierung weiter voran getrieben. Das Inlandsgeschäft macht bei Freudenberg lediglich noch 32% aus. Der Zuwachs der Belegschaft resultiert im wesentlichen aus Akquisitionen. Die erworbene Merkel Dichtelemente GmbH, Hamburg, wurde mit dem Geschäftsbereich Fluid der Geschäftsgruppe Dichtungs- und Schwingungstechnik Europa in dem neuen Geschäftsbereich Merkel Freudenberg Fluidtechnic zusammengeführt. Mit der italienischen Vliesstoffgruppe Politex wurde als Joint-venture die neue Geschäftsgruppe Freudenberg Politex Vliesstoffe gegründet. Die von der Geschäftsgruppe Haushaltsprodukte erworbene amerikanische M.B. Walton, Chicago, ein Hersteller von Bodenreinigungsgeräten, wurde erfolgreich integriert. Über diese Neuakquisition soll in den USA die Marke Vileda (Vliesstofftücher für den Haushalt) massiv im Markt eingeführt werden. Die italienische Marelli & Berta (Gewebeeinlagestoffe) wurde ebenfalls integriert. Die Freudenberg-Gruppe und die Hamburger Phoenix AG planen im Bereich Schwingungstechnik das Joint-venture Vibracoustic. Die amerikanische International Seals Corp. wurde mit der Freudenberg-NOK zusammengeführt.
Freudenberg will auch in Zukunft neue Produktionskapazitäten eher im Ausland als im Inland aufbauen. Die gemeinsam mit dem japanischen Unternehmen NOK betriebene nordamerikanische Freudenberg-NOK Inc. beschäftigt allein in den USA und Mexiko an 17 Standorten 5.000 Mitarbeiter und gehört zu den bedeutenden Zulieferern der nordamerikanischen Automobilindustrie. Insgesamt kommen Freudenberg, die NOK Corp. und ihre gemeinsam betriebenen Unternehmen mit dichtungs- und schwingungstechnischen Produkten weltweit auf einen jährlichen Umsatz von rund 6 Mrd. DM (nur teilweise konsolidiert). Sie verfügen über 42 eigene Werke und beschäftigen nahezu 20.000 Mitarbeiter.

INNERBETRIEBLICHE BÜNDNISSE. Zur Vereinfachung der Arbeitsabläufe wurden in nahezu allen Geschäftsgruppen flexible Prozesse eingeführt. Neue Arbeitszeit- bzw. Schichtmodelle gehören zum Alltag der meisten Produktionsfirmen. An deutschen Standorten wurden 1998 in rund 20 Berufen über 500 Jugendliche ausgebildet.

UMWELTSCHUTZ. Umweltschutz und Arbeitsschutz, so Freudenberg, stehen gleichwertig neben den sozialen und wirtschaftlichen Belangen der Gruppe. Für die Umsetzung der weltweit in allen Freu-

Beschäftigte 1998: *29.289*
Beschäftigte 1997: *27.625*
Beschäftigte 1996: *25.278*

Umsatz pro Mitarbeiter 1998: *227.434,– DM*
Umsatz pro Mitarbeiter 1997: *222.288,– DM*
Umsatz pro Mitarbeiter 1996: *213.031,– DM*

Löhne und Gehälter 1998: *1.742,8 Mio.*
Löhne und Gehälter 1997: *1.611,8 Mio.*
Durchschnittsgehalt 1998: *59.504,– DM*
Soziale Abgaben und Aufwendungen 1998: *467,0 Mio.*
Soziale Abgaben und Aufwendungen 1997: *388,9 Mio.*

Bezüge pro Mitglied der Unternehmensleitung 1998: *1.300.000,– DM*
Bezüge pro Mitglied des Gesellschafterausschusses 1998: *18.182,– DM*

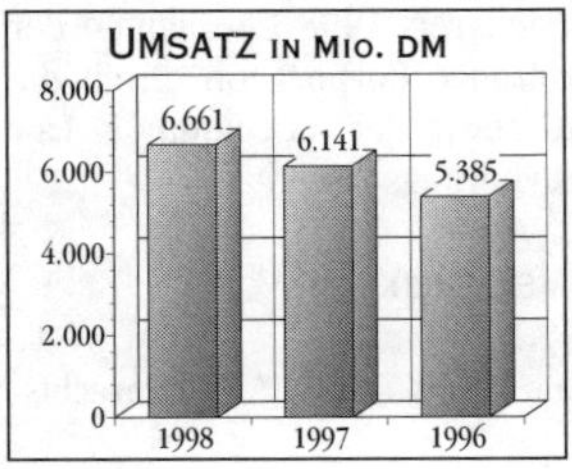

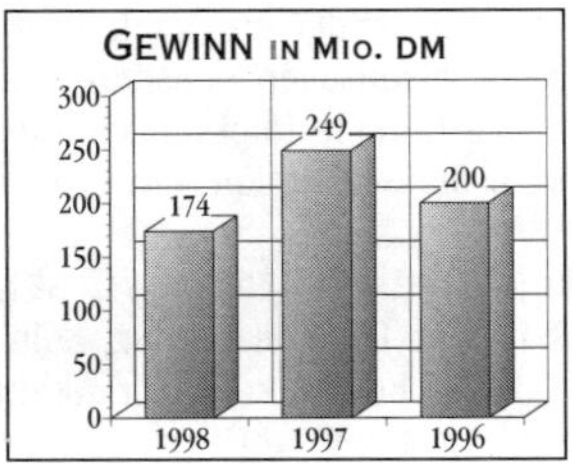

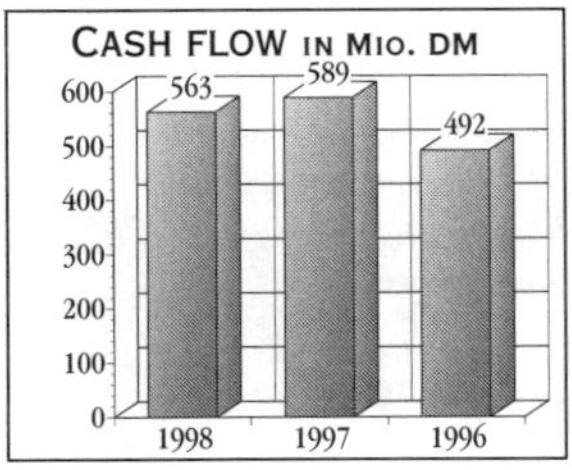

Investitionen 1998:
612,0 Mio.
Investitionen 1997:
528,0 Mio.
Investitionen 1996:
375,0 Mio.

Mitbewerber: *Akzo, Bosch, Continental, Fichtel & Sachs, Kolbenschmidt, Salamander, Solvay, VDO Schindling, Carl Zeiss, ZF*

denberg-Unternehmen geltenden »Leitlinien für den Umwelt- und Arbeitsschutz bei Freudenberg« sind die einzelnen Betriebsstätten vor Ort verantwortlich. Für die Unternehmensgruppe wurden weltweit geltende Grenzwerte als Standards festgelegt – für die Abluftemissionen, gefährliche Stoffe im Abwasser und den Umgang mit chemischen Stoffen. Für alle Freudenberg-Werke weltweit sollen spätestens bis zum Jahr 2003 die international anerkannten Umweltmanagementsysteme und das euopäische Öko-Audit eingeführt sein, für die europäischen Werke schon bis zum Jahr 2000.

Forschung, Entwicklung, Innovationen.

Der Bereich Forschung und Entwicklung wird von den einzelnen Geschäftsbereichen und Geschäftsgruppen selbst betrieben. Da rund drei Viertel der Freudenberg-Produkte in die industrielle Weiterverarbeitung gehen, werden sie in enger Zusammenarbeit mit den Kunden entwickelt. Bei der Freudenberg Forschungsdienste KG werden Entwicklungsprojekte der einzelnen Geschäftsgruppen koordiniert und durchgeführt, hier werden Patent- und Markenangelegenheiten abgewickelt. Die Freudenberg Forschungsdienste bieten die Dienstleistungen Analytik, Berechnung, physikalische Prüfungen sowie Patent- und Markenwesen auch außerhalb der Unternehmensgruppe auf internationaler Ebene an.

Gea siehe Metallgesellschaft
Gedelfi siehe EDEKA
Gehe siehe Haniel

GERLING

Standort:
Gereonshof
50670 Köln

Telefon: *(0221) 144-1*
Telefax: *(0221) 144-5127*
Internet: *www.gerling.de*

Branche: *Versicherungen, Consulting*

Rechtsform:
Aktiengesellschaft

Geschäftsjahr: *1.7.-30.6. (wird wegen des geplanten Börsenganges auf das Kalenderjahr umgestellt)*

Gründungsjahr: *1953*

Geschichte und Entwicklung. Die Gerling-Versicherungsgruppe entstand aus dem 1904 gegründeten »Bureau für Versicherungswesen Robert Gerling & Co. GmbH« in Köln. 1918 Gründung der Allgemeine Versicherungs-AG, 1922 der Lebensversicherungs-AG. 1953 Gründung der Firma Gerling-Konzern Versicherungs-Zentrale AG, Köln. Gründung weiterer Versicherungen in den Bereichen Erst- und Rückversicherer. 1974 Zusammenbruch der Kölner Herstatt-Bank, Verluste von 1,2 Mrd. DM. Mehrheitsaktionär und Aufsichtsratsvorsitzender Hans Gerling verkaufte Teile seiner Versicherungsgruppe; Zahlung von 200 Mio. DM in einen Hilfsfonds zur Befriedung eines großen Teils der Gläubiger. 1976 Umfirmierung in Gerling-Konzern Versicherungs-Beteiligungs-Aktiengesellschaft. Gerling ist einer der großen Industrieversicherer. 1998 Übernahme der US-amerikanischen Constitution Reinsurance Corporation durch die Gerling Globale Rückversicherungs-AG sowie der AXA Equity & Law durch die Gerling-Konzern Lebensversicherungs-AG.

Besitzverhältnisse/Eigentumsstruktur.

- Gruppe Dr. Rolf Gerling, Köln (70%)
- Deutsche Bank AG, Frankfurt/Main (30%–24,93% Stimmrechtsanteil)

Konzernüberblick. Unter dem Dach der Gerling-Konzern Versicherungs-Beteiligungs-Aktiengesellschaft als Konzern-Holdinggesellschaft gliedert sich das Unternehmen in eine Erstversicherungs- und eine Rückversicherungsgruppe.
Zur Erstversicherungsgruppe gehören die Gerling-Konzern Allgemeine Versicherungs-AG (Sachversicherungen einschließlich Rechtsschutz), die Gerling-Konzern Lebensversicherungs-AG, die Gerling-Konzern Kreditversicherungs-AG. Das weltweite Rückversicherungsgeschäft wird von der Gerling-Konzern Globale Rückversicherungs-AG betrieben. Hinzu kommen zahlreiche Service- und Vertriebszentren sowie Servicebüros im In- und Ausland. Gemeinsam mit der Deutschen Bank und dem Deutschen Herold betreibt Gerling die Globale Krankenversicherungs-AG, Köln.
Neben zahlreichen Investmentgesellschaften verfügt der Gerling-Konzern über eine große Consulting-Gruppe, deren Hauptaufgaben in der Risikoberatung und im Sicherheitsmanagement liegen. Ein Schwerpunkt des Gerling-Konzerns ist traditionell das Industriegeschäft. Aber nicht mehr nur die großen Konzerne versichern sich bei Gerling, auch mittelständische und kleinere Unternehmen gehören zur Klientel des Kölner Versicherers ebenso wie die freien Berufe.
1998 wurde das Geschäft mit Industriekunden einerseits und Mittelständlern und wohlhabenden Privatpersonen andererseits in zwei eigenständig operierende Gesellschaften, die Gerling-Industrie-Service-AG für rund 7.000 Unternehmen mit jeweils mehr als 30 Mio. DM Umsatz und die Gerling-Firmen- und Privat-Service-AG, getrennt. Der Konzern gliedert sich jetzt weltweit in die vier Geschäftsbereiche: Industrie-Service, Firmen- und Privat-Service, Kreditversicherungsgruppe und Rückversicherungsgruppe.
Der Gerling-Konzern ist in 30 Ländern mit 93 Erst- und Rückversicherungsgesellschaften sowie Servicegesellschaften, Niederlassungen und Büros vertreten.

Beteiligungen. Der Konsolidierungskreis der Gerling-Gruppe umfaßt neben der Gerling-Konzern Versicherungs-Beteiligungs-AG 29 Versicherungsgesellschaften, 64 Vertriebs- und Servicegesellschaften, 10 Consulting-Gesellschaften und 17 sonstige Gesellschaften. Zu den wichtigsten Gesellschaften gehören zu 100%:

- Erstversicherungs-Gruppe: Gerling-Konzern Allgemeine Versicherungs-AG, Köln; Gerling-Konzern Speziale Kreditversicherungs-AG, Köln; Gerling-Konzern Lebensversicherungs-AG, Köln; Globale Krankenversicherungs-AG, Köln (Gemeinschaftsunternehmen mit Deutsche Bank/Deutscher Herold); Gerling America Insurance Company, New York/USA; Gerling General Asia Ltd., Hongkong/China.
- Rückversicherungs-Gruppe: Gerling-Konzern Globale Rückversicherungs-AG, Köln; Gerling Global General and Reinsurance Company Ltd., London/Großbritannien; Gerling Global Reinsurance Corporation of America, New York/USA; Gerling Globale Rückversicherung AG, Zug/Schweiz.
- Asset Management und Consulting: Gerling-Konzern Gesellschaft für Vermögens-Management mbH, Köln; Gerling Investment Kapitalanlagegesellschaft mbH, Köln; Gerling Consulting Gruppe GmbH, Köln; Gerling Akademie für Risikoforschung AG, Zürich/Schweiz.

Öffentlichkeitsarbeit:
Dr. Christoph Groffy
Tel.: (0221) 144-7317
Fax: (0221) 144-5127
E-Mail: christoph.groffy@gerling.de

Vorstand:
- *Zech, Jürgen, Dr. (Vorsitzender)*
- *Aymanns, Jochen*
- *Bilitza, Uwe-Volker, Dr.*
- *Jansli, Björn*
- *Strohschen, Norbert*

Vorstandsbezüge 1998:
8.747.206,– DM

Aufsichtsrat:
- *Gerling, Rolf, Dr. (Vorsitzender), Zürich/Schweiz*
- *Kracht, Adolf, München*
- *Krupp, Georg, Frankfurt/Main*
- *Necker, Tyll, Dr. h.c., Bad Oldesloe*
- *Oetker, Rudolf August, Bielefeld*
- *Otto, Michael, Dr., Hamburg*
- *Theye, Joachim, Dr., Bremen*
- *Vogelsang, Günter, Prof. Dr., Düsseldorf*
- *Werner, Helmut, Stuttgart*

**Müller, Rudolf (stellv. Vorsitzender)*
**Engels, Karl-Hans*
**Finger, Rolf*
**Hanke, Hans-Ulrich*
**Hille, Susanne*
**Kaiser, Bert*
**Keuchel, Gerd*
**Krause-Kolvenbach, Birgit*
**Lösch, Klaus*
**Wilhelm, Bernd*

Aufsichtsratstantiemen 1998: *860.000,– DM*

Beitragseinnahmen 1997/98: *12.691,0 Mio. DM*
Beitragseinnahmen 1996/97: *11.794,0 Mio. DM*
Beitragseinnahmen 1995/96: *11.009,0 Mio. DM*

Gewinn 1997/98: *140,0 Mio.*
Gewinn 1996/97: *135,0 Mio.*
Gewinn 1995/96: *110,0 Mio.*

Steueraufkommen 1997/98:
108,7 Mio.

Grund- bzw. Stammkapital 1997/98: *230,0 Mio.*

Eigenkapital 1997/98:
1.365,3 Mio.
Kapitalanlagen 1997/98:
43.223,0 Mio.
Kapitalerträge 1997/98:
3.209,0 Mio.
Versicherungstechnische Rückstellungen 1997/98:
44.611,0 Mio.
Leistungen an Kunden 1997/98: *8.594,0 Mio.*
Lebensversicherungsbestand 1997/98:
217.596,0 Mio.

Beschäftigte 1997/98: *10.323*
Beschäftigte 1996/97: *10.332*
Beschäftigte 1995/96: *10.094*

Personalaufwand 1997/98:
1.109,0 Mio.
Personalaufwand 1996/97:
1.105,8 Mio.
Durchschnittlicher Personalaufwand 1997/98:
107.430,– DM

Mitbewerber: *Allianz, AMB, Axa Colonia, Ergo, Gothaer, Münchener Rück*

GLOBALE STRATEGIEN UND DER STANDORT DEUTSCHLAND. Der Gerling-Konzern operiert zusehends international und ist weltweit mit einem Geflecht an Versicherungsgesellschaften vertreten. Der Prämienanteil im Ausland liegt bei 43%. Mitte 1998 erwarb der Gerling-Konzern für rund 1,25 Mrd. DM den US-amerikanischen Rückversicherer Constitution Reinsurance Corporation (von der zur italienischen Agnelli-Gruppe gehörenden Exor Group S.A.), wodurch die Gerling Globale Rückversicherungs-AG, Köln, achtgrößter Rückversicherer der Welt, auch in den USA unter die ersten zehn Anbieter vorrückte. Weitere Akquisitionen sollen das Wachstum im Ausland forcieren. Besonders intensiv wird derzeit die Stellung im asiatischen Raum mit neuen Betriebsstätten in Shanghai und Taipeh sowie Jointventures für die Märkte Taiwan, China und Hongkong ausgebaut. Hinzu kam 1998 die Gründung einer Niederlassung in Japan und einer Tochtergesellschaft in Südafrika. Auch die osteuropäischen Märkte werden massiv bearbeitet.

INNERBETRIEBLICHE BÜNDNISSE. Flexible Arbeitszeiten und Angebote zur Teilzeitarbeit gibt es in zahlreichen Unternehmen des Gerling-Konzerns. Für Führungskräfte wurde 1998 ein neues Vergütungssystem eingeführt. 1998 hatten 160 Jugendliche einen Ausbildungsplatz.

UMWELTSCHUTZ/INNOVATIONEN. Besonderen Wert legt Gerling auf Risikoforschung, Schadensprophylaxe und Sicherheitsmanagement zur Vermeidung von Umweltschäden. Der Mehrheitsaktionär, Aufsichtsratsvorsitzende und Enkel des Firmengründers, Rolf Gerling, ist Leiter der Gerling Akademie für Risikoforschung AG in Zürich.

GERLING AN DIE BÖRSE. Im Juni 1998 gab der Gerling-Konzern die Prüfung eines Ganges an die Börse bekannt. Die beiden Großaktionäre und der Vorstand sehen darin eine mögliche Verbreiterung der Kapitalbasis für zukünftige Expansionsschritte in internationalen Dimensionen. Rolf Gerling will aber auf jeden Fall die Kapitalmehrheit am Konzern behalten. Die Identität des Gerling-Konzerns als erfolgreicher Industrieversicherer in Deutschland und Europa soll langfristig gesichert werden.

Gerresheimer Glas siehe VIAG
Gruner + Jahr siehe Bertelsmann

HANIEL

Standort:
Franz-Haniel-Platz 1
47119 Duisburg-Ruhrort

Postanschrift:
47118 Duisburg

GESCHICHTE UND ENTWICKLUNG. Der Industriellen-Clan Haniel ist das älteste Gründergeschlecht an Rhein und Ruhr. Franz Haniel ist der Enkel des Firmengründers Jan Willem Noot, der 1756 mit einer Sondergenehmigung Friedrichs des Großen in Ruhrort ein Wohn- und Geschäftshaus (»Packhaus«), das heutige Haniel-Museum, aufbaute. Der in Ruhrort geborene Franz Haniel (1779–1868) gründete 1800 eine Kohlenhandlung und erwarb mit seinem Bruder

Gerhard Anteile an den Hütten »St. Antony« und »Neu-Essen«. 1808 Erwerb der Hütte »Gute Hoffnung« von Helene Amalie Krupp. Gründung der »Hüttengewerkschaft und Handlung Jacobi, Haniel & Huyssen« (JHH, Rechtsvorgängerin der Gutehoffnungshütte, GHH), eines Verbundes der Hütten St. Antony, Neu-Essen und Gute Hoffnung. Entstehung des ersten deutschen Montan-Imperiums. Haniel wurde zu einem eisen- und stahlerzeugenden Unternehmen und arbeitete früh im Maschinenbau. Es firmierte nach familieninternen Besitzverschiebungen unter »Jacobi, Haniel & Huyssen«. Besitzer waren neben den Gebrüdern Haniel deren Schwäger Gottlob Jacobi und Heinrich Huyssen. Franz Haniel aber war immer der maßgebende Unternehmer im Konzern. Bau von Dampfmaschinenteilen, ab 1820 komplette Dampfmaschinen. Bau der ersten deutschen Rheindampfschiffe. Franz Haniel führte 1821 an der Ruhr den ersten geschlossenen Koksofen ein und wurde zu einem Pionier im Steinkohlebergbau auch unter Tage. Er trieb den Ausbau des Ruhrorter Hafens voran, den Straßenbau und die Einrichtung von Eisenbahnstrecken. 1840 erfolgte dann die Produktion der ersten Lokomotive »Ruhr«. 1844 Bau der werkseigenen Siedlung »Eisenheim« in Oberhausen-Osterfeld. Bau des ersten deutschen Seeschiffes mit eisernem Rumpf. 1857 Beginn der bergbaulichen Erschließung der Zeche »Rheinpreussen« in Homberg und damit der erste Versuch, auf der linken Rheinseite Kohle zu gewinnen. 1858 war Haniel mit knapp 3.600 Arbeitern der größte Arbeitgeber des Ruhrgebietes. 1917 wurde aus der offenen Handelsgesellschaft Franz Haniel & Co. mit Zechenbesitz, Kohlenhandel, Reederei und Spedition die Franz Haniel & Cie. GmbH. In der fünften Generation ist die Konzerngründerfamilie auf ca. 930 Personen angewachsen. Die Familie Haniel gilt als eine der reichsten Familien Deutschlands.

Telefon: *(0203) 806-0*
Telefax: *(0203) 806-204*
Internet: *www.haniel.de*

Branche: *Holdinggesellschaft; Handel, Dienstleistung, Produktion*

Rechtsform: *GmbH*

Geschäftsjahr: *1.1.-31.12.*

Gründungsjahr: *1756*

Öffentlichkeitsarbeit:
Jutta Stolle/Ernst Arelmann
Tel.: (0203) 806-123/625
Fax: (0203) 806-622
E-Mail: jstolle.fhc@haniel.de
earelmann.fhc@haniel.de

BESITZVERHÄLTNISSE/EIGENTUMSSTRUKTUR.

- Mitglieder der Familie Haniel (99%). Die Anzahl der Gesellschafter beträgt 420, die der Familienmitglieder ca. 930.
- Rest Streubesitz

KONZERNÜBERBLICK/BETEILIGUNGEN. Der Haniel-Konzern gehört zu den größten deutschen und internationalen Handelsunternehmen – mit einer Bandbreite von der eigenen Produktion im Baustoffbereich bis zu einem weit verzweigten Versand- und Vertriebssystem. Der Konzern ist in folgenden Bereichen aktiv: Recycling und Bearbeitung von Rohstoffen für die Edelstahlindustrie, Baustoffe, Pharma-Großhandel, Apotheken in Großbritannien und Italien, Waschraumhygiene und Berufskleidung im Mietservice, Brand- und Wasserschadensanierung und Binnenschiffahrt.

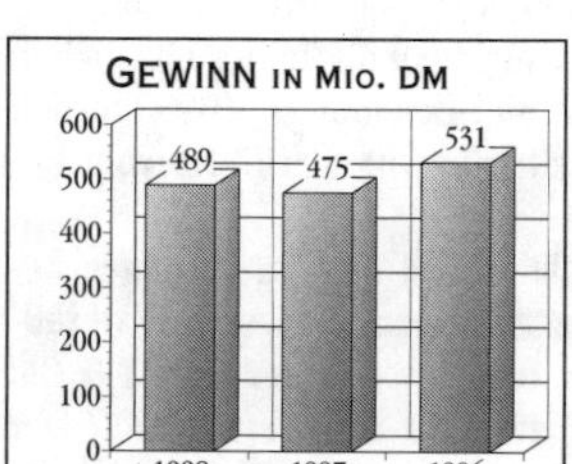

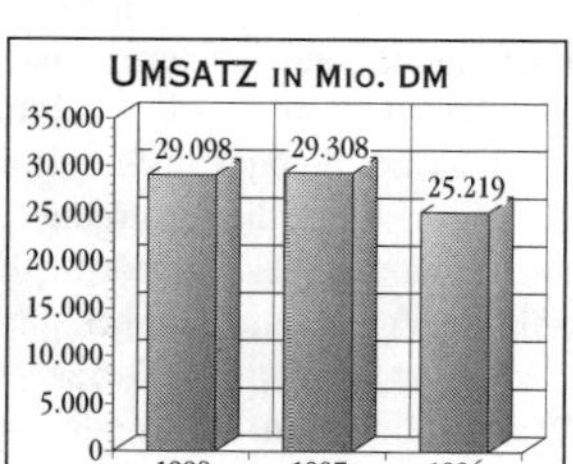

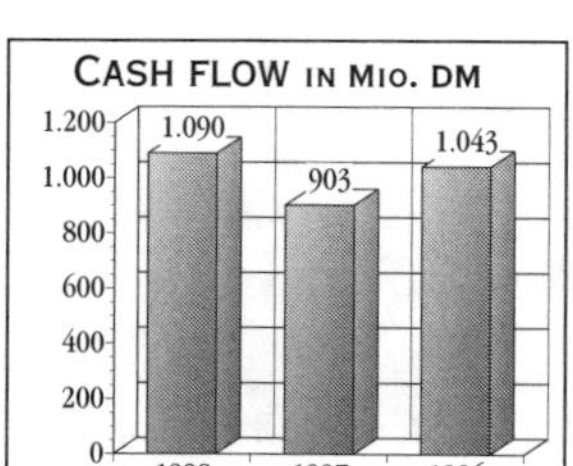

Vorstand:
- *Schadt, Dieter, Dr. (Vorsitzender), Mülheim/Ruhr*
- *Eick, Karl-Gerhard, Dr., Düsseldorf*
- *Hülse, Günther, Krefeld*
- *Siegert, Theo, Prof. Dr., Düsseldorf*

Vorstandsbezüge 1998:
8.972.000,– DM

Geschäftsleitungen der Unternehmensbereiche (Sprecher):
- *Terörde, Fritz (ELG Haniel)*
- *Oesterle, Fritz, Dr. (GEHE)*
- *Steinforth, Thomas (Haniel Bau-Industrie)*
- *Elsner, Bernd (Haniel Enviro Service)*
- *Askerlund, Friedhelm (Haniel Reederei)*
- *Wilhelm, Werner (Haniel Textile Service)*

Aufsichtsrat:
- *Haeften, Jan von (Vorsitzender), Hamburg*
- *Libbert, Jürgen (stellv. Vorsitzender), Hamburg*
- *Buchholtz, Baron Wolf von, Buenos Aires/Argentinien*
- *Dürckheim, Christian von, Entraching*
- *Groos, Peter, München*
- *Haniel, Franz Markus, Strobl*
- *Stark, Wulf von, Dr., Gräfelfing*
- *Wätjen, Johann Diedrich, Gielde-Altenrode*

**Herzberg, Gerd (stellv. Vorsitzender)*
**Detmar, Heide*
**Haslöwer, Robert*
**Herzog, Otto*
**Kuxdorf, Wilhelm*
**Lauenroth-Mago, Jörg*
**Schmahl, Uwe*
**Stickel, Elke*

Aufsichtsratstantiemen 1998: *1.877.000,– DM*

Management-Zentrum der Haniel-Gruppe ist die Franz-Haniel-Akademie. Haniel ist nach der Veräußerung der Pharma-Produktion im Bereich Forschung und Entwicklung nicht mehr tätig. Der Haniel-Konzern gliedert sich unter der strategischen Führungsholding Haniel & Cie. GmbH in sechs eigenständige Unternehmensbereiche:

◆ ELG Haniel GmbH, Duisburg (100%). Strategische Geschäftseinheiten: Recycling von Rohstoffen für die Edelstahlindustrie sowie internationaler Handel mit Metallrohstoffen und Legierungen. ELG Haniel verfügt über Tochtergesellschaften und Niederlassungen in Frankreich, Großbritannien, Italien, den Niederlanden, der Schweiz, Spanien, Rußland, Tschechien, den USA, Südafrika und Australien. Zur ELG-Gruppe gehören über 30 Recyclingbetriebe. ELG Haniel erwarb 1996 von der Metallgesellschaft den größten international tätigen Konkurrenten, die Jewometaal Stainless Processing B.V., Rotterdam/Niederlande. Zum Ausbau der US-Aktivitäten wurde 1998 das Amerikageschäft von Ireland Alloys Ltd. übernommen. Umsatz 1998: 1.311 Mio. DM (Vorjahr: 2.140 Mio.); Beschäftigte 1998: 885 (Vorjahr: 859).

◆ GEHE AG, Stuttgart (50,24% – weitere 10% Nordstern Allgemeine Versicherungs-AG, Köln, die zum Axa Colonia Konzern AG gehört; Rest Streubesitz). Die GEHE AG ist die Führungsholding der gesamten Unternehmensgruppe mit den strategischen Geschäftseinheiten Pharma-Großhandel, Apotheken/Einzelhandel, Gesundheitsdienste, Versandhandel von Büro- und Betriebseinrichtungen. Die GEHE-Gruppe ist mit Abstand der größte Pharmagroßhändler Europas. Zum Pharma-Großhandel gehören die Unternehmen der GEHE-Gruppe Deutschland mit 20 Niederlassungen (Umsatz 1998: 5.472 Mio. DM; 20% Marktanteil), die französische OCP-Gruppe (Office Commercial Pharmaceutique S.A.) mit knapp 60 Niederlassungen (Umsatz 1998: 11.382 Mio. DM) und die britische AAH-Pharmaceuticals-Gruppe (Amalgamated Anthracite Holdings Plc) mit rund 170 Tochtergesellschaften (Umsatz 1998: 4.763 Mio. DM).

Die Geschäftseinheit Apotheken/Einzelhandel bezieht sich in erster Linie auf Großbritannien, wo GEHE nach der Großakquisition der Lloyds-Gruppe, die in die AHH-Gruppe eingebunden wurde, die größte Apothekenkette im britischen Einzelhandel besitzt. 1999 übernahm GEHE 80% der Anteile der AFM Bologna mit 36 Apotheken und plant nun den verstärken Einstieg in den wachstumsreichen italienischen Apothekenmarkt, der, in großen Teilen bislang staatlich, unmittelbar vor der Privatisierung steht.

Die GEHE-Unternehmen im Bereich Gesundheitsdienste (Pro Reha Handelsgesellschaft mbH mit der französischen Tochter Orkyn und Kellner Reha-Technik GmbH & Co. KG) versorgen zu Hause pflegebedürftige Patienten mit qualitativ hochwertigen Produkten wie Pflegebetten, Rollstühlen, Gehhilfen und Krankenpflegeartikeln aller Art. Hinzu kommt eine lebenserhaltende Medizintechnik in der häuslichen Patientenversorgung (z.B. für Infusion und Beatmung). 1998 wurden Pro Reha und Kellner fusioniert. Mittelfristig will sich GEHE vom Bereich Gesundheitsdienste trennen.

Den Versandhandel von Büro-, Betriebs- und Lagereinrichtungen betreibt die Kaiser+Kraft GmbH mit ihren zahlreichen operativen Gesellschaften in Europa und Nordamerika, u.a. der Gaerner GmbH & Co. KG, Duisburg, und der Topdeq International GmbH, Pfungstadt. Der Umsatz des Versandhandels lag 1998 bei 1.055 Mio. DM. Kaiser+Kraft

ist flächendeckend in 16 Ländern Europas, in den USA und Kanada tätig. 1998 wurden die schwedische Gerdmans Inredningar AB, Markaryd, und die US-amerikanische Conney Safety Products, Madison/Wisconsin, erworben. Der Bereich Versandhandel wird als TAKKT AG, die in Europa Nummer eins in ihrem Segment ist, von der GEHE AG abgespalten und als eigenständiges Unternehmen an die Börse gebracht. Die TAKKT AG, an der Haniel analog zu GEHE mit knapp über 50% beteiligt sein wird, wird als neuer Unternehmensbereich im Konzern geführt.
Der GEHE-Konzern wird sich dann ausschließlich auf den Pharmahandel und das Apothekengeschäft konzentrieren. Der GEHE-Konzern kam 1998 auf einen Umsatz von 25.360 Mio. DM (Vorjahr: 25.036 Mio.) bei 28.724 Beschäftigten (Vorjahr: 29.494).

◆ Der Unternehmensbereich Haniel Bau-Industrie GmbH, Duisburg (100%), besteht aus den strategischen Geschäftseinheiten Wandbaustoffe, Zuschlagstoffe und Befestigungstechnik. Schwerpunkte bilden die Herstellung und der Vertrieb von Verankerungs-, Befestigungs- und Montagesystemen für die Bauindustrie sowie die Gewinnung und Herstellung von Hoch- und Tiefbaustoffen. Zu diesem Bereich gehört auch die Halfen-Gruppe, Langenfeld. Tochtergesellschaften unterhält der Unternehmensbereich in Belgien, Frankreich, Großbritannien, Italien, den Niederlanden, der Schweiz, Tschechien und den USA. Umsatz 1998: 735 Mio. DM (Vorjahr: 811 Mio.); Beschäftigte 1998: 2.357 (Vorjahr: 2.482).

◆ Der Unternehmensbereich Haniel EnviroService mit der Haniel EnviroService GmbH, Duisburg (100%), bündelt alle Dienstleistungen der Haniel-Gruppe im Umweltbereich. Der Unternehmensbereich gliedert sich in die strategischen Geschäftseinheiten Brand- und Wasserschadensanierung, Industrie-Service sowie Rohr- und Kanal-Service. Tochtergesellschaften und Niederlassungen gibt es in zahlreichen deutschen Städten, in Belgien, Großbritannien, Österreich, Italien, der Schweiz, den Niederlanden, Spanien, Ungarn, Tschechien und Frankreich. Im Markt treten alle Brand- und Wasserschadensanierungs-Gesellschaften unter der Dachmarke »Befor« auf. Umsatz 1998: 410 Mio. DM (Vorjahr: 431 Mio.); Beschäftigte 1998: 1.877 (Vorjahr: 1.910).

◆ Der Unternehmensbereich Haniel Reederei mit der Haniel Reederei Holding GmbH, Duisburg (100%), unterteilt sich in die Geschäftseinheiten Binnenschiffahrt und Industrie-Logistik, wozu die Spezialschiffahrt (Säuren, Laugen, Mineralölprodukte) und die Befrachtung zählen. Tochtergesellschaften unterhält der Unternehmensbereich in Deutschland, Belgien, Frankreich und den Niederlanden. Flottenbestand: 85 eigene und 400 gecharterte Schiffe mit einer Gesamttragfähigkeit von 640.000 Tonnen. Umsatz 1998: 416 Mio. DM (Vorjahr: 380 Mio.); Beschäftigte 1998: 537 (Vorjahr: 524).

◆ Im Unternehmensbereich Haniel Textile Service mit der Haniel Textile Service GmbH, Hamburg (100%), wurden 1998 die Aktivitäten von CWS und boco zusammengefaßt. Der Unternehmensbereich besteht aus den zwei strategischen Geschäftseinheiten Waschraumhygiene und Berufskleidung im Mietservice, beide europäische Marktführer in ihrem Segment. Die schweizerische CWS International AG, Spezialist in der Waschraumhygiene (Stoffhandtuchspender, Seifenspender, Air-Control-Luftreiniger, waschbare Handtuchrollen, CleanSeat-WC-Sitze,

Umsatz 1998: *29.098,2 Mio.*
(Auslandsumsatz: 73%)
Umsatz 1997: *29.308.1 Mio.*
(Auslandsumsatz: 74%)
Umsatz 1996: *25.219,3 Mio.*
(Auslandsumsatz: 68%)

Gewinn 1998: *489,0 Mio.*
Gewinn 1997: *474,8 Mio.*
Gewinn 1996: *531,0 Mio.*

Cash flow 1998: *1.090,0 Mio.*
Cash flow 1997: *903,0 Mio.*
Cash flow 1996: *1.043,0 Mio.*

Cash flow: *Die Investitionen wurden aus dem Cash flow finanziert. Investitionsschwerpunkte waren der Eintritt in den Markt für Berufskleidung im Mietservice sowie die Übernahme von Versandhandelsfirmen für Büro- und Betriebseinrichtungen in Skandinavien (Gerdmans) und den USA (Conney).*

Steueraufkommen 1998: *275,2 Mio.*

Grund- bzw. Stammkapital 1999: *600,0 Mio.*

Die Besitzer des Konzerns erhielten 1998 eine Dividendensumme von 67,5 Mio. DM auf der Basis des Stammkapitals von 450 Mio. DM, das einer Dividende von 15,00 DM je Stammanteil von 100,– entsprach.
Die Erhöhung des Haniel-Grundkapitals auf 600 Mio. DM Anfang 1999 erfolgte durch Übertragung der von den Gesellschaftern bisher unmittelbar gehaltenen Aktien an der Haniel Holding AG, Schweiz, auf die Franz Haniel & Cie. GmbH. Diese Transaktion folgte der Zusammenführung der nationalen und internationalen Geschäftstätigkeiten der Metro in die Metro AG. Denn die Franz Haniel & Cie. GmbH besitzt Drittelbeteiligungen an der Metro

Vermögensverwaltung GmbH & Co. KG und der Metro Grundbesitz- und Beteiligungs-GmbH & Co. KG, Düsseldorf, sowie nach der Einbringung der Haniel Holding AG in die Franz Haniel & Cie. GmbH an der Metro Holding AG, Baar/Schweiz.

Beschäftigte 1998: *39.410 (davon 71% im Ausland)*
Beschäftigte 1997: *37.872 (davon 75% im Ausland)*
Beschäftigte 1996: *27.663 (davon 63% im Ausland)*

Umsatz pro Mitarbeiter 1998: *738.346,– DM*
Umsatz pro Mitarbeiter 1997: *773.873,– DM*
Umsatz pro Mitarbeiter 1996: *911.662,– DM*

Löhne und Gehälter 1998: *1.691,3 Mio.*
Löhne und Gehälter 1997: *1.673,4 Mio.*
Durchschnittsgehalt 1998: *42.916,– DM*
Soziale Abgaben und Aufwendungen 1998: *385,8 Mio.*
Soziale Abgaben und Aufwendungen 1997: *353,8 Mio.*

Bezüge pro Vorstandsmitglied 1998: *2.243.000, – DM*
Tantiemen pro Aufsichtsrat 1998: *117.313,– DM*

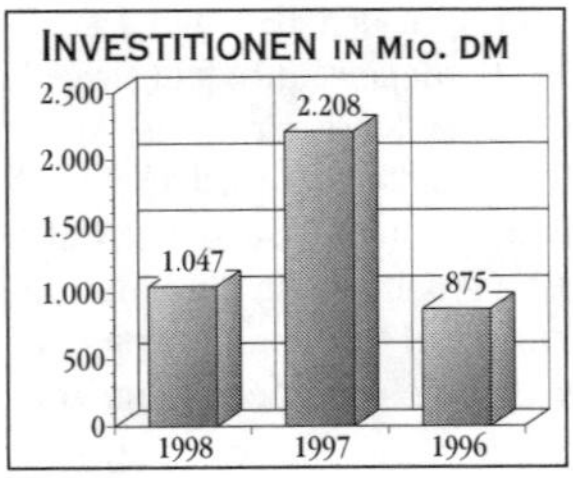

selbstreinigende Hygiene-Boxen LadyCare) und im Schmutzfangmatten-Service, besitzt Tochtergesellschaften in der Schweiz, in Belgien, Deutschland, Frankreich, Italien, in den Niederlanden, Österreich, Spanien und Tschechien. Die 1998 getätigte Neuakquisition boco GmbH & Co., Hamburg, ist Experte im Segment Berufskleidung im Mietservice. Beliefert und versorgt werden von diesem Unternehmensbereich über 4.700 Kunden. 1998 wurde in Bielefeld eine Großwäscherei mit einer jährlichen Waschkapazität von 13 Mio. Kleidungsteilen in Betrieb genommen. Umsatz 1998: 872 Mio. DM (Vorjahr: 513 Mio.); Beschäftigte 1998: 4.804 (Vorjahr: 2.376).

Haniel ist mit 33,3% an der Metro Vermögensverwaltungs GmbH & Co. KG, Düsseldorf, beteiligt. Zur Metro gehören als wichtigster Bereich die Metro AG mit dem Cash & Carry-Selbstbedienungsgroßhandel, der Kaufhof-Gruppe und den Geschäften des früheren Asko-Konzerns.

Globale Strategien und der Standort Deutschland.

Der Global Player Haniel ist in insgesamt 22 Ländern der Welt präsent, erwirtschaftet knapp drei Viertel seines Umsatzes im Ausland und beschäftigt dort rund 28.000 Mitarbeiter. In Deutschland sind inklusive der Akquisition der boco-Gruppe (2.200 Beschäftigte) rund 11.500 Beschäftigte tätig. Neben der Franz Haniel & Cie. GmbH wurden 1998 618 (Vorjahr: 611) in- und ausländische Tochterunternehmen konsolidiert, die unter der einheitlichen Leitung der Franz Haniel & Cie. GmbH stehen und bei denen der Muttergesellschaft oder einem Tochterunternehmen die Mehrheit der Stimmrechte zusteht.
Besonders innerhalb der GEHE AG wurden in den vergangenen Jahren entscheidende Großakquisitionen getätigt. Bereits 1993 hatte GEHE für 750 Mio. DM den mit über 40% Marktanteil führenden französischen Pharma-Großhändler Office Commercial Pharmaceutique S.A. (OCP), Paris, vollständig übernommen. 1995 wurden dann für rund 900 Mio. DM alle Anteile an der Amalgamated Anthracite Holdings Plc (AAH), Lincoln, erworben. AAH ist mit einem Anteil von 40% Marktführer im Pharma-Großhandel in Großbritannien. GEHE, OCP und AAH erreichen im europäischen Pharma-Großhandel einen Marktanteil von rd. 25%. Aus rund 100 Niederlassungen in den Ländern der EU werden mehrmals täglich über 38.000 Apotheken mit Medikamenten versorgt.
1997 wurde die britische Apothekenkette Lloyds Chemists plc, Tamworth/Großbritannien, die Nummer zwei im britischen Pharma-Einzelhandel, nach einem fast einjährigen »Bieterwettkampf« einschließlich ihrer 170 Tochtergesellschaften für 684 Mio. £ akquiriert. Durch die Übernahme von Lloyds Pharmacy wurde GEHE 1997 schlagartig mit 1.300 Apotheken (darin auch die 365 Hills-Apotheken von AHH) zum größten Apothekenbetreiber Großbritanniens.
Haniel hat in den letzten Jahren das Unternehmensportfolio häufig gewechselt, mit Auswirkungen auf Umsatz und Beschäftigtenzahlen (Ver-

kauf der US-Tochtergesellschaft Scrivner, Inc., Oklahoma City, mit 15.000 Beschäftigten und einem Umsatzvolumen von knapp 6 Mrd. DM; Verkauf der Schnell-Lieferdienst trans-o-flex und der Seereederei Oldenburg-Portugiesische Dampfschiffs-Rhederei GmbH). Die Pharma-Produktionssparte wurde aufgegeben. GEHE ist lediglich noch mit 25,1% an Jenapharm beteiligt. Die Beteiligung an der Thyssen Haniel Logistic GmbH (THL), Duisburg (33,3%), wurde 1998 abgegeben. GEHE will sich von den Geschäftsfeldern Gesundheitsdienste und Versandhandel trennen.

Investitionen 1998: *1.047,0 Mio.*
Investitionen 1997: *2.208,0 Mio.*
Investitionen 1996: *875,0 Mio.*

Mitbewerber: *Anzag, Phoenix Pharmahandel, Raab Karcher, Ruhrkohle Handel, Sanacorp*

INNERBETRIEBLICHE BÜNDNISSE. Innerbetriebliche Regelungen gibt es bei der Mitarbeitervergütung. Da das Führungsprinzip bei Haniel auf konkreten Zielvereinbarungen beruht, bestimmt die Umsetzung der von der Holding vorgegebenen Ziele die Vergütung der Führungskräfte. Darüber hinaus werden für einen breiteren Kreis von Beschäftigten Mitarbeiter-Bonus-Darlehen oder Mitarbeiter-Aktien angeboten. Bei Haniel in Deutschland befanden sich 1998 345 Jugendliche in der Ausbildung. Die Konzernholding in Duisburg übernahm 1998 die Ausbildungskosten für Auszubildende in Handwerksbetrieben, die für Haniel arbeiten.

UMWELTSCHUTZ. Die Aktivitäten im Bereich Umweltschutz sind in der Haniel EnviroService zusammengefaßt. Dazu gehören u.a. die Segmente Industrieservice, Rohr- und Kanal-Service, Kanal-TV-Untersuchung, Korrosionsschutz, Kraftwerk-Service. Haniel EnviroService ist ein hochspezialisierter Dienstleister in der Brand- und Wasserschadensanierung sowie in der Schadstoffbeseitigung, in der Maschinen- und Anlagenüberholung, in der Elektroniksanierung sowie beim Oberflächen- und Korrosionsschutz. Das Unternehmen versteht sich als Partner in allen Umweltfragen, ist Experte bei Ölunfällen, Brandschäden oder Wasserverunreinigungen.

Hapag-Lloyd siehe Preussag
Heidelberger Druckmaschinen siehe RWE

HEIDELBERGER ZEMENT

GESCHICHTE UND ENTWICKLUNG. 1873 kaufte der aus Mosbach (Baden) stammende Johann Philipp Schifferdecker in einem Konkursverfahren die in Heidelberg am Neckar gelegene »Bergheimer Mühle« und begann mit ihrer Umrüstung zu einer Zementfabrik. 1874 Eintragung als »Portland-Cement-Werk, Heidelberg, Schifferdecker & Söhne« ins Handelsregister. 1875 Beginn der Zementproduktion. Erwerb und Öffnen von zahlreichen Steinbrüchen. 1889 Umwandlung in eine Aktiengesellschaft, die als »Portland-Cementwerk Heidelberg AG, vorm. Schifferdecker & Söhne« firmiert. In den folgenden Jahren starke Expansion, Bau und Erwerb neuer Zementwerke. 1901 Fusion der »Portland-Cement« mit der »Mannheimer Portland-Cement-Fabrik AG« zur »Portland-Cement-Werke Heidelberg und Mannheim AG«. »Heidelberg-Mannheim« erwarb

Standort:
Berliner Straße 6
69120 Heidelberg

Postanschrift:
Postfach 10 44 20
69034 Heidelberg

Telefon: *(06221) 481-0*
Telefax: *(06221) 481-554*
Internet: *www.hzag.de*

Branche: *Zement und andere Baustoffe*

Rechtsform:
Aktiengesellschaft

Geschäftsjahr: *1.1.-31.12.*

Gründungsjahr: *1873; AG seit 1889*

Marketing/ Kommunikation:
Franz Raab
Tel.: (06221) 481-250
Fax: (06221) 481-249
E-Mail: info@hzag.de

Öffentlichkeitsarbeit (Konzern):
Dr. Brigitte Fickel
Tel.: (06221) 481-255
Fax: (06221) 481-203
E-Mail: info@hzag.de

Verbände: *Bundesverband Steine und Erden e.V., Frankfurt/Main; Bundesverband der Deutschen Zementindustrie e.V., Köln, und andere Baustoffverbände*

Vorstand:
- *Hülstrunk, Rolf (Vorsitzender), Heidelberg*
- *Bauer, Hans, Heidelberg*
- *Kroboth, Karl, Dr., Heidelberg*
- *Otto, Peter, Dr., Heidelberg*
- *Vanfrachem, Paul (Chairman und Chief Executive Officer der S.A. Cimenteries CBR), Brüssel/Belgien*
- *Wolf, Horst, R., Heidelberg*
- *Erhard, Helmut S. (stellv.), Heidelberg*

Vorstandsbezüge 1998:
10.720.000,– DM

zahlreiche Kalkstein- und Tonvorkommen, beteiligte sich an weiteren Zementwerken, u.a. an der »Portland-Cementfabrik Blaubeuren, Gebr. Spohn AG«. Nach mehreren Fusionen und Zusammenlegungen firmierte das Unternehmen ab 1938 schließlich unter »Portland-Zementwerke Heidelberg Aktiengesellschaft«. 1959 Einstieg in die Transportbetonbranche. 1977 Expansion nach Nordamerika mit der Gründung der Heidelberg Cement, Incorporated, Wilmington/Delaware, und der Übernahme der Lehigh Portland Cement Company, Allentown/Pennsylvania. 1978 Namensänderung in Heidelberger Zement Aktiengesellschaft. Weitere Expansion, besonders in den USA. Mitte der 80er Jahre Erweiterung des Beteiligungsportfolios um baunahe Unternehmen. 1989 Engagement in Ungarn; 1990 Zusammenfassung der im Dämmstoffbereich tätigen Tochtergesellschaften zur Heidelberger Dämmsysteme GmbH. 1991 Engagement in Tschechien und Konzentration der bauchemischen Aktivitäten in der Heidelberger Bauchemie GmbH. 1993 Erwerb von 42,4% der belgischen S.A. Cimenteries CBR; in vergleichbarer Größe ergänzen sich beide Konzerne sowohl in ihrer Produktpalette (CBR: Zement, Transportbeton, Zuschlagstoffe) als auch in geographischer Hinsicht (CBR: Benelux, Tschechien, Polen, Westküste USA, Kanada). Fortsetzung der Internationalisierung durch den Erwerb von Beteiligungen in China (1995), der Türkei (1996), Bulgarien (1997) und Rumänien (1998). Mit der Übernahme des international tätigen schwedischen Baustoffherstellers Scancem wurde Heidelberger Zement 1999 zum drittgrößten Zementhersteller der Welt.

BESITZVERHÄLTNISSE/EIGENTUMSSTRUKTUR.
- Schwenk Beteiligungen GmbH & Co. KG, Ulm (24,9% der Stimmrechte; Familie Eberhard Schleicher)
- Dresdner Bank AG, Frankfurt/Main* (20,4% der Stimmrechte)
- Deutsche Bank AG, Frankfurt/Main* (10,11% der Stimmrechte)
- Dr. Senator E.h. Adolf Merckle, Blaubeuren (10,4% der Stimmrechte)
- Kleinere Anteile von jeweils unter 5% in Familienbesitz (Familie Wiesböck, Rohrdorf) und bei B. Metzler seel. Sohn & Co. KGaA, Frankfurt/Main
- Etwa ein Viertel des stimmberechtigten Kapitals befindet sich in Streubesitz bei ca. 10.000 Aktionären.

*) indirekt

KONZERNÜBERBLICK. Heidelberger Zement ist der führende deutsche Baustoffhersteller. Die Basis des Geschäftes ist seit der Gründung des Unternehmens von 1873 Zement. Heute ist Heidelberger Zement ein internationaler Baustoffproduzent mit einer umfangreichen Produktpalette besonders für spezielle Bereiche (Markenzeichen: für Transportbeton der gelbe Ring an den Werken und Fahrzeugen). Der Konzern besteht aus den beiden Säulen Heidelberger Zement und der Beteiligung an der belgischen S.A. Cimenteries CBR, Brüssel (inzwischen aufgestockt auf 52,5%), die sich auch im Führungskonzept des Vorstandes widerspiegeln.
Zum Produktprogramm von Heidelberger Zement gehören: Zemente (Portlandzemente, Hochofenzemente, Spezialzemente, Putz- und Mauerbinder), Transportbeton und Transportmörtel, Betonwaren und

-fertigteile, Sand und Kies, Bauchemie (Beton- und Mörtelzusatzmittel, Spezialmörtel für den Ingenieurbau, Betoninstandsetzungs-Systeme, Betonschutz-Systeme. Beschichtungs-Systeme für Industrieböden und den Gewässerschutz sowie Abdichtungs-Systeme für Betonbrükken und Parkbauten, elastische Dichtstoffe und Montageschäume für Handwerk und Bau, Klebewerkstoffe für die industrielle Verbindungstechnik), Kalkstein und Kalkprodukte, Putzmörtel und Mörtel (Gipse und Estrich), Spezialgipse, Kalksandsteine, Wärmedämmsysteme (für Dach, Wand, Fußboden und Decke), Umwelttechnik (Spezialprodukte und Dienstleistungen für Deponiebau und Altlastensanierung).
Heidelberger Zement unterteilt sich in die Geschäftsbereiche Zement, Beton (Transportbeton, Betonprodukte, Zuschlagstoffe) und Baustoffe (Bauchemie, Kalk, Trockenmörtel, Kalksandstein, Dämmsysteme). Die internationalen Logistik- und Handelsaktivitäten sind im Bereich Konzernservice zusammengefaßt. Der Konzern ist gegliedert in die Regionen Zentraleuropa-West (Deutschland, Österreich und Schweiz), Westeuropa (Frankreich, Benelux mit dem zweiten Hauptstandbein CBR in Brüssel), Zentraleuropa-Ost (Polen, Tschechien, Ungarn, Bulgarien, Rumänien, Slowakische Republik und Kroatien), Nordamerika (USA und Kanada) und Türkei. Durch den Zusammenschluß von Heidelberger Zement und CBR verfügt die Gruppe allein in Nordamerika flächendeckend unter dem Markenbegriff »Lehigh« über elf Zementwerke und mehr als 150 Transportbetonwerke zur Produktion und Vermarktung von jährlich 9 Mio. t Zement und 6 Mio. m^3 Transportbeton. Der weltweite Zementabsatz betrug 1998 30 Mio. t.

BETEILIGUNGEN. In den Konzernabschluß 1998 wurden neben der Heidelberger Zement AG 67 inländische und 187 ausländische Tochterunternehmen einbezogen. Zu den wichtigsten Beteiligungen gehören in den Geschäftsbereichen:

- Zement: Heidelberger Zement International Holding GmbH, Heidelberg (100%); Anneliese Zementwerke AG, Enningerloh (41,4%); Südbayer. Portland-Zementwerk Gebr. Wiesböck & Co. GmbH, Rohrdorf (32,3%); ZEAG Zementwerk Lauffen – Elektrizitätswerk Heilbronn AG, Heilbronn (27,4%); S.A. Cimenteries CBR, Brüssel/Belgien (52,5%); CBR International Services S.A., Brüssel/Belgien (100%); ENCI N.V., 's-Hertogenbosch/Niederlande (100%); Cementárny Cement, a.s. (CMC), Beroun/Tschechien (86,5%); ZCW Gorazdze S.A., Gorazdze/Polen (57,9%); Cementownia Strzelce Opolskie S.A., Strzelce Opolskie/Polen (93,4%); ISTRA Cement International, Pula/Kroatien (58,7%); Duna-Dráva Cement Kft., Vac/Ungarn (50%); Heidelberg Cement, Inc. (HCI), Wilmington/USA (100%); Lehigh Portland Cement Co., Allentown/USA (100%); Lehigh Portland Cement Limited, Calgary/Kanada (100); Calaveras Cement Co., Concord/USA (100%); Texas-Lehigh Cement Co., Buda/USA (50%); Akçansa Cimento Sanayi ve Ticaret A.S., Istanbul/Türkei (39,7%); Vivat S.A., Paris/Frankreich (35%); Ciments Luxembourgeois S.A., Esch-sur-Alzette/Luxemburg (24,9%); China Century Cement Ltd., Guangzhou/China (30%).
- Beton: Vulkan Verwaltungs- und Beteiligungsgesellschaft mbH, Heidelberg (100%); Johann Lüssen GmbH & Co. KG, Bremen (75%); WIKA-BETON GmbH & Co. KG, Stade (73,9%); Baustoffe Wittmer + Klee GmbH, Waghäusel (100%); Maxit Holding GmbH, Breisach (61,2%); Neuper Beton Baustoffwerke GmbH & Co. KG, Neukloster

Aufsichtsrat:
- *Röller, Wolfgang, Dr. (Vorsitzender; Ehrenvorsitzender des Aufsichtsrates der Dresdner Bank AG), Frankfurt/Main*
- *Hertreiter-Höhensteiger, Waltraud (Gesellschafterin und stellv. Beiratsvorsitzende der Südbayer. Portland-Zementwerk Gebr. Wiesböck & Co. GmbH), Rohrdorf*
- *Merckle, Ludwig (Geschäftsführer der Merckle GmbH), Ulm*
- *Schleicher, Eberhard, Senator E.h., Dr. (pers. haftender Gesellschafter der E. Schwenk KG), Ulm*
- *Schleicher, Eduard (pers. haftender Gesellschafter der E. Schwenk KG), Ulm*
- *Schuhmacher, Peter, Senator E.h. (ehem. Vorsitzender des Vorstandes der Heidelberger Zement AG), Heidelberg*
- *Walter, Bernhard (Sprecher des Vorstandes der Dresdner Bank AG), Frankfurt/Main*
- *Weiss, Ulrich, Dr. (ehem. Mitglied des Vorstandes der Deutsche Bank AG), Frankfurt/Main*

**Schirmer, Heinz (stellv. Vorsitzender)*
**Fürst, Wilhelm*
**Füss, Veronika*
**Kern, Hanspeter*
**Laux, Ernst-Ludwig*
**Löffler, Josef*
**Schneider, Günter*
**Schwerdhöfer, Wilhelm*

Aufsichtsratstantiemen 1998: *2.608.000,– DM*

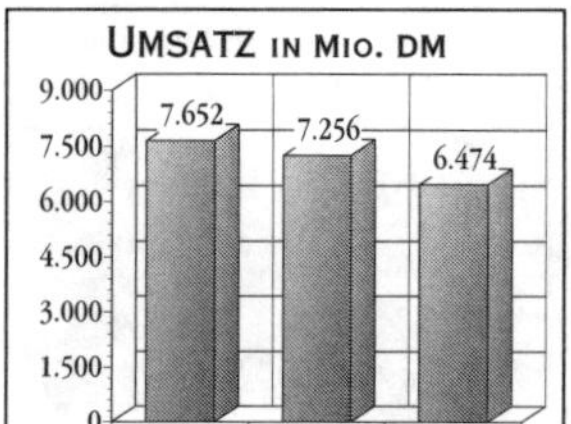

BÖRSE, AKTIEN, KURSE
Grundkapital 1998:
243,1 Mio.
Jahreshöchstkurs 1998:
Stammaktie: 179,00 DM (91,52 €)
Vorzugsaktie: 127,00 DM (64,93 €)
Jahrestiefstkurs 1998:
Stammaktie: 105,00 DM (53,69 €)
Vorzugsaktie: 80,50 DM (41,16 €)
Aktie Jahresende 1998:
Stammaktie: 130,00 DM (66,47 €)
Vorzugsaktie: 109,00 DM (55,73 €)
Dividende pro Aktie 1998:
Stammaktie: 1,85 DM
Vorzugsaktie: 2,05 DM

Die Dividende bezieht sich auf je 5,– DM Aktiennennbetrag. Der Bilanzgewinn 1998 betrug 91,2 Mio. DM. 212,9 Mio. DM des Grundkapitals bestehen aus Stammaktien, 30,3 Mio. DM aus Vorzugsaktien. Im Juni 1999 wurde auf nennwertlose Stückaktien umgestellt.

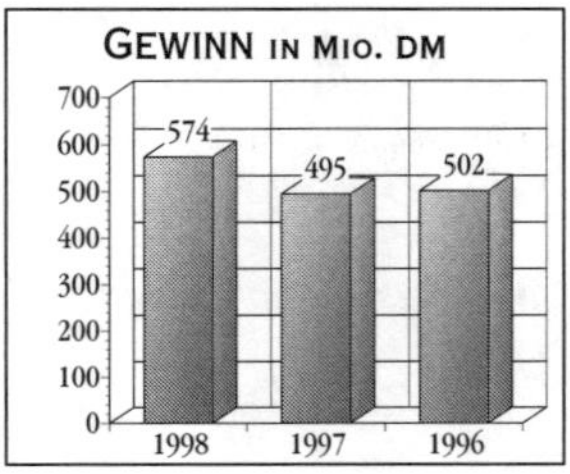

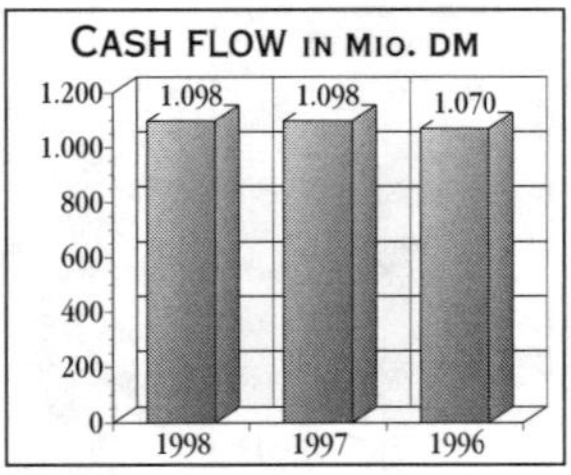

(100%); Schmitt & Weitz Baustoffwerke GmbH & Co. KG, Kleinostheim (100%); Kronimus AG, Iffezheim (24,9%); Gralex S.A., Brüssel/Belgien (50%); Inter-Beton S.A., Brüssel/Belgien (96,6%); Mebin B.V., 's-Hertogenbosch/Niederlande (100%); Zielonogórskie Kopalnie Surowców Mineralnych S.A., Zielona Góra/Polen (74,3%); Sterkovny a piskovny Brno, Brünn/Tschechien (99,5%); Beton Mix Brno, a.s., Brünn/Tschechien (66%); Sherman International Corp., Birmingham/USA (100%).

● Baustoffe: Baustoffwerke Durmersheim GmbH, Durmersheim (100%); Baustoffwerke Dresden GmbH & Co. KG, Dresden (76%); Heidelberger Bauchemie GmbH, Heidelberg (100%); Heidelberger Dämmsysteme GmbH, Heidelberg (100%); Kalkwerk D. Funk GmbH & Co. KG, Regensburg (79,9%); Scancem AB, Malmö/Schweden (73,4%); Marmoran AG, Volketswil/Schweiz (50%); Christian Moldan KG, Kuchl bei Salzburg/Österreich (63,4%); Hunziker Kalksandstein AG, Brugg/Schweiz (85%); Styropol Sp. z.o.o., Biskupiec/Polen (51%).

● Konzernservice: Kraftverkehr Bayern GmbH, München (95%); »Südkraft« Süddeutsche Kraftwagen-Speditions-GmbH, München (100%).

HEIDELZEMENT AKQUIRIERT SCANCEM. Mit der größten Akquisition seiner Geschichte und damit der Krönung seines langjährigen Expansionskurses hat sich Heidelberger Zement Mitte 1999 endgültig zum Global Player aufgeschwungen und den heimischen Markt hinter sich gelassen. Durch die Übernahme der schwedischen Scancem AB (73,4% am Kapital, 90,8% der Stimmrechte) von den bisherigen Großaktionären Skanska AB und Aker RGI ASA avanciert Heidelberger Zement zum größten Zementhersteller Europas und mit einem Zementabsatz von 42 Millionen Tonnen zum drittgrößten der Welt (nach Holderbank und Lafarge). Durch die Übernahme von Scancem wächst Heidelberger Zement ein Umsatzvolumen von rund 3,2 Mrd. DM zu, über 10.000 Beschäftigte stoßen zum Konzern. Die Scancem-Gruppe, die in der Zementproduktion (60%) und im Baustoffhandel in 30 Ländern tätig ist, dominiert mit 90% die Zementherstellung in Norwegen, Schweden und Estland. In Großbritannien rangiert das Unternehmen an zweiter Stelle, in zahlreichen afrikanischen Ländern nehmen die Schweden eine Spitzenposition ein. Hinzu kommen ein Produktionsstandort in Bangladesch und verschiedene Standorte in den USA. Die zügige Integration von Scancem in die Heidelberger Zement-Gruppe ist geplant. Der Kaufpreis von über 4 Mrd. DM wurde in bar aus der der Heidelberger Zement zur Verfügung stehenden Finanzierung bezahlt.

GLOBALE STRATEGIEN UND DER STANDORT DEUTSCHLAND. Der größte deutsche Baustoffhersteller setzt weiter ganz auf Internationalisierung, nachdem der Einstieg in die neuen Märkte Türkei, Hongkong und China mit leistungsfähigen, marktnahen Zementstandorten als geglückt angesehen wird. Auf diese Weise gelang es Heidelberger Zement in den vergangenen Jahren, sich von den Schwankungen der heimischen Baukonjunktur weitgehend unabhängig zu machen. Hohe Investitionen flossen in Akquisitionen nach Nordamerika, in die osteuropäischen Staaten,

wo Heidelberger Zement in Polen und Tschechien führende Marktpositionen innehat, und in die Türkei. Die Beteiligung an der US-Tochter Heidelberg Cement Inc. wurde auf 100% aufgestockt, die Zementproduktion im Werk Union Bridge (Maryland) soll bis 2001 auf 1,9 Mio. t ausgebaut werden. Heidelberger Zement und die belgische CBR haben ihre Aktivitäten in Nordamerika in eine gemeinsame Gesellschaft eingebracht, an der Heidelberger Zement 45% und CBR 55% halten (9,1 Mio. t Zementabsatz, 2,6 Mrd. DM Umsatz). Ebenso wurde von CBR die Beteiligung an der China Century Cement Ltd. (Provinz Guangdong) mit drei Zementwerken auf 30% aufgestockt. Am größten türkischen Zementwerk Canakkale Cimento Sanayii, einem »kostengünstigen und leistungsstarken« Standort an der Ägäis, übernahm CBR 97,7% der Anteile, die inzwischen in das Gemeinschaftsunternehmen Akcansa Cimento eingebracht wurden.
Zementwerke wurden im Rahmen der Privatisierungsprogramme der Zementindustrie in Rumänien und Bulgarien gekauft. 1997 wurden Mehrheiten an den bulgarischen Zementunternehmen Zlatna Panega (51%) und Granitoid (75%) erworben. 1998 erfolgte eine Mehrheitsbeteiligung (51%) an dem rumänischen Zementhersteller Moldocim-S.A. Die Geschäfte in Tschechien, Polen, Ungarn und Kroatien sollen weiter ausgebaut werden. Ein erster Schritt nach Südostasien wurde 1998 mit der Übernahme einer Mehrheitsbeteiligung an dem philippinischen Zementwerk Limay Grinding Mill Corp. unternommen.

INNERBETRIEBLICHE BÜNDNISSE. Ein Drittel der Beschäftigten von Heidelberger Zement arbeitet im Kernmarkt Deutschland, mehr als die Hälfte in Ländern außerhalb der EU. Ein Euro-Betriebsrat wurde bereits 1996 eingerichtet. Mit der Entsendung von Fachkräften an ausländische Produktionsstandorte sollen ein direkter, effizienter Know-how-Transfer sowie Fortschritte bei der Integration neu hinzukommender Unternehmen erreicht werden. Durch die zunehmende Globalisierung steigt der Bedarf an international einsetzbaren Führungskräften. An den inländischen Standorten gab es 1998 rund 400 Auszubildende.

UMWELTSCHUTZ. Umweltbewußtes Verhalten bei einem Zement- und Baustoffhersteller muß in der Natur der Sache liegen. Umweltvorsorge umfaßt deshalb bei Heidelberger Zement den gesamten Lebenszyklus von Zement: von der Herstellung über die Nutzungsphase bis zur Entsorgung bzw. Wiederverwertung. Denn immer sind auch Anwohner von der Produktion betroffen, wird in die Landschaft durch Steinbrüche und Kiesgruben besonders intensiv eingegriffen. Heidelberger Zement ist beteiligt an der freiwilligen Verpflichtung der Zementindustrie zur Verminderung der CO_2-Emissionen. Die Staubwerte der Zementwerke konnten in den vergangenen Jahren erheblich reduziert werden. Zur Entwicklung der durch Steinbrüche veränderten Landschaft hat Heidelberger Zement eine detaillierte Broschüre über Maßnahmen und Möglichkeiten zur sinnvollen Gestaltung von Steinbrüchen herausgegeben. In das Umweltmanagement werden auch die Zementwerke Osteuropas einbezogen, in denen bei der Erneuerung von Anlagen zur Luftreinhaltung die gleichen Maßstäbe angewendet werden sollen wie in Deutschland.

Umsatz 1998: *7.652,3 Mio.*
Umsatz 1997: *7.256,2 Mio.*
Umsatz 1996: *6.473,5 Mio.*

Gewinn 1998: *574,2 Mio.*
Gewinn 1997: *495,4 Mio.*
Gewinn 1996: *501,7 Mio.*

Cash flow 1998: *1.098,0 Mio.*
Cash flow 1997: *1.098,0 Mio.*
Cash flow 1996: *1.070,0 Mio.*

Cash flow: *Die Investitionen wurden zum größten Teil aus dem Cash flow finanziert.*

Steueraufkommen 1998: *240,7 Mio.*

INVESTITIONEN IN MIO. DM

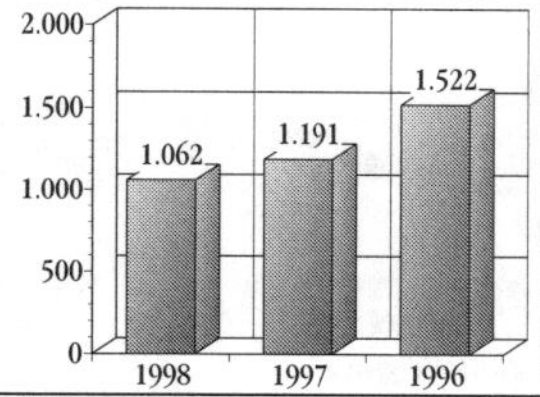

Beschäftigte 1998: *24.311*
Beschäftigte 1997: *23.648*
Beschäftigte 1996: *24.437*

Umsatz pro Mitarbeiter 1998: *314.767,– DM*
Umsatz pro Mitarbeiter 1997: *306.842,– DM*
Umsatz pro Mitarbeiter 1996: *264.906,– DM*

Löhne und Gehälter 1998: *1.294,7 Mio.*
Löhne und Gehälter 1997: *1.242,7 Mio.*
Durchschnittsgehalt 1998: *53.256,– DM*
Soziale Abgaben und Aufwendungen 1998: *372,0 Mio.*
Soziale Abgaben und Aufwendungen 1997: *347,7 Mio.*

Bezüge pro Vorstandsmitglied 1998: *1.531.429,– DM*
Tantiemen pro Aufsichtsrat 1998: *163.000,– DM*

Investitionen 1998:
1.062,0 Mio.
Investitionen 1997:
1.191,0 Mio.
Investitionen 1996:
1.522,0 Mio.

Mitbewerber: *Dyckerhoff Zement, Holderbank, Lafarge, Readymix*

Zu einem lukrativen Unternehmenszweig bei Heidelberger Zement hat sich in den letzten Jahren der Umweltschutz entwickelt. In vielen Bereichen hat das Unternehmen richtungsweisende Lösungen entwickelt und angeboten, so z.B. im Lärmschutz, bei der Luftreinhaltung und mit Landschaftsschutzmaßnahmen. Die Heidelberger Umwelttechnik mit einer Niederlassung in Dresden, speziell für die Anforderungen der neuen Bundesländer, konzipiert Produkte für die Bereiche Altlastensanierung/Einkapselung, Wasserbau, Deponiebau, Basisabdichtung, Deponiebetrieb, Bodeninjektion und Recycling.

FORSCHUNG, ENTWICKLUNG, INNOVATIONEN.
Im Rahmen einer länderübergreifenden Zusammenarbeit wurden die zentralen Ingenieurkapazitäten von Heidelberger Zement und CBR im Heidelberger Zement Group Technology Center (HTC) mit insgesamt 200 Mitarbeitern zusammengefaßt. Marktorientierte Forschung steht bei Heidelberger Zement im Vordergrund. Zu den Forschungsschwerpunkten gehören die Entwicklung neuer Baustoffe, Dämmaterialien und Recyclingbeton.

Heilit+Woerner siehe Walter Bau

HENKEL

Standort:
Henkelstraße 67
40589 Düsseldorf

Postanschrift:
40191 Düsseldorf

Telefon: *(0211) 797-0*
Telefax: *(0211) 798-4008*
Internet: *www.henkel.de*

Branche: *Chemieprodukte, Oberflächentechnik, Klebstoffe, Kosmetik/Körperpflege, Wasch-/Reinigungsmittel, Hygieneprodukte*

Rechtsform: *Kommanditgesellschaft auf Aktien (KGaA)*

Geschäftsjahr: *1.1.-31.12.*

Gründungsjahr: *1876*

GESCHICHTE UND ENTWICKLUNG. Fritz Henkel gründete die Henkel & Cie. im Jahre 1876 in Aachen. 1878 verlegte er die Firma wegen der besseren Verkehrsanbindungen an den Rhein nach Düsseldorf. Um die Jahrhundertwende zog das Unternehmen in den Vorort Holthausen, den jetzigen Standort. Das Werksgelände ist von anfänglich 55.000 m^2 bis heute auf rund 1.500.000 m^2 gewachsen und durch eine Pipeline für die Rohstoffzufuhr mit dem Rheinhafen Düsseldorf-Reisholz verbunden. 1878 wurde das Waschmittel »Henkel's Bleichsoda« eingeführt. 1907 kam als erstes selbsttätiges Waschmittel »Persil« auf den Markt, benannt nach zwei wichtigen Bestandteilen: Perborat und Silikat. Persil brachte stürmisches Wachstum und internationale Anerkennung. 1913 wurde die erste Tochterfirma im Ausland gegründet. 1920 kam der erste Haushaltsreiniger auf den Markt: das Scheuerpulver »ATA«. 1923 folgte die Gründung des Klebstoffwerkes. 1935 kam es zur Übernahme der Deutschen Hydrierwerke in Rodleben und der Böhme Fettchemie in Chemnitz, die zuvor mit »Fewa« das erste synthetische Waschmittel der Welt auf den Markt gebracht hatten.
1945 besetzten amerikanische Truppen das Henkel-Werk und verhafteten zahlreiche Mitglieder der Familie Henkel, der Geschäftsleitung und des Aufsichtsrates. Es folgte die Demontage von Teilen der Öl-, Glyzerin- und Waschmittelfabrik. 1947 kehrte die Familie Henkel in die Firma zurück. Es begann die Produktion von Körperpflegemitteln und Kosmetika, u.a. von »Poly«. Zahlreiche Auslandsgesellschaften wurden gegründet, u.a. in Südafrika und Japan. 1954 folgten die Einführungen der Seife »Fa«, 1955 der Produkte »Wipp« und »Pattex«, 1957 von »Dixan« und 1958 von »Pril flüssig«. 1969 wurde der

»Pritt-Klebestift« kreiert. Es folgten Großakquisitionen in aller Welt und Gründungen zahlreicher Tochtergesellschaften. Führungsgesellschaft der Henkel-Gruppe ist seit 1975 die Henkel KGaA. 1985 wurden Henkel-Vorzugsaktien an der Börse eingeführt. 1990 zog sich Gründer-Enkel Konrad Henkel aus den Aufsichts- und Gesellschaftergremien zurück. Im selben Jahr erfolgte der Rückkauf des 1946 enteigneten ostdeutschen Waschmittelwerkes Genthin von der Treuhandanstalt (DDR-Marktführer waren »Spee« und »Spee Color«). 1991 wurde das Joint-venture mit dem Hygienespezialisten Ecolab eingegangen, 1995 die Hans Schwarzkopf GmbH übernommen. 1996 kam es zur Akquisition der amerikanischen Novamax Technologies Corp., 1996/97 zur Übernahme des amerikanischen Klebstoffherstellers Loctite, der bis dahin größten Akquisition der Henkel-Gruppe. Die Familie Henkel öffnete einen Teil der Stammaktien zum Erwerb für familienfremde Anleger. 1999 starb der Henkel-Familien-Patriarch Konrad Henkel.

Besitzverhältnisse/Eigentumsstruktur.

- Familie Henkel (über 85% der stimmberechtigten Stammaktien und 10% der Vorzugsaktien). Kommanditaktionäre sind die Familien Henkel – Familie Fritz Henkel 40%, Familie Hugo Henkel 40%, Familie Emmy Henkel 20%; Komplementäre sind Dr. Ulrich Lehner, Klaus Morwind, Prof. Dr. Roland Schulz, Dr. Uwe Specht, Dr. Hans-Dietrich Winkhaus. Aus den drei Kindern des Gründers wurde eine rund 70 Personen umfassende Eigentümerfamilie mit Stammaktienbesitz.
- Familie Jahr, Hamburg (5% der stimmberechtigten Aktien)
- Familie Schwarzkopf, Hamburg (2,3% der stimmberechtigten Aktien)
- Rest der stimmberechtigten Aktien in Streubesitz
- Vorzugsaktien breit gestreut bei ca. 41.000 Aktionären

Konzernüberblick. Die Zentrale des Henkel-Konzerns ist die Henkel KGaA in Düsseldorf mit ihrem Stammwerk in Düsseldorf-Holthausen. Die Henkel-Gruppe umfaßte Ende 1998 rund 340 Unternehmen in 70 Ländern der Welt. Schwerpunkte sind Europa und Nordamerika, Brasilien und Südostasien. Henkel ist der größte Hersteller der Welt von fettchemischen Produkten aus nativen Fetten und Ölen sowie der Klebstoffhersteller mit der weltweit breitesten Produktpalette. Henkel ist der international bedeutendste Hersteller von Fettalkoholen auf der Basis natürlicher Rohstoffe; bei Wasch- und Reinigungsmitteln, Körperpflege- und Kosmetikprodukten zählt Henkel in Europa zur Spitze. In den fettchemischen Betrieben des Henkel-Stammwerkes werden jährlich rund 400.000 Tonnen natürliche Öle und Fette ver-

Corporate Communications:
Jakob Lux
Tel.: (0211) 797-3533
Fax: (0211) 798-4040
E-Mail: jakob.lux@henkel.de
Peter Schwartz
Tel.: (0211) 797-9160
Fax: (0211) 798-4040
E-Mail: peter.schwartz@henkel.de

Verbände: *Verband der Chemischen Industrie e.V., Frankfurt/Main*

Geschäftsführung:
- *Winkhaus, Hans-Dietrich, Dr.*) (Vorsitzender)*
- *De Keersmaecker, Guido (Klebstoffe)*
- *Krautter, Jochen, Dr. (Oberflächentechnik/Informationssysteme)*
- *Lehner, Ulrich, Dr.*) (Finanzen/Logistik)*
- *Morwind, Klaus, Dr.*) (Wasch-/Reinigungsmittel)*
- *Schulz, Roland, Dr.*) (Personal/Institutionelle und industrielle Hygiene)*
- *Specht, Uwe, Prof. Dr.*) (Kosmetik/Körperpflege)*
- *Wulff, Harald, Dr. (Chemieprodukte)*

**) persönlich haftende geschäftsführende Gesellschafter:*

Bezüge der Geschäftsführung 1998: *14.841.000,– DM*

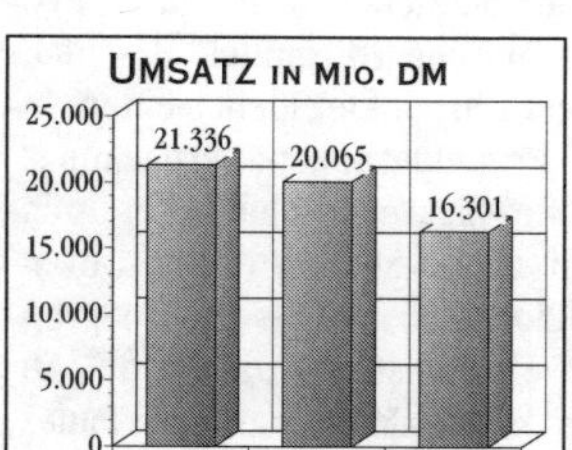

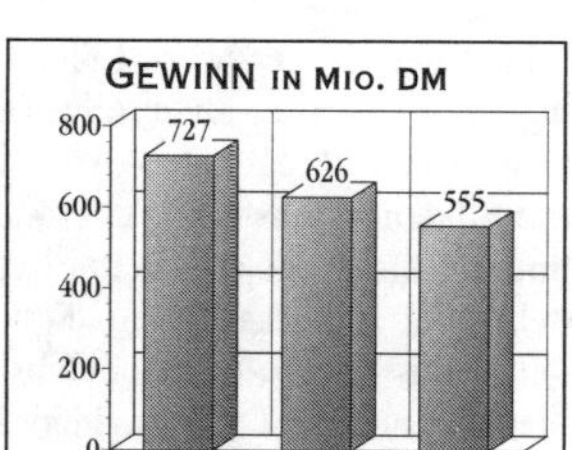

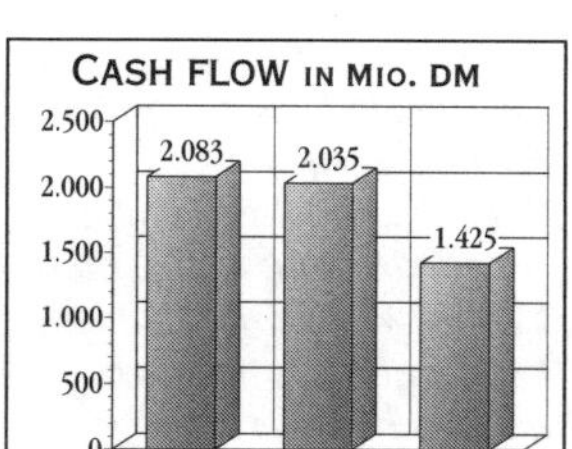

Gesellschafterausschuß:
▮ *Woeste, Albrecht (Vorsitzender; zählt zur vierten Henkel-Generation aus dem Erbenzweig Emmy Lüps)*
▮ *Henkel, Christoph (stellv. Vorsitzender; selbständiger Unternehmer)*
▮ *Manchot, Jürgen, Dr. (stellv. Vorsitzender; Chemiker; Neffe Konrad Henkels aus dem Erbenzweig Fritz Henkel)*
▮ *Hamelmann, Stefan (Unternehmer)*
▮ *Hartmann, Ulrich (Vorsitzender des Vorstandes der VEBA AG)*
▮ *Plichta, Christa, Dr. (Ärztin)*
▮ *Röller, Wolfgang, Dr. (ehem. Vorsitzender des Aufsichtsrates der Dresdner Bank AG)*
▮ *Schmidt, Burkhard (Geschäftsführer der Jahr Vermögensverwaltung GbR)*
▮ *Sihler, Helmut, Prof. Dr. Dr. (ehem. Vorsitzender der Geschäftsführung der Henkel KGaA)*

Bezüge des Gesellschafterausschusses 1998:
1.920.000,– DM

Aufsichtsrat:
▮ *Woeste, Albrecht (Vorsitzender)*
▮ *Cartellieri, Ulrich, Dr. (Mitglied des Aufsichtsrates der Deutsche Bank AG)*
▮ *Fairchild, Ursula (Unternehmerin)*
▮ *Herman, Benedikt-Joachim Freiherr von (Forstwirt)*
▮ *Meffert, Heribert, Prof. Dr. Dr.h.c. (Hochschullehrer und Direktor des Instituts für Marketing der Universität Münster)*
▮ *Riesenhuber, Heinz, Prof. Dr. (Bundesforschungsminister a.D.)*
▮ *Thorbecke, Heinrich (Bankier)*
▮ *Walter, Bernhard (Sprecher des Vorstandes der Dresdner Bank AG)*

arbeitet. Diese Arbeit ist auf zwei große Anlagenkomplexe verteilt: die Ölbetriebe und die Fettalkoholbetriebe. In Holthausen werden in großtechnischem Maßstab u.a. Tenside für Wasch- und Reinigungsmittel sowie Kosmetika hergestellt. Henkel betreibt in 16 Ländern Sulfieranlagen, sieben allein in Holthausen, wo täglich mehr als 1.000 Tonnen Waschmittel entstehen.
Henkel stellt über 10.000 Produkte her. Der Henkel-Konzern ist in sechs Unternehmensbereiche gegliedert, die weltweit zuständig sind. Ihnen sind jeweils Produktion, Marketing und Anwendungstechnik zugeordnet.

◆ Unternehmensbereich Chemieprodukte mit den Bereichen Oleochemie, Care Chemicals, Organische Spezialchemie sowie Anorganische Produkte. Oleochemie – Produktgruppen: Fettsäuren, Glycerin und Fettsäurederivate, Fettalkohole, Nahrungs- und Futtermitteladditive, Vitamin E und Carotinoide. Care Chemicals – Produktgruppen: Produkte für die kosmetische und pharmazeutische Industrie sowie Wasch- und Reinigungsmittel, Riechstoffe/Kompositionen. Organische Spezialchemie – Produktgruppen: Grundstoffe und Additive für Kunststoffe, Lacke und Farben, Produkte für die Textil-, Leder- und Papierherstellung, Spezialprodukte für den Bergbau, die Ölförderung sowie für Schmierstoffe, Pflanzenschutzmittel und die Bauindustrie. Anorganische Produkte: Wasserglas. Der Unternehmensbereich Chemieprodukte wurde aus dem Henkel-Unternehmensverbund ausgegliedert und in ein rechtlich selbständiges Unternehmen überführt, das als Cognis GmbH firmiert und eine 100%ige Tochtergesellschaft der Henkel KGaA ist. Cognis soll mit etwa 10.000 Beschäftigten und einem Umsatz von 5 Mrd. DM zu den weltweit führenden Unternehmen auf dem Gebiet der Spezialchemie gehören. Umsatz 1998: 4.881 Mio. DM (Vorjahr: 4.851 Mio.).

◆ Unternehmensbereich Oberflächentechnik (Surface Technologies) mit den Produktgruppen: Produkte und Anwendungssysteme für die chemische Oberflächenbehandlung von Metallen und Substituten, Schmierstoffe, Reinigungsmittel, Korrosionsschutzmittel, Produkte zur Konversionsbehandlung und zur Kühl-, Prozeß- und Abwasserbehandlung, Geräte zur Prozeßsteuerung und Dosierung, Frost- und Korrosionsschutzmittel für Kfz-Kühlsysteme, Dispersionsklebstoffe, Schmelzklebstoffe, Korrosionsschutzwachse. Umsatz 1998: 1.703 Mio. DM (Vorjahr: 1.632 Mio.).

◆ Unternehmensbereich Klebstoffe mit den Bereichen Konsumenten- und Handwerkerklebstoffe, Industrie- und Verpackungsklebstoffe sowie Konstruktionsklebstoffe. Konsumenten- und Handwerkerklebstoffe – Produktgruppen: Tapetenkleister, Decken-, Wandbelags-, Fliesenkleber, Renovierungsprodukte, Fugendichtungsmassen, Polyurethanschäume, Sekundenkleber, Kontaktkleber, Holzleime, PVC-Rohrkleber, Verlegewerkstoffe, bauchemische Hilfsmittel, Beschichtungen, Klebestifte, Kleberoller, Korrekturprodukte, Klebebänder. Industrie- und Verpackungsklebstoffe – Produktgruppen: Verpackungs- und Etikettierklebstoffe, Schuhklebstoffe, Zigaretten-Klebstoffe, Buchbinderei-Klebstoffe, Holzleime, Folienverbund-Klebstoffe, Non-woven-Klebstoffe; Lederfaserstoffe. Konstruktionsklebstoffe – Produktgruppen: industrielle Reaktionsklebstoffe, Hochleistungs-Dichtstoffe, Abdichtungssysteme, Strukturklebstoffe. Henkel-Markenartikel: Pattex, Ponal, Pritt, Methylan, Dufix, Gori, Sista, Ceresit, Polifac. 1997 wurde in diesen Bereich die amerikanische Loctite-Gruppe integriert. Henkel ist bei Klebstoffen mit Abstand Weltmarktführer. Umsatz 1998: 4.639 Mio. DM (Vorjahr: 4.237 Mio.).

◆ Unternehmensbereich Kosmetik/Körperpflege. Produktgruppen: Feinseifen, Bade- und Duschzusätze, Deodorantien, Hautcremes, Hautpflegeprodukte, Produkte für die Zahnpflege und Mundhygiene, Haarwasch- und -pflegemittel, Haarcolorationen, Haarstylingprodukte, Dauerwellmittel, Parfüms und Duftwässer, Friseurgeschäft. Henkel-Markenartikel: Fa City Men, Thera-med, Vademecum, Poly, AOK-Hautpflege, Diadermine, Moschus, Musk. Die Produktlinie »Fa« ist die bedeutendste europäische Marke. Bei Duschbädern ist Henkel in Europa Marktführer. 1997 wurde die Schwarzkopf-Gruppe mit allen Produkten – Schauma, Drei Wetter Taft und Gliss in der Haarkosmetik; Kaloderma und Bac in der Körperpflege – in die Henkel-Gruppe integriert. Umsatz 1998: 3.335 Mio. DM (Vorjahr: 2.972 Mio.).

◆ Unternehmensbereich Wasch-/Reinigungsmittel. Produktgruppen: Universalwaschmittel, Spezialwaschmittel, Avivagemittel, Geschirrspülmittel, Haushaltsreiniger, Scheuermittel, Boden- und Teppichpflegemittel, Bad- und WC-Reiniger, Glasreiniger und Brillenputztücher, Möbel- und Küchenpflegemittel, Schuh- und Wäschepflegemittel, Pflanzenpflegemittel. Henkel-Markenartikel: Persil, Weißer Riese, Spee, Dixan, Wipp, Le Chat, Vernel, Perwoll, Pril, Somat, Dor, General, Ata, Sapur, Sofix, Substral, Sidolin, Biff, Paral (nur Vertrieb). Mit Persil Megaperls gelang Henkel Mitte der 90er Jahre die erfolgreichste Neueinführung ins Waschmittelgeschäft der letzten Jahrzehnte. Umsatz 1998: 4.919 Mio. DM (Vorjahr: 4.636 Mio.).

◆ Unternehmensbereich Hygiene. Produktgruppen: Produkte, Geräte, Maschinen, Systeme und Service für die Anwendungsgebiete Reinigen, Waschen, Pflegen, Spülen und Desinfizieren bei öffentlichen und privaten Großabnehmern sowie der Ernährungs- und Getränkeindustrie und in der Landwirtschaft. Das Hygiene-Geschäft wird in Europa gemeinsam mit dem amerikanischen Henkel-Partner Ecolab Inc., St. Paul/Minnesota, als Joint-venture Henkel-Ecolab betrieben. Umsatz 1998: 1.615 Mio. DM (Vorjahr: 1.498 Mio.).

BETEILIGUNGEN. Zum Henkel-Konzern zählen weltweit rund 450 Gesellschaften in 70 Ländern, von denen 1998 44 inländische und 295 ausländische Unternehmen in den Konzernabschluß einbezogen wurden, bei denen die Henkel KGaA direkt oder indirekt die Mehrheit der Stimmrechte besitzt oder die unter ihrer einheitlichen Leitung stehen. Zu den wichtigsten Gesellschaften der Henkel-Gruppe gehören im In- und Ausland:

● Henkel-Ecolab GmbH & Co. oHG, Düsseldorf (50% + 1 Anteil – Joint-venture-Gesellschaften; über 40 Gesellschaften in 24 europäischen Ländern); Hans Schwarzkopf GmbH, Hamburg (100%); Grünau Illertissen GmbH, Illertissen (100%); Dorus Klebetechnik GmbH & Co. KG, Bopfingen (100%); Henkel Bautechnik GmbH, Düsseldorf (100%); Sichel-Werke GmbH, Hannover (100%); Henkel Teroson GmbH, Heidelberg (100%); AOK-Nerval Cosmetics & Perfumes GmbH, München (100%); Böhme Fettchemie GmbH, Hamburg (100%); Columbia Cosmetics GmbH, Berlin (100%); Cordes & Co. GmbH, Porta Westfalica (100%); Floordress Reinigungsgeräte GmbH, Lorch-Waldhausen (50%); Henkel Genthin GmbH, Genthin (100%); Kepec Che-

**Zander, Winfried (stellv. Vorsitzender)*
**Dietrichs, Hans*
**Hinz, Bernd*
**Jansen, Dieter*
**Mehnert, Hans*
**Vassiliadis, Michael*
**Walter, Jürgen*
**Wilsch-Irrgang, Anneliese, Dr.*

Aufsichtsratstantiemen 1998: *1.019.000,– DM*

BÖRSE, AKTIEN, KURSE
Grundkapital 1998:
730,0 Mio.
Jahreshöchstkurs 1998:
Stammaktie: 159,00 DM (81,30 €)
Vorzugsaktie: 183,45 DM (93,80 €)
Jahrestiefstkurs 1998:
Stammaktie: 98,50 DM (50,36 €)
Vorzugsaktie: 106,30 DM (54,35 €)
Aktie Jahresende 1998:
Stammaktie: 132,50 DM (67,75 €)
Vorzugsaktie: 144,90 DM (74,09 €)
Dividende pro Aktie 1998:
Stammaktie: 1,55 DM
Vorzugsaktie: 1,65 DM

Die Dividende bezieht sich auf eine nennwertlose Stückaktie. Die Dividendensumme 1998 betrug 232,0 Mio. DM. Seit 1996 können auch familienfremde Anleger, die nicht im Einflußbereich der Familie Henkel stehen, stimmberechtigte Stammaktien erwerben. Bis dahin konnten Außenstehende nur stimmrechtslose Vorzugsaktien kaufen. Bei der Umstellung des Nennwertes der Aktien von 50,– DM auf 5,– DM wurde jede zehnte Vorzugsaktie in eine stimmberechtigte Stammaktie umgetauscht. In einem familieninternen Aktienbindungsvertrag wurde aber fest-

gelegt, daß die Familie Henkel mindestens bis zum Jahr 2016 mehr als 50% der stimmberechtigten Aktien behalten muß. Durch diesen Vertrag soll einem Ausverkauf des Unternehmens durch an der Firma weniger interessierte Familienmitglieder vorgebeugt werden. Dann soll familienintern neu verhandelt werden. Ein Grund für die Aktion: Der Umtausch verschaffte Henkel mehr Raum für die Erhöhung des Vorzugskapitals und sichert so ein Verbleiben im DAX. So haben die über 70 Mitglieder der Familie Henkel erstmals in der Unternehmensgeschichte die Möglichkeit, ihren Anteil an den Stammaktien von heute 100% um knapp 50% zu verringern. Hintergrund der vorsichtigen Henkel-Öffnung hin zu einer Publikumsgesellschaft ist aber auch, daß die zahlreichen Enkel der Familie endlich Bargeld sehen wollen.

Umsatz 1998: *21.336,0 Mio. (Auslandsanteil 71,7%)*
Umsatz 1997: *20.065,0 Mio. (Auslandsanteil 76,6%)*
Umsatz 1996: *16.301,0 Mio. (Auslandsanteil 72,6%)*

Gewinn 1998: *727,0 Mio.*
Gewinn 1997: *626,0 Mio.*)*
Gewinn 1996: *555,0 Mio.*
**) hinzu kam der Gewinn aus der Veräußerung des Degussa-Anteils von 501 Mio. DM.*

Cash flow 1998: *2.083,0 Mio.*
Cash flow 1997: *2.035,0 Mio.*
Cash flow 1996: *1.425,0 Mio.*

Cash flow: *Aus dem Cash flow wurden die Investitionen vollständig finanziert.*

Steueraufkommen 1998: *532,0 Mio.*

mische Fabrik GmbH, Siegburg (100%); Lang Apparatebau GmbH, Siegsdorf/Obb. (50%); Neynaber Chemie GmbH, Loxstedt (100%); Siegert & Cie. GmbH, Neuwied (100%); Thompson-Siegel GmbH, Düsseldorf (100%); Henkel Klebstoff GmbH, Düsseldorf (100%); Henkel Oberflächentechnik GmbH, Düsseldorf (100%); Henkel Waschmittel GmbH, Düsseldorf (100%); Henkos Cosmetic GmbH, Gundelfingen (100%); Loctite Deutschland GmbH, München (100%); Henkel Ecolab Institutional Deutschland GmbH & Co. oHG, Hanau (50%); Pritt Produktionsgesellschaft mbH, Hannover (100%).

● Henkel Benelux-Gruppe, Brüssel/Belgien (100%); Henkel-France-Gruppe, Boulogne-Billancourt/Frankreich (100%); Sidobre-Sinnova S.A., Saint Martory-Boussens/Frankreich (100%); Henkel Ltd., London/Großbritannien (100%); Henkel SpA, Ferentino/Italien (100%); Henkel-Austria-Gruppe, Wien/Österreich (100%); Henkel-Norden-Gruppe, Stockholm/Schweden (100%); Henkel & Cie. AG, Pratteln/Schweiz (100%); Henkel Ibérica SA, Barcelona/Spanien (80%); Henkel Turyag A.S., Izmir/Türkei (100%); Türk Henkel A.S., Istanbul/Türkei (100%); Henkel SA Indústrias Quimicas, São Paulo/Brasilien (100%); Henkel Mexicana SA de CV, Ecátepec de Morelos und Mexiko D.F./Mexiko (100%); Henkel South Africa (Pty) Ltd., Alrode/Südafrika (50%); Henkel China Ltd., Hongkong/China (100%); Henkel (China) Investment Company Ltd., Peking/China (100%); Henkel of America Inc., Gulph Mills/Pennsylvania, USA (100%); Ecolab Inc., St. Paul/Minnesota, USA (21,6%); Henkel Ecolab Inc., Wilmington/Delaware, USA (50,01%); The Clorox Company, Oakland/Kalifornien, USA (27,8%); Loctite Corporation, Hartford/Connecticut, USA (100%).

GOBALE STRATEGIEN UND DER STANDORT DEUTSCHLAND.

Rund um den Globus wird mit Henkel-Produkten produziert, behandelt, gewaschen und geklebt. Die Globalisierung der Henkel-Gruppe mit weltweiten Akquisitionen und Neugründungen von Tochtergesellschaften wird unvermindert fortgesetzt. Dabei wird ein intensives, ausdrücklich an der Konzentration auf die Kerngeschäfte und deren Kapitalrendite orientiertes Portfolio-Management betrieben. Die Wertsteigerung des Unternehmens hat dabei höchste Priorität.
Neben dem europäischen Markt – auch in nahezu allen Ländern Osteuropas verfügt Henkel inzwischen über eigene Produktionsstätten – und dem nord- und südamerikanischen Markt, auf dem weiter expandiert wird, steht zunehmend Asien auf der Karte der Henkel-Manager – und da insbesondere China. In der Volksrepublik China betreibt Henkel inzwischen 18 Gemeinschaftsunternehmen mit 5.000 Beschäftigten. So werden in China Persil, Wipp Express und Henko produziert und von dort auch in andere asiatische Regionalmärkte exportiert.
Henkel hatte in den vergangenen Jahren mit rund 15% der Belegschaft einen drastischen Stellenabbau, überwiegend im Inland, vorgenommen, der aber zwischenzeitlich durch Akquisitionen (u.a. Schwarzkopf) wieder weitgehend kompensiert wurde. Allein im Stammwerk Düsseldorf-Holthausen und bei inländischen Tochtergesellschaften wurden 3.500 Mitarbeiter entlassen. Hunderte Mitarbeiter, die auf Drängen der Geschäftsleitung in den Vorruhestand wechselten, um so Stellen frei zu machen, mußten merken, daß ihre Arbeitsplätze kurzerhand gestrichen wurden. Der Anteil der Mitarbei-

ter außerhalb Deutschlands liegt bei 72%. Henkel stellt aber den Chemiestandort Deutschland nicht ernsthaft in Frage, zumal sich die wesentlichen Henkel-Aktivitäten auf das Stammwerk in Düsseldorf-Holthausen konzentrieren.
Der Unternehmensbereich Chemieprodukte des Henkel-Konzerns wird umstrukturiert und aus dem Konzernverbund ausgegliedert. Dabei werden alle dem Unternehmensbereich zugeordneten Gesellschaften weltweit verselbständigt und in der neugegründeten Cognis GmbH zusammengefaßt. Cognis ist eine 100%ige Tochtergesellschaft der Henkel KGaA und soll ein weltweit führendes Unternehmen der Spezialchemie mit den Geschäftsfeldern Oleochemie, Care-Chemicals und organische Spezialchemie werden.

INNERBETRIEBLICHE BÜNDNISSE. Bei Henkel haben männliche Beschäftigte die Möglichkeit, mit 58 Jahren in Pension zu gehen, weibliche bereits mit 57. Flexible Arbeitszeitmodelle haben den täglichen Arbeitszeitrahmen erweitert, um kundenorientierter agieren zu können. Gleichzeitig wurde die Zahl der vergüteten Mehrarbeitsstunden halbiert und die Teilzeitquote erhöht. In der Chemie- und Wasch-

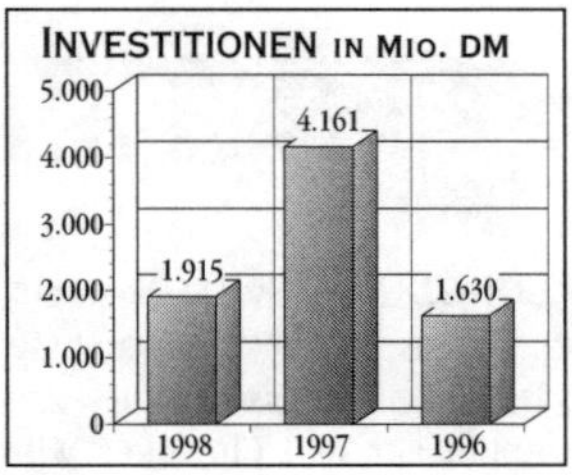

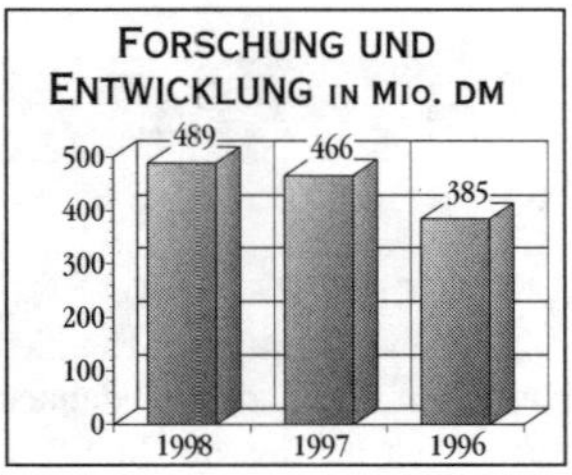

mittelproduktion wurden in der Fertigung verstärkt Gruppenarbeitsmodelle eingeführt, z.B. in der Megaperls-Fabrik in Düsseldorf. Nach der Einführung leistungs- und ergebnisbezogener Vergütung im Bereich der Führungskräfte (u.a. ein Aktien-Optionsmodell, das die variablen Einkommen der oberen 180 Führungskräfte an die Entwicklung der Henkel-Aktie in direktem Vergleich zum DAX setzt) wurde am Standort Düsseldorf-Holthausen mit erfolgsabhängiger Bezahlung auch für Tarifarbeiter begonnen. Ende 1998 waren bei Henkel 110 Jugendliche in der Ausbildung.

UMWELTSCHUTZ. Ein jährlich erscheinender Umweltbericht veröffentlicht konzernweit gemessene Umweltdaten in den Bereichen Energieverbrauch, Kohlendioxid-, Schwefeldioxid- und Stickoxid-Emissionen, Geruch, Lärm, Wasser, Verpackungen, Abfall, Produktionsmengen und der Emission flüchtiger organischer Sustanzen aus der Produktion. Ein Schwerpunkt des betrieblichen Umweltschutzes liegt immer im Werk Holthausen, besonders seit einer schwerwiegenden Betriebsstörung Mitte der 90er Jahre, bei der ein giftiges Gemisch entwichen war. Henkel setzt seither in Holthausen auf Transparenz und Öffentlichkeit. Bis Ende 1998 wurden weltweit 107 Produktionsstandorte nach der Öko-Audit-Verordnung der EU oder nach ISO 14001 auditiert, im Jahr 2000 sollen es 150 Standorte sein. Umweltschutz ist bei Henkel aber in der Natur der Sache liegender Selbst-

Beschäftigte 1998: *56.619 (Ausland: 40.828)*
Beschäftigte 1997: *54.089 (Ausland: 38.571)*
Beschäftigte 1996: *46.550 (Ausland: 30.950)*

Umsatz pro Mitarbeiter 1998: *376.835,– DM*
Umsatz pro Mitarbeiter 1997: *370.963,– DM*
Umsatz pro Mitarbeiter 1996: *350.183,– DM*

Löhne und Gehälter 1998: *3.416,0 Mio.*
Löhne und Gehälter 1997: *3.236,0 Mio.*
Durchschnittsgehalt 1998: *60.333,– DM*
Soziale Abgaben und Aufwendungen 1998: *883,0 Mio.*
Soziale Abgaben und Aufwendungen 1997: *880,0 Mio.*

Bezüge pro Mitglied der Geschäftsführung 1998: *1.855.125,– DM*
Bezüge pro Mitglied des Gesellschafterausschusses 1998: *213.333,– DM*
Tantiemen pro Aufsichtsrat 1998: *63.688,– DM*

Investitionen 1998: *1.915,0 Mio.*
Investitionen 1997: *4.161,0 Mio.*
Investitionen 1996: *1.630,0 Mio.*

Umweltschutz 1998: *392,0 Mio.*
Umweltschutz 1997: *389,0 Mio.*
Umweltschutz 1996: *375,0 Mio.*

Forschung und Entwicklung 1998: *489,0 Mio.*
Forschung und Entwicklung 1997: *466,0 Mio.*
Forschung und Entwicklung 1996: *385,0 Mio.*

Mitbewerber: *BASF, Beiersdorf, Colgate-Palmolive, Dow Chemical, Gillette, Hoechst, ICI, S.C. Johnson, L'Oréal, Procter & Gamble, Roche, Shiseido, Unilever*

zweck. Henkel weiß, daß besonders im Waschmittelsektor mit einer ökologischen Führungsrolle viel Geld verdient werden kann. Ökologieorientierte Produkte sind im Selbstverständnis Henkels entscheidend gutes Marketing.

FORSCHUNG, ENTWICKLUNG, INNOVATIONEN.
Das Henkel-Forschungszentrum in Düsseldorf konzentriert die meisten Forschungsaktivitäten des Konzerns und steht allen Konzerngesellschaften offen. Weitere wichtige Forschungszentren besitzt der Konzern im amerikanischen Santa Rosa/Kalifornien und in Ambler/ Pennsylvania. Die zentrale Forschung wurde 1998 in fünf Kompetenzzentren (Physikalische Chemie, Biophysik/Sensorik, Festkörperchemie/Oberflächenbehandlung, Biomaterialien/Biotechnologie und Forschungstechnikum) und in fünf Forschungsgruppen für die operativen Unternehmensbereiche gegliedert. Auch die bislang standortbezogenen Aufgaben der Ingenieurtechnik wurden den technischen Diensten am Standort Düsseldorf-Holthausen zugeordnet. Weltweit arbeiten 3.700 Mitarbeiter in der Forschung, Entwicklung und Anwendungstechnik.

HERAEUS

Standort:
Heraeusstraße 12-14
63450 Hanau

Postanschrift:
Postfach 15 61
63405 Hanau

Telefon: *(06181) 35-1*
Telefax: *(06181) 35-809*
Internet: *www.heraeus.de*

Branche: *Holdinggesellschaft; Edelmetalle, NE-Metalle, Elektrotechnik, Feinmechanik, Sonderkeramik, Quarzglaserzeugnisse; Maschinen- und Anlagenbau; Groß- und Außenhandel*

Rechtsform: *GmbH*

Geschäftsjahr: *1.1.-31.12.*

Gründungsjahr: *1851*

GESCHICHTE UND ENTWICKLUNG. Noch heute liegt ein Schwerpunkt des Familienunternehmens in der Verarbeitung von Platin und anderen Edelmetallen. Damit knüpft das Hanauer Unternehmen nahtlos an die 1851 vom Apotheker und Chemiker Wilhelm Carl Heraeus gegründete erste deutsche Platinschmelze an. 1891 kam das erste Heraeus-Patent heraus: die Herstellung von Platin-Gold-Kesseln. Es folgten Elektro-Wärmeöfen (Platin/Rhodium-Heizentwicklung), die ersten keramischen Farben und die Aufnahme des chemischen Apparatebaus. 1901 wurde die Heraeus Quarzschmelze gegründet, drei Jahre später kam das erste Platin-Widerstandsthermometer auf den Markt. 1906 Erfindung der künstlichen Höhensonne, 1910 erster Vakuumschmelzofen, 1914 erste Platin-Katalysatornetze. Entwicklung der Höhensonne in den 30er Jahren; bahnbrechende Innovationen auf dem Dentalmarkt. Heraeus präsentierte der Öffentlichkeit die ersten Dentallegierungen.
1945 Gründung der Heraeus Edelmetalle GmbH. Mit der Gründung erster Auslandstöchter 1958 und zahlreichen Firmenneugründungen (u.a. 1967 Leybold-Heraeus) begann der Aufstieg des Hanauer Unternehmens; in den 70er Jahren folgten große Beteiligungen in den USA, England und Japan sowie weitere Auslandsunternehmen. Erstmals stieg der Umsatz über die Milliardengrenze. Weitere Großakquisitionen in den USA und Fernost. 1987 Verkauf von Leybold-Heraeus an die Degussa AG. Im Gegenzug Erwerb der belgischen Electro-Nite-Gruppe (Eintauchsensoren für Metallschmelzen). 1990 generelle Umstrukturierung des Konzerns unter dem Dach einer Management-Holding. 1995 Übernahme der Dentalsparte der Bayer AG. 1998 Fusion des Heraeus-Laborgerätegeschäftes mit der amerikanischen Sorvall Products zu Kendro Laboratory Products.

BESITZVERHÄLTNISSE/EIGENTUMSSTRUKTUR.
● Familie Heraeus (100%)

KONZERNÜBERBLICK. Heraeus ist Hersteller und Verarbeiter hochwertiger Stoffe wie Gold, Silber, Platin, Quarzglas und spezieller Kunststoffe. Domänen des Hanauer Konzerns sind die Edel- und Sondermetall-Technologie, die Edelmetallchemie, der Bereich der Dentaltechnik, die Entwicklung und Produktion von Geräten für Medizin, Forschung und Industrie, die Meß- und Regeltechnik, die Produktion von Quarzglas und Quarzgut. In den Bereichen Quarzglas, im Edelmetallsektor, bei medizinischen Lampen und in Teilen der Sensortechnik gehören die Hanauer weltweit zu den Marktführern. Unter dem Dach einer Management-Holding, die sich übergreifenden strategischen Aufgaben widmet, bestehen vier weltweit operierende Führungsgesellschaften auf in sich geschlossenen Geschäftsfeldern. Diese Gesellschaften führen weltweit alle im Geschäftsfeld tätigen Tochter- und Beteiligungsunternehmen. Eine weitere Gesellschaft betreut das Arbeitsgebiet Medizintechnik.

◆ Das Geschäftsfeld W.C. Heraeus (Edelmetalle) mit der operativen Führungsgesellschaft W.C. Heraeus GmbH & Co. KG. Es gliedert sich in die Arbeitsgebiete: Electronic Materials, Materialtechnik, Schmuckhalbzeug, Edelmetallchemie, Keramische Farben, Elektrochemie und Edelmetallhandel. WCH konzentriert sich auf den industriellen Einsatz von Edelmetallen. Das reicht von der Gewinnung der reinen Metalle aus Erzen und edelmetallhaltigen Schrotten über die Herstellung keramischer Dekorfarben und Edelmetallpräparate bis zur Fertigung hochwertiger Elektronik-Bauteile wie Chip-Träger oder Kontaktmaterialien. Die Materialtechnik umfaßt die Gebiete Elektronik, Metalltechnik, Lasertechnik, Gießereitechnik und Bijouterie (Geschäft mit Bijouterie-Halbzeug zur Schmuckherstellung). Die Chemie umfaßt die Gebiete Edelmetallchemie, Katalysatoren, Dickfilm, Keramische Farben, Elektrochemie. Der Unternehmensbereich W.C. Heraeus zählt weltweit zu den ersten Adressen im industriellen Edel- und Sondermetallgeschäft. Die W.C. Heraeus GmbH & Co. KG hat weltweit 25 Tochter- und Beteiligungsgesellschaften. Umsatz 1998: 6.097,6 Mio. DM (Vorjahr: 6.833,6 Mio.); Beschäftigte 1998: 2.442 (Vorjahr: 2.320).

◆ Das Geschäftsfeld Heraeus Kulzer (Dental) mit der operativen Führungsgesellschaft Heraeus Kulzer GmbH & Co. KG entstand Mitte 1990 durch Fusion der Heraeus Edelmetalle GmbH, Hanau, und der Kulzer GmbH, Wehrheim/Taunus. Das Geschäftsfeld Dental gliedert sich in die Arbeitsgebiete: Legierungen, Composites und Polyglas, Silikon-Abformmassen, Prothesenwerkstoffe, Künstliche Zähne, Feinmechanische Teile, Verarbeitungsgeräte. Durch weltweit operierende Vertriebsgesellschaften und Produktionsstätten wird eine globale Präsenz angestrebt. 1995 übernahm Heraeus Kulzer das Geschäftsfeld Dental der Bayer AG mit Standorten in Deutschland, den Niederlanden, den USA, Japan und China. In Japan unterhält die Heraeus Kulzer GmbH ein Joint-venture zum Vertrieb der Dentalwerkstoffe und -geräte, die Pana Heraeus Dental Co., Ltd. In den USA wurde 1996 die J.F. Jelenko & Co. auf dem Feld der Dentallegierung erworben. Heraeus zählt zu den Weltmarktführern im Dentalbereich. Die Heraeus Kulzer GmbH & Co. KG hat weltweit 24 Tochter- und Beteiligungsgesellschaften. Umsatz 1998:

Öffentlichkeitsarbeit:
Dr. Ralf Schrank
Tel.: (06181) 35-5100
Fax: (06181) 35-809
E-Mail: public-relations@europe.heraeus.com

Verbände: *Die einzelnen Sparten sind nach ihren Aufgabenfeldern in den entsprechenden Fachverbänden organisiert.*

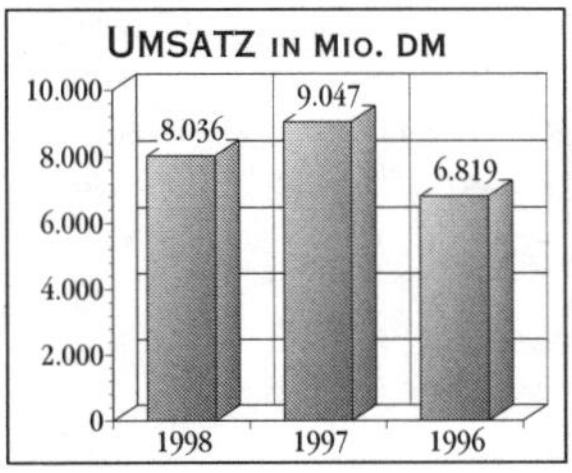

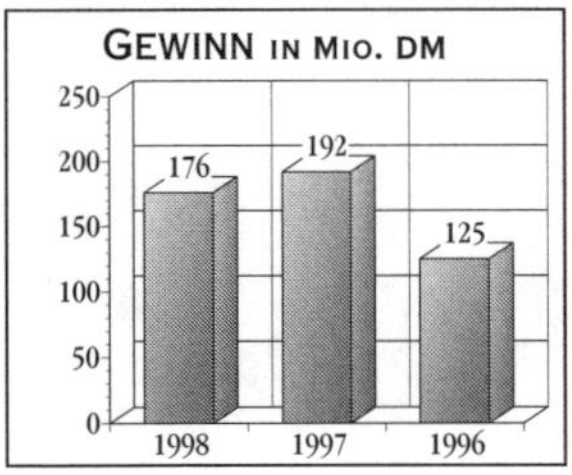

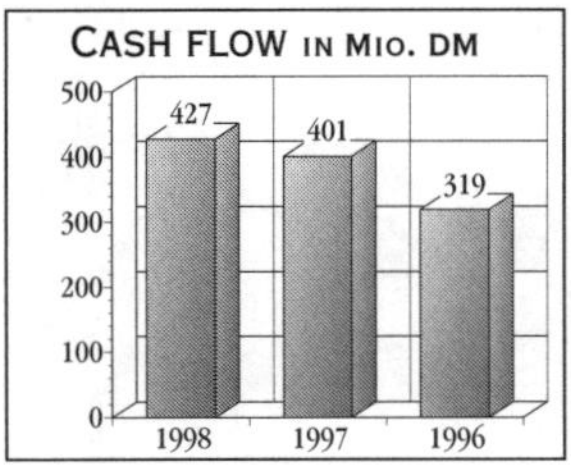

Geschäftsleitung Heraeus Holding:
- *Heraeus, Jürgen, Dr. (Vorsitzender), Maintal*
- *Heidsieck, Horst, Dr. (stellv. Vorsitzender), Hanau*
- *Goffloo, Klaus, Dr., Bad Homburg*
- *Vischer, Peter, Dr., Hanau*

Bezüge der Geschäftsleitung 1998: *keine Angaben*

Geschäftsleitungen der operativen Führungsgesellschaften:
W.C. Heraeus GmbH & Co. KG:
- *Baumann, Andreas, Neuberg*
- *Ritzert, Gerhard, Dr., Hanau*

Heraeus Kulzer Dental GmbH & Co. KG:
- *Richter, Roland, Dr., Odenthal*

Heraeus Quarzglas GmbH & Co. KG:
- *Vilsmeier, Gerhart, Aschaffenburg*

Heraeus Electro-Nite Int. N.V.:
- *Kleyn, Hendrik J.C., Monaco*

654,7 Mio. DM (Vorjahr: 783,5 Mio.); Beschäftigte 1998: 1.398 (Vorjahr: 1.406).

◆ Das Geschäftsfeld Heraeus Quarzglas mit der operativen Führungsgesellschaft Heraeus Quarzglas GmbH & Co. KG entstand aus der früheren Heraeus Quarzschmelze GmbH, die Anfang 1990 in Heraeus Quarzglas GmbH umfirmiert wurde und einer der größten Quarzglas-Hersteller der Welt ist. Das Geschäftsfeld Quarzglas gliedert sich in die Arbeitsgebiete: Halbleiterindustrie, Telekommunikation, Optik und Lampen, Chemische Industrie, UV- und IR-Strahlenquellen. Zu den Abnehmern gehören die chemische und die Halbleiter-Industrie (Silizium-Chip-Herstellung) sowie die optische Telekommunikation (Basismaterial für die Produktion von Lichtleitfasern). Quarzglas ist unverzichtbar für hochwertige optische Komponenten. Heraeus Quarzglas betreibt in Tokio/Japan ein 50:50-Joint-venture, die Young Shin Quartz Co., Ltd. Außerdem unterhält Heraeus Quarzglas ein internationales Netz von »Fabricator Shops«, die überall dort angesiedelt sind, wo z.B. Microchips gefertigt werden. Die Heraeus Quarzglas GmbH & Co. KG hat weltweit 20 Tochter- und Beteiligungsgesellschaften. Umsatz 1998: 646,7 Mio. DM (Vorjahr: 684,2 Mio.); Beschäftigte 1998: 2.711 (Vorjahr: 2.691).

◆ Das Geschäftsfeld Heraeus Electro-Nite (Sensoren) mit der operativen Führungsgesellschaft Heraeus Electro-Nite Int. N.V. entstand nach der Akquisition der belgischen Electro-Nite-Gruppe im Jahr 1988 und der Bündelung aller Aktivitäten auf dem Gebiet der Sensoren im Jahr 1990, wovon der angestammte Hanauer Sensor-Bereich von Heraeus besonders profitierte. Das Geschäftsfeld Sensoren gliedert sich in die Arbeitsgebiete: Sensoren für Metallschmelzen, Temperatursensoren, Dünnschicht-Elementarsensoren; im Aufbau ist das Arbeitsgebiet Gassensoren für die Automobilindustrie. Mit ihren weltweit 27 Fertigungsstätten und zahlreichen Vertretungen in allen wichtigen Industrieländern haben sich die Hanauer eine internationale Basis für ihre Temperatur-Meßtechnik geschaffen. 1995 wurde die Metallurgical Products Division von Leeds & Northrup mit Gesellschaften in den USA und Großbritannien übernommen. Umsatz 1998: 465,1 Mio. DM (Vorjahr: 478,8 Mio.); Beschäftigte 1998: 2.255 (Vorjahr: 2.272).

◆ Weiteres Arbeitsgebiet: Das Geschäft mit Medizintechnik wird von der Heraeus Med GmbH vertreten. Zum Geschäftsprogramm gehören Operationsleuchten, dermatologische Bestrahlungsgeräte und notfallmedizinische Produkte. Das Arbeitsgebiet Heraeus Instruments GmbH (Laborgeräte, Wärmeschränke, Brutschränke, Sicherheitswerkbänke und Zentrifugen) wurde 1998 aus dem Konsolidierungskreis der Heraeus Holding ausgegliedert und mit der amerikanischen Sorvall Products LP, Newton/USA, zu einem Gemeinschaftsunternehmen zusammengeführt. Das Unternehmen (300 Mio. DM Umsatz, über 1.000 Beschäftigte), in dem Heraeus mit 45% größter Anteilseigner ist, gehört zu den weltweit größten Laborgeräte-Anbietern.

BETEILIGUNGEN. Der Heraeus-Konzern umfaßt weltweit rund 100 Tochter- und Beteiligungsgesellschaften mit Standorten an allen wichtigen Hochtechnologiezentren in Europa, den USA und Fernost. Konsolidiert wurden 1998 neben der Heraeus Holding GmbH 28 inländische und 67 ausländische Tochtergesellschaften, die unter einheitlicher Leitung der Heraeus Holding GmbH stehen. Zu den wichtigsten Tochtergesellschaften und Beteiligungen der Heraeus Holding GmbH gehören: W.C. Heraeus GmbH & Co. KG, Hanau (100%); Heraeus Edelmetall Halbzeug GmbH, Pforzheim (100%); Heraeus Metallhandels-Gesellschaft mbH, Hanau (100%); Heraeus Kulzer Dental GmbH & Co. KG, Hanau (100%); ZL-Microdent-Attachment GmbH & Co. KG, Hanau (100%); Heraeus Quarzglas GmbH & Co. KG, Hanau (100%); I.P. Quarz-Form GmbH, München (100%); Heraeus Nobelight GmbH, Kleinostheim (100%); Heraeus Electro-Nite International N.V., Houthalen/Belgien (100%); Heraeus Sensor GmbH, Kleinostheim (100%); Heraeus Electro-Nite GmbH & Co. KG, Hagen (100%); Heraeus Med GmbH, Hanau (100%); Titan-Aluminium-Feinguß GmbH, Bestwig (50%); Kendro Laboratory Products, L.P., Norwalk/USA (45%).

GLOBALE STRATEGIEN UND DER STANDORT DEUTSCHLAND. Obwohl Heraeus als »Global Player« agiert (73% des Umsatzes tätigt Heraeus im Ausland), definiert es Deutschland auch weiterhin als Stammland. Heraeus beschwört die strategische Ausrichtung auf die Kerngebiete, auf die Bereiche, in denen man die absolute Kompetenz hat. Damit will man besonders auch weiterhin die neuen Wachstumsmärkte in Südostasien, in Japan und den USA erobern. Man komme nicht umhin, seinen Kunden ins Ausland zu folgen. Heraeus ist in den letzten Jahren international zahlreiche strategische Verbindungen eingegangen, hat gezielt akquiriert und steht ökonomisch gerechtfertigten Fusionen, wie etwa von Sorvall Products (USA) und Heraeus Instruments (Deutschland) zur Kendro Laboratory Products, positiv gegenüber.
Bedingt durch konjunkturelle Einbußen aufgrund der Asien-Krise und durch Veräußerungen einiger Gesellschaften (u.a. Heraeus Instruments GmbH, Heraeus Elektrochemie GmbH) verringerte sich die Zahl der Beschäftigten 1998 erstmals seit Jahren um über 1.100 auf unter 10.000. Dabei stieg der Anteil der Beschäftigten außerhalb Deutschlands 1998 auf 46%.

INNERBETRIEBLICHE BÜNDNISSE. Flexible Arbeitszeiten wurden in fast allen Unternehmensbereichen eingeführt. Im Stammwerk Hanau wurde 1998 eine neue Betriebsvereinbarung zur Regelung der Arbeitszeiten geschlossen, die über das Arbeitsrecht und die Tarifverträge hinausgeht. Samstagsarbeit ohne Mehrarbeitszuschlag wurde ebenso vereinbart wie die Erweiterung des Gleitzeitkorridors bis zu 100 Plus- oder Minusstunden (14 Arbeitstage). Arbeitszeit kann auf einem Langzeitkonto angespart und beispielsweise im Rahmen des Altersteilzeit-Programms abgerufen werden. 1998 beschäftigte Heraeus etwas über 260 Auszubildende.

UMWELTSCHUTZ. Heraeus behauptet von sich, an allen Standorten eine offensive Umweltschutzpolitik zu betreiben. Umweltschutz wurde zwischenzeitlich im Unternehmen flächendeckend dezentral implementiert. Dieses massive und inzwischen als vorbildlich geltende Engagement in Sachen Umweltschutz kam aber nicht von ungefähr. Denn immer wieder kamen in den vergangenen Jahren die »Giftküchen« von Heraeus Hanau in die Schlagzeilen. So war Heraeus 1985 maßgeblich daran beteiligt, als chlorierter Kohlenwasserstoff ins Grund-

Aufsichtsrat:
- *Saßmannshausen, Günther, Dr. (Vorsitzender), Hannover*
- *Büchel, Karl-Heinz, Prof. Dr., Burscheid*
- *Conring, Warner, Hannover*
- *Eychmüller, Wolfgang, Dr., Ulm*
- *Weiss, Heinrich, Hilchenbach*

**Ostermeier, Hans (stellv. Vorsitzender)*
**Blaumeiser, Clemens*
**Jakob, Jutta*
**Pilz, Michael*
**Schweinsberg, Hans*
**Weber, Manfred*

Aufsichtsratstantiemen 1998: *keine Angaben*

Umsatz 1998: *8.035,9 Mio. (Auslandsanteil: 73%)*
Umsatz 1997: *9.047,3 Mio. (Auslandsanteil: 70%)*
Umsatz 1996: *6.819,3 Mio. (Auslandsanteil: 68%)*

Gewinn 1998: *175,6 Mio.*
Gewinn 1997: *191,7 Mio.*
Gewinn 1996: *125,1 Mio.*

Cash flow 1998: *427,0 Mio.*
Cash flow 1997: *401,0 Mio.*
Cash flow 1996: *319,0 Mio.*

Cash flow: *Die Investitionen wurden aus dem Cash flow finanziert.*

Steueraufkommen 1998: *23,9 Mio.*

Grund- bzw. Stammkapital 1998: *105,0 Mio.*

Beschäftigte 1998: *9.594*
(davon im Ausland: 46%)
Beschäftigte 1997: *10.735*
(davon im Ausland: 45%)
Beschäftigte 1996: *10.281*
(davon im Ausland: 45%)

Umsatz pro Mitarbeiter 1998: *841.544,– DM*
Umsatz pro Mitarbeiter 1997: *842.785,– DM*
Umsatz pro Mitarbeiter 1996: *663.292,– DM*

Löhne und Gehälter 1998:
681,8 Mio.
Löhne und Gehälter 1997:
698,0 Mio.
Durchschnittsgehalt 1998:
71.065,– DM
Soziale Abgaben und Aufwendungen 1998:
186,2 Mio.
Soziale Abgaben und Aufwendungen 1997:
189,4 Mio.

Investitionen 1998:
263,0 Mio.
Investitionen 1997:
342,0 Mio.
Investitionen 1996:
228,0 Mio.

Forschung und Entwicklung 1998: *97,0 Mio.*
Forschung und Entwicklung 1997: *101,0 Mio.*
Forschung und Entwicklung 1996: *80,0 Mio.*

Mitbewerber: *Degussa-Hüls, Metallgesellschaft, Röchling, Preussag, Schott, Zeiss*

wasser gelangte und zu einer möglichen Gefährdung der Bevölkerung und der Umwelt führte. Anfang 1986 wurde die Affäre durch einen außergerichtlichen Vergleich aus der Welt geräumt: Die Hanauer Stadtwerke erhielten 2 Mio. DM Schadenersatz, 700.000 DM mußte Heraeus zur Sanierung von Erdreich und Grundwasser aufwenden. 1991/92 wurden in der Luft über Hanau Dioxin-Konzentrationen gemessen, die über dem Landesdurchschnitt lagen und einschneidende Gegenmaßnahmen erforderten. Heraeus war Verursacher dieser erhöhten Dioxin-Werte. Aufsehen erregte im Oktober 1991 die Detonation eines Wasserstofftanks auf dem Hanauer Werksgelände von Heraeus Quarzglas, wobei ein Drittel des Werksgeländes zerstört wurde und es durch glückliche Umstände nur wenige Leichtverletzte zu beklagen gab. Einen Umweltbericht veröffentlicht Heraeus allerdings bisher nicht.

FORSCHUNG, ENTWICKLUNG, INNOVATIONEN.

Die Produktentwicklung im Heraeus-Konzern ist dezentral organisiert, also dem operativen Geschäft direkt zugeordnet, um das Risiko von Fehlentwicklungen zu vermeiden. In allen Kernbereichen enstehen auch außerhalb Deutschlands Entwicklungszentren, die in einem globalen Netzwerk kundennah besonders für die zukunftsorientierten Schlüsselmärkte Halbleiter/Elektronik, Telekom, Automobil und Medizin arbeiten sollen.

DAS FAMILIENUNTERNEHMEN. Allen Spekulationen über einen möglichen Börsengang von Heraeus wird immer wieder eine deutliche Absage erteilt. Auch die Umwandlung der drei deutschen operativen Führungsgesellschaften W.C. Heraeus, Heraeus Kulzer Dental und Heraeus Quarzglas in Kommanditgesellschaften will der seit seiner Gründung 1851 vollständig in Familienbesitz befindliche Konzern als Stärkung des persönlichen Eigentums der Gesellschafter am Unternehmen verstanden wissen. Ebenso wird sich an dieser Struktur nichts ändern, wenn mit Beginn des Jahres 2000 dem Heraeus-Chef und Mitinhaber Jürgen Heraeus sein Stellvertreter Horst Heidsieck, ein nicht zur Heraeus-Familie gehörender Manager, an die Unternehmensspitze folgt.
»Zur Sicherung der langfristigen Eigenständigkeit als Familiengesellschaft« haben die Familieneigentümer, inzwischen über 140 Gesellschafter, 1994 die Einhorn Verwaltungsgesellschaft mbH gegründet (in Anlehnung an die Einhorn-Apotheke, aus der der Konzern hervorging). In die EVG brachten die Eigentümer 90% der bisher persönlich gehaltenen Anteile an der Heraeus Holding GmbH ein. Die übrigen 10% halten die Gesellschafter weiterhin direkt und verfügen damit über das 100%ige Stimmrecht. Die bei der EVG liegenden Anteile sind stimmrechtslos. Die Heraeus Holding GmbH bleibt Konzernobergesellschaft. Durch die Bündelung in der EVG sollte Veräußerungen von Anteilen an der Heraeus-Gruppe vorgebeugt werden. Anfang 1997 wurde das Eigenkapital durch Ausgabe von Genußscheinen in Höhe von 100 Mio. DM erhöht. 75% dieses Kapitals zeichnet die Einhorn Verwaltungsgesellschaft mbH, 25% die DG Bank.

Hertie siehe Karstadt

HEWLETT-PACKARD

GESCHICHTE UND ENTWICKLUNG. Die Hewlett-Packard Company wurde 1947 nach kalifornischem Recht als Rechtsnachfolgerin einer im Jahre 1939 von William R. Hewlett und David Packard gegründeten Gesellschaft in das Handelsregister eingetragen. Nachdem sich HP zunächst auf Meßinstrumente und elektronische Bauteile konzentriert hatte, diversifizierte man in den 80er Jahren in das Geschäft mit Computern. Im Bereich Laser- und Tintenstrahldrukker sowie Scanner ist HP weltweit führend. Der Konzern besitzt heute 60 Fertigungsstätten in 18 Ländern. Die Fertigungspalette umfaßt über 36.000 verschiedene Produkte. Etwa 600 Geschäftsstellen in über 120 Ländern sind für Verkauf und Kundendienst zuständig. Die Hewlett-Packard GmbH, Deutschland, wurde 1959 als erste und eine der größten Auslandstöchter des Konzerns gegründet. Böblingen ist Sitz der Hauptverwaltung und der meisten Geschäftsbereiche. 1997 wurde die Hewlett-Packard Holding GmbH für Deutschland gegründet. 1999 kam es im Zuge der weltweiten Aufspaltung der Hewlett-Packard-Corporation in zwei eigenständige Unternehmen für das Computergeschäft und die Meßtechnik auch bei der deutschen Hewlett-Packard zu diesem Schritt.

BESITZVERHÄLTNISSE/EIGENTUMSSTRUKTUR.
- Hewlett-Packard Europe B.V., Amstelveen/Niederlande (90%)
- Hewlett-Packard Company, Palo Alto, Kalifornien/USA (10%)

Aktionäre des Gesamtkonzerns sind David Packards Nachfolger (17,1%) und William R. Hewlett (12,2%). Rest Streubesitz bei ca. 73.000 Aktionären. Hewlett-Packard setzte 1998 weltweit mit 124.600 Beschäftigten 47,1 Mrd. US $ um.

KONZERNÜBERBLICK. Als zweitgrößte Tochter des weltweit operierenden Hewlett-Packard-Konzerns spielen die Böblinger in Europa die zentrale Rolle. Die Hewlett-Packard GmbH fertigt und vertreibt Produkte und Systeme aus allen HP-Unternehmensbereichen: Geräte, Systeme und Softwareprogramme auf den Gebieten der Computer-, Kommunikations- und Meßtechnik. Böblingen ist Sitz der Hauptverwaltung, des Vertriebs und der meisten Geschäftsbereiche. An insgesamt neun Standorten ist die Vertriebsorganisation mit den Funktionen Kundendienst, Verkauf, Systemberatung und Schulungen vertreten. Hinzu kommt ein breites Netz von Händlern und Vertriebspartnern. Eine Spezialität des Konzerns im Computerbereich ist die Lieferung von integrierten Systemlösungen nach individuellen Wünschen. Über 94% aller Computerhändler in Deutschland vertreiben Drucker und PCs von Hewlett-Packard. Die Exportquote von HP-Deutschland betrug 1998 über 50%. HP-Standorte in Deutschland: Böblingen, Waldbronn, Nürnberg, München, Hamburg, Berlin, Hannover, Leipzig, Ratingen, Bonn, Bad Homburg.
Die Organisation von Hewlett-Packard gliederte sich bis 1999 weltweit nach den wichtigsten Technologien und Betätigungsfeldern, in denen das Unternehmen tätig ist: in den Computerbereich mit den Produktgruppen Hardware, Software und Dienstleistungen, die Elektronische

Standort:
Herrenberger Straße 140
71034 Böblingen

Postanschrift:
Postfach 14 30
71004 Böblingen

Telefon: *(07031) 14-0*
Telefax: *(07031) 14-2999*
Internet: *www.hewlett-packard.de*

Branche: *Meß-, Computer- und Kommunikationstechnik; Informationstechnik*

Rechtsform: *GmbH*

Geschäftsjahr: *1.11.-31.10.*

Gründungsjahr: *1959*

Unternehmenskommunikation:
Norbert Gelse
Tel.: (07031) 14-3631
Fax: (07031) 14-3682
E-Mail: norbert_gelse@hp.com

Verbände: *Verband Deutscher Elektrotechniker e.V. (VDE), Frankfurt/Main*

Geschäftsführung:
- *Harms, Jörg Menno (Vorsitzender)*
- *Hohmann, Hans-Günter*
- *Schmitz, Heribert*
- *Schuller, Fritz*
- *Speier, Rudi*

Bezüge der Geschäftsführung 1997/98:
keine Angaben

Aufsichtsrat:
- *Nawratil, Franz (Vorsitzender), Genf/Schweiz*
- *Bowick, Susan, Palo Alto/USA*
- *Hirsch, Didier, Genf/Schweiz*
- *Holdenried, Ulrich, Genf/Schweiz*
- *Schmickrath, Donald, Palo Alto/USA*
- *Walker, Robert, Mountain View/USA*

**Oechsle, Ulrich (stellv. Vorsitzender)*
**Berndt, Karl-Heinz*
**Halverscheid, Hartmut*
**Kolb, Roswitha*
**Meinhardt, Uwe*
**Schramm, Herbert*

Umsatz 1997/98: *8.959,2 Mio.*
Umsatz 1996/97: *8.029,2 Mio.*
Umsatz 1995/96: *8.323.2 Mio.*

Gewinn 1997/98: *432,9 Mio.*
Gewinn 1996/97: *285,0 Mio.*
Gewinn 1995/96: *127,1 Mio.*

Steueraufkommen 1997/98: *341,6 Mio.*

Grund- bzw. Stammkapital 1998: *300,0 Mio.*

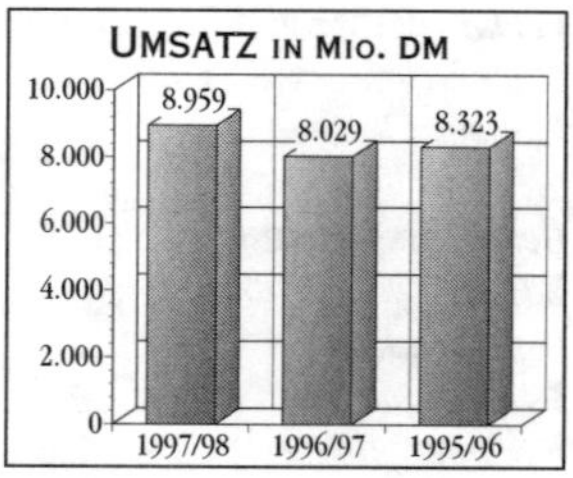

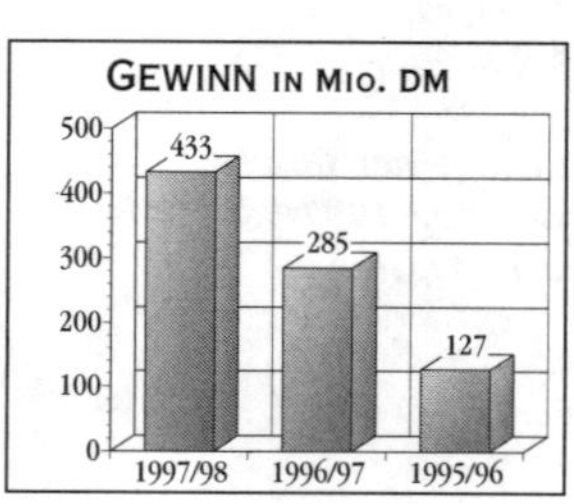

Meßtechnik sowie Meßsysteme mit den Bereichen Chemische Analysentechnik, Elektronische Bauelemente und Medizinelektronik. Alle drei Sektoren waren auch in der Organisation von Hewlett-Packard in Deutschland vertreten, zum Teil in weltweiter Verantwortung für definierte Produktlinien.
1999 änderte sich diese Struktur durch die Aufspaltung der weltweiten Aktivitäten der Hewlett-Packard in zwei selbständige Unternehmensgruppen für die Bereiche Computertechnik und Meßtechnik. Zum neuen Meßtechnikunternehmen auch in Deutschland gehören die HP-Bereiche Test- und Meßtechnik, elektronische Bauelemente, Chemische Analysentechnik und Medizinelektronik.
Das neue Computerunternehmen wird wie bisher unter dem Namen Hewlett-Packard die Bereiche Enterprise Computersysteme, Software und Dienstleistungen, Personalcomputer sowie Drucken und Bildbearbeitung umfassen. Vom Umsatz der deutschen Hewlett-Packard fielen 1998 24% auf den Bereich Meßtechnik und 66% auf den Bereich Computerprodukte (10% betrafen konzerninterne Dienstleistungen). Durch die Aufspaltung werden etwa 2.500 Mitarbeiter in die Meßtechnik-Gesellschaft wechseln.

BETEILIGUNGEN. Leasametric GmbH, Böblingen (100%); Co-Create Software GmbH, Sindelfingen (100% – CAD-Lösungen und Produktdaten-Management); Logistics Group International GmbH, Böblingen (19%); HP GmbH & Co. Immobilien KG, Böblingen (100%).

GLOBALE STRATEGIEN UND DER STANDORT DEUTSCHLAND. Eine schwerwiegende und weitreichend Entscheidung traf im März 1999 das Management der Hewlett-Packard Corporation mit einschneidenden Folgen auch für ihre starke deutsche Dependance. Das Computergeschäft und die Meßtechnik werden voneinander getrennt und künftig unabhängig am Markt weltweit als zwei Aktiengesellschaften operieren (in Deutschland zwei rechtlich selbständige GmbHs). Hintergrund dieser spektakulären Trennung, die anscheinend dem allgemeinen Fusionstrend zu immer größeren Einheiten entgegenläuft, ist die allzu unterschiedliche Ausrichtung beider Sparten und ihr zu schwerfälliges Auftreten am Markt.
Im Rahmen einer von Hewlett-Packard getroffenen Grundsatzentscheidung, in Zukunft keine HDI-Komponenten (High Density Interconnect Components) mehr in Eigenregie herzustellen, wurde im Herbst 1998 die in Böblingen ansässige Leiterplattenfertigung mit 400 Beschäftigten an die Dii Group Inc. (Dovatron International Incorporated), Niwot/USA, verkauft.
Bereits 1996 wurde die deutsche HP-Organisation grundlegend umgebaut, mit dem Ziel der »Konzentration auf kundennahe Aktivitäten« und des Ausbaus »technologischer Kernkompetenzen«. In diesem Zusammenhang wurde die ehemalige Metallfertigung in Böblingen an die Blechverarbeitung Steiner GmbH in Nufringen bei Böblingen übertragen. Große Teile des Logistikbereiches wurden in die Neugründung Logistics Group International eingebracht, die mehrheitlich zur Unternehmensgruppe Willi Betz, Reutlingen, gehört. Der CAD-Design-Bereich wurde in die CoCreate Software GmbH, Sindelfingen, umgewandelt, die jetzt selbständig am Markt agiert. Bei Herrenberg bei Böblingen wurde ein neues Werk für die Montage und Distribution

von Computersystemen gebaut. 1999 sollen bei HP 800 neue Arbeitsplätze geschaffen werden.

INNERBETRIEBLICHE BÜNDNISSE. Hewlett-Packard hebt besonders die erfolgreichen Arbeitszeitmodelle und die berufliche Förderung von Frauen hervor. Ein eigenes innerbetriebliches System der Altersversorgung läßt den Beschäftigten neben einer vom Unternehmen bezahlten Basisversorgung freie Hand, die Versorgung beliebig weiter aufzustocken. Ein Beschäftigter kann jährlich neu entscheiden, ob er Teile des Urlaubs- oder Weihnachtsgeldes beispielsweise in Rentenansprüche umwandeln möchte, die dann von HP mit einem Drittel aufgestockt werden. Teilzeitarbeit wird auf allen Ebenen forciert. Im Zusammenhang mit der Aufspaltung des Hewlett-Packard-Konzerns in eine Meßtechnik- und eine Computergesellschaft sollen in Deutschland die bestehenden Betriebsvereinbarungen zur flexiblen Arbeitszeit und zu internen Vergütungssystemen bestehen bleiben. 208 Jugendliche befanden sich 1998 in der Ausbildung, darunter auch Studenten der Berufsakademie. Der Akademikeranteil der Beschäftigten lag bei über 70%.

INVESTITIONEN IN MIO. DM

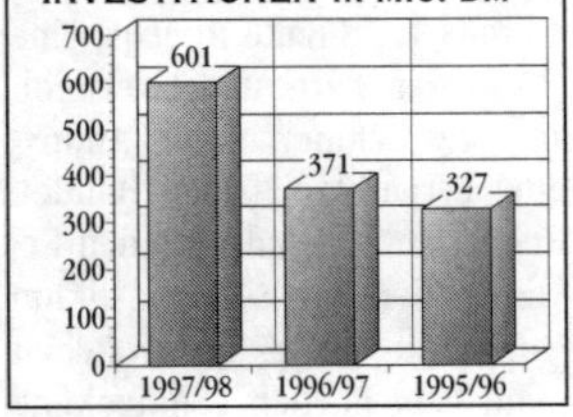

UMWELTSCHUTZ. Hewlett-Packard weist keine eigenen Umweltdaten aus, ist aber auf dem Gebiet der Wiederverwertung von Computern engagiert. Die Remarketingorganisation überholt gebrauchte Rechner in der Böblinger Fertigung und bietet sie Kunden in Europa an. HP-Deutschland hat unterhalb der Geschäftsführungsebene einen zentralen Dienst »Umwelt und Sicherheit« eingerichtet. Für nahezu alle Produktlinien setzt Hewlett-Packard einen sogenannten Produktpaten (»Product Steward«) ein, der bereits bei der Entwicklung eines Produkts auf die Verwendung wiederverwertbarer Materialien sowie auf umweltfreundliche Fertigungsprozesse und Produkteigenschaften achten muß.

FORSCHUNG, ENTWICKLUNG, INNOVATIONEN.
Die zentrale Forschungs- und Entwicklungsarbeit von Hewlett-Packard findet in den Laboratorien im kalifornischen Palo Alto statt. In den Bereichen Forschung und Entwicklung der Hewlett-Packard GmbH arbeiten rund 700 Mitarbeiter. Entwickelt werden bei der deutschen Hewlett-Packard Geräte und Systeme für die elektronische Meßtechnik, Medizinelektronik und chemische Analysetechnik sowie Netzwerk- und Systemmanagement-Software. Für diese Entwicklungen trägt Hewlett-Packard Deutschland innerhalb des Konzerns teilweise die weltweite Verantwortung, was auch nach der Aufspaltung des Konzerns beibehalten werden soll. Innovationen in der Informationstechnologie werden auch in Kooperation mit Universitäten und Forschungseinrichtungen eingeführt.

Hochtief siehe RWE

Beschäftigte 1997/98: *6.956*
Beschäftigte 1996/97: *6.700*
Beschäftigte 1995/96: *6.559*

Umsatz pro Mitarbeiter 1997/98: *1.287.982,– DM*
Umsatz pro Mitarbeiter 1996/97: *1.198.388,– DM*
Umsatz pro Mitarbeiter 1995/96: *1.268.974,– DM*

Löhne und Gehälter 1997/98: *704,0 Mio.*
Löhne und Gehälter 1996/97: *652,5 Mio.*
Durchschnittsgehalt 1997/98: *101.208,– DM*
Soziale Abgaben und Aufwendungen 1997/98: *199,5 Mio.*
Soziale Abgaben und Aufwendungen 1996/97: *169,5 Mio.*

Investitionen 1997/98: *601,0 Mio.*
Investitionen 1996/97: *371,0 Mio.*
Investitionen 1995/96: *327,0 Mio.*

Forschung und Entwicklung 1997/98: *188,0 Mio.*
Forschung und Entwicklung 1996/97: *168,0 Mio.*
Forschung und Entwicklung 1995/96: *160,0 Mio.*

Mitbewerber: *Actebis, Apple, Compaq, Computer 2000, Dell, Digital, IBM, Siemens, Thomson, Vobis*

HOECHST

Standort:
Brüningstraße 50
65929 Frankfurt/Main

Postanschrift:
65926 Frankfurt/Main

Telefon: *(069) 305-0*
Telefax: *(069) 303665/66*
Internet: *www.hoechst.com*

Branche: *Pharma, Landwirtschaft, Chemische Industrie*

Rechtsform:
Aktiengesellschaft

Geschäftsjahr: *1.1.-31.12.*

Gründungsjahr: *1863*

Unternehmenskommunikation/Corporate Communications:
Dr. Friedmar Nusch
Tel.: (069) 305-7256
Fax: (069) 305-80554
E-Mail: FNusch@Corp.Comm.hoechst.com

Presse- und Öffentlichkeitsarbeit:
Eugen Müller
Tel.: (069) 305-2318
Fax: (069) 83376
E-Mail: EMueller@Corp.Comm.Hoechst.com

Verbände: *Verband der Chemischen Industrie e.V., Frankfurt/Main*

GESCHICHTE UND ENTWICKLUNG. Hoechst wurde 1863 zur Herstellung von Teerfarben gegründet; eine der ersten Entwicklungen war der rotviolette Farbstoff Fuchsin, der Hoechst den Beinamen »Rotfabrik« einbrachte. Hoechst-Farbstoffe wurden in den kommenden Jahren weltberühmt. »Meister, Lucius & Co.«, wie die Firma damals nach ihren Gründern Carl F.W. Meister, Eugen Lucius und Adolf v. Brüning hieß, begann durch bahnbrechende Erfindungen schnell zu wachsen. 1880 wurde das Unternehmen mit inzwischen 1.200 Mitarbeitern in die Aktiengesellschaft »Farbwerke vorm. Meister Lucius & Brüning« umgewandelt. Bereits 1878 hatte Hoechst eine Farbenfabrik in Moskau errichtet, 1883 folgten Paris und Liverpool. 1883 begann die industrielle Herstellung des Schmerzmittels Antipyrin. 1897 kam das fiebersenkende Mittel Pyramidon in den Handel. Hoechst arbeitete eng zusammen mit Robert Koch (entdeckte den Erreger der Tuberkulose, Hoechst stellte das Tuberkulose-Diagnostikum her), Emil von Behring (Impfstoffe gegen die bis dahin tödlichen Krankheiten Diphtherie und Tetanus) und Paul Ehrlich (Entdeckung des Erregers der Syphilis). Es folgten die Entwicklung des ersten organischen Pigments, die Entdeckung der Verwendbarkeit von PVC und der Erzeugung von Salpetersäure aus Ammoniak. 1923 erhielt Hoechst die erste deutsche Lizenz zur Herstellung von Insulin. Infolge des Ersten Weltkriegs kam es zum Verlust aller ausländischen Patente und damit zum Ende der globalen Vormachtstellung der deutschen Chemieriesen. In den 20er Jahren entstanden in den USA und Großbritannien riesige Chemie-Konzerne und damit für die deutsche Chemieindustrie weltweite Konkurrenz. Das führte 1925 zum Zusammenschluß der Farbwerke Hoechst mit anderen deutschen Großunternehmen in der I.G.-Farbenindustrie AG. Die I.G. Farben gehörte zu den maßgeblichen Unterstützern und Profiteuren Nazi-Deutschlands.
Nach dem Krieg kam es zur Entflechtung der IG. Als 1953 die alliierte Kontrolle endete, hatte Hoechst bereits wieder 28.400 Beschäftigte bei einem Umsatz von knapp 1 Mrd. DM. Neue Bereiche, Petrochemie und Kunststoffe, wurden geschaffen. Es folgten die großtechnische Herstellung von Penicillin, die Entwicklungen von Kunststoffen und Fasern wie Hostalen und Trevira. Nach stürmischem Wachstum in den 50er und 60er Jahren – 1954 wurde das Mittel gegen Kinderlähmung eingeführt – folgte eine rege Akquisitionspolitik in den 70er Jahren. 1974 wurden die »Farbwerke Hoechst« in Hoechst AG umfirmiert. 1987 erwarb Hoechst für über 5 Mrd. DM das US-Chemieunternehmen Celanese Corporation und verschmolz es mit American Hoechst zur Hoechst Celanese. 1990 waren rund 170.000 Menschen in 120 Ländern für Hoechst tätig. 1994 kam es zum Einstieg, 1997 zur vollständigen Übernahme von Roussel Uclaf. 1997 wurde zur stärkeren Präsenz auf dem US-Pharmamarkt Marion Merrell Dow, ein Tochterunternehmen des amerikanischen Chemiekonzerns Dow Chemical, akquiriert. Im gleichen Jahr wurde der Konzern grundlegend umstrukturiert und die Hoechst AG in eine strategische Management-Holding umgewandelt. 1998 wurde der Wandel hin zu einem reinen Life Sciences-Konzern vorangetrieben, verbunden mit dem Verkauf nahezu al-

ler Beteiligungen in der industriellen Chemie. Ende 1998 gaben Hoechst und der französische Chemie- und Pharmakonzern Rhône-Poulenc ihre Absicht zur Fusion bekannt, der 1999 zugestimmt wurde.

BESITZVERHÄLTNISSE/AKTIONÄRSSTRUKTUR.
- Kuwait Petroleum Corporation (über Gallus Vermögensverwaltungsgesellschaft mbH) 24,5%
- Frankfurter Gesellschaft für Chemiewerte 10,2%

(Die Dresdner Bank hat Anfang 1991 mit Kapitalsammelstellen die Frankfurter Gesellschaft für Chemiewerte gegründet. Diese Initiative geht von Hoechst selbst aus zur »aktiven Gestaltung des Aktionärskreises«, wie es heißt.)
- Deutschland (institutionelle Anleger) 13,1%
- Andere (vornehmlich Privatinvestoren in Deutschland) 22,4%
- Nordamerika 13,0%
- Großbritannien, Irland 6,1%
- übriges Kontinentaleuropa (3,9%)
- Mitarbeiter (Belegschaftsaktien) 6,0%
- Rest der Welt (0,8%)

Die zehn größten Aktionäre halten zusammen 45,7% des gezeichneten Kapitals:
1. Gallus Vermögensverwaltungsgesellschaft mbH* 24,5%
2. Frankfurter Gesellschaft für Chemiewerte 10,2%
3. DWS Fonds 1,8%
4. DEKA Gruppe 1,7%
5. Institutional Capital 1,7%
6. Lazard Frères Asset Management 1,3%
7. Scudder Kemper Investments 1,3%
8. DEGEF Fonds 1,1%
9. Pharma Vision 1,1%
10. Bank of Ireland 1,0%

* über Zwischengesellschaften für die Kuwait Petroleum Corporation

KONZERNÜBERBLICK. Hoechst wird seit 1998 von einem Chemie- und Pharma-Konglomerat systematisch zu einem sogenannten Life Sciences-Unternehmen umgebaut. Damit verbunden ist die Trennung von nahezu allen Aktivitäten und Beteiligungen in der industriellen Chemie. Mit Life Sciences umschreibt Hoechst die Gebiete Pharma, Pflanzenschutz und Tiergesundheit. Der Hoechst-Konzern gliedert sich jetzt in die Life Sciences-Geschäfte und die verbliebenen Industrieaktivitäten. Die wesentlichen Konzerngesellschaften mit zahlreichen Tochter- und Beteiligungsgesellschaften sind Hoechst Marion Roussel und AgrEvo. Hoechst Roussel Vet (Tiergesundheit) wurde im August 1999 an die niederländische Akzo Nobel N.V., Arnheim, verkauft, da sich die Tiergesundheitsaktivitäten von Hoechst mit denen von Rhône-Poulenc zu stark überschnitten haben. Zum Industriebereich zählen Celanese, Ticona, Messer und einige weitere Beteiligungen.

Life Sciences:

◆ Hoechst Marion Roussel. Die Hoechst Marion Roussel AG steuert das weltweite Pharmageschäft von Hoechst. Schwerpunkte sind die In-

Vorstand:
- *Dormann, Jürgen (Vorsitzender; Führungskräfteentwicklung, Unternehmenskommunikation)*
- *Schadow, Ernst (Arbeitsdirektor; Messer Gruppe, Technik und Umwelt)*
- *Schmieder, Klaus-Jürgen, Dr. (Finanzvorstand)*
- *Sonder, Claudio (Celanese, Ticona)*
- *Waesche, Horst (Hoechst Marion Roussel, Hoechst Schering AgrEvo)*

Vorstandsbezüge 1998:
13.018.352,– DM

Aufsichtsrat:
▌ *Frühauf, Martin, Dr. (Vorsitzender; ehem. Mitglied des Vorstandes der Hoechst AG)*
▌ *Buhamrah, Khaled S. (Chairman & Managing Director der Petrochemical Industries Co. K.S.C., Kuwait)*
▌ *Hovers, Joannes Coenradus M., Dr. (Chief Executive Officer der Océ N.V., Niederlande)*
▌ *Lehn, Jean-Marie, Prof. Dr. (Professor am Collège de France, Paris, und Direktor einer Forschungsgruppe an der Louis Pasteur Universität, Straßburg)*
▌ *Markl, Hubert, Prof. Dr. Dr. h.c. (Präsident der Max-Planck-Gesellschaft München)*
▌ *Metz, Günter, Dr. (ehem. stellv. Vorsitzender des Vorstandes der Hoechst AG)*
▌ *Myklebust, Egil (Präsident und Chief Executive Officer der Norsk Hydro ASA, Norwegen)*
▌ *Schinzler, Hans-Jürgen, Dr. (Vorsitzender des Vorstandes der Münchener Rückversicherungs-Gesellschaft AG)*
▌ *Titzrath, Alfons Friedrich, Dr. (Vorsitzender des Aufsichtsrates der Dresdner Bank AG)*
▌ *Viermetz, Kurt F. (Mitglied des Board of Directors der J.P. Morgan & Co. Inc., New York)*
**Kilp, Klaus-Dieter (stellv. Vorsitzender)*
**Betz, Joachim, Dr.*
**Bischoff, Werner*
**Klingelhöfer, Fritz*
**Nause, Reiner*
**Oßwald, Christian*
**Reiter, Monika*
**Ringswandl, Erich*
**Kumlehn, Rainer*
**Weber, Arnold*

Aufsichtsratstantiemen 1998: *3.151.147,– DM*

dikationen Herz- und Kreislauf, Atemwegserkrankungen, Infektionen, Stoffwechsel, Rheuma/Immunologie, Schmerz und Zentrales Nervensystem. Hoechst Marion Roussel ist das Ergebnis der Integration von Hoechst Pharma, Marion Merrell Dow und Roussel Uclaf. Hoechst hatte zuvor für 7,1 Mrd. US $ 100% der Anteile an der traditionsreichen Marion Merrell Dow Inc., Kansas City, dem Tochterunternehmen des amerikanischen Chemiekonzerns Dow Chemical, erworben und damit die Weichen für die entscheidende Präsenz auf dem US-Pharmamarkt gestellt. Dazu erwarb Hoechst für 5,4 Mrd. DM die noch ausstehende Mehrheit an Roussel Uclaf. Allein die umsatzstärksten Mittel dieses neuen Verbundes erwirtschaften einen Umsatz von 5,6 Mrd. DM jährlich. Umsatz 1998: 13.737 Mio. DM (Vorjahr: 13.972 Mio.); Beschäftigte 1998: 38.109 (Vorjahr: 40.670).

◆ AgrEvo. Die Hoechst Schering AgrEvo AG, das Gemeinschaftsunternehmen von Hoechst (60%) und Schering (40%), ist weltweit einer der führenden Anbieter innovativer Produkte für Pflanzenschutz, Pflanzenzüchtungen und Schädlingsbekämpfung, unter anderem auf der Basis der Bio- und Gentechnologie, wo sich das Unternehmen riesige Wachstumspotentiale verspricht. Die Produktpalette umfaßt Herbizide, Insektizide, Fungizide und Saatgut. Mitte der 90er Jahre hatte Hoechst sein Geschäft mit Pflanzenschutz- und Schädlingsbekämpfungsmitteln in das Gemeinschaftsunternehmen mit Schering mit Sitz in Berlin eingebracht. AgrEvo übernahm 75% der niederländischen Gesellschaft Plant Genetics Systems International (PGS) N.V., Amsterdam, eines Spezialisten für biotechnische Behandlung von Saatgut, u.a. für die gentechnische Veränderung von Mais und Raps zur Resistenz gegen Insekten. Umsatz 1998: 4.243 Mio. DM (Vorjahr: 4.069 Mio.); Beschäftigte 1998: 8.658 (Vorjahr: 8.550).

Industrieaktivitäten:

◆ Celanese. Die früheren Hoechst-Geschäfte mit organischen Grundchemikalien und das Arbeitsgebiet Celluloseacetat wurden 1997 in der Konzerngesellschaft Celanese zusammengefaßt. (Der Ende der 80er Jahre für 5 Mrd. DM gekaufte amerikanische Chemie-Konzern Celanese wurde zuvor mit der amerikanischen Hoechst-Tochter fusioniert.) Celanese ist jetzt in ihren weltweiten Märkten als eigenständige Gesellschaft tätig. Celanese verfügt über Spitzentechnologien und -anlagen und ist weltweit größter Hersteller von Essigsäure. Umsatz 1998: 6.815 Mio. DM (Vorjahr: 8.585 Mio.); Beschäftigte 1998: 10.693 (Vorjahr: 12.214).

◆ Ticona. Die Ticona-Gruppe, Frankfurt/Main, ist seit 1997 verantwortlich für das weltweite Geschäft von Hoechst mit technischen Kunststoffen. Bei ihrem Hauptprodukt Polyacetal, das vor allem in der Automobilindustrie und der Elektrotechnik eingesetzt wird, hält die Gesellschaft in Europa, Nordamerika und Asien eine Spitzenposition. Celanese und Ticona sollen mittelfristig miteinander verschmolzen und dann an die Börse gebracht werden. Umsatz 1998: 1.467 Mio. DM (Vorjahr: 1.452 Mio.); Beschäftigte 1998: 2.450 (Vorjahr: 2.356).

◆ Messer. Die Messer Group mit der Messer Griesheim GmbH trägt die weltweite Verantwortung für Industriegase (Sauerstoff, Stickstoff, Argon, Wasserstoff) und ist führender Spezialist für ausgewählte schweiß- und schneidetechnische Verfahren. Umsatz 1998: 3.372

Mio. DM (Vorjahr: 2.806 Mio.); Beschäftigte 1998: 11.289 (Vorjahr: 8.282).

Beteiligungen. In den Konzernabschluß einbezogen wurden 1998 472 (Vorjahr: 466) Tochterunternehmen, bei denen die Hoechst AG unmittelbar oder mittelbar die Mehrheit der Stimmrechte hat. Nach der Umstrukturierung des Konzerns gehören zu den wichtigsten Konzerngesellschaften von Hoechst: Hoechst Marion Roussel AG, Frankfurt/Main (100%); Hoechst Schering AgrEvo GmbH, Berlin (60%); Celanese Ltd., Dallas/Texas, USA (100%); Celanese GmbH, Frankfurt/Main (100%); Ticona GmbH, Frankfurt/Main (100%); Messer Griesheim GmbH, Frankfurt/Main (66,6%; Messer Industrie GmbH 33,3%). Weitere ausgewählte Beteiligungsgesellschaften: Centeon Pharma GmbH, Marburg (50%); Clariant AG, Muttenz/Schweiz (45%); DyStar Textilfarben GmbH & Co. Deutschland KG, Frankfurt/Main (50%); Hoechst Trespaphan GmbH, Neunkirchen (72%); InfraServ GmbH & Co. Grundstücksentwicklungs KG, Frankfurt/Main (100%); Vinnolit Kunststoff GmbH, Ismaning (50%); Targor GmbH (50%); Wacker-Chemie GmbH, München (50% – die anderen 50% sind im Besitz der Dr. Alexander Wacker Familienges. mbH).

Wacker-Chemie. Die Wacker-Chemie gehört auf den Gebieten der Reinstsiliciumtechnik und der Silicone zu den führenden Unternehmen der Welt. Umsatzstärkster Geschäftsbereich sind die Silicone. Hier liegt Wacker mit etwa 15% auf Platz drei am Weltmarkt nach dem amerikanischen Konzern Dow Corning und General Electric/Toshiba. Wacker produziert in seinen Werken in Burghausen, Wasserburg, Kempten, Köln, Stetten, Freiberg und Grefrath vinylacetatabhängige Kunststoffe (Vinnapas) und Silicone, Ätznatron, organische Zwischenprodukte, hochdisperse Kieselsäure und Salz. Vinylacetat-Polymere werden weltweit in der Klebstoff-, Bau-, Farben-, Textil- und Vliesstoffindustrie eingesetzt. Das operative Geschehen des Konzerns gliedert sich in vier ergebnisverantwortliche Geschäftsbereiche: Silicone, Polymere, Halbleiter und Werkstoffe. Wacker-Chemie ist ein in mehr als 100 Ländern operierender Konzern mit zahlreichen Tochter- und Beteiligungsgesellschaften. Für das PVC-Geschäft hat Hoechst gemeinsam mit der Wacker-Chemie das Joint-venture Vinnolit gegründet, an dem Hoechst 50% hält. Umsatz 1998: 4.694 Mio. DM (Vorjahr: 4.694 Mio.); Beschäftigte 1997: 15.325 (Vorjahr: 15.325).

Mit Rhône-Poulenc zur französischen Aventis.
Im Dezember 1998 kündigten die beiden Unternehmen Hoechst AG und Rhône-Poulenc ihre Fusion unter dem gemeinsamen Namen Aventis an mit dem Ziel, eines der weltweit führenden Unternehmen in Gesundheit und Ernährung, den sogenannten Life Sciences, zu werden. Die neue Aventis S.A., zu der die Aktionäre der beiden Unternehmen im Sommer 1999 ihre Zustimmung gaben, wird eine französische Aktiengesellschaft mit Sitz in Straßburg sein und an den Börsen in New York, Paris und Frankfurt/Main notiert werden. Jürgen Dormann wird Vorsitzender des Vorstandes, Jean-René Fourtou (Rhône-Poulenc) stellvertretender Vorsitzender. Vor dem endgültigen Zusammenschluß wird ein großer Teil der industriellen Chemieaktivitäten der Hoechst AG in die Celanese AG eingebracht. Zur Aventis

Börse, Aktien, Kurse
Grundkapital 1998:
2.940,0 Mio.
Jahreshöchstkurs 1998:
95,90 DM (49,03 €)
Jahrestiefstkurs 1998:
58,65 DM (29,99 €)
Aktie Jahresende 1998:
68,90 DM (35,23 €)
Dividende pro Aktie 1998:
1,50 DM

Das Grundkapital wurde auf nennwertlose Stückaktien umgestellt. Die Ausschüttung an die Hoechst-Aktionäre betrug 1998 882,0 Mio. DM, 47% des Konzerngewinns.

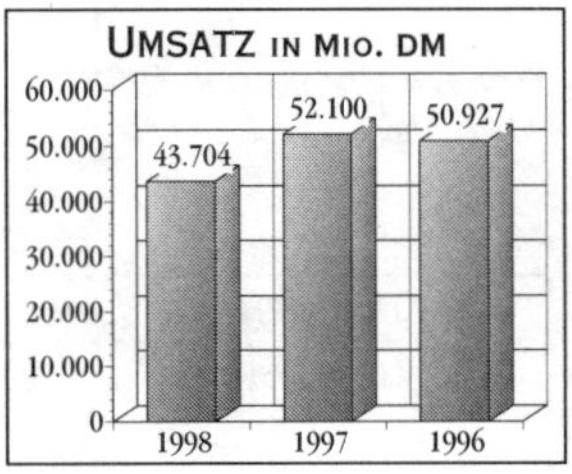

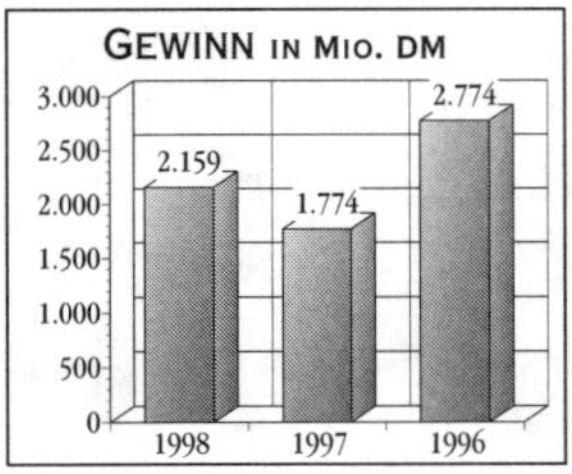

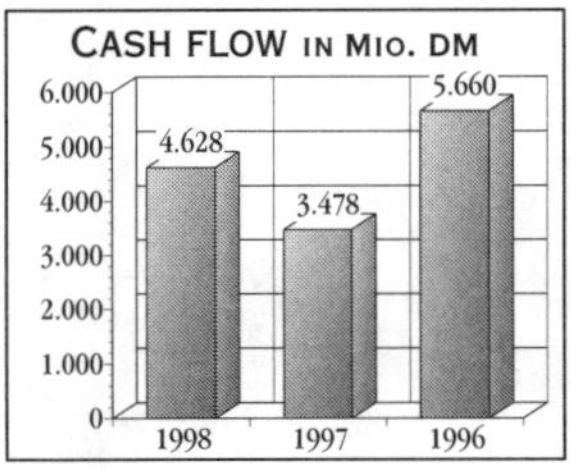

Umsatz 1998: *43.704,0 Mio.*
(Ausland: 35.051,0 Mio.)
Umsatz 1997: *52.100,0 Mio.*
(Ausland: 42.081,0 Mio.)
Umsatz 1996: *50.927,0 Mio.*
(Ausland: 41.758,0 Mio.)

Gewinn 1998: *2.159,0 Mio.*
Gewinn 1997: *1.774,0 Mio.*
Gewinn 1996: *2.774,0 Mio.*

Cash flow 1998: *4.628,0 Mio.*
Cash flow 1997: *3.478,0 Mio.*
Cash flow 1996: *5.660,0 Mio.*

Cash flow: *Die Investitionen in Sachanlagen in Höhe von 3,7 Mrd. DM konnten ganz aus dem Cash flow finanziert werden. Die Finanzschulden des Hoechst-Konzerns aufgrund großer Akquisitionen wurden 1998 um 4,1 Mrd. DM auf 12,5 Mrd. DM zurückgeführt.*

Steueraufkommen 1998:
944,0 Mio.

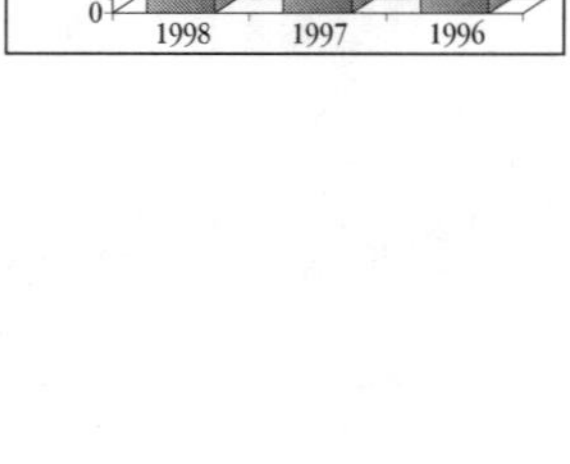

werden folgende Aktivitäten von Hoechst und Rhône-Poulenc gehören:

◆ Pharma: Hoechst Marion Roussel, Rhône-Poulenc Rorer, Pasteur Mérieux Connaught, 50% an Pasteur Mérieux – Merck Sharp Dohme (Joint-venture mit Merck & Co.), Centeon, Hoechst-Anteile an Dade Behring. Der Sitz von Aventis Pharma ist Frankfurt/Main.

◆ Agriculture: Rhône-Poulenc Agro, Hoechst Schering AgrEvo, Rhône-Poulenc Animal Nutrition, 50% an Merial (Joint-venture mit Merck & Co.). Der Sitz von Aventis Agriculture ist Lyon.

◆ Industriegeschäfte und -beteiligungen: Nach der Abspaltung von Celanese sollen bis zu einer Veräußerung die Anteile an Messer (66,7%), Wacker-Chemie (50%) und Rhodia (68%) zur Aventis gehören.

Die Aventis S.A. wird etwa einen Umsatz von 35 Mrd. DM erwirtschaften und 100.000 Beschäftigte haben, die aber nach vollzogener Fusion erheblich reduziert werden sollen.

GLOBALE STRATEGIEN UND DER STANDORT DEUTSCHLAND.

Im Rahmen des Konzernumbaus zu einem Life Sciences-Unternehmen und zur Kompatibilität mit Rhône-Poulenc werden bei Hoechst massive Eingriffe vorgenommen: Wichtigste Maßnahme ist die Gründung der Celanese AG als neue, börsennotierte Gesellschaft, in die die Konzerngesellschaften Celanese (Basischemikalien) und Ticona (Technische Kunststoffe) sowie die Gesellschaften Nutrinova (Lebensmittelzusatzstoffe), Trespaphan (Polypropylen-Folien), Tagor (50%) und Dyneon (46%), ein Gemeinschaftsunternehmen mit 3M, eingebracht werden sollen. Das neue Unternehmen wird 16.000 Beschäftigte haben, davon 4.100 in Deutschland, und einen Umsatz von über 10 Mrd. DM erwirtschaften.

Das Tiergesundheitsunternehmen Hoechst Roussel Vet, das in den letzten Jahren aus der Zusammenlegung der Aktivitäten von Hoechst und Roussel Uclaf im Bereich Tiergesundheit enstanden war und eine international führende Position besetzt, wurde Mitte 1999 für 1,3 Mrd. DM an die zum Akzo Nobel-Konzern gehörende Intervet verkauft. Hoechst Roussel Vet beschäftigt 2.400 Mitarbeiter und kam 1998 auf einen Umsatz von rund 900 Mio. DM. Den Bereich Tiergesundheit im neuen Konzern Aventis deckt nun Rhône-Poulenc Animal Nutrition ab.

Der Teilbereich Polypropylen des ehemaligen Geschäftsbereiches Kunststoff wurde zuvor in die Targor GmbH eingebracht, ein Gemeinschaftsunternehmen zwischen Hoechst und der BASF AG mit jeweils 50%. Behring Diagnostics wurde mit der amerikanischen Dade International in der Gesellschaft Dade Behring zusammengeführt. Das Geschäft mit Spezialchemikalien mit einem Umsatz von rund 7 Mrd. DM wurde in der Schweizer Clariant AG plaziert. Das Arbeitsgebiet Textilfarbstoffe wurde in das mit der Bayer geführte Gemeinschaftsunternehmen DyStar eingebracht. An der Wacker-Chemie GmbH, München, ist die Hoechst AG mit 50% beteiligt.

Einer der weltweit führenden Anbieter von Auto- und Industrielacken, die Herberts GmbH, wurde Anfang 1999 an den US-Konzern DuPont verkauft. Der weltweit größte Hersteller von Polyester-Produkten Trevira wurde ebenfalls veräußert. Das Polyethylen-Geschäft der Firma Hostalen wurde 1998 an die Elenac-Gruppe verkauft, ein Gemeinschaftsunternehmen von Shell und BASF. Verkauft wurden zuvor die

Kosmetikgesellschaften Hans Schwarzkopf GmbH, Jade Cosmetic GmbH, Marbert GmbH und Riedel-de Haën AG sowie die Tochterunternehmen Uhde GmbH, BK Ladenburg GmbH und Hoechst CeramTec AG. Die SGL Carbon-Gruppe, der weltweit größte Hersteller von Kohlenstoff- und Graphitprodukten, wurde über die Börse veräußert. Betroffen sind vom Verkauf des gesamten Industriegeschäfts 45.000 Beschäftigte und rund 22 Mrd. DM an Umsatzvolumen.

INNERBETRIEBLICHE BÜNDNISSE. 1998 einigte sich die Unternehmensleitung der Hoechst Marion Roussel Deutschland GmbH, Frankfurt/Main, mit dem Gesamtbetriebsrat auf einen Standortsicherungsvertrag, in dem auf betriebsbedingte Kündigungen bis zum Jahr 2002 verzichtet und die Verpflichtung eingegangen wird, den Personalbestand für diesen Zeitraum bei 5.900 Beschäftigten zu belassen. Nach den massiven Entlassungen der Vergangenheit wird dieses Bündnis in erster Linie als vertrauensbildende Maßnahme für den Standort Deutschland angesehen. Dennoch sind Zahlen im Umlauf von mittelfristig 10.000 gefährdeten Arbeitsplätzen innerhalb der Pharma-Sparte in Deutschland und Frankreich im Zusamenhang mit der Fusion zur Aventis.

Konzernweit gibt es verschiedene teil- oder vollkontinuierliche Wechselschichtmodelle. Die Hoechst-Unternehmen bieten auf vielen Ebenen Teilzeitarbeitsplätze an. Durch Teilzeitarbeit soll auf Basis des Tarifvertrages auch der gleitende Übergang in den Ruhestand angestrebt werden. Hoechst plant Modelle zur Erfolgsbeteiligung auf Basis der Wertsteigerung. Für obere Führungskräfte wurde ein Aktienoptionsprogramm auf Konzernebene entwickelt. Tarifmitarbeiter erhalten in einigen Hoechst-Werken neben ihrem Tarifgehalt eine leistungsabhängige individuelle Zulage. Bei Hoechst waren Ende 1998 rund 1.200 Jugendliche in der Ausbildung.

UMWELTSCHUTZ. Umweltschutz bei Hoechst ist seit der Umstrukturierung 1997 mit der Hoechst AG als Holdinggesellschaft Sache der rechtlich selbständigen Konzerngesellschaften, die für ihr Geschäft und damit auch für Umwelt, Gesundheit und Sicherheit zuständig sind. Sogenannte InfraServ Gesellschaften für Standortmanagement und Umweltschutz, an denen Hoechst jeweils beteiligt ist, sind an den deutschen Standorten für Umwelt- und Gesundheitsschutz, Arbeitsschutz und Anlagensicherheit zuständig. Die Holding selbst hat mit Umweltschutz nichts mehr zu tun, wenngleich sie den Konzern auf das Leitbild »Sustainable Development« verpflichtet hat. Die neuerliche strikte Dezentralisierung des Umweltschutzes ist um so erstaunlicher, als nach den zahlreichen Umwelt-Skandalen der Vergangenheit und der Vorstandsübernahme durch Jürgen Dormann hohe Investitionen, rigorose Entscheidungen und eine intensive Öffentlichkeitsarbeit das Unternehmen aus den Negativschlagzeilen der vergangenen Jahre bringen sollten.

Die zahlreichen Affären und Pannen, bei denen ein ums andere Mal giftige Chemikalien mit Gefahren für die Öffentlichkeit freigesetzt worden waren, führten schließlich nach der Freisetzung hochkonzentrierter Säuren in den Main zu einer vom hessischen Umweltministerium angeordneten Zuverlässigkeitsprüfung des Sicherheitsmanagements, die auch den Chemiestandort Frankfurt erstmals in Frage stellte. Der

Beschäftigte 1998: *96.967*
Beschäftigte 1997: *118.212*
Beschäftigte 1996: *147.862*
(Beschäftigte 1994: 165.671)

Umsatz pro Mitarbeiter 1998: *450.710,– DM*
Umsatz pro Mitarbeiter 1997: *440.734,– DM*
Umsatz pro Mitarbeiter 1996: *344.423,– DM*

Löhne und Gehälter 1998: *9.786,0 Mio.*
Löhne und Gehälter 1997: *11.269,0 Mio.*
Durchschnittsgehalt 1998: *100.921,– DM*
Soziale Abgaben und Aufwendungen 1998: *2.316,0 Mio.*
Soziale Abgaben und Aufwendungen 1997: *2.828,0 Mio.*

Bezüge pro Vorstandsmitglied 1998: *2.603.670,– DM*
Tantiemen pro Aufsichtsrat 1998: *157.557,– DM*

FORSCHUNG UND ENTWICKLUNG IN MIO. DM

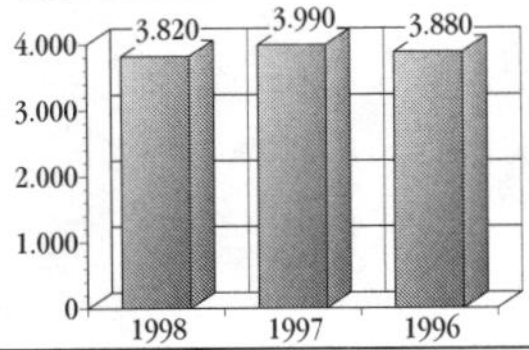

Investitionen 1998:
4.397,0 Mio.
(davon in Beteiligungen:
706,0 Mio.)
Investitionen 1997:
9.475,0 Mio.
(davon in Beteiligungen:
6.062,0 Mio.)
Investitionen 1996:
5.559,0 Mio.
(davon in Beteiligungen:
1.733,0 Mio.)

Forschung und Entwicklung 1998: *3.820,0 Mio.*
Forschung und Entwicklung 1997: *3.990,0 Mio.*
Forschung und Entwicklung 1996: *3.880,0 Mio.*

»Fall Hoechst« belastete die gesamte deutsche Chemie und führte zu einem zusätzlichen Vertrauensschwund dieser von vielen Menschen ohnehin mißtrauisch beobachteten Branche.
Trotz der 1997 vorgenommenen Dezentralisation des Umweltschutzes hält die Holding für die deutschen Standorte Rückstellungen von mehreren hundert Millionen DM für mögliche weitere »Umweltsünden« zur Verfügung.

FORSCHUNG, ENTWICKLUNG, INNOVATIONEN.
Im Rahmen der Neuordnung des Konzerns wurden eine neue weltweit abgestimmte Forschungs- und Entwicklungsstruktur erarbeitet und die Forschungsaktivitäten neu organisiert. Die wichtigsten Forschungseinrichtungen von Hoechst Marion Roussel für das weltweite Pharmageschäft von Hoechst wurden auf drei Standorte in Deutschland, Frankreich und den USA konzentriert: Frankfurt/Main für Herz-Kreislauf, Stoffwechsel und Rheuma/Immunologie; Romainville/Frankreich für Infektionen und Knochenerkrankungen; Bridgewater/New Jersey, USA, für Zentrales Nervensystem, Krebs und Atemwegserkrankungen. Im Rahmen der Neuorientierung der Forschung und Entwicklung wurde dieser Bereich umbenannt in »Arzneimittel-Innovation und -Zulassung«. Mit einem Forschungsaufwand von rund 4 Mrd. DM und rund 15.000 Mitarbeitern, davon 3.500 Wissenschaftlern, die an der Entwicklung neuer Produkte und Verfahren arbeiten, zählt Hoechst weltweit zu den forschungsintensivsten Unternehmen. Hoechst Marion Roussel hat sich zum Ziel gesetzt, ab 1999 jährlich mindestens zwei neue Wirkstoffe mit einem Umsatzpotential von jeweils mehr als 600 Mio. DM pro Jahr auf den Markt zu bringen. Die gentechnische Forschung des Hoechst-Konzerns wird in erster Linie auf die USA konzentriert. Kooperationsverträge mit dortigen Firmen und Institutionen wurden ausgeweitet. Ein Biotechnologie-Entwicklungszentrum von Hoechst entsteht in Zusammenarbeit mit der Ariad Pharmaceuticals Inc. in Cambridge/USA. ArgEvo erwarb auf dem Gebiet Pflanzen-Biotechnologie die Plant Genetic Systems.

KOMMENTAR. Gerüchte hatte es viele gegeben, daß der Hoechst-Konzern mit der Veräußerung seines umfangreichen Industriegeschäftes von einem anderen großen Pharmakonzern übernommen werden bzw. mit einem solchen fusionieren würde. Im Gespräch war u.a. der schweizerische Konzern Hoffmann-La Roche, der ja auch schon Boehringer Mannheim (Roche Deutschland) übernommen hatte. Die Fusion mit dem französischen Pharma-Konzern Rhône-Poulenc zur Aventis, einem Unternehmen nach französischem Recht mit Sitz in Straßburg, war dann doch eine Überraschung – vor allem der konsequente, bezogen auf den Standort Deutschland unsentimentale Weg, der den Hoechst-Anlegern neue Stabilität und Wertsteigerung bringen soll. Denn »gegenüber BASF und Bayer erscheint Hoechst als arme Schwester«, so die FAZ vom 27. März 1998, nachdem die Eigenkapitalquote geschrumpft, der Cash flow gesunken und der Gewinn nahezu halbiert war. Die Milliarden-Investitionen für Großakquisitionen (Marion, Roussel) hatten zu hohen Schulden geführt, die erst durch die Veräußerungen zahlreicher Unternehmen 1998/99 kompensiert und wieder aufgefangen werden konnten. Allein für die Clarint-Anteile nahm Hoechst 5,5 Mrd. DM ein, für Herberts 1,3 Mrd. DM.

Auch nachdem der Vorstandsvorsitzende Jürgen Dormann seinen glücklos agierenden Vorgänger nach massiven wirtschaftlichen Einbrüchen und zahlreichen, die Öffentlichkeit erschütternden Störfällen und Unglücken in den Frankfurter Werken abgelöst und Besserung versprochen hatte, kam Hoechst nicht zur Ruhe. Großakquisitionen einerseits und Unternehmensverkäufe andererseits, Umstrukturierungen, Auslagerungen, Fusionen und Personalabbau hatten Aktionäre wie Beschäftigte über Monate gleichermaßen verwirrt. Allein die Aufwendungen für Strukturmaßnahmen im Konzern, überwiegend beim Personalabbau, betrugen in den vergangenen Jahren über 5 Mrd. DM. Nach der Integration der Mammut-Akquisitionen und der »Verschlankung« des Konzerns auf Kerngebiete wird der Wertsteigerung des Unternehmens nahezu alles untergeordnet. So ist auch die Fusion mit Rhône-Poulenc zu sehen. Oberstes Ziel ist es, im Pharmageschäft weltweit die Nummer eins zu werden – in der Konkurrenz zu den Riesen der Branche, der amerikanischen Merck & Co. und der britischen Glaxo Wellcome. Da stört auch das Ausscheiden aus dem deutschen Aktienindex DAX nicht, wird die Aventis doch einen festen Platz im Euro-Stoxx-Index haben.

Mitbewerber: *Akzo, American Home Products, Astra-Zeneca, BASF, Bayer, Beiersdorf, Boehringer Ingelheim, Bristol Myers Sqibb, Degussa-Hüls, Dow Chemical, DuPont, Glaxo Wellcome, Grace, Henkel, ICI, Imperial Chemical, Johnsin & Johnson, Eli Lilly, Merck, Novartis, Pfizer, Roche, L'Oréal, Schering, SmithKline Beecham, Solvay*

HOLTZBRINCK

GESCHICHTE UND ENTWICKLUNG. 1937 hatte Georg von Holtzbrinck die 1876 gegründete »Bibliothek der Unterhaltung und des Wissens« übernommen, aus der 1948 die »Stuttgarter Hausbücherei« hervorging, die 1957 im »Deutschen Bücherbund« (vom Düsseldorfer Droste Verlag gekauft) aufging. Gründung und Kauf weiterer Buch- und Schallplattenclubs. Kauf von »Christ und Welt«, später »Deutsche Zeitung/Christ und Welt«. 1959 Gründung des Coron Verlages. 1962 Erwerb des traditionsreichen S. Fischer Verlags, wodurch die Öffentlichkeit auf den kauffreudigen Wahl-Schwaben aus dem westfälischen Hagen aufmerksam wurde. 1967 Mehrheitsbeteiligungen bei zahlreichen Buchverlagen, u.a. Steingrüben, Krüger, Goverts und Stahlberg. 1967 Erwerb des Bücherbundes, Wien. 1969/70 Einstieg in die Düsseldorfer Handelsblatt-Gruppe. Fusion des »Handelsblatts« mit der Konkurrenz »Industriekurier«. Schrittweise Aufstockung der Beteiligung. Beteiligungen bei zahlreichen großen Tageszeitungen, u.a. »Saarbrücker Zeitung«. 1970 Einkauf bei Droemer mit 46%. 1971 Einstieg in den Rowohlt Verlag (26%).
1971 Zusammenfassung des Beteiligungs-Portefeuilles unter der neuen Holding Verlagsgruppe Georg von Holtzbrinck GmbH, Stuttgart. 1973 wurde Monika Schoeller geb. von Holtzbrinck Verlagsleiterin von S. Fischer. 1980 vollständige Übernahme der Droemerschen Verlagsanstalt Th. Knaur und der »Wirtschaftswoche«. 1980 Wechsel im Vorsitz der Geschäftsführung des Konzerns von Georg von Holtzbrinck auf seinen Sohn Dieter.
1981 Übernahme des Schulbuchverlags Schrödel und des Kindler Verlags. 1983/84 vollständige Übernahme des Rowohlt Verlags und des Rowohlt Taschenbuchverlags sowie des Handelsblatts zu 100%. Im gleichen Jahr Tod des 73jährigen Firmengründers Georg von Holtzbrinck. 1985 erste Expansion in den USA mit dem Kauf des traditions-

Standort:
Gänsheidestraße 26
70184 Stuttgart

Postanschrift:
Postfach 10 50 40
70044 Stuttgart

Telefon: *(0711) 2150-0*
Telefax: *(0711) 2150-269*

Branche: *Buchverlage, Wirtschafts- und Wissenschaftsverlage, Regionalzeitungen/Wochenpresse, Druckereien, Neue Medien*

Rechtsform: *GmbH*

Geschäftsjahr: *1.1.-31.12.*

Gründungsjahr: *1971*

Controlling/ Informationen:
Dr. Stefan Wilms
Tel.: (0711) 2150-267
Fax: (0711) 2150-104
E-Mail: stefan.wilms@ holtzbrinck.com

Verbände: *Bundesverband Deutscher Zeitungsverleger e.V., Bonn; Bundesverband Druck e.V., Wiesbaden*

reichen Verlagshauses Henry Holt von CBS. 1986 Kauf von Scientific American, New York. 1989 Einstieg in die elektronischen Medien (SAT.1-Beteiligung von 15%; zahlreiche private Rundfunksender) und in das Basler Forschungs- und Beratungsunternehmen Prognos. 1991 Erwerb der Tageszeitung »Main-Post«, Würzburg. 1992 Übernahme der Berliner Zeitung »Der Tagesspiegel«.
1994 Beteiligung am New Yorker Mutimedia-Verlag Voyager und Erwerb von Farrar, Straus & Giroux, New York. Akquisition des Verlags Moritz Diesterweg, Frankfurt/Main. 1995 Beteiligung von 71% an der Macmillan-Gruppe, London. 1996 Übernahme der Wochenzeitung »Die Zeit«, Hamburg, und Einstieg beim TV-Nachrichtensender n-tv mit 25%. 1997 Übernahme des CD-ROM-Produzenten Navigo Multimedia und Fusion mit dem Systema Verlag. 1998 Verkauf der SAT.1-Beteiligung; Einstieg in den Verlag Kiepenheuer & Witsch, Köln, mit 45%. 1999 Beteiligung der Verlagsgruppe Handelsblatt mit 49% an dem vom Medienkonzern Dow Jones verlegten »Wall Street Journal«. Dow Jones übernahm im Gegenzug eine Beteiligung von 22% an der Handesblatt GmbH.

BESITZVERHÄLTNISSE/EIGENTUMSSTRUKTUR.

● Familie von Holtzbrinck (100%). Gesellschafter sind zu gleichen Teilen Dieter von Holtzbrinck, Dr. Stefan von Holtzbrinck und Monika Schoeller (geb. Holtzbrinck).

KONZERNÜBERBLICK. Von allen Medien-Konzernen Deutschlands ist der Holtzbrinck-Konzern der unbekannteste – aber einer der umtriebigsten und einflußreichsten. Aus der 65 Mitarbeiter umfassenden Stuttgarter Konzernzentrale heraus steuern die Holtzbrincks einen im In- und Ausland weitverzweigten Konzern, in dem die einzelnen Unternehmen aber überwiegend freie Hand haben (analog zum Bertelsmann-Konzern).
Zum Holtzbrinck-Konzern gehören rund 100 Unternehmen aus der Medien- und Verlagsbranche: Buchverlage, Tageszeitungen, Fachzeitschriften, Wochenblätter, Fernsehsender, Radiostationen und Druckereien. Nach Bertelsmann ist die Holtzbrinck-Gruppe der zweitgrößte deutsche Buchkonzern. Hinter vielen renommierten deutschen Verlagen steckt – unbeachtet von der Öffentlichkeit – die Familie von Holtzbrinck.
Die Schwerpunktaktivitäten der Gruppe liegen in folgenden Branchen: Buchverlage, Wirtschafts- und Wissenschaftsverlage, Regionalzeitungen, Wochenpresse, Druckereien und Neue Medien. Der Familie von Holtzbrinck gehören so renommierte Buchverlage wie Rowohlt, Fischer, Droemer Knaur, Kindler und Schroedel. Hinzu kommen namhafte Verlage aus dem Bereich Fachbuch und Wissenschaft. Den Stuttgartern gehören die Handelsblatt-Gruppe mit dem »Handelsblatt« und der »Wirtschaftswoche«, das Wirtschaftsforschungsinstitut Prognos, Fernsehproduktionen, 15 Radiosender-Beteiligungen, 27% des Nachrichtensenders n-tv, Druckereien und zahlreiche große Tageszeitungen: »Saarbrücker Zeitung«, »Lausitzer Zeitung«, »Trierischer Volksfreund«, »Südkurier«, »Main-Post«. Hinzu kommen der »Berliner Tagesspiegel« mit der Mercator-Druckerei und Beteiligungen wie dem Argon Verlag und den »Potsdamer Neueste Nachrichten«. Zu einem bedeutenden Joint-venture kam es zwischen der Verlagsgruppe Georg von Holtzbrinck und Dow Jones, New York (»Wall Street Journal«).

BETEILIGUNGEN. Alle nicht besonders gekennzeichneten Unternehmen sind zu 100% im Besitz der Verlagsgruppe Georg von Holtzbrinck.

● Buchverlage

– Belletristik/Sachbuch: S. Fischer Verlag, Frankfurt/Main; Fischer Taschenbuch Verlag, Frankfurt/Main; Wolfgang Krüger Verlag, Frankfurt/Main; Argon Verlag, Berlin; Droemersche Verlagsanstalt, München; Kindler Verlag, München; Knaur Verlag, München; Rowohlt Verlag, Reinbek; Rowohlt Berlin Verlag, Berlin; Rowohlt Taschenbuch Verlag, Reinbek; Wunderlich Verlag, Reinbek; Scherz Verlag, Bern; Kiepenheuer & Witsch Verlag, Köln; Metropolitan Books, New York/USA; Henry Holt, New York/USA; Farrar, Straus & Giroux, New York/USA; Macmillan-Gruppe, London/Großbritannien (71%, mit St. Martin's Press, New York/USA; Macmillan Publishers Australia).

– Enzyklopädien/Kunst: Coron Verlag, Lachen/Schweiz (mit Verlag Fretz & Wasmuth); manus presse Graphik International, Stuttgart (43%).

– Schulbuch/Lehrbuch: Schroedel Schulbuchverlag, Hannover; Verlag Moritz Diesterweg, Frankfurt/Main; Otto Salle Verlag, Frankfurt/Main.

– Fachbuch/Wissenschaft: Spektrum Fachverlage Stuttgart; Schäffer-Poeschel Verlag, J.B. Metzler Verlag, Spektrum Akademischer Verlag, Heidelberg/Berlin/Oxford; Jungjohann Verlag, Neckarsulm; Urban & Fischer, München; W. H. Freeman, New York/USA; Hanley & Belfus, Philadelphia/USA; Worth Publishers, New York/USA; Macmillan International, London/Großbritannien; Macmillan Education, London/Großbritannien; St. Martin's Press, New York/USA.

– Wissenschaft/Fachinformation: Scientific American, New York/USA; Scientific American Medicine, New York/USA; Spektrum der Wissenschaft Verlagsgesellschaft, Heidelberg.

– Internationale Beteiligungen: Macmillan Magazines, London/Großbritannien.

● Wirtschafts- und Wissenschaftsverlage

– Verlagsgruppe Handelsblatt GmbH, Düsseldorf/Frankfurt am Main, mit »Handelsblatt«, »Wirtschaftswoche« und »DM«. Wirtschaftspublikationen des Handelsblatt-Fachverlages: absatzwirtschaft, Der Betrieb, atomwirtschaft/atomtechnik, Chemische Industrie, packung & transport, Creditreform, Recycling, Wirtschaft und Wettbewerb, Archiv für Presserecht, zfbf-Zeitschrift für betriebswirtschaftliche Forschung, Handelsjournal, M & A Review Mergers and Acquisiations sowie die Verlage Lebensmittel Praxis Verlag GmbH und Verlag Wirtschaft und Finanzen. Im Bereich elektronische Medien bietet die Verlagsgruppe Handelsblatt mit »Genios« die größte deutsche Online-Wirtschaftsdatenbank an. Das Angebot von »WPS World-Patentservice« umfaßt elektronisch gestützte Recherchen und Überwachung im Patentbereich. Beteiligung von 60% an der GWF Gesellschaft für Wirtschaftsfernsehen mbH, die u.a. die »Telebörse« und den »Handelsblatt Ticker« produziert. Beteiligungen der Verlagsgruppe Handelsblatt GmbH: VDI-Verlag (40%); Handelsblatt-Dow Jones GmbH, Frankfurt/Main (50% – »Wall Street Journal«); »Economia«, Prag/Tschechien (45%).

– Wirtschaftsforschung: Prognos AG, Basel/Schweiz (eines der bedeutendsten europäischen Wirtschaftsforschungsunternehmen).

● Regionalzeitungen/Wochenpresse

Saarbrücker Zeitung, Saarbrücken (52,3%), die die Lausitzer Rund-

Geschäftsführung:

▮ *Holtzbrinck, Dieter von (Vorsitzender; Schöngeistige Verlage, Wirtschaftspublizistik, Wochenpresse)*

▮ *Grabner, Michael (Zeitungsverlage, Druck, Produktionskoordination)*

▮ *Mahlert, Arno, Dr. (Schulbuchverlage deutscher Sprachraum, Finanzen, Steuern, Controlling, Logistik – Koordination)*

▮ *Shaw, Nicholas Byam (Macmillan, weltweit in 32 Ländern)*

▮ *Gleie, Axel (stellv.)*

▮ *Grisebach, Rolf, Dr. (stellv.)*

▮ *Salat, Rüdiger, Dr. (stellv.)*

▮ *Sargent, John (assoz.)*

Bezüge der Geschäftsführung 1998: *keine Angaben*

DIE UNTERNEHMEN DER VERLAGSGRUPPE IM ÜBERBLICK

Belletristik / Sachbuch / Enzyklopädien / Kunst

Coron Verlag
Lachen am Zürichsee

Farrar, Straus & Giroux
New York (81%)*

Fischer-Verlage mit:
S. Fischer Verlag
Fischer Taschenbuch Verlag
Wolfgang Krüger Verlag
Frankfurt am Main
Argon Verlag
Nicolai Verlag
Alexander Fest Verlag
Berlin

Henry Holt
Metropolitan Books
New York (81%)*

Macmillan-Gruppe mit:
Macmillan General Books
Boxtree, Campbell Books,
Pan, Papermac, Picador,
Sidgwick & Jackson,
London (71%)

Gill & Macmillan
Dublin (71%)

Pan-Macmillan Australia
Sydney (71%)

St. Martin's Press mit u.a.:
Forge, Griffin Books,
Picador US, Tor Books,
New York · Boston (81%)*

manus presse
Graphik International
Stuttgart (43%)

Kindler Verlag
München

Rowohlt-Verlage mit:
Rowohlt Verlag
Rowohlt Taschenbuch Verlag
Wunderlich Verlag
Reinbek
Rowohlt · Berlin Verlag
Berlin

Verlag Kiepenheuer & Witsch
Köln (45%)

Verlagsgruppe
Droemer Weltbild mit u.a.:
Augustus, Battenberg, Bechtermünz, Droemer, Knaur,
Lichtenberg, Midena, Pattloch, Scherz, Schneekluth,
Weltbild
München · Bern (50%)

Schul- & Lehrbuch / Wissenschaft / Medizin

College-Gruppe USA mit:
Bedford/St. Martin's
W.H. Freeman
Worth Publishers
New York · Boston (81%)*

Macmillan Education mit:
Macmillan Heinemann ELT
Basingstoke · Oxford
Macmillan Education Australia, Melbourne
Macmillan Boleswa
Manzini · Johannesburg
Macmillan India (71%)

Macmillan Press
Macmillan Reference, mit:
– Grove Dictionary of Music & Musicians
– The Dictionary of Art
London · Basingstoke (71%)

Nature Publishing Group
London · New · York · Tokyo
India (71%)

J. B. Metzler Verlag
Verlag Hermann Böhlaus
Nachfolger Weimar
Stuttgart · Weimar

Schroedel-Verlage mit:
Schroedel Verlag
Schulbuchverlag E. Dorner
Spectra Verlag
Logo-Lehrmittel-Verlag,
Hannover · Wien · Dorsten

Scientific American mit:
Scientific American
New York
Hanley & Belfus
Philadelphia
Spektrum der Wissenschaft
Heidelberg
Scientific American – Internationale Beteiligungen

Spektrum Akademischer Verlag
Heidelberg

Urban & Fischer
München · Wien
Oskar Rothacker Versandbuchhandlung
München

Verlag Moritz Diesterweg
Frankfurt am Main

Prokuristen:

- *Aschermann, Rolf, Dr.*
- *Glökler, Hans*
- *Hehl, Gerhard, Dr.*
- *Kunsemüller, Johannes, Dr.*

schau, Cottbus (mit Druckerei und Anzeigenblättern), den Trierischen Volksfreund, Trier, und den Pfälzischen Merkur, Zweibrücken, besitzt. Südkurier Konstanz, Konstanz (mit Alb Bote – Zimmermann GmbH & Co., Waldshut, und der Druckerei Konstanz GmbH); Main-Post – Mainpresse Richter Druck und Verlag, Würzburg (mit zahlreichen weiteren Regionalausgaben); Der Tagesspiegel, Berlin (74,9% – mit der Druckerei Mercator und den Argon- und Nicolai-Beteiligungen sowie der Potsdamer Neueste Nachrichten); Die Zeit, Hamburg.

● Druckbetriebe

Clausen & Bosse, Leck; Franz Spiegel Buch, Ulm (63%)

● Fernsehen, Hörfunk, neue Medien

AVE Gesellschaft für Fernsehproduktion, München (mit GWF Gesellschaft für Wirtschaftsfernsehen/Telebörse und Tele Bremen); AVE Gesellschaft für Hörfunkbeteiligung, Hannover, mit Beteiligungen an Antenne Niedersachsen (22%); Antenne Mecklenburg-Vorpommern (19%); Antenne Sachsen (22%); Antenne Thüringen (15%); Antenne Sachsen-Anhalt/Radio Brocken, Halle (24%); Radio Regenbogen,

Wirtschaftspublizistik / Wirtschaftsforschung	Tagespresse / Regionalzeitungen	Fernsehen / Hörfunk / Multimedia / Internet	Verlagsservice-Gesellschaften
Verlagsgruppe Handelsblatt Düsseldorf · Frankfurt a. Main – Handelsblatt (78%) – WirtschaftsWoche – DM Handelsblatt Fachverlag mit: – Fachzeitschriften, u.a. – LPVerlag Neuwied – Spotlight, Planegg – Schäffer-Poeschel, Stuttgart – Genios, Frankfurt a. Main Prognos, Basel · Berlin Beteiligungen: Economia, Prag (56,5%) The Wall Street Journal Europe, (49%) VDI-Verlag (40%) vwd. Vereinigte Wirtschaftsdienste (33,3%) n-tv (27,8%)	Main-Post Würzburg	Activ-Consult München (98%)	HGV Hanseatische Gesellschaft für Verlagsservice Hamburg
	Saarbrücker Zeitung Saarbrücken (54,1%)	AVE Gesellschaft für Fernsehproduktion mit: Spektrum TV / Die Zeit-TV Berlin	SFG Servicecenter Fachverlage Kusterdingen
	Lausitzer Rundschau Cottbus (54,1%)	AVE Gesellschaft für Hörfunkbeteiligungen Hannover	Veranstaltungsforum Berlin
	Trierischer Volksfreund Trier (54,1%)	Booxtra Augsburg (25%)	VHPS-Von Holtzbrinck Publishing Services Gordonsville, Virginia
	Südkurier Konstanz	Systhema Verlag München	
	Verlag Der Tagesspiegel Berlin (74,8%)	WSI Webseek Infoservice Hamburg (25%)	

Wochenpresse	Druckbetriebe
Die Zeit Hamburg	Clausen & Bosse Leck
	Franz Spiegel Buch Ulm (66,5%)

Mannheim (15%); Radio Ladies First, Baden-Baden (50%); Radio Gong 2000, München (10%); Regionalsender Ulm (22%); Regionalsender Stuttgart (12,8%); Regionalsender Oberschwaben, Leutkirch (28,9%), und zahlreiche weitere Radio-Beteiligungen; The Voyager Company, Inc., New York/USA (20%); Systema Verlag Navigo Multimedia, München; Macmillan Electronic Publishing Unit, London/Großbritannien; n-tv Nachrichtenfernsehen GmbH & Co. KG, Berlin (27%).

GLOBALE STATEGIEN UND DER STANDORT DEUTSCHLAND.

Neben ihren deutschen Standorten expandiert die Verlagsgruppe von Holtzbrinck durch Akquisitionen großen Stils zunehmend auch ins Ausland. Die seit Jahren bestehende Kooperation mit der US-Gruppe Dow Jones wurde 1999 zu einer strategischen Allianz zwischen Handelsblatt und Wall Street Journal Europe erweitert. Die Verlagsgruppe Handelsblatt übernahm eine Beteiligung von 49% an dem vom Medienkonzern Dow Jones verlegten Wall Street Journal, während sich Dow Jones mit 22% an der Handelsblatt GmbH beteiligt. Auf diese

Beirat:

- *Bierich, Marcus, Prof. Dr. (Vorsitzender)*
- *Gerckens, Pierre, Dr.*
- *Holtzbrinck, Stefan von, Dr.*
- *Leibinger, Berthold F., Prof. Dr.*
- *Rissel, Kurt, Dr.*
- *Schoeller, Monika*
- *Sigle, Walter, Dr.*

Beiratstantiemen 1998:
keine Angaben

Umsatz 1998: *3.666,4 Mio.*
Umsatz 1997: *3.502,2 Mio.*
Umsatz 1996: *3.247,1 Mio.*

Vom Umsatz entfallen auf die Publikumsverlage 1.000 Mio., auf den Bereich Schul- und Lehrbuch/Wissenschaft/Fachinformation und Medizin 750 Mio., auf die Wirtschaftspublizistik 550 Mio., die Wochen- und Tagespresse 1.120 Mio. und auf die Druckbetriebe/elektronische Medien 250 Mio. DM, wobei die Hörfunkbeteiligungen nicht konsolidiert sind.

Gewinn 1998: *keine Angaben*

Grund- bzw. Stammkapital 1998: *keine Angaben*

Beschäftigte 1998: *11.200*
Beschäftigte 1997: *10.800*
Beschäftigte 1996: *9.900*

Beschäftigte der Stuttgarter Holding 1998: *65*

Mitbewerber: *Bertelsmann, Burda, Gruner + Jahr, Springer, Kirch, TV- und Radio-Sende*

Weise verspricht sich die Handelsblatt-Gruppe einen Auftritt außerhalb Deutschlands und Dow Jones ein stärkeres Entree im deutschen Markt.
Besonders die Informationsnetze und Redaktionen sollen voneinander profitieren. Damit soll der von Gruner + Jahr gemeinsam mit der Londoner Financial Times Ltd. geplanten deutschen Ausgabe der Financial Times Paroli geboten werden. Bereits Mitte der 90er Jahre hatte sich die Holtzbrinck-Gruppe mit 71% an der britischen Macmillan-Gruppe beteiligt. Macmillan hat eine starke Position auf dem amerikanischen Markt.
1998 trennte sich die Holtzbrinck-Gruppe von der 15%-Beteiligung an dem privaten Fernsehsender SAT.1. Holtzbrinck verkaufte seinen Anteil an den Münchner Medienunternehmer Leo Kirch, den die Stuttgarter auf diese Weise zum Mehrheitseigner des Senders machten. Der Sender Wetter und Reise Television GmbH & Co. KG, Düsseldorf (Wetterkanal), an dem die Holtzbrinck-Gruppe mit 25% beteiligt war, wurde Anfang 1998 eingestellt. Ende 1998 gab die Holtzbrinck GmbH eine umfassende Kooperation von Teilen der Verlagsgruppe mit der Weltbild Verlag GmbH, Augsburg, bekannt.

INNERBETRIEBLICHE BÜNDNISSE. Zu diesem Thema macht die Holtzbrinck-Gruppe keine Angaben, auch nicht für die Druckbetriebe.

KOMMENTAR. Kein deutsches Verlagshaus, kein Konzern hält sich so bedeckt wie die in Stuttgart ansässige Verlagsgruppe von Holtzbrinck – abgesehen vielleicht von der Münchner Kirch-Gruppe. Nicht einmal eine Pressestelle hat das Unternehmen. Auch wenn die Holtzbrinck-Zentrale immer wieder versichert, in keiner Weise Einfluß zu nehmen auf ihre Besitztümer, sie vielmehr an der langen Leine beläßt (Verlagsleiterin bei S. Fischer ist allerdings Monika Schoeller geb. von Holtzbrinck), so ist diese Verschwiegenheit gerade bei einem Haus sonderbar, zu dessen Perlen das Handelsblatt und die Wirtschaftswoche zählen, zwei Wirtschaftsfachblätter, die immer vehement größere Transparenz im deutschen Unternehmens-Dschungel fordern und die Grenzen der Publizitätspflicht in Deutschland ein ums andere Mal beklagen. Doch die Holtzbrincks sind für Handelsblatt und Wirtschaftswoche kein Thema.

PHILIPP HOLZMANN

Standort:
Taunusanlage 1
60329 Frankfurt/Main

Postanschrift:
60299 Frankfurt/Main

GESCHICHTE UND ENTWICKLUNG. 1849 gründete Johann Philipp Holzmann (1805–1870) in Sprendlingen bei Frankfurt eine Firma, die zunächst im Eisenbahnbau tätig war, sich aber schon bald auf den Hoch- und Tiefbau spezialisierte. Nach der Übergabe des Geschäfts an seine beiden Söhne und verschiedenen gesellschaftsrechtlichen Umfirmierungen begann der steile Aufstieg der Holzmanns. 1882 wurde mit dem Bau des Hauptbahnhofs in Amsterdam der erste große Auslandsauftrag übernommen, der Philipp Holzmann Anerkennung und weitere Großaufträge brachte. Holzmann baute die Alte Oper in Frankfurt, den Justizpalast in München, das Rathaus in

Hamburg. 1895 beschäftigte das Unternehmen bereits mehr als 5.000 Mitarbeiter. Holzmann baute beispielsweise an der Bagdadbahn mit und tätigte Eisenbahnbauten in Ostafrika. In ganz Deutschland entstanden Zweigniederlassungen, im Ausland Tochtergesellschaften. 1917 entstand durch Verschmelzung der Philipp Holzmann & Cie. mit der Internationalen Baugesellschaft AG die Philipp Holzmann AG. Von Holzmann in Südamerika gegründete Gesellschaften waren in Argentinien, Brasilien, Chile, Kolumbien, Peru und Uruguay tätig und bauten Kraftwerke, Untergrundbahnen, Stadtentwässerungen, Brücken und Hochbauten.

Nach dem Zweiten Weltkrieg konnte Philipp Holzmann seine Auslandstätigkeiten erst wieder 1950 aufnehmen; 1977 wurde das frühere Volumen des Inlandsmarktes erreicht. 1979 Übernahme eines der führenden amerikanischen Bauunternehmen, J. A. Jones Construction Company, Charlotte/North Carolina, das zahlreiche spektakuläre Hochhäuser und Prachthotels in den USA gebaut hatte. Zwei Jahre

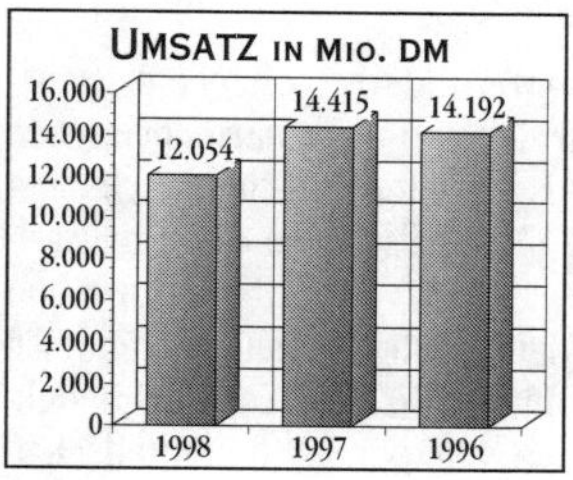

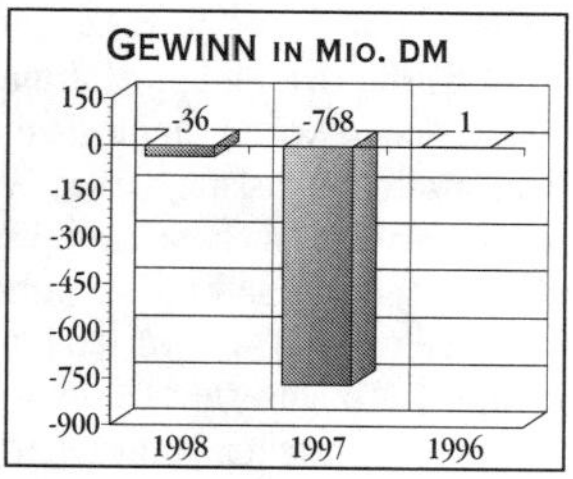

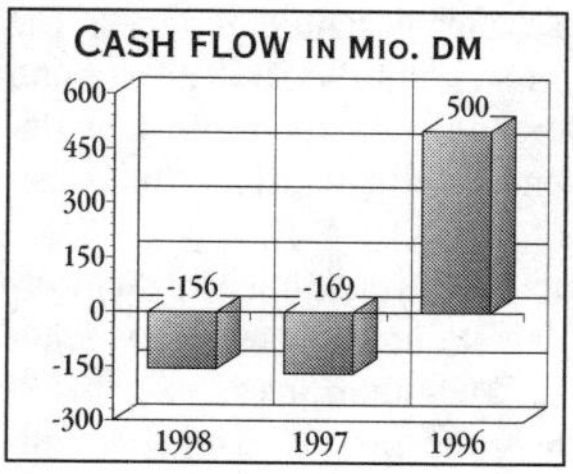

später übernahm Holzmann die Lockwood Greene Engineers, Inc., Spartanburg/South Carolina, die auf dem Gebiet großer Industrieanlagen älteste Firma in den USA. Die USA-Gesellschaften wurden zur wesentlichen Stütze innerhalb der weltweit agierenden Holzmann-Gruppe.

In den 80er Jahren erfolgten zahlreiche Großakquisitonen zur weiteren Diversifikation. Anfang der 90er Jahre Erwerb von Beteiligungen an der britischen Tilbury Douglas Plc., der französischen Nord-France S.A. (beide Hoch- und Tiefbau; Projektentwicklung), dem spanischen Unternehmen JOTSA, der niederländischen Hillen & Roosen und der österreichischen Ed. AST. Seit Beginn der 90er Jahre Stärkung der Präsenz in Südostasien mit der Philipp Holzmann (Thai) Ltd. in Thailand sowie Niederlassungen u.a. in Malaysia und Hongkong.

Tonangebend im Holzmann-Konzern waren immer die Banken, an vorderer Stelle die Deutsche Bank. Die Schachtelbeteiligung der Deutschen Bank geht auf das Jahr 1872 zurück, als Philipp Holzmann nach der Abfindung seines Bruders die Internationale Bau- und Eisenbahn-Gesellschaft als Teilhaber in das Unternehmen nahm und selbst in deren Vorstand eintrat.

Telefon: *(069) 262-1*
Telefax: *(069) 262-433*
Internet: *www.philipp-holzmann.de*

Branche: *Bauindustrie; Energie- und Umwelttechnik; Verkehrswegebau; Baustoffgewinnung*

Rechtsform:
Aktiengesellschaft

Geschäftsjahr: *1.1.-31.12.*

Gründungsjahr: *1849*

Öffentlichkeitsarbeit:
Dr. Gerhard Semar
Tel.: (069) 262-795
Fax: (069) 262-790
E-Mail: gsemar@hlzm.de

Verbände: *Fachverbände der Bauindustrie*

Vorstand:
- *Binder, Heinrich (Vorsitzender)*
- *Klee, Rainer*
- *Oblinger, Johannes, Dr.*

Vorstandsbezüge 1998:
4.616.000,– DM

BESITZVERHÄLTNISSE/EIGENTUMSSTRUKTUR.
- Gevaert N.V., Mortsel/Belgien (30,4%)
- Deutsche Bank AG, Frankfurt/Main (15,1%)
- Streubesitz bei ca. 12.000 Aktionären, davon rund 3.000 Belegschaftsaktionäre

KONZERNÜBERBLICK. Philipp Holzmann ist rund um den Globus in über 60 Ländern tätig. Die Philipp Holzmann AG ist zusammen mit ihren in- und ausländischen Beteiligungsgesellschaften eines der führenden Unternehmen der Welt in der Planung und Ausführung von Bauten und Anlagen aller Art. Die Philipp Holzmann AG baut Brücken, Tunnels, Hafenanlagen, Kraftwerke, Flughäfen, Fabriken, Talsperren, ganze Stadtviertel und Wolkenkratzer. Das Unternehmen baute beispielsweise die beiden Frankfurter Türme der Deutsche Bank AG und die 450 Meter hohen Doppeltürme des Petronas Tower in Kuala Lumpur/Malaysia, des höchsten Gebäudes der Erde. In der Türkei begann 1997 der Bau des Staudamms Birecik mit einem Gesamtvolumen von 2,3 Mrd. DM.
1998 wurde der Philipp-Holzmann-Konzern als Folge einer existenzbedrohenden Krise grundlegend umstrukturiert – von einem deutschen Baukonzern mit bislang starkem Auslandsgeschäft zu einem deutsch-amerikanischen Unternehmen, bei dem die US-Gesellschaften eine Schlüsselrolle einnehmen sollen. Das Auslandsgeschäft von Philipp Holzmann außerhalb der USA wird jetzt unter dem Dach der neu gegründeten Philipp Holzmann International Ltd. mit Sitz in New York gebündelt. Die amerikanischen Aktivitäten werden von der Tochtergesellschaft J.A. Jones verantwortet. Die operativen Aktivitäten der deutschen Unternehmen werden von Führungsgesellschaften dezentral gesteuert. Die Zentrale in Frankfurt/Main konzentriert sich auf die strategische und finanzielle Lenkung des Konzerns. Der Konzern arbeitet in den Geschäftsfeldern Allgemeiner Bau, Tief- und Infrastrukturbau, Industriebau und Dienstleistungen.
Zum Geschäftsfeld Allgemeiner Bau, dem traditionellen Schwerpunkt der Holzmann-Aktivitäten, zählen Wohnungsbau, öffentlicher Hochbau, Wirtschaftsbau, Industriebau, Tief- und Spezialbau, Brükkenbau, Fertigteilbau, Holzbau, Stahlbau und Instandsetzung. Im allgemeinen Bau sind als Führungsgesellschaften tätig: die Direktionen Nord (Hannover), Ost (Berlin), West (Düsseldorf), Mitte (Frankfurt/Main) der Philipp Holzmann AG und Süd (München) der Philipp Holzmann Bau AG Süd; dazu kommen die imbau Industrielles Bauen GmbH (Fertigteil- und Stahlbau) und die Franki-Gruppe (Spezialtiefbau).
In den USA, dem umsatzstärksten Auslandsbereich, ist Holzmann durch die Jones Group, Inc. und die Lockwood Greene Engineers, Inc. vertreten, beides führende Unternehmen im Bereich der Bauausführung sowie der Projektierung und Umsetzung von kompletten Industrieanlagen.

BETEILIGUNGEN. In den Konzernabschluß der Philipp Holzmann AG waren 1998 72 inländische und 159 ausländische Konzernunternehmen einbezogen. Neben der Philipp Holzmann AG mit den Direktionen Nord, Ost, West und Mitte sind die Führungsgesellschaften mit ihren wesentlichen Unternehmen:

● Philipp Holzmann Bau AG Süd (Direktion Süd): Philipp Holzmann Bau AG Süd, München (100%); Zeidler & Wimmel GmbH & Co., Kirchheim (100%).
● imbau: Imbau Industrielles Bauen GmbH, Frankfurt/Main (100%); INTECH Baugesellschaft mbH, Berlin (100%); inmau Berlin GmbH, Berlin (100%).
● Franki: Franki Grundbau GmbH, Neuss (100%); Gebrüder Kemmer GmbH, Berlin (100%); Harbauer GmbH & Co. KG, Berlin (100%).
● Philipp Holzmann International: Dubbers Malden Groep B.V., Malden/Niederlande (100%); Philipp Holzmann Nederland B.V. (ehem. Hillen & Roosen B.V.), Amsterdam/Niederlande (100%); JOTSA S.A., Madrid/Spanien (50%); Philipp Holzmann Österreich G.m.b.H., Wien (100%); Ed. Ast & Co. Baugesellschaft m.b.H., Kalsdorf/Österreich (100%); Held & Francke Bau Baugesellschaft m.b.H., Linz/Österreich (100%); Nord France-Gruppe, Montlhéry/Frankreich (100%); Philipp Holzmann (Thai) Ltd., Bangkok/Thailand (49,6%).
● Philipp Holzmann USA: Philipp Holzmann USA, Inc., Wilmington/DE, USA (100%); J. A. Jones, Inc., Charlotte/N.C., USA (100%); Lockwood Greene Engineers, Inc., Spartanburg/S.C., USA (80%); Regent Partners, Inc., Atlanta/GA, USA (100%).
● Deutsche Asphalt: Deutsche Asphalt GmbH, Frankfurt/Main (100%); Straßenbau Berneburg Hans Berneburg GmbH & Co. KG, Hannover (100%); Scheid Straßenbaugesellschaft mbH, Limburg (100%); Josef Skipiol Straßenbaustoffe GmbH & Co. KG, Kindsbach (100%).
● Möbius: Josef Möbius Bau-Gesellschaft (GmbH & Co.), Hamburg (50%).
● Scheu + Wirth: Scheu + Wirth AG, Regensburg (50,1%).
● Philipp Holzmann Planung: Philipp Holzmann Planungsgesellschaft mbH, Frankfurt/Main (100%); G.E.O.S. Freiberg Ingenieurgesellschaft mbH, Freiberg/Sachsen (100%); IMS Ingenieurgesellschaft mbH, Hamburg (100%).
● Philipp Holzmann Bauprojekt: Philipp Holzmann BauProjekt AG, Frankfurt/Main (100%); Concept Bau Projektentwicklung und Wohnungsbau GmbH, München (100%); GiP Gewerbe im Park GmbH, Düsseldorf (100%); Frankfurter Immobiliengesellschaft mbH, Frankfurt/Main (66,7%).
● Philipp Holzmann Anlagen: Philipp Holzmann Anlagen GmbH, Frankfurt/Main (100%).
● HSG: HSG Philipp Holzmann Technischer Service GmbH, Frankfurt/Main (100%).

PHILIPP HOLZMANN IN DER KRISE UND DIE LANGSAME GENESUNG. Der einstige Branchenführer der deutschen Bauindustrie geriet Mitte der 90er Jahre in eine schwere existenzbedrohende Krise, von der er sich erst langsam wieder erholt. Die Rezession der deutschen Bauwirtschaft war ein Grund für die desaströsen Ergebnisse des Philipp Holzmann-Konzerns seit 1995. Doch die wirklichen Gründe des Einbruchs der letzten Jahre waren hausgemacht. So sieht es jedenfalls der mit der Vergangenheit gründlich aufräumende neue Vorstand. Seine Diagnose: Ein völlig ungehemmter Expansionsdrang, der zu einem unüberschaubaren und teilweise falsch angelegten Beteiligungsgeflecht von 550 Gesellchaften geführt hatte, fatale Fehlkalkulationen im Immobilien-Projektgeschäft und die anfängliche Ost-

Aufsichtsrat:
❙ *von Boehm-Bezing, Carl L. (Vorsitzender; Mitglied des Vorstandes der Deutsche Bank AG), Frankfurt/Main*
❙ *Esser, Klaus, Dr. (Mitglied des Vorstandes der Mannesmann AG), Düsseldorf*
❙ *Felcht, Utz-Hellmuth (Vorsitzender des Vorstandes der SKW Trostberg AG), Trostberg*
❙ *Hubbert, Jürgen (Mitglied des Vorstandes der DaimlerChrysler AG), Stuttgart*
❙ *Leysen, Andre, Dr. h.c. (Vorsitzender des Verwaltungsrates der Gevaert N.V.), Mortsel/Belgien*
❙ *Metzler, Friedrich von (Teilhaber des Bankhauses B. Metzler seel. Sohn & Co. KGaA), Frankfurt/Main*
❙ *Rieger, Harald, Dr. (Mitglied des Vorstandes der Metallgesellschaft AG), Frankfurt/Main*
❙ *Schuster, Peter, Dr. (Geschäftsführer der InfraServ GmbH & Co. Höchst KG), Frankfurt/Main*
❙ *Wilhelm, Günter, Dr. E.h. (Mitglied des Vorstandes der Siemens AG), Erlangen*
❙ *Zinn, Eberhard, Dr. (Mitglied des Vorstandes der Bayerische Landesbank Girozentrale), München*
**Mahneke, Jürgen (stellv. Vorsitzender)*
**Göbbel, Walter*
**Haas, Hans-Dieter*
**Hickler, Helmut*
**Höhne, Dieter*
**Laux, Ernst-Ludwig*
**Maier, Max*
**Röll, Willi*
**Schröder, Oskar*
**Wiechmann, Eberhard*

Aufsichtsratstantiemen 1998: *107.500,– DM*

BÖRSE, AKTIEN, KURSE
Grundkapital 1998:
285,2 Mio.
Jahreshöchstkurs 1998:
575,00 DM (294,00 €)
Jahrestiefstkurs 1998:
162,50 DM (83,08 €)
Aktie Jahresende 1998:
188,00 DM (96,12 €)
Dividende pro Aktie 1998:
0,00 DM

Die Kurse beziehen sich auf einen Aktiennennbetrag von 50,– DM.

Leistung/Umsatz 1998:
12.054,0 Mio.
(davon Ausland: 5.402,0 Mio.)
Leistung/Umsatz 1997:
14.415,0 Mio.
(davon Ausland: 5.448,0 Mio.)
Leistung/Umsatz 1996:
14.192,0 Mio.
(davon Ausland: 4.945,0 Mio.)

Gewinn/Verlust 1998:
-36,3 Mio.
Gewinn/Verlust 1997:
-768,3 Mio.
Gewinn/Verlust 1996:
1,0 Mio.

Cash flow 1998: *-156,0 Mio.*
Cash flow 1997: *-168,8 Mio.*
Cash flow 1996: *500,0 Mio.*

Steueraufkommen 1998:
36,6 Mio.

INVESTITIONEN IN MIO. DM

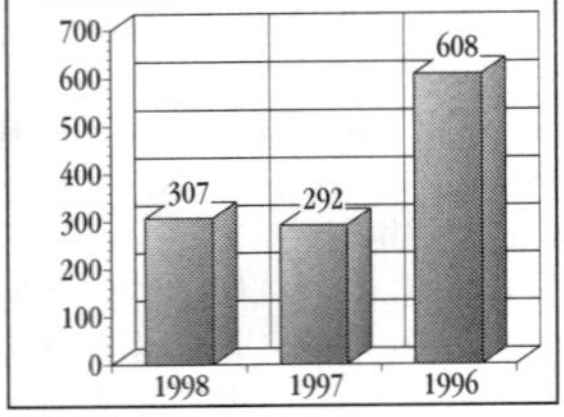

Euphorie mit einem nahezu ungezügelten Bau-Boom waren die Ursachen. Verluste in dreistelliger Millionenhöhe waren die Folge, die Anteilseigner gerieten in Panik, die Aktie stürzte ab, keine Dividende. Die hohen Verluste konnten nur durch die Hebung stiller Reserven und den Verkauf zahlreicher Gesellschaften kompensiert werden. Die Anteilseigner sprangen ein. Rund 700 Mio. DM wurden dem Unternehmen durch eine Bar-Kapitalerhöhung und die Begebung einer Wandelanleihe mit Bezugsrecht der Aktionäre zugeführt. Die Bankschulden konnten 1998 auf weniger als 3 Mrd. DM reduziert werden.
Der Philipp Holzmann-Konzern wurde schließlich durch den neuen Vorstand gründlich umstrukturiert, neue operative Führungsgesellschaften als eigenständige Profit Center gebildet. Die Führungsstrukturen wurden verschlankt, das Risikomanagement neu gestaltet, die Prozeßabläufe und Qualitätskontrollen bei der gesamten Bauausführung verbessert. Zahlreiche Unternehmen und Randaktivitäten wurden verkauft. Dem früheren Holzmann-Vorstand wurde ein ums andere Mal die Entlastung verweigert.
Psychologisch belastend kam der monatelange Übernahmeversuch des zur RWE AG gehörenden Bau-Konzerns Hochtief AG hinzu, der seine damalige Beteiligung am Stammkapital über den Erwerb verschiedener bei Banken liegender Aktienpakete auf mindestens 35% aufstocken wollte. Die Philipp Holzmann AG, der schließlich die deutschen Kartellbehörden und die Europäische Kommission als Genehmigungsbehörde mit einer Untersagung zur Seite sprangen, empfand dieses Ansinnen der Konkurrenz als massiven Versuch einer feindlichen Übernahme. Hochtief verkaufte schließlich im Benehmen mit der Deutschen Bank sein Beteiligungspaket an die belgische Gevaert N.V.

GLOBALE STRATEGIEN UND DER STANDORT DEUTSCHLAND.

Der neue Vorstand will den angeschlagenen Konzern, an dem seit 1998 die belgische Gevaert N.V. mit 30,4% beteiligt ist, »durchgreifend internationalisieren«. Die USA, Osteuropa, die Golfstaaten und Lateinamerika sollen dabei oberste Priorität haben. Im Ausland wurden andererseits die verlustreichen Engagements der Vergangenheit in Thailand und Frankreich beendet. Aufgebaut werden sollen »globale Kompetenzzentren« verschiedener Ingenieurgesellschaften in den vier Geschäftsfeldern Allgemeiner Bau, Tief- und Infrastrukturbau, Industriebau sowie Dienstleistungen. Mit Ausnahme des US-Geschäfts, für das die Tochtergesellschaft J.A.Jones verantwortlich ist, wird das internationale Geschäft von der neuen Philipp Holzmann International, New York/USA, geführt. Der deutsche Markt wird weiterhin von den deutschen Büros bearbeitet.
Der Umbau des Philip Holzmann-Konzerns hatte verheerende Folgen für den deutschen Arbeitsmarkt: nahezu jeder siebte Philipp Holzmann-Beschäftigte verlor seinen Job. Allein 1997 sank die Zahl der

Beschäftigten im Gesamtkonzern um über 25%, 1998 nahm sie noch einmal um über 5.000 ab (inklusive des Verkaufs der Steinmüller-Gruppe). Bei Philipp Holzmann in Thailand verloren 10.000 Beschäftigte die Arbeit, nachdem in den Jahren zuvor in Erwartung des Bau-Booms Tausende von Arbeitskräften eingestellt worden waren. Von einst 29.000 Beschäftigten in Thailand sollen ganze 600 bleiben. Mitte 1998 trennte sich Philipp Holzmann von seinem Bereich Energie- und Umwelttechnik und verkaufte seinen 74,9%-Anteil an der Steinmüller-Gruppe an die Babcock Borsig AG und konnte so das Ergebnis erträglich gestalten. Die Mitarbeiterzahl soll insgesamt auf 28.000 zurückgehen.

INNERBETRIEBLICHE BÜNDNISSE. Die strategische Neuausrichtung des Konzerns ging mit einem umfassenden Restrukturierungsprogramm einher, das wesentlich in Absprache mit den Arbeitnehmervertretern bewerkstelligt wurde. Die Lohnzusatzkosten wurden gesenkt durch die Flexibilisierung der Arbeitszeit, durch die Senkung der Lohnfortzahlung bei Krankheit, durch die Reduzierung des zusätzlichen Urlaubsgeldes, durch geringere Sozialkassenbeiträge und die in einer Betriebsvereinbarung geregelten reduzierten Jubiläumsleistungen. Innerbetrieblich wurde eine Regelung zur Altersteilzeit abgeschlossen. Ende 1998 lag die Gesamtzahl der Auszubildenden im Konzern bei 921 (Vorjahr: 1.187).

UMWELTSCHUTZ. 1998 veröffentlichte Philipp Holzmann seinen dritten Umweltbericht. Der Holzmann-Konzern besitzt eine dezentral aufgebaute Organisation von Umweltbeauftragten in den Direktionen und Führungsgesellschaften des Konzerns.
Als Umweltschutzziele für sämtliche Konzernbereiche gelten: Reduzierung der Bauabfälle, Senkung des Energieverbrauchs durch energiesparendes Bauen, Senkung des Rohstoffverbrauchs durch Recycling; Gewährleistung der Betriebs- und Anlagensicherheit im Bereich der Baustellen, Betriebe und Werkplätze, Reduzierung der Emissionen in Luft, Wasser und Boden sowie Drosselung des Baulärms, Verwendung umweltfreundlicher Baustoffe und Produkte. Umweltschutz gehört aber auch in allen Geschäftsbereichen zum Leistungsangebot.

FORSCHUNG, ENTWICKLUNG, INNOVATIONEN.
Forschung und Entwicklung sind im Philipp-Holzmann-Konzern dezentral organisiert. Entwicklungsschwerpunkte liegen in der Entwicklung neuer Betonmischungen (Baustofflabor von Philipp Holzmann), im Tunnelbau, der Umwelttechnik und in der Entwicklung und Erprobung von innovativen Bauverfahren. Philipp Holzmann arbeitet mit verschiedenen Hochschulen zusammen. Als Modell gilt der »Philipp Holzmann Stiftungslehrstuhl für Technik und Management in der Bau- und Anlagenbauindustrie« an der privaten Universität Witten/Herdecke.

Beschäftigte 1998: *30.048*
(davon Ausland: 13.499)
Beschäftigte 1997: *36.358*
(davon Ausland: 14.638)
Beschäftigte 1996: *51.918*
(davon Ausland: 29.114)

Umsatz pro Mitarbeiter 1998: *401.158,– DM*
Umsatz pro Mitarbeiter 1997: *396.474,– DM*
Umsatz pro Mitarbeiter 1996: *273.354,– DM*

Löhne und Gehälter 1998: *2.110,6 Mio.*
Löhne und Gehälter 1997: *2.531,5 Mio.*
Durchschnittsgehalt 1998: *70.241,– DM*
Soziale Abgaben und Aufwendungen 1998: *481,5 Mio.*
Soziale Abgaben und Aufwendungen 1997: *620,7 Mio.*

Bezüge pro Vorstandsmitglied 1998: *1.154.000,– DM*
Tantiemen pro Aufsichtsrat 1998: *5.375,– DM*

Investitionen 1998: *307,0 Mio.*
Investitionen 1997: *292,0 Mio.*
Investitionen 1996: *608,0 Mio.*

Mitbewerber: *Bilfinger + Berger, Dywidag, Heidelberger Zement, Heilit+Woerner, Hochtief, Strabag, Walter Bau, Wayss & Freytag, Züblin*

IBM DEUTSCHLAND

Standort:
IBM Deutschland GmbH
(Holding)
Ernst-Reuter-Platz 2
10587 Berlin

Telefon: *(030) 3115-0*
Telefax: *(030) 3115-1447*
Internet: *www.de.ibm.com*

IBM Deutschland
Informationssysteme GmbH
Pascalstraße 100
70569 Stuttgart

Postanschrift:
70548 Stuttgart

Telefon: *(0711) 785-0*
Telefax: *(0711) 785-3511*

Branche: *Informations- und Kommunikationstechnologie*

Rechtsform: *GmbH*

Geschäftsjahr: *1.1.-31.12.*

Gründungsjahr: *1910*

Öffentlichkeitsarbeit:
Thomas Mickeleit
Tel.: (0711) 785-2584
Fax: (0711) 785-2433
E-Mail:mickeleit@de.ibmmail.com

Verbände: *Verband Deutscher Maschinen- und Anlagenbau, Frankfurt/Main*

GESCHICHTE UND ENTWICKLUNG. IBM (International Business Machines) Deutschland ist aus der DEHOMAG, Deutsche Hollerith-Maschinen GmbH, Berlin, hervorgegangen. Hermann Hollerith (1860) gilt als Begründer des Lochkartenverfahrens und damit der Anwendung der maschinellen Datenverarbeitung. Die Idee kam ihm als Statistiker bei der manuellen Auszählung der Daten einer Volkszählung; 1890 wurden dann erstmals bei einer Volkszählung in den USA die von ihm entwickelten Lochkartenmaschinen eingesetzt. Hollerith gründete 1910 die DEHOMAG als eigenes Unternehmen zur kommerziellen Nutzung seiner Erfindungen, aus dem die IBM Deutschland GmbH hervorgegangen ist. Heute ist IBM Deutschland eine der größten der über 130 Töchter des mit knapp 291.000 Mitarbeitern und einem Umsatz von 81,6 Mrd. US $ und einem Gewinn von 6,3 Mrd. US $ (1998) mächtigsten Computerkonzerns der Welt. Anfang 1993 kam es zu einer grundlegenden Umstrukturierung von IBM Deutschland und zur Aufspaltung in selbständige, auf bestimmte Aufgabenfelder fokussierte Tochterunternehmen unter dem Dach der Holdinggesellschaft IBM Deutschland GmbH (Holding), Berlin.

BESITZVERHÄLTNISSE/EIGENTUMSSTRUKTUR.
- IBM World Trade Corporation, Armonk, N.Y./USA (82,05%)
- IBM Beteiligungs-Gesellschaft mbH, Stuttgart (17,95%)

KONZERNÜBERBLICK/BETEILIGUNGEN. IBM Deutschland entwickelt, produziert, vertreibt und wartet Systeme und Geräte auf dem Gebiet der Informations- und Kommunikationstechnik: Computer-Großsysteme, Workstations, mittlere Systeme, Netzwerkprodukte, Multimedia, Personal-Computer, Telekommunikationssysteme, Software und Dienstleistungen. IBM bietet für alle komplexen Probleme im Informations- und Kommunikationsbereich der unterschiedlichsten Sparten wie Wirtschaft, Verwaltung, Wissenschaft, Bildung, Medizin, Raumfahrt, Sport adäquate Lösungen an. Schwerpunkte sind die Installation von branchenspezifischen Anwendungen und die Vernetzung von Systemen. Darüber hinaus ist die IBM Deutschland der führende Anbieter im Bereich IT-Dienstleistungen.
Mitte der 90er Jahre hat sich die IBM Deutschland grundlegend neu strukturiert. Unter dem Dach der Holdinggesellschaft IBM Deutschland GmbH mit Sitz in Berlin arbeiten auf bestimmte Aufgabenfelder spezialisierte Tochterunternehmen weitgehend eigenständig. Aus der einst großen IBM wurde ein Verbund neuer, kleinerer und – so das Ziel des Managements – beweglicherer und damit am Markt wirkungsvollerer Unternehmen. Auch der IBM-Vertrieb arbeitet mit neuer Struktur. Dazu wurde die bisher geographisch gegliederte Vertriebsorganisation in elf branchenorientierte Bereiche (Industry Solution Units) umgestaltet, die länderübergreifend operieren. Unter dem gemeinsamen Dach der IBM Deutschland GmbH als Holding werden u.a. folgende unabhängig voneinander operierende Tochtergesellschaften geführt:
◆ IBM Deutschland Informationssysteme GmbH: Die größte Tochtergesellschaft der IBM Deutschland GmbH ist die IBM Deutschland In-

formationssysteme GmbH, Stuttgart. Sie ist für den Vertrieb von IBM-Produkten einschließlich aller Beteiligungen und Tochtergesellschaften verantwortlich: Hardware, Software, Dienstleistungen, komplexe Anwendungslösungen, Outsourcing-Projekte, Weiterbildungsangebote. Die IBM Deutschland Informationssysteme GmbH ist darüber hinaus Sitz aller zentralen Stäbe der IBM Deutschland GmbH, wie Finanzen und Planung, Marketing und Personal, die auch den anderen Tochterunternehmen zur Verfügung stehen. IBM Deutschland Informationssysteme GmbH unterteilt sich in die Geschäftsbereiche Branchen, Produkte, Global Services, Software, PC-Geschäft, Mittelstand und Geschäftspartner.

◆ IBM Speichersysteme GmbH, Mainz: Das Unternehmen ist das europäische Competence-Center für Speichertechnologie. Dazu gehört auch die Verantwortung für den Ausbau des Werkes in Ungarn und den Aufbau einer neuen Fertigungsstätte in Irland. Werk Mainz: Dünnfilm-Magnetplatten und magnetoresistive Schreib-/Leseköpfe. Speicherkomponenten aus Mainz kommen in Großsystemen und ThinkPads zum Einsatz. Außerdem ist Mainz verantwortlich für die weltweite Produktion von Speichersystemen und die Entwicklung von Software für Speichersysteme.

◆ IBM Deutschland Entwicklung GmbH, Böblingen: Mit rund 1.800 Mitarbeitern ist die IBM Deutschland Entwicklung GmbH das größte Entwicklungszentrum außerhalb der USA. Zu den Aufgaben gehören die Entwicklung von CMOS-Hochleistungs-Mikroprozessoren, Parallel-Servern, Betriebssystemen, SmartCards, Anwendungsprogrammen und Branchenlösungen.

◆ IBM Unternehmensberatung GmbH, Hamburg: Das Unternehmen berät bei der Definition von geschäftlichen Zielen, deren Umsetzung in Geschäftsprozesse und bezüglich der dazugehörenden Management-Systeme sowie bei der Definition der Computeranwendungen. Ein Geschäftsfeld mit zunehmender Bedeutung ist e-business.

◆ IBM Deutschland Direktvertrieb GmbH, Herrenberg: Hier werden die Systeme der Produktfamilien IBM RS/6000, IBM AS/400, IBM S/390 sowie Drucker und Peripherie-Produkte angeboten.

◆ csg Computer Service GmbH, Berlin: csg Computer Service besteht aus vier Unternehmensbereichen und verfügt bundesweit über 80 Geschäftsstellen, Niederlassungen und Servicestützpunkte. Der Unternehmensbereich Software Projekte mit Sitz in Chemnitz umfaßt das Angebot Systemservices und Anwendungsentwicklung für alle IBM-Architekturen sowie Anwendungsberatung für betriebswirtschaftliche Standardsoftware und für Bürokommunikation. Der Unternehmensbereich Service Produkte mit Sitz in Berlin ist auf Dienstleistungen in den Bereichen PC-Hardware und Software, Kassensysteme sowie Netzwerkkomponenten spezialisiert. In Berlin sitzt ebenfalls der Unternehmensbereich Weiterbildung. Das Kerngeschäft des Unternehmensbereichs Data Sciences mit Sitz in Aachen liegt im Aufbau elektronischer Bankenvertriebswege für den Online-Handel.

◆ SerCon Service-Konzepte für Informations-Systeme GmbH, Böblingen: SerCon ist eine an 20 Standorten vertretene Beratungsgesellschaft für Informationssysteme. Sie unterstützt Unternehmen aller Branchen bei der Lösung von IT-Aufgaben. Das Angebot umfaßt u.a.: Internet/Intranet, Groupware/Lotus Notes-Lösungen, Data Mining/Warehouse, Netz- und System-Management, betriebswirtschaftliche Lösungen.

Geschäftsführung:
IBM Deutschland GmbH (Holding):
▮ *Staudt, Erwin (Vorsitzender; Vorsitzender der Geschäftsführung IBM Deutschland Informationssysteme GmbH)*
▮ *Kuhnle, Klaus*
▮ *Reitermann, Hans-Jürgen*

Bezüge der Geschäftsführung 1998:
keine Angaben

Generalbevollmächtigter:
▮ *Erdmann, Ulrich, Dr.*

Aufsichtsrat:
▮ *Hug, Edmund (Vorsitzender; ehem. General Manager, Country Operations, IBM Emea), Oberstenfeld-Gronau*
▮ *Christeiner, Friedrich (General Manager, Global Automotive Industry, EMEA), München*
▮ *Henkel, Hans-Olaf (Präsident des Bundesverbandes der Deutschen Industrie e.V.), Köln*
▮ *Kozak, Arthur, Dr. (General Manager, IBM Global Finan-cing, IBM EMEA), Paris/ Frankreich*
▮ *Märki, Hans Ulrich (General Manager, IBM Global Services, IBM Emea), Paris/Frankreich*
▮ *Quadri, Peter (Country General Manager, IBM Schweiz), Zürich/Schweiz*
▮ *Raizner, Walter (Vice President Merketing Technology Group), Somers/USA*
▮ *Schmauke, Ulrich (Vice President Fulfilment, IBM EMEA), Paris/Frankreich*
▮ *Lundquist, Amandus (Country General Manager, IBM Niederlande), Amsterdam/Niederlande*
▮ *Weihen, Johann (General Manager, Emerging Markets), Wien/Österreich*

**Lausenmeyer, Manfred (stellv. Vorsitzender)*
**Backen, Uwe*
**Fußgang, Brigitte*
**Gudowius, Uwe*
**Hassel, Peter*
**Kalbfuss, Frank*
**Kern, Karin*
**Jetter, Martin*
**Nestler, Wolfgang*
**Trittin, Wolfgang*

Aufsichtsratstantiemen 1998: *keine Angaben*

Umsatz 1998: *11.400,0 Mio.*
Umsatz 1997: *11.375,7 Mio.*
Umsatz 1996: *11.409,4 Mio.*

Gewinn 1998: *150,0 Mio.*
Gewinn 1997: *279,1 Mio.*
Gewinn 1996: *875,1 Mio.*

Cash flow 1998: *keine Angaben*
Cash flow 1997: *2.034,0 Mio.*
Cash flow 1996: *1.700,0 Mio.*

Steueraufkommen 1998: *keine Angaben*

Grund- bzw. Stammkapital 1998: *1.000,0 Mio.*

Die IBM Deutschland GmbH weist ihre Unternehmen getrennt aus und veröffentlicht seit 1998 keinen Geschäftsbericht mehr.

◆ CGI Deutschland GmbH, Stuttgart: CGI Deutschland ist ein DV-Beratungs- und Software-Unternehmen mit rund 600 Mitarbeitern in neun Geschäftsstellen in Deutschland. Schwerpunkte der Gesellschaft sind integrierte System- und Softwarelösungen in den Bereichen Fertigungsindustrie, Banken, Versicherungen, Handel und Dienstleistungen, Wissenschaft, Verwaltung und Mittelstand.

GLOBALE STRATEGIEN UND DER STANDORT DEUTSCHLAND. Einer der klassischen Multis und seit Bestehen global agierenden Großkonzerne ist IBM. IBM Deutschland ist einer der großen nationalen Teilkonzerne, der wiederum seinerseits im IBM-Verbund andere Märkte bedient und länderübergreifend agiert.
In den 90er Jahren wurde IBM Deutschland grundlegend neu strukturiert, aus einem auch gesellschaftlich offenen Unternehmen wurde ein Konglomerat einzeln operierender Gesellschaften. Die IBM Deutschland als gesamt auftretendes Unternehmen gibt es nicht mehr. Die »Umstrukturierungs- und Personalanpassungsmaßnahmen«, die sich IBM Deutschland rund 2 Mrd. DM kosten ließ, hatten allein am Firmensitz Böblingen 9.000 Beschäftigte den Arbeitsplatz gekostet. Die Gründe für die drastischen Einschnitte am Standort Deutschland waren stagnierende Umsätze und eine verschärfte internationale Konkurrenz. Die International Business Machines Corp., Armonk/N.Y., einst eine Perle der amerikanischen Wirtschaft, machte plötzlich Verluste in Milliardenhöhe. Weltweit baute IBM von seinen 300.000 Beschäftigten rund 60.000 ab, wovon auch die bis dahin so erfolgsverwöhnte deutsche Tochter nicht verschont blieb. Die deutschen IBM-Manager zerlegten IBM Deutschland unter einer Holding mit Sitz in Berlin in neue, rechtlich selbständige Unternehmen. Dabei wurde die eigentliche Nachfolgerin der alten IBM die IBM Deutschland Informationssysteme GmbH, Stuttgart. In diesem Zusammenhang wurde die Halbleiterfertigung der IBM am Standort Böblingen in die SMST SubMicron Semiconductor Technologies GmbH, ein Gemeinschaftsunternehmen von IBM und Philips, eingebracht. Werk Böblingen: Produktion von Speicher- und Logikprodukten. Die früheren Werke Berlin und Hannover wurden zu Software- und Servicezentren umgewandelt. Die Führung des Unternehmens liegt bei Philips. 1998 wurden rund 2.500 Mitarbeiter überwiegend im Servicebereich neu eingestellt.

INNERBETRIEBLICHE BÜNDNISSE. Zum Jahresbeginn 1999 wurde unternehmensweit ein neues Arbeitszeitmodell eingeführt, nach dem die IBM-Mitarbeiter die Möglichkeit haben, ihre Arbeitszeit von Montag bis Freitag zwischen 6 und 20 Uhr eigenverantwortlich und zeitsouverän einzuteilen. Darauf einigten sich die Deutsche Angestellten-Gewerkschaft (DAG) und die IBM Deutschland Informationssysteme GmbH in einem Haustarifvertrag. Darüber hinaus können mit den Beschäftigten unter Beibehaltung der tariflichen Arbeitszeit von 38 Stunden innerbetrieblich wöchentliche Mehrarbeitszeiten von bis zu drei Stunden vereinbart werden. Erreicht werden soll mehr Flexibilität bei gleichzeitiger Limitierung der Mehrarbeit. Die Vereinbarungen haben eine Laufzeit bis Ende 2001.
IBM hat ausgiebige innerbetriebliche Vereinbarungen zur Telearbeit getroffen. Es gibt bei IBM mehr als 4.000 mobile Arbeitsplätze, über-

wiegend im Vertrieb und im technischen Außendienst. Rund 600 Mitarbeiter erledigen ihre Arbeit primär von zu Hause aus, womit rund 20% aller deutschen IBM-Mitarbeiter »Teleworker« sind. 1998 hatte IBM rund 500 Auszubildende und Studierende der Berufsakademie in seinen Gesellschaften.

UMWELTSCHUTZ. Umweltschutz wird von der IBM Corporation für alle Unternehmen weltweit vorgegeben. Die wichtigsten Grundsätze sind: Schonung der natürlichen Ressourcen, Reduzierung von Emissionen jeder Art, Wahrnehmung der gesellschaftlichen Verantwortung, Kontrolle und Überprüfung. In den einzelnen IBM-Gesellschaften liegt die Verantwortung für das Umweltmanagement bei den jeweiligen Geschäftsführungen. Die in den Werken der IBM erfaßten umweltrelevanten Daten lassen sich in sechs Kategorien gliedern: Chemikalien, Emissionen aus Kälteanlagen, Energieverbrauch, Wasserverbrauch, Rückstände, Verpackungen. Verstärkt engagiert sich IBM im Bereich Produktrücknahme. Die Einhaltung der Umweltgrundsätze und -vorgaben wird durch ein striktes Umwelt-Managementsystem sichergestellt.

FORSCHUNG, ENTWICKLUNG, INNOVATIONEN. In rund 30 Entwicklungszentren weltweit arbeiten Experten an der Entwicklung innovativer IBM-Produkte und -Dienstleistungen. Das größte dieser Forschungs- und Entwicklungszentren außerhalb der USA ist die IBM Deutschland Entwicklung GmbH in Böblingen. Rund 1.800 Informatiker, Techniker und Ingenieure arbeiten an neuer Hard- und Software und bieten ihre Dienstleistungen an. Die Schwerpunkte liegen in der Entwicklung von Hochleistungs-CMOS-Moktoprozessoren, IBM S/390 Enterprise Server sowie Betriebssystemen und System-Management-Produkten. Bei Hochleistungs-CMOS-Moktoprozessoren ist Böblingen weltweit führend. Für das Betriebssystem VSE/ESA liegt die weltweite Verantwortung bei der IBM Deutschland Entwicklung GmbH. Darüber hinaus werden multifunktionale Chipkarten und Anwendungen die Digital Library, MQSeries Workflow und Intelligent Miner entwickelt.

Beschäftigte 1998: *23.175*
Beschäftigte 1997: *20.589*
Beschäftigte 1996: *19.776*

Umsatz pro Mitarbeiter 1998: *491.909,– DM*
Umsatz pro Mitarbeiter 1997: *552.513,– DM*
Umsatz pro Mitarbeiter 1996: *576.911,– DM*

Investitionen 1998: *800,0 Mio.*
Investitionen 1997: *1.223,0 Mio.*
Investitionen 1996: *908,0 Mio.*

Forschung und Entwicklung: *Finanzierung durch die Muttergesellschaft*

Mitbewerber: *Apple, Debis, Dell, Hewlett-Packard, Compaq, Computer 2000, Metro, NEC, Siemens, Vobis*

KARSTADT QUELLE

GESCHICHTE UND ENTWICKLUNG. 1881 eröffnete Rudolph Karstadt (1856–1944) in Wismar sein erstes »Tuch-, Manufactur- und Confectionsgeschäft«. Seine Geschäftspolitik: Er forderte billige, aber feste Preise anstelle des damals üblichen Verhandelns und Schacherns und verlangte Barzahlung. Dadurch erhielt er die notwendige Liquidität, konnte genauestens kalkulieren und günstige Einkaufskonditionen wahrnehmen. Der Laden kam beim Publikum gut an. 1885 übernahm Theodor Althoff (1858–1931) im westfälischen Dülmen das mütterliche »Kurz-, Woll- und Weißwaarengeschäft«. Er führte sein Geschäft in ähnlicher Weise wie Karstadt. Beide, Karstadt und Althoff, eröffneten in den Folgejahren eine Reihe von Waren- und Kaufhäusern. 1920 fusionierten die beiden Unternehmen unter dem

Standort: *Theodor-Althoff-Straße 2 45133 Essen*

Postanschrift: *45119 Essen*

Telefon: *(0201) 727-1*
Telefax: *(0201) 727-5216*
Internet: *www.karstadt.de*

Branche: *Einzelhandel, Warenhäuser, Versandhandel, Touristik*

Rechtsform:
Aktiengesellschaft

Geschäftsjahr: *1.1.-31.12.*

Gründungsjahr: *1881*

Unternehmens-kommunikation:
Armgard von Burgsdorff
Tel.: (0201) 727-2538
Fax: (0201) 727-4791
E-Mail: avb@karstadt.de
Elmar Kratz (Presse)
Tel.: (0201) 727-2537
Fax: (0201) 727-4970
E-Mail: elmar.kratz@karstadt.de

Verbände: *Bundesarbeitsgemeinschaft der Mittel- und Großbetriebe des Einzelhandels, Köln; Hauptverband des Deutschen Einzelhandels, Köln*

Namen Rudolph Karstadt AG, wobei die Althoff-Filialen aber den Namen Theodor Althoffs behielten. Es folgte eine stürmische Expansion. 1926 kam es zur Gründung der nach amerikanischem Vorbild konzipierten EPA Einheitspreis AG (später Kepa Kaufhaus GmbH), die es umgehend auf über 50 Filialen brachte. Im Zuge der Weltwirtschaftskrise wurden die eigenen Werk- und Fabrikationsstätten aufgegeben. Nach dem Zweiten Weltkrieg erfolgte die Enteignung aller in der sowjetischen Besatzungszone liegenden Warenhäuser; von 67 Filialen blieben 45 zum Teil völlig zerstörte Kaufhäuser in Westdeutschland und Westberlin übrig. Mit der Währungsreform begann aber der rasante Wiederaufstieg Karstadts. 1963 wurde die Rudolph Karstadt AG in Karstadt Aktiengesellschaft umfirmiert, 1969 der Verwaltungssitz nach Essen verlegt. Expansive 70er Jahre ließen Karstadt zum führenden Warenhaus-Konzern der Republik werden. 1977 kam es zur Übernahme der in wirtschaftliche Schwierigkeiten geratenen Neckermann Versand AG und verschiedener Neckermann-Warenhäuser und der anschließenden Integration der KEPA-Kaufhäuser und der Karstadt SB-Warenhäuser in das Karstadt-Warenhaus-Filialnetz. 1981 wurde die NUR Neckermann + Reisen GmbH übernommen und anschließend in die NUR Touristic GmbH umgewandelt. 1984 folgte die Eingliederung der Neckermann Versand AG in den Karstadt-Konzern. 1990 wurden in Ostdeutschland acht Centrum- und Magnet-Warenhäuser von der Treuhandanstalt übernommen. Mit dem Standort Wismar kehrte Karstadt an den Ort seines Ursprungs zurück. 1994 folgte dann die Akquisition der Hertie Waren- und Kaufhaus GmbH und deren stufenweise Übertragung auf den Karstadt-Konzern. 1997 beteiligte sich die Schickedanz-Gruppe (Quelle) mit über 20% an Karstadt. 1998 wurde durch die Fusion von NUR Touristic GmbH und Condor Flugdienst GmbH die C&N Touristic AG gegründet, an der die Karstadt AG und die Deutsche Lufthansa AG jeweils zu 50% beteiligt sind. 1998/99 kam es zur Aufstockung der Quelle-Beteiligung an Karstadt auf 48% und zur Bekanntgabe der Fusion beider Unternehmen unter der Dominanz der Schickedanz-Gruppe.

BESITZVERHÄLTNISSE/EIGENTUMSSTRUKTUR.

- Schickedanz Holding AG & Co. KG, Fürth (48%)
- Allianz AG, München (10,8%)
- Dresdner Bank AG, Frankfurt/Main (7,1%)
- Rest Streubesitz

Die Quelle-Schickedanz-Gruppe hatte 1997 für 1,2 Mrd. DM die Karstadt-Aktienpakete der Commerzbank AG (10%) und der Deutsche Bank AG (10%) sowie einen Anteil der Hertie-Stiftung, die nach dem Verkauf der Hertie-Gruppe an Karstadt 29,4% des Karstadt-Kapitals hielt, erworben. Die anderen Anteile der Hertie-Stiftung übernahmen die Allianz AG und die Dresdner Bank AG, die diese zwischenzeitlich in die Zwischenholding Schickedanz Handelswerte KG einbrachten und sie unter die Kontrolle der Schickedanz-Gruppe stellten. Auf diese Weise wurde die Quelle-Schickedanz-Gruppe zum größten Einzelaktionär des Karstadt-Konzerns und erlangte so faktisch die Kontrolle über Karstadt, also die unternehmerische Führung, durch die sie 1999 ihre Fusionspläne mit der Einbringung der Quelle in die Karstadt AG realisieren konnte.

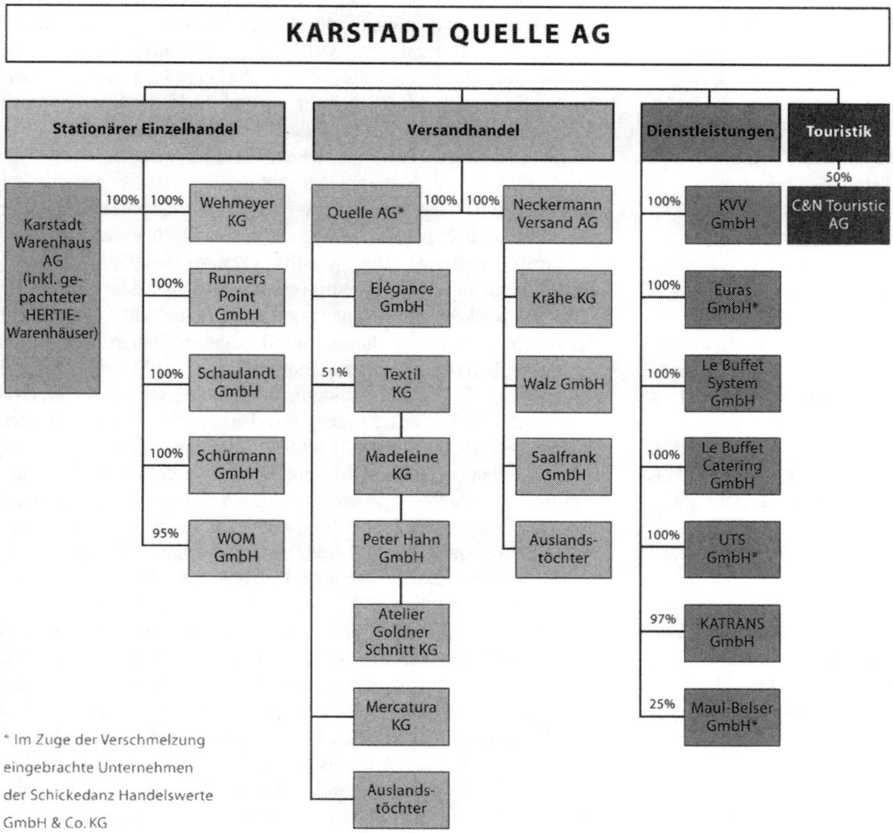

KONZERNÜBERBLICK. Der Karstadt-Konzern ist im wesentlichen auf drei Geschäftsfelder konzentriert: den stationären Einzelhandel, den Versandhandel und den im wesentlich von der Touristik geprägten Dienstleistungsbereich.

◆ Stationärer Einzelhandel: Karstadt verfügt über 180 Warenhäuser, zur Hertie-Gruppe zählen 32 Warenhäuser. Dazu kommen fünf Fachmarktketten mit insgesamt 175 Fachgeschäften/Fachmärkten (Wehmeyer, Schürmann, Schaulandt, WOM, Runners Point) und 60 Neckermann-Verkaufsstellen. Hinzu kommen 22 Karstadt-Sporthäuser, vier Karstadt-Einrichtungshäuser und zwölf Karstadt-Teppichboden-Center. Auch nach der geplanten Verschmelzung von Hertie auf Karstadt soll Hertie als eigenständige Marke fortbestehen. Umsatz der Karstadt-Gruppe 1998: 16.249 Mio. DM.

◆ Versandhandel: Der Neckermann-Versand nimmt täglich über 100.000 Bestellungen entgegen und bearbeitet am Tag mitunter mehr als 70.000 Päckchen, Pakete und Großversandstücke. Im Zentrum der Neckermann-Logistik steht ein Rechenzentrum mit über 100 Mitarbeitern. Neckermann-Renner sind Textilien, Hartwaren und Möbel. Zum

KARSTADT AG

Vorstand:

- *Deuss, Walter, Dr. (Vorsitzender)*
- *Krüger, Jürgen (stellv. Vorsitzender)*
- *Ciesielski, Manfred*
- *Koep, Reinhard*
- *Plagge, Heinz*
- *Schmidt, Karl-Heinz*

Vorstandsbezüge 1998:
8.338.000,– DM

Aufsichtsrat:
▌ *Meinhardt, Hans, Dr. (Vorsitzender; Vorsitzender des Aufsichtsrates der Linde AG), Wiesbaden*
▌ *Breipohl, Diethart, Dr. (Mitglied des Vorstandes der Allianz AG), München*
▌ *Gieske, Friedhelm, Dr. (ehem. Vorsitzender des Vorstandes der RWE AG), Essen*
▌ *Herl, Leo (Mitglied des Vorstandes der Schickedanz Holding-Stiftung & Co. KG), Fürth*
▌ *Hocker, Ulrich (Deutsche Schutzvereinigung für Wertpapierbesitz e. V.), Düsseldorf*
▌ *Kohlhaussen, Martin (Sprecher des Vorstandes der Commerzbank AG), Frankfurt/Main*
▌ *Rätz, Heinz (ehem. Mitglied der Direktion der Hansa AG), Basel/Schweiz*
▌ *Riedel, Ingo, Dr. (Mitglied des Vorstandes der Schickedanz Holding-Stiftung & Co. KG), Fürth*
▌ *Voss, Bernd, Dr. (Mitglied des Vorstandes der Dresdner Bank AG), Frankfurt/Main*
▌ *Weber, Jürgen (Vorsitzender des Vorstandes der Deutsche Lufthansa AG), Hamburg*
**Pokriefke, Wolfgang (stellv. Vorsitzender)*
**Behrens, Wilfried*
**Damm, Jürgen*
**Dehn, Bodo*
**Gartz, Hubert*
**Schubert, Christa*
**Strohmeier, Günter*
**Wiethold, Franziska, Dr.*
**Wolff, Rüdiger*
**Wuhrer, Ulrike*

Aufsichtsratstantiemen 1998: *1.481.000,– DM*

Versandhandel gehören Neckermann, die Walz-Gruppe, Saalfrank, der Krähe-Versand und ausländische Versandtöchter u.a. in den Niederlanden, Belgien, Frankreich, Österreich, Dänemark. Zu diesem Bereich wird nach der Fusion neben der Neckermann Versand AG auch die Quelle AG einschließlich ihrer in- und ausländischen Tochtergesellschaften gehören. Umsatz 1998: 3.131 Mio. DM.

◆ Dienstleistungen/Touristik: Dieser Bereich wird in erster Linie durch die Touristik bestimmt. Seit Anfang 1998 ist das gesamte Veranstaltergeschäft der in der C&N-Touristic AG eingebrachten Unternehmen der strategischen Leitung der neuen Dachgesellschaft unterstellt (50% Karstadt). Die operative Verantwortung und Betreuung erfolgt durch die NUR Touristic GmbH, die neben dem eigenen Geschäft mit Neckermann, Bucher und Condor Flug Individuell auch für das Geschäft der Fischer Reisen GmbH, Kreutzer Touristik GmbH und Air Marin Flugreisen GmbH zuständig ist. 1998 hat NUR 5,4 Mio. Reisen abgewickelt. Der durchschnittliche Buchungswert je Reise betrug 1.116,– DM. NUR Touristic bietet ihre Leistungen unter den Markennamen Neckermann Reisen (Standard), Terramar (oberes Preissegment), Aldiana (Cluburlaub), Gut-Reisen (Griechenland-Spezialist und familienbetontes Programm), Club 28 (Reisen für junge Leute) und TIP (flugbetontes Sonderprogramm) an. An der Royaltur-Gruppe, Palma de Mallorca, die fünf Hotelgesellschaften umfaßt, ist NUR mit 95,7% beteiligt. Die mit Abstand bedeutendste Marke ist »Neckermann Reisen« mit über 70% am gesamten Buchungsaufkommen der NUR. NUR hat die beiden Kreuzfahrtschiffe MS Italia Prima und MS Astra II unter Vertrag. Zum NUR-Konzernvertriebsnetz gehörten Ende 1998 640 Reisebüros, davon 125 NUR-Touristic-Reisebüros, 225 NUR-Franchise-Reisebüros, 189 Karstadt/Hertie-Reisebüros und 95 Neckermann-Reisebüros. Dazu kommen über 8.700 Partner-Reisebüros und verschiedene Dienstleistungsgesellschaften, u.a. die Karstadt-Gastronomie mit 45 Gastronomiebetrieben (Le Buffet), die Karstadt-/Hertie-Reisebüros, die Karstadt Versicherungs-Vermittlung und die Katrans Speditionsgesellschaft. Umsatz 1998: 5.578 Mio. DM, wobei der anteilige Umsatz der C&N Touristic AG in Höhe von 3.797 Mio. DM nicht in den Konzernumsatz einbezogen ist.

BETEILIGUNGEN. Die wichtigsten Beteiligungsgesellschaften der Karstadt AG nach Unternehmensbereichen:

● Stationärer Einzelhandel: Kepa Kaufhaus GmbH, Essen (100%); Karstadt SB Warenhausgesellschaft mbH, Essen (100%); Neckermann Coördinatiecentrum N.V., Temse/Belgien (100%); Rat und Tat Technischer Kundendienst GmbH, Essen (100%); Runners Point Warenhandelsgesellschaft mbH, Essen (100%); Katrans Speditionsgesellschaft mbH, Essen (97%); Karstadt Heideloh GmbH, Heideloh (100%); Hertie Waren- und Kaufhaus GmbH, Essen (100%); Le Buffet System-Gastronomie und Dienstleistungs-GmbH, Dreieich (100%); Warenhaus Wertheim GmbH, Berlin (100%); Schürmann Elektrohandelsgesellschaft mbH, Hamburg (100%); Schaulandt GmbH, Hamburg (100%); Wehmeyer GmbH & Co. KG, Aachen (100%); WOM World of Music Produktions- und Verlags-GmbH, Kiel (95%).

● Versandhandel: Neckermann Versand AG, Frankfurt/Main (100%); Krähe Versand GmbH & Co. KG, Schlierbach (100%); Saalfrank Qualitätswerbeartikel GmbH, Sennefeld bei Schweinfurt (100%); Versandhaus Walz GmbH, Baby-Walz, Die moderne Hausfrau, Bad Waldsee (100%); TRI Kottmann GmbH, Bad Waldsee (100%); Neckermann B.V., Hulst/Niederlande (100%); Neckermann Postorders N.V., Temse/Belgien (100%); Neckermann S.ar.l., Strasbourg/Frankreich (100%); Neckermann Danmark ApS, Ikast/Dänemark (100%); Neckermann Versand Österreich AG, Graz/Österreich (100%).

● Dienstleistungen/Reisebereich: C&N Touristic Aktiengesellschaft, Frankfurt/Main (50%) mit der NUR Touristic GmbH, Oberursel/Taunus, und der Condor Flugdienst GmbH, Kelsterbach. Zur NUR Touristic GmbH gehören u.a.: Paradiana International Management & Consulting for Hotels & Resorts GmbH, Oberursel/Taunus (100%); Bucher Reisen GmbH, Meerbusch (100%); Neckermann Vliegreizen Nederland B.V., Amsterdam/Niederlande (100%); Neckermann Reizen Belgie N.V., Gent/Belgien (100%); Sunsnacks N.V., Antwerpen/Belgien (100%); All Air Arrangements N.V., Ostende/Belgien (100%); NUR Touristic Service AG, Pfäffikon/Schweiz (100%); GFT Gesellschaft für Touristik AG, Altendorf/Schweiz (74,8%); Beteiligungen an Hotels und Clubanlagen in Zielgebieten der NUR.

DIE QUELLE AG. Das »Versandhaus Quelle« wurde 1927 von Gustav Schickedanz in Fürth gegründet und zählte bereits 1936 eine Million Kunden. Nach erheblichen Kriegszerstörungen kam es 1949 zur Neugründung der Quelle, 1955 zum Bau des Versandhauses in Nürnberg, 1957 zur Gründung des ersten ausländischen Verkaufsbüros in New York. 1958 war Quelle wieder das größte Versandhaus der Bundesrepublik, 1964 das größte Europas. Es folgten zahlreiche Akquisitionen im Versandgeschäft und eine rasante Expansion des Unternehmens.

Zur Quelle-Gruppe gehören rund 90 Tochter- und Beteiligungsgesellschaften überwiegend im europäischen Versandhandel. Neben dem Versandhandel, zu dem u.a. auch Spezialversender wie Madeleine, Peter Hahn, Elégance und Mercatura gehören, verfügt Quelle über ein umfangreiches stationäres Vertriebsnetz in Europa, dazu über 7.000 Agenturen, über 2.000 Foto-Quelle Franchise-Partner und über 170 Quelle Technik Center. Quelle bietet eine Sortimentsbreite von mehr als 160.000 Artikeln an, der Quelle-Hauptkatalog bietet in einer Gesamtauflage von 12 Mio. verschickten Exemplaren auf 1.400 Seiten 80.000 Artikelpositionen an. Hinzu kommen rund 30 zielgruppenorientierte Spezialkataloge. Die Gesamtauflage aller Kataloge der Quelle-Gruppe beläuft sich auf 29 Mio. Exemplare. Quelle hat in Leipzig das größte und modernste Versandzentrum Europas gebaut, in dem täglich über 180.000 Pakete verschickt werden, was einer Tagesleistung von rund 600.000 einzelnen Katalogartikeln entspricht. Hinter dem

BÖRSE, AKTIEN, KURSE
Grundkapital 1998:
420,0 Mio.
Jahreshöchstkurs 1998:
995,00 DM (508,74 €)
Jahrestiefstkurs 1998:
562,00 DM (287,35 €)
Aktie Jahresende 1998:
622,00 DM (318,02 €)
Dividende pro Aktie 1998:
11,00 DM

Die Dividende bezieht sich auf je 50,– DM Aktiennennbetrag. Der Bilanzgewinn betrug 1997 84,0 Mio. DM. Das Grundkapital ist eingeteilt in 2.040.000 Inhaberaktien im Nennbetrag zu je 50,– DM, 108.000 Inhaberaktien zu je 100,– DM, 307.200 Inhaberaktien zu je 1.000,– DM.

Umsatz 1998: *20.970,4 Mio.*
Umsatz 1997: *26.527,2 Mio.*
Umsatz 1996: *26.898,9 Mio.*

Gewinn 1998: *199,2 Mio.*
Gewinn 1997: *164,0 Mio.*
Gewinn 1996: *58,6 Mio.*

Cash flow 1998: *911,0 Mio.*
Cash flow 1997: *957,0 Mio.*
Cash flow 1996: *948,0 Mio.*

Cash flow: *Der Cash flow floß überwiegend in die Investitionen zur Erweiterung und zum Ausbau der Warenhäuser.*

Steueraufkommen 1998:
110,0 Mio.

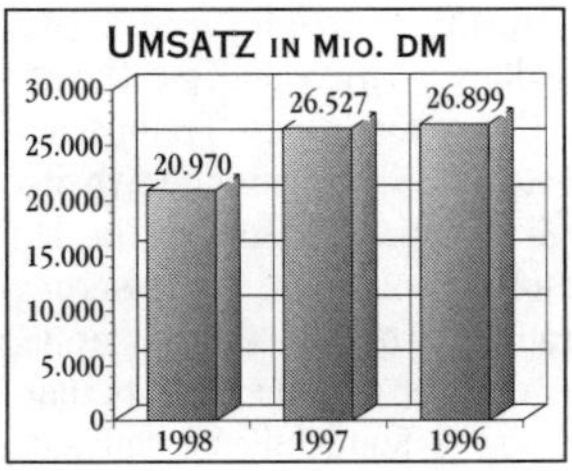

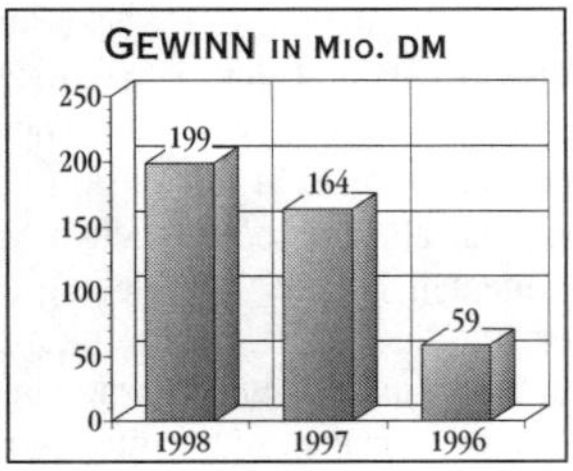

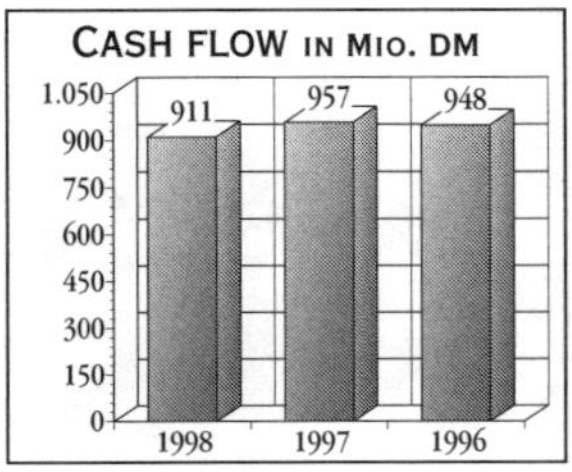

Verkaufshäuser, Verkaufsstellen und Fachmärkte 1998: *455 (Konzern), 180 (Karstadt AG)*

Beschäftigte 1998: *89.399*
Beschäftigte 1997: *94.463*
Beschäftigte 1996: *99.991*
(Beschäftigte 1994: 108.286)

Umsatz pro Mitarbeiter 1998: *234.571,– DM*
Umsatz pro Mitarbeiter 1997: *280.821,– DM*
Umsatz pro Mitarbeiter 1996: *269.013,– DM*

Löhne und Gehälter 1998: *3.507,4 Mio.*
Löhne und Gehälter 1997: *3.844,0 Mio.*
Durchschnittsgehalt 1998: *39.233,– DM*
Soziale Abgaben und Aufwendungen 1998: *991,1 Mio.*
Soziale Abgaben und Aufwendungen 1997: *1.013,3 Mio.*

Bezüge pro Vorstandsmitglied 1998: *1.389.667,– DM*
Tantiemen pro Aufsichtsrat 1998: *74.050,– DM*

Investitionen 1998: *498,8 Mio.*
Investitionen 1997: *638,8 Mio.*
Investitionen 1996: *1.013,1 Mio.*

Versandhandel steht ein hochentwickeltes integriertes Datenverarbeitungs- und Kommunikationssystem mit einem europaweiten EDV-Netz mit über 12.000 Terminals.

KARSTADT UND CONDOR: DIE TOURISTIK-FUSION.
1998 fusionierten die NUR Touristic GmbH, Oberursel, und die zur Deutschen Lufthansa gehörende Condor Flugdienste GmbH, Kelsterbach, zur C&N Touristic AG, dem zweitgrößten deutschen Reisekonzern, an dem die Karstadt AG und die Deutsche Lufthansa AG mit jeweils 50% beteiligt sind. Karstadt und Lufthansa sehen in dem Zusammenschluß eine neue Dimension des Touristikgeschäftes: ein integriertes Touristikunternehmen, das über die gesamte touristische Wertschöpfungskette verfügt – Reiseveranstalter (Air Martin, Fischer, Kreutzer), Reisebüros, Hotels und Clubanlagen (Aldiana, Terrarmar), Flugzeugflotte, mit der kompletten dazu gehörenden Infrastruktur wie die weltweite Reiseleiterorganisation, Hotelplanung und -steuerung, Flugplanung und -steuerung. Durch eine neue Organisationsstruktur, bei der die alleinige operative Verantwortung für die einzelnen Geschäftsfelder bei den Geschäftsleitern liegt, die jeweils von einem Vorstandsmitglied betreut werden, will die C&N Touristik straffere Strukturen schaffen, den Einkauf optimieren, die Preise für Pauschalreisen senken und dadurch eine Umsatzrendite von jährlich mindestens 5% erzielen.

QUELLE AKQUIRIERT KARSTADT UND FUSIONIERT ZUR KARSTADT QUELLE AG. Der im Juni 1999 abgeschlossene Verschmelzungsvertrag sieht vor, daß die Schickedanz Handelswerte KG mit ihren Tochtergesellschaften, vor allem der Quelle AG, auf die Karstadt AG verschmolzen wird. Der neue Konzern mit Firmensitz in Essen wird ein Unternehmen mit 116.000 Beschäftigten und einem Umsatz von 33 Mrd. DM sein (ohne die C&N Touristic AG). Nicht einbezogen in die Fusion werden der Schickedanz-Textilfilialist Sinn Leffers AG und der Schickedanz-Finanzdienstleistungsbereich mit der Quelle Bank & Co., Nürnberg.
Die Karstadt Quelle AG übernimmt die Funktion einer konzernleitenden Führungsgesellschaft und wird als Management- und Strategie-Holding fungieren. Unter ihrem Dach werden die Konzernunternehmen als rechtlich selbständige Gesellschaften die operativen Geschäfte in Eigenverantwortung wahrnehmen. In diesem Zusammenhang wird die Hertie Waren- und Kaufhaus GmbH auf die Karstadt Quelle AG (vormals Karstadt AG) verschmolzen. Unter der konzernleitenden Führungsholding Karstadt Quelle AG wird es vier Unternehmensbereiche geben: die neu gegründete Karstadt Warenhaus AG (inklusive Hertie) mit den ihr zugeordneten Fachmärkten, den Versandhandel mit der Quelle AG und der Neckermann AG, die Touristik mit der C&N Touristic AG und dem konzerneigenen Reisevertrieb und die Dienstleistungen in den Bereichen Logistik, Gastronomie und Technischer Service. Im Vorfeld der Fusion erarbeiteten 15 gemeinsame Arbeitsgruppen alle nur erdenklichen Synergiepotentiale, besonders in den Segmenten Einkauf (Bündelung der Einkaufsvolumina, Verbesserung der Konditionen, Lieferantenkonzentration), Logistik (Verbesserung der Post- und Speditionstarife) und bei der Nutzung der Datenbestände und Informationssysteme. Der technische Kundendienst von Kar-

stadt und Quelle wurde bereits als 100%ige Tochtergesellschaft des Quelle-Versandes zusammengelegt.

GLOBALE STRATEGIEN UND DER STANDORT DEUTSCHLAND. Das fusionierte Unternehmen will besonders expansiv auf den europäischen Auslandsmärkten zu Werke gehen, in erster Linie im Versandhandel. Karstadt selbst hatte in den letzten Jahren hart zu kämpfen. Die scharfe Konkurrenz der Metro mit der Galerie-Kaufhof-Konzeption einerseits und die schwierige Integration von Hertie andererseits haben den Umsatz sinken und die Rendite stagnieren lassen. Karstadt setzt jetzt auf das Ende der Hertie-Integration und neue Marketingstrategien, wie die Umrüstung der großen Warenhäuser auf Themengruppen, sowie auf die Fusion mit Quelle. Denn Karstadt sieht den Aktionärswechsel von der Hertie Stiftung zu Quelle Schickedanz eher positiv, da die ehemaligen Besitzer der früheren selbständigen Hertie-Gruppe in den letzten Jahren jedes unternehmerische Engagement scheuten.
Besonders die Hertie-Integration hatte Karstadt zugesetzt. Zum Zeitpunkt der Akquisition hatte Hertie 80 Warenhäuser. In 20 Städten waren Hertie und Karstadt gemeinsam vertreten. Karstadt erwartete vom Erwerb der Hertie Waren- und Kaufhaus GmbH zusätzliche Synergiepotentiale auf den Gebieten der Warenwirtschaft und Logistik. Die strategische Zielsetzung war, die Position von Karstadt im innerstädtischen Einzelhandel weiter auszubauen. Besonders hatten es die Karstadt-Manager auf das Hertie-Flaggschiff KaDeWe in Berlin abgesehen. Dutzende Hertie-Warenhäuser wurden geschlossen, etwa 20 in das Karstadt-Netz übernommen. Die Hertie-Zentrale in Frankfurt/Main wurde geschlossen. Insgesamt wurden mehr als 7.000 Arbeitsplätze im Zuge der Hertie-Übernahme abgebaut. Hertie soll auch nach der Verschmelzung auf Karstadt als eigenständige Marke erhalten bleiben.
Die Quelle wurde in den vergangenen Jahren ebenfalls umstrukturiert; zahlreiche Unternehmen, die nicht zum Kerngeschäft zählen, wurden veräußert. Die Leffers AG wurde auf die Sinn AG verschmolzen und in Sinn Leffers AG umbenannt. Sitz des Unternehmens ist Hagen. Im Rahmen einer strategischen Neuausrichtung hatte Quelle bereits zuvor alle 17 Warenhäuser verkauft und sich von Möbel Hess getrennt. Die Noris Verbraucherbank GmbH wurde an die Bayerische Hypo- und Vereinsbank verkauft. Außerdem wurden in den letzten Jahren verkauft: der Hygienehersteller VP Schickedanz AG, Nürnberg (Moltex, Camelia, Tempo), die Patrizier-Bräu AG, Nürnberg, der Textilspezialist Gold Zack AG und die Beteiligung an der Apollo-Optik GmbH. Im Rahmen der Karstadt-Beteiligung wurde die 20%-Beteiligung an der TUI veräußert. Das Großversandhaus Schöpflin in Lörrach wird geschlossen. Quelle investiert verstärkt in osteuropäische Standorte, ein Markt von etwa 400 Mio. Verbrauchern. Überall werden Tochtergesellschaften gegründet, stationäre Aktivitäten entwickelt und der Versandhandel vorbereitet. Quelle-Versandzentren gibt es in Tschechien, der Slowakei, in Ungarn, Polen, Slowenien und Rußland.

INNERBETRIEBLICHE BÜNDNISSE. Vermehrt werden Mitarbeiter mit variablen Arbeitszeiten eingesetzt, nicht zuletzt als Folge der neuen Ladenöffnungszeiten. Etwas über 40% der Karstadt-Beschäftigten arbeiteten 1998 in einem Teilzeitverhältnis. 1998 stellte die Kar-

QUELLE AG

Umsatz 1998/99:
12.028,0 Mio.
Umsatz 1997/98:
11.642,0 Mio.
Umsatz 1996/97:
11.967,0 Mio.

Gewinn 1998/99: *107,0 Mio.*
Gewinn 1997/98: *110,0 Mio.*
Gewinn 1996/97: *55,0 Mio.*

Cash flow 1998/99:
349,0 Mio.
Cash flow 1997/98:
365,0 Mio.
Cash flow 1996/97:
291,0 Mio.

Eigenkapital der Quelle-Gruppe 1998/99: *469,0 Mio.*

Das Eigenkapital wird ausschließlich von der Schickedanz Holding-Stiftung & Co. KG, vormals Gustav und Grete Schickedanz Holding KG, gehalten. Die Komplementärin, die Schickedanz AG, ist ohne Einlage beteiligt.

Beschäftigte 1998/99: *27.950*
Beschäftigte 1997/98: *27.500*
Beschäftigte 1996/97: *27.100*

Investitionen 1998/99:
109,0 Mio.
Investitionen 1997/98:
410,0 Mio.
Investitionen 1996/97:
285,0 Mio.

Mitbewerber: *Baur, Heine, Klingel, LTU, Metro (Kaufhof), Otto, Preussag, Schwab, Wal Mart, Woolworth*

stadt AG 1.207 Auszubildende ein. Ende 1998 befanden sich 2.873 Jugendliche in der beruflichen Ausbildung. 1997 startete Karstadt das Reorganisationsprogramm »Busy«. Alle Prozesse in den Warenhäusern wurden optimiert und stärker auf die Kunden ausgerichtet. Im Rahmen einer Gesamtbetriebsvereinbarung wurde der Personalbestand im Rahmen von Filialschließungen »sozialverträglich« abgebaut. Quelle hat zahlreiche innerbetriebliche Regelungen mit flexiblen Arbeitsabläufen und neuen Arbeitsformen eingeführt.

UMWELTSCHUTZ. Basis des Umweltschutzes bei Karstadt ist das bereits 1994 verabschiedete »Umweltschutzleitbild«, das alle Tätigkeitsbereiche des Konzerns auf umweltbewußtes Handeln verpflichtet. Das gilt vor allem für die ständige Erweiterung des Sortiments um ökologisch empfehlenswerte Produkte, aber auch für die Minimierung der Verpackungsmaterialien und die Optimierung der Bereiche Abfallentsorgung inklusive Materialrecycling und Energieverbrauch. Karstadt nimmt einen großen Teil seiner Produkte nach Gebrauch zum Zweck der Kreislaufverwertung zurück. Karstadt arbeitet eng mit dem Bund für Umwelt- und Naturschutz zusammen. Auch Quelle verfügt über ein Umwelt-Managementsystem. Umweltschutz gilt für alle Bereiche des Unternehmens, vom Einkauf über den Versand bis zur Entsorgung, als verbindlich.

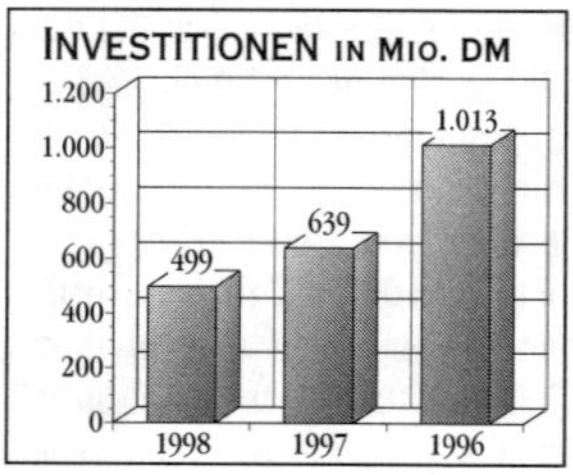

KOMMENTAR. Mit dem spektakulären Einstieg der Schickedanz-Holding bei Karstadt 1997 kündigte sich das Ende der Selbständigkeit des Essener Warenhauskonzerns bereits an. Denn der Fürther Versandhändler mit seinem Flaggschiff Quelle gab da schon zu erkennen, daß er nur allzu gerne die Karstadt AG und damit den gesamten Karstadt-Konzern kontrollieren würde. 1999 wurde nach einer weiteren Kapitalaufstockung dann die geplante Fusion zur neuen Karstadt Quelle AG bekanntgegeben. Die kleinere, jetzt Karstadt kontrollierende Quelle-Gruppe (Quelle wurde mit 3,3 Mrd. DM, Karstadt mit 8,2 Mrd. DM bewertet), bislang stets geheimniskrämerisch und in Familienbande verhaftet, war am Ziel. Die Fürther steuern nun Europas größten Warenhauskonzern und sind als Europas zweitgrößtes Versandhandelsunternehmen der Hamburger Otto-Gruppe hart auf den Fersen. Im Versandhandel wird die Neckermann Versand AG zur Schwester der Quelle AG, die Karstadt- und Hertie-Warenhäuser dürften über kurz oder lang mit den Quelle-Häusern »harmonisiert« werden. Daß allerdings jemals das Berliner Renommierwarenhaus KaDeWe zur Quelle gehören würde, können selbst die Schickedanz-Erben nicht ernsthaft für möglich gehalten haben.

Kaufhof siehe Metro

KIRCH

GESCHICHTE UND ENTWICKLUNG. 1956 begann der steile Aufstieg des Leo Kirch mit dem Erwerb der Rechte an Federico Fellinis »La Strada«. 1959 Gründung der BetaFilm für den Vertrieb von Spielfilmen und Erwerb eines ersten Filmpaketes von 100 Filmen der United Artists/Warner Brothers. Es folgten weitere Filmeinkäufe und 1960 der erste Verkauf von 700 Filmen an die ARD. Der Filmhandel begann zu florieren. 1963 Gründung der Taurus Film, 1967 der Unitel für klassische Musikprogramme. Beginn eigener Filmproduktionen. 1968 Gründung der Spielfilm- und Fernsehfilm-Produktionsgesellschaft Iduna Film. 1975 wurde die BetaTechnik (heute TaurusMediaTechnik) als technisches Service-Zentrum der Kirch-Gruppe ein selbständiges Unternehmen. 1984 Start des Pay-TV-Senders Teleclub (Schweiz) und der Einstieg mit 10% in den Axel Springer Verlag (heute 40,5%). 1988 folgte die Beteiligung an SAT.1 (heute 59%). 1991 Sendestart des Pay-TV-Senders Premiere. Es folgte eine Beteiligung am Privatsender Tele 5 und dessen anschließende Umwandlung in das DSF Deutsches Sport Fernsehen (Kirch 100%). Hinzu kamen zahlreiche Beteiligungen an nationalen und internationalen Radio- und Fernsehsendern. 1996 Gründung und Start von DF1. 1999 wurden die Bertelsmann-Anteile an Premiere erworben und Premiere auf DF1 verschmolzen. 1999 kam es zur Neustrukturierung der rund 50 Firmen und Beteiligungen der Kirch-Gruppe in die Unternehmensbereiche KirchMedia, KirchPayTV und KirchBeteiligungen.

BESITZVERHÄLTNISSE/EIGENTUMSSTRUKTUR.
Die Kirch-Gruppe mit ihren drei Dachgesellschaften KirchMedia GmbH & Co. KGaA, KirchPayTV GmbH & Co. KGaA und KirchBeteiligungs GmbH & Co. KG ist zu knapp 100% im Besitz der Familie Kirch.
Die KirchMedia GmbH & Co. KGaA hat folgende Gesellschafterstruktur:

- Kirch Vermögensverwaltungs GmbH & Co. KG, München (90,7%)
- Finninvest (3,1%)
- Kingdom Holding Company - Prinz Al Waleed (3,1%)
- Lehmann Brothers Merchant Banking Partnership (3,1%)

KONZERNÜBERBLICK/BETEILIGUNGEN. Die Kirch-Gruppe ist eines der größten deutschen Unternehmen im Bereich Film- und Fernsehunterhaltung. Kirch ist maßgeblich vertreten im nationalen und internationalen Filmrechtehandel, ein bedeutender Film- und Fernsehproduzent, unterhält maßgebliche Anteile im Free-TV und besitzt in Deutschland mit Premiere und DF1 nahezu das Monopol im Pay-TV. Hinzu kommen bedeutende Beteiligungen an in- und ausländischen Medienunternehmen. Kirch besitzt 40,05% am Axel Springer Verlag. Die Basis des Kirch-Imperiums ist der in Deutschland und Europa einzigartige Programmstock von 85.000 Stunden Fernsehprogramm, davon 16.600 Spielfilme, mehr als 52.000 Stunden TV-Serien und mehrere tausend Stunden Sportrechte, Dokumentationen, Musik und

Standort:
Robert-Bürkle-Straße 2
85737 Ismaning

Telefon: *(089) 9956-0*
Telefax: *(0611) 9956-*
Internet: *www.kirchmedia.de*

Branche: *Filmhandel, Filmproduktion, Hörfunk und Fernsehen*

Rechtsform:
GmbH & Co. KG

Geschäftsjahr: *1.1.-31.12.*

Gründungsjahr: *1956*

Öffentlichkeitsarbeit:
Dr. Johannes Schmitz
Tel.: (089) 9956-2324
Fax: (089) 9956-2330
E-Mail: johannes_schmitz@kirchgruppe.de

Geschäftsführung:
- *Kirch, Leo, Dr. (Vorsitzender)*
- *Hahn, Dieter, Dr. (stellv. Vorsitzender; Kommunikation)*
- *Mauthe, Karl, Dr. (Technik)*
- *Mojto, Jan (Programm, Produktion, Vertrieb)*
- *Piette, Klaus, Dr. (Recht, Personal und Business Affairs)*
- *Schroder, Herbert (Finanzen und Beteiligungen)*
- *Ziffzer, Stefan, Dr. (Sportrechte)*
- *Zmeck, Gottfried (Digitale Projekte; DF1)*

Bezüge der Geschäftsführung 1998: *keine Angaben*

Show. In Zeiten zunehmenden Programmbedarfs sind die Kirch-Archive von steigend hohem Wert. Kirch besitzt die Rechte an großen Sportereignissen wie die Fußballweltmeisterschaften 2002 und 2006, die für 3,4 Mrd. DM erworben wurden sowie die weltweiten Vertriebsrechte an der Fußball-Bundesliga (ISPR), der Formel 1 und großen Tennis-Ereignissen. Kirch hat maßgeblichen Einfluß auf die Fernsehsender Pro7 (Pro-Sieben-Media-AG) und Kabel 1.

Die Kirch-Gruppe gliedert sich nach einer grundlegenden Neustrukturierung seit 1999 in die Unternehmensbereiche KirchMedia, KirchPayTV und KirchBeteiligungen mit entsprechenden Dachgesellschaften. KirchMedia und KirchPayTV wurden durch die Umwandlung in Kommanditgesellschaften auf Aktien bewußt kapitalmarktfähig gemacht.

◆ Zur KirchMedia GmbH & Co. KGaA gehören insgesamt 22 operativ tätige Unternehmen und Beteiligungen in den Geschäftsfeldern Rechtehandel, Free-TV, Produktionsfirmen und Filmtechnologie. In der KirchMedia ist der gesamte Rechtehandel der Kirch-Gruppe gebündelt. KirchMedia ist mit seinem Tochterunternehmen BetaFilm Europas größter Programmanbieter im internationalen Markt und Marktführer im Film-Rechtehandel in Deutschland. KirchMedia ist Mehrheitsgesellschafter bei den kommerziellen Fernsehsendern SAT.1 (Umsatz 1998: 1,8 Mrd. DM) und DSF.

Hinzu kommen internationale Beteiligungen an der spanischen Telecinco-Gruppe und dem italienischen Fernsehveranstalter Mediaset SpA, der Italiens größte Privatsender Canale 5, Italia 1 und Retequattro betreibt. KirchMedia unterhält über die Taurus Produktion zahlreiche deutsche Produktionsfirmen für Kino und TV. Mit EM.TV wurde das Gemeinschaftsunternehmen Junior TV gegründet. KirchMedia verfügt über ein modernes Dienstleistungszentrum für Film- und TV-Technologie. Der Rechtehandel und das Free-TV machen rund 95% des Umsatzes der KirchMedia aus. KirchMedia soll bis spätestens 2001 an die Börse gebracht werden.

◆ Zur KirchPayTV GmbH & Co. KGaA zählen die Bereiche Pay-TV, Digitale Programme und Technik. Im KirchPayTV werden alle Aktivitäten im Abonnementfernsehen gebündelt. 1999 erwarb Kirch von Bertelsmann 45% der Anteile am Abo-Sender Premiere für rund 1,6 Mrd. DM und konnte seine Beteiligung auf 95% aufstocken (zuvor wurden schon 25% für 780 Mio. DM von Canal Plus erworben, 25% besaß Kirch selbst). Für weitere rund 1,7 Mrd. DM sollen nun Premiere und Kirchs Digitales Fersehen DF1 zusammengelegt werden, wobei Premiere auf DF1 verschmolzen wird. Finanziert wurde die Premiere-Übernahme, mit der sich Bertelsmann aus dem Pay-TV-Bereich verabschiedet hat (lediglich noch 5% an Premiere), teilweise von der Bayerischen Landesbank und die Hereinnahme fremder Investoren. Die nationalen und europäischen Kartellbehörden haben der Premiere-Akquisition zugestimmt, durch die die Kirch-Gruppe im Pay-TV nunmehr nahezu eine Monopolstellung innehat. Premiere hat derzeit rund 1,7 Mio. Abonennten, DF1 400.000. Das bislang verlustreiche Unternehmen (inklusive der neuen Investitionen Anlaufverluste von 4,4 Mrd. DM) will 2002 mit rund 3,5 Mio. Abonnenten in die Gewinnzone vorstoßen.

◆ Zur KirchBeteiligungs GmbH & Co. KG gehören die Bereiche Print, Kino, Musik und Softwareentwicklung. KirchBeteiligung umfaßt Anteile an Unternehmen wie dem Axel Springer Verlag (Umsatz 1998: 4,8 Mrd. DM), der Constantin Film (geht an die Börse), der Software- und Entwicklungsfirma Betaresearch und Unitel.

Globale Strategien und der Standort Deutschland.

Die Kirch-Gruppe will – so die Eigenschau – als führendes audiovisuelles Medienunternehmen in Deutschland in eine europäische Dimension wachsen. Die Wertschöpfungkette im Inland scheint inzwischen lückenlos: von der Filmproduktion über Studios bis zu den Fernsehsendern SAT.1, Pro7, Kabel 1, DSF und Premiere.

Die Kirch-Gruppe wird zunehmend internationaler. 1999 wurde mit dem größten italienischen Fernsehunternehmen Mediaset von Silvio Berlusconi eine strategische Allianz in Form einer gemeinsamen Holding gebildet, in die beide Seiten Beteiligungen aus Produktion, Erwerb und Vertrieb von Programmen, Werbezeitvermarktung und Free-TV eingebracht haben. In dieser Holding hat KirchMedia u.a. den Fernsehsender SAT.1, die Beta Film GmbH, die spanische Telecinco-Group und die Beteiligung am Hollywood-Studio Regency plaziert. KirchMedia und Mediaset planen nach eigenem Bekunden Europas erstes kommerzielles Fernseh-Network.

Die Kirch-Gruppe ist darüber hinaus in den letzten Jahren zahlreiche strategische Allianzen und langfristige Partnerschaften mit US-Produzenten und amerikanischen Majorstudios eingegangen. Dazu gehören eine 4%ige Beteiligung am Hollywood-Studio New Regency, eine Zusammenarbeit mit Spyglass Entertainment und Hyde Park zur Produktion von Spielfilmen und die Kooperation mit der Wildwood Ent. (gehört dem Schauspieler und Produzenten Robert Redford). Kirch sicherte sich für Jahre die Filmrechte an Paramount, die zur amerikanischen Mediengruppe Viacom gehört. Für 1 Mrd. DM kaufte Kirch alle neuen Filme des zur Sony-Gruppe gehörenden Hollywood-Studios Columbia. Die Disney/ABC-Gruppe schloß mit der Kirch-Gruppe ein Abkommen über zehn Jahre zur Nutzung der Filmrechte an Neuproduktionen für Pay-TV ab. Einen ähnlichen Vertrag gibt es über Fernsehrechte für das digitale Fernsehen auf dem deutschsprachigen Markt mit dem amerikanischen Filmkonzern Polygram Filmed Entertainment und über die Rechte an einem Filmpaket von MGM.

1999 hat sich die Kirch-Gruppe eine neue Firmenstruktur gegeben. Damit sollte einmal der neuen Größe des Unternehmens Rechnung getragen, aber auch die Attraktivität für dringend benötigte Investoren gesteigert werden. Ebenso wurden Konsequenzen aus der Vergangenheit gezogen, als aufgrund finanzieller Einbrüche von Teilen des Unternehmens die ganze Kirch-Gruppe an den Rand des Abgrunds geraten war.

Innerbetriebliche Bündnisse. In zahlreichen Kirch-Unternehmen gibt es flexible Arbeitszeitmodelle, Teilzeitarbeit und variable Entgeltmodelle.

Forschung, Entwicklung, Innovationen.

Kirch betreibt verschiedene Unternehmen für Filmtechnologie und besitzt eines der modernsten Dienstleistungszentren für Film- und Fernsehbearbeitung in Europa. Schwerpunkte sind die technisch hochwertige Bearbeitung von Filmen und Serien (inklusive Restauration und

Grund- bzw. Stammkapital 1998: *1.100,0 Mio.*

Umsatz KirchMedia 1998: *3.698,0 Mio.*

Gewinn vor Steuern KirchMedia 1998: *134,0 Mio.*

Cash flow KirchMedia 1998: *558,0 Mio.*

Programmvermögen 1998: *4.506,0 Mio.*

Investitionen in Programmvermögen 1998: *2.711,0 Mio.*

Beschäftigte KirchMedia 1998: *2.667*

Umsatz Kirch-Gruppe 1998: *ca. 6.100,0 Mio.*
Umsatz Kirch-Gruppe 1997: *ca. 5.100,0 Mio.*

Zu Gewinn und Cash flow macht die Kirch-Gruppe keine Angaben.

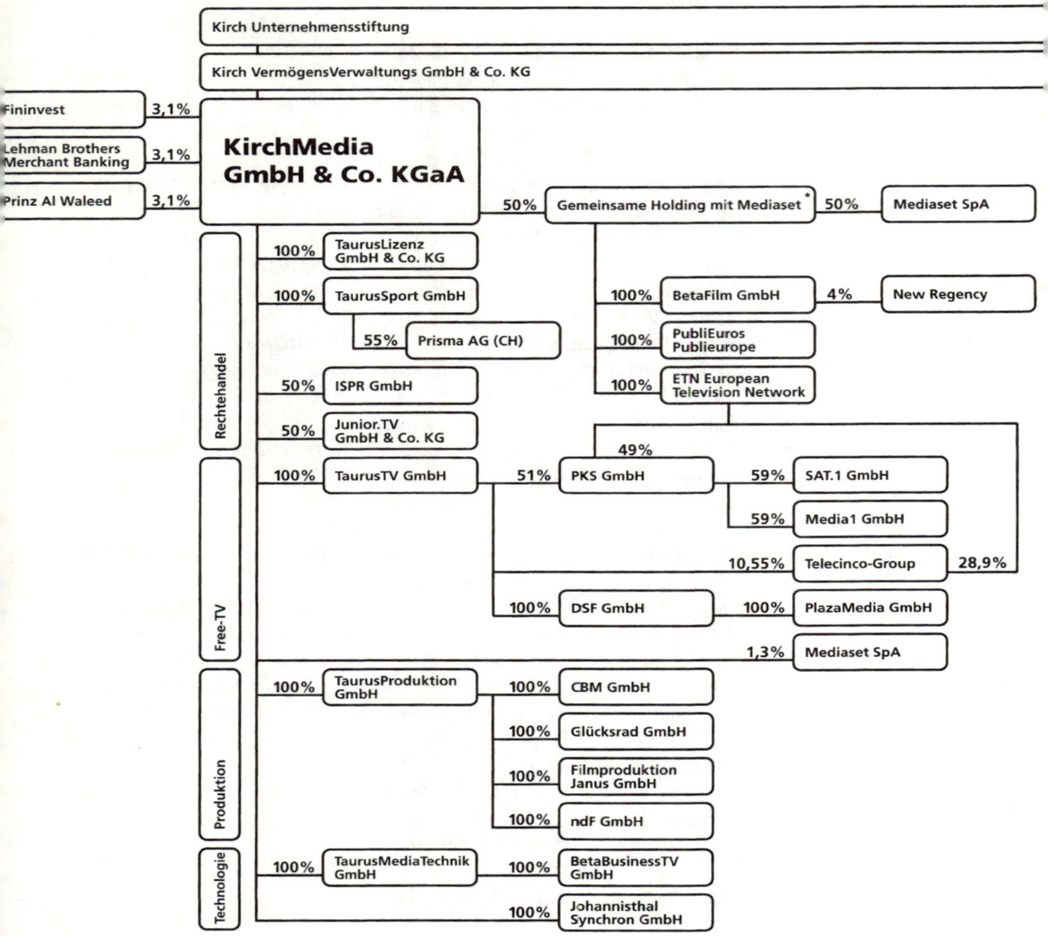

Farbkorrektur), die High-Tech-Lagerung zur Sicherung der Qualität des Materials für jeden Standard, z.B. Digital-TV, HDTV (TaurusMediaTechnik), ein innovativer Internet-Service (Internetdesign) und das System d-box für neue Technologien.

Premiere und DF1 – Monopol im Pay-TV. 1996 ging das digitale Abonnenten-TV DF1 auf Sendung. Doch dann kam alles anders: Die britische Satelliten-TV-Gruppe BSkyB des Medienunternehmers Rupert Murdoch stieg bei Kirch nicht ein, der Bertelsmann-Konzern nach einer zwischenzeitlichen Kooperation wieder aus. Aber das Schlimmste für Kirch: Der Zuschauer verweigerte das DF1. Die Kirch-Gruppe geriet in finanzielle Engpässe und steuerte nach Milliardenausgaben auf ein Desaster zu. Ein an der Öffentlichkeit vorbei ein-

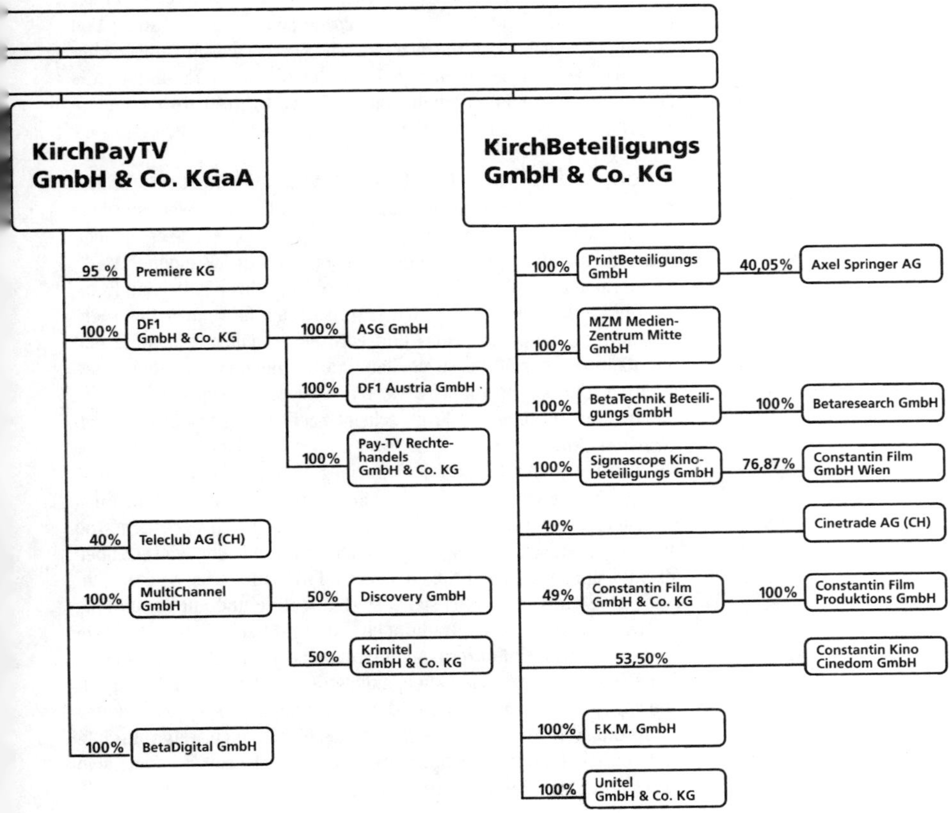

gefädelter Milliardenkredit der dem Freistaat Bayern gehörenden Landesanstalt für Aufbaufinanzierung (LfA) und einiger privater Banken sollte Abhilfe schaffen.

Aber die Kumpanei zwischen CSU-Regierung und Leo Kirch stieß auf wütende Proteste in der Öffentlichkeit. Kirch verzichtete schließlich auf den Kredit der Staatsbank und vereinbarte einen Deal mit der Bertelsmann-Tochtergesellschaft CLT-UFA. Beide gemeinsam wollten nun die digitale TV-Allianz schmieden, in deren Mittelpunkt der von Bertelsmann favorisierte erste deutsche Pay-TV-Sender Premiere stehen sollte, an dem Kirch ebenfalls beteiligt war. DF1 sollte in Premiere aufgehen, Premiere dann 50 Programme bieten, Bertelsmann und Kirch mit jeweils 50% den Sender dominieren. Das geplante Monopol von Kirch und Bertelsmann im Pay-TV scheiterte schließlich am Veto

Mitbewerber: *Bauer, Bertelsmann, Springer, Time Warner, von Holtzbrinck, WAZ-Gruppe*

der EU-Kommission. Doch dann kehrte sich alles um. Bertelsmann stieg entnervt aus dem Abonnentenfernsehen aus und verkaufte seine Premiere-Anteile an Kirch. Der bekam einen Milliardenkredit von der Deutschen Bank und mußte im Gegenzug sein Springer-Aktienpaket von 40,5% beleihen. Kirch war am Ziel, er ist der Alleinherrscher über das bezahlte Fernsehen in Deutschland. Und nun stimmte die EU-Kommission ohne erkennbar neue Motive zu. Jetzt wird Premiere auf DF1 verschmolzen, DF1 die Nummer eins im deutschen Pay-TV.

KIRCH UND SPRINGER – DER DRANG ZUR MACHT. Immer mehr publizistische Macht in immer weniger Händen: War jahrelang für die Medienkritiker Springer der Inbegriff geballter Pressemacht, so wurden es in den letzten Jahren zunehmend der Münchner Medienunternehmer und Springer-Großaktionär Leo Kirch und seine Familie. Die Kirch-Gruppe gehört seit Jahren zu den führenden Unternehmen im internationalen Film- und Fernsehgeschäft mit national und international über 50 Gesellschaften und Beteiligungen und einem geschätzten Umsatz von rund 6 Mrd. DM. Und der Expansionsdrang der Unternehmensgruppe Leo Kirch scheint ebenso ungebrochen wie seinerzeit der von Axel Springer.

Für Kirch war der Einstieg und Aufstieg zum Großaktionär im Axel Springer Verlag eine Genugtuung. Dabei hatten die Springer-Erben den Filmhändler aus München nicht gewollt. Schon gleich nach dem Tod des konservativen Zeitungszaren noch während der einsetzenden Machtkämpfe um sein Erbe, hatte Leo Kirch Interesse an Deutschlands größtem Verlagshaus signalisiert. Mit Hilfe und auf Vermittlung der Deutschen Bank, die traditionell eine Schlüsselrolle im Machtgeflecht des Springer-Konzerns einnimmt, gelangte Kirch schließlich in den Besitz eines großen Aktienpaketes der Axel Springer Verlag AG und zog in den Aufsichtsrat ein. Die Bedingung dieses ausgehandelten Kompromisses: Kirch mußte den Springer-Erben auch weiterhin 50% und eine Aktie an ihrem Imperium garantieren. Er selbst konnte sein Paket inzwischen auf über 40% ausbauen.

Klöckner & Co. siehe VIAG
Krupp-Hoesch siehe Thyssen Krupp

KÜHNE & NAGEL

Standorte:
Bremen und Hamburg

Wilhelm-Kaisen-Brücke 1
28195 Bremen (Stammhaus)

Postanschrift:
Postfach 10 39 27
28039 Bremen

GESCHICHTE UND ENTWICKLUNG. 1890 gründeten August Kühne und Friedrich Nagel in der Bremer Langenstraße 49 ein kleines Speditions- und Commissionsgeschäft. Das Geschäft expandierte schnell, der Handel mit Baumwolle und Zucker wurde zum lukrativen Geschäft. 1902 wurde die Niederlassung Hamburg im »Haus der Elbeschiffahrt« gegründet. Nach dem Tod Friedrich Nagels 1907 wurde August Kühne Alleininhaber des Geschäfts. Bis zum Ersten Weltkrieg verfügte KN über zahlreiche Niederlassungen, eine Seehafen-Spedition, Fachdienste für Baumwolle, Getreide, Holz, Futtermittel und Zukker. Nach dem Zusammenbruch der deutschen Handelsschiffahrt 1918 und wirtschaftlicher Rezession begann Alfred Kühne in den

20er Jahren mit dem Ausbau seiner Spedition und von Stützpunkten in Übersee. Das Geschäft florierte.
1945 kam es zur Zerstörung von KN-Geschäftshäusern in sieben Städten. Aber im Zuge des Aufschwungs und des beginnenden Handels war auch KN schnell wieder erfolgreich tätig. Es folgte der Wiederaufbau der Niederlassungen und Betriebsanlagen und 1950 der Bau einer modernen Lager- und Umschlaghalle im Hamburger Freihafen. Zahlreiche Auslands-Dependancen wurden gegründet. 1963 trat Klaus-Michael Kühne in dritter Generation als Junior-Partner in das Unternehmen ein. Nach der Installierung des EDV-Rechenzentrums in Bremen begann ab 1967 der systematische Aufbau von Container-Transporten und Luftfrachtsammelverkehren. Nach wirtschaftlicher Krise und verlustreichem Engagement in der Schiffahrt beteiligte sich der britische Mischkonzern Lonrho Plc., London, mit 50% an Kühne & Nagel. 1991 wurden im Zuge einer grundlegenden Umstrukturierung alle Konzernaktivitäten in der schweizerischen Kühne & Nagel International AG zusammengefaßt. Anfang 1992 erfolgte der Rückkauf sämtlicher Lonrho-Anteile durch Klaus-Michael Kühne. In Zusammenhang mit dem Börsengang 1994 stieg die VIAG AG mit über 30% bei Kühne & Nagel ein; 1999 kaufte Kühne & Nagel die Anteile zurück. Die Kühne & Nagel International AG ist als Holdinggesellschaft die Dachorganisation für sämtliche Gesellschaften der Kühne & Nagel-Gruppe weltweit.

BESITZVERHÄLTNISSE/EIGENTUMSSTRUKTUR.

- Klaus-Michael Kühne, Schindellegi/Schweiz (79,4% des Kapitals – direkt und über Beteiligungsgesellschaften)
- Kühne & Nagel International AG, Schindellegi/Schweiz (2,5%)
- Streubesitz bei ca. 180.000 Inhaberaktionären (18,1% des Kapitals – börsennotiert)

KONZERNÜBERBLICK. Kühne & Nagel ist eine der größten internationalen Transport- und Logistikgruppen und eines der traditionsreichsten Unternehmen dieser Art. Das Unternehmen operiert weltweit an 500 Stützpunkten in 80 Ländern und betreibt auf allen Kontinenten Lagerhäuser, Fuhrparks, Flughafenbüros, Schiffsagenturen und ein detailliertes Containerwesen. Hinzu kommen Reisebüros, Versicherungsgesellschaften und Reederei-Agenturen. Die von Kühne & Nagel bewirtschafteten Lagerkapazitäten belaufen sich auf 1,1 Mio. m^2. Davon sind weit mehr als die Hälfte im Besitz von Kühne & Nagel.
Alle Fäden der weltweiten Kühne & Nagel-Organisation laufen in der Geschäftszentrale im schweizerischen Schindellegi zusammen. Kühne & Nagel Deutschland wird von der Schweizer Konzernzentrale als ein operatives Geschäftsfeld unter anderen gesehen, wenngleich Deutschland nach wie vor mit 2,4 Mrd. DM Umsatz (1998) der mit Abstand größte Einzelmarkt ist. Die deutschen Geschäfte werden von den ursprünglichen Konzernzentralen Bremen und Hamburg aus abgewickelt.
Das Unternehmen gliedert sich in die Sparten Seefracht, Luftfracht, Landverkehr/Logistik, Bahnverkehr, Schiffsmakler, Binnenschiffahrt, Versicherungsmakler (Nacora-Gruppe) und Reisebüro. Zur Abrundung ihrer Service-Palette ist die Kühne & Nagel-Gruppe auch auf Transportsektoren und in transportnahen Branchen aktiv, die über die diversen Fachsparten hinausgehen und teilweise auf einzelne Län-

Telefon: *(0421) 3605-0*
Telefax: *(0421) 3605-504*

Herrengraben 1
20459 Hamburg
(Zentralkontor)

Telefon: *(040) 37606-0*
Telefax: *(040) 37606-100*

Kühne & Nagel
International AG
Kühne & Nagel-Haus
Postfach 67
CH-8834 Schindellegi

Telefon: *0041-1-786-9511*
Telefax: *0041-1-786-9595*
Internet: *www.kuehne-nagel.com*

Branche:
Spedition und Lagerei

Rechtsform:
Aktiengesellschaft

Geschäftsjahr: *1.1.-31.12.*

Gründungsjahr: *1890*

Öffentlichkeitsarbeit:
Wilfried Seifert
Tel.: 0041-1-7869-559
Fax: 0041-1-7869-595
E-Mail: wilfried.seifert@kuehne-nagel.com
(Zentralkontor)
Tel.: (040) 37606-115
Fax: (040) 37606-200

Verbände: Verband Bremer Spediteure, Bremen; Verein Hamburger Seehafenbetriebe; Verband Hamburger Spediteure, Hamburg; International Air Transport Association, Paris/Frankreich

Geschäftsleitung:
- *Herms, Klaus (Chief Executive Officer)*
- *Engel, Thomas (Informationstechnologie)*
- *Hansen, Axel, Dr. (Rechtswesen)*
- *van Kesteren, Gerardus (Finanzen, Controlling)*
- *Kostan, Hans Peter (Verkauf und Marketing)*
- *Lange, Reinhard (Transport und Logistik)*
- *Pietsch, Klaus-Dieter (Personal, Qualitäts-Management)*

Bezüge der Geschäftsleitung 1998: *10.353.036,– DM*

Verwaltungsrat:
- *Kühne, Klaus-Michael (Präsident und Delegierter), Schindellegi/Schweiz*
- *Obermeier, Georg, Dr. (Vizepräsident), München*
- *Gellert, Otto, Dr., Hamburg*
- *Gerner, Willi, München*
- *Hausser, Joachim, Dr., München*
- *Pfeiffer, Alfred, Dr., Trostberg*
- *Salzmann, Bruno, Schindellegi/Schweiz*
- *Schipporeit, Erhard, Dr., München*
- *Staehelin, Thomas, Dr., Basel/Schweiz*
- *Waldenfels, Georg von, Dr., München*
- *Wrede, Bernd, Hamburg*

Verwaltungsratstantiemen 1998: *521.175,– DM*

der beschränkt sind. Dazu gehören Spezialbereiche wie Holz- und Papiertransporte, Verzollungsgeschäfte, Messedienste und Umzugstransporte. Das Service-Angebot erstreckt sich auf Hafendienstleistungen, seemäßige Verpackung, Schiffsmakler-Tätigkeiten, Reisebüros und Versicherungsvermittlung.

Traditionell ertragsstärkste Säule der weltweiten Geschäfte des Kühne & Nagel-Konzerns sind die See- und Luftfrachtaktivitäten, der Bereich Landverkehr/Logistik sowie die Lager- und Distributionsgeschäfte. Auf allen großen Schiffahrtslinien der Welt ist Kühne & Nagel aktiv, im internationalen Luftfrachtverkehr werden jährlich über eine Million Aufträge abgewickelt. Kühne & Nagel verfügt im Geschäftsbereich Logistik über ein europaweites Transport-, Lager- und Distributionsnetz, das einzigartig ist. Unter den Sparten dominierte 1998 der Bereich Land- und Bahnverkehr/Logistik mit 40,3% vor der Seefracht mit 27,0%, der Luftfracht mit 22,1% und den übrigen Diensten und Sonderdiensten. Nach Regionen ergab sich 1998 folgendes Bild: Deutschland 33,2%, Europa (ohne Deutschland) 34,8%, Nord-, Mittel- und Südamerika 20,1%, der asiatisch-pazifische Raum 10,8%, Afrika 1,1%.

BETEILIGUNGEN. Dachgesellschaft und Konzernzentrale der weltweit operierenden Kühne & Nagel-Organisation ist die in der Schweiz ansässige Holdinggesellschaft Kühne & Nagel International AG. Die Kühne & Nagel International AG hält weltweit direkt und indirekt maßgebliche Beteiligungen an 213 Gesellschaften (darunter zahlreiche wichtige internationale Speditionsunternehmen), davon sind 168 konsolidierte Tochterunternehmen.

Zu den wichtigsten Tochter- und Beteiligungsgesellschaften gehören: Nacora Holding AG, Schindellegi/Schweiz (100% – Als Versicherungsmakler betätigt sich Kühne & Nagel über die Nacora-Gruppe in 20 Ländern.); Unimar Shipping Corporation, Schindellegi/Schweiz (100% – Die in der Unimar zusammengefaßte Schiffsmaklergruppe verfügt über Stützpunkte, Reedereiagenturen und Beteiligungsfirmen weltweit. Unimar vertritt die Interessen zahlreicher internationaler Reedereien und auch die Interessen der Kühne & Nagel Travel Group.); Kühne & Nagel (AG & Co.), Bremen (100%); Kühne & Nagel Beteiligungs-AG, Bremen (100%); Kühne & Nagel Speditions-AG, Bremen (100%); Cargopack Verpackungsgesellschaft für Industriegüter mbH, Bremen (100%); Kühne & Nagel Euroshipping GmbH, Hamburg (100%); KN Airlift GmbH, Kelsterbach (100%); KN Elan GmbH & Co. KG, Groß-Gerau (80,1%); KN Jerre Timbertrans GmbH, Hamburg (74%); Cargo Concept GmbH, Bad Hersfeld (51%); Transcharter GmbH, München (100%); Stute Verkehrs-Gesellschaft mbH, Bremen (100% – hier sind die Kühne & Nagel-Interessen im deutschen Reisebüromarkt gebündelt); Coreck Maritime GmbH, Hamburg (49,9%); Kühne & Nagel AG, Luxemburg (100%); Kühne & Nagel Inc., Jersey City/USA (100%); Kuehne & Nagel (Hong Kong) Ltd., Hongkong/China (100%).

GLOBALE STRATEGIEN UND DER STANDORT DEUTSCHLAND. Gerade in der internationalen Transportwirtschaft haben in den letzten Monaten zahlreiche große Fusionen stattgefunden, z.B. die Akquisitionen der Schweizer Danzas-Gruppe für rund 1,8 Mrd.

DM und der Logistiksparte von Nedlloyd durch die Deutsche Post AG. Kühne & Nagel scheint davon unbeeindruckt und will diesem Konzentrationsprozeß durch eigenes Wachstum seiner internationalen Organisation begegnen. Durch gezielte Akquisitionen und Beteiligungen weltweit will Kühne & Nagel weiter wachsen. Vor allem soll die führende Position in der Seefracht (600.000 Container-Einheiten jährlich) weiter ausgebaut werden. 1999 wurde der 30%ige Kühne & Nagel-Anteil, den die VIAG AG 1994 für 200 Mio. DM erworben hatte, zurückgekauft.
Es liegt in der Sache, daß ein international operierendes Unternehmen wie Kühne & Nagel mit einem dichten Netz an Standorten (500 Betriebsstätten in 80 Ländern) vom ungebrochenen Globalisierungstrend profitiert. Wo die großen Konzerne antreten, ist Kühne & Nagel durch seine interkontinentale Logistik meist schon da. Das weltumspannende Kühne & Nagel-Speditionsnetz wird jetzt systematisch auf Osteuropa ausgedehnt. Die osteuropäische Kühne & Nagel-Organisation verfügte Ende 1998 bereits über ein dichtes Servicenetz von 45 Stützpunkten in 15 Ländern. In Osteuropa sollen mittelfristig die gleichen »Logistik-Services« eingeführt werden wie in Westeuropa. Kühne & Nagel engagiert sich verstärkt in Nah- und Mittelost sowie in Südafrika. Ein Hauptschwerpunkt der Aktivitäten von Kühne & Nagel liegt im asiatisch-pazifischen Raum, vor allem in Indien und China, dem derzeit für Kühne & Nagel stärksten Wirtschaftsfaktor der Region. Kühne & Nagel gliedert sich weltweit in die Regionen Deutschland, Westeuropa, Osteuropa, Nord-, Mittel- und Südamerika, asiatisch-pazifischer Raum, sowie Nah-/Mittelost, Afrika. Trotz aller Internationalisierung soll Deutschland auch in Zukunft der wichtigste Markt für Kühne & Nagel bleiben. Unverändert stärkste Landesgesellschaft der weltweiten Organisation ist die Kühne & Nagel (AG & Co.), Bremen/Hamburg. 1998 wurden allerdings die deutschen und europäischen Landverkehre aus dem Stammgeschäft Kühne & Nagel (AG & Co.) ausgegliedert und ab Anfang 1999 in der KN Elan GmbH & Co. KG zusammengefaßt. KN Elan ist ein von Kühne & Nagel geleitetes Gemeinschaftsunternehmen mit dem Expreßdienstleister DHL Worldwide Express GmbH. Kühne & Nagel beteiligte sich 1998 an der First Travel International GmbH, Düsseldorf.

INNERBETRIEBLICHE BÜNDNISSE. Große Bedeutung mißt Kühne & Nagel der Qualifikation seiner Mitarbeiter bei. Insgesamt beschäftigt Kühne & Nagel Menschen 70 verschiedener Nationalitäten. Besonderer Wert wird gelegt auf die Vermittlung logistischer Fachkompetenz sowie auf Informatik- und Kommunikationswissen. Mitarbeitergespräche und die individuelle Karriereplanung sollen Nachwuchskräften helfen, größere Aufgaben im Konzern zu übernehmen. Zum weltweiten Kühne & Nagel-Fortbildungskonzept gehörten die innerbetriebliche Ablauf-Optimierung, Logistikprogramme, Management-Seminare und die Einführung in eine weltweit einheitliche Verkaufssteuerung. Über innerbetriebliche Regelungen zur Arbeitszeit macht Kühne & Nagel keine Angaben, wenngleich davon ausgegangen werden kann, daß ein Speditionsunternehmen dieser Größenordnung über ein hohes Maß an Flexibilität im Bereich der Logistik verfügen muß.

BÖSRE, AKTIEN, KURSE
Grundkapital 1998:
121,5 Mio.
Jahreshöchstkurs 1998:
1.500,00 DM (766,94 €)
Jahrestiefstkurs 1998:
970,00 DM (495,95 €)
Aktie Jahresende 1998:
1.360,00 DM (695,36 €)
Dividende pro Aktie 1998:
44,95 DM

Die Dividende bezieht sich auf je 100,– Schweizer Franken Aktiennennbetrag. K&N-Aktien sind in Frankfurt/Main und Zürich notiert. Die Kurse beziehen sich auf die Frankfurter Börse.

Umsatz 1998: *8.042,7 Mio.*
Umsatz 1997: *7.452,4 Mio.*
Umsatz 1996: *6.282,4 Mio.*

Gewinn 1998: *100,9 Mio.*
Gewinn 1997: *92,3 Mio.*
Gewinn 1996: *81,4 Mio.*

Cash flow 1998: *177,5 Mio.*
Cash flow 1997: *160,7 Mio.*
Cash flow 1996: *159,0 Mio.*

Cash flow: *Die Finanzierung der Investitionen erfolgte vollständig aus dem Cash flow.*

Steueraufkommen 1998:
51,0 Mio.

Beschäftigte 1998: *12.794*
Beschäftigte 1997: *12.323*
Beschäftigte 1996: *11.776*

Umsatz pro Mitarbeiter 1998: *628.631,– DM*
Umsatz pro Mitarbeiter 1997: *604.755,– DM*
Umsatz pro Mitarbeiter 1996: *533.492,– DM*

Löhne und Gehälter 1998: *661,2 Mio.*
Löhne und Gehälter 1997: *633,6 Mio.*
Durchschnittsgehalt 1998: *51.680,– DM*
Soziale Abgaben und Aufwendungen 1998: *196,2 Mio.*
Soziale Abgaben und Aufwendungen 1997: *173,4 Mio.*

Bezüge pro Mitglied der Geschäftsleitung 1998: *1.725.506,– DM*
Tantiemen pro Verwaltungsrat 1998: *47.380,– DM*

Investitionen 1998: *81,6 Mio.*
Investitionen 1997: *87,4 Mio.*
Investitionen 1996: *146,5 Mio.*

Mitbewerber: *Danzas, Deutsche Bahn, Haniel, Panalpina, Schenker Rhenus, Stinnes, Lufthansa, Thyssen Krupp, UPS*

UMWELTSCHUTZ. Umweltschutzmaßnahmen sind für Kühne & Nagel inzwischen ein elementarer Wettbewerbsfaktor. Verstärkt wird auf die Bahn gesetzt (eigene Bahntransportzentren), die Lkw-Flotte auf den umweltschonenden »Euro-II-Motor« umgerüstet und die Binnenschiffahrt forciert. Alle Logistiklösungen werden nach Umweltgesichtspunkten der bestmöglichen Auslastung erarbeitet. Neue EDV-Systeme ermöglichen es, Ladungen zu bündeln, Leerfahrten zu reduzieren und Ressourcen zu schonen. Zu den Umweltmanagement-Zielsetzungen von Kühne & Nagel gehören: die optimale Auslastung aller Verkehrsträger und die damit verbundene Reduzierung des Energieverbrauchs, die Förderung der personellen Fachkompetenz im Bereich Gefahrguttransporte, der verstärkte Einsatz der umweltschonenden Verkehrsträger Eisenbahn und Binnenschiffahrt, die Weiterentwicklung umweltfreundlicher Logistiklösungen und die Zusammenarbeit mit der gemeinnützigen Kühne-Stiftung bei deren Studienvorhaben zum Thema »Transport und Umwelt«.

FORSCHUNG, ENTWICKLUNG, INNOVATIONEN.
Kühne & Nagel erbringt Transport- und Logistikmanagement-Leistungen, die auf raffinierten EDV- und Datenbank-Systemen beruhen, die in der Gruppe selbst erarbeitet werden. Das gilt auch für begleitende Management- und Informationssysteme. Ein eigens entwickeltes Identifikationssystem ermöglicht die Door-to-Door-Sendungsverfolgung bei allen Verkehrsträgern.

DIE INTERNATIONALE GROSS-SPEDITION. Einen großen Boom erlebt Kühne & Nagel seit der Umstellung des logistischen Systems auf EDV. Durch eine elektronisch gesteuerte Warenverteilung, das »stufenlose Frachtsystem«, können die zwölf wichtigsten deutschen Industrie- und Handelszentren über eine Haus-zu-Haus-Belieferung bis zu einer Entfernung von 400 Kilometern im 24-Stunden-Takt bedient werden. Zusätzlich wurde der Luftfrachtbereich wesentlich aktiviert. Kühne & Nagel ist nahezu überall und zu jeder Tages- und Nachtzeit präsent. Zu den Kunden von Kühne & Nagel gehören Konzerne wie der Kaffeegroßröster Tchibo, der französische Unterhaltungselektronik-Konzern Thomson, Colgate-Palmolive, ITT, Sony, Philip Morris und der Haarpflegemittelhersteller Goldwell.
Bereits 1990 wurde zusätzlich damit begonnen, die gesamte speditionsbezogene Kommunikation auf Electronic Data Interchange (EDI) umzustellen. Durch dieses erstmals bei einem internationalen Großspediteur eingesetzte System wurden die konventionellen Kommunikationswege wie Telex, Telefax und Telefon abgelöst. General Electric stellte Kühne & Nagel seine weltweite satelliten- und standleitungsgestützte Netzinfrastruktur mit Großrechnern für die globale Steuerung und Überwachung aller Funktionen zur Verfügung. Kühne & Nagel hat das Informations- und Kommunikations-Management zu einem seiner strategischen Schwerpunkte erhoben. Im Mittelpunkt der EDV-Strategie steht die weltweite Realisierung und Implementierung von »Trafic«, einem integrierten, divisionsübergreifenden Luftfracht-, Seefracht- und Land/Lager-System. »Traffic« dient der optimalen Steuerung aller Logistikabläufe, sorgt für ein Höchstmaß an interner und externer Transparenz und steigert die Zuverlässigkeit und Servicequalität.

LINDE

Geschichte und Entwicklung. 1879 gründete der Hochschullehrer Carl von Linde auf Drängen mehrerer Brauereibesitzer die »Gesellschaft für Linde's Eismaschinen Aktiengesellschaft« in Wiesbaden. Mit Maschinenfabriken wie M.A.N. und Sulzer wurden Verträge zur Produktion der von ihm konstruierten Kältemaschine geschlossen. 1880 folgte dann der Bau der ersten eigenen Eisfabriken in Elberfeld-Barmen und München. 1882 wurde die erste künstliche Eislaufbahn während einer Ausstellung in Frankfurt/Main eröffnet. 1885 gründete Linde die erste Auslandsgesellschaft: The Linde British Refrigeration Co., London. Als Carl von Linde 1891 Wiesbaden verließ, um wieder Hochschullehrer zu werden, standen über 700 dieser Kältemaschinen in 445 Brauereien. Bis 1931 blieb Carl von Linde Vorsitzender des Aufsichtsrates des Unternehmens; 1934 starb er. 1895 erhielt Carl von Linde das Patent für »Verfahren zur Verflüssigung atmosphärischer Luft oder anderer Gase«, dessen industrielle Verwertung im neu gebauten Werk Höllriegelskreuth bei München ab 1901 erfolgte. Linde baute weitere Sauerstoff-, Sauerstoffumfüll- und Acetylenwerke, gründete Zweigniederlassungen in England und den USA und beteiligte sich an zahlreichen Gesellschaften. In den 20er Jahren wurden die Maschinenfabrik Sürth bei Köln, die Kühlmöbelfabrik G.H. Walb & Co., Mainz, und die Güldner-Motoren-Gesellschaft, Aschaffenburg, übernommen. 1935 kam schließlich die Matra-Werke GmbH, Frankfurt/Main, zu Linde.

Im Zweiten Weltkrieg wurden die Produktionsanlagen stark zerstört, alle auf dem Gebiet der ehemaligen DDR gelegenen Werke gingen verloren. 1949 wurde die Zentralverwaltung nach Wiesbaden verlegt. Es folgten der Bau mehrerer Acetylen- und Sauerstoffwerke und zahlreiche Akquisitionen und Beteiligungen im In- und Ausland. 1965 kam es zur Umfirmierung in »Linde AG«. Mit dem Auftrag für eine petrochemische Großanlage begann für Linde das Zeitalter des weltweiten Großanlagengeschäfts. In den 70er und 80er Jahren expandierte der Konzern durch zahlreiche Akquisitionen weltweit. 1972 kam es zur Bildung der Werksgruppen Industriekälte sowie Kühl- und Einrichtungssysteme in Sürth sowie Technische Gase in Höllriegelskreuth. 1990 erhielt Linde den bisher größten Einzelauftrag seiner Geschichte durch die BASF: Für 1,3 Mrd. DM baute Linde den weltweit größten Steamcracker (Olefinanlage) in Antwerpen, dem belgischen Produktionsstandort der BASF, zur Produktion von Äthylen und Propylen.

Besitzverhältnisse/Eigentumsstruktur.

- Allianz AG Holding, München/Berlin (11% – über Alico-Beteiligungsgesellschaft GmbH & Co. KG)
- Commerzbank AG, Frankfurt/Main (10,2%)
- Deutsche Bank AG, Frankfurt/Main (10,1% – über Boja Beteiligungs AG & Co. Vierte Beteiligungs KG)
- Sonstige Banken und Versicherungen (29%)
- Investmentgesellschaften und sonstige institutionelle Anleger (25%)
- Privatanleger (14,7%)

Standort:
Abraham-Lincoln-Straße 21
65189 Wiesbaden

Postanschrift:
Postfach 4020
65030 Wiesbaden

Telefon: *(0611) 770-0*
Telefax: *(0611) 770-269*
Internet: *www.linde.de*

Branche: *Maschinen- und Anlagenbau*

Rechtsform:
Aktiengesellschaft

Geschäftsjahr: *1.1.-31.12.*

Gründungsjahr: *1879. Die Linde Aktiengesellschaft wurde 1879 als »Gesellschaft für Linde's Eismaschinen Aktiengesellschaft« gegründet. Durch Beschluß der Hauptversammlung vom 22. Juni 1965 wurde die Firma in »Linde Aktiengesellschaft« umbenannt.*

Öffentlichkeitsarbeit:
Brita Tornow-Klinkenberg
Tel.: (0611) 770-284
Fax: (0611) 770-690
E-Mail: brita.tornow-klinkenberg@linde.de

Verbände: *alle Fachverbände aus den Unternehmensbereichen und Arbeitsgebieten*

Vorstand:
- *Full, Gerhard (Vorsitzender; Anlagenbau; Zentralverwaltung, leitende Angestellte, Patente)*
- *Brahms, Hero (Bilanzen, Steuern, Betriebswirtschaft, Revision)*
- *Eggendorfer, Gunnar, Dr. (Technische Gase)*
- *Tandler, Gerold (Kältetechnik; Finanzen und Personalwesen/Arbeitsdirektor)*
- *Goedl, Rainer, Dr. (stellv. Mitglied; Fördertechnik – Vertrieb)*
- *Schling, Falko (stellv. Mitglied; Fördertechnik – Technik; zentrale technische Aufgaben)*

Vorstandsbezüge 1998:
8.061.637,– DM

Insgesamt werden Linde-Papiere von rund 29.000 Aktionären gehalten. Der Anteil ausländischer Aktionäre beträgt etwa 31%.

KONZERNÜBERBLICK. Die Linde AG ist auf dem Gebiet der Kältetechnik das älteste und von der Produktpalette umfangreichste Unternehmen der Welt. Seit der spätere Firmengründer Carl von Linde 1872 als Professor für Maschinenlehre an der TU München mit der bahnbrechenden theoretischen Arbeit über die »Wärmeentziehung bei niedrigen Temperaturen durch technische Mittel« ungeheures Aufsehen erregt und später die erste industriell einsetzbare Kompressions-Kältemaschine erfunden hatte, war der Name Linde stets führend in Sachen Kälte. Heute ist Linde ein diversifizierter, einflußreicher Konzern in den vier Bereichen Anlagenbau, Fördertechnik, Kältetechnik und Technische Gase.

◆ Anlagenbau mit den Werksgruppen Verfahrenstechnik und Anlagenbau in Höllriegelskreuth bei München. Engineering: Chemie- und Petrochemieanlagen, Synthesegasanlagen, Wasserstoffanlagen, Gasaufbereitungsanlagen, Erdgasanlagen, Luftzerlegungsanlagen, Pharmazieanlagen, Anlagen für die Umwelttechnik, thermische Abluftreinigungsanlagen. Fertigung: Anlagenkomponenten, Tanks für verflüssigte Gase, vakuumgelötete Wärmetauscher, gewickelte Wärmetauscher und Reaktoren, Katalysatoren. Der Anlagenbau verfügt über etwa 1.500 eigene Patente. Umsatz 1998: 1.769 Mio. DM (Vorjahr: 1.426 Mio.); Beschäftigte 1998: 3.957 (Vorjahr: 3.869).

◆ Fördertechnik mit der Werksgruppe Flurförderzeuge und Hydraulik in Aschaffenburg, der Still-Gruppe, Hamburg, und der Fiat OM-Gruppe, Mailand/Italien. Flurförderzeuge: Frontstapler, Seitenstapler, Containerstapler, Schubmaststapler, Hochregalstapler, Horizontal- und Vertikal-Kommissioniergeräte, Hoch- und Niederhubwagen, Zug- und Plattformwagen, Flurförderzeuge mit Explosionsschutz, fahrerlose Transportsysteme. Hydraulik: Axialkolbenpumpen und -motoren, hydrostatische und mechanische Getriebe, hydraulische und elektronische Steuerungen, Load-Sensing-Ventile. Linde ist der weltweit führende Hersteller von Staplern und Lagertechnikgeräten. Umsatz 1998: 4.686 Mio. DM (Vorjahr: 4.205 Mio.); Beschäftigte 1998: 14.721 (Vorjahr: 13.750).

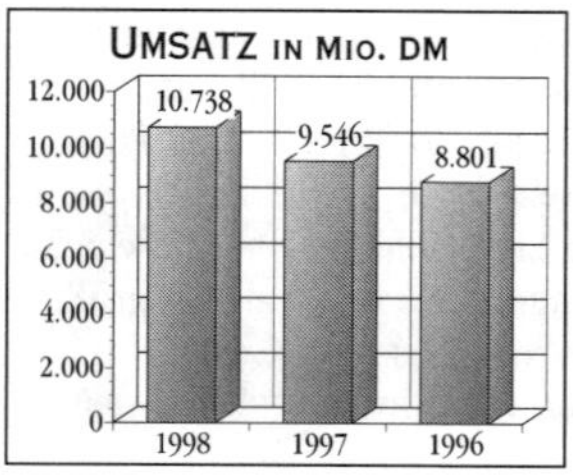

◆ Kältetechnik mit der Werksgruppe Kälte- und Einrichtungstechnik in Köln. Produktion: gewerbliche Kühl- und Tiefkühlmöbel, Ladeneinrichtungen, Checkouts

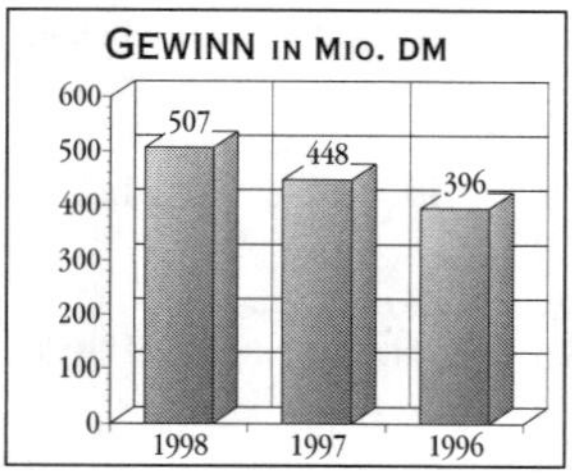

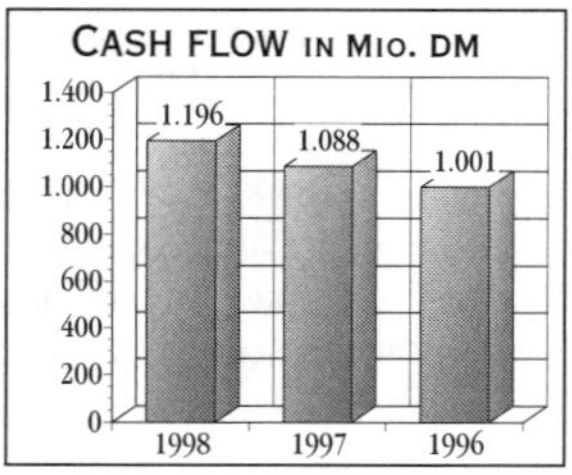

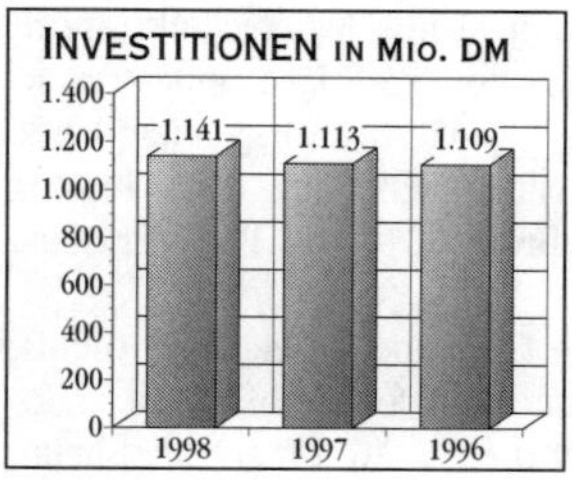

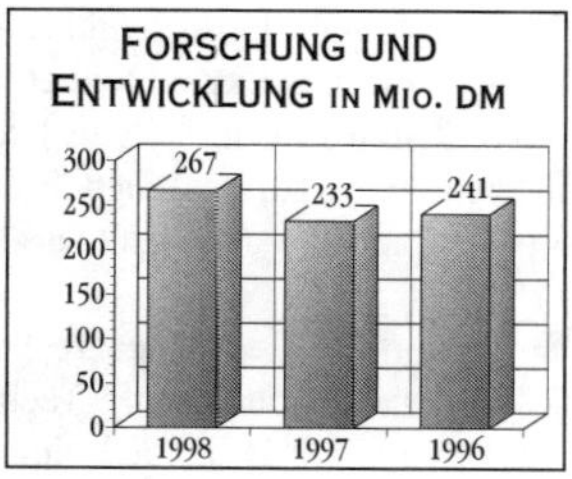

und Kundenführungssysteme, Kühl- und Tiefkühlzellen, Kälteanlagen für Industrie und Gewerbe, Wärmerückgewinnungsanlagen, Klima- und Lüftungsanlagen. In der Kältetechnik ist Linde in Europa Marktführer und hat diese Position durch die Übernahme der britischen Radford Retail Systems weiter ausgebaut. Zur Forcierung des südamerikanischen Marktes im Bereich gewerbliche Kühlmöbel und Ladenbau beteiligte sich Linde 1998 mit 75% an der Seral do Brasil S.A. Umsatz 1998: 1.533 Mio. DM (Vorjahr: 1.250 Mio.); Beschäftigte 1998: 6.007 (Vorjahr: 5.802).

◆ Technische Gase mit der Werksgruppe Technische Gase in Höllriegelskreuth bei München und der nv W.A. Hoek's Machine- en Zuurstoffabriek, Schiedham bei Rotterdam/Niederlande. Produktion: Sauerstoff, Stickstoff und Argon, Acetylen und andere Brenngase, Schweißschutzgase, Kohlensäure, Wasserstoff, Kohlenmonoxid, Edelgase, medizinische Gase, Reinstgase, Prüfgase, Elektronikgase; Verfahren. Hinzu kommen Anlagen, Ausrüstungen und Dienstleistungen für die Gaseanwendung. Linde ist zweitgrößter Gaseanbieter in Europa. Ende 1998 schloß Linde einen Kooperationsvertrag mit der Millennium Petrochemicals Inc. zur weiteren Verstärkung der Gaseaktivitäten auf dem amerikanischen Markt und zum Eintritt in das Wasserstoff- und Kohlenmonoxid-Geschäft in den USA. Umsatz 1998: 2.841 Mio. DM (Vorjahr: 2.753 Mio.); Beschäftigte 1998: 8.258 (Vorjahr: 8.285).

BETEILIGUNGEN. In den Konzernabschluß der Linde-Gruppe wurden 1998 18 in- und 125 ausländische Unternehmen einbezogen. Nicht einbezogen wurden wegen untergeordneter Bedeutung weitere rund 100 Gesellschaften. Zu den wichtigsten Gesellschaften zählen zu 100% (wenn nicht gesondert angegeben):

● Anlagenbau: Linde-KCA-Dresden GmbH, Dresden; Selas-Linde GmbH, Pullach bei München; Lotepro Corporation, Valhalla/NY, USA; Scientific Design Company, Inc., Little Ferry/NJ, USA; Selas Fluid Processing Corp., Blue Bell/PA, USA; The Pro-Quip Corporation, Tulsa/OK, USA; Linarco Ltd., Riad/Saudi-Arabien (49%).

● Fördertechnik: STILL GmbH, Hamburg; STILL Wagner Fördertechnik GmbH & Co. KG, Reutlingen; Lansing Linde (Blackwood) Ltd., Blackwood/Großbritannien; Linde Güldner Italiana S.p.A., Buguggiate/Italien; Fenwick-Linde S.A.R.L., Elancourt/Frankreich; Linde Carretillas y Hidraulica, S.A., Pallejá/Spanien; Linde Lift Truck Corp., Summerville/USA; STILL & SAXBY S.A.R.L., Meaux/Frankreich; STILL Intern Transport B.V., Hendrik Ido Ambacht/Niederlande; FIAT OM Carrelli Elevatori S.p.A., Mailand/Italien (75%); Fiat-OM-Pimespo Fördertechnik GmbH, Neckarsulm.

Aufsichtsrat:

- *Meinhardt, Hans, Dr. (Vorsitzender; ehem. Vorsitzender des Vorstandes der Linde AG), Wiesbaden*
- *Ackermann, Josef, Dr. (Mitglied des Vorstandes der Deutsche Bank AG), Frankfurt/Main*
- *Baumann, Karl-Hermann, Dr. (Vorsitzender des Aufsichtsrates der Siemens AG), München*
- *Beiten, Gerhard, Dr. (Mitglied des Vorstandes des Landesverbandes Bayern der Deutschen Schutzvereinigung für Wertpapierbesitz e.V.), München*
- *Jentzsch, Wolfgang H., Dr. (ehem. stellv. Vorsitzender des Vorstandes der BASF AG), Ludwigshafen*
- *Schulte-Noelle, Henning, Dr. (Vorsitzender des Vorstandes der Allianz AG), München*
- *Seipp, Walter, Dr. (Vorsitzender des Aufsichtsrates der Commerzbank AG), Frankfurt/Main*
- *Strenger, Hermann J. (Vorsitzender des Aufsichtsrates der Bayer AG), Leverkusen*

**Staub, Jakob (stellv. Vorsitzender)*
**Bouillon, Rüdiger*
**Forchel, Otto*
**Hahl, Gernot*
**Hartig, Joachim*
**Katte, Hans-Dieter*
**Schmidt, Rainer*
**Zimmermann, Otmar*

Aufsichtsratstantiemen 1998: *2.241.404,– DM*

BÖRSE, AKTIEN, KURSE
Grundkapital 1998:
420,3 Mio.
Jahreshöchstkurs 1998:
1.374,00 DM (702,52 €)
Jahrestiefstkurs 1998:
807,00 DM (412,61 €)
Aktie Jahresende 1998:
1.025,00 DM (524,07 €)
Dividende pro Aktie 1998:
22,00 DM

Die Dividende bezieht sich auf je 50,– DM Aktiennennbetrag. Die Dividendensumme betrug 1998 184,9 Mio. DM. Im Mai 1999 wurde die Linde-Aktie im Verhältnis 10:1 gesplittet. Dadurch entstanden 84.121.600 Inhaberaktien im Nennbetrag von 5,– DM, die anschließend auf nennwertlose Stückaktien umgestellt wurden.

Umsatz 1998: *10.738,3 Mio. (Ausland: 7.220,0 Mio.)*
Umsatz 1997: *9.545,9 Mio. (Ausland: 6.408,0 Mio.)*
Umsatz 1996: *8.800,9 Mio. (Ausland: 5.571,0 Mio.)*

Gewinn 1998: *507,0 Mio.*
Gewinn 1997: *447,5 Mio.*
Gewinn 1996: *395,9 Mio.*

Cash flow 1998: *1.196,0 Mio.*
Cash flow 1997: *1.088,0 Mio.*
Cash flow 1996: *1.001,0 Mio.*

Cash flow: *Die aus dem Cash flow finanzierten Investitionen flossen überwiegend in den Ausbau der Arbeitsgebiete.*

Steueraufkommen 1998:
349,1 Mio.

● Kältetechnik: Celsior GmbH, Schwelm; Linde Kältetechnik GmbH, Wien/Österreich; Linde Froid et Climatisation S.A.R.L., Trappes/Frankreich; Radford Retail Systems Ltd., Basingstoke/Großbritannien; Linde Refrigeration Ltd., Abingdon/Großbritannien; Linde K.T. Italiana S.p.A., Buccinasco/Italien; Seral do Brasil S.A., São Paulo/Brasilien (75%).

● Technische Gase: Tega-Technische Gase und Gasetechnik GmbH, Würzburg; TV Kohlensäure Technik und Vertrieb GmbH & Co., Ludwigshafen (66,7%); Linde Heimox GmbH & Co. KG, Unterschleißheim; Linde Gas GmbH & Co. KG, Stadl-Paura/Österreich; Linde Technoplyn a.s., Prag/Tschechien; Abelló Linde, S.A., Barcelona/Spanien (66,64%); Linde Gas Ungarn AG, Répcelak/Ungarn; Linde Gas UK Ltd., West Bromwich/Großbritannien; Linde Gas Pty. Ltd., Fairfield/Australien; nv V.W.A. Hoek's Machine- en Zuurstoffabriek, Schiedam/Niederlande (64,85%).

● Sonstige: Fahrzeugbau GmbH Geisa, Geisa; Indumat GmbH & Co. KG, Reutlingen; Matra-Werke GmbH, Frankfurt/Main; Juli Motorenwerk k.s., Brünn/Tschechien (50%).

GLOBALE STRATEGIEN UND DER STANDORT DEUTSCHLAND.

Linde ist seit Jahren ein Global Player und setzt weiterhin verstärkt auf Expansion in und außerhalb Europas, auf Amerika und besonders auf die Wachstumsmärkte Asiens.

Die ohnehin schon starken Marktpositionen sollen durch weitere Akquisitionen und stärkere Präsenz vor Ort systematisch ausgebaut werden. Linde will den schwedischen Hersteller von Industriegasen AGA übernehmen, mit dem bereits im Anlagenbau seit 1997 eine Kooperation besteht und an dem Linde mit 12,8% des Kapitals und mit 7% der Stimmrechte beteiligt ist. Linde will insgesamt 63% des AGA-Konzerns für 6,9 Mrd. DM übernehmen, die bei weitem größte Akquisition in der Unternehmensgeschichte des Konzerns. Finanziert werden soll diese Großakquisition über Kredite und eine Kapitalerhöhung. Gelingt die Übernahme, wird Linde hinter Weltmarktführer Air Liquide zum zweitgrößten Gaseproduzenten der Welt. Linde würde seinen Umsatz um über 3 Mrd. DM steigern.

In Zusammenhang mit dem Vorstoß zur Weltspitze im Gasebereich ist auch die von Linde geplante Akquisition des bislang zum Hoechst-Konzern gehörenden Industriegase- und Schweißtechnikherstellers Messer Griesheim zu sehen. Die Messer Griesheim GmbH, an der Hoechst mit zwei Dritteln beteiligt ist, verfügt über 150 Beteiligungsgesellschaften in 60 Ländern und kam mit rund 14.500 Beschäftigten 1998 auf einen Umsatz von 2,8 Mrd. DM. 82% dieses Umsatzes erzielt das Geschäftsfeld Technische Gase.

Bereits seit 1996 produziert Linde in der Volksrepublik China in einer mit der Linde-Xiamen Gabelstapler GmbH (Joint-venture) gebauten Staplerfabrik Gabelstapler. 1998 wurde mit dem Export aus China in die benachbarten Staaten begonnen. Linde Material Handling Asia Pacific Pte. Ltd. in Singapur baut in den asiatischen Märkten systematisch Vertriebsorganisationen auf. Für die Planung und den Bau von Luftzerlegungsanlagen wurde in China ein Gemeinschaftsunternehmen gegründet. Ein Joint-venture für Montage und Vertrieb von Kältetechnik entstand in Thailand. Auf dem amerikanischen Markt plant Linde weitere Großinvestitionen und Firmenübernahmen. Im Arbeitsgebiet

Technische Gase kam es 1998 zu einer Kooperation mit der Millenium Petrochemicals Inc. am Standort Houston Ship Channel, dem größten petrochemischen Industriegebiet der Welt. Expansion auch in Osteuropa, besonders in Tschechien und Ungarn. Anfang 1999 arbeiteten über 16.000 Mitarbeiter in Auslandsgesellschaften.

INNERBETRIEBLICHE BÜNDNISSE. Standortspezifische flexible Arbeitszeitmodelle mit Zeitkonten wurden vereinbart. Eigenständig operierende Produktionseinheiten und Gruppenarbeits-Modelle werden in den Linde-Werken getestet. Im Rahmen tarifvertraglicher Regelungen mit dem Gesamtbetriebsrat wurde eine Vereinbarung über Altersteilzeit für die Mitarbeiter der Metallindustrie geschlossen. Auf breiter Ebene gibt es eine Kapitalbeteiligung der Mitarbeiter durch begünstigte Belegschaftsaktien. Ende 1998 befanden sich 708 Jugendliche in einem Ausbildungsverhältnis.

UMWELTSCHUTZ. Umweltschutz als lukrativer Wirtschaftszweig – so sehen die Linde-Manager die Zukunft. Immer wieder wird darüber diskutiert, ob »Umweltschutz« nicht möglicherweise zum fünften Konzern-Standbein werden soll. Die Linde-KCA-Dresden GmbH hat sich ganz auf die Bereiche Abwasser- und Schlammbehandlung, Abluft- und Abgasreinigung sowie Bioabfallbehandlung spezialisiert. Im Bereich umweltfreundlicher Kälte- und Einrichtungssysteme (Kühlmittel ohne Umweltschädigung) ist Linde führend. Umweltschutz ist Bestandteil aller Entwicklungs- und Arbeitsprozesse. Produktrecycling, Materialrecycling bzw. die stoffliche Verwertung, die thermische Verwertung und die Abfallbeseitigung sind Bestandteil aller Produktionsprozesse.

FORSCHUNG, ENTWICKLUNG, INNOVATIONEN.
Für Forschung und Entwicklung wurden 1998 266,9 Mio. DM aufgewendet. Im In- und Ausland wurden 212 Patente erteilt, 702 neu angemeldet. In den Entwicklungsabteilungen des Konzerns waren über 1.300 Mitarbeiter beschäftigt. Der Schwerpunkt Aktivitäten liegt im Linde-Entwicklungszentrum in Höllriegelskreuth bei München. Schwerpunkte im Bereich Forschung und Entwicklung sind Anlagen und Verfahren für die Petrochemie, Erdgasverarbeitung, Synthesegaserzeugung, Luftzerlegung, Pharma und Umweltschutz. Besonders innovativ ist Linde in der Entwicklung umweltfreundlicher kältetechnischer Anlagen; hier gilt Linde im In- und Ausland als das technisch führende Unternehmen.

LINDE-VORSTAND GEROLD TANDLER. Im Sommer 1998 ließ die Staatsanwaltschaft Landshut mitteilen, sie wolle Anklage gegen den früheren bayerischen Finanzminister und CSU-Generalsekretär Gerold Tandler erheben – wegen Beihilfe zur Steuerhinterziehung und uneidlicher Falschaussage. Das Vorspiel: Dem ohnehin affären-erfahrenen Tandler waren seine geschäftlichen Beziehungen zum niederbayerischen Unternehmer Eduard Zwick zum Verhängnis geworden, mit der Folge, daß er den Stuhl des stellvertretenden CSU-Vorsitzenden hatte räumen müssen. Schon das konnte dem Linde-Vorstand wegen des nun abgerissenen Drahtes in die CSU-Parteispitze einerseits und den negativen Schlagzeilen andererseits, in die sein Vorstandsmitglied geraten

Beschäftigte 1998: *33.371*
Beschäftigte 1997: *32.112*
Beschäftigte 1996: *30.746*

Umsatz pro Mitarbeiter 1998: *321.785,– DM*
Umsatz pro Mitarbeiter 1997: *297.269,– DM*
Umsatz pro Mitarbeiter 1996: *286.246,– DM*

Löhne und Gehälter 1998: *2.359,7 Mio.*
Löhne und Gehälter 1997: *2.188,5 Mio.*
Durchschnittsgehalt 1998: *70.711,– DM*
Soziale Abgaben und Aufwendungen 1998: *689,1 Mio.*
Soziale Abgaben und Aufwendungen 1997: *575,6 Mio.*

Bezüge pro Vorstandsmitglied 1998: *1.343.606,– DM*
Tantiemen pro Aufsichtsrat 1998: *140.088,– DM*

Investitionen 1998: *1.141,0 Mio.*
Investitionen 1997: *1.113,0 Mio.*
Investitionen 1996: *1.109,0 Mio.*

Forschung und Entwicklung 1998: *266,9 Mio.*
Forschung und Entwicklung 1997: *232,7 Mio.*
Forschung und Entwicklung 1996: *241,0 Mio.*

Mitbewerber: *ABB, Air Liquide, Air Products, Altana, Brochier, Babcock Borsig, Didier, GEA, Klöckner-Werke, Praxair, Thyssen Krupp, Lurgi, MAN, Mannesmann, Preussag, Schmalbach-Lubeca*

war, nicht gleichgültig sein. Aber Tandler hatte sich ja anscheinend »kein unkorrektes Verhalten« vorzuwerfen, nachdem der Verdacht aufgekommen war, er habe seinerzeit als Mitglied des bayerischen Kabinetts, besonders aber als Finanzminister, den Bad Füssinger Unternehmer Eduard Zwick – Freund, Gläubiger und Geschäftspartner der Familie Tandler – begünstigt, als die Niederschlagung Zwickscher Steuerschulden in Höhe von 70 Millionen Mark ausgehandelt worden war. Dazu wurde kolportiert, daß Tandler und Zwick in den 80ger Jahren zwei gemeinsame Firmen unterhalten hatten, mit denen sie dubiose Geschäfte betrieben haben sollen. Für Tandler noch verheerender aber war ein Kredit Zwicks von 1980 an Tandler in Höhe von 700.000,– DM, ein Privatdarlehen ohne besondere Verzinsung, ohne feste Laufzeit, angeblich ohne Vertrag, von dem Anfang 1994 immer noch 200.000,– DM offenstanden. Das Landgericht Landshut ging im Mai 1996 in seinem Verfahren gegen Zwick jr., das mit einer Bewährungsstrafe für den Arzt und Bäderunternehmer endete, von einem »massiven Mitverschulden« des bayerischen Finanzministeriums in der Steueraffäre aus, dessen Chef u.a. Gerold Tandler war.

LTU

Standort:
Flughafen/Halle 8
40474 Düsseldorf

Telefon: *(0211) 9418-888*
Telefax: *(0211) 9418-881*
Internet: *www.ltu.de*

Branche: *Luftverkehr; Tourismus; Hotelbetriebe*

Rechtsform: *GmbH & Co. KG*

Geschäftsjahr: *1.11.-31.10. (Ab 1.1. 2000 Umstellung auf das Kalenderjahr)*

Gründungsjahr: *1955*

Verbände: *International Air Transport Association (IATA)*

Unternehmens-kommunikation:
Marco Dadomo
Tel.: (0211) 9418-530
Fax: (0211) 9418-557
E-Mail: presse@ltu.de

GESCHICHTE UND ENTWICKLUNG. Die LTU (Lufttransport-Unternehmen GmbH & Co. KG) wurde 1955 durch den Engländer Bernard A. Dromgoole gegründet. Finanzier dieses Unternehmens und baldiger Alleineigentümer wurde der Duisburger Architekt und Bauunternehmer Kurt Conle. 1965 begann für LTU als erste deutsche Chartergesellschaft das Jet-Zeitalter; 1969 flog die Linie nur noch mit Düsenflugzeugen. 1973 nahm LTU mit einer Lockheed-TriStar L-1011-100 das erste Großraum-Flugzeug im Charterbereich in Betrieb. 1987 Gründung der LTU Süd als rechtlich selbständiges Unternehmen. 1988 Gründung der LTE (LTU España) in Palma de Mallorca. Seit 1990 ist die LTU Mitglied der IATA; Einstieg in den Linienverkehr. 1992 Übernahme der Thomas-Cook-Gruppe, einer der weltweit führenden Reiseagenturen, die 1994/95 zu 100% an den LTU-Gesellschafter WestLB ging. 1995 waren 90% aller LTU-Einsätze Linienflüge. Umfirmierung in LTU International Airways.

BESITZVERHÄLTNISSE/EIGENTUMSSTRUKTUR.
- SAir-Group, Zürich/Schweiz (49,9%)
- Westdeutsche Landesbank Girozentrale (WestLB), Düsseldorf (10,2%)
- Reserviert für private Investoren (39,9%)

KONZERNÜBERBLICK. Die LTU-Gruppe gliedert sich in die beiden Unternehmensbereiche Fluggesellschaft (LTU Lufttransport-Unternehmen GmbH & Co. KG) und Touristik-Gruppe (LTU Touristik GmbH). Die LTU-Gruppe umfaßt die Airline LTU in Düsseldorf (1997 Fusion mit LTU Süd, München), LTE (España), Palma de Mallorca, und die regionale Fluggesellschaft RAS, Düsseldorf. Weiter gehören zur LTU-Gruppe die LTU Touristik, die Hotelgesellschaft LTI International Hotels und die LTC Catering (bis zu 22.000 Menüs pro Tag).

◆ Fluggesellschaft mit der LTU International Airways: LTU verfügte im Juli 1999 über eine Flotte von 29 Flugzeugen: sieben Airbus A 330-300, sechs Boeing 767-300, zwölf Boeing 757-200, einen Airbus A 320-232; LTE verfügte über drei Boeing 757-200. Insgesamt verfügt die LTU-Flotte über ein Sitzangebot von 7.543 Plätzen. 1998 beförderte LTU 7,2 Mio. Passagiere und flog über 70 Ziele an. Über die Hälfte der Fluggäste zog es nach Spanien, die Domäne der LTU, knapp 20% buchten Fernreisen, davon die Hälfte in die USA. LTU fliegt ab Berlin, Düsseldorf, Frankfurt/Main, Hamburg, Hannover, Köln/Bonn, München, Münster, Paderborn, Salzburg, Stuttgart und Zürich. Die RAS Fluggesellschaft mbH bietet u.a. Linienflüge von Düsseldorf nach Westerland, Erfurt, Saarbrücken und Hannover sowie von Mönchengladbach nach Berlin-Tempelhof an.
Seit die LTU Mitte 1990 der IATA beitrat, bietet sie fast ausschließlich Linienflüge an. Im Sommer 1998 flog LTU über 60 ausländische Ziele an. Innerdeutsch ist der Lufthansa durch LTU Konkurrenz entstanden, obwohl die Flugtarife beider Linien identisch sind. LTU bietet einen umfassenden Passagier-Service zu den Flughäfen an.
◆ Touristik-Gruppe mit der LTU Touristik GmbH. Die LTU Touristik ist mit 2,3 Mio. Gästen pro Jahr der drittgrößte Reiseveranstalter Deutschlands. Zur LTU Touristik gehören folgende Marken: Jahn Reisen, Marlboro Reisen, Meier's Weltreisen, Tjaereborg, Smile & Fly, THR Tours. LTI International Hotels ist die Hotelbeteiligungs- und Investitionsgesellschaft der LTU mit Sitz in Düsseldorf. Sie betreibt 37 Hotels in Spanien, Portugal, Griechenland, Tunesien, Ägypten, Kuba, Dominikanische Republik, Mexiko, Kenia, Indonesien, Malediven, Sri Lanka, Venezuela und Südafrika sowie drei Kreuzfahrtschiffe mit knapp 23.000 Hotelbetten. Für die LTU-Gruppe wird der Service in den Zielgebieten von der LTU Touristik Destination Services GmbH und den Incoming-Agenturen koordiniert.

BETEILIGUNGEN. Zu den wichtigsten Beteiligungen der LTU gehören u.a.: Jahn-Reisen GmbH, Transair Flug- und Schiffreisen GmbH, Meier's Weltreisen GmbH, die Marken Jet & Bett sowie Smile & Fly, THR Tours GmbH, Tjaereborg Reisen GmbH, Meier's World Travel Inc., Go Caribic Tours, Go Mexico Tours, LTU Asia Tours. Analog zu TUI und Quelle bieten LTU und der Otto-Versand über den gemeinsamen Reiseveranstalter MARIS Reisen an.

GLOBALE STRATEGIEN UND DER STANDORT DEUTSCHLAND. Mit der Swissair hat die WestLB 1998 nach langem Suchen endlich einen potenten Käufer für ihr inzwischen ungeliebtes Kind LTU gefunden. Den Strategen der WestLB stand schon lange der Kopf nach einem großen Touristikkonzern, den sie 1998/99 innerhalb der Preussag realisieren konnten. Neben einem restlichen Anteil der WestLB an LTU von etwas über 10% wurden knapp 40% für private Investoren reserviert, die zu finden sich die Bank, einst die dominante Größe in der LTU, äußerst schwer tut. Einer der Interessenten für ein Paket von 15% an der LTU ist die Stadtsparkasse Düsseldorf.
Dabei hatte sich die LTU in den letzten zwei Jahre schon gründlich umstrukturiert und den Marktgegebenheiten besser angepaßt. Mit der Fusion der Fluggesellschaften LTU und LTU Süd ging auch eine Ver-

Geschäftsführung LTU Group:
- *Frankenhauser, Peter, Dr. (Vorsitzender der Geschäftsführung)*
- *Färber, Hans-Dieter, Dr. (Risikomanagement)*
- *Halsebacher, Peter (LTU International Airways)*
- *Held, Helmut (LTU Touristik)*
- *Westen, Heinz, Dr. (Finanzen)*

Leitende Positionen LTU Group:
- *Angermund, Stephan (Interne Revision)*
- *Funke, Klaus (Supply Management)*
- *Isken, Karl, Dr. (Recht)*
- *Lefting, Friedhelm (Risiko-Management)*
- *Pietzka, Thomas (Finanz- und Rechnungswesen)*
- *Schlingheider, Erich (Marketing)*
- *Toenessen, Werner (IT-Management)*
- *Weirich, Klaus, Dr. (Controlling)*

Leitende Positionen LTU International Airways:
- *Böttcher, Axel (Verkauf)*
- *Himmelreich, Helmut (Technik)*
- *Kritzinger, Capriano (Flugbetrieb)*
- *Nirschl, Dieter, Dr. (Human Resources)*
- *Todt, Christoph (Strategische Allianzen)*

Leitende Positionen LTU Touristik:
- *Becker, Wolfgang (Vertrieb)*
- *Hoffmann, Rainer (PC Euro)*
- *Masala, Remo (Markenmanagement)*
- *Pruchnik, Gabriele (Personal)*
- *Reuter, Jean (Zielgebietsmanagement)*
- *Werner, Dieter (Vertriebsservice)*
- *Wulkop, Eberhard (PC Fern)*

Die LTU betont immer wieder, daß sie nicht veröffentlichungspflichtig ist und daher die Umsatz- und Gewinnzahlen nicht weiter aufschlüsselt.

***Umsatz 1997/98:** 3.938,0 Mio.*
***Umsatz 1996/97:** 4.045,0 Mio.*
***Umsatz 1995/96:** 3.904,0 Mio.*

Gewinn 1997/98:
keine Angaben
***Gewinn 1996/97:** 113,3 Mio.*
***Gewinn 1995/96:** 124,9 Mio.*

Cash flow 1997/98:
keine Angaben
Cash flow 1996/97:
343,0 Mio.
Cash flow 1995/96:
353,0 Mio.

***Grund- bzw. Stammkapital 1998:** 224,6 Mio.*

änderung der Flottenstruktur bei LTU einher. Die zuvor aus vier unterschiedlichen Flugzeugtypen bestehende Flotte wurde vereinheitlicht. LTU startete, nicht zuletzt vor dem Hintergrund der auf den Markt drängenden Billigkonkurrenz, eine Qualitätsoffensive in Service und Sitzkomfort. Seit Ende 1998 bietet LTU den sogenannten First Comfort für zahlreiche Fernstreckenziele an. In der Touristik-Gruppe LTU wurden die LTU-Reisetöchter und Marken Jahn Reisen, Marlboro Reisen, Meier's Weltreisen, THR Tours, Tjaereborg und Transair, Smile & Fly gebündelt. Durch diese Konzentration sollen Buchungen vereinfacht, Überschneidungen vermieden und der Hotel- und Betteneinkauf zentral koodiniert und den einzelnen Marken zugeteilt werden. Es gibt nunmehr die drei Profitcenter Spanien/Portugal, Euro und Fern.

INNERBETRIEBLICHE BÜNDNISSE. Arbeitszeitflexibilität ist eine der Grundvoraussetzungen innerhalb des internationalen Flugverkehrs und innerhalb der saisonalen Reisebranche. Betriebsvereinbarungen über Regelungen zur gleitenden Arbeitszeit für das Bodenpersonal gibt es seit 1992. 1996 wurde eine Betriebsvereinbarung für das Bodenpersonal verabschiedet, das »Freimonatsmodell«. Danach kann der Mitarbeiter bis zu sechs Kalendermonate frei haben und in den übrigen Monaten vollzeitbeschäftigt eingesetzt werden. Teilzeitarbeitsplätze werden einmal im Jahr zum 1. Januar vergeben.

UMWELTSCHUTZ. Zu den Umweltschutz-Aktivitäten von LTU zählten in erster Linie der Einsatz moderner, lärmarmer und kerosinsparender Flugzeuge. Die LTU-Flotte hat ein Durchschnittsalter von sechs Jahren. LTU bilanziert den jährlichen Kerosinverbrauch und die Abgasemissionen sowie die Abfallbelastung und -beseitigung des Catering-Bereiches. Auf den von LTU angeflogenen Flughäfen sorgt LTU für eine umweltgerechte Entsorgung des anfallenden Mülls. Wo das nicht möglich ist, greifen andere Maßnahmen: kontinuierliche Müllrückführung von den Malediven, Recycling von Aluminiumdosen und anderen verwertbaren Rohstoffen, die Unterstützung diverser Umweltinitiativen in Costa Rica, auf Kuba und in weiteren Ländern. Ein zentrales Umweltschutz-Management gibt es bei der LTU allerdings nicht.

FORSCHUNG, ENTWICKLUNG, INNOVATIONEN.
Zur Erforschung der Atmosphäre, des Klimawechsels, des Treibhauseffekts und der Defekte in der Ozonschicht arbeitet die LTU mit verschiedenen renommierten Instituten und Wissenschaftlern (Max Planck Institut für Luftchemie, Mainz; Institut für Meteorologie und Klimaforschung am Forschungsinstitut Karlsruhe; Institut für Troposphärenforschung, Leipzig; Gesellschaft für angewandte Systemtechnik, Immenstadt) im sogenannten CARIBIC-Projekt zusammen, in dem seit 1996 mit einer eigens umgebauten LTU-Boeing 767 ständige Meßflüge durchgeführt werden. LTU hat die luftfahrttechnischen und avionischen Konzepte erarbeitet und in Abstimmung mit den Projektpartnern, dem Flugzeughersteller und den Zulassungsbehörden umgesetzt.

LTU, WESTLB UND DIE AKQUISITION DURCH SWISSAIR. Der Branchenüberflieger der vergangenen Jahre hat erheblich an Höhe verloren und muß auch 1999 noch aufpassen, keine Bruchlandung zu machen. Managementfehler, selbstverschuldete Buchungsausfälle, Mängel bei Abfertigung und Service, ein schlechtes LTU-Card-System und ein ungeschicktes Vorgehen bei der Bündelung der zuvor eigenständig agierenden Reiseveranstalter in der LTU Touristik waren Gründe für den Rauswurf des bis dahin uneingeschränkt waltenden LTU-Chefs Hans-Joachim Driessen und einiger weiterer Manager durch den Großaktionär WestLB. Ohnehin war es die WestLB gründlich leid, sich immer wieder neu mit den Erben der LTU-Gründerfamilie Conle auseinanderzusetzen, die jahrelang jede unternehmerische Initiative verhinderte. Die Westdeutsche Landesbank mit ihrem Vorstandsvorsitzenden Friedel Neuber hätte gerne rund um die LTU einen Touristik-Konzern gezimmert und die LTU an die Börse gebracht.

Statt dessen lancierten Neuber und die WestLB die Akquisitionen von Hapag-Lloyd und TUI durch die von ihnen maßgeblich beeinflußte Preussag AG und initiierten mit der Hapag Touristik Union innerhalb weniger Monate die Nummer eins der Branche. Im »roten Lager« (in Konkurrenz zum »gelben Lager« der C & N Touristic von Condor und NUR) hatte die ohnehin angeschlagene LTU plötzlich keinen Platz mehr. Nachdem das Bundeskartellamt die WestLB aufgefordert hatte, sich wegen einer möglichen Marktbeherrschung von ihrem LTU-Paket zu trennen, suchte die WestLB einen Käufer und fand ihn schließlich in der Schweizer Fluggesellschaft Swissair, die von den Alteigentümern und der WestLB insgesamt knapp 50% der Anteile übernahm (die WestLB hält einen restlichen Anteil von 10,2%). Für die SAir-Group, die Muttergesellschaft der Swissair, bedeutete die Übernahme der LTU den Einstieg in den Chartermarkt auf europäischer Ebene (gemeinsam mit dem größten Schweizer Reisekonzern Kuoni) und das Entree in den innerdeutschen Markt als Konkurrent zur Lufthansa. Eine Swissair Deutschland würde von Düsseldorf und München aus der Lufthansa endlich Paroli bieten können.

Beschäftigte 1997/98: *5.236*
Beschäftigte 1996/97: *5.254*
Beschäftigte 1995/96: *4.990*

Investitionen 1997/98:
keine Angaben
Investitionen 1996/97:
363,0 Mio.
Investitionen 1995/96:
350,0 Mio.

Mitbewerber: *Britannia, C&N, DER, HTU, ITS, Lufthansa*

LUFTHANSA

GESCHICHTE UND ENTWICKLUNG. Die »Deutsche Luft Hansa Aktiengesellschaft« wurde 1926 durch den Zusammenschluß der Fluggesellschaften »Deutscher Aero Lloyd AG« und »Junkers-Luftverkehr AG« gegründet. Ziel der neuen Einheitsfluggesellschaft war es, neben der Schaffung eines kontinentalen Streckennetzes Flugwege nach dem Fernen Osten, Süd- und Nordamerika auszubauen. 1933 erfolgte die Umbenennung in »Deutsche Lufthansa AG«. Ein Jahr später wurde die erste Transozean-Poststrecke der Welt zwischen Europa und Südamerika eröffnet. 1938 kam es zum ersten Nonstopflug einer Focke-Wulf FW200 Condor von Berlin nach New York und zurück, danach zum planmäßigen Flugdienst nach Bangkok und zu Probeflügen nach Tokio.

Standort:
Hauptverwaltung
Von-Gablenz-Straße 2-6
50679 Köln

Postanschrift:
50664 Köln

Telefon: *(0221) 826-0*
Telefax: *(0221) 826-3818*
Internet: *www.lufthansa.de*

Lufthansa-Basis:
60546 Frankfurt/Main

Telefon: *(069) 696-0*
Telefax: *(069) 696-3002*
Internet: *www.lufthansa.com*

Branche: *Luftverkehr, Touristik*

Rechtsform:
Aktiengesellschaft

Geschäftsjahr: *1.1.-31.12.*

Gründungsjahr: *1926*

Konzernkommunikation:
Lutz Laemmerhold
Tel.: (069) 696-6351
Fax: (069) 696-6446
E-Mail: lutz.laemmerhold@dlh.de
Gabriele Velte (Presse)
Tel.: (069) 696-3659
Fax: (069) 696-6198
E-Mail: gebriele.velte@dlh.de
Thomas Jachnow (Presse)
Tel.: (069) 696-95215
Fax: (069) 696-6818
E-Mail: thomas.jachnow@dlh.de

Verbände: *International Air Transport Association (IATA)*

Während des Krieges wurde die Lufthansa verstärkt Kriegszielen unterworfen, z.B. dem Einsatz der Transportmaschinen bei der Luftwaffe. 1939 wurde erst der Interkontinentalverkehr eingestellt, dann der gesamte Auslandsflugbetrieb. 1945 folgte dann die endgültige Einstellung aller inländischen Liniendienste.
Die Alliierten verboten im Sommer 1945 den Deutschen die Herstellung, den Besitz und Betrieb von Flugzeugen. Darüber hinaus wurde die Beschlagnahme des Lufthansa-Vermögens und seine Kontrolle durch die Militärregierung verfügt. Der Erlaß bezog sich auch auf alle Personen, die nach 1933 für die Lufthansa tätig gewesen waren. Im Februar 1951 wurde die Auflösung der Deutschen Lufthansa beschlossen, die Lufthansa liquidiert.
1953 kam es zur Neugründung in Köln unter der Firmierung »Aktiengesellschaft für Luftverkehrsbedarf« (Luftag). 1954 wurde die Lufthansa in »Deutsche Lufthansa AG« umbenannt und 1955 der planmäßige innerdeutsche Luftverkehr wieder aufgenommen. Es folgte der weltweite Linienverkehr. 1960 begann für die Lufthansa der Jet-Verkehr mit der Inbetriebnahme einer Boeing 707. 1971 wurde das letzte Propellerflugzeug ausgemustert. In den 70er und 80er Jahren wurden zahlreiche Tochter- und Beteiligungsgesellschaften im Flug- und Hotelbereich gegründet, u.a. 1977 die »German Cargo Services GmbH«. 1991 wurde das Streckennetz nach Osteuropa erweitert. 1993 kam es zu Beteiligungen an Luxair und Lauda Air. Zu einem weitreichenden Kooperationsabkommen mit der amerikanischen Fluggesellschaft United Airlines kam es Mitte der 90er Jahre aufgrund eines Luftverkehrsabkommens zwischen Deutschland und den USA. 1997 folgte die Gründung der »Star Alliance«.
1998 wurde die Lufthansa AG durch die Plazierung der Anteile der Bundesrepublik Deutschland (37,45%) am deutschen Aktienmarkt vollständig privatisiert. Die Privatisierung erbrachte 4,7 Mrd. DM und war damit nach der Börseneinführung der Deutschen Telekom die zweitgrößte Transaktion am deutschen Aktienmarkt. Die Lufthansa wurde in den neuen Index »Dow Jones Euro Stoxx 50« aufgenommen.

Besitzverhältnisse/Eigentumsstruktur.

- MGL Münchener Gesellschaft für Luftverkehrswerte (10,05% – daran: Bayerische Landesbank Girozentrale mit 44,5%; Dresdner Bank mit 44,5%; Bayerische Landesanstalt für Aufbaufinanzierung mit 11%)
- Rest Streubesitz bei über 500.000 Aktionären: Privatpersonen (u.a. Belegschaft), Versicherungsgesellschaften, Banken, Reisebüros und Schiffahrtgesellschaften (89,95%). 30,7% des Grundkapitals wird von Privatanlegern gehalten, davon zwischen 4-5% von Mitarbeitern der Lufthansa. Nach Nationalitäten ergibt sich folgende Aktionärsstruktur: Deutschland 69,6%, Großbritannien 9,0%, USA 7,4%, Schweiz 3,7%, Belgien 2,9%, Luxemburg 2,6%, Vereinigte Arabische Emirate 1,3% und übrige 3,5%.

Konzernüberblick. Die Lufthansa ist die deutsche Linie im internationalen Flugverkehr und betreibt fast alle mit der Luftfahrt zusammenhängenden Geschäfte. Sitz der Hauptverwaltung ist Köln, das Flug- und Verkehrszentrum ist in Frankfurt/Main. Lufthansa hat die

Spitzenposition im internationalen Frachtlinienverkehr inne und hält den dritten Platz aller großen Luftverkehrsgesellschaften im grenzüberschreitenden Passagierverkehr. Die Lufthansa befördert jährlich, inklusive der Regionalfluggesellschaft CityLine, über 40 Mio. Passagiere. Hinzu kommen noch rund 7 Mio. Passagiere des Charterunternehmens Condor, das 1998 in die C&N Touristic AG, ein Gemeinschaftsunternehmen von Lufthansa und Karstadt (jeweils 50%), eingebracht wurde. 1998 wurden durch die Lufthansa Cargo AG 1,7 Mio. Tonnen Fracht und Post befördert. Lufthansa Technik ist der weltweit größte zivile Anbieter luftfahrttechnischer Dienstleistungen. Die LSG-Gruppe ist mit einem Weltmarktanteil von 33% Marktführer im Cateringgeschäft für den Weltluftverkehr.

Der Lufthansa-Konzern verfügte Mitte 1999 über eine Flugzeugflotte von 316 Flugzeugen, von denen 212 Jets zur Lufthansa Passage-Flotte zählten. Zur Lufthansa CityLine gehören 51, zur Condor 37 und zur Lufthansa Cargo AG 16 Flugzeuge. Das Passage-Streckennetz umfaßte Anfang 1999 317 Städte in 89 Ländern, das der Cargo 450 Ziele in mehr als 110 Ländern. Lufthansa und Condor fliegen ausschließlich mit Maschinen der Typen Boeing, Airbus und McDonnell Douglas. Im Regionalluftverkehr (Lufthansa CityLine GmbH) werden Maschinen der Typen Canadair und Avro eingesetzt. Das Durchschnittsalter der Lufthansa-Passagierflotte liegt bei 7,1 Jahren. Lufthansa betreibt damit eine der modernsten Flotten der Welt, für die rund 75% aller jährlichen Investitionen aufgewendet werden. 1999 wurden für die Lufthansa CityLine 60 Regionaljets des Typs Fairchild/Donier 728 mit einem Volumen von rund 1,6 Mrd. DM bestellt und für weitere 60 optioniert.

Nachdem im Rahmen der Lufthansa-Privatisierung die Geschäftsbereiche Logistik, Technik, Catering, Charter/Touristik und Informatik (IT Services) zu rechtlich selbständigen und eigenständig wirtschaftenden Unternehmen (Geschäftsfeldern) umstrukturiert worden waren, wurde 1997 auch der Linienverkehr mit der Lufthansa Passage Airline ein eigenes Geschäftsfeld. Der gesamte Linienflugbetrieb wird damit als eigenständiges Profitcenter geführt. Die Deutsche Lufthansa AG agiert dabei als Obergesellschaft des Konzerns.

Der Lufthansa-Konzern gliedert sich 1999 in folgende strategische Geschäftsfelder: Passage (Deutsche Lufthansa AG, Lufthansa CityLine GmbH), Logistik (Lufthansa Cargo AG), Technik (Lufthansa Technik AG), Catering (LSG Lufthansa Service Holding AG), Touristik (C&N Touristic AG, Condor Flugdienst GmbH), IT Services (Lufthansa Commercial Holding GmbH mit der Lufthansa Systems GmbH und der START Amadeus GmbH) und Ground Services (GlobeGround GmbH) sowie einige Service- und Finanzgesellschaften.

Im Geschäftsfeld Passage kam die Deutsche Lufthansa AG 1998 mit 27.955 Beschäftigten auf einen Umsatz von 15.699 Mio. DM, die Lufthansa CityLine mit 1.600 Beschäftigten auf einen Umsatz von 1.600 Mio. DM. In der Logistik erwirtschaftete die Lufthansa Cargo AG mit 4.970 Mitarbeitern einen Umsatz von 3.843 Mio. DM, in der Technik die Lufthansa Technik AG mit 9.950 Mitarbeitern 3.261 Mio. DM. Die C & N-Gruppe kam auf einen Umsatz von 7.514 Mio. DM bei 8.545 Mitarbeitern (beförderte Gäste: 9,5 Mio., Vertriebsstellen: 1.440), die LSG-Gruppe mit 8.480 Beschäftigten auf 1.314 Mio. DM.

Vorstand:

- *Weber, Jürgen, Dr. E.h. (Vorsitzender)*
- *Kley, Karl-Ludwig, Dr. (Finanzen)*
- *Lange, Heiko, Dr. (Personal und Arbeitsdirektor)*

Vorstandsbezüge 1998:
4.353.000,– DM

Aufsichtsrat:
- *Röller, Wolfgang, Dr. (Ehrenvorsitzender), Frankfurt/Main*
- *Schlede, Klaus G., Dr. (Vorsitzender; ehem. stellv. Vorsitzender des Vorstandes der Deutsche Lufthansa AG), Frankfurt/Main*
- *Breuer, Rolf-E. (Sprecher des Vorstandes der Deutsche Bank AG), Frankfurt/Main*
- *Hartmann, Ulrich (Vorsitzender des Vorstandes der VEBA AG), Düsseldorf*
- *Lambsdorff, Otto Graf, Dr. (Ehrenpräsident der Dt. Schutzvereinigung für Wertpapierbesitz e.V.; Bundesminister a.D.), Bonn*
- *Neubauer, Franz Ludwig (Vorsitzender des Vorstandes i.R. der Bayerische Landesbank Girozentrale), München*
- *Peiner, Wolfgang, Dr. (Vorsitzender der Vorstände der Parion OHG und der Parion Finanzholding AG), Köln*
- *Stenberg, Jan G. (Präsident und Vorsitzender des Vorstandes der SAS Scandinavian Airlines Systems), Stockholm/Schweden*
- *Walter, Bernhard (Sprecher des Vorstandes der Dresdner Bank AG), Frankfurt/Main*
- *Winkhaus, Hans-Dietrich, Dr. (Vorsitzender der Geschäftsführung der Henkel KGaA), Düsseldorf*
- *Zumwinkel, Klaus, Dr. (Vorsitzender des Vorstandes der Deutsche Post AG), Bonn*

**Mai, Herbert (stellv. Vorsitzender)*
**Bornheimer, Richard*
**Geisinger, Peter*
**Hagge, Holger*
**Heß, Andreas*
**Issen, Roland*
**Macht, Franz-Eduard*
**Marowsky, Ingo*
**Windaus, Patricia*
**Wollstadt, Michael, Dr.*

Aufsichtsratstantiemen 1998: *754.000,– DM*

BETEILIGUNGEN. Die bedeutendsten der mehr als 100 Konzern- und Beteiligungsgesellschaften der Deutsche Lufthansa AG sind:

- Passage: Deutsche Lufthansa AG, Köln (100%); Lufthansa CityLine GmbH, Kriftel (100%); Lauda Air Luftfahrt AG, Wien/Österreich (20%); Luxair Société Luxembourgeoise de Navigation Aérienne S.A., Luxemburg (13%).
- Logistik: Lufthansa Cargo AG, Kelsterbach (100%); DHL International Ltd., Bermuda (25%); Hinduja Lufthansa Cargo Holding B.V., Amsterdam/Niederlande (40%); Airmail Center Frankfurt GmbH, Frankfurt/Main (40%).
- Technik: Lufthansa Technik AG, Hamburg (100%); Condor/Cargo Technik GmbH, Frankfurt/Main (30%); Aircraft Maintenance and Engineering Corp., Peking/China (40%); Shannon Aerospace Ltd., Shannon/Irland (50%); Heico Aerospace Holdings Corp., Hollywood/Florida, USA (20%); AirLiance Materials LLC, Wilmington/USA (40,25%); Lufthansa Airmotive Ireland Holdings Ltd., Dublin/Irland (100%).
- Catering: LSG Lufthansa Service Holding AG, Kriftel (100%); LSG Lufthansa Service Deutschland GmbH, Frankfurt/Main (100%); LSG-Food & Nonfood Handel GmbH, Frankfurt/Main (100%); LSG Lufthansa Service Europa/Afrika GmbH, Kriftel (100%); LSG Lufthansa Service Asia Ltd., Hongkong/China (100%); LSG Lufthansa Service USA Corp., Wilmington/USA (100%); Onex Food Services Inc., Dover/Großbritannien (24,74%); Autobahn Tank & Rast Holding GmbH, Bonn (33,33%).
- Touristik: C&N Touristic AG, Frankfurt/Main (50% – Folgende Beteiligungen wurden in die C&N Touristic AG eingebracht: Fischer Reisen GmbH, Hamburg; Kreutzer Touristik GmbH, München; alpha Holding GmbH, Frankfurt/Main; Air Marin Flugreisen GmbH, Bonn; Öger Tours GmbH, Hamburg); Condor Flugdienst GmbH, Kelsterbach (10%).
- IT Services: Lufthansa Commercial Holding GmbH, Köln (100%); Lufthansa Systems GmbH, Kelsterbach (100%); START Amadeus GmbH, Frankfurt/Main (100%); Amadeus Global Travel Distribution S.A., Madrid/Spanien (29,2%); Lufthansa Consulting GmbH, Köln (100%); Lufthansa Process Management GmbH, Neu-Isenburg (100%); Lufthansa AirPlus Servicekarten GmbH, Neu-Isenburg (48,8%).
- Ground Services: GlobeGround GmbH, Frankfurt/Main (100%); Berliner Lufthansa Airport Services GmbH, Berlin (49%); Hudson General LLC, New York/USA (49%); Lufthansa Engineering and Operational Services GmbH, Frankfurt/Main (100%).
- Weitere Servicegesellschaften: Lufthansa Flight Training GmbH, Frankfurt/Main (100%); Goal German Operating Aircraft Leasing GmbH & Co. KG, Grünwald bei München (100%); Delvag Luftfahrtversicherungs-AG, Köln (100%).

LUFTHANSA UND DIE WELTWEITE »STAR ALLIANCE«.
Die Lufthansa setzt im Rahmen des globalen Wettbewerbs zur Erschließung zusätzlicher Ertragspotentiale und aus Gründen der Kostenreduzierung verstärkt auf internationale Luftfahrt-Allianzen. Über die 1994 abgeschlossenen Kooperationsvereinbarungen mit der United Airlines und der Thai International Airways wurde die Lufthansa Teil der größten globalen Allianz der Weltluftfahrt. 1995 schloß die Lufthansa einen

Kooperationsvertrag mit der Fluggesellschaft Scandinavian Airlines System (SAS), Stockholm, die zu jeweils 28,6% im Besitz der Staaten Dänemark und Norwegen und zu 42,8% im Besitz Schwedens ist. Ein ähnliches Abkommen kam 1995 auch mit der südafrikanischen South African Airways (SAA) und 1996 mit der Air Canada für Kanada und der brasilianischen Varig für Südamerika zustande. 1997 hatten sich die Kooperationspartner (außer SAA) dann unter der Bezeichnung »Star Alliance« zur ersten multinationalen Allianz der Luftverkehrsbranche zusammengeschlossen. Im April 1999 traten die Fluggesellschaften Air New Zealand und Ansett Australia dem Bündnis bei, im Oktober 1999 die japanische All Nippon Airways. Im Jahr 2000 soll noch die mexikanische Fluggesellschaft Mexicana zur Star Alliance stoßen. Auch eine Kooperation mit Singapore Airlines steht zur Diskussion. Alle Star Alliance-Partner zusammen bieten ein Streckennetz mit 700 Zielorten in mehr als 100 Ländern an. Ziel der Star Alliance: höhere Erträge der einzelnen Fluggesellschaften durch aufeinander abgestimmte Flugpläne, kürzere Wartezeiten, Senkung der Kosten durch Synergien wie der gemeinsamen Nutzung von Bodeneinrichtungen, von Check-in-Schaltern, Stadtbüros und Flughafen-Terminals. Die Star Alliance hat der Lufthansa 1998 Ertragssteigerungen von rund 500 Mio. DM gebracht.

BÖRSE, AKTIEN, KURSE
Grundkapital 1998:
1.908,0 Mio.
Jahreshöchstkurs 1998:
54,95 DM (28,10 €)
Jahrestiefstkurs 1998:
27,95 DM 14,29 €)
Aktie Jahresende 1998:
36,80 DM (18,82 €)
Dividende pro Aktie 1998:
1,10 DM

Die Dividende bezieht sich auf 5,– DM Aktiennennbetrag. Die Aktien wurden auf nennwertlose Stückaktien umgestellt. Die Dividendensumme betrug 1998 419,8 Mio. DM.

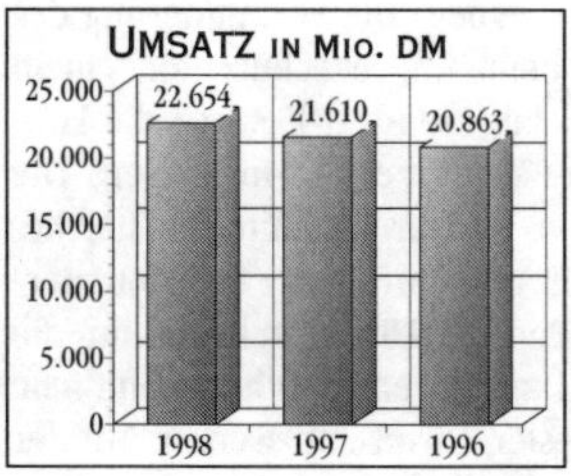

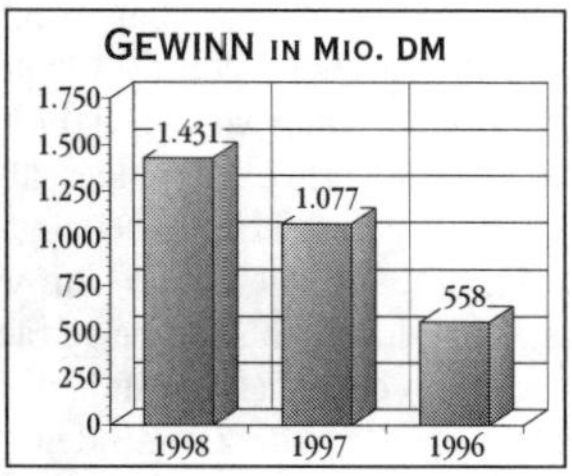

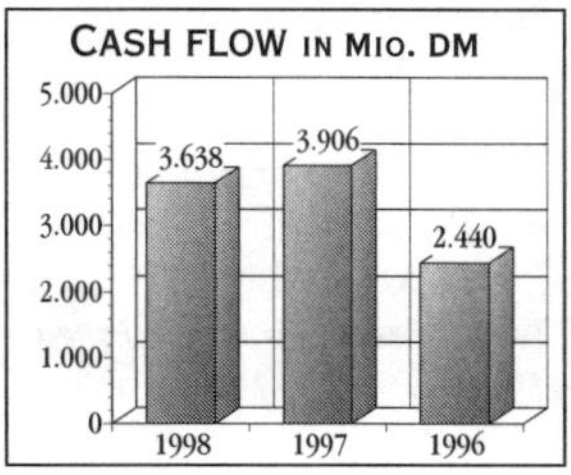

GLOBALE STRATEGIEN UND DER STANDORT DEUTSCHLAND.

Globales Operieren und Denken sind der Lufthansa immanent. Allein die zahlreichen internationalen Kooperationen der einzelnen Konzerngesellschaften sind weltumspannend. Darüber hinaus werden 30,4% des Aktienkapitals von ausländischen Aktionären gehalten. In Zukunft sollen alle Geschäftsfelder der Lufthansa global Spitzenplätze einnehmen.

Nach Meinung der Lufthansa werden in absehbarer Zukunft alle mittelgroßen Fluglinien, die sich nicht zu internationalen Allianzen zusammenschließen, keine Überlebenschancen haben. Um in dem sich verschärfenden Wettbewerb bestehen zu können, hat Lufthansa das bisher umfassendste Netz an Kooperationen geknüpft, die »Star Alliance«.

Das Beteiligungsportfolio der Deutschen Lufthansa wurde neu geordnet. Man trennte sich von den Beteiligungen an Hapag-Lloyd AG (17,95%), Deutsches Reisebüro GmbH (33,2%), Euro Lloyd Reisebüro GmbH, Köln (49%), und Cargolux. Börsengänge der LSG (Lufthansa Service) und des Reservierungssystems Amadeus sind geplant. Die Konzerntouristik wurde neu ausgerichtet: Lufthansa und Karstadt führten ihre touristischen Aktivitäten in der neu gegründeten C&N Touristic AG zusammen. Die Lufthansa übernahm 1998 die operative Führung der Autobahn Tank & Rast AG.

Umsatz 1998: *22.653,8 Mio.*
Umsatz 1997: *21.609,8 Mio.*
Umsatz 1996: *20.862,7 Mio.*

Gewinn 1998: *1.430,7 Mio.*
Gewinn 1997: *1.076,6 Mio.*
Gewinn 1996: *558,1 Mio.*

Cash flow 1998: *3.637,9 Mio.*
Cash flow 1997: *3.905,6 Mio.*
Cash flow 1996: *2.440,3 Mio.*

Cash flow: *Die Investitionen wurden vollständig aus dem Cash flow bestritten. Auf den Ausbau und die Modernisierung der Flotte entfielen 73% der Investitionen. 1998 wurden 21 neue Flugzeuge beschafft.*

Steueraufkommen 1998:
1.050,4 Mio.

Beschäftigte 1998: *54.867*
Beschäftigte 1997: *55.520*
Beschäftigte 1996: *57.999*

Umsatz pro Mitarbeiter 1998: *412.886,– DM*
Umsatz pro Mitarbeiter 1997: *389.226,– DM*
Umsatz pro Mitarbeiter 1996: *359.708,– DM*

Löhne und Gehälter 1998: *4.580,0 Mio.*
Löhne und Gehälter 1997: *4.487,5 Mio.*
Durchschnittsgehalt 1998: *83.475,– DM*
Soziale Abgaben und Aufwendungen 1998: *1.009,7 Mio.*
Soziale Abgaben und Aufwendungen 1997: *1.034,1 Mio.*

Bezüge pro Vorstandsmitglied 1998: *1.451.000,– DM*
Tantiemen pro Aufsichtsrat 1998: *37.700,– DM*

Investitionen 1998: *3.990,7 Mio.*
Investitionen 1997: *2.363,8 Mio.*
Investitionen 1996: *1.987,1 Mio.*

INNERBETRIEBLICHE BÜNDNISSE. Arbeitnehmervertreter und Vorstände vereinbarten verschiedene Arbeitszeitmodelle, um flexibel auf wechselnde Nachfrage zu reagieren. Die Mitarbeiter (über die Hälfte der Belegschaft hält Lufthansa-Aktien) sind mit einem an die Dividende der Aktie gekoppelten Festbetrag am Unternehmensgewinn beteiligt. Im Rahmen des in der Tarifrunde 1999 ausgehandelten Erfolgsbeteiligungsmodells »Lufthansa Chance« erhalten Mitarbeiter Gratisaktien. Von den knapp 30.000 Beschäftigten der Lufthansa AG arbeiteten bei der Lufthansa Passage Airline, Lufthansa Cargo und Lufthansa CityLine 14.600 Mitarbeiter an Bord. 42% der Beschäftigten im Konzern sind Frauen, in der Lufthansa AG sind es 62%. 19% der Konzernmitarbeiter hatten 1998 einen Teilzeitvertrag, bei der Lufthansa AG waren es 25%. Ende 1998 befanden sich im Lufthansa-Konzern 866 Jugendliche in einem Ausbildungsverhältnis.

UMWELTSCHUTZ. Umweltvorsorge gilt bei der Lufthansa als vorrangiges Unternehmensziel, begleitet von einem detaillierten Umwelt-Management mit Umweltbeauftragten in allen umweltrelevanten inländischen Konzerngesellschaften – von den Vorständen bis zu Betriebsbeauftragten für Immissionsschutz, Gewässerschutz, Abfall und Gefahrgut. Alle Konzernbereiche haben feste Umweltziele definiert, denen sie sich überprüfbar verpflichtet haben. Die Verminderung des Kerosinverbrauchs gilt als Hauptziel beim Umweltschutz. Mit einem Durchschnittsalter von 7,1 Jahren am Jahresende 1998 war die Lufthansa-Flotte erheblich jünger als die Weltflotte an Flugzeugen. Die Lufthansa-Passagierflotte benötigte 1998 im Durchschnitt 4,9 Liter Kerosin, um eine Person 100 km weit zu transportieren. Die Flottenerneuerung hat auch dazu beigetragen, daß der Lärmpegel rund um die Flughäfen erheblich gesunken ist. Danach entsprechen sämtliche Flugzeuge der Lufthansa AG den strengsten Lärmschutzwerten. Mit der Einführung des Airbus A319 wurden 1996 die letzten lauten Flugzeuge bei der Lufthansa ausgemustert.

FORSCHUNG, ENTWICKLUNG, INNOVATIONEN.
Die Lufthansa, die selbst keine Grundlagenforschung betreibt, unterstützt zahlreiche Institute und Forschungseinrichtungen, u.a. bei der Erforschung der Auswirkungen des Schwefelgehaltes im Treibstoff auf die Bildung von Kondensstreifen, bei Messungen des Ozon- und Wasserdampfgehalts in Reiseflughöhe, bei der Reduzierung des Fluglärms im Landeanflug. Im Bereich Lufthansa Technik arbeiten 200 Ingenieure in Entwicklungsabteilungen für die Bereiche Avionik und Elektrik sowie Kabine und Systeme.

KOMMENTAR. Die Lufthansa ist nach den großen finanziellen Einbrüchen der letzten Jahre, der Privatisierung und den einschneidenden Kostensenkungs- und Restrukturierungsprogrammen immer noch dabei, ihr ramponiertes Image aufzubessern. Sie will endgültig weg vom Nimbus des ehemaligen Staatsunternehmens und sich modern und weltoffen geben. Mag das Image des »Kranichs« im Ausland ja einigermaßen passabel sein, im Inland gilt die deutsche Fluglinie nach wie vor als »Nimmersatt«. Mit keineswegs marktgerechten Tarifen und teilweisen Überteuerungen auf Inlandsstrecken (sogar das Kartellamt trat Anfang 1997 auf den Plan), mäßigem Service und unfreundlichem Personal, dazu unzuverlässigen Flugzeiten und einem umstrittenen Miles & More-System (wird ebenfalls bezüglich des Wettbewerbsrechts überprüft), kann sie ihren Ruf nur schwerlich verbessern. Private Konkurrenz, der sich die Lufthansa mit der Öffnung des EU-Binnenmarkts und der Liberalisierung des Flugbetriebes seit 1997 stellen muß, hatte sie in der Vergangenheit immer wieder durch ihre guten politischen Beziehungen und den nahezu monopolhaften Zugriff auf die Slots (Start- und Landezeiten auf Flughäfen) abwehren können. Heute fliegt die Deutsche BA, eine Tochter von British Airways, auf innerdeutschen Strecken, dazu die Air Berlin und die Air Cologne. Die Privatisierung der Lufthansa und die neuen internationalen Herausforderungen haben den müden Kranich munter werden lassen – hoffentlich auch zum Nutzen der Kunden. Im August 1999 kündigte die Lufthansa ein Programm für eine bessere Produktqualität bzw. eine höhere Kundenzufriedenheit an.

Mitbewerber: *Air France, Alitalia, American Airlines, British Airways (Deutsche BA), Continental Airlines, Delta Airlines, Hapag-Lloyd, Iberia, Japan Airlines, KLM, LTU, Northwest Airlines, Preussag, Quantas, Swissair*

Lurgi siehe Metallgesellschaft

MAN

GESCHICHTE UND ENTWICKLUNG. Die Gutehoffnungshütte (GHH) wurde 1873 als Aktiengesellschaft (»Gutehoffnungshütte, Actienverein für Bergbau und Hüttenbetrieb«) gegründet. Sie ist aus der seit 1808 betriebenen Hüttengewerkschaft und Handlung Jacobi, Haniel & Huyssen hervorgegangen. Ihre Keimzelle war die Hütte »St. Antony« bei Osterfeld, die als erstes schwerindustrielles Unternehmen im Ruhrgebiet 1758 ihren Betrieb aufgenommen hatte. – Ab 1917 erfolgte durch Angliederung anderer Unternehmen, wie z.B. Deutsche Werft, M.A.N., Maschinenfabrik Esslingen und Ferrostaal, der Ausbau zu einem Konzern. Das Unternehmen wurde nach Ausgliederung und Zusammenfassung seiner Fertigungsbetriebe in der Gutehoffnungshütte Oberhausen AG zu einer reinen Holding. – Nach dem Zweiten Weltkrieg schieden im Zuge der »Entflechtung« auf Anordnung der Alliierten der Kohlebereich und die Eisen- und Stahlerzeugung aus dem Konzernverbund aus. Firmenname ab 1953: Gutehoffnungshütte Aktienverein, ab 1981: Gutehoffnungshütte Aktienverein Aktiengesellschaft.
Die M.A.N. wurde 1840 als Maschinenfabrik in Augsburg gegründet; 1857 Umwandlung in eine Aktiengesellschaft. Sie baute u.a. 1873 die erste deutsche Rotationsmaschine für Zeitungsdruck und die erste Ammoniakkühlmaschine, System Linde. 1893 bis 1897 wurde zusammen mit dem Erfinder Rudolf Diesel der erste Dieselmotor der Welt entwickelt. 1898 Zusammenschluß der Aktiengesellschaft Maschinenfabrik Augsburg mit der 1841 gegründeten Maschinenbau-Actien-Gesellschaft Nürnberg zur späteren Maschinenfabrik Augsburg-Nürnberg AG (M.A.N.). Im Ersten Weltkrieg erlebte M.A.N., der größte süddeutsche Industriebetrieb, durch massive Rüstungsaufträge gerade für die kaiserliche Flotte einen großen wirtschaftlichen Boom. Das Unternehmen baute u. a. U-Boot- und Flugzeugmotoren, Waggons, Lastkraftwagen und Geschützrohre. Nach dem Krieg existentielle Probleme durch

Standort:
Ungererstraße 69
80805 München

Postanschrift:
Postfach 40 13 47
80713 München

Telefon: *(089) 36098-0*
Telefax: *(089) 36098-250*
Internet: *www.man.de*

Branche: *Konzernleitende Obergesellschaft (Holding); Nutzfahrzeugbau; Maschinen- und Anlagenbau; Industrielle Dienstleistungen*

Rechtsform:
Aktiengesellschaft

Geschäftsjahr: *1.7.-30.6.*

Gründungsjahr: *1758 Gutehoffnungshütte; 1840 M.A.N.; 1986 MAN AG*

Öffentlichkeitsarbeit:
Wieland Schmitz
Tel.: (089) 36098-380
Fax: (089) 36098-382
E-Mail: public.relations@ ag.man.de

Verbände: *Die einzelnen Teilkonzerne sind in den entsprechenden Verbänden organisiert.*

Vorstand:
- *Rupprecht, Rudolf, Dr. E.h. (Vorsitzender), München*
- *Ballestrem, Ferdinand, Graf von, Dr. (Finanzen), München*
- *von Menges, Klaus, Dr. (Vorsitzender des Vorstandes der Ferrostaal AG), Essen*
- *Schubert, Klaus, Dr. (Vorsitzender des Vorstandes der MAN Nutzfahrzeuge AG), München*
- *Schulte, Hans-Jürgen, Dr. (Vorsitzender des Vorstandes der MAN B&W Diesel AG), Augsburg*
- *Zahn, Philipp J., Dr. (Controlling), Grünwald bei München*

Vorstandsbezüge 1997/98:
6.694.000,– DM

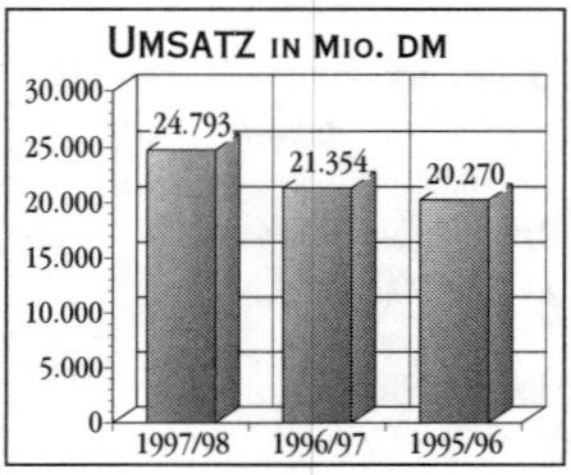

Rohstoffmangel, Suche nach einem leistungsfähigen Rohstoffkonzern. 1920 Anschluß an den GHH-Konzern, 1921 Übernahme der Aktienmehrheit an der M.A.N. durch die GHH-Konzernholding. Nach dem Zweiten Weltkrieg zahlreiche Neugründungen und Akquisitionen, u.a. M.A.N. Turbo/MTU, GHH Sterkrade, Büssing Automobilwerke, Roland Offsetmaschinenfabrik Faber & Schleicher und die dänische B&W Diesel. 1980 Änderung des Firmennamens in M.A.N. Maschinenfabrik Augsburg-Nürnberg AG. 1986 wurde die M.A.N. Maschinenfabrik Augsburg-Nürnberg AG auf die Obergesellschaft Gutehoffnungshütte Aktienverein AG, Oberhausen, verschmolzen. Umfirmierung in MAN AG. Sitz der neuen MAN wurde München.

BESITZVERHÄLTNISSE/EIGENTUMSSTRUKTUR.
- Regina Verwaltungsgesellschaft mbH, München (ca. 26% – daran: Allianz AG Holding, Berlin/München, 25%; Allianz Lebensversicherungs-AG, Berlin/München, 25%; Münchener Rückversicherungs-Gesellschaft AG, München, 25%; Commerzbank AG, Frankfurt/Main, 25%)
- Inländische Kapitalanlagegesellschaften (ca. 25%)
- Ausländische Kapitalanlagegesellschaften (ca. 15%)
- Rest Streubesitz (ca. 34%) bei ca. 60.000 Aktionären

KONZERNÜBERBLICK. Die MAN Aktiengesellschaft ist die konzernleitende Obergesellschaft (Holding) des MAN-Konzerns. Die Unternehmen des MAN-Konzerns sind im Nutzfahrzeugbau, im Maschinen- und Anlagenbau und im Bereich Industrielle Dienstleistungen tätig. Der MAN-Konzern besteht aus acht Kern-Konzernunternehmen (Teilkonzernen) und zwei wesentlichen Beteiligungen:

◆ MAN Nutzfahrzeuge AG, München: Lastkraftwagen von 6 bis 48 t für jeden Einsatzzweck. Omnibusse für Linie und Reisen. Motoren für Fahrzeuge, Boote und zur Energieerzeugung. Dieser größte Teilkonzern umfaßt neben der MAN Nutzfahrzeuge AG die österreichischen ÖAF-Gräf & Stift und Steyr Nutzfahrzeuge, die Produktionstöchter in der Türkei (MANAS), Polen, Südafrika und Australien, die Fahrzeugwerke Nord in Flensburg, die Leasinggesellschaft in München und Vertriebstöchter, u.a. in Österreich (ÖAF & Steyr Nutzfahrzeuge OHG), Italien, Frankreich, Belgien, Großbritannien, den Niederlanden, Polen und Tschechien. Umsatz 1997/98: 8.833 Mio. DM (Vorjahr: 7.955 Mio.); Beschäftigte 1997/98: 28.502 (Vorjahr: 27.031).

◆ Ferrostaal AG, Essen: Handel mit Stahlprodukten, Maschinen und Anlagen, Generalunternehmen für Industrieprojekte und Infrastrukturvorhaben aller Art, weltweiter Vertrieb; Stahlbau und Industriemontage über die Tochtergesellschaft DSD Dillinger Stahlbau GmbH, Saarlouis. Umsatz 1997/98: 6.278 Mio. DM (Vorjahr: 4.315 Mio.); Beschäftigte 1997/98: 6.813 (Vorjahr: 6.537).

◆ MAN Roland Druckmaschinen AG, Offenbach: Bogenoffsetmaschinen (Produktion Offenbach, Mainhausen und Geisenheim), Rollenoffsetmaschinen (Produktion Augsburg, Plauen). Bei Rollenoffsetmaschinen ist MAN Roland Weltmarktführer, bei Bogenoffset-

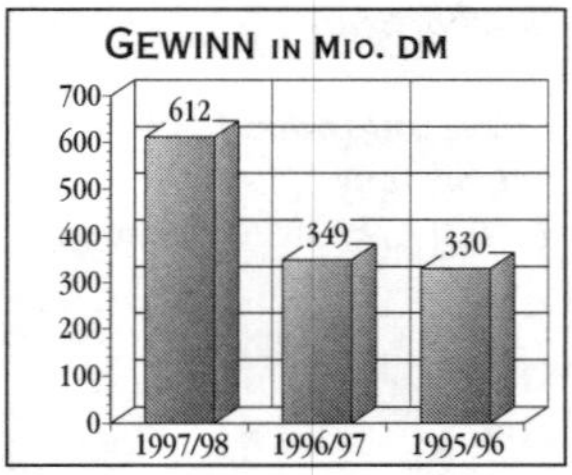

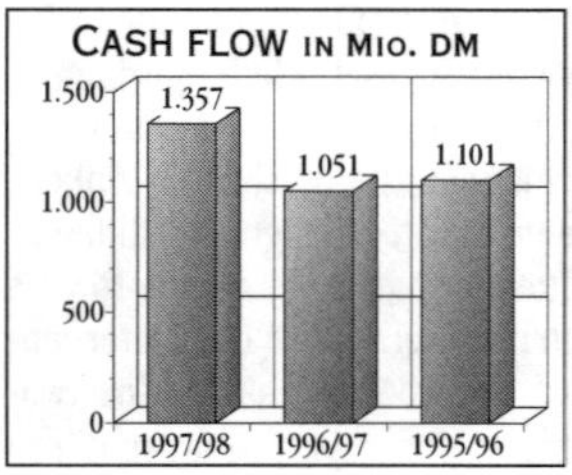

maschinen zweitgrößter Hersteller. Der Teilkonzern ist 1979 durch die Zusammenlegung von MAN mit der Roland Offsetmaschinenfabrik Faber & Schleicher AG entstanden. Sitz der Firma ist Offenbach. Umsatz 1997/98: 2.820 Mio. DM (Vorjahr: 2.471 Mio.); Beschäftigte 1997/98: 8.730 (Vorjahr: 9.383).

◆ MAN B&W Diesel AG, Augsburg: Schiffs- und stationäre Dieselmotoren, Abgasturbolader, Nutzturbinen, Öl- und Gasbrenner, Guß-Erzeugnisse, Modell- und Formenbau, schiffbauliche Arbeiten, Propulsionssysteme. Das Unternehmen mit Sitz in Augsburg erhielt seinen Namen nach der Übernahme des dänischen Schiffbaubetriebs Burmeister & Wain. In Dänemark werden Zweitaktmotoren, in Augsburg Viertakter gebaut. Produktionsstätten befinden sich in Deutschland, Dänemark, Frankreich und Singapur. Bei großen Schiffsdieseln und Stationärmotoren ist MAN B&W weltweit führend. Der Teilkonzern verfügt über das größte internationale Netz von Lizenznehmern im Großmotorenbereich. MAN B&W gilt als die »Geburtsstätte des Dieselmotors«. Umsatz 1997/98: 1.996 Mio. DM (Vorjahr: 1.616 Mio.); Beschäftigte 1997/98: 6.281 (Vorjahr: 5.419).

◆ MAN Technologie AG, Augsburg: Raumfahrttechnik (u.a. Teile für die Rakete Ariane und Betreuung der Ariane-Startanlagen im südamerikanischen Kourou; nationale und ESA-Raumfahrt-Entwicklungsprojekte), Leichtbautechnik für Luftfahrt und Straßenverkehr (Leichtbaubrücken), Anlagen zur dezentralen Energieerzeugung. Die GHH Borsig Turbomaschinen GmbH produziert Kompressoren, Antriebe und Turbinen. Umsatz 1997/98: 1.154 Mio. DM (Vorjahr: 1.089 Mio.); Beschäftigte 1997/98: 2.881 (Vorjahr: 2.844).

◆ RENK AG, Augsburg: Fahrzeuggetriebe, Industrie- und Schiffsgetriebe, Gleitlager und Kupplungen, Prüfsysteme, Scheibenbremsen. Produktionsstätten in Deutschland, Frankreich, Rumänien und den USA. Umsatz 1997/98: 469 Mio. DM (Vorjahr: 466 Mio.); Beschäftigte 1997/98: 1.686 (Vorjahr: 1.685).

◆ MAN TAKRAF Fördertechnik GmbH, Leipzig: Weltweiter Systemanbieter auf den Produktfeldern Massengutumschlagsanlagen sowie schwere Krantechnik. Umsatz 1997/98: 341 Mio. DM (Vorjahr: 280 Mio.); Beschäftigte 1997/98: 677 (Vorjahr: 678).

◆ Deggendorfer Werft und Eisenbau GmbH (DWE), Deggendorf: Schiff-, Bagger- und Apparatebau, Chemiereaktoren, Anlagenbau, Reaktorbau. Produktionsstätten in Deutschland und Frankreich. Weltmarktführer bei salzbadgekühlten Reaktoren für die chemische Industrie. Produktionsstätten in Deutschland und Frankreich. Umsatz 1997/98: 139 Mio. DM (Vorjahr: 119 Mio.); Beschäftigte 1997/98: 524 (Vorjahr: 503).

◆ SMS AG, Düsseldorf: Hütten-, Stranggieß- und Walzwerkstechnik, Kunststoffmaschinen, Anlagen für die Preß- und Schmiedetechnik. Weltmarktführer bei der CSP-Dünnbrammen-Gieß- und -Walztechnologie. Umsatz 1997/98: 2.717 Mio. DM (Vorjahr: 2.752 Mio.); Beschäftigte 1997/98: 6.359 (Vorjahr: 6.447).

◆ Schwäbische Hüttenwerke GmbH (SHW), Aalen-Wasseralfingen: Hartguß-Kalanderwalzen für Papiermaschinen (Weltmarktführer), Guß- und Verfahrenstechnik, Ölpumpen, Bremsscheiben und Sinterformteile für die Automobilindustrie. Produktionsstätten in Deutschland und den USA. Umsatz 1997/98: 390 Mio. DM (Vorjahr: 344 Mio.); Beschäftigte 1997/98: 1.367 (Vorjahr: 1.339).

Aufsichtsrat:

- *Götte, Klaus, Dr. Dr. h.c. (Vorsitzender; ehem. Vorsitzender des Vorstandes der MAN AG), München*
- *Schulte-Noelle, Henning, Dr. (stellv. Vorsitzender; Vorsitzender des Vorstandes der Allianz AG), München*
- *Gieske, Friedhelm, Dr. (ehem. Vorsitzender des Vorstandes der RWE AG), Essen*
- *Jung, Volker, Dr. h.c. (Mitglied des Vorstandes der Siemens AG), München*
- *Käsbeck, Norbert, Dr. (Mitglied des Vorstandes der Commerzbank AG), Frankfurt/Main*
- *Kruse, Hans Jakob (Mitglied des Aufsichtsrates der Hapag-Lloyd AG), Hamburg*
- *Meinhardt, Hans, Dr. (Vorsitzender des Aufsichtsrates der Linde AG), Wiesbaden*
- *Schinzler, Hans-Jürgen, Dr. (Vorsitzender des Vorstandes der Münchener Rückversicherungs-Gesellschaft AG), München*
- *Schulz, Ekkehard, Dr. (Vorsitzender des Vorstandes der Thyssen Krupp AG), Duisburg*
- *Stechl, Hanns-Helge, Dr. (stellv. Vorsitzender des Vorstandes der BASF AG), Ludwigshafen*

**Strauss-Wieczorek, Gerlinde, Dr. (stellv. Vorsitzende)*
**Bozung, Hanns-Günther, Dr.*
**Heimann, Klaus*
**Hiesinger, Karlheinz*
**Hillebrand, Georg*
**Lopopolo, Nicola*
**Pohlmann, Lothar*
**Potrykus, Peter*
**Regal, Hermann*
**Schumacher, Helmut*

Aufsichtsratstantiemen 1997/98: *1.680.000,– DM*

BÖRSE, AKTIEN, KURSE
Grundkapital 1998:
771,0 Mio.
Jahreshöchstkurs 1998:
Stammaktie: 775,10 DM (396,30 €)
Vorzugsaktie: 545,10 DM (278,71 €)
Jahrestiefstkurs 1998:
Stammaktie: 438,50 DM (224,20 €)
Vorzugsaktie: 317,00 DM (162,08 €)
Aktie Jahresende 1998:
Stammaktie: 490,00 DM (250,53 €)
Vorzugsaktie: 540,00 DM (276,10 €)
Dividende pro Aktie 1998:
16,00 DM (Stämme und Vorzüge)

Die Dividende bezieht sich auf je 50,– DM Aktiennennbetrag. Der Bilanzgewinn betrug 1997/98 247,0 Mio. DM. Im März 1999 wurde das MAN-Aktienkapital auf nennwertlose Stückaktien umgestellt, verbunden mit einem Aktiensplit von 1:10.

Umsatz 1997/98:
24.793,4 Mio. (Auslandsanteil: 68%)
Umsatz 1996/97:
21.354,1 Mio. (Auslandsanteil: 68%)
Umsatz 1995/96:
20.270,0 Mio. (Auslandsanteil: 65%)

Gewinn 1997/98: *612,1 Mio.*
Gewinn 1996/97: *349,2 Mio.*
Gewinn 1995/96: *330,4 Mio.*

BETEILIGUNGEN. In den Abschluß des MAN-Konzerns wurden 1998 neben der MAN Aktiengesellschaft 164 inländische und ausländische Tochtergesellschaften einbezogen. Zu den wichtigsten Unternehmen in den einzelnen Teilkonzernen gehören:

- MAN Nutzfahrzeuge AG, München (100%); Österreichische Automobilfabrik ÖAF-Gräf & Stift AG, Wien/Österreich (100%); Steyr Nutzfahrzeuge Aktiengesellschaft, Steyr/Österreich (100%); ÖAF & STEYR Nutzfahrzeuge OHG, Wien/Österreich (100%); MAN Kamyon ve Otobüs Sanayi A.S., Ankara/Türkei (92%); MAN Automotive (South Africa) (Pty.) Ltd., Johannesburg/Südafrika (100%); MAN Truck & Bus UK Ltd., Swindon/Großbritannien (100%); MAN Vehículos Industriales (España) S.A., Madrid/Spanien (100%); MAN Veicoli Industriali S.p.A., Verona/Italien (100%); MAN Camions et Bus S.A., Evry/Frankreich (100%); MAN Pojazdy Uzytkowe Polska Sp.z.o.o., Posen/Polen (100%).
- Ferrostaal AG, Essen (100%); DSD Dillinger Stahlbau GmbH, Saarlouis (100%); Deutsche Industrieanlagengesellschaft mbH (DIAG), Essen (100%); Ferrostaal Bewehrungstechnik GmbH, Essen (100%); Franz Kirchfeld GmbH & Co. KG, Düsseldorf (100%); Ferrostaal Inc., Houston/USA (100%); MAN GHH Öl & Gas GmbH, Essen (100%).
- MAN Roland Druckmaschinen AG, Offenbach (98%); MAN Plamag Druckmaschinen Aktiengesellschaft, Plauen (100%); MAN Roland Inc., Westmont/USA (100%); Omnigraph Group N.V., Amsterdam/Niederlande (100%).
- MAN B&W Diesel AG, Augsburg (100%); MAN B&W Diesel A/S, Kopenhagen/Dänemark (100%); S.E.M.T. Pielstick, St. Denis/Frankreich (67%).
- MAN Technologie AG, Augsburg (100%); GHH BORSIG Turbomaschinen GmbH, Oberhausen (100%); New Elliot Corporation, Jeannette/USA (48%); MAN Dezentrale Energiesysteme GmbH, Augsburg (100%).
- RENK AG, Augsburg (76%).
- MAN TAKRAF Fördertechnik GmbH, Leipzig (100%).
- Deggendorfer Werft und Eisenbau GmbH, Deggendorf (100%).
- SMS AG, Düsseldorf (51%); SMS Schloemann-Siemag Aktiengesellschaft, Düsseldorf und Hilchenbach (100%); SMS Demag AG, Hilchenbach (72%); Battenfeld GmbH, Meinerzhagen (100%); Battenfeld Extrusionstechnik GmbH, Bad Oeynhausen (100%); Battenfeld Kunststoffmaschinen Ges.m.b.H., Kottingbrunn/Österreich (100%); SMS Eumuco GmbH, Leverkusen (100%); SMS Capital Corporation, Pittsburgh/USA (100%).
- Schwäbische Hüttenwerke GmbH, Aalen-Wasseralfingen (50%).

GLOBALE STRATEGIEN UND DER STANDORT DEUTSCHLAND. Zu einer Fusion großen Stils kam es Anfang 1999 zwischen dem metallurgischen Anlagenbau der SMS Schloemann-Siemag AG und dem Geschäftsbereich Metallurgie der Mannesmann Demag AG zur SMS Demag AG. Das international operierende Gemeinschaftsunternehmen mit zahlreichen in- und ausländischen Produktionsstätten und einem Umsatz von etwa 3,6 Mrd. DM wird im Weltmaßstab ein führender Anlagenbauer für die Stahl-, Aluminium- und Kupferindustrie in den Bereichen Stahlwerks-, Stranggieß-, Walzwerks- und Rohrtechnik. An der SMS Demag AG sind SMS mit 72% und Mannesmann mit 28% beteiligt.

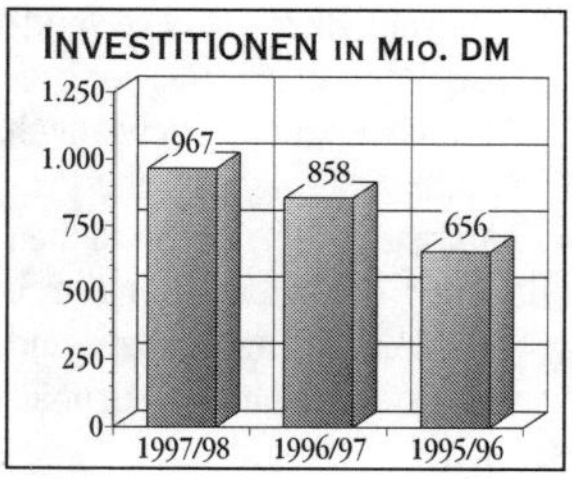

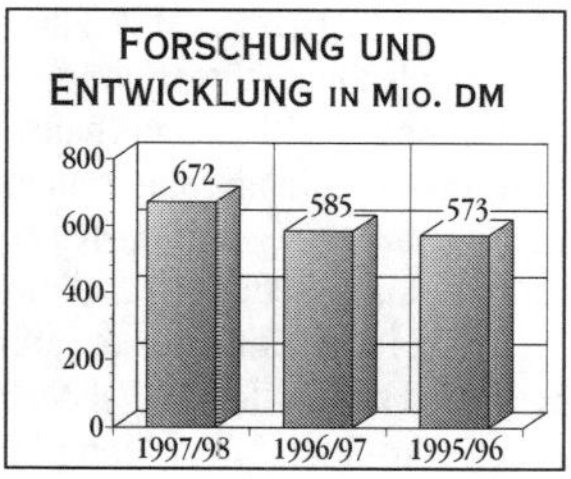

Knapp 70% des Umsatzes erwirtschaftet MAN im Ausland. MAN will die führenden Marktpositionen aller Teilkonzerne global und systematisch ausbauen. Deshalb sollen demnächst Produktionen noch stärker ins Ausland verlegt bzw. dort errichtet werden. Das soll auch über Akquisitionen, Beteiligungen oder Joint-ventures erreicht werden. Jüngste Beispiele: MAN Nutzfahrzeuge hat seinen Anteil an dem türkischen Lkw- und Bushersteller MAN Kamyon ve Otobüs Sanayi (MANAS), Ankara, auf 92% aufgestockt. Von hier aus sollen die Märkte im Nahen und Mittleren Osten und in den Südrepubliken der ehemaligen Sowjetunion erschlossen werden. MAN Nutzfahrzeuge hat in der Nähe von Posen/Polen eine Omnibus-Produktionsstätte gebaut, in der seit 1998 die Bänder laufen. In Südafrika wurde die Bus & Coach Division der Firmengruppe TFM übernommen, womit MAN Nutzfahrzeuge in der Lage ist, den südafrikanischen Markt und benachbarte Staaten mit Komplettbussen zu beliefern. Insgesamt wurden seit 1990 durch weltweite Akquisitionen 4,8 Mrd. DM Konzernumsatz hinzugekauft.
In den Bereich Ferrostaal eingegliedert wurde die DSD Dillinger Stahlbau GmbH, eines der bedeutendsten europäischen Stahl- und Anlagenbau-Unternehmen. Bereits 1997 wurden die Arbeitsgebiete des Teilkonzerns MAN Gutehoffnungshütte anderen Bereichen des MAN-Konzerns neu zugeordnet bzw. anderweitig veräußert. Teile gingen an SMS Schloemann-Siemag, Ferrostaal bzw. DSD. Die GHH Borsig Turbomaschinen GmbH wurde dem Teilkonzern MAN Technologie zugeordnet. Die MAN TAKRAF Fördertechnik wird jetzt als direkte Tochtergesellschaft der MAN AG geführt. Der MAN Gutehoffnungshütte-Teilkonzern wurde damit aufgelöst, die MAN GHH AG stellte ihre aktive Verkaufstätigkeit ein. Schon zuvor hatte der MAN-Konzern eine Reihe einschneidender Umstrukturierungs- und Rationalisierungsmaßnahmen hinter sich gebracht, in deren Zusammenhang das Produktprogramm, insbesondere bei Nutzfahrzeugen und Druckmaschinen, fast vollständig erneuert wurde. Dies blieb für die Beschäftigten nicht ohne Folgen. In den letzten Jahren sank die Zahl der Mitarbeiter um über 7.000, durch Akquisitionen und Übernahmen konnte aber die Beschäftigtenzahl insgesamt erhöht werden. In den Bereichen Nutzfahrzeuge und Druckmaschinen wurden neue Arbeitsplätze geschaffen.

INNERBETRIEBLICHE BÜNDNISSE. 1998 wurden zusammen mit den Betriebsräten die Regelungen über die Arbeitszeit und den Umfang individueller Arbeitszeitkonten erweitert. Mehrere Konzernunternehmen haben Arbeitszeitmodelle eingeführt. 1997/98 wurden 1.400 neue Ausbildungsverhältnisse abgeschlossen.

Cash flow 1997/98: *1.357,0 Mio.*
Cash flow 1996/97: *1.051,0 Mio.*
Cash flow 1995/96: *1.101,0 Mio.*

Cash flow: *Der Cash flow floß u.a. in die Investitionen, die vor allem Modernisierungen und Rationalisierungen betrafen.*

Steueraufkommen 1997/98: *197,3 Mio.*

Beschäftigte 1997/98: *64.054*
Beschäftigte 1996/97: *62.564*
Beschäftigte 1995/96: *57.826*

Umsatz pro Mitarbeiter 1997/98: *387.070,– DM*
Umsatz pro Mitarbeiter 1996/97: *341.316,– DM*
Umsatz pro Mitarbeiter 1995/96: *350.530,– DM*

Löhne und Gehälter 1997/98: *4.958,1 Mio.*
Löhne und Gehälter 1996/97: *4.565,6 Mio.*
Durchschnittsgehalt 1997/98: *77.405,– DM*
Soziale Abgaben und Aufwendungen 1997/98: *1.053,7 Mio.*
Soziale Abgaben und Aufwendungen 1996/97: *997,0 Mio.*

Bezüge pro Vorstandsmitglied 1997/98: *1.115.667,– DM*
Tantiemen pro Aufsichtsrat 1997/98: *84.000,– DM*

Investitionen 1997/98: *967,0 Mio.*
Investitionen 1996/97: *858,0 Mio.*
Investitionen 1995/96: *656,0 Mio.*

Forschung und Entwicklung 1997/98: *672,0 Mio.*
Forschung und Entwicklung 1996/97: *585,0 Mio.*
Forschung und Entwicklung 1995/96: *573,0 Mio.*

Mitbewerber: *Altana, Babcock Borsig, Brochier, Continental, Didier, Diehl, Fiat, Iveco Magirus, Kässbohrer, Klöckner-Werke, Linde, Lurgi, Mannesmann, Mercedes-Benz, Preussag, Renault, Rheinmetall, Salzgitter, Thyssen Krupp, VAW, Voith, Volvo, VW*

UMWELTSCHUTZ. MAN gibt folgende Umweltleitlinien als verbindlich vor: lebenszyklusorientierte Produktgestaltung durch recyclinggerechte Konstruktion innerhalb der Produktentwicklung; Suche nach umweltverträglichen Materialien für Produkte; Optimierung der Produktionsprozesse und Arbeitsabläufe; Anpassung der betrieblichen Aufbau- und Ablauforganisation; Qualifizierung der Mitarbeiter durch Weiterbildung. Die Werke München der MAN Nutzfahrzeuge und Steyr/Österreich der STEYR Nutzfahrzeuge wurden nach der europäischen Öko-Audit-Verordnung zertifiziert.

FORSCHUNG, ENTWICKLUNG, INNOVATIONEN. Forschung und Entwicklung gehören im MAN-Konzern zum Verantwortungsbereich der operativen Konzerngesellschaften. 60% der Leistungen im Bereich Forschung und Entwicklung des MAN-Konzerns werden für Grundlagenentwicklungen und Neuprodukte eingesetzt, 40% für die permanente Verbesserung und Ergänzung des bestehenden Produktprogramms. Die Resultate der Forschungs- und Entwicklungsaktivitäten des MAN-Konzerns sind Erfolgsträger: Das Lkw-Programm von MAN Nutzfahrzeuge wurde innerhalb von nur drei Jahren vollständig erneuert, neue Drucktechniken von MAN Roland konzipiert, zahlreiche Produkterneuerungen im Omnibus-Bereich realisiert. 3.650 Mitarbeiter sind im Bereich Forschung und Entwicklung des MAN-Konzerns tätig.

MANNESMANN

Standort:
Mannesmannufer 2
40213 Düsseldorf

Postanschrift:
Postfach 10 36 41
40027 Düsseldorf

Telefon: *(0211) 820-0*
Telefax: *(0211) 820-2163*
Internet: *www.mannesmann.com*

Rechtsform:
Aktiengesellschaft

Geschäftsjahr: *1.1.-31.12.*

Branche: *Maschinen- und Anlagenbau, Automobiltechnik, Telekommunikation, Eisen- und Stahlindustrie, Rohre, Groß- und Außenhandel*

GESCHICHTE UND ENTWICKLUNG. 1890 gelang den Brüdern Reinhard und Max Mannesmann der große Wurf: Sie erfanden ein Walzverfahren zur Herstellung nahtloser Rohre und gründeten die »Deutsch-Österreichische Mannesmannröhren-Werke AG« mit Sitz in Berlin. Es folgten der Aufbau von Stahlwerken, der Erwerb von Kohlezechen und Erzbergwerken und die Errichtung von Produktionsstätten auch im Ausland. 1910 besaß Mannesmann bereits zehn Röhrenwerke mit entsprechenden Vertriebs- und Handelsketten. 1912 fand die Übersiedlung nach Düsseldorf statt. Nach dem Ersten Weltkrieg wurde weiter expandiert. 1929 wurde das Hüttenwerk in Duisburg-Huckingen gebaut. Der Konzern vergrößerte sich rasant in den 30er Jahren. Ab 1940 totale Umstellung des Mannesmann-Konzerns auf die Kriegswirtschaft.
Nach dem Krieg kam es zur Demontage der Produktionsstätten in der Ostzone und zur Entflechtung des Mannesmann-Konzerns durch die Alliierten der Westzonen in mehrere Gesellschaften. Mit Beginn der Währungsreform und des Kalten Krieges 1948 wurde der Beschluß revidiert und der Konzern in der 1952 gegründeten »Mannesmann AG« wieder zusammengeführt. 1955 waren alle früheren Mannesmann-Tochtergesellschaften wieder unter dem alten Konzerndach. Der Konzern begann erneut zu expandieren. Es folgte der Bau von Stahl- und Röhrenwerken in Brasilien, Kanada und der Türkei. 1969 wurde der Kohlebergbaubesitz von Mannesmann in die neugegründete Ruhrkohle AG eingebracht. 1970 wurden die Röhrenwerke von Man-

nesmann und Thyssen in der Mannesmannröhren-Werke zusammengefaßt. Mannesmann wandelte sich zum Maschinen- und Anlagen-Unternehmen und schließlich zum breit gefächerten, global agierenden High-Tech-Konzern.
Es folgten die Akquisition des Hydraulikherstellers Rexroth und die Übernahme der Demag AG. 1977 wurde der Konzern in Unternehmensgruppen mit eigenverantwortlichen Führungsgesellschaften gegliedert. 1987 kam der Fichtel & Sachs-Konzern unter das Mannesmann-Dach und damit Zugang zur Fahrzeugtechnik. 1990 folgte die Übernahme des Technikunternehmens Krauss-Maffei (Lokomotiven Kunststofftechnik, Wehrtechnik). Die 1990 gegründete Mannesmann Mobilfunk GmbH baute das digitale Mobilfunknetz (D2) auf. 1991 kam es zum Erwerb einer Mehrheitsbeteiligung an der VDO Adolf Schindling AG, Schwalbach am Taunus. 1996 erfolgte eine Beteiligung an der Telekommunikationstochter der Deutschen Bahn AG, der DB-Kom, die 1997 mit der CNI Communications Network International verschmolzen und in Mannesmann Arcor umfirmiert wurde. 1999 übernahm Mannesmann Arcor das Festnetzgeschäft des Konkurrenten Otelo.

Gründungsjahr: *1890; Neugründung der Mannesmann AG 1952*

Öffentlichkeitsarbeit:
Manfred Söhnlein/
Dr. Hartmut Graf Plettenberg
Tel.: (0211) 820-2323
Fax: (0211) 820-2728
E-Mail: manfred.soehnlein@ mm.mannesmann.de

Verbände: *Alle Konzernbereiche und die einzelnen Unternehmen sind in ihren spezifischen Fachverbänden organisiert.*

BESITZVERHÄLTNISSE/EIGENTUMSSTRUKTUR.
Streubesitz bei ca. 140.000 Aktionären, davon etwa 50.000 aktive und ehemalige Mitarbeiter von Mannesmann-Unternehmen. Insgesamt wurden Belegschaftsaktien in Höhe von nominal 144 Mio. DM verkauft. Das sind 7,8% des Grundkapitals. Deutsche Aktionäre besitzen mit 38% den größten Teil des Aktienkapitals. Rund 25% befinden sich in den Händen britischer Aktionäre, 15% in den Portfolios amerikanischer Investoren. Im übrigen Europa werden 18% der Mannesmann-Aktien gehalten, asiatische Investoren besitzen 4% des Grundkapitals von Mannesmann. Besitzt ein Aktionär Aktien im Nennwert von mehr als 5% des Grundkapitals, so darf er nur ein Stimmrecht bis zu 5% wahrnehmen.

KONZERNÜBERBLICK. Die Mannesmann AG ist die Dachgesellschaft des Mannesmann-Konzerns, eines der größten deutschen Industrie-Unternehmen. Mannesmann verfügt weltweit über 350 Produktions- und 950 Vertriebsstandorte. Jüngste Töchter des Konzerns sind die Mannesmann Mobilfunk GmbH, die Demag Krauss-Maffei AG, die Mannesmann VDO AG, die Mannesmann Sachs AG und die Telefongesellschaft Arcor. Der Mannesmann-Konzern gliedert sich in die vier Unternehmensbereiche Engineering, Automotive, Telecommunications und Tubes.
◆ Unternehmensbereich Engineering mit den Unternehmensgruppen Mannesmann Rexroth (Antriebs-, Steuerungs- und Regelungstechnik), Mannesmann Dematic (Fördertechik) und Mannesmann Demag Krauss-Maffei (Kunststofftechnik, Maschinen- und Fahrzeugbau, Verkehrssysteme). Mannesmann Rexroth ist weltweit in 70 Ländern mit Produktionsstätten, eigenen Niederlassungen, Gesellschaften und Vertretungen präsent. Mannesmann Rexroth umfaßt die Geschäftsbereiche Hydraulik mit Rexroth Hydraulics (hydraulische Antriebs-, Steuerungs- und Regelungstechnik), Brueninghaus Hydromatik (Axialkolbenmaschinen), Lohmann + Stolterfoht (elektrische Steuerungen und Getriebe), Automation mit Indramat (elektrische Steuerungen

Vorstand:
- *Esser, Klaus, Dr. (Vorsitzender)*
- *Acker, Georg*
- *Gerard, Peter*
- *Peter, Wolfgang, Dr.*
- *Sattler, Sigmar*
- *Wittgenstein, Peter Prinz*

Vorstandsbezüge 1998:
11.125.019,– DM

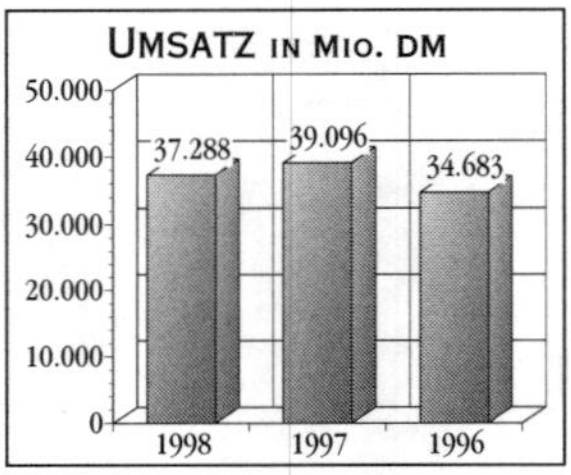

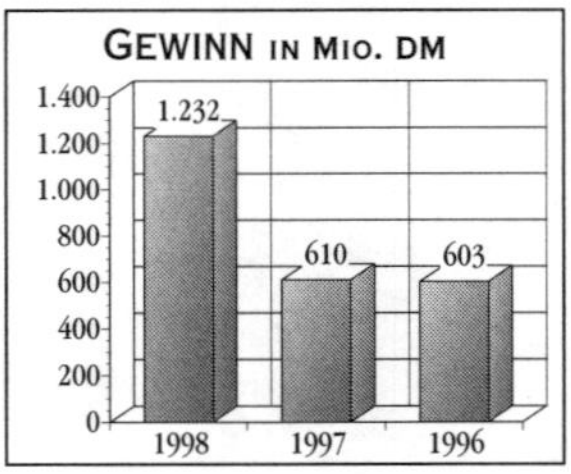

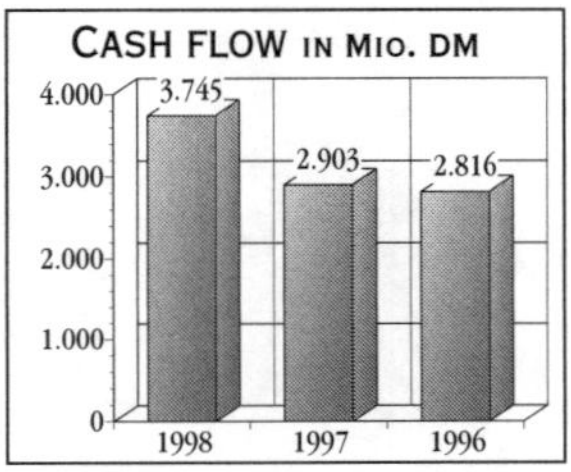

und Antriebe), Deutsche Star (lineare Bewegungstechnik), Rexroth Mecman (Pneumatik) und Rexroth Giesserei (Gießereiprodukte). Mannesmann Rexroth ist weltweit der größte Hydraulikhersteller. Umsatz 1998: 4.982 Mio. DM (Vorjahr: 4.428 Mio.); Beschäftigte 1998: 20.954 (Vorjahr: 19.439). Zu Mannesmann Dematic mit über 40 Produktions- und 120 Vertriebsstandorten weltweit gehören die Geschäftsbereiche Komponenten-, Kran- und Handhabungstechnik, Systeme und Mobilkrane. Umsatz 1998: 3.890 Mio. DM (Vorjahr: 3.407 Mio.); Beschäftigte 1998: 12.307 (Vorjahr: 11.758). In der neuen Unternehmensgruppe Mannesmann Demag Krauss-Maffei wurden 1999 die bisher selbständigen Gruppen Mannesmann Demag und Krauss-Maffei zusammengefaßt. Die Unternehmensgruppe Mannesmann Demag Krauss-Maffei mit Sitz in München ist in folgenden Geschäftsfeldern tätig: Kunststofftechnik (innerhalb der Mannesmann Plastics Machinery AG), Verfahrenstechnik, Verkehrstechnik (Lokomotiven, Magnetbahn Transrapid, Flugzeugelektronik), Lasertechnik, Linear Motor Systems, Verdichter. Umsatz 1998: 4.170 Mio. DM (Vorjahr: 8.629 Mio.); Beschäftigte 1998: 11.279 (Vorjahr: 22.973.
Mannesmann Engineering ist weltweit die Nummer eins in den Bereichen Hydraulik, Fördertechnik, Kunststofftechnik und nimmt auch in nahezu allen anderen Geschäftssparten Spitzenpositionen ein. Umsatz des gesamten Unternehmensbereiches 1998: 12.912 Mio. DM (Vorjahr: 16.282 Mio.); Beschäftigte 1998: 45.503 (Vorjahr: 54.719).
◆ Unternehmensbereich Automotive mit den Unternehmensgruppen Mannesmann VDO (Informations-, Steuer- und Regelsysteme für die Automobilindustrie) und Mannesmann Sachs (Automobiltechnik). Die Unternehmensgruppe Mannesmann VDO mit weltweit über 100 Produktions- und Vertriebsstandorten und die ihr zugeordnete Mannesmann Kienzle ist weltweit Systemzulieferer und Entwicklungspartner der Kraftfahrzeughersteller für Informations-, Steuer- und Regelsysteme, Cockpitsysteme sowie Sensoren. Mannesmann VDO rüstet vorwiegend Personenkraftwagen und Mannesmann Kienzle Nutzfahrzeuge aus. Hinzu kommen Kraftfahrzeug-Nachrüstung sowie Systemtechnik für Wasserfahrzeuge und stationäre Zwecke. Die Luxusuhren-Aktivitäten umfassen die Schweizer Marken IWC und Jaeger-LeCoultre sowie die in Glashütte (Sachsen) reaktivierte deutsche Marke A. Lange & Söhne (hochkomplizierte mechanische Armband- und Taschenuhren). 1998 wurde die Philips Car Systems (PCS), einer der international führenden Hersteller von Navigations-, Kommunikations- und Telematiksystemen sowie von Unterhaltungselektronik für Kraftfahrzeuge, erworben und in VDO Car Communication umfirmiert. Umsatz 1998: 6.529 Mio. DM (Vorjahr: 4.293 Mio.); Beschäftigte 1998: 23.157 (Vorjahr: 16.252). Die Unternehmensgruppe Mannesmann Sachs (früher Fichtel & Sachs) mit über 30 Produktions- und 50 Vertriebsstandorten weltweit ist spezialisiert auf die Zulieferung von Systemen und Komponenten für Automobile und umfaßt die Geschäftsbereiche Dämpfer, Kupplungen und Wandler, Handel, Umformtechnik, Gummimetallteile, Gasfedern und hydraulische Schwingungsdämpfer. (Die Sparte Fahrradkomponenten wurde 1997 verkauft.) Umsatz 1998: 4.205 Mio. DM (Vorjahr: 4.017 Mio.); Beschäftigte 1998: 19.692 (Vorjahr: 17.310). Der Umsatz des gesamten Unternehmensbereiches 1998: 10.723 Mio. DM (Vorjahr: 8.299 Mio.); Beschäftigte 1998: 42.849 (Vorjahr: 33.562).

◆ Unternehmensbereich Telecommunications mit den Unternehmensgruppen Mannesmann Mobilfunk (D2-Mobilfunknetz und Mobilfunkdienste), Mannesmann Arcor (Festnetz und Festnetzdienste) und Mannesmann Eurokom (internationale Mobilfunk- und Festnetzaktivitäten, Verkehrstelematik). Mannesmann Mobilfunk nahm 1992 als erste private Telefongesellschaft Deutschlands den Betrieb des digitalen Mobilfunknetzes D2 privat auf. D2 ist nahezu flächendeckend ausgebaut und erreicht 99% der Bevölkerung. Mit über 6 Mio. Kunden ist Mannesmann Mobilfunk Marktführer in Deutschland. Umsatz 1998: 7.297 Mio. DM (Vorjahr: 5.588 Mio.); Beschäftigte 1998: 7.250 (Vorjahr: 5.767). Mannesmann Arcor ist 1997 durch die Fusion des Mannesmann-Unternehmens CNI Communications Network International und der DBKom der Deutschen Bahn entstanden. An der Gesellschaft sind das Mannesmann-Konsortium mit 82% und die Deutsche Bahn AG mit 18% beteiligt. Die unternehmerische Führung von Acor liegt bei Mannesmann. Das Konsortium setzt sich zusammen aus Mannesmann (85,5%), Deutsche Bank (10%) und Air Touch Communications (4,5%). Arcor verfügt durch die ehemalige DBKom über ein eigenes flächendeckendes Netz von 40.000 Streckenkilometern und besitzt nach der Deutschen Telekom damit das zweitgrößte Telekommunikationsnetz in Deutschland. 1999 übernahm Mannesmann Arcor die bis dahin konkurrierende Festnetzgesellschaft Otelo von VEBA und RWE, die nach einer Phase der Rationalisierung als eigenständige Marke bestehen bleibt und und unter Mannesmann Otelo GmbH mit Sitz in Köln firmiert. Umsatz 1998: 1.837 Mio. DM (Vorjahr: 1.209 Mio.); Beschäftigte 1998: 6.499 (Vorjahr: 7.367).
Mannesmann Eurokom entwickelt als strategische Holding die Telekommunikationsaktivitäten von Mannesmann im In- und Ausland. Internationale Beteiligungen gibt es u.a. bei der Omnitel Pronto Italia und Infostrada, dem Funkruf- und Datenfunknetzbetreiber TDR in Frankreich und dem Funknetzbetreiber Cersa in Spanien. Mannesmann hält eine Beteiligung von 15% an der französischen Telekommunikationsgesellschaft Cegetel und ist damit direkter Konkurrent zur France Télécom. Eurokom beteiligte sich mit 74,8% an der österreichischen Festnetz-Telekommunikationsgesellschaft »Tele.ring«. Um grenzüberschreitende Telekommunikationsdienstleistungen für Geschäftskunden anbieten zu können, wurde die Gesellschaft euro.map in den Niederlanden gegründet.
Durch die Übernahme der Telecom Italia durch Olivetti konnte Mannesmann Mitte 1999 vereinbarungsgemäß die Olivetti-Anteile an den italienischen Mobilfunk- und Festnetzgesellschaften Omnitel und Infostrada übernehmen. Mannesmann konnte seine Beteiligung an Omnitel von 31% auf 55% aufstocken, an Infostrada von 50% auf 100%. Kaufpreis dieses Mega-Geschäftes: rund 15 Mrd. DM, die Olivetti dringend zur Finanzierung des Telecom Italia-Deals benötigte. Omnitel ist mit mehr als 7 Mio. Teilnehmern der größte europäische Mobilfunkanbieter, Infostrada mit über 2 Mio. Kunden der führende Wettbewerber unter den neuen Anbietern im italienischen Festnetzmarkt. Für 2,4 Mrd. DM hatte Mannesmann bereits 1997 knapp 50% am Telekommunikationsbereich (Mobilfunk und Festnetz) der Olivetti S.p.A. erworben. Mannesmann und Olivetti gründeten das Gemeinschaftsunternehmen OliMan, in das Olivetti seine maßgebliche Beteiligung an dem GSM-Mobilfunkbetreiber Omnitel Pronto Italia sowie

Aufsichtsrat:
- *Funk, Joachim, Prof. Dr. (ehem. Vorsitzender des Vorstandes der Mannesmann AG), Düsseldorf*
- *Ackermann, Josef, Dr. (Mitglied des Vorstandes der Deutsche Bank AG), Frankfurt/Main*
- *Donges, Juergen B., Prof. Dr. (Universität Köln), Köln*
- *Dürr, Heinz, Dr. E.h. (Unternehmer), Berlin*
- *Kimmitt, Robert M. (Senior Partner Wilmer, Cutler & Pickering), Washington, D.C./USA*
- *Liesen, Klaus, Dr. Dr. h.c. (Vorsitzender des Aufsichtsrates der Ruhrgas AG), Essen*
- *Riesenhuber, Heinz, Prof. Dr. Dr. h.c. (MdB, Bundesminister a.D.), Bonn*
- *Schrempp, Jürgen E. (Vorsitzender des Vorstandes der DaimlerChrysler AG), Stuttgart*
- *Schulte-Noelle, Henning, Dr. (Vorsitzender des Vorstandes der Allianz AG), München*
- *Weck, Manfred, Prof. Dr. Dr. E.h. (Rheinisch-Westfälische Technische Hochschule Aachen), Aachen*

Zwickel, Klaus (stellv. Vorsitzender)
Bieletzki, Gerhard
Ebert, Karl-Heinz
Fallier, Werner
Kleinhenz, Werner
Köstler, Roland, Dr.
Ladberg, Jürgen
Schmidt, Hermann Josef
Schmidt, Rainer
Sembach, Dieter

Aufsichtsratstantiemen 1998: *1.621.500,– DM*

BÖRSE, AKTIEN, KURSE
Grundkapital 1998
1.901,0 Mio.
Jahreshöchstkurs 1998:
207,30 DM (106,00 €)
Jahrestiefstkurs 1998:
91,90 DM (47,00 €)
Aktie Jahresende 1998:
191,00 DM (97,66 €)
Dividende pro Aktie 1998:
1,20 DM

Die Dividende bezieht sich auf je 5,– DM Aktiennennbetrag. Die Aktien wurden 1999 auf nennwertlose Stückaktien umgestellt. Der Bilanzgewinn betrug 1998 476 Mio. DM.

die Festnetzbetreibergesellschaft Infostrada eingebracht hatte. Schon damals wurde vereinbart, daß Mannesmann in absehbarer Zeit die Mehrheiten an Omnitel und Infostrada erwerben kann. Mannesmann und Olivetti haben 1999 für rund 3 Mrd. DM den New Yorker Telefonanbieter Cellular Communications International übernommen. Mit der Mannesmann Autocom GmbH ist Eurokom in der Verkehrstelematik tätig. Umsatz des gesamten Unternehmensbereiches 1998: 9.102 Mio. DM (Vorjahr: 6.791 Mio.); Beschäftigte 1998: 14.081 (Vorjahr: 13.393).

◆ Unternehmensbereich Tubes mit der Unternehmensgruppe Mannesmannröhren-Werke (Rohre und Rohrerzeugnisse, Handel). An der Mannesmannröhren-Werke AG mit über 50 Produktions- und 70 Vertriebsstandorten weltweit sind die Mannesmann AG mit 79% und die Thyssen Krupp AG mit 21% beteiligt. Produkte und Leistungen des Unternehmensbereiches Tubes: warmgefertigte nahtlose Rohre, geschweißte Leitungsrohre, kaltgefertigte Rohre, Rohrweiterverarbeitung, Halbzeug und Sonstiges, Handel mit Erzeugnissen Dritter. In Brasilien werden darüber hinaus gewalzte und gezogene Stahlerzeugnisse produziert und Rohstoffe gewonnen. Gemeinsam mit dem französischen Röhrenhersteller Vallourec gründete Mannesmannröhren-Werke 1997 die Vallourec & Mannesmann Tubes SA, Boulogne-Billancourt/Frankreich, in die der Bereich warmgefertigte nahtlose Rohre eingebracht wurde. An der Vallourec SA hält die Mannesmannröhren-Werke AG 45%. Mannesmann Tubes zählt zu den größten Stahlrohrherstellern der Welt. Umsatz der gesamten Unternehmensgruppe 1998: 4.573 Mio. DM (Vorjahr: 6.738 Mio.); Beschäftigte 1998: 12.192 (Vorjahr: 15.333).

BETEILIGUNGEN. Mannesmann ist ein weltweit operierender multinationaler Konzern mit über 400 Unternehmen, Tochter- und Beteiligungsgesellschaften im In- und Ausland. In den Konzernabschluß 1998 wurden neben der Mannesmann AG 96 inländische und 161 ausländische Unternehmen einbezogen, bei denen die Mannesmann AG unmittelbar oder mittelbar die Mehrheit der Stimmrechte hält. Zu den wichtigsten Beteiligungen des Mannesmann-Konzerns gehören:

● Engineering: Brueninghaus Hydromatik GmbH, Elchingen (100%); Demag Delaval Turbomachinery Corporation, Trenton/USA (100%); Deutsche Star GmbH, Schweinfurt (100%); Indramat GmbH, Lohr (100%); Krauss-Maffei AG, München (100%); Krauss-Maffei Kunststofftechnik GmbH, München (100%); Mannesmann Demag AG, Duisburg (100%); Mannesmann Dematic AG, Wetter (100%); Mannesmann Dematic Rapistan Corporation, Grand Rapids/USA (100%); Mannesmann Rexroth GmbH, Lohr (100%); Netstal Maschinen AG, Näfels/Schweiz (89,9%); Mannesmann Rexroth Corporation, Bethlehem/USA (100%); Uchida Hydraulics Co. Ltd., Tokio/Japan (50,5%); Van Dorn Demag Corporation, Strongsville/USA (100%).

● Automotive: Fichtel & Sachs Industries, Inc., New York/USA (100%); Mannesmann Boge GmbH, Bonn (100%); Mannesmann Sachs AG, Schweinfurt (100%); Sachs Handel GmbH, Schweinfurt (100%); Mannesmann VDO AG, Frankfurt/Main (100%); VDO Car Communication Germany GmbH, Wetzlar (100%); Stabilus GmbH, Koblenz (100%); VDO Instrumentos SA, Barcelona/Spanien (100%).

● Telecommunications: Cegetel SA, Paris/Frankreich (15%); Infostrada SpA, Ivrea/Italien (100%); Mannesmann Arcor GmbH & Co., Frankfurt/Main (74,9%); Mannesmann Eurokom GmbH, Stuttgart (100%); Mannesmann Mobilfunk GmbH, Düsseldorf (65,2%); Omnitel Pronto Italia SpA, Mailand/Italien (55%).

● Tubes & Trading: DMV Stainless BV, Helmond/Niederlande (33,3%); Europipe GmbH, Ratingen (50%); Hüttenwerke Krupp Mannesmann GmbH, Duisburg (20%); Mannesmann Pipe & Steel Corporation, Houston/USA (100%); Mannesmann Pressfitting GmbH, Langenfeld (100%); Mannesmann SA, Belo Horizonte/Brasilien (76%); Mannesmannröhren-Werke AG, Mülheim/Ruhr (79% –Thyssen Krupp AG 21%); MHP Mannesmann Hoesch Präzisrohr GmbH, Hamm (100%); Vallourec & Mannesmann Tubes SA, Boulogne-Billancourt/ Frankreich (45%).

INNOVATION, AKQUISITION, STRUKTURWANDEL.

Mannesmann scheint seit Jahren alles richtig zu machen. Der Konzern hat in den 90er Jahren einen Strukturwandel vollzogen, der ihn als erfolgreichen Global Player ausweist und gleichzeitig in allen Unternehmensbereichen auf den heimischen Märkten Spitzenpositionen einnehmen läßt. Mannesmann beschwört dabei eine wertorientierte Unternehmensführung. Die Analysten schwärmen von der Mannesmann-Aktie wie von kaum einem anderen Papier. Mannesmann investiert bis zum Jahr 2002 19 Mrd. DM und gibt wie nie zuvor Geld für Forschung und Entwicklung aus. Allein 10 Mrd. DM sollen in die Telekommunikation fließen. Mannesmann scheint in seiner Aufwärtskurve nicht zu stoppen, wobei der alles dominierende Bereich die Telekommunikation mit D2, Arcor, Otelo und den jüngsten Auslandsbeteiligungen ist. Der Kauf von Otelo kostete 2,25 Mrd. DM, die Aufstockung zur Mehrheit an den von Olivetti übernommenen Mobilfunk- und Festnetzgesellschaften Omnitel und Infostrada 14,9 Mrd. DM. Dieser gigantische Kauf soll überwiegend durch Bankkredite finanziert werden, aber auch durch einfließendes Geld aufgrund von

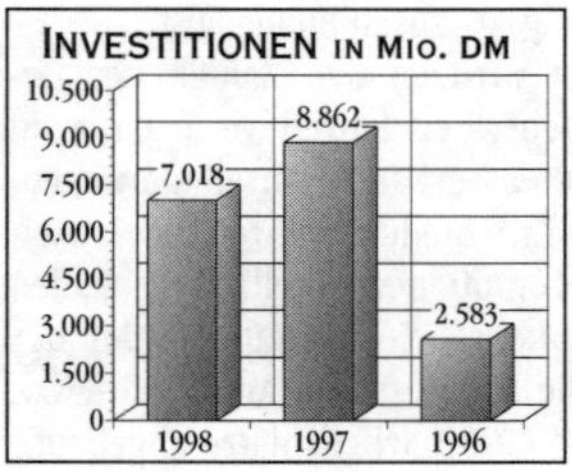

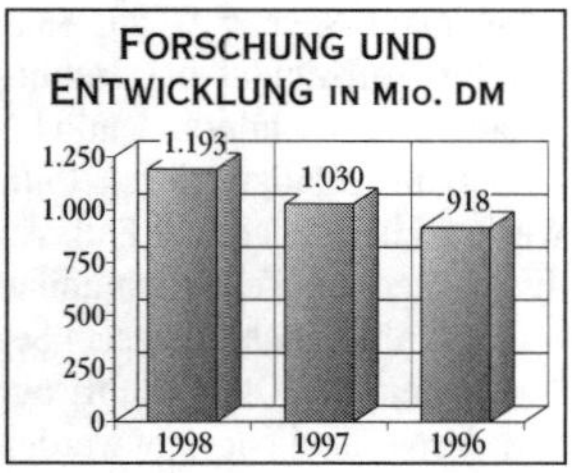

Kapitalerhöhungen. Olivetti trat die Omnitel- und Infostrada-Beteiligungen verabredungsgemäß an Mannesmann ab, um die Übernahme der Telecom Italia zu finanzieren. Nachdem in Deutschland, Italien, Spanien, Österreich und Frankreich wichtige Bastionen im Telekommunikationsbereich erobert werden konnten, will Mannesmann jetzt in Großbritannien, der Schweiz, Portugal, den Benelux-Ländern und in Osteuropa expansiv werden.

GLOBALE STRATEGIEN UND DER STANDORT DEUTSCHLAND.

Expansion bei Mannesmann weltweit in allen Unternehmensbereichen.

Umsatz 1998: *37.288,0 Mio. (davon im Ausland: 19.050,0 Mio.)*
Umsatz 1997: *39.096,0 Mio. (davon im Ausland: 21.815,0 Mio.)*
Umsatz 1996: *34.683,0 Mio. (davon im Ausland: 19.644,0 Mio.)*

Gewinn 1998: *1.232,0 Mio.*
Gewinn 1997: *610,0 Mio.*
Gewinn 1996: *603,0 Mio.*

Cash flow 1998: *3.745,0 Mio.*
Cash flow 1997: *2.903,0 Mio.*
Cash flow 1996: *2.816,0 Mio.*

Cash flow: *Der Cash flow wurde wiederum vollständig für die hohen Investitionen vrwendet.*

Steueraufkommen 1998: *1.543,0 Mio.*

Beschäftigte 1998: *116.247 (davon im Ausland: 43.821)*
Beschäftigte 1997: *120.859 (davon im Ausland: 41.290)*
Beschäftigte 1996: *119.709 (davon im Ausland: 41.701)*

Umsatz pro Mitarbeiter 1998: *320.765,– DM*
Umsatz pro Mitarbeiter 1997: *323.484,– DM*
Umsatz pro Mitarbeiter 1996: *289.728,– DM*

Löhne und Gehälter 1998: *7.575,0 Mio.*
Löhne und Gehälter 1997: *8.123,0 Mio.*
Durchschnittsgehalt 1998: *65.163,– DM*
Soziale Abgaben und Aufwendungen 1998: *2.018,0 Mio.*
Soziale Abgaben und Aufwendungen 1997: *2.017,0 Mio.*

Bezüge pro Vorstandsmitglied 1998: *1.854.170,– DM*
Tantiemen pro Aufsichtsrat 1998: *81.075,– DM*

Investitionen 1998: *7.018,0 Mio.*
Investitionen 1997: *8.862,0 Mio.*
Investitionen 1996: *2.583,0 Mio.*

Bis 2002 ist ein Investitionsprogramm von rund 19 Mrd. DM vorgesehen, das voll aus dem jeweiligen Cash flow finanziert werden soll. Nie zuvor wurde soviel Geld für Forschung und Entwicklung ausgegeben. Allein 10 Mrd. DM sollen in die Telekommunikation fließen. Bis zum Jahr 2004 wurden Kapitalbeschaffungsmaßnahmen bis zu 10 Mrd. DM gebilligt – durch Kapitalerhöhungen und durch die Ausgabe von Options- und Wandelanleihen.

Wo immer sich eine strategische Lücke auftut, wird das entsprechende Unternehmen akquiriert, werden neue Fertigungsbetriebe gegründet, das Vertriebs- und Servicenetz enger geknüpft. Produziert wird möglichst vor Ort für die entsprechenden Märkte oder die Nachbarländer. Die amerikanischen und asiatischen Mannesmann-Geschäfte verzeichnen die höchsten Zuwächse. Mit dem zunehmenden Engagement im Ausland einher geht die weitere Konzentration auf die Kerngeschäftsfelder Maschinen- und Anlagenbau, Automobiltechnik und Telekommunikation, verbunden mit einer rigorosen Portfoliobereinigung. (In diesem Zusammenhang wird mittelfristig sogar der Verkauf der gesamten Sparte Automotive mit VDO und Mannesmann Sachs nicht ausgeschlossen.)
Ein entscheidender Schritt zur Portfoliobereinigung war nach einer einschneidenden Krise Mitte der 90er Jahre und der damit verbundenen Umstrukturierung des Konzerns die Veräußerung der Unternehmensgruppe Hartmann & Braun, womit sich Mannesmann ganz aus dem Unternehmensbereich Elektrotechnik zurückgezogen hat. Das komplette Fahrradgeschäft von Hercules und Krauss-Maffei und die Gesellschaft Mannesmann Fahrzeugteile wurden verkauft. Mannesmann Sachs verkaufte seine traditionsreiche Motorradsparte und konzentriert sich ganz auf die Rolle des Autozulieferers. Die auf Drucker spezialisierte Mannesmann Tally GmbH wurde veräußert, womit der vormals bedeutende Unternehmensbereich Informationstechnologie aufgelöst wurde. Erst wurde der Kraus-Maffei-Konzern in die Mannesmann AG eingegliedert – zahlreiche Standorte wurden geschlossen, Geschäftsbereiche (Drucklufttechnik, Luftfahrttechnik, Antriebshydraulik, Energietechnik) aufgegeben, verkauft oder umgruppiert –, da wurden 1998 die Gruppen Mannesmann Demag und Krauss-Maffei zur neuen Mannesmann Demag Krauss-Maffei AG mit Sitz in München zusammengefaßt. Die Aktivitäten von Demag und Krauss-Maffei im Bereich Kunststoffmaschinen waren zuvor schon zur Mannesmann Plastics Machinery AG zusammengefaßt worden. Der Geschäftsbereich Metallurgie der Mannesmann Demag wurde Anfang 1999 mit der SMS Schloemann-Siemag AG zur SMS Demag AG zusammengefaßt.
Der Strukturwandel bei Mannesmann wird an den Zahlen der Beschäftigten besonders deutlich. In den 90er Jahren verloren rund 24.000 Beschäftigte durch Unternehmensverkäufe, Ausgliederungen, Werksschließungen und Entlassungen ihre Stellen, während gleichzeitig im Bereich Telekommunikation 10.000 neue Stellen geschaffen wurden. Aber auch in diesem Segment kehrt »Normalität« ein. Mit der Übernahme der Otelo GmbH durch die Mannesmann Arcor AG & Co. und deren Eingliederung werden rund 1.000 Arbeitsplätze abgebaut.

INNERBETRIEBLICHE BÜNDNISSE. In nahezu allen Unternehmensbereichen werden Arbeitszeitmodelle praktiziert. Rund ein Drittel der inländischen Beschäftigten bei Mannesmann arbeitet in flexiblen Arbeitszeitsystemen. 1998 wurden 820 Auszubildende neu eingestellt; insgesamt waren bei Mannesmann 2.800 Jugendliche in der Ausbildung. 90% der Auszubildenden werden nach ihrem Abschluß übernommen.

UMWELTSCHUTZ. Umweltschutz ist integrierter Bestandteil im Management des Mannesmann-Konzerns. Mehr als 100 Umweltbeauftragte und Koordinatoren sind im betrieblichen Umweltschutz tätig. Ein konzerneinheitliches Umwelthandbuch setzt den Rahmen des Umweltmanagementsystems. Mannesmann strebt für alle Betriebsstandorte eine Zertifizierung nach der EU-Öko-Audit-Verordnung an. Verbesserungen werden beim Immissionsschutz, der Altlastensanierung, der Abwasserbehandlung, dem Gefahrguttransport und beim Lärmschutz angestrebt.

FORSCHUNG, ENTWICKLUNG, INNOVATIONEN. In den vergangenen Jahren hat Mannesmann die Ausgaben für Forschung und Entwicklung kontinuierlich erhöht – in der Telekommunikation 1998 sogar um 70% –, was für das Selbstverständnis des Technologie-Konzerns spricht. In den Forschungs- und Entwicklungsabteilungen der Konzerngesellschaften arbeiteten 1998 rund 3.350 Wissenschaftler und Ingenieure, 1.350 Techniker und über 1.300 weitere Mitarbeiter an der Entwicklung neuer und der Verbesserung vorhandener Produkte und Verfahren. Forschung und Entwicklung sind bei Mannesmann grundsätzlich dezentral angesiedelt, überwiegend an deutschen Standorten, wo über 80% des Personals beschäftigt ist. Es gibt eine intensive Zusammenarbeit mit Hochschulen und Forschungsinstituten.

Forschung und Entwicklung 1998: *1.193,0 Mio.*
Forschung und Entwicklung 1997: *1.030,0 Mio.*
Forschung und Entwicklung 1996: *918,0 Mio.*

Mitbewerber: *ABB, Babcock Borsig, Benteler, Bosch, DaimlerChrysler, Continental, Deutsche Telekom, Deutz, Diehl, Klöckner Werke, Liebherr, Linde, MAN, Preussag, Röchling, Siemens, Thyssen Krupp, VEBA, VIAG, Voith, Zeiss*

Media-Markt/Saturn-Gruppe siehe Metro
Mercedes-Benz siehe DaimlerChrysler

MERCK

GESCHICHTE UND ENTWICKLUNG. Die Anfänge der Firma Merck reichen zurück bis in das 17. Jahrhundert und haben ihre Wurzeln in der Darmstädter Engel-Apotheke, die Friedrich Jacob Merck 1668 käuflich erwarb. Immer hatten die Mercks mit Pharmazie, den Naturwissenschaften und der Medizin zu tun. Generationen später – 1816 – übernahm Emanuel Merck die Engel-Apotheke. Emanuel hatte das Apothekerhandwerk von der Pike auf gelernt, aber neben dem »handwerklichen Umgang mit Apparaturen und Arzneisubstanzen« auch naturwissenschaftliche Studien betrieben. 1827 begann Merck zuerst im eigenen Apothekenlabor und dann darüber hinaus mit der Produktion und Fabrikation von Morphinen, nachdem kurz zuvor der alkalische Charakter von Opium erkannt worden war. Emanuel Merck gilt als Wegbereiter der industriellen Alkaloidherstellung in Deutschland. Erweiterung des Produktionsprogramms auf alle bekannten Alkaloide und sonstigen arzneilich verwendeten Pflanzenstoffe. 1895 Gründung der offenen Handelsgesellschaft Merck und Co. in New York, die später unabhängig von Merck wurde. Ausbau der Fabrikationsanlagen; zunehmendes Produktsortiment. Hinzu kamen Arzneispezialitäten wie Sera, Impfstoffe, Diagnostika. 1890 Erwerb der Trommsdorffschen Fabrik; Vertretungen in zahlreichen europäischen Ländern; größere Filialen gab es ab 1883 in London, ab 1887 in New York und ab 1899 in Moskau. Expansion des Unternehmens vor und im Ersten Weltkrieg; Interessengemeinschaft von Merck,

Standort:
Frankfurter Straße 250
64293 Darmstadt

Postanschrift:
64271 Darmstadt

Telefon: *(06151) 72-0*
Telefax: *(06151) 72-2000*
Internet: *www.merck.de*

Branche: *Chemische Industrie, Pharmazeutische Industrie, Laborprodukte*

Rechtsform: *KGaA*

Geschäftsjahr: *1.1.-31.12.*

Gründungsjahr: *1827*

Unternehmens-kommunikation:
Dr. Walter Th. Huber
Tel.: (06151) 72-2287
Fax: (06151) 72-6803
E-Mail: walter.huber@merck.de

Verbände: *Verband der Chemischen Industrie e.V., Frankfurt/Main; Verband forschender Arzneimittelhersteller e.V., Bonn*

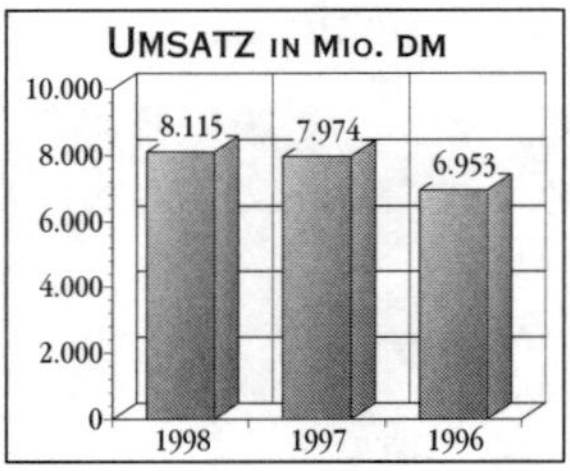

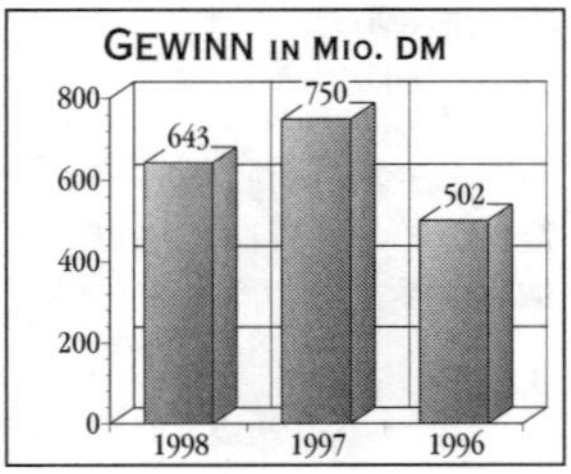

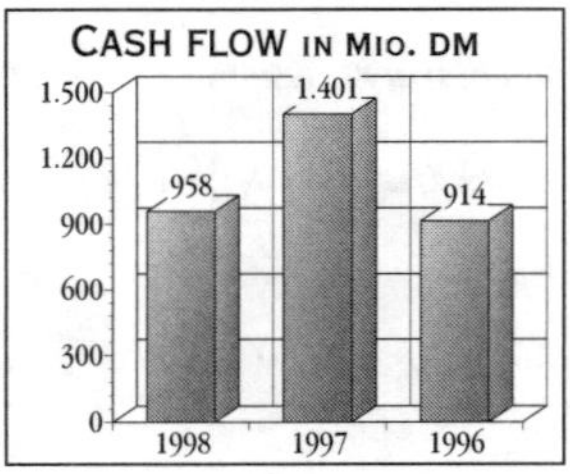

Boehringer, Knoll, Gehe und Riedel. 1906/07 große Umsätze durch Heereslieferungen, besonders von Schmerzmitteln. Reorganisation und rascher Wiederaufschwung nach dem Ersten Weltkrieg; neuerliche Kriegsproduktion von morphinähnlichen Schmerzmitteln während des Zweiten Weltkrieges. Ende 1944 Zerstörung der Darmstädter Fabrikanlagen. 1945 Erlaubnis zur Produktion pharmazeutischer Präparate. 1948 Beendigung der treuhänderischen Verwaltung; Rückgabe des Unternehmens und Vermögens an Karl, Fritz und Wilhelm Merck. 1949/50 Kauf der ehemaligen Zuckerfabrik Gernsheim am Rhein. Produktion u.a. von Schädlingsbekämpfungsmitteln (Jacutin). Rückerwerb der enteigneten oder beschlagnahmten mittel- und südamerikanischen Tochterunternehmen mit eigenen Abfüll- und Fabrikationsanlagen. In den USA waren die Merck-Geschäfte ganz auf die alte Merck u. Co., USA, übergegangen, die 1917 beschlagnahmt worden war. 1955 Regelung mit dem amerikanischen Unternehmen, daß in den USA und Kanada Merck u. Co., in der übrigen Welt Merck Darmstadt das alleinige Recht zur Führung des Namens »Merck« besaßen. Auf den jeweils entsprechenden Märkten firmieren die Mercks mit anderen Namen, die Darmstädter in den USA als »EM Industries« oder »EM Pharmaceuticals«, die Amerikaner in Europa als »MSD Sharp u. Dohme«. 1991 Erwerb von 52% des französischen Lipha-Konzerns. Weitere zahlreiche Großakquisitionen in den Bereichen Pharma und Laborfachhandel, u.a. der Erwerb von 50% an der italienischen Bracco-Gruppe. 1995 Aufstockung der Lipha-Beteiligung auf fast 100%. Übernahme von 51% der Amerpharm-Gruppe, die in Merck Generics Group umfirmiert wurde; 1996 Erhöhung auf 100%. 1995 Gründung der Merck KGaA und Gang an die Börse mit 26% des Kommanditkapitals.

BESITZVERHÄLTNISSE/EIGENTUMSSTRUKTUR.

- Familie Merck, Darmstadt (74%)
- freie Aktionäre (26%)

70% der plazierten 45 Mio. Aktien werden von institutionellen Investoren gehalten, davon 43% in Deutschland, 16% in den USA und 14% in Großbritannien.

Obergesellschaft der Merck-Gruppe war bis zur Gründung der Merck KGaA 1995 nach einer Umstrukturierung im Laufe des Jahres 1994 einzig die offene Handelsgesellschaft E. Merck, Darmstadt, die aber den Zusatz oHG nicht im Namen führt. Mit diesem Schritt wurde die seit 1983 bestehende zweite Obergesellschaft E. Merck Beteiligungen oHG aufgehoben. Alle Geschäfte wurden nun in der E. Merck zusammengeführt. Die Gesellschaftsverträge sahen neben der Gesellschafterversammlung und dem Gesellschafterrat einen Familienrat vor, den es bisher nicht gegeben hatte. Die etwa 90 Gesellschafter bzw. Inhaber des Unternehmens gehören dem Kreis der Familie Merck an und bilden die Gesellschafterversammlung. Wegen der Größe dieses Gremiums benennt die Gesellschafterversammlung einen aus elf Mitgliedern bestehenden Familienrat, der die Interessen der Gesellschafterversammlung wahrnimmt und koordiniert. Dieses Organ ist zuständig für alle grundsätzlichen und familienbezogenen Entscheidungen. Darüber hinaus wählt der Familienrat den Gesellschafterrat, der ähnliche Funktionen wie der Aufsichtsrat einer Aktiengesellschaft erfüllt. In ihn

dürfen auch familienfremde Personen entsandt werden. Der Gesellschafterrat besteht aus neun Personen. Ihm gehören neben fünf Mitgliedern des Familienrates vier externe Unternehmerpersönlichkeiten an. Der Gesellschafterrat bestellt die Geschäftsleitung, die die Kompetenz des Vorstandes einer Kommanditgesellschaft auf Aktien (KGaA) besitzt. Mitglieder der Geschäftsleitung, die nicht der Familie angehören, werden als persönlich haftend in den Kreis der Gesellschafter aufgenommen.
Während Merck Darmstadt für das gesamte Inlandsgeschäft zuständig ist, fungiert die Merck AG, Zug/Schweiz, als Führungs- und Finanzierungsgesellschaft für einen großen Teil der Auslandsunternehmen der Gruppe (nicht für die Lipha-Gruppe sowie die Gesellschaften in Frankreich und Großbritannien). Die Mehrheit ihrer Aktien hält die Merck u. Cie. KG in Altdorf/Schweiz, die wiederum zu 100% E. Merck, Darmstadt, gehört. Delegierter und Präsident des Verwaltungsrates ist Hans Joachim Langmann.
1995 erfolgte dann der Börsengang mit der Einführung von voll stimmberechtigten 5-DM-Stammaktien. Gleichzeitig wurden alle Fremdanteile an der Merck AG, Zug/Schweiz, zurückerworben. Die Merck KGaA gab die Aktien aus. Dadurch wurden dem Eigenkapital der Unternehmensgruppe Merck zwischen 2 und 2,5 Mrd. DM zugeführt. E. Merck ist an der Merck KGaA als Komplementär mit rund 74% des Gesamtkapitals beteiligt, so daß 26% von Aktionären gehalten werden. Die neuen Geldströme sollen der Stärkung der finanziellen Basis dienen; eine Auszahlung von Gesellschaftern ist nicht vorgesehen.

KONZERNÜBERBLICK. Die Merck-Gruppe ist in den drei Unternehmensbereichen Pharma, Labor und Spezialchemie tätig. Das Produktionsprogramm von Merck Darmstadt (Zusammenfassung von E. Merck und Merck KGaA) umfaßt Arzneimittel, Reagenzien, Laborgeräte, Industriechemikalien, Feinchemikalien, Flüssigkristalle und Pigmente. Das Sortiment von Merck enthält über 20.000 verschiedene chemische und pharmazeutische Produkte. Zu den wichtigsten inländischen Produktionsstätten zählen neben dem Stammhaus in Darmstadt auch Gernsheim und Hohenbrunn bei München. Hinzu kommen internationale Tochtergesellschaften und Beteiligungen in den wichtigsten Märkten der Welt. Der Schwerpunkt sämtlicher Aktivitäten liegt aber nach wie vor in Darmstadt mit Fabrikationsbetrieben, Forschungseinrichtungen, Produktkontrolle, Patent- und Lizenzwesen.
◆ Der Unternehmensbereich Pharma ist in den Geschäftsfeldern Verschreibungspflichtige Originalpräparate, Generika, Selbstmedikation, Kontrastmittel und Biomaterialien tätig. Das Zentrum der Medikamenten-Fabrikation liegt bei Merck Darmstadt. Die Merck Produkte-Vertriebsgesellschaft & Co. engagiert sich immer erfolgreicher im ansteigenden Selbstmedikationsgeschäft und hat beispielsweise mit ihren beiden Vitaminpräparaten »Cebion« und »Multibionta« große Umsatzerfolge. Merck bietet Medikamente und Konzepte u.a. auf den Gebieten Herz und Kreislauf, Zentralnervensystem, Krebs, Osteoporose, Stoffwechselerkrankungen, Alkoholkrankheit. Ein weiterer Pharmaproduzent der Merck-Gruppe ist die Allergopharma Joachim Ganzer KG auf dem Spezialgebiet der Hyposensibilisierungspräparate. Hinzu kommen u.a. die italienische Bracco-Gruppe und die französische Li-

Geschäftsleitung:
(zugleich persönlich haftende Gesellschafter):
- *Langmann, Hans Joachim, Prof. Dr. (Vorsitzender)*
- *Schröder, Harald J., Dr. (stellv. Vorsitzender)*
- *Hönn, Wolfgang*
- *Römer, Michael, Dr.*
- *Scheuble, Bernhard, Prof. Dr.*
- *Schreckenbach, Thomas, Prof. Dr.*
- *Sombroek, Jan, Dr.*

Bezüge der Geschäftsleitung 1998: *keine Angaben*

Gesellschafterrat E. Merck:
- *Baumhauer, Jon (Vorsitzender)*
- *Stangenberg-Haverkamp, Frank, Dr. (stellv. Vorsitzender)*
- *Clemm, Christoph, Prof. Dr.*
- *Hornef, Heinrich, Dr.*
- *Kraft, Karl-Heinrich*
- *Merck, Albrecht*
- *Oetker, Arend, Dr.*
- *Ziener, Gerhard, Dr.*
- *Zühlsdorff, Peter*

Aufsichtsrat Merck KGaA:
- *Hornef, Heinrich, Dr. (Vorsitzender)*
- *Baumhauer, Jon*
- *Clemm, Christoph, Prof. Dr.*
- *Oetker, Arend, Dr.*
- *Ziener, Gerhard, Dr.*
- *Zühlsdorff, Peter*

**Battisti, Flavio (stellv. Vorsitzender)*
**Brauer, Klaus*
**Fletterich, Michael*
**Kasper, Michael, Dr.*
**Niems, Brigitte*
**Schönhals, Hans*

Aufsichtsratstantiemen 1998: *513.000,– DM*

BÖRSE, AKTIEN, KURSE
Gesellschaftskapital 1998:
860,0 Mio.
Jahreshöchstkurs 1998:
84,90 DM (43,41 €)
Jahrestiefstkurs 1998:
55,10 DM (28,17 €)
Aktie Jahresende 1998:
75,00 DM (38,35 €)
Dividende pro Aktie 1998:
1,60 DM

Das Gesellschaftskapital setzt sich wie folgt zusammen: Kapitalanteil E. Merck: 635,0 Mio.; gezeichnetes Kapital Merck KGaA: 225,0 Mio. Die Aktie der Merck KGaA wird an den Wertpapierbörsen in Frankfurt/Main und Zürich gehandelt. Der Emissionskurs lag bei 54,– DM. Seit Anfang 1999 gelten nennwertlose Stückaktien.

Umsatz 1998: *8.114,9 Mio.*
Umsatz 1997: *7.974,4 Mio.*
Umsatz 1996: *6.952,6 Mio.*

Gewinn 1998: *643,2 Mio.*
Gewinn 1997: *750,0 Mio.*
Gewinn 1996: *502,1 Mio.*

Cash flow 1998: *958,0 Mio.*
Cash flow 1997: *1.401,0 Mio.*
Cash flow 1996: *914,0 Mio.*

Cash flow: *Die Investitionen, von denen wiederum ein großer Teil in die ausländischen Gesellschaften floß, wurden voll aus dem Cash flow gedeckt. 286 Mio. DM wurden am Stammsitz Merck Darmstadt investiert.*

Steueraufkommen 1998:
254,8 Mio.

pha-Gruppe. Die von Merck erworbene Generikafirma Alphapharm rangiert in Australien bei Generika auf Platz eins und im gesamten Pharmamarkt an vierter Stelle. Das Unternehmen produziert und vertreibt international generische Pharmazeutika und verfügt weltweit über mehr als 700 Zulassungen für etwa 150 Präparate. Spitzenpositionen im Bereich Generika nimmt Merck in Kanada, Großbritannien und Frankreich ein. 1998 wurde im Bereich Generika eine Beteiligung an der Pharmaceutical Resources Inc., New York/USA, zur verstärkten Präsenz im nordamerikanischen Markt erworben. Durch den Zukauf des französischen Lipha-Konzerns und anderer rangiert Merck im deutschen Pharmabereich an dritter Stelle, europaweit unter den ersten zehn. Über 80% ihres Pharma-Umsatzes erzielte die Merck-Gruppe außerhalb Deutschlands. Umsatz 1998: 4.676 Mio. DM (Vorjahr: 4.559 Mio.).

◆ Der Unternehmensbereich Labor gliedert sich in die beiden Sparten Laborreagenzien und Wissenschaftliche Laborprodukte mit den Geschäftsfeldern Umwelt- und Bioanalytik sowie Chromatographie. Im Laborfachhandel, der in erster Linie aus Handelsware von Dritten und nicht aus eigener Produktion besteht, ist Merck in Europa Marktführer. Der Auslandsanteil im Laborgeschäft beträgt 80%. In den letzten Jahren akquirierte Merck Dutzende bedeutender Laborhandelsfirmen weltweit. Die deutschen Laborhandelsfirmen, so auch die 1998 erworbenen Bender & Holbein sowie Fischer und Faust, sind in der Merck Labor und Chemie Vertrieb GmbH zusammengefaßt. Im Portfolio von Merck befindet sich mit dem amerikanischen Unternehmen VWR Scientific Products Corporation einer der führenden Anbieter von Laborgeräten und Laborchemikalien. Umsatz 1998: 1.889 Mio. DM (Vorjahr: 1.862 Mio.).

◆ Der Unternehmensbereich Spezialchemie umfaßt die vier Sparten CHN (Cosmetics, Health, Nutrition), Elektronikchemikalien, Flüssigkristalle sowie Pigmente – Technische Industrien. Die Sparte CHN entstand aus der Verschmelzung der Sparten Spezial- und Feinchemikalien mit den Kosmetikaktivitäten (Kosmetikpigmente und -wirkstoffe) der Merck-Gruppe. CHN besteht aus den Geschäftsfeldern Pharma- und Lebensmittelindustrie (Wirk- und Hilfsstoffe wie Ascorbinsäure, Vitamin- und Mineralsalzmischungen) sowie Kosmetikindustrie (dekorative Kosmetik, Sonnenschutz, Selbstbräunung und Hautpflege). Im Geschäftsfeld Elektronikchemikalien werden hochreine Prozeßchemikalien für zahlreiche Anwendungen in der Mikroelektronik vermarktet. Die wesentlichen Anwendungen der Flüssigkristalle sind hochauflösende Bildschirme für Computer, die Büroautomation, Fernsehgeräte und Navigationssysteme. Die Sparte Pigmente – Technische Industrien liefert Produkte für Farb- und Glanzeffekte an die Druck-, Keramik- und Lackindustrie sowie Materialien für Batterien und Wärmespeichersysteme. Die drei Hauptstandorte des Bereiches Chemie sind Deutschland, Japan und die USA. Umsatz 1998: 1.502 Mio. DM (Vorjahr: 1.504 Mio.). Drei Viertel des Umsatzes werden im Ausland getätigt.

BETEILIGUNGEN. Die Merck-Gruppe ist weltweit tätig. Sie umfaßt neben den deutschen Merck-Gesellschaften unter der Obergesellschaft der Merck KGaA (mit Werken in Darmstadt und Gernsheim sowie verschiedenen Tochtergesellschaften) und der Merck AG in Zug/

Schweiz als Holding- und Finanzierungsgesellschaft der meisten ausländischen Gesellschaften auch die Lipha-Gruppe mit Sitz in Lyon und deren Beteiligungen. Die Merck-Gruppe umfaßt weltweit über 230 Tochterunternehmen und Beteiligungen, 169 davon wurden 1998 in den Konzernabschluß einbezogen. Zu den wichtigsten Gesellschaften von Merck gehören:

● Merck KGaA, Darmstadt (100%); Merck Produkte Vertriebsges. & Co., Darmstadt (100%); Dr. Theodor Schuchardt & Co., Hohenbrunn/München (100%); Allergopharma Joachim Ganzer KG, Reinbek (96%); Bender & Hobein GmbH, München (100%); Lyonnaise Industrielle Pharmaceutique S.A. (Lipha S.A.), Lyon/Frankreich (99,8%); Merck & Cie. KG, Altdorf/Schweiz (100%); Merck Generika GmbH, Darmstadt (100%); Durachemie GmbH, Wolfratshausen (100%); Tolexa AG, Glarus/Schweiz (100%); Merck Japan Ltd., Tokio/Japan (100%).

● E. Merck und Merck KGaA halten direkt und über die Merck & Cie. fast 100% an der Merck AG, Zug/Schweiz, zu der u.a. die italienische Bracco-Gruppe, Mailand/Italien (50%), die Kanto Kagaku K.K., Tokio/Japan (30%), und die weltweit operierende Merck Generics Group B.V., Rotterdam/Niederlande (100% – vormals Amerpharm; Generika), gehören. VEL N.V., Löwen/Belgien (100%); Aigner GmbH Laborfachhandel, Wien/Österreich (100%); Merck GmbH, Wien/Österreich (100%); KEBO Lab, Spånga/Schweden (100% – führender skandinavischer Laborfachhändler); PolyLabo Paul Block et Cie., Straßburg/Frankreich (100%); VWR Scientific Products Corporation, West Chester, Pennsylvania/USA (49,89% – zweitgrößter amerikanischer Laborfachhändler); Amersham International plc, London/Großbritannien (100% – Laborprodukte); Merck Ltd., Poole/Großbritannien (100%); Merck Biomaterial France, Valence/Frankreich (100% – Biomaterial); Monot S.A., Dijon/Frankreich (100% – Selbstmedikation); Merck Farma y Química S.A., Mollet de Valles/Spanien (100%); Seven Seas Ltd., Marfleet Hull/Großbritannien (über 50% – Selbstmedikamention); Prolabo S.A., Fontenay-sous-Bois/Frankreich (100%); Dey Laboratories Inc., Napa/USA (100%); EM Industries Inc., Hawthorne/USA (100%); BioMer C.V., Zwijndrecht/Niederlande (50%); Merck S.A. Indústrias Químicas, Rio de Janeiro/Brasilien (100%).

GLOBALE STRATEGIEN UND DER STANDORT DEUTSCHLAND.

Die Merck-Gruppe betreibt ihr internationales Geschäft in den wichtigsten Märkten der Welt. In 48 Ländern ist Merck mit 171 Gesellschaften vertreten, an 63 Standorten in 25 Ländern wird produziert. Stärkste Wachstumsregionen der Merck-Gruppe sind der südostasiatische Raum, Nord- und Lateinamerika. 17% des Umsatzes werden mit Kunden in Deutschland erwirtschaftet. In den strategisch wichtigen Geschäftsfeldern werden ständig weitere Akquisitionen getätig, strategische Allianzen eingegangen, unrentable oder nicht zum Portfolio passende Unternehmen verkauft. Von »Mega-Fusionen« innerhalb der Pharmabranche wollen die Darmstädter nichts wissen, sie setzen lieber auf ihr bewährtes Konzept der weltweiten »intelligenten Allianzen«.

Zur Stärkung des Standortes Deutschland will Merck seine Entscheidung verstanden wissen, neue Kapazitäten für Hightech-Chemikalien

Beschäftigte 1998: *28.911*
Beschäftigte 1997: *28.949*
Beschäftigte 1996: *28.666*

Umsatz pro Mitarbeiter 1998: *280.686,– DM*
Umsatz pro Mitarbeiter 1997: *275.463,– DM*
Umsatz pro Mitarbeiter 1996: *242.538,– DM*

Löhne und Gehälter 1998: *1.897,5 Mio.*
Löhne und Gehälter 1997: *1.864,3 Mio.*
Durchschnittsgehalt 1998: *65.632,– DM*
Soziale Abgaben und Aufwendungen 1998: *501,4 Mio.*
Soziale Abgaben und Aufwendungen 1997: *517,1 Mio.*

INVESTITIONEN IN MIO. DM

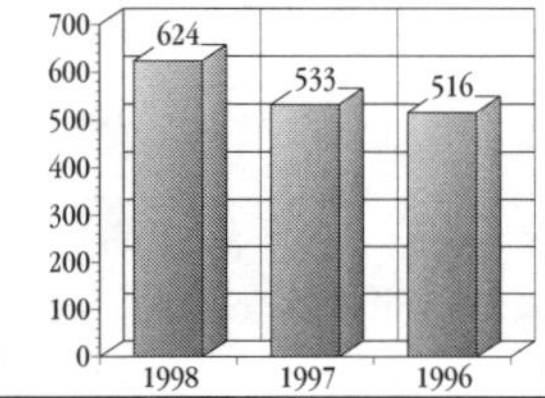

FORSCHUNG UND ENTWICKLUNG IN MIO. DM

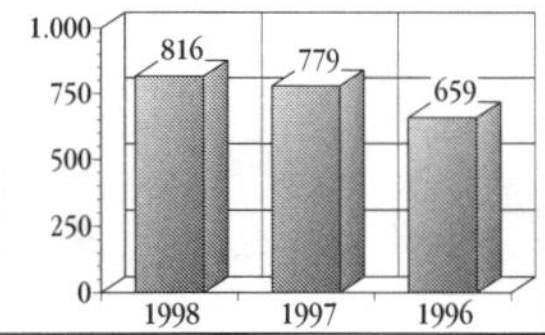

Investitionen 1998:
624,0 Mio.
Investitionen 1997:
533,0 Mio.
Investitionen 1996:
516,0 Mio.

Umweltschutz 1998:
153,0 Mio.
Umweltschutz 1997:
139,0 Mio.
Umweltschutz 1996:
162,0 Mio.

Forschung und Entwicklung 1998: *816,0 Mio.*
Forschung und Entwicklung 1997: *779,0 Mio.*
Forschung und Entwicklung 1996: *659,0 Mio.*

Mitbewerber: *BASF, Bayer, Boehringer Ingelheim, Degussa-Hüls, Dow Chemical, Du Pont, Hoechst, ICI, Imperial Chemical, Novartis, Roche, Sandoz, Schering, Solvay, Wacker*

und Pharmawirkstoffe im Stammwerk Darmstadt zu errichten – mit einem Investitionsvolumen von 200 Mio. DM die bislang größte Einzelinvestition bei Merck.

INNERBETRIEBLICHE BÜNDNISSE. Bei Merck gibt es ein Vergütungssystem für die gewerblichen Mitarbeiter. Im Zeitlohn oder im Leistungslohn werden auf Basis der Tarifentgelte verstärkt die betriebliche Leistung und Verantwortung der Beschäftigten differenziert bewertet und entlohnt. Die flexible Gestaltung der Arbeitszeiten wurde weiterentwickelt, die Jahresarbeitszeit in vier Pilotprojekten eingeführt und Gruppenarbeit installiert. Mit den Vertretern der Belegschaft wurden Rahmenregelungen für »neue Arbeitsformen« vereinbart. Ende 1998 waren bei Merck in Darmstadt 336 Jugendliche in der Ausbildung. Für 1998 erschien ein Sozial- und Personalbericht.

UMWELTSCHUTZ. Für die gesamte Merck-Gruppe gilt: Alle Produkte werden umweltschonend entwickelt, in sicheren Anlagen produziert, sicher gelagert und transportiert, sicher verwendet und entsorgt. Umweltschutz bei Merck gilt organisations- und standortbezogen, aber auch global für die gesamte Merck-Gruppe. Dem Standort Darmstadt wird dabei die Priorität zugemessen; er wird zentral überwacht. An allen größeren Standorten sollen Umweltschutzmanagement-Systeme aufgebaut werden. In den deutschen Werken wurden Programme in Angriff genommen zur Verbesserung des Gewässerschutzes, zur Luftreinhaltung, zur Lärmverminderung, Abfallreduzierung und -entsorgung, zur Ressourcenschonung, zum Recycling und zur Sicherheit. Besonders investiert wurde in die Abwasserreinigungsanlagen in den Werken Darmstadt und Gernsheim. Installiert wurde ein Immissionsmeßnetz um das Werk Darmstadt herum. Merck sucht vor allem am Standort Darmstadt den Dialog mit der Öffentlichkeit und garantiert im Fall von Störungen und Störfällen umfassende Informationen und Transparenz.

FORSCHUNG, ENTWICKLUNG, INNOVATIONEN.
Die Pharma-Forschung und -Entwicklung der Merck-Gruppe ist auf die einzelnen großen Gesellschaften verteilt. Die Schwerpunkte bei Merck Darmstadt liegen auf den Gebieten Herz-Kreislauf, Zentrales Nervensystem und Immunologie/Onkologie. Lipha konzentriert sich auf Stoffwechselstörungen und Alkoholkrankheit. Die Bracco-Gruppe arbeitet an neuen bildgebenden Verfahren und Kontrastmitteln, insbesondere für Röntgen-, Kernspinresonanz- und Ultraschalluntersuchungen. Hinzu kommen spartenübergreifende Forschungsarbeiten zur Entwicklung neuer Produkte. Besonders forciert wird der Eintritt in die Genomforschung. 1998 wurden für Forschung und Entwicklung 816 Mio. DM ausgegeben. Im Bereich Forschung und Entwicklung arbeiteten 1998 weltweit 2.780 Mitarbeiter, davon rund 1.500 oder 54% in Deutschland. Am wichtigsten Forschungsstandort der Gruppe in Darmstadt wurden 1998 443 Mio. DM ausgegeben. 82% der Ausgaben für Forschung und Entwicklung entfielen auf den Bereich Pharma.

Messer Griesheim siehe Hoechst

METALLGESELLSCHAFT

GESCHICHTE UND ENTWICKLUNG. Nach ihrer Gründung als Aktiengesellschaft zur Weiterführung eines traditionsreichen Frankfurter Metallhandelsunternehmens im Jahr 1881 nahm die Metallgesellschaft eine atemberaubende Entwicklung. Sie partizipierte voll an den »Gründerjahren«, der schnellen allgemeinen industriellen Entwicklung und der Entwicklung der elektrotechnischen Industrie. Die explosionsartige Steigerung des weltweiten NE-Metallbedarfs führte zur Aufsuchung und Erschließung mächtiger Erzvorräte in Übersee und zur Gründung von Hütten- und Verarbeitungsbetrieben.
Bereits nach wenigen Jahren beherrschten der junge Wilhelm Merton, Mitinhaber des angesehenen und prosperierenden Metallhandelshauses »Philip Abraham Cohen« (aus dem später die MG hervorging), und seine jungen Freunde ein weltumspannendes Unternehmen, das wirtschaftlich zu den erfolgreichsten der »Gründerjahre« zählte und von Lenin als Demonstrationsobjekt monopolkapitalistischer Strukturen herangezogen wurde. Der Nationalökonom Robert Liefmann 1913: »Der Frankfurter Metallhandel, zu dem übrigens noch einige andere Firmen von erheblicher Bedeutung gehören, umfaßt also mit seinen Unternehmungen, namentlich denen des Merton-Konzerns, tatsächlich die ganze Welt.«
Merton, damals 33jährig, hatte wohl vom Moment der Gründung der Metallgesellschaft einen Großkonzern im Visier, denn die explosionsartige Steigerung des weltweiten Metallbedarfs bei gleichzeitiger Erschließung mächtiger Erzvorräte in Übersee versprach ein gigantisches Geschäft. Merton stieg in Grubenbeteiligungen ein, gründete Handelsvertretungen und forcierte verschiedene Produktions- und Verfahrenstechniken. Der Einkauf von Rohstoffen erfolgte durch die Zentrale, die Erzeugung von Metallen in eigenen oder angeschlossenen Hütten und ihr Weiterverkauf durch Handelsorganisationen, die gleichzeitig metallurgische Erfahrungen anboten.
1887 kam es zur Gründung der American Metal Company, der Vorgängerin der heutigen AMAX. Es begann eine weltweite Expansion durch die Entwicklung bahnbrechender Verfahren auf metallurgischem Gebiet. 1897 kam es zur Gründung der Metallurgischen Gesellschaft (Lurgi) mit dem Ziel der Konzentration der Bergbau- und Hüttenaktivitäten des Konzerns. 1906 wurde die Berg- und Metallbank gegründet. Zu Beginn des Ersten Weltkrieges war die Metallgesellschaft mit 140 Gesellschaften im In- und Ausland das beherrschende Unternehmen auf dem weltweiten NE-Metallmarkt. Nach Kriegsende 1918 wurde das Auslandsvermögen enteignet. 1920 fusionierten die Berg- und Metallbank und die Metallurgische Gesellschaft zur Metallbank und Metallurgischen Gesellschaft AG. 1928 kam es dann zur Verschmelzung der Metallbank und Metallurgischen Gesellschaft AG auf die Metallgesellschaft AG.
Während der Nazi-Herrschaft wurde das Unternehmen arisiert; die Nazis besetzten in der Metallgesellschaft Schlüsselpositionen und bauten den Konzern für ihre Rüstungs- und Kriegsziele um. Verschiedene Mitglieder des Vorstandes und des Aufsichtsrates der Metallgesellschaft – unter ihnen die Söhne des Firmengründers, Alfred und Ri-

Standort:
Bockenheimer Landstr. 73-77
60325 Frankfurt/Main

Postanschrift:
60271 Frankfurt/Main

Telefon: *(069) 71199-0*
Telefax: *(069) 71199-100*
Internet: *www.mg-ag.de*

Branche: *NE-Metallhandel, Chemiehandel, Recycling, Kunststoffe, Sprengmittel, Hochleistungskeramik, Spezialitätenchemie, Pigmentchemie, Bautechnik*

Rechtsform:
Aktiengesellschaft

Geschäftsjahr: *1.10.-30.9.*

Gründungsjahr: *1881*

Öffentlichkeitsarbeit:
Dr. Norbert Jaeger
Tel.: (069) 71199-241
Fax: (069) 71199-112
E-Mail: nobert.jaeger@metallgesellschaft.com
Dr. Susanne Nicolette Strauss
Tel.: (069) 71199-242
Fax: (069) 71199-113
E-Mail: nicolette.strauss@metallgesellschaft.com

Verbände: *Alle Konzernbereiche und die einzelnen Unternehmen sind in ihren spezifischen Fachverbänden organisiert.*

Vorstand:
- *Neukirchen, Karl Josef, Dr. (Vorsitzender)*
- *Hornung, Karlheinz*
- *Rieger, Harald, Dr.*

Vorstandsbezüge 1997/98:
8.100.000,– DM

Aufsichtsrat:
- *Werner, Helmut (Vorsitzender; Vorsitzender des Aufsichtsrates der EXPO 2000 Hannover GmbH), Hannover*
- *Al-Sabah, Khaled (Government of Kuwait; Kuwait Investment Office), London/Großbritannien*
- *Baumann, Karl-Hermann, Dr. (Vorsitzender des Aufsichtsrates der Siemens AG), München*
- *Breipohl, Diethart, Dr. (Mitglied des Vorstandes der Allianz AG), München*
- *Funk, Joachim, Dr. (Vorsitzender des Vorstandes der Mannesmann AG), Düsseldorf*
- *Krumnow, Jürgen, Dr. (Mitglied des Vorstandes der Deutsche Bank AG), Frankfurt/Main*
- *Kuhnt, Dietmar, Dr. (Vorsitzender des Vorstandes der RWE AG), Essen*
- *Mische, Justus (ehem. Mitglied des Vorstandes der Hoechst AG), Frankfurt/Main*
- *Walter, Bernhard (Sprecher des Vorstandes der Dresdner Bank AG), Frankfurt/Main*
- *Zinn, Eberhard, Dr. (Mitglied des Vorstandes der Bayerische Landesbank Girozentrale), München*

**Siegers, Reinhold (stellv. Vorsitzender)*
**Döss, Manfred, Dr.*
**Fahlbusch, Detlef*
**Hoffmann, Rainer*
**Kopke, Manfred*
**Kostede, Bernd*
**Kümmel, Rolf*
**Miller, Heinz Joachim*
**Pulfrich, Hartmut*
**Seitenzahl, Rolf, Dr.*

chard Merton – mußten emigrieren. Nach dem Zweiten Weltkrieg begann der Wiederaufbau der Metallgesellschaft zur Versorgung der deutschen Wirtschaft mit NE-Metallen und technischem Know-how. Durch Großakquisitionen und Gründungen zahlreicher Tochtergesellschaften wuchs die Metallgesellschaft schnell wieder zum weltumspannenden Konzern, expandierte auf allen Märkten der Welt.
1993 geriet die Metallgesellschaft durch exzessive Ölgeschäfte ihrer US-amerikanischen Tochtergesellschaft MG Corp. in eine existenzbedrohende Krise, aus der sie in völlig neuer Form hervorging. Nach zahlreichen Unternehmensverkäufen und der grundsätzlichen Neuausrichtung von einem Bergbau- und Rohstoffunternehmen hin zu einem innovativen Handels-, Dienstleistungs- und Technologiekonzern faßte die Metallgesellschaft wieder Tritt. 1997 wurden die Chemag AG und die Klöckner Chemiehandel GmbH erworben, 1998 der US-Lithiumspezialist Cyprus Foote. Im gleichen Jahr gab es eine groß angelegte Imagekampagne mit der Umstellung des Logos auf »mg«. 1999 kam es zur ersten spektakulären Großakquisition der neuen mg: der des Bochumer GEA-Konzerns.

BESITZVERHÄLTNISSE/EIGENTUMSSTRUKTUR.

- Dresdner Bank AG, Frankfurt/Main (11,8%)
- Deutsche Bank AG, Frankfurt/Main (11,3%)
- Kuwait Investment Authority, London/Großbritannien (10,6%)
- Dr. Otto Happel (9,9%)
- Allianz AG, München (3,5%)
- DaimlerChrysler AG, Stuttgart (2,2%)
- Rest Streubesitz bei rund 50.000 Anlegern (davon halten institutionelle Investoren und Fonds aus dem In- und Ausland mehr als 30% der Aktien)

KONZERNÜBERBLICK/BETEILIGUNGEN. Kaum ein deutscher Konzern wurde in den vergangenen Jahren so häufig und tiefgreifend umstrukturiert und umgebaut wie die Metallgesellschaft AG. Die 1989 euphorisch gefeierte neue Konzernstruktur, die für den Rest des Jahrhunderts Bestand haben sollte, wurde durch den Beinahe-Zusammenbruch des Konzerns 1993 hinfällig. Das anschließende grundlegende Umstrukturierungskonzept für die Metallgesellschaft – mit einem neuen Vorstand im Rahmen einer jetzt strategischen Management-Holding in Angriff genommen – konnte 1995 abgeschlossen werden. Die Metallgesellschaft AG (mg) wurde zu einem global operierenden Handels-, Dienstleistungs- und Technologiekonzern umgebaut mit den vier Teilkonzernen Anlagenbau (mg engineering mit der Lurgi AG), Chemie (mg chemie mit der Dynamit Nobel AG), Handel (mg trade services mit der mg trade services ag) und Gebäudetechnik (mg building systems mit der MG Bautechnik GmbH). (Der traditionelle Schwerpunkt Finanzdienstleistungen wurde mit dem Verkauf der Metallbank GmbH an die Schmidt-Bank KGaA, Hof, aufgegeben.) 1999 folgte dann ein erneuter einschneidender Umbau, entscheidend bedingt durch die Großakquisition des Anlagenbauers GEA AG. Die Gesellschaften des Metallhandels der mg trade services sollen an der Londoner Börse plaziert werden, der gesamte Teilkonzern mg building sytems veräußert und die Ceram Tec AG bis zu 49% an die deutsche Börse gebracht werden. Die Metallgesellschaft versteht sich jetzt

mg alt (bis 1999)

mg engeneering	mg chemie	mg building systems	mg trade services
↓	↓	↓	↓

20 Operative Gesellschaften

↓

47 Strategische Geschäftseinheiten (SGE)

mg engeneering	mg chemie	mg building systems	mg trade services
– Metallurgie – Oel.Gas.Chemie – Umwelt und Entsorgung – Energie und Kraftwerkstechnik – Polymere und Synthesefasern – Service	– Sprengmittel, Life Science – Kunststoffe – Hochleistungskeramik – Spezialitätenchemie – Pigmentchemie	– Technische Gebäudeausrüstung und Facility Management – Architektur, Planung, Management – Bauzink	– NE-Metalle: Handel und Dienstleistungen – Brokerage & Warehousing – Chemikalien: Handel und Dienstleistungen

mg neu (ab 1999)

mg engeneering		mg chemie	
↓	↓	↓	↓
Lurgi	**GEA**	**Dynamit Nobel**	**chemag**
– Metallurgie – Umwelt/Entsorgung – Oel.Gas.Chemie/ Life Science – Polymere/Fasern – Kraftwerke/Energie – Service	– Wärmetechnik – Energietechnik – Lufttechnik – Kältetechnik – Flüssigkeitsverarbeitung – Trocknungstechnik – Spezialprodukte – Mechan. Trenntechnik – Landtechnik	– Sprengmittel/Pharma – Kunststoffe – Hochleistungskeramik (gepl.: 49% Börse) – Spezialitätenchemie – Pigmentchemie	– Handel – Distribution

als klar fokussierter Engineering- und Chemiekonzern in den Kernbereichen mg engineering (Anlagenbau) und mg chemie (Chemie).

◆ mg engineering: Dieser Kernbereich wird durch die Lurgi AG, Frankfurt/Main (100%), und die GEA AG, Bochum (74,85% der Stammaktien) repräsentiert, die beide als Holdinggesellschaften über ihre jeweils operativen Bereiche und Gesellschaften fungieren.

● Lurgi AG: Innerhalb des Teilkonzerns Lurgi AG operieren sechs Gesellschaften mit eigener unternehmerischer Verantwortung: Lurgi Metallurgie GmbH (international bedeutender Anbieter für die metallerzeugende Industrie; Eisen- und Nichteisenmetallurgie), Lurgi Umwelt GmbH (Abgas- und Abwasserbehandlung, Kohleveredelung und thermische Abfallbehandlung), Lurgi Oel, Gas, Chemie GmbH (Ölraffination, Chemie, Gas- und Synthesetechnik; Neubau der Raffinerie in Leuna), Lurgi Zimmer AG (Bau von Polyesteranlagen, umweltgerechte

Aufsichtsratstantiemen 1997/98: *700.000,– DM*

BÖRSE, AKTIEN, KURSE
Grundkapital 1998:
670,9 Mio.
Jahreshöchstkurs 1998:
43,40 DM (22,19 €)
Jahrestiefstkurs 1998:
26,70 DM (13,65 €)
Aktie Jahresende 1998:
27,90 DM (14,27 €)
Dividende pro Aktie 1997/98: *0,40 DM*

Die einzelne Aktie hat einen Nennwert von 5,– DM. Das Grundkapital wurde auf nennwertlose Stückaktien umgestellt.

Acryl- und Cellulosefasertechnologie, Polymer- und Synthesefaserherstellung), Lurgi Lentjes AG (Energie- und Kraftwerkstechnik einschließlich dazugehöriger Umweltanlagen und Stahlbau) sowie Lurgi Lentjes Service GmbH (Modernisierung/Nachrüstung, Montage, Wartung, Instandhaltung). Umsatz 1997/98: 4.870 Mio. DM (Vorjahr: 3.920 Mio.); Beschäftigte 1997/98: 7.042 (Vorjahr: 6.784).

● GEA AG: Die international operierende GEA AG ist ein Produzent technisch anspruchsvoller Spezialmaschinen, Komponenten, Systeme und Prozeßanlagen. Nach einer gründlichen Umstrukturierung gliedert sich das Unternehmen in die beiden Geschäftsfelder Process Engineering und Thermal Engineering. Das Geschäftsfeld Process Engineering besteht aus den Geschäftsbereichen Kältetechnik, Flüssigkeitsverarbeitung, Trocknungstechnik, Spezialprodukte, Mechanische Trenntechnik und Landtechnik. Kunden sind die Getränkeindustrie, die Milchwirtschaft, die chemische Industrie sowie die pharmazeutische und kosmetische Industrie. Durch die Akquisition des US-Landtechnikherstellers Babson Bros. Co. 1999 rückte GEA im weltweit größten Melktechnikmarkt Amerika auf den zweiten Platz. Das Geschäftsfeld Thermal Engineering besteht aus den drei Geschäftsbereichen Wärmetechnik, Energietechnik und Lufttechnik. Kunden sind die chemische und petrochemische Industrie, die Grundstoffindustrie, der Kraftwerksbau, die Müllverbrennung, die Stahlindustrie, der Maschinenbau und die Bauindustrie. In 80% der von GEA besetzten Märkte nimmt das Unternehmen die Positionen eins oder zwei ein. Die GEA AG selbst fungiert als strategische Management-Holding. Umsatz 1998: 4.751 Mio. DM (Vorjahr: 4.747 Mio.); Beschäftigte 1998: 16.460 (Vorjahr: 16.747).

◆ mg chemie: Dieser Kernbereich wird durch die Dynamit Nobel AG und die Chemag AG repräsentiert, die beide als Holdinggesellschaften für ihre Bereiche agieren.

● Dynamit Nobel AG: Alle Chemieaktivitäten der mg sind unter dem Dach der Dynamit Nobel AG vereinigt. Der Teilkonzern ist in den fünf Geschäftsfeldern Sprengmittel, Kunststoffe, Hochleistungskeramik, Spezialitätenchemie und Pigmentchemie tätig. Die Dynamit Nobel AG, Troisdorf, fungiert als Holding der fünf eigenständigen operativen Tochtergesellschaften: Dynamit Nobel GmbH Explosivstoff- und Systemtechnik (industrielle Spreng- und Anzündsysteme, Wehrtechnik, Jagd- und Sportmunition, Spezialchemie), Dynamit Nobel Kunststoff GmbH (Systemtechnik, Verbundwerkstoffe), Ceram Tec AG Innovative Ceramic Engineering (Strukturkeramik, Funktionskeramik – das Unternehmen wird zu 49% an die Börse gebracht), Chemetall GmbH (Feinchemie, Polymer-Additive, Polymer-Compounds, Oberflächentechnik), Sachtleben Chemie GmbH (Pigmente und Füllstoffe, Funktions-Anatase, Wasserchemie). Umsatz 1997/98: 4.482 Mio. DM (Vorjahr: 4.100 Mio.); Beschäftigte 1997/98: 16.028 (Vorjahr: 15.731).

● Chemag AG: Die chemiebezogenen Aktivitäten der mg trade services (Chemag, Safic-Alcan) wurden jetzt in der Sparte Chemie angesiedelt. Zu den Aktivitäten gehören: Handel, Distribution und Umarbeitung von Chemie-Rohstoffen, Chemikalien und Kunststoffen. Zu diesem Bereich gehört auch die MG Chemiehandel GmbH. Die Sparte Natural Products & Specialities wird durch die französische Safic-Alcan repräsentiert.

Die MG akquriert den GEA-Konzern. Die Metallgesellschaft wartete 1999 mit einer spektakulären Großakquisitionen auf. Sie übernahm 74,85% der Stammaktien des Bochumer Anlagenbauers GEA AG. Das börsennotierte Unternehmen, das sich im Mehrheitsbesitz der Gründerfamilie Happel befand, wird vorerst im Rahmen eines Gewinnabführungs- und Beherrschungsvertrages geführt. Otto Happel, der bisherige Aufsichtsratsvorsitzende der GEA AG, übernahm einen Anteil an der Metallgesellschaft AG und wurde deren größter privater Einzelaktionär. Mittelfristig ist die Verschmelzung der GEA AG auf die Metallgesellschaft AG geplant. Gleich nach der Übernahme plazierte der mg-Vorstand seinen ehemaligen Finanzvorstand Ulrich Wöhr als neuen GEA-Chef.

Die 1920 als »Gesellschaft für Entstaubungs-Anlagen mbH« (GEA) in Bochum gegründete GEA – die bahnbrechende Erfindung war die Idee, Luft statt Wasser als Kühlung, z.B. in der chemischen und petrochemischen Prozeßkühlung, einzusetzen – ist heute eine weltweit operierende Technologie-Gruppe in der Entwicklung, Herstellung und dem Vertrieb von Komponenten, Systemen und schlüsselfertigen Anlagen, insbesondere auf den Gebieten Prozeßtechnik, Wärme- und Energietechnik, Lufttechnik sowie Landtechnik. Nach einer strukturellen Neuausrichtung 1998, die möglicherweise schon vor dem Hintergrund des Verkaufes der Gruppe umgesetzt wurde, gliedert sich der Konzern heute in die Geschäftsfelder Process Engineering und Thermal Engineering.

Die GEA-Gruppe mit rund 170 operativen Gesellschaften wird mit klaren Zielvorgaben dezentral geführt, ähnlich wie auch die Metallgesellschaft. Die GEA-Gruppe, die in den vergangenen Jahren zusehends international ausgerichtet wurde und einen Schwerpunkt in den USA setzt, kam 1998 auf einen Umsatz von 4,8 Mrd. DM (davon im Ausland 80%) mit 16.500 Beschäftigten.

Globale Strategien und der Standort Deutschland. Nachdem Mitte der 90er Jahre die Metallgesellschaft kompromißlos zerlegt und in großen Teilen verkauft worden ist, setzt der Konzern nun zu neuer Expansion an. Ziel des offensiven Vorstandsvorsitzenden Kajo Neukirchen ist es, möglichst schnell wieder in den DAX aufzusteigen, den man in Folge der Beinahe-Pleite hatte verlassen müssen. Vor diesem Hintergrund ist auch die spektakuläre Großakquisition der GEA AG zu sehen, ebenso der neuerliche Konzernumbau mit der Aufteilung in die Kerngebiete mg engineering und mg chemie mit nunmehr vier Teilkonzernen. Die nicht zur Chemie zählenden Bereiche der mg trade services, wie der traditionelle Metallhandel, und der mg-Teilkonzern Gebäudetechnik werden veräußert. Auf dieser neuen Basis will der mg-Konzern global agieren und nicht zuletzt durch weitere strategische Akquisitionen zur Verstärkung der Kernkompetenzen wieder zu den deutschen Spitzenwerten zählen. Durch den Erwerb des Bochumer Anlagespezialisten GEA AG wird die Metallgesellschaft hinter dem ABB-Konzern der zweitgrößte Anlagenbauer Europas. Nach abgeschlos-

Umsatz 1997/98:
21.371,4 Mio.
(Auslandsanteil: 76%)
Umsatz 1996/97:
18.166,5 Mio.
(Auslandsanteil: 69%)
Umsatz 1995/96:
15.825,3 Mio.
(Auslandsanteil: 70%)

Gewinn 1997/98: *302,7 Mio.*
Gewinn 1996/97: *235,6 Mio.*
Gewinn 1995/96: *220,3 Mio.*
(Verlust 1993/94: -626,8 Mio.)
(Verlust 1992/93: -1.969,0 Mio.)

Cash flow 1997/98:
637,4 Mio.
Cash flow 1996/97:
496,0 Mio.
Cash flow 1995/96:
552,0 Mio.

Cash flow: *Der Cash flow wurde zur weiteren Verminderung der Verbindlichkeiten gegenüber Kreditinstituten und für Investitionen verwendet.*

Steueraufkommen 1997/98:
77,8 Mio.

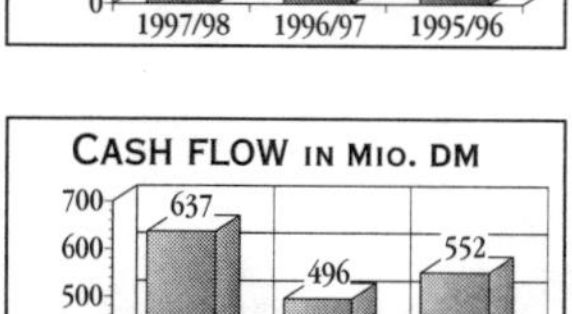

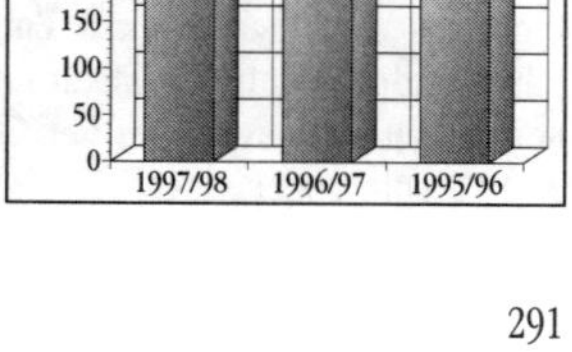

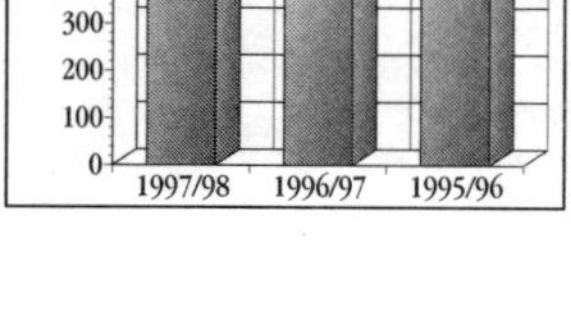

Beschäftigte 1997/98:
26.188
Beschäftigte 1996/97:
24.964
Beschäftigte 1995/96:
23.258
(Beschäftigte 1992/93: 43.292)
(Beschäftigte 1991/92: 62.547)

Umsatz pro Mitarbeiter 1997/98: *816.076,– DM*
Umsatz pro Mitarbeiter 1996/97: *727.708,– DM*
Umsatz pro Mitarbeiter 1995/96: *680.424,– DM*

Löhne und Gehälter 1997/98: *2.068,1 Mio.*
Löhne und Gehälter 1996/97: *1.920,0 Mio.*
Durchschnittsgehalt 1997/98: *78.971,– DM*
Soziale Abgaben und Aufwendungen 1997/98:
446,9 Mio.
Soziale Abgaben und Aufwendungen 1996/97:
426,5 Mio.

Bezüge pro Vorstandsmitglied 1997/98:
2.700.000,– DM
Tantiemen pro Aufsichtsrat 1997/98: *35.000,– DM*

sener Integration der GEA in den mg-Konzern will die Metallgesellschaft an die New Yorker Börse gehen.
Selten hatte ein Konzern am Standort Deutschland so radikal aufgeräumt und umgebaut wie die Metallgesellschaft nach ihrem tiefen Fall. Der Konzern wurde zerlegt, ganze Konzernteile zur Schuldentilgung veräußert, darunter ehemalige Traditionsbereiche wie der Bergbau, die Lehnkering Montan Transport AG und die Kolbenschmidt AG mit über 10.000 Beschäftigten. Verkauft wurden die Rheinische Zinkgesellschaft GmbH (einschließlich der darin enthaltenen Bleihütten), die Korf GmbH, die Beteiligung an der Grillo-Werke AG, die B.U.S Berzelius Umwelt-Service AG, die Metallbank GmbH und sogar das Gelände der Metallgesellschaft am Frankfurter Reuterweg. Abgestoßen wurden auch die MG-Engagements in Kanada, Metall Mining Corp. und Methanex Corp. Die MG-Ertragsperle Buderus AG (79,9%) wurde an die Börse gebracht. Die Bankschulden konnten von knapp 10 Mrd. DM auf unter 1 Mrd. DM reduziert werden. Die Zahl der Beteiligungen der Metallgesellschaft sank innerhalb des Geschäftsjahres 1993/94 von 780 auf 460. Ende 1996 waren es sogar nur noch 150. Der Konzernumsatz sank auf unter 16 Mrd. DM. Die Beschäftigtenzahl wurde zwischenzeitlich von 62.000 auf 23.000 reduziert.1998/99 gehörten wieder rund 300 Gesellschaften zum Portfolio der Metallgesellschaft, nach der Akquisition der GEA AG über 500.

INNERBETRIEBLICHE BÜNDNISSE. In allen Teilkonzernen werden flexible Arbeitszeitmodelle angeboten und durchgeführt: Gleitzeitarbeit, Teilzeitarbeit, Jahresarbeitszeitmodelle und Altersteilzeit. Zur stärkeren Identifizierung mit dem Unternehmen wurde ein konzernweites erfolgs- und leistungsorientiertes Vergütungssystem konzipiert. Das neue Konzept »fordert und fördert« eigenverantwortliches, unternehmerisches Handeln. Titel wurden abgeschafft, die Hierarchie verflacht, Funktion und Leistung in den Vordergrund gestellt. Das Vergütungssystem besteht aus Festgehalt und Bonus. In jährlichen Zielvereinbarungen sollen die Beschäftigten mit ihren Vorgesetzten die Leistungspotentiale abstimmen. Die Pläne (Leistungsziele) für das jeweilige nächste Geschäftsjahr werden schriftlich fixiert. 1998 waren in Unternehmen der Metallgesellschaft 700 Jugendliche in der Ausbildung.

UMWELTSCHUTZ. Ein zentrales MG-Umweltmanagement gibt es ebensowenig wie einen Umweltschutzbericht des Metallgesellschaft-Konzerns bzw. der operativen Teilkonzerne mit Ausnahme der GEA AG. Es gibt auch keine Angaben über Umweltschutz-Investitionen bzw. laufende Kosten. Umweltdienstleistungen sind in der Metallgesellschaft zu einem zentralen Arbeitsgebiet ausgebaut worden, die in erster Linie von der Lurgi AG wahrgenommen werden.

FORSCHUNG, ENTWICKLUNG, INNOVATIONEN.
Marktorientierte Forschung und Entwicklung sollen einen Kompetenzvorsprung und damit verbundene Wettbewerbsvorteile sichern. In den Kernbereichen mg engineering und mg chemie wird ein Drittel des Umsatzes erwirtschaftet mit Entwicklungen, die nicht älter als fünf Jahre sind. Neuentwicklungen und Produktoptimierungen nehmen einen hohen Stellenwert bei der GEA AG ein. 1998 wurden konzernweit 270 Patente angemeldet.

DIE 90ER JAHRE DER METALLGESELLSCHAFT. Die 90er Jahre bedeuteten für die Frankfurter Metallgesellschaft ein einziges Auf und Ab. Nachdem die Metallgesellschaft 1992 mit der Akquisition der Buderus AG und der Dynamit Nobel AG und damit der Chemie-, Keramik- und Zementindustriesparte der damaligen Feldmühle Nobel AG, Düsseldorf, einen neuen Schwerpunkt gesetzt hatte und zu neuer Größe aufgestiegen war, endlich unabhängig von den variablen NE-Metall-Preisen und vom Dollarkurs, kam wenig später der tiefe Fall. Alle Übernahmestrategien und Zukunftsvisionen des damaligen Vorstandsvorsitzenden Heinz Schimmelbusch, der noch ein Jahr zuvor zum »Manager des Jahres« gewählt worden war und als Vorzeigekind der deutschen Industrie galt, brachen in sich zusammen. 1993/94 drohte der Konkurs. Der Grund: Ölgeschäfte der amerikanischen Tochtergesellschaft Metallgesellschaft Corp. Die Ölhändler der MG hatten langfristige Lieferverträge über kurzfristige Terminkontrakte gesichert. Verluste von 1,87 Mrd. DM waren die Folge, ein in diesem Ausmaß bislang in der jüngeren deutschen Industriegeschichte einmaliger Fall. Ende 1993 wurde der Vorstand ausgetauscht, mit Kajo Neukirchen einer der bekanntesten Sanierer der deutschen Industrie an die MG-Spitze gestellt. Bereits Anfang 1994 wurde den rund 100 Gläubigerbanken ein rigoroses Restrukturierungs- und Sanierungsprogramm vorgelegt: Kapitalerhöhungen, die Umwandlung von Kreditforderungen in Genußrechte, neue Kreditlinien, Ausgabe neuer Aktien, Entlassungen, Verkauf zahlreicher Tochtergesellschaften, Schließung einiger Hütten in der verlustträchtigen Hüttensparte. Mit einer vereinfachten Kapitalherabsetzung im Verhältnis 2:1 wurde die Sanierung 1995 abgeschlossen. Kritiker behaupteten, daß das beschlossene Sanierungskonzept überhaupt nur deshalb zum Tragen kam, weil die Hauptgläubiger der Beinahe-Pleite, die Deutsche und die Dresdner Bank, Großaktionäre der Metallgesellschaft waren. Es folgte eine Serie aufsehenerregender Prozesse um die Schuld an der Beinahe-Pleite der Metallgesellschaft. Zu den letzten Vergleichen zwischen der Metallgesellschaft und verschiedenen amerikanischen Klägern kam es erst 1999.

Investitionen 1997/98:
593,0 Mio.
Investitionen 1996/97:
451,0 Mio.
Investitionen 1995/96:
622,0 Mio.

Mitbewerber: *ABB, Babcock Borsig, Degussa-Hüls, Heraeus, Klöckner, Preussag, Röchling*

INVESTITIONEN IN MIO. DM

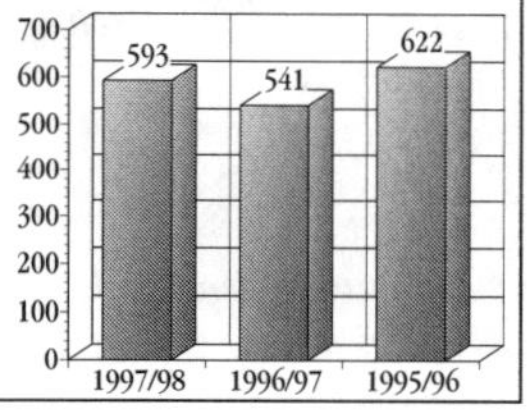

METRO

GESCHICHTE UND ENTWICKLUNG. 1964 eröffnete die Metro in Mülheim/Ruhr ihren ersten Cash & Carry-Markt und landete damit einen Volltreffer. Das Waren-Angebot war breiter, größer und universeller als das des traditionellen Großhandels, abgestimmt auf die Bedürfnisse der unterschiedlichsten gewerblichen Zielgruppen. Das Entscheidende der Idee hatte Gründer Otto Beisheim aus Amerika mitgebracht: Einzelhändler, Freiberufler, Kneipiers konnten die Waren zum Wiederverkauf erwerben, wenn sie die Artikel bar (»cash«) bezahlten und selber abholten (»carry«). Selbstbedienung auf der Großhandelsstufe – das hatte es bis dahin nicht gegeben. Bislang lieferten Lebensmittel-Großhändler Waren immer gegen Rechnung. Die Verkaufsfläche der ersten Metro von 14.000 m^2 galt im Handel als Sensation und einmalig. Von Anfang an nutzte die Metro

Standort:
Ivo-Beucker-Straße 43
40237 Düsseldorf

Postanschrift:
Postfach 23 03 61
40089 Düsseldorf

Telefon: *(0211) 6886-0*
Telefax: *(0211) 6886-2000*
Internet: *www.metro.de*

Branche: *Groß- und Einzelhandel mit Nahrungsmitteln und Gebrauchsgütern; Warenhäuser; Fachgeschäfte*

Rechtsform:
Aktiengesellschaft

Geschäftsjahr: *1.1.-31.12.*

Gründungsjahr: *1964; seit 1996 Aktiengesellschaft*

Presse- und Öffentlichkeitsarbeit:
Martin Raßfeld
Tel.: (0211) 6886-2869
Fax: (0211) 6886-2000
E-Mail: rassfeld@metro.de
Dierk Kowalke
Tel.: (0211) 6886-2947
Fax: (0211) 6886-2000
E-Mail: kowalke@metro.de

Verbände: *Hauptverband des Deutschen Einzelhandels, Köln; Bundesarbeitsgemeinschaft der Mittel- und Großbetriebe, Köln*

Vorstand:
- *Körber, Hans-Joachim, Dr. (Sprecher)*
- *Loose, Wolf-Dietrich, Dr.*
- *Mierdorf, Zygmunt*
- *de Raad, Theo*
- *Suhr, Joachim*

Vorstandsbezüge 1998:
15.744.000,– DM

die EDV und entwickelte ein Direct-Mailing-System, bei dem jeder Kunde einmal wöchentlich Werbeunterlagen ins Haus geschickt bekam. Die Metro expandierte rasant.
Im Laufe der Jahre entstanden durch Neugründungen und Akquisitionen 60 Großmärkte auf einer Verkaufsfläche von 660.000 m^2 mit rund 100.000 Kundenbesuchen am Tag. 1977 stieg die Metro auch in das Einzelhandelsgeschäft ein. Nach den Akquisitionen der Münchner Hurler-Gruppe und der BLV Bayerische Lagerversorgung GmbH & Co. verfügte die Metro über weit mehr als 100 große Einzelhandelszentren (u.a. Huma- und BLV-SB-Warenhäuser) mit einer Verkaufsfläche von 450.000 m^2 und einem täglichen Besuch von über 150.000 Kunden.
Seit 1971 ist die Metro in Frankreich aktiv und zählt dort zum größten Unternehmen der Branche. Im österreichischen Großhandel ist die Metro ebenfalls seit 1971, im Einzelhandel seit 1977 tätig. Wie überall sind auch hier die Metro-Einkaufszentren die größten ihrer Art. Italien und Dänemark sind weitere Metro-Länder. Schon 1968 startete Otto Beisheim in den Niederlanden mit seinem ersten Makro-Markt, sechs Länder folgten. Der große Coup gegen das Kartellamt gelang Anfang der 80er Jahre: die Mehrheitsübernahme und Kontrolle über den Kaufhof-Konzern. 1990 folgte der Einstieg der Metro beim Asko-Konzern (Massa, Primus, Meister). 1992 gelang der Metro dann die vollständige Übernahme der Asko-Gruppe. Damit schnellte der Umsatz der Metro-Gruppe auf weit über 70 Mrd. DM in die Höhe. 1994 übernahm auf Veranlassung der Metro die Kaufhof AG die Horten AG. Im selben Jahr gab sich die Metro eine neue Gruppenstruktur mit der Metro Holding AG, Baar/Schweiz, an der Spitze.
1996 folgte dann der vorläufige Höhepunkt innerhalb des Metro-Imperiums und damit eine der größten Fusionen der deutschen Unternehmensgeschichte: die Verschmelzung von Kaufhof und Asko auf die neue Metro AG, Köln, und der Gang an die Börse. Aufsichtsratsvorsitzender und mächtigster Mann des Metro AG-Konzerns wurde Erwin Conradi, Otto Beisheims Statthalter in Deutschland. 1998 kam es zum Erwerb der europäischen C&C-Aktivitäten der SHV Makro NV, Utrecht/Niederlande, mit 86 C&C-Standorten in ganz Europa. Ebenfalls 1998 akquirierte die Metro AG den kompletten allkauf-SB-Warenhaus-Konzern, eines der größten SB-Warenhaus-Unternehmen Deutschlands, und die Kriegbaum-Gruppe. Anschließend kam es zu einer grundlegenden Neuausrichtung des Konzerns mit der Fokussierung auf sechs starke, zunehmend international ausgerichtete Vertriebslinien.

Besitzverhältnisse/Eigentumsstruktur.

- Metro Holding AG, Baar/Schweiz, über Metro Vermögensverwaltung GmbH & Co. KG, Düsseldorf (über 60%)
- Rest Streubesitz bei freien Aktionären

Die Metro Holding AG, die an der Spitze der Metro-Gruppe steht, gehört zu je einem Drittel dem in der Schweiz residierenden Metro-Gründer Otto Beisheim (über die O.B.V. Vermögensverwaltungsgesellschaft mbH & Co. OHG), den Gesellschafter-Stämmen der Duisburger Familie Haniel (über die Franz Haniel & Cie.) und den Familien Reiner und Michael Schmidt-Ruthenbeck, Mülheim/Ruhr (über Gebrüder Schmidt Verwaltungsgesellschaft). Die Metro Holding AG und damit die gesamte Metro-Gruppe wird stimmrechtsmäßig von der Familie

Otto Beisheim beherrscht. Geführt wird die Gruppe von Erwin Conradi in der Düsseldorfer Metro-Zentrale Metro Vermögensverwaltung GmbH & Co. KG bzw. in der Schweizer Metro Holding AG. Conradi ist seit 1996 Präsident der Metro Holding AG und Aufsichtsratsvorsitzender der Metro AG. Die deutschen Interessen der Metro AG liegen zu 55,1% des Gesamtkapitals und zu 60,3% des stimmberechtigten Kapitals (Stammaktien) bei der Metro Vermögensverwaltung GmbH & Co. KG, Düsseldorf, die zu 100% der Metro Holding AG gehört. Die übrigen Anteile gehören freien Aktionären, die ihre Kaufhof- bzw. Asko-Aktien in Metro-Aktien umtauschen konnten. Die Metro AG ist das größte börsennotierte Handelsunternehmen Deutschlands. Mitte 1999 wurde die gesamte Verwaltung der Metro AG von Köln nach Düsseldorf verlegt. Gesellschaftsrechtlicher Sitz der Metro AG bleibt aber unverändert Köln.

KONZERNÜBERBLICK. Die Metro AG fungiert als Management-Holding und gliedert sich nach einer grundlegenden strukturellen Neuausrichtung seit 1998 in die vier Kerngeschäftsfelder Cash & Carry (Metro/Makro), Lebensmitteleinzelhandel mit den Vertriebslinien Real und Extra, Nonfood-Fachmärkte mit den Vertriebslinien Media/Saturn und Praktiker sowie Warenhäuser (Galeria Kaufhof). Hinzu kommen verschiedene Immobilien-, Logistik- und Dienstleistungsaktivitäten wie die Restaurant-Gruppe Dinea für die eigenen Betriebsstätten. Alle nicht mehr zu den Kerngeschäftsfeldern gehörenden Aktivitäten (u.a. Discountmärkte, Computermärkte, Modemärkte und Schuhmärkte) wurden in die neu gegründete Divaco AG & Co. KG eingebracht. Die vier Kerngeschäftsfelder werden von den sechs Vertriebslinien Metro-Großhandel, SB-Warenhäuser, Verbrauchermärkte, Elektronikmärkte, Baumärkte und Waren/Kaufhäuser bedient.

◆ Metro-Großhandel (Metro, Makro, Schaper): Der Cash & Carry-Großhandel ist die eigentliche Basis der Metro-Aktivitäten. Diese spezielle Form des Selbstbedienungs-Großhandels ist nach der 1998 erfolgten Übernahme der internationalen C&C-Aktivitäten der holländischen SHV Makro NV und der Anteile der Metro Holding AG/Ligapart AG das mit Abstand größte Geschäftsfeld der Metro AG. Das Sortiment orientiert sich am gesamten betrieblichen Bedarf gewerblicher Kunden mit einem breiten Food- (besonders im Frischebereich) und Nonfood-Sortiment. Zielgruppen sind Dienstleister, Gastronomiebetriebe, Handwerker und Freiberufler. Beschränkte sich das Engagement der Metro AG im C&C-Geschäft bislang in erster Linie auf Deutschland, so wurde durch die neuerliche Expansion das Cash & Carry-Geschäft verdreifacht. Der Metro-Großhandel ist jetzt in insgesamt 19 Metro- und Makro-Ländern mit 327 Vertriebsstätten vertreten, davon 80 in Deutschland. Der Cash & Carry-Bereich von Schaper mit 25 Märkten wird vom Metro-Großhandel mitverwaltet. Die einzelnen Metro- und Makroländer werden seit Ende 1998 einheitlich unter dem Dach der Metro Cash & Carry GmbH als Holdinggesellschaft geführt. Die Randaktivitäten des Geschäftsfeldes Cash & Carry wurden Ende 1998 an die Divaco veräußet, u.a. die Fachmärkte Sigma Bürowelt. Umsatz 1998: 36.150 Mio. DM (Vorjahr: 10.179 Mio.); Beschäftigte 1998: 53.874 (Vorjahr: 16.711). Knapp 39.000 Beschäftigte arbeiten im Ausland, ein Jahr zuvor waren es weniger als 2.000.

Aufsichtsrat:

▮ *Conradi, Erwin (Vorsitzender; Präsident der Generaldirektion der Metro Holding AG), Baar/Schweiz*
▮ *Cleven, Hans-Dieter (Vizepräsident der Generaldirektion der Metro Holding AG), Baar/Schweiz*
▮ *Greipl, Erich, Prof. Dr. (Mitglied der Geschäftsführung der Metro Vermögensverwaltung GmbH & Co. KG), Düsseldorf*
▮ *Krämer, Hermann, Dr. (ehem. Mitglied des Vorstandes des VEBA AG), Seevetal*
▮ *Middelhoff, Thomas, Dr. (Vorsitzender des Vorstandes der Bertelsmann AG), Gütersloh*
▮ *Pischetsrieder, Bernd (ehem. Vorsitzender des Vorstandes der BMW AG), München*
▮ *Schlesinger, Helmut, Prof. Dr. (Präsident der Deutschen Bundesbank i.R.), Oberursel*
▮ *Schneider, Manfred, Dr. (Vorsitzender des Vorstandes der Bayer AG), Leverkusen*
▮ *Schreib, Hans Peter (Rechtsanwalt, Mitglied des Vorstandes der Deutschen Schutzvereinigung für Wertpapierbesitz e.V.), Düsseldorf*
▮ *Theye, Joachim, Dr. (Rechtsanwalt und Notar), Bremen*
**Bruns, Klaus (stellv. Vorsitzender)*
**Brenner, Peter*
**Grape, Holger*
**Hengst, Hanns-Jürgen*
**Hesse, Hermann*
**Marth, Karlheinz, Dr.*
**Nolden, Fritz-Julius*
**Schäfer, Hildegard*
**Seuberling, Peter*
**Wolf, Hans-Peter*

Aufsichtsratstantiemen 1998: *1.856.000,– DM*

BÖRSE, AKTIEN, KURSE
Grundkapital 1998:
1.633,9 Mio.
Jahreshöchstkurs 1998:
Stammaktie: 133,00 DM (68,00 €)
Vorzugsaktie: 80,30 DM (41,06 €)
Jahrestiefstkurs 1998:
Stammaktie: 59,64 DM (30,49 €)
Vorzugsaktie: 46,49 DM (23,77 €)
Aktie Jahresende 1998:
Stammaktie: 133,00 DM (68,00 €)
Vorzugsaktie: 80,30 DM (41,06 €)
Dividende pro Aktie 1998:
Stammaktie: 2,00 DM
Vorzugsaktie: 2,11 DM

Die Dividende bezieht sich auf je 5,– DM Aktiennennbetrag. Die Dividendensumme betrug 655 Mio. DM.

Umsatz 1998: *91.704,0 Mio.*
Umsatz 1997: *56.840,0 Mio.*
Umsatz 1996: *55.034,0 Mio.*

Gewinn 1998: *735,2 Mio.*
Gewinn 1997: *622,8 Mio.*
Gewinn 1996: *717,2 Mio.*

Cash flow 1998: *3.008,0 Mio.*
Cash flow 1997: *1.981,0 Mio.*
Cash flow 1996: *1.898,0 Mio.*

Cash flow: *Aus dem Cash flow wurden die Investitionen finanziert.*

Steueraufkommen 1998:
484,0 Mio.

◆ SB-Warenhäuser (real, allkauf, Kriegbaum): Das Real-Vertriebskonzept ging aus der Verschmelzung mit der Asko hervor. Das neue SB-Warenhausunternehmen Real entstand aus der Zusammenführung bzw. durch Zukäufe von zehn SB-Warenhausunternehmen (Realkauf, Divi, Continent, Esbella, Basar, Massa, Massa-Mobil, Meister, BLV und Huma) mit gänzlich unterschiedlichen Vertriebs- und Systemkonzepten. Mit den Akquisitionen der 94 SB-Warenhäuser der Allkauf-Gruppe und der 20 SB-Warenhäuser der Kriegbaum-Gruppe konnte die flächendeckende Marktführerschaft in Deutschland mit nunmehr 284 SB-Warenhäusern gezielt ausgebaut werden. Umsatz 1998: 15.505 Mio. DM (Vorjahr: 9.740 Mio.); Beschäftigte 1998: 32,751 (Vorjahr: 21.588).
◆ Verbrauchermärkte (extra, Kriegbaum): An 523 Standorten gibt es die Vertriebslinie extra. Zur Neuausrichtung dieser Sparte wurden der Supermarkt-Bereich Comet sowie verschiedene Kriegbaum-Verbrauchermärkte in die Extra-Verbrauchermarktorganisation integriert. Zuvor schon wurden über 100 großflächige Supermärkte der Vertriebslinien Bolle und Schätzlein auf extra umgestellt. Umsatz 1998: 5.547 Mio. DM (Vorjahr: 5.498 Mio.); Beschäftigte 1998: 13.830 (Vorjahr: 12.697).
◆ Elektronikmärkte (Media Markt, Saturn): Die Elektronikmärkte umfassen die Vertriebslinien Media Markt und Saturn. Insgesamt verfügt das Geschäftsfeld über 211 Märkte. Während Saturn in erster Linie die Bereiche Tonträger und Video abdeckt, bietet der Media Markt ein Sortiment von Haushaltsgeräten bis zu den neuen Medien an. Die Media Markt/Saturn-Gruppe expandiert erfolgreich in zahlreiche europäische Länder. Umsatz 1998: 9.069 Mio. DM (Vorjahr: 7.529 Mio.); Beschäftigte 1998: 11.664 (Vorjahr: 10.394).
◆ Baumärkte (Praktiker, Wirichs): Im Zentrum der Baumarktaktivitäten stehen die Praktiker-Baumärkte, an denen die Metro AG einen Anteil von 75% hält. 1997 übernahm der Praktiker-Konzern alle Anteile an der Baumarktkette Wolfgang Wirichs GmbH & Co. KG, Krefeld, mit 58 Märkten, die inzwischen integriert wurden. Die beiden Vertriebslinien Praktiker und Wirichs operieren aber nach außen hin getrennt. Zusätzlich wurden aus der Linie extra die kleinflächigen Extra-Bau&Hobby-Märkte übernommen. Zuvor wurden die Spar-Baumärkte akquiriert und auf Praktiker umgestellt. Insgesamt verfügt die Metro AG über 317 Baumärkte, davon 28 im Ausland. Umsatz 1998: 4.909 Mio. DM (Vorjahr: 4.054 Mio.); Beschäftigte 1998: 14.839 (Vorjahr: 12.934).
◆ Waren-/Kaufhäuser (Galeria Kaufhof, Horten): Das Kerngeschäftsfeld besteht aus der Kaufhof-Warenhaus-Gruppe mit 129 Betriebsstätten. Mit der Integration der Horten-Filialen in ein gemeinsames operatives Warenhausgeschäft wurden die meisten Warenhäuser auf das Galeria-Kaufhof-Konzept umgestellt. Umsatz 1998: 9.491 Mio. DM (Vorjahr: 9.971 Mio.); Beschäftigte 1998: 29.367 (Vorjahr: 33.423).
Folge der neuen strategischen Ausrichtung: Mit der Gründung der Metro MGE Einkauf GmbH wurde eine Einkaufsgesellschaft für die gesamte Gruppe geschaffen. Die Transport-Logistik wurde in der Metro-MGL-Logistik GmbH gebündelt.

DIE KONZENTRATION UND IHRE OPFER. Alle nicht mehr zu den neu definierten Kerngesellschaften gehörenden Tochtergesellschaften und Beteiligungen – vorher unterteilte sich die Metro AG in

Metro-Großhandel	METRO	makro	CC Schaper
SB-Warenhäuser	real,-	allkauf	KRIEGBAUM Unternehmensgruppe
Verbrauchermärkte	extra	KRIEGBAUM Unternehmensgruppe	
Elektronikmärkte	Media Markt	SATURN	
Baumärkte	Praktiker	WIRICHS	
Waren-/Kaufhäuser	GALERIA KAUFHOF	Horten	

13 operative Sparten – wurden Ende 1998 an die neu gegründete Divaco AG & Co. KG, Frankfurt/Main, veräußert, an der die Metro eine Finanzbeteiligung von 49% hält. Die Mehrheit hat eine Finanzgruppe unter Federführung der Deutschen Bank übernommen. In die Divaco wurden die von der Metro AG als Randaktivitäten mit geringen Renditen analysierten Unternehmen eingebracht: aus dem Geschäftsfeld Cash & Carry der Bürofachhandel (Sigma Bürowelt) und der Zustellgroßhandel, aus den Bereichen SB-Warenhäuser/Verbrauchermärkte die Unternehmen Adler (100 Modemärkte), Reno (führender deutscher Schuhdiscounter mit 550 Filialen) und 500 Tip-Discountmärkte (Lebensmittel). Aus der Vertriebslinie Waren-/Kaufhäuser wurden die für die neuen Kaufhof-Innenstadtkonzepte ungeeigneten 143 Kaufhalle- sowie 25 Kaufhof-Filialen in die Diveco überführt. Die Vertriebslinie Computermärkte mit der Vobis Computer AG, der Maxdata Computer GmbH und der Peacock AG wurden ebenfalls auf die Divaco übertragen, weiterhin die Anteile an Divi-Möbel, Deutscher Fachhandels-Holding und Massa Ausbauhaus. Insgesamt waren von dieser Transaktion rund 2.000 Standorte mit 23.000 Beschäftigten und einem Umsatzpotential von 16 Mrd. DM betroffen. Die Divaco soll das Portfolio optimal verwerten, zügig verkaufen oder an der Börse plazieren.
1998 fusionierten bereits die Metro-Beteiligungen Jacques' Wein-Depot (Wein-Einzelhandel), CWD (Import und Handel mit Wein, Champagner, Schaumwein) und die Hanseatische Wein- und Sekt-Kontor Hawesko GmbH (Spezialversender von hochwertigen Weinen und Champagner für den Endverbraucher) zur Hawesko Holding AG.

BETEILIGUNGEN. In den Konzernabschluß der Metro AG, Köln, als Muttergesellschaft wurden 1998 513 (Vorjahr: 577) inländische und

Beschäftigte 1998: *250.361*
Beschäftigte 1997: *184.931*
Beschäftigte 1996: *173.845*

Umsatz pro Mitarbeiter 1998: *366.287,– DM*
Umsatz pro Mitarbeiter 1997: *346.782,– DM*
Umsatz pro Mitarbeiter 1996: *351.375,– DM*

Löhne und Gehälter 1998: *8.662,3 Mio.*
Löhne und Gehälter 1997: *6.567,9 Mio.*
Durchschnittsgehalt 1998: *34.599,– DM*
Soziale Abgaben und Aufwendungen 1998: *2.001,6 Mio.*
Soziale Abgaben und Aufwendungen 1997: *1.446,3 Mio.*

Bezüge pro Vorstandsmitglied 1998: *3.148.800,– DM*
Tantiemen pro Aufsichtsrat 1998: *92.800,– DM*

Investitionen 1998:
2.663,0 Mio.
Investitionen 1997:
1.891,0 Mio.
Investitionen 1996:
1.639,0 Mio.

Mitbewerber: *AVA, Carrefour, Edeka, Geldelfi, Globus, Karstadt (Hertie), Leckerland, Lidl & Schwarz, Promodes, Rewe, Schlecker, Spar, Tengelmann, Wal Mart*

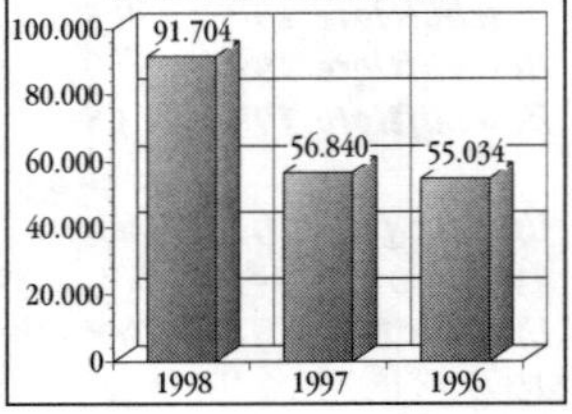

UMSATZ IN MIO. DM

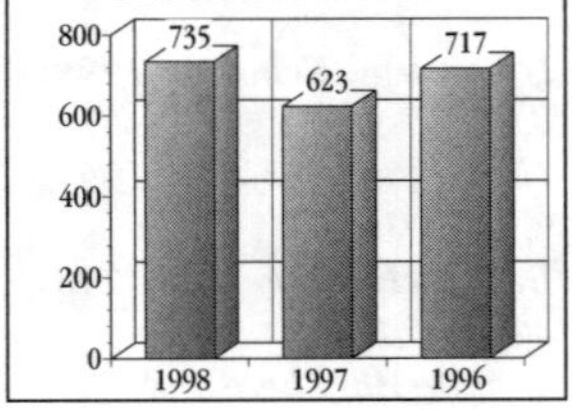

GEWINN IN MIO. DM

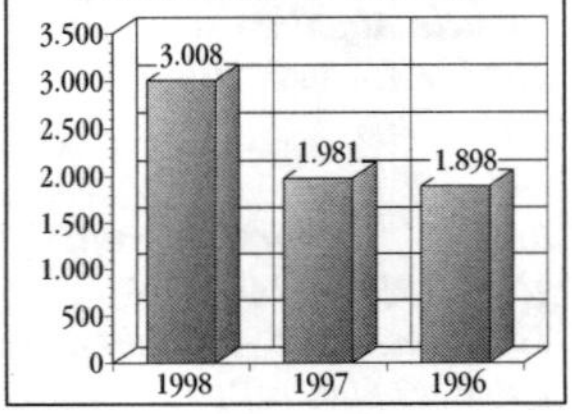

CASH FLOW IN MIO. DM

296 (Vorjahr: 175) ausländische Gesellschaften einbezogen, bei denen die Metro AG unmittelbar oder mittelbar die Mehrheit der Stimmrechte innehat. Zu den wesentlichen Konzerngesellschaften gehören: Metro International Management GmbH, Düsseldorf (100%); Metro Großhandelsgesellschaft mbH, Düsseldorf (100%); Metro Cash & Carry Beteiligungs GmbH & Co. KG, Köln (100%); Metro Cash & Carry GmbH, Düsseldorf (100%); Real SB-Warenhaus Holding GmbH, Alzey (100%); Viehof GmbH, Mönchengladbach (100%); Extra Verbrauchermärkte GmbH, Sarstedt (100%); Media-Saturn-Holding GmbH, Ingolstadt (73,18%); Praktiker Bau- und Heimwerkermärkte AG, Kirkel (75%); Wirichs Vertriebs GmbH, Kirkel (75%); Wirichs Baumärkte GmbH, Kirkel (75%); Kaufhof Warenhaus AG, Köln (87,50%); Metro Immobilien Holding GmbH, Saarbrücken (100%); Asset Grundbesitz GmbH, Köln (100%); Horten AG, Düsseldorf (96,54%); Dinea Gastronomie GmbH, Köln (100%); Metro MGE Einkauf GmbH, Düsseldorf (100%).

Expansion durch Großakquisitionen und Fusionen.

1998 war für die Metro wieder ein Jahr großer Akquisitionen, aber auch ein Jahr der strategischen Neuausrichtung. Anfang 1998 erwarb die Metro AG für 4,8 Mrd. DM die Anteile der europäischen C&C-Aktivitäten der niederländischen SV Makro NV. Die Metro AG, die ihre Cash & Carry-Aktivitäten bis dahin in erster Linie auf Deutschland beschränken mußte, ist durch den Coup ihres Mehrheitsaktionärs Metro Holding AG nunmehr in 18 Ländern außerhalb Deutschlands vertreten. 70% des Umsatzes von 36,2 Mrd. DM erzielen nun die Cash & Carry-Geschäfte im Ausland.
Die Metro AG übernahm 1998 alle Anteile an der Viehof GmbH, Mönchengladbach, die als Obergesellschaft den allkauf SB-Warenhaus-Konzern steuert. Wichtigste Tochtergesellschaft und Kernstück des Konzerns ist die allkauf SB-Warenhaus GmbH & Co. KG. mit 94 SB-Warenhäusern. allkauf gehörte zu den größten SB-Warenhaus-Unternehmen in Deutschland und galt als Entdecker der »grünen Wiese«. allkauf setzte im Kerngeschäft der SB-Warenhäuser knapp 5 Mrd. DM um und beschäftigte über 11.000 Mitarbeiter.
Eine der größten Fusionen der deutschen Unternehmensgeschichte wurde 1996 Realität: Die Metro AG als Obergesellschaft des Metro-AG-Konzerns ging hervor aus den von der Mehrheitsgesellschafterin Metro Vermögensverwaltung GmbH & Co. KG eingebrachten Mehrheitsbeteiligungen an der Asko Deutsche Kaufhaus AG, Saarbrücken, und der Kaufhof Holding AG, Köln, sowie den wesentlichen Gesellschaften aus dem Bereich Metro-Großhandel/Deutschland. Dabei wurden die Asko Deutsche Kaufhaus AG und ihre Tochtergesellschaft Deutsche SB-Kauf AG sowie die Kaufhof Holding AG mit ihren Töchtern auf die Metro AG verschmolzen. Mit der Verschmelzung endete auch der Börsenhandel von Asko und Kaufhof.

Globale Strategien und der Standort Deutschland.

Oberste Unternehmensstrategie der Metro AG ist die zügige Internationalisierung der Vertriebslinien Cash & Carry, Real, Praktiker und Media/Saturn. Mitte 1999 war die Metro-Gruppe in 19 Ländern außerhalb Deutschlands vertreten und erzielte bereits in 327 Betriebsstätten einen Umsatz von 32,3 Mrd. DM. Schwerpunkt liegt auf dem

Geschäftsfeld Cash & Carry. Hier wird die Metro-Welt nach der Akquisition der SHV Makro NV in Metro- und Makro-Länder eingeteilt. Metro-Länder sind die, in denen bis zur Übernahme bis zu 60% der Anteile an den C&C-Geschäften bei der Metro Holding AG und 40% bei der SHV Makro NV lagen: Frankreich, Italien, Dänemark, Österreich, Türkei und Ungarn. Makro-Länder sind die, in denen bis zur Übernahme bis zu 60% der Anteile an den C&C-Geschäften bei der SHV Makro NV und bis zu 40% bei der Metro Holding AG lagen: Niederlande, Belgien, Griechenland, Großbritannien, Spanien, Portugal, Marokko, Polen, Tschechien. Die Metro AG direkt hatte Deutschand im Portfolio sowie Rumänien, Bulgarien und China. Von 327 großflächigen Betriebsstätten befinden sich 252 außerhalb Deutschlands. Die Metro- und Makro-Länder werden seit Ende 1998 einheitlich unter dem Dach der Management-Holding Metro Cash & Carry GmbH geführt. Die jeweiligen Länder führt ein eigenes Country-Management. Besonders expandiert werden soll weiter in Osteuropa, auch die USA stehen auf dem Programm. Real ist mit SB-Warenhäusern zunehmend expansiv. Derzeit werden die Märkte in Polen und der Türkei erschlossen. Media Markt und Saturn sind in Frankreich, Österreich, der Schweiz, in Polen und Ungarn vertreten, Spanien und die Niederlande stehen auf der Liste. Praktiker hat sich in ausländischen Märkten wie Polen, Ungarn, Griechenland und Österreich Ausgangspositionen zur weiteren Expansion gesichert.

INNERBETRIEBLICHE BÜNDNISSE. In den verschiedenen Vertriebslinien des Metro-AG-Konzerns wird flexibel gearbeitet, nicht zuletzt aufgrund der veränderten Ladenöffnungszeiten. Flexible Personaleinsatzplanungssysteme gibt es vor allem im Bereich der Waren-/Kaufhäuser. Für einige Spartengesellschaften wurden Haustarifverträge in bezug auf größere Flexibilität, Verstärkung von Leistungsanreizen und die Schaffung maßgeschneiderter Strukturen abgeschlossen bzw. weiterentwickelt. Ein »internes Arbeitsamt« wurde eingerichtet mit der Aufgabe, durch Strukturveränderungen betroffene Mitarbeiter auf andere Arbeitsplätze innerhalb des Konzerns zu vermitteln. Das gilt in erster Linie für die 1998 auf die Divaco übertragenen Gesellschaften. Dabei haben sich die Metro AG und die Divaco zum Erhalt der im Metro AG-Konzern geltenden sozialen Standards verpflichtet. 1998 stellte der Metro AG-Konzern 3.184 Auszubildende ein. Insgesamt beschäftigte der Konzern 1998 9.297 Auszubildende.

UMWELTSCHUTZ. 1998 hat die Metro den ersten Umweltbericht vorgelegt. Ein Jahr zuvor hatte sie damit begonnen, ein konzernweites Umweltmanagement-System aufzubauen. Von der Konzern-Zentrale werden Strategien und Zielvorgaben gemeinsam mit den Vertriebslinien erarbeitet. Mit der Umsetzung des Kreislaufwirtschaftsgesetzes wurde angefangen. Anforderungskriterien und Qualitätsvorgaben des Einkaufs für umweltverträgliche Waren wurden weiterentwickelt. Die Umweltleitlinien von Kaufhof und Asko wurden von der Metro AG auf Konzernebene weiterentwickelt und verbindlich neu formuliert. Im Mittelpunkt stehen die ökologische Orientierung der Sortimentspolitik, die Qualitätssicherung, Entsorgung, Energiemanagement, Ressourcenschonung, Schadstoffvermeidung, Logistik und Verpackungsoptimierung. Umweltschutz-Beauftragte gibt es bereits auf Spartenebene und in den großflächigen Märkten.

Metro Holding AG:
Neuhofstraße 4
Postfach 400
CH-6340 Baar/Zug

Telefon: *+41 41 7 687171*
Telefax: *+41 41 7 612523*

Generaldirektion:
- *Conradi, Erwin (Präsident)*
- *Cleven, Hans-Dieter (Vizepräsident)*

Verwaltungsrat:
- *von Haeften, Jan (Präsident; Mitglied der Familie Haniel)*
- *Beisheim, Otto, Prof. Dr. (Mitglied und Ehrenpräsident)*
- *Conradi, Erwin (Delegierter)*
- *Cleven, Hans-Dieter (Mitglied)*
- *Hafter, Peter, Dr. (Mitglied)*
- *Renggli, Andreas, Dr. (Mitglied)*
- *Schmidt, Michael, Dr. (Mitglied)*

INVESTITIONEN IN MIO. DM

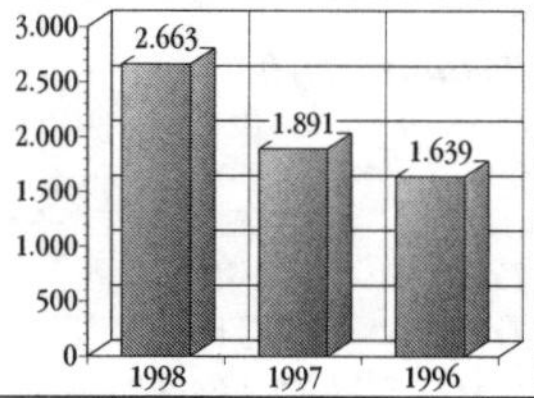

Otto Beisheim und Erwin Conradi. Chef des Metro-Konzerns ist Otto Beisheim, einer der reichsten Männer Deutschlands. Der 1924 in der Nähe von Essen geborene Gründer und Besitzer der Metro (Lehre als Lederwarenkaufmann) ist Mitglied und Ehrenpräsident des Verwaltungsrates der Metro Holding AG und gilt als der expansivste Großhändler der Nachkriegszeit. Macher und Top-Manager der Metro sowie Präsident der Generaldirektion der Metro Holding AG ist Erwin Conradi, der innerhalb des Metro-Imperiums für Strategie und Unternehmensplanung zuständig ist. Das Top-Management Beisheims residiert in Düsseldorf und im schweizerischen Baar bei Zug, wo der öffentlichkeitsscheue und milliardenschwere Beisheim auch seinen Hauptwohnsitz hat. Erst mit der Pflichtveröffentlichung des ersten Geschäftsberichtes in der Metro-Geschichte 1996 kam ein wenig Licht in die Milliarden-Geschäfte der Herren Beisheim und Conradi. Aber auch nach der Gründung der Metro AG mit der entsprechenden Publizitätspflicht hat sich an der Mentalität der Geheimniskrämerei nichts geändert, gibt es innerhalb des großen Metro-Konglomerats noch zahlreiche schwer durchschaubare Unternehmungen. Insgesamt aber stellt sich der Konzern nach dem Börsengang übersichtlicher, transparenter und klarer strukturiert da. Einer Absprache zwischen Beisheim und Conradi zufolge soll Conradi eines Tages der Testamentsvollstrecker Beisheims werden und dann an der Spitze der Otto-Beisheim-Stiftung die Metro-Anteile des Gründers verwalten.

MOBIL OIL

Standort:
Steinstraße 5
20095 Hamburg

Postanschrift:
Postfach 10 45 20
20031 Hamburg

Telefon: *(040) 3002-0*
Telefax: *(040) 3002-2477*
Internet: *www.mobiloil.de*

Branche: *Erdöl- und Erdgasgewinnung, Mineralölverarbeitung*

Rechtsform:
Aktiengesellschaft

Geschäftsjahr: *1.1.-31.12.*

Geschichte und Entwicklung. 1866 gründeten die beiden Amerikaner Hiram Bond Everest und Matthew P. Ewing nach der Erfindung eines neuen Schmierstoffes die Vacuum Oil Company und stiegen zu einem der führenden Hersteller von Qualitätsschmierstoffen in der Welt auf. Die 1882 eröffnete Standard Oil Company of New York (Socony) wurde führend in der Herstellung und dem Verkauf von Kraft- und Brennstoffen. 1899 Gründung der Deutschen Vacuum Oil Company. 1906 Bau der ersten eigenen Raffinerie in Wedel bei Hamburg. 1931 schlossen sich die beiden bedeutenden Gesellschaften zur Socony-Vacuum Corporation zusammen. 1955 firmierten sie unter Socony Mobil Oil Company, Inc.; 1966, anläßlich des 100jährigen Bestehens, nannten sie sich in Mobil Oil Corporation um. 1976 wurde die heutige Struktur geschaffen, mit der Mobil Corp. als weltumspannende Holding. Mobil Oil gehört mit einem Weltumsatz von über 80 Mrd. US $, Tochtergesellschaften in mehr als 125 Ländern, mehr als 20 Raffinerien und 40.000 Beschäftigten zu den größten Ölgesellschaften der Welt. 1997 kam es zur einem europäischen Joint-venture zwischen BP und Mobil im Bereich Mineralölverarbeitung und -vertrieb.

Besitzverhältnisse/Eigentumsstruktur.
- Mobil Petroleum Company Inc., Wilmington/Delaware, USA (90%)
- Mobil International Petroleum Corporation, Wilmington/Delaware, USA (10%)

KONZERNÜBERBLICK. Die Mobil Oil AG ist die deutsche Tochtergesellschaft der Mobil Oil Corp. Sie ist selbst oder über Tochter- und Beteiligungsgesellschaften in allen Sparten der Mineralölwirtschaft tätig: Erdöl- und Erdgassuche und -förderung, Rohölverarbeitung, Lagerung, Transport und Vertrieb von Rohöl, Mineralölprodukten und Erdgas. Die wichtigsten Tochtergesellschaften sind: die Mobil Erdgas-Erdöl GmbH, deren Aufgabenschwerpunkt bei der Aufsuchung und Förderung von einheimischem Erdgas und Erdöl, hauptsächlich in Norddeutschland, liegt, und die Mobil Marketing und Raffinerie GmbH, die sich mit der Rohölverarbeitung in eigenen Raffinerien, mit Lagerung, Transport, Handel und Vertrieb von Rohöl und Mineralölprodukten befaßt. Die Mineralölprodukte werden über eigene Vertriebsorganisationen, wie die Mobil Beteiligungs- und Vertriebsgesellschaft mbH und die Mobil Handel GmbH (Heizöle), über Beteiligungsgesellschaften wie die Aral AG (Mobil-Anteil 28%) und über Partnerfirmen verkauft. Die Mobil-Gruppe hat am deutschen Mineralölmarkt einen Anteil von knapp 10%. 17% aller Bohrmeter auf der Suche nach Erdöl- und Erdgasreserven innerhalb Deutschlands wurden 1998 von Mobil Oil finanziert. Mobil Oil hielt 1998 an der gesamten inländischen Erdgasförderung einen Anteil von 25%, an der Erdölförderung waren es 6%. In der nach der Schließung der Raffinerie in Wörth am Rhein letzten bei Mobil Deutschland verbliebenen Raffinerie in Neustadt an der Donau (50% Mobil Oil) werden Rohöl und Halbfertigprodukte verarbeitet. (Die Raffinerie Neustadt GmbH firmiert nach Übernahme der Raffineriegesellschaft Vohburg/Ingolstadt mbH seit 1998 unter dem Namen Bayernoil Raffineriegesellschaft mbH). Die Raffinerie wird über die Transalpine Ölleitung und die Südeuropäische Pipeline, an denen Mobil Oil beteiligt ist, mit Rohöl versorgt. Verarbeitet wird überwiegend Rohöl aus Westafrika, dem Persischen Golf, der Nordsee (Dänemark, Norwegen), den Niederlanden sowie aus deutscher Produktion. Mobil Oil erhielt die erste von Ungarn vergebene Konzession zur Exploitation in der ungarischen Tiefebene östlich von Budapest. Die deutsche Mobil Oil gründete in Ungarn zwei 100%ige Tochterunternehmen. Mobil Oil verfügt in Deutschland über kein eigenes Tankstellennetz, sondern ist in diesem Bereich über die Aral AG tätig. Benzin, Diesel, Flüssiggas, Flugturbinenkraftstoff, Heizöl und Bitumen gehen von den Raffinerien an die Aral AG (Treibstoffe), Händler und Vertragspartner. Jeder dritte Liter Kraftstoff, der von Aral in Deutschland 1998 verkauft wurde, kam von Mobil. Mobil liefert Treibstoffe und synthetische Schmierstoffe u.a. an die Flughäfen Frankfurt/Main, Köln/Bonn und München. Für diesen Bereich ist die Mobil Marketing und Raffinerie GmbH zuständig. Die Mobil Beteiligungs- und Vertriebsgesellschaft mbH betreibt das Geschäft mit Kraft- und Brennstoffen, vor allem mit Heizöl. Durch die Beteiligungen an der NEAG (Norddeutsche Erdgas-Aufbereitungs-GmbH) in Voigtei (50% und Betriebsführung) und Großenkneten (33%) ist Mobil zweitgrößter Erdgas- und Schwefelproduzent in Deutschland. Die Mobil Schmierstoff GmbH bietet hochwertige Schmierstoffe und Spezialprodukte. In ihr als Produktions- und Vertriebsgesellschaft wurden im Rahmen des BP-Mobil-Joint-ventures die Schmierstoffbereiche beider Unternehmen zusammengeführt; die operative Führung liegt bei Mobil (Mobil 51%, BP 49%). In der Mobil Mineralöl GmbH sind die Sparten zusammengefaßt, die im Rahmen des Joint-venture von BP geführt werden (BP 70%, Mobil 30%). Der Verkauf von Mobil-Schmierstoffen findet nun außer an

Gründungsjahr: *1866 und 1882; seit 1899 in Deutschland; 1931 Zusammenschluß zur Socony-Vacuum Corp.; später Mobil Oil*

Öffentlichkeitsarbeit:
Harald Mannchen
Tel.: (040) 3002-2300
Fax: (040) 3002-2477
E-Mail: harald_mannchen@emailmobil.com

Verbände: *Verband der Chemischen Industrie e.V., Frankfurt/Main; Mineralölwirtschaftsverband e.V., Hamburg*

Vorstand:
- *Eichhorn, Gerd, Dr. (Vorsitzender)*
- *Hulsmann, Klaus J., Dr.*
- *Oberwörder, Rolf, Dr.*

Vorstandsbezüge 1998: *1.587.000,– DM*

Aufsichtsrat:
- *Krumnow, Jürgen, Dr. (Vorsitzender; Mitglied des Vorstandes der Deutsche Bank AG), Frankfurt/Main*
- *Cramer, Harold R. (President Mobile Europe and Central Asia Ltd.), London/Großbritannien*
- *Neumann, Jens, Dr. (Mitglied des Vorstandes der Volkswagen AG), Wolfsburg*
- *Obermeier, Georg, Dr. (ehem. Vorsitzender des Vorstandes der VIAG AG), München*

**Swierzy, Claus (stellv. Vorsitzender)*
**Siemssen, Karl-Heinz*

Aufsichtsratstantiemen 1998: *360.000,– DM*

Aral-Tankstellen auch an BP-Tankstellen statt, insgesamt an rund 4.000 Tankstellen. Mobil bietet rund 750 Produkte für Autofahrer und die Industrie an. Mobil-Produkte: Bitumen, Brennstoffe, Fabrikationshilfsstoffe, Flüssiggase, Industrie-Schmierstoffe und -Sonderprodukte, Kraftfahrt-Schmierstoffe und -Sonderprodukte, Kraftstoffe (Benzin und Diesel), Lösemittel, Luftfahrt-Schmierstoffe und -sonderprodukte, Plastikfolien, Schwefel, Vorprodukte für die Petrochemie. Mobil ist mit dem »Großer Mobil 1 Preis von Deutschland« der Hauptsponsor des Formel-1-Rennens am Hockenheimring.

BETEILIGUNGEN. Zur Mobil Oil AG gehören nach dem Joint-venture mit BP folgende Tochtergesellschaften und Beteiligungen:
- Erdgas/Erdöl: Mobil Erdgas-Erdöl GmbH, Hamburg (100%); Norddeutsche Erdgas-Aufbereitungs-Ges. mbH, Celle (50%); Oldenburgische Erdölgesellschaft mbH, Hannover (33,3%); Erdgas-Verkaufs-Gesellschaft mbH, Münster (27,7%); Schubert KG, Münster (49,2%); Schubert Beteiligungs-GmbH, Münster (73,5%); Heizöl-Handelsgesellschaft mbH, Bochum (25%); Ruhrgas AG, Essen (7,4%); Mobil Exploration & Producing Hungary Kft., Budapest/Ungarn (100%); Mobil Oil & Gas Hungary Kft., Budapest/Ungarn (100%); Mobil Exploration Albania GmbH, Hamburg (100%); Mobil Coordination Center N.V., Zaventem/Belgien (66,8%).
- Downstream-Aktivitäten: Mobil Marketing und Raffinerie GmbH, Hamburg (100%); ARAL AG, Bochum (28%); Air Tankdienst Köln, Köln (20%); TGF Tankdienst-Gesellschaft Frankfurt GbR, Hamburg (25%); Munich Fuelling Services GbR, München (20%).
- Schmierstoff-Bereich: Mobil Schmierstoff GmbH, Hamburg (100%); Mineralölwerk Wedel GmbH & Co. oHG, Hamburg (100%); Mobil Service- und Vertriebsgesellschaft mbH, Hamburg (100%); Deutsche Pentosin-Werke GmbH, Wedel (50%); BP Schmierstoff GmbH, Hamburg (100%); Oelwerke Julius Schindler GmbH, Hamburg (100%).
- Kraft- und Brennstoffbereich: Mobil Mineralöl GmbH, Hamburg (100%); Bayernoil Raffineriegesellschaft mbH (Erdoel-Raffinerie Neustadt), Vohburg/Donau (25%); Mobil Beteiligungs- und Vertriebsgesellschaft mbH, Hamburg (100%); Mobil Handel GmbH, Hamburg (100%).

DIE MEGAFUSION: EXXON UND MOBIL ZUR EXXON MOBIL CORP. Das Fusionsfieber scheint keine Grenzen mehr zu kennen. Ende 1998 gaben die amerikanischen Ölkonzerne Exxon Corp. und Mobil Corp. ihren Willen zur Fusion bekannt, nach der zuvor realisierten Übernahme der Amoco Corp. durch die British Petroleum plc. die zweite Megafusion der Branche. Der größte amerikanische Öl-Konzern und zweitgrößte der Welt, Exxon, würde den zweiten der USA und vierten der Welt, Mobil, vereinnahmen. Das Unternehmen wird unter Exxon Mobil Corporation mit Sitz in Irving/Texas, USA (Zentrale von Exxon) firmieren und noch vor der Royal Dutch/Shell Group zur Nummer eins in der Welt werden. Die neue Exxon Mobil Corp. soll zu 70% den bisherigen Exxon-Aktionären und zu 30% den bisherigen Mobil-Aktionären gehören. Der Börsenwert des neuen Ölmultis liegt bei über 280 Mrd. US $, die Übernahmetransaktion kostete rund 87 Mrd. US $. Nachdem die Aktionäre beider Konzerne im Mai 1999 der

Fusion zugestimmt haben, stehen nur noch die Genehmigungen einiger Kartellbehörden aus, u.a. die der EU-Kommission.

GLOBALE STRATEGIEN UND DER STANDORT DEUTSCHLAND.

Welche Folgen die mögliche Fusion zwischen Exxon und Mobil für die Deutsche Mobil Oil und das europäische Joint-venture zwischen Mobil und BP sowie für die Beteiligung der Deutschen Mobil Oil an der Aral AG haben wird, ist offen. Anfang 1997 trat das Joint-venture zwischen BP und Mobil im Bereich Mineralölverarbeitung und -vertrieb für Deutschland in Kraft. Insgesamt gilt das Joint-venture für 43 Länder. Mobil Oil und BP haben damit ihre Aktivitäten im Raffineriebereich sowie im Vertrieb von Kraft-, Brenn- und Schmierstoffen als Reaktion auf die Überkapazitäten und schlechten Raffinerieerträge in Europa zusammengelegt. Bereits im Jahr 2000 sollen jährlich Kosten bis zu 1 Mrd. DM eingespart werden. Europaweit sollen bei Mobil und BP durch die Zusammenlegung in diesem Segment von heute rund 17.500 Arbeitsplätzen zwischen 2.000 und 3.000 entfallen. BP ist in den jeweiligen Ländern Operator für das Kraftstoff- und Brennstoffgeschäft mit einem Anteil von 70% und betreibt die beiderseitigen Raffinerie- und Verarbeitungsaktivitäten sowie die Handels- und Tankstellennetze. In den europäischen Ländern, in denen Mobil über 3.000 eigene Tankstellen besitzt, werden diese auf das Outfit der mehr als 5.000 BP-Tankstellen umgestellt, die dann alle Mobil-Produkte mit Mobil-Logo im Schmierstoffbereich im Programm führen. Mobil führt mit 51% das gemeinsame Schmierstoffgeschäft. Ausgenommen aus dem Joint-venture sind das internationale Trading, Luftfahrt- und Marinegeschäft sowie die Mobil-Beteiligung an Aral. BP-Mitarbeiter des Schmierstoffbereichs wechselten 1997 im Rahmen des Joint-ventures zu Mobil, die Mobil-Beschäftigten des Kraftstoff- und Brennstoffbereichs zu BP.

Nach der Schließung der Raffinerie Wörth wurde nun auch die Schmierstoffproduktion vom Mineralölwerk Wedel nach Neuhof/Hamburg und in Teilen nach England und Frankreich verlegt. Daraus resultierte ein Rückgang der Belegschaft um knapp 400 Mitarbeiter. Mobil wird einen Teil der Produkte, die in Wörth produziert wurden, aus der Raffinerie im nordfranzösischen Gravenchon beziehen. Um den angespannten Raffineriemarkt zu bereinigen, müßten nach Auskunft der Mobil-Manager in Europa weitere sieben bis acht Raffinerien stillgelegt werden. Eine mögliche Stillegung der Raffinerie in Neustadt war trotz anhaltender Verluste nicht geplant. Statt dessen übernahm die Raffinerie Neustadt 1998 die Raffineriegesellschaft Vohburg/Ingolstadt und fusionierte zur Bayernoil Raffineriegesellschaft mbH, an der neben Mobil und Ruhr Oel nun auch Agip und BP beteiligt sind. Nach der Beendigung der Schmierstoffproduktion im Mineraloelwerk Wedel GmbH & Co. OHG, Hamburg, könnten die Mobil-Anteile demnächst auf die Aral AG übergehen, da in Wedel so gut wie nur noch Aral-Produkte hergestellt werden.

INNERBETRIEBLICHE BÜNDNISSE.

1998 wurde im Rahmen des Mobil-BP-Joint-ventures die personelle Zusammenführung innerhalb der Schmierstoff-Organisation mit der Neuwahl der Betriebsräte und verschiedenen Regelungen zur Harmonisierung der Gehälter und der Arbeitsbedingungen abgeschlossen. Mobil hatte 1997 weltweit ein neues Vergütungssystem eingeführt, das an die

Umsatz 1998: *5.114,0 Mio.*
Umsatz 1997: *5.847,6 Mio.*
Umsatz 1996: *6.359,3 Mio.*

Gewinn 1998: *380,9 Mio.*
Gewinn 1997: *376,9 Mio.*
Gewinn 1996: *260,3 Mio.*

Cash flow 1998: *574,0 Mio.*
Cash flow 1997: *613,0 Mio.*
Cash flow 1996: *455,0 Mio.*

Cash flow: *Die Investitionen im Bereich Exploration und Produktion mit Bohrtätigkeit und Erdgassuche wurden aus dem Cash flow finanziert.*

Steueraufkommen 1998: *221,9 Mio.*

Mineralölsteuer 1998: *63,0 Mio.*

Grund- bzw. Stammkapital 1998: *450,0 Mio.*

Beschäftigte 1998: *1.151*
Beschäftigte 1997: *1.242*
Beschäftigte 1996: *1.154*

Löhne und Gehälter 1998: *155,0 Mio.*
Löhne und Gehälter 1997: *161,5 Mio.*
Durchschnittsgehalt 1998: *134.666,– DM*
Soziale Abgaben und Aufwendungen 1998: *125,3 Mio.*
Soziale Abgaben und Aufwendungen 1997: *95,0 Mio.*

Bezüge pro Vorstandsmitglied 1998: *529.000,– DM*
Tantiemen pro Aufsichtsrat 1998: *60.000,– DM*

Investitionen 1998:
200,0 Mio.
Investitionen 1997:
205,0 Mio.
Investitionen 1996:
181,0 Mio.

Mitbewerber: *Agip, Brigitta, Conoco, Deminex, Deutsche BP, Deutsche Shell, EC Erdölchemie, Elf Aquitaine, Esso, Fina, Minol, RAG, Ruhrgas, RWE-DEA*

Erreichung bestimmter Ziele des Unternehmens gekoppelt ist. Mobil in Deutschland hat dieses Modell mit der IG Bergbau, Chemie und Energie für den eigenen Bereich modifiziert und ergänzt. Für alle Mitarbeiter außerhalb des Joint-ventures mit BP kann seither ein unternehmensbezogener, ergebnisorientierter Erfolgsbonus gezahlt werden. 1998 hatte Mobil 35 Auszubildende, 23 weitere Jugendliche bildete BP im Rahmen des Joint-ventures für Mobil aus.

UMWELTSCHUTZ. 1998 wurde ein Umweltbericht vorgelegt, der das Umweltmanagement-System für die Mobil Schmierstoff GmbH und ihre Tochtergesellschaften dokumentiert. Die Schmierstoff-Raffinerie Neustadt (jetzt Bayernoil) erhielt 1997 als erste europäische Raffinerie eine EG-Öko-Auditierung. Die Standorte Neuhof/Hamburg (Schmier- und Spezialöl-Werk mit großem Tanklager) und Peine (Fettfabrik) wurden bereits 1996 zertifiziert. Die Umweltpolitik der Mobil Schmierstoff GmbH: Förderung des Umweltbewußtseins, Beurteilung und Verringerung der Umweltauswirkungen, Anlagensicherheit, Überwachung des Umweltmanagement-Systems, Information der Öffentlichkeit, Beratung der Kunden über Umweltaspekte. Schwerpunkte sind die Emissionen (Luft), der Energieverbrauch und die Abfallproblematik. Im Bereich Exploration und Produktion werden neue Analyse- und Sanierungstechniken eingesetzt, um ehemalige Betriebsstätten entsprechend den gesetzlichen Vorschriften wieder der ursprünglichen Nutzung zuzuführen.

FORSCHUNG, ENTWICKLUNG, INNOVATIONEN.
Die Technical-Service-Aktivitäten wurden im Rahmen der Schließung des Mineralölwerkes Wedel abgezogen und im Technical Center Hamburg auf dem Gelände der Schmierstoffraffinerie Neuhof zusammengeführt. Davon betroffen sind auch die hochautomatisierten Analyseverfahren der ehemaligen Technischen Abteilung Wedel. In erster Linie werden in Neuhof Motorenölanalysen für Deutschland, Österreich und die Schweiz sowie die afrikanischen Mobil-Gesellschaften erarbeitet. In Neuhof werden auch Hochleistungs-Schmierstoffe entwickelt. Die Mobil-Ingenieure entwickeln seit Jahren modernste Bohrtechnologien in den Bereichen Tief- und Horizontalbohrung.

PHILIP MORRIS

Standort:
Fallstraße 40
81369 München

Postanschrift:
Postfach 70 14 29
81314 München

Telefon: *(089) 7247-0*
Telefax: *(089) 7247-1227/8*

GESCHICHTE UND ENTWICKLUNG. Der Tabakhändler Philip Morris Esquire eröffnete 1847 in der Londoner Bond Street seine erste Tabakmanufaktur. Zu den Marken, die Philip Morris in London herstellte, gehörte auch die »Marlboro«, die damals noch geschrieben wurde wie der »Duke of Marlborough«. 1902 ging das expandierende Unternehmen in die USA. In New York wurde die Philip Morris & Co. LTD. gegründet. Erst 1955 eroberte Philip Morris die Weltmärkte. Auf allen Kontinenten entstanden Tochtergesellschaften und Marketingorganisationen. 1960 wurde die »Marlboro« in der Bundesrepublik noch in Lizenz produziert, 1970 entstand die deutsche Philip Morris GmbH in Frankfurt. 1972 begann Philip Morris mit der Zigarettenproduktion in Berlin, 1975 wurde der Firmensitz von Frankfurt nach München verlegt. Dort kaufte Philip Morris vom Konkurrenten Reemtsma die Gebäude der traditionsreichen Münchner Zuban-Werke, wo einstmals die »Königlich Bayerische Hof-Zigarettenfabrik« beheimatet war. 1990 dehnte Philip Morris das Tabakgeschäft erfolgreich auf Ostdeutschland aus.

BESITZVERHÄLTNISSE/EIGENTUMSSTRUKTUR.
● Philip Morris International Finance Corporation, New York/USA (100%). Das konsolidierende Mutterunternehmen für Philip Morris Deutschland ist die Philip Morris Companies Inc., New York/USA.

KONZERNÜBERBLICK. Die deutsche Philip Morris, eine Tochter des amerikanischen Multis, betreibt die Herstellung und den Vertrieb von Tabakerzeugnissen. In den drei Werken Berlin, München und Dresden werden täglich rund 280 Mio. Zigaretten produziert, in München überwiegend für den Export. Täglich werden bis zu 70 Mio. Zigaretten von 25 Zigarettenmarken in 20 Länder Europas und des Vorderen Orients exportiert. Insgesamt erreichte die Philip Morris GmbH 1998 ein Zigerattenvolumen von 78,1 Mrd. Stück. In Berlin werden täglich 150 Tonnen Rohtabak, das entspricht dem Inhalt von 15 Güterwaggons, vollautomatisch zu über 200 Mio. Zigaretten verarbeitet. Die Vereinigten Zigarettenfabriken Dresden GmbH, eine 100%ige Tochter, produziert pro Jahr 12 Mrd. Stück Zigaretten.
Mehr als jede dritte Zigarette, die in Deutschland geraucht wird, ist ein Produkt der deutschen Philip Morris, des deutschen Marktführers. Der Zigarettenkonsum in Deutschland belief sich 1998 auf ein Gesamtvolumen von 170 Mrd. Zigaretten. Der Marktanteil der Philip Morris GmbH entsprach 1998 einem Inlandsvolumen von 57,2 Mrd. Stück Zigaretten. Damit war die Philip Morris GmbH mit Abstand Marktführer. Der Marktanteil betrug in Westdeutschland 40,2% und in den neuen Bundesländern mit der f6 Cigarettenfabrik Dresden GmbH 46,5%. Spitzenreiter und die Nummer eins in Deutschland ist seit Jahren die »Marlboro«, die ohnehin meistverkaufte Zigarette der Welt. Hierzulande hatte die Marlboro 1998 einen Marktanteil von rund 20%.
Philip Morris vertreibt 25 Zigarettenmarken in 100 Ausführungen, u.a. die Produktfamilien Marlboro, Philip Morris, L&M mit den Marken: Marlboro, Marlboro Lights, Marlboro Menthol, Philip Morris Light American, Philip Morris One-1, L&M, L&M Lights, L&M Full Flavor, Merit, Chesterfield, Eve, Parliament etc. Die amerikanische Philip Morris vertreibt rund 160 Zigarettenmarken in mehr als 170 Ländern der Welt, verfügt mit der Miller Brewing Company über die drittgrößte Brauerei der Welt und ist mit Kraft Foods der weltweit zweitgrößte Lebensmittelhersteller.

BETEILIGUNGEN. Die deutsche Philip Morris ist an folgenden Unternehmen beteiligt: Vereinigte Zigarettenfabriken Dresden GmbH, Dresden (100%); IDE International Design & Entertainment Gesellschaft für Gestaltung und Musikveranstaltungen GmbH, München (100%); Arizona Tobacco Products GmbH & Co Export KG, München (100%).

Branche: *Tabakindustrie*

Rechtsform: *GmbH*

Geschäftsjahr: *1.1.-31.12.*

Gründungsjahr: *1970*

Öffentlichkeitsarbeit:
Johannes Graf Esterházy
(Director Corporate Affairs)
Tel.: (089) 7247-1443
Fax: (089) 7247-1436

Verbände: *Verband der Cigarettenindustrie (VdC), Bonn*

Geschäftsführung:
▌ *Schmidt, Karsten (Vorsitzender)*
▌ *Delbos, Dettmar*
▌ *Hanke, Siegfried*
▌ *Psotta, Joachim*
▌ *Striebel, Hermann*

Bezüge der Geschäftsführung 1998: *keine Angaben*

Aufsichtsrat:
▌ *Hendrys, Paul (Vorsitzender)*
▌ *Manz, Helmut (stellv. Vorsitzender)*
▌ *Adelt, Peter, Dr.*
▌ *Burda, Hubert, Dr.*
▌ *Burger, Heinz*
▌ *Christen, Heinrich*
▌ *Fluri, Hans*
▌ *Hausser, Joachim, Dr.*
▌ *Kullmann, Peter*
▌ *Peuckert, Lauro*
▌ *Schuhnagel, Peter*
▌ *Wehner, Friedrich*

Aufsichtsratstantiemen 1998: *keine Angaben*

Umsatz 1998: *12.508,0 Mio.*
Umsatz 1997: *12.163,0 Mio.*
Umsatz 1996: *11.507,0 Mio.*

Gewinn 1998: *690,9 Mio.*
Gewinn 1997: *591,3 Mio.*
Gewinn 1996: *495,1 Mio.*

Steueraufkommen 1998:
605,1 Mio.

Tabaksteuer 1998:
8.645,5 Mio.

Grund- bzw. Stammkapital 1998: *175,0 Mio.*

RAUCHEN IN OSTDEUTSCHLAND. Philip Morris lag 1998 mit einem Marktanteil von 46,5% in Ostdeutschland ebenso wie im Westen unangefochten an der Spitze, gefolgt von Reemtsma, B.A.T., Rothmans und Reynolds. Der ostdeutsche Zigarettenmarkt ist heiß umkämpft. Das frühere VEB-Kombinat Tabakwaren wurde von der Treuhand unter drei Unternehmen aufgeteilt: Philip Morris erhielt den Zuschlag für die heutigen Vereinigten Zigarettenfabriken Dresden GmbH (Ostmarken: f6, Juwel und Karo; das Werk heißt seit September 1998 f6 Cigarettenfabrik Dresden GmbH); die Berliner Zigarettenfabrik GmbH in Ostberlin kooperierte mit R.J. Reynolds Tobacco GmbH, Köln (Camel; Ostmarke: Club), und Reemtsma erhielt die Nortak GmbH in Nordhausen (Ostmarke: Cabinet). Rothmans und B.A.T. gingen leer aus und versuchen, mit ihren eigenen Erfolgsmarken Lux, Peer Export bzw. HB Fuß zu fassen. »Golden American« hieß eine von Rothmans extra für den ostdeutschen Markt hergestellte Zigarette. In den neuen Bundesländern dominieren die alten DDR-Marken, dennoch konnte Philip Morris mit der f6 Spitzenreiter werden und dem früheren Marktrenner »Cabinet«, den Reemtsma durch Geschmacksmanipulation auf »West-Niveau« trimmen wollte, den Rang ablaufen. Die Marlboro rangiert auf Platz 2 unter den meistverkauften Zigaretten in den neuen Bundesländern und ist die Nr. eins bei den internationalen Marken.

PHILIP MORRIS WELTWEIT. Philip Morris begann Mitte der 50er Jahre, Tochtergesellschaften und Marktorganisationen in anderen Erdteilen zu gründen. Die großen Akquisitionsfeldzüge aber startete der von New York aus regierte Konzern in den 80er Jahren, um die wirtschaftlichen Erlöse in neuen Branchen gewinnbringend zu investieren und nicht ausschließlich von der Zigarettenproduktion abhängig zu sein. 1985 kaufte Philip Morris für 5,7 Mrd. US $ die General Foods Corporation, den führenden Lebensmittelkonzern der USA. Für 13,1 Mrd. US $ übernahm Philip Morris 1988 den multinational operierenden Konzern Kraft Inc. Kraft ist der größte US-Hersteller von abgepackten Lebensmitteln, Kaffee, Käse und Fleischprodukten. Beide Akquisitionen wurden 1989 zur Kraft General Foods Inc. zusammengeschlossen. Bereits seit 1970 besitzt Philip Morris auch die drittgrößte Brauerei der Welt, die Miller Brewing Company.
1990 übernahm Philip Morris für 5,4 Mrd. Schweizer Franken die Jacobs Suchard AG, Zürich (Jacobs Café: Krönung, Night & Day; Milka, Toblerone, Tobler). Das Unternehmen war 1982 aus der Fusion der Züricher Jacobs AG, in die das gleichnamige traditionsreiche Bremer Kaffeeunternehmen eingebracht worden war, mit der Interfood SA, Neuenburg, die ihrerseits aus der Fusion von Suchard und Tobler resultierte, entstanden. Die heutige Kraft Jacobs Suchard mit einem Umsatz von rund 10 Mrd. US $ und über 30.000 Mitarbeitern in Europa schaut auf eine lange Tradition zurück, die mit drei Namen verbunden ist: Philippe Suchard (1797–1884), Johann Jakob Tobler (1830–1905) und Johann Jacobs (1869–1958). Nach der Integration von Kaffee Hag und Kaffee Onko in das Jacobs-Suchard-Geschäft wird diese Ahnenreihe durch Ludwig Ruselius (1874–1943), den Erfinder des Entcoffeinierungsverfahrens, erweitert. Jacobs Suchard ist nicht nur auf dem deutschen Röstkaffeemarkt, sondern auch im Süßwarenbereich mit den Marken Milka, Lila Pause, Toblerone etc. deutlicher

Marktführer. In Deutschland kam die Kraft Jacobs Suchard GmbH & Co. KG, Bremen, 1998 auf einen Umsatz von 4,2 Mrd. DM bei 4.300 Beschäftigten.
Die Philip-Morris-Gruppe beschäftigt weltweit rund 150.000 Mitarbeiter und erreichte 1998 einen Umsatz von 74,4 Mrd. US $. Der Gewinn des größten Zigarettenherstellers der Welt belief sich 1998 auf 5,4 Mrd. US $.

GLOBALE STRATEGIEN UND DER STANDORT DEUTSCHLAND. Hauptabnehmer im Exportgeschäft der Philip Morris sind Frankreich, Spanien, Italien, Großbritannien und Osteuropa, die nach Deutschland größten Zigarettenmärkte Europas. Der Exportabsatz belief sich auf ein Volumen von 20,9 Mrd. Zigaretten. Alle drei deutschen Standorte wurden in den letzten Jahren durch modernste Herstellungsverfahren, optimierte logistische Abläufe und eine verstärkte Mitarbeiterqualifikation qualitativ und quantitativ ausgebaut. Auf diese Weise wurden spezifische Standortkostennachteile ausgeglichen.

INNERBETRIEBLICHE BÜNDNISSE. Über innerbetriebliche Vereinbarungen und Arbeitszeitmodelle macht die deutsche Philip Morris keine Angaben.

UMWELTSCHUTZ. Philip Morris Deutschland: »Tabak ist ein Naturprodukt. Die Zigarette wird unter Verwendung natürlicher Rohstoffe hergestellt. Umweltbedenkliche Rohstoffe sind praktisch nicht vorhanden. Schwerpunkte im Bereich Umweltschutz sind die Verringerung des Energieverbrauches und damit verbundener Emissionen, Abfall- und Abwasserreduzierung und Recycling sowie die Verringerung von Verpackungsmaterialien und die Entwicklung umweltfreundlicher Materialien (in Zusammenarbeit mit unseren Zulieferern). Da alle drei Werke in Wohnmischgebieten produzieren, sind bereits sogenannte ›Biofilter‹ eingerichtet worden, die den Tabakgeruch verringern.« Philip Morris hat einen Umweltbeauftragten.
Der Bereich Forschung und Entwicklung ist mit entsprechenden Laboratorien und Einrichtungen bei der amerikanischen Muttergesellschaft angesiedelt.

MILLIARDENKLAGEN GEGEN US-TABAK-KONZERNE.
Der kleinste der amerikanischen Zigarettenproduzenten, die Liggett Group Inc., Hersteller der Zigarettenmarken Chesterfield, L & M und Lark, ließ Anfang 1997 die Bombe platzen. Liggett, von 22 amerikanischen Bundesstaaten auf Schadensersatz für die durch Rauchen entstandenen Krankheiten und die damit verbundenen Kosten der öffentlichen Krankenkassen verklagt, ging in die Offensive, bekannte sich schuldig und räumte erstmals öffentlich ein, daß Nikotin abhängig und süchtig mache und sogar Krebs verursache. Liggett war damit aus der mächtigen Allianz der amerikanischen Zigaretten-Multis ausgeschert. Liggett akzeptierte einen Vergleich, wonach das Unternehmen ein Viertel seines Gewinns vor Steuern 25 Jahre lang an die Bundesstaaten abführen mußte. Nach diesem Schuldeingeständnis war klar: Es drohten der amerikanischen Zigarettenindustrie Klagen in Milliardenhöhe. Der Dow-Jones-Index mit den großen Zigarettenwerten erlebte einen Kursrutsch.

Beschäftigte 1998: *2.904*
Beschäftigte 1997: *3.541*
Beschäftigte 1996: *3.627*

Umsatz pro Mitarbeiter 1998: *4.307.163,– DM (inkl. Tabaksteuer)*
Umsatz pro Mitarbeiter 1997: *3.434.905,– DM (inkl. Tabaksteuer)*
Umsatz pro Mitarbeiter 1996: *3.172.594,– DM (inkl. Tabaksteuer)*

Löhne und Gehälter 1998: *280,0 Mio.*
Löhne und Gehälter 1997: *286,1 Mio.*
Durchschnittsgehalt 1998: *96.419,– DM*
Soziale Abgaben und Aufwendungen 1998: *83,5 Mio.*
Soziale Abgaben und Aufwendungen 1997: *71,9 Mio.*

Investitionen 1998:
120,9 Mio.
Investitionen 1997:
111,2 Mio.
Investitionen 1996:
96,6 Mio.

Mitbewerber: *BAT Cigarettenfabriken, Brinkmann, Nestlé, Procter & Gamble, Reemtsma, Reynolds Tobacco, Tobaccoland, Unilever*

Schon 1995 war Philip Morris weltweit in die Schlagzeilen geraten und hatte eine lebhafte Diskussion entfacht. Eine im Juni 1995 in den USA publik gewordene Geheimstudie des Zigaretten-Multis sollte belegen, daß Nikotin einen direkten Einfluß auf das Gehirn und das Verhalten des Rauchers hat, daß das Nervengift Nikotin schwere gesundheitliche Schäden verursachen und Abhängigkeiten schaffen kann. Sehr wohl habe der Konzern, so die amerikanische Presse, von den gesundheitsschädlichen Wirkungen des Rauchens gewußt. Mehr noch: der Konzern habe über Nikotin und seine Wirkungen geforscht, um dieses Suchtmittel möglicherweise bewußt in der Zigarettenproduktion einzusetzen, hieß es in der internationalen Presse. Philip Morris freilich wies alle Anschuldigungen bezüglich einer Manipulation des Nikotingehalts von Zigaretten zurück.
Das Liggett-Eingeständnis war deshalb auch für Philip Morris ein Schock. Die amerikanischen Zigarettengegner, Verbraucherschutzorganisationen, Gesundheitsbehörden und Nikotin-Opfer triumphierten, als die Großen der Tabakindustrie der USA es Liggett gleichtaten. In den nächsten 25 Jahren, so der teuerste Vergleich in der amerikanischen Geschichte, müssen sie insgesamt 640 Mrd. DM Strafe zahlen. Die Tabakindustrie mußte ein Interesse an diesem Vergleich haben, denn umfangreiche Schadensersatz- und Haftungsklagen hätten ruinös enden können. Mit dem Geld sollen Anti-Raucher-Kampagnen, Entwöhnungskuren sowie Gesundheitsdienste und öffentliche Krankenkassen finanziert werden. Die Zigaretten-Werbung wird noch drastischer reduziert, der Automatenhandel soll eingestellt werden. In den USA soll ein Tabakgesetz mit scharfen Auflagen für die Tabakindustrie einerseits und Einschränkungen der Schadensersatzforderungen andererseits ausgearbeitet und umgesetzt werden.
Kritiker sehen die Tabakindustrie zu glimpflich davongekommen, denn einerseits lassen die ungeheuren Gewinnspannen diese Zahlungen problemlos zu, andererseits werde der Preis wieder auf den Nikotin-Kunden abgewälzt und auf neue Märkte ausgedehnt. Sie scheinen Recht zu haben, betrachtet man die erfolgreiche Berufungsverhandlung der Tabakindustrie vom Mai 1998 gegen die Auflagen des Vergleichs von 1996. Der modifizierte Vergleich sah aber immerhin noch Zahlungen von rund 350 Mrd. DM über einen Zeitraum von 25 Jahren und die Finanzierung einer 1,45 Mrd. DM teuren Anzeigenkampagne gegen das Rauchen für fünf Jahre vor.
Philip Morris wurde trotz aller gigantischen Vergleiche aufgrund von Einzelklagen von erkrankten Rauchern oder den Hinterbliebenen bereits verstorbener Raucher in verschiedenen amerikanischen Bundesstaaten zu Strafen und Schadensersatzzahlungen in Millionenhöhe verurteilt. Den Anti-Raucher-Kampagnen auch in Europa und Deutschland sollten die amerikanischen Urteile Auftrieb geben. Denn Nikotin wurde hiermit als Droge eingestuft. Der EU-Ministerrat hat im Mai 1998 einem Tabakwerbeverbot zugestimmt, allerdings gegen die Stimmen Deutschlands und Österreichs.

MTU siehe DaimlerChrysler

MÜNCHENER RÜCK

Standort:
Königinstraße 107
80802 München

Postanschrift:
80791 München

Telefon: *(089) 3891-0*
Telefax: *(089) 399056*
Internet: *www.munichre.de*

Branche: *Versicherungen*

Rechtsform:
Aktiengesellschaft

Geschäftsjahr: *1.1.-31.12.*
(Rumpfgeschäftsjahr 1998: 1.7.-31.12. durch Umstellung auf das Kalenderjahr)

Gründungsjahr: *1880*

Öffentlichkeitsarbeit:
Rainer Küppers
Tel.: (089) 3891-2504
Fax: (089) 3891-3599
E-Mail: rküppers@munichre.com

Verbände: *alle wesentlichen Fachverbände der Versicherungswirtschaft*

GESCHICHTE UND ENTWICKLUNG. Die Idee zur Gründung eines von Erstversicherern unabhängigen Rückversicherungsunternehmens stammte von dem 1844 in Erfurt geborenen Carl von Thieme, dessen Vater Direktor bei der Thuringia war. Thieme setzte 1880 seine Idee in die Tat um und gründete mit Unterstützung seines Finanzberaters Wilhelm von Finck (Teilhaber des Bankhauses Merck, Finck & Co.) die Münchener Rückversicherungs-Gesellschaft, der zehn Jahre später noch die Allianz folgen sollte. Beide Versicherungen sind bis heute durch eine wechselseitige 25%ige Beteiligung miteinander verbunden. Thieme leitete die Münchener Rück 41 Jahre lang, Finck war 44 Jahre lang der Aufsichtsratsvorsitzende dieses zum größten Rückversicherer der Welt aufgestiegenen Unternehmens.

BESITZVERHÄLTNISSE/EIGENTUMSSTRUKTUR.

- Allianz AG, München/Berlin (25%)
- Bayerische Hypo- und Vereinsbank AG, München (über 13%)
- Deutsche Bank AG, Frankfurt/Main (über 9%)
- Dresdner Bank AG, Frankfurt/Main (über 9%)
- Commercial Union plc., London/Großbritannien (fast 4%)
- Rest Streubesitz bei ca. 45.000 in- und ausländischen Aktionären

KONZERNÜBERBLICK. Die Münchener Rück gilt als der größte Rückversicherer der Welt. Sie betreibt alle Sparten des Rückversicherungsgeschäfts und hat als international tätiger Rückversicherer 5.000 Kunden (Versicherungsgesellschaften) in rund 150 Ländern. Die Münchener Rück übernimmt Teile des Risikos dieser Versicherungsgesellschaften und berät sie umfassend im Versicherungsgeschäft. Neben ihrem Stammsitz in München unterhält die Münchener Rück in mehr als 30 Ländern über 60 Außenstellen, um ihren Kunden von dort aus einen schnellen und auf den jeweiligen örtlichen Bedarf zugeschnittenen Service bieten zu können.
Die bedeutendsten Versicherungszweige der Münchener Rück-Gruppe sind die Lebensversicherung (4,5 Mrd. DM Umsatz), die Feuerversicherung (5,3 Mrd. DM), die Kraftfahrtversicherung (4,2 Mrd. DM) sowie die Haftpflichtversicherung (2,7 Mrd. DM). Der Versicherungsbestand in der Lebensrückversicherung lag 1998 bei 699 Mrd. DM.
Im Erstversicherungsgeschäft konzentriert sich die Münchener Rück-Gruppe ganz auf Privatkunden und den gewerblichen Mittelstand. Mit der ERGO und ihren 15 Mio. Kunden verfügt die Münchener Rück über die zweigrößte Erstversicherungsgruppe Deutschlands (nach der Allianz). 1999 wurde als weiteres Standbein die Meag Munich Ergo AssetManagement GmbH errichtet, die neben der Verwaltung der Kapitalanlagen von Münchener Rück und ERGO auch das Asset Management für Dritte betreiben soll.

GROSSFUSION ZUR ERGO VERSICHERUNGSGRUPPE AG. Anfang Juli 1997 gab die Münchener Rückversicherung eine der weitreichendsten Großfusionen der deutschen Versicherungsgeschichte bekannt. Die Versicherungsgesellschaften der Victoria Holding AG, Düssel-

Vorstand:
- *Schinzler, Hans-Jürgen, Dr. (Vorsitzender)*
- *Bauer, Wolf Otto, Dr.*
- *Booth, Clement*
- *Göbel, Dieter*
- *Hasford, Heiner, Dr.*
- *Helbig, Claus, Dr.*
- *Heyd, Stefan*
- *Kluge, Christian*
- *Schneidawind, Detlef, Dr.*
- *von Stockhausen, Hans-Wilmar, Dr.*
- *Wittmann, Karl*

Vorstandsbezüge 1998:
10.374.000,– DM

Aufsichtsrat:
- *Hartmann, Ulrich (Vorsitzender), Düsseldorf*
- *Schulte-Noelle, Henning, Dr. (stellv. Vorsitzender), München*
- *Breuer, Rolf-E., Dr., Frankfurt/Main*
- *Ficker, Rudolf, München*
- *Kargermann, Henning, Prof. Dr., Walldorf*
- *Piëch, Ferdinand, Dr. h.c., Wolfsburg*
- *Pierer, Heinrich von, Dr. Dr. E.h., München*
- *Schmidt, A., Dr., München*
- *Titzrath, Alfons Friedrich, Dr., Frankfurt/Main*

**Appel, Hans-Georg*
**Bach, Herbert*
**Köppen, Gertraud*
**Schneider, Jörg, Dr.*
**Schumann, Klaus, Dr.*
**Stögbauer, Wolfgang*
**Süßl, Josef*
**Vo, Judy*
**Wegmann, Ludwig*

Aufsichtsratstantiemen 1998: *956.000,– DM*

dorf, und ihre Tochtergesellschaft D.A.S. Deutsche Automobilschutz Allgemeine Rechtsschutz-Versicherungs-AG, München, fusionierten mit der Hamburg-Mannheimer AG, Hamburg, und DKV Deutsche Krankenversicherung AG, Köln, unter dem Dach der neu geschaffenen ERGO Versicherungsgruppe AG. Die Münchener Rück, die in ihrem Portfolio bereits ca. 18% an der Victoria und 12% an der D.A.S. besaß, besitzt mit der Einbringung ihrer Mehrheitsbeteiligungen Hamburg-Mannheimer (80%, 20% liegen bei der Allianz) und DKV (61% bei der Münchener Rück, 39% bei der Hamburg-Mannheimer) 56,4% an dem neuen börsennotierten Unternehmen. Der Anteil der Münchener Rück an ERGO wird nach einigen neuerlichen Transaktionen auf 62,9% anwachsen. Damit bündelte die Münchener Rück in der ERGO ihre Erstversicherungs-Aktivitäten. Die Beitragseinnahmen der ERGO-Versicherung liegen bei über 22 Mrd. DM. Hinzu kommen knapp 120 Mrd. DM Kapitalanlagen. Die Victoria-Gruppe brachte allein 10,3 Mrd. DM Prämieneinnahmen ein, D.A.S., Marktführer in Europa für Rechtsschutzversicherungen, rund 800 Mio. DM, die DKV, Europas Nummer eins bei privaten Krankenversicherungen, 5,6 Mrd. DM und die Hamburg-Mannheimer etwa 6,4 Mrd. DM. Die von Düsseldorf aus operierende ERGO hat nach der Fusion rund 40.000 hauptberufliche Mitarbeiter im Innen- und Außendienst. Obwohl jetzt offiziell Konkurrenten, kontrollieren die beiden mächtigen Schwestern Allianz und Münchener Rück jetzt den deutschen und teilweise auch den europäischen Erstversicherungsmarkt wie kein anderes Konglomerat.

BETEILIGUNGEN. Die Münchener Rück verfügt über ein weltweites Netz an Niederlassungen und Tochtergesellschaften. Sie ist – neben der Mehrheitsbeteiligung an ERGO – an zahlreichen Versicherungs-, Vermögensverwaltungs-, Grundstücks- und Investmentgesellschaften beteiligt. Zu den wichtigsten Beteiligungen gehören:

- Rückversicherung: American Re Corporation, Princeton/USA (93%); American Re-Insurance Company, Princeton/USA (93%); Münchener Rück Italia S.p.A., Mailand/Italien (99,9%); Munich American Reassurance Company, Atlanta/USA (100%); Munich Reinsurance Company of Australia Limited, Sydney/Australien (100%); Munich Reinsurance Company of Canada, Toronto/Kanada (100%); Munich Reinsurance Company of Africa Limited, Johannesburg/Südafrika (100%); Great Lakes Reinsurance (UK) PLC, London/Großbritannien (100%); Neue Rückversicherungs-Gesellschaft, Genf/Schweiz (99,9%); Prévoyance Re, S.A., Paris/Frankreich (34%); Torino Riassicurazioni S.p.A., Turin/Italien (100%).
- Erstversicherung: ERGO Versicherungsgruppe AG, Düsseldorf (56,4%); Victoria Versicherung AG, Düsseldorf (55,6%); Victoria Lebensversicherung AG, Düsseldorf (56,2%); Victoria Krankenversicherung AG, Düsseldorf (56,3%); Victoria-Volksbanken Versicherungs-AG, Wien/Österreich (41,5%); DKV Deutsche Krankenversicherung AG, Berlin/Köln (56,5%); Hamburg-Mannheimer Versicherungs-AG, Hamburg (56,4%); Hamburg-Mannheimer N.V., Brüssel/Belgien (54,1%); Hamburg-Mannheimer Sachversicherungs-AG, Hamburg (56,4%); Hamburg-Mannheimer Rechtsschutzversicherungs-AG, Hamburg (56,4%); Karlsruher Lebensversicherung AG, Karlsruhe (54%); Karlsruher Versicherung-AG, Karlsruhe (53%); D.A.S. Deutscher Automobil Schutz Versicherungs-AG, München (55,7%); Euro-

päische Reiseversicherung AG, München (100%); TELA Versicherungs AG, Berlin/München (25%); Union Versicherung-AG, Wien/Österreich (18,8%); Vereinsbank Victoria Bauspar AG, München (16,8%).

● Sonstige Beteiligungen an Versicherungsunternehmen: Allianz AG, Berlin/München (25%); Allianz Lebensversicherungs-AG, Berlin/München (40,6%); Bayerische Versicherungsbank AG, München (45%); Frankfurter Versicherungs-AG, Frankfurt (49,9%); Generali Lloyd AG, München (12,2%); Mecklenburgische Leben Versicherungs-AG, Hannover (25%); Albingia Versicherungs-AG, Hamburg (10%); ASR Verzekeringsgroep N.V., Rotterdam/Niederlande (10,7%); De Amersfoortse Reinsurance Limited, Dublin/Irland (25%).

● Sonstige Beteiligungen an börsennotierten Unternehmen (teilweise über Vermögensverwaltungsgesellschaften gehalten): BHS tabletop AG, Selb (über 25%); Forst Ebnath AG, Ebnath (über 25%); Hochtief AG, Essen (unter 20%); Salamander AG, Kornwestheim (über 10%); WMF Württembergische Metallwarenfabrik AG, Geislingen/Steige (über 10%); Heidelberger Druckmaschinen AG, Heidelberg (unter 10%); Nürnberger Beteiligungs-AG, Nürnberg (unter 7,5%); MAN AG, München (über 5%); Bayerische Hypo- und Vereinsbank AG, München (über 5%); BHF-Bank AG, Frankfurt/Main (6,2%); IKB Deutsche Industriebank AG, Düsseldorf/Berlin (6,2%).

GLOBALE STRATEGIEN UND DER STANDORT DEUTSCHLAND. Einen spektakulären Coup landete die Münchener Rück im August 1996. Für knapp 5 Mrd. DM übernahm sie den drittgrößten Rückversicherer der USA, American Re Corp., Princeton/New York, und baute so ihre führende Stellung in der internationalen Rückversicherung weiter aus. Die USA sind das Land mit dem weltweit größten Versicherungsmarkt; 80% des Geschäftes der American Re entfällt auf die USA. Die Münchener Rück ist aufgrund ihrer weltweiten Aktivitäten von einzelnen regionalen Konjunkturschwankungen bzw. Rezessionen und damit von bestimmten Standorten unabhängig. 1997 wurde die Berlinische Lebensversicherung AG, Berlin/Wiesbaden (64,6% + 30% gehalten von der Allianz AG), an die Commercial Union plc, London/Großbritannien, verkauft.

INNERBETRIEBLICHE BÜNDNISSE. Die Tarifparteien der deutschen Versicherungswirtschaft haben sich im Rahmen der Gehaltstarifverhandlungen auf eine Öffnung des Manteltarifvertrages geeinigt. Vorgesehen ist der Abschluß von freiwilligen Betriebsvereinbarungen zur Verkürzung der Arbeitszeit um bis zu 8 Stunden bei entsprechender Reduzierung der Bezüge zur Vermeidung betriebsbedingter Kündigungen. Die Tarifparteien verpflichteten sich über die Flexibilisierung des Manteltarifvertrages hinaus, über einen Tarifvertrag zur Förderung der Altersteilzeit und über eine Neuregelung des tariflichen Vorruhestandes zu verhandeln.

Die Münchener Rück hat verschiedene interne Betriebsvereinbarungen getroffen, u.a. wurde die flexible Arbeitszeit eingeführt. Danach können die Mitarbeiter Beginn und Ende ihrer Arbeitszeit weitgehend eigenverantwortlich bestimmen. Mindestarbeitszeit pro Tag: 4 Stunden, Höchstarbeitszeit pro Tag: 10 Stunden. Jeder Mitarbeiter verfügt über ein Arbeitszeitkonto. Die Mitarbeiter haben in Absprache mit ihren Vorgesetzten für ihre Organisationseinheit die Verantwortung für das Arbeitszeitmanagement. Überstundenvergütungen wird es nicht

BÖRSE, AKTIEN, KURSE
Grundkapital 1997:
814,8 Mio.
Jahreshöchstkurs 1998:
482,70 DM (246,80 €)
Jahrestiefstkurs 1998:
309,36 DM (158,18 €)
Aktie Jahresende 1998:
403,50 DM (206,31 €)
Dividende pro Aktie 1998:
1,80 DM

Die Dividende bezieht sich auf je 5,– DM Aktiennennbetrag. Die Dividendensumme 1998 betrug 159,0 Mio. DM. 1998 wurde die Umstellung des Geschäftsjahres auf das Kalenderjahr vollzogen (bisher 1.7.-30.6.). Anfang 1999 gab es einen Aktiensplit und eine Kapitalerhöhung für Namensaktionäre. Danach wurden die Inhaberaktien in Namensaktien als einheitliche Aktienkategorie getauscht. Ab 30.11.1999 werden an der Börse nur noch Namensaktien notiert. Dadurch soll die Aktienstruktur der Münchener Rück vereinfacht und der Gang an internationale Börsen ermöglicht werden. Die Vereinheitlichung der Aktien geschieht in Zusammenhang mit der Einführung der nennwertlosen Stückaktie.

Beitragseinnahmen AG 1998: *19.463,7 Mio.*
Beitragseinnahmen AG 1997/98: *19.446,9 Mio.*
Beitragseinnahmen AG 1996/97: *18.540,6 Mio.*
Beitragseinnahmen AG 1995/96: *18.013,6 Mio.*

Konzernumsatz 1998:
49.790,7 Mio.
Konzernumsatz 1997/98:
44.522,3 Mio.
Konzernumsatz 1996/97:
32.181,5 Mio.
Konzernumsatz 1995/96:
28.988,8 Mio.

Gewinn 1998: *1.196,8 Mio.*
Gewinn 1997/98: *1.148,7 Mio.*
Gewinn 1996/97: *698,5 Mio.*
Gewinn 1995/96: *595,5 Mio.*

Steueraufkommen 1998:
1.454,7 Mio.
Steueraufkommen 1997/98:
1.054,5 Mio.

Versicherungsleistungen 1998: *31.999,9 Mio.*
Versicherungstechnische Reserven 1998:
194.989,7 Mio.

Kapitalanlagen 1998:
217.143,3 Mio.
Erträge 1998:
17.102,2 Mio.

Grundstücke und Bauten 1998: *10.825,0 Mio.*
Erträge 1998: *909,0 Mio.*

Beteiligungen 1998:
9.961,0 Mio.
Erträge 1998: *689,0 Mio.*

Beschäftigte 1998:
AG: 2.132; Konzern: 27.465 (davon 4.381 bei den Rück- und 23.084 bei den Erstversicherern)
Beschäftigte 1997/98:
AG: 2.027; Konzern: 23.948
Beschäftigte 1996/97:
AG: 1.940; Konzern: 18.021
Beschäftigte 1995/96:
AG: 1.904; Konzern: 16.343

Löhne und Gehälter AG 1998: *150,8 Mio.*
Löhne und Gehälter AG 1997/98: *271,9 Mio.*
Soziale Abgaben und Aufwendungen AG 1998:
85,0 Mio.
Soziale Abgaben und Aufwendungen AG 1997/98:
101,3 Mio.

mehr geben. Die Titelhierarchie wurde abgeschafft, die Beschreibung und Bewertung von Funktionen wurden eingeführt. Dienstzeitabhängige Vergütungsbestandteile wurden zugunsten leistungsabhängiger Bezüge eingeführt.

UMWELTSCHUTZ. Drei Viertel aller großen Versicherungsschäden basieren auf Naturkatastrophen (verheerenden Stürmen, Hochwasserschäden), nicht zuletzt bedingt durch Klimaveränderungen und den sogenannten Treibhauseffekt. Die von Naturkatastrophen verursachten Gesamtschäden lagen 1998 bei 93 Mrd. US $ (Vorjahr: 30 Mrd. US $). Das Jahr 1998 wird von den Experten der Münchener Rück als ein »außergewöhnlich katastrophenreiches Jahr« bezeichnet. 15 Mrd. US $ (Vorjahr: 4,5 Mrd. US $) der Schäden waren versichert. Nur 1995 lagen die volkswirtschaftlichen Schäden mit 180 Mrd. US $ (u.a. das Erbeben in Kobe/Japan) darüber. Die Zahl der ums Leben gekommenen Menschen lag 1998 bei 50.000 (Vorjahr: 13.000), die vierthöchste Zahl in den letzten Jahrzehnten. Daß mit 15 Mrd. US $ nur rund 16% der Schäden versichert waren, lag an der geringen Versicherungsdichte in den Ländern, die am stärksten von Naturkatastrophen heimgesucht wurden. Die häufigsten Katastrophen waren Stürme, Überschwemmungen und ein schweres Erdbeben in Afghanistan. Ein großes Thema auch 1998 waren die Folgen des Phänomens »El Niño«, mit denen sich die Münchener Rück ausführlich auseinandersetzt. Vergleicht man die 90er Jahre mit den 60er Jahren, so ergibt sich laut Münchener Rück bei der Zahl der »großen« Naturkatastrophen ein Anstieg auf das Vierfache, bei den volkswirtschaftlichen Schäden auf das Achtfache.
Die für die Versicherungswirtschaft größten Katastrophen der letzten Jahrzehnte waren der Hurrikan »Andrew« an der amerikanischen Ostküste (1992) mit einer Schadenssumme von über 15 Mrd. US $ und das Erdbeben 1994 in Northridge/Los Angeles mit über 10 Mrd. US $. Obwohl bei diesen Naturereignissen relativ wenige Menschen ums Leben kamen, verschlangen die versicherten Bauten Milliarden. Gegen Erdbebenschäden, besonders in Ländern der Dritten Welt, bestehen dagegen in der Regel keine bzw. Unterversicherungen. Das Erdbeben im japanischen Kobe 1995 verursachte einen volkswirtschaftlichen Schaden von über 100 Mrd. US $, von dem schätzungsweise 3% versichert war.

FORSCHUNG, ENTWICKLUNG, INNOVATIONEN.
Der Rückversicherer ist von globalen Umwelteinflüssen und Katastrophen oft unmittelbar betroffen. Die von der Münchener Rück bereits 1973 eingerichtete Forschungsgruppe »Geowissenschaften« hat zu diesem Problemkreis zahlreiche Veröffentlichungen, insbesondere die weltweit verbreitete »Weltkarte der Naturgefahren«, erstellt. Ein Schwerpunkt dieser Arbeiten sind Studien zu den Auswirkungen der sich immer deutlicher abzeichnenden Klima- und Umweltveränderungen und zu den möglichen Konsequenzen für die Versicherungswirtschaft bzw. deren Möglichkeiten für Anpassungs- und Abwehrmaßnahmen. Dazu gehören auch die Beratung in der Einschätzung von Umweltrisiken und Service in der Umwelttechnik. Seit Mitte der 80er Jahre werden alle weltweit erfaßten Elementarschaden-Informationen in der zentralen Schadendatenbank „NatCatService“ gesammelt und

analysiert, auch für regionale und globale Gefährdungspotentiale und Trenduntersuchungen. In der jährlich erscheinenden Studie »Topics« analysieren und dokumentieren die Geowissenschaftler der Münchener Rück die Naturkatastrophen des Jahres.

KOMMENTAR. Die Münchener Rück als Rückversicherer ist auf der Welt ohne Vergleich. Die nach der Allianz zweitgrößte deutsche Versicherungsgruppe arbeitet nicht im Blickfeld der Öffentlichkeit, was aber nichts über ihre Effizienz und Bedeutung aussagt. Die Münchener Rück ist deshalb relativ unbekannt, weil sie nicht mit dem Versicherungsnehmer direkt in Berührung kommt, sondern ihre Kunden ausschließlich Versicherungsunternehmen (Erstversicherer) sind, denen entweder ein Risiko zu groß erscheint, deren Versicherungsbestand unausgeglichen ist oder deren freie Reserven das Risiko nicht decken.
Seit ihrer Gründung 1880 war die Gesellschaft auch während aller Wirtschaftskrisen immer in der Lage, große finanzielle Reserven zu bilden, die sie auch bei extrem hohen Schadensfällen niemals einbrechen ließ. Die Kriegsjahre ausgenommen, zahlte die Münchener Rück ihren Aktionären regelmäßig Dividende. Denn ein wesentlicher Geschäftsbereich der Münchener Rück besteht darin, ihr Geld anzulegen und »arbeiten« zu lassen.

Personalaufwand Konzern 1998: *3.319,9 Mio.*
Personalaufwand Konzern 1997/98: *2.896,1 Mio.*

Bezüge pro Vorstandsmitglied 1998: *943.091,– DM*
Tantiemen pro Aufsichtsrat 1998: *53.111,– DM*

Mitbewerber: *Employers Re, ERC Frankona, General Re, Gerling-Konzern Globale Rück, Hannover Rück, Kölnische Rück, Schweizer Rück*

Neckermann siehe Karstadt

NESTLÉ DEUTSCHLAND

GESCHICHTE UND ENTWICKLUNG. 1868 hatte der 1814 in Frankfurt am Main geborene Apotheker und Chemiker Henri Nestlé, der seit 1843 im schweizerischen Vevey lebte, das von ihm ein Jahr zuvor erfundene Kindermehl auf den Markt gebracht. 1875 verkaufte er das Unternehmen an eine Gesellschaft in Vevey, die unter Farine Lactée Henri Nestlé S.A. firmierte. 1902 Gründung der Nestlé Kindermehl GmbH in Berlin; 1903 Produktion von Kindernahrung im neuen Werk Hegge/Allgäu. Die Geschichte von Nestlé Deutschland geht zurück auf das Jahr 1874. Damals begann in der Nähe von Lindau am Bodensee – 1866 hatten die Gebrüder Page die gezuckerte Kondensmilch erfunden – die Anglo-Swiss Condensed Milk Company, ebenfalls 1866 im schweizerischen Cham gegründet, mit der Herstellung gezuckerter Kondensmilch der Marke »Milchmädchen«, die heute als älteste deutsche Nestlé-Marke gilt. 1875 Erfindung der Milchschokolade durch Daniel Peter. 1905 Fusion von Nestlé und Anglo Swiss, aus der u.a. die Linda GmbH für kondensierte Milch und Kindermehl in Lindau hervorging. 1928 fusionierte Linda mit der Schokoladenfabrik Otto & Quanz AG, Hattersheim, zur Deutschen AG für Nestlé-Erzeugnisse. 1929 Übernahme der Sarotti AG, Berlin, unter Eingliederung des Hattersheimer Schokoladenwerkes; 1938 Erfindung des Nescafés; 1947 Fusion der Unternehmen Nestlé und Maggi (1846 von Julius Maggi gegründet, der 1884 die Fertigsuppe entwickelte) zur weltweit agierenden Nestlé Alimentana AG. 1970 Umzug in das Frankfurter Nest-

Standort:
Lyoner Straße 23 (Nestlé-Haus)
60528 Frankfurt/Main

Postanschrift:
60523 Frankfurt/Main

Telefon: *(069) 6671-0*
Telefax: *(069) 6671-3190*
Internet: *www.nestle.de*

Branche:
Nahrungsmittelindustrie

Rechtsform:
Aktiengesellschaft

Geschäftsjahr: *1.1.-31.12.*

Gründungsjahr: *1874; Nestlé AG 1987*

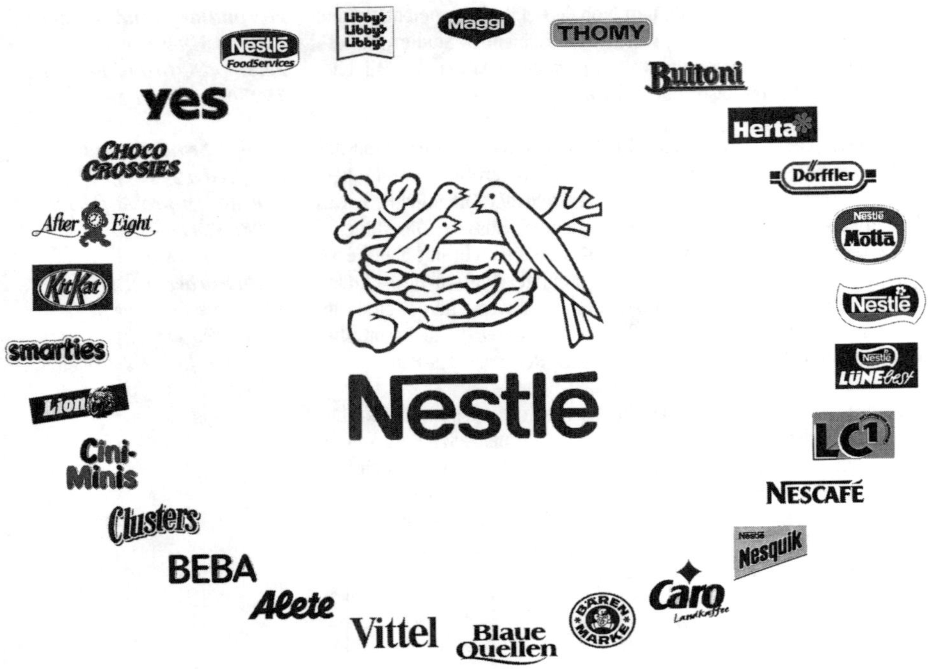

lé-Haus. 1970 Übernahme von Libby; 1971 Fusion mit der Ursina-Franck AG und damit Zugewinn der Allgäuer Alpenmilch AG, München, und der Unifranck GmbH, Ludwigsburg; 1974 Erwerb der Mehrheitsanteile der Blaue Quellen Mineral- und Heilbrunnen AG, Rhens. Weitere Akquisitionen in den 70er und 80er Jahren, u.a. 1983 Erwerb der Firmengruppe Auer, Köln, 1984 Erwerb von 50% der Münchener Kafferösterei Alois Dallmayr. 1987 Erwerb der Herta-Artland-Dörffler-Gruppe (Fleisch- und Wurstwaren). 1989 Übernahme der Rowntree Mackintosh GmbH, Hamburg, und anschließende Verschmelzung auf die Nestlé-Gruppe.

Die deutschen Nestlé-Gesellschaften waren bis 1970 nur lose miteinander verbunden. Nachdem 1973 die Nestlé-Gruppe-Deutschland gegründet und 1984 in Nestlé-Maggi GmbH umfirmiert worden war, fusionierten 1987 die Nestlé-Maggi GmbH mit allen Tochtergesellschaften sowie die Allgäuer Alpenmilch AG mit Unifranck GmbH und die Glücksklee GmbH zur Nestlé Deutschland AG in Frankfurt/Main.

BESITZVERHÄLTNISSE/EIGENTUMSSTRUKTUR.
- Nestlé S.A., Cham-Vevey/Schweiz (97,22%)
- Rest Streubesitz

KONZERNÜBERBLICK. Die deutsche Nestlé-Gruppe besteht aus dem Konzern Nestlé Deutschland AG, der Blaue Quellen Mineral- und Heilbrunnen AG, der Dallmayr-Beteiligung (50%) sowie der Cereal Partners Deutschland (CPD)-Beteiligung (50% – Frühstücksartikel). Der Gruppen-Umsatz (Nestlé AG, Blaue Quellen, Dallmayr, CPC) lag 1998 bei

Presse- und Öffentlichkeitsarbeit:
Barbara Nickerson
Tel.: (069) 6671-2537
Fax: (069) 6671-3190
E-Mail: barbara.nickerson@de.nestlé.com

Verbände: *Bundesverband für Lebensmittelrecht und Lebensmittelkunde e.V., Bonn*

Vorstand:
- *Güldenberg, Hans G. (Vorsitzender)*
- *Baudrexel, Werner, Dr.*
- *Bischof, Hans-Dieter*
- *Gohlke, Karl-Heinz*
- *Majer, Wolfgang, Dr.*
- *Nekola, Manfred, Dr.*
- *Ringel, Karl-Heinz*
- *Saelzle, Rainer, Dr.*
- *Sattler, Klaus*

Vorstandsbezüge 1998:
5.743.000,– DM

7.830 Mio. DM. Die gesamte Gruppe beschäftigte 14.500 Mitarbeiter. Die Blaue Quellen AG steht außerhalb des deutschen Nestlé-Konzerns. Alle aufgeführten Zahlen beziehen sich auf die Nestlé Deutschland AG (Konzern) mit allen Betriebsführungs- und Tochtergesellschaften, incl. der Dallmayr-Beteiligung und CPD, aber ohne Blaue Quellen. Vor der Deutschen Unilever GmbH ist Nestlé der größte Lebensmittelkonzern in Deutschland. 1998 brachte Nestlé wiederum über 100 Produktneuheiten auf den Markt.
Nestlé hat traditionell immer größten Wert auf Markenartikel und deren hohe Qualität gelegt. Nestlé-Namen sind Synonyme für ganze Marktsegmente, die vielfach – wie beispielsweise Nescafé und Bärenmarke – absolute Marktführer sind. Der Konzern spricht in diesem Zusammenhang auch von »Markenpersönlichkeit«. Nestlé Deutschland ist mit etwa 2.000 Artikeln in 50 Produktmärkten aktiv, deren Umsatzvolumen jeweils größer als 50 Mio. DM ist. In 50 von 80 Marktsegmenten ist Nestlé auf den Plätzen eins oder zwei in Deutschland und damit in allen Supermärkten und Haushalten präsent.
In der Nestlé Deutschland AG als einheitliche Dachgesellschaft mit Sitz in Frankfurt/Main ist die Mehrzahl der deutschen Nestlé-Aktivitäten zusammengefaßt. Sie nimmt sämtliche Administrations- und Koordinationsaufgaben wahr, während das operative Geschäft von Betriebsführungs- und Tochtergesellschaften unter ihren Marken ausgeübt wird. Zur Nestlé Deutschland AG gehören insgesamt 25 Werke und vier Verteilzentren in Nürnberg, Gladbeck, Hattersheim und Bad Essen – zum Umschlag von über sieben Milliarden Artikeln pro Jahr aus dem Nahrungs- und Genußmittelsortiment.
◆ Nestlé Deutschland unterteilt sich in vier Produktgruppen mit zahlreichen Marken. Getränke: Nescafé, Nesquik, Nestlé, Nestea, Moderna, Caro, Kneipp, Linde's, Kathreiner, Dallmayr. Milch-, Diätetikprodukte und Speiseeis: Bärenmarke, Glücksklee, Libby's, Nestlé Milchmädchen, Coffee-mate, LC1, Lünebest, Nesquik, Nestlé Beba, Aletemil, Aponti, Alete, Tino, Clinutren, Motta. Fertiggerichte, Produkte für die Küche (und diverse Aktivitäten): Maggi – wird mit einem Sortiment von über 200 Artikeln in 90% aller deutschen Haushalte verwendet –, Culinar, Chef, Benedict, Dörffler, Thomy, Libby's, Herta, Buitoni, Bübchen, Engelfrost, Smild, Friskies Gourmet, Matzinger, Doko, Felix, Bonzo. Schokolade und Süßwaren: KitKat, Lion, Nuts, Rolo, Butterfinger, Smarties, Nestlé Schoko Wunderkugel, Caramac, Yes, Bärenmarke Bären-Snack, After Eight, Choclait Chips, Choco Crossies, Quality Street, 7-Länder-Spezialitäten, Nestlé Die Weisse, Jung.
Die umsatzmäßig bedeutendsten Unternehmen sind: Nestlé Alete GmbH (Kindernahrung, Pflegeprodukte); Nestlé Chocoladen GmbH (Schokoladenaktivitäten, u.a. von Rowntree Mackintosh); Nestlé Erzeugnisse GmbH (Instant-Getränke, Kaffeemittel); Nestlé Foodservice GmbH (Produkte für Großverbraucher); Nestlé Milchfrischprodukte GmbH (Milchfrischprodukte); Maggi GmbH (kulinarische Produkte; Würzmittel, Suppen, Brühen, Soßen, Fertiggerichte); Herta GmbH (Fleisch- und Wurstwaren); Nestlé Motta GmbH (Eiskremgeschäft).
◆ Zur Blaue Quellen AG, Rhens am Rhein, gehören folgende Betriebsstätten: Rhenser Mineralbrunnen, Rhens am Rhein; Fürst Bismarck-Quelle im Sachsenwalde, Aumühle; Neuselters Mineralquelle, Selters an der Lahn; Harzer Grauhof-Brunnen, Goslar-Grauhof; Rietenauer Mineralquelle, Aspach-Rietenau.

Aufsichtsrat:
▌ *Maucher, Helmut, Dr. h.c. (Ehrenvorsitzender; Präsident des Verwaltungsrates der Nestlé AG), Vevey/Schweiz*
▌ *Raeber, Robert (Vorsitzender; Generaldirektor der Nestlé AG), Vevey/Schweiz*
▌ *Bossle, Rudolf, Dr. (ehem. Mitglied des Vorstandes der Nestlé Deutschland AG), Offenbach*
▌ *Corti, Mario A., Dr. (Generaldirektor der Nestlé AG), Vevey/Schweiz*
▌ *Heydebreck, Tessen von, Dr. (Mitglied des Vorstandes der Deutsche Bank AG), Frankfurt/Main*
▌ *Jahr-Stilcken, Angelika (Verlags-Geschäftsführerin, Gruner + Jahr AG & Co. Druck- und Verlagshaus), Hamburg*
▌ *Lipp, Ernst-Moritz, Prof. Dr. (Mitglied des Vorstandes der Dresdner Bank AG), Frankfurt/Main*
▌ *Nörr, Rudolf, Dr. (Rechtsanwalt), München*
▌ *Rüschen, Gerhard, Dr. (ehem. Vorsitzender des Vorstandes der Nestlé Deutschland AG), Bad Soden*
**Möllenberg, Franz-Josef (stellv. Vorsitzender)*
**Brandt, Gerd*
**Brauner, Manfred*
**Groß, Günter*
**Hohenstein, Roland*
**Lindner, Jörg*
**Pieper, Bernhard*
**Söhnel, Klaus*

Aufsichtsratstantiemen 1998: *270.000,– DM*

Umsatz 1998: *5.276,2 Mio.*
Umsatz 1997: *5.202,4 Mio.*
Umsatz 1996: *5.373,3 Mio.*

Gewinn 1998: *219,4 Mio.*
Gewinn 1997: *144,7 Mio.*
Gewinn 1996: *152,1 Mio.*

Cash flow 1998: *216,0 Mio.*
Cash flow 1997: *376,0 Mio.*
Cash flow 1996: *326,0 Mio.*

Cash flow: *Investiert wurde in zahlreiche Projekte in allen Nestlé-Werken.*

Steueraufkommen 1998: *40,2 Mio.*

Grund- bzw. Stammkapital 1998: *419,1 Mio.*

Anzahl der Werke 1998: *25*

BETEILIGUNGEN. Folgende Tochterunternehmen gehören zu 100% zur Nestlé Deutschland AG: Ali Nahrungs- und Genußmittel GmbH, Frankfurt/Main; Allgäuer Alpenmilch GmbH, München; Alpursa Lebensmittel GmbH, Frankfurt/Main; Aponti Vertriebs-GmbH, München; Benedict Lebensmittel GmbH, Frankfurt/Main; Bio-Vollwert Vertriebs-GmbH Diät- und Lebensmittel, München; Bübchen-Werk Ewald Hermes Pharmazeutische Fabrik GmbH, Soest; Deutsche Libby GmbH, Frankfurt/Main; Deutsche Tomy GmbH, Karlsruhe; Eiskrem-Vertriebsgesellschaft mbH, Altenstadt; Food Ingredients Specialties Deuschland GmbH, Frankfurt/Main; Friskies Tiernahrung-GmbH, München; Hanseatische Lebensmittel GmbH, Hamburg; Gebr. Jung GmbH, Frankfurt/ Main; Herta GmbH, Herten; Herta Polska Sp. z o.o., Warschau/Polen; Maggi GmbH, Singen; Maggi Kochstudio Treff GmbH, Frankfurt/Main; Milasan GmbH, Stendal; Nähr-Engel GmbH, Frankfurt/Main; Natra Nahrungsmittel-Speditions-GmbH, Frankfurt/Main; Nescafé out of Home GmbH, Frankfurt/Main; Nestlé-Alete-GmbH, München; Nestlé Clinical Nutrion GmbH, München; Nestlé Chocoladen GmbH, Berlin; Nestlé Erzeugnisse GmbH, Frankfurt/Main; Nestlé Coffee Specialties Deutschland GmbH, Düsseldorf; Nestlé Milchfrischprodukte GmbH, Frankfurt/Main; Nestlé Foodservice GmbH, Frankfurt/Main; Nestlé Motta GmbH, Frankfurt/Main; Orata Nahrungsmittel GmbH, Euskirchen; Rowntree Mackintosh GmbH, Hamburg; Schleswig'sches Milchwerk Kappeln GmbH, Kappeln; »Schoko« Schokoladen- und Süßwaren GmbH, Frankfurt/Main; Spratts Tiernahrung GmbH, Euskirchen; Tino Engel Direkt Service GmbH, Frankfurt/Main; Unifranck Lebensmittel GmbH, Ludwigsburg; Vogt GmbH, Berlin; Warncke Eiskrem GmbH, Frankfurt/Main; WCO Kinderkost GmbH Conow, Conow. – Blaue Quellen AG, Rhens (über 90%); Alois Dallmayr oHG, München (50%); C.P.D. Cereal Partners Deutschland GmbH & Co. oHG, Frankfurt/Main (50%); Mineralbrunnen Überkingen-Teinach AG, Bad Überkingen (34,7% – Besitz der Markenrechte an Afri-Cola und Bluna).

GLOBALE STRATEGIEN UND DER STANDORT DEUTSCHLAND. Nestlé ist als größter Nahrungsmittelhersteller der Welt der Global Player schlechthin und auf allen Kontinenten in 80 Staaten vertreten. Der Nestlé-Konzern besitzt weltweit über 520 Produktionsstätten. Nestlé erzielte 1998 weltweit einen Umsatz von knapp 72 Mrd. Schweizer Franken und beschäftigte 232.000 Mitarbeiter. Hauptumsatzträger ist der Bereich Milchprodukte, Ernährung und Speiseeis, gefolgt von Getränken. Mit der Übernahme des Getränkeherstellers Perrier stieg Nestlé zur weltweiten Nummer eins bei Mineralwassern auf; im Bereich Schoko- und Malzgetränke ist Nestlé weltweit ebenfalls die Nummer eins. 1998 wurde die US-amerikanische Spiller Petfoods übernommen, womit Nestlé die weltweite Nummer zwei im Heimtiermarkt wurde. Ebenso wurde der italienische Mineralwasserhersteller San Pellegrino erworben. Insgesamt wurden 1998 rund 4 Mrd. DM für Großakquisitionen ausgegeben. Nestlé expandiert besonders in Asien. In der Volksrepublik China soll jedes Jahr mindestens eine neue Fabrik eröffnet werden; in China ist der Konzern bereits mit einem Dutzend Fabriken präsent. Neue lukrative Märkte werden auf den Philippinen und in Indien erschlossen. Mit 26% ist Nestlé am Kosmetikkonzern L'Oréal beteiligt.
Am Standort Deutschland wird meistens auf die Vorgaben aus der Schweiz reagiert. So übernahm Nestlé Deutschland nach der Akquisi-

tion des Tierfutterherstellers Spillers die Spillers Deutschland GmbH, legte sie mit der Friskies Tiernahrung GmbH zusammen und verschmolz sie auf die Nestlé Deutschland GmbH.
Die Nestlé Reformwaren GmbH und damit das Geschäft mit Reformhausprodukten mit den Marken Tarex und Dr. Ritter wurde verkauft. Die Dany Snack GmbH wurde ebenso veräußert wie zuvor das Herta-Frischfleischgeschäft. 1998 wurde die Marke Sarotti an die Stollwerck AG veräußert. Die Verwaltung der Motta Eiskrem GmbH wurde nach Frankfurt/Main verlegt und in Nestlé Motta GmbH umfirmiert. Neu gegründet wurde die Milasan GmbH (Babynahrung). Mit der Übernahme der Nähr-Engel GmbH, Darmstadt, wurde das Großküchen- und Industriegeschäft im Bereich Foodservice erweitert. Dallmayr übernahm alle Anteile der Azul Kaffee. Mit der Zusammenlegung der Außendienste der Nestlé Chokoladen GmbH und der Nestlé Erzeugnisse GmbH entstand 1998 eine der größten Vertriebsorganisationen.

INNERBETRIEBLICHE BÜNDNISSE. In zahlreichen Nestlé-Betrieben wurden Arbeitszeit- und Gleitzeitmodelle eingeführt, die in Einzelfällen auch Einsatzmöglichkeiten an Samstagen vorsehen. Durch diese Regelungen will man den Personaleinsatz besser der Auftragslage anpassen. Eingeführt wurde die Teilzeitarbeit. Nestlé forciert flache Organisationsstrukturen, die Reduzierung von Hierarchieebenen sowie die Arbeit in Projektteams und Projektgruppen. 1998 hatte die deutsche Nestlé im Durchschnitt 300 Auszubildende. Bereits Ende der 80er Jahre vereinbarten die Nestlé-Gruppe Deutschland und die Gewerkschaft Nahrung-Genuß-Gaststätten einen Rahmenplan zur Frauenförderung in den Betrieben. Der Anteil der Frauen liegt jetzt bei 36%.

UMWELTSCHUTZ. In einem Konzern, der hochwertige Nahrungsmittel produziert, ist Umweltschutz Pflicht, weil Umweltschutz gleichzeitig auch Profit bedeutet. Qualität ist in der Nestlé-Philosophie daher Maßstab für jede Tätigkeit. Ökologische Aspekte sind Bestandteil des gesamten Lebenszyklus eines Produktes: von der Entwicklung über die Auswahl der Rohstoffe, die Technologie, die Entscheidung zur Anlageninvestition bis zur Art der Vermarktung. Nestlé betreibt betriebliche Umwelt-Managements in den Bereichen Luft, Geruchsbelästigung, Staub, Wasser, Boden und Verpackung für alle 25 Werke. In den fünf Werken, in denen Alete-Kindernahrung und Kinderpflegemittel hergestellt werden, wurden Umweltmanagement-Systeme aufgebaut.

FORSCHUNG, ENTWICKLUNG, INNOVATIONEN.
Forschung und Entwicklung von Nestlé-Produkten erfolgen unter der Verantwortung der Nestlé AG, Vevey, im Zentrum für Grundlagenfor-

Beschäftigte 1998: *12.585*
Beschäftigte 1997: *12.181*
Beschäftigte 1996: *12.331*

Umsatz pro Mitarbeiter 1998: *419.245,– DM*
Umsatz pro Mitarbeiter 1997: *427.091,– DM*
Umsatz pro Mitarbeiter 1996: *435.755,– DM*

Löhne und Gehälter 1998: *862,1 Mio.*
Löhne und Gehälter 1997: *849,7 Mio.*
Durchschnittsgehalt 1998: *68.502,– DM*
Soziale Abgaben und Aufwendungen 1998: *225,1 Mio.*
Soziale Abgaben und Aufwendungen 1997: *209,2 Mio.*

Bezüge pro Vorstandsmitglied 1998: *638.111,– DM*
Tantiemen pro Aufsichtsrat 1998: *16.875,– DM*

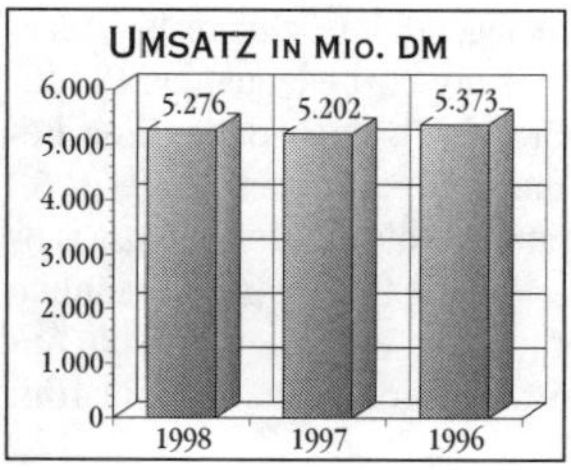

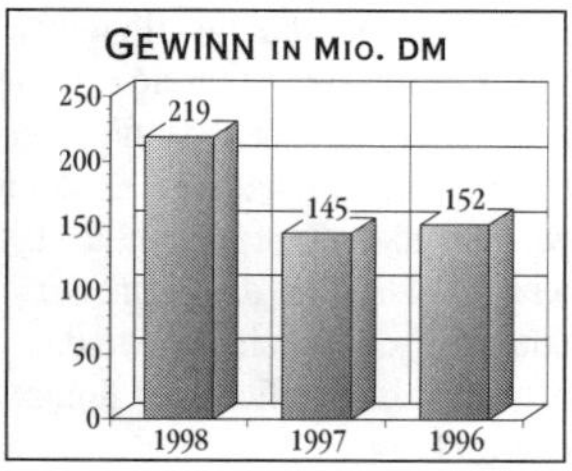

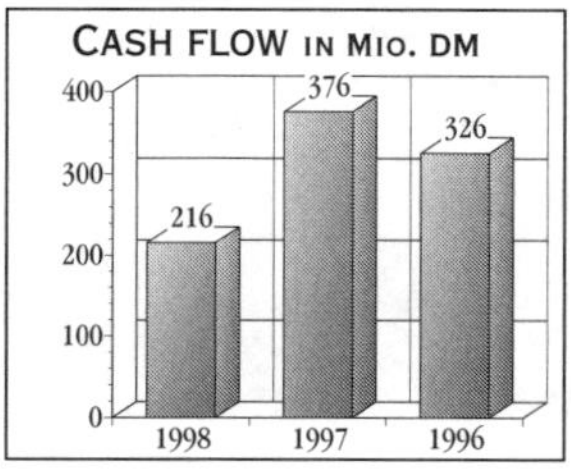

Investitionen 1998:
150,0 Mio.
Investitionen 1997:
180,0 Mio.
Investitionen 1996:
194,0 Mio.

Mitbewerber: *Ferrero, Imhoff, Jacobs Suchard, Mars, Philip Morris, Oetker, Stollwerck, Südzucker, Tchibo, Unilever*

schung in Vers-chez-les-Blanc bei Lausanne/Schweiz, das als die größte und umfassendste Forschungseinrichtung der Nahrungsmittelindustrie weltweit gilt, sowie in 18 Entwicklungszentren in elf Ländern. Zwei der weltweit 18 Entwicklungszentren haben ihren Sitz in Deutschland – in Ludwigsburg und in Weiding bei Mühldorf/Inn. Für Forschung und Entwicklung wendet Nestlé jährlich über 700 Mio. Schweizer Franken auf. 2.500 Mitarbeiter verschiedenster wissenschaftlicher Disziplinen arbeiten in diesem Bereich. Produktqualität wird als Teil der Kundenzufriedenheit definiert.

NUR-Touristic siehe Karstadt Quelle

OETKER

Standort:
Lutterstraße 14
33617 Bielefeld

Telefon: *(0521) 155-0*
Telefax: *(0521) 155-2995*
Internet: *www.oetker.de*

Branche: *Nahrungsmittel, Bier und alkoholfreie Getränke, Sekt, Wein und Spirituosen, Schiffahrt, Finanzdienstleistungen*

Rechtsform:
Kommanditgesellschaft

Geschäftsjahr: *1.1.-31.12.*

Gründungsjahr: *1891*

Öffentlichkeitsarbeit:
Dr. Rolf Mühlmann
Tel.: (0521) 155-2916
Fax: (0521) 155-2995
E-Mail: Presse@oetker.de

Verbände: *Oetker ist in allen wichtigen Verbänden der Nahrungs- und Genußmittelindustrie vertreten.*

GESCHICHTE UND ENTWICKLUNG. 1891 entwickelte der junge Apotheker Dr. August Oetker das von Justus Liebig erfundene Backpulver zu dem Markenartikel »Backin«. Er ließ die für 500 Gramm Mehl erforderliche Menge Backpulver in Tüten zum Preis von 10 Pfennig abfüllen und garantierte den Hausfrauen das 100%ige Gelingen ihres Kuchens. Die steigende Nachfrage führte zur industriellen Fertigung. 1900 wurde der »Hellkopf« eingeführt, das Markenzeichen für alle auf den Markt kommenden Oetker-Artikel. 1906 wurden jährlich bereits 50 Mio. Päckchen Backpulver produziert, 1908 die erste Auslandsfertigung in Wien errichtet. Von Anbeginn fanden die Dr. Oetker Koch- und Backbücher reißenden Absatz. Es folgte die Akquisition zahlreicher Nahrungsmittelfabriken. Als 1918 August Oetker starb, gehörte das Unternehmen mit 305 Mio. Päckchen Backpulver jährlich zu den bedeutendsten seiner Art. Nachfolger Dr. August Oetkers wurde Richard Kaselowsky, den die Witwe des Gründersohnes in zweiter Ehe heiratete. In den 20er Jahren wuchs das Unternehmen durch die Gründung zahlreicher neuer Produktionsstätten in ganz Europa. 1943 trat Rudolf August Oetker, Enkel des Gründers, in die Geschäftsführung ein. Nachdem die Familie Kaselowsky bei einem Bombenangriff ums Leben gekommen war, wurde Rudolf August Oetker alleiniger Inhaber des Unternehmens.
1946 begann Rudolf August Oetker mit dem Wiederaufbau der zerstörten Betriebe und diversifizierte das Unternehmen. Er akquirierte zahlreiche Brauereien und baute die Reederei und Handelsflotte auf und aus. In den 50er Jahren kam es zur vollständigen Übernahme der »Hamburg-Süd«, an der die Oetkers sich schon in den 30er Jahren beteiligt hatten. Es folgten zahlreiche Gründungen von Tochtergesellschaften und Beteiligungen überwiegend im Schiffahrts-, Bier- und Nahrungsmittelbereich sowie Akquisitionen bedeutender Produzenten, u.a. Langnese-Honig, Martin Braun KG, Copa Bade. Eine Beteiligung am Bielefelder Bankhaus Lampe bestand seit 1949; 1963 wurde Oetker Komplementär. 1984 trat der Sohn Rudolf August Oetkers und Urenkel des Firmengründers, August Oetker, als persönlich haftender Gesellschafter in das Unternehmen ein. Vater Rudolf August aber blieb alleiniger Kommanditist und graue Eminenz im Hintergrund.

BESITZVERHÄLTNISSE/EIGENTUMSSTRUKTUR.
● Die Obergesellschaft des Konzerns ist die Dr. August Oetker KG, Bielefeld. Der Konzern gehört der Familie Oetker über Rudolf August Oetker (100% Kommanditist). Große Teile des Konzerns wurden 1990 auf acht Kinder aus drei Oetker-Ehen übertragen. Komplementäre: August Oetker, Dr. Ernst F. Schröder.

KONZERNÜBERBLICK. Die Oetker-Gruppe gliedert sich in folgende Geschäftsbereiche: Nahrungsmittel; Bier und alkoholfreie Getränke; Sekt, Wein und Spirituosen; Schiffahrt; Finanzdienstleistungen und Weitere Interessen. Die Geschäftsbereiche Bier und alkoholfreie Getränke; Sekt, Wein und Spirituosen sowie Finanzdienstleistungen zählen nicht zum Konsolidierungskreis.

◆ Geschäftsbereich Nahrungsmittel: Dr. August Oetker Nahrungsmittel gehört zu den bedeutendsten und größten Unternehmen der deutschen Nahrungsmittelindustrie. Das Geschäft mit Nahrungsmitteln wird von der Oetker International GmbH geführt. Oetker International ist in 24 Ländern durch eigene Produktions- und Vertriebsgesellschaften im Nahrungsmittelbereich tätig. Die 400 Produkte umfassende Angebotspalette beinhaltet Nahrungsmittel vom Trockenbereich bis zum gekühlten und tiefgekühlten Sortiment. Dr. Oetker produziert in insgesamt acht inländischen Werken. In den Betrieben Bielefeld (Stammwerk), Brackwede und Oerlinghausen werden Backhilfsmittel (Backpulver Backin, Vanillin-Zucker, Tortenguß, Gustin), Backmischungen, Desserts (u.a. Götterspeise), Cerealien (Müslis) und Einmachhilfen (Gelierzucker, Gelfix etc.) produziert. In Wittlich werden Tiefkühl-Backwaren hergestellt (Pizzen, Aufbackkuchen), in Ettlingen alle Eisprodukte von Dr. Oetker sowie Landliebe Eiskrem. Im Betrieb Bargteheide werden die Langnese-Honige abgefüllt. Im Werk Wittenburg (Mecklenburg) werden Pizzen und Tiefkühl-Backwaren hergestellt, im neuen Costa-Werk Emden Fisch- und Meeresspezialitäten. Ausländische Produktionsstätten besitzt Oetker in Italien, Frankreich, der Schweiz, Kanada, Brasilien sowie in Polen, Ungarn, Tschechien, der Slowakei, Rumänien, Slowenien, Kroatien und Mazedonien. Zum Nahrungsmittelbereich gehören auch die Unternehmen Langnese Honig KG, die Martin Braun Backmittel und Essenzen KG, die schweizerische Agrano AG, die ETO Nahrungsmittel KG mit der Fleischer GmbH und drei Großhandlungen für Gastronomie. Umsatz 1998: 2.195 Mio. DM (Vorjahr: 2.197 Mio.); Beschäftigte 1998: 6.430 (Vorjahr: 6.574).

◆ Geschäftsbereich Bier und alkoholfreie Getränke: Die Brauerei-Interessen Oetkers sind in der Binding-Brauereigruppe gebündelt. Dazu gehören die Frankfurter Binding-Brauerei AG (Binding Lager, Binding Export, Binding Römer Pils, Schöffhofer Weizen, Clausthaler), die Berliner Kindl Brauerei AG (Berliner Kindl Pils, Potsdamer Rex Pils), die Dortmunder Actien-Brauerei AG (DAB, Kronen, Thier), die Radeberger Exportbierbrauerei GmbH, die Krostitzer Brauerei GmbH bei Leipzig, die Allgäuer Brauhaus AG in Kempten und die Brauereigesellschaft vorm. Meyer & Söhne in Riegel. In Tschechien betreibt die Bindung-Brauereigruppe seit 1998 die Königliche Brauerei Krušovice bei Prag, in Polen die Brauerei Dojlidy in Bialystok. Zur Binding-Brauereigruppe zählt auch die Selters Mineralquelle Augusta Victoria GmbH in Löhnberg an der Lahn. Umsatz 1998: 1.862 Mio. DM (Vorjahr: 1.913 Mio.); Beschäftigte 1998: 3.606 (Vorjahr: 3.706).

Konzernleitung:
- *Oetker, August*
- *von Bassewitz, Christian Graf*
- *Erbrich, Klaus Peter*
- *Meves, Klaus, Dr.*
- *Schröder, Ernst F., Dr.*
- *Wiegmann, Hans-Henning, Dr.*

August Oetker ist persönlich haftender Gesellschafter der Holding und Vorsitzender der Geschäftsleitung des Konzern-Herzstücks Dr. August Oetker Nahrungsmittel KG, Bielefeld, und der Oetker International GmbH.

Bezüge der Konzernleitung 1998: *keine Angaben*

Beirat:
Dem Beirat der Dr. August Oetker KG gehören an:
- *Oetker, Rudolf August (Vorsitzender)*
- *Sandler, Guido, Dr.*
- *Stelbrink, Rudolf*

Persönlich haftende Gesellschafter der Dr. August Oetker KG:
- *Oetker, August*
- *Schröder, Ernst F., Dr.*

Umsatz 1998: *5.235,7 Mio. (davon Ausland: 58%)*
Umsatz 1997: *5.418,1 Mio. (davon Ausland: 57%)*
Umsatz 1996: *4.998,4 Mio. (davon Ausland: 53%)*

Einschließlich der Geschäftsbereiche Bier und Sekt, die nicht unter der einheitlichen Leitung der Dr. August Oetker KG stehen und nicht im Konsolidierungskreis der Oetker-Gruppe auftauchen, betrug der Gesamt-Umsatz der Oetker-Gruppe 1998 8.229,0 Mio. DM (Vorjahr: 8.247,0 Mio.). Die Investitionen beliefen sich für diesen Kreis auf 622,0 Mio. DM (Vorjahr: 675,0 Mio.).
Eine Gewinn- und Verlustrechnung wird nicht veröffentlicht. Der Oetker-Konzern schweigt sich über Interna aus und betont immer wieder die Rolle des Familienunternehmens.

Cash flow 1998: *über 350,0 Mio.*
Cash flow 1997: *über 350,0 Mio.*
Cash flow 1996: *über 350,0 Mio.*

Cash flow: *Genaue Angaben über den Cash flow werden nicht gemacht, da sich daraus, so Oetker, der Gewinn ablesen läßt.*

Grund- bzw. Stammkapital 1998: *250,0 Mio.*

◆ Geschäftsbereich Sekt, Wein und Spirituosen: Die Sekt-, Wein- und Spirituoseninteressen Oetkers sind in der Henkell & Söhnlein-Gruppe mit der Henkell & Söhnlein Sektkellereien KG, Wiesbaden, gebündelt. Die Sektmarken der Henkell & Söhnlein-Gruppe erreichten 1998 in Deutschland einen Marktanteil von 25%: Henkell Trocken, Fürst von Metternich, Deinhard Lila, Deinhard Cabinet (Deinhard AG Sektkellereien), Söhnlein Brillant und Rüttgers Club. Hinzu kommen verschiedene Weinmarken, die Wodka-Marke Gorbatschow und das brasilianische Importgetränk Batida de Coco. Zu Oetker gehört die Schloss Johannisberger Weingüterverwaltung, ein Zusammenschluß der beiden Weingüter Fürst von Metternich-Winneburg'sche Domäne Schloss Johannisberg und G.H. von Mumm'sches Weingut, Johannisberg. Henkell & Söhnlein besitzt die ungarischen Sekt- und Weinunternehmen Hungarovin und Balaton Boglar und ist Marktführer in Ungarn. Henkell & Söhnlein Polen erwarb die Mehrheit an der Vinpol GmbH in Thorn/Polen (Dessertweine, Schaumweine, Wermutmarken). Umsatz 1998: 1.132 Mio. DM (Vorjahr: 916 Mio.); Beschäftigte 1998: 1.967 (Vorjahr: 1.872).

◆ Geschäftsbereich Schiffahrt: Oetker gehört zu den traditionsreichsten Reedereien Deutschlands, die auf allen großen Schiffahrtslinien der Welt verkehrt. Die Linienschiffahrt von der Ost-, Golf- und Westküste Nordamerikas nach Australien und Neuseeland, die Columbus Line, ist in ihrem Segment Marktführer und die umsatzstärkste Route. Die Flotte der unter Leitung der »Hamburg Süd« stehenden Oetker-Schiffahrtgruppe umfaßt 72 Schiffe – 21 gruppeneigene und 51 Charterschiffe. Die Flotte der »Hamburg Süd« verfügt über einen Container-Bestand von 62.000 Einheiten, allein 15.000 Isoliercontainer für den Transport von Kühlgütern. Umsatz 1998: 1.967 Mio. DM (Vorjahr: 2.049 Mio.); Beschäftigte 1998: 1.723 (Vorjahr: 1.744).

◆ Geschäftsbereich Finanzdienstleistungen: Zur Oetker-Gruppe gehört eine der führenden deutschen Privatbanken, das Bielefelder Bankhaus Lampe mit zahlreichen Niederlassungen im In- und Ausland. Dazu kommt die Versicherungsgruppe Condor mit der Condor Lebensversicherungs AG (Condor Leben), der Condor Allgemeine Versicherungs AG (Condor Allgemeine), der Optima Versicherungs AG (Kraftfahrversicherer), der Optima Lebensversicherungs AG (Optima Leben) und dem Versicherungsmakler Schuster KG.

◆ Geschäftsbereich Weitere Interessen: In diesem Geschäftsbereich sind die weiteren Interessen Oetkers in den Branchen Chemie, Einzelhandel, Hotelerie und eine Reihe anderer Unternehmen zusammengefaßt. Zur Oetker-Gruppe gehört die Chemische Fabrik Budenheim (Industriespezialitäten auf Phosphatbasis, Düngemittel), der Berliner Lebensmittelfilialist Meyer & Beck, der Ceres Verlag (Koch- und Backbücher) sowie fünf Hotels der Luxusklasse in Deutschland, der Schweiz und Frankreich (Brenner's Park-Hotel in Baden-Baden, Hotel Le Bristol in Paris, Park-Hotel Vitznau, Hotel Château du Domaine St. Martin bei Vence, Hotel du Cap/Eden Roc an der Côte d'Azur). Umsatz 1998: 1.074 Mio. DM (Vorjahr: 1.172 Mio.); Beschäftigte 1998: 3.639 (Vorjahr: 3.704).

BETEILIGUNGEN. Zur Oetker-Gruppe gehören mehr als 250 Unternehmen und Gesellschaftsbeteiligungen in aller Welt. Der Konsolidierungskreis umfaßte 1998 insgesamt 183 Unternehmen. Zu den wichtigsten Tochter- und Beteiligungsgesellschaften gehören:

- Geschäftsbereich Nahrungsmittel: Oetker International GmbH, Bielefeld; Dr. August Oetker Nahrungsmittel KG, Bielefeld (dieser Bereich ist 1990 zu gleichen Teilen auf den persönlich haftenden Gesellschafter August Oetker und seine sieben Geschwister aus drei Oetker-Ehen verteilt worden); Dr. Oetker Eiskrem GmbH, Ettlingen; Dr. Oetker Tiefkühlkost GmbH, Bielefeld; Dr. Oetker Tiefkühl-Backwaren GmbH, Wittlich; Costa Meeresspezialitäten GmbH & Co. KG, Friedberg; Langnese Honig KG, Bielefeld; Martin Braun Backmittel und Essenzen KG, Hannover; Agrano AG, Allschwil/Schweiz; ETO Nahrungsmittelfabriken Richard Graebener, Ettlingen; Fleischer GmbH, Ettlingen; Edelfisch Fischspezialisten-Handelsgesellschaft mbH, Frankfurt/Main.
- Geschäftsbereich Schiffahrt: Hamburg-Südamerikanische Dampfschiffahrts-Gesellschaft Eggert & Amsinck, Hamburg, mit 72 eigenen und gecharterten Schiffen und vielen Linien- und Containerdiensten sowie Reedereien; etwa 30 weitere in- und ausländische Gesellschaften im Bereich Schiffahrt, Reederei und Schiffsagenturen. 1990 Übernahme der britischen Reedereigruppe Furness, Withy & Co. Ltd., London; 1991 Übernahme der schwedischen Reederei Laser Lines Ltd. AB, Stockholm.
- Geschäftsbereich Weitere Interessen: Meyer & Beck Handels-KG, Berlin; Mönkeländer Fleischwarenfabrik GmbH & Co. KG, Berlin; Chemische Fabrik Budenheim Rudolf A. Oetker, Budenheim; Deutsche Hyperphosphat GmbH, Budenheim; Ceres Verlag Rudolf August Oetker KG, Bielefeld; Handelsgesellschaft Sparrenberg mbH, Bielefeld; Brenner Hotel KG, Baden-Baden; Schwarzwald-Klinik in Villa Stephanie GmbH, Baden-Baden; S.A. Hotel Le Bristol, Paris/Frankreich; S.A. Hotel du Cap/Eden Roc, Cap d'Antibes/Frankreich; Parkhotel Vitznau AG, Vitznau/Schweiz; S.A. Château du Domaine St. Martin, Vence/Frankreich. Nicht konsolidiert sind die Beteiligungen und Unternehmensgesellschaften im Brauerei- und Sektkellereibereich (Binding-Brauerei AG, Henkell & Söhnlein Sektkellereien KG, Deinhard AG Sektkellereien) sowie der Komplex Banken und Versicherungen mit der Bankhaus Lampe KG und die Beteiligung von 14% an der Douglas Holding AG, Hagen.

GLOBALE STRATEGIEN UND DER STANDORT DEUTSCHLAND.

Im Nahrungsmittelbereich tritt Oetker seit Jahren als Global Player auf – und da besonders expansiv in nahezu allen ost- und südosteuropäischen Staaten. Geplant ist auch eine stärkere Präsenz in Brasilien und Argentinien durch die dortigen Tochtergesellschaften und zunehmend auch im asiatischen Raum. Dr. Oetker erwarb eine Produktionsfirma in Malaysia. Eine Politik »weg aus Deutschland« soll es für Oetker trotz aller Internationalität aber nicht geben. Im Gegenteil: Oetker will den Standort Deutschland durch eine Bündelung der Nahrungsmittel-Produktion und zusätzliche Investitionen stärken. Im Stammwerk Bielefeld wird Oetker die Herstellung des klassischen Backartikel- und Dessertsortiments konzentrieren. Die bisher in Hameln erfolgte Produktion wurde nach Bielefeld verlegt, das Hamelner Werk geschlossen. In Bargtheide soll am bisherigen Standort ein modernes Werk zur Honigabfüllung entstehen. 1997 wurde das neue Costa-Werk für Fisch- und Meeresspezialitäten »Costa« in Emden in Betrieb genommen. In

Beschäftigte 1998: *11.792*
Beschäftigte 1997: *12.022*
Beschäftigte 1996: *12.340*

Umsatz pro Mitarbeiter 1998: *444.004,– DM*
Umsatz pro Mitarbeiter 1997: *450.682,– DM*
Umsatz pro Mitarbeiter 1996: *405.057,– DM*

Personalaufwand 1998: *856,6 Mio.*
Personalaufwand 1997: *867,0 Mio.*
Durchschnittsaufwand 1998: *72.642,– DM*

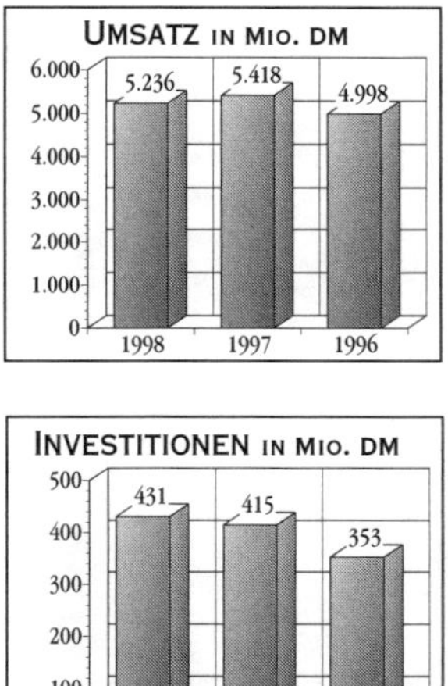

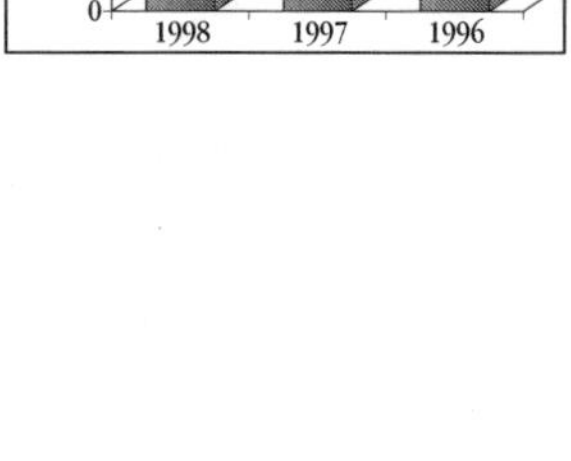

Investitionen 1998:
431,0 Mio.
Investitionen 1997:
415,0 Mio.
Investitionen 1996:
353,0 Mio.

Mitbewerber: *Brau und Brunnen, Coca Cola, CPC, Kraft, Jacobs Suchard, Nestlé, Schöller, Schwartauer Werke, Südzucker, Unilever*

den acht Oetker-Werken im Inland arbeiten rund 2.800 Mitarbeiter. Im Bereich Schiffahrt liegen Internationalität und Expansion in der Natur der Sache. Hier werden unter dem zunehmend starken Druck des Wettbewerbs immer größere Allianzen auf den Schiffahrtslinien geschmiedet. So wurde 1998 zur Optimierung des Interamerika-Ostküstendienstes der Columbus Line der Hamburg Süd die brasilianische Traditionsreederei Aliança erworben.

INNERBETRIEBLICHE BÜNDNISSE. Flexible Arbeitszeiten und Teilzeitarbeit gibt es bei Oetker seit 1997. Zielsetzung ist, vorhandene Arbeit bei annähernd gleichen Kosten auf mehr Menschen zu verteilen, um die Beschäftigung zu stabilisieren und vorhandene Arbeitsplätze zu sichern. Dazu gehören Arbeitsverträge mit einer Arbeitszeit von 75% und der Abbau von Überstunden um 40% zugunsten von Neueinstellungen. Ein Personalmanagment innerhalb der Oetker-Gruppe soll im Zuge zunehmender Globalisierung qualifizierte Mitarbeiter innerhalb des Unternehmens zum weltweiten Einsatz ausfindig machen. 1998 waren in der Oetker-Gruppe 406 Jugendliche in der Ausbildung.

UMWELTSCHUTZ. Umweltschutz ist bei Oetker seit Mitte der 80er Jahre Programm. Dabei soll Umweltschutz in die betriebliche Praxis integriert und umgesetzt werden. Bei der Dr. August Oetker Nahrungsmittel KG wurden ein Umweltschutzmanagement installiert sowie ein Umweltbeauftragter und verschiedene Arbeitskreise berufen, um umweltrelevante Verbesserungen im Produktions-, Verpakkungs- und Verwaltungsbereich zu entwickeln. Für nahezu alle Werke wurden Umweltleitlinien und Rahmenrichtlinien zur Organisation des Umweltschutzes verabschiedet. Gleiches gilt u.a. auch für die Binding-Brauerei, Henkell & Söhnlein und die Chemische Fabrik Budenheim. 1999 erschien ein neuer Umweltbericht.

FORSCHUNG, ENTWICKLUNG, INNOVATIONEN.
Forschung, Entwicklung und Qualitätssicherung im Nahrungsmittelbereich von Dr. Oetker finden zentral in Bielefeld statt. Dazu gibt es Dependencen in den jeweiligen Werken. Dr. Oetker betreibt keine Grundlagenforschung. Im Bereich Forschung und Entwicklung in Bielefeld arbeiten 110 Mitarbeiter.

OPEL

Standort:
Bahnhofsplatz 1
65428 Rüsselsheim

Postanschrift:
65423 Rüsselsheim

Telefon: *(06142) 7-70*
Telefax: *(06142) 7-78800*
Internet: *www.opel.de*

GESCHICHTE UND ENTWICKLUNG. 1862 gründete Adam Opel (1837–1895) sein Unternehmen mit einer Nähmaschinenproduktion. 1886 begann er mit der Fahrradproduktion. Schon bald stellte Opel 16.000 Räder jährlich her und stieg zum größten Fahrradproduzenten der Welt auf. Nach dem Tod des Gründers begannen die Söhne mit der Automobilproduktion. 1899 erschien der erste Opel; 1902 wurde bereits in Serie gebaut. Doch der ganz große Aufstieg gelang den Opels erst nach einem Besuch im amerikanischen Detroit Anfang der 20er Jahre und den dort gesehenen Produktionsmethoden. 1924 begann die Großserienproduktion von Automobilen mit der Einführung des Fließbandes in Deutschland. Das erste Auto in Massenproduktion: der grünlackierte »Laubfrosch«. Die Produktion stieg um das Zehnfache, verbunden mit drastischen Preissenkungen. Opel wurde mit einem Marktanteil von 37,5% Marktführer in Deutschland und größter Exporteur des Landes. 1928 Umwandlung der Adam Opel Kommanditgesellschaft in eine AG. Als Ende der 20er Jahre für den jetzt größten deutschen Automobil-Produzenten die Wirtschaftskrise immer folgenschwerer wurde, stieg der amerikanische Auto-Gigant General Motors in Rüsselsheim ein. 1929 übernahmen die Amerikaner 80%, 1931 den Rest des Opel-Aktienpakets für zusammen 33 Mio. US $. 1935 wurde auf der Berliner Automobilausstellung erstmals eine selbsttragende Karosserie beim Olympia 1,3 Liter eingeführt. 1938 war Opel mit 140.600 Autos die größte europäische Auto-Fabrik. Nachdem sich die Amerikaner anfänglich mit den Nazis trefflich arrangiert hatten (die Historikerin Anita Kugler in Anspielung auf die vielen tausend Opel-Blitz-Last- und Lieferwagen, die an die Front rollten: »Die schnellen Feldzüge der ersten Jahre waren Opel-Blitz-Kriege«), wurde Opel schließlich vollends in die Kriegswirtschaft eingegliedert. 1939 – kurz nach dem Bandablauf des millionsten Autos – kam es in Rüsselsheim zur Stillegung der Automobilproduktion. Bis 1944 stellte das Werk hauptsächlich Flugzeugteile, u.a. Kanzeln und Fahrgestelle für die Bomber JU 88 her.

Nach dem Krieg knüpfte General Motors trotz Demontage des Werkes Brandenburg und größerer Reparationsleistungen an alte Erfolge an. 1946 verließ der erste Opel-Blitz-Lastwagen das Band, ein Jahr später begann erneut die Pkw-Fertigung mit dem Opel Olympia. Schon nach kürzester Zeit gehörte Opel, beflügelt durch das Wirtschaftswunder, wieder zu den führenden Automobil-Konzernen in Europa. Ein Riesenerfolg wurde der Rekord P 1. 1962 wurde das Werk Bochum für den Kadett in Betrieb genommen. 1975 kam es zur Einstellung der Lkw-Produktion. Seitdem baut Opel ausschließlich Personen-, Kombi- und Lieferwagen. 1983 verzeichnete man die Herstellung des 20millionsten Opels. 1992 wurde das Opel-Werk in Eisenach eröffnet, 1994 das 30millionste Fahrzeug seit 1899 gefertigt. Opel baute ein neues Werk in Warschau/Polen. 1996 kamen neue Werke in Kaiserslautern (Ecotec-16V-Direkteinspritzer) und Gleiwitz/Polen (Automobil-Produktion) hinzu.

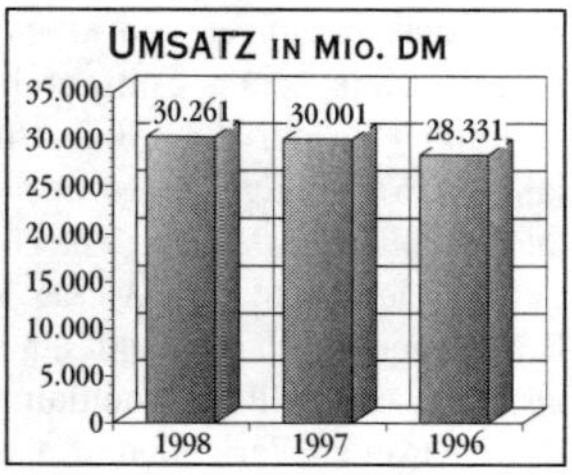

BESITZVERHÄLTNISSE/EIGENTUMSSTRUKTUR.

- General Motors Corporation, Detroit/Michigan, USA (100%)

KONZERNÜBERBLICK. Opel hat im internationalen General-Motors-Verbund die führende Rolle außerhalb Nordamerikas inne. Für Opel Deutschland produziert auch das Werk in Antwerpen, wo Opel Belgium im Auftrag der Adam Opel AG tätig ist. Hinzu kommen seit 1994 das neue Montagewerk in Warschau/Polen und seit 1996 das Werk im polnischen Gleiwitz, das im Herbst 1998 die Produktion aufnahm. 1998 arbeiteten von den 44.640 (Vorjahr: 44.470) Beschäftigten der Adam

Branche: *Automobilindustrie*

Rechtsform: *Aktiengesellschaft*

Geschäftsjahr: *1.1.-31.12.*

Gründungsjahr: *1862; AG seit 1928*

Presse und Information:
Uwe Berlinghoff
Tel.: (06142) 7-72279
Fax: (06142) 7-78353
E-Mail: uwe.berlinghoff@de.opel.com

Verbände: *Verband der Automobilindustrie e.V. (VDA), Frankfurt/Main*

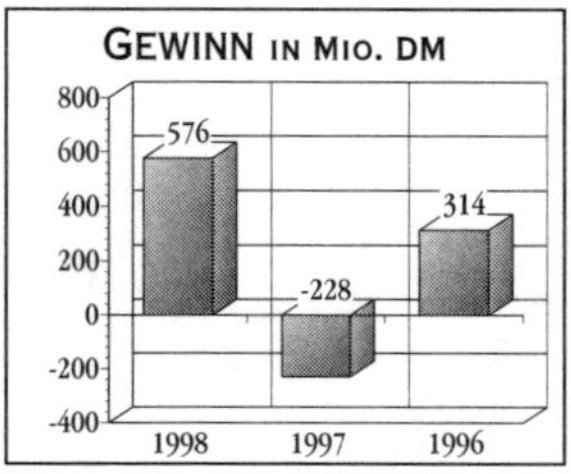

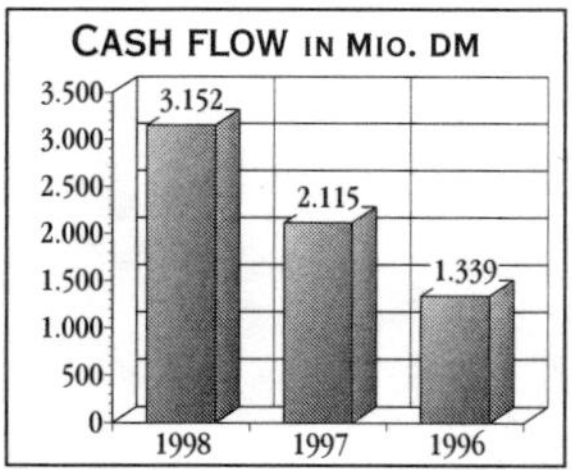

Vorstand:
- *Hendry, Robert W. (Vorsitzender)*
- *Strinz, Wolfgang (stellv. Vorsitzender; Fertigung)*
- *Anderson, Bo I. (Einkauf)*
- *Bapp, Klaus B. (Service)*
- *Borghs, Horst P. (Öffentlichkeitsarbeit)*
- *Demant, Hans H. (Internationales Technisches Entwicklungszentrum)*
- *Grupe, Christian (Vertrieb)*
- *Klages, Henning A. (Finanzen)*
- *Küpper, Norbert (Personal)*
- *Wolf, Manfred L. (Qualitätssicherung)*

Vorstandsbezüge 1998:
14.715.063,– DM

Opel AG in Rüsselsheim 24.600, in Bochum 15.100 und in Kaiserslautern 4.940. Bei der Opel Eisenach GmbH arbeiteten 1998 2.010 Beschäftigte. Der Jahresabschluß der Opel Eisenach GmbH (Produktion 1998: 175.000 Astra und Corsa) wird in den Konzernabschluß der General Motors Corp. einbezogen und nicht in den der Adam Opel AG.
Die Adam Opel AG fertigt Personen-, Kombi- und Lieferwagen mit allen dazugehörigen Ersatzteilen sowie Zubehör für Corsa, Astra, Astra Cabrio, Vectra und Omega. Dazu kommen aus ausländischen Produktionen Frontera, Monterey, Campo, Tigra, Sintra, Arena und Movano. Neueste Kreation ist der Compact Van Zafira. In Deutschland produziert Opel in Rüsselsheim (Vectra, Omega, Cadillac Catera für den amerikanischen Markt), Bochum (Stammwerk für Astra), Kaiserslautern (Motoren, Preßteile), Eisenach (Astra, Corsa). Der Astra wird außer in Bochum und Eisenach auch im belgischen Antwerpen und dem britischen Ellesmere Port gefertigt. Der Corsa wird neben Eisenach vornehmlich bei der Schwestergesellschaft Opel España hergestellt. Seit Ende 1998 wird der Astra Classic in einer Stückzahl von 70.000 Fahrzeugen pro Jahr im Opel-Werk Gleiwitz/Polen produziert. In Warschau wird seit Ende 1998 nur noch der Vectra gefertigt.
Alle europäischen Töchter der General Motors firmieren unter Opel (in Großbritannien Vauxhall). Marktführer war die Marke Opel 1998 in Finnland, den Niederlanden und der Schweiz. Mit 10,9% oder 1,56 Mio. Neuzulassungen war Opel/Vauxhall 1998 zum sechsten Mal in Folge europäischer Spitzenreiter. 1998 wurden in Deutschland 533.000 (Vorjahr: 551.500) Opel neu zugelassen. Mit 14,3% (Vorjahr: 15,6%) am gesamten deutschen Automobilmarkt rangierte Opel auch 1998 nach VW in Deutschland wieder auf Platz zwei. Die Produktion der Adam Opel AG lag 1998 bei 876.400 (Vorjahr: 872.830) Fahrzeugen und hatte damit einen Anteil von 16,4% (Vorjahr: 18,7%) an der gesamten Pkw-Produktion in Deutschland. Zu einem Bestseller mit weltweiten Verkäufen von mehr als einer Million Einheiten hat sich der Opel Corsa in Europa, Südamerika und Asien entwickelt. Mit 128.000 Neuzulassungen in Deutschland war der Corsa 1998 zum fünften Mal in Folge Marktführer in seinem Segment. 1998 stand ganz im Zeichen des neuen Astra-Anlaufes mit einer Tagesproduktion von rund 4.000 Autos, davon knapp 1.500 aus dem Werk Bochum.
Die Opel-Verkaufs- und Kundendienstorganisation umfaßte 1998 in Deutschland 1.130 Vertragshändler, knapp 880 autorisierte Service-Betriebe und rund 330 Zweigbetriebe. Europaweit gehören 3.280 Verkaufs- und Servicebetriebe der Opel-Organisation an. 1998 betrug das Einkaufsvolumen von Opel bei 1.400 in- und ausländischen Lieferanten etwa 25 Mrd. DM.

BETEILIGUNGEN. Zur deutschen Adam Opel AG gehören folgende in- und ausländische Unternehmen: Opel Eisenach GmbH, Eisenach (100%); GM Europe GmbH, Rüsselsheim (100%); Opel-Automobilwerk Eisenach Pkw GmbH, Eisenach (100%); Opel-Wohnbau GmbH, Rüsselsheim (99%); Adam Opel Unterstützungskasse GmbH, Rüsselsheim (100%); Saginaw Deutschland GmbH, Kaiserslautern (100% – Dieselmotorenwerk Kaiserslautern); Autohaus am Nordring GmbH, Berlin (63,1%); Opel Master Lease GmbH, Rüsselsheim (50%); Opel Live GmbH, Rüsselsheim (100%); Opel Performance Center GmbH, Rüsselsheim (100%); General Motors Holding España S.A., Figueruelas/Saragossa, Spanien (26,1%); Opel Türkiye Ltd., Sirketi, Torbali/Izmir/Türkei (99,5%); General Motors Coordination Center N.V., Brüssel/Belgien (78,1%); Opel Hungary Automobile Production Ltd., Szentgotthárd/Ungarn (100%); General Motors Poland Sp. z o.o., Warschau/Polen (100%); Opel Southeast Europe Ltd., Budapest/Ungarn (100%). Die Beteiligungen an der Opel Hungary Manufacturing Ltd., Szentgotthárd/Ungarn (100%), Opel Polska Sp.z o.o., Gleiwitz/Polen (100%) und SAAB Automobile AB, Trollhättan/Schweden (32%) werden von der Opel Eisenach GmbH gehalten.

GLOBALE STRATEGIEN UND DER STANDORT DEUTSCHLAND. Zur Wettbewerbsfähigkeit der deutschen Werke sollen am Standort Deutschland von 1999 bis 2003 mehr als 9 Mrd. DM investiert werden. Mit Investitionen für 820 Mio. DM soll auf dem Werksgelände in Rüsselsheim parallel zur laufenden Fertigung der Modelle Vectra und Omega eine der modernsten und produktivsten Fabriken der Welt enstehen. Vorbild ist das Eisenacher Opel-Werk. Das Werk in Rüsselsheim soll völlig neue Arbeitsstrukturen erhalten, für den Betriebsrat ein Signal für mögliche Rationalisierungen und Arbeitsplatzverluste in einer Größenordnung von bis zu 4.000 Beschäftigten bis zum Jahr 2002. In drei Schichten sollen jährlich 270.000 Fahrzeuge produziert werden. Der Neubau soll in Etappen bis zum Jahr 2004 realisiert werden. In der ersten Stufe werden bis 2002 der Karosseriebau und eine neue Fertigung und Endmontage entstehen. Mit einem Investitionsvolumen von 650 Mio. DM entsteht im Werk Kaiserslautern eine Produktion für eine neue Opel-Aluminium-Motorengeneration. Produktionsbeginn soll 2001 sein, die Fertigung bei 460.000 Motoren pro Jahr liegen. 1 Mrd. DM wurde 1998 im Werk Bochum investiert, u.a. für den Produktionsstart des neuen Compact Van Zafira. Das Werk Bochum ist für den Zafira alleiniger Produktionsstandort in Westeuropa. In Bochum sollen bis 2003 weitere 1,4 Mrd. DM investiert werden.
Opel hat im thüringischen Eisenach eines der modernsten Automobilwerke Europas errichtet, das in einer unabhängigen Studie als das produktivste Automobilwerk in Europa bezeichnet wird. Eisenach gilt als Modell für alle neu zu errichtenden Werke von Opel. Produziert wird rund um die Uhr im Drei-Schicht-System. Das Werk setzt Maßstäbe in puncto Umweltverträglichkeit bei den Lackierverfahren und betreibt einen hohen technischen Aufwand zur Reinhaltung von Luft, Wasser und Boden. Produziert werden der neue Astra und der Corsa. Aber die Adam Opel AG fährt doppelgleisig. Neben dem aufwendigen Ausbau und der umfangreichen Modernisierung der deutschen Standorte werden Produktionen stärker in sogenannte Billiglohnländer wie Ungarn und Polen verlagert. Die Errichtung zusätzlicher Montagewer-

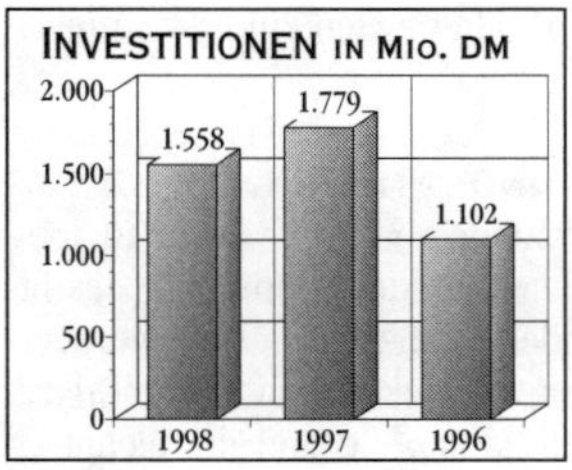

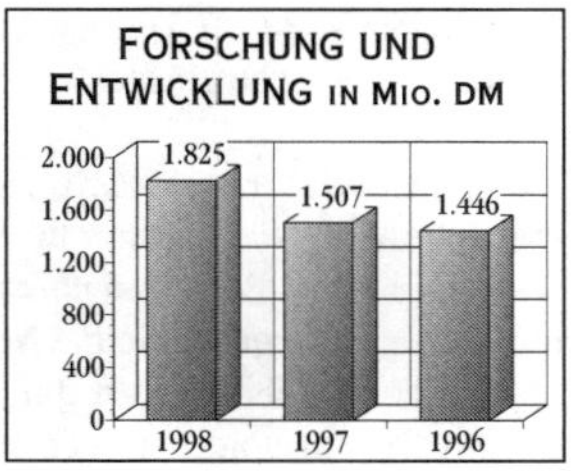

Aufsichtsrat:
- *Barth, Hans (Vorsitzender), Zürich/Schweiz*
- *Burns, Michael J., Zürich/Schweiz*
- *Cowger, Gary L., Brüssel/Belgien*
- *Geysen, Eddy, Brüssel/Belgien*
- *Kreikebaum, Hartmut, Prof. Dr., Georgenborn*
- *Millikin, Michael P., Zürich/Schweiz*
- *Ruhfus, Jürgen, Dr., Bonn*
- *Schlotfeldt, Walter, Dr., Kelkheim*
- *Wacker, Peter Alexander, Dr., München*
- *Wollschläger, Klaus, Bochum*

**Müller, Rudolf (stellv. Vorsitzender)*
**Achenbach, Erich*
**Eller-Braatz, Elke*
**Franz, Klaus*
**Jaszczyk, Peter*
**Klebe, Thomas, Dr.*
**Klingel, Alfred*
**Kuhlmann, Reinhard*
**Lieske, Harald*
**Rüter, Hans-Dieter, Dr.*

Aufsichtsratstantiemen 1998: *650.716,– DM*

Umsatz 1998: *30.260,9 Mio.*
Umsatz 1997: *30.001,3 Mio.*
Umsatz 1996: *28.331,1 Mio.*

Gewinn/Verlust 1998:
576,2 Mio.
Gewinn/Verlust 1997:
-228,3 Mio.
Gewinn/Verlust 1996:
314,0 Mio.

Cash flow 1998: *3.152,0 Mio.*
Cash flow 1997: *2.115,0 Mio.*
Cash flow 1996: *1.339,0 Mio.*

Cash flow: *Die Investitionen in Sachanlagen und immaterielle Vermögenswerte wurden aus dem Cash flow finanziert.*

Steueraufkommen 1998:
408,8 Mio.

Grund- bzw. Stammkapital 1998: *950,0 Mio.*

Die General Motors Corporation hält sämtliche Aktien der Gesellschaft. Das Grundkapital ist in 950 Namensaktien im Nennwert von je 1 Mio. DM eingeteilt. 1998 wurde an die General Motors Corporation eine Dividende von 350 Mio. DM überwiesen.

ke im asiatisch-pazifischen Raum und in Südamerika (Autowerke in Rayong/Thailand und in Rosario/Argentinien) sollen die weltweite Präsenz der Marke Opel weiter stärken. Denn immerhin lag die Opel-Exportquote 1998 bei 58,29%. Die Adam Opel AG und der japanische Suzuki-Konzern wollen ab 2000 im polnischen Werk Gleiwitz und in Suzukis ungarischem Werk in Esztergom gemeinsam einen Kleinwagen bauen.

INNERBETRIEBLICHE BÜNDNISSE. 1998 wurde ein neuer Standortvertrag zwischen Geschäftsleitung und Gesamtbetriebsrat für rund 50.000 Mitarbeiter in den Werken Rüsselsheim, Bochum und Kaiserslautern vereinbart. Er wurde für den Zeitraum bis 2001 geschlossen und beinhaltet wichtige Investitions- und Beschäftigungszusagen: hohe Investitionen zur Modernisierung der Standorte Rüsselsheim, Bochum und Kaiserslautern (das Werk Eisenach als direkte GM-Tochter gehört nicht in die Vereinbarung), Verzicht auf betriebsbedingte Kündigungen bis Ende 2002. Personalabbau soll ausschließlich über Fluktuation, Vorruhestandsregelungen, Altersteilzeit und freiwillige Abfindungen erfolgen. Auszubildende sollen grundsätzlich übernommen werden. 350 Auszubildende werden pro Jahr eingestellt, das Weihnachtsgeld bleibt zu 100% erhalten, wird aber an eine Krankheitsquote von 6% im Jahresdurchschnitt gekoppelt. Dagegen stehen ein moderater Anstieg der Arbeits- und Lohnkosten und die neuerliche Flexibilisierung der Arbeitszeit. Die Arbeitszeit liegt je nach betrieblichen Erfordernissen zwischen 30 und 40 Wochen-Arbeitsstunden, ohne Lohnausgleich oder Mehrarbeitszuschlag. Insgesamt befanden sich bei Opel 1998 1.440 Jugendliche in der Ausbildung. Durch die Einführung der Gruppenarbeit in fast allen Produktionsbereichen, also selbständige kleine, hochmotivierte Arbeitseinheiten, die eigeninitiativ auch die Arbeitsinhalte, -abläufe und -aufgaben mitbestimmen können, steigerte Opel die Produktivität und Qualität.

UMWELTSCHUTZ. Opel orientiert sich an strengen Umweltleitlinien, setzt auf eine umweltfreundliche Produktion und eine ganzheitliche Produktverantwortung. Die Werke Rüsselsheim, Bochum und Kaiserslautern sind auf umweltverträgliche Produktionsabläufe umgestellt worden und nach dem EU-Öko-Audit zertifiziert. Im Opel-Werk Eisenach wurde von Beginn an auf eine umweltverträgliche Produktion gesetzt – von umweltorientierten Lackierverfahren bis zum konsequenten Recycling. Benutzt werden bereits seit Jahren ausschließlich recycelbare Kunststoffe. Die Adam Opel AG unterstützt ihre Händler bei der Umsetzung des Kreislaufwirtschafts- und Abfallgesetzes und stellt den Partnern ein kostenloses Entsorgungssystem und die erforderliche Software zur Verfügung. Für 1998 erschien ein erster umfassender Umweltschutzbericht.

FORSCHUNG, ENTWICKLUNG, INNOVATIONEN.
Das Internationale Technische Entwicklungszentrum (ITEZ) in Rüsselsheim ist für die weltweite Fahrzeugentwicklung innerhalb des internationalen General-Motors-Verbundes (außerhalb Nordamerikas) zuständig. Im ITEZ werden Automobile entwickelt und erprobt, werden Werke konzipiert, in denen Opel-Automobile und die technisch

identischen Modelle der Opel-Schwestermarken weltweit gebaut werden. Hier liegt auch die Entwicklungsverantwortung für sämtliche Benzinmotoren bis 2,5 Liter Hubraum und für alle Schaltgetriebe, die weltweit in Opel-, Vauxhall- und General-Motors-Modelle eingebaut werden. Schwerpunkte der ITEZ-Forschung liegen auch in der Reduzierung des Kraftstoffverbrauches, der Senkung des Schadstoffausstoßes, der Entwicklung umweltschonender Brennstoffzellen-Technologien und der Weiterentwicklung der Benzin-Direkteinspritzung. Im ITEZ werden weiterhin Leichtmetall-Motorenfamilien entwickelt. Im ITEZ sind über 8.500 Ingenieure, Techniker und Fachkräfte beschäftigt. In Rüsselsheim wurde auch das Global Alternative Propulsion Center (GAPC) gegründet, das sich in global operierenden Arbeitsgruppen mit der Erforschung alternativer Antriebe befaßt. Opel will bis zum Jahr 2004 ein serienreifes Automobil mit Brennstoffzellen auf den Markt bringen. Im Bereich innovativer und sparsamer Motoren dominiert die Opel-Ecotec-Motorenbaureihe bei Verbrauch-, Abgas- und Geräuschverhalten. Opel erhielt 1998 126 Patente bewilligt, für weitere 100 Erfindungen wurden Schutzrechte angemeldet.

KOMMENTAR. Opel kommt nicht zur Ruhe: Eine verfehlte Modellpolitik, überalterte Produktionsanlagen, Absatzprobleme, interne Konkurrenzkämpfe des Managements, Imageverlust – all das gipfelte 1998 in einer hochkarätigen Personalkrise. Die Vorstandsvorsitzenden wechselten gleich mehrere Male innerhalb nur weniger Monate, einstige Hoffnungsträger wurden weggelobt und verschwanden im großen Geflecht von General Motors, der jahrelange Aufsichtsratsvorsitzende Hans Wilhelm Gäb warf resigniert das Handtuch und verließ das Unternehmen. Wie ein roter Faden ziehen sich in den letzten Jahren Querelen und Affären durch den Opel-Alltag. Mehrere hochkarätige Bestechungsaffären Mitte der 90er Jahre, in der hohe Manager in Verdacht geraten waren, Schmiergelder gegen Aufträge angenommen zu haben. Die Staatsanwaltschaft ermittelte wegen Bestechung, Untreue und Betrug gegen 240 Verdächtige – Unternehmen der Zuliefererbranche, der Bauindustrie und Behörden, die Opel-Beschäftigte mit Zuwendungen geschmiert haben sollen, und gegen 65 Opel-Mitarbeiter selbst. Dann war wieder von Subventionsbetrug beim Bau des Opel-Werkes in Eisenach die Rede. Korruptionsvorwürfe gab es auch gegen leitende Mitarbeiter des Werkes Bochum, die jahrelang über eine Tarnfirma Schmiergelder eines namhaften Bremsbelägeherstellers erhalten haben sollen. Im Rahmen der sogenannten Volkswagen/ABB-Schmiergeldaffäre geriet wiederum General Motors/Opel in die Schlagzeilen. Die »López-Krieger«, die von Opel zu Volkswagen gewechselt waren und für den spektakulärsten Industriespionage-Skandal der letzten Jahre und die weltweit verfolgte gerichtliche Auseinandersetzung zwischen Volkswagen und General Motors gesorgt hatten, sollen bereits zu ihren GM-Zeiten im Rahmen eines Netzwerks von Einkäufern mehrere hundert Millionen DM kassiert haben. Der ehemalige Saab-Chef und jetzige Vorstandsvorsitzende von Opel, Robert W. Henry, will sich ab sofort um das kümmern, was Opel angeblich am besten kann: Autos bauen und verkaufen.

Osram siehe Siemens

Beschäftigte 1998: *44.636*
Beschäftigte 1997: *44.479*
Beschäftigte 1996: *44.695*

Umsatz pro Mitarbeiter 1998: *677.948,– DM*
Umsatz pro Mitarbeiter 1997: *674.505,– DM*
Umsatz pro Mitarbeiter 1996: *633.876,– DM*

Löhne und Gehälter 1998: *3.884,0 Mio.*
Löhne und Gehälter 1997: *4.384,2 Mio.*
Durchschnittsgehalt 1998: *87.015,– DM*
Soziale Abgaben und Aufwendungen 1998: *1.383,5 Mio.*
Soziale Abgaben und Aufwendungen 1997: *1.110,8 Mio.*

Bezüge pro Vorstandsmitglied 1998: *1.471.506,– DM*
Tantiemen pro Aufsichtsrat 1998: *32.536,– DM*

Investitionen 1998: *1.558,0 Mio.*
Investitionen 1997: *1.779,0 Mio.*
Investitionen 1996: *1.102,0 Mio.*

Forschung und Entwicklung 1998: *1.825,0 Mio.*
Forschung und Entwicklung 1997: *1.507,0 Mio.*
Forschung und Entwicklung 1996: *1.446,0 Mio.*

Mitbewerber: *Audi, BMW, Daewoo, DaimlerChrysler, Fiat, Honda, Hyundai, Isuzu, Lancia, Mazda, Mitsubishi, Nissan, Peugeot, Porsche, Renault, Suzuki, Toyota, Volkswagen, Volvo*

OTTO

Standort:
Wandsbeker Straße 3-7
22172 Hamburg

Postanschrift:
20088 Hamburg

Telefon: *(040) 6461-0*
Telex: *2 17 011 20 ovd*
Telefax: *(040) 6461-8571*
Internet: *www.otto.de*

Branche: *Einzelhandel, Versandhandel*

Rechtsform: *GmbH & Co.*

Geschäftsjahr: *1.3.-28.2.*

Gründungsjahr: *1949*

Öffentlichkeitsarbeit:
Detlev von Livonius
Tel.: (040) 6461-401
Fax: (040) 6461-449
E-Mail: presse@otto.de

Verbände: *Verbände des Einzel- und Versandhandels*

GESCHICHTE UND ENTWICKLUNG. So sieht es der Otto Versand selbst: »Wir schreiben das Jahr 1949. Ein neues Deutschland entsteht. Der Aufbau beginnt. Gefragt sind vor allem Güter des täglichen Bedarfs. Wer in dieser Zeit gut organisieren kann, ist besser dran. Einer der Männer dieser ersten Stunde ist Werner Otto. Beschaffen und versorgen – darauf kommt es jetzt an. Für diese Aufgabe setzt er sich ein. Er greift die Idee auf, den Menschen per Katalog ausgesuchte Ware ins Haus zu schicken, und gründet den Otto Versand.«
1950 erschien der erste Katalog mit 14 Seiten und dem Angebot von 28 Paar Schuhen. Revolutionär im Handel: der Kauf auf Rechnung, das Zahlen per Nachnahme und in Monatsraten. 1958 machte der Otto Versand bereits über 100 Millionen DM Umsatz. In den 60er Jahren Einführung der ersten elektronischen Großrechenanlage und telefonischer Bestellmöglichkeiten. Spezialkataloge ergänzten den Hauptkatalog. Überschreiten der Milliarden-Umsatz-Grenze im Geschäftsjahr 1969/70. In den 70er Jahren entwickelt sich Otto durch Großakquisitionen zum führenden europäischen Versandhandels-Konzern. 1974 Beteiligung am Geschenkversender Heinrich Heine, Karlsruhe, 1976 Übernahme der Schwab Versand AG, Hanau. Mit der Beteiligung am französischen Versender 3 Suisses, Croix, 1974 erste Auslandsbeteiligung. 1979 Gründung der holländischen Tochtergesellschaft Otto Holland. Otto avanciert durch Spezialkataloge zum Marktführer auf dem Gebiet Mode und Bekleidung. Weltweites Auftreten Ottos in den 80er Jahren.
1982 Übernahme des damals viertgrößten amerikanischen Versand-Konzerns Spiegel, Chicago; 1986 Mehrheitsbeteiligung an Alba Moda und Gründung des Versandunternehmens bon prix. Ebenfalls 1986 Einstieg in den lukrativen japanischen Markt. Gründung der Otto-Sumisho Inc., Tokio, gemeinsam mit einem der größten japanischen Handelshäuser, Sumitomo. 1987 Erwerb des Versandhauses Witt, Weiden. Auflage aller Kataloge der Gruppe: 200 Mio. 1988 Beteiligung an Sport-Scheck, München, und Markteinstieg in Österreich durch Übernahme von ModenMüller (heute Otto Österreich). 1989 Mehrheitsbeteiligung am drittgrößten italienischen Versender Euronova. 1991 Erwerb der Mehrheit an dem englischen Versandhandelsunternehmen Grattan. 1993 Erwerb des italienischen Versandunternehmens Postalmarket. 1994 Gründung eines Versandhandelsunternehmens in Indien; 1996 Joint-ventures in China und Südkorea; Gründung eines Versandgeschäftes in China; 1997 Unternehmensgründung in Taiwan; erste Kataloge in koreanischer und chinesischer Sprache. 1999 Übernahme des britischen Versandhauses Freemans Plc., London.

BESITZVERHÄLTNISSE/EIGENTUMSSTRUKTUR.
- Otto AG für Beteiligungen, Hamburg (50%), die zu 100% den Familienstämmen Otto gehört
- E. Brost & J. Funke GmbH & Co. KG, Essen (25%)
- Gesellschaft für Handelsbeteiligungen mbH, Hamburg (15%), die zu 100% der GS Gesellschaft für Versandbeteiligungen m.b.H., Hamburg, gehört

● Kommanditgesellschaft Aurum, Beteiligungs- und Verwaltungs-GmbH & Co., Hamburg (10%)

KONZERNÜBERBLICK/BETEILIGUNGEN. Otto ist seit 1987 die größte Versandhandelsgruppe der Welt, gefolgt von Karstadt Quelle und dem größten amerikanischen Versender JC Penny. Größte Einzelfirma ist das Stammhaus in Hamburg, der Otto Versand, ein Großversandhaus mit warenhausähnlichem Vollsortiment. Danach folgen die Fegro-Selgros-Gruppe und die Schwab-Gruppe. Größte Auslandsgesellschaften sind die US-Spiegel-Gruppe (wird nicht in den Konzernabschluß einbezogen), die französische 3 Suisses-Gruppe und die britischen Versender Grattan und Freemans. Die Otto Versand-Handelsgruppe ist auf drei Kontinenten in insgesamt 19 Ländern mit 46 Versandhandelsunternehmen vertreten. Hinzu kommen Niederlassungen und Büros bzw. Repräsentanten in zahlreichen wichtigen Städten der Welt.

Mit dem Otto Versand (breites Sortiment), den Versandhäusern Schwab (Mode für die Familie), Heine (höherwertiges Sortiment), Witt (Spezialversender für Wäsche und Heimtextilien) und den Beteiligungen Alba Moda (hochwertige Textilien), Bon Prix (Discount), Sport-Scheck (führend im Sportfachhandel und Sportreisebereich) sowie dem amerikanischen Unternehmen Eddie Bauer (Versand- und Stationäranbieter von Freizeit-, Sportswear und Outdoorfashion) deckt die Otto-Gruppe im deutschen Markt alle Segmente im Bereich Mode ab.
◆ Der Otto Versand (GmbH & Co.), das Herzstück des Otto-Konzerns, kam als Einzelgesellschaft 1997/98 auf einen Umsatz von 6.191 Mio. DM. Der Otto Versand (inklusive Tochtergesellschaften, u.a. mit der fast 100%igen Beteiligung an der traditionsreichen Baur Versand GmbH & Co., Burgkunstadt, und dem Hamburger Versender Bon Prix Handelsgesellschaft mbH) erzielte einen Umsatz von 15.338 Mio. DM.
◆ Zur Schwab-Gruppe gehören die Unternehmen Schwab Versand GmbH und Rainbow Versandhandelsgesellschaft mbH in Hanau, Josef Witt GmbH, Weiden, sowie im Ausland die Otto Versand GmbH, Graz/Österreich, Otto BV, Tilburg/Holland und Otto Katalógusáruház, Budapest/Ungarn. Die Gruppe verzeichnete 1997/98 einen Umsatz von 2.139 Mio. DM.

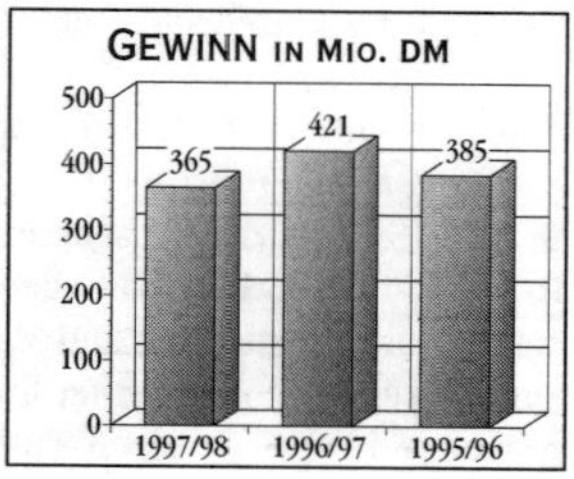

◆ Zur Heine-Gruppe gehören die Gesellschaften Heinrich Heine GmbH, Karlsruhe, Alba Moda GmbH, Bad Salzuflen, Sport-Scheck GmbH, München, und Eddie Bauer GmbH & Co., Taufkirchen, sowie die Jelmodi Versand AG im schweizerischen Otelfingen. Die Gruppe kam auf einen Umsatz von 1.942 Mio. DM.

Das Auslandsgeschäft der Otto-Handelsgruppe wird wesentlich geprägt durch die großen Versandhandelskonzerne 3 Suisses, Otto-Sumisho, Grattan/Freemans, durch die verstärkten weiteren Aktivitäten in Asien und durch die nordamerikanische Spiegel-Gruppe.

Vorstand:
- *Otto, Michael, Dr. (Vorsitzender)*
- *Zaepfel, Martin (stellv. Vorsitzender)*
- *Bohlmann, Thomas*
- *Crüsemann, Michael E., Dr.*
- *Gagelmann, Diethard (stellv. Mitglied)*
- *Hammer, Hans Jörg*
- *Höcht, Gerhard*
- *Kockmann, Siegfried*
- *Rietz, Gert*
- *Witten, Peer, Dr.*

Vorstandsbezüge 1997/98:
keine Angaben

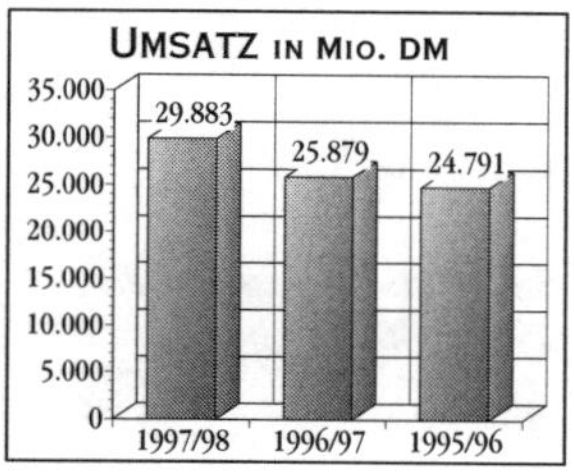

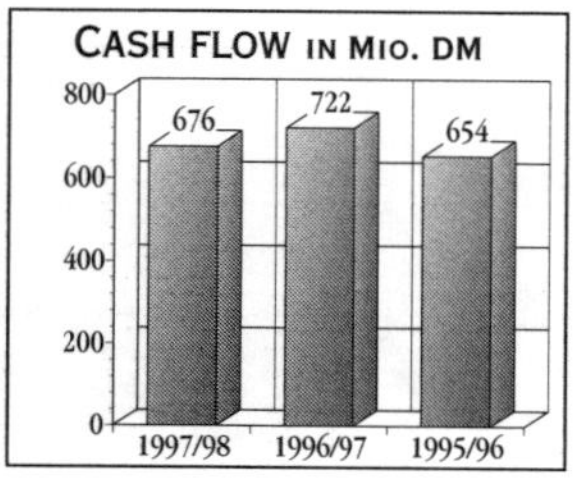

Aufsichtsrat:
❙ *Otto, Werner (Ehrenvorsitzender), Hamburg*
❙ *Hopmann, Karl-August (Vorsitzender), Aumühle*
❙ *Armbrust, Thomas, Reinbek*
❙ *Aschenbrenner, Urs, Dr., Hamburg*
❙ *Brost, Martin, Obersöchering*
❙ *Grotkamp, Günther, Essen*
❙ *Hagen, Egon, Dr., Hamburg*
❙ *Hansen, Horst, Ahrensburg*
❙ *Kraft, Heinrich, Dr., Hamburg*
❙ *Meckling, Ernst, Dr., Hamburg*
❙ *Stern, Dieter, Haan*
**Krützfeldt, Karl-Georg (stellv. Vorsitzender)*
**Friede, Hans-Dieter*
**Glaubitz, Jürgen, Dr.*
**Heidtke, Eckhard*
**Kroneisen, Günter*
**Leuschel, Werner*
**Lipka, Rainer*
**Oltmann, Gisela*
**Schenk, Jürgen*
**Ziegler, Hildegard*

Aufsichtsratstantiemen 1997/98: *keine Angaben*

◆ Der französische Versandhandelskonzern 3 Suisses wurde zu einem führenden französischen Versandhaus (ebenfalls führend in Belgien, Spanien und Portugal) ausgebaut. In Tokio wird das Versandhaus Otto-Sumisho, ein Joint-venture mit dem japanischen Handelshaus Sumitomo Corp., betrieben. Zum Otto-Sumisho-Konzern gehören auch Eddi Bauer Japan und der Club des Créateurs de Beauté Japon, ein Joint-venture von Otto-Sumisho, 3 Suisses und L'Oréal. Zu Otto gehört der größte italienische Versender Postalmarket und der drittgrößte Euronova. Otto besitzt das viertgrößte britische Versandhandelsunternehmen, Grattan Plc. 1999 wurde vom englischen Einzelhandelskonzern Sears Plc. Ltd. die Freemans Plc. London, übernommen, womit Otto seinen Marktanteil in Großbritannien auf 15% erhöhen konnte.
◆ In China, Taiwan, Indien und Südkorea wurden Joint-ventures eingegangen bzw. Versandhandelsunternehmen gegründet. 1996 erhielt Otto als erstes ausländisches Unternehmen die Genehmigung für ein Versandgeschäft in China. Mit der Shanghai Cheer Group wurde das Gemeinschaftsunternehmen Shanghai Otto-Cheer Mailorder Ltd. gegründet. 1997 wurden das deutsch-südkoreanische Versandhandelsunternehmen Otto-Doosan Mail Order Limited und mit der taiwanesischen Unternehmensgruppe Chailaise Enterprise das Joint-venture Otto-Chailaise Mailorder Ltd., Taipeh, gegründet.
◆ Seit der Übernahme des amerikanischen Versandunternehmens Spiegel Inc., Chicago (80%), des heute zweitgrößten Versandunternehmens der USA, das 1988 noch den Spezialversender Eddie Bauer Inc., Redmond, akquiriert hatte, und dem 1993 getätigten Erwerb des Versandunternehmens Newport News Inc., New York, halten die Hamburger weltweit den ersten Platz in ihrer Branche (Umsatz 1997/98: 3,241 Mrd. US $; im Unternehmen nicht konsolidiert). Spiegel ist in den USA der führende Spezialversender auf den Gebieten hochwertiger Mode, Bekleidung, Wohnen und Einrichten. Eddie Bauer ist im Sportswear- und Outdoor-Bereich, Newport News im Segment jüngere und preiswertere Damenoberbekleidung tätig. 1998 erwarb Otto die Mehrheit des Einzelhandelsunternehmens Crate & Barrel, Chicago.

Otto diversifiziert seit einigen Jahren auch in so expansive Bereiche wie Freizeit und Touristik, Großhandel und Computerdistribution.
◆ Seit 1995 ist der Reisebereich in der Holding Otto Freizeit und Touristik GmbH, Hamburg, gebündelt. Zu Otto-Reisen gehören die Reisebürokette Reiseland und Maris Reisen, ein von LTU und Otto Versand gegründeter Veranstalter für Pauschalreisen, sowie eine 68%-Beteiligung an Travel Overland, einem Spezialisten für den Verkauf preisgünstiger Flugtickets. Insgesamt betreibt Otto rund 140 Reisebüros.
◆ Gemeinsam mit der Rewe Zentral AG & Co. oHG, Bad Homburg, betreibt Otto die oHG Fegro/Selgros Gesellschaft für Großhandel (mbH & Co.), Neu-Isenburg, mit 35 Märkten und einem Umsatz von 3,2 Mrd. DM. Die Gesellschaft ist nach der Metro zweitgrößter deutscher C+C-Anbieter. Expandiert wird jetzt auf den polnischen Markt.
◆ Mit 97,5% ist Otto an dem Computerdistributor Actebis Holding GmbH, Dresden, beteiligt. 1999 übernahm Actebis von der Metro AG den Computer-Distributor Peacock AG.
◆ 1997 wurde die Otto-Reliable Büro & Technik (Büromaschinen und -möbel, Tele- und Bürokommunikation) gegründet. Seit 1999 ko-

operieren der Otto Versand und die Saarbrücker Versicherungsgruppe Cosmos beim Verkauf von Versicherungsprodukten via Katalog.

Die Logistik-Spezialisten. Die Hauptverwaltung des Otto-Konzerns befindet sich in Hamburg; Warenverteilungszentren gibt es in Hamburg (kleinvolumige Artikel), Hanau/Langenselbold (hängende Konfektion), Karlsruhe (Teppiche, Porzellan, Kleinelektro), Burbach (Leuchten, Campingartikel, Unterhaltungselektronik), Löhne (Möbel, Großelektro), Ohrdruf/Thüringen (Möbel, Großelektro), Haldensleben/Sachsen-Anhalt (kleinvolumige Artikel). Der konzerneigene Hermes Versand Service (bundesweit 64 Depots, 5.500 Mitarbeiter, 3.000 Fahrzeuge, 107 Mio. Sendungen im Jahr) bringt die Waren zum Kunden. 35 Millionen telefonische Kundenkontakte im Jahr, in Spitzenzeiten bis zu 200.000 Anrufe täglich, bewältigen 1.500 Mitarbeiter in 24 Kundencentern deutschlandweit. In den Lagern liegen bis zu 750.000 Einzelpositionen. Rund zwei Drittel des Katalogumsatzes stammt von Herstellern aus der Bundesrepublik, der Rest aus über 40 Ländern, besonders aus dem kostengünstigen Fernost mit Hongkong, Taiwan und Korea. In Hongkong unterhält Otto mit über 600 Mitarbeitern das größte seiner Einkaufsbüros weltweit. Als erster deutscher Versender führte Otto den Kauf rund um die Uhr sowie den 24-Stunden-Service für nahezu das gesamte Sortiment ein. Dazu kommen der Hermes Einrichtungs Service (große und schwere Artikel), der Hermes Technische Kundendienst und die in erster Linie für das Raten- und Kreditgeschäft zuständige Hanseatic Bank.

Globale Strategien und der Standort Deutschland. Otto übertreibt nicht, wenn es sich als den einzigen weltweit operierenden Global Player des Versandhandels definiert. Mit 46 Handelsunternehmen ist die Otto-Handelsgruppe in 19 Ländern Amerikas, Asiens und Europas präsent (siehe Konzernüberblick). Die Wachstumsschwerpunkte des Konzerns sollen auch weiter im Ausland liegen, nicht zuletzt als Risikoausgleich in schwierigen Zeiten. Der Auslandsanteil am Weltumsatz liegt bei knapp 49%. Otto beschäftigt im Ausland über 29.000 Mitarbeiter. »Höchster Internationalisierungsgrad in der Branche sichert weltweiten Wettbewerbsvorsprung.« Nach diesem Motto richtet Otto seit Jahren seine Expansionspolitik aus. »Bevorzugt wird der Erwerb strukturell gesunder Unternehmen, die in konjunkturell schwierigen Zeiten in Not geraten sind, zu einem vernünftigen Preis, um sie durch Nutzung von Konzernsynergien und die Übertragung internationalen Management Know-hows zügig zu sanieren und in die nachhaltige Expansion zu führen.«
Die zweite Expansionsebene ist die Gründung von Joint-ventures mit Partnern vor Ort. In den jeweiligen Märkten profitieren die Unternehmen der Otto-Gruppe vom weltweiten Verbund der für den Versandhandel so entscheidenden Bereiche Einkauf, Marketing und Werbung, EDV, Logistik und Qualitätssicherung. Neben den internationalen Aktivitäten setzt Otto aber, unterstrichen durch die Inbetriebnahme der zwei ostdeutschen Versandzentren in Ohrdruf und Haldensleben, ganz auf den Standort Deutschland mit seinen lukrativen Versandhausgeschäften. Denn die Deutschen sind nun mal die Weltmeister im Versandkauf.

Umsatz 1998/99:
Otto-Handelsgruppe weltweit:
33.000,0 Mio.
Umsatz 1997/98:
Otto Versand-Konzern:
24.262,9 Mio.
Otto-Handelsgruppe weltweit:
29.883,0 Mio.
Umsatz 1996/97:
Otto Versand-Konzern:
21.046,7 Mio.
Otto-Handelsgruppe weltweit:
25.879,0 Mio.
Umsatz 1995/96:
Otto Versand-Konzern:
19.932,0 Mio.
Otto-Handelsgruppe weltweit:
24.791,0 Mio.

Gewinn 1997/98: *364,9 Mio.*
Gewinn 1996/97: *420,8 Mio.*
Gewinn 1995/96: *384,5 Mio.*

Cash flow 1997/98:
676,0 Mio.
Cash flow 1996/97:
722,0 Mio.
Cash flow 1995/96:
654,0 Mio.

Cash flow: *Der Cash flow wurde überwiegend in Betriebs- und Geschäftsausstattungen des Otto Versands investiert.*

Steueraufkommen 1997/98:
172,6 Mio.

Grund- bzw. Stammkapital 1997/98: *890,0 Mio.*

Beschäftigte 1998/99:
Otto-Handelsgruppe weltweit: 60.000
Beschäftigte 1997/98:
Otto Versand-Konzern: 44.939 (weltweit: 58.884)
Beschäftigte 1996/97:
Otto Versand-Konzern: 41.476 (weltweit: 55.408)
Beschäftigte 1995/96:
Otto Versand-Konzern: 41.221 (weltweit: 56.476)

Umsatz pro Mitarbeiter 1997/98: *540.000,– DM*
Umsatz pro Mitarbeiter 1996/97: *507.000,– DM*
Umsatz pro Mitarbeiter 1995/96: *484.000,– DM*

Löhne und Gehälter 1997/98: *2.291,4 Mio.*
Löhne und Gehälter 1996/97: *2.087,8 Mio.*
Durchschnittsgehalt 1997/98: *50.989,– DM*
Soziale Abgaben und Aufwendungen 1997/98: *548,1 Mio.*
Soziale Abgaben und Aufwendungen 1996/97: *493,4 Mio.*

Investitionen 1997/98: *418,0 Mio.*
Investitionen 1996/97: *251,0 Mio.*
Investitionen 1995/96: *259,0 Mio.*

Mitbewerber: *Cecile, Fingerhut, Great Universal Stores, JC Penny, Klingel, La Redoute, Littlewoods, Metro, Neckermann, Quelle, Senshukai*

INNERBETRIEBLICHE BÜNDNISSE. Bei Otto gibt es zahlreiche Arbeitszeitmodelle mit Teilzeitarbeitsplätzen. Durch die Flexibilisierung der Arbeit konnten vermehrt Aushilfsarbeitsplätze in Festarbeitsplätze umgewandelt werden. Im inländischen Konzern gab es 1997/98 in den verschiedenen Berufen 790 Auszubildende gegenüber 703 im Vorjahr.

UMWELTSCHUTZ. 1998 hat Otto einen neuen Umweltbericht vorgelegt. Seit Mitte der 80er Jahre ist Umweltschutz ausdrückliches Unternehmensziel des Otto Versandes. Zur dauerhaften Verankerung des unternehmerischen Umweltschutzes in alle Geschäftsabläufe wurde ein Umweltmanagementsystem eingerichtet. Otto ist auch im Angebot ökologisch ausgerichteter Textilien (umweltschonend, hautverträglich) größter deutscher Anbieter mit einem Umsatz von rund 318 Mio. DM. Im Jahr 2000 sollen 50% des gesamten Otto-Sortiments aus schadstoffgeprüften Textilien bestehen. Die »Michael Otto Stiftung für Umweltschutz« engagiert sich für den Schutz und Erhalt der Lebensgrundlage Wasser. Otto versteht sich als einer der größten privaten Umwelt-Sponsoren Deutschlands.

FORSCHUNG, ENTWICKLUNG, INNOVATIONEN.
Auf zwei Feldern ist Otto äußerst innovativ: im Bereich der Logistik und der Nutzung neuer Medien für Bestellung und Versand. Neben den klassischen Printkatalogen bietet Otto seinen Kunden drei Wege der Produktpräsentation: T-Online, den Katalog auf CD-ROM und die Angebote im Internet. Über 100.000 Artikel sind interaktiv bestellbar mit sofortiger Lieferauskunft, davon über 8.000 mit Abbildung. Das Versandzentrum Haldensleben bei Magdeburg für kleinvolumige Artikel ist mit einer Umschlagkapazität von jährlich rund 60 Mio. Artikeln weltweit führend. Es gibt im Otto-Konzern zwei Stiftungen: die »Michael Otto Stiftung für Umweltschutz« und die »Werner Otto Stiftung« für medizinische Forschung.

»OTTO ... FIND' ICH GUT.« Auch ohne Datenautobahn: Mit jährlich über 500,– DM Umsatz pro Kopf sind die Deutschen weltweit die Versandhandels-Nation Nummer eins (vor den USA). Der Anteil der Käufe per Katalog am Einzelhandelsumsatz in der Bundesrepublik beträgt knapp 5%. Knapp 70% der Haushalte haben mindestens einen Katalog. Die fünf größten Versandhäuser bestreiten rund 50% des gesamten Versandhandelsumsatzes. Die Versandhandelskunden sind heute gleichermaßen auf Stadt und Land verteilt. Zwei Drittel Frauen und ein Drittel Männer bestellen beim Otto Versand in Hamburg. Die meisten Kunden des Otto Versandes sind Frauen im Alter zwischen 20 und 50 Jahren, verheiratet, meist Mütter, oft berufstätig. Bei den Deutschen ist Otto mit seinen Katalogen von mehr als 3.800 Seiten pro Halbjahr einsamer Marktführer. Die jährliche Gesamtauflage der mehr als 600 Otto-Kataloge beträgt rund 65 Millionen Exemplare. Die Gesamtauflage aller Kataloge der Otto-Gruppe liegt bei ca. 350 Millionen im Jahr. Der Otto-Hauptkatalog ist ein Warenschaufenster, das 50.000 Artikelpositionen auf mehr als 1.300 Seiten präsentiert. Dazu gibt es über 30 Spezialkataloge.

PHILIPS

GESCHICHTE UND ENTWICKLUNG. 1926 Gründung der Deutschen Philips GmbH in Berlin, alleinige Gesellschafterin: N.V. Philips' Gloeilampenfabrieken, Eindhoven/Niederlande. 1927 Übernahme der Firma C.H.F. Müller, Hamburg, und ihrer Radio-Röhren-Fabrik GmbH »Valvo«. 1930 Gründung dreier Tochterfabriken: Osram Philips Neon AG, Philips Leuchten GmbH und Philips Röntgen GmbH. Philips expandierte und besaß in Deutschland zahlreiche Produktionsstätten. 1939 Gründung der Allgemeinen Deutschen Philips Verwaltungs GmbH zur Wahrung der Rechte der Muttergesellschaft in Deutschland. Umstellung großer Teile der Philips-Produktion auf Kriegsbedarf. 1942 Umbenennung der Deutschen Philips GmbH in Philips-Valvo-Werke GmbH; die Deutsche Philips und die Radio-Röhren-Fabrik wurden durch Umwandlung zusammengeschlossen. 1943 kam Philips in Berlin und in Eindhoven unter »Feindverwaltung«. In Berlin stellten Telefunken und Osram die »Verwalter«. Starke Zerstörungen zahlreicher Produktionsstätten und des Verwaltungsgebäudes der Philips Valvo Werke GmbH.

1945 Instandsetzung der stark zerstörten Radioapparatefabrik Aachen und Ausbau zur Glühlampenfabrik. 1946 Übersiedelung der Philips von Berlin nach Hamburg. 1951 Umbenennung von »Philips-Valvo-Werke GmbH« in »Deutsche Philips GmbH«. 1954 Umfirmierung der Allgemeine Deutsche Verwaltungs GmbH in Allgemeine Deutsche Philips Industrie GmbH (Alldephi) und Neustrukturierung des Konzerns. 1969 beschäftigte Philips Deutschland über 31.000 Mitarbeiter, der Umsatz stieg auf 2 Mrd. DM. Zahlreiche Akquisitionen innerhalb Deutschlands; Ausdehnung auf den gesamten Elektronikmarkt.

1974 Verschmelzung von 13 Philips-Unternehmen auf die Deutsche Philips GmbH, die sich in Philips GmbH umfirmierte. 1982 Übernahme von 70% an der »Felten & Guilleaume Carlswerk AG« durch die Alldephi; Zusammenführung aller Aktivitäten auf dem Gebiet der Kommunikationstechnik in der Philips Kommunikations Industrie AG in Nürnberg. 1986 Umwandlung der Felten & Guilleaume Energietechnik in eine Aktiengesellschaft mit anschließendem Verkauf über die Börse. Ende 1989 Verschmelzung der Philips GmbH auf die Alldephi bei Umfirmierung der Alldephi in Philips GmbH. 1996 Verkauf der Philips Kommunikations Industrie AG an AT & T/Lucent Technologies GmbH im Rahmen einer grundlegenden Umstrukturierung der deutschen Philips-Unternehmen. 1997 Verkauf der Philips Car Systems an Mannesmann VDO. Aufgabe des seit 1984 währenden, äußerst verlustreichen Engagements bei Grundig. 1998 Verschmelzung der Philips Broadcast Television System GmbH und 1999 der Philips Industrial Electronics Deutschland GmbH auf die Philips GmbH.

BESITZVERHÄLTNISSE/EIGENTUMSSTRUKTUR.

- Royal Philips Electronics N.V., Amsterdam/Niederlande (100%)

KONZERNÜBERBLICK/BETEILIGUNGEN. Einen wesentlichen Anteil am Umsatz des bedeutenden niederländischen Elektronikkonzerns haben die deutschen Philips-Unternehmen. Ihre Aktivitäten sind,

Standort:
Steindamm 94
20099 Hamburg

Postanschrift:
Postfach 10 02 29
20001 Hamburg

Telefon: *(040) 2899-0*
Telefax: *(040) 2899-2829*
Internet: *www.philips.de*

Branche: *Elektrotechnik; Elektronik*

Rechtsform: *Gesellschaft mit beschränkter Haftung (GmbH)*

Geschäftsjahr: *1.1.-31.12.*

Gründungsjahr: *1926*

Presse- und Öffentlichkeitsarbeit:
Dr. Gerd Götz
Tel.: (040) 2899-2215
Fax: (040) 2899-2971
E-Mail: gerd.goetz@philips.com

Verbände: *Zentralverband Elektrotechnik- und Elektroindustrie e.V., Frankfurt/Main, und dessen Fachabteilungen; Deutsches Institut für Normung (DIN), Berlin*

Vorstand/ Geschäftsführung:
- *Horak, Diethelm (Vorsitzender; Personal)*
- *Smakman, Jacobus C.J. (Finanzen und Administration)*

Geschäftsführer:
- *Draheim, Peter, Dr.*
- *Zwerner, Gerd*
- *Kamp, Hans-Joachim*
- *Lindemann Møller, Poul*

Bezüge des Vorstandes und der Geschäftsführung 1998: *3.323.000,– DM*

Aufsichtsrat:
- *Schmidt, Manfred, Dr. (Vorsitzender)*
- *Asche, Klaus, Dr.*
- *Busacker, Karl-Heinz*
- *Lorenz, Gert, Prof. Dr.*
- *Overtoom, Joop*
- *Subjetzki, Klaus*
- *Westerlaken, Arie*
- *Wöbcke, Hans-Otto*

**Meijer, Frans (stellv. Vorsitzender)*
**Barnbeck, Gunter*
**Bunte, Rolf*
**Manns, Joachim*
**Pütz, Heinz*
**Terworth, Peter*
**Weiss, Hansjoachim*
**Welzmüller, Rudolf, Dr.*

Aufsichtsratstantiemen 1998: *538.000,– DM*

mit Ausnahme von AEG Licht und Origin, die direkt beim Mutterkonzern in Eindhoven konsolidiert werden, unter dem Dach der Philips GmbH, Hamburg, bzw. deren Tochtergesellschaften organisiert. Hauptsitz ist Hamburg, wo auch zwei Werke ansässig sind. In Aachen befinden sich drei Werke und die deutsche Forschungszentrale. Hinzu kommen weitere industrielle Standorte und zahlreiche Niederlassungen. Das Unternehmen ist tätig in der Entwicklung und Herstellung, im Vertrieb, der Vermietung, Montage und Wartung von Erzeugnissen und technischen Anlagen sowie Software jeder Art, insbesondere unter der Bezeichnung »Philips«.

Die Philips GmbH gliedert sich nach grundlegenden strukturellen Änderungen in folgende Unternehmensbereiche:

◆ Philips Konsumentenprodukte mit den Bereichen Consumer Electronics, Elektro-Hausgeräte und Licht. Zu Consumer Electronics gehören: Consumer Electronics, Hamburg (TV/Video, Digital Video Products, Audio, Communications, PC Peripherals); Consumer Communications, Krefeld (Telefone aller Art, Fax-Systeme); Hör-Systeme, Hamburg (Hörgeräte und Zubehör, Hörgeräte-Batterien); Tuners Competence Center Krefeld (terrestrische Tuner, Satelliten-Tuner, Multimedia-Tuner); Lager- und Versandzentrum Dietzenbach; Marantz GmbH, Hamburg (Hifi-Bausteine und Anlagen). Zu Elektro-Hausgeräte gehören: Elektro-Hausgeräte, Hamburg (Maschinen und Geräte für Küche, Bad und Wohnen). Zu Licht gehören: Licht, Hamburg (Lampen, Leuchten, Batterien aller Art); Glühlampenwerk Aachen (Autolampen); AEG Lichttechnik GmbH, Springe (Industrieleuchten, Büroleuchten); Narva Speziallampen GmbH, Plauen (Fahrzeuglampen und Speziallampen). Umsatz 1998: 2.383 Mio. DM (Vorjahr: 2.821 Mio.).

◆ Philips Bauelemente und Halbleiter mit den Bereichen Components und Semiconductors. Zu Components gehören: Components, Hamburg (Bildröhren für Fernsehen/Monitore, Bauteile, Mikroelektronik); Automotive Playback Modules, Wetzlar (Cassetten-Laufwerke, CD-Drives Audio und ROM); Bildröhrenfabrik Aachen (Farbbildröhren); Glasfabrik Aachen (Farbfernseh-Preßglas-Produkte); Mikroelektronik Module-Werk Krefeld (kundenspezifische Baugruppen und Module); PDO Media GmbH & Co. KG, Wiesbaden (magneto-optische Speicherplatten, CD-ROM, Data Cartridges, MO-Laufwerke); Philips Ferrite GmbH, Hamburg (Power Ferrites, weltweites Messezentrum). Zu Semiconductors gehören: Semiconductors Marketing and Sales, Hamburg (integrierte Schaltungen, diskrete Halbleiter); Semiconductors Hamburg (Halbleiterprodukte für die Automobil-Ausrüstung, Unterhaltungselektronik und Multimedia-Anwendungen); Semiconductors TCMC, Nürnberg (Technology Centre of Mobile Communica-

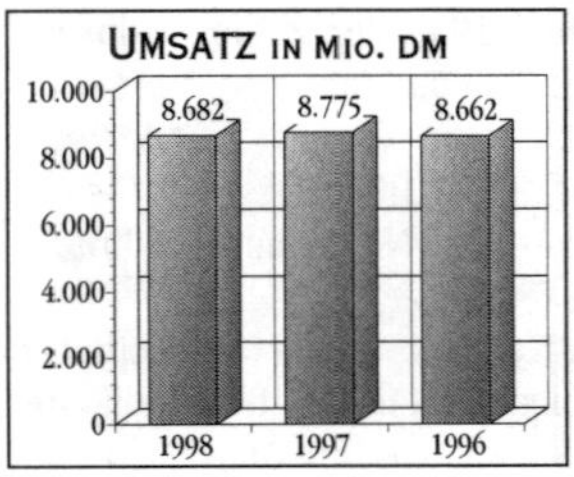

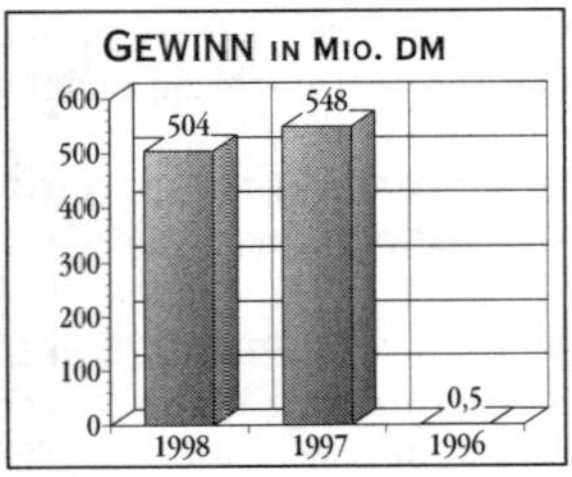

tion); SMST SubMicron Semiconductor Technologies GmbH, Böblingen (Halbleiter-Produkte). Umsatz 1998: 4.215 Mio. DM. (Vorjahr: 3.819 Mio.).

◆ Philips Professionelle Produkte und Systeme mit den Bereichen Business Electronics und Medizin Systeme. Zu Business Electronics gehören: Business Electronics und Analytical, Kassel (Anlagen und Geräte für Material- und Strukturanalysen); Automation Projects, Kassel (komplette Automatisierungslösungen für verfahrenstechnische Anlagen); Broadband Networks, Nürnberg (analoge und digitale optische Übertragungssysteme für Kabel-TV); Business Communications, Eschborn (Kommunikationssysteme und -lösungen auf ISDN-Basis); Communication & Security Systems, Kassel (Videoüberwachung, Personenruf und -sicherung); Digital Video Systems, Nürnberg (digitale Studiotechnik, Bildverarbeitung); Electronic Manufacturing Technology, Kassel (Prozeßanalyse und Engineering, SMD-Bestückungsmaschinen und -anlagen); Fax-Geräte, Dietzenbach (Thermopapier-Faxgeräte, Normalpapier-Faxgeräte und MFP-Geräte); Projects, Hamburg (Infrastruktur-Lösungen in den Bereichen Sicherheit, Kommunikation und Unterhaltung); Speech Processing, Hamburg (Diktiersysteme, Sprachverarbeitung); Speech Processing, Aachen (Spracherkennungstechnologie für Computeranwendungen). Zu Medizin Systeme gehören: Medizin Systeme Sales and Service Region, Hamburg (Röntgeneinrichtungen, Tomographen, Ultraschallgeräte); Medical Systems Development & Manufacturing Centre, Hamburg/Bautzen (medizinisch-technische Systeme). Umsatz 1998: 1.740 Mio. DM (Vorjahr: 1.893 Mio.).

Hinzu kommen die Forschungslaboratorien Aachen und Hamburg, die Philips Multimedia Network Systems GmbH, Bautzen, und die Philips Mietsystem GmbH, Hamburg.

Globale Strategien und der Standort Deutschland.

Philips, einer der größten Elektronik-Konzerne der Welt, operiert global in 226 Werken mit sieben Produkt-Divisionen und 80 Geschäftsfeldern. Der Konzern kommt mit 234.000 Beschäftigten auf einen Umsatz von 60 Mrd. DM. Traditionell ist eine der wichtigsten Töchter der Niederländer die Deutsche Philips, die auf eine wechselvolle Geschichte zurückblicken kann. Dazu gehört auch, daß im Rahmen eines gewaltigen Restrukturierungsprogramms Anfang der 90er Jahre, in denen der Mutterkonzern in eine tiefgreifende wirtschaftliche Krise geraten war, auch die Deutsche Philips große Einschnitte hinnehmen mußte. Im Rahmen der sogenannten Operation »Centurion« fielen weltweit rund 50.000 Arbeitsplätze weg, ein Sanierungskonzept, das sich die Holländer weltweit 6 Mrd. DM kosten ließen. Die Geschäftsfelder Computer, Kabel und Rüstungsindustrie wurden völlig aus dem Portfolio genommen. Auch die Deutsche Philips war davon maßgeblich betroffen. Die Zahl der Beschäftigten wurde bei den deutschen Philips-Unternehmen seit 1990 von über 30.000 auf 13.500 im Jahr 1999 reduziert. Ein Großteil der Mitarbeiter verließ Philips allerdings durch den Verkauf ganzer Unternehmensteile.

Produktionen wurden verlegt (die Leuchtenproduktion von Köln nach Winterswijk in Holland, die in Berlin erfolgte Rasierermontage in das Rasierer-Stammwerk in Drachten); die Produktionen in Köln und Berlin wurden eingestellt. Die Tochter der Deutschen Philips, die

Umsatz 1998: *8.682,4 Mio.*
Umsatz 1997: *8.774,8 Mio.*
Umsatz 1996: *8.661,5 Mio.*

Gewinn 1998: *503,7 Mio.*
Gewinn 1997: *547,7 Mio.*
Gewinn 1996: *0,5 Mio.*

Steueraufkommen 1998: *1,6 Mio.*

Grund- bzw. Stammkapital 1998: *1.150,0 Mio.*

Beschäftigte 1998: *13.500*
Beschäftigte 1997: *14.900*
Beschäftigte 1996: *17.000*
(Beschäftigte 1990: 30.200)

Umsatz pro Mitarbeiter 1998: *643.141,– DM*
Umsatz pro Mitarbeiter 1997: *588.913,– DM*
Umsatz pro Mitarbeiter 1996: *509.500,– DM*

Löhne und Gehälter 1998: *1.427,0 Mio.*
Löhne und Gehälter 1997: *1.396,0 Mio.*
Durchschnittsgehalt 1998: *105.704,– DM*
Soziale Abgaben und Aufwendungen 1998: *364,0 Mio.*
Soziale Abgaben und Aufwendungen 1997: *337,0 Mio.*

Investitionen in Mio. DM

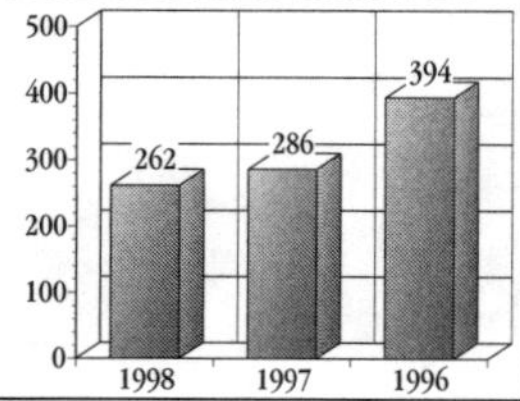

Bezüge pro Mitglied der Geschäftsführung 1998:
553.833,– DM
Tantiemen pro Aufsichtsrat 1998: *33.625,– DM*

Investitionen 1998:
262,0 Mio.
Investitionen 1997:
286,0 Mio.
Investitionen 1996:
394,0 Mio.

Mitbewerber: *ABB, AEG, Alcatel SEL, AT&T, BMG, Bosch, Braun, Canon, General Electric, Gillette, Grundig, Hitachi, IBM, 3M, Miele, Mitsubishi, NEC, Nokia, Paramount, Pioneer, Samsung, Sanyo, Sharp, Siemens, Sony, Thomson, Thorn EMI, Time Warner, Toshiba*

Nürnberger Philips Kommunikations Industrie AG (PKI), wurde in Teilen an die AT&T Network Systems verkauft. Die restlichen PKI-Bereiche wurden in andere Konzernbereiche eingegliedert. Die Fertigung von Mobilfunkgeräten und schnurlosen Telefonen wurde eingestellt, die Schließung des Werkes für Videorecorder in Nürnberg-Langwasser (iR3 Video Technologies GmbH) beschlossen und die Produktion an Standorte in Ungarn und Österreich verlegt. Die Philips Car Systems-Aktivitäten wurde an Mannesmann VDO, die Philips Wägetechnik GmbH und Teile der Philips Industrial Electronics GmbH an die Advent-Gruppe verkauft. Die Philips Broadcast Television System GmbH wurde 1998 auf die Philips GmbH verschmolzen, die Anteile an der verlustreichen Grundig AG abgegeben, nachdem die Niederländer jahrelang vergeblich versucht hatten, durch Entlassungen, Schließungen und Zusammenlegungen von Produktionsstandorten die Fürther Traditionstochter (Mitte der 70er Jahre beschäftigte Grundig noch 33.000 Mitarbeiter) zu sanieren. Weltweit wurde der Bereich Konventionelle Passive Bauelemente abgegeben; betroffen war davon in Deutschland die Dr. Bernhard Beyschlag Apparatebau GmbH.

INNERBETRIEBLICHE BÜNDNISSE. In zahlreichen Philips-Unternehmen wurden flexible Arbeitszeitmodelle und Formen der Gruppenarbeit eingeführt. Verbesserte Kundenorientierung und ständige Qualitätsverbesserungen in allen Bereichen werden als Kernpunkte des »Revitalisierungsprozesses« bei Philips angesehen.

UMWELTSCHUTZ. Der Zentralbereich Umweltschutz koordiniert Maßnahmen, arbeitet Richtlinien aus, informiert umfassend und aktuell und beruft mindestens einmal jährlich eine Philips-Umweltkonferenz ein. Alle Fabriken und Philips-Unternehmen müssen Umweltschutzprogramme entwickeln, schriftlich niederlegen und jährlich fortschreiben. Der Leiter einer Philips-Fabrik ernennt einen Umweltschutzbeauftragten. Schwerpunkt der konzernweiten Umweltaktivitäten ist das »EcoVision«, das alle Geschäftsbereiche weltweit verpflichtet, ausschließlich nach Umweltschutzkriterien optimierte Produkte zu entwickeln. In diesen Prozeß sind Forschung und Entwicklung, Produktion, Marketing und Vertrieb gleichermaßen eingebunden.

FORSCHUNG, ENTWICKLUNG, INNOVATIONEN.
Die deutsche Philips-Forschung mit ihren Laboratorien in Aachen und Hamburg spielt innerhalb des Weltkonzerns eine zentrale Rolle. Zu den Schwerpunkten des Forschungsprogramms gehören Medizintechnik, automatische Spracherkennung, digitale Hausnetze und neue Formen der Lichterzeugung. Aus der Philips-Forschung und Entwicklung stammen maßgeblich die Compact Disc, die CD-ROM, die Photo-CD und das hochauflösende Fernsehen HDTV. Die deutschen Philips-Unternehmen beschäftigen in ihren Forschungs- und Entwicklungsbereichen 1.800 Mitarbeiter, 13% der Belegschaft. 1998 wurden für Forschung und Entwicklung knapp 5% vom Umsatz aufgewendet. Zwischen der deutschen Philips-Forschung und den übrigen Philips-Forschungslaboratorien in den Niederlanden, England, Frankreich, Taiwan und den USA besteht eine enge Zusammenarbeit.

PORSCHE

GESCHICHTE UND ENTWICKLUNG. 1931 gründete Ferdinand Porsche in Stuttgart das Konstruktionsbüro Porsche, die heutige Dr. Ing. h.c. F. Porsche GmbH. In den 30er Jahren konstruierte Ferdinand Porsche im Auftrag der Nationalsozialisten den Volkswagen Käfer, der aber erst nach dem Krieg 1946 in Serie ging. Während des Krieges wurde auf der Basis des Käfers der Kübelwagen konstruiert und produziert. Nach dem Krieg, im Juni 1948, wurde unter der Leitung von Ferdinand »Ferry« Porsche jun. in einer kleinen Versuchswerkstatt im österreichischen Gmünd der erste Porsche (356 Roadster) produziert – auf der Basis von Volkswagenteilen. 1950 kehrte Porsche zurück nach Stuttgart-Zuffenhausen und eröffnete eine eigenständige Automobilfabrik. 1963 folgte auf den Porsche 356 der Porsche 901 und schließlich der 911. 1972 wurde das Unternehmen in eine Aktiengesellschaft umgewandelt. Im selben Jahr konnte das Entwicklungszentrum Weissach in Betrieb genommen werden. 1988 kam es zur Präsentation des 911 Carrera 4, 1996 zur Markteinführung des Boxster.

BESITZVERHÄLTNISSE/EIGENTUMSSTRUKTUR.

- Familien Porsche und Piëch (100% der Stammaktien und 13% der Vorzugsaktien)
- Rest Streubesitz (Vorzugsaktien)

KONZERNÜBERBLICK. Porsche ist der größte und bekannteste Sportwagenhersteller der Welt und darüber hinaus ein exklusiver Spezialitäten-Konzern. Sein Produkt ist ein weltweit populäres Markenzeichen. Nach dem Auslauf der letzten luftgekühlten 911-Modelle Carrera 4 S, Targa und Turbo 1998 umfaßt die Porsche-Modellpalette 1999 die Fahrzeuge 911 Carrera Coupé und Cabriolet, 911 Carrera 4 Coupé und Cabriolet, 911 Turbo sowie den Boxster und den Boxter S. Sämtliche Modelle sind wahlweise mit Schaltgetriebe oder Tiptronic S erhältlich. Einschließlich der Wahlmöglichkeiten beim Getriebe und beim Antrieb (Hinterrad-/Vierradantrieb) bietet Porsche im Modelljahr 1999 insgesamt zehn Modellvarianten.

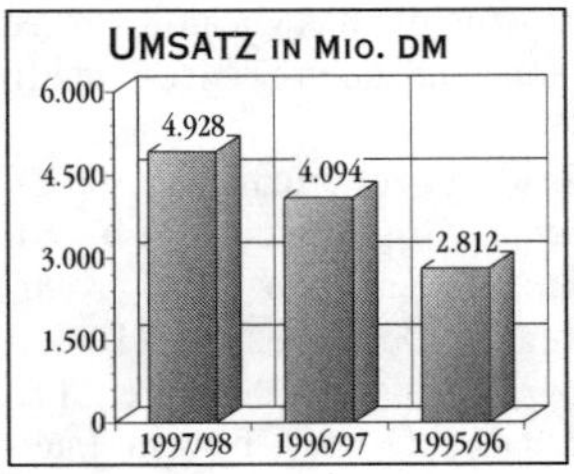

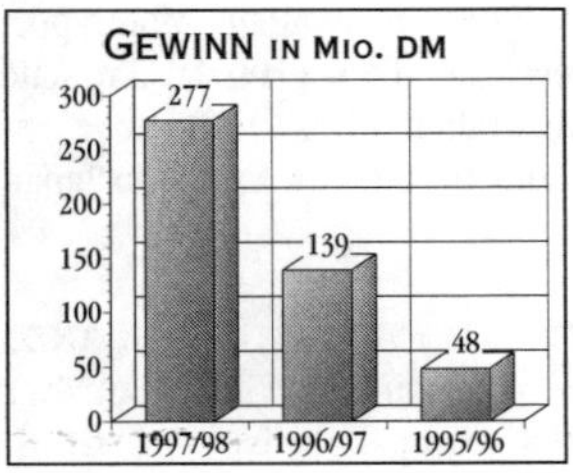

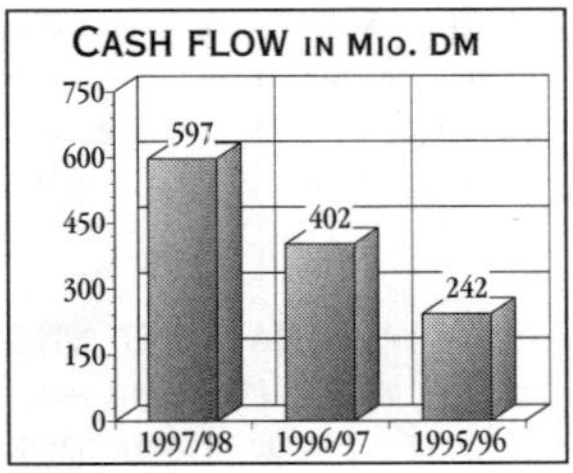

Standort:
Abraham-Lincoln-Straße 21
65189 Wiesbaden

Postanschrift:
70432 Stuttgart

Telefon: *(0711) 911-0*
Telefax: *(0711) 911-5777*
Internet: *www.porsche.de*

Branche: *Automobilbau, Motoren*

Rechtsform:
Aktiengesellschaft

Geschäftsjahr: *1.8.-31.7.*

Gründungsjahr: *1931; 1948 Beginn der Sportwagenproduktion*

Öffentlichkeitsarbeit:
Anton Hunger
Tel.: (0711) 911-5318
Fax: (0711) 911-5110
E-Mail: anton.hunger@porsche.de

Verbände: *Verband der Automobilindustrie, Frankfurt/Main*

Vorstand:
- *Wiedeking, Wendelin, Dr. (Vorsitzender)*
- *Härter, Holger P. (Finanz- und Betriebswirtschaft)*
- *Harmel, Harro (Personalwesen/Arbeitsdirektor)*
- *Macht, Michael (Produktion und Logistik)*
- *Marchart, Horst (Forschung und Entwicklung)*
- *Riedel, Hans (Vertrieb)*

Vorstandsbezüge 1997/98:
10.300.000,– DM

Aufsichtsrat:
- *Siebler, Helmut, Prof. Dr. (Vorsitzender)*
- *Piëch, Ferdinand, Dr.*
- *Piëch, Hans Michel, Dr.*
- *Porsche, Ferdinand A.*
- *Porsche, Wolfgang, Dr.*
- *Zügel, Walther, Dr. Dr. h.c.*

**Baur, Hans (stellv. Vorsitzender)*
**Arenz, Maria*
**Höchsmann, Günther*
**Hück, Uwe*
**Schmierer, Hansjörg*
**Weresch, Werner*

Aufsichtsratstantiemen 1997/98: *663.000,– DM*

BÖRSE, AKTIEN, KURSE
Grundkapital 1998:
87,5 Mio.
Jahreshöchstkurs 1998:
5.675,00 DM (2.901,58 €)
Jahrestiefstkurs 1998:
2.050,0 DM (1.048,15 €)
Aktie Jahresende 1998:
3.950,00 DM (2.019,60 €)
Dividende pro Aktie 1997/98: *25,00 DM*

Die Dividende bezieht sich auf je 50,– DM Aktiennennbetrag.

Umsatz 1997/98: *4.927,6 Mio.*
Umsatz 1996/97: *4.094,3 Mio.*
Umsatz 1995/96: *2.811,9 Mio.*

Gewinn 1997/98: *276,9 Mio.*
Gewinn 1996/97: *139,4 Mio.*
Gewinn 1995/96: *48,1 Mio.*

Cash flow 1997/98:
596,5 Mio.
Cash flow 1996/97:
401,9 Mio
Cash flow 1995/96:
241,7 Mio.

Steueraufkommen 1997/98:
47,5 Mio.

Die Gesamtproduktion an Porsche-Fahrzeugen 1997/98 lag bei knapp über 38.000 Fahrzeugen. Davon wurden in Zuffenhausen rund 30.000 Fahrzeuge produziert und knapp 8.000 Boxster erstmals in Finnland. Zeitweilig wurden täglich bis zu 158 Porsche montiert. Verkauft wurden 1997/98 insgesamt 36.686 Fahrzeuge, davon 27.512 im Ausland. Der Porsche 911 wurde in einer Stückzahl von 19.120 Exemplaren verkauft, der Boxster von 18.887. Porsche verfügt über das Werk Zuffenhausen und die Betriebsstätten Weissach und Ludwigsburg. Seit 1998 wird der Boxter auch in Finnland gefertigt. Im Kundenzentrum Zuffenhausen wurden 1998 zusätzlich 9.500 Neufahrzeuge nach speziellen Kundenwünschen modifiziert.
Dynamik, Leistungsfähigkeit und Erfolg sind Attribute – so sieht es Porsche in der Eigenschau –, mit denen die Porsche AG und ihre Produkte identifiziert werden. Das Gefühl von Zugehörigkeit zur »Porsche Familie« wird forciert durch ein Angebot von Porsche-Produkten über das Fahrzeuggeschäft hinaus: fahrzeugspezifisches Zubehör und Kleidung, Accessoires und Fahrräder (Selection), Reisen (Porsche Travel Club). Porsche ist äußerst engagiert im Sport-Sponsoring, in erster Linie natürlich im Motorsport. Porsche betreibt Motorsport auf einem international hohen Niveau und ist mit einem eigenen Werksteam bei großen Autorennen, u.a. beim 24-Stunden-Rennen von Le Mans, aktiv.

INVESTITIONEN IN MIO. DM

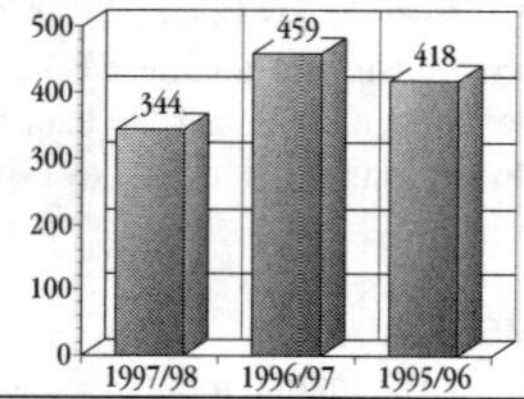

BETEILIGUNGEN. Zu den wichtigsten Tochtergesellschaften der Dr. Ing. h.c. F. Porsche AG gehören im In- und Ausland:
● Karosseriewerk Porsche GmbH, Stuttgart (100%); Porsche Financial Services GmbH, Bietigheim-Bissingen (100%); Porsche Classic GmbH, Ludwigsburg (100%); Porsche Zentrum Hoppegarten GmbH, Dahlwitz-Hoppegarten (100%); Porsche Consulting GmbH, Stuttgart (100%); Porsche Engineering Services GmbH, Bietigheim-Bissingen (100%); PIKS Porsche-Information-Kommunikation-Services GmbH, Stuttgart (75%).
● Porsche Cars Great Britain Ltd., Reading/Großbritannien (100%); Lamborghini Great Britain Ltd., Reading/Großbritannien (100%); Porsche Enterprises, Inc., Wilmington/Delaware, USA (100%); Porsche Cars North America, Inc., Wilmington/Delaware, USA (100%); Porsche Engineering Services, Inc., Wilmington/Delaware, USA (100%); Porsche Italia S.p.A., Padua/Italien (100%); Porsche International Financing plc., Dublin/Irland (100%); Porsche Credit Corporation, Wilmington/Delaware, USA (100%); Porsche Motorsport North America, Inc., Wilmington/Delaware, USA (100%); Porsche Cars Australia Pty. Ltd., Richmond/Australien (100%); Porsche España S.A., Madrid/Spanien (100%); Porsche Japan K.K., Tokio/Japan (100%).

GLOBALE STRATEGIEN UND DER STANDORT DEUTSCHLAND. Porsche ist nach wie vor ein Familienunternehmen mit exklusiver Marke und Milliardenumsätzen. In Zeiten von Globalisierung, Groß-

akquisitionen und Fusionen ist die Eigenständigkeit und bewahrte Unabhängigkeit von Porsche um so erstaunlicher, als sich in der Vergangenheit zahlreiche Kaufinteressenten zu erkennen gegeben haben.
Porsche ist in über 70 Märkten vertreten. Da Porsche in seinen Schlüsselmärkten den Vertrieb selbst steuert, wurde 1998 »Porsche Japan« gegründet. 1999 wurden »Porsche France« und »Porsche Middle East« gegründet, eine neue Tochtergesellschaft mit Sitz in Dubai. Noch vor Deutschland ist seit Jahren Nordamerika für Porsche größter Markt und die wichtigste Exportregion. Weitere Porsche-Länder sind Japan, Großbritannien, Italien, Frankreich, die Schweiz und Spanien.

INNERBETRIEBLICHE BÜNDNISSE. Betriebsrat und Vorstand haben sich 1998 darauf geeinigt, die bereits existierende »Rahmenvereinbarung über flexible Arbeitszeiten in der Produktion« bis zum 31. Dezember 2001 zu verlängern. Das beinhaltet individuelle Arbeitszeitmodelle in der Produktion (unter Beachtung der maximalen täglichen Arbeitszeit von acht Stunden) mit persönlichen Arbeitszeitkonten, ohne daß sich die Entlohnung auf Basis der tariflich vereinbarten Arbeitszeit verändert. Parallel zur Rahmenvereinbarung wurde eine Beschäftigungssicherung bis Ende 2001 vereinbart. In dieser Zeit werden auch alle Auszubildenden mit entsprechender Qualifikation einen unbefristeten Arbeitsplatz erhalten. Darüber hinaus gibt es verschiedene Modelle zur Altersteilzeit. 1998 befanden sich bei Porsche 260 Jugendliche in der Ausbildung.

UMWELTSCHUTZ. Nach Porsche müssen sich Sportwagen und Umweltschutz nicht ausschließen. In einer Umweltbroschüre legt Porsche sein Umweltmanagement, seine Umweltziele und -leitlinien dar wie auch die Maßnahmen in Forschung, Entwicklung, Produktion und Vertrieb. Porsche spricht sich vehement gegen die Einführung eines generellen Tempolimits aus, weil dadurch ein wichtiger Wettbewerbsvorteil für die deutschen Automobilhersteller verloren ginge. Porsche plädiert für eine Schonung der Umwelt durch innovative technische Lösungen. Im Werk Zuffenhausen gibt es im betrieblichen Umweltschutz regelmäßige Umweltbetriebsprüfungen.

FORSCHUNG, ENTWICKLUNG, INNOVATIONEN.
Zentrum der Innovationarbeit bei Porsche ist das Porsche Forschungs- und Entwicklungszentrum in Weissach, wo Modelle und Motoren entwickelt werden. Arbeitsschwerpunkte sind kommende Varianten des 911 und des Boxster. Dazu kam die Neuentwicklung des Rennsportwagens 911 GT1, der in Le Mans 1998 einen Doppelsieg errang. Im Porsche Forschungs- und Entwicklungszentrum in Weissach arbeiten 2.000 Ingenieure. Das Zentrum, das über mehr als 3.000 Patente verfügt, plant, entwickelt und erprobt auch für externe Kunden. Porsche und VW arbeiten an der Entwicklung eines gemeinsamen sportlichen und geländegängigen Mehrzweckfahrzeuges.

Beschäftigte 1997/98: *8.151*
Beschäftigte 1996/97: *7.959*
Beschäftigte 1995/96: *7.107*

Umsatz pro Mitarbeiter 1997/98: *604.539,– DM*
Umsatz pro Mitarbeiter 1996/97: *514.424,– DM*
Umsatz pro Mitarbeiter 1995/96: *395.652,– DM*

Löhne und Gehälter 1997/98: *851,2 Mio.*
Löhne und Gehälter 1996/97: *739,1 Mio.*
Durchschnittsgehalt 1997/98: *104.429,– DM*
Soziale Abgaben und Aufwendungen 1997/98: *181,9 Mio.*
Soziale Abgaben und Aufwendungen 1996/97: *169,2 Mio.*

Bezüge pro Vorstandsmitglied 1997/98: *1.716.667,– DM*
Tantiemen pro Aufsichtsrat 1997/98: *55.250,– DM*

Investitionen 1997/98: *343,8 Mio.*
Investitionen 1996/97: *459,2 Mio.*
Investitionen 1995/96: *417,7 Mio.*

Mitbewerber: *Audi, BMW, DaimlerChrysler, Ferrari, Fiat, Ford, General Motors, Jaguar, Lamborghini, Maserati*

PREUSSAG

Standort:
Karl-Wiechert-Allee 4
30625 Hannover

Postanschrift:
Postfach 61 02 09
30602 Hannover

Telefon: *(0511) 566-00*
Telefax: *(0511) 566-1901*
Internet: *www.preussag.de*

Branche: *Energie, Handel, Gebäudetechnik, Logistik und Touristik*

Rechtsform:
Aktiengesellschaft

Geschäftsjahr: *1.10.-30.9.*

Gründungsjahr: *1923*

Öffentlichkeitsarbeit:
Dr. Frank Laurich
Tel.: (0511) 566-1427
Fax: (0511) 566-1166
E-Mail: laurich.frank@preussag.de
Dr. Susanne Knorre (Presse)
Tel.: (0511) 566-1408
Fax: (0511) 566-1108
E-Mail: knorre.susanne@preussag.de

Verbände: *Verbandszugehörigkeiten entsprechend den Sparten und Konzerninteressen*

GESCHICHTE UND ENTWICKLUNG. In der 1923 in Berlin gegründeten »Preußischen Bergwerks- und Hütten AG« (Preussag) war der außerhalb des Ruhrgebietes liegende Bergwerk- und Hüttenbesitz des damaligen preußischen Staates zusammengefaßt. Zur Gesellschaft gehörten Steinkohlebergwerke in Oberschlesien und Ibbenbüren, Erzbergwerke im Harz, Braunkohlebergwerke, Eisen-, Blei- und Silberhütten sowie ein Bernsteinwerk in Königsberg/Ostpreußen. 1929 wurde die Preussag Teil der neu ins Leben gerufenen VEBA. Alleinaktionär der Preussag war der preußische Staat.
Nach Enteignungen und Verlusten aller im Osten befindlichen Produktionsstätten und schweren Kriegszerstörungen der westlichen Unternehmen wurde ab 1946 der Wiederaufbau der verbliebenen Gesellschaften in Angriff genommen. Schwerpunkt wurde in diesen Jahren die Erdölförderung der Preussag. 1959 wurde die Gesellschaft als erstes Bundesunternehmen teilprivatisiert. 1964 kam es zur Umfirmierung in Preussag AG. Es folgten zahlreiche Firmengründungen und Akquisitionen weltweit, u.a. 1978 die Mehrheitsbeteiligung an der Amalgamated Metal Corp. Plc, London. 1988 wurde die Blei- und Zinkerzeugung in der französischen Metaleurop S.A. zusammengelegt. Herausragendes Ereignis der Preussag-Nachkriegsgeschichte war 1989 der Kauf aller Aktien der 1937 als Reichswerke Hermann Göring gegründeten Salzgitter AG von der Bundesrepublik Deutschland. Ein Jahr später wurde die Salzgitter AG auf die Preussag AG übertragen. 1992 wurde die Stahlwerke Peine-Salzgitter AG in Preussag Stahl AG umbenannt. 1995 wurde die Deilmann Erdöl Erdgas GmbH in Preussag Energie GmbH umfirmiert. Im gleichen Jahr zog sich die Preussag mit der Veräußerung der Hagenuk GmbH aus dem Telekommunikationsbereich zurück.
Eine unternehmerische Sensation war 1998 der Erwerb des Hapag-Lloyd-Konzerns und eine Mehrheitsbeteiligung an der Touristik Union International (TUI). Die Touristik wurde zum neuen Geschäftsfeld. Im gleichen Jahr wurde die Preussag Stahl AG an das Land Niedersachsen und die Nord/LB verkauft und als Salzgitter AG an die Börse gebracht. 1999 wurde die Preussag Anthrazit GmbH in die neue Deutsche Steinkohle AG eingebracht und der gesamte Preussag-Anlagen- und Schiffbau an die Babcock Borsig AG veräußert, an der sich die Preussag AG im Gegenzug mit 30% beteiligte.

BESITZVERHÄLTNISSE/EIGENTUMSSTRUKTUR.
- Westdeutsche Landesbank Girozentrale (WestLB) über GEV Gesellschaft für Energie und Versorgungswerte mbH, Dortmund (knapp 33%)
- Institutionelle Anleger (ca. 52%)
- Private Anleger (ca. 15%)

Der Anteil ausländischer Investoren, hauptsächlich aus Großbritannien, den USA und der Schweiz, liegt bei 24%.

KONZERNÜBERBLICK. Der Preussag-Konzern besteht seit Mitte 1999 aus den vier Sparten Logistik, Touristik, Energie und Grundstoffe sowie Gebäudetechnik. Geführt wird der Preussag-Konzern von einer zweistufigen Konzern-Leitung. Den Gesamtkonzern steuert ein vierköpfiger Zentralvorstand. Bereichsvorstände leiten die operativen Geschäfte der einzelnen Sparten. Durch die Neuausrichtung des Konzerns steigerte die Preussag AG ihren Umsatz auf über 35 Mrd. DM, die Zahl der Mitarbeiter stieg auf über 66.000. Etwa die Hälfte des Umsatzes stammt aus der Sparte Touristik.

◆ Zur Sparte Logistik gehören das Schiffahrt- und Speditionsgeschäft der Hapag-Lloyd, die VTG-Lehnkering-Gruppe und die Algeco-Gruppe. Unternehmerisch geführt wird die Sparte von der Hapag Lloyd AG, in die VTG-Lehnkering und Algeco integriert wurden. Die aus der Fusion von VTG Vereinigte Tanklager und Transportmittel GmbH, Hamburg, und Lehnkering AG, Duisburg, hervorgegangene VTG-Lehnkering-Gruppe hat eine herausragende Position bei Kesselwagen und durch ein Joint-venture mit der niederländischen Speditionsgruppe van Ommeren auch eine Spitzenstellung im Tankcontainergeschäft inne. Die Gruppe verfügt über 21.000 Kessel- und Spezialwagen. Hinzu kommen die Marktsegmente Spezialtransporte, Gefahrgutlogistik und Chemiedienstleistungen. Die französische Algeco ist die europäische Nummer eins in der Mobilbautenvermietung. Dazu kommt das Palettenvermietgeschäft. Hapag-Lloyd verfügt im Logistikbereich über eine große Schiffsflotte und einen großen Speditionsfundus. Zum Unternehmen gehören die Rickmers-Linie und die Pracht Spedition + Logistik. In den Bereich Logistik gehört auch die Hapag-Lloyd Seetouristik mit der eigenen Kreuzfahrtflotte. Zum neu strukturierten Hapag-Lloyd-Konzern gehören die Geschäftsfelder Linienschiffahrt, Kreuzfahrten, Transport und Logistik. Der Umsatz der Teilkonzerns wird durch die Integration von VTG-Lehnkering und Algeco bei 6 Mrd. DM liegen.

◆ Die Sparte Touristik ist in der neu gegründeten Konzerngesellschaft Hapag Touristik Union (HTU) gebündelt. Nach der Ausgliederung des Speditionsgeschäfts und einiger anderer Unternehmensteile aus der Hapag-Lloyd wurde der Touristikbereich von Hapag-Lloyd (Hapag-Lloyd Flug, Hapag-Lloyd Reisebüro, Hapag-Lloyd Geschäftsreise) mit dem weitaus größeren Touristikspezialisten Touristik Union International (TUI) in die Hapag Touristik Union eingebracht. TUI besitzt zahlreiche weitere Reiseveranstalter, Zielgebietsagenturen und zahlreiche Hotelbeteiligungen. Die HTU wird als operatives Unternehmen von der Preussag AG direkt geführt. Am Markt werden die beiden Marken Hapag-Lloyd und TUI aber getrennt agieren. Ziel der HTU ist die ertragsorientierte gemeinsame Vermarktung von Flug- und Hotelkapazitäten, ähnlich wie es das sogenannte »gelbe Lager« in der Kooperation von NUR und Condor darstellt. HTU hält auch die Mehrheitsbeteiligung an der englischen Thomas Cook Group (inklusive Carlson UK), die der Preussag den Zugang zum englischen Markt für

Vorstand:

▮ *Frenzel, Michael, Dr.*
(Vorsitzender)

▮ *Feuerhake, Rainer*
(Finanzen und Bilanzen)

▮ *Schultze, Wolfgang, Dr.*
(Personal und Recht)

▮ *Stodieck, Helmut, Dr.*
(Controlling)

Vorstandsbezüge 1997/98:
10.233.570,– DM

Aufsichtsrat:

▮ *Neuber, Friedel*
(Vorsitzender; Vorsitzender des Vorstandes der WestLB), Düsseldorf

▮ *Bezzenberger, Gerold, Dr.*
(Rechtsanwalt und Notar; Mitglied des Vorstandes der Deutschen Schutzvereinigung für Wertpapierbesitz e.V.), Berlin

▮ *Deilmann, Jürgen, Dr.*
(Geschäftsführer der Deilmann Montan GmbH), Bad Bentheim

▮ *Dürr, Heinz, Dr. E.h.*
(Vorsitzender des Aufsichtsrates der Deutsche Bahn AG), Berlin

▮ *Krumnow, Jürgen, Dr.*
(Mitglied des Vorstandes der Deutsche Bank AG), Frankfurt/Main

▮ *Kuhnt, Dietmar, Dr.*
(Vorsitzender des Vorstandes der RWE AG), Essen

▮ *Liesen, Klaus, Dr.*
(Vorsitzender des Aufsichtsrates der Ruhrgas AG), Essen

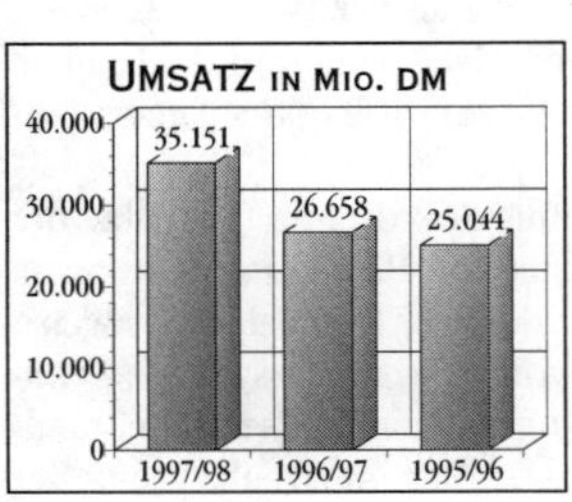

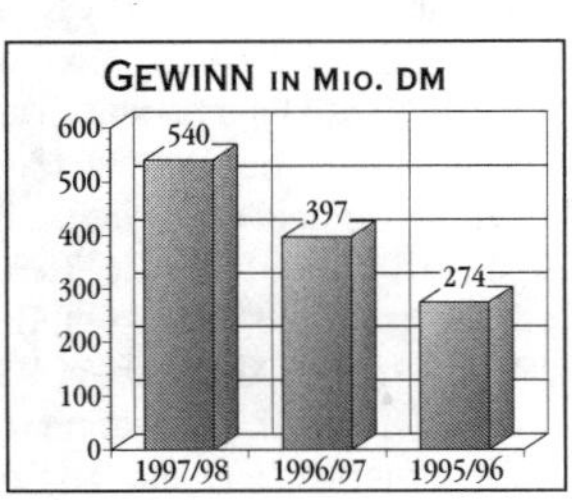

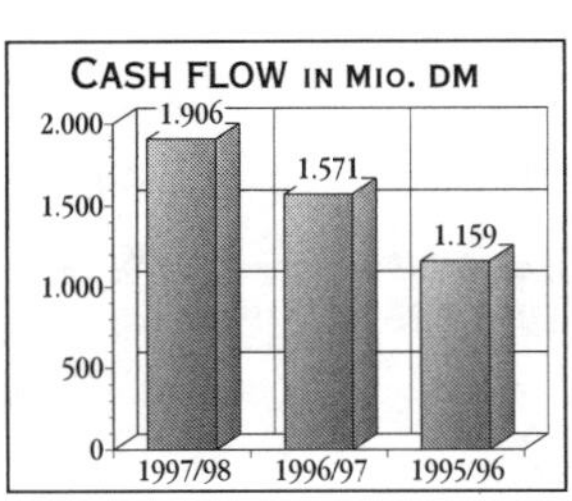

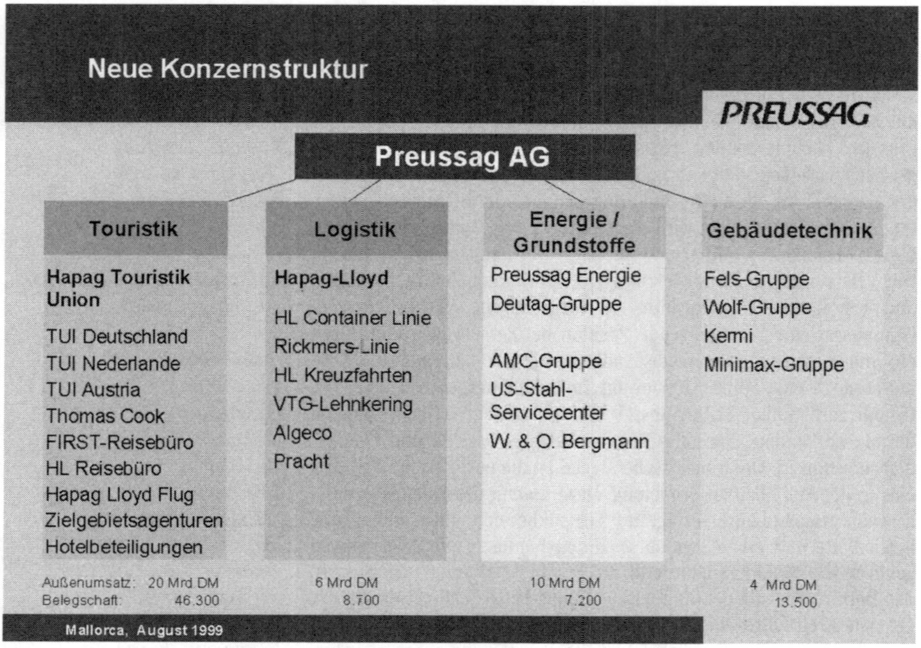

▮ *Offen, Hans-Henning (stellv. Vorsitzender des Vorstandes der WestLB), Düsseldorf*
▮ *Saßmannshausen, Günther, Dr., Hannover*
▮ *Voss, Bernd W., Dr. (Mitglied des Vorstandes der Dresdner Bank AG), Frankfurt/Main*
**Schmitthenner, Horst (stellv. Vorsitzender)*
**Barcikowski, Rainer*
**Baresel, Herbert*
**Kirchhof-Harloff, Martina*
**Klein, Uwe*
**Kollorz, Fritz*
**Look, Heinz*
**Lossack, Joachim*
**Schmidt, Norbert*
**Stegmaier, Werner*

Aufsichtsratstantiemen 1997/98: *2.221.080,– DM*

Pauschalreisen sichern soll, dem zweitgrößten nach Deutschland in Europa. HTU übernahm auch die First-Reisebüro-Gruppe mit rund 600 Geschäften. Der neue Touristik-Konzern wird mit 30.000 Beschäftigten 18 Mrd. DM umsetzen. Die Hapag Touristik Union ist damit das größte integrierte Touristik-Unternehmen Europas.

◆ Die Sparte Energie und Grundstoffe (mit den Geschäftsfeldern Energie sowie Handel und Verarbeitung) umfaßt die Erdöl- und Erdgasaktivitäten der Preussag Energie GmbH, das Bohrkontraktorgeschäft der Deutsche Tiefbohr-AG (Deutag) und die Kavernen Bau- und Betriebs-GmbH (Planung und Herstellung von Untertagegasspeichern, Salz- und Solegewinnungsprojekten). Der Bereich Handel setzt sich aus den Gesellschaften der AMC-Gruppe, der W. & O. Bergmann-Gruppe und den US-Stahlservice-Centern zusammen. Die W. & O. Bergmann GmbH & Co. KG gehört zu den größten deutschen Metallhändlern (Kupfer, Kupferlegierungen, Aluminium). Eines der führenden Handelsunternehmen in den Bereichen NE-Metalle, Erze, Chemikalien und Bauzubehör ist die Amalgamated Metal Corporation Ltd. (AMC-Gruppe), London. Den Börsenhandel an der London Metal Exchange (LME) nimmt die Amalgamated Metal Trading Ltd., London, wahr. Die Sparte Energie und Grundstoffe kam 1997/98 auf einen Umsatz von 12.193 Mio. DM bei 13.447 Beschäftigten.

◆ Zur Sparte Gebäudetechnik zählen die Fels-Gruppe (Produkte der Steine- und Erden-Industrie, Herstellung und Handel mit Baustoffen, Fertiggaragen), die Kermi GmbH (Heizkörper, Duschabtrennungen), die Wolf-Gruppe (Klimageräte, Wärmerückgewinnungssysteme, Ventilatoren, Heizkessel, Gasthermen) und die Minimax-Gruppe (Brandschutz, Feuerlöscher und Löschgeräte). Der Anlagenbau mit der

Preussag Noell-Gruppe und der Preussag Wasser und Rohrtechnik-Gruppe sowie die Mehrheit an der Howaldtswerke-Deutsche Werft AG (HDW) wurden 1999 an die Babcock Borsig AG verkauft.

BETEILIGUNGEN. Zum Preussag-Konzern gehörten 1998 einschließlich der Preussag AG 361 Gesellschaften, davon 164 inländische und 197 ausländische Tochterunternehmen. Nicht in den Konzernabschluß einbezogen wurden 99 inländische und 168 ausländische Unternehmen. Wesentliche Beteiligungen der einzelnen Sparten:

- Logistik: Hapag-Lloyd AG, Hamburg (99,6%); Hapag-Lloyd Container Line GmbH, Hamburg (99,6%); Rickmers-Linie GmbH, Hamburg (100%); Pracht Spedition + Logistik GmbH, Haiger (100%); Hapag-Lloyd Kreuzfahrten GmbH, Bremen (100%); VTG Vereinigte Tanklager und Transportmittel GmbH, Hamburg (100%); Lehnkering Montan Transport AG, Duisburg (66,3%); Algeco S.A., Paris/Mâcon (67,0%).
- Touristik: HTU Hapag Touristik Union GmbH, Hannover (100%); TUI Touristik Union International GmbH & Co. KG, Hannover (100%); TUI Deutschland GmbH & Co. KG, Hannover (100%); Hapag-Lloyd Fluggesellschaft mbH, Langenhagen (99,6%); Hapag-Lloyd Geschäftsreise GmbH, Bremen (99,6%); Travel Unie International Nederlande N.V., Rijswijk/Niederlande (45,4%); Robinson Club GmbH, Hannover (100%).
- Energie und Grundstoffe: Preussag Energie GmbH, Lingen (100%); Deutsche Tiefbohr AG (Deutag), Bad Bentheim (100%); Kavernen Bau- und Betriebs-Gesellschaft mbH, Hannover (100%); W. & O. Bergmann GmbH & Co. KG, Düsseldorf (100%); Amalgamated Metal Corporation PLC (AMC-Gruppe), London/Großbritannien (99,3%); Amalgamated Metal Trading Ltd., London/Großbritannien (99,3%); Premetalco Inc., Rexdale/Kanada (99,3%); Feralloy Corporation, Chicago/USA (100%); Delta Steel, Inc., Houston/USA (100%).
- Gebäudetechnik: Fels-Werke GmbH, Goslar (100%); Kermi GmbH, Plattling (100%); Wolf GmbH, Mainburg (100%); Minimax GmbH, Bad Oldesloe (100%); Elco Energiesysteme AG, Vilters (100%); Chaffoteaux et Maury S.A., Chatou/Frankreich (100%).
- Sonstige Gesellschaften: Salzgitter Grundstücks- und Beteiligungsgesellschaft mbH, Salzgitter (100%); Preussag Immobilien GmbH, Salzgitter (100%); Howaldtswerke-Deutsche Werft AG, Kiel (50% minus 1 Aktie).

HAPAG-LLOYD, TUI, THOMAS COOK UND FIRST.

Die Großakquisitionen der beiden bedeutenden Konzerne Hapag-Lloyd und TUI bedeuten einen Einschnitt in der Boom-Banche Tourismus. Durch die Speditionsinteressen von Hapag-Lloyd konnte die Preussag darüber hinaus ihr Kerngeschäftsfeld Logistik erheblich verstärken. Hapag-Lloyd gehört weltweit zu den bedeutendsten Linienreedereien und besitzt eine der führenden Containerschiff-Flotten der Welt. Weltweit unterhält Hapag-Lloyd über 250 eigene Niederlassungen und Agenturen. Der Konzern verfügt über 160.000 Container. 1847 wurde die Hamburg-Amerika Linie als Hamburg-Amerikanische Packetfahrt-Actien-Gesellschaft gegründet. 1857 Gründung des Norddeutschen Lloyd in Bremen. Hapag und Norddeutscher Lloyd wurden die beiden größten Reedereien der Welt. Vor dem Ersten Weltkrieg

BÖRSE, AKTIEN, KURSE
Grundkapital 1998:
764,3 Mio.
Jahreshöchstkurs 1998:
769,00 DM (393,18 €)
Jahrestiefstkurs 1998:
453,00 DM (231,62 €)
Aktie Jahresende 1998:
578,00 DM (295,53 €)
Dividende pro Aktie 1997/98: *12,00 DM + 3,00 DM Bonus*

Die Dividende bezieht sich auf je 50,– DM Aktiennennbetrag. Die Dividendensumme betrug 1997/98 289,0 Mio. DM.

INVESTITIONEN IN MIO. DM

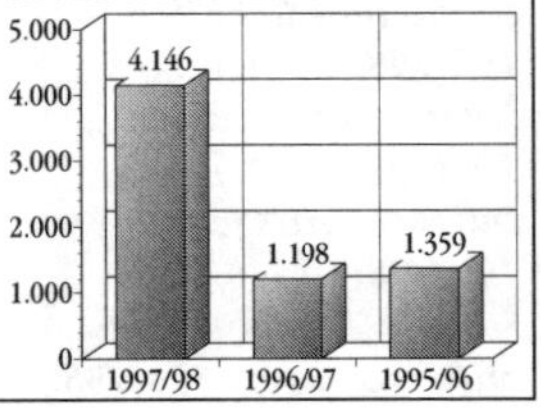

FORSCHUNG UND ENTWICKLUNG IN MIO. DM

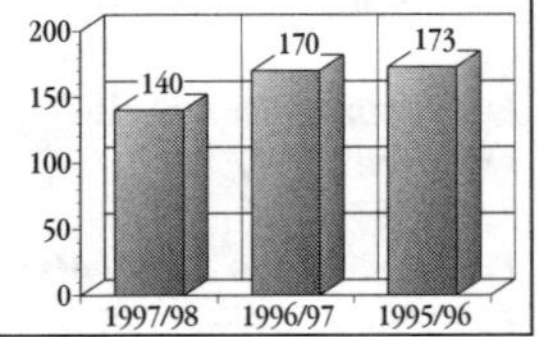

Umsatz 1997/98:
35.150,7 Mio.
Umsatz 1996/97:
26.658,0 Mio.
Umsatz 1995/96:
25.043,5 Mio.

Gewinn 1997/98: *539,5 Mio.*
Gewinn 1996/97: *397,2 Mio.*
Gewinn 1995/96: *273,6 Mio.*

Cash flow 1997/98:
1.905,7 Mio.
Cash flow 1996/97:
1.570,6 Mio.
Cash flow 1995/96:
1.158,7 Mio.

Cash flow: *Der Cash flow floß in die teuren Akquisitionen.*

Steueraufkommen 1997/98:
315,8 Mio.

Beschäftigte 1997/98: *66.563*
Beschäftigte 1996/97: *62.601*
Beschäftigte 1995/96: *66.226*

Umsatz pro Mitarbeiter 1997/98: *528.082,– DM*
Umsatz pro Mitarbeiter 1996/97: *425.840,– DM*
Umsatz pro Mitarbeiter 1995/96: *378.152,– DM*

Löhne und Gehälter 1997/98: *4.534,0 Mio.*
Löhne und Gehälter 1996/97: *4.334,6 Mio.*
Durchschnittsgehalt 1997/98: *64.116,– DM*
Soziale Abgaben und Aufwendungen 1997/98:
1.153,0 Mio.
Soziale Abgaben und Aufwendungen 1996/97:
1.199,8 Mio.

Bezüge pro Vorstandsmitglied 1997/98:
2.558.393,– DM
Tantiemen pro Aufsichtsrat 1997/98: *111.054,– DM*

waren beide Reedereien unangefochtene Marktführer im internationalen Kreuzfahrtgeschäft. 1970 schlossen sich der Lloyd und die Hapag zur Hapag-Lloyd AG zusammen. Zur Hapag-Lloyd Touristik gehören die Fluggesellschaft mit der Hapag-Lloyd-Flugzeugflotte, 300 Reisebüros und die Seetouristik. Die Hapag-Lloyd Seetouristik ist der größte deutsche Kreuzfahrtenspezialist (MS Europa, MS Bremen, MS Columbus, MS Hanseatic). Hapag-Lloyd Flug besitzt 25 Flugzeuge der Marken Airbus und Boeing (Durchschnittsalter fünf Jahre).
Die TUI Touristik Union International ging 1968 aus dem Zusammenschluß der vier großen deutschen Reiseveranstalter Dr. Tigges, Touropa, Scharnow und Hummel hervor. Die TUI ist mit Abstand Europas größter Reiseveranstalter. Zur TUI-Gruppe gehören zahlreiche Reiseveranstalter im In- und Ausland, verschiedene Agenturen in den Zielgebieten und fünf eigene Hotelbeteiligungsketten mit über 120 Hotels (65.000 Betten). Damit ist die TUI der mit Abstand größte Hotelier Deutschlands (Iberotel, Robinson, Dorfhotels und Bauerndörfer, Protel, Grecotel, IFA und RIU). Hinzu kommen über 11.000 Ferienwohnungen und über 6.000 Hotels, Clubs und Ferienanlagen, die die TUI unter Vertrag hat und in zwei Dutzend Katalogen anpreist. Zur TUI gehören Veranstalter wie Air Conti Flugreisen, airtours international, Wolters Reisen, 1-2-Fly oder Beteiligungen wie JetAir, Oft Reisen oder L'TUR. Die Touristik Union International GmbH & Co. KG fungiert als Holding mit Beteiligungen an ca. 100 Konzerngesellschaften.
Die über die WestLB eingefädelte Akquisition der Mehrheit an der Thomas Cook Holdings, einem Zusammenschluß von Thomas Cook und Carlson Leisure Group UK, verschafft der neuen Hapag Touristik Union (HTU) den Zugang zum wichtigen britischen Reisemarkt, auf dem Thomas Cook/Carlson drittgrößter Anbieter ist. Die neue Thomas Cook-Gruppe wird rund 6 Mrd. DM umsetzen und beschäftigt 20.000 Mitarbeiter. 1999 übernahm die HTU die First Reisebüro-Kette mit rund 600 Reisebüros. TUI, Hapag-Lloyd und die First Reisebüro-Kette verfügen allein in Deutschland zusammen mit Franchise-Nehmern über nahezu 2.000 Verkaufstellen. Eine Übernahme des französischen Ferienclubanbieters Club Méditerranée wird von der HTU angestrebt.

GLOBALE STRATEGIEN UND DER STANDORT DEUTSCHLAND.

Die alte Preussag ist nicht mehr wiederzuerkennen. Der Umbau des Konzerns von einer roh- und grundstofforientierten Gruppe des Montanbereiches hin zu einem modernen, wachstumsträchtigen Technologie- und Dienstleistungs-Konglomerat scheint durch den Verkauf von Stahl, Kohle, Anlagen- und Schiffbau bei gleichzeitiger Übernahme der global agierenden Konzerne Hapag-Lloyd und TUI sowie Thomas Cook und First auf der ganzen Linie geglückt und entpuppt sich als lukratives Investment für Anleger. Eine weitere Expansion durch gezielte Akquisitionen in den neuen Kerngeschäftsfeldern ist geplant. Auf der Wunschliste der Preussag-Touristik-Strategen u.a.: der französische Ferienclubanbieter Club Med.
Die grundlegende Umstrukturierung des Konzerns, vor allem der Rückzug aus Kohle, Stahl und Metallerzeugung, bedeutete auch das Ende einer großen Unternehmenstradition. Entscheidende Schritte zum Umbau der Preussag waren der Verkauf der Preussag Stahl AG an das Land Niedersachsen und die Nordeutsche Landesbank, die Einbringung der Preussag Anthrazit GmbH in die neue Deutsche Stein-

kohle AG, die Loslösung der NE-Metallproduktion aus dem Verbund (die Beteiligung an der Metaleurop-Gruppe wurde auf 24,5% reduziert), der Verkauf der Deilmann-Haniel GmbH an die Heitkamp-Gruppe und die Veräußerung des gesamten Preussag-Anlagenbaus mit der Preussag Noell GmbH und der Preussag Wasser- und Rohrtechnik GmbH an die Babcock Borsig AG (früher Deutsche Babcock AG), Oberhausen. Babcock Borsig übernahm ebenfalls etwas mehr als 50% und damit die unternehmerische Führung an der Howaldtswerke-Deutsche Werft AG (HDW), eines der führenden Unternehmen zum Bau von Schiffen jeder Art und Größe.

INNERBETRIEBLICHE BÜNDNISSE. In nahezu allen Unternehmen der Preussag-Gruppe gibt es unterschiedliche Arbeitszeitmodelle mit flexiblen Arbeitszeiten, Teilzeitarbeit und Altersteilzeitmodelle. Innerbetriebliche Bündnisse kommen um so mehr zum Tragen, da mit dem Ausbau des Logistikgeschäftes und dem Einstieg in die Touristik rund 18.700 neue Mitarbeiter zum Konzern (9.220 der Hapag-Lloyd-Gruppe und 9.480 der TUI-Gruppe) kamen, während durch die Veräußerung des Stahlbereiches rund 12.600 Beschäftigte aus der Preussag-Gruppe ausschieden. Ende 1998 befanden sich über 1.900 Jugendliche innerhalb des Preussag-Konzerns in der Ausbildung. Die Preussag AG veröffentlicht einen jährlichen Belegschaftsbericht.

UMWELTSCHUTZ. Umweltschutz im Preussag-Konzern umfaßt den operativen Umweltschutz in den Betrieben einerseits und Produkte und Dienstleistungen für den Umweltschutz andererseits. Zahlreiche Konzernunternehmen haben Umweltschutz-Managementsysteme installiert, technische und organisatorische Grundlagen zu Öko-Audits entwickelt und den Umweltschutz zum Bestandteil unternehmerischer Zielsetzungen gemacht. Besonders hohe Umweltschutzstandards herrschen in der Logistik. Im Bereich Touristik sind Hapag-Lloyd und TUI mit eigenen Umweltschutz-Managementsystemen vertreten.

FORSCHUNG, ENTWICKLUNG, INNOVATIONEN.
Forschung und Entwicklung werden dezentral in den einzelnen Sparten betrieben. Dabei umfaßt der Innovationsprozeß alle Ebenen der Produkte von der Entwicklung über die Konstruktion bis zur Umsetzung und Markteinführung. Entwicklungsschwerpunkte 1998 lagen im Bereich der Exploration von Erdöl und Erdgas, in Maßnahmen zur Einsparung von Energie und in der Erprobung neuer Baustoffe sowie emissionsarmer Produkte in der Heiztechnik. 1998 hat sich der Bestand technischer Schutzrechte (Patente und Gebrauchsmuster) auf 1.450 erhöht. Doch die neue Struktur des Konzerns hat die Innovationsaktivitäten erheblich verändert. Neben der Entwicklung neuer Produkte und Produktionsverfahren sind in Folge des Ausbaus des Dienstleistungssektors neue Schwerpunkte in den Bereichen Informationstechnik und -management hinzugekommen.

PreussenElektra siehe VEBA

Investitionen 1997/98:
4.146,0 Mio.
Investitionen 1996/97:
1.198,0 Mio.
Investitionen 1995/96:
1.359,0 Mio.

Forschung und Entwicklung 1997/98: *140,0 Mio.*
Forschung und Entwicklung 1996/97: *170,0 Mio.*
Forschung und Entwicklung 1995/96: *173,0 Mio.*

Mitbewerber: *Airtours, Babcock Borsig, Bremer Vulkan, Continental, DER, First Choice, Heraeus, Klöckner-Werke, Kuoni, Liebherr, Linde, LTU, Lurgi, MAN, Mannesmann, Metallgesellschaft, C&N Touristic, Rheinmetall, Thomson, VEBA, VIAG, Voith*

PROCTER & GAMBLE

Standort:
Sulzbacher Straße 40
65824 Schwalbach am Taunus

Telefon: *(06196) 89-01*
Telefax: *(06196) 89-4929*
Internet: *www.procter.de*

Branche: *Chemische Industrie, Körperpflegeprodukte, Hygienepapiere, Kosmetik, Waschmittel*

Rechtsform: *GmbH*

Geschäftsjahr: *1.7.-30.6.*

Gründungsjahr: *1837 in Ohio/ USA; 1960 in der Bundesrepublik mit einem ersten Büro in Frankfurt/Main*

Öffentlichkeitsarbeit/ Public Relations:
Christel J. M. Karesch
Tel.: (06196) 89-4264
Fax: (06196) 89-4708
E-Mail: karesch.c@pg.com

Verbände: *Bundesverband der Chemischen Industrie, Frankfurt/Main; Industrieverband Körperpflege und Waschmittel, Frankfurt/Main*

GESCHICHTE UND ENTWICKLUNG. Cincinnati/Ohio, USA, im Jahre 1837: Der Kerzenzieher William Procter und der Seifensieder James Gamble gründeten ein gemeinsames Geschäft, aus dem schließlich 1890 die Procter & Gamble AG hervorging. 1915 erstes Werk im Ausland, die P&G Kanada. Weitere Auslandsgründungen. 1956 erreichte der P&G-Umsatz 1 Mrd. DM, 1980 10 Mrd. DM.
Die deutsche Procter & Gamble wurde im August 1960 gegründet. Bis 1970 war Frankfurt/Main Sitz des Waschmittelherstellers, dann zogen die Dash-Produzenten nach Schwalbach um. 1964 Inbetriebnahme der ersten deutschen Produktionsanlage in Worms. Im Waschmittelwerk wurden die Produkte Dash, Ariel, Rei, Lenor und Meister Proper hergestellt. Hinzu kamen in Worms eine Anlage zur Herstellung und Verpackung von Fruchtsäften, die 1993 nach Hamburg verlegt wurde, sowie eine Parfümfabrik zur Herstellung von Duftstoffen für die eigenen Produkte. Es folgten die Windel-Werke Euskirchen und Crailsheim. In den 80er Jahren begann die Zeit des Akquirierens, besonders in Deutschland. 1984 erwarb P&G den Hamburger Familienbetrieb Dittmeyer (Valensina). 1985 kaufte P&G-USA die traditionsreiche Richardson-Vicks Inc., Wilton/Connecticut, und damit auch die Niederlassung Richardson GmbH in Groß-Gerau (Wick-Produkte). Ein großer Wurf gelang 1987 mit dem Kauf der Mainzer Blendax-Firmengruppe (Blendax, Blend-a-med). P&G stieg zu einem der führenden Waschmittel- und Kosmetik-Produzenten Deutschlands auf. Mitte 1991 übernahm Procter & Gamble Anteile der Max Factor & Co., New York. Die Max Factor & Co. hält sämtliche Anteile an den deutschen Firmen Ellen Betrix und Eurocos. 1992 Übernahme von 50% der Röhm Pharma GmbH, die 1993 auf die Procter & Gamble Pharmaceuticals – Germany GmbH übertragen wurde. Im Sommer 1994 übernahm Procter & Gamble von der Schickedanz Holding die Vereinigten Papierwerke Schickedanz AG (VPS), eines der führenden europäischen Tissue-Geschäfte mit dem Taschentuchklassiker Tempo.

BESITZVERHÄLTNISSE/EIGENTUMSSTRUKTUR.
- The Procter & Gamble Company, Cincinnati/Ohio, USA, ist über direkte und indirekte Beteiligungen alleinige Gesellschafterin der deutschen Procter & Gamble-Gruppe (100%).

Procter & Gamble erzielte 1997/98 weltweit einen Umsatz von 37,2 Mrd. US $ und einen Gewinn von 3,8 Mrd. US $ nach Steuern und hatte weltweit 110.000 Beschäftigte. P&G hat Niederlassungen in über 60 Ländern rund um den Globus, gut 120 eigene Fabriken und verkauft seine Produkte (über 300 Markennamen) in mehr als 140 Staaten. Die deutsche P&G-Gruppe gehört zu den wichtigsten Produktionsstandorten von P&G in Europa.

KONZERNÜBERBLICK. Procter & Gamble gehört zu den führenden Herstellern bekannter Markenartikel in den Bereichen Wasch- und Reinigungsmittel, Papierhygieneprodukte, Gesundheits- und Schönheitspflege, dekorative Kosmetik, Parfüms, Getränke und Arzneimittel.

Dazu gehören u.a. Ariel, Dash, Fairy, Meister Proper, Lenor, Pampers, Always, Blend-a-med, Clearasil, Shamtu, Vidal Sassoon, Wick, Oil of Olaz, Ellen Betrix, Hugo Boss, Old Spice, Punica, Tempo Taschentücher, Bess Toilettenpapier, Bounty Küchenrollen. Das eher unauffällig agierende Unternehmen im hessischen Schwalbach verfügt u.a. über die Werke Worms (Wasch- und Reinigungsmittel), Euskirchen (Windeln), Crailsheim (Damenhygiene, Windeln) und Mainz (Zahnpflegeprodukte). Hinzu kommen zahlreiche weitere Produktionsstätten aus den Akquisitionen Dittmeyer, Blendax, Richardson und VP Schickedanz. Mit einem Werbeetat von 550 Mio. DM war die deutsche Procter & Gamble auch 1998 wieder Spitzenreiter aller deutscher Unternehmen bei der Produktwerbung. Procter & Gamble gliedert sich in fünf Geschäftsbereiche:

◆ Wasch- und Reinigungsmittel mit den Produkten: Ariel, Dash, Vizir, Rei, Rei in der Tube, Sanso (Waschmittel); Lenor, Lenor Trocknertuch (Waschpflegemittel); Mr. Proper, Antikal (Haushaltsreiniger); Fairy (Geschirrspülmittel).

◆ Papierprodukte mit den Produkten: Pampers (Höschenwindeln/Feuchttücher); Always, Alldays (Hygieneprodukte); Attends (Einmal-Slips und Einmal-Einlagen für Inkontinente); Tempo (Papiertaschentücher); Bess (Toilettenpapier); Demak'up (Abschminkpads); Bounty (Küchentücher).

◆ Gesundheits- und Schönheitspflege mit den Produkten: Pantene, Wash & Go, Head & Shoulders (Haarpflegeprodukte); Oil of Olaz, Certina Med (Haut- und Gesichtspflege); Clearasil; (Präparate für unreine und fettige Haut); blend-a-med, Blendax Anti Belag (Mundpflegeprodukte, Zahncremes); blend-a-dent, Chlorhexamed (medizinische Zahnseide, Haftmittel für dritte Zähne); blend-a-ment, Retoblend, blend-a-scon, blend-a-print, blend-a-gum, blend-a-lux (zahnärztliche Behandlungsprodukte); Wick (Hustenbonbons); Wick VapoRub, MediNait, DayMed (Anti-Erkältungspräparate).

◆ Kosmetik und Parfüm mit den Produkten: Ellen Betrix, Henry M. Betrix, Old Spice (pflegende und dekorative Kosmetik, Damen- und Herrendüfte); Hugo Boss, Laura Biagiotti, Otto Kern, Giorgio Beverly Hills (Herren- und Damen-Parfüms und Körperpflegeprodukte).

◆ Sonstige Geschäftszweige: Fruchtsäfte und Fruchtsaftgetränke, Kartoffelgebäck mit den Produkten Punica, Valensina, Pringles; Procter & Gamble Pharmaceuticals mit Arzneimitteln und Impfstoffen.

BETEILIGUNGEN. Beautycos Cosmetic GmbH, Frankfurt/Main (100%); Betrix Cosmetic GmbH, Frankfurt/Main (100%); Blendax GmbH (ehemals MEPA GmbH), Mainz (100%); Blendax Dental Vertriebs-GmbH, Schwalbach am Taunus (100%); Blendax Unterstützungskasse GmbH, Mainz (100%); Büscher GmbH, Wiehl-Weitershagen (49%); Cover Girl Cosmetic GmbH, Frankfurt/Main (100%); Egnaro Arzneimittel GmbH, Weiterstadt (50%); Eurocos Cosmetic GmbH, Frankfurt/Main (100%); Euro Juice GmbH Import und Vertrieb, Schwalbach am Taunus (100%); Helix Speditions- und Lagerei GmbH, Schwalbach am Taunus (100%); Noris Transport GmbH, Nürnberg (100%); Papierhygiene GmbH, Nürnberg (100%); Procter & Gamble Pharmaceuticals Germany GmbH, Weiterstadt (100%); Procter & Gamble GmbH & Co. Manuf. OHG, Schwalbach am Taunus (100%); Procter & Gamble European Service GmbH, Schwalbach am

Geschäftsleitung:
- *Bastian, Rainer*
- *Radermacher, Dieter H.*
- *Schobert, Frank*
- *Sennefelder, Klaus*
- *Varvaro, Vito*

Bezüge der Geschäftsleitung 1997/98:
4.120.000,– DM

Aufsichtsrat:
- *Einsmann, Harald, Dr. (Vorsitzender)*
- *Bauer, Karlheinz (stellv. Vorsitzender)*
- *Graebner, Wolfgang, Dr.*
- *Harrison, Keith R.*
- *Matthias, Brita-Sabine*
- *Muders, Ernst*
- *Reuff, Hartmut E., Dr.*
- *Sigle, Walter, Dr.*
- *Strobel, Lothar, Dr.*
- *Wolf, Ernst L.*
- *Zarges, Jürgen*

Aufsichtsratstantiemen 1997/98: *123.000,– DM*

Procter&Gamble

ELLEN BETRIX
THE CARE COMPANY

ARIEL

VIZIR

Dash

rei

sanso ultra

ULTRA Lenor

Pampers

always

OHNE CHLOR
Acè
MILDE BLEICHE

Tempo Taschentücher

EUROCOS COSMETIC

bess

Wash&Go

KALKREINIGER ANTIKAL

Meister PROPER

Procter&Gamble PHARMACEUTICALS

FAIRY ULTRA PLUS

DRYEL

Valensina

blend-a-med

PANTENE PRO-V

Febrèze

Head & Shoulders

OIL OLAZ

Clearasil

Old Spice

PRINGLES

WICK

Bounty

Taunus (100%); Röhm Pharma GmbH, Weiterstadt (50%); Rolf H. Dittmeyer GmbH, Schwalbach am Taunus (100%); SCS Sales + Cosmetics Service GmbH, Dreieich (100%); Shulton GmbH, Schwalbach am Taunus (100%); Procter & Gamble Pharmaceuticals Ges.m.b.H., Wien/Österreich (100%).

GLOBALE STRATEGIEN UND DER STANDORT DEUTSCHLAND.

Procter & Gamble hat eine grundlegend neue Struktur angekündigt, die weltweit gelten soll, also auch für Deutschland. Weltweit soll der Konzern von sieben sogenannten Global Business Units bzw. Hauptverwaltungen (vier in den USA und jeweils eine in Südamerika, Japan/Asien und Brüssel/Europa) geführt werden, die für Strategien, Marketing, Forschung und Entwicklung sowie Werbung verantwortlich sind. Unterhalb der sieben Hauptverwaltungen gibt es jeweils vier sogenannte Global Business Service Organisations. Neben Brüssel sind das in Europa Newcastle/Großbritannien, Prag/Tschechien und Genf/Schweiz. Jedes einzelne Land behält darüber hinaus seine Market Development Organisation zur nationalen Vermarktung der P&G-Produkte.

Procter & Gamble verspricht sich von dieser neuen Struktur, die weltweit rund 15.000 Arbeitsplätze kosten wird (knapp die Hälfte davon in Europa), die schnellere Einführung neuer Produkte weltweit, eine gezielte Ergebnisverantwortung der einzelnen Ebenen und höhere Profite. In diesem Zusammenhang werden von der deutschen Procter & Gamble-Zentrale in Schwalbach am Taunus (auch zuständig für Österreich und die Schweiz) rund 330 Beschäftigte nach Genf versetzt. Die deutschen Produktionsstätten sollen davon ebenso unberührt bleiben wie das Forschungs- und Entwicklungszentrum in Schwalbach im Taunus.

Nach einer ersten grundlegenden Restrukturierung Anfang der 90er Jahre, bei der weltweit ebenfalls knapp 15.000 Arbeitsplätze abgebaut und 30 Fabriken geschlossen worden waren, ist die jetzt geplante Strukturänderung der noch größere Einschnitt in der Procter & Gamble-Strategie. In Zukunft sollen im 300 Marken umfassenden Procter & Gamble-Portfolio nur noch solche Marken geführt werden, die sich auch global vermarkten lassen. National ausgerichtete Marken werden aus dem Programm genommen. In diesem Zusammenhang konnte der frühere Eigentümer Rolf H. Dittmeyer seinen Markennamen Valensina zurückkaufen, wurden die Körperpflegemittel Cliff, Litamin, Credo und Kamill verkauft.

Bereits 1997 wurde der deutsche Produktionsbereich von Procter & Gamble reorganisiert. Sämtliche Sparten wurden aus der Procter & Gamble GmbH ausgegliedert und in der Procter & Gamble GmbH & Co. Manufacturing OHG zusammengefaßt. Dadurch wurde die Procter & Gamble GmbH zu einer reinen Verwaltungs-, Marketing- und Vertriebsgesellschaft, in erster Linie für den deutschen Markt. Ziel war die Vereinfachung von Geschäftsabläufen, das Einsparen von Kosten und die Optimierung der Zusammenarbeit auf europäischer Ebene mit Kunden, Lieferanten und Schwestergesellschaften. Die P&G-Gruppe exportiert vom Standort Deutschland aus für knapp 2 Mrd. DM Waren ins Ausland. Die weitaus wichtigsten Exportartikel sind Babywindeln und Hygieneprodukte, die in den Werken Euskirchen und Crailsheim hergestellt werden. Dazu werden vor allem Zahnpflegeprodukte und

Umsatz 1997/98: *5.919,0 Mio.*
Umsatz 1996/97: *6.678,6 Mio.*
Umsatz 1995/96: *6.728,0 Mio.*

Gewinn 1997/98: *191,0 Mio.*
Gewinn 1996/97: *112,2 Mio.*
Gewinn 1995/96: *107,9 Mio.*

Grund- bzw. Stammkapital 1997/98: *69,0 Mio.*

Procter & Gamble legt für 1998 keinen deutschen Geschäftsbericht vor und macht zur Bilanz spärliche Angaben.

Beschäftigte 1997/98: *9.000*
Beschäftigte 1996/97: *9.056*
Beschäftigte 1995/96: *9.579*

Umsatz pro Mitarbeiter 1997/98: *657.667,– DM*
Umsatz pro Mitarbeiter 1996/97: *737.478,– DM*
Umsatz pro Mitarbeiter 1995/96: *702.370,– DM*

Investitionen 1997/98:
265,0 Mio.
Investitionen 1996/97:
197,0 Mio.
Investitionen 1995/96:
161,0 Mio.

Mitbewerber: *Beiersdorf, Benckiser, Colgate-Palmolive, Hartmann, Henkel, L'Oréal, Nestlé, SCA, Unilever*

Düfte an Schwestergesellschaften in zahlreichen Ländern, vor allem in EU-Ländern, geliefert.

INNERBETRIEBLICHE BÜNDNISSE. Über Arbeitszeitregelungen und Arbeitsorganisation macht Procter & Gamble keine Angaben. 1998 wurden insgesamt 173 Jugendliche ausgebildet.

UMWELTSCHUTZ. Die Forschungs- und Entwicklungszentren arbeiten mit Hochdruck an der Verbesserung der Leistung und Umwelteigenschaften der Markenartikel und Produktionsverfahren. P&G macht natürlich mit umweltverträglichen Produkten die besten Geschäfte: hautfreundliche Geschirrspülmittel, Haushaltsreinigungsmittel ohne Schadstoffe, recycelbare Produkte, Optimierung von Packmitteln für die gesamte Produktpalette, z.B. Nachfüllpackungen für Pulverwaschmittel und Verzicht auf Umkartons. P&G erstellt regelmäßig Öko-Bilanzen für Produkte unter Einschluß aller Lebensphasen des Produktes vom Rohstoffstadium bis zur Entsorgung. P&G hat sich verpflichtet, eine offene und ehrliche Informationspolitik zu betreiben.

FORSCHUNG, ENTWICKLUNG, INNOVATIONEN.
P&G unterhält weltweit 17 wichtige, untereinander vernetzte Forschungszentren für angewandte Forschung und Produktentwicklung, von denen sich sechs in Europa befinden: Brüssel/Belgien (Wasch- und Reinigungsmittel), Egham und Newcastle/Großbritannien (Gesundheits- und Schönheitsprodukte; Wasch- und Reinigungsmittel), Rom und Pescara/Italien (Wasch- und Reinigungsmittel, Papierprodukte) und Schwalbach/Deutschland. Die deutsche P&G in Schwalbach ist Sitz der europäischen Forschungs- und Entwicklungsabteilungen für Papierprodukte und Fruchtsaftgetränke. Sie arbeitet eng zusammen mit den entsprechenden Zentren in Belgien, Großbritannien und den USA. Weltweit arbeiten in den Bereichen Forschung und Entwicklung rund 7.900 Mitarbeiter, in Europa knapp 2.000, davon in Schwalbach rund 500.

Quelle siehe Karstadt Quelle
Raab-Karcher siehe Veba

RAG

Standort:
Rellinghauser Straße 1-11
45128 Essen

Postanschrift:
Postfach 10 32 62
45117 Essen

Telefon: *(0201) 177-1*
Telefax: *(0201) 177-3475*
Internet: *www.rag.de*

GESCHICHTE UND ENTWICKLUNG. Die Ruhrkohle AG (RAG) wurde am 24. Februar 1969 im Rahmen des Kohlegesetzes als Gesamtgesellschaft des Steinkohlenbergbaus im Ruhrgebiet gegründet. Bei der Gründung hatte die Ruhrkohle AG 52 Schachtanlagen, 29 Kokereien, fünf Brikettfabriken und rund 183.000 Mitarbeiter. Nach einem dramatischen Anpassungsprozeß besitzt das Unternehmen heute 15 Bergwerke, zwei Kokereien und eine Brikettfabrik. Das zwischenzeitlich durch den Zukauf von Steag und Rüttgers zum diversifizierten Großkonzern entwickelte Unternehmen hat seinen Kern nach wie vor im Bergbaubereich. 1994 ordnete die Ruhrkohle ihren Beteiligungsbereich unter dem Dach der RAG Beteiligungs-GmbH neu. 1997 trat eine grundlegend neue Konzernstruktur in Kraft mit der Umfirmierung des Unternehmens in RAG Aktiengesellschaft. Nachdem 1997 die Saarbergwerke AG und 1999 die Preussag Anthrazit GmbH übernommen worden waren, kam es zur Gründung der Deutsche Steinkohle AG (DSK), in der unter dem Dach der RAG alle deutschen Bergwerksgesellschaften vereint sind. Für rund 2 Mrd. DM akquirierte RAG 1999 den US-amerikanischen Kohlekonzern Cyprus Amax Coal Corporation und stieg zum zweitgrößten Steinkohle-Produzenten der Welt auf.

BESITZVERHÄLTNISSE/EIGENTUMSSTRUKTUR.

- VEBA AG, Düsseldorf (37,1%)
- VEW AG (30,2%), Dortmund, gehalten über die BGE Beteiligungs-Gesellschaft für Energieunternehmen mbH, ie zu 100% VEW gehört. Die BGE hält unmittelbar 21,9%, mittelbar durch die Société Nouvelle Sidéchar, Paris, 8,3%.
- Thyssen Stahl AG, Duisburg (12,7%)
- Montan-Verwaltungsgesellschaft mbH, Dortmund (10% – davon: Krupp Hoesch Stahl AG 79%, VEBA AG 21%)
- Verwaltungsgesellschaft RAG-Beteiligung mbH, Essen (10% – davon ARBED S.A. 65%, RAG AG mittelbar über Tochtergesellschaften 35%)

KONZERNÜBERBLICK. Die Umfirmierung der Ruhrkohle AG in RAG Aktiengesellschaft 1997 war der Ausgangspunkt für eine grundlegende Umstrukturierung des gesamten Konzerns. Die RAG, die jetzt die Rolle einer konzernleitenden Holding innehat und zuständig ist für die strategischen Führungsaufgaben des gesamten Konzerns, wollte damit dem Wandel von einem Bergbauunternehmen zu einem Energie- und Technologiekonzern entsprechen. Alle bergbauspezifischen Tätigkeiten, die bis dahin direkt der Konzernzentrale unterstanden, wurden zunächst auf die Ruhrkohle Bergbau AG übertragen und schießlich in die Deutsche Steinkohle AG überführt. Neu gegründet wurde die RAG Vertrieb und Handel AG für die Handels- und Logistikaktivitäten mit internationaler und heimischer Steinkohle, die 1999 in RAG Coal International umfirmiert wurde. Die RAG engagiert sich schwerpunktmäßig in den Geschäftsfeldern Bergbau, Bergbautechnik, Handel, Kraftwirtschaft, Prozeßtechnik, Chemie, Kunststoffe und Umwelt. Unternehmerische Basis des RAG-Konzerns ist aber nach wie vor die Kohle: die deutschen Bergwerke, die Aktvitäten im Auslandsbergbau, im Kohlehandel und -vertrieb, in der Kraftwerkstechnik und in den bergbaunahen Geschäftsfeldern. Die RAG Aktiengesellschaft gliedert sich seit 1999 in die Konzernbereiche Deutsche Steinkohle, RAG Coal International, RAG EBV, STEAG, Rütgers und Saarberg sowie einige RAG Dienstleistungsgesellschaften.

◆ Teilkonzern Deutsche Steinkohle AG mit den Tätigkeitsbereichen Steinkohlenproduktion, Koksherstellung und Bergbau-Dienstleistungen. Unter dem Dach der Deutsche Steinkohle AG sind alle Aktivitäten des deutschen Steinkohlebergbaus zusammengefaßt. Dazu gehören die Bergbaureviere Ruhrgebiet, Saarland und Ibbenbüren

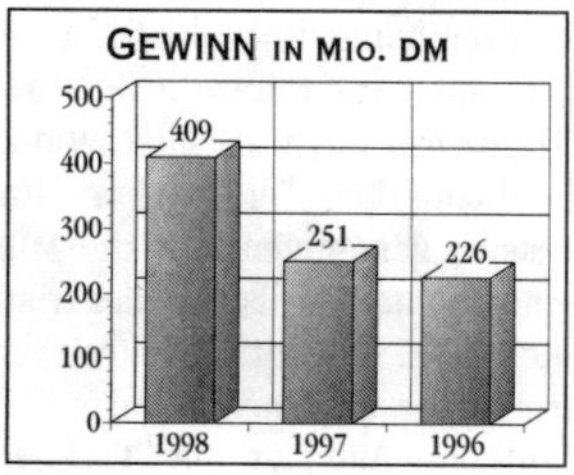

Branche: *Bergbau, Energie, Chemie, Umwelt, Immobilien, Bildung*

Rechtsform:
Aktiengesellschaft

Geschäftsjahr: *1.1.-31.12.*

Gründungsjahr: *1969*

Öffentlichkeitsarbeit:
Dr. Andreas Reichel
Tel.: (0201) 177-3830
Fax: (0201) 177-2911
Inken Ostermann
Tel.: (0201) 177-3010
Fax: (0201) 177-2908
E-Mail: kommunikation@rag.de

Verbände: *Gesamtverband des deutschen Steinkohlebergbaus, Essen; Unternehmensverband Ruhrbergbau, Essen*

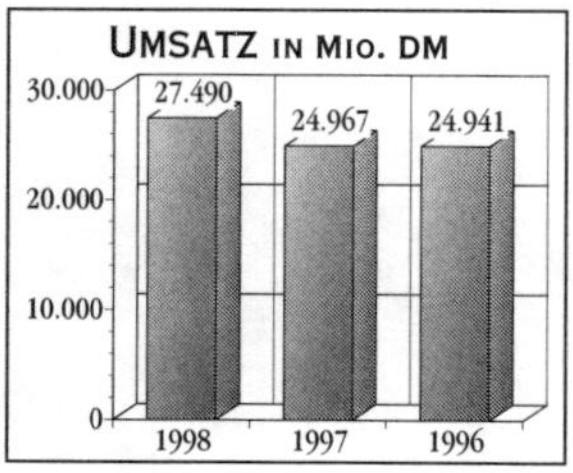

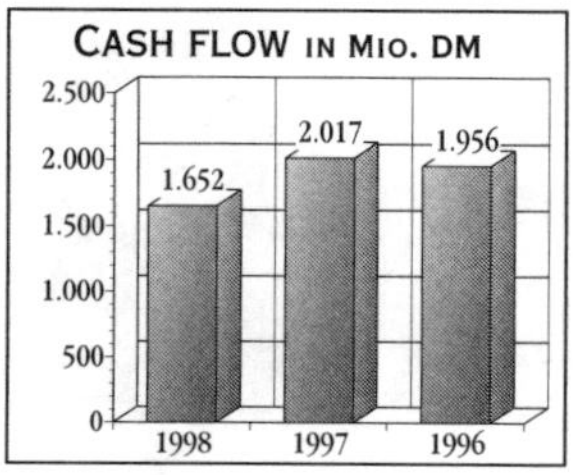

Vorstand:
- *Neipp, Gerhard, Prof. Dr. E.h. (Vorsitzender), Essen*
- *Beermann, Wilhelm (stellv. Vorsitzender), Bochum*
- *Trützschler, Klaus, Dr., Gelsenkirchen*

Vorstandsbezüge 1998:
4.176.220,– DM

Generalbevollmächtigte:
- *Jakob, Karl Friedrich, Dr., Dinslaken*
- *Kowalczyk, Georg, Herne*
- *Willems, Michael, Essen*

mit den Bergwerksgesellschaften der früheren Ruhrkohle Bergbau AG (11), der Saarbergwerke AG (3) und der Preussag Anthrazit GmbH (1). Alle drei Unternehmen wurden auf die Deutsche Steinkohle AG verschmolzen. Der Teilkonzern umfaßt 15 Bergwerke, zwei Kokereien und zahlreiche bergbaunahe Unternehmen. Die Bergwerke der Deutsche Steinkohle AG produzierten 1998 knapp 39 Mio. Tonnen Steinkohle, wovon 83% auf die Bergwerke an der Ruhr und 17% auf die Bergwerke an der Saar entfielen. Preussag Anthrazit wurde zum 1. Januar 1999 übernommen. Umsatz 1998: 12.118 Mio. DM (Vorjahr: 11.278 Mio.); Beschäftigte 1998: 67.835 (Vorjahr: 60.160).

◆ Teilkonzern RAG Coal International AG (vormals RAG Vertrieb und Handel) mit den Tätigkeitsbereichen Auslandsbergbau, Brennstoffhandel, Bergbautechnik und Vertrieb fester Brennstoffe. RAG Coal International ist eines der führenden integrierten Bergbau- und Handelsunternehmen im internationalen Kohlemarkt. RAG Coal International ist über die RAG International Mining AG an Bergwerken in den USA, Venezuela und Australien beteiligt. Die spektakulärste Akquisition wurde 1999 getätigt und der RAG-Konzern damit an die Weltspitze der Kohlekonzerne katapultiert: RAG International Mining übernahm einen der führenden US-amerikanischen Bergbaukonzerne, die Cyprus Amax Coal Corporation, mit zahlreichen Bergwerken in ganz USA und einem Absatz von 68 Mio. Tonnen Steinkohle 1998, fast die doppelte Menge aller deutschen Bergwerke zusammen. Die RAG Trading (vormals RAG Handel) gehört zu den weltweit führenden Handelshäusern für Steinkohle. 1998 deckte sie rund 40% des gesamten deutschen Importkohlebedarfs. Die Bergbautechnik der RAG Coal International ist der weltweit führende Hersteller von Strebsystemen für den Tiefenbergbau. Die Hauptmärkte der DBT Deutsche Bergbau-Technik GmbH liegen in den USA und Australien. Umsatz 1998: 5.799 Mio. DM (Vorjahr: 7.773 Mio.); Beschäftigte 1998: 1.649 (Vorjahr: 2.794).

◆ Teilkonzern RAG EBV Aktiengesellschaft mit den Tätigkeitsbereichen Immobilien und baunahe Handels- und Dienstleistungsgesellschaften. Unter dem Dach der RAG EBV Aktiengesellschaft (RAG Eschweiler Bergwerks-Verein, früher Eschweiler Bergwerks-Verein Aachener Region) sind seit der grundlegenden Umstrukturierung 1999 nunmehr alle Immobilienaktivitäten des RAG-Konzerns mit rund 70.000 Wohneinheiten und über 700 Gewerbeimmobilien konzentriert. Umsatz 1998: 2.165 Mio. DM (Vorjahr: 2.386 Mio.); Beschäftigte 1998: 5.956 (Vorjahr: 7.379).

◆ Teilkonzern STEAG AG mit den Tätigkeitsbereichen Kraftwirtschaft, IPP-International und Electronic Systems. Ein Schwerpunkt der STEAG ist die Stromerzeugung auf Steinkohlebasis in eigenen Kraftwerken und Anlagen der Kraftwerkspartner. Die STEAG ist traditionell auch stark auf dem Gebiet der Kernenergie engagiert. Ihre nuklearen Initiativen laufen über die STEAG Kernenergie GmbH, Essen. Die STEAG versorgt Kernkraftwerke im In- und Ausland mit Kernbrennstoffen. STEAG tritt auch als internationaler Kraftwerksbetreiber auf. Im kolumbianischen Termopaipa wurde 1999 ein Steinkohlekraftwerk in Betrieb genommen. Für die Mitteldeutsche Erdoel-Raffinerie GmbH, eine Tochtergesellschaft des französischen Konzerns Elf Aquitaine, hat die STEAG das Raffineriekraftwerk Leuna aufgebaut, das sie auch betreibt. Die Unternehmen der STEAG Electronic Systems sind weltweit führende Anbieter von Fertigungsanlagen für die Produktion von

Halbleitern, Compact Discs und Photomasken. Fertigungsstätten befinden sich in Deutschland, den USA und der Slowakei. Umsatz 1998: 2.434 Mio. DM (Vorjahr: 2.700 Mio.); Beschäftigte 1998: 4.100 (Vorjahr: 4.847).

◆ Teilkonzern Rütgers AG mit den Kerngeschäftsfeldern Chemie und Kunststoffe. Die Konzernbereiche und ihre Führungsgesellschaften im einzelnen: Duroplastische Kunststoffe (Bakelite AG); Spezialchemikalien (Rütgers Organics GmbH), Basischemikalien (Rütgers VFT AG), Kunststoffe Elektronik (Isola AG); Kunststoffe Bau (HT Troplast AG); Kunststoffe Fahrzeuge (Rütgers Automotive AG). Hauptabnehmer sind die chemische Industrie, der Kraftfahrzeugsektor, die Elektrotechnik und Elektronik, der Hoch- und Tiefbau sowie die Stahl- und NE-Metallerzeugung. 1999 zog sich Rütgers mit dem Verkauf der Teerbau GmbH mit einem Umsatz von 1,4 Mrd. DM und 3.700 Beschäftigten (Ruberoid wurde bereits ein Jahr zuvor verkauft) vollständig aus dem Geschäftsfeld Bau zurück. Umsatz 1998: 5.160 Mio. DM (Vorjahr: 5.168 Mio.); Beschäftigte 1998: 14.112 (Vorjahr: 14.643).

◆ Teilkonzern Saarberg AG mit den Tätigkeitsbereichen Energie, Umwelt, Gummi, Handel und Services. Im Rahmen der Einbringung der saarländischen Bergbauaktivitäten in die Deutsche Steinkohle AG wurde die Saarberg AG ein Teilkonzern der RAG, in den alle Nicht-Bergbauaktivitäten der ehemaligen Saarbergwerke AG sowie der gesamte RAG-Umweltbereich einschließlich der 25%-Beteiligung an der Edelhoff AG & Co. und das RAG-Mineralölgeschäft eingebracht wurden. Der Energiebereich mit der saarländischen Kraftwerksgesellschaft SKWG blieb ebenso im Portfolio der Saarberg AG wie das Gummigeschäft mit der Saar-Gummiwerk GmbH. Umsatz 1998: 4.270 Mio. DM; Beschäftigte 1998: 7.607.

◆ RAG Dienstleistungsgesellschaften mit den Tätigkeitsbereichen Berufsbildung (RAG Bildung GmbH mit mehr als 40 Bildungseinrichtungen vorwiegend im Ruhrgebiet und in den neuen Bundesländern), Informatik (RAG Informatik GmbH mit der vollständigen Betreuung von EDV-Anwendungen), Versicherungen (RAG Versicherungs-Dienst GmbH).

BETEILIGUNGEN. Zur RAG Aktiengesellschaft gehören 480 Konzerngesellschaften. Mit 180 Gesellschaften ist die RAG im Ausland vertreten. Die wichtigsten Tochter- und Beteiligungsgesellschaften der einzelnen Teilkonzerne mit ihren jeweiligen Führungsgesellschaften sind den Seiten 356 und 357 zu entnehmen.

FUSION IM BERGBAU – DIE DEUTSCHE STEINKOHLE AG.

Unter dem Dach der RAG wurden 1998/99 die Bergwerksgesellschaften der Saarbergwerke AG und die Preussag Anthrazit GmbH mit der Ruhrkohle Bergbau AG zur Deutsche Steinkohle AG verschmolzen.

1997 waren nach harten Auseinandersetzungen, Streiks, Protesten und Massenkundgebungen in Bonn die Rahmenbedingungen für den deutschen Steinkohlenbergbau grundlegend neu geordnet worden. Die Situation der deutschen Steinkohle hatte sich mit der Einführung des Artikelgesetzes (Grundlage für Lieferverträge mit den Kraftwerken) und dem Eintritt in den direkten Wettbewerb zur Importkohle zum 1. Januar 1996 drastisch verschärft. »Kohlerunde« und »Jahr-

Aufsichtsrat:

- *Hartmann, Ulrich (Vorsitzender; Vorsitzender des Vorstandes der VEBA AG), Düsseldorf*
- *Cromme, Gerhard, Dr. (Vorsitzender des Vorstandes der Thyssen Krupp AG), Essen*
- *Gaul, Hans Michael, Dr. (Mitglied des Vorstandes der VEBA AG), Düsseldorf*
- *Holzer, Jochen, Dr. (ehem. Vorsitzender des Aufsichtsrates der VIAG AG), München*
- *Jochimsen, Reimut, Prof. Dr. Dr. h.c. (Präsident der Landeszentralbank NRW), Düsseldorf*
- *Kässer, Wolfgang, Dr. (Mitglied des Vorstandes der VEW AG), Dortmund*
- *Krüper, Manfred, Dr. (Mitglied des Vorstandes der VEBA AG), Düsseldorf*
- *Ost, Friedhelm (MdB/CDU; Staatssekretär a. D.), Bonn*
- *Samtlebe, Günter (Oberbürgermeister; Vorsitzender des Aufsichtsrates der VEW AG), Dortmund*
- *Schulz, Ekkehard, Dr. (Vorsitzender des Vorstandes der Thyssen Krupp AG), Duisburg*
- *Ziegler, Fritz (Regierungspräsident a.D.; ehem. Vorsitzender des Vorstandes der VEW AG), Dortmund*

**Südhofer, Klaus-Dieter (stellv. Vorsitzender)*
**Dickhausen, Günter*
**Fuchs, Anke*
**Grewe, Wolfgang*
**Kohl, Jürgen*
**Kollorz, Fritz*
**Rohrkamp, Theodor*
**Schneider, Hans-Jürgen*
**Tegtmeier, Werner, Dr.*
**Wodopia, Franz-Josef, Dr.*

Aufsichtsratstantiemen 1998: *490.000,– DM*
Umsatz 1998: *27.489,7 Mio.*

Umsatz 1997: *24.967,0 Mio.*
Umsatz 1996: *24.941,2 Mio.*

Gewinn 1998: *409,2 Mio.*
Gewinn 1997: *251,1 Mio.*
Gewinn 1996: *226,0 Mio.*

Cash flow 1998: *1.652,0 Mio.*
Cash flow 1997: *2.017,0 Mio.*
Cash flow 1996: *1.956,0 Mio.*

Cash flow: *Der Cash flow floß überwiegend in die Investitionen in Sachanlagen.*

Steueraufkommen 1998: *226,9 Mio.*

Grund- bzw. Stammkapital 1998: *534,5 Mio.*

hundertvertrag« waren ausgelaufen. Der bis Ende 1995 gültige »Jahrhundertvertrag« hatte den Absatz von deutscher Kohle an die Elektrizitätswirtschaft geregelt, Wettbewerb zugunsten der deutschen Kohle verhindert, Subventionen im Kokskohlenbereich festgelegt. Der sogenannte Hüttenvertrag, die Grundlage für die Lieferungen des deutschen Steinkohlenbergbaus an die Stahlindustrie, war zwar bis zum Ende des Jahres 2000 abgeschlossen worden, von der Europäischen Kommission aber nur bis Ende 1997 genehmigt. Die 1995 getroffene und bis 1997 gültige Vereinbarung einer Koksbeihilfe von Bund und Land NRW wurde von Bonn nicht mehr verlängert. Es sollte Schluß sein mit der jährlichen Kohlesubvention in Milliardenhöhe. Doch ohne Subventionen hat der deutsche Steinkohlenbergbau keine Überlebenschance. Nicht zuletzt unter dem Druck der Straße kam es im März 1997 zu einer Einigung über die Finanzierung der deutschen Steinkohle bis zum Jahr 2005.
Die Kohlebeihilfen, die 1997 noch bei knapp 9 Mrd. DM lagen, sollen von 1998 bis 2005 auf 5,5 Mrd. DM zurückgeführt werden. Der Anteil des Landes Nordrhein-Westfalen beträgt ab 2001 jährlich 1,15 Mrd. DM, die RAG schießt aus dem Beteiligungsbereich 200 Mio. DM pro Jahr dazu. Der Finanzrahmen bis 2005: Der Bund zahlt 58,5 Mrd., Nordrhein-Westfalen 9,6 Mrd. und die RAG Aktiengesellschaft 1 Mrd. DM. Mit diesem Kompromiß wurde die wichtigste Forderung der IG Bergbau, betriebsbedingte Kündigungen zu vermeiden, erfüllt. Vier von derzeit 18 deutschen Zechen sollen bis zum Jahr 2000 geschlossen werden. Im Jahr 2005 sollen zehn oder elf Schachtanlagen mit einer Förderkapazität von jährlich rund 30 Mio. Tonnen Kohle und etwa 36.000 Arbeitsplätzen (1997 rund 85.000) für einen »langfristig lebens- und leistungsfähigen Bergbau über das Jahr 2005 hinaus« sorgen. Allein bis zum Jahr 2000 sollen 26.000 Stellen abgebaut werden. Die Bedingung des Bundes für die Beihilfen aber war die 1998 realisierte Gründung der Deutsche Steinkohle AG mit der vollständigen Übernahme der Saarbergwerke AG (Anteile vom Saarland 26%; vom Bund 74%) durch die RAG und die Übernahme des Bergwerkes Ibbenbüren der Preussag Anthrazit GmbH. Die RAG erhielt als Gegenleistung vom Bund völlig freie Hand bei allen unternehmerischen Entscheidungen und keinerlei Reglementierung mehr in bezug auf Abgabe- und Abnahmequoten gegenüber der Stahlwirtschaft und innerhalb des Konzerns. Die 2 Mrd. DM teure Großakquisition der amerikanischen Cyprus Amax Coal will das RAG-Management als souveränen Schritt zur weiteren Globalisierung verstanden wissen, der nicht in die Nähe der Diskussion rund um die Kohlesubventionen gerückt werden sollte.

Globale Strategien und der Standort Deutschland.

RAG – Global Player in Sachen Steinkohle. Was bei den zahlreichen Vorurteilen gegenüber der Kohle im ersten Augenblick wie ein Anachronismus erscheint, wird vom RAG-Management strategisch in die Tat umgesetzt. Die RAG soll sich weltweit zu einem führenden Kohleproduzenten entwickeln und diese Position dauerhaft festigen – Marktoffensive für den deutschen Kohlenbergbau nach dem Fall des Monopols und der Zulassung von Importkohle im Verstromungsbereich. Im Visier hat die RAG dabei insbesondere die Märkte in den USA, in Venezuela sowie Australien, wo die RAG International Mining bereits

mit eigenen Bergwerken tätig ist: in den USA mit der Ruhr-American Coal Corp., in Venezuela mit der 25%-Beteiligung am Bergwerk Paso Diablo und der Lagerstätte Socuy und in Australien mit der 12,4%-Beteiligung am Kokskohlenbergwerk German Creek. Der entscheidende Schritt für die weitere Expansion war neben der Bündelung der deutschen Steinkohleaktivitäten in der Deutsche Steinkohle AG die Großakquisition der Cyprus Amax Coal Corporation, der Kohletochter des amerikanischen Bergbaukonzerns Cyprus Amax. Die Cyprus Amax Coal Corporation ist eines der führenden Kohleunternehmen der USA. Eine Großakquisition in Australien ist geplant. Ein weiteres Indiz für die zunehmende Internationalisierung der RAG zur festen Größe auf dem Weltkohlemarkt ist die Umfirmierung des nunmehr international operierenden Teilkonzerns RAG Vertrieb und Handel in RAG Coal International. Der Umsatzanteil des Auslandsgeschäftes lag 1998 bei 18%.
Mit Gründung der Deutsche Steinkohle AG 1998 wurden die kohlepolitischen Vereinbarungen zur Neuordnung des deutschen Steinkohlenbergbaus vom März 1997 umgesetzt. Am 1. Oktober 1998 nahm die Deutsche Steinkohle AG ihre Arbeit auf, mit Wirkung vom 1. Januar 1999 kam neben der Saarbergwerke AG noch die Preussag Anthrazit GmbH zum Verbund. Durch die Übernahme stieg der Konzernumsatz um 10% auf 27,5 Mrd. DM, während durch Deinvestitionen im Rahmen der Konzentration auf die Kernkompetenzen 1,4 Mrd. DM Umsatz entfielen (u.a. IMO Autopflege GmbH an die Harpen AG). 1999 wurde zusätzlich noch die im Teilkonzern Rütgers angesiedelte Teerbau AG (1,4 Mrd. Umsatz, 3.700 Beschäftigte) an das französische Unternehmen Eurovia verkauft. Durch die Übernahme der Saarbergwerke AG stieg die Belegschaft um rund 8.000 auf über 104.000 Beschäftigte an. Insgesamt aber sank die Zahl 1998 um über 9.000. Im Rahmen der kohlepolitischen Vereinbarungen wurden 1998 allein in der Deutsche Steinkohle AG 5.000 Stellen, allerdings vereinbarungsgemäß ohne betriebsbedingte Kündigungen, abgebaut. Insgesamt arbeiten jetzt bei der Deutsche Steinkohle AG rund 70.000 Beschäftigte, deren Zahl aber nach und nach reduziert wird. Anfang der 90er Jahre waren im Bereich Bergbau allein bei der Ruhrkohle noch über 100.000 Menschen beschäftigt, davon mehr als 60.000 unter Tage. Bis zum Jahr 2002 werden drei weitere Bergwerke stillgelegt, andere Zechen werden zu Verbundbergwerken zusammengeschlossen. Bis zum Jahr 2005 müssen nach dem Kohlekompromiß vom März 1997 weitere 32.000 Arbeitsplätze abgebaut werden.
Der Beteiligungsbereich »rund um die Kohle« wird weiter ausgebaut, womit sich die RAG auch in Zukunft aktiv an der Umstrukturierung und Entwicklung der Bergbauregionen des Ruhrgebietes beteiligt. So besteht ein großer Teil der Beteiligungsunternehmen des RAG-Konzerns aus mittelständischen Firmen. Ziel der RAG-Unternehmenspolitik ist es, vorhandene Arbeitsplätze zu sichern und neue Arbeitsplätze zu schaffen. Für ehemalige Bergleute sollen im Beteiligungsbereich verstärkt Arbeitsplätze rekrutiert werden.

INNERBETRIEBLICHE BÜNDNISSE. Obwohl aufgrund der Bergbauplanung bis zum Jahr 2002 rund ein Drittel der Arbeitsplätze im Bergbau wegfallen wird, soll dabei auf betriebsbedingte Kündigungen verzichtet werden. Ähnlich wie bei der Schließung der Sophia-Jacoba

Beschäftigte 1998: *104.330 (RAG-Konzern)*
Beschäftigte 1997: *96.240 (RAG-Konzern)*
Beschäftigte 1996: *101.980 (RAG-Konzern)*

Beschäftigte Bergbau 1998: *67.840 (davon unter Tage: 37.890)*
Beschäftigte Bergbau 1997: *60.160 (davon unter Tage: 34.640)*
Beschäftigte Bergbau 1996: *65.480 (davon unter Tage: 39.390)*

Umsatz pro Mitarbeiter 1998: *263.488,– DM (RAG-Konzern)*
Umsatz pro Mitarbeiter 1997: *259.424,– DM (RAG-Konzern)*
Umsatz pro Mitarbeiter 1996: *244.570,– DM (RAG-Konzern)*

Löhne und Gehälter 1998: *7.171,8 Mio.*
Löhne und Gehälter 1997: *6.591,2 Mio.*
Durchschnittsgehalt 1998: *68.741,– DM*
Soziale Abgaben und Aufwendungen 1998: *2.647,1 Mio.*
Soziale Abgaben und Aufwendungen 1997: *2.415,6 Mio.*

Bezüge pro Vorstandsmitglied 1998: *1.392.073,– DM*
Tantiemen pro Aufsichtsrat 1998: *24.500,– DM*

DIE KONZERNSTRUKTUR UND DIE FÜHRUNGSGESELLSCHAFTEN DER RAG AG

RAG Aktiengesellschaft

Grundkapital
DM 534.502.800
Sitz: Essen

Deutsche Steinkohle	RAG Coal International	RAG EBV
Bergwerke	**Internationaler Bergbau** RAG International Mining GmbH, Essen	**Immobilien, baunahe Handels- und Dienstleistungs-gesellschaften** EBV Aktiengesellschaft, Herzogenrath
Kokereien	**Internationaler Kohlehandel** RAG Trading GmbH, Essen	RAG IMMOBILIEN AG, Essen
	Nationaler Kohlehandel RAG Verkauf GmbH, Essen	Auguste Victoria Immobilien GmbH, Marl
	Bergbautechnologie DBT Deutsche Bergbau-Technik GmbH, Lünen	RAG Technik AG, Duisburg

STEAG	RÜTGERS	Saarberg	RAG Dienstleistungs-gesellschaften
Kraftwirtschaft STEAG AG, Essen	**Duroplastische Kunststoffe** Bakelite AG, Iserlohn-Letmathe	**Energie** SaarEnergie GmbH, Saarbrücken	**Berufsbildung** RAG BILDUNG GmbH, Essen
IPP-International STEAG AG, Essen	**Spezialchemie** RÜTGERS Organics GmbH, Mannheim	**Umwelt** RAG UMWELT GmbH, Saarbrücken	**INFORMATIK** RAG INFORMATIK GmbH, Essen
Electronic Systems STEAG-Electronic Systems GmbH, Essen	**Basischemie** RÜTGERS VFT AG, Castrop-Rauxel	**Handel** Saarberg Handel GmbH, Saarbrücken	**Versicherungen** RAG Versicherungs- Dienst GmbH, Essen
	Kunststoffe Elektronik Isola AG, Düren	**Gummi** Saar-Gummiwerk GmbH, Wadern-Büschfeld	
	Kunststoffe Bau HT Troplast AG, Troisdorf		
	Kunststoffe Fahrzeuge RÜTGERS Automotive AG, Essen		

Investitionen 1998:
1.302,0 Mio.
Investitionen 1997:
1.241,0 Mio.
Investitionen 1996:
1.534,0 Mio.

Forschung und Entwicklung 1998: *156,0 Mio.*
Forschung und Entwicklung 1997: *143,0 Mio.*
Forschung und Entwicklung 1996: *140,0 Mio.*

Mitbewerber: *Arch, Laubag, Metallgesellschaft, Mibrag, Peabody, Preussag, PreussenElektra, Rheinbraun, Rio Tinto, RWE, Strabag, VEBA, VEW, VIAG*

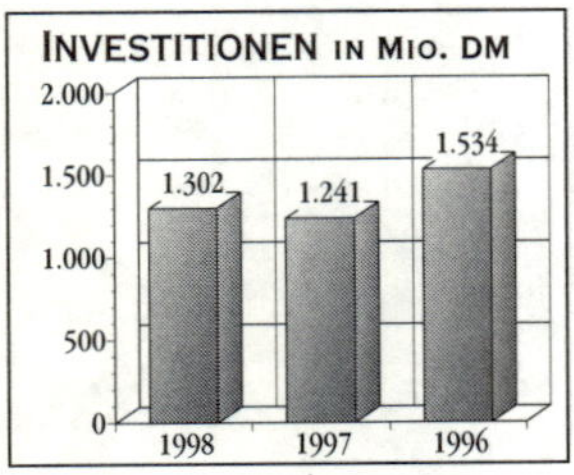

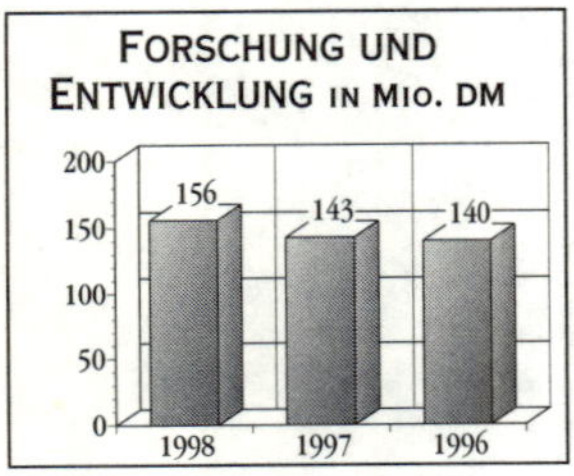

im Aachener Revier 1997 sollen in Übereinkunft mit den Arbeitnehmervertretungen möglichst sozialverträgliche Einigungen getroffen werden: großzügige Vorruhestandsregelungen, Qualifizierungsmaßnahmen für Berufe außerhalb des Bergbaus, Tätigkeiten in Klein- und Mittelbetrieben durch die »Handwerksinitiative«. Die Tarifpartner des Bergbaus haben verschiedene Optionen für flexible und verkürzte Arbeitszeit geschaffen, mit denen bei Bedarf und ohne zusätzliche Kosten für das Unternehmen Arbeitsplätze vorübergehend erhalten werden können. In zahlreichen Konzerngesellschaften gibt es flexible Arbeitszeitregelungen, Teilzeitarbeit und Altersteilzeitmodelle.

Ende 1998 waren 3.590 Auszubildende im RAG-Konzern beschäftigt. 690 Ausbildungsabsolventen wurden 1998 in ein festes Arbeitsverhältnis übernommen. Weitere 5.170 Jugendliche wurden bei der RAG Bildung ausgebildet oder nahmen an einer Maßnahme zur Berufsvorbereitung teil. Nur noch 4% der Auszubildenden erlernen einen bergmännischen Beruf. Die RAG Bildung GmbH will im Rahmen der regionalen Strukturveränderungen der erhöhten Nachfrage nach Ausbildungsplätzen für gewerblich-technische und kaufmännische Berufe im Ruhrgebiet Rechnung tragen und ist mit teilweise über 10.000 Auszubildenden zu einem eigenen Unternehmensbereich avanciert.

UMWELTSCHUTZ. Der RAG-Konzern verfügt über ein weitverzweigtes Umweltmanagement in allen Teilkonzernen und Tochterunternehmen. Ein Schwerpunkt liegt im Steinkohlenbergbau, um so auch in einer der am dichtesten besiedelten Industrieregionen der Welt dem gestiegenen Umweltbewußtsein der Bevölkerung Rechnung zu tragen. Gesetze und Vollzugsauflagen bestimmen maßgeblich die Umweltpolitik des RAG-Konzerns. Die Bergwerke der Deutsche Steinkohle AG besitzen Betriebszulassungen für den untertägigen Abbau bis 2003/2004. Für den anschließenden Zeitraum müssen neue Zulassungen erteilt werden. Das RAG-Umweltschutzmanagement (Beauftragte für Immissionsschutz, Gewässerschutz, Abfall) soll in alle Abläufe vom Genehmigungsverfahren bis zur Produktion frühzeitig eingebunden werden und auch den Dialog mit Bürgerinitiativen und der Bevölkerung führen. Das Umwelt-Know-how des RAG-Konzerns wird aber auch erfolgreich vermarktet und ist gebündelt im Teilkonzern Saarberg. Saarberg ist in den Bereichen Industrie- und Kommunalservice, Rohstoffe und Recycling sowie Flächenrecycling und Bodensanierung tätig.

FORSCHUNG, ENTWICKLUNG, INNOVATIONEN.
RAG und die Deutsche Steinkohle AG sind viel mehr als Bergbau und das entsprechende Unternehmensumfeld. Der Bergbau sieht sich als Entwickler und Umsetzer innovativer High-Tech-Produkte. Gerade im Steinkohlenbergbau sind bedeutende technologische Entwicklungen für die verschiedensten Anwendungsgebiete entstanden, in der Transporttechnik, bei Schnittmaschinen und der Strebtechnik. Die ursprünglich für den Bergbau entwickelten Technologien werden heute auch in vielen anderen Industriebereichen genutzt. Ähnliches gilt für Forschung und Entwicklung bei der STEAG und Rütgers. Konzernweit wurden 1998 156 Mio. DM für Forschung und Entwicklung aufgewen-

det, inklusive des Beitrages für die gemeinsame Forschungseinrichtung des deutschen Steinkohlenbergbaus – DeutscheMontanTechnologie für Rohstoff, Energie und Umwelt e.V. Im Bergbau gab es 1998 insgesamt 110 Forschungsvorhaben in den Bereichen Umweltschutz, Produktivität und Arbeitssicherheit.

Reemtsma siehe Tchibo

REWE

GESCHICHTE UND ENTWICKLUNG. Die REWE-Zentrale wurde 1926 von 17 Einkaufsgenossenschaften als »Rewe, Vereinigung der Lebensmittel-Großhandels-Genossenschaften von Rheinland und Westfalen eGmbH« gegründet. Sie nahm zum 1. Januar 1927 in Köln ihre Geschäftstätigkeit auf. Neben der bereits bestehenden Edeka-Zentrale erfolgte eine schnelle Expansion im Lebensmittelhandel. Ab Mitte der 30er Jahre verlagerte sich das Schwergewicht der REWE vom rheinischen Wirtschaftsraum in Richtung Mitteldeutschland. 1943 fand in Köln kriegsbedingt die zunächst letzte Generalversammlung der REWE-Zentrale statt.
Nachdem bereits im August 1945 die Zentraltätigkeit wieder aufgenommen worden war, wurde im August 1947 die REWE-Zentral-Import eGmbH gegründet, die im Rahmen einer Gruppenreform 1972 in die REWE-Zentral-Aktiengesellschaft, Köln, umgewandelt wurde, die noch heute neben der REWE-Zentralfinanz eG das Leitunternehmen der genossenschaftlichen REWE-Handelsgruppe ist. Im Laufe des Strukturwandels, der bereits in den 60er Jahren einsetzte, schlossen sich immer mehr kleine örtliche Genossenschaften zu regionalen REWE-Großhandlungen zusammen.
1977 wurde Hans Reischl Vorstandsvorsitzender der REWE-Zentralorganisationen mit rund 50 rechtlich und wirtschaftlich selbständigen Großhandlungen, die wiederum Tausenden von Einzelhändlern gehörten, die alle unter dem REWE-Emblem ihre Waren verkauften. Mit gewaltigen Akquisitionen wurde das REWE-Reich vergrößert. Reischl managte den Einstieg in die Einzelhandelskette Leibbrand, kaufte der REWE die Stüssgen AG und eine 75%-Beteiligung an Kaiser + Kellermann. In den 80er Jahren Straffung der REWE-Großhandlungen durch Zusammenlegungen oder Schließungen; 1997 blieben von einstmals 50 lediglich noch zwölf übrig. Auch die Zahl der selbständigen Kaufleute ging auf knapp 3.700, allerdings verkaufsträchtigere Einheiten, zurück. Dazu kommen knapp 6.000 Filialen der verschiedensten Vertriebslinien. 1990 leitete die REWE die seit ihrer Gründung größte Gruppenreform ein. Die bisherige Dreistufigkeit – Einzelhandel, Großhandel, Zentrale – wich einer Zweistufigkeit und machte aus den bisher selbständigen regionalen Großhandlungen, die ihre Vermögen gegen Aktien in die REWE-Zentral AG einbrachten, Niederlassungen der REWE-Zentral AG. Die REWE-Großhandlungen Hungen, Efferen, Korschenbroich/Erkelenz und Koblenz brachten ihre Geschäftsbetriebe in die REWE-Zentral AG ein. Daraus erwuchsen die Niederlassungen Hungen und West der REWE-Zentral AG.

Standort:
Domstraße 20
50668 Köln

Postanschrift:
50603 Köln

Telefon: *(0221) 149-0*
Telefax: *(0221) 149-9000*
Internet: *www.rewe.de*

Branche: *Lebensmittel; Einzel- und Großhandel; Touristik, Fachmärkte*

Rechtsform:
Aktiengesellschaft

Geschäftsjahr: *1.1.-31.12.*

Gründungsjahr: *1926; REWE-Zentral AG 1972*

Öffentlichkeitsarbeit:
Wolfram Schmuck
Tel.: (0221) 149-1050
Fax: (0221) 13 88 98
E-Mail: presse@rewe.de

Verbände: *Zentralverband gewerblicher Verbundgruppen e.V., Bonn; Bundesverband der Filialbetriebe und Selbstbedienungs-Warenhäuser (BFS) e.V., Bonn*

Vorstand der REWE-Zentral AG:
- *Reischl, Hans (Vorsitzender)*
- *Kalmbach, Otto*

Vorstandsbezüge 1998:
keine Angaben

Aufsichtsrat der REWE-Zentral AG:
- *Hellmann, Bernhard (Vorsitzender)*
- *Becker, Franz*
- *Blank, Herbert*
- *Burghard, Klaus, Dr.*
- *Hundertmark, Jürgen*
- *Lenk, Erich*
- *Schweinsberger, Richard*
- *Zwingel, Brunhilde*

**Hofmann, Roland (stellv. Vorsitzender)*
**Bir, Edith*
**Braun, Eddy*
**Cremer, Bernhard*
**Domke, Günter*
**Hilbert, Gerhard*
**Schumacher, Helmut*
**Sonnenschein, Volker*

Aufsichtsratstantiemen 1998: *127.500,– DM*

Unternehmensleitung:
- *Fürbeth, Karl-Adolf (Logistik, Organisation, Informationsverarbeitung)*
- *Heeger, Dietrich (Gruppenplanung, Expansion)*
- *Heinz, Emil P. (Discount)*
- *Holzschuh, Erwin (Revision, Prüfungsdienst)*
- *Kalmbach, Otto (Handel)*
- *Reischl, Hans (Vorsitzender; Konzernentwicklung, Öffentlichkeitsarbeit)*
- *Rompcik, Horst (Personal, Recht)*
- *Schmitt, Gisela (Marketing)*
- *Schmitz, Hans (Großfläche, Fachmärkte)*
- *Toth, Andreas (Controlling)*
- *Trück, Klaus (Finanzen)*
- *Ziegelmeier, Gert (Vollsortiment)*

1993 folgte die erste Auslandsexpansion mit der Beteiligung an der englischen Supermarktkette Budgens. 1994 akquirierte REWE vollständig die Atlas-Reisebüro GmbH, Köln, 1995 vom Kaufhof den Reiseveranstalter ITS Reisen. 1996 Übernahme des größten österreichischen Handelskonzerns BML (Billa Merkur Litega) Vermögensverwaltungs AG. Der BML-Konzern mit den Vertriebslinien Billa, Merkur, Mondo, Emma und Bipa verfügt über knapp 1.600 Filialen bei einem Umsatz von über 8,5 Mrd. DM. Übernahme von 40% der Stammaktien an der ProSieben Media AG mit dem Fernsehsender Pro7. REWE ist damit größter Einzelaktionär des drittgrößten kommerziellen Fernsehsenders in Deutschland. 1998 Übernahme der Götzen- und Stinnes-Baumärkte.

BESITZVERHÄLTNISSE/EIGENTUMSSTRUKTUR.
- Mitgliedsbetriebe der Zentrale (100%)

KONZERNÜBERBLICK. Die REWE-Gruppe ist umsatzmäßig die größte Handelsorganisation in Deutschland und die zweitgrößte in Europa. Die REWE-Zentralorganisationen sind die REWE-Zentral AG (Großhandels- und Vermittlungsgeschäfte, Bearbeitung und Vertrieb aller Konsumwaren einschließlich Werbung, Groß- und Einzelhandelsbetreuung) und die REWE-Zentralfinanz eG (Finanzierung der Mitgliedsbetriebe, Zentralregulierung). Hinzu kommen die REWE-Beteiligungs-GmbH (An- und Verkauf von Lebensmitteln sowie Unternehmensbeteiligungen), die REWE-Zentralhandels-GmbH (Beteiligungen an Unternehmen des Warenvertriebs) und der REWE-Prüfungsverband e.V. (gesetzliche Pflichtprüfung der Mitglieder, Beratungs- und Förderungstätigkeit in genossenschaftlichen, rechtlichen und steuerlichen Fragen). Aus dieser Unternehmensstruktur unter dem Dach der Obergesellschaft REWE-Zentral AG (mit ihren Niederlassungen Hungen und West) wird die Ausrichtung des Konzerns deutlich. Einmal werden die Großhandels- und Vermittlungsgeschäfte aller Konsumwaren, die Betriebs- und Geschäftseinrichtungen sowie die kreditgenossenschaftlichen Aufgaben für den REWE-Einzelhandel wahrgenommen, zum anderen ist die Zentrale berechtigt, andere Unternehmen zu gründen oder zu akquirieren, zu pachten, sich an ihnen zu beteiligen oder mit anderen Unternehmen Interessengemeinschafts- und Unternehmensverträge abzuschließen. Der REWE-Warenhandel umfaßt Frischwaren, Genußmittel, das Trokkensortiment (u.a. Konserven, Drogerie- und Pharmaartikel, Reformkost, Hygienepapiere, Kosmetik und Körperpflege) und den Bereich Nonfood (Textilien und Hartwaren, Einrichtungs- und Investitionsgüter) sowie Reisen (Atlas-Reisen mit knapp 500 Reisebüros und einem Umsatz von 1,5 Mrd. DM). Die bekanntesten REWE-Handelsmarken sind: »Erlenhof«, »Salto«, »Füllhorn«, »Today« und »ja!«. 1995 übernahm REWE von der Metro/Kaufhof-Gruppe den Reiseveranstalter ITS International Tourist Länderreisedienste GmbH mit 280 Reisebüros, darunter knapp 150 in Kaufhäusern. Der Einzelhandelsumsatz der REWE-Gruppe im In- und Ausland betrug 1998 56,71 Mrd. DM. 9.610 Geschäfte in Deutschland erzielten einen Umsatz von 46,24 Mrd. DM. Mit einem Umsatz von 32,96 Mrd. DM ist die REWE KGaA, Wiesbaden, also die frühere REWE-Handelsgesellschaft Leibbrand oHG, mit ihren Vertriebslinien HL-Markt, miniMAL, Penny-Markt, Idea-Drogeriemarkt und toom-Markt sowie den Fegro/Selgros Cash and Carry-Märkten das

Einzelhandel

Nachbarschaftsgeschäfte/Supermärkte

Selbständige Geschäfte

Filialen

Verbrauchermärkte/SB-Warenhäuser

Discountmärkte

Fachmärkte/Dienstleistungen

Drogerien

Touristik

Bau – Garten – Hobby

Unterhaltungs-Elektronik

Großhandel

Rewe-Sortiments-Zustellgroßhandel

Großverbraucher-Zustellgroßhandel

C&C-Großhandel

Vorstand der REWE-Zentralfinanz eG:
- *Reischl, Hans (Vorsitzender)*
- *Kalmbach, Otto*

Aufsichtsrat der REWE-Zentralfinanz eG:
- *Hellmann, Bernhard (Vorsitzender)*
- *Burghard, Klaus, Dr. (stellv. Vorsitzender)*
- *Becker, Franz*
- *Blank, Herbert*
- *Hundertmark, Jürgen*
- *Lenk, Erich*
- *Schweinsberger, Richard*
- *Zwingel, Brunhilde*

REWE-Zentrale:
Umsatz 1998: *34.590,0 Mio.*
Umsatz 1997: *33.770,0 Mio.*
Umsatz 1996: *31.600,0 Mio.*

REWE-Großhandlungen:
Umsatz 1998: *15.250,0 Mio.*
Umsatz 1997: *14.840,0 Mio.*
Umsatz 1996: *13.760,0 Mio.*

Anzahl der Großhandlungen 1998: *11*
Anzahl der C+C-Märkte 1998: *36*

REWE-Einzelhandel (Europa):
Umsatz 1998: *56.710,0 Mio.*
Umsatz 1997: *54.760,0 Mio.*
Umsatz 1996: *50.650,0 Mio.*

davon in Deutschland: selbständiger REWE-Einzelhandel 12.570,0 Mio.; Filialunternehmen 33.670,0 Mio.

Cash flow 1998:
knapp 1.500,0 Mio.

Die Investitionen von rund 1.300,0 Mio. DM, die wesentlich in Auslandsprojekte geflossen sind, wurden vollständig aus dem Cash flow bezahlt.

mit Abstand größte Filialunternehmen der REWE-Gruppe. Die REWE KGaA verfügte Ende 1998 über 5.179 Filialen mit einer Verkaufsfläche von über 4,6 Mio. m^2.
Die Vertriebsstruktur der REWE-Handelsgruppe im Einzelhandel: REWE Nahkauf, REWE Der Supermarkt, Kontra Verbrauchermärkte, miniMal-Märkte, HL-Märkte, Stüssgen-Märkte, Otto Mess-Märkte, Penny-Discountmärkte, toom-SB-Warenhäuser, idea-Discount-Drogerien, Sconti-Drogeriemärkte, toom-Baumärkte, Frick-Teppichfachmärkte, Klee-Gartencenter, Globus-SB-Warenhäuser, Atlas-Reisebüros, ITS-Reisen, ProMarkt Unterhaltungselektronik-Märkte, REWE Center, akzenta, kaufpark. Großhandel: REWE-Großverbraucher-Service, Fegro/Selgros Cash and Carry (gemeinsam mit Otto-Versand). Im immer stärker werdenden Nicht-Lebensmittelhandel (Drogeriemärkte, großflächige Fachmärkte, Reisebüros) wurden 1998 über 5 Mrd. DM umgesetzt.

BETEILIGUNGEN. Zu den wichtigsten Beteiligungen gehören: REWE KGaA, Wiesbaden (100%); REWE-Handelsgesellschaft Kaiser + Kellermann oHG, Kirchhundem (75%); Kafu-Wasmund Handelsgesellschaften, Bremen (100%); REWE Großverbraucher Service, Mainz (100%); Fegro-Selgros GmbH & Co., Neu-Isenburg (50%); REWE-Märkte Interkauf GmbH, Hungen (100%); REWE-Kontra-Beteiligungsgesellschaft mbH, Hürth (100%); Für Sie eG Food-Non Food, Köln (50%); ITS Reisen, Köln (100%); DG Bank, Frankfurt/Main (4,2%); ProSieben Media AG, München (40%); Budgens Plc, Ruislip/Großbritannien (unter 50%); Penny Market Italia Srl, Mailand/Italien (50%); BML (Billa Merkur Litega) Vermögensverwaltungs AG (Billa-Gruppe), Wiener Neudorf/Österreich (100% – ohne Libro und Billa real).

GLOBALE STRATEGIEN UND DER STANDORT DEUTSCHLAND. Standortsicherung und Ausbau der dominanten Marktposition im Inland (17,3% Marktanteil), Expansion durch Akquisitionen und Neugründungen im europäischen Ausland: das ist auch weiterhin die Strategie des REWE-Managements. In Europa erwirtschafteten 1998 über 160.000 Beschäftigte in 11.500 Märkten einen Gesamtaußenumsatz von 63,7 Mrd. DM. REWE ist damit die Nummer eins im deutschen und europäischen Lebensmittelhandel. Der Auslandsanteil am gesamten Einzelhandelsumsatz der REWE-Gruppe lag 1998 bei 18,5% und soll erheblich gesteigert werden.
Mit dem Bau neuer Logistikzentren und der Akquisition von attraktiven Einzelhandelsstandorten wurden die Grundlagen zur erfolgreichen Expansion nach Italien, Spanien, Frankreich, Tschechien, der Slowakei, Ungarn und Polen gelegt, überwiegend mit den Vertriebslinien Penny, miniMal und Frick. In Polen verfolgt REWE ein neues Vertriebskonzept. 1997 eröffnete in Posen mit Selgros Polska der erste C & C-Markt der REWE-Gruppe im Ausland. Mit der spektakulären Übernahme des österreichischen Marktführers im Lebensmittelhandel (über 28%), der Billa-Gruppe, Wiener Neudorf (1.500 Verkaufsstellen; 26.000 Beschäftigte), gelang der REWE 1996 ein entscheidender Wurf auf dem Weg zur Internationalisierung. Die neue deutsch-österreichische Handelsallianz mit einem Volumen von über 60 Mrd. DM soll die Position von REWE und Billa im internationalen Beschaffungsmarkt und im sich verschärfenden europäischen Wettbewerb stärken. Mitte 1998 übernahm die REWE-Gruppe auch noch einen Teil des

Einzelhandelsbereiches der österreichischen Julius Meinl AG, Wien, mit 162 Filialen.

INNERBETRIEBLICHE BÜNDNISSE. Nicht zuletzt durch die neuen Ladenöffnungszeiten werden bei der REWE-Gruppe alle denkbaren Arbeitszeitmodelle getestet und angewendet. Es gibt diesbezüglich, wie auch zur Entgeltpolitik und zu Jahressonderzahlungen auf freiwilliger Basis, Betriebsvereinbarungen. Eingeführt wurden Schicht- und Jahresarbeitszeitmodelle. 1998 absolvierten rund 5.600 Jugendliche bei REWE eine Ausbildung in zehn verschiedenen Ausbildungsberufen. 60% der Auszubildenden sind Frauen, 40% Männer. Hinzu kommt bei REWE seit Jahren eine aktive Frauenförderung. In der REWE-Gruppe arbeiteten Ende 1998 132.000 Vollzeitbeschäftigte.

UMWELTSCHUTZ. Die Umweltpolitik von REWE soll dem gewachsenen Umweltbewußtsein der Bevölkerung und damit den ökologischen Anforderungen der Kunden und der Politik gerecht werden. REWE ist maßgeblicher Unterstützer der Duale System Deutschland GmbH und des »Grünen Punktes«. Gemeinsam mit dem Umweltschutzbeauftragten der REWE-Gruppe wurden 14 Umweltziele verabschiedet, u.a. eine Öko-Bilanz für Fuhrpark und Logistik, die Optimierung der Entsorgung und Verwertung von Wertstoffen und Abfällen, die ökologische Neubewertung aller Verpackungen, die gänzliche Vermeidung von Umverpackungen, die Bevorzugung umweltfreundlicher Produkte durch Sortimentsumstellungen. In 2.000 Märkten der REWE-Gruppe werden Öko-Produkte angeboten. 1997 wurde eine Initiative »Öko-Fleisch im Supermarkt« gestartet, womit die miniMAL-Märkte bundesweit Rindfleisch aus ökologischer Landwirtschaft einführten. Unter dem Namen »Füllhorn« werden bei REWE Produkte aus kontrolliert ökologischem Anbau angeboten. Die REWE-Gruppe arbeitet allein in Deutschland mit mehr als 300 Landwirten fest zusammen.

***Angaben für 1998:** Marktanteil am gesamten deutschen Lebensmittel-Einzelhandel: 17,3%; Anzahl der Märkte in Deutschland: 9.610, davon selbständige Einzelhandelsmärkte: 3.655; Filialunternehmen: 5.955. Anzahl der Märkte im Ausland: 1.899.*

***Anzahl der Beschäftigten 1998:** auf allen Stufen in Deutschland rund 132.000, davon u.a. 5.600 Auszubildende. Investitionen in den Einzel- und Großhandel: 1.300,0 Mio. DM. Beschäftigte im Ausland: 30.000.*

***Mitbewerber:** Aldi, AVA, Edeka, Gedelfi, Karstadt, Kaufring, Lekkerland, Lidl & Schwarz, Metro (Kaufhof), Nanz, Spar, Tengelmann, Schlecker, Wal-Mart*

Rheinbraun siehe RWE
Rheinmetall siehe Röchling

RÖCHLING

GESCHICHTE UND ENTWICKLUNG. 1881 kauften sich die Brüder Karl, Ernst, Friedrich und Theodor Röchling, die seit 1849 einen einigermaßen florierenden Kohlenhandel betrieben, in Völklingen an der Saar ein marodes Eisenwerk, entwickelten daraus eine moderne Hütte und legten den Grundstein für ein riesiges Industrieimperium, das immer aufs engste mit der Rüstungsindustrie verbunden war. Herausragende Persönlichkeiten der Röchlings waren Karl Röchling (1827–1910) und sein Sohn Hermann (1872–1955), der als Rüstungsindustrieller an der Saar so etwas war wie Krupp im Ruhrgebiet – eine der größten Waffenschmieden des Reiches. Der »Herrgott von Völklingen« – so wurde Hermann genannt – akquirierte zahlreiche Unternehmen und baute die Firma zu einem führenden

Standort:
Richard-Wagner-Straße 9
68165 Mannheim

Postanschrift:
Postfach 10 12 63
68012 Mannheim

***Telefon:** (0621) 4402-0*
***Telefax:** (0621) 4402-284*
***Internet:** www.roechling.de*

Branche: *Holdinggesellschaft; Kommunikationstechnik, Meß-, Steuer- und Regelungstechnik, Kunststofftechnik, Holz und Metall, Automatisierungstechnik, Automobiltechnik, Bürosysteme, Maschinen- und Anlagenbau, Wehrtechnik*

Rechtsform: *Gebr. Röchling KG und Röchling Industrie Verwaltung GmbH*

Geschäftsjahr: *1.1.-31.12.*

Gründungsjahr: *1849*

Öffentlichkeitsarbeit:
Karin Knight
Tel.: (0621) 4402-231
Fax: (0621) 4402-258
E-Mail: karin.knight@roechling.de

Geschäftsführung:
- *Engelhardt, Werner (Vorsitzender)*
- *Greinert, Klaus*
- *Hönle, Bernd Michael, Dr.*

Bezüge 1998: *keine Angaben*

Beirat/Gesellschafterausschuß:
- *Salmuth, Kurt Wigand Frhr. von (Vorsitzender)*
- *Werner, Kai, Dr. (stellv. Vorsitzender)*
- *Thürmel, Werner*
- *Saurma-Jeltsch, Arthur Graf*
- *Salmuth, Georg Sigismund Frhr. von*
- *Girke, Horst, Dr.*
- *Brauner, Hans U., Dr.*
- *Ihde, Gösta B., Prof. Dr.*
- *Kranzbühler, Wolf-Otto, Dr.*
- *Zumkeller, Dirk, Prof. Dr.*
- *Thürmel, Sabine, Dr.*
- *Salmuth, Gebhard Frhr. von*
- *Hülsen, Wolfram von, Dr.*

Bezüge 1998: *keine Angaben*

Rüstungskonzern aus. Er beriet den Kaiser gleichermaßen wie die Nazis, stieg im Zweiten Weltkrieg zum Wehrwirtschaftsführer auf und saß nach 1918 ebenso wie nach 1945 als Kriegsverbrecher in französischen Gefängnissen (Rastatter Kriegsverbrecher-Tribunal).
Nach 1945 versuchten die aus den Gefängnissen entlassenen Röchlings schnell wieder an alte Erfolge anzuknüpfen. Da in der Rüstungspolitik noch keine Geschäfte zu machen waren, konzentrierte sich der Familien-Clan auf den Maschinenbau, aber auch wieder auf das Stahlgeschäft. 1956 erwarben die Röchlings mit Unterstützung des damaligen Bundeskanzlers Konrad Adenauer im Rahmen einer ersten Privatisierungswelle den einstmals führenden Waffenhersteller, die Rheinische Metallwaren- und Maschinenfabrik Akt. Ges. (Rheinmetall), die 1938 von den Nazis verstaatlicht worden war. Für die Familie Röchling begann eine äußerst expansive und erfolgreiche Phase. Heute taucht innerhalb des 183 Familienmitglieder umfassenden Röchling-Clans der Name Röchling nur noch sehr selten auf. Vielmehr bestimmen die erfolgreichen Männer zahlreicher Röchling-Töchter, z. B. an vorderster Stelle im Konzern Kurt Wigand Frhr. von Salmuth, das Geschehen der Familiendynastie.

BESITZVERHÄLTNISSE/EIGENTUMSSTRUKTUR.
- Mitglieder der Familie Röchling (100%).

Während die Gebr. Röchling KG eine reine Familiengesellschaft ist (voll im Besitz von 183 Familienangehörigen), kennt die Röchling Industrie Verwaltung GmbH auch familienfremde Gesellschafter (183 Familiengesellschafter und 90 familienfremde Gesellschafter).

KONZERNÜBERBLICK. Die Röchling-Gruppe besteht aus den beiden Holdinggesellschaften Gebr. Röchling KG und Röchling Industrie Verwaltung GmbH mit jeweils zahlreichen Beteiligungsgesellschaften im In- und Ausland. Nachdem sich das Familienunternehmen in den 70er Jahren aus der Stahlindustrie (Saarstahl) sowie dem Stahl- und Eisenhandel zurückgezogen hat, konzentriert sich der Konzern jetzt auf die Unternehmensbereiche Kommunikationstechnik, Meß-, Steuer- und Regelungstechnik, Technische Dienstleistungen, Kunststofftechnik, Metall, Technische Papiere, Automatisierungstechnik und die Rheinmetall-Gruppe. Während die sogenannten jungen Geschäftsfelder bei der Gebr. Röchling KG konzentriert sind, wird die Röchling Industrie Verwaltung maßgeblich vom Abschluß der Rheinmetall AG geprägt. Zur Rheinmetall-Gruppe gehören die Unternehmensbereiche Automotive (Kolbenschmidt Pierburg AG), Electronics (Rheinmetall Elektronik AG), Defence (Rheinmetall DeTec AG, STN Atlas Elektronik GmbH) und Engineering (Jagenberg AG).

BETEILIGUNGEN. Röchling ist eine international tätige Unternehmensgruppe mit 400 Gesellschaften, die von den zwei rechtlich selbständigen Röchling-Gesellschaften Gebr. Röchling KG und Röchling Industrie Verwaltung GmbH geführt werden.
Zur Unternehmensgruppe Gebr. Röchling KG (Umsatz 1998: 2.562 Mio. DM, Auslandsanteil: 34%; Beschäftigte 1998: 9.917) gehören:
- Unternehmensbereich Kommunikationstechnik: DeTeWe – Deutsche Telephonwerke Aktiengesellschaft & Co., Berlin (100%), mit zahlreichen Tochtergesellschaften (Vermittlungs- und Übertragungs-

technik für öffentliche Netze, private Kommunikationssysteme und Netze, analoge und digitale Telefone, Fernkopierer, Schnurlostelefone, Mikrozellularsysteme); Francotyp-Postalia AG & Co., Birkenwerder (100%), mit zahlreichen Tochtergesellschaften (Marktführer bei Frankiermaschinen in Deutschland und Europa).

● Unternehmensbereich Meß-, Steuer- und Regelungstechnik: Gossen-Metrawatt GmbH, Nürnberg (100% – Meß- und Prüfgeräte aller Art); Camille Bauer AG, Wohlen/Schweiz (100% – elektronische Meßumformer); Wilh. Lambrecht GmbH, Göttingen (100% – Meßgeräte und -systeme); Voigt & Haeffner KG, Frankfurt/Main (100% – Geräte, Systeme, Anlagen für Gleich- und Wechselstrom).

● Unternehmensbereich Technische Dienstleistungen: BEA Holding AG, Düsseldorf (100%), mit zahlreichen Tochtergesellschaften, u.a. BEA Systemtechnik GmbH, BEA Consulting GmbH, BEA Elektrotechnik und Automation GmbH, alle Düsseldorf (100%).

● Unternehmensbereich Kunststofftechnik: Röchling Haren KG, Haren/Ems (100%), mit zahlreichen Tochtergesellschaften (technische Kunststoffe); Sustaplast & Co., Lahnstein (100%), mit zahlreichen Tochtergesellschaften (Halbzeuge und Fertigteile aus Kunststoffen); Seeber AG & Co., Worms (100%), mit zahlreichen Tochtergesellschaften (Pkw-Innenausstattung, Motorraum-Komponenten und -Systeme).

● Unternehmensbereich Metall: Röchling Kaltwalzwerk KG, Oberkochen (100% – Bandstahl); Röchling Getriebe KG, Meppen (100% – Getriebe).

Zur Unternehmensgruppe Röchling Industrie Verwaltung GmbH (Umsatz 1998: 8.140 Mio. DM, Auslandsanteil: 51%; Beschäftigte 1998: 30.609) gehören:

● Unternehmensbereich Technische Papiere: WKP Württembergische Kunststoffplattenwerke GmbH & Co. KG, Unterensingen (45% – Dekorpapiere, Folien und Laminate); Depalor S.A.S., Phalsbourg/Frankreich (45% – Dekorspanplatten); CDM Laminates Inc., Drummondville/Kanada (45% – Dekorpapiere und Laminate).

● Unternehmensbereich Automatisierungstechnik: FHF Funke + Huster Fernsig GmbH, Velbert (100% – Telefone und Zubehör, Steuerungstechnik); Röchling Technische Dienstleistungen GmbH & Co. KG, Düsseldorf (100% – elektronische Ausrüstungen).

● Rheinmetall AG, Düsseldorf (65,6% – Holding)

Die Rheinmetall-Gruppe gliedert sich in folgende Unternehmensbereiche:

◆ Unternehmensbereich Automotive mit der Kolbenschmidt Pierburg AG, Düsseldorf, und zahlreichen in- und ausländischen Tochter- und Beteiligungsgesellschaften. Produktprogramme: Luftversorgung und Pumpen, Kolben, Gleitlager, Aluminium Technologie, Motor Service, Motor Engineering.

◆ Unternehmensbereich Electronics mit der Rheinmetall Elektronik AG, Düsseldorf, und zahlreichen Tochter- und Beteiligungsgesellschaften. Produktprogramme: Automobil-Elektronik, Informations- und Kommunikationstechnik, Meß- und Automatisierungstechnik, Sicherheitstechnik. Nach der Akquisition der Richard Hirschmann GmbH & Co. Anfang 1998 bildet die Hirschmann-Gruppe gemeinsam mit der

Umsatz 1998: *10.701,8 Mio.*
Umsatz 1997: *9.168,6 Mio.*
Umsatz 1996: *6.068,0 Mio.*

Gewinn 1998: *302,5 Mio.*
Gewinn 1997: *217,2 Mio.*
Gewinn 1996: *69,4 Mio.*

Die beiden Holdinggesellschaften der Gruppe, die Gebr. Röchling KG und die Röchling Industrie Verwaltung GmbH, schütteten 1998 11 Mio. bzw. 8,8 Mio. DM Dividendensumme aus.

Cash flow 1998: *919,0 Mio.*
Cash flow 1997: *784,0 Mio.*
Cash flow 1996: *437,0 Mio.*

Grund- bzw. Stammkapital 1998: *110,0 Mio.*

Beschäftigte 1998: *40.526*
Beschäftigte 1997: *38.879*
Beschäftigte 1996: *25.286*

Umsatz pro Mitarbeiter 1998: *264.072,– DM*
Umsatz pro Mitarbeiter 1997: *235.824,– DM*
Umsatz pro Mitarbeiter 1996: *239.975,– DM*

Personalaufwand 1998: *3.616,4 Mio.*
Personalaufwand 1997: *3.252,7 Mio.*
Durchschnittlicher Personalaufwand 1998: *89.237,– DM*

Investitionen 1998: *615,0 Mio.*
Investitionen 1997: *560,0 Mio.*
Investitionen 1996: *383,0 Mio.*

BÖRSE, AKTIEN, KURSE
Rheinmetall AG

Grundkapital 1998:
180,0 Mio.
Jahreshöchstkurs 1998:
Stammaktie: 63,00 DM
(32,21 €)
Vorzugsaktie: 57,50 DM
(29,40 €)
Jahrestiefstkurs 1998:
Stammaktie: 32,50 DM
(16,62 €)
Vorzugsaktie: 27,50 DM
(14,06 €)
Aktie Jahresende 1998:
Stammaktie: 43,00 DM
(21,99 €)
Vorzugsaktie: 31,30 DM
(16,00 €)
Dividende pro Aktie 1998:
Stammaktie: 0,90 DM
Vorzugsaktie: 1,00 DM

Die Dividende bezieht sich je 5,– DM Aktiennennbetrag. 1999 wurde auf nennwertlose Stückaktien umgestellt. Röchling hält an Rheinmetall 65,6% der stimmberechtigten Aktien, 13% halten Investmentgesellschaften, der Rest liegt bei insgesamt etwa 15.000 Aktionären. Innerhalb der börsennotierten Rheinmetall AG sind weiter an der Börse plaziert die Jagenberg AG, die Kolbenschmidt-Pierburg AG und die Mauser Waldeck AG.

Preh-Werke GmbH & Co. KG unter der Führungsgesellschaft Rheinmetall Elektronik AG diesen Bereich.
◆ Unternehmensbereich Defence mit der STN Atlas Elektronik GmbH, Bremen, der Rheinmetall DeTec AG, Ratingen, und zahlreichen Tochter- und Beteiligungsgesellschaften. Produktprogramme: Waffen und Munition, Systeme und Geräte, Naval Systems, Land- und Flugsysteme, Simulationssysteme, Marine Electronics. Die Rheinmetall DeTec AG (Defence Technologies) fungiert seit 1999 als neue Wehrtechnik-Obergesellschaft. Zur Rheinmetall DeTec gehören die im Rahmen der Ausweitung des Bereiches »Heerestechnik« von Krupp übernommene MaK System Gesellschaft (60% – Panzerwaffen) und die Mauser-Werke, Oberndorf.
◆ Unternehmensbereich Maschinenbau mit der Jagenberg AG, Düsseldorf, und zahlreichen Tochter- und Beteiligungsgesellschaften. Produktprogramme: Papiertechnik und Verpackungstechnik.
Umsatz Rheinmetall-Konzern 1998: 8.075 Mio. DM (Vorjahr: 6.560 Mio.); Beschäftigte 1998: 30.241 (Vorjahr: 28.512).

GLOBALE STRATEGIEN UND DER STANDORT DEUTSCHLAND. Der Rheinmetall-Konzern hat sich in den letzten Jahren zusehends von der früheren Rüstungsschmiede, die in der Vergangenheit immer wieder für spektakuläre Affären um Waffenlieferungen und -schiebereien in Krisengebiete gesorgt hatte, zu einem modernen Technologieunternehmen internationalen Zuschnitts gewandelt. Dennoch bleibt der Bereich Wehrtechnik, der jetzt unter »Defence« firmiert und in der Obergesellschaft Rheinmetall DeTec AG gebündelt wurde, mit 3,1 Mrd. DM Umsatz und 8.500 Beschäftigten die stärkste Säule im Konzern. Rheinmetall erwartet sich gerade vor dem Hintergrund einer Neuordnung der europäischen Wehrtechnik gute Aufträge. Rheinmetall hat in den vergangenen zwei Jahren durch gezielte Großakquisitionen umsatzmäßig einen »Quantensprung« gemacht und so auch der Röchling-Gruppe erstmals über die 10-Milliarden-Hürde geholfen. Es wurde die Bremer STN Atlas Elektronik GmbH übernommen (Mitgesellschafter ist British Aerospace plc.; Ex-Mitgesellschafter Energie Baden-Württemberg AG übernahm dafür Anteile an der Rheinmetall Elektronik AG), die Richard Hirschmann GmbH & Co. akquiriert und eine industrielle Beteiligung an der Kolbenschmidt AG, Neckarsulm, erworben. Nach der Fusion der Kolbenschmidt AG und der Pierburg AG hält Rheinmetall an der neuen Kolbenschmidt-Pierburg AG 74%. Die Börsennotierung der Kolbenschmidt AG wurde unter der neuen Firmierung weitergeführt. Der Unternehmensbereich Automotive akquirierte 1998 den amerikanischen Kolbenhersteller Zollner und avancierte damit in den USA im Bereich Kolben zur Nummer eins. Mit Kolbenschmidt, Pierburg, Hirschmann und Preh gehört Rheinmetall jetzt zur Gruppe der 20 bedeutendsten internationalen Automobilausrüster. Auf der anderen Seite trennt sich Rheinmetall von seiner 81%-Beteiligung an der Sparte Büromöbel der Mauser Waldeck AG. Röchling plant im Unternehmensbereich Kommunikationstechnik und bei der Automobiltechnik in Europa und Asien ein stärkeres Auslandsengagement.

INNERBETRIEBLICHE BÜNDNISSE. Flexible Arbeitszeitmodelle und Gruppenarbeit gibt es in zahlreichen Unternehmen des Röchling-

Konglomerats. 1998 betrug die Zahl der Auszubildenden bei den inländischen Gesellschaften der Rheinmetall-Gruppe 840.

Mitbewerber: *ABB, Alcatel SEL, Babcock Borsig, Bosch, Continental, Deutsche Telekom, Diehl, Freudenberg, Heraeus, Lurgi, Miele, Philips, Preussag, Siemens, Still, Thyssen Krupp, Wieland*

UMWELTSCHUTZ. Röchling selbst unternimmt im Bereich Umweltschutz als reine Holding keinerlei Aktivitäten und gibt für die Konzernunternehmen keine Umwelt-Rahmenrichtlinien heraus. Die einzelnen Unternehmen sind im Umweltschutz allerdings unterschiedlich stark engagiert. Der Unternehmensbereich Maschinenbau der zum Rheinmetall-Konzern gehörenden Jagenberg produziert zunehmend Maschinen und Anlagen für die Umwelttechnik. In der Rheinmetall-Gruppe gibt es betriebsbedingten Umweltschutz auf allen Unternehmensebenen.

FORSCHUNG, ENTWICKLUNG, INNOVATIONEN.
Auch hier macht Röchling keine Angaben – die einzelnen Konzern-Unternehmen jedoch, soweit sie in innovativen Branchen tätig sind, sehr wohl. Forschung und Entwicklung sind besonders hoch angesiedelt in einem High-Tech-Unternehmen wie Rheinmetall. Die Kernkompetenzen Automotive, Electronics und Defence – in der Wehrtechnik gehört Rheinmetall zu den führenden Herstellern von Heeresausrüstung – verlangen hohe technologische Anforderungen. Die Rheinmetall-Gruppe investierte 1998 351 Mio. DM in Forschung und Entwicklung. In diesem Bereich arbeiten über 3.600 Mitarbeiter.

Rover siehe BMW
RTL siehe Bertelsmann
Rütgers siehe RAG

RUHRGAS

GESCHICHTE UND ENTWICKLUNG. Die Generaldirektoren der Vereinigte Stahlwerke AG und der Stinnes-Zechen entwickelten 1926 eine großräumige Ferngas-Idee, um dem Kokereigas Absatzwege in ganz Deutschland zu ermöglichen, und gründeten die »Aktiengesellschaft für Kohleverwertung« in Essen. 1928 wurde das 300 km lange Leitungsnetz der RWE AG übernommen; ein Jahr später erfolgte die Umwandlung der Gesellschaft in »Ruhrgas AG«. Gaslieferverträge wurden geschlossen, u.a. mit den Städten Köln, Düsseldorf, Saarbrücken und verschiedenen Industrieunternehmen, z.B. den Opel-Werken in Rüsselsheim. 1936 lieferte Ruhrgas in einem Rohrnetz von 1.128 km Länge 2 Mrd. m³ Kokereigas. Der Bau einer 75 km langen Erdgasleitung zu den Chemischen Werken Hüls 1938 markierte den Beginn des industriellen Gaszeitalters in Deutschland. 1945 wurden die Gasleitungen und Kokereien schwer zerstört, von denen von vorher 51 zeitweise nur noch drei funktions- und lieferfähig waren.
Bereits 1946 war das Rohrnetz wieder zu 98% betriebsbereit. Mit der Lieferung in die Niederlande kam es 1948 erstmals zum Export von Kokereigas ins Ausland. 1951 umfaßte das Ruhrgas-Leitungsnetz 2.000 km, das Unternehmen hatte über 1.000 Mitarbeiter. In den folgenden Jahren expandierte Ruhrgas, gründete Tochtergesellschaften

Standort:
Huttropstraße 60
45138 Essen

Postanschrift:
45117 Essen

Telefon: *(0201) 184-00*
Telefax: *(0201) 184-3766*
Internet: *www.ruhrgas.de*

Branche: *Energiewirtschaft (Elektrizität, Gas, Kernenergie)*

Rechtsform:
Aktiengesellschaft

Geschäftsjahr: *1.1.-31.12.*

Gründungsjahr: *1926*

Öffentlichkeitsarbeit:
Dieter Krause
Tel.: (0201) 184-3717
Fax: (0201) 184-3941
E-Mail: info@ruhrgas.com

Verbände: *Bundesverband der deutschen Gas- und Wasserwirtschaft e.V., Bonn; DVGW Deutscher Verein des Gas- und Wasserfaches e.V., Eschborn*

Vorstand:
- *Späth, Friedrich (Vorsitzender)*
- *Bergmann, Burckhard, Dr. (stellv. Vorsitzender; Gaseinkauf)*
- *Janssen, Friedrich, Dr. (Finanzen)*
- *Lenz, Jürgen, Dr. (Technik)*
- *Middelschulte, Achim (Personalwesen)*
- *Pfingsten, Michael, Dr. (Verkauf)*
- *Strecker, Siegbert (stellv. Mitglied; Beteiligungen Gasdistribution)*

Vorstandsbezüge 1998:
9.685.037,– DM

Generalbevollmächtigte:
- *Czernie, Wilfried, Dr.*
- *Enseling, Gerhard, Dr.*
- *Oversohl, Heinz, Dr.*

und erwarb Beteiligungen. Im Rahmen der deutsch-sowjetischen Verträge wurde 1973 der Bezug großer Mengen Erdgas aus der früheren Sowjetunion vereinbart. Die Verträge haben inzwischen eine Laufzeit bis zum Jahr 2030. Weitere Erdgasquellen sind neben Rußland die Niederlande, Deutschland, Norwegen, Dänemark und seit 1998 auch Großbritannien. Mit der deutschen Wiedervereinigung stieg Ruhrgas massiv in den ostdeutschen Markt ein und baute die Erdgasversorgung in Thüringen und Sachsen auf. Bereits Mitte 1993 war die Gasversorgung Thüringens als erstem der neuen Bundesländer vollständig auf Erdgas umgestellt.

BESITZVERHÄLTNISSE/EIGENTUMSSTRUKTUR.
- Bergemann GmbH, Essen (59,76%). Zum Bergemann GmbH-Stimmen-Pool gehören: Gelsenberg AG (Deutsche BP AG), RAG Beteiligungs-GmbH (RAG AG), Mannesmann AG, Thyssen Krupp AG, RWE-DEA AG, VEBA AG, weitere Gesellschaften.
- Brigitta Erdgas und Erdöl GmbH, Hannover (25%). Daran: Deutsche Shell AG 50%, Esso AG 50%.
- Schubert KG, Münster (15%). Daran: Schubert Beteiligungs-GmbH (Mobil Oil AG, Preussag AG), Elwerath Erdgas und Erdöl GmbH (Esso AG, Deutsche Shell AG), Gelsenberg AG (Deutsche BP AG).
- Weitere Gesellschaften (0,24%)

KONZERNÜBERBLICK. Die Ruhrgas AG beschafft und verkauft Erdgas und ist in allen damit zusammenhängenden wirtschaftlichen und technischen Sparten tätig. Die Ruhrgas AG kauft Erdgas von inländischen und ausländischen Produzenten (u.a. von den Ruhrgas-Aktien haltenden Mineralölgesellschaften) und verkauft es an überregionale, regionale und lokale Gasversorgungsunternehmen, Industriebetriebe und Kraftwerke. Ruhrgas ist weltweit das größte Erdgas-Importunternehmen. Ruhrgas (einschl. Beteiligungsgesellschaften) verfügt über ein Erdgas-Leitungsnetz von 10.360 km, über 26 Verdichteranlagen und zwölf Untertagespeicher sowie über Meß-, Regel- und Mischanlagen. Die anderen Konzerngesellschaften ergänzen die Leistungen der Ruhrgas AG und konzentrieren ihre Tätigkeiten auf das nähere Umfeld des Erdgasgeschäfts. Die meisten energiewirtschaftlichen Beteiligungen der Ruhrgas sind in der Ruhrgas Energie Beteiligungs-Aktiengesellschaft zusammengefaßt. Die in der Ruhrgas Industries GmbH, Essen, gebündelten industriellen Beteiligungsgesellschaften der Ruhrgas bieten ihre Dienstleistungen, Anlagen und Produkte für die Gasversorgung weltweit an. Ruhrgas Industries arbeitet in den vier Geschäftsfeldern Gasmessung und Gasregelung, Industrieofenbau, Engineering sowie Gebäudetechnik. Schwerpunkte im Bereich des Erdgaseinsatzes sind

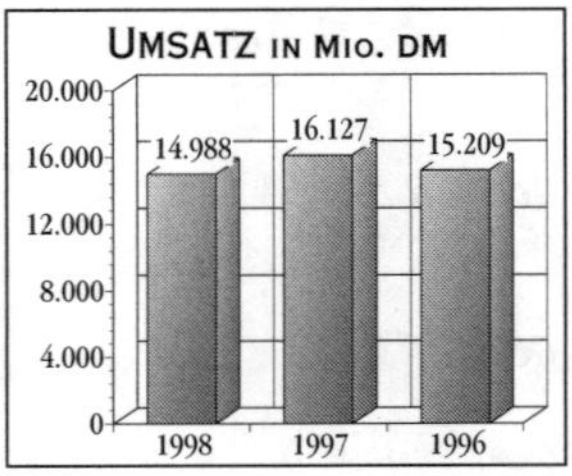

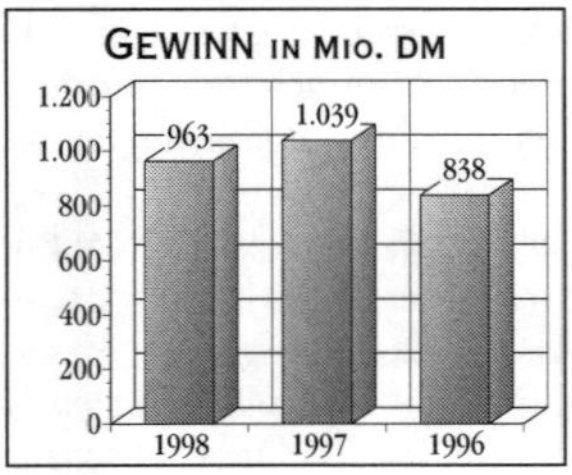

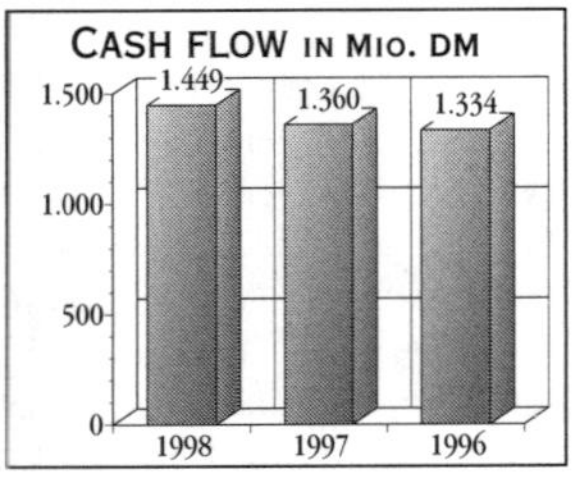

der Bau von Industrieofen- und Heizungsanlagen sowie die Beratung in allen Fragen der rationellen und umweltschonenden Erdgasverwendung. Hinzu kommen zahlreiche Beteiligungen an Projektgesellschaften, u.a. die Gasline Telekommunikationsgesellschaft deutscher Gasversorgungsunternehmen zur Errichtung von Lichtwellenleiter-Kabelnetzen entlang den Ferngasleitungstrassen. Die rund 3.500 km langen Netze werden an Telekommunikationsunternehmen vermietet.

BETEILIGUNGEN. Zum Ruhrgas-Konzern gehören außer der Ruhrgas AG die beiden Holdinggesellschaften Ruhrgas Energie Beteiligungs-AG (Zusammenfassung der Mehrzahl der energiewirtschaftlichen Beteiligungen) und Ruhrgas Industries GmbH (Zusammenfassung der industriellen Beteiligungen) sowie verschiedene Projektgesellschaften. Zu den wesentlichen Beteiligungen gehören:

- Sparte Energie mit der Ruhrgas Energie Beteiligungs-AG, Essen (100%): Ferngas Nordbayern GmbH, Bamberg (53,1%); FSG Holding, München (45%); Ferngas Salzgitter GmbH, Salzgitter (39%); VNG-Verbundnetz Gas AG, Leipzig (36,8%); Gas-Union GmbH, Frankfurt/Main (25,9%); Bayerngas GmbH, München (22%); Saar Ferngas AG, Saarbrücken (20%); Thüga AG, München (10%); Stadtwerke Bremen AG, Bremen (12,5%); Stadtwerke Hannover AG, Hannover (12%); Stadtwerke Chemnitz AG, Chemnitz (10%); Stadtwerke Karlsruhe GmbH, Karlsruhe (10%); Stadtwerke Essen AG, Essen (20%); Stadtwerke Neuss Energie und Wasser GmbH, Neuss (15%); Gasag Berliner Gaswerke AG, Berlin (11,95%); Drewag – Stadtwerke Dresden GmbH, Dresden (10%); Gaswerk Philippsburg GmbH, Essen (87,9%); Budapester Gaswerke AG (FÖGÁZ), Budapest/Ungarn (16,3%); Südtransdanubische Gasversorgung AG (DDGÁZ), Pécs/Ungarn (41,2%); Société de Transport de Gaz, Soteg, S.A., Luxemburg (20%); Vattenfall Naturgas AB, Stockholm/Schweden (14,5%); Latvijas Gaze, Riga/Lettland (9,75%); Compagnie Industrielle et Commerciale du Gaz S.A., Vevey/Schweiz (4%). Von der Ruhrgas AG direkt geführt: Erdgasversorgungsgesellschaft Thüringen-Sachsen mbH (EVG), Erfurt (50%); As Eesti Gaas, Tallinn/Estland (22,4%).
- Sparte Industrie mit der Ruhrgas Industries GmbH, Essen (100%), Engineering: Pipeline Engineering Gesellschaft für Planung, Bau- und Betriebsüberwachung von Fernleitungen mbH, Essen (100%). Gasmessung und -regelung: American Meter Company, Horsham/Pennsylvania, USA (100%); Elster Produktion GmbH, Mainz (100%); G. Kromschröder AG, Osnabrück (86,6%). Gebäudetechnik: diga Gebäudetechnik GmbH, Essen (100%). Industrieofenbau: Ipsen International, Inc., Cherry Valley/Illinois, USA (100%); Ipsen International GmbH, Kleve (100%); LOI Thermprocess GmbH, Essen (100%).
- Projektgesellschaften: Ruhrgas UK Exploration and Productions Limited, London/Großbritannien (100%); Mittelrheinische Erdgastransport Gesellschaft mbH, Haan/Rhld. (66,7%); Nordrheinische Erdgastransport Gesellschaft mbH, Haan/Rhld. (50%); Süddeutsche Erdgas Transport Gesellschaft mbH, Haan/Rhld. (50%); Trans Europa Naturgas Pipeline GmbH (TENP), Essen (51%); MEGAL GmbH Mittel-Europäische Gasleitungsgesellschaft, Essen (50%); Etzel Gas-Lager Statoil Deutschland GmbH & Co., Friedeburg-Etzel (74,8%); NETRA GmbH Norddeutsche Erdgas Transversale & Co. KG, Emstek (37,6%); DEU-

Aufsichtsrat:

- *Liesen, Klaus (Vorsitzender; ehem. Vorsitzender des Vorstandes der Ruhrgas AG), Essen*
- *Cromme, Gerhard, Dr. (Vorsitzender des Vorstandes der Thyssen Krupp AG), Essen*
- *Eichhorn, Gerd, Dr. (Vorsitzender des Vorstandes der Mobil Oil AG), Hamburg*
- *Funk, Joachim, Prof. Dr. Dr. h.c. (Vorsitzender des Vorstandes der Mannesmann AG), Düsseldorf*
- *Laufs, Rainer (Vorsitzender des Vorstandes der Deutsche Shell AG), Hamburg*
- *Neipp, Gerhard, Prof. Dr. E.h. (Vorsitzender des Vorstandes der RAG AG), Essen*
- *Siemer, Jobst D. (Vorsitzender des Vorstandes der Esso AG), Hamburg*
- *Stomberg, Rolf, Dr. (Vorsitzender des Aufsichtsrates der Deutsche BP AG), Hamburg*

**Gratz, Gabriele (stellv. Vorsitzende)*
**Bartoschek, Werner*
**Binder, Anton, Dr.*
**Dampf, Rainer*
**Hamann, Wilhelm*
**Kuck, Kurt*
**Simon, Klaus*
**Ziegelgänsberger, Justin*

Aufsichtsratstantiemen 1998: *2.118.400,– DM*

__Umsatz 1998:__ 14.987,6 Mio.
__Umsatz 1997:__ 16.126,9 Mio.
__Umsatz 1996:__ 15.209,3 Mio.

__Gewinn 1998:__ 963,4 Mio.
__Gewinn 1997:__ 1.039,2 Mio.
__Gewinn 1996:__ 837,6 Mio.

__Cash flow 1998:__ 1.449,0 Mio.
__Cash flow 1997:__ 1.360,0 Mio.
__Cash flow 1996:__ 1.334,0 Mio.

__Cash flow:__ Die Sach- und Finanzanlagen wurden vollständig aus dem Cash flow finanziert.

__Steueraufkommen 1998:__ 542,9 Mio.

__Grund- bzw. Stammkapital 1998:__ 2.200,0 Mio.

1998 gab es für die Aktionäre eine Dividendenzahlung von 12,00 DM je Aktie im Nennwert von 50,– DM (Dividendensumme 528 Mio. DM) und eine Sonderausschüttung (einschließlich des Steuereffektes) von 818 Mio. DM an die Aktionäre im Verhältnis ihrer Beteiligung im Rahmen des Schütt-aus-Hol-zurück-Verfahrens. In diesem Verfahren wurden aus den Rücklagen 643 Mio. DM an die Aktionäre ausgeschüttet, während die Aktionäre im Gegenzug 678 Mio. DM (in Höhe ihrer Beteiligungsquote) in die Kapitalrücklage eingezahlt haben. Das Grundkapital ist in 44 Mio. Stück vinkulierte Namensaktien zum Nennwert von 50,– DM eingeteilt.

DAN-Deutsch/Dänische Erdgastransport-Gesellschaft mbH & Co. KG, Kiel (25%); GasLINE Telekommunikationsnetzgesellschaft deutscher Gasversorgungsunternehmen mbH & Co. KG, Essen (25%).

GLOBALE STRATEGIEN UND DER STANDORT DEUTSCHLAND. Die Ruhrgas AG will sich vom einstigen überwiegend national tätigen Gasbeschaffungs- und -versorgungsunternehmen – nicht zuletzt aufgrund der neuen Rahmenbedingungen des liberalisierten Gasmarktes und der damit verbundenen Öffnung der Energiegrenzen in der Europäischen Union – noch stärker in ausländische Märkte begeben, ohne aber in Deutschland die Rolle der führenden Gasgesellschaft in Frage zu stellen. Nachdem die Ruhrgas seit Jahren ihr Gas im Ausland bezieht – Deutschland ist bei der Beschaffung des Gases zu rund 80% auf Bezüge aus anderen Ländern angewiesen –, wird das Unternehmen jetzt im Ausland zunehmend expansiv. Ruhrgas selbst liefert Erdgas in die Schweiz, nach Polen, Ungarn, Österreich, Liechtenstein, Schweden, Luxemburg und Großbritannien. Die Ruhrgas-Austria AG bedient den österreichischen Markt mit Erdgas. Basis dieser Aktivitäten sind langfristige Verträge der Ruhrgas für den Bezug von Erdgas aus den großen europäischen Erdgasfeldern. Dabei wird das Erdgas zu 35% aus Rußland, zu 23% aus Norwegen (Troll-Vertrag), zu 21% aus den Niederlanden und zu jeweils 3% aus Dänemark und Großbritannien (Elgin/Franklin) bezogen.

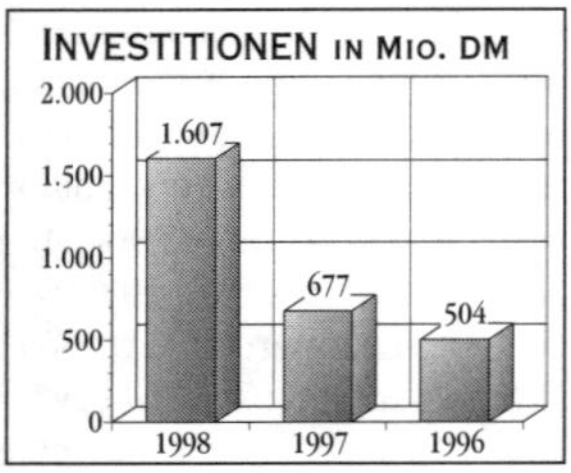

Spektakulär stieg die Ruhrgas AG 1998/99 mit 4% in den russischen Erdgaskonzern Gazprom ein. Die Beteiligung, die rund 1,6 Mrd. DM gekostet hat, soll die langfristige Erdgasversorgung der Ruhrgas über die bereits bestehenden Verträge hinaus bis 2030 sichern, besonders für den Zeitraum ab 2010, wenn die weltweiten Erdgasvorkommen spürbar nachlassen. Mit rund 550 Mrd. m³ Erdgas war die Gazprom 1998 der größte Erdgasproduzent der Welt. Die Reserven der Gazprom liegen bei 34.000 Mrd. m³, einem Viertel der weltweiten Erdgasreserven. Ruhrgas hat sich langfristig 16.000 Mrd. m³ Erdgas gesichert.
Zunehmend engagiert sich die Ruhrgas AG bei osteuropäischen Gasversorgern, meist im Zuge eingeleiteter Privatisierungen ehemaliger Staatsbetriebe. Dazu gehören die As Eesti Gaas, Tallinn/Estland, die Budapester Gaswerke AG, FÖGÁZ, die Südtransdanubische Gasversorgung AG, DDGÁZ, und die lettische Latvijas Gaze. In Schweden beteiligte sich die Ruhrgas 1997 an der zum staatlichen Konzern Vattenfall AG gehörenden Ferngasgesellschaft Vattenfall Naturgas AB, Stockholm. Ende 1997 erwarb Ruhrgas eine 20%ige Beteiligung an der Ferngasgesellschaft Société de Transport de Gaz, Soteg, S.A., Luxemburg. Neben der Sparte Energie sollen auch die Industriebeteiligungen durch gezielte Akquisitionen zügig ausgebaut werden.

INNERBETRIEBLICHE BÜNDNISSE. Die Liberalisierung der Energiemärkte geht mit der Veränderung von Arbeitsinhalten und Unternehmenstrukturen einher, die andere und neue Qualitätsanforderungen an die Mitarbeiter stellt. So jedenfalls sieht es das Ruhrgas-

Management und erwartet von seinen Angestellten ein hohes Maß an Flexibilität und Leistungsbereitschaft. Die Ruhrgas AG bietet eine Reihe flexibler Arbeitszeitmodelle an und legt besonderen Wert auf die Kombination von Familie und Beruf. Teilzeitarbeit, Hilfen während und nach Erziehungsurlauben sowie zahlreiche Sozialleistungen unterstützen diese Zielsetzung.Zwischen Unternehmen und Betriebsrat besteht eine Vereinbarung, für notwendig erachtete betriebsbedingte Kündigungen durch innerbetriebliche Versetzungen und Qualifizierungsmaßnahmen abzufangen. Ende 1998 waren 261 Jugendliche in der Ausbildung.

UMWELTSCHUTZ. Umweltschutz soll bei Ruhrgas fester Bestandteil aller Unternehmensaktivitäten sein. Für den betrieblichen Umweltschutz verfügt Ruhrgas über ein umfangreiches Umweltmanagementsystem. 1999 erschien ein umfassender Umweltschutzbericht. Erdgas trägt aufgrund seiner natürlichen Eigenschaften wenig zur Umweltbelastung bei und übernimmt daher eine zunehmend wichtige Rolle im Energiemix Deutschlands. Dies trägt zur Diversifizierung der Energieträgerstruktur bei und steht im Einklang mit den energiepolitischen Zielen einer sicheren, preiswerten, umwelt- sowie klimaschonenden Energieversorgung. Ruhrgas und Gazprom arbeiten umweltpolitisch eng zusammen. Sie forcieren besonders die Sicherheit russischer Erdgastransportverdichter mit dem Ziel der Einsparung von Antriebsgas und einer deutlichen Verminderung der CO_2-Emissionen. Weiter gibt es eine Kooperation beim Korrosionsschutz für Erdgastransportleitungen. In mehreren Gebieten Rußlands wurden umfangreiche Untersuchungen durchgeführt und Sanierungskonzepte entwickelt.

FORSCHUNG, ENTWICKLUNG, INNOVATIONEN.
Ruhrgas engagiert sich besonders bei Anwendungs- und Betriebstechnik für Erdgas (Erdgasnutzung in Kraftfahrzeugen, neue Betankungssysteme, Weiterentwicklung der Brennstoffzellentechnologie und der Georadartechnik, Optimierung des Rohrleitungssystems, neue Techniken zur Gasmessung). Nach einem von der Ruhrgas AG entwickelten Konzept wurde der Prototyp eines Brenners gebaut, in dem statt reinen Sauerstoffs mit Sauerstoff angereicherte Verbrennungsluft eingesetzt wird (bessere Wärme, geringere Kosten). Im Auftrag der Ruhrgas AG wurde das PC-Programm »Hortos« entwickelt, mit dem die Erdgasnutzung im Gartenbau optimiert werden kann.

DIE KONKURRENZ IM GASGESCHÄFT. Die Politik auf nationaler wie auf europäischer Ebene schuf für die Gaswirtschaft neue Rahmenbedingungen, die auch die Dominanz der Ruhrgas AG beschränken und den Wettbewerbsdruck im Gasgeschäft verschärfen: die Einführung des sogenannten Third Party Access (die Möglichkeit von Durchleitungen), das sogenannte Unbundling (Zerschlagung natürlich gewachsener Unternehmenseinheiten) sowie die Aufhebung der Zulässigkeit von Demarkations- und Konzessionsverträgen (Gebietsschutzverträge). Kleinere Gasversorger wie Thyssengas oder Bayerngas, vor allem aber die BASF-Tochter Wintershall (Wingas), drängen verstärkt auf den Markt und machen der Ruhrgas ihre bisherige monopolähnliche Stellung streitig. Besonders der bisherige Ruhrgas-Kunde und Großabnehmer BASF schickte mit Milliardeninvestitionen seine Toch-

Beschäftigte 1998: *9.132*
Beschäftigte 1997: *10.029*
Beschäftigte 1996: *10.274*

Umsatz pro Mitarbeiter 1998: *1.641.218,– DM*
Umsatz pro Mitarbeiter 1997: *1.608.027,– DM*
Umsatz pro Mitarbeiter 1996: *1.480.368,– DM*

Löhne und Gehälter 1998: *771,5 Mio.*
Löhne und Gehälter 1997: *813,0 Mio.*
Durchschnittsgehalt 1998: *84.483,– DM*
Soziale Abgaben und Aufwendungen 1998: *248,5 Mio.*
Soziale Abgaben und Aufwendungen 1997: *230,2 Mio.*

Bezüge pro Vorstandsmitglied 1998: *1.383.577,– DM*
Tantiemen pro Aufsichtsrat 1998: *132.400,– DM*

Investitionen 1998: *1.607,0 Mio.*
Investitionen 1997: *677,0 Mio.*
Investitionen 1996: *504,0 Mio.*

Mitbewerber: *Bayerngas, Contigas, Deutsche BP, Deutsche Shell, Mobil Oil, Rhenag, Thyssengas, Wintershall; verschiedene Ferngasgesellschaften*

ter Wintershall gegen die Ruhrgas ins Feld. Nach Prognosen soll Erdgas im eher stagnierenden deutschen Energiemarkt auch für mindestens weitere 15 Jahre der Renner bleiben. 25% am Primärenergieverbrauch wird von Experten für möglich gehalten. Motor ist der Wärmemarkt, wo das Erdgas inzwischen mit knapp 15 Millionen Wohnungen klarer Marktführer vor dem Heizöl mit 12 Millionen Wohnungen ist. Von Neubauwohnungen werden sogar über 70% mit Erdgasheizung ausgestattet.

RWE

Standort:
Opernplatz 1
45128 Essen

Postanschrift:
Postfach 10 30 61
45030 Essen

Telefon: *(0201) 12-00*
Telefax: *(0201) 12-15199*
Internet: *www.rwe.de*

Branche: *Die RWE AG koordiniert und steuert als Holdinggesellschaft den in die sieben operativ selbständigen Unternehmensbereiche Energie, Bergbau und Rohstoffe, Mineralöl und Chemie, Umweltdienstleistungen, Industriesysteme, Telekommunikation sowie Bau gegliederten Konzern.*

Rechtsform:
Aktiengesellschaft

Geschäftsjahr: *1.7.-30.6.*

Gründungsjahr: *1898*

GESCHICHTE UND ENTWICKLUNG. Das Rheinisch-Westfälische Elektrizitätswerk (RWE) wurde 1898 durch die Elektrizitäts-AG, vorm. W. Lahmeyer & Co., Frankfurt/Main, zur Ausführung ihrer Verträge mit der Stadt Essen gegründet. Schon ein Jahr später wurde das erste Kraftwerk in Essen errichtet. Ab 1903 verbanden sich immer mehr Kommunen im wirtschaftlich boomenden Ruhrgebiet mit dem RWE, das sowohl den privaten wie auch den industriellen Bereich mit seinen zahlreichen Zechen, Hütten- und Eisenwerken mit Strom versorgte. Aus der Ortsversorgung wurde die Großraum-Verbundwirtschaft, die großflächige Versorgung. 1905 erwarben die Städte Essen, Gelsenkirchen und Mülheim als große Gebietskörperschaften Aktien des RWE und zogen in den Aufsichtsrat ein. Lag zu Beginn des Jahrhunderts der Schwerpunkt der Stromerzeugung auf der Steinkohle, so expandierte das RWE zwischen 1910 und 1920 in Richtung rheinischer Braunkohle ins Kölner Revier. Die Aktivitäten des RWE wurden im Bereich Wasserkraft auch auf Süddeutschland und die Alpenregion ausgedehnt. Nachdem während der Inflation in den 20er Jahren die öffentlichen Aktionäre gegenüber den privaten Anlegern an Einfluß verloren, erhielten sämtliche Namensaktien anläßlich der Umstellung auf die Goldmark 1924 das 20fache Stimmrecht. Seit Ende der 20er Jahre entwickelte sich das RWE kontinuierlich zu einem Konzern, über Jahrzehnte hinweg wurden kleinere und mittlere Konkurrenzunternehmen akquiriert und eingegliedert. Seit Mitte der 50er Jahre ist das RWE im Atomkraftwerkbereich tätig. 1990 wurde das RWE grundlegend umstrukturiert, die Energie in einen selbständigen Unternehmensbereich ausgegliedert, das Gesamtunternehmen in RWE AG umfirmiert. Seit 1990 ist die RWE AG konzernleitende Holding, die selbständige Führungsgesellschaften mit eigener Ergebnisverantwortung leitet. 1998 wurde das Mehrfachstimmrecht der kommunalen Aktionäre von 57% auf unter 30% reduziert.

BESITZVERHÄLTNISSE/EIGENTUMSSTRUKTUR.

- Gemeinden, Gemeindeverbände, Städte, Kreise (25,9%). Die in der RW Holding AG zusammengefaßten Aktionäre aus dem Bereich Kommunen, Landesbanken und Sparkassen halten 12,1% des stimmberechtigten Kapitals.
- Investmentgesellschaften (14,0%)
- Banken, Versicherungen, Vermögensverwaltungen (38,8%). Mit 13,32% Anteil ist die Allianz AG größter Einzelaktionär.

- Industrie, Handel, Verkehr (2,9%)
- Belegschaftsaktionäre (3,1%)
- Privatpersonen (13,3%)
- sonstige (2,0%)

Anzahl der Aktionäre: 254.700 (davon ca. 9.700 ausländische Aktionäre, die 22,8% des Kapitals halten; rund 87.700 Belegschaftsaktionäre).

1998 wurden die Stimmrechtsverhälnisse der RWE AG neu geordnet durch Umwandlung der Namensaktien mit 20fachem Stimmrecht in Stammaktien mit einfachem Stimmrecht. 5/8 der Vorzugsaktien ohne Stimmrecht wurden in Stammaktien mit einfachem Stimmrecht verwandelt. Trotz des Wegfalls des Mehrfachstimmrechts und der Änderung der Aktionärsstruktur – RWE ist jetzt der größte in Privatbesitz befindliche europäische Stromkonzern – dürften Macht und Einfluß des RWE-Konzerns auch vorerst weiterhin einem kaum durchschaubaren Geflecht von Politik und Wirtschaft entspringen. Denn besonders die einflußreichen Kommunalpolitiker aus 64 Städten und Kreisen hängen in irgendeiner Form mit dem Konzern zusammen. Im Versorgungsgebiet des RWE streichen Hunderte Landräte, Oberkreis-, Stadt- und Oberstadtdirektoren vom Stromversorger einen Nebenverdienst ein. Die Arbeitsgruppe Energie und Umwelt der FU Berlin schätzt die Zahl auf über 2.000 Politiker und Verwaltungsbeamte, die über Aufsichts- und Beiratsmandate im Konzern oder bei einem der zahlreichen Tochterunternehmen nebenbei versorgt werden. Der Verwaltungsbeirat der RWE Energie AG, des Herzstücks des Konzerns, besteht aus dem Wirtschaftsbeirat (Vertreter aus Wirtschaft und Verbänden) sowie den Regionalbeiräten Nord, West, Mitte, Süd (Bürgermeister, Oberkreis- und Oberstadtdirektoren, Landräte aus dem Tätigkeitsbereich des RWE).

KONZERNÜBERBLICK. Die RWE AG ist ein weitverzweigter Energie- und Technologie-Konzern mit zahlreichen Aktivitäten außerhalb des ursprünglichen Energie-Versorgungsbereiches. Dabei fungiert die RWE als geschäftsführende Holding für sieben selbständige Konzernbereiche unter der Leitung jeweiliger Führungsgesellschaften mit eigener Ergebnisverantwortung. Mit einem kleinen Stab von 200 Personen gibt die Holding die Leitlinien der Konzernstrategie vor, ist verantwortlich für die Koordination und Ressourcenverteilung, für den optimalen Einsatz der Finanzmittel sowie für Forschung und Technik. Die sieben Konzernbereiche sind Energie, Bergbau und Rohstoffe, Mineralöl und Chemie, Umweltdienstleistungen, Industriesysteme, Telekommunikation sowie Bau.

◆ Der Konzernbereich Energie ist in der Führungsgesellschaft RWE Energie AG, Essen, zusammengefaßt. Das Arbeitsgebiet umfaßt die Strom-, Gas-, Wärme- und Wasserversorgung. RWE Energie ist das mit Abstand einflußreichste Energieversorgungsunternehmen Deutschlands und der größte private Stromerzeuger Europas. Die RWE Energie AG liefert über 15% der öffentlichen Stromversorgung in Deutschland aus eigenen, gepachteten oder vertraglich angebundenen in- und ausländischen Kraftwerken. Anteile der Primärenergieträger am Gesamtaufkommen 1997/98: Braunkohle 50,9%, Steinkohle 15,2%, Kernenergie 22,6%, Wasser 4,4%, Gas 3,8%, sonstige 3,1%. RWE versorgt rund 2.000 Städte und Gemeinden und rund 20.000 Industrie-

Konzernkommunikation:
Dieter Schweer
Tel.: (0201) 12-15120
Fax: (0201) 12-15252
E-Mail: schweer@rwe.de

Zu besichtigen sind u.a.:
Informationszentren von Kernkraftwerken: Aufbau und Wirkungsweise von Kernkraftwerken; Braunkohlegruben, Raffinerien, Chemieanlagen, Druckmaschinenfabriken, Entsorgungsanlagen.

Verbände: *Die einzelnen Unternehmensbereiche sind in den ihnen entsprechenden Verbänden organisiert.*

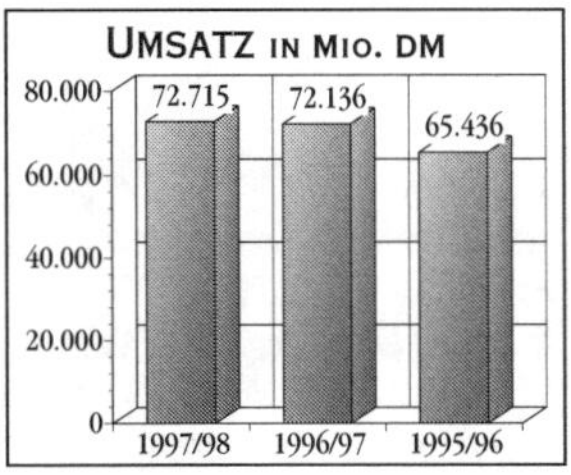

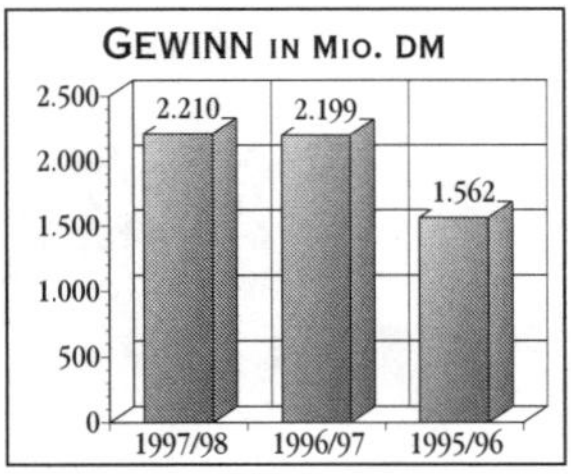

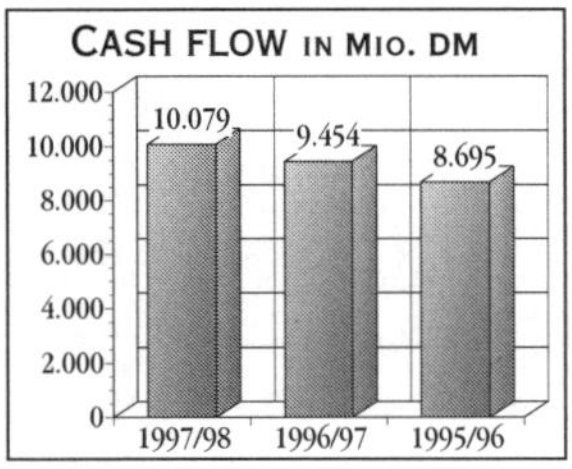

Vorstand:

- *Kuhnt, Dietmar, Dr. (Vorsitzender), Essen*
- *Börsig, Clemens, Prof. Dr. (Finanzen/Rechnungswesen), Essen*
- *Dräger, Dieter, Dr. (Unternehmensbereich Mineralöl und Chemie), Rellingen*
- *Geitner, Thomas (Unternehmensbereich Telekommunikation), Köln*
- *Henning, Dieter, Dr. Dr. E.h. (Unternehmensbereich Bergbau und Rohstoffe), Düren*
- *Keitel, Hans-Peter, Dr. (Unternehmensbereich Bau), Essen*
- *Klein, Richard, Dr. (Unternehmensbereich Umweltdienstleistungen), Duisburg*
- *Mehdorn, Hartmut (Unternehmensbereich Industriesysteme), Essen*
- *Remmel, Manfred (Unternehmensbereich Energie), Essen*
- *Schwan, Rudolf (Recht/Außenbeziehungen), Essen*
- *Zilius, Jan (Personal), Köln*

Vorstandsbezüge 1997/98:
15.759.225,– DM

kunden mit Strom. Mitte 1999 bot RWE als Deutschlands größter Stromlieferant für Privatkunden im Rahmen der Liberalisierung des Strommarktes und des begonnenen Wettbewerbs erstmals sogenannten Billigstrom an. Die eigenen Braunkohlekraftwerke sind Hauptlieferant der RWE Energie. RWE Energie besitzt den größten Teil des Hochspannungsleitungsnetzes in Deutschland. Außer an zahlreichen Kohle-, Müllheiz- und Wasserkraftwerken ist RWE Energie u.a. an folgenden Kernkraftwerken beteiligt: Mülheim-Kärlich (ging nie ans Netz); Gundremmingen B und C; Versuchsatomkraftwerk Kahl (stillgelegt); Super-Phénix, Frankreich; Schneller Brüter Kalkar (stillgelegt). Für die Wiederaufarbeitung der eingesetzten Brennelemente bestehen Verträge bis zum Jahr 2015 mit der französischen Gesellschaft COGEMA und der britischen Gesellschaft BNFL. Der Konzernbereich Energie stellt das mit Abstand größte Segment des RWE-Konzerns dar.
RWE Energie erwarb eine Beteiligung von 26% an der VEAG Vereinigte Energiewerke, Berlin, einem Zusammenschluß westdeutscher Stromversorgungsunternehmen nach der Wiedervereinigung. Für die Nachrüstung bzw. Neubauten von Kraftwerken in Ostdeutschland ist bis zum Jahr 2012 ein Investitionsvolumen von 20 Mrd. DM veranschlagt. Die Kommunen der neuen Bundesländer müssen nach einem Urteil des Bundesverfassungsgerichtes 70% des Stroms von der VEAG beziehen, 30% dürfen sie selbst produzieren. Umsatz des Konzernbereiches Energie 1997/98: 22.615 Mio. DM (Vorjahr: 21.259 Mio.); Investitionen einschl. Akquisitionen 1997/98: 2.458 Mio. DM (Vorjahr: 2.920 Mio.); Beschäftigte 1997/98: 42.236 (Vorjahr: 33.154).

◆ Der Konzernbereich Bergbau und Rohstoffe firmiert unter der Führungsgesellschaft Rheinbraun AG, Köln, zu der rund 150 Tochter- und Beteiligungsgesellschaften gehören. Die rheinische Braunkohle ist Hauptlieferant für die Kraftwerke der RWE Energie AG. Das Arbeitsgebiet umfaßt die Gewinnung von Rohbraunkohle (Marktführer bei deutscher Braunkohle), die Herstellung von Briketts und Kohlenstaub, die Gewinnung von Sand, Kies und Ton. Rheinbraun hält Beteiligungen im Steinkohlenbergbau, Brennstoffhandel und Steinkohlentrading. Mit 55% ist Rheinbraun an der Lausitzer Braunkohle AG (Laubag), Senftenberg, beteiligt.
Eines der wichtigsten Projekte von Rheinbraun ist das jahrelang politisch und wirtschaftlich umstrittene Großprojekt Garzweiler II zum Tageabbau von Braunkohle. Das RWE-Management sah darin von Anbeginn eine industriepolitische Entscheidung für den Standort Deutschland (Investitionen in Höhe von 4,5 Mrd. DM, 9.000 Arbeitsplätze), die Grünen im nordrhein-westfälischen Landtag die ökologische Zerstörung einer gewachsenen Landschaft mit der Zerstörung und Umsiedlung mehrerer Ortschaften. Nach der wasserrechtlichen Genehmigung und der Umsiedlung von 2.500 Bewohnern soll nun 2006 mit dem Tagebau begonnen werden. In diesem Zusammenhang baut RWE Energie im rheinischen Revier zwischen Köln, Neuss und Mönchengladbach für 2,5 Mrd. DM ein neues Kraftwerk. Umsatz des Konzernbereiches Bergbau und Rohstoffe 1997/98: 3.103 Mio. DM (Vorjahr: 3.981 Mio.); Investitionen einschl. Akquisitionen 1997/98: 654 Mio. DM (Vorjahr: 800 Mio.); Beschäftigte 1997/98: 21.554 (Vorjahr: 25.226).

◆ Der Konzernbereich Mineralöl und Chemie ist seit dem Erwerb der Deutschen Texaco AG in der RWE-DEA AG für Mineraloel und

Chemie, Hamburg, gebündelt. Die Arbeitsgebiete sind die Erdöl- und Erdgassuche und -förderung, die Herstellung und der Verkauf von Mineralölprodukten aller Art einschließlich petrochemischer Erzeugnisse. Das DEA-Tankstellennetz umfaßt 1.600 Tankstellen. Hinzu kommen Raffinerien in Wesseling und Heide sowie Beteiligungen an Raffinerien in Karlsruhe und Schwedt. Mitte der 90er Jahre übernahm DEA eine 86%-Beteiligung an der ehemals staatlichen italienischen EniChem Augusta S.p.A., die seit 1996 unter Condea Augusta firmiert. Umsatz des Konzernbereiches Mineralöl und Chemie 1997/98: 27.683 Mio. DM (Vorjahr: 27.774 Mio.); Investitionen einschl. Akquisitionen 1997/98: 1.294 Mio. DM (Vorjahr: 925 Mio.); Beschäftigte 1997/98: 10.257 (Vorjahr: 8.890).

◆ Der Konzernbereich Umweltdienstleitungen ist in der Führungsgesellschaft RWE Umwelt AG, Essen, gebündelt. Zu den Arbeitsgebieten gehören Entsorgung und Recycling von Abfällen, Beratung, Altlastensanierung, Wasserversorgung und Abwasserreinigung. Das internationale Engagement wird im wesentlichen durch die US-amerikanische Beratungsgesellschaft ENSR Corp. mit ihren zahlreichen Tochtergesellschaften geprägt. Weitere Gesellschaften sind in Spanien, Österreich und zunehmend in osteuropäischen Staaten wie Tschechien, Rumänien und Ungarn tätig. Umsatz des Konzernbereiches Umweltdienstleitungen 1997/98: 2.019 Mio. DM (Vorjahr: 1.688 Mio.); Investitionen 1997/98: 309 Mio. DM (Vorjahr: 395 Mio.); Beschäftigte 1997/98: 10.257 (Vorjahr: 7.272).

◆ Der Konzernbereich Industriesysteme (ehemals Maschinen-, Anlagen- und Gerätebau) wird seit 1999 durch die Führungsgesellschaft Heidelberger Druckmaschinen AG vertreten. Der Konzernbereich Industriesysteme besteht aus den drei Sparten Druckmaschinen, Technische Systeme/Dienstleistungen und Anlagenbau. Vorausgegangen war die Verschmelzung der früheren Führungsgesellschaft Lahmeyer AG, Frankfurt/Main, auf die RWE AG. Die Heidelberger Druckmaschinen AG ist der größte Bogen-Offset-Hersteller der Welt, die wiederum die amerikanische Harris Graphics-Gruppe, Dover/New Hampshire, heute Heidelberg Web Press, gekauft hat. Mit der Übernahme der Linotype-Hell AG (von Siemens und der Commerzbank) avancierte Heidelberger Druckmaschinen zum unumschränkten Marktführer mit einem Umsatz von über 5 Mrd. DM und rund 20.000 Beschäftigten. Die technischen Systeme und Dienstleitungen des Konzernbereiches werden in der TESD AG gebündelt. Umsatz des Konzernbereiches Industriesysteme 1997/98: 11.156 Mio. DM (Vorjahr: 8.560 Mio.); Investitionen einschl. Akquisitionen 1997/98: 547 Mio. DM (Vorjahr: 698 Mio.); Beschäftigte 1997/98: 36.761 (Vorjahr: 35.785).

◆ Der Konzernbereich Telekommunikation wird von der RWE Telliance AG, Essen, geführt und war mit äußerst hohen Erwartungen zur Erschließung der Telekommunikationsmärkte gestartet. Geblieben ist die 30%-Beteiligung an der E-Plus Mobilfunk GmbH, Düsseldorf, nachdem die Festnetzgesellschaft Otelo 1999 für über 2 Mrd. DM an den Konkurrenten Mannesmann Arcor verkauft wurde. Zur Erinnerung: RWE wollte im Telekommunikationsbereich einer der ganz Großen werden. Um am Tag der geplanten Liberalisierung der Fernmeldedienste in Europa mit einem eigenen Telefonfestnetz aufwarten zu können, hatte sich RWE Telliance mit der VEBA AG in der Otelo Communications GmbH & Co., Düsseldorf, zusammengetan. Immerhin be-

Aufsichtsrat:

❙ *Neuber, Friedel, Dr. h.c. (Vorsitzender; Vorsitzender des Vorstandes der Westdeutschen Landesbank Girozentrale), Duisburg*

❙ *Balthasar, Klaus-Peter, Dr. (Landrat), Klotten*

❙ *Boehm-Bezing, Carl L. von (Mitglied des Vorstandes der Deutsche Bank AG), Bad Soden*

❙ *Breipohl, Diethart, Dr. (Mitglied des Vorstandes der Allianz AG), Icking*

❙ *Gieske, Friedhelm, Dr. (ehem. Vorsitzender des Vorstandes der RWE AG), Essen*

❙ *Kersting, Rudolf (Oberkreisdirektor), Kleve*

❙ *Mende, Walter, Dr. (Oberbürgermeister), Leverkusen*

❙ *Nowack, Wilhelm (MdL, Ratsherr), Essen*

❙ *Schneider, Manfred, Dr. (Vorsitzender des Vorstandes der Bayer AG), Leverkusen*

❙ *Titzrath, Alfons Friedrich, Dr. (Vorsitzender des Aufsichtsrates der Dresdner Bank AG), Köln*

**Fitting, Alwin (stellv. Vorsitzender)*
**Hahn, Erwin*
**Heiß, Johann*
**Krell, Berthold*
**Rothkirch, Bernhard von*
**Schmid, Klaus*
**Stuckert, Ernst-W.*
**Südhofer, Klaus-Dieter*
**Winkel, Erwin*
**Zimmermann, Ralf*

Aufsichtsratstantiemen 1997/98: *1.872.666,– DM*

Wirtschaftsbeirat:
- *Alphandéry, Edmond (Président du Conseil d'Administration Électricité de France), Paris/Frankreich*
- *Christians, F. Wilhelm, Dr. (ehem. Vorsitzender des Aufsichtsrates der Deutsche Bank AG), Düsseldorf*
- *Conradi, Erwin (Präsident der Generaldirektion, Delegierter des Verwaltungsrates der Metro Holding AG), Baar/Schweiz*
- *Cromme, Gerhard, Dr. (Vorsitzender des Vorstandes der Thyssen Krupp AG), Essen*
- *Dormann, Jürgen (Vorsitzender des Vorstandes der Hoechst AG), Frankfurt/Main*
- *Frenzel, Michael, Dr. (Vorsitzender des Vorstandes der Preussag AG), Hannover*
- *Funk, Joachim, Dr. Dr. h.c. (Vorsitzender des Vorstandes der Mannesmann AG), Düsseldorf*
- *Kauffmann, Dieter (Schutzgemeinschaft der Kleinaktionäre e.V.), Esslingen*
- *Klätte, Günther, Dr. Dr. E.h. (ehem. Mitglied des Vorstandes der RWE AG), Essen*
- *Leibinger, Bernhard, Prof. Dr. E.h. (Gesellschafter der Trumpf GmbH & Co. Maschinenfabrik Stuttgart), Ditzingen*
- *Markl, Hubert, Prof. Dr. (Präsident der Max-Planck-Gesellschaft zur Förderung der Wissenschaften), München*
- *Monod, Jérôme (Président du Conseil de Surveillance Suez Lyonnaise des Eaux), Paris/Frankreich*
- *Necker, Tyll, Dr. h.c. (Vizepräsident des Bundesverbandes der Deutschen Industrie), Köln*
- *von Oppenheim, Alfred Freiherr (Vorsitzender des Aufsichtsrates der Sal. Oppenheim jr. & Cie. KGaA), Köln*
- *von Pierer, Heinrich, Dr. (Vorsitzender des Vorstandes der Siemens AG), München*

sitzt RWE das mit 4.500 Kilometern und einer Übertragungsleistung von 2,5 GigaBit/s leistungsstärkste und größte Hochgeschwindigkeits-Übertragungsnetzwerk in Deutschland. Die Flächendeckung des Netzes erfaßt rund 40% ganz Deutschlands und enthält im Norden fast alle Industrie- und Ballungszentren mit knapp 50% der für die Technologie in Frage kommenden Firmenkunden. Das großangelegte Geschäft kam aber durch zögerliche Entscheidungen und eklatante Managementfehler nie richtig aus den Startlöchern. Der Verkauf von Otelo und die anschließende Veräußerung der TeleColumbus GmbH an die Deutsche Bank (gemeinsam mit VEBA) signalisiert einen schrittweisen Abschied von RWE aus der anfänglich so euphorisch gepriesenen Telekommunikationssparte. Jetzt soll auch noch E-Plus an die Börse gebracht werden. Umsatz des Konzernbereiches Telekommunikation 1997/98: 212 Mio. DM (Vorjahr: 1.097 Mio.); Investitionen einschl. Akquisitionen 1997/98: 405 Mio. DM (Vorjahr: 3.875 Mio.); Beschäftigte 1997/98: 1.393 (Vorjahr: 1.659).

◆ Der Konzernbereich Bau wird durch die 1875 gegründete Führungsgesellschaft Hochtief AG (vorm. Gebr. Helfmann), Essen, repräsentiert, an der die RWE AG 56% besitzt. Hochtief gehört zu den drei größten deutschen und zu einem der bedeutendsten europäischen Bauunternehmen und ist mit 60 Niederlassungen, Geschäftsstellen und Sonderabteilungen weltweit präsent. Der Schwerpunkt liegt in Bauten für Industrie und Verwaltung. Zum Leistungsangebot zählen schlüsselfertiges Bauen, komplette Projektentwicklung und Airport-Management. Im Verkehrsbereich ist Hochtief beim Brücken-, Tunnel-, See- und Flughafen-, Eisenbahn-, Talsperren- und Kraftwerksbautenbau tätig. 1999 trennte sich Hochtief nach verschiedenen gescheiterten Übernahmeversuchen auf den Konkurrenten Philipp Holzmann AG, Frankfurt/Main, von sämtlichen Holzmann-Anteilen in Höhe von 24,9%. Bauleistung des Unternehmensbereiches Bau 1997/98: 12.887 Mio. DM (Vorjahr: 12.377 Mio.); Investitionen einschl. Akquisitionen 1997/98: 732 Mio. DM (Vorjahr: 286 Mio.); Beschäftigte 1997/98: 22.589 (Vorjahr: 23.709).

BETEILIGUNGEN. Die wesentlichen Beteiligungen der RWE Aktiengesellschaft sind in den einzelnen Konzernbereichen:

● Energie: RWE Energie AG, Essen (100%); Lech-Elektrizitätswerke AG, Augsburg (78%); Main-Kraftwerke AG, Frankfurt/Main (72%); Koblenzer Elektrizitätswerk und Verkehrs-AG, Koblenz (57%); Kraftwerk Altwürttemberg AG, Ludwigsburg (79%); rhenag Rheinische Energie AG, Köln (54%); envia Energie Sachsen Brandenburg AG, Dresden (63,04%); EWV Energie- und Wasserversorgung GmbH, Stolberg (54%); VEAG Vereinigte Energiewerke AG, Berlin (26%); Elektromark Kommunales Elektrizitätswerk Mark AG, Hagen (10%); Elektrizitätswerk Rheinhessen AG, Worms (50%); Kraftversorgung Rhein-Wied AG, Neuwied (70%); Energieversorgung Leverkusen GmbH, Leverkusen (50%); Energieversorgung Oberhausen AG, Oberhausen (50%); Niederrheinische Licht-und Kraftwerke AG, Mönchengladbach (50%); Pfalzwerke AG, Ludwigshafen (27%); Stadtwerke Düsseldorf AG, Düsseldorf (20%); Vereinigte Saar-Elektrizitäts-AG, Saarbrücken (41%); Motor-Columbus AG, Baden/Schweiz (20%); Budapesti Elektromos Müvek Rt (ELMÜ), Budapest/Ungarn (50,01%); Észak-magyarországi Áramszolgáltató Rt (ÉMÁSZ), Miskolc/Ungarn (50,01%); Thyssengas

GmbH, Duisburg (50%); Gasag Berliner Gaswerke AG, Berlin (12%); TIGÁZ Rt, Haidukenstadt/Ungarn (25%); Kernkraftwerke Gundremmingen Betriebsgesellschaft mbH, Gundremmingen (75%); Kernkraftwerke Lippe-Ems GmbH, Lingen (13%); Uranit GmbH, Jülich (50%); Kraftwerk Voerde Steag-RWE oHG, Voerde (25%); Moselkraftwerke GmbH, Saffig (100%); Schluchseewerk AG, Freiburg (50%); Société Luxembougeoise de Centrales Nucléaires S.A., Luxemburg (100%).

● Bergbau und Rohstoffe: Rheinbraun AG, Köln (100%); Lausitzer Braunkohle AG (Laubag), Senftenberg (55%); Consol Energy Inc., Wilmington/Delaware, USA (68%); Hürtherberg Steine und Erden GmbH, Köln (100%); RV Rheinbraun Handel und Dienstleistungen GmbH, Köln (100%); Rheinbraun Brennstoff GmbH, Köln (100%); Rheinbraun Energineering und Wasser GmbH, Köln (100%); Rheinbraun Haustechnik GmbH, Köln (100%); RSB Logistic GmbH, Wesseling (100%); Breuer GmbH, Hürth (75%); SSM Coal B.V., Rotterdam/Niederlande (50%).

● Mineralöl und Chemie: RWE-DEA Aktiengesellschaft für Mineraloel und Chemie, Hamburg (99%); DEA Mineraloel AG, Hamburg (100%); Klöckner Energiehandel GmbH, Duisburg (100%); Oberrheinische Mineralölwerke GmbH, Karlsruhe (42%); PCK Raffinerie GmbH, Schwedt/Oder (38%); Fuchs Mineraloelwerke GmbH, Mannheim (25%); Condea Chemie GmbH, Hamburg (100%); Condea Vista Company, Houston/Texas, USA (100%); Condea Augusta SpA, Palermo/Italien (86%); Condea Chimica D.A.C. S.p.A., Mailand/Italien (100%); Caltex Deutschland GmbH, Raunheim (100%); Bergemann GmbH, Essen (10%).

● Umweltdienstleistungen: RWE Umwelt AG, Essen (100%); R+T Umwelt GmbH, Essen (100%); ENSR International Consulting GmbH, Essen (100%); RWE Aqua GmbH, Essen (100%); RWE Umwelt International GmbH, Essen (100%); Trienekens Umwelt AG, Viersen (50%).

● Industriesysteme: Lahmeyer AG, Frankfurt/Main (97,77%); Angewandte Solarenergie-ASE GmbH, Alzenau (100%); Heidelberger Druckmaschinen AG, Heidelberg (56%); Heidelberger Finishing Systems-Gruppe mit drei Tochterunternehmen und zwei Produktionsstätten in Großbritannien und den USA (100%); Heidelberger Vertriebsgesellschaften in Deutschland, Australien, Großbritannien, Japan, Kanada, Neuseeland, Österreich, in der Schweiz und den USA (100%); Heidelberger Web Press-Gruppe mit fünf Tochterunternehmen und vier Produktionsstätten in Frankreich, den Niederlanden und in den USA (100%); Linotype-Hell AG, Eschborn (79%); Klöckner Industrie-Anlagen GmbH, Duisburg, INA-Gruppe mit zwei Tochterunternehmen in Frankreich und Kanada (75%); Lahmeyer International GmbH, Frankfurt/Main (80%); Maquet AG, Rastatt (100%); Nukem GmbH, Alzenau (100%); Rheinelektra Technik GmbH, Mannheim (100%); Starkstrom-Anlagen-Gesellschaft mbH, Frankfurt/Main (100%); Starkstrom-Gerätebau GmbH, Regensburg (100%); Piller GmbH, Osterode am Harz (100%).

● Telekommunikation: RWE Telliance AG, Essen (100%); o.tel.o communications GmbH & Co, Düsseldorf (37,5%); E-Plus Mobilfunk GmbH, Düsseldorf (60%).

● Bau: Hochtief AG vorm. Gebr. Helfmann, Essen (56%); Streif AG, Weinsheim (100%); Prüm-Türenwerk GmbH, Weinsheim (100%); Hochtief Verkehrswegebau GmbH, Essen (100%); Hochtief AirPort GmbH, Essen (100%); Hochtief Umwelt GmbH, Essen (100%); Deutsche Bau- und Siedlungs-Gesellschaft mbH, Essen (100%); Monachia Grundstücks-Aktiengesellschaft, München (45%); Flughafen Düssel-

▌*Röller, Wolfgang, Dr. (ehem. Vorsitzender des Aufsichtsrates der Dresdner Bank AG), Neu Isenburg*

▌*Schreib, Hans Peter (Deutsche Schutzvereinigung für Wertpapierbesitz e.V.), Düsseldorf*

▌*Seipp, Walter, Dr. (Vorsitzender des Aufsichtsrates der Commerzbank AG), Frankfurt/Main*

▌*Strube, Jürgen, Dr. (Vorsitzender des Vorstandes der BASF AG), Ludwigshafen*

▌*Wallenberg, Marcus (Executive Vice President, Investor AB), Stockholm/Schweden*

▌*Werhahn, Wilhelm (Mitglied des Vorstandes der Fa. Wilh. Werhahn), Neuss*

▌*Wilhelm, Jürgen, Dr. (Vorsitzender der Landschaftsversammlung des Landschaftsverbandes Rheinland), Köln*

▌*Wössner, Mark (Vorsitzender des Aufsichtsrates der Bertelsmann AG), Gütersloh*

▌*Ziemann, Wolfgang, Dr. h.c. (ehem. Mitglied des Vorstandes der RWE AG), Essen*

Bezüge des Wirtschaftsbeirates 1997/98:
745.000,– DM

INVESTITIONEN IN MIO. DM

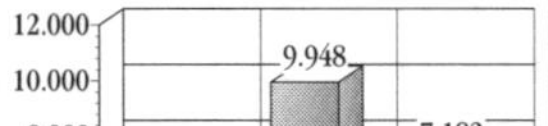

FORSCHUNG UND ENTWICKLUNG IN MIO. DM

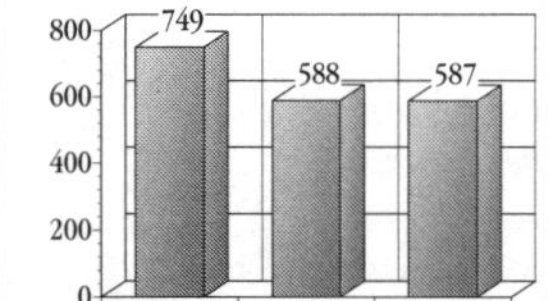

BÖRSE, AKTIEN, KURSE
Grundkapital 1998:
2.777,0 Mio.
Jahreshöchstkurs 1997/98:
Stammaktie: 110,50 DM (56,50 €)
Vorzugsaktie: 85,80 DM (43,87 €)
Jahrestiefstkurs 1997/98:
Stammaktie: 73,00 DM (37,32 €)
Vorzugsaktie: 59,30 DM (30,32 €)
Aktie Jahresende 1997/98:
Stammaktie: 106,80 DM (54,61 €)
Vorzugsaktie: 77,10 DM (39,42 €)
Dividende pro Aktie 1997/98: *1,70 DM plus 0,10 DM Bonus*

Die Dividende bezieht sich auf je 5,– DM Aktiennennbetrag. Die Ausschüttungssumme betrug 1998 1.000,0 Mio. DM.

Umsatz 1997/98:
72.715,0 Mio.
Umsatz 1996/97:
72.136,0 Mio.
Umsatz 1995/96:
65.436,0 Mio.

Gewinn 1997/98:
2.210,0 Mio.
Gewinn 1996/97:
2.199,0 Mio.
Gewinn 1995/96:
1.562,0 Mio.

Cash flow 1997/98:
10.079,0 Mio.
Cash flow 1996/97:
9.454,0 Mio.
Cash flow 1995/96:
8.695,0 Mio.

Cash flow: *Finanzierung der Investitionen.*

Steueraufkommen 1997/98:
2.098,0 Mio

dorf GmbH, Düsseldorf (50%); Ballast Nedam N.V., Amstelveen/Niederlande (48%); Leighton Holdings Limited, Sydney/Australien (47%); Kitchell Corporation, Phoenix/Arizona, USA (36%); Athens International Airport S.A., Athen/Griechenland (36%).

GLOBALE STRATEGIEN UND DER STANDORT DEUTSCHLAND. Die RWE AG positioniert sich neu und reagiert damit auch auf die veränderten Rahmenbedingungen durch die Liberalisierung des Strommarktes und den stärker werdenden politischen Druck auf die Stromkonzerne. Der Konzern will sich komplett neu organisieren und strukturieren und sich in Zukunft ganz auf den Bereich Energie konzentrieren. Nach eigener Definition will RWE ein Multi-Energie-Konzern von globalen Ausmaßen und in Europa der führende Anbieter von Energie und energienahen Dienstleistungen werden. Durch gezielte Akquisitionen weiterer Energieträger und den Ausbau eines länderübergreifenden Handels soll expandiert und die Internationalisierung vorangetrieben werden.
In das neue Konzept werden die Bereiche Energie, Braunkohle/Steinkohle (Rheinbraun/Consol), Mineralöl (RWE-DEA) und Entsorgung (RWE Umweltdienstleistungen) integriert. Die anderen Konzernbereiche wie Bau (Hochtief) und Industriesysteme (Heidelberger Druckmaschinen) werden nach dem neuen Konzept möglicherweise als reine Finanzbeteiligungen von der Holding geführt. Ähnlich wird wohl mit dem Bereich Chemie der RWE-DEA/Condea verfahren. Die im April 1999 von der RWE Energie AG zur Verstärkung des internationalen Energiehandels gegründete RWE Energy Trading Limited in London bündelt den bislang von den Teilkonzernen selbst betriebenen Handel mit Strom, Kohle, Uran, Erdgas und Ölprodukten. Auch die Aufstockung der Rheinbraun-Beteiligung an der US-amerikanischen Steinkohlebergbaugesellschaft Consol Energy Inc. nach ihrem Börsengang auf 67% ist vor diesem Hintergrund zu sehen. RWE Energie verstärkt darüber hinaus seine Auslandsaktivitäten durch Engagements und Akquisitionen besonders auf den Strommärkten Osteuropas. Vergrößerung durch Fusionen auch im Inland: 1999 schlossen sich die Energieversorgung Spree-Schwarze Elster AG (ESSAG), Cottbus, die Energieversorgung Südsachsen AG (ESAG), Chemnitz, und die Westsächsische Energie AG (WESAG), Markkleeberg bei Leipzig, zur Energie Sachsen Brandenburg AG, Dresden, zusammen.

INNERBETRIEBLICHE BÜNDNISSE. Arbeitszeitflexibilität generell und Altersteilzeit in vielen Bereichen gehören innerhalb des RWE-Konzerns inzwischen zur Norm. Bei RWE Energie wurde eine vorerst bis zum 31. Juli 2001 geltende Betriebsvereinbarung zur Altersteilzeit für über 55jährige geschlossen. Beschäftigte können für mindestens zwei und höchstens fünf Jahre ihre tarifliche Arbeitszeit halbieren. Die blockweise Einteilung der Arbeitszeit ist vorgesehen, gezahlt werden auch bei Freistellung 85% des letzten Nettolohnes. Die Einstellung neuer Mitarbeiter wurde vereinbart. Im Geschäftsjahr 1997/98 wurden über 5.600 Jugendliche in 54 gewerblich-technischen und 16 kaufmännischen Berufen ausgebildet. Viele Konzernunternehmen zählen in ihren Regionen zu den größten Arbeitgebern und bilden seit Jahren über den eigenen Bedarf hinaus aus. 1998 begannen im RWE-Konzern 1.800 Jugendliche eine Berufsausbildung.

UMWELTSCHUTZ. 1998 erschien erstmals ein RWE-Umweltbericht, in dem Umweltleitlinien festgeschrieben und die Organisation des konzernweiten Umweltschutzes präzisiert wurden. Dabei nimmt ein Mitglied des Holdingvorstandes die übergreifende Koordination von Umweltaufgaben wahr. Die Konzernführungsgesellschaften sind im Koordinierungskreis Umweltschutz eingebunden. Auf dieser Basis wird das umfassende Umweltmanagement bis in alle Zweige des Konzerns weiterentwickelt und ausgebaut, inklusive eines intensiven Risikomanagements. Der Umweltbericht enthält ausführliche Öko-Bilanzen zum innerbetrieblichen Umweltschutz für alle Unternehmensbereiche. Schwerpunkte sind dabei die Schonung der natürlichen Ressourcen, die Minderung von Emissionen und Abfällen aller Art, ein neues Umweltbewußtsein bei den Mitarbeitern, der Einsatz moderner Technik im Umweltschutz und eine offene Informationspolitik.
Frühzeitig wurde bei RWE auch der Wirtschaftsfaktor Umweltschutz erkannt. Das bezieht sich sowohl auf eine umweltfreundliche Produktion als auch auf das große Feld der Entsorgung. In großem Stil wird auf den Gebieten des Wertstoff-Recyclings und der Abfallwirtschaft marktorientiert geforscht und produziert. Der Konzernbereich Umweltdienstleistungen ist im Abfall- und Recyclinggeschäft, dem Umweltconsulting und -engineering sowie in den Bereichen Wasser und Abwasser aktiv. Auch die neue Tochtergesellschaft Hochtief Umwelt GmbH entwickelt umfassende Problemlösungen bei der Altlastensanierung, dem Flächenrecycling, der Wasserversorgung bzw. -entsorgung sowie der Deponierung. Auch der geplante Braunkohleabbau im Anschlußtagebau Garzweiler II entspringt einem mit der Landesregierung von NRW ausgehandelten Umweltkonzept. Im Rahmen des CO_2-Minderungskonzepts ist ein Kraftwerksneubau-Programm mit Investitionen von über 20 Mrd. DM geplant.

FORSCHUNG, ENTWICKLUNG, INNOVATIONEN.
Forschung und Entwicklung sind im RWE-Konzern seit 1997 dezentral in den einzelnen Konzernbereichen organisiert. Die bis dahin zentral für den Konzern tätige RWE-Gesellschaft für Forschung und Entwicklung mbH, Wesseling, hat ihre Projekte in die einzelnen Konzernunternehmen verlagert und wurde aufgelöst. Im Bereich Forschung und Entwicklung arbeiten rund 2.000 Mitarbeiter. Eine spektakuläre Innovation stellten im Rahmen der Cebit im März 1999 die RWE AG und der schweizerische Anbieter von Telekommunikationsausrüstungen und -systemlösungen Ascom der Öffentlichkeit vor: Ein neues Kommunikationssystem auf der Basis der sogenannten »Powerline Communication« für den Sprachverkehr und Datentausch über Stromnetze. Das Ascom Powerline Communication System soll über das dichte Stromnetz der RWE das Telefonieren sowie das Surfen im Internet in viel höherer Geschwindigkeit als mit ISDN ermöglichen.

»EINE AKTIE – EINE STIMME.« Durch die Neuordnung der Stimmrechtsverhältnisse innerhalb des RWE-Konzerns und die damit verbundene Vereinfachung der Aktionärsstruktur will der RWE-Vorstand neue Anlegerkreise für die RWE-Aktie erschließen und sich auf den internationalen Kapitalmärkten besser positionieren. Die überwiegend von den kommunalen Aktionären gehaltenen Namensaktien mit 20fachem Stimmrecht (insgesamt 57% aller Stimmen bei unter

Beschäftigte 1997/98:
145.467
Beschäftigte 1996/97:
136.115
Beschäftigte 1995/96:
132.658

Umsatz pro Mitarbeiter 1997/98: *499.873,– DM*
Umsatz pro Mitarbeiter 1996/97: *529.963,– DM*
Umsatz pro Mitarbeiter 1995/96: *493.268,– DM*

Löhne und Gehälter 1997/98: *10.293,0 Mio.*
Löhne und Gehälter 1996/97: *9.809,0 Mio.*
Durchschnittsgehalt 1997/98: *70.758,– DM*
Soziale Abgaben und Aufwendungen 1997/98:
3.816,0 Mio.
Soziale Abgaben und Aufwendungen 1996/97:
3.156,0 Mio.

Bezüge pro Vorstandsmitglied 1997/98:
1.432.657,– DM
Tantiemen pro Aufsichtsrat 1997/98: *93.633,– DM*

Investitionen 1997/98:
6.485,0 Mio.
Investitionen 1996/97:
9.948,0 Mio.
Investitionen 1995/96:
7.182,0 Mio.

Für den Zeitraum bis 2002/03 sind Investitionen in Höhe von rund 37,6 Mrd. DM geplant. Dazu gehören auch solche Innovationen wie der Plan von RWE und der schweizerischen Telekommunikationsgesellschaft Ascom, über Stromleitungen zukünftig Telefon- und Datendienste anbieten zu wollen, also Telefon aus der Steckdose. Arbeitstitel: »Powerline Communication«.

Umweltschutz 1997/98:
2.160,0 Mio.
Umweltschutz 1996/97:
1.869,0 Mio.
Umweltschutz 1995/96:
2.019,0 Mio.

Forschung und Entwicklung 1997/98: *749,0 Mio.*
Forschung und Entwicklung 1996/97: *588,0 Mio.*
Forschung und Entwicklung 1995/96: *587,0 Mio.*

Mitbewerber: *Aral, Babcock Borsig, Bayernwerk, Bilfinger+Berger, Conoco, Deutsche BP, Deutsche Shell, EdF, EnBW, Enel, Esso, Philipp Holzmann, Mannesmann, Minol, Preussag, PreussenElektra, RAG, Ruhrgas, Steag, VEBA, VEW, VIAG, Walter Bau, Wintershall*

30% Kapitalanteil) wurden in Inhaber-Stammaktien mit einfachem Stimmrecht umgewandelt, insgesamt 135,7 Mio. Stimmrechte. Zugleich wurde den Vorzugsaktionären – 210.000 freie Aktionäre, die 70% des Kapitals hielten, spielten bis dahin nicht mehr als eine Statistenrolle – angeboten, ihre stimmrechtslosen Vorzugsaktien gegen Zahlung einer Umwandlungsprämie in Inhaberstammaktien mit einfachem Stimmrecht umzuwandeln. Die Umwandlungsprämie sollte den Namensaktionären (Kommunen) als Ablösesumme für die Aufgabe ihrer Mehrstimmrechte dienen. In Zeiten knapper öffentlicher Kassen und vor dem Hintergrund nicht mehr zeitgemäßer AG-Strukturen ließen sich die Städte und Gemeinden nach langen Verhandlungen auf das Geschäft mit der Abgabe ihres Stimmrechtsprivilegs ein, was ihnen rund 1,4 Mrd. DM brachte.

KOMMENTAR. Die ganze Kraft des RWE-Konzerns wird deutlich am Investitionsvolumen: Das Investitionsprogramm des Konzerns bis zum Jahr 2003 beläuft sich auf 38 Mrd. DM, von denen über 50% für den Energiebereich ausgegeben werden sollen, der jetzt ganz ins Zentrum der Konzernpolitik gestellt wird. Vom Multi-Energy-Konzern ist die Rede. Es wundert also nicht, daß es gerade die RWE war, die dem von der rot-grünen Bundesregierung gewollten schnellen Ausstieg aus der Kernenergie einen Strich durch die Rechnung gemacht hat. Für die RWE-Manager ist der schnelle Ausstieg ein volks- und betriebswirtschaftlicher Fehler mit verheerenden Folgen im sozialen (Arbeitsplätze) und umweltpolitischen (Alternative zu fossilen Brennstoffen) Bereich, besonders für den Standort Deutschland. So sind die bis zum Jahr 2005 aus den europäischen Wiederaufbereitungsanlagen COGEMA und BNFL für das Zwischenlager Gorleben vorgesehenen rund 130 Castor-Behälter für die RWE-Manager eine unbedingte Notwendigkeit.
Dabei hatten das RWE-Management und die gesamte Kernenergie-Industrie durch den sogenannten Castor-Skandal 1998 erheblich an Renommee verloren. Jahrelang waren Transporte mit erhöhten Strahlenwerten durch die Lande geschickt worden. Die Affäre wurde begleitet von einer katastrophalen Informationspolitik seitens der Atom-Manager. Noch eine Schlappe für RWE: 1998 hatte das Bundesverwaltungsgericht in Berlin entschieden, die Teilerrichtungsgenehmigung für das Kernkraftwerk Mülheim-Kärlich endgültig aufzuheben, da nach einer Sicherheitsanalyse ein Erdbebenrisiko nicht auszuschließen sei. Dann kam es auch noch zur Diskussion um die in den Bilanzen der großen Kernkraftwerkbetreiber stehenden Rückstellungen in Milliardenhöhe für nukleare Folgelasten – die spätere Entsorgung benutzter Kernkraftwerke und eingesetzter Brennelemente – und deren mögliche Steuerpflicht. Die RWE AG verfügt über Rückstellungen in Höhe von 17 Mrd. DM.
Aber das RWE-Management zeigt auch auf anderen Gebieten mangelndes Fingerspitzengefühl. So läßt sich ohne Übertreibung der anfänglich so gepriesene und mit Milliardeninvestitionen gespickte Einstieg in die Telekommunikation als Flop bezeichnen. Otelo und TeleColumbus wurden verkauft, E-PLUS soll an die Börse gebracht werden. Und der als feindliche Übernahme deklarierte Einstieg von Hochtief bei Philipp Holzmann brachte neben herben Verlusten nichts als ein neuerlich ramponiertes Image.

Saarberg siehe RAG

SALZGITTER

GESCHICHTE UND ENTWICKLUNG. 1937 wurde die spätere Salzgitter AG als Reichswerke Hermann Göring mit dem Aufbau des Hüttenwerkes Salzgitter gegründet. Nach dem Krieg wurde das Hüttenwerk Salzgitter bis auf wenige Restanlagen demontiert. 1950 kam es zur Neugründung der Salzgitter AG, die sich zu 100% im Besitz des Bundes befand, und zum Wiederaufbau des Werkes Salzgitter. Das Betätigungsfeld des Salzgitter-Konzerns umfaßte neben dem Stahl die Bereiche Anlagen-, Schiff- und Waggonbau, Maschinenbau und Bautechnik sowie Informationstechnik und Erdöl/Erdgas. 1970 kam es zum Zusammenschluß des Hüttenwerkes Salzgitter mit der Ilseder Hütte/Peine zur Peine-Salzgitter AG für die Stahlerzeugung. 1989 übernahm die Preussag AG sämtliche Anteile der Bundesrepublik Deutschland an der Salzgitter AG, ein Jahr später wurde die Salzgitter AG auf die Preussag AG verschmolzen. Im Rahmen der Integration beider Konzerne wurden im Herbst 1990 die bisherigen Preussag- und Salzgitter-Bereiche neu geordnet. 1992 wurde die Peine-Salzgitter AG in Preussag Stahl AG umfirmiert. Im gleichen Jahr kam es zur Übernahme des bereits 1843 gegründeten Werkes Ilsenburg durch die Preussag Stahl AG.
Anfang 1998 erwarben die NordLB und die Hannoversche Beteiligungsgesellschaft mbH knapp 100% an der Preussag Stahl AG von der Preussag AG. Wenig später wurde der Name der Gesellschaft von Preussag Stahl AG in Salzgitter AG geändert, womit auch in der Firmierung die Trennung des neuen Unternehmens vom Preussag-Konzern vollzogen wurde. Im Juni 1998 wurden 60% des Grundkapitals der neuen Salzgitter AG an der Börse plaziert.

BESITZVERHÄLTNISSE/EIGENTUMSSTRUKTUR.
- Land Niedersachsen (25,5%)
- Norddeutsche Landesbank Girozentrale, Hannover (14,3% – davon 10% reserviert für externen Pensionsfonds der Salzgitter AG und 4,3% reserviert für Mitarbeiter der Salzgitter AG im Rahmen der Mitarbeiterbeteiligung)
- Rest Streubesitz

KONZERNÜBERBLICK/BETEILIGUNGEN. Die Salzgitter AG ist einer der führenden Stahltechnologie-Konzerne Europas. Der Schwerpunkt der Unternehmenstätigkeit liegt in der Entwicklung und Herstellung von Spezial- und Markenstählen. Die wichtigsten Produktionsstandorte sind Salzgitter, Peine und Ilsenburg. Dazu kommen die Bereiche Salzgitter Handel und Salzgitter International mit mehr als 50 Tochter- und Beteiligungsgesellschaften in der ganzen Welt. Der Salzgitter-Konzern gliedert sich in die Geschäftsfelder Stahlerzeugung, Stahlhandel, Rohstoffe und Dienstleistungen sowie Strategische Beteiligungen.
◆ Stahlerzeugung: Das Geschäftsfeld Stahlerzeugung umfaßt die drei Standorte Salzgitter, Peine und Ilsenburg, die jeweils auf ganz bestimmte Produktlinien festgelegt sind. In Salzgitter sind die Hochofenmetallurgie, die Produktionsanlagen für Warm-/Kaltband und die entspre-

Standort:
Eisenhüttenstraße 99
38239 Salzgitter

Postanschrift:
Postfach 10 03 50
38223 Salzgitter

Telefon: *(05341) 21-01*
Telefax: *(05341) 21-2727*
Internet: *www.salzgitter-ag.de*

Branche: *Stahl, Handel, Dienstleistungen; Anlagenbau*

Rechtsform:
Aktiengesellschaft

Geschäftsjahr: *1.1.-31.12.*

Gründungsjahr: *1937; 1950 Neugründung als Salzgitter AG; 1998 Gründung der Salzgitter AG – Stahl und Technologie*

Öffentlichkeitsarbeit:
Ulrich Bieger
Tel.: (05341) 21-2300
Fax: (05341) 21-2302
E-Mail: SZAG_PK@compuserve.com

Verbände: *Wirtschaftsvereinigung Stahl, Düsseldorf; Bundesverband Materialwirtschaft und Einkauf e.V., Frankfurt/Main*

Vorstand:
- *Fuhrmann, Heinz Jörg, Dr.*
- *Geisler, Günter, Prof. Dr.*
- *Jacob, Arnold*
- *Kolb, Jürgen, Dr.*
- *Luckan, Eberhard, Dr.*

Vorstandsbezüge 1997/98:
4.545.000,– DM

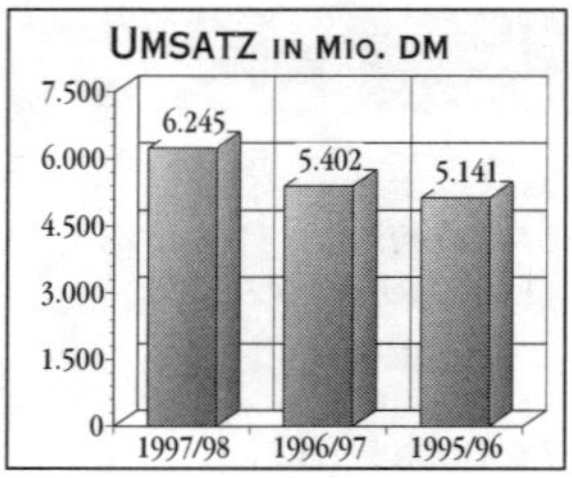

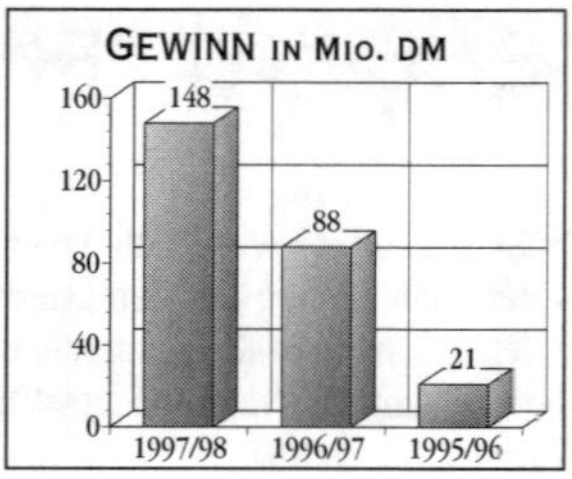

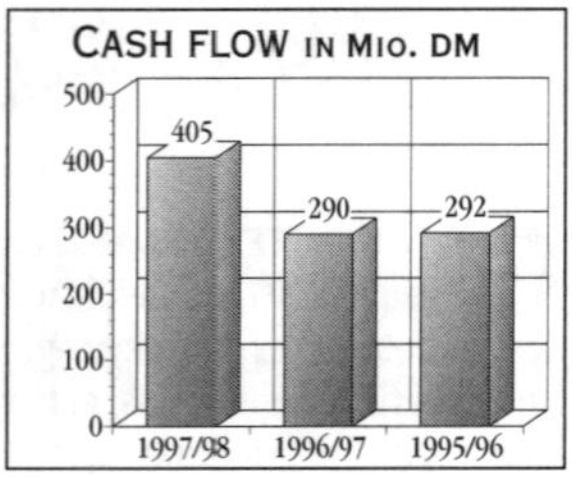

Aufsichtsrat:

- *Lochte, Wilfried, Dr. (Vorsitzender)*
- *Brunke, Dieter, Dr. (Neue Harzer Werke GmbH)*
- *Curdt, Hans Armin, Dr. (NordLB)*
- *Dunkel, Gunter, Dr. (NordLB)*
- *Gallenkamp, Hans-Michael (Felix Schoeller Holding GmbH & Co. KG)*
- *Gabriel, Sigmar (SPD-Fraktion des niedersächsischen Landtags)*
- *Haferkamp, Heinz, Prof. Dr. Dr. E.h. (Institut für Werkstoffkunde der Universität Hannover)*
- *Krajewski, Gunther, Dr. (Niedersächsisches Finanzministerium; Hannoversche Beteiligungsgesellschaft mbH)*
- *Morenz, Arno, Dr. (Deutsche Schutzvereinigung für Wertpapierbesitz e.V.)*
- *Rupprecht, Rudolf, Dr. (MAN AG)*
- *Winterkorn, Martin, Dr. (Markenvorstand Volkswagen AG; Geschäftsleitung Seat, S.A.)*

**Schmitthenner, Horst (stellv. Vorsitzender)*
**Borchers, Ingeborg*
**Förster, Ulrich*
**Haaren, Kurt van*
**Heuer, Reinhard*
**Hickel, Rudolf, Prof. Dr.*
**Knieps, Hans-Joachim*
**Schäfer, Erst*
**Schwitzer, Helga*
**Witte, Heinz-Hermann*

Aufsichtsratstantiemen 1997/98: *290.000,– DM*

chenden Anlagen zur Weiterverarbeitung (Oberflächenveredelung, Großrohrwerk) sowie die Geßerei konzentriert. Das Lieferprogramm umfaßt u.a. Großrohre, Kleinrohre, Container, Gasflaschen, Räder, Lkw-Wände, Waggonbau, organisch beschichtetes Feinblech, Dünnfilmbeschichtung, Gashochdruckleitungen, Gasspeicher, Öl- und Produktpipelines, Spritzgießmaschinen, Werkzeugmaschinenbau, Anlagenbau und Reaktortechnik. Veredeltes Feinblech aus Salzgitter gehört zu den wichtigsten Werkstoffen der Automobilindustrie. Im Werk Peine ist die Profilstahlproduktion der Salzgitter AG konzentriert. Hier werden die international bekannten »Peiner Träger« hergestellt sowie andere Profilstahlarten wie Spundwand- und Sonderprofile, Grubenausbauprofile und Y-Stahlschwellen. Das Walzwerk in Ilsenburg erzeugt Grobblech, hauptsächlich auf der Basis von Vormaterial aus Salzgitter. Das Produktprogramm umfaßt klassische Baustähle, Röhrenstähle, Stähle für den Druckbehälterbau, Offshorestähle und Schiffbaustähle. Umsatz 1997/98: 3.626 Mio. DM (Vorjahr: 3.176 Mio.); Beschäftigte 1997/98: 7.166 (Vorjahr: 7.566).

◆ Stahlhandel: Der Salzgitter Stahlhandel mit Sitz in Düsseldorf ist eine in allen wichtigen Wirtschaftszentren der Welt operierende Stahlhandelsorgansiation. Zum Geschäftsfeld Stahlhandel gehören die Gesellschaften der Salzgitter-Handel-Gruppe – Salzgitter Handel GmbH, Salzgitter International GmbH, Salzgitter Handel B.V., Oosterhout/Niederlande, Salzgitter Trade Inc., Vancouver/Kanada – sowie die Hövelmann & Lueg GmbH & Co. KG, Schwerte. Hinzu kommt die 50%-Beteiligung an der Universal Eisen & Stahl GmbH, Neuss. Umsatz 1997/98: 3.319 Mio. DM (Vorjahr: 2.876 Mio.); Beschäftigte 1997/98: 1.797 (Vorjahr: 1.786).

◆ Rohstoffe und Dienstleistungen: Die Gesellschaften des Geschäftsfeldes Rohstoffe und Dienstleistungen bieten ein breites Spektrum an Leistungen und Know-how für den Konzern: Deumu Deutsche Erz- und Metall-Union GmbH, Hannover (Handel mit Schrott); Gesis Gesellschaft für Informationssysteme GmbH, Salzgitter; PPS Personal-, Produktions- und Servicegesellschaft mbH, Salzgitter; telecat multicom GmbH und telecat Kommunikationstechnik GmbH, Salzgitter; Verkehrsbetriebe Peine-Salzgitter GmbH (VPS), Salzgitter; »Glückauf« Wohnungsbaugesellschaft mbH, Peine; Hansaport Hafenbetriebsgesellschaft mbH, Hamburg (51% – größter Schüttguthafen Europas). Umsatz 1997/98: 394 Mio. DM (Vorjahr: 402 Mio.); Beschäftigte 1997/98: 2.572 (Vorjahr: 2.237).

◆ Strategische Beteiligungen: Die weltweiten Aktivitäten der Salzgitter AG werden durch gezielte strategische Beteiligungen ergänzt. Mit der österreichischen Voest Alpine Stahl Linz GmbH wurde mit der Europlatinen Holding GmbH ein paritätisches Joint-venture eingegangen. Das in Linz/Österreich ansässige Unternehmen arbeitet in erster Linie im Stahlkarosserie-Leichtbau für die Automobilindustrie. Mit 11,6% hat sich die Salzgitter AG an der amerikanischen Steel Dynamics, Inc., Butler/Indiana, beteiligt, einem jungen, noch in der expansiven Phase befindlichen Unternehmen für Flachstahlerzeugnisse.

GLOBALE STRATEGIEN UND DER STANDORT DEUTSCHLAND. Als Ende 1997 der Preussag-Konzern seine damalige Stahltochter Preussag Stahl AG (heute Salzgitter AG) in einer bis dahin geheim gehaltenen Aktion an den österreichischen Stahlkonzern Voest-Alpine verkaufen wollte, trat der damals noch amtierende Ministerpräsident Niedersachsens, Gerhard Schröder, auf den Plan, um eine ausländische Führung des Unternehmens zu verhindern. Kurz vor der für ihn so wichtigen Landtagswahl 1998 trat Schröder als Retter des Standortes Deutschland und Tausender von Arbeitsplätzen auf: Die Salzgitter AG mit 12.000 Beschäftigten an drei wesentlichen Standorten wurde vom Land Niedersachsen und der Norddeutschen Landesbank für einen Kaufpreis von 1,06 Mrd. DM übernommen. 60% des Unternehmens wurden an der Börse plaziert. Eine Standortsicherung für fünf bis sieben Jahre, wobei das Land Niedersachsen an der Salzgitter AG beteiligt bleiben würde, wurde verbindlich vereinbart. Schröder wurde Bundeskanzler und die Salzgitter im strategischen Denken der Sozialdemokraten Alteisen. Denn nur wenige Monate später planten das Land Niedersachsen und die Nordeutsche Landesbank, ihre Beteiligung an der Salzgitter AG im Rahmen einer »strategischen Allianz« an den luxemburgischen Arbed-Konzern zu veräußern.

INNERBETRIEBLICHE BÜNDNISSE. Seit Jahren wird das Projekt »Gesundheitsförderung/Anwesenheitsverbesserung« praktiziert, eine Möglichkeit für die Beschäftigten, bei der Gestaltung der Arbeitsbedingungen mitzuwirken. Personal wird aufgrund innerbetrieblicher Übereinkünfte nur im Rahmen von Altersteilzeit abgebaut. Mit der Zahlung einer Sondervergütung, zur Hälfte in Form von Aktien, wurde 1998 der Einstieg in die Mitarbeiterbeteiligung vollzogen. 1998 wurden im Konzern 688 Jugendliche ausgebildet, davon 568 bei der PPS Personal-, Produktions- und Servicegesellschaft mbH.

UMWELTSCHUTZ. Salzgitter plädiert für produktintegrierten Umweltschutz als Bestandteil unternehmerischer Verantwortung. Das bestehende Umweltmanagementsystem der Salzgitter AG mit den Standorten Salzgitter, Peine und Ilsenburg wird zum Zweck der Zertifizierung neu überarbeitet. 1998 wurden für den Umweltschutz 267 Mio. DM aufgewendet, knapp 52% davon für Maßnahmen der Luftreinhaltung, etwas über 29% für den Gewässerschutz, 13% für den Bereich Reststoff- und Abfallwirtschaft und knapp 6% für den Lärmschutz.

FORSCHUNG, ENTWICKLUNG, INNOVATIONEN. Schwerpunkt der Forschungs- und Entwicklungsarbeit bei der Salzgitter AG ist die Optimierung und Entwicklung neuer Stahlqualitäten. Mit I-Stahl wurde ein Werkstoff entwickelt, der sich neben seinem gleichmäßigen Umformverhalten durch hohe Festigkeits- und Dehnungswerte auszeichnet. Bei den wichtigsten Automobilherstellern wurde inzwischen ein von Salzgitter entwickeltes Feinblech mit Pretex-Struktur

BÖRSE, AKTIEN, KURSE
Grundkapital 1998: *312,0 Mio.*
Jahreshöchstkurs 1998: *24,40 DM (12,48 €)*
Jahrestiefstkurs 1998: *18,70 DM (9,56 €)*
Aktie Jahresende 1998: *18,70 DM (9,56 €)*
Dividende pro Aktie 1997/98: *1,25 DM*

Die Dividende bezieht sich auf je eine nennwertlose Stückaktie. Der Ausgabekurs war 23,00 DM. Die Dividendensumme 1998 betrug 78,0 Mio. DM.

Umsatz 1997/98: *6.245,0 Mio.*
Umsatz 1996/97: *5.402,0 Mio.*
Umsatz 1995/96: *5.141,0 Mio.*

Gewinn 1997/98: *148,0 Mio.*
Gewinn 1996/97: *88,0 Mio.*
Gewinn 1995/96: *21,0 Mio.*

Cash flow 1997/98: *405,0 Mio.*
Cash flow 1996/97: *290,0 Mio.*
Cash flow 1995/96: *292,0 Mio.*

Cash flow: *Die Investitionen wurden aus dem Cash flow finanziert.*

Steueraufkommen 1997/98: *139,1 Mio.*

Beschäftigte 1997/98: *11.536*
Beschäftigte 1996/97: *11.693*
Beschäftigte 1995/96: *11.885*

Umsatz pro Mitarbeiter 1997/98: *541.349,– DM*
Umsatz pro Mitarbeiter 1996/97: *461.986,– DM*
Umsatz pro Mitarbeiter 1995/96: *432.562,– DM*

Löhne und Gehälter 1997/98: *849,4 Mio.*
Löhne und Gehälter 1996/97: *859,2 Mio.*
Durchschnittsgehalt 1997/98: *73.630,– DM*
Soziale Abgaben und Aufwendungen 1997/98: *229,3 Mio.*
Soziale Abgaben und Aufwendungen 1996/97: *196,4 Mio.*

Bezüge pro Vorstandsmitglied 1997/98: *757.500,– DM*
Tantiemen pro Aufsichtsrat 1997/98: *13.810,– DM*

Investitionen 1997/98: *156,0 Mio.*
Investitionen 1996/97: *211,0 Mio.*
Investitionen 1995/96: *288,0 Mio.*

Mitbewerber: *Arbed, Benteler, British Steel, Cockerill Sambre, Eko, Riva, Thyssen Krupp, Usinor, Voest-Alpine*

eingeführt, das beim Pressen der Teile und beim Lackglanz an der Karosserie höchsten Ansprüchen genügt. In einem Konsortium weiterer Stahlerzeuger wird an einer neuen Dünnbandgieß- und Walztechnologie gearbeitet. Salzgitter beteiligt sich an zahlreichen Forschungsprojekten. Zusammen mit der Universität Erlangen arbeitet die PPS an einer Verbesserung der Belastungsanalysen für Mitarbeiter in der Kokerei. Dazu gibt es ein Projekt zum Aufbau eines Informationsmanagemets für die Arbeitsmedizin. Es wird an der Entwicklung eines elektrochemischen Sensors für Atemschutzgeräte gearbeitet.

KOMMENTAR. Das Funktionieren der SPD-Connection: Die Drohung des Vorstandsvorsitzenden des Preussag-Konzerns, des Sozialdemokraten Michael Frenzel, die Preussag Stahl AG an ein ausländisches Konsortium verkaufen zu wollen, rief den Sozialdemokraten Gerhard Schröder auf den Plan und zur Übernahme und »Rettung« der Preussag Stahl AG, die nun, wieder in Staatshand, in Salzgitter AG umbenannt und in Teilen an die Börse gebracht wurde. Dadurch war der Sozialdemokrat und Vorstandsvorsitzende der Westdeutschen Landesbank, Friedel Neuber, endlich am Ziel seiner Wünsche, der schon lange mit seinem Freund, Genossen und Ex-WestLB-Manager Frenzel aus der traditionellen Preussag einen neuen, modernen Technologie- und Dienstleistungskonzern schmieden wollte, mit dem Kerngeschäftsfeld Touristik. Neuber übertrug seine hochkarätigen WestLB-Beteiligungen an Hapag Lloyd und TUI auf die Preussag AG und fädelte so die endgültige Großakquisition der beiden Reiseriesen ein. Die Stahlbranche, ehedem Klotz am Bein der neuen Preussag, wurde auf diese Weise von den Genossen in der Poltik übernommen. Das Ende des sozialdemokratischen Ränkespiels: Schröder gewann Niedersachsen und den Bund, Frenzel hat seinen ertragreichen Touristik-Konzern, und Neubers WestLB ist an diesem der größte Anteilseigner. Pech nur, daß da nicht auch noch der Verkauf der landeseigenen Industriebeteiligung Salzgitter an den Arbed-Konzern geklappt hat. Denn nach monatelangen Verhandlungen, begleitet von massiven Protesten unterschiedlichster Coleur, scheiterte die Fusion von Arbed und Salzgitter schließlich doch. Am Ende der Turbulenzen warf der Vorsitzende des Vorstandes das Handtuch, waren die noch »junge« Salzgitter AG und damit der Stahlstandort Deutschland angeschlagen und die Sozialdemokraten einmal mehr blamiert.

SAP

Standort:
Neurottstraße 16
69190 Walldorf/Baden

Postanschrift:
Postfach 14 61
69185 Walldorf/Baden

GESCHICHTE UND ENTWICKLUNG. 1972 hatten fünf ehemalige IBM-Mitarbeiter die Idee, eine Standardsoftware für Unternehmen zu entwickeln und zu vermarkten, die alle betrieblichen Abläufe integriert. Sie verließen das Mammutunternehmen und begannen »nachts und am Wochenende mit der Umsetzung ihrer Vision« (O-Ton SAP). Am 1. April 1972 gründeten sie unter dem Namen »System-Analyse und Programmentwicklung« in Mannheim die SAP, die 1977 in SAP GmbH »Systeme, Anwendungen, Produkte in der Datenverarbeitung« umgewandelt wurde. Der Firmensitz wurde von Mannheim nach

Walldorf verlegt, der Umsatz belief sich auf 4 Mio. DM bei 25 Beschäftigten. 1979 kam es zur Einführung des betriebswirtschaftlichen Software-Systems für Großrechner R/2. 1984 folgte die Gründung der SAP (International) AG in der Schweiz. 1986 wurden erstmals mehr als 100 Mio. DM umgesetzt. 1988 folgte die Umwandlung in eine börsennotierte Aktiengesellschaft, die SAP AG. Das Unternehmen wurde immer internationaler. In Walldorf wurde das Internationale Schulungszentrum eröffnet. 1989 gab es bereits zwölf Landesgesellschaften und 1.250 Kunden. 1992 kam es mit großem Erfolg zur Markteinführung des auf die Client/Server-Architektur zugeschnittenen Systems R/3, ein Jahr später zu einem Kooperationsvertrag mit Microsoft. 1994 wurde SAP mit 4.000 Kundenunternehmen und 1,8 Mrd. DM Umsatz führender Hersteller von Standard-Anwendungssoftware in Deutschland. 25 Jahre nach der Unternehmensgründung erreichte SAP 1997 einen Umsatz von mehr als 6 Mrd. DM, davon bereits knapp 80% im Ausland. Hauptumsatzträger des Konzerns ist das System R/3. 1998 wurde ein neues Entwicklungszentrum in Palo Alto im kalifornischen Silicon Valley eröffnet. 1999 war das System R/3 in über 20.000 Unternehmen mit mehr als 100 Mio. Beschäftigten installiert.

BESITZVERHÄLTNISSE/EIGENTUMSSTRUKTUR.

- Drei Gründungsaktionäre, deren Familien bzw. die von ihnen ins Leben gerufenen Stiftungen (40% aller SAP-Aktien). Sie halten rund 64% des Stammkapitals und 5% des Vorzugskapitals. Die Stammaktien liegen bei den drei noch verbliebenen Firmengründern Hopp, Plattner und Tschira.)
- Die übrigen 60% verteilen sich wie folgt:

– Institutionelle Anleger, Vermögensverwalter, Fonds und Versicherungen in den USA (18%)
– Institutionelle deutsche Anleger wie Investmentfonds, Versicherungsgesellschaften oder Vermögensverwaltungen (39%)
– institutionelle Anleger aus Großbritannien (8%)
– institutionelle Anleger aus anderen europäischen Staaten (8%)
– Rest Streubesitz

KONZERNÜBERBLICK. SAP (Systeme, Anwendungen, Produkte in der Datenverarbeitung) entwickelt Software, verbunden mit der Organisations- und Einsatzberatung sowie der Schulung der Anwender. SAP ist der weltweit führende Anbieter, Markt- und Technologieführer betriebswirtschaftlicher Standardsoftware. Die beiden Software-Systeme R/2 für Großrechner und R/3 für Client/Server-Anwendungen lösen die betriebswirtschaftlichen Anforderungen von Unternehmen aller Größen und Branchen in mehr als 90 Ländern. Ständige

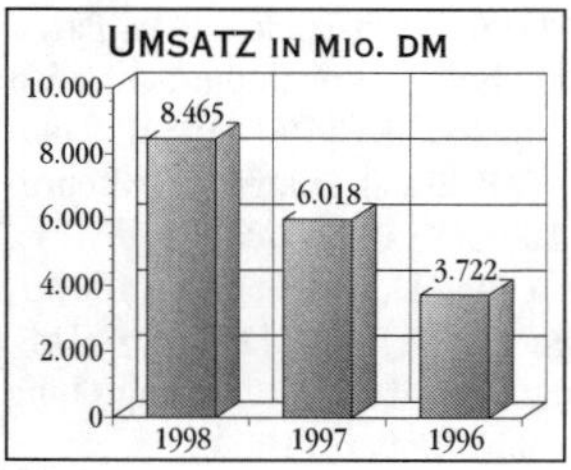

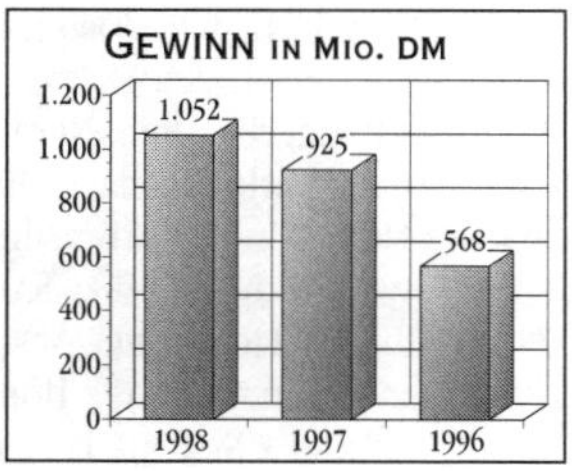

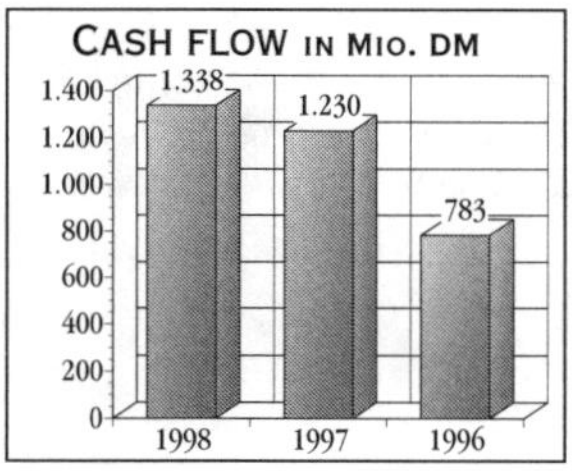

Telefon: *(06227) 7-47474*
Telefax: *(06227) 7-57575*
Internet: *www.sap.com*

Branche: *Computer-Software*

Rechtsform:
Aktiengesellschaft

Geschäftsjahr: *1.1.-31.12.*

Gründungsjahr: *1972*

Unternehmens-kommunikation:
Markus Berner
Tel.: (06227) 7-42543
Fax: (06227) 7-43025
E-Mail: markus.berner@sap.com

Vorstand:
- *Plattner, Hasso, Prof. Dr. h.c. (Vorsitzender)*
- *Kagermann, Henning, Prof. Dr. (Vorsitzender)*
- *Heinrich, Claus E., Dr.*
- *Oswald, Gerhard*
- *Zencke, Peter, Dr.*

Vorstandsbezüge 1998:
7.988.681,– DM

Erweiterte Geschäfts-leitung:
- *Hess, Karl-Heinz, Stutensee*
- *Matheis, Dieter, Mühlhausen*
- *McKay, Kevin S. (SAP America, Inc.), Doylestown/USA*

Aufsichtsrat:
- *Hopp, Dietmar (Vorsitzender), Walldorf*
- *Haarmann, Wilhelm, Dr., Kronberg/Taunus*
- *Laidig, Klaus-Dieter, Böblingen*
- *Mehdorn, Hartmut, Heidelberg*
- *Spöri, Dieter, Dr., Backnang*
- *Tschira, Klaus, Dr. h.c., Heidelberg*

**Classen, Helga (stellv. Vorsitzende)*
**Burbach, Willi*
**Koller, Bernhard*
**Maier, Gerhard, Dr.*
**Schennerlein, Barbara, Dr.*
**Simon, Alfred*

Aufsichtsratstantiemen 1998: *1.096.000,– DM*

BÖRSE, AKTIEN, KURSE
Grundkapital 1998:
522,8 Mio.
Jahreshöchstkurs 1998:
Stammaktie: 1.230,00 DM (628,89 €)
Vorzugsaktie: 1.325,00 DM (677,46 €)
Jahrestiefstkurs 1998:
Stammaktie: 516,00 DM (263,83 €)
Vorzugsaktie: 560,00 DM (286,32 €)
Aktie Jahresende 1998:
Stammaktie: 720,00 DM (368,13 €)
Vorzugsaktie: 799,50 DM (408,78 €)
Dividende pro Aktie 1998:
Stammaktie: 3,07 DM
Vorzugsaktie: 3,13 DM

Die Dividende bezieht sich auf je 5,– DM Aktiennennbetrag. Das Grundkapital wurde auf nennwertlose Stückaktien umgestellt.

Innovationen ermöglichen es den 20.000 Unternehmenskunden, die Geschäftsprozesse zu optimieren und ständig wechselnden Anforderungen anzupassen. Über 3 Mio. Arbeitsplätze sind weltweit mit dem Client/Server-System R/3 ausgestattet. Neben der betriebswirtschaftlichen Anwendungssoftware (Enterprise Resource Planing) wurde 1998 mit der »New Dimension« eine Produktoffensive gestartet, die auf der Kernkompetenz des Systems R/3 basierend weitere Angebote über Unternehmensgrenzen hinweg macht. Mit dieser Initiative will sich SAP zur Mehr-Produkt-Firma entwickeln. SAP will sich vor allem verstärkt über das Internet anbieten und entwickelt Strategien hin zu einem virtuellen Marktplatz für seine Kunden weltweit.

SAP ist in allen wichtigen Märkten mit eigenen Landesgesellschaften vertreten. Zu den größten SAP-Kunden gehören IBM, Coca Cola, Shell, General Motors und die Deutsche Telekom. 1998 wurde der Umsatz der SAP-Gruppe um über 40% auf 8,47 Mrd. DM gesteigert. Hauptumsatzträger der SAP waren 1998 die Software-Produkte (und Wartung) mit 5,26 Mrd. DM. Hiervon entfielen 5,05 Mrd. DM auf die Erlöse mit dem SAP-System R/3. Auf den Bereich Beratung entfielen 2,19 Mrd. DM, auf Schulung 890 Mio. DM. Ende 1998 beschäftigte die SAP 19.308 (Vorjahr: 12.856), über 60% davon im Ausland.

Binnen weniger Jahre schaffte es die SAP AG, von einer kleinen Softwarefirma zum Technologie- und Weltmarktführer im Bereich betriebswirtschaftlicher Anwendungssoftware aufzusteigen. Mehrmals wurde die SAP zum »Unternehmen des Jahres« gekürt, die Aktie erlebte einen bis dahin nicht gekannten Boom. Das Unternehmen kann sich bis heute vor qualifizierten Bewerbungen kaum retten. Jährlich wachsen die Umsatzzahlen in hohen zweistelligen Sprüngen, werden Tausende neuer Arbeitsplätze geschaffen.

BETEILIGUNGEN. SAP besitzt Tochter- und Beteiligungsgesellschaften im In- und Ausland. In den Konzernabschluß 1998 wurden neben der SAP AG 7 inländische und 42 ausländische Tochterunternehmen einbezogen. Zu den wichtigsten gehören: SAP Systems Integration GmbH, Alsbach-Hähnlein (60%); SAP Retail Solutions GmbH & Co. KG, St. Ingbert (100%); SRS Software- und Systemhaus Dresden GmbH, Dresden (50%); Steeb Anwendungssysteme GmbH, Abstatt (100%); AsseT GmbH Assessment & Training Technologies, Immenstaad (75%); SAP Labs GmbH, Mannheim (80,2%); Dacos Software Holding GmbH, St. Ingbert (100%); SAP Solutions GmbH, Freiberg (40%); IDS Prof. Scheer GmbH, Saarbrücken (25,2%); SAP (Schweiz) AG, Biel/Schweiz (100%); SAP (UK) Limited, Feltham/Großbritannien (100%); SAP Ireland Ltd., Dublin/Irland (100%); SAP Nederland B.V., DG 'sHertogenbosch/Niederlande (100%); SAP Österreich, Systeme, Anwendungen und Produkte in der Datenverarbeitung Gesellschaft m.b.H., Wien/Österreich (100%); Progiciels S.A., Paris/Frankreich (100%); SAP Svenska Aktiebolag, Stockholm/Schweden (100%); SAP America, Inc., Newtown Square/USA (100%); SAP Canada Inc., North York/Kanada (100%); SAP Brasil Comércio e Representacoes Ltda., São Paulo/Brasilien (100%); SAP Mexico S.A. de C.V., Mexico City/Mexiko (100%); SAP Asia Pte. Ltd., Singapur (100%); SAP Australia Pty Ltd, Sydney/Australien (100%); SAP Japan Co., Ltd., Tokio/Japan (100%); SAP Hongkong Co. Ltd., Hongkong/China (100%); SAP India Systems Ltd., Bangalore/Indien (100%).

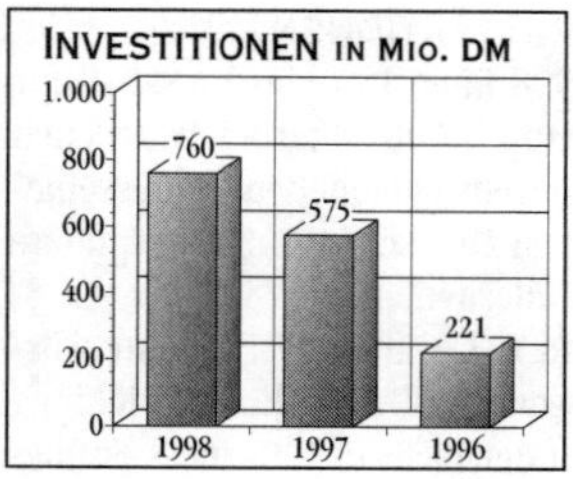

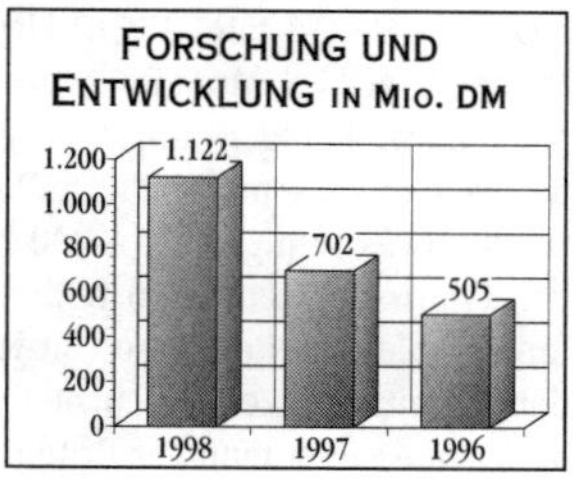

GLOBALE STRATEGIEN UND DER STANDORT DEUTSCHLAND. SAP ist eines der auffälligsten Unternehmen der letzten Jahre und eine der optimistischen Neugründungen am Standort Deutschland. Durch seine weltweiten Aktivitäten und Kunden ist das Unternehmen aber auch ein klassischer Global Player. Über 80% des Geschäftes macht SAP im Ausland. Eine weitere Firmenzentrale der SAP wurde mit SAP America, Inc., in Newton Square/Pennsylvania errichtet. Die Zahl der Beschäftigten in den USA stieg 1998 auf knapp 4.500. Seit August 1998 ist die SAP an der New Yorker Stock Exchange notiert und gilt als das möglicherweise stärkste deutsche Wertpapier an der Wall Street. Dadurch soll die Beziehung zu den Aktionären in den USA verbessert und den SAP-Mitarbeitern vor Ort die Möglichkeit gegeben werden, Aktien des Unternehmens zu erwerben. Insgesamt nahm die Zahl der Mitarbeiter 1998 um 7.500 auf fast 20.000 zu, der Umsatz stieg um 40% auf 8,5 Mrd. DM. Der Weltmarktführer bei betriebswirtschaftlicher Anwendungssoftware rechnet in den kommenden Jahren in großen Dimensionen. Der Branche wird ein Marktwachstum von jährlich 30% bis zum Jahr 2000 prognostiziert, an dem SAP mit knapp 30% Marktanteil an führender Stelle teilnimmt. In den kommenden drei Jahren will SAP den Umsatz verdoppeln.

INNERBETRIEBLICHE BÜNDNISSE. Die SAP AG gehört zu den Unternehmen mit der geringsten Fluktuationsrate. Attraktive Arbeitsplätze, Eigenverantwortung, gute Bezahlung, ein modernes Management und zahlreiche innerbetriebliche Regelungen machen den Software-Konzern zu einem herausragenden Unternehmen. Zur Entfaltung von Kreativität und Innovation sind für SAP flexible Arbeitszeiten, das Fehlen von Zeiterfassung und die frühe Übertragung von Aufgaben und Verantwortung in den meisten Bereichen Selbstverständlichkeit. Teamarbeit, offener Informationsaustausch und Informationsfluß über Hierarchien und Bereichsgrenzen hinweg sollen durch flache Organisationsstrukturen und die Vermeidung von Bürokratie gefördert werden. Hinzu kommen ein an der individuellen Leistung orientiertes Gehaltsmanagementsystem sowie Bonuspläne und jährliche Erfolgsbeteiligungen bzw. spezielle Aktienbezugs- bzw. -optionsprogramme für Mitarbeiter. Damit soll das Konzept der wertorientierten Unternehmensführung forciert und die Möglichkeit gegeben werden, Teile des Gehalts in Abhängigkeit vom Aktienkurs zu beziehen. SAP schreibt offene Stellen im Internet aus und nimmt an Informationsveranstaltungen an Hochschulen teil; durchschnittlich treffen im Monat 1.750 Bewerbungen in Walldorf ein. 85% aller Mitarbeiter sind Akademiker. 1997 wurde die SAP mit dem ersten »Deutschen Arbeitsplatz-Investor-Preis« der Bundesanstalt für Arbeit ausgezeichnet.

Umsatz 1998: *8.465,3 Mio.*
(Auslandsanteil: 80%)
Umsatz 1997: *6.017,5 Mio.*
(Auslandsanteil: 79%)
Umsatz 1996: *3.722,2 Mio.*
(Auslandsanteil: 73%)
(Umsatz 1994: 1.831,1 Mio., Auslandsanteil: 62%)

Gewinn 1998: *1.052,3 Mio.*
Gewinn 1997: *925,4 Mio.*
Gewinn 1996: *567,5 Mio.*

Cash flow 1998: *1.337,7 Mio.*
Cash flow 1997: *1.230,1 Mio.*
Cash flow 1996: *782,7 Mio.*

Cash flow: *Der Cash flow floß überwiegend in Investitionen.*

Steueraufkommen 1998: *867,9 Mio.*

Beschäftigte 1998: *19.308*
Beschäftigte 1997: *12.856*
Beschäftigte 1996: *9.202*
(Beschäftigte 1994: 5.229)

Umsatz pro Mitarbeiter 1998: *438.435,– DM*
Umsatz pro Mitarbeiter 1997: *468.069,– DM*
Umsatz pro Mitarbeiter 1996: *455.000,– DM*

Löhne und Gehälter 1998: *2.615,9 Mio.*
Löhne und Gehälter 1997: *1.786,0 Mio.*
Durchschnittsgehalt 1998: *135.483,– DM*
Soziale Abgaben und Aufwendungen 1998: *427,6 Mio.*
Soziale Abgaben und Aufwendungen 1997: *287,9 Mio.*

Bezüge pro Vorstandsmitglied 1998: *1.597.736,– DM*
Tantiemen pro Aufsichtsrat 1998: *91.333,– DM*

Investitionen 1998:
760,0 Mio.
Investitionen 1997:
574,7 Mio.
Investitionen 1996:
220,6 Mio.

Forschung und Entwicklung 1998: *1.121,7 Mio.*
Forschung und Entwicklung 1997: *701,8 Mio.*
Forschung und Entwicklung 1996: *505,4 Mio.*

Mitbewerber: *Baan, Microsoft, Oracle, Peoplesoft*

FORSCHUNG, ENTWICKLUNG, INNOVATIONEN.
Mit mehr als 1,1 Mrd. DM wurden 1998 über 13% des Umsatzes für neue Entwicklungen aufgewendet. Knapp 5.000 Mitarbeiter arbeiten weltweit in diesem für die SAP existenzentscheidenden Schlüsselbereich, etwas weniger als 4.000 davon in Deutschland. Schwerpunkte der Entwicklungsarbeiten bilden das internetfähige R/3 Release 4.5, funktionale Erweiterungen von R/2 und R/3 – alle SAP-Produkte wurden bereits frühzeitig »eurofähig« gemacht – und die Entwicklung neuer und eigenständiger Produkte auf der Basis der Business-Framework-Architektur. 1998 wurde die Entwicklung neu organisiert und auf die spezifischen Anforderungen ausgewählter Branchen ausgerichtet. Neben der Kernentwicklung existieren jetzt 13 verantwortliche Entwicklungseinheiten (Industry Business Units), die insgesamt 17 Branchenlösungen (Industry Business Solutions) verantworten, z.B. SAP Media, SAP Banking, SAP Automotive, SAP Chemicals oder SAP Engineering & Construction. Die Entwicklungseinheiten bieten die branchenbezogenen Entwicklungen der R/3-Komponenten mit ergänzenden Softwarebausteinen und umfassender Betreuung. Seit 1998 ist die Entwicklungsstrategie global ausgerichtet: Neben Walldorf als Entwicklungszentrum gewinnen die internationalen SAP Labs als dezentrale Einrichtungen an Bedeutung. Zu den bestehenden SAP Labs in Tokio/Japan und Palo Alto/USA kamen 1998 Bangalore/Indien, Sophia Antipolis/Frankreich und Moskau/Rußland hinzu. Geplant ist ein weiterer Standort in England.

Schenker siehe VEBA

SCA

Standort:
Oskar-Messter-Straße 25
85737 München-Ismaning

Postanschrift:
Postfach 1429
85732 Ismaning

Telefon: *(08035) 80-0*
Telefax: *(08035) 80-598*
Internet: *www.sca.se*

Branche: *Papier- und pappeverarbeitende Industrie, Kunststoffe*

Rechtsform:
Aktiengesellschaft

Geschäftsjahr: *1.1.-31.12.*

GESCHICHTE UND ENTWICKLUNG. Aus der 1872 gegründeten Aschaffenburger Zellstoffwerke AG (Aschzell) und der 1884 entstandenen Zellstoffabrik Mannheim wurde 1970 durch Fusion und auf Betreiben der Bayerischen Hypotheken- und Wechsel-Bank die »Papierwerke Waldhof-Aschaffenburg Aktiengesellschaft« mit Sitz in München. 1973 wurde der neu geschaffene Konzern von Grund auf umorganisiert durch Aufgliederung in marktorientierte Produktbereiche. 1974 erfolgte die Neufirmierung in PWA Papierwerke Waldhof-Aschaffenburg AG. Über zahlreiche Akquisitionen und Beteiligungen expandierte der PWA-Konzern zu einem der führenden Papierhersteller Europas und zum größten deutschen Papierkonzern. 1989/90 wurde die Bayernwerk AG (später VIAG) mit einem Anteil von über 43% am Kapital der PWA größter Anteilseigner. 1995 kam es zum Verkauf der VIAG-Anteile an den schwedischen Papierkonzern Svenska Cellulosa AB (SCA). 1998 wurde ein Beherrschungsvertrag zwischen SCA und PWA geschlossen und das Aktienkapital auf rund 97% aufgestockt. Ende 1998 wurde PWA in SCA Hygiene Products AG (SCA AG) umfirmiert.

BESITZVERHÄLTNISSE/EIGENTUMSSTRUKTUR.
- Svenska Cellulosa Aktiebolaget SCA, Stockholm/Schweden (97%)
- Rest Streubesitz

Der schwedische Papierkonzern Svenska Cellulosa Aktiebolaget SCA führt die ehemalige PWA (jetzt SCA AG) nach der Übernahme als siebten Geschäftsbereich, wobei die SCA AG aber weiter dezentral geleitet wird und vorerst als deutscher Börsenwert erhalten bleibt. Durch den neuen Verbund kommt der SCA-Konzern, Stockholm/Schweden, mit 32.100 Beschäftigten auf einen Umsatz von 61.273 Mio. SEK und ist damit eine der größten europäischen Zellstoff- und Papiergruppen. Der schwedische SCA-Konzern besitzt 1,8 Mio. Hektar Nutzwald und ist damit einer der größten Waldbesitzer Europas und der größte europäische Verwerter von Altpapier.

KONZERNÜBERBLICK. Die SCA Hygiene Products AG (ehemalige PWA Papierwerke Waldhof-Aschaffenburg AG) gehört traditionell zu den führenden Unternehmen der europäischen Papierindustrie. Die SCA Hygiene Products, die meist unter der Kurzbezeichnung SCA AG firmiert, ist der bedeutendste deutsche Zellstoff- und Papierhersteller, zu dessen Hygienepapiersortimenten für den Verbraucher so populäre Markenartikel wie »Zewa«, »apura« oder »Danke« (aus Altpapier) gehören. Seit 1995 ist die jetzige SCA AG mehrheitlich im Besitz der schwedischen SCA-Gruppe.
Mit der Aufstockung auf 97% der ehemaligen PWA-Anteile durch den größten schwedischen Papierproduzenten Svenska Cellulosa Aktiebolaget SCA gab es auch eine einschneidende Veränderung in der Konzernstruktur von PWA und SCA. Das alte PWA-Wellpappenverpackungsgeschäft mit den Aktivitäten der PWA-Tochter Zewawell wurde gegen die Tissue-Hygienepapieraktivitäten der schwedischen SCA Mölnlycke Tissue getauscht. Die neue organisatorische Einheit aus ehemaliger PWA Hygienepapiere und SCA Mölnlycke nimmt im Bereich Hygiene-Produkte Rang zwei in Europa ein und ist mit 56% (Vorjahr 53%) Hauptumsatzträger der neuen SCA AG. Entscheidendes Merkmal der neuen Organisation ist die klare Trennung der Geschäftsfelder Endverbraucher (Consumer Products) und Großverbraucher (Away from Home, Incontinence Care) auf Länderebene.
Die SCA AG ist innerhalb der SCA-Gruppe dezentral organisiert und operiert als eigenständiger deutscher Teilkonzern am Markt. Die SCA AG konzentriert sich jetzt ganz auf den Bereich Hygiene-Produkte. Entsprechend wurde der deutsche Teilkonzern der SCA-Gruppe umstrukturiert, das Beteiligungsportfolio neu ausgerichtet. Ende 1998 wurde der Bereich Verpackungen der früheren PWA (SCA Packaging Industriepapier GmbH) an die Konzernmutter veräußert. Die PWA Dekor GmbH und ihre Tochtergesellschaften in Spanien und den USA wurden an den schwedischen Papierkonzern Munksjö AB verkauft. 1999 wurden die Bereiche Feinpapiere und Handel der SCA AG – dazu gehören die Gesellschaften SCA Fine Paper GmbH und SCA Paper Trade GmbH – in ein Gemeinschaftsunternehmen mit den entsprechenden Interessen des schwedischen Papierherstellers Mo och Domsjö AB (Modo), Stockholm, eingebracht. An der neuen Gesellschaft, die mit einem Umsatz von 19 Mrd. SEK und 6.000 Beschäftigten der drittgrößte europäische Feinpapierkonzern ist, sind die SCA AG und Modo mit jeweils 50% beteiligt. Die SCA AG bringt in diese Fusion ihre Werke in Stockstadt/Deutschland, Hallein/Österreich und Wifsta/Schweden ein.
SCA Hygiene Products produziert in 13 europäischen Werken, darunter in den Produktionsstätten Mannheim und Kostheim, und kommt

Gründungsjahr: *1872. PWA ist 1970 entstanden durch den Zusammenschluß der Unternehmen Zellstoffabrik Waldhof AG und der Aschaffenburger Zellstoffwerke AG. 1998 Umfirmierung zur SCA Hygiene Products AG.*

Corporate Communications:
Katrin Kolb
Tel.: (08035) 80-501
Fax: (08035) 80-412
E-Mail: Katrin.Kolb@ hq.hygiene.sca.se

Verbände: *Die Verbände der papierverarbeitenden Industrie*

Vorstand:
▌ *Heinzel, Alfred H. (Vorsitzender), Aschau*
▌ *Lindholm, Nils (Finanzen), Pullach bei München*
▌ *Schadler, Reinhold O. (Arbeitsdirektor), Kolbermoor*

Vorstandsbezüge 1998:
2.283.000,– DM

Aufsichtsrat:
▌ *Martin-Löf, Sverker (Vorsitzender; Vorsitzender des Vorstandes der Svenska Cellulosa Aktiebolaget SCA), Stockholm/Schweden*
▌ *Bertorp, Michael (stellv. Vorsitzender der Svenska Cellulosa Aktiebolaget SCA), Stockholm/Schweden*
▌ *Binder, Hans-Peter, Dr. (Deutsche Bank AG), München*
▌ *Friman, Jan (Svenska Cellulosa Aktiebolaget SCA), Stockholm/Schweden*
▌ *Frölander, Ulf (Präsident der SCA Raw Materials and Logistics), Zaventem/Belgien*
▌ *Rietz, Åke (stellv. Vorsitzender des Vorstandes der Svenska Cellulosa Aktiebolaget SCA), Stockholm/Schweden*

auf eine jährliche Produktionskapazität von 900.000 t Tissue. Die Produktionspalette der SCA AG in der Division Consumer Products umfaßt Toilettenpapiere, Küchentücher, Taschentücher, Servietten und Kosmetiktücher. Zu den bekanntesten Marken gehören »Zewa« und »Danke« in Deutschland und Österreich, »Edet« in Skandinavien und den Niederlanden sowie »Domex« in Belgien. Die Produktpalette der SCA AG der Division Away from Home umfaßt Papierhandtücher, Papierputzrollen, Toilettenpapiere, Spezialreinigungstücher für die Industrie, Liegenabdeckungen, Servietten und Kosmetiktücher (»Tork«). Die SCA AG übernahm die englische Papierfabrik Prudhoe (»Kleenex«, »Scotties«) von Kimberly-Clark Corp. In Kolumbien übernahm die Gruppe 20% der Productos Familia, eines der führenden Anbieter von Tissue-Produkten in Teilen Südamerikas.

BETEILIGUNGEN. In den Konzernabschluß wurden 1998 neben der SCA Hygiene Products AG 16 inländische und 61 ausländische Tochtergesellschaften einbezogen, an denen die SCA Hygiene Products AG die Mehrheit hält. Die wesentlichen Gesellschaften der SCA Hygiene Products AG sind: SCA Hygiene Products Holding GmbH, Raubling (100%); SCA Hygiene Products GmbH, Mannheim (100%); PWA Waldhof GmbH, Polkenberg (100%); SCA Hygiene Products GmbH, Wien/Österreich (87,7%); Apura S.A., Sausheim/Frankreich (100%); SCA Hygiene Products S.A./N.V., Stembert/Belgien (55,9%); SCA-PWA France Holding SAS, Paris/Frankreich (100%); SCA Hygiene Products S.A. (AFH) Tissue, Paris/Frankreich (100%); SCA Hygiene Products S.A. (Fluff) Ltd., Dunstable/Großbritannien (100%); SCA Hygiene Products UK Ltd., Prudhoe/Großbritannien (100%); SCA Hygiene Products Nederland B.V., Zeist/Niederlande (97,3%); SCA Hygiene Paper Espãna S.L., Puigpelat/Spanien (100%); SCA Hygiene Paper Inc., Eddystone/USA (100%); Productos Familia S.A., Medellin/Kolumbien (50%); SCA Hygiene Products Sp.z o.o., Wroclaw/Polen (100%); SCA Hygiene Products Corporation, Sucat/Philippinen (100%); OOO Svetogorsk Tissue, Svetogorsk/Rußland (100%); SCA/PWA Alpha Holding B.V., Amsterdam/Niederlande (100%).

DIE PAPIERINDUSTRIE AM STANDORT DEUTSCHLAND. Der Konzentrationsprozeß unter den Papierherstellern in Europa hat sich dramatisch verschärft. Die deutsche Papierindustrie ist dabei, endgültig ausverkauft zu werden. Nach der Feldmühle AG, Düsseldorf, der Zanders Feinpapiere AG, Bergisch-Gladbach, und der Hannoversche Papierfabriken AG, Alfeld, erwarb der schwedische Papierkonzern Svenska Cellulosa AB (SCA) Anfang 1995 den größten deutschen Papierkonzern PWA. Für einen Kaufpreis von 1,2 Mrd. DM kauften die Schweden die PWA-Anteile der VIAG und der Bayerischen Hypo-Bank. Nach der Übernahme von PWA durch SCA versicherten die Schweden, daß PWA weiter von Deutschland aus selbständig geleitet werden und als deutscher Börsenwert bestehen bleiben solle. Das hielt nicht lange. Mit dem neuen Vorstandsvorsitzenden Alfred H. Heinzel hat der schwedische Großaktionär einen eigenen Mann an der Spitze der PWA plaziert. Die Verpackungsgruppe der SCA ist in Europa mit rund 76 Produktionsstätten in neun europäischen Ländern Marktführer. Im Rahmen der Integration von SCA und PWA ging PWA, wenngleich auch eigenständig am Markt operierend, nun völlig im SCA-Konzern auf

de Ruvo, Alf (Svenska Cellulosa Aktiebolaget SCA), Stockholm/Schweden
Voss, Harald, Dr. (Rechtsanwalt), Frankfurt/Main
**Sklarek, Paul (stellv. Vorsitzender)*
**Brust-Haas, Werner*
**Celba, Antonie*
**Czirnich, Wolfgang, Dr.*
**Gottselig, Frank*
**Haberer, Werner*
**Huth, Klaus*
**Sehr, Frank*

Aufsichtsratstantiemen 1998: *643.000,– DM*

BÖRSE, AKTIEN, KURSE
Grundkapital 1998: *354,6 Mio.*
Jahreshöchstkurs 1998: *335,00 DM (171,28 €)*
Jahrestiefstkurs 1998: *300,00 DM (153,39 €)*
Aktie Jahresende 1998: *321,00 DM (164,12 €)*
Dividende pro Aktie 1998: *17,15 DM*

Die Dividende bezieht sich auf einen Aktiennennbetrag von DM 50,–. 1998/99 wurde das Grundkapital auf nennwertlose Stückaktien umgestellt. Anfang 1998 haben SCA und PWA einen Beherrschungsvertrag abgeschlossen, nachdem die SCA mit Sitz in Stockholm/Schweden bereits 1995 die Mehrheit des Aktienkapitals an der PWA übernommen hatte. Inzwischen hält SCA rund 97% der PWA-Aktien.

und büßte mit der Umfirmierung in SCA Hygiene Products AG (SCA AG) die eigene Identität entgegen den Ankündigungen der Schweden völlig ein.
Ähnlich wie 1998 dem PWA-Konzern erging es der Feldmühle AG, die innerhalb der FPB Holding AG unmittelbarer Bestandteil und Tochter des schwedischen Stora-Konzerns ist. 1997 ging auch noch die Karlsruher E. Holtzmann & Cie. AG an den finnischen Papierkonzern Enso Oy. Schließlich 1998 die Ankündigung einer Mammutfusion: der Zusammenschluß der schwedischen Stora (60%) mit der finnischen Enso (40%) zum größten europäischen Papierkonzern Stora-Enso.

GLOBALE STRATEGIEN UND DER STANDORT DEUTSCHLAND. Daß im Zuge der zunehmenden Konzentration im internationalen Papiergeschäft Globalisierung selbstverständlich ist, steht außer Frage. Aber auch die SCA Hygiene Products AG als deutscher Teilkonzern der schwedischen SCA-Gruppe ist in ihrem Spezialgebiet Hygiene-Produkte ein Global Player und nimmt eine internationale Spitzenposition ein. Das am liebsten unter SCA AG firmierende Unternehmen hat 1998 mehrere Unternehmen akquiriert: Das spanische Tissue-Unternehmen Marpo wurde gekauft, in Rußland wurde die Tissue-Fabrik Svetogorsk mit den modernsten Tissuemaschinen des Landes erworben, die rund 20% des Tissue-Gesamtbedarfs in Rußland decken. Akquiriert wurde auf den Philippinen das Tissue-Unternehmen Holland Pacific Paper Inc., in Kolumbien wurde die Beteiligung an Productos Familia von 20% auf 50% erhöht. Das Unternehmen ist im Bereich Tissue Marktführer in Kolumbien und hält eine starke Position in Ecuador. Weitere Expansionspläne werden in Süd-, Zentral- und Osteuropa, in Lateinamerika und Südostasien gehegt.

INNERBETRIEBLICHE BÜNDNISSE. Im Rahmen der Übernahme der PWA durch die schwedische SCA-Gruppe und der Integration der PWA als siebtes Geschäftsfeld gab es zahlreiche Verschiebungen in den einzelnen Produktgruppen, von denen mehrere Unternehmen betroffen waren. Management und Mitarbeiter haben diesen Umstellungsprozeß durch einvernehmliche innerbetriebliche Lösungen vergleichsweise reibungslos bewerkstelligt. Arbeitsgruppen wurden eingesetzt für die Geschäftsfelder Hygiene-Produkte, Grafische Papiere und Verpackungen, die den Auftrag hatten, die Effekte aus der neuen Gruppierung SCA/PWA voll zu nutzen. Alle Möglichkeiten, von Kooperationen bis hin zum schließlich praktizierten Austausch von Unternehmenseinheiten, wurden in Übereinstimmung von Management und Betriebsräten geprüft. Neue Führungspositionen wurden bei PWA und SCA ausschließlich von innen besetzt. Die bei PWA bereits seit Mitte der 90er Jahre praktizierten flexiblen Arbeitszeiten wurden ausgeweitet sowie die Gruppenarbeit und das Total Quality Management ausgebaut.

UMWELTSCHUTZ. Im Zuge der Zusammenführung von PWA und SCA wurden auch die Umweltaktivitäten beider Unternehmen innerhalb eines Umwelt-Beirates aufeinander abgestimmt. Der Rat koordiniert die konzernweiten Umweltschutzaktivitäten. PWA war seit Jahren europaweit einer der größten Hersteller chlorfrei gebleichten Zellstoffs. Als erster europäischer Tissue-Hygienepapier-Hersteller mit integrierter Zellstoffproduktion wurde das Werk Mannheim 1996 nach dem

Umsatz 1998: *5.708,3 Mio.*
(Auslandsanteil: 73%)
Umsatz 1997: *5.189,1 Mio.*
(Auslandsanteil: 70%)
Umsatz 1996: *5.002,0 Mio.*
(Auslandsanteil: 64%)

Gewinn 1998: *685,9 Mio.*
Gewinn 1997: *287,5 Mio.*
Gewinn 1996: *227,3 Mio.*

Cash flow 1998: *1.083,0 Mio.*
Cash flow 1997: *498,0 Mio.*
Cash flow 1996: *497,0 Mio.*

Cash flow: *Die Investitionen wurden vollständig aus dem Cash flow bezahlt.*

Steueraufkommen 1998: *81,0 Mio.*

Beschäftigte 1998: *11.758*
Beschäftigte 1997: *10.238*
Beschäftigte 1996: *10.100*

Umsatz pro Mitarbeiter 1998: *485.482,– DM*
Umsatz pro Mitarbeiter 1997: *506.847,– DM*
Umsatz pro Mitarbeiter 1996: *495.248,– DM*

Löhne und Gehälter 1998: *791.2 Mio.*
Löhne und Gehälter 1997: *771,6 Mio.*
Durchschnittsgehalt 1998: *67.290,– DM*
Soziale Abgaben und Aufwendungnen 1998: *229,9 Mio.*
Soziale Abgaben und Aufwendungen 1997: *209,3 Mio.*

Bezüge pro Vorstandsmitglied 1998: *761.000,– DM*
Tantiemen pro Aufsichtsrat 1998: *40.188,– DM*

Investitionen 1998:
380,0 Mio.
Investitionen 1997:
177,0 Mio.
Investitionen 1996:
160,0 Mio.

Mitbewerber: *Kimberly-Clark, Procter & Gamble, Fort James, Johnson & Johnson*

EU-Öko-Audit zertifiziert. Für alle Produktionsstandorte der PWA wurden Stoff- und Energiebilanzen erstellt, die den Input (Roh- und Hilfsstoffe, Energie etc.) und Output (Produkte, Abfall, Abwasser etc.) eines Standortes unter Berücksichtigung der Umwelteinwirkung erfassen.

Forschung, Entwicklung, Innovationen.

Im Zentrum der Forschungs- und Entwicklungsaktivitäten stehen die Rohstoffentwicklung, die Entwicklung neuer Produkte, die Optimierung und Qualitätsverbesserung bestehender Produkte sowie die weitere Forcierung der Forschung. Dazu arbeiten die Forschungs- und Technologiezentren in Göteborg und Mannheim im Rahmen eines Netzwerkes eng zusammen. Basisforschung betreibt für die gesamte SCA-Gruppe zentral das SCA Research in Sundsvall/Schweden, das SCA Graphic Paper angeschlossen ist.

SCHERING

Standort:
Müllerstraße 178
13353 Berlin

Postanschrift:
13342 Berlin

Telefon: *(030) 468-1111*
Telefax: *(030) 468-15305*
Internet: *www.schering.de*

Branche: *Pharmazeutische Industrie*

Rechtsform:
Aktiengesellschaft

Geschäftsjahr: *1.1.-31.12.*

Gründungsjahr: *1871*

Unternehmens-kommunikation:
Dr. Susan Crisp-Jungklaus
Tel.: (030) 468-12397
Fax: (030) 468-18195
E-Mail: susan.crisp.jungklaus@schering.de

Verbände: *Bundesverband der Pharmazeutischen Industrie e.V., Frankfurt/Main*

Geschichte und Entwicklung. Nachdem der Apotheker Ernst Schering 1864 die Konzession zur Errichtung einer chemischen Fabrik auf dem Gelände des heutigen Werkes Wedding erhalten hatte, erfolgte 1871 die Umwandlung von Scherings Fabrik in eine AG, die eigentliche Geburtsstunde des Konzerns. Bis 1927 firmierte das Unternehmen unter »Chemische Fabrik auf Actien (vorm. Schering)«. Dann begann eine rasante Entwicklung: die Einführungen der jeweils ersten Pflanzenschutzmittel, Östrogenpräparate, Röntgenkontrastmittel und galvanotechnischen Anlagen bis Anfang der 30er Jahre. Nach Übernahme der Kokswerke und Chemische Fabriken AG kam es 1937 zur Gründung der Schering AG. Nach zahlreichen Akquisitionen erfolgte 1959 der Erwerb der Chemischen Werke Bergkamen und ein Jahr später deren Verschmelzung auf die Schering AG. 1961 brachte Schering die erste europäische »Pille« (Anovlar) auf den Markt. In den 70er und 80er Jahren expandierte das Unternehmen rasant, es kam zum Aufbau eines weltweit operierenden Konzerns. Inzwischen bestimmt Schering die vierte Pillengeneration, ist weltweit federführend auf dem Gebiet der Kontrastmittel und zahlreicher Arzneimittel. 1994 wurde die Sparte Pflanzenschutz ausgegliedert und gemeinsam mit den Pflanzenschutzaktivitäten von Hoechst in das Gemeinschaftsunternehmen der Hoechst Schering AgrEvo GmbH überführt. 1995 wurde das US-Unternehmen Medrad, Inc. erworben, der weltweite Marktführer auf dem Gebiet der Injektionssysteme für Kontrastmittel. 1996 wurde der Geschäftsbereich Gynäkologie durch die Akquisitionen der finnischen Leiras-Gruppe und der Mehrheitsbeteiligung an der ostdeutschen Jenapharm-Gruppe (74,9%) verstärkt. 1997 kam es zur Kooperation mit der Hamburger Medac GmbH auf dem Gebiet der Onkologie, 1998 zur Gründung der metaGen Gesellschaft für Genomforschung mbH.

Besitzverhältnisse/Eigentumsstruktur.

Streubesitz bei ca. 78.000 in- und ausländischen Aktionären; größtes feststellbares Einzeldepot 10% des Grundkapitals. Vom Grundkapital befinden sich 57% bei deutschen Aktionären, 13% in Großbritannien, 8% in den USA, 9% in der Schweiz und 13% in weiteren Ländern. Aktionärsstruktur:

- private Anleger (23%)
- Investmentgesellschaften (25%)
- Versicherungen/Banken (46%); größter Einzelaktionär: Allianz AG, München (10,1%)
- andere (6%)

KONZERNÜBERBLICK. Schering ist heute ein reiner Pharma-Konzern und gehört zu den bedeutendsten Herstellern von pharmazeutischen Substanzen. Schering konzentriert sich auf die drei Geschäftsfelder Diagnostika, Fertilitätskontrolle und Hormontherapie sowie Therapeutika. Hinzu kommt die Geschäftseinheit Dermatologie mit einem Umsatz von rund 400 Mio. DM.

◆ Diagnostika: In der bildgebenden Diagnostik ist Schering auf den Gebieten Röntgen, magnetische Resonanz-Tomographie und Ultraschall führend. Das Diagnostika-Geschäft wurde Mitte der 90er Jahre mit dem Erwerb der US-amerikanischen Medrad, Inc. noch verstärkt. Schering bietet auf dem Diagnostika-Markt »Paketlösungen« an, z.B. vorgefüllte Spritzen und Kartuschen für Injektionssysteme. Umsatz 1998: 1.480 Mio. DM (Vorjahr: 1.577 Mio.).

◆ Fertilitätskontrolle und Hormontherapie: Schering verkauft weltweit die meisten Präparate zur Empfängnisverhütung. In der Hormontherapie werden Produkte zur Behandlung von Akne und Zyklusstörungen sowie Präparate zur Hormonsubstitution für die Frau in den Wechseljahren angeboten. Umsatz 1998: 2.272 Mio. DM (Vorjahr: 2.102 Mio.).

◆ Therapeutika: Schering konzentriert sich auf ausgewählte Technologien, u.a. auf Gentechnik und Biotechnologie zur Behandlung schwerer Krankheiten auf den Gebieten Herz-Kreislauf, Zentrales Nervensystem und Onkologie. Zu den für Schering wichtigsten Märkten im Ausland gehören Lateinamerika und die USA. Umsatz 1998: 2.000 Mio. DM (Vorjahr: 1.913 Mio.).

BETEILIGUNGEN. Der Schering-Konzern ist weltweit in 50 Ländern mit rund 140 Tochter- und Beteiligungsgesellschaften vertreten, Niederlassungen unterhält er in rund 100 Ländern. Der Konsolidierungskreis umfaßte 1998 28 in- und 89 ausländische Gesellschaften. Zu den wichtigsten Beteiligungen des Konzerns gehören: Schering Deutschland Holding AG, Hamburg (100%); Germapharm GmbH, Import Export Spedition, Hamburg (100%); Jen-

Vorstand:

- *Vita, Giuseppe, Dr. (Vorsitzender)*
- *Pohle, Klaus, Prof. Dr. (stellv. Vorsitzender; Finanzen und Verwaltung; Asien, Australien)*
- *Erlen, Hubertus, Dr. (Personal, Produktion, Umweltschutz; Nordamerika)*
- *Köstlin, Ulrich, Dr. (Marketing, Vertrieb; Europa, Afrika)*
- *Stock, Günter, Prof. Dr. (Forschung und Entwicklung; Lateinamerika)*

Vorstandsbezüge 1998:
9.381.000,– DM

Aufsichtsrat:

- *Hamann, Hans-Jürgen (Ehrenvorsitzender), Berlin*
- *Subjetzki, Klaus (Vorsitzender; Vorsitzender des Aufsichtsrates der BHF-Bank Aktiengesellschaft), Frankfurt/Main*
- *Baumann, Karl-Hermann, Dr. (Vorsitzender des Aufsichtsrates der Siemens AG), München*
- *Dormandy, John A., Prof. (Mitglied des Vorstandes des St. George's Health Care Trust), London/Großbritannien*
- *Hagemann, Reiner, Dr. (Vorsitzender des Vorstandes der Allianz Versicherungs-AG), München*
- *Kohlhaussen, Martin, Dr. h.c. (Sprecher des Vorstandes der Commerzbank AG), Bad Homburg v.d.H.*

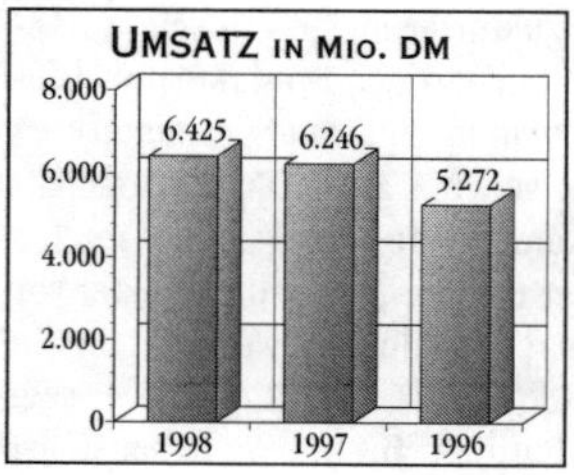

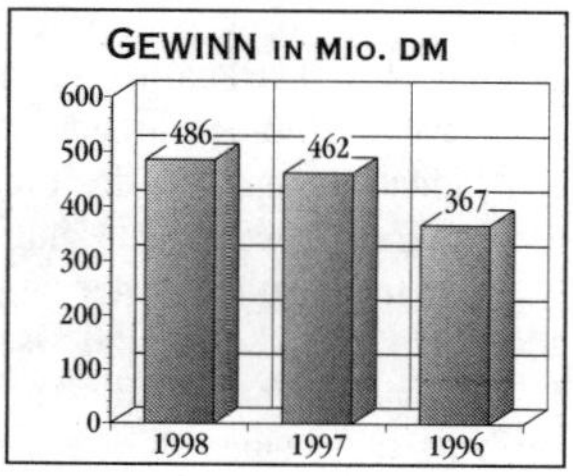

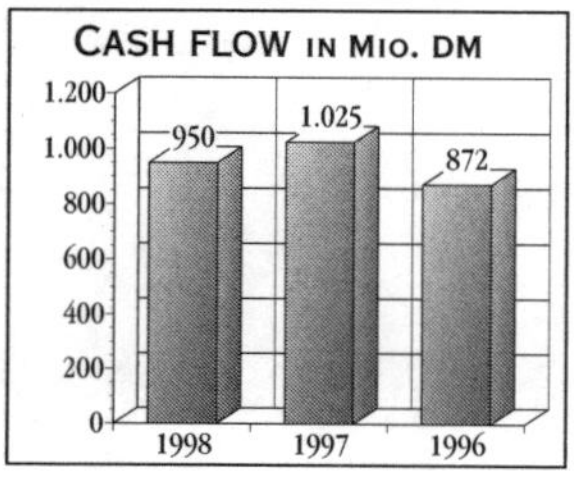

❙ *Kramp, Horst (ehem. Mitglied des Vorstandes der Schering AG), Berlin*
❙ *Krumnow, Jürgen, Dr. (Mitglied des Vorstandes der Deutsche Bank AG), Königstein/Ts.*
❙ *Zenk, Meinhart H., Prof. Dr. (Ordentlicher Professor für Pharmazeutische Biologie an der Universität München), München*
**Wingefeld, Jürgen (stellv. Vorsitzender)*
**Deutschmann, Norbert*
**Heitbaum, Johannes*
**Niendorf, Hans-Peter, Dr.*
**Scheel, Hans-Jürgen*
**Schmitt, Günter*
**Sommer, Ulrich, Dr.*
**Webers, Heinz-Georg*

Aufsichtsratstantiemen 1998: *2.880.000,– DM*

BÖRSE, AKTIEN, KURSE
Grundkapital 1998:
338,3 Mio.
Jahreshöchstkurs 1998:
226,80 DM (115,96 €)
Jahrestiefstkurs 1998:
162,00 DM (82,83 €)
Aktie Jahresende 1998:
209,25 DM (106,99 €)
Dividende pro Aktie 1998:
2,64 DM

Die Dividende bezieht sich auf je 5,– DM Aktiennennbetrag. Die Aktien wurden 1999 auf nennwertlose Stückaktien umgestellt. Die Dividendensumme 1998 betrug 178 Mio. DM.

apharm GmbH & Co. KG, Jena (74,9%); Hoechst Schering AgrEvo GmbH, Berlin (40%); Leiras OY, Turku/Finnland (100%); Schering S.A., Lys-Lez-Lannoy/Frankreich (99,9%); Schering Holdings Ltd., Burgess Hill/Großbritannien (100%); N.V. Schering S.A., Diegem/Belgien (100%); Schering Nederland B.V., Weesp/Niederlande (100%); Schering S.p.A., Mailand/Italien (100%); Schering Wien Holding Ges.m.b.H., Wien/Österreich (100%); Schering (Schweiz) AG, Zürich/Schweiz (100%); Schering España S.A., Madrid/Spanien (99,9%); Schering Berlin Inc., Wilmington/Delaware, USA (100%); Schering do Brasil Ltda., São Paulo/Brasilien (100%); Schering Mexicana S.A., Mexico City/Mexiko (100%); Schering Pty. Ltd., Sydney/Australien (100%); Nihon Schering K.K., Osaka/Japan (99,9%); Schering Korea Ltd., Seoul/Korea (100%); Schering (Pty.) Ltd., Midrand/Südafrika (100%).

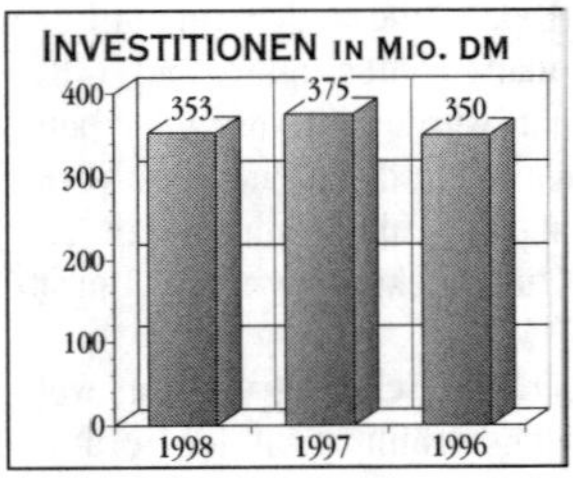

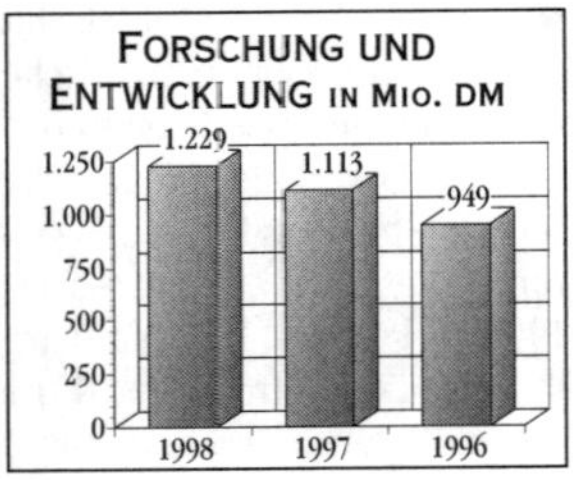

AGREVO – PFLANZENSCHUTZ-JOINT-VENTURE MIT HOECHST. Das mit Hoechst gegründete und aus dem Schering-Konzern herausgelöste Pflanzenschutz-Unternehmen Hoechst Schering AgrEvo GmbH, Berlin, hält einen Anteil von rund 10% am weltweiten Markt für Pflanzenschutzmittel. AgrEvo gliedert sich in die Segmente Herbizide, Insektizide/Akarizide, Fungizide, verschiedene sonstige Produkte und Environmental Health. AgrEvo erwarb für 1 Mrd. DM die amerikanische Gentechnikfirma Plant Genetic-Systems. Schering geht davon aus, daß der 40%ige Anteil an der AgrEvo durch den Zusammenschluß der Hoechst AG mit der französischen Rhône-Poulenc zur Aventis erheblich an Wert gewinnen wird. Schering hält an der neuen Aventis CropScience S.A. (ACS), Lyon/Frankreich, die dann mit einem Weltmarktanteil von 15% die weltweite Spitzenposition bei Pflanzenschutzmitteln einnehmen wird, 24%. Vertraglich kann Schering seinen ACS-Anteil erstmals 2004 frei verkaufen. Der Schering-Vorstand rechnet dann mit einem Anteilswert von rund 10 Mrd. DM. Umsatz 1998: 4.243 Mio. DM.

GLOBALE STRATEGIEN UND DER STANDORT DEUTSCHLAND. Schering will – nach zahlreichen Umstrukturierungen – in seiner neuen Rolle als reiner Pharma-Konzern mit neuartigen Produkten als Global Player weltweit führende Positionen in Pharma-Spezialmärkten einnehmen. Knapp 85% des Umsatzes von 6,4 Mrd. DM erwirtschaftete Schering 1998 im Ausland. Besonders die Engagements in den USA und Japan sollen weiter ausgebaut werden und neue Märkte, vor allem in China, Korea und Osteuropa, erschlossen werden. Um in Amerika gezielter expandieren und akquirieren zu können, erwägt Schering sogar einen Börsengang in den USA. Besonders expansiv ist

AgrEvo, die 1998 das Reissaatgutgeschäft des größten brasilianischen Reissaatgutherstellers Granja 4 Irmaos S.A. akquirierte. Zur Verstärkung des globalen Saatgutgeschäftes akquirierte AgrEvo auch das niederländische Unternehmen Leen de Mos Holding.
1998 wurde der Geschäftsbereich Deutschland ausgegliedert und in eine eigene Tochtergesellschaft, die Schering Deutschland GmbH, überführt. Schering will mit dieser Maßnahme interne Entscheidungswege verkürzen und eine verbesserte Markt- und Kundenorientierung für das Deutschlandgeschäft erreichen. Die neue Produktionsstrategie will die pharmazeutische Produktion auf wenige europäische Standorte konzentrieren mit dem Ziel einer stärkeren Spezialisierung auf jeweils wenige Produktgruppen. So werden in Deutschland neben chemischen Präparaten alle Kontrastmittel produziert. Italien spezialisiert sich auf die Salbenproduktion, Spanien auf Röntgenkontrastmittel und Frankreich auf die Konfektionierung von Tabletten. In Berlin wurden zwei pharmazeutische Produktionsbetriebe geschlossen, die mikrobiologische Entwicklung von Berlin nach Bergkamen verlagert. Der Unternehmensbereich Chemie mit den drei chemisch-technischen Sparten Galvanotechnik, Industriechemikalien und Naturstoffe, einst ein Standbein des Konzerns, wurde bereits Anfang der 90er Jahre verkauft. 1996 hatten Schering und die GEHE AG vereinbart, die ostdeutsche Jenapharm-Gruppe als Gemeinschaftsunternehmen zu führen. Schering ist mit 74,9%, GEHE mit 25,1% an dem Joint-venture beteiligt. Über Jenapharm, die schon zu DDR-Zeiten führender Hersteller der Antibaby-Pille in Osteuropa war, will Schering verstärkt die osteuropäischen Märkte erschließen.

INNERBETRIEBLICHE BÜNDNISSE. Auf der Grundlage innerbetrieblicher Vereinbarungen wurde in Deutschland für alle Mitarbeitergruppen ein Bonusmodell eingeführt. Das Gehaltssystem von Schering soll sich künftig noch stärker an den individuellen Leistungen der Mitarbeiter orientieren. Ein subventioniertes Belegschaftsaktienprogramm kam 1998 zum Tragen. Bonussysteme für Führungskräfte auf der Grundlage jährlicher Zielsetzungen wurden weltweit in allen Konzerngesellschaften eingeführt.
Im Produktionsbereich werden verstärkt Zeitarbeitsverträge abgeschlossen mit dem Ziel, diese Arbeitsplätze später den von Umstrukturierungen betroffenen Beschäftigten anbieten zu können. Es gibt zahlreiche bedarfsorientierte Arbeitszeitmodelle. 457 Jugendliche waren 1998 bei Schering in der Ausbildung. Schering veröffentlicht einen ausführlichen Personal- und Sozialbericht.

UMWELTSCHUTZ. Ziele des Schering-Umweltschutzes: Reduzierung des nicht verwertbaren Abfalls bis zum Jahr 2000 um 12%, des Wasserverbrauchs um 15% und des Stromverbrauchs um 5% (alle Basis 1996); Reduzierung des CO_2-Ausstoßes gemäß der Selbstverpflichtung der Chemischen Industrie (VCI) bis zum Jahr 2005 um 30%; Reduzierung der Unfälle in der Schering AG auf zehn Unfälle pro 1.000 Mitarbeiter. Für den größten Produktionsstandort Bergkamen hat Schering 1998 eine Umwelterklärung erstellt, die nach der EG-Öko-Audit-Verordnung validiert wurde. Schering veröffentlicht einen Umweltbericht für nationale und internationale Produktionsstandorte.

Umsatz 1998: *6.425,1 Mio.*
Umsatz 1997: *6.245,8 Mio.*
Umsatz 1996: *5.272,2 Mio.*

Gewinn 1998: *486,4 Mio.*
Gewinn 1997: *462,3 Mio.*
Gewinn 1996: *366,9 Mio.*

Cash flow 1998: *949,8 Mio.*
Cash flow 1997: *1.025,4 Mio.*
Cash flow 1996: *871,5 Mio.*

Cash flow: *Die Investitionen wurden aus dem Cash flow finanziert.*

Steueraufkommen 1998: *342,1 Mio.*

Beschäftigte 1998: *22.043*
Beschäftigte 1997: *21.479*
Beschäftigte 1996: *21.145*

Umsatz pro Mitarbeiter 1998: *291.480,– DM*
Umsatz pro Mitarbeiter 1997: *290.787,– DM*
Umsatz pro Mitarbeiter 1996: *267.556,– DM*

Löhne und Gehälter 1998: *1.680,0 Mio.*
Löhne und Gehälter 1997: *1.610,0 Mio.*
Durchschnittsgehalt 1998: *76.215,– DM*
Soziale Abgaben und Aufwendungen 1998: *413,0 Mio.*
Soziale Abgaben und Aufwendungen 1997: *456,0 Mio.*

Bezüge pro Vorstandsmitglied 1998: *1.876.200,– DM*
Tantiemen pro Aufsichtsrat 1998: *180.000,– DM*

Investitionen 1998: *353,0 Mio.*
Investitionen 1997: *375,0 Mio.*
Investitionen 1996: *350,0 Mio.*

Forschung und Entwicklung 1998: *1.229,0 Mio.*
Forschung und Entwicklung 1997: *1.113,0 Mio.*
Forschung und Entwicklung 1996: *949,0 Mio.*

Mitbewerber: *BASF, Bayer, Boehringer, Du Pont, Glaxo, Hoechst, Degussa-Hüls, ICI, Merck, Novartis, Nycomed, Roche, Sandoz, Wacker*

FORSCHUNG, ENTWICKLUNG, INNOVATIONEN.
Die Aufwendungen für Forschung und Entwicklung betrugen 1998 mit 1.229 Mio. DM 19% des Konzernumsatzes, wovon 38% auf das Ausland entfielen. In den Forschungs- und Entwicklungsabteilungen des Konzerns arbeiteten 1998 weltweit 3.900 Mitarbeiter, davon 2.000 in der Schering AG. Neben dem äußerst erfolgreichen Multiple-Sklerose-Präparat Betaferon wurde aus eigener Forschung das erste Ultraschall-Kontrastmittel Levovist erfolgreich auf dem Markt plaziert. Schering arbeitet ständig an rund 50 großangelegten Forschungsprojekten in unterschiedlichen Entwicklungsstadien. Eine zunehmende Rolle spielt bei der Entwicklung innovativer Arzneimittel die Gentechnik. Betaferon wurde genetisch hergestellt. An den klinischen Studien zu Betaferon nahmen in vier Jahren breiter Anwendung 1.600 Patienten in Europa und den USA teil. Mehr als 70.000 Patienten wurden bisher mit dem Präparat behandelt, der weltweite Umsatz betrug 1998 720 Mio. DM.

Schmalbach-Lubeca siehe VIAG
Schott siehe Zeiss-Schott

SIEMENS

Standort: *Wittelsbacherplatz 2 80333 München*

Postanschrift: *80312 München*

Telefon: *(089) 636-0*
Telefax: *(089) 636-34242*
Internet: *www.siemens.de*

Branche: *Elektrotechnik und Elektronik (einschl. Datenverarbeitung)*

Rechtsform: *Aktiengesellschaft*

Geschäftsjahr: *1.10.-30.9.*

Gründungsjahr: *1847 als OHG; ab 1890 KG; seit 1897 AG*

GESCHICHTE UND ENTWICKLUNG. Nachdem der Ingenieur, Elektrotechniker und Unternehmer Werner von Siemens (1816–1892) im Jahre 1846 den elektromagnetischen Zeigertelegrafen entwickelt hatte, gründete er ein Jahr später mit J. G. Halske (1814–1890) in Berlin die »Telegraphen Bau-Anstalt Siemens & Halske«, den Ursprung der heute weltweit operierenden Siemens AG. 1866 kam es zur Entdekkung des dynamoelektrischen Prinzips, ein Meilenstein auf dem Weg zur modernen Starkstromtechnik, durch Werner von Siemens. Es folgten die Gründung zahlreicher Auslandsgesellschaften und eine rege internationale Betätigung, u. a. 1870 Fertigstellung der Indo-Europäischen Telegrafenlinie, die London mit dem fast 11.000 km entfernten Kalkutta verband. 1897 erfolgte die Umwandlung zur Siemens AG. Siemens war führend in der Nachrichten- und Energietechnik. 1903 kam es zur Fusion der starkstromtechnischen Abteilungen mit der Nürnberger »Elektrizitäts-AG vorm. Schuckert & Co.« zur »Siemens-Schukkertwerke GmbH« in Berlin, die 1927 ebenfalls AG wurde. Zahlreiche Erfindungen und bahnbrechende Patente ließen Siemens & Halske rasch wachsen. 1913 wurde der Sitz des Unternehmens, die »Werkstadt« am Nordwestrand Berlins, offiziell in Siemensstadt umbenannt. Nach großen Verlusten zum Ende des Ersten Weltkrieges, besonders der Auslandsdependancen, folgte der erneute Aufstieg durch innovative Erfindungen. 1919 wurde mit der AEG die Osram GmbH als Zusammenschluß verschiedener Glühlampenwerke gegründet. Es folgten zahlreiche Akquisitionen, Beteiligungen und Firmengründungen.
1945 kam es zur Zerstörung, Demontage und zu Enteignungen der im Osten gelegenen Werke sowie dem Verlust der im Ausland liegenden Patente und Vermögenswerte. Gegen Kriegsende wurden die Zentralen

von Siemens & Halske nach München, die der Siemens-Schuckertwerke nach Erlangen verlegt. Seitdem gibt es neben dem Sitz Berlin den Sitz München mit der Siemens-Hauptverwaltung. Es erfolgte ein rascher Wiederaufbau auf der Grundlage der Werke in den Westzonen und der Berliner Siemensstadt. 1966 folgte die Firmierung zur Siemens AG nach Eingliederung der Siemens-Schuckertwerke und der Siemens-Reiniger-Werke in die Siemens & Halske AG und deren Umbenennung. 1976 kam es zur Übernahme der Osram GmbH, 1977 der Kraftwerk Union AG, die 1987 mit der Transformatoren Union AG auf die Siemens AG verschmolzen wurde. Siemens tätigte während der 70er und 80er Jahre zahlreiche Großakquisitionen in der ganzen Welt. 1990 übernahm Siemens die Nixdorf Computer AG. Von 1904 bis 1981 waren Nachkommen von Werner von Siemens Aufsichtsratsvorsitzende des Weltkonzerns: Arnold von Siemens (1853–1918), Wilhelm von Siemens (1855–1919), Carl Friedrich von Siemens (1872–1941), Hermann von Siemens (1885–1986), Ernst von Siemens (1903–1990) und Peter von Siemens (1911–1986).

BESITZVERHÄLTNISSE/EIGENTUMSSTRUKTUR.
Streubesitz bei rund 573.000 Aktionären. 60% des Kapitals befindet sich nachweislich im Besitz von über 489.000 inländischen Aktionären; 73.000 Siemens-Aktionäre leben im Ausland. Die weltweite Gliederung nach Aktionärsgruppen:

- Institutionelle Anleger, d.h. Investmentgesellschaften, Versicherungen, Banken (45%); davon in- und ausländische Investmentgesellschaften 30%. Verwaltet werden die Aktien in rund 3.000 Depots. Die restlichen 15% werden von rund 2.600 Versicherungsgesellschaften und Banken gehalten.
- Privatpersonen (44%); das sind etwa 541.000 private Anleger. Hierin enthalten sind auch Siemens-Mitarbeiter, die regelmäßig Aktien zum Vorzugspreis erwerben können.
- Sonstige Unternehmen, d.h. überwiegend Holding- und Vermögensverwaltungsgesellschaften (5%)
- Sonstige Depots, d.h. Stiftungen, Erbengemeinschaften, öffentliche Institutionen aller Art (4%)
- nicht erfaßt (2%)

Vom Inlandsbesitz befinden sich 17% in den Händen von Arbeitnehmern, 5% bei Selbständigen und freien Berufen, 8% in sonstigen privaten Depots, 16% bei Investmentfonds und 11% bei Banken und Versicherungen sowie 3% bei sonstigen Gruppierungen.

FAMILIE SIEMENS. Die Familie Siemens hält einen Anteil am Grundkapital von 6,94% – davon 5,29% Stammaktien, 1,65% stimmberechtigte Vorzugsaktien. Da sich bei unternehmensstrategisch entscheidenden Fragen das Stimmrecht der Vorzugsaktien versechsfacht, erreicht der Anteil der Familie Siemens nach Konzernangaben 14,03%. Aktueller Börsenwert des Aktien-Paketes der Familie Siemens: 2,7 Mrd. DM. Die Aktien der Familie und familiennaher Stiftungen werden treuhänderisch verwaltet von der Siemens-Vermögensverwaltung GmbH. Dieser Aktienanteil überschreitet als einziges Aktiendepot die von dem Wertpapierhandelsgesetz definierte, meldepflichtige Beteiligungsschwelle. Insgesamt besteht die Siemens-Familie aus ca. 180 Mitgliedern, von denen sechs die Anteile an der Siemens-

Unternehmens-kommunikation:
Dr. Eberhard Posner
Tel.: (089) 636-33470
Fax: (089) 636-32844
E-Mail: Eberhard.Posner@ mchw.siemens.de

Öffentlichkeitsarbeit:
Ursula Faßl
Tel.: (089) 636-33819
Fax: (089) 636-32825

Presseabteilung:
Thomas Weber
Tel.: (089) 636-32812
Fax: (089) 636-32825

Siemens Forum:
Prannerstraße 10
80333 München
Tel.: (089) 636-32660

Verbände: *Verbandszugehörigkeit entsprechend allen Konzernbereichen*

Vorstand:
- *von Pierer, Heinrich, Dr. (Vorsitzender; Leitung: Unternehmensplanung- und entwicklung; Betreuung: Unternehmenskommunikation, Wirtschaftspolitik und Außenbeziehungen)*
- *Jung, Volker, Dr. h.c. (Betreuung: Elektromechanische Komponenten, Halbleiter, Information and Communication Networks, Information and Communication Products, Passive Bauelemente und Röhren, Siemens Business Services GmbH & Co. OHG; Afrika, Naher und Mittlerer Osten, GUS)*
- *Krubasik, Edward G., Dr. (Betreuung: Automatisierungs- und Antriebstechnik, Anlagenbau und Technische Dienstleistungen, Automobiltechnik, Produktions- und Logistiksysteme, Automobiltechnik, Siemens Building Technologies AG, Verkehrstechnik, Technik)*
- *Neubürger, Heinz-Joachim (Leitung: Finanzen; Betreuung: Siemens Financial Services, Siemens Immobilien Management)*
- *Pribilla, Peter (Leitung: Personal; Betreuung: Informations- und Kommunikationsstrukturen, Amerika)*
- *Radomski, Jürgen (Betreuung: Einkauf und Logistik, Medizinische Technik, Osram, Europa)*
- *Wilhelm, Günter, Dr. E.h. (Betreuung: Energieübertragung und -verteilung, Energieerzeugung/KWU, Asien, Australien)*
- *Hüttl, Adolf (Energieerzeugung/KWU)*
- *Koch, Roland (Information and Communication Networks)*
- *Martinsen, Wolfram O. (Verkehrstechnik)*
- *Schumacher, Ulrich, Dr. (Halbleiter)*
- *Weyrich, Claus, Prof. Dr. (Technik)*

Vorstandsbezüge 1997/98:
19.200.000,– DM

Vermögensverwaltung GmbH halten. Wichtigster Familienvertreter ist Peter von Siemens, der die Familie auch im Aufsichtsrat vertritt.

KONZERNÜBERBLICK. Siemens gehört weltweit zu den traditionsreichsten Unternehmen der Elektrotechnik und Elektronik. Nach Umsatz- und Mitarbeiterzahlen zählt Siemens zu den sechs größten Unternehmen der Weltelektronikindustrie. Im Rahmen von Produktion und Logistik werden in weltweit rund 500 Einkaufsabteilungen für 40 Mrd. DM Materialien zur Verarbeitung gekauft, etwa die Hälfte davon im Ausland. Das Siemens-Einkaufsinformationssystem enthält 25.000 Stammlieferanten. Das in Deutschland bezogene Material sichert bei den Lieferanten des Mittelstandes nach einer Siemens-Berechnung etwa 150.000 Arbeitsplätze. In verschiedenen geschäftsführenden Bereichen und insgesamt 250 Geschäftsfeldern ist der multinational operierende Konzern tätig. Dabei gliedert er sich in die Arbeitsgebiete Energie, Industrie, Information und Kommunikation, Verkehr, Medizin, Bauelemente, Licht sowie Finanz- und Immobiliengeschäft.

◆ Arbeitsgebiet Energie (Umsatz 1997/98: 17.598 Mio. DM; Vorjahr: 15.989 Mio.):

● Energieerzeugung/KWU: In diesem Bereich ist die frühere Kraftwerk Union aufgegangen: konventionelle und Kernkraftwerke; fossile Energieerzeugung, nukleare Energieerzeugung (Kernkraftwerke, nukleare Entsorgung, Endlagerung und Stillegung; Lasertechnik; Keramikprodukte), Kernbrennstoff-Kreislauf. KWU lieferte KKWs in die Niederlande, nach Spanien, Argentinien, Brasilien und in den Iran und baute alle neueren KKWs in der Bundesrepublik (bis auf Mülheim-Kärlich). Von Westinghouse Electric wurde das Geschäftsgebiet »Power Generation« gekauft. Die neu gegründete Siemens Westinghouse Power Corporation, die Ende 1998 in den Bereich Energieerzeugung/KWU integriert wurde, baut Kraftwerke und Anlagen weltweit. Mit British Nuclear Fuels wurde ein Joint-venture eingegangen.

● Energieübertragung und -verteilung: Hochspannung, Transformatoren, Zähler-, Schutz-, Leittechnik, Starkstromkabel und Starkstromleitungen.

◆ Arbeitsgebiet Industrie (Umsatz 1997/98: 26.647 Mio. DM; Vorjahr: 24.800 Mio.):

● Automatisierungs- und Antriebstechnik: Dieser neu gegründete Siemens-Bereich mit Sitz in Nürnberg/Erlangen entstand 1997 aus wesentlichen Teilen der Bereiche Antriebs-, Schalt- und Installationstechnik (Antriebe, Motoren, Schaltgeräte, Transformatoren, Installations- und Kanalsysteme, Steckdosensysteme, Gebäudesystemtechnik) und Automatisierungstechnik (Industrieautomatisierungssysteme, Systeme für Werkzeugmaschinen, Geräte und Systeme der Meß- und Prüftechnik, Produktionsautomatisierung, Roboter-Steuerungen, Prozeßleitsysteme und Logistiksysteme). Der Bereich beschäftigt über 50.000 Mitarbeiter, die Hälfte davon im Ausland. Der Bereich kommt auf einen weltweiten Marktanteil von 8%.

● Anlagenbau und Technische Dienstleistungen: Der Bereich ist aus dem ehemaligen Geschäftsbereich Anlagentechnik hervorgegangen und hat seine sechs Geschäftsgebiete mit Beginn des Geschäftsjahres 1997/98 branchenorientiert organisiert. Der Anlagenbau umfaßt die drei Geschäftsgebiete Metall-, Montan- und Papierindustrie; Infrastruktur, Schiffbau und Prüftechnik; Gas und Petrochemie. Hinzu kommen die Geschäftsgebiete Technische Dienstleistungen und Straßenverkehrstechnik.

● Produktions- und Logistiksysteme: Dieser Bereich mit 4.600 Beschäftigten entstand im Zuge der Neustrukturierung des Arbeitsgebietes Industrie zum 1. Oktober 1997 mit Sitz in Nürnberg. Mit den drei Geschäftsgebieten Logistics and Factory Automation, Postal Automation und Electronics Assembly Systems soll die gesamte Bandbreite der Industrieautomatisierung abgedeckt werden: Produktionsautomatisierung, Bestückautomaten, Flughafen- und Lagerlogistik, Sortiermaschinen für Postsendungen. 1997 wurde die AEG ElectroCom GmbH, Konstanz, akquiriert, die nun als Siemens ElectroCom GmbH firmiert (Tochterunternehmen insbesondere in den USA) und ihre Schwerpunkte auf dem Gebiet der Postautomatisierung hat.

● Siemens Buildings Technologies AG (Gebäudetechnik): Am 1. Oktober 1998 wurden die von Siemens übernommenen Industrie-Aktivitäten der schweizerischen Elektrowatt in diesen neuen Siemens-Bereich integriert. Hinzu kam das Geschäftsgebiet Gebäudetechnik der Siemens AG. Der neue in Zürich ansässige Bereich mit 30.000 Beschäftigten und einem Umsatz von 8 Mrd. DM ist in seinem Segment Weltmarktführer.

◆ Arbeitsgebiet Information und Kommunikation (Umsatz 1997/98: 46.915 Mio. DM; Vorjahr: 42.475 Mio.):

● Information und Communication Networks: Planung und Aufbau von Betreibernetzen und Firmennetzen jeder Größenordnung. Das Fernsprechvermittlungssystem EWSD ist bei über 300 Betreibern in rund 100 Ländern installiert und mit 150 Mio. Anschlüssen das weltweit erfolgreichste System. Im Mobilfunk bietet Siemens die digitale GSM-Technik (Global System for Mobile Communications) mit 50 Netzbetreibern in 40 Ländern Europas, Asiens, Afrikas und Amerikas an. Aufträge zum Aufbau von digitalen Mobilfunknetzen hat Siemens von 230 Betreibern in 70 Ländern. Siemens ist mit seinen Informations- und Kommunikationslösungen in über 120 Ländern vertreten.

● Information und Communication Products: schnurgebundene und schnurlose Telefone, Mobiltelefone, ISDN-Karten, Notebooks, Personal Computer, Workstations, Terminals, Hochleistungsdrucker, Faxgeräte, Server und Kommunikationskabel, Multimedia. Das in diesem Bereich angesiedelte Geschäftsgebiet Computer Systems ist in die beiden Geschäftseinheiten Volumenprodukte (Personal Computer und Server mit Intel-Prozessoren) und Enterprise-Computer (Großrechner und Server mit Unix-Betriebssystemen) aufgeteilt.

● Siemens Business Services: Consulting, Systemintegration, Professional Services und Outsourcing, IT-Lösungen aller Art.

Mitte 1999 gaben Siemens und die japanische Fujitsu Ltd. die Gründung einer Gemeinschaftsfirma Fujitsu Siemens Computers bekannt, die weltweit unter die ersten drei Produzenten und Anbieter für PCs, Notebooks, Server und Großrechner aufrücken soll.

◆ Arbeitsgebiet Medizin (Umsatz 1997/98: 7.427 Mio. DM; Vorjahr: 7.578 Mio.):

● Medizinische Technik: Das Arbeitsgebiet beinhaltet Produkte und Dienstleistungen der Medizintechnik für Diagnostik und Therapie für niedergelassene Ärzte und Krankenhäuser (Röntgensysteme, Ultraschall, Computertomographen, Kernspintomographen, Systeme für die Nuklearmedizin, Geräte für Strahlentherapie, Elektromedizin).

Aufsichtsrat:

❙ *Baumann, Karl-Hermann, Dr. (Vorsitzender; ehem. Mitglied des Siemens-Zentralvorstandes), München*

❙ *Breuer, Rolf-E., Dr. (stellv. Vorsitzender; Sprecher des Vorstandes der Deutsche Bank AG), Frankfurt/Main*

❙ *Gandois, Jean (Président von Cockerill Sambre S.A.), Paris/Frankreich*

❙ *Kimmit, Robert M. (Senior Partner der Kanzlei Wilmer, Cutler & Pickering), Arlington/USA*

❙ *Kriwet, Heinz, Dr. (Vorsitzender des Aufsichtsrates der Thyssen Krupp AG), Düsseldorf*

❙ *Markl, Hubert, Prof. Dr. (Präsident der Max-Planck-Gesellschaft zur Förderung der Wissenschaften e.V.), Konstanz*

❙ *Schmidt, Albrecht, Dr. (Sprecher des Vorstandes der Bayerische Hypo- und Vereinsbank AG), München*

❙ *Schulte-Noelle, Henning, Dr. (Vorsitzender des Vorstandes der Allianz AG), München*

❙ *von Siemens, Peter (Industriekaufmann; Vertreter der Gründerfamilie), München*

❙ *Vasella, Daniel L. (Vorsitzender der Geschäftsleitung und Delegierter des Verwaltungsrates der Novartis International AG), Binningen/Schweiz*

**Graf, Alfons (stellv. Vorsitzender)*

**Cors, Helmut*

**Eichler, Bertin*

**Grube, Birgit*

**Hawreliuk, Heinz*

**Heckmann, Ralf*

**Nassauer, Georg*

**Seubert, Georg*

**Wigand, Klaus*

**Zahl, Erwin*

Aufsichtsratstantiemen 1997/98: *1.300.000,– DM*

BÖRSE, AKTIEN, KURSE
Grundkapital 1998:
2.928,0 Mio.
Jahreshöchstkurs 1998:
141,00 DM (72,09 €)
Jahrestiefstkurs 1998:
74,50 DM (38,09 €)
Aktie Jahresende 1998:
107,50 DM (54,96 €)
Dividende pro Aktie 1997/98: *1,50 DM*

Die Dividende bezieht sich auf je 5,– DM Aktiennennbetrag. Die Dividende der Siemens AG 1998 betrug 892 Mio. DM. Das Grundkapital wurde auf nennwertlose Stückaktien umgestellt.

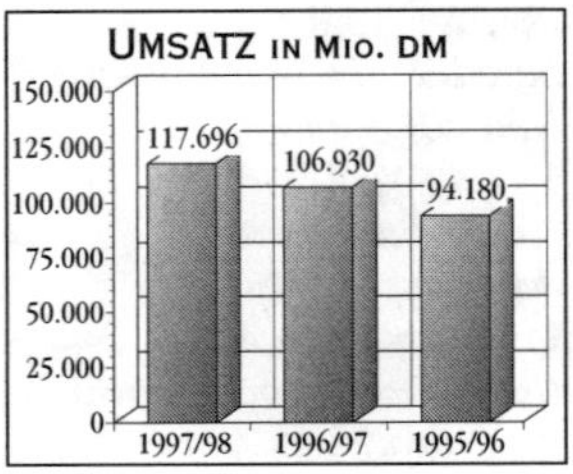

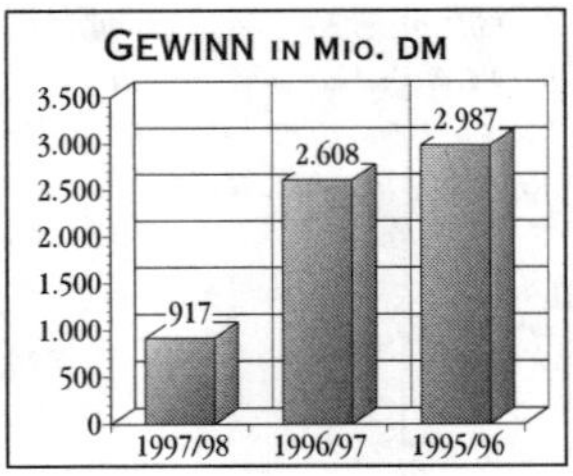

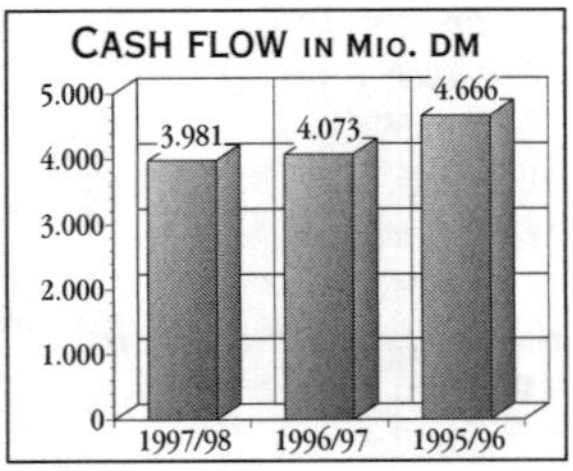

◆ Arbeitsgebiet Verkehr (Umsatz 1997/98: 10.614 Mio. DM; Vorjahr: 8.582 Mio.):

● Verkehrstechnik: Dazu gehören Anlagen für den schienengebundenen Verkehr, elektrische Ausrüstungen für den nicht schienengebundenen Verkehr außer Pkw, Sicherungssysteme, Leitsysteme, ICE-Züge, dieselelektrische Triebzüge mit Wagenkastenneigung. Siemens setzt trotz massiver Kritik aus vielen Teilen der Gesellschaft als Mitglied des Transrapid-Konsortiums auf die Magnetbahn Transrapid.

● Automobiltechnik: Steuer-, Regel- und Informationssysteme, Elektromotoren, Bordnetze, Ansaug-, Gemischbildungs- und Abgaskomponenten. Siemens-Automobiltechnik ist weltweit an rund 70 Standorten auf allen wichtigen Märkten präsent.

◆ Arbeitsgebiet Bauelemente (Umsatz 1997/98: 10.817 Mio. DM; Vorjahr: 9.372 Mio.):

● Halbleiter: Die Halbleitersparte (Bauelemente für den Einsatz in Informationstechnik, Industrie-, Automobil- und Unterhaltungselektronik, Chipkarten-ICs, Mikrocontroller, Transistoren, Sensoren, Leuchtdioden und Displays) mit rund 25.000 Siemens-Beschäftigten, davon 12.000 in Deutschland, wurde 1999 in die rechtlich eigenständige Gesellschaft Infineon Technologies AG, München, ausgegliedert. Diese Gesellschaft soll in Deutschland und den USA an die Börse gebracht werden.

● Elektromechanische Komponenten: Der Bereich Elektromechanische Komponenten (Relais, Steckverbinder, Schalter und Tasten) wurde 1999 umgewandelt in die Siemens Electromechanical Components GmbH & Co. KG, München, und soll mittelfristig verkauft werden.

● Passive Bauelemente und Röhren: Kondensatoren, Module, Röhren, Widerstände. Der Bereich besteht zum größten Teil aus dem rechtlich selbständigen Joint-venture Siemens Matsushita Components GmbH, an dem Siemens mit 50% beteiligt ist.

◆ Arbeitsgebiet Licht (Umsatz 1997/98: 6.558 Mio. DM; Vorjahr: 6.327 Mio.):

● Osram GmbH (Produkte der Lichttechnologie): Glühlampen, Leuchtstofflampen, Hochdrucklampen, Fahrzeuglampen, Signallampen, Lampen für Foto, Film, TV, Bühne und Optik, elektronische Betriebsgeräte; Außenbeleuchtung, Beleuchtungssysteme, Serienleuchten, Beleuchtungselektronik, Bürobeleuchtung, Industriebeleuchtung. Größte Tochtergesellschaft ist die Osram Sylvania, Inc., Danvers/USA. Bei Osram arbeiten 26.000 Beschäftigte.

◆ Arbeitsgebiet Finanz- und Immobiliengeschäft (Umsatz 1997/98: 262 Mio. DM):

● Siemens Financial Services: Aufgaben dieses neuen, weltweit unternehmerisch eigenverantwortlich agierenden Bereiches sind die Finanzierung der operativen Einheiten, die Abwicklung des Verrechnungsverkehrs, Dispositionen und Verwaltung der nicht im Anlagevermögen gebundenen Liquidität sowie die Auftrags- und Kundenfinanzierung. Die Einheit führt auch die Leasingaktivitäten des Konzerns und verwaltet die gebundenen Geldvermögen des Konzerns.

● Siemens Immobilien Management: Dieser Bereich verwaltet den Immobilienbesitz des Konzerns. Siemens verfügt über einen riesigen Grundbesitz, konzernweit über 41 Mio. m² mit einem Buchwert von 2 Mrd. DM. Der Buchwert der Gebäude liegt bei 2,3 Mrd. DM in der

AG bzw. 6,3 Mrd. DM im Konzern. Der Marktwert wird aber erheblich höher eingeschätzt.

◆ BSH Bosch-Siemens Hausgeräte GmbH: Zur BSH haben vor 25 Jahren Bosch und Siemens ihre Hausgeräteaktivitäten zusammengeschlossen. Das Unternehmen ist europaweit das zweitgrößte seiner Branche und unterhält Fertigungsstätten in Deutschland, Spanien, Griechenland und Slowenien (siehe auch Bosch).

BETEILIGUNGEN. Der Siemens-Konzern umfaßt weltweit über 1.000 Gesellschaften und Beteiligungen, von denen 104 (Vorjahr: 67) inländische und 554 (Vorjahr: 298) ausländische Tochterunternehmen konsolidiert wurden. Siemens ist in über 190 Ländern mit eigenen Gesellschaften, Stützpunkten, Landesbüros, Vertriebsorganisationen und Vertretungen präsent, in 45 Ländern verfügt Siemens über 400 eigene Produktionsstätten. Alle großen Siemens-Unternehmen verfügen ihrerseits wiederum über zahlreiche Tochter- und Beteiligungsgesellschaften. Zu den wichtigsten verbundenen Siemens-Unternehmen gehören im In- und Ausland:

● Siemens Nixdorf Informationssysteme AG, Paderborn (100%); Siemens Business Services GmbH & Co. OHG, München (100%); Osram GmbH, München (100%); Siemens ElectroCom GmbH, Konstanz (100%); Vacuumschmelze GmbH, Hanau (100%); Duewag AG, Krefeld (100%); Siemens Microelectronics Center GmbH & Co. OHG, Dresden (100%); Siemens Matsushita Components GmbH & Co. KG, München (50%); BHS Bosch-Siemens Hausgeräte GmbH, München (50%–50% Bosch); Tela Versicherung Aktiengesellschaft, Berlin und München (50%–je 25% halten die Allianz und die Münchener Rück).

● Siemens S.A., Saint-Gilles, Brüssel/Belgien (100%); Siemens S.A., Saint-Denis, Paris/Frankreich (100%); Siemens plc, Bracknell, London/Großbritannien (100%); Siemens S.p.A., Mailand/Italien (100% – die Siemenstochter und die italienische staatliche Fernmeldeproduktion Italtel SpA, Mailand, haben ihre Aktivitäten in einer neuen Gesellschaft mit fast 20.000 Beschäftigten zusammengelegt); Siemens Nederland N.V., Den Haag/Niederlande (100%); Siemens AG Österreich, Wien/Österreich (74%); Siemens Schweiz AG, Zürich/Schweiz (78%); Siemens S.A., Madrid/Spanien (100%); Siemens Corporation, New York/USA (100% – Siemens USA besitzt zahlreiche bedeutende Tochter- und Beteiligungsgesellschaften); Siemens Canada Ltd., Mississauga/Kanada (100%); Siemens Ltda., São Paulo/Brasilien (100%); Siemens S.A., Buenos Aires/Argentinien (100%); Siemens S.A. de C.V., México-City/Mexiko (100%); Siemens Components (Pte) Ltd., Singapur (100%); Siemens K.K., Tokio/Japan (83%); Siemens Components (Advanced Technology) Sdn. Bhd., Malacca/Malaysia (100%); Siemens Ltd., Johannesburg/Südafrika (64%); Siemens Ltd., Richmond, Melbourne/Australien (100%); Osram Sylvania, Inc., Danvers/MA, USA (100%).

GLOBALE STRATEGIEN UND DER STANDORT DEUTSCHLAND. Siemens ist schon immer einer der größten multinational operierenden Konzerne gewesen. Ein Grund mit, daß der Konzern als vergleichsweise schwerfällig gilt. Dem rückt der Vorstand nun rigoros mit einem »10-Punkte-Programm zur nachhaltigen Steigerung der

Umsatz 1997/98:
117.696,0 Mio.
(davon im Ausland: 81.444,0 Mio.)
Umsatz 1996/97:
106.930,0 Mio.
(davon im Ausland: 70.631,0 Mio.)
Umsatz 1995/96:
94.180,0 Mio.
(davon im Ausland: 57.789,0 Mio.)

Gewinn 1997/98:
917,0 Mio.
Gewinn 1996/97:
2.608,0 Mio.
Gewinn 1995/96:
2.987,0 Mio.

Cash flow 1997/98:
3.981,0 Mio.
Cash flow 1996/97:
4.073,0 Mio.
Cash flow 1995/96:
4.666,0 Mio.

Cash flow: *Die Investitionen wurden zum größten Teil aus dem Cash flow finanziert.*

Steueraufkommen 1997/98:
780,0 Mio.

Beschäftigte 1997/98:
416.000 (Ausland: 222.000)
Beschäftigte 1996/97:
386.000 (Ausland: 189.000)
Beschäftigte 1995/96:
379.000 (Ausland: 176.000)

Umsatz pro Mitarbeiter 1997/98: *282.923,– DM*
Umsatz pro Mitarbeiter 1996/97: *248.496,– DM*
Umsatz pro Mitarbeiter 1995/96: *237.461,– DM*

Löhne und Gehälter 1997/98: *32.344,0 Mio.*
Löhne und Gehälter 1996/97: *30.985,0 Mio.*
Durchschnittsgehalt 1997/98: *77.750,– DM*
Soziale Abgaben und Aufwendungen 1997/98:
7.031,0 Mio.
Soziale Abgaben und Aufwendungen 1996/97:
7.075,0 Mio.

Bezüge pro Vorstandsmitglied 1997/98:
1.600.000,– DM
Tantiemen pro Aufsichtsrat 1997/98: *65.000,– DM*

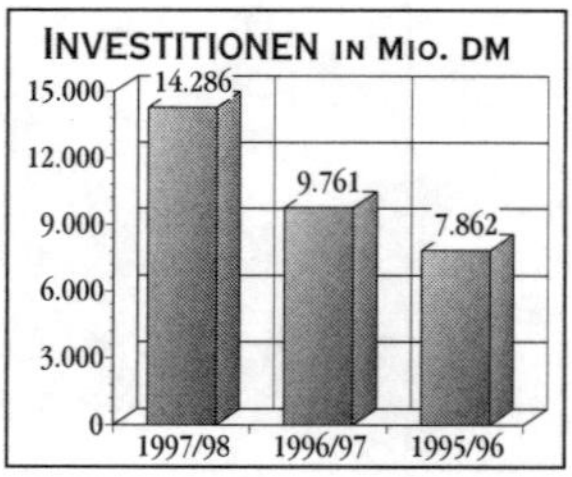

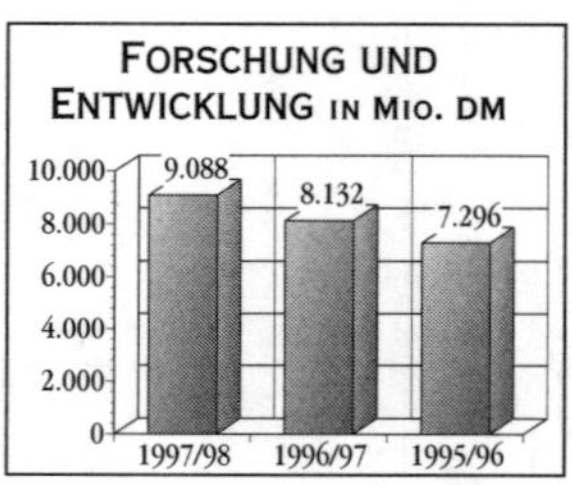

Ertragskraft« zu Leibe. Dazu gehören die Straffung des Geschäftsportfolios, die Stärkung der strategisch wichtigen Zukunftsfelder, die Ausrichtung aller Entscheidungen am Ziel der Steigerung des Unternehmenswertes sowie die Vorbereitung auf den Börsengang in den USA. So wurde der Konzern 1998/99 umgebaut wie seit vielen Jahren nicht mehr.
Besonders betroffen: das Arbeitsgebiet Information und Kommunikation. Dieser Bereich wurde grundlegend neu ausgerichtet und in die drei Bereiche Information und Communication Networks, Information und Communication Products und Siemens Business Services GmbH & Co. OHG gegliedert. Der gesamte Bereich hat über 100.000 Mitarbeiter und ein Umsatzvolumen von über 50 Mrd. DM. In diesem Arbeitsgebiet wurden die Gebiete Öffentliche Kommunikationsnetze, Private Kommunikationssysteme und Siemens Nixdorf Informationssysteme AG (SNI) miteinander verschmolzen. Mit dieser Fusion war aber auch das Ende der SNI AG besiegelt.
Zur Erinnerung: Die 1952 von Heinz Nixdorf in Paderborn gegründete Nixdorf Computer AG war 1990 von Siemens übernommen worden und mit der eigenen Daten- und Informationstechnik zur Siemens-Nixdorf Informationssysteme AG (SNI) verschmolzen worden. Statt dessen nun eine neue Computer-Allianz großen Ausmaßes: Im Juni 1999 gaben Siemens und der japanische Fujitsu-Konzern die Zusammenlegung ihrer Computergeschäfte weltweit bekannt. Die neue Fujitsu Siemens Computer wird ihren Sitz in den Niederlanden haben und in Deutschland etwa noch 6.500 Mitarbeiter in den Werken Augsburg, Paderborn und München beschäftigen.
Die Siemens-Industriebereiche wurden neu gegliedert, die Gebäudetechnik mit Elektrowatt fusioniert. Die Sicherungstechnik/Wehrtechnik mit 4.500 Beschäftigten wurde ausgelagert, die Flugsicherung in ein Joint-venture mit Thomson-CSF eingebracht, die Verteidigungselektronik an ein Konsortium von Daimler-Benz, Aerospace und British Aerospace verkauft, die Dentaltechnik veräußert, das Starkstromkabelgeschäft mit 6.200 Beschäftigten an Pirelli SpA verkauft. Die Sparte Hochleistungsdrucker war bereits ein Jahr zuvor veräußert worden. Der Verkauf weiterer Geschäftsfelder ist im Rahmen der neuen Wertsteigerungspolitik geplant.
Andererseits tätigte Siemens gerade 1998 zahlreiche Großakquisitionen. Für die Übernahme des fossilen Kraftwerksgeschäftes des US-amerikanischen Westinghouse-Konzerns sowie den Erwerb der auf dem Gebiet der Gebäudetechnik tätigen schweizerischen Elektrowatt wurden 5 Mrd. DM ausgegeben. Elektrowatt wurde anschließend mit der Siemens-Gebäudetechnik zur Siemens Buildings Technologies AG fusioniert.
Investitionen und Deinvestitionen dürfen aber nicht darüber hinwegtäuschen, daß es bei Siemens in der Vergangenheit besonders am Standort Deutschland einschneidende Eingriffe gegeben hat. Sanierungs- und Restrukturierungsprogramme kosteten 40.000 Mitarbeiter den Arbeitsplatz. Die Umstrukturierungs- und Stillegungsmaßnahmen ließ sich Siemens rund 7 Mrd. DM kosten. Am stärksten betroffen war SNI mit einem Abbau von über 6.000 Mitarbeitern. Und der Arbeitsplatzabbau im Inland geht weiter: KWU streicht 1.200 Stellen, die Verkehrstechnik und Siemens-Industrie wollen weitere Arbeitsplätze abbauen.

FRISCHER WIND BEI SIEMENS. Nach harter Kritik seitens der Aktionäre und Analysten (zu niedrige Dividenden, mangelhafte Erträge, ausufernde Geschäftsfelder, schwacher Börsenauftritt, rigoroser Arbeitsplatzabbau, schlechter als der DAX, negatives Image) orientiert sich Siemens nun stärker am Shareholder Value. Der Vorstand propagiert höhere Renditen und die Steigerung des Börsenwertes. Das wertorientierte Führungssystem verlangt jetzt für jedes Geschäftsgebiet und für jeden Bereich sogenannte GBW-Werte (Geschäftswertbeitrag). Derzeit ist die Wertsteigerung für das gesamte Unternehmen mit 8,5% nach Steuern festgelegt. Darüber hinaus sollen Tochtergesellschaften an die Börse gebracht, Geschäftsfelder weiter gestrafft werden. Der Rückkauf eigener Aktien ist geplant. Die Rechnungslegung wird dem US-Standard GAAP angepaßt (Geschäftsbericht 1999/2000), die Namensaktie eingeführt und der Gang an die New Yorker Börse avisiert.

INNERBETRIEBLICHE BÜNDNISSE. Im Siemens-Konzern gibt es mehr als 100 Arbeitszeitmodelle zur stärkeren Flexibilität für die Mitarbeiter und das Unternehmen. Wo immer es möglich ist, werden Teilzeitarbeitsplätze angeboten. Die unternehmensweite »top«-Bewegung (time optimized process), durch Prozeß- und Ablaufoptimierung die Innovationsfähigkeit und Produktivität (so Siemens) zu steigern, schließt die Anwendung flexibler Arbeitszeitgestaltung und Teilzeitarbeit ausdrücklich ein mit den Zielen: Kundenorientierung, Prozeßoptimierung in der Wertschöpfungskette, teambezogenes Führungsverhalten zur Förderung von Eigeninitiative und Eigenverantwortung. Zwischen der Siemens AG und dem Gesamtbetriebsrat wurde eine Betriebsvereinbarung zur Altersteilzeit getroffen, wonach Mitarbeiter ab dem 55. Lebensjahr ihre Arbeitszeit halbieren können. Das Entgelt und die Beiträge zur Rentenversicherung werden durch den Arbeitgeber aufgestockt. Die 4-Tage-Woche oder Partner-Teilzeit wird propagiert.

Für etwa 30.000 übertariflich bezahlte inländische Führungskräfte gilt ein Förder- und Gehaltssystem, mit dem nicht mehr nach Rängen und Titeln bezahlt wird, sondern flexibel und leistungsorientiert. Auf diese Weise soll der viel kritisierten Beamtenmentalität bei Siemens, der schwindenden Mobilität und Kreativität entgegengewirkt werden. Seit 1968 bietet Siemens seinen Mitarbeitern jährlich Belegschaftsaktien an. Auf diese Weise wurden bislang über 20% des Grundkapitals an Mitarbeiter verkauft. 1998 waren bei Siemens in Deutschland 9.500 Jugendliche in der Ausbildung, weitere 2.200 in 24 Ländern weltweit. Etwa 3.000 Hochschulabgänger (Ingenieure, Mathematiker und Naturwissenschaftler) steigen jährlich bei Siemens ein.

UMWELTSCHUTZ. Siemens verfügt über ein umfangreiches Umweltschutz-Management auf allen Ebenen. In den eigenen Fabriken wurde ein Konzept des integrierten Umweltschutzes entwickelt, in dem Grundmaterialien zurückgewonnen, Abwassermengen reduziert und Altgeräte sachgerecht entsorgt werden können. Siemens sieht Umweltschutz aber auch als lukrativen Geschäftszweig. Teile des Konzerns bieten Produkte und Anlagen zum Umweltschutz an, z.B. Katalysatoren, neue Verfahren, Systeme und Anlagen zur Abfallbeseitigung, zur Überwachung und Reinigung von Luft, Wasser und Boden, systemübergreifende Lösungen von Umweltfragen. Ein Milliardengeschäft

Investitionen 1997/98: *14.286,0 Mio.*
Investitionen 1996/97: *9.761,0 Mio.*
Investitionen 1995/96: *7.862,0 Mio.*

Forschung und Entwicklung 1997/98: *9.088,0 Mio. (7,7% vom Umsatz)*
Forschung und Entwicklung 1996/97: *8.132,0 Mio. (7,6% vom Umsatz)*
Forschung und Entwicklung 1995/96: *7.296,0 Mio. (7,7% vom Umsatz)*

Mitbewerber: *ABB, Alcatel Alsthom, Amdahl, AT&T, Bosch, BCE, British Aerospace, Copper Industries, Electrolux, Ericsson, Fujitsu, General Electric, Hitachi, IBM, Kodak, Mannesmann, Matsushita, Maytag, NEC, Nokia, Oki, Philips, Samsung, Sanyo, Sharp, Thomson SA, Thorn EMI, Toshiba*

erwartet der Geschäftsbereich KWU im Bereich der thermischen Müllentsorgung. Der Umweltbericht 1998 wurde ergänzt durch Daten und Fakten 1999.

FORSCHUNG, ENTWICKLUNG, INNOVATIONEN.
Siemens-Forschung gehört zu der umfangreichsten auf der Welt. Über 9 Mrd. DM wurden 1998 in die Forschung und Entwicklung investiert, mehr als 30 Mio. DM pro Arbeitstag. Innovationen gehören zur Geschäftsstrategie von Siemens. Siemens will »Technologieführer« in seinen traditionellen Produktgebieten bleiben und zusätzlich neue Marktsegmente erschließen. 75% des Umsatzes werden mit Produkten gemacht, die nicht älter als fünf Jahre sind. Die zentralen Forschungs- und Entwicklungsaktivitäten sind in München und Erlangen gebündelt. Im Bereich Forschung und Entwicklung arbeiteten 1998 bei Siemens über 45.000 Menschen in allen 250 Geschäftsfeldern, auf denen der Konzern tätig ist. Siemens arbeitet mit mehr als 150 Hochschulen in aller Welt zusammen, mit dem Ziel der Verbindung eigener Forschung mit der universitären Wissenschaft. Jährlich werden den Patentämtern mehr als 5.000 Erfindungen gemeldet.

SIXT

Standort:
Dr.-Carl-von-Linde-Str. 2
82049 Pullach

Telefon: *(089) 7 44 44-0*
Telefax: *(089) 7 44 44-282*
Internet: *www.sixt.de*

Branche: *Autoverleih und Verkauf*

Rechtsform:
Aktiengesellschaft

Geschäftsjahr: *1.1.-31.12.*

Gründungsjahr: *1912*

Öffentlichkeitsarbeit:
Michaela Kube
Tel.: (089) 9393-1480
Fax: (089) 9393-1482
E-Mail: info@pr-factory.de

GESCHICHTE UND ENTWICKLUNG. 1912 wurde von Martin Sixt in München die Firma »Miet-Auto Martin Sixt« gegründet. Nach dem Krieg wurde 1946 die Geschäftstätigkeit von Hans Sixt mit einem einzigen Fahrzeug als Chauffeur-Service wieder aufgenommen. 1951 wurde die »Auto-Sixt und Vermietung an Selbstfahrer« gegründet. 1967 begann Hans Sixt als erstes Unternehmen in Deutschland mit dem Fahrzeug-Leasing. Ein Jahr später wurde die Firma in »Hans Sixt KG« umgewandelt. 1969 trat Erich Sixt als Geschäftsführer in das Familienunternehmen ein. 1977 folgte die Übernahme der Lizenz von Budget Rent a Car für Deutschland. 1982 kam es zur Umfirmierung in Sixt Autovermietung GmbH durch Hans und Erich Sixt (Warenzeichen Sixt/Budget). 1986 wurde die Sixt AG an der Börse eingeführt, zwei Jahre später die Sixt Leasing GmbH gegründet (1996 Umwandlung in eine AG). 1993 wurde die Sixt AG zur Holding umstrukturiert und das Autovermietgeschäft in die Sixt GmbH & Co. Autovermietung KG eingebracht. 1994 wurde ein europaweites Kooperationsabkommen mit der Deutschen Lufthansa AG geschlossen. In den folgenden Jahren wurden zahlreiche Niederlassungen und Tochtergesellschaften gegründet. 1997 kam es zur Mehrheitsbeteiligung an der Mohag GmbH, Recklinghausen, und zur gründung der Sixt Travel GmbH. 1998 wurde das Netz an Sixt-Stationen international ausgebaut.

BESITZVERHÄLTNISSE/EIGENTUMSSTRUKTUR.
- Erich Sixt, Grünwald (67% der Stammaktien)
- Rest Streubesitz

KONZERNÜBERBLICK. Sixt ist das älteste Mietwagen-Unternehmen Deutschlands und mit Abstand die Nummer eins der deutschen Auto-

vermieter. Sixt ist die Nummer eins innerhalb der internationalen Konkurrenz an deutschen Verkehrsflughäfen und im Marktsegment Geschäftsreisen. 24 Stunden täglich können Sixt-Wagen weltweit gemietet werden: über die deutsche Reservierungszentrale in Rostock, die europäische Sixt-Reservierungszentrale in Passau oder die Sixt-Reservierungs-Hotline weltweit sowie über das Internet. Sixt kann auch in allen Reisebüros, u.a. über Start-Amadeus, gebucht werden.
Sixt ist Europas größter Fahrzeugeinkäufer sowie der größte deutsche Gebrauchtwagenverkäufer. Die Mietwagenflotte umfaßt ständig 75.000 Fahrzeuge, die europaweit an mehr als 750 Stationen (ca. 350 in Deutschland) gemietet werden können. Die Hauptgeschäftsbereiche des Sixt-Konzerns sind die Autovermietung (Umsatz 1998: 1.343 Mio. DM), der Fahrzeugverkauf (Umsatz 1998: 2.544 Mio. DM) und das Leasing (Umsatz 1998: 343 Mio, DM). Die 100%ige Tochtergesellschaft Sixt Autoland vermarktet die Gebrauchtfahrzeuge der Sixt-Flotte, vom Privatverkauf bis zur Sixt Leasing AG. Insgesamt verkaufte Sixt 1998 rund 80.000 Gebrauchtwagen.
1998 wurden rund 134.000 (Vorjahr: 102.000) neue Fahrzeuge im Wert von 4 Mrd. DM der Marken Mercedes, BMW, Opel, Ford, VW/Audi, Renault, Volvo, Fiat, Alfa, Lancia, Peugeot, Nissan, Saab, Rover u.a. in die Sixt-Flotte eingegliedert, 31% mehr als ein Jahr zuvor. Bei den Nutzfahrzeugen stieg die Zahl der Fahrzeuge bei Mercedes-Benz um 35%, bei Iveco um 25% und bei MAN um 400%.
Sixt verfolgt eine kundenorientierte Einkaufspolitik bei der Anschaffung und Ausstattung der Autos. Allein in Deutschland wurden 1998 3.000 Pkw verschiedener Hersteller zusätzlich mit Navigationssystemen, 4.000 mit Autotelefonen und knapp 50.000 mit Klimaanlagen ausgestattet. Dazu ist Sixt eines der werbeintensivsten deutschen Unternehmen. Die orange-schwarzen, häufig originellen Anzeigen haben einen hohen Identifikations- und Wiedererkennungswert.
Strategische Allianzen ist Sixt mit verschiedenen Kooperationspartnern eingegangen, u.a. mit der Deutschen Bahn AG, zahlreichen Hotelketten (Hilton, Kempinski, Hyatt, Marriot, Relais du Silence Hotels, Ringhotels, European Castle Hotels, The Leading Hotels of the Word), Mannesmann Mobilfunk D2 und der ADAC Autovermietung. Hinzu kommen Kooperationen mit der Lufthansa, Air France, Air Littoral, British Airways, KLM, EL AL, Lauda Air, South African Airways, der Qualiflyer-Gruppe und United Airlines sowie Crossair, Europas führender Regionalfluggesellschaft.

BETEILIGUNGEN. Zu den wichtigsten Unternehmen der Sixt AG gehören zu 100%: Sixt GmbH & Co. Autovermietung KG, Taufkirchen; Sixt Leasing Aktiengesellschaft, Pullach; Sixt Allgemeine Leasing KGaA,

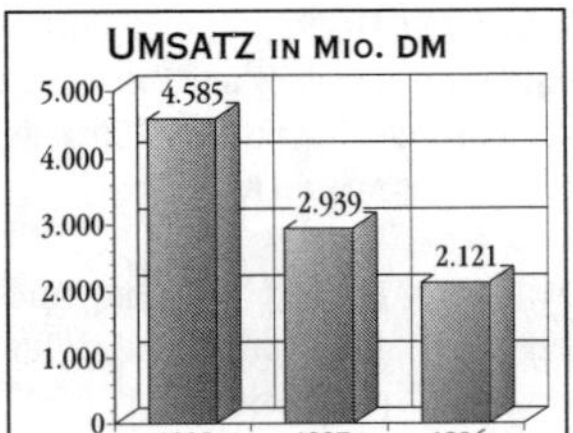

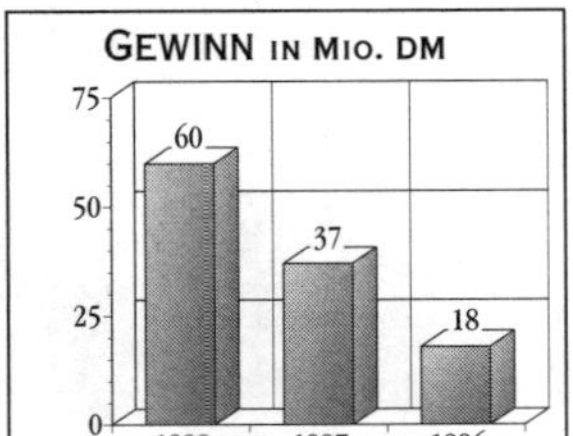

Vorstand:
- *Sixt, Erich (Vorsitzender), Grünwald bei München*
- *Sturm, Manfred, München*
- *Pätsch, Detlev, Oberhaching*

Vorstandsbezüge 1998:
4.930.000,– DM

Aufsichtsrat:
- *Klein, Hemjö (Vorsitzender; Vorsitzender des Vorstandes der Stella AG), Dreieich*
- *Bernstorff, Dietrich, Dr. (Rechtsanwalt), München*
- *Friedrich, Lorenz, Dr. (Geschäftsführer), Berg*

Aufsichtsratstantiemen 1998: *463.000,– DM*

Sixt hat einen aus drei Personen bestehenden Aufsichtsrat. Das Unternehmen Sixt hat keinen Betriebsrat und keine Arbeitnehmervertreter.

BÖRSE, AKTIEN, KURSE
Grundkapital 1998:
110,7 Mio.
Jahreshöchstkurs 1998:
Stammaktie: 158,42 DM (81,00 €)
Vorzugsaktie: 129,08 DM (66,00 €)
Jahrestiefstkurs 1998:
Stammaktie: 43,03 DM (22,00 €)
Vorzugsaktie: 37,16 DM (19,00 €)
Aktie Jahresende 1998:
Stammaktie: 129,08 DM (66,00 €)
Vorzugsaktie: 93,88 DM (48,00 €)
Dividende pro Aktie 1998:
Stammaktie: 1,56 DM
Vorzugsaktie: 1,60 DM

Die Dividende bezieht sich auf je 5,– DM Aktiennennbetrag. Das Grundkapital wurde auf nennwertlose Stückaktien umgestellt.

Umsatz 1998: *4.585,1 Mio.*
Umsatz 1997: *2.939,4 Mio.*
Umsatz 1996: *2.121,3 Mio.*

Gewinn 1998: *60,0 Mio.*
Gewinn 1997: *36,9 Mio.*
Gewinn 1996: *18,4 Mio.*

Cash flow 1998: *740,3 Mio.*
Cash flow 1997: *497,0 Mio.*
Cash flow 1996: *331,8 Mio.*

Steueraufkommen 1998: *57,4 Mio.*

Beschäftigte 1998: *1.971*
Beschäftigte 1997: *1.175*
Beschäftigte 1996: *991*

Umsatz pro Mitarbeiter 1998: *2.326.281,– DM*
Umsatz pro Mitarbeiter 1997: *2.501.617,– DM*
Umsatz pro Mitarbeiter 1996: *2.140.565,– DM*

Löhne und Gehälter 1998: *119,7 Mio.*
Löhne und Gehälter 1997: *82,6 Mio.*
Durchschnittsgehalt 1998: *60.731,– DM*
Soziale Abgaben und Aufwendungen 1998: *23,0 Mio.*
Soziale Abgaben und Aufwendungen 1997: *14,5 Mio.*

Bezüge pro Vorstandsmitglied 1998: *1.232.500,– DM*
Tantiemen pro Aufsichtsrat 1998: *154.333,– DM*

Hamburg; Sixt Autoland Central Garagen GmbH, München; Sixt Eurorent SAS, Paris/Frankreich; Sixt Plc., London/Großbritannien; Sixt G.m.b.H., Wien/Österreich; Sixt AG, Zürich/Schweiz; Sixt Finance B.V., Amsterdam/Niederlande; Mohag Motorwagen-Handelsgesellschaft mbH, Recklinghausen; Regeda GmbH Autoleasing + Autovermietung + Autohandel, Recklinghausen; Sixt Leasing (UK) Ltd., Milton Keynes/Großbritannien; Sixt Verwaltungsgesellschaft mbH, Pullach; Alsa Location de voitures S.A., Genf/Schweiz; Sixt Travel GmbH, Taufkirchen.

GLOBALE STRATEGIEN UND DER STANDORT DEUTSCHLAND. Sixt setzt in seiner Strategie alles daran, ein »Global Player« zu werden. Die begonnene Expansionspolitik in Europa wird konsequent fortgesetzt, außereuropäische Länder folgen. Sixt ist in den wichtigsten europäischen Vermietmärkten mit eigenen Stationen präsent, besonders stark in Großbritannien und Frankreich. Sixt ist außerhalb Europas u.a. in Ländern der Karibik und in Südafrika vertreten. Die Strategie: Globale Wirtschaftsbeziehungen, der weltweite Tourismus und die Integration der europäischen Binnenmärkte verlangen auch vom Autovermieter Denken und Handeln über nationale Grenzen hinaus. Besonders dem ständig wachsenden Tourismus mißt Sixt Bedeutung für expansive Pläne bei. Sixt will demnächst europaweit eine führende Rolle im Marktsegment Tourismus einnehmen. Günstige Weekend- und Holiday-Tarife in Verbindung mit Hotelangeboten werden weiter forciert. Sixt ist 1999 eine Kooperation mit dem amerikanischen Autovermieter Dollar Rent a Car eingegangen, in erster Linie zum Tausch der jeweilig angebotenen Autos in Europa und den USA. Während Sixt der größte Abnehmer von Mercedes-Fahrzeugen in Europa ist, ist Dollar der größte Chrysler-Einkäufer in den USA.

INNERBETRIEBLICHE BÜNDNISSE. Sixt hat keinen Betriebsrat und keine Arbeitnehmervertreter im Aufsichtsrat – für ein Unternehmen dieser Größenordnung unverständlich. Arbeitsflexibilität ist bei einem Auto-Vermietungsunternehmen fester Bestandteil nahezu aller Arbeitsverträge. Dem Personalmanagement wird im europaweit expandierenden Sixt-Konzern eine zunehmend größere Bedeutung beigemessen. Durch neue Personalentwicklungssyteme werden Mitarbeiter integriert und durch Training und Erfolgsbeteiligung für den »Dienst am Kunden« motiviert. Die Kundschaft verlangt von den Mitarbeitern eine zunehmende Kenntnis verschiedener Fremdsprachen. Sprachentraining für den täglichen Kundenkontakt wird deshalb in den letzten Jahren zunehmend forciert.

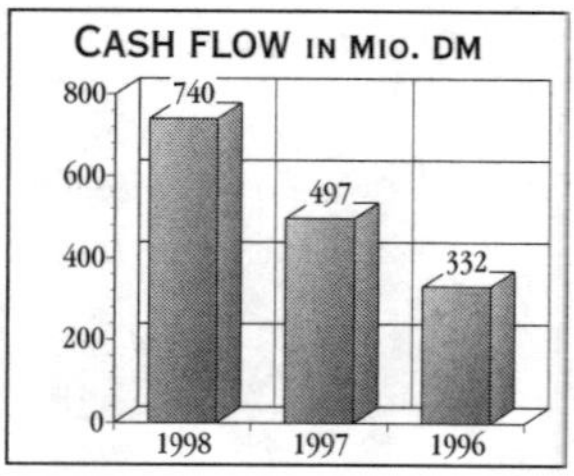

UMWELTSCHUTZ. Das Unternehmen mit der größten Fahrzeug-Flotte Europas macht über Umweltschutz keine Angaben.

KOMMENTAR. Sixt – das ist eine Erfolgsstory besonders der 90er Jahre. Mit phantasievoller, aber bisweilen auch aggressiver, weil vergleichender Werbung hat es Erich Sixt mit seinem Unternehmen binnen weniger Jahre vom lokalen Anbieter im Mietwagenbereich zum deutschen Marktführer gebracht, dem der Sinn nach noch weitaus Größerem steht. Der dynamische Unternehmer in dritter Generation des Familienunternehmens Sixt schickt sich an, auch in Europa eine Spitzenposition einzunehmen. Mit einem Umsatz von über 4 Mrd. DM und immensen Wachstumsraten ist das Mietwagen-Imperium von Erich Sixt zu einer internationalen Größe geworden. Der Aufstieg scheint nicht zu bremsen. Schnelle und flexible Entscheidungsstrukturen lassen das Management auf allen Ebenen immer passend reagieren und lehren die Konkurrenz das Fürchten. Lange Diskussionen, gar Widerspruch behindert das Geschäft. In all der Wachstumseuphorie wurde nicht einmal ein Betriebsrat installiert, bewußt oder vergessen sei dahingestellt – in dieser Form eine Einmaligkeit in der deutschen Unternehmenslandschaft. Als Sixt 1969 in den väterlichen Betrieb einstieg, zählte der Münchner Autovermieter gerade einmal 250 Autos. 1998 orderte das Unternehmen Sixt alleine 134.000 Fahrzeuge verschiedener Marken und avancierte damit zu Europas größtem Fahrzeugeinkäufer (und Gebrauchtwagenverkäufer). Allein 1998 orderte Sixt rund 20.000 Neufahrzeuge bei DaimlerChrysler und war so deren größter Kunde. Kein Wunder, daß immer wieder Gerüchte kursieren, Sixt stehe auf der Akquisitionspalette verschiedener Automobilkonzerne, zuvorderst auf der von DaimlerChrysler. Sixt dementiert, ihm stehe der Sinn nach Größerem.

Investitionen 1998:
4.000,0 Mio.
Investitionen 1997:
3.000,0 Mio.
Investitionen 1996:
1.900,0 Mio.

Mitbewerber: *Alamo, Avis, Budget, Enterprise, Europcar, Hertz, Holiday Cars, National*

SKW Trostberg siehe VIAG

SPAR

GESCHICHTE UND ENTWICKLUNG. Unter dem Dach der SPAR-Zentrale arbeiten rund 4.000 selbständige Einzelhändler. Daneben gibt es weitere sieben selbständige Großhändler, deren größter und wichtigster die 1985 gegründete SPAR Handels-AG ist. Die Gründung der AG wurde durch die SPAR-Gesellschafter Pfeiffer + Schmidt, Koch + Sohn und Kehrer + Weber, hinter denen ein Kreis von rund 15 Aktionären stand, auf freiwilliger Basis vollzogen. Die SPAR Handels-AG expandierte in den folgenden Jahren und erlebte durch die Wiedervereinigung und die damit begonnenen Aktivitäten in Ostdeutschland einen ungeheuren Boom. Die Gruppe übernahm kurz nach der Wende von der ehemaligen volkseigenen Einzelhandelsorganisation HO ca. 400 Supermärkte und ca. 1.600 kleinere Läden sowie über 50 ehemals volkseigene Einzelhandelsbetriebe und zehn Großhandelsbetriebe. In der SPAR Handels-AG werden etwa zwei Drittel des gesamten Umsatzes der SPAR-Gruppe zusammengefaßt. 1993 Übernahme und Integration eines Teils der Märkte des zur Metro gehörenden Asko-Konzerns. 1996 Übernahme der Promohypermarkt AG & Co. KG mit 36 SB-Warenhäusern (Continent), Erwerb von 66 Bolle Märkten in Berlin, Übernahme von Märkten der Firma Claus Kling-Söhne GmbH. 1997 Übernahme von Märkten der Holzer Parkkauf GmbH & Co., der Unternehmen Pfannkuch Handelsgesellschaft mbH und Pro

Standort:
Osterbrooksweg 35-45
22867 Schenefeld bei Hamburg

Telefon: *(040) 8394-0*
Telefax: *(040) 8394-1582*
Internet: *www.spar.de*

Branche: *Groß- und Einzelhandel, insbesondere Lebensmitteleinzelhandel*

Rechtsform:
Aktiengesellschaft

Geschäftsjahr: *1.1.-31.12.*

Gründungsjahr: *1985*

Öffentlichkeitsarbeit:
Dr. Jörg Schillinger
Tel.: (040) 8394-1789
Fax: (040) 8394-1922
E-Mail: spar-presse@spar.de

Verbände: *Das Unternehmen ist in den Verbänden des Einzel- und Außenhandels organisiert.*

Vorstand:
▪ *Fischer, Arwed (Vorsitzender; Strategische Planung; Öffentlichkeitsarbeit; Finanzen, Bilanzen, Controlling, Steuern, Revision; Logistik, Organisation, Informationsverarbeitung)*
▪ *Bonnet, Bernd (Personal, Personalentwicklung; Recht; Immobilien/Expansion; Versicherungen; Verwaltung Konzernunternehmen; Sicherheit und Umwelt)*
▪ *Fröbling, Thore (Einkauf/ Warenwirtschaft; Eigenmarken; Koordination Agenor)*

Vorstandsbezüge 1998:
4.219.711,– DM

Aufsichtsrat:
▪ *Gourgeon, Pierre (Vorsitzender; Präsident ITM Entreprises, Inhaber eines Intermarché-Marktes), Tournon/ Frankreich*
▪ *Schneidewind, Klaus-Peter (stellv. Vorsitzender; Kaufmann), Düsseldorf*
▪ *Bidet, Jean-Jacques (Inhaber eines Intermarché-Marktes), Saint Paul – Trois Châteaux/ Frankreich*
▪ *Bruns, Heiko, Dr. (Mitglied des Vorstandes der DG Bank Deutsche Genossenschaftsbank), Frankfurt/Main*
▪ *Ehlerding, Karl (Geschäftsführer), Hamburg*
▪ *Lebreton, Philippe (Präsident der ITM Südost, Inhaber eines Intermarché-Marktes), Verfeil/ Frankreich*

Verbrauchermarkt GmbH. Einstieg der französischen Intermarché Entreprises S.A. in die SPAR Handels-AG. Ende 1998 strategische Neuausrichtung auf kleine und mittlere Verkaufsflächen. Verkauf von 74 großflächigen Interspar SB-Warenhäusern an den US-Konzern Wal-Mart.

BESITZVERHÄLTNISSE/EIGENTUMSSTRUKTUR.
Inhaber-Stammaktien:
- Intercontessa AG, St. Gallen/Schweiz (75% + 1 Aktie). Daran sind die französische ITM Entreprises S.A. (Intermarché) mit 75% sowie der Altgesellschafter Klaus-Peter Schneidewind mit 25% beteiligt.
- ITM Entreprises S.A./Intermarché (7,9% direkt gehalten)
- DG Bank, Frankfurt/Main (5,4%)
- Weitere Pakete liegen bei Familie Bernhard A. Schmidt (SPAR-Gründer), Lieselotte Hellmann, Michael und Wolfgang Herz.
- Rest der Inhaber-Stammaktien in Streubesitz

Inhaber-Vorzugsaktien:
Die Inhaber-Vorzugsaktien sind allesamt in Streubesitz bei knapp 24.000 Aktionären.
- Privatanleger (58%)
- Unternehmen (7%)
- Versicherungen/Banken (3%)
- Investment-Fonds (7%)
- Auslandsbesitz (25% – davon USA 30,3%, Großbritannien 25,1%, Schweiz 20%)

KONZERNÜBERBLICK. Der Konzern unterteilt sich in die Bereiche Großhandel und Einzelhandel. Neben dem Groß- und Einzelhandel mit Lebensmitteln aller Art sowie Obst und Gemüse betreibt die SPAR Handels-AG auch eigene Zentralschlachtereien. Die SPAR Handels-Aktiengesellschaft mit Sitz in Hamburg hat folgende drei Großhandels-Hauptniederlassungen: Region Nordwest (Schenefeld), Region Südwest (Ellhofen) und Region Nordost (Mittenwalde). Die SPAR-Großhandlungen belieferten Ende 1998 knapp 3.800 selbständige SPAR-Einzelhändler (SPAR-Nachbarschaftsläden) und 1.560 konzerneigene Filialbetriebe. Der Umsatz der SPAR-Gruppe setzt sich zusammen aus dem Großhandel mit selbständigen Einzelhändlern, den C+C-, Großverbraucher- und sonstigen Großhandelsumsätzen und dem konzerneigenen Einzelhandel (403 Verbrauchermärkte, 751 Lebensmittel-Discountmärkte, 148 Non-Food-Discountmärkte und 38 SB-Großmärkte). Die SPAR Handels-AG betreibt diese Geschäfte in eigener Regie mit unterschiedlicher Ausrichtung: EUROSPAR (Verbrauchermärkte), Netto (Lebensmittel-Discountmärkte), KODI (Non-Food Discountmärkte), SB-Großmärkte (für Gastronomie, Tankstellen und Kioske), weitere Verbrauchermärkte (famka, attracta). In Form eines Partnerschaftsmodells gibt es das Vertriebskonzept SUPERSPAR. Der Marktanteil der SPAR am deutschen Lebensmittelmarkt lag 1998 bei 10,1%.
SPAR ist mit 50% an der von der Sügro Deutschland Handelsgesellschaft mbH & Co. KG, Essen, gegründeten Vertriebsgesellschaft Shop Trading International STI GmbH & Co. KG beteiligt, die intensiv den Convenience-Markt bearbeitet. Tankstellen-Shops (Agip, Elf, freie Tankstellenbetreiber) werden von SPAR mit Lebensmitteln beliefert,

die Sügro übernimmt die Verteilung. Mit der Mineralölgesellschaft Conoco Mineraloel GmbH, Hamburg, schloß SPAR 1999 einen Vertrag über die bundesweite exclusive Belieferung von etwa 600 Jet-Tankstellen.
Anfang 1998 wurden die Karlsruher Pfannkuch-Gruppe (212 Verbrauchermärkte, Umsatz 1,1 Mrd. DM) in Südwestdeutschland und die Hamburger PRO-Gruppe (152 Verbrauchermärkte, Umsatz 660 Mio. DM) in Norddeutschland übernommen. Beide werden in die Vertriebslinien selbständige SPAR-Einzelhändler und EUROSPAR integriert.
Erfolgreich ist SPAR mit der Einführung der SPAR-Markenwaren. 320 Artikel zur Deckung des Grundbedarfs an Nahrungs-, Genuß-, Haushalts- und Körperpflegemitteln rangieren unter der Bezeichnung »Die Sparsamen«, 280 Artikel für den gehobeneren Bedarf unter dem Etikett »Bunte SPAR Marke«. Hinzu kommen die Exklusiv-Marken (43 Artikel). Mit diesen eigenen Handelsmarken machte SPAR 1998 einen Umsatz von etwa 900 Mio. DM.
Im Rahmen der 1998 begonnenen Reorganisation der Strukturen der SPAR-Gruppe wurden die Bereiche Einkauf und Warenwirtschaft sowie Logistik und Personalwesen zentralisiert. Die bisherigen regional operierenden Einkaufsabteilungen (incl. Warenwirtschaft) wurden mit dem Zentraleinkauf der Deutschen SPAR zusammengeführt. Das gesamte Sortiment der SPAR wird jetzt national einheitlich gesteuert. Die Logistik wurde ebenfalls aus der bisherigen Verantwortung gelöst und in der konzerneigenen Logistik-Zentrale in Schenefeld gebündelt. Der nationale und internationale Einkauf von Spar und Intermarché wird von der neu gegründeten Agenor AG, Rapperswil/Schweiz, vorgenommen. Für den Obst- und Gemüseeinkauf wurde ein gemeinsames Fruchtkontor im spanischen Valencia gegründet.

BETEILIGUNGEN. Die wichtigsten Beteiligungen der SPAR Handels-AG in den Bereichen Groß- und Einzelhandel sind: Steinhaus GmbH & Co. KG, Wilnsdorf bei Siegen (100%); LHG Lebensmittel-Handels-GmbH & Co. famka-Leinekauf Nord KG, Bremervörde (77,7%); Calgros Andresen GmbH & Co. KG, Flensburg (84,8%); Gerhard Pram GmbH & Co. KG, Brinkum (50%); Handelsunion Frankenwald GmbH & Co., Helmbrechts (25%); L. Stroetmann GmbH & Co., Münster (24,9%); Claus Kling-Söhne GmbH & Co., Ellhofen (100%); famka Verbrauchermärkte GmbH, Langenfeld (100%); Piston + Partner GmbH + Co. KG, Ettlingen (25,2%); attracta Handels-GmbH & Co. SB-Warenhaus Kommanditgesellschaft, Wendelstein (49%); Wolfgang Struve & Co., Hamburg (33,3%); Glasmeyer & Co., Hamburg (25,9%); Michael Schels & Sohn GmbH & Co. KG, Ponholz (72%); KODI Diskontläden GmbH, Langenfeld (100%); Netto Supermarkt GmbH & Co., Stavenhagen (50%); Lau GmbH + Co. AV Markt KG, Darmstadt (49%); SPAR Großhandels-Zentrum Südwest GmbH & Co. KG, Ellhofen (100%); Deutsche Spar Handelsgesellschaft mbH & Co., Schenefeld (77,8%).

INTERMARCHÉ AKQUIRIERT SPAR. Nach jahrelangen Großakquisitionen des SPAR-Managements und dessen ungebrochener Expansionslust (u.a. Übernahme großer Teile der ASKO Deutsche Kaufhaus AG, der Continent SB-Warenhäuser, der Karlsruher Pfannkuch-Gruppe und den Hamburger PRO-Verbrauchermärkten) wurde die

- *Mameaux, Frank (Inhaber eines Intermarché-Marktes), Feyllens/Frankreich*
- *Rocher, Alain (Generalsekretär ITM Entreprises), Rocquencourt/Frankreich*
- *Schaetzle, Pierre (Präsident der Scafruit, Inhaber eines Intermarché-Marktes), Selestat/Frankreich*
- *Serra, Patrick (Präsident der Agenor AG), Marolles en Brie/Frankreich*

**Bruun, Eilert (stellv. Vorsitzender)*
**Emser, Hermann*
**Fechtner, Ingo*
**Jackschitz, Karl-Heinz*
**Keuchel, Gerhard*
**Mensch, Beate*
**Moritz, Walter*
**Röttger, Albert*
**Rosche, Peter*
**Töpfer, Cornelia*

Aufsichtsratstantiemen 1998: *392.000,– DM*

BÖRSE, AKTIEN, KURSE
Grundkapital 1998:
301,6 Mio.
Jahreshöchstkurs 1998:
Stammaktie: 70,60 DM (36,10 €)
Vorzugsaktie: 27,40 DM (14,01 €)
Jahrestiefstkurs 1998:
Stammaktie: 52,00 DM (26,59 €)
Vorzugsaktie: 16,00 DM (8,18 €)
Aktie Jahresende 1998:
Stammaktie: 55,00 DM (28,12 €)
Vorzugsaktie: 17,40 DM (8,90 €)
Dividende pro Aktie 1998:
Stammaktie: 0,00 DM
Vorzugsaktie: 0,125 DM

Die Dividende bezieht sich auf 5,– DM Aktiennennbetrag. Die Umstellung auf die Stückaktie ist für 2001 geplant.

Umsatz 1998: *15.961,5 Mio.*
Umsatz 1997: *14.139,9 Mio.*
Umsatz 1996: *13.072,2 Mio.*

Gewinn 1998: *48,3 Mio.*
Gewinn 1997: *71,2 Mio.*
Gewinn 1996: *107,5 Mio.*

Cash flow 1998: *43,0 Mio.*
Cash flow 1997: *264,2 Mio.*
Cash flow 1996: *306,6 Mio.*

Steueraufkommen 1998:
53,7 Mio.

Beschäftigte 1998: *32.639*
Beschäftigte 1997: *26.797*
Beschäftigte 1996: *23.776*

Umsatz pro Mitarbeiter 1998: *489.032,– DM*
Umsatz pro Mitarbeiter 1997: *527.667,– DM*
Umsatz pro Mitarbeiter 1996: *549.807,– DM*

Löhne und Gehälter 1998:
1.561,9 Mio.
Löhne und Gehälter 1997:
1.243,2 Mio.
Durchschnittsgehalt 1998:
47.854,– DM
Soziale Abgaben und Aufwendungen 1998:
326,9 Mio.
Soziale Abgaben und Aufwendungen 1997:
258,5 Mio.

Bezüge pro Vorstandsmitglied 1998: *1.406.570,– DM*
Tantiemen pro Aufsichtsrat 1998: *19.600,– DM*

Investitionen 1998:
655,7 Mio.
Investitionen 1997:
227,9 Mio.
Investitionen 1996:
634,0 Mio.

SPAR Handels-AG 1997 selbst geschluckt. Das markierte einen Wendepunkt im europäischen Einzelhandel, denn bislang waren es immer deutsche Einzelhandels-Konzerne, die im Ausland akquiriert hatten.
Der Einstieg und schließlich die Mehrheitsübernahme durch die französische Intermarché wurden möglich durch die Alteigentümer und SPAR-Gründer Schneidewind, Ehlerding, Schmidt und Dieckell. Sie verkauften ihre in der NHH Norddeutsche Handels Holding GmbH gepoolten stimmberechtigten SPAR-Anteile (etwa 75%) mit einem geschätzten Börsenwert von über 700 Mio. DM an die französische Intermarché-Gruppe, eine der größten französischen Einzelhandelsketten mit einem Marktanteil von 14% in Frankreich. Für die Öffentlichkeit kam die Akquisition völlig überraschend, während die Alteigentümer mit der Unternehmensführung und vor allem den ständig schrumpfenden Renditen schon lange unzufrieden waren. Intermarché besitzt in Frankreich eine ähnliche Struktur wie SPAR in Deutschland.

Globale Strategien und der Standort Deutschland. Die französische Intermarché-Gruppe und die akquirierte SPAR Handels-AG sehen sich als neue Macht im europäischen Einzelhandel. Mit rund 65 Mrd. DM Umsatz sind sie nun Europas größtes Lebensmittel-Handelsunternehmen und wollen weiter expandieren. Intermarché ist außer in Frankreich in Portugal, Spanien, Italien, Belgien und Polen vertreten. SPAR selbst plant nach den schlechten Erfahrungen der Vergangenheit (Pfannkuch, Pro) in absehbarer Zeit keine Großakquisitionen, die Food-Discountmärkte sollen aber weiter kräftig expandieren, möglichst jedes Jahr etwa 120 neue Geschäfte eröffnet werden.
Verfolgte das SPAR-Management seit Jahren die Strategie »weg von kleinen Länden, hin zu weniger Verkaufsstellen mit größeren Verkaufsflächen«, die zu einem Großteil mit der Übertragung von Filialen auf selbständige Einzelhändler, aber auch mit einem massiven Stellenabbau (Verkauf von Betriebsteilen, Schließung unwirtschaftlicher Filialen) einherging, so fährt der neue SPAR-Vorstand seit 1998 eine gegenteilige Politik. SPAR will sich jetzt auf die Filialgröße bis maximal 5.000 m^2 beschränken. SPAR will sich wieder ganz auf den Lebensmitteleinzelhandel konzentrieren und den Non-Food-Bereich (mit max. 10%) auf haushalts- und lebensmittelnahe Gebrauchsartikel beschränken. Dafür soll der Convenience-Bereich mit SPAR-Express (Tankstellen-Shops) und Einkauf24 (virtueller Supermarkt im Internet) ausgebaut werden.
Aus diesem Grund wurden die 74 INTERSPAR-SB-Warenhäuser mit Flächen von über 5.000 m^2 für rund 1,3 Mrd. DM an den US-Konzern Wal-Mart verkauft, der auf diese Weise einen Einstieg in den deutschen Markt fand. Die wichtigsten Standbeine des SPAR-Konzerns sind nach der grundlegenden Restrukturierung wieder der SPAR-Einzelhandel, die EUROSPAR-Verbrauchermärkte und die Netto-Lebensmittel-Discountmärkte.

Innerbetriebliche Bündnisse. Es gibt eine Betriebsvereinbarung, die eine 100%ige Lohnfortzahlung im Krankheitsfall über alle im Konzern angewendeten 30 verschiedenen Tarifverträge hinweg vorsieht. Im Rahmen der betrieblichen Gesundheitsförderung sollen die Programme »Move!« zur Reduzierung der Fehlzeiten und »Step« zur

Gesundheitsförderung dienen. In diesem Zusammenhang wurde 1998 die eigene Betriebskrankenkasse BKK SPAR gegründet. Ende 1998 betrug die Zahl der Auszubildenden 1.520 (Vorjahr: 1.172); 478 Jugendliche wurden neu in ein Ausbildungsverhältnis aufgenommen.

UMWELTSCHUTZ. Bei den Großhandelslagern sind Wertstoff- und Entsorgungszentren eingerichtet worden, in denen Verpackungsmaterialien, die SPAR bei seinen Einzelhandelskunden und in den Filialen entsorgt und sortiert, zur Wiederverwertung aufbereitet werden.

Mitbewerber: *Aldi, AVA, Edeka, Dohle, Douglas, Globus, Karstadt, Kathreiner, Leclerc, Lekkerland, Lidl & Schwarz, Metro (Kaufhof), Norma, Rewe, Schlecker, Tengelmann*

SPRINGER

GESCHICHTE UND ENTWICKLUNG. Was nach dem Zweiten Weltkrieg von den für die Lizenzierung neuer Zeitungen und Zeitschriften zuständigen alliierten Presseoffizieren gut gemeint war, nämlich die vom Nazi-Regime unbelasteten, antifaschistischen Persönlichkeiten mit der Herausgabe von Publikationen zu betrauen, um eine Pressekonzentration Hugenberg'scher Größe nie wieder entstehen zu lassen, ging schon bald schief. Denn mit Aufhebung der Lizenzierungspflicht (1949) begann im Pressewesen eine Industrialisierung großen Stils, ein Konzentrationsprozeß wie in anderen Wirtschaftszweigen auch. Wer bis dahin eine Lizenz besessen hatte, ein von den Alliierten gesichertes Monopol, hatte einen für die Konkurrenz kaum einzuholenden Vorsprung und die Zeitung quasi geschenkt bekommen. Axel Springer erhielt zwischen 1946 und 1948 u.a. Lizenzen für die »Nordwestdeutschen Hefte« (später »Kristall«), die »Hör zu!« (Rundfunkzeitung des NWDR) und das »Hamburger Abendblatt«.
Springer erfüllte für die Alliierten die formalen Voraussetzungen, die zum Lizenzerhalt notwendig waren – politisch unbelastet, Verlagserfahrungen –, und verfügte über gute Beziehungen zur Militärregierung und zu Zeitungskreisen der Londoner Fleet Street. 1952 gründete Springer, dem Beispiel des britischen »Daily Mirror« folgend, die Bild-Zeitung; 1953 kaufte er die von den Engländern gegründete »Welt«. 1967 vermerkte die von der Bundesregierung zum Problem Konzentration und Pressefreiheit eingesetzte »Günther-Kommission«, daß Springer zu diesem Zeitpunkt 38,5% aller bundesdeutschen und Westberliner Tages- und Sonntagszeitungen beherrschte. Dennoch expandierte das Unternehmen unaufhaltsam weiter. 1970 Umwandlung der Unternehmensgruppe in eine Aktiengesellschaft unter Aufnahme der bis dato getrennt operierenden Springer-Gesellschaften. Zahlreiche Akquisitionen und weitere Expansion sowie Einstieg in den ostdeutschen Zeitungsmarkt. 1984 Beteiligung am privaten Fernsehsender SAT.1. 1985 Gang an die Börse; Tod von Axel Springer. 1989 Erwerb der internationalen Medical Tribune-Gruppe. 1991 Gründung der ISPR, einer Gesellschaft zur Vermarktung von Sportrechten. Zahlreiche Zeitungsgründungen und Beteiligungen an Publikationen im In- und Ausland; vollständige Übernahme des Ullstein-Verlages. Expansion im Bereich elektronischer Medien.

Standort:
Axel-Springer-Straße 65
10888 Berlin

Postanschrift: *10888 Berlin*

Telefon: *(030) 2591-0*
Telefax: *(030) 251 60 71*
Internet: *www.asv.de*

Branche: *Verlagswesen und Druckereigewerbe*

Rechtsform:
Aktiengesellschaft

Geschäftsjahr: *1.1.-31.12.*

Gründungsjahr: *1946; seit 1970 AG*

Information und Öffentlichkeitsarbeit:
Edda Fels (Hamburg)
Tel.: (040) 347-22071
Fax: (040) 347-25854
E-Mail: efels@asv.de
Dr. Carola C. Schmidt (Berlin)
Tel.: (030) 2591-2523
Fax: (030) 2591-2257
E-Mail: ccschmidt@asv.de

Verbände: *Bundesverband Deutscher Zeitungsverleger e.V., Bonn; Verband Deutscher Zeitschriftenverleger e.V., Bonn; Bundesverband Druck e.V., Wiesbaden*

Vorstand:
▌ *Fischer, August A. (Vorsitzender)*
▌ *Larass, Claus (stellv. Vorsitzender; Zeitungen)*
▌ *Delbrück, Christian (Zeitschriften)*
▌ *Ettwein, Falk (Finanzen)*
▌ *Knepper, Rudolf (Technik)*
▌ *Kogeler, Ralf, Dr. (Elektronische Medien)*

Vorstandsbezüge 1998:
10.922.000,– DM

Aufsichtsrat:
▌ *Servatius, Bernhard, Prof. Dr. (Vorsitzender), Hamburg*
▌ *Springer, Friede (stellv. Vorsitzende), Berlin*
▌ *Boenisch, Peter, München*
▌ *Freihalter, Gerd, Dr., München*
▌ *Kirch, Leo, Dr., München*
▌ *Krone, Klaus, Berlin*
▌ *Otto, Michael, Dr., Hamburg*
▌ *Steinriede, Wolfgang, Berlin*
▌ *Theye, Joachim, Dr., Bremen*

Aufsichtsratstantiemen 1998: *1.086.000,– DM*

BÖRSE, AKTIEN, KURSE
Grundkapital 1998:
170,0 Mio.
Jahreshöchstkurs 1998:
1.619,43 DM (828,00 €)
Jahrestiefstkurs 1998:
909,46 DM (465,00 €)
Aktie Jahresende 1998:
1.400,37 DM (716,00 €)
Dividende pro Aktie 1998:
26,00 DM

Die Dividende bezieht sich auf je 50,– DM Aktiennennbetrag. Der Bilanzgewinn 1998 betrug 88,4 Mio. DM.

BESITZVERHÄLTNISSE/EIGENTUMSSTRUKTUR.
● Axel Springer Gesellschaft für Publizistik GmbH & Co (Nachlaß Axel Springer – Familie Springer/Springer-Erbengemeinschaft), Berlin (50% + 1 Aktie)
● Taurus Vermögensverwaltungsgesellschaft mbH, Unterföhring (40,08%). Die Taurus gehört der Gruppe des Münchener Filmkaufmanns und Unternehmers Leo Kirch. 1993 kaufte Kirch für ca. 220 Mio. DM die 10%-Springer-Anteile der Poligrafici Editoriale S.p.A. (Monti-Gruppe), Bologna/Italien.
● Rest Streubesitz bei rund 1.860 Aktionären

KONZERNÜBERBLICK. Das vom Hamburger Verleger Axel Springer 1946 gegründete Unternehmen ist Deutschlands größtes Zeitungshaus mit Verlagszentralen in Berlin und Hamburg. Sitz der Gesellschaft ist Berlin. Der Konzern besitzt Zeitungs-, Zeitschriften- und Buchverlage sowie Beteiligungen an Radio- und Fernsehsendern und Einrichtungen der Telekommunikation. Die Axel Springer Verlag AG hält maßgebliche Beteiligungen am Pressegroßhandel. Dem Axel Springer Verlag gehören eigene Tief- und Offsetdruckereien. Der Springer-Verlag gliedert sich in die Geschäftsbereiche Zeitungen (Bild-Zeitungsgruppe, Welt-Gruppe, regionale Abonnementszeitungen, Anzeigenblätter, Zeitungen Ausland), Zeitschriften (Programmzeitschriften, Frauenzeitschriften, Sport-, Auto-, Koch- und Familienzeitschriften, Spezial- und Fachzeitschriften, Zeitschriften Ausland), Bücher (Publikumsverlage, Fachverlage), Elektronische Medien (Fernsehen, Hörfunk, interaktive Medien) und Technik (Offsetdruck, Tiefdruck). Kernbereich des Axel Springer Verlages ist nach wie vor der Zeitungs- und Zeitschriftensektor. Zeitungen waren 1998 mit einem Anteil von 57% am Gesamtumsatz größter Umsatzträger des Axel Springer Verlages.
◆ Im Geschäftsbereich Zeitungen werden neben zahlreichen Kaufzeitungen, Sonntagszeitungen, regionalen und überregionalen Abonnementszeitungen auch Anzeigenblätter sowie einige Zeitschriften (»Computer Bild« und »Bildwoche«) herausgebracht. Hinzu kommen zahlreiche Beteiligungen an Zeitungsverlagen im In- und Ausland. »Bild« ist mit 31 durch eigenständige regionale Redaktionen erstellte Ausgaben und einer Auflage von 4,6 Mio. Exemplaren täglich im Jahresdurchschnitt nach wie vor das Flaggschiff des Konzerns. Umsatz des Geschäftsbereiches Zeitungen 1998: 2.765 Mio. DM (Vorjahr: 2.693 Mio.); Beschäftigte 1998: 5.665 (Vorjahr: 5.598).
Überregionale Zeitungen: »Die Welt«, »Welt am Sonntag«, »Bild«, »Bild am Sonntag«. Zur Welt-Gruppe gehört auch der Finanzen Verlag, München, mit den Titeln »Finanzen« und »Euro am Sonntag«.
Regionale Zeitungen- und Lokalzeitungen: »Hamburger Abendblatt«, »Berliner Morgenpost«, »BZ«, »BZ am Sonntag«, »Bergedorfer Zeitung«, »Elmshorner Nachrichten«, »Harburger Anzeigen und Nachrichten«*, »Kieler Nachrichten«*, »Leipziger Volkszeitung«*, »Lübecker Nachrichten«*, »Ostsee-Zeitung«*, »Pinneberger Tageblatt«* (* = Beteiligungen).
Anzeigenblätter: Die Anzeigenblatt-Aktivitäten Springers sind in Hamburg in der WBV Wochenblatt Verlag GmbH, in Berlin in der Berliner Wochenblatt Verlag GmbH und in Dresden in der Sächsischer Bote Wochenblatt GmbH zusammengefaßt. Die wöchentliche Gesamtauflage

der eigenen und verbundenen Anzeigenblätter beläuft sich auf gut 4 Mio. Exemplare.

◆ Der Geschäftsbereich Zeitschriften umfaßt Programm-, Frauen-, Familien-, Koch- und Männerzeitschriften. Hinzu kommen zahlreiche Spezialtitel und Zeitschriftenbeteiligungen im In- und Ausland. Umsatz 1998: 1.267 Mio. DM (Vorjahr: 1.204 Mio.); Beschäftigte 1998: 1.359 (Vorjahr: 1.279).

Zeitschriften: »HÖRZU«, »Funk Uhr«, »TV neu«, »Journal für die Frau«, »Bild der Frau«, »Allegra«, »Auto-Bild« (Lizenzausgaben und Joint-ventures von Auto-Bild in Großbritannien, Frankreich, Italien, Niederlande, Tschechien, Griechenland, Türkei, Polen, Rumänien, Kroatien); »Sport-Bild«, »Familie & Co«.

Spezialzeitschriften: »Tennis Magazin«, »Rallye Racing«, »Golf Sport«, »Rute & Rolle«, »Fliegermagazin«, »Fly and Glide«, »Aero International«, »Fotomagazin«, »Photo Technik International«, »Savoir Vivre«.

Weltkunst-Gruppe: »Weltkunst«, »Antiquitäten Zeitung«, »Antike Welt«, »Künstler«, »Kunstpreis-Jahrbuch«.

◆ Der Geschäftsbereich Bücher besteht aus 14 Buchverlagen unter dem Dach der Ullstein GmbH, Berlin. 1998 kam die Akquisition der Econ + List Verlagsgesellschaft GmbH, München (95%), hinzu. 1999 wurden der Quadriga Verlag, Berlin, sowie der Buchversender Mail Order Kaiser GmbH Buchversand, München, übernommen. Umsatz 1998: 92 Mio. DM (Vorjahr: 41 Mio.); Beschäftigte 1998: 128 (Vorjahr: 101).

Buchverlage: Ullstein, Econ, List, Propyläen, Claassen, Marion von Schröder, Südwest, Ludwig, Bucher, Verlag für Gesundheit, Sportverlag, Cormoran, Quadriga, Weltkunst-Gruppe sowie die Taschenbuchverlage Ullstein, Econ + List und Südwest.

◆ Der Geschäftsbereich Elektronische Medien engagiert sich in den Geschäftsfeldern Teletext, Audiotext, interaktive Online-Medien und TV-Produktionen. Dazu kommen wesentliche Beteiligungen an TV- und Hörfunksendern sowie an anderen Medienunternehmen. Der Geschäftsbereich Elektronische Medien wurde organisatorisch in drei Bereiche gegliedert: »Broadcast« für Fernsehen, Hörfunk und Produktionsgesellschaften, »Multimedia« für die Teletext-Aktivitäten, die Online-Vermarktung sowie das Electronic Publishing und »Telekommunikation« für Audiotext und die Erschließung neuer Geschäftsfelder auf dem Telekommunikationsmarkt. Umsatz 1998: 84 Mio. DM (Vorjahr: 90 Mio.); Beschäftigte 1998: 123 (Vorjahr: 119).

Broadcast: SAT.1 mit einer Beteiligung von 41%, APF Aktuell Presse-Fernsehen, Hamburg 1 Fernsehen, Commerzfilm/Multimedia, ISPR Internationale Sportrechte-Verwertungsgesellschaft mbH (Vermarktungsrechte der ersten und zweiten Fußballbundesliga); Radio Schleswig Holstein, Radio Hamburg, Radio ffn (Niedersachsen), Radio FFH (Hessen), Antenne Bayern, Radio NRW (Mantel-Programm), Antenne 1 Stuttgart; Schwartzkopff TV-Productions GmbH, AS Media Produktions- und Vertriebsgesellschaft mbH. Seit April 1999 hat Springer sein erstes eigenes TV-Magazin »Newsmaker«, das auf SAT.1 gesendet wird.

Multimedia: SAT.1 Text, Hamburg 1 Text, VIVA Text, VIVA Zwei Text, Eurosport Text, Sportkanal GmbH & Co. KG für neue Inhalte im Internet, WSI Webseek Infoservice GmbH & Co. KG. Ein Großteil der Springer-Publikationen hat seine Online-Versionen im Internet.

Telekommunikation: CompuTel Telefonservice GmbH.

Umsatz 1998: *4.811,1 Mio.*
Umsatz 1997: *4.598,9 Mio.*
Umsatz 1996: *4.419,6 Mio.*

Gewinn 1998: *276,4 Mio.*
Gewinn 1997: *210,8 Mio.*
Gewinn 1996: *163,8 Mio.*

Cash flow 1998: *530,1 Mio.*
Cash flow 1997: *448,2 Mio.*
Cash flow 1996: *361,3 Mio.*

Cash flow: *Alle Investitionen und die Gewinnausschüttung wurden aus dem Cash flow finanziert, dem bislang höchsten in der Geschichte des Axel Springer Verlages.*

Steueraufkommen 1998: *298,6 Mio.*

DIE WICHTIGSTEN BETEILIGUNGEN DER AXEL SPRINGER VERLAG AG

Stand: März 1999

Verlage

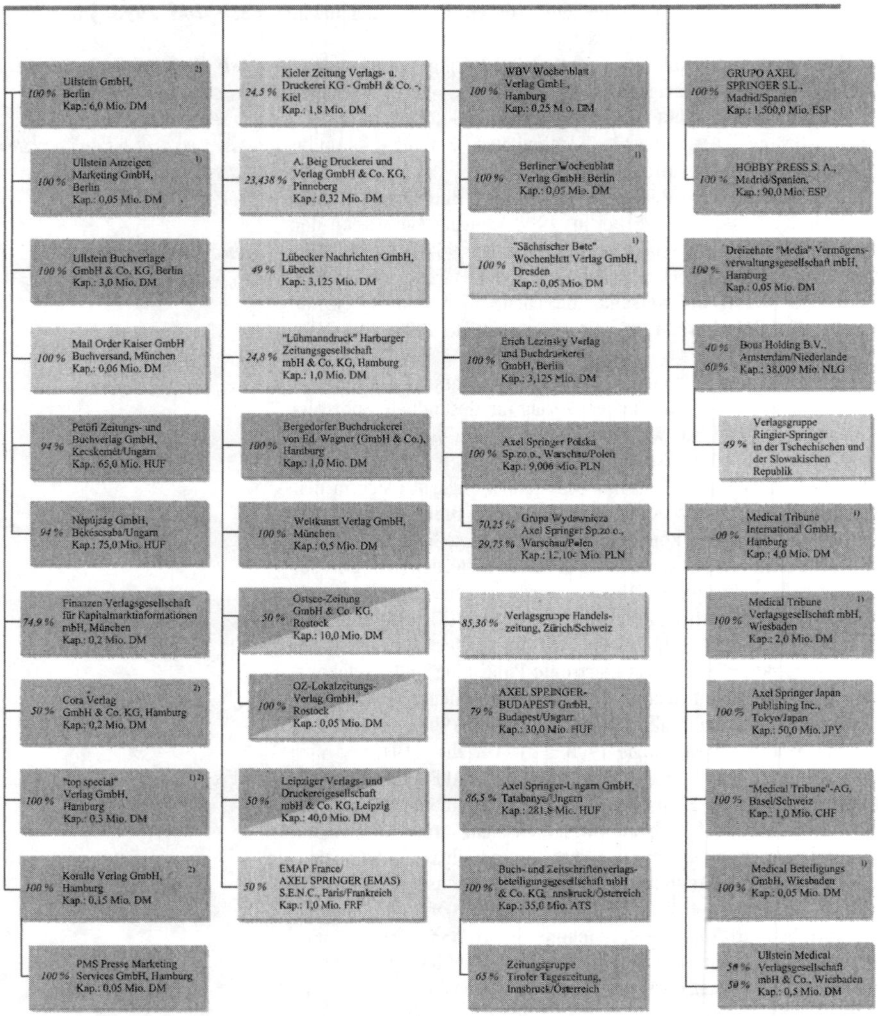

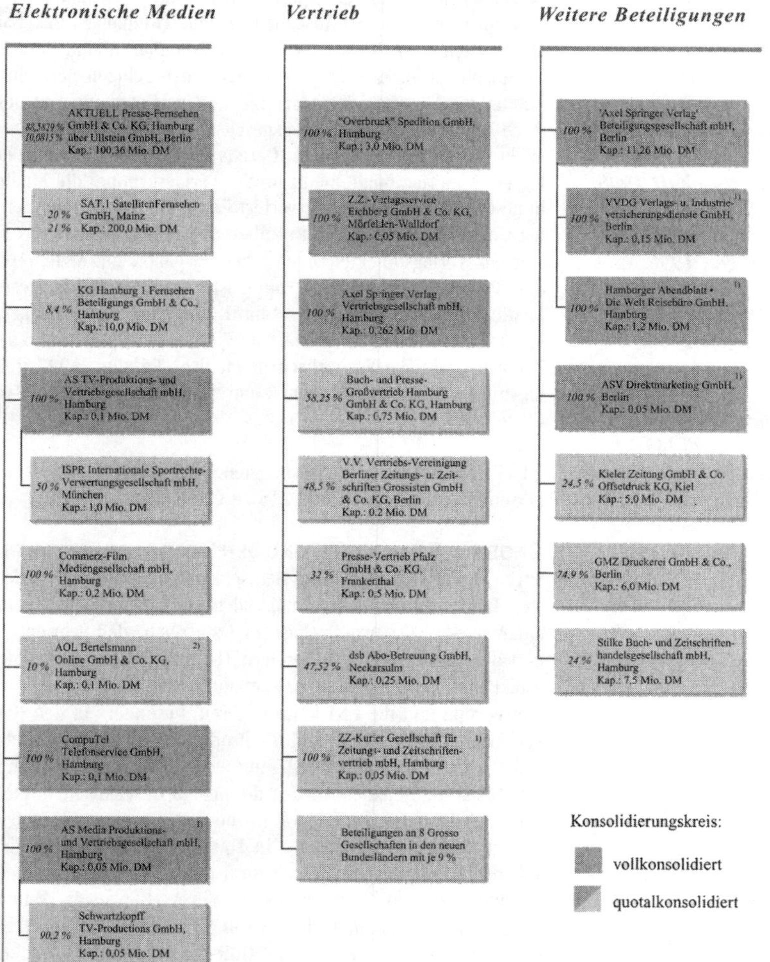

[1] Beherrschungs- und Gewinnabführungsvertrag mit der Muttergesellschaft

[2] über 'Axel Springer Verlag' Beteiligungsgesellschaft mbH, Berlin

Beschäftigte 1998: *12.052*
Beschäftigte 1997: *12.195*
Beschäftigte 1996: *12.346*

Umsatz pro Mitarbeiter 1998: *399.195,– DM*
Umsatz pro Mitarbeiter 1997: *377.114,– DM*
Umsatz pro Mitarbeiter 1996: *357.978,– DM*

Löhne und Gehälter 1998: *1.280,2 Mio.*
Löhne und Gehälter 1997: *1.208,1 Mio.*
Durchschnittsgehalt 1998: *106.223,– DM*
Soziale Abgaben und Aufwendungen 1998: *259,2 Mio.*
Soziale Abgaben und Aufwendungen 1997: *242,9 Mio.*

Bezüge pro Vorstandsmitglied 1998: *1.820.333,– DM*
Tantiemen pro Aufsichtsrat 1998: *108.600,– DM*

◆ Zum Geschäftsbereich Technik gehören fünf eigene Druckereien: die Offsetdruckereien zur Zeitungsherstellung in Ahrensburg, Berlin-Spandau und Essen-Kettwig, die Tiefdruckereien in Ahrensburg und Darmstadt sowie Beteiligungen an Druckereien in Leipzig, Berlin und Rostock. Umsatz 1998: 291 Mio. DM (Vorjahr: 266 Mio.); Beschäftigte 1998: 3.251 (Vorjahr: 3.443).

◆ Sonstige: Romanreihen im Cora Verlag. Diese Gattung ist eine Spezialität des Springer-Verlages. Der Verlag, ein Joint-venture mit dem kanadischen Torstar/Harlequin, verlegt über 20 Romanreihen/Einzeltitel mit insgesamt 680 Ausgaben im Jahr (Romana, Julia, Baccara). Mit jährlich über 20 Mio. verkauften Exemplaren sind Cora-Romane die absoluten Verkaufsknüller im deutschsprachigen Bereich.
Anfang 1997 erwarb Springer eine 24%ige Beteiligung an der Stilke Buch- und Zeitschriftenhandelsgesellschaft mbH, Hamburg.
Fachverlage/Fachzeitschriften: Bereits Ende 1989 übernahm der Verlag eine internationale medizinische Verlagsgruppe, die Medical Tribune-Gruppe. Diese Gruppe verlegt Fachpublikationen auf den Gebieten Gesundheit und Medizin in über 20 Ländern und wendet sich mit eigenen Verlagsobjekten oder Lizenzausgaben an Ärzte, Apotheker und Patienten. Die Verlagsgruppe ist unter der Holdinggesellschaft Medical Tribune International GmbH, Hamburg, zusammengefaßt. Sie hat Tochtergesellschaften u.a. in Wiesbaden, Basel und Tokio. Im Zentrum steht die Fachzeitschrift Medical Tribune. 1997 übernahm diese die restlichen 50% am Buchverlag Ullstein Medical (vormals: Ullstein Mosby).

BETEILIGUNGEN. Die wichtigsten Beteiligungen sind dem Schaubild auf den Seiten 214 und 215 zu entnehmen.

GLOBALE STRATEGIEN UND DER STANDORT DEUTSCHLAND. Springer will sich als größter deutscher Zeitungskonzern in den nächsten Jahren zu einem internationalen Medienhaus entwickeln. Nach einer starken Expansionsphase in Österreich, der Schweiz, Spanien und den osteuropäischen Ländern (Ungarn, Polen, Tschechien, Slowakei und neuerdings auch Rumänien) will sich Springer nun auf Westeuropa und die USA konzentrieren, besonders in den Bereichen Zeitungen, Zeitschriften und TV-Produktionen. Der Auslandsumsatz soll von heute 13% mittelfristig auf etwa 30% ansteigen. Zum Ausbau des Auslandsgeschäftes wurden die beiden Gesellschaften Axel Springer Publishing International Ltd. und Axel Springer TV-International Ltd. gegründet, beide mit Sitz in London. Die beiden Gesellschaften sollen die Auslandsgeschäfte steuern und nach möglichen neuen Engagements suchen. Erste Akquisition der Axel Springer TV-International Ltd. war die Kapitalmehrheit von 51% an der US-amerikanischen Fernsehproduktions-Gesellschaft GBR-Entertainment (Produktion von Reality-TV-Beiträgen).
Besonders stark ist Springer in Spanien vertreten. Seit der Akquisition des Zeitschriftenverlages Hobby Press S.A., Madrid, 1998 zählt die spanische Zeitschriftengruppe des Axel Springer Verlages, Grupo Axel Springer S.L., zu den größten Zeitschriftenanbietern des Landes. Zeitschriften: »Prima«, »Nuevo Estilo« (Einrichtungsmagazin), »Novias«, »Micasa« und »Computer Hoy«. An der österreichischen »Tiroler Tageszeitung« (280.000 Leser, sechstgrößte Tageszeitung Österreichs)

hält Springer eine mehrheitliche Beteiligung von 65%. Die 25%-Beteiligung an der Verlagsgruppe NEWS, die die Illustrierte NEWS und das Fernsehmagazin TV Media herausgibt, wurde 1998 veräußert. Mit der Axel Springer-Ungarn GmbH ist die Axel Springer AG an acht einst staatlichen Regionalzeitungen mit einer Gesamtauflage von knapp 300.000 Exemplaren beteiligt. 1998 erschien eine überregionale Sonntagszeitung. Springer besitzt eine eigene Druckerei in Pécs. In der Axel Springer-Budapest GmbH sind die ungarischen Zeitschriften-Aktivitäten gebündelt. Springer besitzt in Ungarn eine TV-Zeitschrift, eine Wohnzeitschrift, zwei Frauenzeitschriften, eine kulinarische Zeitschrift und fünf Romanreihen. In Polen (Axel Springer Polska) erscheint die polnische Ausgabe von »Bild der Frau« (»Pani Domu«), eine Adaption der »Auto Bild« (»Auto Swiat«), eine Familien-Illustrierte (»Na Zywo«), die Unterhaltungszeitschriften »Cienie i Blaski« und »Secrety Serca«, die Wellness-Zeitschrift »Plus« sowie seit 1998 die Frauenzeitschrift »Olivia« und »Komputer Swiat«, die polnische Ausgabe der »Computer Bild«. In Tschechien und der Slowakei ging der Axel Springer Verlag eine Partnerschaft mit dem Schweizer Verlag Ringier AG ein. Mit ihren Frauen- und Programmzeitschriften, Magazinen und verschiedenen Zeitungstiteln gehört die Gruppe in diesen Ländern zu den bedeutendsten Medienunternehmen.

INNERBETRIEBLICHE BÜNDNISSE. Bereits 1992 wurde mit dem Gesamtbetriebsrat eine Vereinbarung getroffen, die für alle sozialplanpflichtigen Betriebsänderungen und Rationalisierungsmaßnahmen bis zum Jahr 2000 gilt. Im Rahmen einer Novellierung des Rationalisierungsschutzabkommens wurde 1997 eine Regelung zur Altersteilzeit nach dem Gesetz zur Förderung eines gleitenden Übergangs in den Ruhestand eingeführt. Dadurch konnten bei rückläufiger Beschäftigung betriebsbedingte Kündigungen vermieden und soziale Härten von den Mitarbeitern abgewendet werden. Zur Sicherung der Arbeitsplätze in der Technik wurden zahlreiche Betriebsvereinbarungen zur flexiblen Gestaltung der Arbeitsabläufe geschlossen. Immer mehr Modelle für Teilzeitarbeit werden eingerichtet. Die Journalistenschule Axel Springer unterhält 90 Ausbildungsplätze. 1998 gab es im kaufmännischen Bereich 185 und im technischen Bereich 62 Ausbildungsplätze.

UMWELTSCHUTZ. Alle vier Druckstandorte der Axel Springer Verlag AG (Ahrensburg, Darmstadt, Essen-Kettwig, Berlin-Spandau) wurden nach dem europäischen Öko-Audit zertifiziert. Ein ausführlicher Konzernumweltbericht für die Jahre 1997 und 1998 wurde Mitte 1999 veröffentlicht. Für den wichtigsten Rohstoff, die Druckpapiere, hat Springer mit seinen in- und ausländischen Papierlieferanten verbindliche Waldnutzungs-Standards zum umweltverträglichen Umgang mit dem nachwachsenden Rohstoff Holz vereinbart. Der Zellstoff für die eingesetzten Zeitschriftenpapiere ist chlorfrei gebleicht. Etwa zwei Drittel der Druckpapiere enthalten Altpapier. 1998 veröffentlichte der Verlag gemeinsam mit den Papierherstellern Stora (Schweden) und Canfor (Kanada) eine erste Gesamtbewertung der ökologischen Lebensläufe von Zeitungen und Zeitschriften.

Investitionen 1998:
283,3 Mio.
Investitionen 1997:
394,7 Mio.
Investitionen 1996:
240,0 Mio.

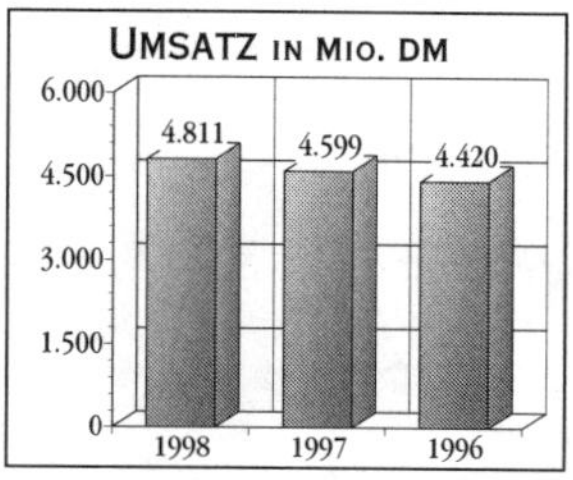

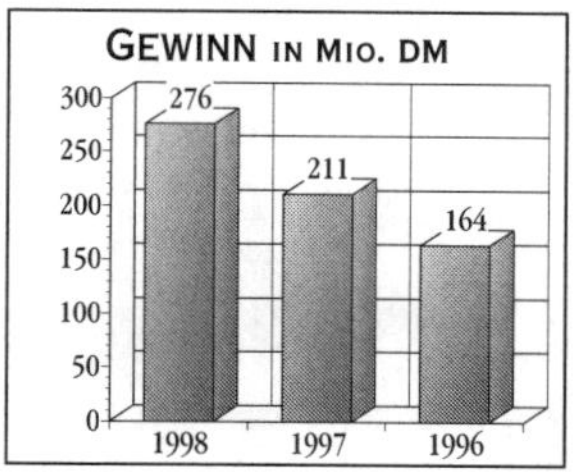

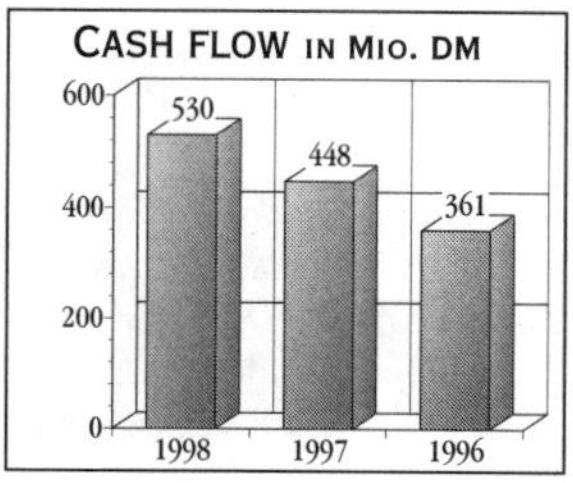

Mitbewerber: *Bauer, Bertelsmann, Burda, Gruner + Jahr, von Holtzbrinck, Kirch*

STRABAG

Standort:
Siegburger Straße 241
50679 Köln

Postanschrift:
Postfach 21 11 20
50535 Köln

Telefon: *(0221) 824-01*
Telefax: *(0221) 824-2936*
Internet: *www.strabag.de*

Branche: *Bauindustrie*

Rechtsform:
Aktiengesellschaft

Geschäftsjahr: *1.1.-31.12.*

Gründungsjahr: *1923*

Öffentlichkeitsarbeit:
Rainald Auer
Tel.: (0221) 824-2480
Fax: (0221) 824-2385
E-Mail: strabag.pr@t-online.de

Verbände: *Hauptverband der Deutschen Bauindustrie, Frankfurt/Main; Deutscher Beton-Verein e.V., Wiesbaden; Vereinigungen der Bauindustrie in den einzelnen Ländern*

GESCHICHTE UND ENTWICKLUNG. 1923 wurde die STRABAG aus Gründen größerer Wirtschaftlichkeit als Zusammenschluß verschiedener bis dahin selbständiger Straßenbaugesellschaften gegründet, die aber im Laufe des folgenden Jahrzehnts entweder aufgelöst oder in der STRABAG verschmolzen wurden. 1930 Einführung des Firmennamens STRABAG. 1931 Gründung der DEUTAG (Deutsche Teer- und Asphaltschotterwerke GmbH). Hohe Kriegsschäden und Reparationszahlungen nach dem Krieg. 1949 Neufirmierung von »Straßenbau-Aktiengesellschaft« in »STRABAG Bau-Aktiengesellschaft« und Verlegung der Konzernzentrale von Niederlahnstein nach Köln. Anfang der 50er Jahre begann STRABAG massiv mit der Bautätigkeit im Ausland. 1965 Gründung der SF-BAU Gesellschaft für schlüsselfertiges Bauen, 1969 Übernahme der A.H.I.-Bau, Allgemeine Hoch- und Ingenieurbau AG, Düsseldorf. 1983 Gründung der STRABAG Tiefbau GmbH. Zahlreiche weitere Neugründungen und Akquisitionen von maßgeblichen Unternehmen der Baubranche. 1988 Gründung der STRABAG Umwelttechnik GmbH, Köln. 1989/90 Umstrukturierung der Unternehmensbereiche mit der Gründung der STRABAG International GmbH, Köln, für das außereuropäische Auslandsgeschäft. Gründung von Betriebsführungsgesellschaften mbH für die Unternehmensbereiche Hoch- und Ingenieurbau sowie Straßen- und Tiefbau, deren Umwandlung in AGs mit gleichzeitiger Übernahme der operativen Geschäfte 1993 erfolgte. 1990–1992 Aufbau von 140 Stützpunkten in den neuen Bundesländern und Gründung der STRABAG Hungaria sowie der STRABAG Bohemia. 1996 50%-Beteiligung der STRABAG Österreich an der STUAG Bau-AG, Wien. Ende 1997 Übernahme des Werhahn-Aktienpaketes von 49,9% durch die österreichische BIBAG Bauindustrie Beteiligungs-Aktiengesellschaft, die damit die Mehrheit an der STRABAG erlangte. 1999 grundlegende Neustrukturierung des Konzerns.

BESITZVERHÄLTNISSE/EIGENTUMSSTRUKTUR.
- BIBAG Bauindustrie Beteiligungs-Aktiengesellschaft, Wien/Österreich (über 50%)
- Rest Streubesitz

KONZERNÜBERBLICK. STRABAG ist die fünftgrößte deutsche Baugesellschaft. Der Konzern ist dezentral strukturiert – mit einer Spartengliederung und selbständig operierenden Einheiten. Der Konzern gliedert sich in die Bereiche STRABAG Hoch- und Ingenieurbau AG, STRABAG Straßen- und Tiefbau AG und SF-BAU Projektentwicklung GmbH. Hinzu kommen Beteiligungsgesellschaften wie z.B. die Bau Holding Beteiligungs AG, Linz/Österreich, die SBI STRABAG Bau Holding International AG, Wien/Österreich, sowie die DEUTAG GmbH & Co. KG und die SDT STRABAG Dienstleistung, Baustoff- und Umwelttechnik GmbH, die sich besonders mit dem breiten Feld des umweltorientierten Bauens auseinandersetzt, beispielsweise mit der Entwicklung lärmmindernder Deckschichtbauweisen für Straßen- und Autobahnbeläge.

Zu den Spezialitäten und Geschäftstätigkeiten der STRABAG zählen Verwaltungs- und Geschäftsbauten, Industrieanlagen und fertige Fabriken, Abwasserkanalbauten und Kläranlagen, schlüsselfertige Wohnungsbauprojekte jeder Größenordung, Brückenbau, Tunnel-, U-Bahn- und S-Bahnbau, eine umfassende Bauwerkserhaltung und -sanierung (Betonerhaltung und Fassadenschutz), alle Baubereiche der Umwelttechnik (Deponien, Straßenbeläge, Lärmschutz), Straßenbau (Autobahnen, Stadtstraßen, Start- und Landebahnen, Oberflächenschutzschichten, Lärmschutz im Straßenbau), Rohrleitungsbau, Sportstätten- und Landschaftsbau und der Asphalt-Wasserbau. Hinzu kommt die Baustoffproduktion DEUTAG GmbH & Co. KG (Beteiligung 49%) mit Asphalten (führend im Bereich der Anti-Lärm-Beläge) und Baustoffrecycling und -aufbereitung.
Mit Dienstleistungen aller Art – Projektentwicklungen, Management- und Objektdienstleistungen und Schornsteinbau/-wartung – rundet die STRABAG ihr Angebot ab (STRABAG teamconcept). Die Gesellschaft kann ihren Betrieb ganz oder teilweise auf verbundene Unternehmen ausgliedern. Neben Niederlassungen in allen großen deutschen Städten zählen zu den wichtigsten Auslandsniederlassungen der STRABAG: Belgien, Niederlande, Österreich, Polen, Tschechien, Ungarn, Kenia, Nigeria, Oman.

BETEILIGUNGEN. Die wichtigsten Beteiligungen und Gesellschaften der STRABAG AG nach Unternehmensbereichen:

- Unternehmensbereich STRABAG Hoch- und Ingenieurbau AG, Köln (100%): A.H.I.-Bau Allgemeine Hoch- und Ingenieurbau-GmbH, Köln (100%); Blees-Kölling-Bau GmbH, Bergheim (74%); Mast Grundbau GmbH, Langenfeld (100%); OOMS-ITTNER-HOF GmbH, Köln (100%); Schwarze Pumpe Baugesellschaft mbH, Schwarze Pumpe (100%); Bouwonderneming STRABAG B.V., Dordrecht/Niederlande (100%); Devco Nederland BV, Den Haag/Niederlande (100%); N.V. STRABAG Benelux S.A., Antwerpen/Belgien (100%); P.I.T. Anwerpen N.V., Antwerpen/Belgien (70%).
- Unternehmensbereich STRABAG Straßen- und Tiefbau AG, Köln (100%): Alfons Blank Tiefbau GmbH, Glinde (100%); Protecta Gesellschaft für Oberflächenschutzschichten mbH, Düsseldorf (75%); STRABAG Straßen- und Tiefbau GmbH Sachsen-Anhalt/Thüringen, Magdeburg (100%); STRABAG Straßen- und Tiefbau GmbH Thüringen, Erfurt (100%); STRABAG Verkehrs- und Tiefbau Sachsen GmbH, Leipzig (100%); STRABAG Brandenburg Straßen- und Tiefbau GmbH, Neuseddin (100%); Westdeutsche Asphalt-Werke Bau-Gesellschaft mbH, Köln (100%); GAH Gußasphalt Bau GmbH, Hamburg (100%); Baumann & Burmeister Bauunternehmung GmbH & Co., Nürnberg

Vorstand:
- *Kuchenwald, Jürgen, Dr. (Vorsitzender), Köln*
- *Farrokhnia, Nematollah, Köln*
- *Oberlerchner, Fritz, Köln*

Vorstandsbezüge 1998:
5.270.000,– DM

Aufsichtsrat:
- *Haselsteiner, Hans Peter, Dr. (Vorsitzender; Kaufmann), Spittal/Drau, Österreich*
- *Gerhard, Joachim, Dr. (Kaufmann), Düsseldorf*
- *Gloystein, Peter, Dr. (Mitglied des Vorstandes der Commerzbank AG), Frankfurt/Main*
- *Jannott, Edgar, Dr. (Vorsitzender des Vorstandes der ERGO Versicherungsgruppe AG), Kaarst*
- *Krupp, Georg (ehem. Mitglied des Vorstandes der Deutsche Bank AG), Frankfurt/Main*
- *Schulz, Ekkehard, Dr. (Vorsitzender des Vorstandes der Thyssen Krupp AG), Krefeld*

**Füllenbach, Werner (stellv. Vorsitzender)*
**Hahn, Günter*
**Kunze, Frank*
**Steffens, Udo*
**Volke, Karl-Heinz*
**Wynands, Frank*

Aufsichtsratstantiemen 1998: *308.000,– DM*

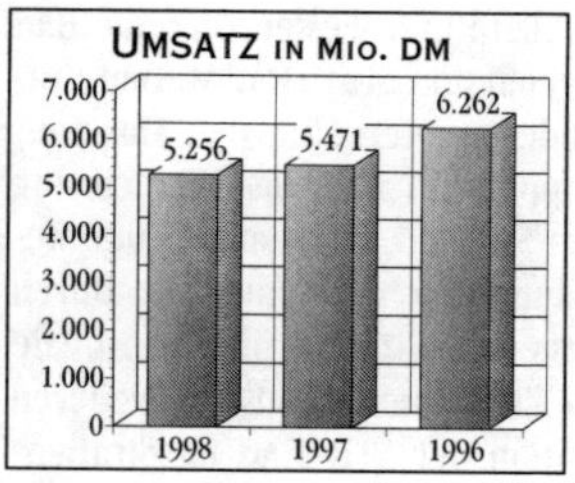

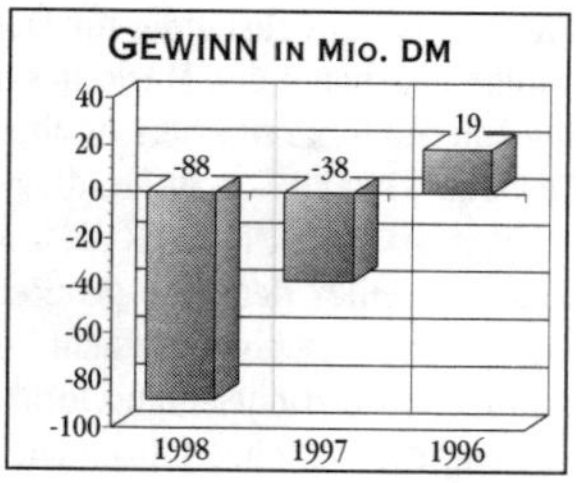

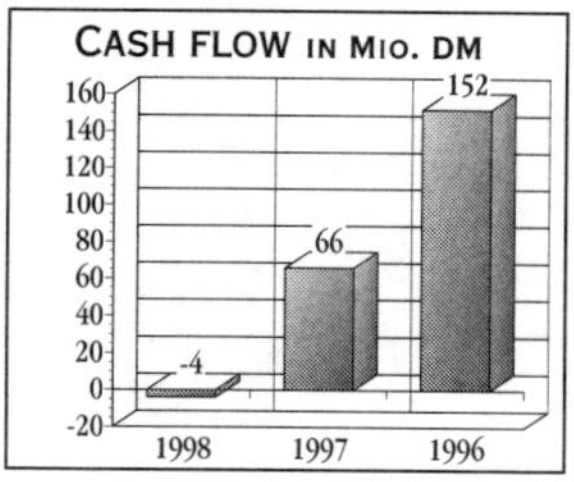

BÖRSE, AKTIEN, KURSE
Grundkapital 1998:
125,0 Mio.
Jahreshöchstkurs 1998:
170,00 DM (86,92 €)
Jahrestiefstkurs 1998:
75,00 DM (38,75 €)
Aktie Jahresende 1998:
103,00 DM (52,66 €)
Dividende pro Aktie 1998:
0,00 DM

Der Nennwert der Aktie beträgt 50,– DM.

Leistung/Umsatz 1998:
5.256,0 Mio.
Leistung/Umsatz 1997:
5.471,0 Mio.
Leistung/Umsatz 1996:
6.262,0 Mio.

Gewinn/Verlust 1998:
-88,4 Mio.
Gewinn/Verlust 1997:
-38,1 Mio.
Gewinn/Verlust 1996:
19,2 Mio.

Cash flow 1998: *-4,0 Mio.*
Cash flow 1997: *66,0 Mio.*
Cash flow 1996: *152,0 Mio.*

Steueraufkommen 1998:
13,2 Mio.

(100%); MAV Mineralstoff-Aufbereitung und -Verwertung GmbH & Co. KG, Krefeld (50%); STRABAG Sportstätten GmbH, Dortmund (100%).
● Unternehmensbereich SF-BAU Projektentwicklung GmbH, Köln (100%): CSE Centrum-Stadtentwicklung GmbH, Köln (50%); IBV-Immobilien Besitz- und Verwaltungsgesellschaft mbH Werder, Werder (99%); SF-BAU Gesellschaft für Projektentwicklung und schlüsselfertiges Bauen mbH, Leipzig (100%); PWG-Bau Pfersee Wohn- und Gewerbebauträger GmbH & Co. KG, Augsburg (50%).
● Unternehmensbereich STRABAG International GmbH, Köln (100%): STRABAG Oman L.L.C., Muscat/Oman (49%); STRABAG Construction (Nig.) Ltd., Lagos/Nigeria (40%).
● Unternehmensbereich STRABAG Österreich Aktiengesellschaft, Linz/Österreich (70%), mit 26 Gesellschaften in Österreich, Ungarn und Tschechien. Darunter: STRABAG Hungaria Bau AG, Budapest/Ungarn (100%); STRABAG Bohemia AG, Budweis/Tschechien (76%); STRABAG CR AG, Budweis/Tschechien (100%); STUAG Bau-Aktiengesellschaft, Wien/Österreich (100%).

GLOBALE STRATEGIEN UND DER STANDORT DEUTSCHLAND.

Deutschlands fünftgrößter Baukonzern ging zum Jahreswechsel 1997/98 mehrheitlich in den Besitz der österreichischen Bau Holding-Gruppe, Spittal, über. Die Österreicher übernahmen alle bis dahin von der Werhahn-Gruppe, Neuss, gehaltenen Anteile an der STRABAG AG (49,9%) plus einige weitere Aktien. Die Bau Holding übertrug ihre STRABAG-Beteiligung auf die BIBAG Bauindustrie Beteiligungs AG, Wien, die dem Bau Holding-Hauptaktionär Hans-Peter Haselsteiner mit einer Investorengruppe (50% + 1 Aktie) und der österreichischen Raiffeisen-Gruppe (50% - 1 Aktie) gehört. Die BIBAG ist mit jeweils mehr als 50% an der der STRABAG AG und der Bau Holding AG beteiligt. Für die STRABAG hatte das weitreichende Folgen, verbunden mit einer völlig neuen Konzernstruktur:
In Deutschland wurde 1999 das operative Geschäft der deutschen Tochtergesellschaften der österreichischen Bau Holding (einschl. der STUAG Bau-AG, Wien/Österreich) im Wege einer Kapitalerhöhung in die STRABAG eingebracht. STRABAG Österreich und Bau Holding hatten bereits 1998 ihre Bauaktivitäten in Österreich in der Bau Holding Beteiligungs AG, Linz/Österreich, zusammengelegt. Von dieser Firma, an der die STRABAG einen Anteil von 35% (Bau Holding 65%) hält, werden die österreichischen Firmen Ilbau, Stuag und STRABAG Österreich gesteuert. Die STRABAG International GmbH, Köln, wurde 1999 in die neue STRABAG Bau Holding International AG eingebracht, die jetzt alle Geschäfte außerhalb Österreichs, Deutschlands und Westeuropas lenkt. Die STRABAG hält auch an dieser Gesellschaft 35% (Bau Holding 65%).
STRABAG ist nun zuständig für Deutschland und Westeuropa, die Bau Holding bearbeitet den Markt in Österreich und die STRABAG Bau Holding International operiert in allen anderen internationalen Märken.
Die neue STRABAG-/Bau Holding-Gruppe wird mit einer Bauleistung von über 10 Mrd. DM (STRABAG-Anteil 5,5 Mrd. DM) und 33.000 Beschäftigten eines der zehn größten Bauunternehmen Europas. Durch den Zusammenschluß entsteht in Österreich der größte regionale Baukonzern, in Deutschland führt der Zusammenschluß zur weiteren Stärkung der ohnehin führenden Position der STRABAG im Straßen-

bau. Besonders in den Staaten Osteuropas wird die STRABAG Bau Holding International AG das führende Bauunternehmen mit hohen Marktanteilen. Die STRABAG-/Bau Holding-Gruppe wird auch weiter außerhalb Europas, besonders in Afrika und der Golfregion, expandieren, wie es zuvor bereits die STRABAG getan hatte.
Die STRABAG erhofft sich von dem neuen Besitzerwechsel und den einschneidenden Strukturmaßnahmen bessere Zeiten. Denn seit Jahren erwirtschaftet das Unternehmen keine Gewinne, zahlt keine Dividende. Die völlige Fehleinschätzung des ostdeutschen Marktes (zwischenzeitlich hatte die STRABAG dort 6.000 Beschäftigte), Verluste durch umstrittene und letztendlich existenzgefährdende Engagaments im Irak noch kurz vor dem Golfkrieg, riskante Auslandsgeschäfte und eklatante Managementfehler haben den Kölner Baukonzern trotz aller Kostensenkungsprogramme, Entlassungen und Unternehmensverkäufe nicht wieder auf die Beine kommen lassen. Nachdem Großaktionär Werhahn zwei Jahre lang Millionen-Verluste im Ergebnis durch teure bis absichtlich überteuerte Aufkäufe von STRABAG-Unternehmen ausgeglichen hatte, erfaßte die Neusser Unternehmerfamilie dann doch die Panik – die STRABAG mußte weg. Da kam die Bau Holding AG, die es schon länger auf die STRABAG Österreich AG, Linz, abgesehen hatte, gerade recht.
Zahlreiche »operative Einheiten« der STRABAG wurden aufgelöst und die Beteiligungen straffer gebündelt. Zum Verlust- und Bilanzausgleich wurden die Märkische Bau-Union GmbH, Potsdam (ging an den ehemaligen STRABAG-Großaktionär Wilh. Werhahn), und die Beteiligung an der Mabeg GmbH, Dresden (ging an die britische Firma Cleanaway Ltd.), verkauft, womit sich die STRABAG zusehends aus den neuen Bundesländern zurückzog. 51% der DEUTAG AG wurden ebenfalls an die zur Werhahn-Gruppe gehörende Basalt AG veräußert.

INNERBETRIEBLICHE BÜNDNISSE. Innerbetriebliche Leistungen (Zusatzurlaub, Heirats- und Geburtsbeihilfen, Leistungen bei Unfällen und Dienstjubiläen sowie die betriebliche Altersversorgung) sind in Betriebsvereinbarungen geregelt. Ausgebildet wurden 1998 im kaufmännischen, technischen und gewerblichen Bereich 520 Jugendliche.

UMWELTSCHUTZ. Die STRABAG verfügt über ein Umweltmanagementsystem mit einem Umweltschutzbeauftragten in der Konzernzentrale sowie über Umweltfachkräfte in den Hauptniederlassungen. Die Zuständigkeit der Umweltfachkräfte umfaßt die Überwachung und Koordinierung der betrieblichen Schnittstellen Beschaffung, Lagerung, Transport, Verwendung und Entsorgung aller umweltrelevanten Stoffe. Über Investitionen in den Umweltschutz oder laufende Investitionsaufwendungen macht die STRABAG keine Angaben. Einen Umweltschutzbericht gibt es nicht.
Im Geschäftsfeld Umweltschutz ist die STRABAG mit dem Bau von Umweltschutz- und Entsorgungsanlagen aller Art befaßt: Verbrennungsanlagen, Kraftwerke, Deponien, Umladestationen, Kläranlagen, Abwasser-/Sammlerbauten, Schornsteinbauten, Verkehrsbau, Infrastrukturbau. Hinzu kommen der Betrieb von Misch- und Sortieranlagen, von Kompostierungsanlagen, die Asbestentsorgung, Bodenreinigung und -sanierung, Flächenrecycling und der bundesweite Betrieb von Anlagen zur Erzeugung qualitätsüberwachter Recyclingbaustoffe.

Beschäftigte 1998: *16.572*
Beschäftigte 1997: *17.812*
Beschäftigte 1996: *19.576*

Umsatz pro Mitarbeiter 1998: *317.161,– DM*
Umsatz pro Mitarbeiter 1997: *307.152,– DM*
Umsatz pro Mitarbeiter 1996: *319.881,– DM*

Löhne und Gehälter 1998: *907,8 Mio.*
Löhne und Gehälter 1997: *955,3 Mio.*
Durchschnittsgehalt 1998: *54.779,– DM*
Soziale Abgaben und Aufwendungen 1998: *240,9 Mio.*
Soziale Abgaben und Aufwendungen 1997: *257,9 Mio.*

Bezüge pro Vorstandsmitglied 1998: *1.756.667,– DM*
Tantiemen pro Aufsichtsrat 1998: *25.667,– DM*

Investitionen 1998: *143,0 Mio.*
Investitionen 1997: *91,0 Mio.*
Investitionen 1996: *117,0 Mio.*

Mitbewerber: *Bilfinger + Berger, Dyckerhoff, Dywidag, Heilit + Woerner, Hochtief, Philipp Holzmann, Walter Bau, Wayss & Freytag, Züblin*

FORSCHUNG, ENTWICKLUNG, INNOVATIONEN. Die Forschungsaktivitäten betreffen vor allem die Geschäftsfelder Asphalt- und Betonstraßenbau. Es wird an der Weiterentwicklung hochstandfester Asphaltbeläge gearbeitet, neue Brückenkonstruktionen werden entwickelt. Durch wirtschaftliche Lösungen für den Einbau von Recyclingmaterial sollen die Kosten im Straßenbau gesenkt und gleichzeitig ein Beitrag zum Umweltschutz geleistet werden. Die SDT STRABAG Dienstleistung, Bau und Umwelttechnik GmbH hat 1998 ein neues Baustoffprüf- und -entwicklungslabor in Köln eröffnet, Deutschlands modernstes Straßenbaulabor.

SÜDZUCKER

Standort:
Mannheim/Ochsenfurt

Hauptverwaltung Mannheim:
Maximilianstraße 10
68165 Mannheim

Postanschrift:
Postfach 10 28 55
68028 Mannheim

Telefon: *(0621) 421-0*
Telefax: *(0621) 421-393*
Internet: *www.suedzucker.de*

Hauptverwaltung Ochsenfurt:
Marktbreiter Straße 74
97199 Ochsenfurt

Postanschrift:
Postfach 11 64
97195 Ochsenfurt

Telefon: *(09331) 91-0*

Branche: *Nahrungsmittelindustrie; Zuckerprodukte; Landwirtschaft*

Rechtsform:
Aktiengesellschaft

Geschäftsjahr: *1.3.-28.2.*

Gründungsjahr: *1926*

GESCHICHTE UND ENTWICKLUNG. Die Süddeutsche Zukker-AG, Mannheim, entstand 1926 durch den Zusammenschluß mehrerer süddeutscher Zuckerfabriken: Zuckerfabrik Frankenthal AG, Frankenthal; Badische Gesellschaft für Zuckerfabrikation AG, Mannheim; Zuckerfabrik Stuttgart AG, Stuttgart-Bad Cannstatt; Zuckerfabrik Heilbronn AG, Heilbronn; Zuckerfabrik Offstein AG, Neuoffstein. Die aufnehmende Gesellschaft wurde die Zuckerfabrik Frankenthal, die ihren Sitz nach Mannheim verlegte und unter dem Namen »Süddeutsche Zucker-AG« firmierte. Zum Ende des Krieges starke Zerstörungen der Werke und anschließender Verlust der Unternehmen auf dem Gebiet der DDR. 1950–1955 Wiederaufbau der alten Werke; neue Zuckerfabriken in Rain, Plattling und Offenau.
Den entscheidenden Sprung zum Groß-Konzern aber machte die Südzucker AG 1988 durch die Fusion mit der Zuckerfabrik Franken GmbH, Ochsenfurt, mit ihren über 100 Jahre alten Werken Wabern und Warburg. Änderung des Firmennamens von Süddeutsche Zucker-AG in Südzucker AG Mannheim/Ochsenfurt. Dieser Zusammenschluß ermöglichte eine Zusammenlegung der bereits vorhandenen Beteiligungen. Es folgte eine groß angelegte Akquisitionspolitik zur stärkeren Diversifikation besonders auf dem Sektor der Nahrungsmittelindustrie. Es waren immer wieder kleinere bis mittlere Nahrungsmittelunternehmen, an denen sich die Südzucker AG allzu gerne beteiligte. Mit Beginn des Jahres 1995 wurden die Bereiche Speiseeis, Tiefkühlkost und Backwaren in der Schöller-Holding zusammengefaßt (Beteiligung Südzukker 65%, Schöller 35%). Im Zuckerbereich expandierte die Gruppe 1989 durch den Erwerb der Mehrheit an der belgischen Gruppe Raffinerie Tirlemontoise (R.T.) und 1990 durch die Beteiligung an der österreichischen Agrana (50% am stimmberechtigten Kapital bzw. 42,6% am Stammkapital) sowie durch den Erwerb von sechs ostdeutschen Zuckergesellschaften. 1996–1999 folgten Beteiligungen an Zukkerfabriken in Polen, Ungarn, Rumänien, Moldawien und der Slowakei.

BESITZVERHÄLTNISSE/EIGENTUMSSTRUKTUR.
- Süddeutsche Zuckerrübenverwertungs-Genossenschaft eG, Stuttgart (treuhänderisch und indirekt 60,7% der Stammaktien). Hinter dieser Genossenschaft stehen etwa 30.000 Zuckerrübenanbauer aus dem süddeutschen Raum.

- Deutsche Bank AG, Frankfurt/Main (10% – 12,9% der Stammaktien)
- ZSG (NL) Netherlands B.V., Amsterdam/Niederlande (5%-6,3% der Stammaktien)
- Rest Streubesitz (überwiegend Vorzugsaktien) bei 19.000 Aktionären; 13% des Kapitals befinden sich in ausländischem Besitz.

KONZERNÜBERBLICK. Die Südzucker-Gruppe ist der größte europäische Zuckerhersteller und einer der führenden deutschen Nahrungsmittelkonzerne. Nummer eins unter den Zuckerproduzenten ist Südzucker seit dem Erwerb der größten belgischen Zucker-Raffinerie Tirlemontoise und der österreichischen Agrana. In der Europäischen Union hat Südzucker eine Produktionsquote von 2,4 Mio. t Zucker und einen Marktanteil von 16,4%. Die Zuckererzeugung im Inland liegt bei jährlich rund 1,6 Mio. t. Neben dem traditionellen Zuckerbereich – Erzeugung von Kristall- und Raffinadezucker, Fruchtzucker, flüssigem Zucker, Spezialsorten, Futtermitteln und landwirtschaftlichen Produkten – besitzt das Unternehmen wesentliche Beteiligungen in der Nahrungsmittelindustrie mit den Schwerpunkten Speiseeis und Tiefkühlkost. In der Schöller Holding GmbH & Co. KG, Nürnberg, wurden alle Eiskrem-/Tiefkühlkost- und Backwarenaktivitäten der Südzucker AG und der Schöller-Gruppe gebündelt.
Traditionell arbeitet die Südzucker AG eng mit der Landwirtschaft zusammen. In den Südzucker-Fabriken in Deutschland wird die Zuckerrübenernte von 33.000 Landwirten mit einer Gesamtanbaufläche von 192.000 ha verarbeitet. Während der Zuckerrübenernte im Herbst arbeiten mehr als 100.000 Menschen in Süddeutschland mit Südzucker zusammen. Anfang 1999 waren bei der Südzucker AG und GmbH (Geschäftsbereich Zucker/Süßungsmittel) 3.225 Mitarbeiter beschäftigt. Die Südzucker AG mit ihrem Firmensitz in Mannheim und einem Verwaltungssitz in Ochsenfurt besitzt 14 Zuckerfabriken in Deutschland: Groß-Gerau, Ochsenfurt, Offenau, Offstein, Plattling, Rain, Regensburg, Wabern, Warburg, Zeil und in Ostdeutschland Zeitz, Löbau, Brottewitz und Delitzsch. Außerdem bewirtschaftet sie landwirtschaftliche Güter. Die gesamte Südzucker-Gruppe umfaßt 42 Zuckerfabriken.
Das Südzucker-Geschäft gliedert sich in die Tätigkeitsbereiche Zukker/Süßungsmittel (mit Südzucker AG, Südzucker GmbH, Zeitz, Raffinerie Tirlemontoise S.A., Agrana Beteiligungs-AG), Speiseeis/Tiefkühlkost (mit Schöller Holding GmbH & Co. KG, Freiberger Lebensmittel GmbH & Co. KG), Landwirtschaft und Sonstige. Vom Konzernumsatz 1998/99 entfielen auf den Zuckerbereich 5,5 Mrd. DM (63%) und auf den Bereich Speiseeis/Tiefkühlkost 3,3 Mrd. DM (37%).

BETEILIGUNGEN. Zur Südzucker AG gehören die Teilkonzerne: Raffinerie Tirlemontoise S.A., Brüssel (74,7% – Gruppen-Umsatz 1998/99: 1,7 Mrd. DM. Weitere wichtige Beteiligungen: Hottlett Sugar Trading S.A., Berchem/Niederlande; Suikers G. Lebbe S.A., Oostkamp/Belgien; W. van Oordt & Co., Oud Beijerland/Niederlande; Portion Pack Europe Holding B.V., Oud Beijerland/Niederlande; Mather Ltd., Manchester/Großbritannien); Agrana Beteiligungs-AG, Wien (42,6% des Grundkapitals und 50% der Stimmrechte – Holding der österreichischen Zuckerindustrie mit den Schwerpunkten Zucker und Stärke; Zuckerfabriken in Tulln, Hohenau, Leopoldsdorf und Wien; dazu eine

Öffentlichkeitsarbeit:
Rainer Düll
Tel.: (0621) 421-409
Fax: (0621) 421-425
E-Mail: public.relations@suedzucker.de

Verbände: *Verein der Zuckerindustrie, Bonn; Wirtschaftliche Vereinigung Zucker e.V., Bonn*

Vorstand:
▮ *Spettmann, Theo, Dr. (Sprecher), Ludwigshafen*
▮ *Kirsch, Christoph, Dr., Weinheim/Bergstraße*
▮ *Korn, Klaus, Dr., Ochsenfurt*
▮ *Marihart, Johann, Wien/Österreich*
▮ *Müller, Rudolf, Dr., Ochsenfurt*

Vorstandsbezüge 1998/99:
5.300.000,– DM

Aufsichtsrat:
▮ *Zobel von Giebelstadt zu Darstadt, Stephan Freiherr (Ehrenvorsitzender), Ochsenfurt*
▮ *Andreae, Hans-Georg (Vorsitzender; Verband Süddeutscher Zuckerrübenanbauer e.V.), Münster*
▮ *Weiss, Ulrich, Dr. (stellv. Vorsitzender; ehem. Mitglied des Vorstandes der Deutsche Bank AG), Bad Soden/Taunus*
▮ *Eklöh, Hartmut (ehem. Mitglied des Vorstandes der Douglas Holding AG), Hagen*
▮ *Freitag, Paul (Verband fränkischer Zuckerrübenanbauer e.V.), Oberickelsheim-Rodheim*
▮ *Gebhard, Hans-Jörg, Dr. (Verband baden-württembergischer Zuckerrübenanbauer e.V.), Eppingen*
▮ *Konrad, Christian, Dr. (Vorsitzender des Aufsichtsrates der Agrana Beteiligungs-AG), Wien/Österreich*
▮ *Schwaiger, Richard (Verband bayerischer Zuckerrübenanbauer e.V.), Aiterhofen*
▮ *Thiemann, Bernd, Dr. (Vorsitzender des Vorstandes der DG Bank AG), Kronberg/Taunus*
▮ *Wechsler, Ernst (Verband der Hessisch-Pfälzischen Zuckerrübenanbauer e.V.), Westhofen*
▮ *Wolf, Gerhard R. (ehem. Mitglied des Vorstandes der BASF AG), Worms*

Kartoffelstärkefabrik und eine Maisstärkefabrik; fünf Zuckerfabriken in Ungarn über die Magyar Cukor Rt., drei tschechische Zuckerfabriken sowie vier in Rumänien und zwei in der Slowakei. Umsatz 1998/99: 1,3 Mrd. DM); Schöller Holding GmbH & Co. KG, Nürnberg (65% – Umsatz 1998/99: 2,8 Mrd. DM. Seit 1997 neue Organisationsstruktur in sechs rechtlich selbständigen und ergebnisverantwortlichen Sparten: Produktion/Logistik mit Schöller Lebensmittel GmbH & Co. KG, Nürnberg – Eiscreme-Spezialitäten mit den Marken Schöller, Manhattan, Mövenpick; Markenartikel/Handelsmarken mit der Schöller Marken GmbH & Co. KG, Nürnberg; Fachhandel/Gastronomie mit der Schöller Direct GmbH & Co. KG, Nürnberg; Systemmarke mit der Eismann Family GmbH & Co. KG, Mettmann – Eis, tiefgekühlte Konditortorten, Tiefkühlkost. Die »Eismann«-Gruppe gehört mit 70 Niederlassungen in sechs europäischen Ländern und der Hjem-IS Europa A/S, Esbjerg/Dänemark, zu den Marktführern im Direktvertrieb von Eiskrem und Tiefkühlkost in Europa. Zu Eismann gehört auch die Heimfrost Schumacher GmbH & Co. KG, Delmenhorst; Tiefkühlkost/Tiefkühlbackwaren mit der eurofrost TK-Spezialitäten GmbH & Co. KG, Nürnberg. Zur eurofrost gehören auch die erlenbacher backwaren GmbH, Groß-Gerau, und die Geti Wilba GmbH & Co. KG, Bremervörde; Dauerbackwaren mit der Backwelt GmbH & Co. KG, Nürnberg, zu der auch die Lady Cake - Feine Kuchen GmbH & Co. KG, Duingen, gehört.); Freiberger Lebensmittel GmbH & Co. KG, Berlin (100% – Pizzen, Baguettes, Fertiggerichte. Freiberger gehört zu den führenden europäischen Herstellern im Bereich tiefgekühlte Pizza und Pasta. Umsatz 1998/99: 483 Mio. DM); AIH Agrar-Industie-Holding GmbH, Mannheim (50% – je 25% halten die Deutsche Bank und die DG Bank. AIH hält u.a. Beteiligungen an der Fresenius AG, Bad Homburg v.d.H., der VK Mühlen AG, Hamburg, und der Meierei-Zentrale GmbH, Berlin). Weitere Unternehmen der Südzucker-Gruppe: Südzucker GmbH, Zeitz (100%); Palatinit Süßungsmittel GmbH, Mannheim (100%); Südzucker International GmbH, Ochsenfurt (100%); KWS Kleinwanzlebener Saatzucht AG, Einbeck (25%); Mönnich GmbH & Co. KG, Kassel (100%).

ZUCKER WEST, ZUCKER OST. Oberstes Anliegen der Südzucker-Manager war nach dem Fall der Mauer die »Reorganisation der ehemaligen DDR-Zuckerwirtschaft«. Das Engagement von Südzucker erstreckte sich vornehmlich auf die sächsisch-thüringische Zuckerindustrie, also die Südregion, die den Rübeneinzugsgebieten der früheren Kombinatsbetriebe Straußfurt, Zeitz, Delitzsch, Brottewitz, Löbau und Artern entsprach. Schon vor der Unterzeichnung des Einigungsvertrages hatte Südzucker zur Kampagne 1990 die »Betreuung« dieser Fabriken übernommen. Ende 1990 erfolgte dann die Unterzeichnung des Vertrages zwischen der Südzucker AG, der Treuhandanstalt und der Deutsche Ostzucker AG zur endgültigen Übernahme der sechs ehemaligen DDR-Zuckerfabrikgesellschaften mit 13 Zuckerfabriken, womit die Mannheimer über Nacht rund ein Drittel der ostdeutschen Zuckerwirtschaft unter ihre Kontrolle brachten und unangefochten zum führenden Zuckerhersteller Westeuropas aufstiegen. Die sechs gekauften ostdeutschen Zuckergesellschaften wurden in der neugegründeten Südzucker GmbH, Zeitz (»Zeitzer Zucker«), zusammengefaßt, blieben aber vorerst eigenständige Gesellschaften. Das

»Restrukturierungsprogramm« der Südzucker-Manager mit einem Investitionsvolumen von 800 Mio. DM wurde Ende 1993 mit der Inbetriebnahme der umgebauten Zuckerfabrik Zeitz abgeschlossen. Das hieß aber auch: Stilllegungen von unrentablen Standorten und die Konzentration auf fünf schlagkräftige Zuckerfabriken. Ende 1995 wurde die Südzucker GmbH, Zeitz, auf die Südzucker AG verschmolzen.

GLOBALE STRATEGIEN UND DER STANDORT DEUTSCHLAND.

Die Südzucker AG ist schon längst ein international ausgerichtetes Unternehmen. Die Südzucker-Gruppe ist führend in der Europäischen Union und umfaßt inzwischen 42 Zuckerfabriken. Südzucker International GmbH vertritt die Interessen der Südzucker-Gruppe in Polen und den Ländern der ehemaligen GUS. In Polen hat Südzucker drei Zuckerfabriken übernommen und will die starke Marktstellung im Zuge weiterer Privatisierungsprogramme ausbauen. Der Vorstand begrüßt eine fehlende Kartellbehörde in Polen. In Moldawien hat Südzucker Beteiligungen an vier Zuckerfabriken erworben. Die Raffinerie Tirlemontoise verfügt über Zuckerfabriken in Belgien, den Niederlanden und Großbritannien. Die österreichische Agrana hält in Ungarn, Tschechien, Rumänien und der Slowakei führende Positionen in der Zuckerindustrie. Sie beteiligte sich mehrheitlich an den vier rumänischen Zuckerfabriken Tandarei, Urziceni, Buzau und Roman, womit sie über 20% des rumänischen Zuckermarktes abdeckt. In Tschechien konnte Agrana durch den Erwerb der Zuckerfabrik Unicov mit ihren nunmehr drei Fabriken den Marktanteil auf über 15% erhöhen. Der Marktanteil der fünf ungarischen Zuckerfabriken liegt bei 40%. In Osteuropa werden im Zuckerbereich inzwischen mehr als 500 Mio. DM umgesetzt. Für die Südzucker-Gruppe wurden 1998 auf einer Fläche von 450.000 ha von knapp 100.000 Landwirten 23,2 t Rüben angebaut. Die Zuckererzeugung betrug insgesamt 3,3 Mio. t. 1998 wurde zur besseren Marktbearbeitung in Asien eine Tochtergesellschaft der Palatinit Süßungsmittel GmbH in Singapur gegründet.
Die Schöller-Gruppe expandiert besonders auf dem stark wachsenden türkischen Eiskrem- und Tiefkühlkostmarkt. Mit dem führenden türkischen Tiefkühlkostunternehmen Kerevitas A.S., Istanbul, wurde 1998 ein Joint-venture zur Produktion und Vermarktung von Eiskrem in der Türkei geschlossen, an dem Schöller 60% hält. Gleichzeitig wurde an der Kerevitas A.S. eine Minderheitsbeteiligung von 25% erworben. Eine weitere Beteiligung gibt es an der Söllmer A.S., Istanbul. 1998 wurde ebenfalls die skandinavische Hjem-Is-Gruppe erworben. Die Freiberger-Gruppe ist in Frankreich, Großbritannien und zunehmend in Polen engangiert.
Im Rahmen einer neuen Organisationsstruktur gab es bei Schöller aber auch einschneidende Maßnahmen, besonders am Standort Deutschland. Die Eiskrem-Produktion in Mettmann wurde 1999 geschlossen wie zuvor schon die Produktion in Potsdam. Schöller will die Zahl seiner Eiswerke im Inland auf die Kernstandorte Nürnberg und Uelzen konzentrieren. Insgesamt soll die Zahl der Eisstandorte von neun auf fünf reduziert werden. Das Saisonbackwarengeschäft wurde verkauft. Wurden im Bereich Zucker Mitte der 90er Jahre durch Stillegungen bzw. Zusammenlegungen verschiedener Zuckerfabriken etwa 3.000 Arbeitsplätze abgebaut, erhöhte sich 1998/99 besonders durch den Er-

**Möllenberg, Franz-Josef (stellv. Vorsitzender)*
**Bös, Karl*
**Denzig, Günter*
**Drescher, Helmut*
**Erhard, Walter*
**Hartl, Hans*
**Lindner, Jörg*
**Muhlack, Erich*
**Vetter, Edwin*
**Weber, Peter*

Aufsichtsratstantiemen 1998/99: *1.300.000,– DM*

BÖRSE, AKTIEN, KURSE
Grundkapital 1998/99:
261,9 Mio.
Jahreshöchstkurs 1998/99:
Stammaktie: 1.150,00 DM (588,00 €)
Vorzugsaktie: 1.240,00 DM (634,00 €)
Jahrestiefstkurs 1998/99:
Stammaktie: 624,90 DM (319,50 €)
Vorzugsaktie: 672,80 DM (344,00 €)
Aktie Jahresende 1998/99:
Stammaktie: 719,75 DM (368,00 €)
Vorzugsaktie: 727,57 DM (372,00 €)
Dividende pro Aktie 1998/99:
Stammaktie: 17,00 DM
Vorzugsaktie: 19,00 DM

Die Dividende bezieht sich auf je 50,– DM Aktiennennbetrag. Die Dividendensumme 1998/99 betrug 91,3 Mio. DM.

Umsatz 1998/99:
8.808,3 Mio.
(Ausland: 4.685,0 Mio.)
Umsatz 1997/98:
8.188,8 Mio.
(Ausland: 4.058,0 Mio.)
Umsatz 1996/97:
7.597,5 Mio.
(Ausland: 3.761,0 Mio.)

Gewinn 1998/99: *309,1 Mio.*
Gewinn 1997/98: *327,0 Mio.*
Gewinn 1996/97: *285,7 Mio.*

Cash flow 1998/99:
908,0 Mio.
Cash flow 1997/98:
939,0 Mio.
Cash flow 1996/97:
855,0 Mio.

Steueraufkommen 1998/99:
225,1 Mio.

Beschäftigte 1998/99: *25.619*
Beschäftigte 1997/98: *20.394*
Beschäftigte 1996/97: *19.239*

Umsatz pro Mitarbeiter 1998/99: *343.819,– DM*
Umsatz pro Mitarbeiter 1997/98: *401.530,– DM*
Umsatz pro Mitarbeiter 1996/97: *394.901,– DM*

Löhne und Gehälter 1998/99: *1.085,0 Mio.*
Löhne und Gehälter 1997/98: *986,7 Mio.*
Durchschnittsgehalt 1998/99: *42.351,– DM*
Soziale Abgaben und Aufwendungen 1998/99:
361,9 Mio.
Soziale Abgaben und Aufwendungen 1997/98:
292,3 Mio.

Bezüge pro Vorstandsmitglied 1998/99:
1.060.000,– DM
Tantiemen pro Aufsichtsrat 1998/99: *65.000,– DM*

werb verschiedener osteuropäischer Unternehmen die Zahl der Mitarbeiter im Südzucker-Konzern um nahezu 25% auf über 25.600. Im Geschäftsbereich Zucker selbst arbeiten 2.550 Mitarbeiter.

INNERBETRIEBLICHE BÜNDNISSE. In allen Bereichen der Südzucker AG gibt es gleitende Arbeitszeiten. Flexible Arbeitszeiten gibt es im Bereich Zucker durch die Kampagne-Zeiten schon immer. Zur Regelung der Altersteilzeit trat Anfang 1999 eine neue Betriebsvereinbarung im Bereich der Südzucker in Kraft. 75% der berechtigten Mitarbeiter halten Belegschaftsaktien. Im Bereich der Südzucker AG wurden Anfang 1999 235, bei der Südzucker GmbH 83 Jugendliche ausgebildet (Ausbildungsquote 11,9%).

UMWELTSCHUTZ. Integrierter Umweltschutz ist bei Südzucker Bestandteil der Produktion und der Produktionsanlagen. Aktivitäten des Konzerns und seiner Unternehmen: Optimierung der Abwärmenutzung, mechanische Schnitzelentwässerung, neue Trocknungstechnologien, moderne Braunkohle-Wirbelschicht-Feuerungsanlagen, Rauchgasreinigungsanlagen, moderne, teilweise auch anaerobe Abwasseraufbereitung. Die von der Hygienerichtlinie der EU abgeleitete Hygiene-Konzeption der Zuckerindustrie wurde in das bei Südzucker bestehende Qualitätsmanagement-System integriert.

FORSCHUNG, ENTWICKLUNG, INNOVATIONEN. Die Erweiterung der Südzucker-Gruppe von einem reinen Zuckerunternehmen zu einem Ernährungskonzern mit einer großen Palette an Lebensmitteln hat die Aufgabenstellung des Bereichs Forschung, Entwicklung und naturwissenschaftlich-technische Dienstleistungen grundlegend erweitert. Die Zentralabteilung Forschung, Entwicklung und Services hat ihren Sitz im Werk Offstein. Sie befaßt sich mit den unterschiedlichsten naturwissenschaftlich-technischen Disziplinen, wie Verfahrens- und Anwendungstechnik (Zuckertechnologie), technische Chemie, Lebensmittel-Chemie und -Technologie, Bio- und Ernährungswissenschaften sowie Analytik. Ein Arbeitsschwerpunkt war 1998 wieder der Ausbau der potentiellen Zukunftsmärkte, wie z.B. die sogenannten Functional Foods auf Kohlehydratbasis. Der Einsatz der Gentechnik im Rübenanbau wird diskutiert; keinesfalls aber soll Zukker aus solchen Rüben vor dem jahr 2001 gewonnen werden. Intensiv

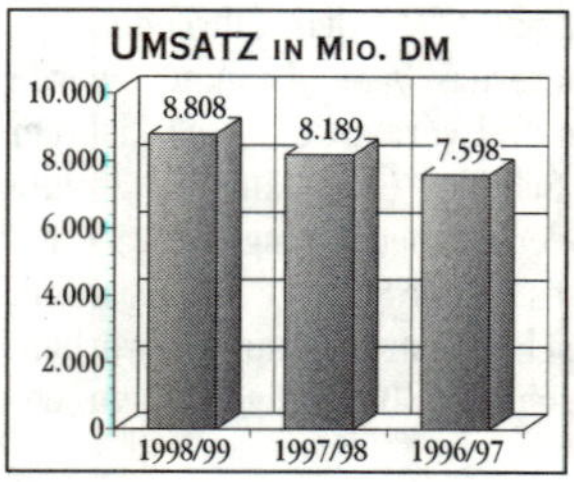

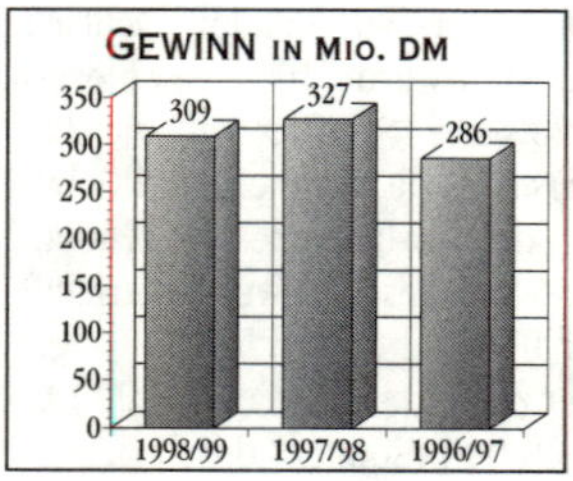

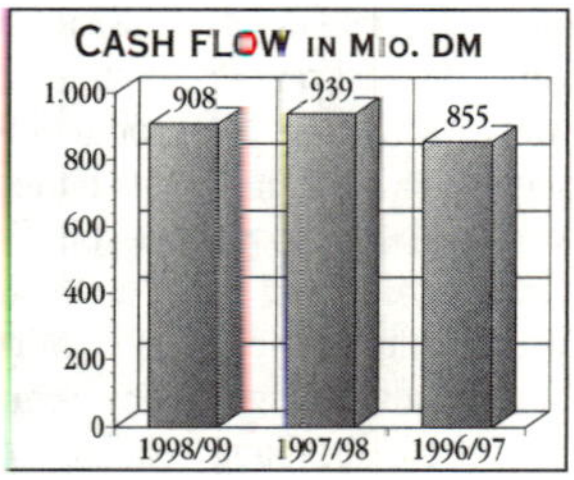

wird mit Forschungseinrichtungen anderer Unternehmen, Hochschulen und Universitäten kooperiert. In der Zentralabteilung Forschung, Entwicklung und Services werden auch die Forschungsarbeiten bei der Raffinerie Tirlemontoise und der Agrana-Gruppe koordiniert. Hier wird auch die »naturwissenschaftliche Unterstützung« bei der Produktentwicklungsarbeit für die Unternehmen der Schöller Holding erbracht. Südzucker hat zahlreiche bedeutende Technologien innerhalb der Zukkerindustrie entwickelt.

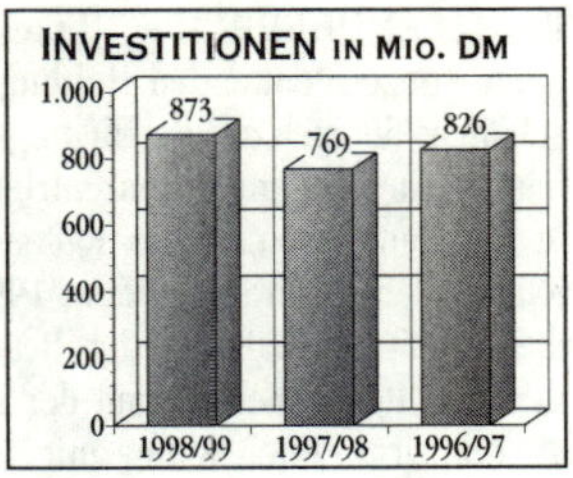

Investitionen 1998/99: *873,0 Mio.*
Investitionen 1997/98: *769,0 Mio.*
Investitionen 1996/97: *826,0 Mio.*

Mitbewerber: *Azucarera Ebro, British Sugar, Danisco, Feruzzi, Jacobs Suchard, Langnese-Iglo, Nestlé, Nordzucker, Oetker, Pfeifer & Langen, Saint-Louis, Suiker Unie, Unilever*

TCHIBO

GESCHICHTE UND ENTWICKLUNG. »Max Herz besorgte sich 1949 Rohkaffee und röstete die Bohnen, um sie dann durch einen eigenen Versand zu vertreiben.« So beginnt das Tchibo-Mitarbeitermagazin »Cafeteria« (1/93) eine Firmengeschichte unter dem Titel »Tchibo im Wandel der Zeit«. Bereits der Vater von Max Herz hatte schon vor dem Krieg ein Rohkaffeeimportgeschäft betrieben, das seinerseits den Sohn ermutigte, ins Kaffeegeschäft einzusteigen. Gemeinsam mit seinem aber schon kurze Zeit später ausgeschiedenen Partner Carl Tchiling-Hirrian, auf dessen Name der Firmenname »Tchibo« zurückzuführen ist (die ersten vier Buchstaben des Namens Tchiling und die ersten zwei des Wortes Bohne), entwickelte er neue Ideen, die das Geschäft mit dem Kaffee expandieren und Tchibo schnell zu einer führenden Marktposition aufsteigen ließen. Der Boom begann mit dem Versandhandel; schnell wurde die Kaffeemarke »Gold Mocca« die Nummer eins auf dem deutschen Kaffeemarkt. Bereits Anfang der 50er Jahre entstand die Idee der eigenen Geschäfte, der Tchibo-Filialen. Die erste Filiale wurde im Oktober 1955 in Hamburg eröffnet. Tchibo baute eine neue Fabrik und expandierte zum größten Kaffeeröster des Landes. 1977 Gründung einer Aktiengesellschaft, deren Aktien alle von der Familie Herz gehalten werden. 1989 Änderung des Firmennamens von Tchibo Frisch-Röst-Kaffee Aktiengesellschaft in Tchibo Holding Aktiengesellschaft sowie Gründung der Tchibo Frisch-Röst-Kaffee GmbH. 1980 Erwerb der Mehrheit am Tabak-Unternehmen Reemtsma, das bis dahin im Familienbesitz gewesen war. Seit den 70er Jahren besitzt Tchibo eine Schachtelbeteiligung an der Beiersdorf AG. 1997/98 Übernahme des Konkurrenten Eduscho GmbH & Co. KG.

Standort:
Überseering 18
22297 Hamburg

Postanschrift:
Postfach 603060
22240 Hamburg

Telefon: *(040) 6387-0*
Telefax: *(040) 6387-2530*
Internet: *www.tchibo.de*

Branche: *Holdinggesellschaft; Genußmittel (Kaffee, Tabak), Non-Food-Artikel; Beteiligungen im Bereich Chemische Industrie, Pharmazeutische Industrie, Kosmetika*

Rechtsform: *Aktiengesellschaft*

Geschäftsjahr: *1.1.-31.12.*

Gründungsjahr: *1949; AG seit 1977*

BESITZVERHÄLTNISSE/EIGENTUMSSTRUKTUR.

- Top Schmuck AG, Harthausen (19%)
- Günter Herz (19%)
- Michael Herz (19%)
- Daniela Herz-Schnoeckel (15%)
- Joachim Herz (15%)
- Ingeborg Herz (13%)

Öffentlichkeitsarbeit:
Joachim A. Klähn
Tel.: (040) 6387-2935
Fax: (040) 6387-2530
E-Mail: jks@tchibo.de

Verbände: *Tchibo ist entsprechend seinen Industriebeteiligungen und nach seinen Sparten organisiert.*

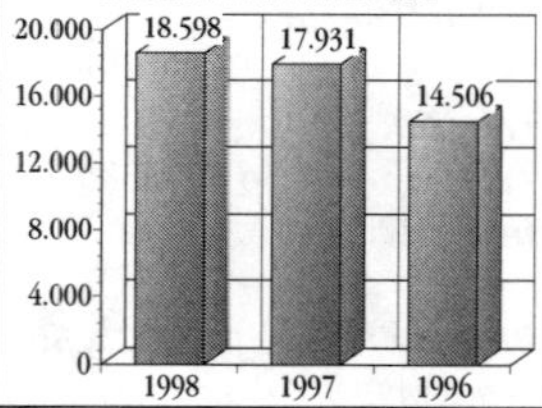

UMSATZ IN MIO. DM

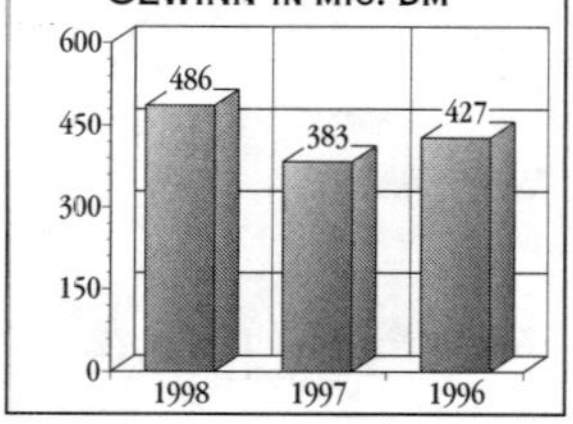

GEWINN IN MIO. DM

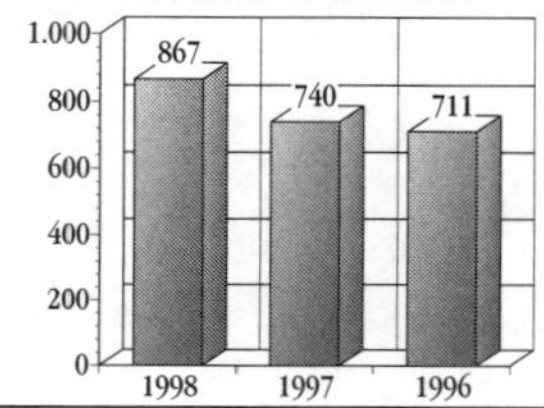

CASH FLOW IN MIO. DM

KONZERNÜBERBLICK. Unter dem Dach der Tchibo Holding AG, einer konzernlenkenden Holding mit geringen eigenen operativen Geschäften, die sich auf Beteiligungen an Industrie-, Handels- und Dienstleistungsunternehmen konzentriert, gibt es drei Hauptbetätigungsgebiete der Familie Herz: das Kaffeegeschäft mit der Tchibo Frisch-Röst-Kaffee GmbH und seit Anfang 1998 mit der Eduscho GmbH & Co. KG, das Tabak-Geschäft mit der Reemtsma Cigarettenfabriken GmbH und den Beteiligungsbereich mit der Beiersdorf AG.

◆ Konzernbereich Kaffee mit Tschibo und Eduscho. Zum 1. Januar 1998 übernahm die Tchibo Frisch-Röst-Kaffee GmbH als persönlich haftender Gesellschafter die Federführung in der Eduscho GmbH & Co. KG. Die beiden Bereiche bzw. Marken Tchibo und Eduscho sollen zwar weiterhin bestehen bleiben, die vorhandenen Markt- und Synergiepotentiale wurden aber weitgehend ausgeschöpft. Das Filial- und Depotnetz wurde der neuen Situation angepaßt, Standortüberlappungen von Tchibo und Eduscho wurden beseitigt, das immer erfolgreicher werdende Non-Food-Geschäft vereinheitlicht.

Das unter der Markt TCM bisher bei Tchibo vertriebene, wöchentlich wechselnde Gebrauchsartikelsortiment wurde auch auf Eduscho erweitert. Produktmanagement, Einkauf und Logistik wurden zusammengelegt. Der Umsatz im Non-Food-Bereich liegt über dem des reinen Kaffee-Umsatzes. Die Außendienstorganisationen von Tchibo und Eduscho wurden zusammengeführt und neu ausgerichtet, die Verwaltung in Hamburg konzentriert. Der Vorstand der Tchibo Frisch-Röst-Kaffee GmbH steuert nun die gemeinsamen Aktivitäten von Tchibo und Eduscho.

Tchibo verfügte zum Zeitpunkt der Eduscho-Akquisition über 670 eigene Tchibo-Filialen mit einem umfangreichen Kaffee- und Gebrauchsartikelsortiment, Eduscho über 600 Eduscho-Filialen. 250 unrentable Standorte, überwiegend Eduscho-Filialen, wurden inzwischen geschlossen. Die verbliebenen 1.000 Tchibo- und Eduscho-Filialen wurden zum Teil aufwendig erneuert. Hinzu kamen zum Zeitpunkt der Übernahme rund 23.000 Tchibo- und 17.000 Eduscho-Verkaufsstellen in ganz Deutschland – in Frisch-Depots bei Bäckern und Konditoren, in Geschäften des Lebensmitteleinzelhandels, in großflächigen Verbrauchermärkten. Die Zahl der Verkaufstellen wurde auf zusammen 37.000 zurückgeführt. Die Eduscho-Rösterei in Berlin wurde geschlossen. Die Auslandsgesellschaften von Tchibo und Eduscho wurden unter einheitliche Führung gestellt. Der Eduscho-Versand wurde in den Tchibo-Versand integriert. Das Logistiksystem des Versandgeschäftes mit der Tchibo & Eduscho Café Service wurde nach Bremen verlegt. Das Versandgeschäft kommt auf einen Umsatz von 400 Mio. DM.

Im Rahmen einer Neuausrichtung des Röstkaffeeportfolios läuft der gesamte Marktauftritt von Eduscho seit 1998 unter der Marke »Gala«, der von Tchibo unter der Marke »Tchibo«. Hinzu kommt noch der Bereich »Davidoff«. Gala soll besonders im Einzelhandel positioniert werden, Tchibo etwas teurer im Premiumsegment. Der Konzernbereich Kaffee hält mit Tchibo und Eduscho in Deutschland einen Marktanteil von 30,4% (1998) und ist damit Marktführer vor Jacobs mit 26%, Aldi mit etwas über 10%, Melitta mit etwas unter 10% und Dallmayr mit 8%. Von den 30,4% Marktanteil erzielte Tchibo 19,6% und Eduscho 10,8%. In zahlreichen Ländern Europas – Polen, Tschechien, Ungarn und Österreich – sind Tchibo und Eduscho die Nummer eins im Markt. Der Konzernbereich Kaffee erzielte 1998 einen Umsatz von 5.730 Mio. DM.

◆ Konzernbereich Cigarette mit der Reemtsma-Gruppe. Reemtsma ist das führende rein deutsche Zigarettenunternehmen. Weltweit bietet Reemtsma über 60 Zigarettenmarken an. Unter den 20 meistgerauchten Zigarettenmarken Deutschlands sind neun Reemtsma-Produkte: West, Peter Stuyvesant, Ernte 23, Reval, R6, R1, West Lights, Cabinet, Roth-Händle. Hinzu kommen u.a. die Zigarettenmarken und Markenfamilien Astor, Davidoff, John Players, Atika, California, Duett, Juno, Eckstein, Salem; dazu Feinschnitt: West, Reval, Schwarze Hand, Golden Gate, West Quickies etc.

Der Konzernabsatz lag 1998 bei 129,4 Mrd. Zigaretten. Innerhalb Deutschlands verkaufte Reemtsma 31,6 Mrd. Zigaretten und erreichte damit einen Marktanteil von 28,6% und lag damit hinter Philip Morris auf Platz zwei. Hauptumsatzträger sind die Markenfamilien West mit einem Marktanteil von 10,2% und damit die zweitstärkste Marke in Deutschland, Peter Stuyvesant mit 3,2% (Platz 6), R1, Davidoff, Ernte 23, Roth-Händle und Reval. Die Markenfamilie Cabinet war besonders in den neuen Bundesländern erfolgreich (Anteil 8,2%). Besonders hohe Marktanteile hält Reemtsma in den meisten Ländern Mittel- und Osteuropas.

Der Umsatz des Reemtsma-Konzerns 1998 (inkl. der Tabaksteuer von 8.398 Mio. DM) lag bei 12.864 Mio. DM. Reemtsma hatte 1998 11.744 Beschäftigte. Verwaltungssitz von Reemtsma ist Hamburg. Hier sind auch das Reemtsma-Forschungs- und Entwicklungszentrum angesiedelt. Produktionsstätten gibt es in Berlin, Langenhagen bei Hannover, Lahr und Nordhausen. Die Tchibo Holding AG, Hamburg, besitzt 75,1% der stimm- und dividendenberechtigten Geschäftsanteile der Reemtsma Cigarettenfabriken GmbH. Verschiedene Familienstämme der Familie Reemtsma und mit ihr befreundete Personen halten den Rest.

◆ Beiersdorf AG. Die Beteiligung am Kapital der Beiersdorf AG ist in der Bilanz der Tchibo Holding AG mit einem Buchwert von 240 Mio. DM ausgewiesen. Die Beteiligungsquote beträgt 25,9%. Tchibo erzielte 1998 aus der Beiersdorf-Beteiligung eine Dividende von 82 Mio. DM (siehe Beiersdorf).

BETEILIGUNGEN. 1998 gehörten zum Konsolidierungskreis des Tchibo-Konzern 96 Unternehmen, davon 61 im Ausland. Zu den wichtigsten Tochterunternehmen, Gesellschaften und Beteiligungen des Tchibo-Konzerns gehören:

● Unternehmensbereich Kaffee mit Tchibo Frisch-Röst-Kaffee GmbH, Hamburg (100%), und Eduscho GmbH & Co. KG, Bremen (100%); Tchibo Versand GmbH, Hamburg; Nicola Clüsserath GmbH & Co. KG, Berlin; Tchibo Logistik GmbH, Gallin; G.C. Breiger & Company GmbH, Hamburg; Beans Brothers Betriebsgesellschaft mbH, Düsseldorf; Tchibo Warszawa Sp.z.o.o., Warschau/Polen; Tchibo Budapest Kft, Budapest/Ungarn; Tchibo Praha spol.s.r.o., Prag/Tschechien; Cetco Ltd., Nairobi/Kenia; Tchibo Coffee Nederland B.V., Amsterdam/Niederlande; Tchibo UK Ltd., London/Großbritannien; Tchibo St. Petersburg, St. Petersburg/Rußland; Eduscho GmbH, Bremen; Meister-Kaffee GmbH & Co. Vertriebs KG, Bremen; Tchibo Café Service GmbH, Hamburg;

Vorstand:
❚ *Herz, Günter (Vorsitzender)*
❚ *Boysen, Wilfried*

Vorstandsbezüge 1998:
keine Angaben

Aufsichtsrat:
❚ *Odewald, Jens, Dr. (Vorsitzender; Unternehmer), Berlin*
❚ *Pastuszek, Horst, Dr. (stellv. Vorsitzender; ehem. Mitglied des Vorstandes der Tchibo Holding AG), Hamburg)*
❚ *Conrad, Markus, Dr. (Mitglied der Geschäftsführung der Georg Lichtenbrink GmbH & Co. KG), Hamburg*
❚ *Herz, Joachim (Unternehmer), Hamburg*
❚ *Herz, Michael (Mitglied der Geschäftsführung der Participia Holding GmbH), Norderstedt*
❚ *Lichtenauer, Michael, Dr. (Rechtsanwalt), Hamburg*
❚ *Reemtsma, Hermann-Hinrich (Unternehmer), Hamburg*
❚ *Zumwinkel, Klaus, Dr. (Vorsitzender des Vorstandes der Deutsche Post AG), Bonn*
**Prieß, Jürgen (stellv. Vorsitzender)*
**Knoop, Klaus*
**Meinecke, Ulrich*
**Mertens, Franz J.*
**Peter, Jens*
**Sailer, Volker*
**Steinitz, Wolfgang*
**Weck, Werner*

Aufsichtsratstantiemen 1998: *861.000,– DM*

Umsatz 1998: *18.597,6 Mio. (nach Tabaksteuer: 10.199,4 Mio.)*
Umsatz 1997: *17.930,6 Mio. (nach Tabaksteuer: 10.173,9 Mio.)*
Umsatz 1996: *14.506,4 Mio. (nach Tabaksteuer: 6.889,6 Mio.)*

Gewinn 1998: *486,2 Mio.*
Gewinn 1997: *382,7 Mio.*
Gewinn 1996: *426,8 Mio.*

Cash flow 1998: *867,0 Mio.*
Cash flow 1997: *740,0 Mio.*
Cash flow 1996: *711,0 Mio.*

Cash flow: *Die Investitionen wurden vollständig aus dem Cash flow gedeckt.*

Steueraufkommen 1998: *145,6 Mio.*

Tabaksteuer 1998: *8.398,1 Mio.*

Grund- bzw. Stammkapital 1998: *240,0 Mio.*

Karl Struppe GmbH, Wien/Österreich; Braun & Heinke GmbH, Wien/Österreich; Eduscho spol.s.r.o., Bratislava/Slowakische Republik.

- Cigarette mit der Reemtsma Cigarettenfabriken GmbH, Hamburg (75,1%). Zum Reemtsma-Konzern gehören über 60 in- und ausländische Tochter- und Beteiligungsgesellschaften: H.F. & Ph.F. Reemtsma GmbH, Hamburg; Reemtsma Finance Management B.V., Hamburg; Badische Tabakmanufaktur Roth-Händle GmbH, Lahr; Reemtsma Polska S.A., Posen/Polen; Reemtsma Debreceni Dohánygyár Kft., Debrecen/Ungarn; Slovak International Tabak a.s., Bratislava/Slowakische Republik; Reemtsma International Praha spol.s.r.o., Prag/Tschechien; Tobacna Ljubljana d.o.o., Ljubljana/Slowenien; Reemtsma Cherkassy Tyutyunova Fabrika, Cherkassy/Ukraine; Reemtsma Kiew Tyutyunova Fabrika, Kiew/Ukraine; AO Reemtsma Kirgistan, Bishkek/Kirgistan; OOO Berenson S., Wolgograd/Rußland; Park Lane Tobacco Company Ltd., Maidenhead/Großbritannien; Reemtsma España S.A., Santa Cruz de Tenerife/Spanien; Reemtsma Distribution Company Italy S.r.l., Rom/Italien; Cinta Compagnie Indépendante des Tabacs S.A.Brüssel/Belgien; Reemtsma International China Ltd., Hongkong/China; Reemtsma Japan Ltd., Tokio/Japan; Reemtsma International Far East Pte. Ltd., Singapur; West Park Tobacco Inc., Richmond/USA; Massalin Particulares S.A., Buenos Aires/Argentien.
- Sonstige: Beiersdorf AG, Hamburg (25,87%)

EDUSCHO – AKQUIRIERT UND EINGEGLIEDERT. Das war die Großakquisition im Kaffeegeschäft 1997/98, eine Konzentration größten Ausmaßes: Die Familie Herz mit der Tchibo Holding AG kaufte kurzerhand ihren Konkurrenten Eduscho GmbH & Co. KG. Nach einem kurzen Aufschrei der Empörung durch die Konkurrenz und die Kartellbehörde wurde die Übernahme des Bremer Kaffeerösters genehmigt und wirksam. Der Kaufpreis (ohne Grundstücke) lag bei 200 Mio. DM, für Tchibo eine Kleinigkeit. Der Umsatz von Eduscho lag zum Zeitpunkt der Übernahme bei 2,3 Mrd. DM, das Unternehmen hatte 3.800 Beschäftigte im Inland und 1.450 im Ausland. Die anfänglichen Ankündigungen, nach denen beide Unternehmen als Schwestergesellschaften gleichberechtigt innerhalb des Konzernbereiches Kaffee unterhalb der Holding geführt werden sollten, wichen 1998 schnell der Reorganisation und Umstrukturierung. Tchibo gliederte Eduscho ein und baute den Bremer Kaffeeröster nach seinem Gusto um.

GLOBALE STRATEGIEN UND DER STANDORT DEUTSCHLAND. Seit Jahren expandiert der Tchibo-Konzern im Innern wie nach außen. Mit der Akquisition des Konkurrenten Eduscho haben die Kaffeeröster Zeichen gesetzt und ihre starke Position eindrucksvoll unterstrichen. Akquisitionen, Joint-ventures und Neugründungen von Fabriken gehören besonders in Mittel- und Osteuropa in den Bereichen Kaffee und Cigarette seit Jahren zur Expansionsstrategie und werden unvermindert fortgesetzt. In Polen, Tschechien, Ungarn und Österreich ist der Konzernbereich Kaffee Marktführer. In Ungarn beträgt der Marktanteil 41%, in Tschechien 31% und in Polen 21%. Zur Fortsetzung des Expansionskurses in Osteuropa wurde die Tchibo International GmbH, Hamburg, gegründet. In Tschechien erwarb man die größte tschechische Rösterei Balirny Jihlava und integrierte sie in

die Tchibo a.s. In Polen, Ungarn und der Slowakei besitzt Tchibo eigene Röstereien und Filialnetze.
Von Großfusionen à la BAT/Rothmans oder Japan Tobacco/RJR Nabisco will Reemtsma nichts wissen. Das bedeutet aber nicht, daß überall dort, wo sich lukrative Märkte auftun, Reemtsma nicht expandiert. Der größte deutsche, aber international kleinste Zigarettenkonzern ist mit eigenen Fabriken und Vertriebsgesellschaften in nahezu allen Ostblockstaaten vertreten. 1996 erwarb Reemtsma im Rahmen der Privatisierung der polnischen Zigarettenindustrie 76,2% des zweitgrößten Herstellers Wytwórnia Wyrobów Tytoniowych S.A. (WWT), Posen, wo noch ein weiteres Werk gebaut wurde. Reemtsma ist beteiligt an der Tobačna Ljubljana in Slowenien, erwarb die traditionsreiche Debreceni Dohánygyár in Ungarn, die einzige Tabakfabrik der Slowakei, Slovak International Tabak, Bratislava, sowie Mehrheitsbeteiligungen an den Tabakfabriken Cherkassy und Kiew in der Ukraine (Cherkassy Tyutyunova Fabrika und Reemstma Kiev Tyutyunova Fabrika). In der Ukraine ist Reemtsma mit Abstand Marktführer. Auf dem polnischen Markt, der mit einem Volumen von jährlich 90 Mrd. Zigaretten von Reemtsma als »Top-Markt« bezeichnet wird, liegen die Hamburger an zweiter Stelle. In Rußland hat Reemtsma 1998 eine Mehrheitsbeteiligung an der Cigarettenfabrik OOO Berenson S. erworben (20 Mrd. Zigaretten jährlich), akquiriert wurde der wichtigste Zigarettenhersteller in Kirgistan, eine Fabrik wird in Kasachstan errichtet.
Reemtsma expandiert verstärkt auf dem Wachstumsmarkt Südostasien, wo besonders die Davidoff-Markenfamilie als Exklusivmarke einen hohen Prestigewert genießt. Operiert wird von Singapur aus. Die Zusammenarbeit mit dem chinesischen Tabakmonopol wurde ausgebaut. Ein Kooperationsabkommen mit Fabriken in Peking und Harbin in der Mandschurei sieht den Beginn der Lizenzproduktion internationaler Reemtsma-Marken vor. Hier sieht die Tchibo-Holding die weltweit höchsten Zuwachsraten im Zigarettenmarkt und einen Konsumanteil von über 50% aller weltweit vertriebenen Zigaretten. In Taiwan hält die Marke Davidoff einen Marktanteil von 20%.

Beschäftigte 1998: *23.805*
Beschäftigte 1997: *24.768*
Beschäftigte 1996: *18.281*

Umsatz pro Mitarbeiter 1998: *781.248,– DM*
Umsatz pro Mitarbeiter 1997: *723.942,– DM*
Umsatz pro Mitarbeiter 1996: *793.523,– DM*

Löhne und Gehälter 1998: *1.085,1 Mio.*
Löhne und Gehälter 1997: *1.142,7 Mio.*
Durchschnittsgehalt 1998: *45.583,– DM*
Soziale Abgaben und Aufwendungen 1998: *308,3 Mio.*
Soziale Abgaben und Aufwendungen 1997: *295,6 Mio.*

Tantiemen pro Aufsichtsrat 1998: *53.813,– DM*

INNERBETRIEBLICHE BÜNDNISSE. Im Konzernbereich Kaffee wurde ein variables Vergütungssystem für Führungskräfte eingeführt, das sich außer am Unternehmensergebnis auch an individuell vereinbarten Zielen orientiert. Im Filialbereich wurde ein Jahresarbeitszeitmodell eingeführt, durch das eine weitere Flexibilisierung des Personaleinsatzes möglich wurde. Teilzeitarbeit, insbesondere für Mitarbeiterinnen in den Filialen, wurde nahezu flächendeckend etabliert. In der Produktion in Hamburg wurde die Gruppenarbeit eingeführt.
Im Manteltarifvertrag wurde auch für die Zigarettenindustrie neben der Verlängerung der Wochenarbeitszeit um eine halbe Stunde die Flexibilisierung mit der Möglichkeit, auch samstags zu arbeiten, festgeschrieben. Damit sollen Auftragsschwankungen und damit verbundene Mehrarbeit mittels eines Ausgleichszeitraumes von 18 Monaten durch Freizeit ausgeglichen werden. Bei Reemtsma wurde die Umstellung auf Gruppenarbeit in den Werken Nordhausen, Berlin und Langenhagen abgeschlossen. Vereinbart wurden bei Reemtsma Anschlußverträge für alle Jugendlichen nach Beendigung der Ausbildung.

Investitionen 1998:
546,0 Mio.
Investitionen 1997:
610,0 Mio.
Investitionen 1996:
738,0 Mio.

Mitbewerber: *Aldi, BAT Cigarettenfabriken, Benckiser, Brinkmann, Jacobs, Melitta, Philip Morris, Procter & Gamble, Reynolds, Unilever*

UMWELTSCHUTZ. Der Tchibo-Kaffeebereich macht über Maßnahmen und Initiativen in Sachen Umweltschutz keine Angaben. Anders der Reemtsma-Konzern, bei dem Umweltschutz integraler Bestandteil der Unternehmenszielsetzung ist. Reemtsma verfügt über ein Umweltschutz-Management und Beauftragte für den Umweltschutz. Zunehmender Einsatz von Recyclingprodukten bei Papier und Kartonagen. Verzicht auf Chlorbleiche und optische Aufheller. An die Produktion im Ausland sollen deutsche Maßstäbe angelegt werden.

FORSCHUNG, ENTWICKLUNG, INNOVATIONEN. Tchibo veredelt den Kaffee in eigenen Labors und Röstereien. Das Reemtsma-Forschungszentrum befindet sich in Hamburg. 1996 erhielt es eine halbautomatische Rauchmaschine, die selbständig Kondensat und Nikotin im Rauch nach DIN/ISO von zehn unterschiedlichen Zigarettenmarken analysieren kann. Im polnischen Posen wurde mit dem Erwerb der WWT ein Forschungslabor eingerichtet.

TENGELMANN

Standort:
Wissollstraße 5-43
45478 Mülheim/Ruhr

Postanschrift:
45466 Mülheim/Ruhr

Telefon: *(0208) 5806-0*
Telefax: *(0208) 5806-6401*
Internet: *www.tengelmann.de*

Branche: *Lebensmitteleinzelhandel; Nahrungs- und Genußmittel; Haushaltswaren; Textilien*

Rechtsform:
offene Handels-Gesellschaft (oHG)

Geschäftsjahr: *1.7.-30.6.*

Gründungsjahr: *1867*

Öffentlichkeitsarbeit:
Rosemarie Baumeister
Tel.: (0208) 5806-6320/6335
Fax: (0208) 5806-6302
E-Mail: presse@tengelmann.de

Verbände: *Bundesverband der Filialbetriebe und Selbstbedienungswarenhäuser e.V., Bonn*

GESCHICHTE UND ENTWICKLUNG. Es begann mit einem »Tante-Emma-Laden«. 1867 gründeten die Brüder Wilhelm und Karl Schmitz-Scholl die »Firma Wilhelm Schmitz-Scholl – Kolonialwaren en gros und Seifenfabrikation«. 1893 firmierten sie ihr wachsendes Unternehmen auf den Namen ihres Prokuristen Emil Tengelmann mit der ersten Filiale in Düsseldorf für das Kaffee-Importgeschäft um. Niemals ließ der Name Tengelmann in der Geschichte des Unternehmens auf die wirklichen Besitzverhältnisse schließen. Diskretion und Geheimnistuerei waren immer Wesensmerkmale der Tengelmann-Besitzer, die auch schon vor dem Zweiten Weltkrieg ein Filialnetz von weit über tausend Geschäften besaßen. 1953 Eröffnung des ersten Selbstbedienungsladens in München; 1967 Eröffnung des ersten Grosso-Marktes.
Aber die ganz große Zeit brach mit Erivan Haub an, der 1969 das Familienunternehmen in vierter Generation übernommen hatte. Zu diesem Zeitpunkt gehörten 411 Tengelmann-Supermärkte und die aus dem Stammhaus hervorgegangene Schokoladenfabrik Wissoll zum Unternehmen. Rund 13.000 Mitarbeiter erwirtschafteten einen Umsatz von 1,2 Mrd. DM. Erivan Haub packte das Einkaufsfieber, das 1971 mit dem Erwerb der Kaiser's Kaffee AG begann. Er kaufte das Tengelmann-Imperium zusammen, gründete als Antwort auf Aldi die Plus-Kette und landete 1979 den großen Wurf mit der 54%-Beteiligung am ältesten Lebensmittel-Filialunternehmen der Welt, der 1859 gegründeten amerikanischen A&P-Gruppe. Tengelmann stieg durch diese Akquisition endgültig zur Weltspitze auf. Der Tengelmann-Konzern ist der weltweit größte Einzelhandelsfilialist.

BESITZVERHÄLTNISSE/EIGENTUMSSTRUKTUR. Die Tengelmann-Gruppe ist zu 100% im Besitz der Familien Haub. Inhaber: Erivan Haub (allein geschäftsführender Gesellschafter). Mit seiner Frau Helga hat er die drei Söhne Karl-Erivan, Georg und Christian. 1997 übertrug Erivan Haub die unternehmerische Leitung mit dem Schwerpunkt Lebensmitteleinzelhandel in Europa auf seinen ältesten Sohn Karl-Erivan, der bereits als Vertreter des Vaters fungierte und maßgeblich für den Filialaufbau in Ostdeutschland zuständig war. Karl-Erivan ist jetzt für das gesamte Auslandsgeschäft zuständig. Erivan Haub behält aber als alleiniger geschäftsführender Gesellschafter die Leitung des Executive Boards inne (operative Aufgaben in den Bereichen Finanzen, Planung, Industrie und Handel, Controlling), hält also auch weiterhin alle Fäden des Unternehmens in der Hand. Die Stellvertreter von Vater und Sohn bleiben bis auf weiteres Rosemarie Baumeister und Wilfried Vogt als Geschäftsführer der Tengelmann Verwaltungs- & Beteiligungs-Gesellschaft. Erivan Haub läßt keinen Zweifel daran, daß der Tengelmann-Konzern auch nach seinem Abtreten ein Familienunternehmen bleiben soll. Die Söhne Georg und Christian werden vom Vater ebenfalls in die Pflicht genommen. Georg, der mehr technisch und künstlerisch begabte zweitälteste Sohn, befaßt sich in erster Linie mit der Planung und Umsetzung unternehmenseigener Baumaßnahmen. Der jüngste Sohn Christian gehört zur Führungsspitze der amerikanischen Beteiligungsgesellschaft The Great Atlantic & Pazific Tea Company (A&P-Gruppe). Er zeichnet nun als President und Co-Chief Executive Officer zusammen mit dem langjährigen Chairman of the Board, James Wood, für die A&P-Gruppe verantwortlich. Auf der »Murnauer Strategie-Konferenz 1995« wurde die Restrukturierung der Tengelmann-Organisation beschlossen. Hier erhielten die drei Söhne erstmals weitreichendere Kompetenzen. Erivan Haub gilt mit einem Vermögen von rund 6 Mrd. DM als der reichste Mann Deutschlands.

KONZERNÜBERBLICK/BETEILIGUNGEN. Führungsholding für die gesamte Tengelmann-Unternehmensgruppe ist seit einer Umstrukturierung 1999 die Tengelmann Warenhandelsgesellschaft oHG, Mülheim a.d. Ruhr. Von hier aus wird das gesamte Imperium gesteuert. Allein geschäftsführender Gesellschafter der Tengelmann Warenhandelsgesellschaft ist Erivan Haub. Nach erheblichen Verlusten (hauptsächlich im Supermarktbereich) hat sich Tengelmann Mitte 1999 grundlegend neu strukturiert, wobei die Aktivitäten in Deutschland auf die folgenden Geschäftsfelder konzentriert sind: Service (GROSSO-MAGNET, KAISER'S, TENGELMANN), Diskont (PLUS, LeDi), Körperpflege (kd), Produktion (Schokolade und Süßwaren mit Wissol und Böhme, Holzwerke in Viersen und Ottendorf-Okrilla, Fleischwerke in Berlin, Viersen und Donauwörth sowie die Kaffeerösterei in Viersen), Beteiligungen (Lebensmittelhandel, Textilgeschäfte, Heimwerkermärkte – auch im europäischen Ausland und in Nordamerika). Die einzelnen Handelsgesellschaften werden unter dem Dach der Tengelmann Warenhandelsgesellschaft als eigenständige Kapitalgesellschaften geführt. Der Führungsholding stehen vier Manager vor: Erivan Haub und sein Sohn Karl-Erivan, der frühere Vorstandschef der Wella AG, Peter Zühlsdorff, und der Leiter des Unternehmensbereiches Service, Bert Kersten.

Die Tengelmann-Unternehmensgruppe im Inland:

◆ TENGELMANN: 707 Supermärkte/Märkte in Süddeutschland. Filialumsatz 1997/98: 3,41 Mrd. DM; Beschäftigte 1997/98: 18.104. Die in

Grund- bzw. Stammkapital 1998: *72,0 Mio.*

Mitglieder des Executive Boards/Geschäftsführung:

- *Haub, Erivan (alleingeschäftsführender Gesellschafter)*
- *Haub, Karl-Erivan (Auslandsgeschäft)*
- *Baumeister, Rosemarie (persönliche Referentin von Erivan Haub; Geschäftsführerin Presse & Kommunikation)*
- *Bremme, Hans Christian, Dr. (Geschäftsführer PR/Corporate Relations)*
- *Curth, Michael, Dr. (Geschäftsführer Tengelmann Internationale Handelsgesellschaft)*
- *Dill, Rolf (Unternehmensberater)*
- *Grimm, Helmut, Dr. (Geschäftsführer Revision)*
- *Hörder, Sepp (Geschäftsführer Finanzen und Beteiligungen)*
- *Humm, Philipp (Geschäftsführer Unternehmensentwicklung/Controlling)*
- *Kersten, Bert (Service)*
- *Meier, Helmut (Geschäftsführer Tengelmann Internationale Handelsgesellschaft)*
- *Teelen, Fritz (Geschäftsführer Handel)*
- *Vogt, Wilfried, Dr. (Geschäftsführer Recht)*
- *Wolf, Hans-Jürgen (Filialnetzentwicklung)*
- *Zühlsdorf, Peter (Lebensmittel-Einzelhandel)*

Bezüge der Geschäftsführung 1997/98: *keine Angaben*

Zahlreiche Prokuristen führen die Zweigniederlassungen.

Tengelmann Deutschland:

Umsatz 1997/98:
27.115,0 Mio.
Umsatz 1996/97:
27.067,0 Mio.
Umsatz 1995/96:
26.105,0 Mio.

Zu Gewinn und Cash flow macht Tengelmann keine Angaben.

Beschäftigte 1997/98:
103.394
Beschäftigte 1996/97:
97.849
Beschäftigte 1995/96:
96.696

Umsatz pro Mitarbeiter 1997/98: *262.249,– DM*
Umsatz pro Mitarbeiter 1996/97: *276.620,– DM*
Umsatz pro Mitarbeiter 1995/96: *269.970,– DM*

Personalkosten Inland 1997/98: *3.060,0 Mio.*
Personalkosten Inland 1996/97: *3.084,0 Mio.*

Investitionen 1997/98:
304,0 Mio.
Investitionen 1996/97:
273,0 Mio.
Investitionen 1995/96:
377,0 Mio.

Filialen 1997/98: *5.834*
Filialen 1996/97: *5.673*
Filialen 1995/96: *5.819*

Verkaufsfläche 1997/98:
4.732.000 m²
Verkaufsfläche 1996/97:
4.418.000 m²
Verkaufsfläche 1995/96:
4.265.000 m²

Süddeutschland agierenden GUBI-Supermärkte und 35 Krone-Verkaufsstellen aus dem Objektbestand der Kathreiner AG wurden auf Tengelmann umgestellt.

◆ KAISER'S: 576 Supermärkte, 112 Verbrauchermärkte, 14 Mini-Kaiser's (nur Berlin), 4 Getränkemärkte. Filialumsatz 1997/98: 4,45 Mrd. DM; Beschäftigte 1997/98: 20.043. Die von der Metro übernommenen 106 Schätzlein-Filialen wurden auf Kaiser's umgestellt.

◆ GROSSO-MAGNET (Sparte Großfläche): 55 Grosso-Märkte, 45 Magnet-Märkte. Filialumsatz 1997/98: 1,82 Mrd. DM; Beschäftigte 1997/98: 5.117.

◆ PLUS (Marken-Diskonter): 2.401 PLUS-Märkte in Deutschland. Filialumsatz 1997/98: 8,49 Mrd. DM; Beschäftigte 1997/98: 21.441.

◆ LeDi (Hartdiskonter mit Niedrigpreisprogramm): 263 LeDi-Märkte. Filialumsatz 1997/98: 868 Mio. DM; Beschäftigte 1997/98: 2.325.

◆ kd (Drogeriediskonter): 557 kaiser's drugstores. Filialumsatz 1997/98: 944 Mio. DM; Beschäftigte 1997/98: 3.910.

◆ TAKKO (Textilvertriebslinie): 311 TAKKO MODE MÄRKTE (Mode für die ganze Familie), 85 INGRID S.-Boutiquen (Fachmärkte für Damenoberbekleidung). Filialumsatz 1997/98: 821,4 Mio. DM; Beschäftigte 1997/98: 5.468.

◆ KiK (Textilien- und Nonfood-Diskonter): 377 KiK-Diskontmärkte. Filialumsatz 1997/98: 329,6 Mio. DM; Beschäftigte 1997/98: 2.421.

◆ OBI (Baumärkte): 327 OBI-Bau- und Heimwerkermärkte. Gruppenumsatz 1997/98: 5,19 Mrd. DM; Beschäftigte 1997/98: 21.763.

Die Tengelmann-Unternehmensgruppe im Ausland:

◆ Österreich: 203 ZIELPUNKT-Diskonter, 16 MAGNET-SB-Warenhäuser, 52 LÖWA-Supermärkte, 29 OBI Bau- und Heimwerkermärkte.

◆ Niederlande: HERMANS GROEP mit 113 A&P-Supermärkten, 10 GROSMARKT-Filialen, 6 MASTER-Convenience-Stores und 5 MAXIS-Verbrauchermärkte.

◆ Italien: 90 PLUS-Märkte, 24 OBI Bau- und Heimwerkermärkte. 1998 Einbringung des Tochterunternehmens Superal in die Supermercati Pam S.p.a., Venedig, mit einer Beteiligung von 20% an dieser Gruppe.

◆ Ungarn: SKALA CO OP AG, Budapest (7 Warenhäuser, 3 Marks & Spencer-Franchise-Geschäfte, 11 S-MODELL-Modeboutiquen, rd. 80 fremdvermietete Objekte), 9 INTERFRUCT Cash- und Carry-Märkte, 82 PLUS-Märkte, 15 KAISER'S-Märkte, 8 OBI Bau- und Heimwerkermärkte.

◆ Tschechien: 47 PLUS-Märkte, 4 OBI Bau- und Heimwerkermärkte.

◆ Polen: 55 PLUS-Märkte, 1 OBI Bau- und Heimwerkermarkt.

◆ Spanien: 56 PLUS-Märkte.

◆ USA/Kanada: The Great Atlantic & Pacific Tea Company Inc. (A&P), Montvale/New Jersey, USA, an der die Mülheimer mit 54% die Mehrheit halten (Umsatz 1997/98: 10,26 Mrd. US $, 79.980 Beschäftigte). Objektbestand: 988 großflächige Supermärkte unter den Bezeichnungen A&P Food Market, Waldbaum's, Food Emporium, Super Fresh, Super Foodmarkt, Farmer Jack, Kohl's, Sav-a-Center, Dominion und Food Basics. A&P ist die Nummer drei unter den Lebensmittelfilialisten in den USA.

◆ Weiter gehören zur Tengelmann-Gruppe: Schokoladenfabrik WISSOLL, Mülheim/Ruhr, und ihr Zweigwerk Böhme in Delitzsch/Sachsen; fünf Fleischwerke (Qualitätsfleischmarken: »Birkenhof«, »Vitasi«, »Wörthersee«); zwei Kaiser's Holzwerke in Viersen und Ottendorf-Okrilla bei Dresden; Kaiser's Kaffeerösterei in Viersen; Papierverarbeitungswerk Quack + Fischer, Viersen; GUBI-Großbäckerei, Donauwörth; GUBI-Großgärtnerei; TIH – Tengelmann Internationale Handelsgesellschaft.

Alle Sparten agieren als selbständige Profit-Center mit eigenen rückwärtigen Bereichen; die Unternehmenszentrale fungiert als Dienstleister für übergeordnete Funktionssegmente wie z.B. Steuern, Recht, Datenverarbeitung. Mit der Tengelmann Internationale Handelsgesellschaft mbH wurden die Bereiche Wareneinkauf, Beratung bei Sortiments-, Absatz- und Präsentationsfragen sowie Logistik- und Systemkonzepte konzernweit gebündelt und optimiert. Die Unternehmensgruppe verfügt über 20 Hauptlager und 15 Obst- und Gemüsestandorte mit einer Gesamtfläche von 470.000 m², von denen 1998 rund 3,5 Mio. Tonnen Trockensortiment und Obst/Gemüse in die Filialen transportiert wurden. Hinzu kamen 46.000 Tonnen Molkereiprodukte aus den Frischelagern Nieder-Olm und Ottendorf-Okrilla. Die Fahrzeugflotte besteht aus 850 Zugmaschinen mit Anhängern.

GLOBALE STRATEGIEN UND DER STANDORT DEUTSCHLAND. Gerade vor dem Hintergrund rückläufiger Margen und erheblicher Verluste besonders im Supermarktbereich zahlt sich Tegelmanns frühe Strategie zur Internationalisierung aus. Die ausländischen Tochtergesellschaften sind erhebliche Gewinnbringer, besonders die amerikanische Tochtergesellschaft A&P. Der Stagnation bzw. den Verlusten im Inland soll durch die neue Führungsstruktur und Holdingorganisation begegnet werden. Auch ein Gang an die Börse, z.B. der OBI Bau- und Heimwerkermärkte, wird von Tengelmann nicht mehr ausgeschlossen.

Mit der Zusammenfassung der Supermarkt-Ketten von Tengelmann, Kaiser's Kaffee und Grosso-Magnet sowie der Umstrukturierung der inländischen Unternehmensgruppe in Tengelmann (Süddeutschland) und Kaiser's (Norddeutschland) hat sich Tengelmann logistisch verstärkt und betreibt jetzt eine Aufteilung ähnlich der von Aldi. Mit ihren inländischen Lebensmittel-Anbietern Tengelmann, Kaiser's, Plus, LeDi, Magnet und Gubi will die Tengelmann-Gruppe ihre ohnehin schon starken Marktpositionen weiter ausbauen. Besonders die preisaggressive LeDi-Kette soll in den Kampf gegen Aldi ziehen. Die Plus-Kette, einst als Flaggschiff gegen Aldi gedacht, wurde umstrukturiert und inzwischen auf zahlreiche Länder Europas ausgedehnt, zuletzt auf Polen und Spanien. Die Sparte Großfläche (Grosso/Magnet) soll weiter expandieren, Handel und rückwärtiger Dienst der einzelnen Sparten sind als unternehmerische Geschäftsbereiche zusammengefaßt worden und fungieren als Profitcenter. Die 156 Filialen des Nonfood-Diskonters »Rudis Reste Rampe« wurden an die Berliner Wand & Boden-Gruppe veräußert.

INNERBETRIEBLICHE BÜNDNISSE. Innerhalb der Tengelmann-Gruppe gibt es eine Gesamtbetriebsvereinbarung zur Flexibilisierung der Arbeitszeiten, d.h. eine flexible Arbeitszeitgestaltung über 52 Wochen nach betrieblicher Notwendigkeit, einen Flexibilisierungsrahmen

Tengelmann-Welt (Inland und Ausland):

Umsatz 1997/98:
53.194,0 Mio.
Umsatz 1996/97:
52.361,0 Mio.
Umsatz 1995/96:
50.671,0 Mio.

Zu Gewinn und Cash flow macht Tengelmann keine Angaben.

Beschäftigte 1997/98:
206.344
Beschäftigte 1996/97:
203.203
Beschäftigte 1995/96:
204.833

Umsatz pro Mitarbeiter 1997/98: *257.793,– DM*
Umsatz pro Mitarbeiter 1996/97: *257.678,– DM*
Umsatz pro Mitarbeiter 1995/96: *247.377,– DM*

DIE FIRMEN-LOGOS DES TENGELMANN-KONZERNS

Investitionen 1997/98:
1.040,0 Mio.
Investitionen 1996/97:
975,0 Mio.
Investitionen 1995/96:
1.119,0 Mio.

Filialen 1997/98: *7.668*
Filialen 1996/97: *7.645*
Filialen 1995/96: *7.729*

Verkaufsfläche 1997/98:
7.672.000 m²
Verkaufsfläche 1996/97:
7.292.000 m²
Verkaufsfläche 1995/96:
7.032.000 m²

von 20 Stunden pro Monat (Teilzeitkräfte anteilig), einen Ausgleich möglichst innerhalb eines Tertials. Mehrarbeitsstunden, die über den Flexibilisierungsrahmen hinausgehen, werden im Folgemonat vergütet oder auf Wunsch des Mitarbeiters in das Zeitkonto aufgenommen. Nach jedem Tertialsende erfolgt eine Abstimmung mit dem Vorgesetzten zum Ausgleich des persönlichen Zeitkontos. Freizeitausgleich ist wie Urlaub zu handhaben. Knapp 45.000 Personen arbeiteten 1998 in Teilzeit, knapp 10.000 davon gehörten zu den geringfügig Beschäftigten. Mit ständig über 4.000 Auszubildenden ist die Unternehmensgruppe Tengelmann einer der größten Ausbilder im Einzelhandel. Im Herbst 1998 begannen 1.230 Jugendliche mit einer neuen Ausbildung. Tengelmann gibt denjenigen Auszubildenden eine Übernahmegarantie, die bei den praktischen Leistungen und bei der IHK-Prüfung gute bzw. sehr gute Noten erzielen.

UMWELTSCHUTZ. Im Umweltschutz ist Tengelmann seit Jahren sehr engagiert. Bereits 1968 gründete Erivan Haub einen Fonds für die Erhaltung der Tier- und Pflanzenwelt, für die Reinhaltung von Wasser und Luft. Tengelmann führte schon Mitte der 80er Jahre spektakulär und werbewirksam einen generellen Verkaufsstop für Schildkrötensuppen und Froschschenkel in allen Filialen ein und verbannte anschließend als erster phosphathaltige Vollwaschmittel, FCKW-haltige Sprays, PVC-Getränkeflaschen und Einweggeschirr aus den Regalen. Tengelmann bietet die Rücknahme von Verpackungsmaterialien an und führt sie in firmeneigenen Recycling-Zentren der stofflichen Wiederverwertung zu. Erivan Haub startete ein eigenes Mehrweg-Transportverpackungs-System (MTS) und gehört zu den vehementen Kritikern des »Grünen Punktes« und des Dualen Systems. Der Grund: mangelnde Effektivität und den Handel zu stark belastende Kosten. Das Waschmittelsortiment wird ständig unter Umweltgesichtspunkten erneuert.

OBI verzichtet im Sortiment völlig auf Tropenhölzer. Tengelmann veröffentlicht zahlreiche Umweltbroschüren.

Mitbewerber: *Aldi, Douglas, Edeka, Globus, Kathreiner, Lekkerland, Lidl & Schwarz, Karstadt Quelle, Mann, Metro, Norma, Rewe, Schlecker, Spar*

FORSCHUNG, ENTWICKLUNG, INNOVATIONEN. Besonders innovativ ist die Tengelmann-Gruppe in der Verbesserung logistischer Strukturen. Dazu gehören neue Wege und Methoden zum optimalen Eingehen des Handels auf Verbraucherwünsche (Efficient Consumer Response), ein besserer Datenaustausch mit externen Partnern, die Modernisierung der Warenbeschaffung, eine einheitliche EDV für alle Lager und die ständige Verbesserung des Transportwesens durch die Einführung von Bordcomputern und die Optimierung der Rahmentourenpläne, auch aus Gründen des Umweltschutzes. Tengelmann legt hohen Wert auf qualifizierte Ausbildung und bietet daher ein umfangreiches Aus- und Weiterbildungsprogramm für seine Mitarbeiter an. Dazu kommen Trainee-Programme für Hochschulabsolventen, Studienmöglichkeiten an der Berufsakademie (Diplom-Betriebswirt) und die Möglichkeit, an der St. Joseph's University of Philadelphia ein Gaststudium zu absolvieren und gleichzeitig durch Einsätze in den Filialen der Tengelmann-Beteilgungsgesellschaft A&P die Praxis des amerikanischen Lebensmitteleinzelhandels kennenzulernen.

KOMMENTAR. Immer wieder Erivan Haubs Märchenstunde – so könnte man meinen, wenn man einen Geschäftsbericht des Filial-Multis liest. Daß ein Konzern dieser Größenordnung einen vergleichsweise so wenig und beliebig aussagekräftigen Jahresüberblick abliefern kann, ist schlicht unglaublich. Und das bei über 53 Mrd. DM Umsatz, 206.000 Beschäftigten und Gewinnen, die trotz allen Jammerns immer noch einzigartig sein dürften. Tengelmann gehört zu den Größten, aber auch Aggressivsten seiner Branche auf der ganzen Welt. Wo immer sich Marktlücken auftun, stoßen die Mülheimer hinein, wann immer günstig akquiriert werden kann, schnappen die Tengelmänner zu. Tengelmann betreibt seine Filialen bis auf wenige Ausnahmen in angemieteten Ladenlokalen. Lediglich einige Großfilialen und die Grundstücke der Versorgungsbasen – Zentrallager und Verwaltungsgebäude – befinden sich im Eigentum der Gesellschafter. Cash flow und Gewinn des Multis gelten als streng geheim.

THYSSEN KRUPP

GESCHICHTE UND ENTWICKLUNG. Als Gründungsdatum von Thyssen gilt das Jahr 1891, in dem August Thyssen den Besitz aller Anteile des Steinkohlebergwerks Gewerkschaft Deutscher Kaiser in Bruckhausen bei Hamborn (heute Duisburg) bekanntgab. Nach dem Tod von August Thyssen 1926 fiel sein industrielles Erbe an seine Söhne Fritz und Heinrich. Fritz übernahm die Aktivitäten des Thyssen-Anteils an der Vereinigte Stahlwerke AG, deren Aufsichtsratsvorsitzender er wurde. Heinrich erhielt im wesentlichen die nicht in den Stahlverbund eingebrachten Vermögenswerte (Bergwerksgesellschaften, Werften, Energieunternehmen), die später in der selbständigen Unter-

Standort:
August-Thyssen-Straße 1
40211 Düsseldorf

Postanschrift:
Postfach 10 10 10
40001 Düsseldorf

Telefon: *(0211) 824-0*
Telefax: *(0211) 824-36000*
Internet: *www.thyssenkrupp.com*

Branche: *Holdinggesellschaft; Stahl, Automotive, Industries, Engineering, Handel, Service, Projektmanagement*

Rechtsform:
Aktiengesellschaft

Geschäftsjahr: *1.10.-30.9.*

Gründungsjahr:
Thyssen: 1891
(Neugründung 1953)
Krupp: 1811
Thyssen Krupp: 1999

Öffentlichkeitsarbeit:
Dr. Jürgen Claassen
Tel.: (0211) 824-36002
Fax: (0211) 824-36005
E-Mail:
claassen@tk.tyssenkrupp.com
Dr. Peter Blau
Tel.: (0211) 824-38922
Fax: (0211) 824-36635
E-Mail:
blau@tk.tyssenkrupp.com

Verbände: *Die verschiedenen Teilkonzerne der Thyssen Krupp-Gruppe sind den Unternehmensbereichen entsprechend in den jeweiligen Verbänden vertreten.*

nehmensgruppe Thyssen-Bornemisza zusammengefaßt wurden. Nach großen Kriegszerstörungen 1945 folgten Demontagemaßnahmen, Produktionsauflagen und die Entflechtung großer Konzernteile in neue, selbständig operierende Einheiten unter alliierter Kontrolle. 1953 wurde die August Thyssen-Hütte AG als eine der Nachfolgegesellschaften der Vereinigte Stahlwerke AG neu gegründet. 1977 folgte die Umfirmierung in Thyssen AG. 1978 wurde die amerikanische The Budd Company übernommen, 1983 der Stahlbereich in die Thyssen Stahl AG ausgegliedert und die Otto Wolff AG erworben. 1997 kam es zur Gründung der Thyssen Krupp Stahl AG (als Folge des als feindlich deklarierten Übernahmeversuches durch Krupp).

1811 gründete Friedrich Krupp die Essener Gußstahlfabrik zur fabrikmäßigen Herstellung hochwertigen englischen Gußstahls. 1826 folgte die Übernahme des noch kleinen Betriebes durch Alfred Krupp. Es kam zur Entwicklung neuer wirtschaftlicher Stahlgewinnungsverfahren. Der Konzern gewann durch die verstärkte Produktion von Rüstungsgütern während des Ersten Weltkrieges an Macht und Einfluß. Nach der Untersagung der Herstellung von Rüstungsgütern durch den Versailler Vertrag wurde die Produktion auf den Lokomotiven-, Maschinen- und Anlagenbau umgestellt. Weltweiter Erfolg gelang mit Krupp-Stählen (Nirosta). Während der Nazi-Herrschaft expandierte Krupp zu ungeahnter Größe und wurde erneut führender Rüstungskonzern Deutschlands. 1943 wurde Alfried Krupp von Bohlen und Halbach Alleininhaber von Krupp. 1945 waren nahezu alle Werksanlagen zerstört, es kam zur Demontage und Enteignung des Konzerns. Alfried Krupp von Bohlen und Halbach wurde während der Nürnberger Prozesse verurteilt, 1951 aber vorzeitig aus der Haft entlassen. Es kam zur Abtrennung der Hütten- und Bergwerke. 1968 wurde der Konzern in eine Kapitalgesellschaft umgewandelt, an der 1974 der Staat Iran mehr als 25% des Stammkapitals übernahm. 1992 folgte die Umwandlung in eine Aktiengesellschaft. Es kam zur Akquisition und anschließenden Verschmelzung des Hoesch-Konzerns auf die Fried. Krupp AG zur Fried. Krupp AG Hoesch-Krupp und zur Zulassung der Gesellschaft zum amtlichen Börsenhandel. 1998/99 kam es zur Fusion mit der Thyssen AG zur Thyssen Krupp AG.

Die Thyssen Krupp AG wurde am 17. März 1999 in das Handelsregister in Düsseldorf eingetragen. Dieses Datum gilt als die Geburtstunde des fusionierten Konzerns. Damit wurde die Verschmelzung der Thyssen AG, Duisburg, und der Fried. Krupp AG Hoesch-Krupp, Essen/Dortmund, mit wirtschaftlicher Wirkung zum 1. Oktober 1998 vollzogen.

BESITZVERHÄLTNISSE/EIGENTUMSSTRUKTUR.

- Alfried Krupp von Bohlen und Halbach-Stiftung, Essen (16,75%)
- Thyssen Stiftung, Duisburg (4,98%)
- Iran Foreign Investment Company, Teheran/Iran (7,51%)
- Thyssen-Beteiligungsverwaltung, Duisburg (6,99%). Die Thyssen Beteiligungsverwaltung gehört zu je 50% der Allianz AG und der Commerzbank AG.
- Westdeutsche Landesbank Girozentrale, Düsseldorf (1,69%)
- Freie Aktionäre (62,08%)

KONZERNÜBERBLICK. Die Thyssen Krupp AG ist nach vollzogener Fusion einer der bedeutendsten deutschen Industriekonzerne. Die neue Gesellschaft gliedert ihre Geschäftstätigkeiten in fünf Unternehmensbereiche, die jeweils von einer Führungsgesellschaft geleitet werden.

◆ ThyssenKrupp Steel: Der Unternehmensbereich Steel wird von der Thyssen Krupp Steel AG, Duisburg, geführt und vereinigt alle Stahlaktivitäten von Thyssen und Krupp-Hoesch. Zusammengefaßt ergeben Qualitätsstahl und Edelstahl einen Umsatz von rund 22 Mrd. DM bei rund 59.000 Beschäftigten. Im Bereich Stahl gibt es zwei Schwerpunkte: Thyssen Krupp Stahl ist zuständig für das Geschäft mit Flachstahl in allen Grund- und Qualitätsgüten sowie Edelstahlgüten, Krupp Thyssen Stainless bündelt die Aktivitäten auf dem Gebiet Edelstahl Rostfrei-Flach sowie Nickel- und Nickelbasislegierungen und Titan. Thyssen Krupp Stahl ist der führende Flachstahlanbieter in Europa vor Usinor, Arbed/Aceralia und British Streel. Weltweit rangiert das Unternehmen auf Platz drei nach Posco und Nippon Steel. Krupp Thyssen Stainless mit Produktionsgesellschaften in Deutschland, Italien und Mexiko ist mehrheitlich an dem italienischen Edelstahl- und Elektroblechhersteller Acciai Speciali Terni S.p.A. beteiligt und damit das weltweit führende Rostfrei-Flach-Unternehmen. Zu Thyssen Krupp Stahl gehören die Rasselstein Hoesch GmbH, die unter den Verpackungsblech-Herstellern in Europa an erster Stelle rangiert, sowie die EBG Gesellschaft für elektromagnetische Werkstoffe mbH, Europas größter Hersteller von Elektroblech.

◆ ThyssenKrupp Automotive: Die Thyssen Krupp Automotive AG, Bochum, ist die Führungsgesellschaft des Unternehmensbereiches ThyssenKrupp Automotive, die sich in die Geschäftsfelder Body (Karosserie), Chassis (Fahrwerk), Powertrain (Antriebsstrang) und Systems/Suspensions (Systeme und Aufhängung) mit einem Umsatz von über 10 Mrd. DM und etwa 36.000 Beschäftigten gliedert. Die Thyssen Krupp Automotive AG, zu der weltweit 65 Gesellschaften mit 100 Fertigungsstandorten gehören, erzeugt Teile, Komponenten, Zusammenbauten und Module bzw. Systeme für Fahrgestelle, Karosserien und Antriebsstränge bzw. Lenkungen für Pkw und Lkw. Thyssen Krupp Automotive zählt zu den weltweit führenden Anbietern bei Motorenkomponenten wie Kurbelwellen, Nockenwellen und Schwungrädern, Lenksäulen und Tragfedern. Zu diesem Unternehmensbereich gehört auch die Budd Company in den USA, die zu den führenden Lieferanten von Autoteilen in den USA und Kanada zählt. Budd ist Spezialist im Bau von Karosserie-Prototypen.

◆ ThyssenKrupp Industries: Der Unternehmensbereich ThyssenKrupp Industries mit rund 39.000 Beschäftigten und einem Umsatz von 10 Mrd. DM steht unter der Führungsgesellschaft Thyssen Krupp Industries AG, Essen. Zusammengefaßt sind hier die Herstellung von hochwertigen Investitionsgütern, Spezialmaschinen sowie Systemen und Komponenten des Maschinenbaus. Dieser Unternehmensbereich ging hervor aus der Zusammenfassung der Unternehmen Thyssen Production Systems, Thyssen Aufzüge, Thyssen Werften, Thyssen Polymer, Krupp Kunststofftechnik, Werner & Pfleiderer, Hoesch Rothe Erde, Krupp Berco, Krupp Bautechnik, Novoform, Giddings & Lewis. Die Geschäftsfelder des Unternehmensbereiches sind: Aufzüge, Production Systems, Kunststoffmaschinenbau, Komponenten, Werften

Vorstand:

▮ *Cromme, Gerhard, Dr.* *(Vorsitzender; Ressorts: Unternehmensentwicklung, Kommunikation; Unternehmensbereich: Automotive)*

▮ *Schulz, Ekkehard, Dr.* *(Vorsitzender; Ressorts: Vorstandsbüro, Führungskräfte, Technische Entwicklungen, Energie und Umwelt; Unternehmensbereich: Steel)*

▮ *Forster, Hans-Erich, Dr.* *(Unternehmensbereich: Materials & Services)*

▮ *Hennig, Dieter* *(Ressorts: Personal- und Sozialpolitik, Allgemeine Verwaltung)*

▮ *Joos, Gerhard, Dr.* *(Ressorts: Konzernrechnungswesen, Steuern und Zoll, Auslandsorganisation, Materialwirtschaft, Informatik)*

▮ *Middelmann, Ulrich, Dr.* *(Ressorts: Controlling, Mergers & Acquisitions)*

▮ *Rohkamm, Eckhard, Prof. Dr.* *(Unternehmensbereiche: Industries, Engineering – über den Aufsichtsratsvorsitz)*

▮ *Rossberg, Jürgen* *(Ressorts: Recht, Organisationsentwicklung, Internal Auditing, Immobilien)*

▮ *Stein, Heinz-Gerd, Dr.* *(Ressorts: Finanzen, nvestor Relations, Konzernbeteiligungen, Versicherungen)*

ThyssenKrupp Konzern

Steel

Grund- und Qualitätsstahl
Warmbreitband, Bandstahl, Brammen, Quarto-Grobblech, Bandblech, kaltgewalzte und oberflächenveredelte Produkte, Elektrobleche, Tailored Blanks, Stahlanarbeitung, Weiß-/Feinstblech, Bauelemente

Edelstahl
Flachprodukte aus nichtrostenden, säure- und hitzebeständigen Stählen, Titan und Titanlegierungen, Nickel, Nickel-Basis-Legierungen

Beteiligungen
Schweißtechnik, Qualitäts-, Edelbau- und Wälzlagerstähle, Mittelband, Profile, Stahlspundwände, Stabstahl, Walzdraht, Blankstahl aus Edelstahl, Schienen

Automotive

Body
Preßteile und Zusammenbauten z. B. für Türen, Motorhauben, Heckklappen, Seitenteile und Strukturteile in Stahl, Aluminium und SMC, Werkzeug- und Prototypenbau

Chassis
Entwicklung und Fertigung von Teilen und Baugruppen für Chassis und Radaufhängung, innenhochdruckgeformte Chassis-Komponenten, Eisen-, Aluminium- und Magnesiumguß, komplette Rahmen und Längsträger für leichte und schwere Nutzfahrzeuge

Powertrain
Geschmiedete und gegossene Kurbelwellen – auch fertig bearbeitet, Gesenkschmiedeteile für Motor, Getriebe und Achsen, Präzisionsschmiedeteile, Sinterformteile, Kaltfließpreßteile, Fahrzeugguß, Anlasserkränze, gebaute Nockenwellen, Lenkwellen, komplette Lenksäulen

Systems/Suspensions
Systementwicklungen und -lieferungen, Fahrwerks- und Antriebssysteme, Großwerkzeugbau, Vorrichtungsbau, Schweiß- und Montagelinien, Prototypenfertigung, Sphärogußteile, Stoßdämpfer, Federbeine, Federn und Federelemente, Montage einbaufertiger Achsen

Industries

Aufzüge
Aufzüge, Fahrtreppen, Treppenlifte, Fördertechnik, Flughafentechnik

Production Systems
Zerspanungstechnik, Karosserietechnik, Aggregatemontage

Kunststoffmaschinenbau
Kunststoffblasformmaschinen, Gummi- und Reifenmaschinen, Kunststoffaufbereitungsmaschinen und -anlagen

Komponenten
Großwälzlager, Ringe, Laufwerke und Komponenten für raupengetriebene Erdbewegungsmaschinen, Hydraulikhämmer, -abbruchzangen, -bohrhämmer, Garagentore, Industrietore, Türen, Kunststoff-Profilsysteme

Werften
Handelsschiffbau, Marineschiffbau, Instandsetzungen, Schiffsreparaturen, Umbauten von Seeschiffen und Offshore-Anlagen

Ingenieurbau
Magnetschnellbahn Transrapid, Antriebstechnik, Handhabungstechnik, Stahlhoch-, Brücken- und Komplettbau

Engineering

Chemietechnik
Planung und Bau von Chemie- und Industrieanlagen auf den Feldern Düngemittel, Polymere, organische Chemie, Elektrolysen, Aromaten, Öl- und Gastechnik

Zementanlagen
Engineering, Anlagen, Maschinen, Systeme und Service für die Zement- und Grundstoff-Industrie: Mahl-, Förder- und Wärmetechnik, Automations-, Labor- und Prozeßleittechnik, verfahrenstechnische Gesamtanlagen

Fördertechnik
Geräte, Anlagen und Systeme zur Gewinnung und Aufbereitung von Rohstoffen sowie für Umschlag und Lagerung von Schüttgütern

Energietechnik
Kokereitechnik, thermische Abfallbehandlungsanlagen, Rauchgasreinigungsanlagen, Industrieofenbau, Gas- und Dampfturbinenkraftwerke, Diesel- und Gasmotoren

Engineering India
Anlagen und Komponenten für die Zementindustrie, Zuckerindustrie, für den Bergbau und Massengüterumschlag, Kessel für kleinere und mittlere Kraftwerke

Materials & Services

Werkstoffe
Grund- und Qualitätsstahl, Edel- und Werkzeugstahl, NE-Metalle, Kunststoffe in allen Lieferformen – als Flachprodukte, Rohre, Profile, Stäbe
Spezielle Werkstoffe: Bautechnik, Gleistechnik, Ferrolegierungen, Metalle, Mineralien, legierter Schrott, Koks

Industrie- und Gebäudeservice
Instandhaltung, Montagen, Industrie- und Umweltdienstleistungen
Schalungen, Gerüste, Arbeits-/Hebebühnen und damit verbundene Dienstleistungen, technisches, kaufmännisches und infrastrukturelles Gebäudemanagement
Tele-Facility-Management, Rechenzentrums-Dienstleistungen, E-Commerce, Logistik, Transportdienstleistungen, Seeschiffahrt, Reisebüros

Projektmanagement
Schlüsselfertige Industrieanlagen und Infrastrukturprojekte, Schiffe, Schiffsausrüstungen, technische Erzeugnisse und Komponenten, Werkzeugmaschinen, Windparks, kommunale Dienste, Planung, Bau und Betrieb von Anlagen und Einrichtungen zur Trinkwasserversorgung und Abwasserbehandlung

Weitere Konzernunternehmen

Immobilien
Immobilien

Versicherungsdienst
Versicherungsdienstleistungen

Montan
Versicherungen

Dienstleistungen
Interne Dienstleistungen

Aufsichtsrat:
❙ *Beitz, Berthold, Prof. Dr. h.c. (Ehrenvorsitzender; Vorsitzender des Kuratoriums der Alfried Krupp von Bohlen und Halbach-Stiftung), Essen*
❙ *Vogelsang, Günter, Prof. Dr. (Ehrenvorsitzender), Düsseldorf*
❙ *Kriwet, Heinz, Dr. (Vorsitzender), Düsseldorf*
❙ *Baumann, Karl-Hermann, Dr. (Vorsitzender des Aufsichtsrates der Siemens AG), München*
❙ *Boehm-Bezing, Carl L. von, Dr. (Mitglied des Vorstandes der Deutsche Bank AG), Bad Soden*
❙ *Götte, Klaus, Dr. (Vorsitzender des Aufsichtsrates der MAN AG), München*
❙ *Lennings, Manfred, Dr. (Selbständiger Industrieberater), Essen*
❙ *Navab-Motlagh, Mohamad-Mehdi, Dr. (Vizeminister für Internationale Angelegenheiten und Auslandsinvestitionen des Iran), Teheran/Iran*
❙ *Neuber, Friedel, Dr. h.c. (Vorsitzender des Vorstandes der Westdeutschen Landesbank Girozentrale), Duisburg*
❙ *Schulte-Noelle, Henning, Dr. (Vorsitzender des Vorstandes der Allianz AG), München*
❙ *Seipp, Walter, Dr. (Vorsitzender des Aufsichtsrates der Commerzbank AG), Königstein/Taunus*
❙ *Walter, Bernhard (Sprecher des Vorstandes der Dresdner Bank AG), Bad Homburg v.d.H.*
**Schulte, Dieter (stellv. Vorsitzender)*
**Behrend, Wilfried*
**Kappelhoff, Gerd*
**Kroll, Dieter*
**Kuhlmann, Reinhard*
**Nass, Werner*
**Ring, Paul*
**Schlenz, Thomas*
**Segerath, Wilhelm*
**Wittenberg, Dieter*

sowie Ingenieurbau. Das Programm: Stahlpreßteile, Kunststofferzeugnisse, Pumpen für Verfahrenstechnik und Wasserwirtschaft, elektronisch gesteuerte Aufzüge, Fahrtreppen und Förderanlagen, Spezialschiffe, Komponenten und Systeme für die Meerestechnik sowie Schiffsreparaturen. 1999 wurde für 1,7 Mrd. DM der amerikanische Aufzughersteller Dover Corporation gekauft, wodurch ThyssenKrupp im Aufzugsmarkt zur weltweiten Nummer drei aufgestiegen ist. Thyssen Krupp Industries ist maßgeblich an der Entwicklung der Magnetschnellbahn Transrapid beteiligt.
◆ ThyssenKrupp Engineering: Der Anlagenbau des Thyssen Krupp-Konzerns wird von der Thyssen Krupp Engineering AG, Dortmund, geführt. In diesem Bereich sind die Unternehmen Krupp Fördertechnik, Krupp Polysius, Krupp Uhde, Krupp Industries India und Thyssen Still Otto zusammengefaßt. Die Geschäftsfelder sind Chemietechnik, Zementanlagen, Fördertechnik, Energietechnik und Engineering India. Der Umsatz der Unternehmensgruppe, die 11.000 Mitarbeiter beschäftigt, liegt bei etwa 5 Mrd. DM.
◆ ThyssenKrupp Materials & Services: Der von der Thyssen Krupp Materials & Services AG, Düsseldorf, geführte Unternehmensbereich Materials & Services erwirtschaftet einen Umsatz von rund 25 Mrd. DM und hat 28.000 Beschäftigte. Der Unternehmensbereich gliedert sich in die Geschäftsfelder Werkstoffe, Industrie- und Gebäudeservice sowie Projektmanagement. Materials & Services ist mit über 200 Gesellschaften und über 800 Stützpunkten und Vertretungen eines der großen Handels- und Dienstleistungshäuser der Welt, das vom Stahl- und Eisenschrott-Recycling, vielfältigen Entsorgungsaktivitäten sowie dem Handel mit Rohstoffen (Erze, Metalle und Legierungen) bis hin zu bautechnischen Projekten und komplettem Projektmanagement eine breite Palette anbietet. Im Bereich Werkstoffe gehört ThyssenKrupp Materials & Services weltweit zu den größten Distributionsunternehmen von Grund- und Qualitätsstahl, Rohren, Edel- und Werkzeugstahl, NE-Metallen sowie Kunststoffen. Im Bereich Industrie- und Gebäudeservice gehört die Unternehmensgruppe bei Schalungen und Gerüsten mit der Thyssen Hünnebeck-Gruppe zu den Marktführern in Deutschland. Dieses riesige Handels- und Dienstleistungsunternehmen, dessen Schwerpunkte in Europa und Nordamerika liegen, entstand aus der Zusammenführung der Thyssen Handelsunion AG und der Krupp Hoesch International GmbH.
Das Management der zahlreichen Gewerbe-Immobilien und der rund 60.000 Wohnungen hat die Thyssen Krupp-Immobiliengruppe inne.

BETEILIGUNGEN. Der Konsolidierungskreis der Thyssen Krupp AG umfaßt insgesamt mehr als 600 in- und ausländische Gesellschaften.
● Wesentliche Unternehmen und Beteiligungen des Thyssen-Konzerns (Angaben ohne Prozentzahl bedeuten einen Besitz von 100%): Thyssen Industrie AG, Essen (95,2%); Thyssen Budd Automotive GmbH, Essen; The Budd Company, Troy/Michigan, USA; Giddings & Lewis, Inc., Fond du Lac/Wisconsin, USA; Hüller Hille GmbH, Ludwigsburg; Thyssen Aufzüge GmbH, Neuhausen; Thyssen Boetticher S.A., Madrid/Spanien; Thyssen Elevator Corp., El Cajón/Kalifornien, USA; Blohm + Voss Holding AG, Hamburg (86,6%); Thyssen Werften GmbH, Hamburg; Thyssen Henschel GmbH, Kassel; Thyssen Polymer GmbH, München; Thyssen Still Otto Anlagentechnik GmbH, Bochum (98,7%);

Thyssen Transrapid System GmbH, Berlin; Thyssen Handelsunion AG, Düsseldorf; Thyssen Schulte GmbH, Düsseldorf; Otto Wolff Handelsgesellschaft mbH, Düsseldorf; Thyssen Edelstahl Service GmbH, Krefeld; Thyssen Stahlunion GmbH, Düsseldorf; Thyssen Inc., Dover/Delaware, USA; Copper and Brass Sales Inc.; Eastpoint/Michigan, USA; Thyssen Hünnebeck GmbH, Ratingen (96%); Thyssen Klöckner Recycling GmbH, Düsseldorf; Thyssen Rheinstahl Technik GmbH, Düsseldorf; Thyssen Stahl AG, Duisburg; Thyssen Krupp Stahl GmbH, Düsseldorf (60%); Eisenbahn und Häfen GmbH, Duisburg (90%); Thyssen Stahl-Service-Center GmbH, Leverkusen; Ferteco Mineração S.A.,Rio de Janeiro/Brasilien; Hüttenwerke Krupp Mannesmann GmbH, Duisburg (50%); Krupp Hoesch Stahlexport GmbH, Essen (49%); Eisen- und Hüttenwerke AG, Köln (88%); Rasselstein GmbH, Neuwied; Stahlwerke Bochum AG, Bochum (97%); EBG Gesellschaft für elektromagnetische Werkstoffe mbH, Bochum; EBG Elektroblech Bochum GmbH, Bochum (97%); Thyssen Stahl Bauelemente GmbH, Oberhausen; Edelstahl Witten-Krefeld GmbH, Witten; Edelstahlwerk Witten AG, Witten (98,8%); Thyssen Telecom AG, Düsseldorf; Krupp Thyssen Stainless GmbH, Essen (40%); Thyssen Holding Corp., Dover/Delaware, USA; Mannesmannröhren-Werke AG, Mülheim/Ruhr (21%); RAG Aktiengesellschaft, Essen (12,7%).

● Wesentliche Unternehmen und Beteiligungen des Krupp-Konzerns (Angaben ohne Prozentzahl bedeuten einen Besitz von 100%): Krupp Hoesch Industries GmbH, Dortmund; Krupp Kunststofftechnik GmbH, Essen; Krupp Elastomertechnik GmbH, Hamburg; Krupp Werner & Pfleiderer GmbH, Stuttgart (99,5%); Hoesch Rothe Erde GmbH, Dortmund; Berco S.p.A., Copparo/Italien; Krupp Berco Bautechnik GmbH, Essen; Hoesch Hohenlimburg GmbH, Hagen; HSP Hoesch Spundwand und Profil GmbH, Dortmund; Krupp Edelstahlprofile GmbH, Siegen, Krupp VDM GmbH, Werdohl (98%); Novoferm GmbH, Isselburg; Hoesch Siegerlandwerke GmbH, Siegen; Krupp Stahlbau Berlin GmbH, Berlin; Krupp Stahlbau Hannover GmbH, Hannover; Krupp Engineering GmbH, Essen; Krupp Fördertechnik GmbH, Essen; Krupp Polysius AG, Beckum; Krupp Uhde GmbH, Dortmund (99,9%); Krupp Industries India Ltd., Pimpri/Indien (53,7%); Krupp Hoesch Automotive GmbH, Bochum; Krupp Hoesch Federn GmbH, Werdohl; Krupp Bilstein GmbH, Ennepetal; Walter Hundhausen GmbH & Co. KG, Schwerte; Krupp Danz GmbH, Heilbronn; Camford Engineering PLC, Letchworth/Großbritannien; Krupp Fabco Inc., Windsor/Ontario, Kanada; Krupp Gerlach GmbH, Homburg/Saar (90%); Krupp Presta AG, Eschen/Liechtenstein; Krupp Metalúrgica Campo Limpo Ltda., Campo Limpo/Brasilien (59,8%); Krupp Automotive Systems GmbH, Bochum; Krupp Thyssen Stainless GmbH, Essen (60%); Krupp Thyssen Nirosta GmbH, Bochum; Acciai Speciali Terni S.p.A., Terni/Italien (90%); Mexinox S.A. de C.V., San Luis Potosi/Mexiko (90%); Shanghai Krupp Stainless Co. Ltd., Pudong New Area/China (60%); Krupp Hoesch International GmbH, Essen; Krupp Hoesch Stahlexport GmbH, Essen (51%); Krupp Nirosta Export GmbH, Essen; Krupp Hoesch Stahl und Metall GmbH, Gelsenkirchen; Krupp GfT Gesellschaft für Anlagen-, Bau- und Gleistechnik mbH, Essen; Krupp Druckereibetriebe GmbH, Essen; Nestrans Logistik GmbH, Duisburg; Krupp Seeschiffahrt GmbH, Hamburg; Reisebüro Dr. Tigges GmbH/Panopa Reisebüro GmbH, Essen; Thyssen Krupp Stahl AG, Düsseldorf (40%); Rasselstein Hoesch

THYSSEN:

Umsatz 1997/98:
43.537,0 Mio.
(Auslandsanteil: 56%)
Umsatz 1996/97:
40.753,0 Mio.
(Auslandsanteil: 52%)
Umsatz 1995/96:
38.673,0 Mio.
(Auslandsanteil: 47%)

Gewinn 1997/98:
2.190,0 Mio.
Gewinn 1996/97:
2.180,0 Mio.
Gewinn 1995/96:
350,0 Mio.

Cash flow 1997/98:
4.139,0 Mio.
Cash flow 1996/97:
4.245,0 Mio.
Cash flow 1995/96:
2.189,0 Mio.

Steueraufkommen 1997/98:
125,0 Mio.

BÖRSE, AKTIEN, KURSE
Grundkapital 1998:
1.715,0 Mio.
Jahreshöchstkurs 1997/98:
493,00 DM (252,07 €)
Jahrestiefstkurs 1997/98:
285,00 DM (145,72 €)
Aktie Jahresende 1997/98:
308,10 DM (158,04 €)
Dividende pro Aktie 1997/98: *16,00 DM*

Die Dividende bezieht sich auf je 50,– DM Aktiennennbetrag.

Beschäftigte 1997/98: *122.359*
Beschäftigte 1996/97: *120.261*
Beschäftigte 1995/96: *123.746*

Umsatz pro Mitarbeiter 1997/98: *355.814,– DM*
Umsatz pro Mitarbeiter 1996/97: *338.871,– DM*
Umsatz pro Mitarbeiter 1995/96: *312.519,– DM*

Löhne und Gehälter 1997/98: *8.751,2 Mio.*
Löhne und Gehälter 1996/97: *8.163,1 Mio.*
Soziale Abgaben und Aufwendungen 1997/98: *2.323,7 Mio.*
Soziale Abgaben und Aufwendungen 1996/97: *2.270,8 Mio.*

Investitionen 1997/98: *3.233,0 Mio.*
Investitionen 1996/97: *4.188,0 Mio.*
Investitionen 1995/96: *2.429,0 Mio.*

Forschung und Entwicklung 1997/98: *632,0 Mio.*
Forschung und Entwicklung 1996/97: *316,0 Mio.*
Forschung und Entwicklung 1995/96: *339,0 Mio.*

GmbH, Neuwied (25,5%); EBG Elektroblech Bochum GmbH, Bochum; Kone Oy, Helsinki/Finnland (10%); Ruhrgas AG, Essen (4,6%); RAG Aktiengesellschaft, Essen (7,9%).

Die Grossfusion an Rhein und Ruhr. Eine der größten und spektakulärsten Fusionen der deutschen Industriegeschichte wurde im März 1999 mit der Eintragung ins Düsseldorfer Handelsregister Realität: die neue Thyssen Krupp AG. Was zwei Jahre zuvor mit dem Versuch einer »feindlichen Übernahme« des Thyssen-Konzerns durch den kleineren Nachbarn Krupp-Hoesch begonnen hatte und anfänglich abgewehrt werden konnte, wurde nun ganz einvernehmlich geregelt: das Zusammengehen der beiden Traditionsunternehmen Krupp-Hoesch und Thyssen.
Vorausgegangen war der Auftrag beider Konzernaufsichtsräte an die Vorstandsvorsitzenden Gerhard Cromme (Krupp-Hoesch) und Ekkehard Schulz (Thyssen) zur Ausarbeitung eines gemeinsamen industriellen Konzepts für eine fusionierte Gesellschaft Thyssen Krupp. 19 Arbeitskreise untersuchten die Synergiepotentiale beider Konzerne und kamen zu einem ähnlich positiven Ergebnis für die Gesamtfusion wie zuvor schon bei der Gründung der Thyssen Krupp Stahl AG, in die die Stahlaktivitäten beider Konzerne unter der industriellen Führung Thyssens eingebracht worden waren.
Das neue Unternehmen firmiert als Thyssen Krupp AG und hat einen juristischen Doppelsitz in Essen und Duisburg. Verwaltungssitz ist Düsseldorf. Die Thyssen Krupp AG hat eine dezentrale Führung der Unternehmensbereiche. Die Mitglieder des neuen neunköpfigen Vorstandes sind operativ (also für Unternehmensbereiche) oder funktional (für konzernübergreifende Aufgaben) tätig. Thyssen Krupp hat zwei gleichberechtigte Vorstandsvorsitzende: Gerhard Cromme (Unternehmensentwicklung, Kommunikation; Unternehmensbereich Automotive) und Ekkehard Schulz (Vorstandsbüro, Führungskräfte, Technische Entwicklungen, Energie und Umwelt; Unternehmensbereich Stahl). Durch die Fusion entsteht ein Konzern mit rund 72 Mrd. DM Umsatz und über 170.000 Beschäftigten.

Globale Strategien und der Standort Deutschland. Im Zuge der Fusionsvorbereitungen konzentrierten sich Thyssen und Krupp 1998 nur noch auf die Kerngeschäftsfelder, die miteinander kompatibel sind. Vor diesem Hintergrund trennte sich Thyssen von zahlreichen Sparten und Unternehmen. Die Beteiligung an E-Plus wurde verkauft (was inzwischen als strategischer Fehler angesehen wird), ebenso die Festnetzgesellschaft Plusnet und damit der Rückzug aus der Telekommunikation markiert, die Rheinischen Kalksteinwerke

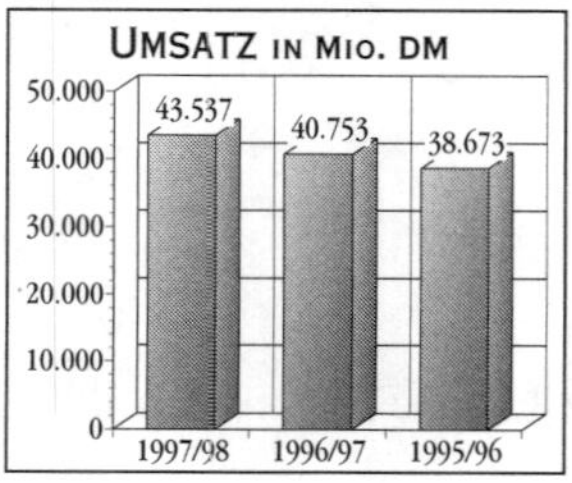

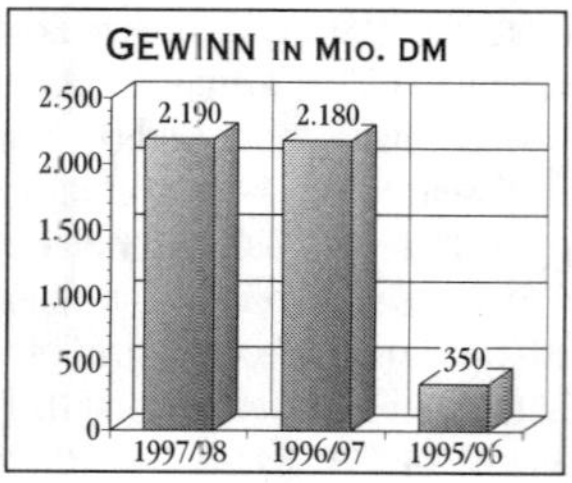

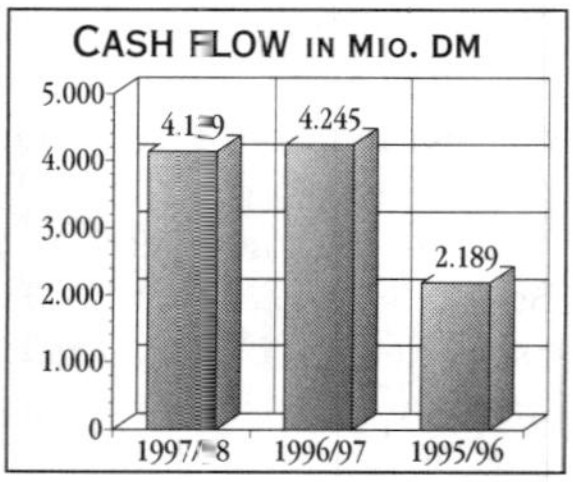

(Rheinische Kalksteinwerke GmbH, Dolomitwerke GmbH und Wülfrather Zement GmbH) wurden an die belgische Lhoist-Gruppe veräußert, der Bautechnik-Großhändler Thyssen Schulte Bautechnik GmbH & Co. KG, Düsseldorf (3.000 Beschäftigte, knapp 1,7 Mrd. DM Umsatz), ging an die amerikanische Investorengruppe Clayton, Dubilier & Rice, New York. Zuvor war das Metallrecycling-Geschäft in ein Joint-venture mit der niederländischen SHV Holdings N.V. eingebracht worden. 1998 wurde mit dem Verkauf der Thyssen Haniel Logistik GmbH, Duisburg, an die belgische Staatsbahn SNCB die Thyssen-Traditionssparte Logistik aufgegeben. Die Thyssen Werften GmbH mit Blohm + Voss GmbH, Hamburg, Blohm + Voss Repair GmbH, Hamburg, und Thyssen Nordseewerke GmbH wurde in die Howaldtswerke Deutsche Werft AG eingebracht. Krupp Hoesch trennte sich von der O&K Orenstein & Koppel AG, Dortmund. Zuvor wurden bereits die Krupp MaK Maschinenbau GmbH, Kiel, die Krupp Medizintechnik GmbH, Essen, die O&K Rolltreppen GmbH, Hattingen, und die O&K Mining GmbH, Dortmund, veräußert. Trotz aller Straffung des Portfolios wurden auch 1998 zahlreiche bedeutende Unternehmen innerhalb der einzelnen Teilkonzerne akquiriert.

INNERBETRIEBLICHE BÜNDNISSE. Der Zusammenschluß von Krupp und Thyssen wird bis zum Jahr 2001 zu keinen fusionsbedingten Kündigungen führen. So haben sich beide Unternehmen mit den Arbeitnehmervertretern und der IG Metall verständigt. Für die Obergesellschaft Thyssen Krupp AG gilt das Mitbestimmungsgesetz von 1976. Ein zusätzlich vereinbartes Aufsichtsratspräsidium soll im Fall von Konflikten zwischen Unternehmen und Arbeitnehmern einvernehmliche Lösungen suchen. Die beiden Konzern-Manager Cromme und Schulz versprechen sich von der Fusion auch Chancen für »neue Arbeitsplätze im Ruhrgebiet und in Deutschland«. Denn: »Nach dem massiven Personalabbau der letzten Jahre sind die Rationalisierungsreserven in der heutigen Struktur für beide Konzerne zu einem guten Teil ausgeschöpft.«
In allen Thyssen Krupp-Konzernbereichen gibt es inzwischen die unterschiedlichsten flexiblen Arbeitszeitregelungen mit Arbeitszeitkonten und der Auftragslage angepaßten Arbeitszeitkorridoren. In zahlreichen Unternehmen des Konzerns wird immer stärker auf den flexiblen Einsatz kleiner Gruppen mit gleichwertig qualifizierten Mitarbeitern gesetzt, die sich jederzeit gegenseitig ersetzen können und über eine hohe Selbständigkeit und Eigenverantwortung verfügen.

UMWELTSCHUTZ. Beide Unternehmen verfügten seit Jahren über ein integriertes Umweltschutzkonzept mit entsprechenden Umweltschutzbeauftragten. Schwerpunkte bilden der Gewässerschutz, die Luftreinhaltung, die Beseitigung von Abfallstoffen sowie die Lärmbekämpfung. Die Thyssen Handelsunion AG, Düsseldorf, und die Klöckner & Co. AG, Duisburg, bündelten Mitte der 90er Jahre ihre Aktivitäten auf den Gebieten Wiederverwendung von Stahlschrott, Rohstoffhandel und Umweltdienstleistungen in der Thyssen Klöckner Recycling GmbH, Düsseldorf, mit weltweit rund 60 Gesellschaften, Betrieben und Niederlassungen. Durch die Fusion wurde ein Spezialist für Kreislaufwirtschaft mit rund 1,9 Mrd. DM Jahresumsatz und 2.500 Beschäftigten geschaffen. Umweltschutz war bei Krupp in den letzten

KRUPP:

(Zahlen 1998 beziehen sich auf das Rumpfgeschäftsjahr 1.1.-30.9. zur Anpassung an das Geschäftsjahr von Thyssen)

Umsatz 1998: *17.601,0 Mio.*
(Auslandsanteil: 65%)
Umsatz 1997: *25.097,0 Mio.*
(Auslandsanteil: 65%)
Umsatz 1996: *24.038,0 Mio.*
(Auslandsanteil: 59%)

Gewinn 1998: *433,0 Mio.*
Gewinn 1997: *437,0 Mio.*
Gewinn 1996: *208,0 Mio.*

Cash flow 1998: *922,0 Mio.*
Cash flow 1997: *1.267,0 Mio.*
Cash flow 1996: *1.228,0 Mio.*

Steueraufkommen 1998:
287,0 Mio.

BÖRSE, AKTIEN, KURSE
Grundkapital 1998:
1.088,0 Mio.
Jahreshöchstkurs 1998:
372,00 DM (190,20 €)
Jahrestiefstkurs 1998:
214,50 DM (109,67 €)
Aktie Jahresende 1998:
214,50 DM (109,67 €)
Dividende pro Aktie 1998:
8,00 DM

Die Dividende bezieht sich auf je 50,– DM Aktiennennbetrag.

Beschäftigte 1998: *58.392*
(Auslandsanteil: 45%)
Beschäftigte 1997: *57.938*
(Auslandsanteil: 43%)
Beschäftigte 1996: *69.608*
(Auslandsanteil: 33%)

Umsatz pro Mitarbeiter 1998: *301.428,– DM*
Umsatz pro Mitarbeiter 1997: *433.170,– DM*
Umsatz pro Mitarbeiter 1996: *345.334,– DM*

Löhne und Gehälter 1998:
2.841,0 Mio.
Löhne und Gehälter 1997:
3.945,0 Mio.
Soziale Abgaben und Aufwendungen 1998:
961,0 Mio.
Soziale Abgaben und Aufwendungen 1997:
1.307,0 Mio.

Jahren integraler Bestandteil in der Fertigung, der Produktnutzung und im Unternehmensmanagement.

Forschung, Entwicklung, Innovationen.

Forschung und Entwicklung erfolgen bei Thyssen Krupp überwiegend dezentral in den einzelnen Konzernsparten bzw. den operativen Einheiten, schließen aber eine geschäftsübergreifende, durch die Konzernleitung koordinierte Technologiepolitik, ausdrücklich ein. Der Bereich Forschung und Entwicklung umfaßt konzernweit rund 4.500 Beschäftigte.

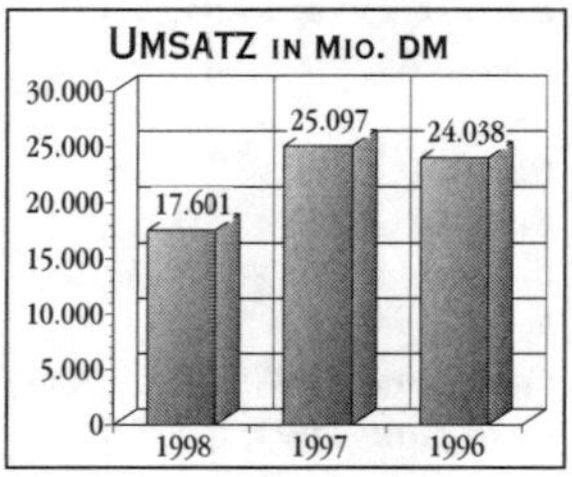

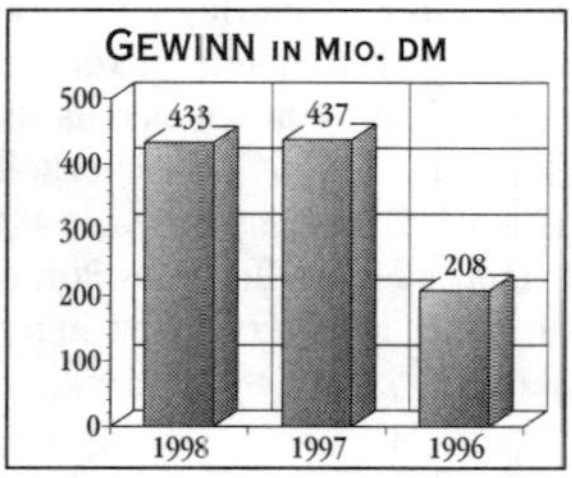

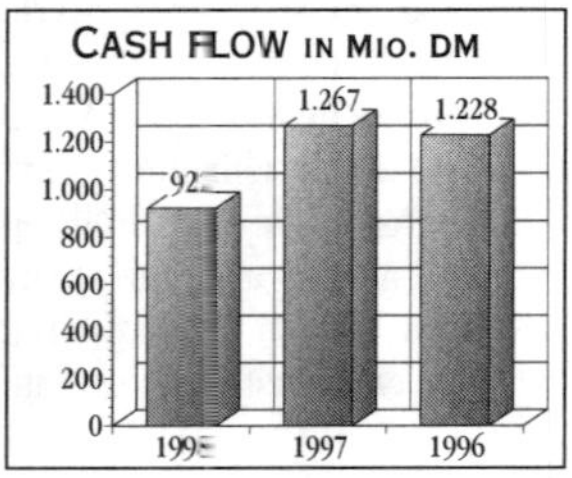

Investitionen 1998:
1.029,0 Mio.
Investitionen 1997:
1.178,0 Mio.
Investitionen 1996:
2.025,0 Mio.

Forschung und Entwicklung 1998: *191,0 Mio.*
Forschung und Entwicklung 1997: *209,0 Mio.*
Forschung und Entwicklung 1996: *281,0 Mio.*

Mitbewerber: *Arbed, Babcock Borsig, Benteler, Continental, DHS Dillinger Hütte Saarstahl, Didier, Diehl, Jungheinrich, Klöckner & Co., Klöckner-Werke, Krauss Maffei, Lentjes, Liebherr, Linde, Lurgi, MAN, Mannesmann, Preussag, Riva, Salzgitter, Sidmar, SMS, Stiehl, Usinor-Sacilor, Voith*

Gerhard Cromme – Der starke Mann im Revier.

Krupp, Hoesch und Thyssen – und ein Mann: Gerhard Cromme. Wie ein roter Faden verbindet seine Vita diese drei großen Konzerne des Ruhrgebietes. Der stets vom Krupp-Patriarchen und früheren Krupp-Chef Berthold Beitz favorisierte Cromme war es, der mit der Akquisition des Hoesch-Konzerns 1992 und der anschließenden Verschmelzung auf Krupp einen spektakulären Triumph über den alten Ruhrgebiets-Rivalen aus Dortmund feiern konnte. Cromme strich im Zuge dieser Großfusion aber auch mehrere zehntausend Arbeitsplätze. Meisterte er noch als Vorstandsvorsitzender der Krupp Stahl AG die Stahlkrise 1987 und konnte eine Stillegung von Stahlstandorten verhindern, so schloß er infolge der Stahlkrise 1992/93 – nunmehr zum Gesamtchef des Krupp-Hoesch-Konzerns berufen – dann doch den hart umkämpften Standort Rheinhausen. 1997 versuchte Cromme, mit Hilfe der Deutschen Bank den Thyssen-Konzern zu übernehmen. Nach anfänglicher Abwehr der Attacke und Gründung der Thyssen Krupp Stahl AG begannen neuerliche Verhandlungen über eine Gesamtfusion der beiden großen Ruhrgebietskonzerne. Das Ergebnis: die Verschmelzung von Krupp und Thyssen im März 1999 zur neuen Thyssen Krupp AG. Der neue Konzern wird von zwei gleichberechtigten Vorstandsvorsitzenden geführt, von Gerhard Cromme und Ekkehard Schulz. Krupp steht zwar als kleineres Unternehmen in der Firmierung hinter Thyssen zurück, das neue Unternehmen aber wird die Handschrift Gerhard Crommes tragen, dem es gelang, aus der »feindlichen« Übernahme eine »freundliche« zu machen. Cromme ist als ursprünglicher Initiator der Fusion der starke Mann im neuen Konzern.

TUI siehe Preussag

UNILEVER

GESCHICHTE UND ENTWICKLUNG. Die Margarine kam aus Holland, Seife und Waschmittel aus Großbritannien. Der Gründung der Deutschen Unilever und des Unilever-Konzerns im Jahre 1930 gingen einige Firmengründungen voraus. 1888 entstanden in Goch und in Kleve die Margarinefabriken der Firmen Jurgens und Van den Bergh. 1889 wurde von Lever Brothers in Hamburg ein Verkaufsbüro für importierte »Sunlight Soap« eröffnet. Zehn Jahre später entstand in Mannheim die Sunlight-Seifenfabrik. 1930 schlossen sich die zur Margarine Unie vereinigten holländischen Margarineunternehmen Jurgens und Van den Bergh mit der britischen Lever Brothers Gesellschaft zusammen und gründeten den Unilever-Konzern (Unilever N.V./Plc, Rotterdam/London). Im gleichen Jahr entstand auch die Deutsche Unilever mit Sitz in Berlin, die durch Akquisitionen in wenigen Jahren zu einem der führenden Unternehmen in den Bereichen Nahrungsmittel, Waschmittel und Körperpflege wurde. Nach dem Krieg wurde die Hauptverwaltung von Berlin nach Hamburg verlegt, 1963 das Unilever-Haus in der Hamburger City bezogen. 1971 wurde die Holding Deutsche Unilever GmbH in ihrer heutigen Form gegründet. In den folgenden Jahren wuchs die Deutsche Unilever durch zahlreiche Akquisitionen.

BESITZVERHÄLTNISSE/EIGENTUMSSTRUKTUR.
● Unilever N.V., Rotterdam/Niederlande (100% – indirekt über Holdinggesellschaften)
Diese zwischen die holländische Dachgesellschaft und die Deutsche Unilever geschalteten Holdinggesellschaften sind: Wemado B.V., Rotterdam/NL (38%); Lipoma B.V., Rotterdam/NL (36%); Unilever Belgium N.V. (25%); Rizofoor B.V., Rotterdam/NL (1%).

KONZERNÜBERBLICK. Unilever gehört weltweit zu den führenden Konsumgüterunternehmen. Ebenso zählt sie in Deutschland zu den führenden Markenartiklern bei Nahrungs-, Reinigungs- und Körperpflegemitteln. Die wichtigsten Geschäftsbereiche sind Nahrungsmittel, Wasch- und Reinigungsmittel, Körperpflegemittel und Kosmetika. Mit 267.000 Mitarbeitern wurde 1998 ein Weltumsatz von 89,1 Mrd. hfl und ein Nettogewinn von 6,5 Mrd. hfl erzielt. Nach Großbritannien und den USA ist Deutschland das umsatzstärkste Unilever-Land. Die Werbeinvestitionen lagen 1998 weltweit bei 11,4 Mrd. hfl., in Deutschland bei 586 Mio. DM. In den vergangenen zwei Jahrzehnten hat Unilever zahlreiche Unternehmen akquiriert, die ihrerseits bekannte Markennamen und ein hohes Produktimage hatten.
Der deutsche Unilever-Konzern hat folgende Warengruppen-Struktur:
◆ Nahrungsmittel mit den Gesellschaften Union Deutsche Lebensmittelwerke GmbH (Margarine, Halbfettbutter, Speiseöl, Brotaufstriche, Speisefett, Fertigteige, Käse, Feinkost, kaloriensparende Produkte, Getränke, Suppen, Instantsuppen, Spaghettisaucen, Fischdauerkonserven, Fischspezialitäten, Fleisch- und Wurstwaren, Fleisch-Snacks, Benedikt Klein GmbH. Marken: Rama, Flora-Soft, Lätta, Du darfst, Sanella, Becel-Diät, Yofresh, Ceres, MCT-Diät, Livio, Norda, Biskin, Palmin, Milkana, Bresso, Edelweiß, Unox, Lipton-Tee, Bi-Fi u.a.);

Standort:
Dammtorwall 15
20355 Hamburg

Telefon: *(040) 3490-0*
Telefax: *(040) 3490-3520*
Internet: *www.unilever.com*

Branche: *Holdinggesellschaft; Nahrungsmittelindustrie; Körperpflegemittel und Kosmetik; Waschmittel*

Rechtsform: *GmbH*

Geschäftsjahr: *1.1.-31.12.*

Gründungsjahr: *1930*

Öffentlichkeitsarbeit:
Rüdiger Ziegler
Tel.: (040) 3490-3515
Fax: (040) 3490-3520
E-Mail: rüdiger.ziegler@unilever.com

Verbände: *Alle Fachverbände der Nahrungsmittel- und Kosmetikbranche*

Geschäftsführung:
- *Lindenberg, Johann C. (Vorsitzender)*
- *Barz, Peter*
- *Haverkamp, Werner*

Bezüge der Geschäftsführung 1998: *keine Angaben*

Aufsichtsrat:
- *Schrader, Jürgen (Vorsitzender), Hamburg*
- *Darius, Wolf-Ingo, Hamburg*
- *Erichsen, Harald, Dr., Hamburg*
- *Foerster, Peter von, Dr., Hamburg*
- *de Jong, Jan, Wassenaar/Niederlande*
- *Meister, Burkhardt, Dr., Frankfurt/Main*
- *Müller, Okko, Dr., Hamburg*
- *Nieuwenhuis, Johannes, Dr., Den Haag/Niederlande*
- *Tschampel, Friedrich Karl, Hamburg*
- *Uldall, Gunnar, Hamburg*

**Baltes, Günter (stellv. Vorsitzender)*
**Carlsson, Norbert*
**Heutensleben, Volker*
**Kempf, Herbert*
**Kiel, Jürgen*
**Ohlzen, Jürgen*
**Ribbekamp, Karl-Ulrich*
**Schlieper, Heinz*
**Timpe, Dieter*
**Wittorf, Reiner*

Aufsichtsratstantiemen 1998: *keine Angaben*

Fritz Homann Lebensmittelwerke GmbH (Feinkost; Margarine, Fette, Öle; Großverbraucher-Service; Bäckereibedarf; Voss Feinkost und Lebensmittel GmbH); Meistermarken-Werke GmbH (Meistermarken-Feingebäck, Ulmer Spatz Diamalt, Van den Bergh Food Service, Molco Tiefkühlbackwaren für Großverbraucher); Langnese-Iglo GmbH (Langnese-Speiseeis; Iglo-Tiefkühlkost); Frozen Fish International GmbH (Fisch-Tiefkühlkost). Im Bereich Margarine wurde 1998 die Marktführerschaft in Deutschland auf knapp 60% ausgebaut. Bei Eiskrem (Langnese) liegt Unilever mit Abstand an erster Stelle. Umsatz Nahrungsmittel 1998: 6.038 Mio. DM (Vorjahr: 6.065 Mio.) – davon Eis, Tiefkühlkost: 1.726 Mio., Fisch, Fischprodukte: 459 Mio.

◆ Wasch- und Reinigungsmittel mit den Gesellschaften Lever GmbH (Waschmittel, Wäscheweichspüler, Haushaltsreiniger, Geschirrspülmittel. Marken: Omo, Sunil, Skip, Coral, Kuschelweich, Viss, Domestos, Vim, Sunlicht, Sun); Diversey Lever GmbH (Großverbraucher-Hygiene und Wäschereitechnik; Ernährungswirtschaft. Wichtigste Kundengruppen: Getränkeindustrie, Nahrungsmittelindustrie, Hotellerie/Gastronomie/Catering, Wäschereien, Krankenhäuser, Gebäudereiniger, Schlachthöfe/Molkereien).

◆ Körperpflegemittel/Kosmetik mit den Gesellschaften Elida Fabergé GmbH (Deodorants, Herren-Serien, Seifen-, Schaum- und Duschbäder, Körperpflegemittel, Gesichtspflegemittel, Haarpflegemittel, Zahncreme, Mundwasser, Zahnbürsten, Wattestäbchen. Marken: Rexona, Impulse, CD, La Fram, Axe, Dove, Lux, Pond's, Vaseline, Timotei, Brisk, Organics, Signal, Mentadent, Q-Tips); Elizabeth Arden Handels GmbH (pflegende und dekorative Kosmetik, Damen- und Herrendüfte. Marken: Elizabeth Arden, Red Door, 5th Avenue, Sunflowers, True Love; Lagerfeld, Lagerfeld Photo, Lagerfeld JAKO, KL, Sun Moon Stars, Chloé Innocence, Chloé, Narcisse; Cerruti 1881 Femme, Cerruti 1881 Homme, Cerruti Image; Valentino Classic, Very Valentino; Jean Louis Scherrer, Scherrer 2); Calvin Klein Cosmetic Vertriebs GmbH (Düfte und Körperpflegeprodukte. Marken: Obsession, Obsession for men, Eternity, Eternity for men, Escape, Escape for men, Contradiction, cK one, cK be). Mit Calvin Klein ist Unilever in Deutschland im Segment »Prestige Parfums« (cK be) Marktführer. Umsatz Wasch-, Reinigungs- und Körperpflegemittel, Kosmetik 1998: 1.660 Mio. DM (Vorjahr: 1.677 Mio.).

BETEILIGUNGEN. Zur Deutsche Unilever GmbH, Hamburg, gehören folgende Unternehmen in den Bereichen:

● Nahrungsmittel: Union Deutsche Lebensmittelwerke GmbH, Hamburg; Langnese-Iglo GmbH, Hamburg; Meistermarken GmbH, Bremen; Fritz Homann Lebensmittelwerke GmbH, Dissen; Frozen Fish International GmbH, Bremerhaven; Voss Feinkost und Lebensmittel GmbH, Kaltenkirchen; Homann Menü-System Gesellschaft für Großküchenbedarf mbH, Dissen; Edelweiß-Milchwerke K. Hoefelmayr GmbH, Kempten; Milkana GmbH, Neu-Ulm; Ulmer Spatz Diamalt Vertriebsgesellschaft für Backmittel mbH, Neu-Ulm; Bresso GmbH, Kempten; Benedikt Klein GmbH, Hilden; Lipton GmbH, Hamburg; Molco Backwaren Vertriebs GmbH, Bremen; Du darfst Lebensmittelvertriebgesellschaft mbH, Hamburg.

● Wasch- und Reinigungsmittel: LeverFabergé Deutschland GmbH, Hamburg; Diversey GmbH, Mannheim; DiverseyLever GmbH, Mannheim; Lever GmbH, Hamburg.

Nahrungsmittel

Wasch- und Reinigungsmittel

Körperpflegemittel/Kosmetik

- Körperpflegemittel/Kosmetik: LeverFabergé Deutschland GmbH, Hamburg; Elizabeth Arden Handels GmbH, Düsseldorf; Calvin Klein Cosmetic Vertriebs GmbH, Wiesbaden; Elida Fabergé GmbH, Hamburg.
- Sonstige: Unipath Diagnostics GmbH, Köln; Vereinigte Fischmehlwerke Cuxhaven GmbH & Co. KG, Cuxhaven.

GLOBALE STRATEGIEN UND DER STANDORT DEUTSCHLAND.

Unilever ist ein global agierender Konzern, dem sich rund um den Globis eigentlich niemand entziehen kann. Mit seinen Produkten kommt nahezu jeder Mensch in Berührung. Mit 68% der Umsätze sind Westeuropa und die USA allerdings die zentralen Märkte der weltwei-

Umsatz 1998: *7.668,0 Mio.*
Umsatz 1997: *8.003,0 Mio.*
Umsatz 1996: *9.101,0 Mio.*

Gewinn 1998: *169,0 Mio.*
Gewinn 1997: *427,0 Mio.*
Gewinn 1996: *322,0 Mio.*

Cash flow 1998: *616,0 Mio.*
Cash flow 1997: *1.298,0 Mio.*
Cash flow 1996: *839,0 Mio.*

Steueraufkommen 1998:
100,0 Mio.

Grund- bzw. Stammkapital 1998: *650,0 Mio.*

Beschäftigte 1998: *14.493*
Beschäftigte 1997: *15.444*
Beschäftigte 1996: *22.395*
(Beschäftigte 1994: 24.083)

Umsatz pro Mitarbeiter 1998: *529.083,– DM*
Umsatz pro Mitarbeiter 1997: *518.195,– DM*
Umsatz pro Mitarbeiter 1996: *406.385,– DM*

Personalaufwand 1998:
1.533,0 Mio.
Personalaufwand 1997:
1.610,0 Mio.
Durchschnittlicher Personalaufwand 1998:
105.775,– DM

Investitionen 1998:
203,0 Mio.
Investitionen 1997:
185,0 Mio.
Investitionen 1996:
259,0 Mio.

Mitbewerber: *Beiersdorf, Benckiser, Henkel, Jacobs Suchard, März, Philip Morris, Nestlé, Oetker, Procter & Gamble, Südzucker*

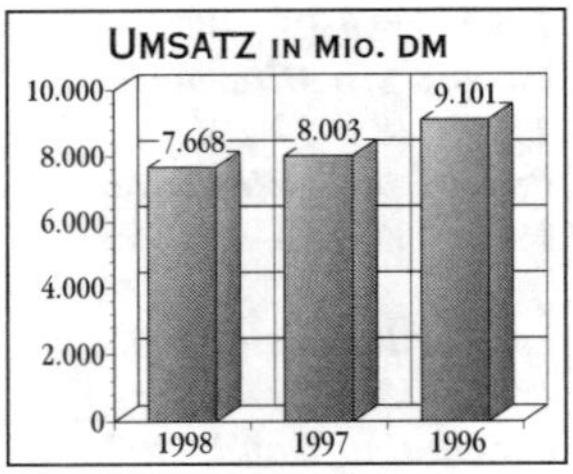

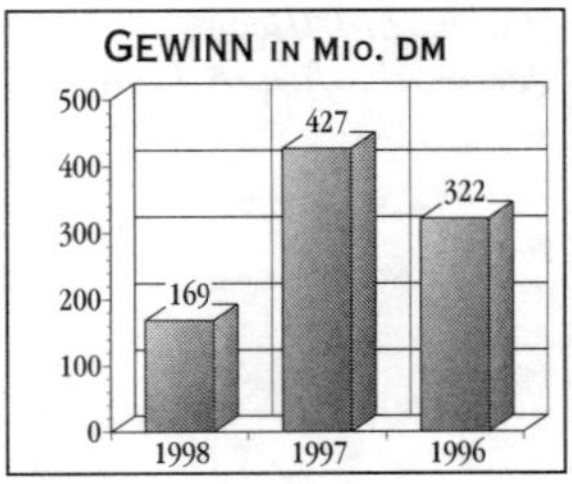

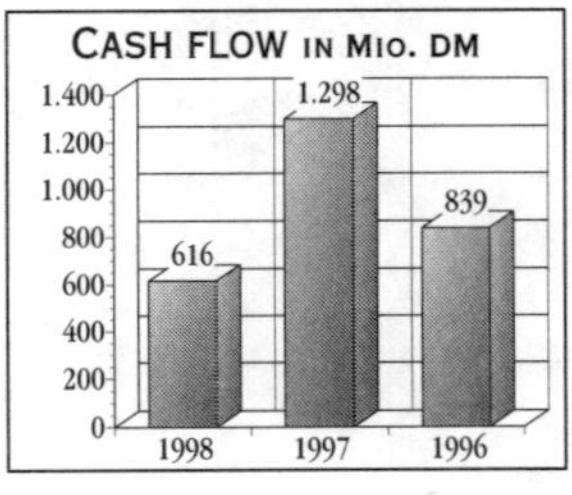

ten Aktivitäten des Konzerns. Der Global Player akquiriert jedes Jahr weltweit Dutzende Unternehmen, stößt sie aber ebenso wieder ab, wenn sie nicht den Rentabilitätskriterien des Managements entsprechen oder das Portfolio der sogenannten Kerngeschäfte verwässern. Unilever konzentriert sich – und das gilt auch für die deutsche Tochter – in Zukunft ganz auf die Sparten Nahrungsmittel, Wasch- und Reinigungsmittel sowie Körperpflegeprodukte und Kosmetik.

Die Sparte Chemische Spezialprodukte mit den Gesellschaften Quest International GmbH, National Starch & Chemical Company, Unichema International und Crosfield Corp. wurde 1997 von Unilever NV für 13,6 Mrd. DM (ca. 15.000 Beschäftigte weltweit) an die britische ICI plc. veräußert. Damit wurde auch die Chemiesparte der Deutschen Unilever verkauft (600 Beschäftigte). 1996 verkaufte die Deutsche Unilever GmbH ihre Nordsee Fisch-Restaurant-Kette (6.200 Beschäftigte) mit knapp 300 Restaurants und Einzelhandelsgeschäften sowie 31 Großhandelsniederlassungen (Deutsche See) für geschätzte 500 bis 600 Mio. DM an die internationale Beteiligungsgesellschaft Apax Partners in London. Das Kosmetikunternehmen Rimmel-Chicogo International Cosmetic GmbH wurde an die Benckiser-Gruppe veräußert.

In den 90er Jahren wurden bei der Deutschen Unilever aufgrund einschneidender Strukturveränderungen über 12.000 Arbeitsplätze abgebaut – im Rahmen eines Restrukturierungsprogramm, das sich Unilever jährlich 2% des Konzernumsatzes kosten läßt. Bis Ende 2000 sollen neuerlich 1.500 Arbeitsplätze gestrichen werden.

Ist die Portfoliobereinigung nach dem Verkauf der Chemieprodukte und der Nordsee GmbH weitgehend abgeschlossen, so wird an verschiedenen deutschen Standorten nach weiteren Einsparungspotentialen gesucht.

Das Berliner Werk des Körperpflegemittelherstellers Elida Fabergé wurde geschlossen, ein Teil der Produktion an andere Standorte verlagert. Der Standort Wunstorf der Langnese-Iglo-Produktion wurde ebenso aufgegeben wie das Margarinewerk in Chemnitz. Die Fritz Homann Lebensmittelwerke GmbH wurde nach zahlreichen Umstrukturierungen 1999 an die Beek Feinkost GmbH, Hamburg, verkauft. Die Konzentration der Käseherstellung auf den Standort Kempten soll bis zum Jahr 2000 abgeschlossen sein; die Standorte Neu-Ulm und Schlachters werden geschlossen. Die Firmen Lever GmbH und Elida Fabergé GmbH wurden 1998 zur Nutzung ihrer Synergien unter das gemeinsame Dach der LeverFabergé GmbH gestellt, treten aber am Markt weiterhin getrennt auf. Die Meistermarken-Werke sollen gründlich restrukturiert werden.

INNERBETRIEBLICHE BÜNDNISSE. Die Deutsche Unilever praktiziert zahlreiche Arbeitszeitmodelle mit flexiblen Arbeitszeitregelungen. Gruppenarbeit gibt es u.a. im Lever-Werk sowie bei Elida Fabergé. Auf den verschiedenen Ebenen des Managements gibt es variable Vergütungssysteme. Ende 1997 waren bei der Deutschen Unilever 397 Jugendliche in der Ausbildung.

UMWELTSCHUTZ. Umweltschutz ist bei Unilever integrierter Bestandteil der Unternehmenspolitik und in verbindlichen Leitlinien festgeschrieben. Unilever betont seine Pflicht, Verbraucher und Kunden mit Produkten zu versorgen, die unbedenklich in der Verwendung und umweltverträglich sind. Priorität genießt die Reduzierung des Verpackungsmaterials. 1998 erschien ein neuer ausführlicher Bericht über die Umweltaktivitäten der Deutschen Unilever.

FORSCHUNG, ENTWICKLUNG, INNOVATIONEN.
Die weltweite Unilever gab 1998 rund 1,8 Mrd. hfl für Forschung und Entwicklung aus – im Lebensmittelbereich sowie in den Segmenten Reinigung und Körperpflegemittel. Weltweit arbeiten in der Unilever-Forschung 9.000 Wissenschaftler und Techniker. Die Hälfte der Investitionen fließt in die Produktentwicklung der Innovationszentren der großen Tochtergesellschaften zur Bearbeitung der regionalen und lokalen Märkte. Die andere Hälfte des Budgets wird zentral gemanagt. Weltweit gibt es sechs Forschungslaboratorien: Vlaardingen/Niederlande, Colworth und Port Sunlight/Großbritannien, Edgewater/USA, Andheri und Bangalore/Indien. Unilever beteiligt sich an großangelegten Studien zu den Themen Ernährungsgewohnheiten und Erkrankungen. Unilever sucht den offenen Dialog zum Thema genetisch hergestellte bzw. veränderte Produkte.

VAW siehe VIAG
VEAG siehe RWE

VEBA

GESCHICHTE UND ENTWICKLUNG. Die VEBA (Vereinigte Elektrizitäts- und Bergwerks-Aktiengesellschaft) wurde 1929 zur wirtschaftlichen Stabilisierung verschiedener in Schwierigkeiten geratener preußischer Staatsunternehmen gegründet. In die Gesellschaft wurden jeweils mit allen Tochter- und Beteiligungsgesellschaften eingebracht: Preußische Bergwerks- und Hütten AG (Preussag), Berlin; Bergwerks AG, Recklinghausen; Bergwerksgesellschaft Hibernia AG, Herne; Preußische Elektrizitäts-AG (PreussenElektra), Berlin. Auf die PreussenElektra waren zuvor schon drei Kraftwerksunternehmen verschmolzen worden.
Nach dem Ende des Zweiten Weltkrieges kam es zu massiven Beschlagnahmen, Demontagen, Reorganisationen ganzer Unternehmensbereiche. 1948 durfte die VEBA als Bundesunternehmen ihre Tätigkeit auf fast allen Gebieten wieder aufnehmen. 1959 legte die Bundesregierung das Teilprivatisierungs-Programm der Preussag auf, 1965 das der VEBA. Es kam zur Übernahme von Stinnes durch die VEBA. 1969 wurde das Steinkohlebergbauvermögen in die Ruhrkohle AG eingebracht, die restliche Beteiligung an der Preussag AG veräußert. 1970 folgten die Umbenennung in VEBA AG mit der Verlegung des Verwaltungssitzes von Herne nach Düsseldorf und die Übernahme der Mehrheit an den Chemischen Werken Hüls. Es folgten Hunderte von Akquisitionen, Verschmelzungen und Neugründungen in den 70er und 80er Jahren.
Das einst staatliche Unternehmen wurde 1987 durch die Bundesregierung mit der Börsenplazierung ihrer restlichen Anteile an der VEBA

Standort:
Düsseldorf und Berlin
Bennigsenplatz 1
40474 Düsseldorf

Telefon: *(0211) 4579-1*
Telefax: *(0211) 4579-501*
Internet: *www.veba.de*

Postanschrift:
Postfach 30 10 51
40410 Düsseldorf

Branche: *Energiewirtschaft (Elektrizität, Gas, Kernenergie); Chemische Industrie, Kunststoffe; Erdöl- und Erdgasgewinnung, Mineralöl; Handel, Schiffahrt, Spedition; Telekommunikation; Grundstücks- und Wohnungswesen*

Rechtsform:
Aktiengesellschaft

Geschäftsjahr: *1.1.-31.12.*

Gründungsjahr: *1929*

Unternehmens-kommunikation:
Dr. Marie-Luise Wolff
Tel.: (0211) 4579-628
Fax: (0211) 4579-629
E-Mail: marie-luise.wolff@veba.de

Pressesprecher:
Josef Nelles
Tel.: (0211) 4579-544
Fax: (0211) 4579-566
E-Mail: josef.nelles@veba.de

Verbände: *Die Mitgliedschaft in Verbänden entspricht den einzelnen Unternehmensbereichen und -interessen der Konzerngesellschaften.*

vollständig privatisiert. Nach der Wiedervereinigung stieg die VEBA mit der Übernahme zahlreicher Energieversorgungsunternehmen von der Treuhandanstalt in den ostdeutschen Energiemarkt ein. 1994 folgte der Einstieg in die Telekommunikation, 1997 das Joint-venture mit der RWE AG unter der Firmierung Otelo communications GmbH & Co. und die Aufstockung der Beteiligung auf über 60% am digitalen Mobilfunknetz E-Plus. Die VEBA AG stieg 1998 mit 36,4% bei der Degussa AG ein und fusionierte die Degussa mit der eigenen Hüls AG zur Degussa-Hüls AG. 1999 wurde Otelo an die Mannesmann-Tochter Arcor verkauft.

BESITZVERHÄLTNISSE/EIGENTUMSSTRUKTUR.
● Lambda Vermögensverwaltungsgesellschaft mbH, München 10,3% (davon Allianz AG, München, 70,5%)
● Streubesitz bei 450.000 Aktionären (435.000 private Anleger halten 23%, 15.000 institutionelle Anleger halten 77%)
– Privatpersonen 23,0% (davon: Inland 19%, Ausland 4%)
– Versicherungen, Banken, Vermögensverwaltungen 52,9%
– Investmentgesellschaften 18,0%
– Industrie, Handel, Verkehr 3,3%
– Öffentliche Haushalte, Sonstige 2,8%
Der Kapitalanteil ausländischer Aktionäre beträgt insgesamt 43,6%, überwiegend institutionelle Anleger. In Großbritannien liegen 11,1%, in den USA 10,5%, in der Schweiz 5,9%. In Schweden werden 3,9% gehalten, von denen 3,2% auf den Energieversorger Sydkraft AB, Malmö, entfallen, an dem PreussenElektra mit 17,4% beteiligt ist. Die Allianz AG ist größter Einzelaktionär der VEBA.

KONZERNÜBERBLICK. Die VEBA fungiert als Holdinggesellschaft in den selbständig arbeitenden Konzernbereichen Strom (PreussenElektra), Chemie (Degussa-Hüls), Öl (VEBA Oel), Telekommunikation (VEBA Telecom), Distribution/Logistik (Stinnes), Immobilien Management (Raab Karcher/VEBA Imobilien Management) sowie Silizium-Wafer (MEMC Electronic Materials).
◆ Strom mit der Führungsgesellschaft PreussenElektra AG, Hannover: PreussenElektra ist das zweitgrößte Elektrizitätsversorgungsunternehmen Deutschlands und deckt rund ein Fünftel des Stromverbrauchs. Das Versorgungsgebiet umfaßt rund ein Drittel der Fläche der Bundesrepublik mit einem Viertel der Bevölkerung. Zur 1927 gegründeten PreussenElektra gehören an die 100 Tochter- und Beteiligungsgesellschaften aus dem Energiebereich, u.a. zahlreiche Kernkraftwerke (Brokdorf, Grohnde, Lingen, Unterweser, Krümmel, Stade, Brunsbüttel, Würgassen/in Stillegung). Zu den Großkunden zählen die öffentlichen Energieversorgungsunternehmen, die Industrie sowie die Deutsche Bahn. Bei PreussenElektra wird Strom überwiegend aus Kernenergie und Kohle produziert. PreussenElektra ist außerdem in den Bereichen Gas-, Wasser- und Fernwärmeerzeugung sowie in der Abfallentsorgung tätig. Umsatz 1998: 15.922 Mio. DM (Vorjahr: 16.085 Mio.); Cash flow 1998: 5.529 Mio. DM (Vorjahr: 5.539 Mio.); Investitionen 1998: 2.820 Mio. DM (Vorjahr: 4.277 Mio.); Beschäftigte 1998: 21.936 (Vorjahr: 22.838).
◆ Chemie mit der Führungsgesellschaft Degussa-Hüls AG, Frankfurt/Main: Die 1998/99 aus den Unternehmen Degussa und Hüls fusionier-

te Degussa-Hüls AG ist eines der weltweit größten Spezialchemie-Unternehmen und führend im Markt in den Bereichen Futtermitteladditive, Superabsorber, Lackrohstoffe, Wasserstoffperoxid, Industrieruß, Kieselsäuren, Phenol und Methacrylaten. Degussa-Hüls arbeitet in den vier Segmenten Gesundheit und Ernährung, Spezialprodukte, Polymere und Zwischenprodukte sowie Performance-Materialien. Die Chemieaktivitäten machen etwa 75% des Umsatzes aus. Degussa-Hüls gehört darüber hinaus zu den größten Edelmetallverarbeitern und -händlern der Welt. Ihre Feingold- und Feinsilberbarren sind auf allen Weltmärkten anerkannt und zum Handel an den führenden Börsen zugelassen. Beide Unternehmen kommen zusammen auf ein Umsatzvolumen von rund 25 Mrd. DM mit etwa 46.000 Beschäftigten.

◆ Öl mit der Führungsgesellschaft VEBA Oel AG, Gelsenkirchen: VEBA Oel AG betreibt das Mineralöl- und Petrochemiegeschäft des VEBA-Konzerns, von der Rohölsuche und -förderung über die Verarbeitung bis zum Vertrieb der Mineral- und Petrochemieprodukte. Die weltweite Erdölsuche und -förderung betreibt die VEBA Oil & Gas GmbH, Essen. Sie besitzt zahlreiche fündige Lagerstätten in aller Welt, u.a. in Ägypten, Argentinien, der britischen und norwegischen Nordsee, Indonesien, Nordamerika und in Syrien. Die Mineralölverarbeitung und Petrochemieproduktion wird durch die Ruhr Oel GmbH, Düsseldorf, wahrgenommen. Ruhr Oel verfügt über Deutschlands größte Raffineriekapazität. Sie ist maßgeblich beteiligt an der neuen Gemeinschaftsraffinerie Miro, Karlsruhe (VEBA Oel-Beteiligungsraffinerie, Oberrheinische Mineralölwerke und Esso), und der Gemeinschaftsraffinerie Bayernoil (Zusammenlegung der Beteiligungsraffinerie Neustadt mit der Agip/BP-Raffinerie Vohburg/Ingolstadt). Hinzu kommen die Petrochemie und Kraftstoffe AG Schwedt/Oder. Der Mineralölvertrieb bzw. das Endverbrauchergeschäft wird in erster Linie über die Aral AG, Bochum, sowie über die VEBA Wärmeservice GmbH, Gelsenkirchen, abgewickelt. An der Aral AG, die mit 2.400 Tankstellen in Deutschland und 400 im benachbarten Ausland (Mitte 1999 wurden 200 Tankstellen in Belgien verkauft) über das größte deutsche Tankstellennetz verfügt, ist die VEBA Oel AG mit 55,9% beteiligt. (An Aral sind neben der VEBA die Mobil Oil AG mit 28% und die Wintershall AG mit 15% beteiligt; Rest weitere Unternehmen.) Umsatz 1998: 20.110 Mio. DM (Vorjahr: 22.928 Mio.); Cash flow 1998: 950 Mio. DM (Vorjahr: 837 Mio.); Investitionen 1998: 899 Mio. DM (Vorjahr: 242 Mio.); Beschäftigte 1998: 6.433 (Vorjahr: 6.371).

◆ Telekommunikation mit der Führungsgesellschaft VEBA Telecom GmbH, Düsseldorf: Einen erheblichen Rückschlag erlitten die hochgesteckten Erwartungen der VEBA Telecom bei ihrem Versuch, auf dem lukrativen Markt der Telekommunikation Fuß zu fassen und zu den Großen zu gehören. Gemeinsam mit der RWE AG hatte VEBA Telecom seine Interessen in das Joint-venture Otelo communications GmbH & Co., Düsseldorf, eingebracht. Aber die leitungsgebundenen Sprach-, Daten- und Netzdienste für Geschäfts- und Privatkunden kamen gegen die massive Konkurrenz nicht in Gang. Am 1. Januar 1999 gaben VEBA und RWE deshalb den Verkauf des Festnetzgeschäftes von Otelo sowie des Markennamens an Mannesmann Arcor bekannt. Mannesmann übernahm damit den gesamten Kundenstamm von Otelo im Festnetzbereich mit rund 2.800 Beschäftigten für 2,3 Mrd. DM. Verkauft wurde ebenfalls der Kabelnetzbetreiber TeleColumbus für knapp

Vorstand:

- *Hartmann, Ulrich (Vorsitzender), Düsseldorf*
- *Bandle, Alain D. (Telekommunikation), Düsseldorf*
- *Bernotat, Wulf H., Dr. (Vorsitzender des Vorstandes der Stinnes AG), Mülheim/Ruhr*
- *Beuth, Gunther (Vorsitzender des Vorstandes der Raab Karcher AG-VEBA Immobilien Management), Essen*
- *Bonse-Geuking, Wilhelm (Vorsitzender des Vorstandes der VEBA OEL AG), Gelsenkirchen*
- *Gaul, Hans Michael, Dr. Finanzen und Controlling), Düsseldorf*
- *Harig, Hans-Dieter, Dr. (Vorsitzender des Vorstandes der PreussenElektra AG), Hannover*
- *Krüper, Manfred, Dr. (Personal), Düsseldorf*
- *Mamsch, Helmut (Konzernentwicklung), Düsseldorf*

Vorstandsbezüge 1998:
18.400.000,– DM

Generalbevollmächtigte:

- *Hohlefelder, Walter, Dr.*
- *Hüppe, Ulrich*
- *Köster, Hansgeorg, Dr.*
- *Pohlig, Rolf, Dr.*
- *Preuss, August-Wilhelm, Dr.*

Aufsichtsrat:
- *Vogelsang, Günter, Prof. Dr. (Ehrenvorsitzender), Düsseldorf*
- *Strenger, Hermann Josef (Vorsitzender; Vorsitzender des Aufsichtsrates der Bayer AG), Leverkusen*
- *Breuer, Rolf-E. (Sprecher des Vorstandes der Deutsche Bank AG), Frankfurt/Main*
- *Cromme, Gerhard, Dr. (Vorsitzender des Vorstandes der Thyssen Krupp AG), Essen*
- *Hocker, Ulrich (Deutsche Schutzvereinigung für Wertpapierbesitz e.V.), Düsseldorf*
- *Leysen, André, Dr. h.c. (Vorsitzender des Verwaltungsratses der Gevaert N.V.), Mortsel/Belgien*
- *Liesen, Klaus, Dr. (Vorsitzender des Aufsichtsrates der Ruhrgas AG), Essen*
- *Schulte-Noelle, Henning, Dr. (Vorsitzender des Vorstandes der Allianz AG), München*
- *Tabaksblat, Morris (Vorsitzender des Vorstandes und Präsident der Unilever N.V.), Rotterdam/Niederlande*
- *Viermetz, Kurt F. (Non-Executive Director der J. P. Morgan & Co. Inc.), New York/USA*
- *Voss, Bernd, Dr. (Mitglied des Vorstandes der Dresdner Bank AG), Frankfurt/Main*

**Schmoldt, Hubertus (stellv. Vorsitzender)*
**Blauth, Ralf*
**Dücker, Rainer*
**Hecht-Wieber, Henner*
**Hinrichsen, Wolf-Rüdiger*
**Mai, Herbert*
**Millinghaus, Dagobert*
**Mönig-Raane, Margret*
**Weber, Peter, Dr.*
**Weslowski, Kurt*

Aufsichtsratstantiemen 1998: *2.700.000,– DM*

1,5 Mrd. DM an die Deutsche Bank. TeleColumbus ist mit 1,7 Mio. Kunden nach der Deutschen Telekom der zweitgrößte deutsche Kabelnetzbetreiber. Ausgenommen von den Veräußerungen wurde die VEBA/RWE-Mehrheitsbeteiligung von 60,25% am Mobilfunkbetreiber E-Plus, in den möglicherweise neben VEBA und RWE als dritter Gesellschafter die France Télécom einsteigen wird. Die VEBA will ihr Engagement im Bereich Telekommunikation jetzt ganz auf den Mobilfunk konzentrieren. Das digitale Mobilfunknetz E-Plus ist das drittgrößte in Deutschland. Die VEBA hält neben E-Plus auch eine Beteiligung an der französischen Mobilfunkgesellschaft Bouygues Télécom S.A. in Höhe von 17,5%. Ihre ursprüngliche, als strategisches Engagement gedachte 10,2%-Beteiligung am britischen Telekommunikationsunternehmen Cable & Wireless plc. hat die VEBA AG für 5,1 Mrd. DM Anfang 1999 an die Investmentbank ABN Amro Rothschild verkauft. Für die Beteiligung waren 1995 von der VEBA 2,5 Mrd. DM bezahlt worden. Umsatz 1998: 393 Mio. DM (Vorjahr: 253 Mio.); Cash flow 1998: -88 Mio. DM (Vorjahr: -275 Mio.); Investitionen 1998: 704 Mio. DM (Vorjahr: 3.180 Mio.); Beschäftigte 1998: 1.965 (Vorjahr: 1.662).

◆ Distribution/Logistik mit der Führungsgesellschaft Stinnes AG, Mülheim/Ruhr: Die 1902 gegründete Stinnes AG zählt mit mehr als 1.500 Standorten weltweit zur Spitzengruppe international bedeutender Logistikunternehmen. Stinnes ist tätig in den Kerngeschäftsfeldern Verkehr, Chemie, Baustoffe, Werkstoffe und Sortimente. In nahezu allen Bereichen ist Stinnes die Nummer eins in Deutschland bzw. in Europa. Zur Stinnes-Gruppe gehören die Schenker AG, Essen, die Brenntag AG & Co. oHG, Mülheim/Ruhr, und die Distributionsgeschäfte von Raab Karcher mit der Raab Karcher Baustoffe Holding AG & Co. oHG. Die traditionsreiche, 1848 gegründete Raab Karcher AG zählt mit rund 600 Standorten im In- und Ausland zu den führenden Handels- und Dienstleistungshäusern in Europa. Das Unternehmen handelt mit Kohle, Baustoffen, Fliesen und Sanitär, Holz sowie Elektronik. Zur Distribution/Logistik gehört auch VEBA Electronics, Llc., Santa Clara/Kalifornien, USA, der weltweit drittgrößte Distributor elektronischer Bauelemente. 1999 wurde die Stinnes AG von der Muttergesellschaft VEBA AG zu 49% an die Börse gebracht, die restlichen 51% verbleiben vorerst beim VEBA-Konzern. Umsatz 1998: 33.985 Mio. DM (Vorjahr: 28.920 Mio.); Cash flow 1998: 756 Mio. DM (Vorjahr: 1.102 Mio.); Investitionen 1998: 1.140 Mio. DM (Vorjahr: 1.671 Mio.); Beschäftigte 1998: 55.185 (Vorjahr: 52.795).

◆ Immobilien Management mit der Führungsgesellschaft Viterra AG (vorm. Raab Karcher AG-VEBA Immobilien Management), Essen: Die immobilienbezogenen Dienstleistungen von Raab Karcher (Energieservice, Sicherheit und Facility Management) und VEBA Immobilien wurden zu einem Dienstleistungskonzern zusammengeführt. Der VEBA-Immobilienbereich ist aus dem umfangreichen Werkswohnungs- und Grundstücksbesitz der VEBA-Gesellschaften hervorgegangen. Die Viterra AG ist mit rund 126.000 eigenen Wohnungen (hauptsächlich im Ruhrgebiet) und weiteren 38.000 Wohnungen der Deutschbau (Joint-venture mit der Deutsche Bank AG) sowie zahlreichen Gewerbe-Immobilien einer der größten privaten Wohnungsvermieter Deutschlands. Die 38.000 Wohnungen der Deutschbau hatte VEBA Immobilien gemeinsam mit der zur Deutschen Bank gehörenden Deutsche Immobilien Anlagegesellschaft mbH für 2,1 Mrd. DM von der Bundesregierung im Rahmen ihres Privatisierungsprogramms übernommen. Weitere Kernaktivitäten sind das Bauträgergeschaft, integriertes Facility-Management sowie Energy Services und Sicherheitsdienstleistungen. Umsatz 1998: 2.838 Mio. DM (Vorjahr: 3.059 Mio.); Cash flow 1998: 817 Mio. DM (Vorjahr: 473 Mio.); Investitionen 1998: 401 Mio. DM (Vorjahr: 1.980 Mio.); Beschäftigte 1998: 5.842 (Vorjahr: 16.775).

◆ Silicium-Wafer mit der MEMC Electronic Materials, Inc., St. Peters/Missouri, USA: MEMC ist einer der weltweit führenden Hersteller von Silizium-Wafern für die Halbleiterindustrie. Mit Standorten in Amerika, Asien und Europa ist MEMC außerhalb Japans der größte (weltweit der zweitgrößte) Waferproduzent. Die VEBA AG hält an MEMC 53,1%. Umsatz 1998: 1.336 Mio. DM (Vorjahr: 1.710 Mio.); Cash flow 1998: -387 Mio. DM (Vorjahr: 225 Mio.); Investitionen 1998: 426 Mio. DM (Vorjahr: 688 Mio.); Beschäftigte 1998: 6.190 (Vorjahr: 7.637).

BETEILIGUNGEN. Zum VEBA-Konzern gehören über 1.000 Unternehmen und Beteiligungsgesellschaften im In- und Ausland. In den Konzernabschluß wurden 1998 neben der VEBA AG 312 inländische und 498 ausländische Unternehmen einbezogen, bei denen die VEBA AG unmittelbar oder mittelbar die Mehrheit der Stimmrechte hält. VEBA ist auch mit 39,2% an der RAG Aktiengesellschaft, Essen, beteiligt. Zu den wichtigsten Unternehmen der einzelnen Konzernbereiche gehören:

● Strom mit der Führungsgesellschaft PreussenElektra AG, Hannover (100%): PreussenElektra Kraftwerke AG & Co. KG, Hannover (100%); PreussenElektra Kernkraft GmbH & Co. KG, Hannover (100%); PreussenElektra Netz GmbH & Co. KG, Hannover (100%); PreussenElektra Engineering GmbH, Gelsenkirchen (100%); Hastra AG, Hannover (64,2%); Schleswag AG, Rendsburg (65,3%); Thüga AG, München (56,5%); EVM AG, Magdeburg (62,7%); Energieversorgung Müritz-Oderhaff AG, Neubrandenburg (54,7%); Hanseatische Energieversorgung AG, Rostock (51,4%); Märkische Energieversorgung AG, Potsdam (75,2%); Oder-Spree Energieversorgung AG, Frankfurt/Oder (65,4%); Energie-AG Mitteldeutschland EAM, Kassel (46%); EWE AG, Oldenburg (27,4%); Veag Vereinigte Energiewerke AG, Berlin (26,25%); Lausitzer Braunkohle AG, Senftenberg (30%); Hamburgische Electricitäts-Werke AG (HEW), Hamburg (15,4%); Bewag AG, Berlin (23%); Gelsenwasser AG, Gelsenkirchen (52,1%); Sydkraft AB, Malmö/Schweden (17,6%); BKW FMB Energie AG, Bern/Schweiz (11,36%).

● Chemie mit der Führungsgesellschaft Degussa-Hüls AG, Frankfurt/Main (62,4%): Asta Medica AG, Dresden (100%); Stockhausen GmbH & Co. KG, Krefeld (99,9%); Röhm GmbH, Darmstadt (99,3%); Vestolit GmbH, Marl (100%); Oxeno Olefinchemie GmbH, Marl (100%); Phenolchemie GmbH & Co. KG, Gladbeck (99,5%); Cerdec AG Keramische Farben, Frankfurt/Main (70%); Creavis Gesellschaft für Technologie und Innovation mbH, Marl (100%); Hüls Infracor GmbH, Marl (100%); Degussa Bank GmbH, Frankfurt/Main (100%); Degussa Antwerpen N.V., Antwerpen/Belgien (100%); Degussa Corporation, Ridgefield Park/New Jersey, USA (100%); Degussa s.a., Guarulhos/Brasilien (90,9%).

BÖRSE, AKTIEN, KURSE

Grundkapital 1998:
2.514,0 Mio.

Jahreshöchstkurs 1998:
131,20 DM (67,08 €)

Jahrestiefstkurs 1998:
80,89 DM (41,36 €)

Aktie Jahresende 1998:
98,70 DM (50,46 €)

Dividende pro Aktie 1998:
2,10 DM

Die Dividende bezieht sich auf je 5,– DM Aktiennennbetrag. Die Dividendensumme betrug 1998 1.056,0 Mio. DM.

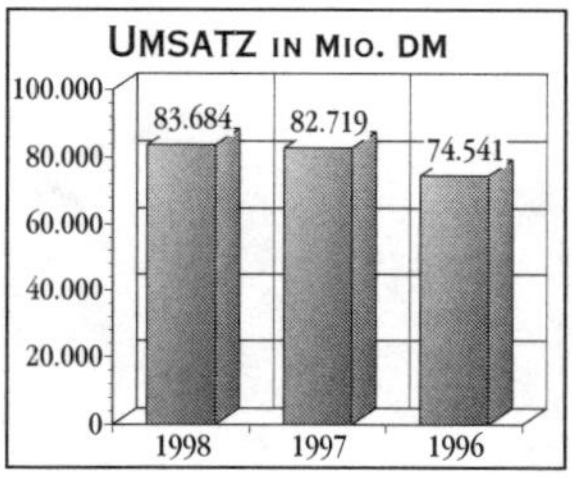

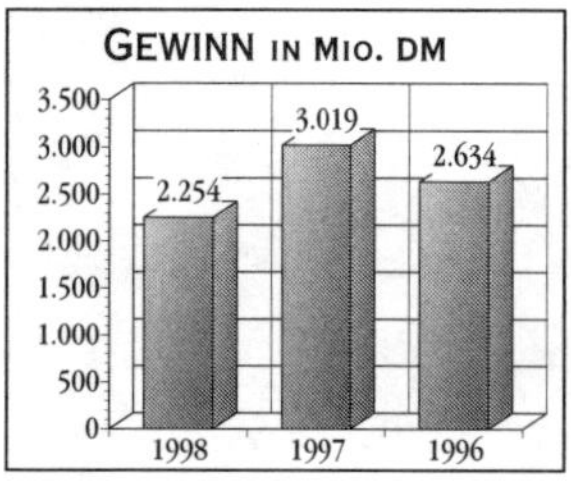

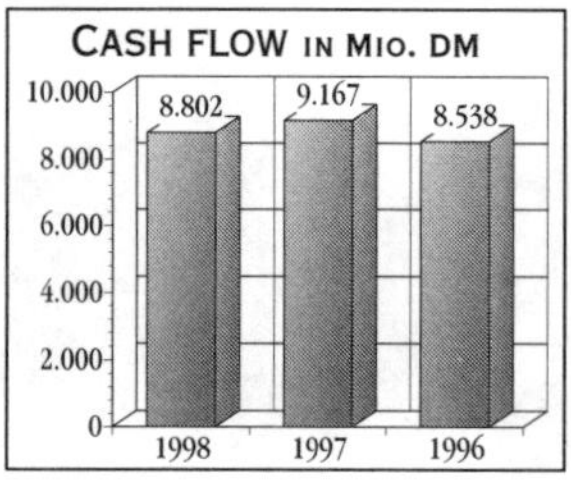

Umsatz 1998: *83.684,0 Mio.*
(davon Ausland: 38,5%)
Umsatz 1997: *82.719,0 Mio.*
(davon Ausland: 34,7%)
Umsatz 1996: *74.541,0 Mio.*
(davon Ausland: 31,4%)

Gewinn 1998: *2.254,0 Mio.*
Gewinn 1997: *3.019,0 Mio.*
Gewinn 1996: *2.634,0 Mio.*

Cash flow 1998: *8.802,0 Mio.*
Cash flow 1997: *9.167,0 Mio.*
Cash flow 1996: *8.538,0 Mio.*

Cash flow: *Die Investitionen wurden vollständig aus dem Cash flow finanziert.*

Steueraufkommen 1998:
2.425,0 Mio.

Mineralölsteuer 1998:
7.319,0 Mio.

- Öl mit der Führungsgesellschaft VEBA Oel AG, Gelsenkirchen: VEBA Oil & Gas GmbH, Essen (100%); VEBA Oil Supply and Trading GmbH, Hamburg (100%); Ruhr Oel GmbH, Düsseldorf (50%); Aral AG, Bochum (55,9%); VEBA Wärmeservice GmbH, Gelsenkirchen (100%); AFC Aviation Fuel Company mbH, Hamburg (50%).
- Telekommunikation mit der Führungsgesellschaft VEBA Telecom GmbH, Düsseldorf (100%): Otelo communications GmbH & Co., Düsseldorf (40%); E-Plus Mobilfunk GmbH, Düsseldorf (60,25%); Bouygues Télécom S.A., Vélizy Villacoublay/Frankreich (17,5%); Cablecom Holding AG, Frauenfeld/Schweiz (32%); Cable & Wireless plc, London/Großbritannien (10,2%).
- Distribution/Logistik mit der Führungsgesellschaft Stinnes AG, Mülheim/Ruhr (51%): Schenker AG, Essen (100%); BTL AB, Göteborg/Schweden (35%); Brenntag AG, Mülheim/Ruhr (100%); Raab Karcher Baustoffe Holding AG & Co. oHG, Frankfurt/Main (100%); Stinnes Interfer AG & Co. oHG, Essen (100%); Stinnes Intertec GmbH & Co. oHG, Landau (100%); VEBA Electronics, Llc., Santa Clara/Kalifornien, USA (100%); EBV-Elektronik GmbH, Kirchheim (95,6%); Memec PLC, Thame(Großbritannien (100%); Wyle Electronics, Inc., Irvine/Kalifornien, USA (100%); Raab Karcher Elektronik GmbH, Nettetal (100%).
- Immobilien Management mit der Führungsgesellschaft Viterra AG, Essen (100%): VEBA Immobilien AG, Bochum (100%); VEBA Immobilien Wohnpartner GmbH, Bochum (100%); VEBA Immobilien Baupartner GmbH, Bochum (100%); VEBA Wohnen AG, Gelsenkirchen (83,66%); VEBA Urbana AG, Düsseldorf (58,17%); Deutschbau-Holding GmbH, Frankfurt/Main (50%); Raab Karcher Energy Services GmbH, Essen (100%); Raab Karcher Sicherheit und Service GmbH, Essen (100%); Raab Karcher Facility Management GmbH, Essen (100%).
- Silicium-Wafer mit der MEMC Electronic Materials, Inc., St. Peters/Missouri, USA (53,1%).

DIE GROSSFUSION DEGUSSA-HÜLS AG. Zu einer der spektakulärsten Großfusionen der letzten Jahre kam es mit Wirkung vom Februar 1999: die Fusion der Degussa AG mit der zu 100% zum VEBA-Konzern gehörenden Hüls AG zur Degussa-Hüls AG, die sogleich einen bedeutenden Platz innerhalb des DAX belegte.
Die Degussa AG wurde auf die Hüls AG verschmolzen, nachdem zuvor die VEBA AG Mehrheitsaktionärin bei der Degussa geworden war. Das fusionierte Unternehmen kommt auf einen Jahresumsatz von rund 25 Mrd. DM und beschäftigt weltweit etwa 46.000 Mitarbeiter. Die VEBA AG ist mit 62,4% an der neuen Degussa-Hüls AG beteiligt, die im VEBA-Portfolio Führungsgesellschaft im Bereich Chemie ist. Diese Fusion gehörte auch zu einer Art Rettungsstrategie seitens des VEBA-Managements für die Hüls AG. Das jahrelange Sorgenunternehmen innerhalb des VEBA-Konglomerats war durch Firmenverkäufe in einer Größenordnung von rund 6 Mrd. DM und die Halbierung der Belegschaft auf unter 20.000 Beschäftigte für eine Fusion fit gemacht worden.
Schwerpunkt des neuen Unternehmens sind die Chemieaktivitäten, die etwa 75% des Umsatzes ausmachen und in denen Degussa-Hüls als Marktführer oder die Nummer zwei im Weltmarkt auftritt. In der neu-

en Degussa-Hüls werden 16 strategische Geschäftsfelder in vier Segmenten gebündelt.
Zum Segment Gesundheit und Ernährung gehören die ASTA Medica AG, die Geschäftsbereiche Dental und Futtermitteladditive sowie Stockhausen GmbH & Co. KG. Im Segment Spezialprodukte wurden aus der Creanova Spezialchemie GmbH von Hüls und dem Geschäftsbereich Spezialchemikalien der Degussa die drei strategischen Geschäftsfelder Creanova (Lackrohstoffe, technische Kunststoffe, Farbpigmentdispersionen für die Automobil- und Elektroindustrie), Industriechemikalien (für die Papierherstellung und die Waschmittelindustrie) und Feinchemikalien (für die Pharmazie und den Pflanzenschutz) gebildet. Das Segment Polymere und Zwischenprodukte setzt sich aus der Röhm GmbH (Hersteller von Plexiglas), der Vestolit GmbH, der Oxeno Olefinchemie GmbH sowie der Phenolchemie GmbH & Co. KG zusammen. Das Segment Performance Materialien setzt sich aus den Geschäftsfeldern Sivento (Kieselsäure und Chemiekatalysatoren), Füllstoffsysteme und Pigmente (Kautschukchemikalien), Edelmetalle, Autoabgaskatalysatoren sowie der Cerdec AG (keramische Farben) zusammen. Degussa-Hüls besitzt rund 200 Tochter- und eigene Vertriebsgesellschaften in 50 Ländern sowie Produktionsstätten in rund 30 Ländern. Das bei weitem größte Auslandsengagement der Degussa-Hüls ist die Degussa Corporation in den USA. Große Chemiewerke besitzt Degussa-Hüls in Antwerpen/Belgien und Mobile/USA. Der Anteil des Auslandsgeschäftes liegt bei knapp 80%. Der amerikanische Markt wird bereits zu 85% aus lokaler Degussa-Produktion bedient.
Der 1938 von der I.G. Farben gegründete Hüls-Konzern (Chemische Werke Hüls GmbH) hat sich nach Entflechtung und Neugründung nach dem Krieg von einem Hersteller chemischer Grundprodukte zu einem weltweit führenden Anbieter von Spezialitäten (u.a. Siliciumwafer und Superabsorber) und serviceorientierten Produkten entwickelt. Die 1953 zu einer AG umgewandelte Hüls war ein weltweit tätiger Chemie-Konzern.
Die 1873 in Frankfurt am Main gegründete Aktiengesellschaft Deutsche Gold- und Silber-Scheideanstalt, vormals Roessler, ging aus der 30 Jahre zuvor in Betrieb genommenen Frankfurter Scheideanstalt hervor. 1880 begann die Degussa mit der Produktion von feuerfestem Glanzgold zur Dekoration von Glas, Porzellan und Keramik. Das Glanzgoldgeschäft wurde zum Welterfolg. In den USA errichtete man bereits 1882 eine eigene Fabrikation. Seit 1980 firmiert die Degussa als AG. Die Degussa entwickelte sich außer zum größten Edelmetallverarbeiter der Welt auch zu einem bedeutenden Chemie- und Pharmaunternehmen.
Die Degussa-Hüls-Fusion wurde erheblich belastet durch neuerlich bekannt gewordene Materialien, die die tiefen Verstrickungen der Degussa in das Dritte Reich bekundeten. Über der bis dahin stets geschönten Firmengeschichte hingen plötzlich die Milliarden-Klagen von Holocaust-Überlebenden. Denn die Degussa war an den Verbrechen der Nationalsozialisten beteiligt. Als größte Edelmetall-Scheideanstalt schmolz sie das den Juden geraubte Gold ein; mit dem von ihrer Tochtergesellschaft Degesch, an der auch die IG Farben beteiligt war, produzierten und gelieferten Blausäuregas Zyklon B wurden Hunderttausende von KZ-Häftlingen in den Gaskammern ermordet.

Beschäftigte 1998: *116.774*
Beschäftigte 1997: *129.960*
Beschäftigte 1996: *123.391*

Umsatz pro Mitarbeiter 1998: *716.632,– DM*
Umsatz pro Mitarbeiter 1997: *636.496,– DM*
Umsatz pro Mitarbeiter 1996: *604.104,– DM*

Löhne und Gehälter 1998: *9.401,0 Mio.*
Löhne und Gehälter 1997: *8.791,0 Mio.*
Durchschnittsgehalt 1998: *80.506,– DM*
Soziale Abgaben und Aufwendungen 1998: *2.842,0 Mio.*
Soziale Abgaben und Aufwendungen 1997: *2.654,0 Mio.*

Bezüge pro Vorstandsmitglied 1998: *2.044.444,– DM*
Tantiemen pro Aufsichtsrat 1998: *135.000,– DM*

INVESTITIONEN IN MIO. DM

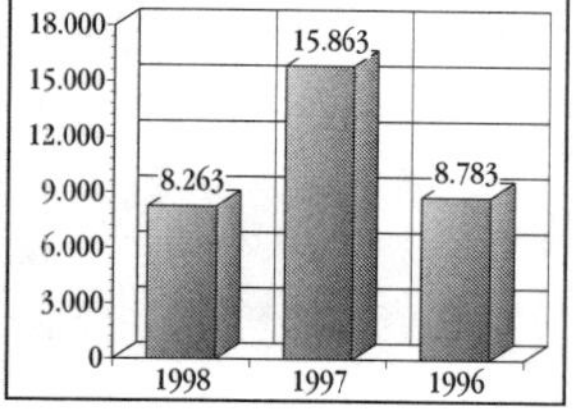

Investitionen 1998:
8.263,0 Mio.
Investitionen 1997:
15.863,0 Mio.
Investitionen 1996:
8.783,0 Mio.

Für den Zeitraum 1999 bis 2003 sind für den VEBA-Konzern Investitionen in Höhe von 31,1 Mrd. DM geplant, wovon 40% im Rahmen der weiteren Internationalisierung ins Ausland fließen. Größte Positionen sind der Strombereich mit 10,4 Mrd. DM und der Chemiebereich mit 5,8 Mrd. DM.

Umweltschutz 1998:
322,0 Mio.
Umweltschutz 1997:
450,0 Mio.
Umweltschutz 1996:
421,0 Mio.

Forschung und Entwicklung 1998: *379,0 Mio.*
Forschung und Entwicklung 1997: *336,0 Mio.*
Forschung und Entwicklung 1996: *300,0 Mio.*

GLOBALE STRATEGIEN UND DER STANDORT DEUTSCHLAND. Unabhängig von den Überlegungen über eine mögliche Großfusion von VEBA und VIAG (mit der VEBA als Industrie-Holding mit Sitz in Düsseldorf und der VIAG als Energie-Holding mit Sitz in München) wird die Internationalisierung des VEBA-Konzerns weiter massiv vorangetrieben. Ziel der VEBA-Strategen ist es, in zehn Jahren mehr als 50% des Konzernumsatzes im Ausland zu erwirtschaften. Bis 2003 sollen im Ausland 40% der geplanten Investitionen in Höhe von 31,1 Mrd. DM ausgegeben werden. Die Chemieaktivitäten des VEBA-Konzerns haben durch die Fusion von Degussa und Hüls nach Meinung des VEBA-Vorstandes eine globale Dimension im Wachstumsmarkt der Spezialchemie erreicht. In den USA wurde die neue VEBA Electronics angesiedelt. PreussenElektra engagiert sich zunehmend im Ausland, besonders in den skandinavischen Ländern (Ostseekabel Baltic Cable mit Schweden, Viking Cable mit Norwegen). PreussenElektra hat sich mit 17,4% des Kapitals und 26,8% der Stimmrechte am schwedischen Energiekonzern Sydkraft AB, Malmö, beteiligt, der wiederum 3,2% an der VEBA hält. Die Aktivitäten sollen auf den gesamten Ostseeraum ausgedehnt werden.
1998 wurde die in der Erdölsuche und -förderung tätige Deminex GmbH zwischen den drei Gesellschaftern VEBA Oel AG, RWE-DEA AG sowie Wintershall AG aufgeteilt, der Name eliminiert und die einzelnen Tochtergesellschaften in die Regie der Besitzerunternehmen gestellt. Stinnes verkaufte vor dem Börsengang die im Massengutgeschäft tätige Rhenus-Gruppe sowie die Baumärkte mit einem Umsatzvolumen von 1,6 Mrd. DM. Die Beteiligung an der Hapag-Lloyd AG, Hamburg (18%), wurde an die Preussag AG verkauft. Durch Unternehmensverkäufe schieden 1998 rund 26.000 Beschäftigte aus dem VEBA-Verbund aus, durch Akquisitionen kamen 13.000 hinzu. Knapp 40.000 Beschäftigte des VEBA-Konzerns arbeiten im Ausland. Immer wieder werden Spekulationen laut über einen möglichen Verkauf der amerikanischen MEMC, dem größten Hersteller von Silizium-Wafern der Welt, der nicht so recht passen will ins Portfolio der VEBA.

INNERBETRIEBLICHE BÜNDNISSE. 1999 startete der VEBA-Konzern ein umfassendes Programm zur Förderung der Teilzeitarbeit für eine flexiblere Arbeitszeitgestaltung. Im gesamten Konzern werden zunehmend leistungs- und erfolgsabhängige Vergütungssysteme eingeführt. Über die Hälfte der Beschäftigten beteiligt sich regelmäßig an aufgelegten Belegschaftsaktien-Programmen. Ende 1998 standen im VEBA-Konzern 5.800 Jugendliche in einem Ausbildungsverhältnis.

UMWELTSCHUTZ. Die Führungsgesellschaften des VEBA-Konzerns veröffentlichen zahlreiche Umweltberichte und -broschüren. Umweltleitlinien plädieren für einen konzernweiten integrierten Umweltschutz. Ein umfassendes Umwelt-Management hat Umweltschutzziele festgeschrieben – für Herstellungsverfahren, Produkte, Dienstleistungen und innerbetriebliche Abläufe. Konzernweit wurde 1998 die Ausrüstung der Anlagen mit hocheffizienten Filter- und Reinigungstechniken zur Minderung von Schadstoffemissionen abgeschlossen. Aber wie alle Energiekonzerne schwören auch die VEBA-Manager auf die Kernenergie als die umweltverträglichste und daher zukunftsorientierte Energieform. Degussa-Hüls gibt jährlich einen detaillierten

Umweltbericht heraus und publiziert zahlreiche Umwelterklärungen zu den einzelnen Chemiestandorten des Konzerns.

Mitbewerber: *BASF, Bayer, Boehringer, Deutsche BP, Deutsche Shell, Deutsche Telekom, Esso, Haniel, Hoechst, Kühne & Nagel, Mannesmann, Merck, Mobil Oil, Ruhrgas, RWE, Schering, Thyssen Krupp, VEW, VIAG, Wacker*

FORSCHUNG, ENTWICKLUNG, INNOVATIONEN.

Forschungsschwerpunkte des Etats des VEBA-Konzerns in Höhe von 379 Mio. DM waren 1998 mit 51% der Teilkonzern Hüls (jetzt Degussa-Hüls) und mit 38% die MEMC Electronic Materials. Weltweit arbeiten knapp 2.000 Mitarbeiter in den Forschungs- und Entwicklungsabteilungen, davon 90% bei Degussa-Hüls.

VEW

GESCHICHTE UND ENTWICKLUNG. Die Vereinigte Elektrizitätswerke Westfalen GmbH entstand 1925 aus dem Zusammenschluß der Dortmunder und Verbands-Elektrizitätswerk GmbH mit der Elektricitätswerk Westfalen AG, Bochum. 1930 Umwandlung in eine Aktiengesellschaft aus finanziellen Gründen. Neuer Name: »Vereinigte Elektrizitätswerke Westfalen AG«. 1966 erfolgte im Zuge einer Kapitalerhöhung die Teilprivatisierung des bis dahin rein kommunalen Unternehmens. Große Akquisitionen Anfang der 90er Jahre. Übernahme der Edelhoff-Gruppe und Erwerb einer Mehrheitsbeteiligung an der Harpen AG. Engagements bei der Mitteldeutschen Energieversorgung AG (MEAG), der VEAG Vereinigte Energiewerke AG und der Lausitzer Braunkohle AG (LAUBAG). 1995 grundlegende Umstrukturierung unter dem Dach der Holding VEW AG und Umbenennung in VEW Aktiengesellschaft.

BESITZVERHÄLTNISSE/EIGENTUMSSTRUKTUR.

- Kommunale Energie-Beteiligungsgesellschaft mbH, Dortmund (37,6% – daran: Stadt Dortmund; Landschaftsverband Westfalen-Lippe, Münster; Hochsauerlandkreis sowie zwei weitere den Kommunen nahestehende Gesellschaften zu 71,7%; Westdeutsche Landesbank Girozentrale, Düsseldorf, zu 28,3%)
- Sonstige Gebietskörperschaften und von solchen getragene Gesellschaften (14,5%)
- Energie-Verwaltungs-Gesellschaft mbH, Düsseldorf (25,3% – daran: Contigas Deutsche Energie-AG, Düsseldorf 30%; RWE AG, Essen 30%; Deutsche Bank AG, Frankfurt/Main 25%; Allianz Lebensversicherungs-AG, Berlin/München 15%)
- Bayernwerk AG, München (12,4%)
- Unternehmen der gewerblichen Wirtschaft (5,3%)
- Institutionelle Anleger (0,7%)
- Selbständige Unternehmer, freie Berufe (0,4%)
- Sonstige (3,8%)

Der Aktionärskreis besteht aus 20.000 Anteilseignern der Inhaberaktien (davon 7.000 Belegschaftsaktionäre). Die Namensaktien sind im Besitz von Gebietskörperschaften und von solchen getragenen Gesellschaften. Bis zur Neuordnung der Stimmrechtsverhältnisse am 1. Mai 1999 hatten die Namensaktien dreifaches Stimmrecht, wodurch die kommunalen Aktionäre rund 70% der Stimmrechte hatten. Auch nach

Standort:
Rheinlanddamm 24
44139 Dortmund

Postanschrift:
Postfach 10 50 56
44047 Dortmund

Telefon: *(0231) 438-00*
Telefax: *(0231) 438-2147*
Internet: *www.vew.de*

Branche: *Energiewirtschaft (Elektrizität, Gas, Kernenergie), Entsorgung, Dienstleistungen/Anlagentechnik, Telekommunikation*

Rechtsform:
Aktiengesellschaft

Geschäftsjahr: *1.1.-31.12.*

Gründungsjahr: *1925 als GmbH; 1930 Neugründung als AG*

Öffentlichkeitsarbeit:
Dr. Jochen Drath
Hans-Hellmut Wittmer
Tel.: (0231) 438-4382
Fax: (0231) 438-2447
E-Mail: Jochen.Drath@vew.de

Verbände: *Vereinigung Deutscher Elektrizitätswerke (VDEW), Frankfurt/Main; Deutsche Verbundgesellschaft e.V., Heidelberg; Technische Vereinigung der Großkraftwerksbetreiber e.V. (VGB), Essen; Bundesverband der Deutschen Gas- und Wasserwirtschaft e.V. (BGW), Bonn*

Vorstand:

- *Maichel, Gert, Dr. (Vorsitzender)*
- *Imhoff, Hans-Diether (stellv. Vorsitzender)*
- *Kässer, Wolfgang, Dr.*
- *Fennekold, Heinz*

Vorstandsbezüge 1998:
4.202.885,– DM

Die VEW AG hat einen Verwaltungsbeirat, in dem 75 Bürgermeister, Landräte, Stadt- und Kreisdirektoren überwiegend aus dem westfälischen Raum sowie Banker und Industrielle versammelt sind.

Wegfall der Mehrstimmrechte verfügen die Kommunen mit insgesamt etwas mehr als 56% über die Kapital- und Stimmenmehrheit – für den Vorstand der VEW AG ein Schutz vor möglichen Übernahmeversuchen seitens der Konkurrenz nach der Liberalisierung des Strommarktes und dem härter gewordenen Wettbewerb.

KONZERNÜBERBLICK. VEW ist eines der größten deutschen Energieunternehmen. Das Unternehmen ist mit sieben weiteren großen deutschen Stromkonzernen in der Deutschen Verbundgesellschaft zusammengeschlossen, die mehr als vier Fünftel der nationalen öffentlichen Stromversorgung abdecken. Das Unternehmen hat sich in den letzten Jahren zu einem Konzern mit umfassenden Angeboten in der Energieversorgung, in der Entsorgung und mit vielfältigen Dienstleistungen entwickelt. VEW handelt traditionell mit Strom, Gas und Fernwärme, hat aber durch die Konzerngesellschaften Edelhoff und Harpen auch in den Bereichen Umwelt und Entsorgung eine Spitzenposition inne. Mitte der 90er Jahre wurde der Konzern grundlegend umstrukturiert. Danach nimmt die VEW AG selbst die Rolle einer strategisch führenden Holding ein, unter der fünf rechtlich selbständige Führungsgesellschaften mit eigener Ergebnisverantwortung operieren: VEW Energie (Energie), MEAG (Energie Ost), WGV (Gas), Edelhoff (Entsorgung) und Harpen (Dienstleistungen). Die Holding hält darüber hinaus strategische Beteiligungen u.a. an der RAG Aktiengesellschaft, der Gelsenwasser AG und der Steinmüller Verwaltungsgesellschaft mbH. In der Holding arbeiten lediglich 150 Beschäftigte, der Vorstand der VEW AG wurde von sechs auf vier Personen reduziert.

◆ Der Teilkonzern VEW Energie mit der Führungsgesellschaft VEW Energie AG, Dortmund, versorgt rund 5,5 Mio. Einwohner auf einer Fläche von 13.200 km^2 in Westfalen und angrenzenden Gebieten mit Strom, Gas, Wärme und in geringem Umfang mit Wasser. VEW versorgt rund 110 Städte und Gemeinden, 750.000 Haushalte und 3.600 Sondervertragskunden, überwiegend Industriekunden der Grundstoff- und Produktgüterindustrie, der Zement-, Eisen- und Stahlindustrie, der chemischen und Kunststoffindustrie mit Strom. Mit mehr als 30 kommunalen Verteilerunternehmen gibt es Energielieferungsverträge. 61% des Stroms der VEW wurde 1998 aus deutscher Steinkohle gewonnen, überwiegend aus dem Bergbau des Ruhrgebiets, 27% aus der Kernenergie, 8% aus Erdgas. Der Strom der VEW kommt aus hochmodernen Kraftwerken: Gersteinwerk, Westfalen, Emsland, Dortmund, Bochum, Gemeinschaftskraftwerk Bergkamen, Kraftwerk Werne, Kraftwerk Lingen, Kernkraftwerk Emsland (Druckwasserreaktor). Hinzu kommen zehn Laufwasserkraftwerke und zwei Speicherkraftwerke. Im Hoch- und Höchstspannungsnetz verfügt VEW Energie über ein 90.000 km langes Leitungsnetz und 15.000 Schaltanlagen. Die VEW Energie AG ist über ihre Tochtergesellschaft VEW Telnet zunehmend in der Erschließung des Geschäftsfeldes der Telekommunikation engagiert. In Kooperation mit Stadtwerken und Kommunen ist die Einrichtung privater City-Netze geplant. VEW Telnet will in den Ballungsgebieten ebenso wie in den ländlichen Regionen des VEW-Bereiches zum führenden regionalen Vollanbieter für Telekommunikations- und Netzdienstleistungen werden. Umsatz 1998: 5.804 Mio. DM; Beschäftigte 1998: 5.448.

◆ Der Teilkonzern WGV mit der Führungsgesellschaft Westfälische Gasversorgung AG & Co. KG (WGV) wurde 1998 durch eine Kooperation mit der Westfälischen Ferngas-AG (WFG) gegründet. Das neue Gemeinschaftsunternehmen, an dem VEW mit 58,2% beteiligt ist, soll zur Stärkung der Konkurrenzfähigkeit innerhalb des nunmehr liberalisierten Gasmarktes beitragen. WGV ist verantwortlich für den Gaseinkauf und -transport und operiert als Vorlieferant für VEW Energie und Westfälische Ferngas AG. (Die VEW AG hat sich darüber hinaus mit 20% an der WFG beteiligt.) WGV verfügt in Westfalen, in einem Gebiet von 24.000 km^2 mit 8,5 Mio. Einwohnern, über ein Transportnetz von rund 3.700 km. Durch die Bündelung der Gas-Interessen von VEW und WFG wurden auch die Position in den neuen Bundesländern und das Beteiligungsportfolio in Osteuropa erheblich erweitert. Durch die neuen Mehrheitsbeteiligungen über die WGV wurden die Gasversorgung Sachsen-Anhalt GmbH, Halle, und die Erdgas West-Sachsen GmbH, Leipzig, in den VEW-Konzern integriert. Besonders stark ist die WGV bei ungarischen Gasgesellschaften engagiert. WGV ist engagiert beim Ausbau, Betrieb und der Vermarktung von Erdgas-Untertagespeichern. Umsatz 1998: 1.509 Mio. DM; Beschäftigte 1998: 791.

◆ Der Teilkonzern MEAG mit der Mitteldeutsche Energieversorgung AG, Halle/Saale, ist als Führungsgesellschaft zuständig für den Aufbau und Betrieb einer wirtschaftlichen und umweltverträglichen Energieversorgung im Süden Sachsen-Anhalts und anderer Teile Ostdeutschlands. Mitte der 90er Jahre erwarb VEW von der Treuhandanstalt 61% des Kapitals der MEAG, des ehemals größten regionalen Versorgungsunternehmens der neuen Bundesländer. Zum mitteldeutschen Strom-Versorgungsgebiet der MEAG gehören 450.000 Haushalte, 1.300 Sondervertragskunden, 13 kommunale Versorger, 21.000 km Leitungsnetz und 6.500 Schaltanlagen. Die MEAG ist mit 40% an der Stadtwerke Leipzig GmbH beteiligt. Bedeutende Standorte sind die Kraftwerke in Wolfen und Leuna sowie der Industriepark Bitterfeld/Wolfen. Die MEAG ist in Tschechien und Polen im Rahmen der dortigen Privatisierung der Energiewirtschaft stark engagiert. Umsatz 1998: 1.201 Mio. DM; Beschäftigte 1998: 2.041.

Zur Stützung der ostdeutschen Braunkohle bezieht die MEAG 70% des Stroms von der VEAG, überwiegend Braunkohlestrom. An der für die Stromerzeugung in Großkraftwerken und für die überregionale Stromverteilung in den neuen Bundesländern zuständigen VEAG Vereinigte Energiewerke AG, Berlin, ist VEW mit verschiedenen Partnern über die EBH Energie-Beteiligungsholding GmbH beteiligt. Gemeinsam mit der Berliner Kraft- und Licht (Bewag)-AG, der Energie Baden-Württemberg AG (EnBW) und der Hamburger Electricitäts-Werke AG (HEW) hält VEW zu gleichen Teilen ein Paket von 25%. Die VEAG ist mit einem Umsatz von 4,8 Mrd. DM (1998) das umsatzstärkste Unternehmen in Ostdeutschland. Über die EBH Energie-Beteiligungsholding GmbH ist VEW auch an der Lausitzer Braunkohle AG (Laubag), Senftenberg, mit 10% beteiligt.

◆ Der Teilkonzern Edelhoff mit der Führungsgesellschaft Edelhoff AG & Co., Iserlohn, deckt den Konzernbereich Entsorgung ab (Kreislaufwirtschaft, Altölrecycling, Logistiksysteme, Entsorgungsanlagen, Abwasserentsorgung, Altlastensanierung, Public-Private-Partnership). Regionale Entsorgungsaktivitäten werden dezentral von den operativen Hauptgesellschaften der Edelhoff-Gruppe ausgeführt. Funktionale

Aufsichtsrat:

- *Samtlebe, Günter (Vorsitzender; Oberbürgermeister), Dortmund*
- *Becker, Wolfgang (Oberbürgermeister), Herne*
- *Hossiep, Heinz (Geschäftsführer der VBW Bauen und Wohnen GmbH), Bochum*
- *Krupp, Georg (ehem. Mitglied des Vorstandes der Deutsche Bank AG), Frankfurt/Main*
- *Ladage, Lorenz (Bürgermeister), Dortmund*
- *Leikop, Franz-Josef (Landrat des Hochsauerlandkreises), Meschede*
- *Majewski, Otto, Dr. (Vorsitzender des Vorstandes der Bayernwerk AG), München*
- *Prautzsch, Wolf-Albrecht, Dr. (stellv. Vorsitzender des Vorstandes der WestLB), Münster*
- *Remmel, Manfred (Vorsitzender des Vorstandes der RWE Energie AG, Mitglied des Vorstandes der RWE AG), Essen*
- *Schäfer, Wolfgang (Direktor des Landschaftsverbandes Westfalen-Lippe), Münster*

**Beck, Hildegard (stellv. Vorsitzende)*
**Cieniewicz, Josef*
**Finkennest, Hubert*
**Lawnik, Irmgard*
**Lewandowsky, Hermann*
**Lohmann, Gerhard*
**Mühlhoff, Klaus*
**Orth, Klaus*
**Risse, Karl-Heinz*
**Römer, Karl-Heinz*

Aufsichtsratstantiemen 1998: *946.120,– DM*

BÖRSE, AKTIEN, KURSE
Grundkapital 1998:
1.025,2 Mio.
Jahreshöchstkurs 1998:
630,00 DM (322,11 €)
Jahrestiefstkurs 1998:
420,00 DM (214,74 €)
Aktie Jahresende 1998:
500,00 DM (255,65 €)
Dividende pro Aktie 1998:
10,00 DM

Die Dividende bezieht sich auf je 50,– DM Aktiennennbetrag.

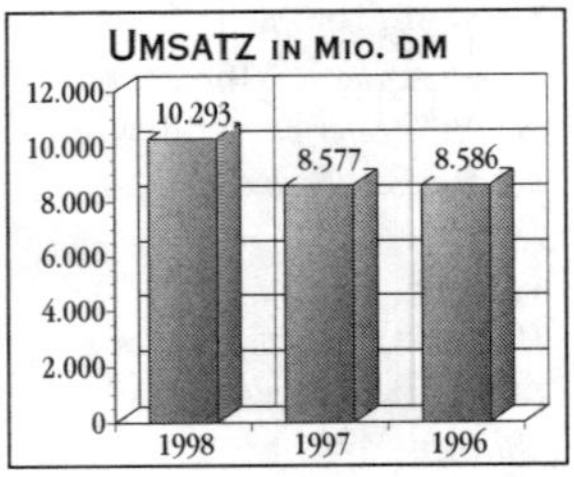

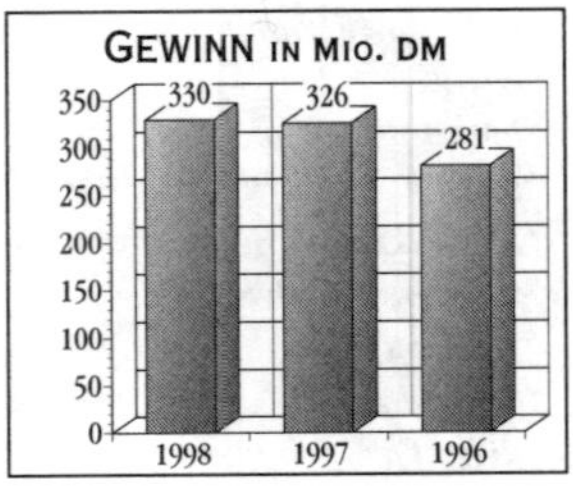

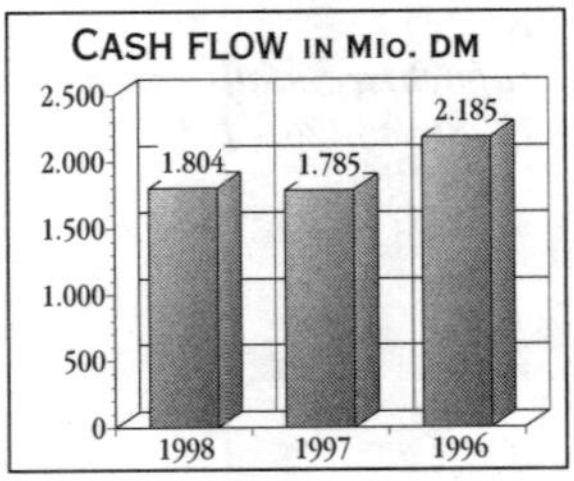

Spezialaufgaben werden im Gebrauchtöl-Recycling sowie im Fahrzeug-, Behälter- und Anlagenbau wahrgenommen.
1998 fusionierte die Edelhoff-Gruppe mit Teilbereichen der in der Ruhrkohle Umwelt GmbH (RUG) konzentrierten Umweltaktivitäten der RAG Aktiengesellschaft. An dem Unternehmen halten die VEW AG 75% und RUG 25%. Mit der Fusion wurde Edelhoff neu strukturiert. Edelhoff führt das operative Geschäft nun über die vier Geschäftsfelder Haus- und Gewerbeabfallentsorgung, Industrieservice/Sonderabfall, Gebrauchtöl-Recycling und Logistik-Systeme. Edelhoff nimmt Entsorgungsaufgaben in Polen wahr (70%-Beteiligung am Entsorgungsbetrieb der Stadt Wroclaw/Breslau) und für Militärstützpunkte in Griechenland, Italien, Belgien und der Türkei. Umsatz 1998: 1.389 Mio. DM; Beschäftigte 1998: 5.967.

◆ Der Teilkonzern Harpen mit der Führungsgesellschaft Harpen AG, Dortmund, umfaßt die Sparte Dienstleistungen. Harpen ist aktiv in den Bereichen Immobilienmanagement mit Projekt- und Standortentwicklung, in der Abwasserbehandlung und Klärschlammverwertung, auf den Gebieten dezentrale Wärmeversorgung und Verkehr. Harpen ist an zahlreichen kommunalen Entsorgungsgesellschaften beteiligt. Hinzu kommen Planung, Bau und Betrieb von Klein-Wasserkraftwerken in verschiedenen europäischen Ländern. In Frankreich übernahm Harpen 1998 18 Klein-Wasserkraftwerke der Compagnie Générale des Eaux. Klein-Wasserkraftwerke besitzt Harpen auch in Portugal und Italien. Nahwärmeprojekte forciert Harpen in Polen und Tschechien. Anfang 1999 übernahm Harpen aus dem RAG-Verbund 277 IMO-Pkw-Waschanlagen im ganzen Bundesgebiet. Umsatz 1998: 386 Mio. DM; Beschäftigte 1998: 484.

BETEILIGUNGEN. Zu den wichtigsten der über 150 Konzerngesellschaften der VEW AG, von denen 119 inländische und 19 ausländische Tochterunternehmen in den Konzernabschluß einbezogen wurden, gehören:

● VEW Energie AG, Dortmund (100%); Kernkraftwerke Lippe-Ems GmbH, Lingen/Ems (75%); Kernkraftwerk Lingen GmbH, Lingen/Ems (100% – Stillegung 1981); Steag und VEW, Gemeinschaftskraftwerk Bergkamen A oHG, Bergkamen (51%); VEW-Harpen Kraftwerk Werne oHG, Werne (100%); Gemeinschaftswerk Hattingen GmbH, Hattingen (52%); BGE Beteiligungs-Gesellschaft für Energieunternehmen mbH, Dortmund (100%); Dortmunder Energie- und Wasserversorgung GmbH, Dortmund (44,5%); VEW Telnet Gesellschaft für Telekommunikation und Netzdienste mbH, Dortmund (100%); AVU Aktiengesellschaft für Versorgungs-Unternehmen, Gevelsberg (50%); Industriekraftwerk Baienfurt oHG, Baienfurt (50%); Stadtwerke Dülmen GmbH, Dülmen (50%); EBH Energie-Beteiligungsholding GmbH, Dortmund (25%); Elektromark Kommunales Elektrizitätswerk Mark AG, Hagen (10%); Ruhrkohle AG, Essen (33%).

● Westfälische Gasversorgung AG & Co. KG, Dortmund (58,2%); Beteiligungsgesellschaft mbH an der Gasversorgung Sachsen-Anhalt, Dortmund (67,4%); Gasversorgung Sachsen-Anhalt GmbH, Halle/Saale (50,5%); Erdgas West-Sachsen GmbH, Leipzig (57,5%); Kavernenspeicher Staßfurt GmbH, Staßfurt (100%); EMB Erdgas Mark Brandenburg GmbH, Potsdam (50,9%); Gelsenwasser AG, Gelsenkirchen (28,1%); Westfälische Ferngas-AG, Dortmund (20%); FÖGÁZ Rt., Budapest/Ungarn (33,7%); DDGÁZ Rt., Pécs/Ungarn (41,2%); TIGÁZ, Rt., Hajdúszoboszló/Ungarn (13,9%).

- Mitteldeutsche Energieversorgung AG (MEAG), Halle/Saale (61%), mit 13 Beteiligungen an kommunalen Versorgern in den neuen Bundesländern; Kraftwerk Wolfen GmbH, Wolfen (100%); Energieversorgung Industriepark Bitterfeld/Wolfen GmbH, Bitterfeld (100%); KLM Kraftwerk Leuna MEAG GmbH, Halle/Saale (100%); ETA Energie-Technik-Anlagen GmbH, Halle/Saale (100%); Stadtwerke Leipzig GmbH, Leipzig (40%); Energieversorgung Halle GmbH, Halle/Saale (36,7%); Städtische Werke Magdeburg GmbH, Magdeburg (17%); Severoceská energetika, a.s., Decín/Tschechien (11%).
- Edelhoff AG & Co., Iserlohn (100%); Knettenbrech Spezialtransport GmbH, Wiesbaden (100%); Mineralöl-Raffinerie Dollbergen GmbH, Uetze-Dollbergen (100%); Alunova Recycling GmbH, Bad Säkkingen (50%); Indra Recycling GmbH Metallaufbereitung, Hockenheim (88%); Stadt Eisenach Entsorgung GmbH, Eisenach (51%); Buchen Umweltservice GmbH, Köln (100%); Edelhoff UmweltService GmbH & Co. KG, Castrop-Rauxel (100%); Wroclawskie Przedsiebiorstwo Oczyszczania Spolka zo.o., Breslau/Polen (45%).
- Harpen AG, Dortmund (69,8%); Touraine & Jacobi GmbH, Dortmund (100%); VEW Umwelt GmbH, Dortmund (100%); KMG Kanal-Müller-Gruppe International GmbH & Co. KG, Schieder-Schwalenberg (50%); SKW Steinkohlen-Wärme GmbH, Kamp-Lintfort (100%); Heinrich Industrie- und Handels-Aktiengesellschaft, Essen (31,6%); Steinmüller Verwaltungsgesellschaft mbH, Gummersbach (25,1%); Entsorgung Dortmund GmbH, Dortmund (25,1%).

GLOBALE STRATEGIEN UND DER STANDORT DEUTSCHLAND. Der VEW-Vorstand will um jeden Preis verhindern, von einem größeren Energie-Konzern akquiriert zu werden, und sieht sich darin durch die Kapital- und Stimmenmehrheit der kommunalen Verbände gesichert. Selbst aber strebt die VEW AG nach weiterer Größe im nun liberalisierten und sich dem Wettbewerb stellenden Strommarkt. Interessiert zeigten sich die Dortmunder beispielsweise an den zum Verkauf stehenden Landesanteilen von rund 25% an der Energie Baden-Württemberg AG (EnBW).

Der VEW-Konzern ist bereits in 14 europäischen Ländern vertreten. Besonders im Energiebereich sollen die internationalen Engagements verstärkt werden. Die Beteiligungen und Abschlüsse in der Strom- und Wärmeversorgung Ungarns, Polens und Tschechiens werden weiter forciert. Gemeinsam mit der Ruhrgas AG dringt die Westfälische Gas-Versorgung AG (WGV) in die privatisierte Gaswirtschaft dieser Länder vor. WGV ist mit 33,7% an den Hauptstädtischen Gaswerken Budapest (FÖGÁZ), mit 41,2% an den ungarischen Gaswerken Pécs (DDGÁZ) und mit 13,9% an der TIGÁZ AG, die den Nordosten Ungarns mit Gas beliefert, beteiligt. Die MEAG ist in Polen und Tschechien engagiert, VEW Energie in Polen. In Indien hat sich VEW Energie mit 24,5% am Wasserkraftwerk Maheshwar in der Region Bombay beteiligt. Die Edelhoff-Gruppe ist mit Entsorgungsaktivitäten in zahlreichen europäischen Ländern vertreten.

INNERBETRIEBLICHE BÜNDNISSE. Erfolgsorientierte Vergütungssysteme und flexible Arbeitszeiten sind im VEW-Konzern auf vie-

Umsatz 1998: *10.293,0 Mio.*
Umsatz 1997: *8.577,0 Mio.*
Umsatz 1996: *8.586,0 Mio.*

Gewinn 1998: *330,0 Mio.*
Gewinn 1997: *326,0 Mio.*
Gewinn 1996: *281,0 Mio.*

Cash flow 1998: *1.804,0 Mio.*
Cash flow 1997: *1.785,0 Mio.*
Cash flow 1996: *2.185,0 Mio.*

Cash flow: *Der Cash flow floß vollständig in die hohen Investitionen.*

Steueraufkommen 1998: *479,0 Mio.*

Erdgassteuer 1998: *306,0 Mio.*

INVESTITIONEN IN MIO. DM

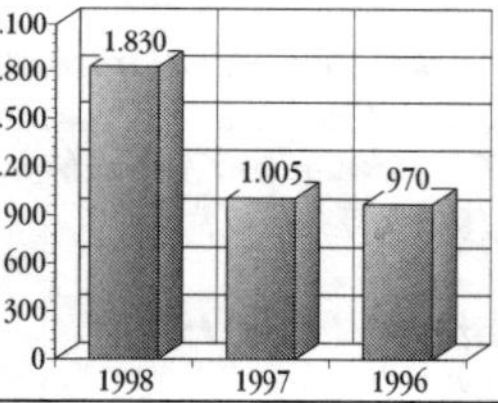

Beschäftigte 1998: *15.583*
Beschäftigte 1997: *13.149*
Beschäftigte 1996: *13.460*

Umsatz pro Mitarbeiter 1998: *660.527,– DM*
Umsatz pro Mitarbeiter 1997: *652.293,– DM*
Umsatz pro Mitarbeiter 1996: *637.890,– DM*

Löhne und Gehälter 1998: *1.480,0 Mio.*
Löhne und Gehälter 1997: *1.187,0 Mio.*
Durchschnittsgehalt 1998: *94.975,– DM*
Soziale Abgaben und Aufwendungen 1998: *666,0 Mio.*
Soziale Abgaben und Aufwendungen 1997: *404,0 Mio.*

Bezüge pro Vorstandsmitglied 1998: *1.050.721,– DM*
Tantiemen pro Aufsichtsrat 1998: *47.306,– DM*

Investitionen 1998: *1.830,0 Mio.*
Investitionen 1997: *1.005,0 Mio.*
Investitionen 1996: *970,0 Mio.*

Mitbewerber: *Bayernwerk, Bewag, Contigas, Deutsche BP, Deutsche Shell, EnBW, Esso, HEW, Mobil Oil, Preussag, Preussen-Elektra, RAG, Ruhrgas, RWE, Siemens, Steag, VEAG, VEBA, VIAG*

len Ebenen bereits eingeführt. Feste Kernarbeitszeiten wurden durch aufgaben- und kundenorientierte Funktionszeiten ersetzt. Außertarifliche Mitarbeiter genießen weitgehende Zeitsouveränität. In zahlreichen Geschäftsbereichen werden Teilzeitarbeitsplätze angeboten. Ende 1998 waren 678 Jugendliche in der Ausbildung.

UMWELTSCHUTZ. Umweltschutz als integriertes Unternehmensziel. Ein Umweltmanagementsystem legt Aufgaben, Kompetenzen und Verantwortlichkeiten im betrieblichen Umweltschutz verbindlich fest. Für eine umwelt- und ressourcenschonende Energieumwandlung setzen VEW Energie, WGV und MEAG auf innovative Kraftwerkskonzepte und regenerative Energien (Gründung eines Sonnenenergie-Fonds).
VEW hat frühzeitig erkannt, welche großen Marktchancen in den Bereichen Umwelt und Entsorgung stecken. Mit rund 6.000 Beschäftigten ist die Edelhoff-Gruppe eines der größten Unternehmen für Umweltdienstleistungen, das außerdem auf alle Bereiche der aktuellen Entsorgungs- und Kreislaufwirtschaft spezialisiert ist. Schwerpunkt der Harpen AG sind der Abwasserbereich und der Transport von Siedlungs- und Sonderabfällen. Harpen behandelt Abfall in Recycling- und Entsorgungsanlagen, plant, baut und betreibt moderne Einrichtungen wie Sortier- und Kompostierungsanlagen, Müllverbrennungsanlagen oder Deponien. Mit dem Erwerb der Müllverbrennungsanlage in Hamm ist VEW Energie auch in die thermische Abfallbehandlung eingestiegen. Im Rahmen der sogenannten »Public-Private-Partnership«-Aktivitäten ist die VEW Umwelt GmbH maßgeblich an der Entsorgung Dortmund GmbH beteiligt. Weitere entsprechende Gesellschaften wurden in mehreren westfälischen Städten gegründet.

FORSCHUNG, ENTWICKLUNG, INNOVATIONEN.
Forschung und Entwicklung konzentrieren sich im Dortmunder VEW-Konzern schwerpunktmäßig auf den Energiesektor (Optimierung der Kraftwerkeinsätze), auf den Umweltschutz und die Ressourcenschonung.

VEW SETZT AUF KERNENERGIE. Der VEW-Konzern setzt – im Gegensatz zum vorsichtigen Abrücken der RWE- und VEBA-Manager von der Kernenergie – nach wie vor auf die Kernenergie und hält sie umweltpolitisch für unverzichtbar und wirtschaftlich für sinnvoll. Konflikte mit der Energiepolitik der Bundesregierung sind da programmiert, zumal die Lebensdauer des VEW-Kernkraftwerkes Lingen auf 40 Jahre ausgelegt ist, eine für grüne Umweltpolitiker unvorstellbare Laufzeit. Das VEW-Management will aber die mit einem hohen Sicherheitsstandard versehene moderne Anlage für die gesamte technische Nutzungdauer betreiben können. Der möglichen steuerlichen Belastung der Rückstellungen der Kernkraftwerke betreibenden Energieversorgungsunternehmen wird eine klare Absage erteilt. VEW droht in diesem Zusammenhang sogar mit einer möglichen Reduzierung der Investitionen am Standort Deutschland. Zur Sicherung des Industriestandortes Deutschland favorisiert VEW gerade vor dem Hintergrund des stärker werdenden Wettbewerbs in der Energiewirtschaft ein Energiekonzept, das neben der Unterstützung der heimischen Steinkohle auf jeden Fall auf Kernenergie setzt, aber auch die Förderung erneuerbarer Energien umfassen soll.

VIAG

GESCHICHTE UND ENTWICKLUNG. Die VIAG wurde 1923 als Staatsholding durch das Deutsche Reich gegründet. Das Deutsche Reich (Schatzministerium) brachte eine große Zahl an Gesellschaften ein, die während des Ersten Weltkrieges zur Energie- und Grundstofferzeugung sowie zur Waffenproduktion gegründet worden waren, u.a. Elektrowerke AG, Deutsche Werke AG sowie die Vorläuferunternehmen der heutigen VAW aluminium AG und der SKW Trostberg AG. 1928 Erwerb einer Mehrheitsbeteiligung an der Rheinischen Metallwaren- und Maschinenfabrik AG, Düsseldorf (Rheinmetall), die 1934 die Borsig Maschinenbau AG, Berlin, übernahm. 1938 Verkauf von Rheinmetall an Röchling. 1939 Erwerb von 50% der Bayernwerk AG. 1945 verlor die VIAG große Unternehmensteile, die u.a. auf dem Gebiet der ehemaligen DDR, Polens und Österreichs lagen; in den Westzonen wurde besonders die VAW demontiert und entflochten.
1948 wurde die Hauptverwaltung aus dem sowjetischen in den amerikanischen Sektor verlegt und durch die Militärregierung ein Treuhänder eingesetzt. 1950 wurde Bonn zweiter Konzernsitz. 1951 übernahmen der Bund und einige Bundesländer die VIAG. 1984 Umfirmierung von Vereinigte Industrie-Unternehmungen Aktiengesellschaft in VIAG AG. 1986 wurden 40% des VIAG-Grundkapitals durch den Bund veräußert, 1988 folgte die Restprivatisierung. Zahlreiche Großakquisitionen folgten: 1990 Klöckner & Co. AG, Gerresheimer Glas AG; 1991 Continental Can Europe-Gruppe unter der Führungsgesellschaft Schmalbach-Lubeca AG; 1992 30,3% an Kühne & Nagel; 1994 Aufstockung der Beteiligung an der Bayernwerk AG auf 97,1%; 1997 Th. Goldschmidt AG. Bereits 1995 wurde der neue Geschäftsbereich Telekommunikation mit der British Telecommunications plc in Form des Joint-ventures VIAG Interkom aufgebaut, in das 1997 noch die norwegische Telenor eintrat. 1994 wurde der VIAG-Firmensitz von Bonn nach München verlegt. 1999 wurde der Konzern grundlegend neu strukturiert.

BESITZVERHÄLTNISSE/EIGENTUMSSTRUKTUR.

- Freistaat Bayern (25,1% – Bayern hat Optionen auf einen Anteil von weiteren 7,35%, die bei der Bayerischen Landesbank, München, und der DG Bank, Frankfurt/Main, liegen)
- Bayerische Hypo- und Vereinsbank AG, München (10,5%)
- HI-Vermögensverwaltungsgesellschaft mbH, München (10,1% – im Mehrheitsbesitz der Bayerische Hypo- und Vereinsbank AG)
- Allianz AG, München (5,9%)
- Rest Streubesitz bei 53.600 Aktionären. Hiervon sind 92% Privatpersonen, die 20,7% des Aktienkapitals halten. Institutionelle Anleger (Investmentgesellschaften, Vermögensverwaltungen, Versicherungen und Banken) halten insgesamt 49,7% des Aktienkapitals.

Im Ausland werden von 1.300 Aktionären 24,9% des VIAG-Grundkapitals gehalten, wovon 96,3% in den Händen institutioneller Investoren liegt. Die meisten Aktien im Ausländerbesitz liegen in Großbritannien mit 29,3% vor der Schweiz/Liechtenstein mit 23,7% und den USA mit 22,7%.

Standort:
Nymphenburger Straße 37
80335 München

Telefon: *(089) 1254-0*
Telefax: *(089) 1254-4491*
Internet: *www.viag.de*

Branche: *Holdinggesellschaft mit Aktivitäten in den Bereichen Energie, Telekommunikation, Chemie, Aluminium, Verpackung und Distribution*

Rechtsform:
Aktiengesellschaft

Geschäftsjahr: *1.1.-31.12.*

Gründungsjahr: *1923*

Öffentlichkeitsarbeit:
Egon Mühlberger
Tel.: (089) 1254-4489
Fax: (089) 1254-4491
Hannelore Gantzer/Ursula Weiß
Tel.: (089) 1254-4494
Fax: (089) 1254-4493
E-Mail: info@viag.de

Verbände: *Alle Konzerne der einzelnen Unternehmensbereiche sind in den jeweiligen Fachverbänden organisiert.*

Vorstand:
- *Simson, Wilhelm, Prof. Dr. (Vorsitzender; Geschäftsbereichsverantwortung: Energie, Chemie)*
- *Ardelt, Maximilian (Geschäftsbereichsverantwortung: Telekommunikation)*
- *Grobe, Rainer (Geschäftsbereichsverantwortung: Verpackung, Aluminium, VIAG-Metallurgie)*
- *Schipporeit, Erhard, Dr. (Finanzvorstand; Geschäftsbereichsverantwortung: Versicherungswesen, Immobilien)*
- *von Waldenfels, Georg, Dr. (Arbeitsdirektor; Geschäftsbereichsverantwortung: Logistik)*

Vorstandsbezüge 1998:
6.692.075,– DM

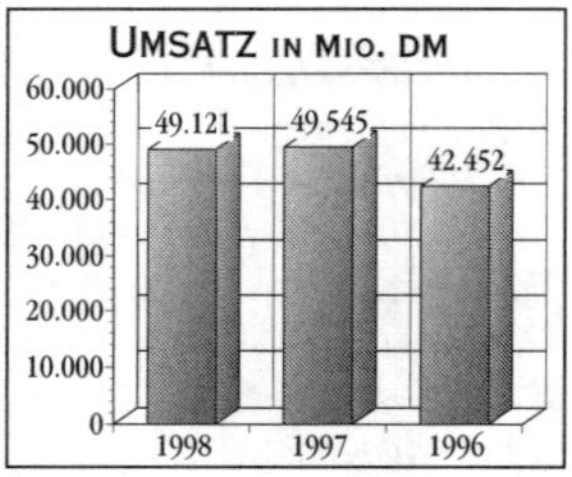

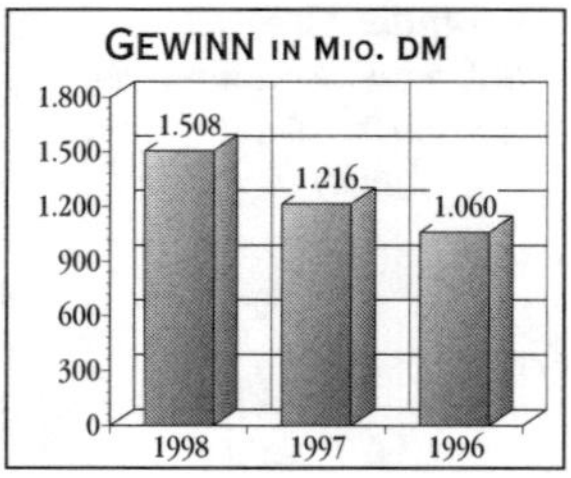

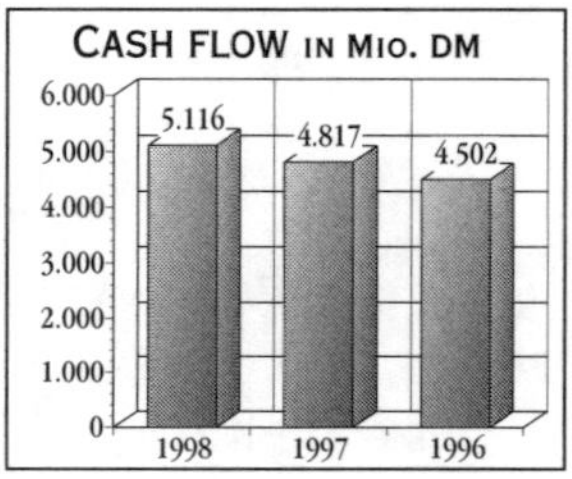

KONZERNÜBERBLICK. Der VIAG-Konzern beruht nach einer umfassenden Umstrukturierung seit 1999 auf den zwei Säulen Energie/Telekommunikation und Industrie (Aluminium, Chemie, Verpackung). Die VIAG AG selbst fungiert als Management-Holding für die in diesen beiden Säulen tätigen fünf Kernbereiche: Energie (Bayernwerk AG), Telekommunikation (VIAG Interkom, Connect Austria, Orange Communications S.A.), Aluminium (VAW aluminium AG), Chemie (SKW Trostberg AG, Th. Goldschmidt AG), Verpackung (Schmalbach-Lubeca AG, Gerresheimer Glas AG). Hinzu kommt der Bereich Distribution mit der Klöckner & Co. AG.

◆ Der Energiebereich mit der Führungsgesellschaft Bayernwerk AG ist die ertrags- und finanzstarke Basis des VIAG-Konzerns und durch seine Konjunkturunabhängigkeit ein wesentlicher Stabilitätsfaktor der VIAG-Gruppe. Das Bayernwerk ist einer der größten deutschen Elektrizitätsversorger und zählt zu den ersten zehn Adressen im west- und mitteleuropäischen Strommarkt. Die Energiegruppe deckt über Mehrheitsbeteiligungen an vier Regionalversorgern den überwiegenden Teil des Bedarfs elektrischer Energie in Bayern und Thüringen ab. Der Energiebereich gliedert sich in die Produktionsgesellschaften Bayernwerk Konventionelle Wärmekraftwerke GmbH, Bayernwerk Kernenergie GmbH und Netzgesellschaft Bayernwerk Hochspannungsnetz AG. In die Bayernwerk AG eingebundene Tochtergesellschaften sind die regionalen Energieunternehmen EVO Energieversorgung Oberfranken AG, Isar-Amperwerke AG, OBAG AG und die Contigas Deutsche Energie-AG. Mit 11,4% ist das Bayernwerk am Grundkapital der VEW AG, mit 22,5% am ostdeutschen Verbundunternehmen VEAG Vereinigte Energiewerke AG, mit 15% an der Lausitzer Braunkohle AG (Laubag) und mit 26% an der Berliner Kraft- und Licht (Bewag) AG beteiligt. An der TEAG Thüringer Energie AG, Erfurt, hält das Bayernwerk 70%. Das Bayernwerk hält wesentliche Beteiligungen an den wichtigsten ungarischen Strom- und Gasversorgungsunternehmen. 1998 stieg das Bayernwerk bei der Schweizer Watt AG ein, einem der großen europäischen Stromhändler. Am Kapitalmarkt rangiert die VIAG-Aktie in aller Regel als »Versorgungswert«, worin besonders die starke Position des Bayernwerks zum Ausdruck kommt. Umsatz 1998: 11.074 Mio. DM (Vorjahr: 10.332 Mio.); Beschäftigte 1998: 17.360 (Vorjahr: 16.195).

◆ Die Führungsgesellschaft des Kernbereiches Telekommunikation ist die VIAG Interkom GmbH & Co., München. VIAG Interkom ist im Festnetzgeschäft tätig und mit der vierten deutschen Mobilfunklizenz E 2 im Mobilfunk am Markt. Mit der British Telecommunications plc (BT), dem weltweit fünftgrößten Telekommunikationsunternehmen, war die VIAG bereits 1995 mit der Gründung der VIAG Interkom eine strategische Allianz eingegangen, um in Deutschland Telekommunikationsdienstleistungen für Privat- und Geschäftskunden anzubieten. 1997 wurde diese Allianz um das größte norwegische Telekommunikationsunternehmen Telenor erweitert. VIAG und BT halten jeweils 45%, Telenor 10% der Anteile an VIAG Interkom. Bis 2007 will der VIAG-Vorstand mit etwa 9.000 Mitarbeitern und Investitionen von rund 8 Mrd. DM im Unternehmensbereich Telekommunikation einen jährlichen Umsatz von 10 Mrd. DM erwirtschaften. 2001 soll die Gewinnzone erreicht werden. In Österreich und in der Schweiz engagiert sich die VIAG über Beteiligungen an der Connect Austria GmbH, Wien, und

Orange Communications S.A., Lausanne, im Aufbau digitaler Mobilfunknetze im GSM 1800-Standard. Umsatz 1998: 380 Mio. DM (Vorjahr: 214 Mio.); Beschäftigte 1998: 3.836 (Vorjahr: 1.711).

◆ Der Kernbereich Aluminium mit der VAW aluminium AG ist in den Geschäftsfeldern Walzerzeugnisse, flexible Verpackungen, Motorguß und Aluminium tätig und eine der größten Aluminiumgesellschaften Europas. Eigene Hüttenstandorte sowie Beteiligungen an Bauxit-, Aluminiumoxid- und Verhüttungsgesellschaften im In- und Ausland sichern die Versorgung der Verarbeitungsbetriebe. Etwa 35% des Umsatzes erzielt die VAW im Bereich Walzprodukte. Flexible Verpackungen aus Aluminium, Kunststoff und Papier werden z.B. für die Verpakkung von Molkereiprodukten und Pharmazeutika eingesetzt. Als Entwicklungspartner der Automobilindustrie liefert VAW Formgußprodukte für motortechnische Anwendungen. Umsatz 1998: 5.765 Mio. DM (Vorjahr: 5.076 Mio.); Beschäftigte 1998: 17.571 (Vorjahr: 15.737).

◆ Der VIAG-Chemiebereich wird von den beiden Teilkonzernen (Mehrheitsbeteiligungen) SKW Trostberg AG und Th. Goldschmidt AG geführt. SKW Trostberg ist in den Bereichen Naturstoffe, Bauchemie und Chemie tätig. Der Bereich Naturstoffe, geführt von der SKW Biosystems, ist in zahlbreichen Segmenten Weltspitze. Das Produktspektrum umfaßt neben Gelatine (Weltmarktführer) Salzprodukte, Testurierungs-Systeme, Kulturen, Enzyme, Aromen und Fruchtzubereitungen. Darüber hinaus ist die SKW seit der Fusion der SKW-Bauchemie-Gruppe mit Master Builders Technologies (MBT) weltweit die Nummer eins in der Bauchemie. SKW-MBT Construction Chemicals bietet das weltweit umfassendste Bauchemie-Programm für Neubau, Instandsetzung und Renovierung an. Führend ist SKW in der Herstellung und Verarbeitung von Kalkstickstoff, einem Traditionsbereich der SKW.

Die Th. Goldschmidt AG ist in den Bereichen Chemie (Oligomere/Silicone, Tenside, Industriechemikalien), THERMIT (Schweißtechnik für den Bahnoberbau) und Umwelttechnologie tätig.

Umsatz 1998: 6.618 Mio. DM (Vorjahr: 7.033 Mio.); Beschäftigte 1998: 18.937 (Vorjahr: 19.323).

◆ Der Verpackungsbereich der VIAG wird durch die Schmalbach-Lubeca AG und Gerresheimer Glas AG repräsentiert. Die Schmalbach-Lubeca AG nimmt eine weltweit führende Position bei PET-Verpackungen, Getränkedosen aus Weißblech und Aluminium sowie White-Cap-Vakuumverschlüssen ein und ist mit 40 Werken in Europa und Asien sowie in Nord- und Südamerika vertreten. Neben Mittel- und Osteuropa, wo Schmalbach-Lubeca zweitgrößter Anbieter für Getränkedosen ist, engagiert sich das Unternehmen über die Pacific Can Enterprise Ltd. auch in China.

Die Gerresheimer Glas AG zählt zu den größten europäischen Herstellern von Behälterglas und gehört zu den weltweit führenden Anbietern von Verpackungen aus Röhrenglas. Der Geschäftsbereich Behälterglas umfaßt hauptsächlich Getränkeflaschen sowie Glasverpackungen für Nahrungsmittel, Kosmetik- und Pharmaprodukte. Im weltweiten Markt der pharmazeutischen und medizinischen Verpackungen aus Röhrenglas (größte Kundengruppe ist die Pharmaindustrie mit 40% am Umsatz) ist Gerresheimer Glas mit elf Produktionsstandorten in Europa sowie Nord- und Mittelamerika vertreten. Mit der amerikanischen

Aufsichtsrat:

❙ *Wollschläger, Burkhard (Vorsitzender), Leitershofen*
❙ *Hagemann, Reiner, Dr. (Vorsitzender des Vorstandes der Allianz Versicherungs-AG), München*
❙ *Hanisch, Rudolf, Dr. (Bankdirektor mit Generalvollmacht; Bayerische Landesbank Girozentrale), München*
❙ *Henkel, Hans-Olaf, Dr. (Präsident des Bundesverbandes der Deutschen Industrie e.V.), Köln*
❙ *Kley, Max Dietrich (Mitglied des Vorstandes der BASF AG), Ludwigshafen*
❙ *Krumnow, Jürgen, Dr. (Mitglied des Vorstandes der Deutsche Bank AG), Frankfurt/Main*
❙ *Pfeiffer, Alfred, Dr. (ehem. Vorsitzender des Vorstandes der VIAG AG), Trostberg*
❙ *Pischetsrieder, Bernd (ehem. Vorsitzender des Vorstandes der BMW AG), München*
❙ *Schmidt, Albrecht, Dr. (Sprecher des Vorstandes der Bayerische Hypo- und Vereinsbank AG), München*
❙ *Winterstein, Wilhelm, Dr. (Vorsitzender des Gesellschafterausschusses des Bankhaus Merck Finck & Co.), München*
**Bischoff, Werner (stellv. Vorsitzender)*
**Blechschmidt, Peter*
**Hebl, Elisabeth*
**Hemer, Willi*
**Kaltenhauser, Johann*
**Schiller, Dieter*
**Schmidt, Horst*
**Schreiber, Armin*
**Wewers, Dietmar, Dr.*
**Wolferstetter, Josef*

Aufsichtsratstantiemen 1998: *1.813.284,– DM*

VIAG
Aktiengesellschaft

Grundkapital: DM 1.330,7 Mio
Rücklagen: DM 5.106,7 Mio

Energie

95,2 % – Bayernwerk AG
Grundkapital: DM 1.460,6 Mio

- 100 % – **Bayernwerk Kernenergie GmbH (BKE)** – *Stammkapital:* DM 1,0 Mio
- 100 % – **Bayernwerk Konventionelle Wärmekraftwerke AG (BKW)** – *Stammkapital:* DM 181,0 Mio
- 98,3 % – **Großkraftwerk Franken AG (GFA)** – *Grundkapital:* DM 95,0 Mio
- 100 % [1] – **Bayernwerk Wasserkraft AG (BWK)** – *Grundkapital:* DM 300,0 Mio
- 77,5 % – **Rhein-Main-Donau AG (RMD)** – *Grundkapital:* DM 200,0 Mio
- 100 % – **Bayernwerk Hochspannungsnetz GmbH (BHN)** – *Stammkapital:* DM 1,0 Mio
- 84,6 % [2] – **Isar-Amperwerke AG** – *Grundkapital:* DM 376,0 Mio
  - 75,0 % – **Dél-dunántúli Áramszolgáltató Rt. (DEDÁSZ)** – *Nennkapital:* HUF 29,8 Mrd
  - 75 % – **Tiszántúli Áramszolgáltató Rt. (TITÁSZ)** – *Nennkapital:* HUF 34,2 Mrd
- 54,3 % – **Überlandwerk Unterfranken AG (ÜWU)** – *Grundkapital:* DM 86,1 Mio
- 62,6 % [3] – **TEAG Thüringer Energie AG** – *Grundkapital:* DM 180,0 Mio
- 24,5 % – **Watt AG** – *Grundkapital:* CHF 88,0 Mio
- 98,2 % – **Contigas Deutsche Energie-AG** – *Grundkapital:* DM 200,0 Mio
  - 44,4 % – **EVO Energieversorgung Oberfranken AG** – *Grundkapital:* DM 176,6 Mio
  - 96,4 % – **OBAG AG** – *Grundkapital:* DM 183,2 Mio
  - 89,8 % – **Gasversorgung Thüringen GmbH** – *Stammkapital:* DM 35,0 Mio
- 39,8 % – **EVO Energieversorgung Oberfranken AG**
- 0,3 % – **OBAG AG**
- 22,5 % – **VEAG Vereinigte Energiewerke AG** – *Grundkapital:* DM 500,0 Mio
- 26 % – **Bewag AG** – *Grundkapital:* DM 560,0 Mio
- 11,3 % [4] – **VEW AG** – *Grundkapital:* DM 1.000,0 Mio

Telekommunikation

100 % – VIAG Telecom GmbH
Stammkapital: DM 0,5 Mio

Deutschland

- 45 % – **VIAG Interkom GmbH & Co** – *Festkapital:* DM 100,0 Mio
  - 100 % – **BAYERNWERK NETKOM GmbH** – *Stammkapital:* DM 1,0 Mio

Österreich

- 20 % – **Connect Austria GmbH** – *Stammkapital:* ATS 480,0 Mio

Schweiz

- 42,5 % – **Orange Communications S.A.** – *Nennkapital:* CHF 155,0 Mio

Chemie

- 50,2 %[5] **SKW Trostberg AG** — *Grundkapital:* DM 315,0 Mio
  - **Naturstoffe**
    - 100 % **SKW Biosystems S.A.** — *Nennkapital:* FRF 981,0 Mio
    - 64 % **Südsalz GmbH** — *Stammkapital:* DM 50,0 Mio
  - **Bauchemie**
    - 100 % **MBT Holding AG** — *Grundkapital:* CHF 38,0 Mio
    - 100 % **Master Builders, Inc.** — *Nennkapital:* USD 100,0 Mio
    - 100 % **NMB Ltd.** — *Nennkapital:* Yen 4,5 Mrd
    - 100 % **PCI Augsburg GmbH** — *Stammkapital:* DM 6,0 Mio
    - 100 % **Relius Coatings GmbH & Co. KG** — *Stammkapital:* DM 45,0 Mio
  - **Chemie**
    - 100 % **SKW Stickstoffwerke Piesteritz GmbH** — *Stammkapital:* DM 1,0 Mio
    - 100 % **ESM II Inc.** — *Nennkapital:* USD 34,5 Mio
- 93,1 %[6] **Th. Goldschmidt AG** — *Grundkapital:* DM 65,0 Mio
  - **Oligomere / Silicone**
  - **Tenside**
  - **Industriechemikalien**
  - **Umwelttechnologie**
    - 100 % **Keramchemie GmbH** — *Stammkapital:* DM 41,5 Mio

Aluminium

- 100 % **VAW aluminium AG** — *Grundkapital:* DM 442,5 Mio
  - **Aluminium**
  - **Walzerzeugnisse**
    - 50 % **ALUMINIUM NORF GmbH** — *Stammkapital:* DM 120,0 Mio
  - **Flexible Verpackungen**
    - 100 % **VAW Europack GmbH** — *Stammkapital:* DM 50,0 Mio
  - **Motorguß**
    - 100 % **VAW motor GmbH** — *Stammkapital:* DM 22,0 Mio
  - **Weitere Aktivitäten**
    - 100 % **V.A.W. of America, Inc.** — *Nennkapital:* USD 20,0 Mio
    - 75 % **Zarges Leichtbau GmbH** — *Stammkapital:* Euro 12,5 Mio

Verpackung

- 58,4 % [5] **Gerresheimer Glas AG** – *Grundkapital:* DM 113,5 Mio

Behälter- und Spezialglas

- 100 % **Glashütte Budenheim GmbH** – *Stammkapital:* DM 8,0 Mio
- 90 % **Glashüttenwerke Holzminden GmbH & Co. KG** – *Stammkapital:* DM 6,0 Mio
- 99,9 % **Gebrüder Stoevesandt AG** – *Grundkapital:* DM 8,0 Mio
- 100 % **Spessart Glas GmbH** – *Stammkapital:* DM 3,0 Mio
- 100 % **Tettauer Glashüttenwerke AG** – *Grundkapital:* DM 20,0 Mio
- 60 % **NVM S.A.** – *Nennkapital:* BFR 350,0 Mio

Röhrenglas

- 100 % **OI Kimble FTS Inc., USA** – *Nennkapital:* USD 26,5 Mio
- 100 % **Kimble Italiana S.p.A.** – *Nennkapital:* ITL 4,5 Mrd
- 100 % **Bünder Glas GmbH** – *Stammkapital:* DM 9,6 Mio
- 100 % **Verretubex S.A.** – *Nennkapital:* FRF 5,9 Mio

- 59,8 % **Schmalbach-Lubeca AG** – *Grundkapital:* DM 187,5 Mio
- 100 % **Continental Can Europe Beteiligungsges. mbH** – *Stammkapital:* DM 909,0 Mio
- 12 % / 88 % **Schmalbach-Lubeca Holdings, Inc.** – *Nennkapital:* USD 100,0

Getränkedosen

- 90 % **Continental Can U.K. Holding Company Ltd.** – *Nennkapital:* GBP 73,8 Mio

PET-Verpackungen

- 100 % **Schmalbach-Lubeca PET Containers Europe GmbH** – *Stammkapital:* DM 124,0 Mio
- 100 % **Schmalbach-Lubeca Plastic Containers USA, Inc.** – *Nennkapital:* USD 100,0

White Cap Verschlüsse

- 100 % **White Cap Europe GmbH** – *Stammkapital:* DM 35,0 Mio
- 100 % **White Cap, Inc.** – *Nennkapital:* USD 0,01 Mio
- 100 % **White Cap International, Inc.** – *Nennkapital:* USD 0,01 Mio

Distribution

- 100 % [7] **Klöckner & Co AG** – *Grundkapital:* DM 290,0 Mio

Stahl

- 100 % **Klöckner Stahl- und Metallhandel GmbH** – *Stammkapital:* DM 170,0 Mio
- 60 % **Debrunner Koenig Holding AG** – *Grundkapital:* CHF 13,5 Mio
- 100 % **Gebr. Ettinger Ges. m.b.H.** – *Stammkapital:* ATS 15,0 Mio
- 81,5 % **KDI S.A.** – *Nennkapital:* FRF 112,9 Mio
- 100 % **A.S.D. PLC** – *Nennkapital:* GBP 9,3 Mio
- 100 % **Comercial de Laminados** – *Nennkapital:* ESP 1,2 Mrd
- 100 % **O.D.S. B.V.** – *Nennkapital:* NLG 50,0 Mio
- 100 % **Buysmetal N.V.** – *Nennkapital:* BEF 30,0 Mio
- 100 % **Namasco Corporation** – *Nennkapital:* USD 0,1 Mio
- 100 % **Klöckner Steel Trade GmbH** – *Stammkapital:* DM 15,0 Mio

---

Diese Übersicht enthält nur eine Auswahl der wichtigsten Beteiligungen. Weitere wesentliche Beteiligungen sind im VIAG-Geschäftsbericht aufgeführt.

1) davon 21 % über OBAG, 9 % über GFA, 1 % über EVO
2) davon 80,8 % über Isarwerke GmbH. Zuzüglich 10,9 % Stimmrechte über RL&BIG OHG
3) davon 17,3 % über TEAG Beteiligungs GmbH
4) davon 4,6 % über Isar-Amperwerke AG
5) Stand: 31. Dezember 1998
6) davon 33,35 % über ThG Vermögensverwaltung GmbH
7) über Bayernwerk AG
8) über VBB VIAG-Bayernwerk-Beteiligungsgesellschaft mbH

Stand: 30. Juni 1999

Kimble-Gruppe gehört einer der bedeutendsten Hersteller von Röhrenglas in den USA zur Gerresheimer-Gruppe.
Umsatz 1998: 5.764 Mio. DM (Vorjahr: 6.033 Mio.); Beschäftigte 1998: 16.967 (Vorjahr: 16.735).

BETEILIGUNGEN. Zur VIAG-Gruppe gehören in den Bereichen Energie, Telekommunikation, Chemie, Aluminium, Verpackung sowie Distribution die entsprechenden Führungsgesellschaften mit den ihnen jeweils zugeordneten Tochter- und Beteiligungsunternehmen, die den Seiten 468-470 zu entnehmen sind.

GLOBALE STRATEGIEN UND DER STANDORT DEUTSCHLAND. Es sollte ein Meilenstein in der strategischen Neuausrichtung des Industriebereiches der VIAG-Gruppe werden: die im November 1998 angekündigte Fusion mit der Schweizer Alusuisse Lonza Group AG (Algroup), Zürich. Doch dann kam alles anders: Das VIAG-Management und die Algroup, ein äußerst profitables Unternehmen der Aluminium- und Verpackungsbranche, bekamen unüberbrückbare Schwierigkeiten bei der Bewertung der Kapitalanteile der beiden Unternehmen innerhalb der gemeinsamen Gesellschaft. Der gemeinsame Konzern wäre mit über 120.000 Beschäftigten und einem Umsatz von 53 Mrd. DM zu einem der sechs größten deutschen Industrieunternehmen aufgestiegen. Stattdessen gaben im August 1999 die kanadische Alcan Aluminium Ltd., die französische Péchiney SA und die Schweizer Algroup ihre geplante Fusion bekannt. Die Algroup-Manager hatten zuvor auch Kritik an der Struktur der VIAG geübt. Der Münchner Mischkonzern sei ein unzeitgemäßes Industrie-Konglomerat. Die VIAG sieht das anders. Sie setzt ganz auf »wertorientiertes Management«, auf die nachhaltige und kontinuierliche Steigerung des Unternehmenswertes. Das soll einmal durch gezielte, die Kerngeschäftsbereiche ergänzende Akquisitionen und möglicherweise Fusionen praktiziert werden (immer wieder wird eine Fusion mit der VEBA angedacht), zum anderen durch die Straffung der Konzernstruktur und Deinvestitionen.
Die beiden Säulen Energie und Telekommunikation sowie die innovativen Industriebeteiligungen sollen weiter ausgebaut, alle anderen Bereiche veräußert werden. Der Bereich Logistik/Distribution, zu dem der internationale Distributionsspezialist Klöckner & Co. AG gehört (seit 1990 eine 100%ige Tochter der VIAG) und die Minderheitsbeteilgung von 30,3% an der Kühne & Nagel International AG gehörte, zählt nach der neuen Struktur nicht mehr zum Kernbereich der VIAG. Kühne & Nagel wurde bereits verkauft (an die ursprünglichen Besitzer Kühne & Nagel), für Klöckner & Co. (Umsatz 1998: 9,5 Mrd. DM), das gründlich umstrukturiert werden soll, wird ein Käufer gesucht. Bereits 1998 verkaufte die VIAG bereits ihre 80%-Beteiligung am Computerhändler Computer 2000 an die US-amerikanische Tech Data Corp., an der sie sich wiederum mit 4% beteiligte. Der PC-Distributor Computer 2000 AG, München, der mit weltweit 40 Tochtergesellschaften in über 30 Ländern unangefochtener Marktführer Europas ist, gehörte seit 1994 zum Logistikportfolio der VIAG. Weitere wichtige Deinvestition im Portfolio der VIAG waren der endgültige Ausstieg aus dem Feuerfest-Bereich (Verkauf der Didier-Werke AG an die Veitsch Radex AG) und der

BÖRSE, AKTIEN, KURSE
Grundkapital 1998:
1.330,7 Mio.
Jahreshöchstkurs 1998:
1.389,00 DM (710,18 €)
Jahrestiefstkurs 1998:
880,00 DM (449,94 €)
Aktie Jahresende 1998:
977,00 DM (499,53 €)
Dividende pro Aktie 1998:
16,00 DM

Die Dividende bezieht sich auf je 50,– DM Aktiennennbetrag. Der Bilanzgewinn betrug 1998 426,0 Mio. DM.

Umsatz 1998: *49.121,3 Mio.*
Umsatz 1997: *49.545,2 Mio.*
Umsatz 1996: *42.452,3 Mio.*
(Umsatz 1994: 28.294,0 Mio.)
(Umsatz 1989: 9.421,0 Mio.)

Gewinn 1998: *1.508,2 Mio.*
Gewinn 1997: *1.216,1 Mio.*
Gewinn 1996: *1.060,0 Mio.*

Cash flow 1998: *5.116,0 Mio.*
Cash flow 1997: *4.817,0 Mio.*
Cash flow 1996: *4.502,0 Mio.*

Cash flow: *Die Investitionen konnten zu über 80% aus dem Cash flow finanziert werden.*

Steueraufkommen 1998:
1.862,4 Mio.

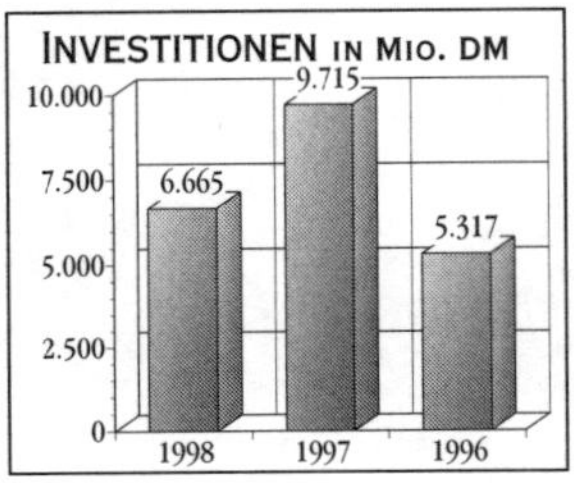

Beschäftigte 1998: *85.694*
Beschäftigte 1997: *95.561*
Beschäftigte 1996: *88.014*

Umsatz pro Mitarbeiter 1998: *573.217,– DM*
Umsatz pro Mitarbeiter 1997: *518.467,– DM*
Umsatz pro Mitarbeiter 1996: *482.336,– DM*

Löhne und Gehälter 1998: *5.692,5 Mio.*
Löhne und Gehälter 1997: *5.553,0 Mio.*
Durchschnittsgehalt 1998: *66.428,– DM*
Soziale Abgaben und Aufwendungen 1998: *2.061,0 Mio.*
Soziale Abgaben und Aufwendungen 1997: *1.764,4 Mio.*

Bezüge pro Vorstandsmitglied 1998: *1.338.415,– DM*
Tantiemen pro Aufsichtsrat 1998: *90.664,– DM*

Verkauf der Beteiligung an der PWA Papierwerke Waldhof-Aschaffenburg AG.

INNERBETRIEBLICHE BÜNDNISSE. Die Gestaltung innerbetrieblicher Regelungen und Vereinbarungen innerhalb der VIAG-Konzerngesellschaften, wie z.B. die Flexibilisierung der Arbeitszeit, erfolgt eigenverantwortlich in den Unternehmen selbst und orientiert sich an den jeweiligen Gegebenheiten der Branche.

UMWELTSCHUTZ. Das Bayernwerk versteht sich in seiner Selbstdarstellung als äußerst umweltfreundlich. In diesem Zusammenhang wird besonders kompromißlos der Kernenergie das Wort geredet. Bayernwerk betreibt in Bayern fünf Kernkraftwerke, wodurch Emissionen von ca. 47 Mio. Tonnen CO_2 vermieden würden. Schonung von Ressourcen, wettbewerbsfähige Preisgestaltung und Verringerung der CO_2-Emissionen sind für die VIAG Argumente, der Kernenergie auch in Zukunft einen hohen Stellenwert einzuräumen. Bayernwerk setzt auf das deutsch-französische Gemeinschaftsprojekt eines weiterentwickelten Druckwasserreaktors (EPR). Die VIAG weist immer wieder darauf hin, daß sie der mit Abstand größte deutsche Erzeuger von Strom auf der Basis preisgünstiger und umweltfreundlicher Wasserkraft ist. Auch im Bereich der regenerativen Energien ist das Bayernwerk engagiert: In Neunburg vorm Wald wird eine Solar-Wasserstoff-Anlage betrieben, mit 49% ist es an der Siemens Solar GmbH, dem weltweit größten und wichtigsten Ersteller von Photovoltaikmodulen, beteiligt. Die VIAG-Chemie-Tochter SKW Trostberg AG beteiligt sich am Projekt Umweltpakt Bayern und hat ein umfassendes Umweltmanagement-System etabliert. Engagiert wird sich zunehmend in den Geschäftsfeldern Umwelttechnik und Entsorgung. Alle Bereiche und Arbeitsfelder des VIAG-Konzerns haben den Umweltschutz als gewinnbringenden Zweig entdeckt, besonders in den Bereichen Verpackungsmaterialien, Recycling und Entsorgung. Th. Goldschmidt ist besonders im Bereich Umwelttechnologie engangiert.

FORSCHUNG, ENTWICKLUNG, INNOVATIONEN.
Die VIAG hält verstärkte Anstrengungen im Bereich Forschung und Entwicklung für eine unabdingbare Voraussetzung für dauerhaften Unternehmenserfolg. Nach der Umstrukturierung des Konzerns wird darauf noch größerer Wert gelegt. 1999 wurde ein Fonds zur Förderung von innovativen Projekten bei den Tochtergesellschaften eingerichtet. Denn im Rahmen des dezentralen Führungsprinzips und der daraus resultierenden spezifischen Aufgabenverteilung innerhalb des VIAG-Konzerns werden die Forschungs- und Entwicklungsaktivitäten von den jeweiligen Unternehmensbereichen eigenverantwortlich wahrgenommen. Sie sind vornehmlich markt- und produktorientiert. Hinzu kommt eine breit gefächerte Grundlagenforschung besonders in den Bereichen Chemie und Verpackungsmaterialien. Besonders engagiert ist die SKW Trostberg in den Bereichen Biotechnologie und Biochemie. Weltweit arbeiten in den Entwicklungsabteilungen des VIAG-Konzerns 1.500 Mitarbeiter. Der Etat belief sich 1998 auf 306 Mio. DM.

KOMMENTAR. Die geplante, dann der Öffentlichkeit vorgestellte und schließlich geplatzte Großfusion mit der Schweizer Algroup ließ das

VIAG-Management nicht sonderlich gut aussehen. Es schien sich in eine ganze Reihe unglücklicher Auftritte ranghoher Manager zu fügen. Schon 1998 gerieten der Vorstand des Bayernwerkes und die Führung der VIAG massiv in die Kritik. Der Grund: die verstrahlten Castor-Transporte und das anschließende Transportverbot für atomare Brennelemente. Weniger der ökonomische Verlust als das eingebüßte Image haben besonders dem Bayernwerk als vehementem Verfechter der Kernenergie geschadet. Die mangelnde Information über das Überschreiten von Grenzwerten bei den verstrahlten Behältern für Atom-Transporte und die ständigen Beschwichtigungsversuche der Atom-Manager mußte schließlich auch die Spitze des Bayernwerks einräumen.
In die Kritik aus den eigenen Reihen war im Juli 1998 die bis dahin unumstrittene Nummer eins der VIAG, der Vorstandsvorsitzende Georg Obermeier, geraten. Eine verfehlte Portfoliopolitik wurde ihm vorgeworfen, eine zu starke Fixierung auf den Energiesektor, der Verkauf der von ihm seinerzeit akquirierten Computer 2000 AG. Dann kam das plötzliche Aus, Obermeier mußte auf der Stelle gehen und seinem Nachfolger Wilhelm Simson Platz machen, dem Vorstandsvorsitzenden der SKW Trostberg AG. In diesem Zusammenhang zog sich auch der Vorsitzende des Aufsichtsrates, Jochen Holzer, zurück. Er war es, der gemeinsam mit Obermeier das Bayernwerk in den VIAG-Verbund integriert hatte.

Investitionen 1998:
6.665,0 Mio.
Investitionen 1997:
9.715,0 Mio.
Investitionen 1996:
5.317,0 Mio.

Mitbewerber: *Bewag, Deutsche Telekom, EnBW, Haniel, HEW, Henkel, Mannesmann, RWE, Schenker, Schott, VEAG, VEW, VEB*

VOITH

GESCHICHTE UND ENTWICKLUNG. 1867 eröffnete der Schlosser Johann Matthäus Voith eine Werkstatt, die Grundstein für den weltweit operierenden Maschinenbaukonzern Voith wurde. Zwei Jahre später baute Voith eine »Holzzerfaserungsmaschine«, die den Papiermühlen die wirtschaftliche Rohstoffaufbereitung ermöglichte. 1870 Beginn der Produktion von Wasserturbinen. 1881 konstruierte Sohn Friedrich Voith die erste Voith-Papiermaschine. Bereits um die Jahrhundertwende ist Voith die größte Maschinenbaufabrik in Württemberg mit mehr als 1.000 Beschäftigten. 1926 Entwicklung des weltweit erfolgreichen Voith-Schneider-Propellers zur Manövrierfähigkeit von Fähr- und Bugsierschiffen. 1930 erstes Voith-Turbogetriebe für Schienenfahrzeuge. Durch zahlreiche bahnbrechende Erfindungen und Patente in den Bereichen Turbinen, Kupplungen und Drehmomentwandlern wird Voith im Maschinenbau zur Weltfirma. Zwischen 1994 und 1996 folgte eine grundlegende Umstrukturierung des Konzerns: Voith und der Schweizer Konzern Sulzer fusionierten ihre Aktivitäten auf dem Gebiet der Papiertechnik im Gemeinschaftsunternehmen Voith Sulzer Papiertechnik (J.M. Voith 60%, Sulzer AG 40%) und stiegen zum weltgrößten Hersteller von Papiermaschinen auf. Neben der Papiertechnik wurden auch die Antriebstechnik, Strömungstechnik und Bespannungstechnik rechtlich selbständige Konzernbereiche. 1999 wurde die Papiertechnik-Sparte der britischen Scapa Group übernommen und das Wasserkraftge-

Standort:
St. Pöltener Straße 43
89522 Heidenheim

Postanschrift:
Postfach 1940
89509 Heidenheim

Telefon: *(07321) 37-0*
Telefax: *(07321) 37-7000*
Internet: *www.voith.de*

Branche: *Maschinen- und Anlagenbau*

Rechtsform:
Aktiengesellschaft

Geschäftsjahr: *1.10.-30.9.*

Gründungsjahr: *1867*

Öffentlichkeitsarbeit:
Friedrich-Karl Finck
Tel.: (07321) 37-3879
Fax: (07321) 37-7107
E-Mail: friedrich-karl.finck@voith.de

Verbände: *Verband Deutscher Maschinen- und Anlagenbau e.V., Frankfurt/Main*

Vorstand:
- *Rogowski, Michael, Dr. (Vorsitzender)*
- *Armbruster, Günter, Dr.*
- *Schiffer, Hans P., Dr.*
- *Kormann, Hermut, Dr.*
- *Müller, Hans*

Vorstandsbezüge 1997/98:
keine Angaben

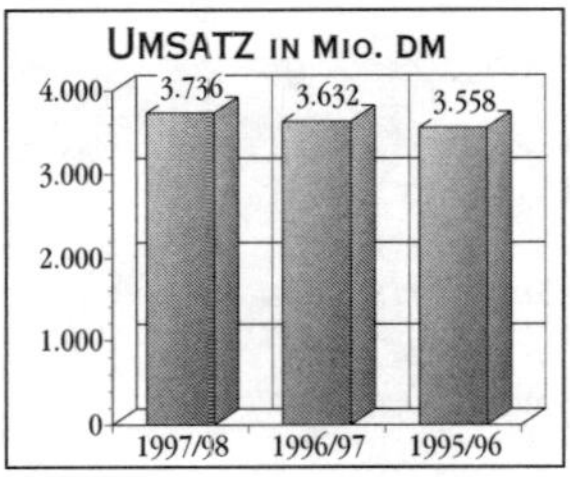

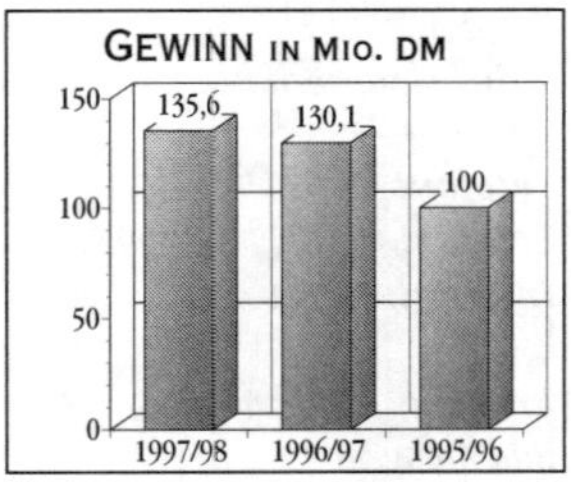

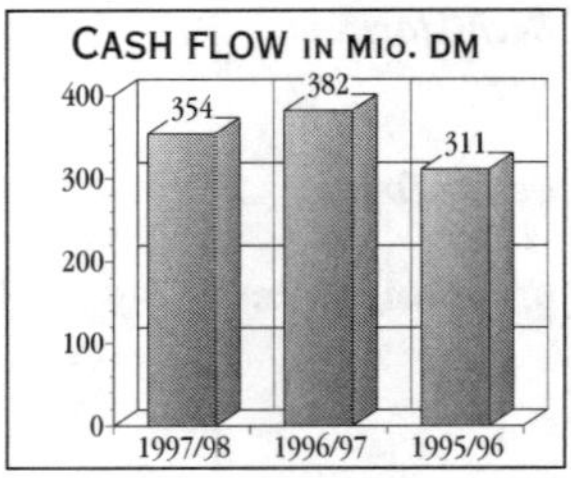

schäft von Voith und Siemens in einem Joint-venture zusammengelegt.

BESITZVERHÄLTNISSE/EIGENTUMSSTRUKTUR.
- Familie Hanns Voith, Heidenheim (92,5%)
- Deutsche Bank AG, Frankfurt/Main (2,5%)
- Commerzbank AG, Frankfurt/Main (2,5%)
- Sal. Oppenheim jr. & Cie. KGaA, Köln (2,5%)

KONZERNÜBERBLICK. Voith ist ein international operierender Konzern in den Bereichen Papiertechnik, Bespannungstechnik, Antriebstechnik, Kraftwerkstechnik und Schiffstechnik. Hinzu kommt eine Reihe an Dienstleistungen.

Das traditionsreiche Familienunternehmen wird heute von einem familienunabhängigen Management geleitet. Die Unternehmsgruppe besteht unter dem Dach einer Holding aus dezentralen, rechtlich selbständigen Einheiten. Voith besitzt Produktionsgesellschaften in Europa, Nord- und Südamerika, Asien und Australien und verfügt weltweit über ein Netz an Vertriebsgesellschaften. Mit 3.400 Beschäftigten ist Heidenheim der größte Standort der Unternehmensgruppe. In Heidenheim sind die operative Konzernholding und drei Führungsgesellschaften angesiedelt. Die Unternehmensgruppe Voith gliedert sich unter dem Dach der J.M. Voith AG in vier zentrale Konzernbereiche:

◆ Voith Sulzer Papiertechnik mit der Führungsgesellschaft Voith Sulzer Papiertechnik GmbH & Co. KG, Heidenheim. Zu diesem Bereich gehören die Produktionssparten Papiermaschinen (Maschinen und Anlagen zur Herstellung von Papier, Karton, Pappe, Tissue und Vliesstoffen), Stoffaufbereitung (Maschinen und Einrichtungen zur Holzstofferzeugung, zur Aufbereitung von Primärfasern und Altpapier), Finishing (Maschinen und Anlagen für die Veredelung von Papier) und Service. Die Papiertechnik, die 59% zum Konzernumsatz beisteuert, verfügt über Produktionsstätten in Deutschland, Großbritannien, Italien, den Niederlanden, Österreich, Spanien, der Schweiz, Brasilien, den USA, Kanada, den Philippinen und Rußland. Umsatz 1997/98: 2.086 Mio. DM (Vorjahr: 2.142 Mio.).

◆ Voith Appleton Bespannungstechnik mit der Führungsgesellschaft Appleton Mills, Appleton/USA. Dieser Bereich entwickelt und produziert Filze und Siebe für Papier- und Kartonmaschinen. Diese sogenannten Bespannungen sind für die Papierproduktion äußerst wichtig. Zum Produktionsprogramm gehören Naßfilze, Naßsiebe, Trockensiebe und Service. Das Unternehmen ist besonders aktiv auf den Märkten Amerikas und Asiens. Produktionsstätten befinden sich in Deutschland, Frankreich, Italien, den USA und China. Umsatz 1997/98: 175 Mio. DM (Vorjahr: 166 Mio.)

◆ Voith Turbo Antriebstechnik mit der Führungsgesellschaft Voith Turbo GmbH & Co. KG, Heidenheim. Die Voith Turbo Antriebstechnik gliedert sich in die drei Marktbereiche Straße (automatische Getriebe für Omnibusse, hydrodynamische Retarder und Torsionsschwingungsdämpfer für Busse und Lkws), Schiene (Antriebssysteme für Schienenfahrzeuge wie Turbogetriebe, Radsatzgetriebe und Selbstsperrdifferentiale sowie Kühlanlagen) und Industrie (Kupplungen, Drehmomentwandler, Mehrkreisregelantriebe, Gelenkwellen, elektronische Steuerungen und Regelungen). Produktionsstätten befinden sich Deutschland, Österreich, Schweden, Indien, China, Australien, Rußland und Japan. Umsatz 1997/98: 864 Mio. DM (Vorjahr: 813 Mio.).

◆ Voith Hydro Strömungstechnik mit der Führungsgesellschaft Voith Hydro GmbH & Co. KG, Heidenheim. Der Konzernbereich besteht aus den beiden Sparten Kraftwerkstechnik (Turbinen und Pumpen, Leittechnik, Meß-, Regel- und Steueranlagen) und Schiffstechnik (Voith-Schneider-Propeller, Sonderantriebe). Produziert wird in Deutschland, Österreich, Italien, Spanien, Brasilien, den USA und China. Umsatz 1997/98: 595 Mio. DM (Vorjahr: 493 Mio.).

BETEILIGUNGEN. Zu den wichtigsten Unternehmen der J.M. Voith AG gehören im In- und Ausland:

● Voith Sulzer Papiertechnik: Voith Sulzer Papiertechnik GmbH & Co. KG, Heidenheim; Voith Sulzer Papiermaschinen GmbH, Heidenheim; Voith Sulzer Paper Technology North America Inc., Appleton/USA; Fibron Machine Corp., New Westminster/Kanada; Voith S.A., São Paulo/Brasilien; Voith Sulzer Paper Technology España S.A., Tolosa/Spanien; Voith Sulzer Papiermaschinen AG, St. Pölten/Österreich; Shanghai Voith Paper Machinery Co. Ltd., Shanghai/China; Voith Sulzer Stoffaufbereitung GmbH & Co. KG, Ravensburg; Voith Sulzer Paper Technology Philippines Inc., Manila/Philippinen; Voith Sulzer Finishing GmbH, Krefeld; Voith Sulzer Papiertechnik Service GmbH & Co. KG, Heidenheim.

● Voith Appleton Bespannungstechnik: Appleton Mills Ltd., Appleton/USA; Appleton Pohl GmbH & Co., Düren; Lindsay Wire Inc., Florence/USA; Appleton Mills Papermaking Supplies Industry Co. Ltd., Kunshan/China.

● Voith Turbo Antriebstechnik: Voith Turbo GmbH & Co. KG, Heidenheim; Voith Vertriebsgesellschaft Antriebstechnik GmbH, Heidenheim; Scharfenbergkupplung GmbH & Co. KG, Salzgitter; Badenton Scharfenberg Ltd., Hayes/Großbritannien; Voith KMPO Getriebe GmbH, Kasan/Rußland; Voith India Private Ltd., Hyderabad/Indien.

● Voith Hydro Strömungstechnik: Voith Hydro GmbH & Co. KG, Heidenheim; Voith Riva Hydro S.p.A., Mailand/Italien; Voith Hydro Inc., York/USA; Synergies Energy Development, Inc., Annapolis/USA; Voith Fuji Hydro K.K., Kawasaki/Japan.

GLOBALE STRATEGIEN UND DER STANDORT DEUTSCHLAND. Voith ist ein weltweit operierender Konzern, der eine klare Globalisierungsstrategie hat: Sinnvolle Akquisitionen und Portfolioerweiterungen in den Kerngebieten, besonders im Bereich Papiermaschinen, bei gleichzeitiger Absage an alle möglichen Fusionsphantasien mit der in Familienbesitz befindlichen Unternehmensgruppe seitens der Konkurrenz. Rund 80% seines Umsatzes erwirtschaftet die Voith-Gruppe im Ausland.

Im Bereich Papiermaschinen ist Voith mit rund 38% Weltmarktführer. Und dieses Kerngeschäft soll durch weitere Akquisitionen gestärkt und ausgebaut werden. Im April 1999 kaufte Voith die Papiertechnik-Sparte (Bespannungen für Papiermaschinen sowie Bezüge und Service für Walzen von Papiermaschinen) der britischen Scapa Group plc, Blackburn. Für diese größte Akquisition seiner Unternehmensgeschichte

Aufsichtsrat:

▎Bierich, Marcus, Prof. Dr. Dr. h.c. (Vorsitzender; Vorsitzender des Aufsichtsrates der Robert Bosch GmbH), Stuttgart
▎Gottschalk, Bernd, Dr. (Präsident des Verbandes der Automobilindustrie e.V.), Frankfurt/Main
▎Porsche, F. Oliver, Dr. (Geschäftsführer der Porsche Design Management GmbH & Co. KG), Salzburg/Österreich
▎Schweppenhäuser, Hans Wolfram, Dr., Heidenheim
▎Spethmann, Dieter, Prof. Dr. Dr. E.h., Düsseldorf
▎Weiss, Heinrich (Vorsitzender des Vorstandes der SMS AG), Düsseldorf
**Olbrich, Adalbert (stellv. Vorsitzender)*
**Brezina, Thomas*
**Haupt, Florian*
**Heil, Gottfried*
**Maier, Karl*
**Schmeißer, Manfred*

Aufsichtsratstantiemen 1997/98: *keine Angaben*

Umsatz 1997/98: *3.735,9 Mio. (Ausland: 82%)*
Umsatz 1996/97: *3.631,9 Mio. (Ausland 80%)*
Umsatz 1995/96: *3.558,0 Mio. (Ausland 80%)*

Gewinn 1997/98: *135,6 Mio.*
Gewinn 1996/97: *130,1 Mio.*
Gewinn 1995/96: *100,0 Mio.*

Cash flow 1997/98: *354,0 Mio.*
Cash flow 1996/97: *382,0 Mio.*
Cash flow 1995/96: *311,0 Mio.*

Cash flow: *Die aus dem Cash flow finanzierten Investitionen flossen überwiegend in den Ausbau der Arbeitsgebiete.*

Steueraufkommen 1997/98: *87,7 Mio.*

Grund- bzw. Stammkapital 1998: *200,3 Mio.*

Die J.M. Voith AG ist nicht börsennotiert.

Beschäftigte 1997/98: *12.374*
Beschäftigte 1996/97: *12.106*
Beschäftigte 1995/96: *12.936*

Umsatz pro Mitarbeiter 1997/98: *301.915,– DM*
Umsatz pro Mitarbeiter 1996/97: *300.008,– DM*
Umsatz pro Mitarbeiter 1995/96: *275.046,– DM*

Löhne und Gehälter 1997/98: *1.068,7 Mio.*
Löhne und Gehälter 1996/97: *1.013,0 Mio.*
Durchschnittsgehalt 1997/98: *86.367,– DM*
Soziale Abgaben und Aufwendungen 1997/98: *233,6 Mio.*
Soziale Abgaben und Aufwendungen 1996/97: *230,2 Mio.*

Investitionen 1997/98: *180,0 Mio.*
Investitionen 1996/97: *181,0 Mio.*
Investitionen 1995/96: *127,0 Mio.*

Forschung und Entwicklung 1997/98: *212,0 Mio.*
Forschung und Entwicklung 1996/97: *203,0 Mio.*
Forschung und Entwicklung 1995/96: *177,0 Mio.*

Mitbewerber: *Babcock Borsig, Beloit, Heidelberger Druckmaschinen, Jagenberg, Linde, MAN, Mannesmann, Valmet*

zahlte Voith rund 920 Mio. DM. Die Finanzierung soll über Eigenmittel und Bankkredite erfolgen. Voith will die akquirierten Geschäftsfelder mit rund 3.600 Mitarbeitern mit den bestehenden Konzernbereichen Voith Sulzer Papiertechnik und Voith Appleton Bespannungstechnik zusammenführen. Durch diese Akquisition wird sich der Konzernumsatz von Voith auf rund 4,7 Mrd. DM, die Zahl der Beschäftigten auf etwa 16.000 erhöhen.
Im Juli 1999 beschlossen die Voith AG und die Siemens AG, ihre Aktivitäten in der Wasserkrafttechnik in einem Joint-venture zusammenzulegen. Die neue Voith Siemens Hydro GmbH & Co. KG (Voith 65%, Siemens 35%) will mit einem Umsatz von über 1 Mrd. DM und rund 2.100 Beschäftigten (1.500 von Voith, 600 von Siemens) die weltweite Marktführerschaft auf dem Gebiet der Wasserkraft erlangen. Voith hat durch seine Tochtergesellschaften in Asien einen starken Zugang zu den Wasserkraftmärkten Chinas und Japans, Siemens zum Markt Indiens.
Die J.M. Voith AG ist mit 30% an der Salamander AG, Kornwestheim, beteiligt.

INNERBETRIEBLICHE BÜNDNISSE. In allen Bereichen der Unternehmensgruppe Voith gibt es flexible Arbeitszeitregelungen, mit denen auf Produktionsschwankungen reagiert werden kann. Zwischen Geschäftsführung und Betriebsrat wurden detaillierte Betriebsvereinbarungen zur Arbeitszeitgestaltung verabschiedet, die flexible Arbeitszeiten, Arbeitszeitkonten und Teilzeitarbeit bei gleichzeitiger Sicherung des Arbeitsplatzes beinhalten. 1998 waren in den Voith-Gesellschaften 506 Jugendliche in der Ausbildung.

UMWELTSCHUTZ. Voith hat für den gesamten Maschinenbaukonzern verbindliche Umweltschutzziele festgeschrieben. Danach wurde besonders für den zentralen Standort Heidenheim ein zentrales Umwelt-Managementsystem entwickelt. Der Konzernvorstand trägt für den Umweltschutz und seine Umsetzung die zentrale Verantwortung. Der Lenkungsausschuß »Arbeitsschutz/Umweltschutz/Arbeitsmedizin« entwickelt für die Standorte entsprechende Umweltprogramme. Der Standort Heidenheim ist nach der EU-Öko-Audit-Verordnung zertifiziert. Voith veröffentlicht für den Standort Heidenheim eine jährliche Umwelterklärung.

FORSCHUNG, ENTWICKLUNG, INNOVATIONEN.
Für einen innovativen Maschinenbaukonzern wie Voith spielen Forschung und Entwicklung eine zentrale Rolle. Ständig werden an insgesamt 14 Forschungs- und Entwicklungsstandorten der Voith Unternehmensgruppe neue Maschinengenerationen entwickelt, wobei der Konzern besonders innovativ im Kerngeschäftsbereich Papiermaschinen ist. Im Forschungszentrum von Voith Sulzer Papiertechnik werden auf der »größten Versuchspapiermaschine der Welt« neue Produktionsgeschwindigkeiten getestet. Der Stand der Entwicklungsarbeiten: 2.200 Meter Papierbahn pro Minute, was einem Durchlauf von über 120 km/h entspricht. Rund 50% des Umsatzes stammen aus Produkten, die in den letzten fünf Jahren neu oder wesentlich erneuert auf den Markt gebracht wurden. Weltweit verfügt Voith über 6.800 »aktive Patente«. Jährlich kommen etwa 300 hinzu.

VOLKSWAGEN

GESCHICHTE UND ENTWICKLUNG. 1937 erteilte die Nazi-Regierung der Deutschen Arbeitsfront den Auftrag für den Bau des Volkswagens, des Volkswagenwerks und einer dazugehörigen Stadt. Die »Gesellschaft zur Vorbereitung des Volkswagens« wurde im September 1938 in Volkswagen GmbH umgewandelt und ins Handelsregister eingetragen. Der von Ferdinand Porsche konstruierte »Volkswagen« sollte über ein besonderes Sparsystem (bis Ende 1944 ca. 336.000 Sparer) zu niedrigen Preisen erworben werden können. Sonderkonto: »KdF-Volkswagen«. Die im heutigen Wolfsburg (ursprünglich »Stadt des KdF-Wagens«) und in Braunschweig entstandenen Werksanlagen wurden mit Kriegsbeginn zur Rüstungsproduktion eingesetzt. Produktion von Kübelwagen und Schwimmfahrzeugen für die Wehrmacht. 1944 waren im Werk Wolfsburg von 12.000 Arbeitern nur 4.000 Deutsche; es kam zur massiven Rekrutierung von Zwangsarbeitern.

Nach Kriegsende wurde das Firmenvermögen durch die Alliierten beschlagnahmt, die neue Stadt in »Wolfsburg« umbenannt. 1948 wurde der Sitz der Gesellschaft von Berlin nach Wolfsburg verlegt. 1949 übergab die Militärregierung die Verfügungsgewalt über die Volkswagen GmbH der Bundesrepublik Deutschland, die ihre Rechte treuhänderisch auf das Land Niedersachsen übertrug. Nachdem bereits ab 1945 im Auftrag der britischen Militärregierung einige tausend VW-Käfer produziert worden waren, begann 1949 der steile Aufstieg von VW und sein weltweiter Erfolgsweg. 1955 lief der einmillionste Käfer, 1965 der zehnmillionste Volkswagen vom Band. Es kam zur Gründung zahlreicher Auslandsniederlassungen, Verkaufs- und Vertriebsgesellschaften und zur Erweiterung der Produktpalette. 1960 erfolgte die Umwandlung in »Volkswagen AG«. Es kam zur Teilprivatisierung des Unternehmens, wonach der Bund und das Land Niedersachsen nur noch jeweils 20% des Grundkapitals hielten. Verkaufserlöse und Dividenden flossen nun vertragsgemäß der »Stiftung Volkswagenwerk« zu, die dem Ziel verpflichtet wurde, Wissenschaft und Technik in Forschung und Lehre zu fördern.

Zahlreiche in- und ausländischer Volkswagen-Werke, u.a. in Mexiko und Brasilien, wurden gegründet. Ende der 60er Jahre kam es zur Verschmelzung von Audi und NSU zur Audi NSU Auto Union AG, an der die VW AG die Mehrheit hält, anschließend zur Umfirmierung in Audi AG. 1972 wurde der Käfer das meistverkaufte Auto aller Zeiten, zwei Jahre später begann die Produktion des Golf. 1986 wurde der

Standort:
38436 Wolfsburg

Telefon: *(05361) 9-0*
Telefax: *(05361) 9-28282*
Internet: *www.vw.de*

Branche: *Automobilindustrie*

Rechtsform:
Aktiengesellschaft

Geschäftsjahr: *1.1.-31.12.*

Gründungsjahr: *1938*

Öffentlichkeitsarbeit:
Dr. Klaus Kocks
Tel.: (05361) 9-24319
Fax: (05361) 9-28528
E-Mail: kommunikation@volkswagen.de

Konzernpresse:
Kurt Rippholz
Tel.: (05361) 9-77173
Fax: (05361) 9-77148
E-Mail: kurt.rippholz@volkswagen.de

Verbände: *Verband der Automobilindustrie e.V. (VDA), Frankfurt/Main; Verband Deutscher Maschinen- und Anlagenbau e.V. (VDMA) Frankfurt/Main*

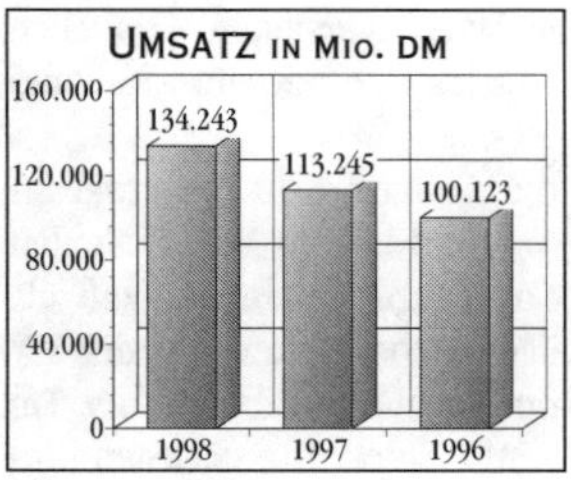

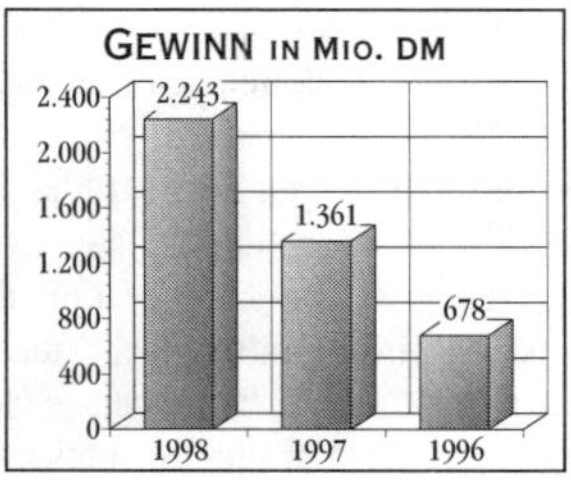

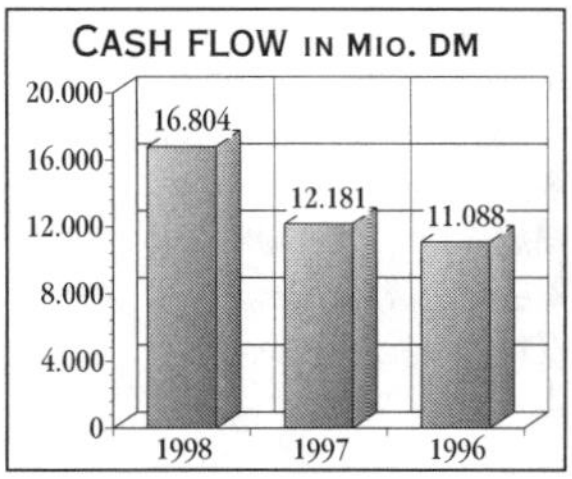

Vorstand:
- *Piëch, Ferdinand, Dr. h.c. (Vorsitzender; Forschung und Entwicklung, Produktionsoptimierung und Beschaffung)*
- *Adelt, Bruno (Controlling und Rechnungswesen)*
- *Büchelhofer, Robert, Dr. (Vertrieb und Marketing)*
- *Hartz, Peter, Dr. h.c. (Personal, Arbeitsdirektor)*
- *Neumann, Jens, Dr. (Konzernstrategie, Treasury, Recht, Organisation)*

Vorstandsbezüge 1998:
15.736.111,– DM

Markenvorstand VW:
- *Piëch, Ferdinand, Dr. h.c. (Vorsitzender)*
- *Büchelhofer, Robert, Dr. (Marketing)*
- *García Sanz, Francisco Javier (Beschaffung)*
- *Hartz, Peter, Dr. h.c. (Personal)*
- *Kocks, Klaus, Dr. (Kommunikation)*
- *Neumann, Jens, Dr. (Organisation und Systeme)*
- *Sachs, Hans-Ulrich (Vertrieb)*
- *Sander, Lothar (Controlling und Rechnungswesen)*
- *Weißgerber, Folker (Produktion, Logistik)*
- *Winterkorn, Martin, Dr. (Technische Entwicklung)*

Markenvorstand AUDI:
- *Paefgen, Franz-Josef, Dr. (Vorsitzender des Vorstandes der Audi AG)*
- *Abele, Peter (Finanzen und Organisation)*
- *Flandorfer, Georg, Dr. (Marketing und Vertrieb)*
- *Gebhardt, Jürgen (Produktion)*
- *Mischke, Werner, Dr. (Technische Entwicklung)*

spanische Automobilhersteller SEAT akquiriert. Nach der Wende wurde 1989/90 das ehemalige VEB IFA-Kombinat Personenwagen, das den Trabant produzierte, übernommen und Volkswagen Sachsen GmbH gegründet. 1991 stieg Volkswagen beim tschechischen Automobilhersteller Skoda ein. Werke in Tschechien, Polen und Ungarn wurden gegründet. 1998 übernahm Volkswagen den englischen Automobilproduzenten Rolls-Royce/Bentley, Audi die Marke Lamborghini.

BESITZVERHÄLTNISSE/EIGENTUMSSTRUKTUR.
- Stammaktien: Land Niedersachsen (18,6% am stimmberechtigten Grundkapital); Rest Streubesitz in Privathand
- Vorzugsaktien: 100% Streubesitz bei rund 728.000 Aktionären

KONZERNÜBERBLICK. Der Volkswagen-Konzern ist das zweitgrößte deutsche Industrieunternehmen und der viertgrößte Fahrzeughersteller der Welt. Der Volkswagen-Konzern besteht aus den Marken Volkswagen, Audi, Seat und Skoda. 1998 kam noch die englische Nobelmarke Rolls-Royce hinzu. 1997 produzierte der Volkswagen-Konzern 4.822.679 Fahrzeuge der Marken Volkswagen, Volkswagen Nutzfahrzeuge, Audi, Seat, Skoda und Rolls-Royce/Bentley. Der Auslandsanteil lag bei 58,9%; die durchschnittliche Tagesproduktion betrug 19.490 Fahrzeuge. Bei der Volkswagen AG betrug die Zahl der produzierten Autos 1.470.850, was einer Tageskapazität von 5.679 Einheiten entspricht. Auch 1998 blieb die Volkswagen-Gruppe mit einem Marktanteil von 18% bereits im 14. Jahr hintereinander unangefochten die Nummer eins in Europa und erreichte 11,5% Anteil am Pkw-Weltmarkt. Stärkste Auslandsmärkte in Europa sind für VW Italien, Spanien, Frankreich, Großbritannien und Belgien. Die Modellpalette reicht im Pkw-Bereich von Kleinwagen der Marken Seat und Skoda über die Volkswagen-Palette bis hin zu Fahrzeugen der Luxusklasse von Audi und Rolls-Royce/Bentley. Der Bereich der Nutzfahrzeuge verfügt über ein Angebot von kleinen Pick-up-Fahrzeugen bis zu Lkw mit 22 Tonnen. In Deutschland war Volkswagen 1998 Marktführer mit einem Anteil von 28,2% (Vorjahr: 27,5%). Danach folgten Opel, Ford, Mercedes-Benz, BMW und Renault. Das Beschaffungsvolumen des Volkswagen-Konzerns lag 1998 bei 80,5 Mrd. DM (Vorjahr: 68,4 Mrd.). Der VW-Konzern verfügt über ein weltweit verzweigtes Vertriebs- und Service-System, das in der Volkswagen Financial Services AG gebündelt ist. In diesen Bereich gehören die Volkswagen Bank GmbH und die Volkswagen Leasing GmbH.

Anfang der 90er Jahre wurde im VW-Konzern eine Trennung zwischen Konzern- und Markenleitung vorgenommen, in erster Linie zur Entlastung der Konzernleitung. Die Marken Volkswagen, Volkswagen Nutzfahrzeuge, Audi, Seat, Skoda und Rolls-Royce/Bentley sind seitdem personell gleichrangig vertreten (siehe Markenvorstände). Daneben wurden die Regionen »Nordamerika«, »Asien-Pazifik« und »Südamerika/Afrika« eingerichtet.

◆ Die Volkswagen AG ist traditionell die erfolgreichste Konzerngruppe. Seit dem legendären Käfer ist der Golf mit fast 20 Mio. Einheiten die erfolgreichste Autokreation der Wolfsburger. Mehr verkauft als der Golf wurden in der Welt-Automobilgeschichte bislang nur der VW Käfer mit 22 Mio. Einheiten, gefolgt vom Toyota Corolla und der Tin Lizzie von Ford mit jeweils mehr als 15 Mio. Stück. Die stärksten Umsatzträger 1998 waren mit 15,9% der Golf und mit 11,4% der Passat. 1998 wurden 3.186.600 Volkswagen ausgeliefert. Die Leitung der Marke VW und der Werke erfolgt zentral von Wolfsburg aus. Umsatz Volkswagen-Pkw 1998: 79.745 Mio. DM (Vorjahr: 59.924 Mio.); Beschäftigte 1998: 121.999 (Vorjahr: 112.752). Umsatz Volkswagen Nutzfahrzeuge 1998: 8.307 Mio. DM (Vorjahr: 7.657 Mio.); Beschäftigte 1998: 17.516 (Vorjahr: 16.949).

◆ Die Audi AG produziert Fahrzeuge im oberen Segment. Produziert wird in Ingolstadt, das auch Unternehmenssitz ist, Neckarsulm und dem ungarischen Györ. Audi expandiert mit eigenen Werken nach Brasilien und in die USA. Stärkster Einzelmarkt von Audi ist aber nach wie vor Deutschland. Stärkster Umsatzträger bei Audi war 1998 der Audi A4 mit 7,9% vom Konzernabsatz. 1998 wurden 599.510 Audi ausgeliefert. Die Audi AG akquirierte 1998 das Automobilunternehmen Lamborghini. Umsatz 1998: 27.222 Mio. DM (Vorjahr: 22.410 Mio.); Beschäftigte 1998: 42.089 (Vorjahr: 38.155).

◆ Der Seat wird in Barcelona, Martorell, El Prat und verschiedenen ausländischen Werken gefertigt. 1998 wurden 431.550 Seat ausgeliefert. Im Rahmen eines großangelegten Sanierungskonzeptes des angeschlagenen Seat-Konzerns wurde das Seat-Werk Pamplona aus der SEAT S.A. ausgegliedert und als VW-Navarra S.A. von der Volkswagen AG übernommen. Umsatz 1998: 13.535 Mio. DM (Vorjahr: 11.950 Mio.); Beschäftigte 1998: 17.279 (Vorjahr: 15.697).

◆ Der Skoda wird in den tschechischen Werken Mladá Boleslav, Kvasiny und Vrchlabí und im VW-Werk Bratislava, Slowakei, produziert. 1998 wurden 363.500 Skoda ausgeliefert. Nach hartem Ringen verschiedener europäischer Konkurrenten um Skoda bekam Volkswagen im Dezember 1991 von der damaligen tschechoslowakischen Regierung den Zuschlag und grünes Licht für die Zusammenarbeit mit dem einstmals staatlichen Automobilhersteller. Inzwischen hat sich Skoda für den VW-Konzern zu einer lukrativen Marke entwickelt. Skoda spielt auf dem osteuropäischen Markt nach wie vor eine herausragende Rolle. Umsatz 1998: 6.114 Mio. DM (Vorjahr: 5.157 Mio.); Beschäftigte 1998: 21.275 (Vorjahr: 19.611).

◆ Mit Rolls-Royce/Bentley gelang Volkswagen Mitte 1998 der direkte Einstieg in das oberste Luxus-Segment. Die Rolls-Royce- und Bentley Motor Cars-Gruppe produziert jährlich rund 1.000 Fahrzeuge.

◆ In der Region Nordamerika sind Volkswagen de Mexico, Volkswagen of America und Volkswagen Canada vertreten. In Nordamerika wird der neue VW-Käfer Beetle gebaut. Umsatz 1998: 14.231 Mio. DM (Vorjahr: 9.454 Mio.); Beschäftigte 1998: 17.420 (Vorjahr: 16.182).

◆ In der Region Südamerika/Afrika produzieren Volkswagen do Brasil, Volkswagen Argentina und Volkswagen of South Africa. Volkswagen ist in Brasilien (30,2%), Argentinien (17,2%) und Südafrika (21,2%) Marktführer. Die südafrikanische Tochtergesellschaft soll die Produktionsbasis für den gesamten Rechtslenker-Weltmarkt werden. Umsatz 1998: 12.321 Mio. DM (Vorjahr: 13.469 Mio.); Beschäftigte 1998: 36.396 (Vorjahr: 40.492).

◆ In der Region Asien-Pazifik ist VW durch die Shanghai-Volkswagen Automotive, die FAW-Volkswagen Automotive und die Volkswagen Group Japan vertreten. Im einzelnen gliedert sich die Region in die drei Regionalbereiche China, Japan und Singapur. Über die Volkswa-

▌ *Schleef, Andreas, Dr. h.c. (Personal- und Sozialwesen)*
▌ *Schmitt, Erich (Einkauf)*

Markenvorstand SEAT:

▌ *de Smedt, Pierre-Alain (Vorsitzender der Geschäftsleitung der SEAT, S.A.; Beschaffung)*
▌ *Habla, Josef (Produktion)*
▌ *Krohn, Erich (Finanzen)*
▌ *Segura, Rodrigo Navarro (Personal)*
▌ *Schmidt, Detlev (Vertrieb)*
▌ *Winterkorn, Martin (Forschung und Entwicklung)*

Markenvorstand SKODA:

▌ *Kulhánek, Vratislav (Vorsitzender des Vorstandes der SKODA auto a.s.)*
▌ *Wittig, Detlef (stellv. Vorsitzender; Vertrieb und Marketing; kaufmännischer Bereich)*
▌ *Bockelmann, Wilfried (Technische Entwicklung)*
▌ *Büsching, Karl-Günther (Produktion und Logistik)*
▌ *Novácek, Pavel, Dr. (Personal)*

Markenvorstand Volkswagen Nutzfahrzeuge:

▌ *Wiedemann, Bernd (Vorsitzender)*

Markenvorstand Rolls-Royce/Bentley:

▌ *Gott, Antony (Vorsitzender)*
▌ *Dickson, Douglas (Produktion)*
▌ *Gaskell, Christine (Personal)*
▌ *Melching, Hans-Georg (Finanzen und Systeme)*
▌ *Sanders, Keith (Vertrieb und Marketing)*

Aufsichtsrat:
- *Liesen, Klaus, Dr. (Vorsitzender; Vorsitzender des Aufsichtsrates der Ruhrgas AG), Essen*
- *Cromme, Gerhard, Dr. (Vorsitzender des Vorstandes der Thyssen Krupp AG), Essen*
- *Fischer, Peter (Minister für Wirtschaft, Technologie und Verkehr des Landes Niedersachsen)*
- *Gaul, Hans Michael, Dr. (Mitglied des Vorstandes der VEBA AG), Düsseldorf*
- *Glogowski, Gerhard (Ministerpräsident des Landes Niedersachsen), Hannover*
- *Krumnow, Jürgen, Dr. (Mitglied des Vorstandes der Deutsche Bank AG), Frankfurt/Main*
- *Oetker, Roland (Präsident Deutsche Schutzvereinigung für Wertpapierbesitz e.V.), Düsseldorf*
- *Pierer, Heinrich von (Vorsitzender des Vorstandes der Siemens AG), München*
- *Saßmannshausen, Günther, Dr. E.h., Hannover*
- *Voss, Bernd W., Dr. (Mitglied des Vorstandes der Dresdner Bank AG), Frankfurt/Main*

**Zwickel, Klaus (stellv. Vorsitzender)*
**Bauer, Josef*
**Hemer, Wilhelm*
**Kakalick, Gerhard*
**Klever, Wolfgang*
**Schinowski, Siegfried*
**Schunk, Albert, Dr.*
**Sudholt, Bernd*
**Volkert, Klaus*
**Wesner, Ekkehardt, Dr.*

Aufsichtsratstantiemen 1998: *1.746.075,– DM*

gen Group Singapore Pte. Ltd. werden die Aktivitäten des Konzerns für Märkte außerhalb Chinas und Japans gesteuert. In Japan kommt VW auf einen Importmarktanteil von 18,9%, in China ist VW mit 56% absoluter Marktführer. Umsatz 1998: 5.093 Mio. DM (Vorjahr: 5.320 Mio.); Beschäftigte 1998: 15.036 (Vorjahr: 14.782).

VIELE MODELLE AUF WENIG PLATTFORMEN. Volkswagen konzentriert sich seit 1998 konzernweit auf die drei Kerngeschäftsprozesse »Produktentstehung«, »Produktionsoptimierung und Beschaffung« und »Vermarktung«. Mit dieser Struktur sollen auf allen Konzernebenen Kostensenkungs- und Verbesserungspotentiale erschlossen werden. Die Folge: Abbau vertikaler Strukturen, Einrichtung vernetzter Teamstrukturen über alle Hierarchie- und Funktionsgrenzen hinweg, Konzentration aller Kräfte auf das Kerngeschäft. Das Pkw-Produktprogramm wurde 1998 zu 47% (45 Modelle sowie vier daraus abgeleitete Nutzfahrzeuge) auf vier Basisplattformen gebaut. Ende 2000 sollen 90% der gesamten Produktion auf diesen vier neuen Plattformen gebaut werden. Eine Produktion auf Lager soll völlig vermieden werden, ebenfalls zu große Lieferzeiten. Über alle Kerngeschäftsprozesse hinweg sollen mit dem Konzept des »atmenden Unternehmens« tiefgreifende Neuerungen zu höherer Kundenzufriedenheit eingeführt werden. Das bedeutet die Abkehr von der bisherigen, auf gleichmäßige Kapazitätsauslastung ausgerichteten Beschäftigungspolitik hin zu einem marktorientieren Prozeß, der von einer schnellen und umfassenden Anpassung an Kundenaufträge ausgeht.

BETEILIGUNGEN. Zu den wichtigsten Gesellschaften des Volkswagen-Konzerns gehören:
- Produktionsgesellschaften: Volkswagen AG, Wolfsburg (100%); Volkswagen Sachsen GmbH, Zwickau/Mosel (100%); Sächsische Automobil GmbH, Mosel (100%); Volkswagen Bruxelles S.A., Brüssel/Belgien (100%); Volkswagen Navarra, S.A., Pamplona/Spanien (100%); Volkswagen Bratislava spol.sr.o., Bratislava/Slowakei (100%); Volkswagen de México, S.A. de C.V., Puebla/Mexiko (100%); Volkswagen do Brasil Ltda., São Bernardo do Campo/Brasilien (100%); Volkswagen Argentina S.A., Buenos Aires/Argentinien (100%); Volkswagen of South Africa (Pty.) Ltd., Uitenhage C.P./Südafrika (100%); Shanghai-Volkswagen Automotive Company Ltd., Shanghai/China (50%); FAW-Volkswagen Automotive Company Ltd., Changchun/China (40%); Audi AG, Ingolstadt (98,99%); SEAT, S.A., Barcelona/Spanien (100%); SKODA automobilová a.s., Mladá Boleslav/Tschechische Republik (70%).
- Vertriebsgesellschaften: Groupe Volkswagen Finance s.a., Villers-Cotterêts/Frankreich (100%); Autogerma S.p.A., Verona/Italien (100%); Volkswagen Group United Kingdom Ltd., Milton Keynes/Großbritannien (100%); Volkswagen of America Inc., Auburn Hills/Michigan, USA (100%); Volkswagen Canada Inc., Toronto/Ontario, Kanada (100%); Volkswagen Group Japan K.K., Toyohashi/Japan (100%).
- Sonstige Gesellschaften: Volkswagen Beteiligungs-Gesellschaft mbH, Wolfsburg (100%); Europcar International S.A., St. Quentin Yvelines/Frankreich (50% – alle Vermietaktivitäten des Volkswagen-Konzerns sind in dieser Holdinggesellschaft gebündelt, die als Joint-

venture zwischen VW und der französischen Hotel-Gruppe Accor SA, Evry, mit jeweils einem 50%-Anteil betrieben wird. Zu Europcar gehört auch die 100%ige VW-Tochter interRent); Volkswagen Financial Services AG, Braunschweig (100%); Coordination Center Volkswagen S.A., Brüssel/Belgien (100%); Volkswagen International Finance N.V., Amsterdam/Niederlande (100%); Volkswagen Investments Ltd., Dublin/Irland (100%).

ROLLS-ROYCE UND BENTLEY, LAMBORGHINI UND BUGATTI. Was letztendlich die Motive waren für die Akquisition der englischen Nobelmarke Rolls-Royce anscheinend um jeden Preis, ist immer noch schwer nachvollziehbar. Sicher der Vorstoß in das Luxus-Segment der Automobilwelt, vermutlich der Machtpoker mit dem Konkurrenten BMW, wahrscheinlich Profilierungsversuche des Vorstandes. Im März 1998 gab Volkswagen jedenfalls ein Kaufangebot für Rolls-Royce/ Bentley ab und trat damit gegen den eigentlichen Interessenten BMW an, der ja bereits seit Jahren die Motoren für die britischen Luxusautos lieferte. Der Poker dauerte drei Monate. Dann erhielt Volkswagen für 1,44 Mrd. DM den Zuschlag der Vickers-Aktionäre, des Mutterhauses von Rolls-Royce, die ursprünglich eigentlich BMW alle Optionen eingeräumt hatten. Mit Rolls-Royce fiel der letzte britische Automobilhersteller in ausländische Hände. Nach dem Geschäft kündigte BMW den Stop sämtlicher Verträge für die Lieferung von BMW-Motoren und Elektronik an Rolls-Royce und Bentley.
Dann die Farce: Es wurde klar, daß Volkswagen für die Rolls-Royce Motor Cars Ltd. einen viel zu hohen Preis gezahlt hatte. Denn die Namensrechte an Rolls-Royce liegen bei dem Triebwerkshersteller Rolls-Royce, mit dem BMW seit Jahren im Triebwerksbau eng verbunden ist. Die Triebwerksfirma Rolls-Royce Plc. übertrug BMW den Namen, Volkswagen geriet in eine ausweglose Klemme, bei der BMW letztendlich Sieger blieb. Nach einem Kompromiß kann VW bis zum Jahr 2002 zwar kostenlos den Markennamen Rolls-Royce verwenden, wird sich dann aber mit der Schwestermarke Bentley zufrieden geben müssen, weil der Name Rolls-Royce an BMW zurückfällt und die Münchener dann die Nobelmarke in eigener Regie bauen werden. Die BMW AG plant die Gründung einer eigenen Rolls-Royce Motor Cars Ltd.
Mitte 1998 erwarb die Volkswagen AG die Bugatti International S.A. Holding, Luxemburg, und die damit weltweiten Rechte an der Marke Bugatti. VW plant jetzt einen eigenen Luxuswagen Bugatti. Im September 1998 übernahm die Audi AG sämtliche Anteile an dem italienischen Sportwagenhersteller Automobili Lamborghini S.p.A.

GLOBALE STRATEGIEN UND DER STANDORT DEUTSCHLAND. Volkswagen definiert sich als Global Player, bei dem ausschließlich der Weltmarkt zählt. Produktionsstandorte werden überwiegend dort geschaffen, wo die Autos auch verkauft werden bzw. wo nahe Märkte optimal beliefert werden können. Mit der Gründung der Volkswagen Bratislava spol.sr.o. in der Slowakei verfügt Volkswagen »über einen kostengünstigen und strategisch bedeutsamen Fertigungsstandort in Zentraleuropa«. In Ungarn wurde Anfang 1993 das Motorenwerk Audi Hungaria Motor Kft., eine 100%ige Tochtergesellschaft der Audi AG, gegründet. Seit Mitte 1998 produziert Volkswagen Sarajevo d.o.o. wie-

BÖRSE, AKTIEN, KURSE
Grundkapital 1998:
2.086,0 Mio.
Jahreshöchstkurs 1998:
Stammaktie: 197,90 DM (101,18 €)
Vorzugsaktie: 139,50 DM (71,33 €)
Jahrestiefstkurs 1998:
Stammaktie: 96,50 DM (49,34 €)
Vorzugsaktie: 62,30 DM (31,85 €)
Aktie Jahresende 1998:
Stammaktie: 134,80 DM (68,92 €)
Vorzugsaktie: 83,00 DM (42,44 €)
Dividende pro Aktie 1998:
Stammaktie: 1,50 DM
Vorzugsaktie: 1,60 DM

Die Dividende bezieht sich auf eine nennwertlose Stückaktie. Der alte Nennwert von 50,– DM pro Aktie wurde auf Stückaktien im Verhältnis 1:10 umgestellt.

Umsatz 1998: *134.243,0 Mio. (davon Ausland: 87.499,0 Mio.)*
Umsatz 1997: *113.245,0 Mio. (davon Ausland: 74.054,0 Mio.)*
Umsatz 1996: *100.123,0 Mio. (davon Ausland: 63.704,0 Mio.)*

Gewinn 1998: *2.243,0 Mio.*
Gewinn 1997: *1.361,0 Mio.*
Gewinn 1996: *678,0 Mio.*

Cash flow 1998:
16.804,0 Mio.
Cash flow 1997:
12.181,0 Mio.
Cash flow 1996:
11.088,0 Mio.

Cash flow: *Die Investitionen des Konzerns wurden aus dem Cash flow finanziert.*

Steueraufkommen 1998:
4.044,0 Mio.

Beschäftigte 1998: *297.916*
(davon im Ausland: 141.000)
Beschäftigte 1997: *279.892*
(davon im Ausland: 131.000)
Beschäftigte 1996: *260.811*
(davon im Ausland: 122.000)

Umsatz pro Mitarbeiter 1998: *450.607,– DM*
Umsatz pro Mitarbeiter 1997: *404.602,– DM*
Umsatz pro Mitarbeiter 1996: *383.891,– DM*

Löhne und Gehälter 1998: *17.080,0 Mio.*
Löhne und Gehälter 1997: *15.707,0 Mio.*
Durchschnittsgehalt 1998: *57.332,– DM*
Soziale Abgaben und Aufwendungen 1998: *5.377,0 Mio.*
Soziale Abgaben und Aufwendungen 1997: *4.979,0 Mio.*

Bezüge pro Vorstandsmitglied 1998: *3.147.222,– DM*
Tantiemen pro Aufsichtsrat 1998: *87.304,– DM*

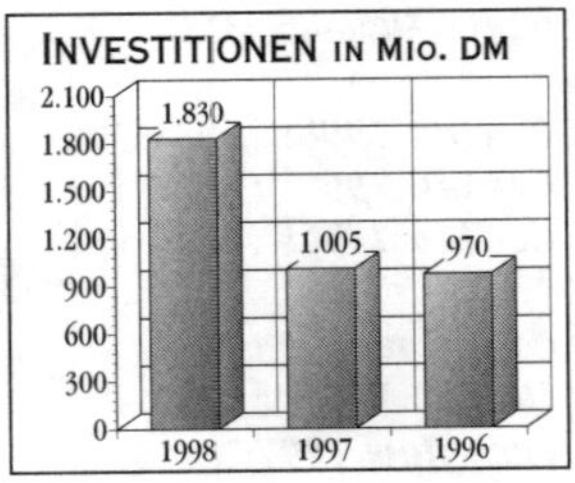

der in Bosnien-Herzegowina. In der Volksrepublik China verfügt VW über wesentliche Autoproduktionen und beherrscht mit über 50% Marktanteil ganz wesentlich den Markt. Anfang 1999 erhielt Volkswagen von der chinesischen Regierung die Genehmigung zur Gründung einer Holding in Peking. Die Kapazitäten in Brasilien werden erheblich ausgebaut – zum zweitwichtigsten Standort nach Deutschland. Spekulationen, daß VW demnächst eine Großakquisition im Nutzfahrzeugbereich plant, reißen nicht ab. Mit der japanischen Toyota Motor Corp. wurden eine umfassende Kooperation vereinbart und ein Lizenzvertrag geschlossen. Um weitere Großakquisitionen in Zukunft finanzieren zu können, beschloß die VW-Hauptversammlung 1999, das Grundkapital bis zum Jahr 2004 um rund 800 Mio. DM zu erhöhen (150 Mio. neue Stammaktien), um auf diese Weise bei guter Kursentwicklung etwa 18 Mrd. DM einzunehmen.

Trotz aller Globalisierung bleibt der Standort Deutschland für Volkswagen natürlich von herausragender strategischer Bedeutung. Deshalb sollen rund 60% der bis 2003 im Automobilbereich vorgesehenen Investitionen von fast unglaublichen 61,5 Mrd. DM ins Inland fließen, besonders in die Erweiterung und Modernisierung der Produktpalette.

Die Wolfsburger betreiben ihre auf Internationalität und Globalisierung ausgerichtete Unternehmens- und Modellpolitik offensiv und selbstbewußt. Selbst die spektakuläre Affäre um das Engagement des früheren General Motors/Opel-Einkäufers José Ignacio López und sieben seiner engsten Mitarbeiter, die im massiven Vorwurf der Industriespionage für VW gipfelte, konnte dem Aktienkurs von VW, dem Maß der Dinge, nichts anhaben. Nachdem General Motors und Opel vor einem amerikanischen Bundesgericht eine Schadensersatzklage gegen López und andere VW-Vorstandsmitglieder in Höhe von 7,5 Mrd. DM eingereicht hatten, kam es nach langem juristischem Kampf zu einer außergerichtlichen Beilegung aller zivilrechtlichen Angelegenheiten in der López-Affäre, einschließlich der von General Motors/Opel eingereichten Klage. VW mußte an Opel eine einmalige Schadensersatzzahlung von 100 Mio. US $ zahlen und sich zu Einkäufen von Zulieferteilen von General Motors in Höhe von 1 Mrd. US $ innerhalb von sieben Jahren verpflichten. Auf den Rausschmiß von López reagierte die Börse mit einem Kurssprung.

INNERBETRIEBLICHE BÜNDNISSE. Als erstes deutsches Unternehmen führte Volkswagen ein eigenes Teilzeitarbeitsmodell ein, das Teil des Tarifabschlusses zwischen VW und der IG Metall für rund 100.000 Beschäftigte in den inländischen Werken wurde. Nach eklatanten Produktionseinbrüchen sollten so Massenentlassungen verhindert werden, nachdem bereits 20.000 Beschäftigte ihre Arbeit verloren hatten. Volkswagen verzichtete auf betriebsbedingte Kündigungen, während die mögliche Kürzung der wöchentlichen Arbeitszeit auf 28,8 Stunden mit entsprechenden Einkommensreduzierungen festgeschrieben wurde. Die Beschäftigten sollten auf der Basis der 4-Tage-Woche (mit 28,8 Wochenstunden im Durchschnitt, aber maximal 38,8 Wochenstunden) Überstunden in »Zeitwertpapieren« anlegen, die entweder in Freizeit umgetauscht werden können oder den Vorruhestand ermöglichen. (Die Einführung der 4-Tage-Woche galt als eine Sensation im Bereich innerbetrieblicher Bündnisse.) In Wolfsburg soll aber inzwischen wieder je nach Bedarf auch die Sechs-Tage-Woche mit regelmäßiger Samstagsarbeit zum Tragen kommen. Der Samstag kann zukünftig in die Schichtplanungen einbezogen werden, muß aber mit Zuschlägen vergütet werden. Insgesamt gibt es bei VW rund 100 verschiedene Arbeitszeitmodelle. Teilweise wurden 1999 die Arbeitszeitregelungen wieder reduziert, im Werk Wolfsburg für die Acht-Stunden-Schicht eine gemeinsame Anfangszeit eingeführt. Auch in den anderen Konzerngesellschaften wurden solche Modelle etabliert. 1998 gab es im VW-Konzern 6.430 Auszubildende. 1999 gründeten im spanischen Barcelona Belegschaften aus 40 Volkswagen-Standorten im Rahmen einer Vereinbarung mit dem Vorstand von VW einen Welt-Konzernbetriebsrat – den ersten seiner Art in der Automobilindustrie.

Investitionen 1998: *13.913,0 Mio. (davon im Ausland: 5.135,0 Mio.)*
Investitionen 1997: *9.843,0 Mio. (davon im Ausland: 2.795,0 Mio.)*
Investitionen 1996: *8.742,0 Mio. (davon im Ausland: 2.644,0 Mio.)*

Forschung und Entwicklung 1998: *5.881,0 Mio.*
Forschung und Entwicklung 1997: *4.430,0 Mio.*
Forschung und Entwicklung 1996: *4.000,0 Mio.*

FORSCHUNG UND ENTWICKLUNG IN MIO. DM

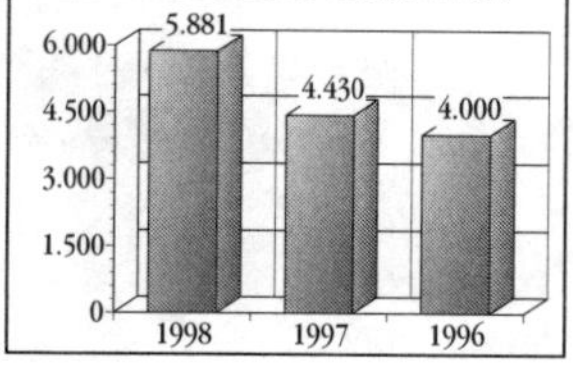

UMWELTSCHUTZ. Umweltschutz ist für Volkswagen ein »strategischer Faktor«. Schwerpunkte beim VW-Umweltschutz: weiter optimierte Otto- und Dieselmotoren, elektronische Kontroll- und Steuerungssysteme, zukunftsorientierte Antriebssysteme, verbesserte Aerodynamik, Leichtbau aus Stahl, Leichtmetallen und Kunststoffen, recyclinggerechte Konstruktionen, wirkungsvollere Katalysatortechniken. VW engagiert sich besonders auf dem Gebiet des Recyclings zur Schließung von Wertstoffkreisläufen. Zu diesem Zweck hat VW als erster Automobilhersteller auf dem deutschen Markt gemeinsam mit Audi und der Preussag-Recycling GmbH ein flächendeckendes Verwertungsnetz für Altfahrzeuge aufgebaut. VW hat als erstes deutsches Automobilunternehmen das 3-Liter-Auto realisiert.

FORSCHUNG, ENTWICKLUNG, INNOVATIONEN.
Das Forschungszentrum der Volkswagen-Gruppe befindet sich in Wolfsburg. Für Forschung und Entwicklung wandte der Volkswagen-Konzern 1998 5,9 Mrd. DM auf und beschäftigte in diesem Bereich über 16.000 Mitarbeiter; die Aufwendungen der Volkswagen AG beliefen sich auf 3,1 Mrd. DM bei 8.250 Beschäftigten. Die Patentanmeldungen in Deutschland betrugen 680, die im Ausland 260. Ziele der Entwicklungsarbeit waren 1998 innovative Antriebstechnologien, der Leichtbau, die Fahrzeugsicherheit sowie die Modellästhetik. Die ganze Bandbreite von Forschung und Entwicklung bei Volkswagen wird deutlich von der Bugatti-Studie mit einem 18-Zylinder-Motor bis zum ersten serienreifen 3-Liter-Auto. Mittels »Simultaneous Engineering« wird an der weiteren Entwicklung und Optimierung der Plattformstrategie gearbeitet. Volkswagen benutzt bei der Forschung und Entwicklung modernste Simulationstechniken, unterhält zahlreiche Forschungs- und Technologiekooperationen und arbeitet mit verschiedenen Hochschulen zusammen. Die »Stiftung Volkswagenwerk«, 1961 von der Bundesrepublik Deutschland und dem Land Niedersachsen zur Förderung von Wissenschaft und Technik in Forschung und Lehre gegründet, hat ihren Sitz in Hannover.

KOMMENTAR. Was ist es, das den Porsche-Erben und VW-Chef Ferdinand Piëch wie besessen treibt, besser sein zu wollen als alle anderen, größer, mächtiger? Dazu werden Machenschaften wie die rund um José Ignacio López in Kauf genommen, wird ins Vokabular kriegsführender Parteien abgeglitten, wird die Auseinandersetzung mit General Motors

Mitbewerber: *BMW, DaimlerChrysler, Fiat, Ford, General Motors, Honda, Hyundai, Isuzu, MAN, Mazda, Nissan, Opel, Peugeot, Porsche, Renault, Saab-Scania, Toyota, Volvo*

nicht gescheut, werden Klagen und Prozesse in Kauf genommen. Eine Geldbuße in Höhe von 200 Mio. DM seitens der Europäischen Kommission wegen Wettbewerbsbehinderung (die Benachteiligung deutscher Autokäufer im Ausland) wird von Piëch als »politische Strafe« deklariert.

Und dann der Griff nach der englischen Nobelmarke Rolls-Royce, ausgeheckt ausgerechnet in Wolfsburg, vorbei an britischen Empfindlichkeiten. Es scheint gerade so, als sei es Piëch Genugtuung, Rolls-Royce, das englische Statussymbol, nach Deutschland zu holen, ins Reich der Nazi-Gründung Volkswagen. Ohne jeden auto-politischen Sinn, zu überteuerten Konditionen, gegen den logischen Konkurrenten BMW, dessen Motoren Rolls-Royce seit Jahren antreiben. Automarken kaufen, sammeln, wie Spielzeugautos, sie dann paradieren lassen, die Industrie beherrschen. Ferdinand Piëch ist ein eigenwilliger Vorstandsvorsitzender, der sich immer wieder sogar in einer Gemeinschaft mit BMW sehen kann, natürlich unter seiner Ägide. Daß da auch noch der Lamborghini aus dem Portfolio des gestürzten indonesischen Suharto-Clans mitgenommen wurde, scheint nur folgerichtig. Und jetzt baut Volkswagen noch einen Bugatti. Diese Modelle fehlten noch auf dem Schreibtisch des Chef-Strategen.

Wacker siehe Hoechst

WALTER BAU

Standort:
Böheimstraße 8
86153 Augsburg

Postanschrift:
Postfach 10 25 47
86015 Augsburg

Telefon: *(0821) 5582-00*
Telefax: *(0821) 5582-320*
Internet: *www.walter-bau.de*

Branche: *Bauindustrie*

Rechtsform:
Aktiengesellschaft

Geschäftsjahr: *1.1.-31.12.*

Gründungsjahr: *1876; Umgründungen 1917 und 1983; 1991 Namensänderung*

GESCHICHTE UND ENTWICKLUNG. Ignaz Walter erwarb 1978 die Aktienmehrheit an der 1876 in Augsburg gegründeten Firma Thosti Bauaktiengesellschaft (vormals Thormann + Stiefel). Walter wurde Vorsitzender des Thosti-Vorstandes. 1983 erwarb Thosti die Aktienmehrheit der 1892 in Berlin gegründeten Firma Boswau + Knauer AG (Umsatz im Jahr der Übernahme 736 Mio. DM, ca. 4.500 Beschäftigte). Durch die Fusion beider Firmen entstand die WTB Walter Thosti Boswau Bau-AG. Bereits 1987 zählte die Walter-Thosti-Boswau mit zahlreichen Niederlassungen und Tochtergesellschaften zu den zehn größten Bauunternehmen der Bundesrepublik. 1988 übernahm die WTB gemeinsam mit der bereits zur Familie Walter gehörenden Firma Heilit + Woerner Bau-AG, München, je zur Hälfte die Mehrheit des Kapitals des Stuttgarter Bauunternehmens Ed. Züblin. 1991 wurde die WTB in die Walter Bau-AG umgewandelt und ging unter diesem Namen Anfang 1992 an die Börse. Durch die mit der Ed. Züblin AG gemeinsame Übernahme der Mehrheit an der Dykkerhoff & Widmann AG (Dywidag) Anfang 1992 entwickelte sich das Walter-Imperium zu einem der größten deutschen Baukonzerne. 1993 Gründung der zu mehr als 75% im Familienbesitz befindlichen Walter Holding GmbH; 1995 Umwandlung in eine AG. 1996 verließ Ignaz Walter den Vorstandsvorsitz des Stammunternehmens Walter Bau-AG und wurde Vorstandsvorsitzender der Holding. Der Vorstand der Holding besteht aus Ignaz Walter und seinen Söhnen Ralf und Roy.

Besitzverhältnisse/Eigentumsstruktur.

- Familie Walter über die Walter Holding AG, Augsburg (mehr als 75% – bezogen auf die stimmberechtigten Stammaktien)
- Bayerische Landesbank, München (mehr als 10% bezogen auf die stimmberechtigten Stammaktien und mehr als 25% bezogen auf die stimmrechtslosen Vorzugsaktien)
- Rest Streubesitz

Bezogen auf das Stammkapital ergeben sich folgende Besitzverhältnisse: Die Walter Holding AG hält je an der Walter Bau-AG, Augsburg, und der Heilit + Woerner Bau-AG, München, mehr als 75% des stimmberechtigten Aktienkapitals. Die Holding hält an der Dyckerhoff & Widmann AG, München, direkt mehr als 50% und zusammen mit den Anteilen über die Ed. Züblin AG, Stuttgart, mehr als 75% (Rest Streubesitz). Die Walter Bau-AG und die Heilit + Woerner Bau-AG halten jeweils 50% an der Walter Industriebeteiligungs-GmbH (WIB). Die WIB hält 54% an der Ed. Züblin AG. Die Ed. Züblin AG hält ihrerseits 25,5% an der Dyckerhoff & Widmann AG.

Konzernüberblick. Die Walter Bau-AG ist die Kerngesellschaft des Walter-Konglomerats. Sie gehört zu den ausgereiftesten Bautechnologiekonzernen Deutschlands und ist in allen Baubereichen tätig. Der Umfang der Leistungen erstreckt sich vom konventionellen Hoch- und Industriebau über den Ingenieurtief- und Spezialtiefbau, den Brückenbau, den Straßenbau, den Fertigteilbau, den Schlüsselfertigbau bis hin zum Bauträger- und Projektentwicklungsgeschäft. Hinzu kommt der firmeneigene Spezialmaschinenbau. Es werden Bauprojekte in allen Sparten, in jeder Größenordnung und von jedem Schwierigkeitsgrad geplant und ausgeführt. Walter Bau ist weltweit mit Hauptniederlassungen, Zweigniederlassungen, Tochtergesellschaften und Beteiligungen vertreten.
Schwerpunkte der Auslandsaktivitäten sind die USA, Kanada, Australien, Polen, Kroatien, Slowenien, Rußland, die Ukraine, Luxemburg, der Libanon, die Türkei, die Philippinen und Neuseeland. Unter dem Dach der im Dezember 1993 gegründeten Holding sind die Walter Bau-AG, die Dyckerhoff & Widmann AG (Dywidag), München, die Heilit + Woerner Bau AG, München, und die Ed. Züblin AG, Stuttgart, zusammengefaßt. Alle vier Baugesellschaften zusammengenommen kamen 1998 auf eine Bauleistung von 16 Mrd. DM, womit die Walter-Gruppe zur Nummer eins unter Deutschlands Baukonzernen aufstieg.

Beteiligungen. Dyckerhoff & Widmann AG (Dywidag), München (mehr als 70% – Walter Holding AG direkt und indirekt), mit zahlreichen Tochter- und Beteiligungsgesellschaften im In- und Ausland; Heilit + Woerner Bau-AG, München (77,73% – Walter Holding AG; Rest und Vorzugsaktien Streubesitz), mit zahlreichen Tochtergesellschaften und Beteiligungen im In- und Ausland; Ed. Züblin AG, Stuttgart (ca. 54%), mit zahlreichen Gesellschaften im In- und Ausland.
Zum wesentlichen Anteilsbesitz der Walter Bau-AG gehören: BS-Baugeräte-Service GmbH, Augsburg (25% – Rest bei Züblin, Dywidag und Heilit + Woerner); Deutsche Bau-Consulting GmbH, Augsburg (49% Walter Bau; 49% Heilit + Woerner); ROBA Baustoff GmbH, Augsburg (25% Walter Bau; je 25% Heilit + Woerner, Züblin, Dywidag); Saar-Bauindustrie GmbH, Saarlouis (100%); SUSPA Spannbeton GmbH,

Öffentlichkeitsarbeit:
Alexander Schumann
Tel.: (0821) 5582-438
Fax: (0821) 5582-120
E-Mail: schumann@walter-bau.de

Verbände: *Das Unternehmen ist in allen maßgeblichen Verbänden der Bauindustrie organisiert.*

Vorstand:
- *Porzig, Ralf (Vorsitzender), Feldkirchen*
- *Eschenbach, Jörg, Eichenau*
- *Hecklau, Hans-Jürgen, Reinheim*
- *Kern, Peter, Neusäß*
- *Zimmermann, Josef, Münster*

Vorstandsbezüge 1998:
2.709.000,– DM

Aufsichtsrat:
- *Ignaz Walter, Prof. Dr. h.c. (Vorsitzender; Vorsitzender des Vorstandes der Walter Holding AG), Augsburg*
- *Brennberger, Ulrich, Dr. (ehem. Mitglied des Vorstandes der Stinnes AG), Mülheim/Ruhr*
- *Metz, Günter, Dr. (Mitglied des Aufsichtsrates der Hoechst AG), Bad Soden*
- *Nastelski, Günter, Dr. (ehem. Mitglied des Vorstandes der Industrieverwaltungsgesellschaft AG), Wachtberg-Ließem*
- *Rupprecht, Rudolf, Dr. e.h. (Vorsitzender des Vorstandes der MAN AG), Augsburg*
- *Scherer, Peter, Senator e.h. (Vorsitzender des Vorstandes der Gelsenwasser AG), Essen*
- *Tandler, Gerold (Mitglied des Vorstandes der Linde AG; Bayerischer Staatsminister a.D.), Wiesbaden*
- *Walter, Roy, Dr. (Mitglied des Vorstandes der Walter Holding AG), Augsburg*

**Poppelreuther, Michael (stellv. Vorsitzender)*
**Bauer, Karl*
**Bergmann, Wolfgang*
**Hein, Helmut*
**Hergast, Wilfried*
**Müller, Helmut*
**Weiße, Günter*
**Wende, Wolfgang*

Aufsichtsratstantiemen 1998: *287.000,– DM*

BÖRSE, AKTIEN, KURSE
Grundkapital 1998:
75,0 Mio.
Jahreshöchstkurs 1998:
Stammaktie: 301,00 DM (153,90 €)
Vorzugsaktie: 280,00 DM (143,16 €)
Jahrestiefstkurs 1998:
Stammaktie: 170,00 DM (86,92 €)
Vorzugsaktie: 157,00 DM (80,27 €)
Aktie Jahresende 1998:
Stammaktie: 228,00 DM (116,57 €)
Vorzugsaktie: 173,00 DM (88,45 €)
Dividende pro Aktie 1998:
Stammaktie: 4,00 DM
Vorzugsaktie: 5,00 DM

Die Dividende bezieht sich auf je 50,– DM Aktiennennbetrag. Das Grundkapital ist eingeteilt in 1.200.000 Stammaktien im Nennbetrag von je 50,– DM; 300.000 Vorzugsaktien im Nennbetrag von je 50,– DM. Die Stamm- und Vorzugsaktien werden an den Wertpapierbörsen München, Frankfurt/Main, Hamburg und Berlin gehandelt. Der Bilanzgewinn 1998 betrug 6,3 Mio. DM.

Langenfeld (52,1%); Walter Bau Sachsen GmbH, Chemnitz (100%); Walter Spannbeton GmbH, Güsen (100%); Walter Straßenbau GmbH, Nürnberg (100%); Deutsche Bauhütten GmbH, Augsburg (95%); Niklas GmbH, Roding (100%); Stumpf Spezialtiefbau GmbH, Langenfeld (52,1%); Walter Industriebeteiligungs-GmbH, Augsburg (50%); Walter Umwelttechnik-GmbH, Augsburg (100%); Walter (USA) Inc., Seattle/USA (50% Walter Bau, 50% Heilit + Woerner); Walter (Canada) Inc., Calgary/Kanada (50% Walter Bau, 50% Heilit + Woerner); GTS-Grube Teutschenthal Sicherungs GmbH & Co. KG, Teutschenthal (40%); Concrete Constructions Group Pty. Ltd., Sydney/Australien (97,6% mit insgesamt 42 Gesellschaften); E.P.C. Européenne de Promotion et de Construction S.A., Luxemburg (100%); Walter Group International Ges.m.b.H., Salzburg/Österreich (100%); WTB-International AG, Zug/Schweiz (100%).

DYWIDAG, HEILIT + WOERNER UND ZÜBLIN. Dyckerhoff & Widmann, Heilit + Woerner und Züblin gehören zu den größten deutschen Bauunternehmen, die allesamt im Mehrheitsbesitz der Walter Holding AG sind.

● Dyckerhoff & Widmann befaßt sich neben dem Kerngeschäft des Bauens mit der Herstellung und dem Vertrieb von Betonfertigerzeugnissen. Hinzu kommen die Planung und Umsetzung baulicher Tätigkeiten auf allen Gebieten des Umweltschutzes und der Umwelttechnik. Eigene Ingenieurtätigkeit und Verwertung von Patenten. Dywidag gehört im In- und Ausland zu den führenden Unternehmen auf allen Gebieten des Hoch- und Tiefbaus sowie des Ingenieurbaus zuzüglich baulicher Dienstleistungen. In den eigenen Betonwerken Neuss, Nievenheim, Okriftel, Rehlingen, Hamburg-Moorfleet, Syke, Aresing und Ochenbruck werden alle Arten von Betonerzeugnissen hergestellt. Patentierte »dywidag«-Bauverfahren und Bauvorspannsysteme werden in Lizenz weltweit verkauft. Dywidag wurde 1865 gegründet und fungiert seit 1907 wechselnd als AG oder KG. Nach verschiedenen Besitzer- und Mehrheitswechseln mit unterschiedlichen Gesellschafterstrukturen 1970 neuerliche Umwandlung in eine AG. Sitz der Hauptverwaltung mit der Abwicklung des internationalen Geschäftes ist München.

● Heilit + Woerner betätigt sich ebenfalls auf allen Gebieten des Bauwesens. Die traditionelle Stärke liegt im Verkehrswegebau sowie im Hoch- und Schlüsselfertigbau. Auch der Tief- und Ingenieurbau sowie die Umwelttechnik werden abgedeckt. Das Unternehmen entstand 1980 durch Fusion der 1871 gegründeten Heilmann & Littmann Bau-AG und der 1864 gegründeten Sager & Woerner KG. Sitz des Unternehmens ist München.

● Züblin erstellt Bauten aller Art, insbesondere im Hoch-, Schlüsselfertig-, Tief-, Straßen-, Rohrleitungs- und Anlagenbau – vom Entwurf über die Planung bis zur Realisation. Züblin besitzt seine Stärke im Erstellen von komplexen, technisch sehr schwierigen Bauwerken. International ist Züblin traditionell sehr erfolgreich. Entwicklung, Erstellung und Betrieb von Anlagen aller Art im Rahmen des Umweltschutzes und der Umwelttechnik sowie von Kläranlagen. Handel mit Baustoffen, Baumaterialien und Baugeräten. Verwaltung und Betrieb von Immobilien. Züblin wurde 1898 gegründet. Sitz des Unternehmens ist Stuttgart.

GLOBALE STRATEGIEN UND DER STANDORT DEUTSCHLAND. Nach der großen Expansionsphase im Inland mit absehbaren Kapazitätsgrenzen setzt Walter Bau jetzt verstärkt auf die ausbaufähigen Auslandsgeschäfte. 1998 wurde ein Auslandsanteil an der gesamten Bauleistung von 32% erreicht; langfristig soll die Hälfte der Leistung im Ausland erbracht werden. Dabei soll zweigleisig verfahren werden: Das klassische Auslandsgeschäft soll über Auslandsniederlassungen bzw. Tochtergesellschaften der deutschen Unternehmen vor Ort abgewickelt werden. Zusätzlich sind strategisch wichtige Akquisitionen geplant. Einen wesentlichen Sprung zu seinen Zielvorgaben, besonders in den neuen Zielmärkten Nordamerika, Australien und pazifischer Raum, in Malaysia, Thailand, Indonesien und auf den Philippinen neue Unternehmen zu gründen oder bereits gut funktionierende lokale Baugesellschaften zu übernehmen, machte Walter 1996 mit dem Kauf der australischen Concrete Constructions Group Ltd. mit einer Bauleistung im Jahr 1998 von 975 Mio. DM. Auch die anderen Baukonzerne der Walter-Gruppe sind im Ausland, bevorzugt in den USA, Asien und den osteuropäischen Ländern (besonders in Polen und Tschechien) äußerst aktiv. Züblin beispielsweise ist besonders aktiv in China in den Bereichen Kraftwerks-, U-Bahn- und Großbrückenbau. Die Walter-Bau-Gruppe will die Auslandsaktivitäten der Konzerne Walter Bau-AG, Dywidag, Heilit + Woerner Bau AG und Ed. Züblin in einer zentralen Auslandsgesellschaft bündeln. Dafür wurde als Auslands-Holding die Walter Group International Ges. m.b.H. in Salzburg gegründet. Im Ausland will der Konzern dann nur noch mit einer Gesellschaft bei der Bewerbung von Groß- und Größtprojekten auftreten. Im Inland sollen die vier Unternehmen aber weiter als Wettbewerber fungieren, da es hier auch um viele kleinere Projekte geht.
Folge der tiefgreifenden Strukturkrise der Bauwirtschaft nach den Jubeljahren der Wiedervereinigung war in den letzten Jahren ein massiver Personalabbau in der Bauindustrie. Allein in der Walter Bau-AG wurden rund 5.000 Stellen gestrichen. Auch 1998 verringerte sich die Zahl der Beschäftigten im Inland in allen Walter Bau-Unternehmen, während die Zahlen im Ausland leicht anstiegen. Züblin setzte darüber hinaus auf deutschen Baustellen rund 500 preiswertere Arbeiter der eigenen portugiesischen Tochtergesellschaft ein.

INNERBETRIEBLICHE BÜNDNISSE. An nahezu allen Standorten des Konzerns wurde Personal entlassen. Das geschah nach Möglichkeit in enger Zusammenarbeit mit den örtlichen Betriebsräten auf der Basis vereinbarter Sozialpläne oder sozialverträglicher Einzelvereinbarungen. Die Flexibilisierung der Arbeitszeit wurde durch neue tarifliche Regelungen erweitert und soll der Erhaltung und Sicherung von Arbeitsplätzen dienen.

UMWELTSCHUTZ. Walter Bau mißt der Umwelttechnik eine wichtige Bedeutung bei. Umweltaktivitäten haben sich auch zu einem lukrativen Geschäftszweig ausgeweitet, der sich allerdings mangels öffentlicher finanzieller Mittel noch in Grenzen hält. Die Walter Bau-AG ist besonders durch die Niederlassung Energietechnik und Kraftwerksbau mit ihrem technischen Know-how im Umweltbereich engagiert – so beim Gemeinschaftskraftwerk »Schwarze Pumpe«, dem Kraftwerk »Boxberg« oder dem Kraftwerk Lippendorf bei Leipzig.

Walter Bau-AG:

Bauleistung 1998: *4.690,0 Mio.*
Bauleistung 1997: *4.922,0 Mio.*
Bauleistung 1996: *4.548,0 Mio.*

Gewinn 1998: *9,7 Mio.*
Gewinn 1997: *5,9 Mio.*
Gewinn 1996: *3,1 Mio.*

Cash flow 1998: *84,0 Mio.*
Cash flow 1997: *67,3 Mio.*
Cash flow 1996: *77,0 Mio.*

Cash flow: *Der Cash flow wurde für Investitionen verwendet und floß in die Gewinnausschüttung.*

Steueraufkommen 1998: *7,3 Mio.*

Beschäftigte 1998: *10.521*
Beschäftigte 1997: *11.579*
Beschäftigte 1996: *12.550*

Bauleistung pro Mitarbeiter 1998: *445.755,– DM*
Bauleistung pro Mitarbeiter 1997: *425.080,– DM*
Bauleistung pro Mitarbeiter 1996: *362.390,– DM*

Löhne und Gehälter 1998: *579,5 Mio.*
Löhne und Gehälter 1997: *623,1 Mio.*
Durchschnittsgehalt 1998: *55.080,– DM*
Soziale Abgaben und Aufwendungen 1998: *115,1 Mio.*
Soziale Abgaben und Aufwendungen 1997: *128,4 Mio.*

Bezüge pro Vorstandsmitglied 1998: *541.800,– DM*
Tantiemen pro Aufsichtsrat 1998: *16.882,– DM*

Investitionen 1998:
83,3 Mio.
Investitionen 1997:
71,2 Mio.
Investitionen 1996:
61,2 Mio.

Dyckerhoff & Widmann AG:

Bauleistung 1998:
4.002,0 Mio.
Bauleistung 1997:
4.328,0 Mio.
Bauleistung 1996:
4.114,0 Mio.

Gewinn 1998: *25,5 Mio.*
Gewinn 1997: *38,3 Mio.*
Gewinn 1996: *40,5 Mio.*

Beschäftigte 1998: *8.940*
Beschäftigte 1997: *10.096*
Beschäftigte 1996: *11.511*

Heilit + Woerner AG:

Bauleistung 1998:
3.348,0 Mio.
Bauleistung 1997:
3.326,0 Mio.
Bauleistung 1996:
3.376,0 Mio.

Gewinn 1998: *15,2 Mio.*
Gewinn 1997: *14,6 Mio.*
Gewinn 1996: *3,0 Mio.*

Beschäftigte 1998: *8.504*
Beschäftigte 1997: *8.972*
Beschäftigte 1996: *9.730*

Züblin AG:

Bauleistung 1998:
3.964,0 Mio.
Bauleistung 1997:
4.031,0 Mio.
Bauleistung 1996:
4.000,0 Mio.

Gewinn 1998: *15,7 Mio.*
Gewinn 1997: *15,5 Mio.*
Gewinn 1996: *14,4 Mio.*

Umweltschutzbauwerke der Walter Bau-AG: Kläranlagen- und Deponiebau, umweltgerechte Entsorgungsanlagen, Rauchgasentschwefelungsanlagen, Sanierung undichter Abwasserkanäle. In der Boden- und Grundwasserreinigung, der Altlastensicherung, dem Baustoffrecycling und der Planung, dem Bau und Betrieb moderner und umweltverträglicher Abfallbehandlungsanlagen ist die Walter Umwelttechnik-GmbH mit ihren Tochtergesellschaften engagiert. Zur sicheren Entsorgung industrieller Reststoffe verfügt Walter Bau über Kapazitäten der GTS Grube Teutschenthal Sicherungs GmbH + Co. KG (ehemalige Kaligrube). Die konzerneigenen Beton-Fertigteilwerke produzieren Fertigteile für den Kläranlagenbau, für die Abwasserentsorgung und den Schallschutz an Landstraßen und Autobahnen. Bei der Dywidag macht der Umweltbereich inzwischen 12% der Gesamtleistung aus. Über betriebsinternen Umweltschutz und entsprechende finanzielle Aufwendungen macht der Konzern keine Angaben.

Forschung, Entwicklung, Innovationen.

Die Bauunternehmen der Walter-Gruppe sind in der Entwicklung neuer Techniken äußerst innovativ, besonders auch in der Umweltschutztechnologie. Die Palette reicht von solargestützter Energieversorgung in Gebäuden bis zu Isolatoren für den Schutz von Bauwerken vor Erdbeben. Walter Bau entwickelt neue Tunnel-Konzepte, innovative Kläranlagenkonzepte, dämmende Fahrbahndecken und spektakuläre Brückenkonstruktionen. Walter Bau hat das sogenannte Match-Cast-Taktschiebeverfahren für den Brückenbau entwickelt und hält ein Patent darauf. Mit diesem Verfahren kann im Gegensatz zum traditionellen Taktschiebeverfahren ein Überbau auch mit veränderlicher Grundrißgeometrie erstellt werden. Das Verfahren ist besonders für Autobahnbrücken geeignet. Dywidag ist besonders innovativ bei Baukonstruktionen und Bauvorhaben. Für nahezu alle Kundenanforderungen werden Verfahren entwickelt und Lösungen angeboten.

Der Bauunternehmer aus Augsburg. Nicht organisch gewachsen, sondern zusammengekauft, teilweise hart umkämpft: Zu einem der ganz Großen der Branche ist in den letzten Jahren der Augsburger Bauunternehmer Ignaz Walter aufgestiegen. Unter dem Dach der 1993 gegründeten Walter Holding ist ein Bauimperium neuer Größenordnung entstanden. Die Walter Holding AG agiert als reine Finanz-Holding. Die Holding besteht aus Ignaz Walter selbst und seinen beiden Söhnen Ralf und Roy. Ignaz Walter dirigiert die Bauriesen jeweils aus der Position des Aufsichtsratsvorsitzenden heraus (Heilit + Woerner, Dywidag, Züblin), unterstützt von den beiden Söhnen. Ralf ist Aufsichtsrat bei Dywidag und Züblin, Roy bei Heilit + Woerner und der Walter Bau-AG, wo Ignaz Walter 1996 den Vorstandsvorsitz gegen den Aufsichtsratsvorsitz tauschte, um so die strategische Oberhoheit über alle Unternehmen der Baugruppe in der Augsburger Konzernzentrale zu bündeln. Wie einflußreich Walter in den einzelnen Bauunternehmen ist, wurde im Frühjahr 1996 deutlich, als nicht zuletzt auf sein Drängen hin Dywidag das Transrapid-Konsortium (Transrapidstrecke Hamburg–Berlin) verließ. Das wirtschaftliche Risiko und die politisch schwierige Umsetzung dieses Mammutprojekts waren entscheidende Gründe für den Ausstieg.

Einem Wirtschaftskrimi gleich, spielte sich die Übernahme der Dykkerhoff & Widmann AG (Dywidag) ab. Lange versuchte sich Dywidag gegen die aggressiven Übernahmeabsichten Walters zur Wehr zu setzen – vergeblich. Nach und nach kaufte sich der Augsburger Aktienpakete des Münchner Traditionsunternehmens, wirbelte die Hauptversammlungen durcheinander und tat seine Übernahmeabsichten offen kund. Mitte 1992 war Walter schließlich am Ziel und konnte seinen bis dahin stets blockierten Wunsch verwirklichen: in den Dywidag-Aufsichtsrat einzuziehen, um die Geschicke des Konzerns mitzubestimmen. Im Juni 1997 wurde Prof. Dr. h.c. Ignaz Walter zum Präsidenten des Hauptverbandes der Deutschen Bauindustrie e.V. gewählt.

Beschäftigte 1998: *9.644*
Beschäftigte 1997: *9.113*
Beschäftigte 1996: *8.559*

Mitbewerber: *Bilfinger + Berger, Dyckerhoff, Heitkamp, Hochtief, Philipp Holzmann, Strabag, Teerbau, Wayss & Freytag*

WELLA

GESCHICHTE UND ENTWICKLUNG. Am 1. Juli 1880 läßt der 26jährige Oberwiesenthaler Friseur Franz Ströher seine Firma »Franz Ströher – Rothenkirchen, Herstellung und Vertrieb von Haartüll« beim Amtsgericht Auerbach/Sachsen eintragen. Erfindung von »Tüllemoid« als Unterlage für die Befestigung von Perückenhaaren. 1904 Bau der ersten Fabrik in Rothenkirchen; 1908 Eintritt der Söhne Karl und Georg Ströher in den väterlichen Betrieb. 1918 Umfirmierung in »Franz Ströher OHG«. 1920 Stagnation des Perückengeschäftes aufgrund des durch die Amerikaner nach Europa gebrachten Bubikopfes. Verlagerung der Produktion auf Friseurberufskleidung und Perücken für Kinderpuppen sowie Vertrieb von Schaufensterpuppen. Wella wird zum »Partner der Friseure«. 1924 Anmeldung des Wortzeichens »Wella« beim Deutschen Patentamt. Produktion von Dauerwellapparaten (»Wella-Junior«) und Trockenhauben (»Meisterstück«). 1930 Anmeldung des Bildzeichens »Wella« mit Frauenkopf und stilisierten Haarwellen. Gründung einer weiteren Firma, der Franz Ströher AG. 1936 Tod des Firmengründers; Umzug der Hauptverwaltung der Franz Ströher AG nach Apolda/Thüringen. Erste Auslandsgesellschaft in Großbritannien. Ab 1944 Umstellung großer Teile der Produktion auf Kriegsaufträge, z.B. Bauteile für U-Boote, Ventilatoren.

1945 Demontage der Produktionsstätten, Beschlagnahme der Patente. Das Stammwerk in Rothenkirchen wird VEB; Neuanfang der Ströhers im hessischen Hünfeld mit der Gründung der »Ondal GmbH«. 1946 Gründung der Wella Friseurbedarf GmbH, Berlin. 1950 Umfirmierung in Wella AG und Umsiedelung nach Darmstadt. »Koleston«, ein Creme-Haarfärbemittel, bringt den wirtschaftlichen Durchbruch. 1952 Einführung der Frisiercreme »Wellaform«. Produktionen in mehreren europäischen Staaten. Wella ist mit zahlreichen Produkten äußerst erfolgreich. In den 60er Jahren Expansion in außereuropäische Märkte; Wella-Publikumsartikel für die Heimbehandlung werden zum großen Renner. In den 70er Jahren ist Wella in Drogerien, Parfümerien, Kaufhausabteilungen und bei allen Friseuren etabliert. Es wird weiter expandiert und akquiriert. 1978 erreicht der Wella-Konzern 1 Mrd. DM Umsatz.

1983 Gang an die Börse. Wella ist mit Produktions- und Vertriebsgesellschaften weltweit vertreten. 1990 Rückkauf des früheren Wella-

Standort:
Berliner Allee 65
64274 Darmstadt

Telefon: *(06151) 34-0*
Telefax: *(06151) 34-2748*
Internet: *www.wella.de*

Branche: *Haarkosmetik, Kosmetik und Duft*

Rechtsform:
Aktiengesellschaft

Geschäftsjahr: *1.1.-31.12.*

Gründungsjahr: *1880*

Unternehmens-kommunikation:
Birgit Klesper
Tel.: (06151) 34-3440
FAX: (06151) 34-2956
E-Mail: bklesper@wella.de

Verbände: *Industrieverband Friseurbedarf e.V., Frankfurt/Main; Industrieverband Körperpflege und Waschmittel e.V.,Frankfurt/Main; Markenverband e.V., Wiesbaden*

Vorstand:
- *von Craushaar, Jörg (Vorsitzender), Darmstadt*
- *Gürtler, Heiner, Dr. (Kosmetik und Duft), Neu-Isenburg*
- *Krämer, Alfred (Amerika, Asien, Pazifik), Darmstadt*
- *Kuhn, Fritz (Europa), Seeheim*
- *Schmidt, Hans (Finanzen und Personal), Messel*

Vorstandsbezüge 1998:
6.452.000,– DM

Aufsichtsrat:
- *Krutzki, Karl Heinz (Vorsitzender), Darmstadt*
- *Crespo, Ulrike, Frankfurt/Main*
- *Olbricht, Thomas, Prof. Dr. Dr., Essen*
- *Pohl, Tilman, Darmstadt*
- *Schneidewind, Dieter, Prof. Dr., Zwingenberg*
- *Ströher, Sylvia, Darmstadt*

**Thomas, Walter (stellv. Vorsitzender)*
**Haacke, Peter*
**Keller-Lauscher, Veronika*
**Lehmacher, Manfred*
**Moske, Klaus*
**Petter, Walter*

Aufsichtsratstantiemen 1998: *289.000,– DM*

Beirat:
- *Ebert, Norbert, Darmstadt*
- *Pohl, Rainald, Darmstadt*
- *Sander, Hans-Joachim, Darmstadt*
- *Ströher, Ulrich, Darmstadt*

Beiratstantiemen 1998:
360.000,– DM

Stammhauses in Rothenkirchen/Sachsen (Londa GmbH) von der Treuhandanstalt. Schließung der Wella Friseurbedarf GmbH, Berlin. Beginn einer weiteren expansiven Phase; Übernahme des Haarkosmetikbereiches der Smith-Kline-Beecham; Joint-ventures in Asien; Firmengründungen in Osteuropa. 1994 größte Akquisition der Firmengeschichte mit der Übernahme der Muelhens KG, Köln, mit allen Gesellschaften und der kompletten Produktgruppe »4711«. 1997 Gründung der Cosmopolitan Cosmetics GmbH in Köln, in der die Wella AG alle Aktivitäten ihrer internationalen Kosmetik/Duftsparte konzentriert.

BESITZVERHÄLTNISSE/EIGENTUMSSTRUKTUR.
● Familie Ströher (78% – Inhaber-Stammaktien mit Stimmrecht; verschiedene Familien-Stämme, davon: Sylvia Ströher, Darmstadt, 25%; Erika Pohl, Praroman-Le Mouret/Schweiz, 20%; Claudia Ebert, Darmstadt, 8,4%; Immo Ströher, Darmstadt, 5,6%)
● Rest Streubesitz bei 3.000 Aktionären (Stammaktien mit Stimmrecht). Der Auslandsanteil bei den Stammaktien liegt bei 62,7%.
● Alle Vorzugsaktien (ohne Stimmrecht) in Streubesitz bei rund 5.000 Aktionären. 80,7% des in Streubesitz befindlichen Aktienkapitals entfallen auf ausländische Investoren, wovon auf Großbritannien 24,5%, auf die Schweiz 5,1%, das restliche Europa (außer Deutschland) 32,2%, auf die USA 14,9% und auf Asien 4,0% entfallen.

KONZERNÜBERBLICK. Wella steht weltweit als Synonym für Produkte zur Haarkosmetik und als international führender Friseurlieferant. Rund 80% des Umsatzes werden durch Haarpflegemittel erzielt. Kerngeschäftsfelder von Wella sind das Friseurgeschäft, das Retail-Haarpflegegeschäft (Endverbraucher) sowie der Duft- und Kosmetikbereich. Wella operiert weltweit in den drei Geschäftsfeldern: »Haarkosmetik und Friseur«, »Haarkosmetik Retail« und »Kosmetik und Duft«.
◆ Friseur mit den Bereichen Farbe, Welle, Pflege, Styling. Die Sparte Friseur umfaßt die Marken Wella, Kadus, Londa, Sebastian, Welonda, Belvedere und Tondeo. Die Marke Wella hält im Friseurgeschäft eine Spitzenposition und ist in vielen Märkten die Nummer eins. Die wichtigsten Produktangebote der Sparte Friseur: Color Fresh, Color Touch, Welloxon, Koleston-Perfect, Blondor, Hair Mascara (alles Farbe); System Professional, SP Sun, SP Just Men, Lifetex, Proficare/Ultracare (alles Pflege); High Hair, Inform, Accord, Salon Hairspray (alles Styling); Perform/Optaform/Styleform, Concord, Lockwell, Varioform, Headlines, Formwell/Primawell (alles Welle). Hinzu kommt die Salonausstattung mit den Bereichen Einrichtungen, Geräte und Zubehör. Umsatz 1998: 1.908 Mio. DM (Vorjahr: 1.843 Mio.).
◆ Retail mit den Bereichen Farbe, Pflege, Styling umfaßt die Wella-Haarkosmetikmarken, die im Einzelhandel etabliert sind. Die wichtigsten internationalen Produktangebote Marken der Sparte Retail: Wella Viva Color, Wella Viva Tönungs-Mousse, Wella Viva Naturton-Mousse, Wella Viva Intensivlösung (alles Farbe); Wella Balsam, Wellapon, Experience, Crisan, Sanara (alles Pflege); Wellaflex, Wellaform, Design, New Wave/Shockwaves (alles Styling). Umsatz 1998: 1.609 Mio. DM (Vorjahr: 1.628 Mio.).
◆ Kosmetik und Duft. Durch die Übernahme der Kölner Muelhens-

Gruppe hat Wella sein Geschäft mit Körperpflegeartikeln und Duftwässern erheblich verstärkt. 1997 wurden alle Aktivitäten der internationalen Kosmetik/Duftsparte unter dem Dach der neu gegründeten Tochtergesellschaft Cosmopolitan Cosmetics GmbH, Köln, gebündelt. 1998 wurde das Duftgeschäft neu ausgerichtet in die Segmente Prestige und Bridge. Zum international ausgerichteten Prestige-Markenportfolio gehören Gucci-Parfums, Rochas, Anna Sui, Chiemsee, Experiences, Ellen Tracy, Alfred Dunhill, Ghost, Charles Jourdan, Naomi Campbell und Bogner. Im Bridge-Segment versammeln sich die Muelhens-Produkte Priscilla Presley, Gabriela Sabatini, Puma, MEXX, Galileo, Irish Moos, Tosca, Sumatra Rain, Extase, Yardley, Globe und 4711 Echt Kölnisch Wasser. Umsatz 1998: 750 Mio. DM (Vorjahr: 726 Mio.).
Wella produziert im Inland an folgenden Standorten: Georgensgmünd, Hünfeld, Köln, Krefeld, Lenzkirch, Solingen, Steinberg (Rothenkirchen). Wella unterhält ein weltweites Netz an Friseur-Services und bietet ein umfassendes Programm an Dienstleistungen wie Schulungen im betriebswirtschaftlichen Bereich oder die fachliche Weiterbildung der Friseure. 1998 fanden weltweit etwa 76.000 Service-Veranstaltungen mit insgesamt 1,3 Mio. Friseuren statt. Das ist ein Viertel aller Friseure der Welt.

BETEILIGUNGEN. In den Konzernabschluß 1998 wurden 23 deutsche und 113 ausländische Gesellschaften einbezogen. Die wichtigsten in- und ausländischen Tochter- und Beteiligungsgesellschaften der Wella AG sind:
Ondal Industrietechnik GmbH, Darmstadt (100%); Cosmopolitan Cosmetics GmbH, Köln (100%); Persol Beteiligungen GmbH, Darmstadt (100%); Kadabell GmbH & Co. KG, Lenzkirch (93,6%); Emil Kießling & Cie. GmbH & Co., Georgensgmünd (100%); Londa Rothenkirchen Produktions GmbH, Steinberg (100%); Londa Vertriebs GmbH, Leipzig (100%); Muelhens GmbH & Co. KG, Köln (96,8%); Tondeo-Werk GmbH, Solingen (100%); Intercosmetic S.A., Groot-Bijgaarden/Belgien (100%); Ondal-France E.u.r.l., Saargemünd/Frankreich (100%); Wella France S.A., Paris/Frankreich (100%); Wella International Finance B.V., Amsterdam/Niederlande (100%); Parfums Rochas S.A., Paris/Frankreich (100%); Wella (U.K.) Holdings Ltd., Basingstoke/Großbritannien (100%); Wella Italia Labocos S.p.a., Castiglione/Italien (100%); N.V. Handelsmaatschappij van Ravensberg, Amstelveen/Niederlande (100%); Interkosmetik Ges.m.b.H., Linz/Österreich (99,5%); Intercosmetic AB, Täby/Schweden (100%); Wella Beteiligungen AG, Fribourg/Schweiz (100%); Productos Cosméticos S.A., Torrejón de Ardoz/Spanien (100%); Ondabel S.A., Buenos Aires/Argentinien (100%); Cosmetic Products Pty. Ltd., Sydney/Australien (100%); Cosmetic Suppliers Pty. Ltd., Sydney/Australien (100%); Wella Cosmetics China Ltd., Tianjin/VR China (100%); Wella Japan Co. Ltd., Tokio/Japan (73,2%); Productora de Cosméticos S.A., Mexico-City/Mexiko (100%); Sonata Laboratories Ltd., Auckland/Neuseeland

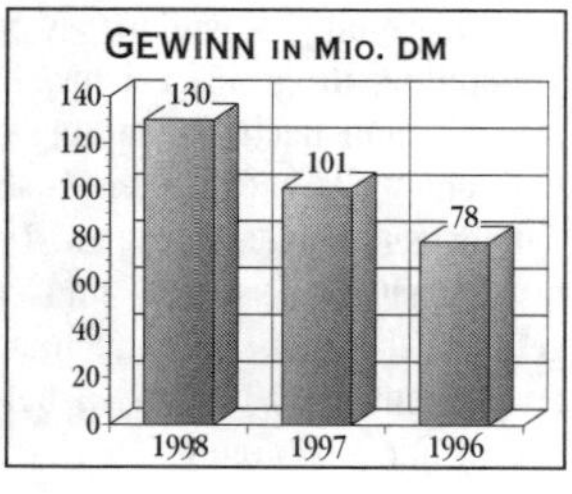

BÖRSE, AKTIEN, KURSE
Grundkapital 1998:
129,8 Mio.
Jahreshöchstkurs 1998:
Vorzugsaktie: 2.155,00 DM (1.101,83 €)
Stammaktie: 1.910,00 DM (976,57 €)
Jahrestiefstkurs 1998:
Vorzugsaktie: 980,00 DM (501,07 €)
Stammaktie: 800,00 DM (409,03 €)
Aktie Jahresende 1998:
Vorzugsaktie: 1.400,00 DM (715,81 €)
Stammaktie: 1.140,00 DM (582,87 €)
Dividende pro Aktie 1998:
Vorzugsaktie: 16,00 DM;
Stammaktie: 15,00 DM

Die Dividende bezieht sich auf je 50,– DM Aktiennennbetrag. Das Grundkapital wurde im Juli 1999 in nennwertlose Stückaktien eingeteilt, verbunden mit einem Aktiensplit 1:26.

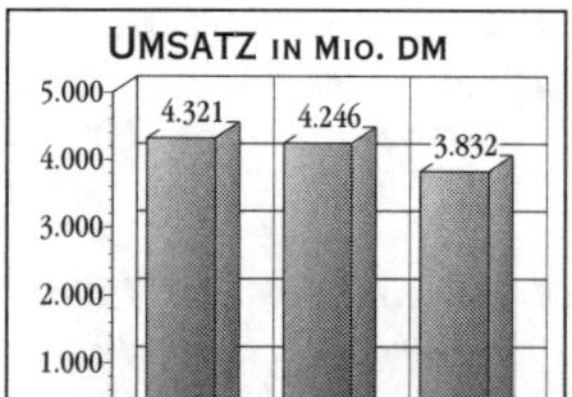

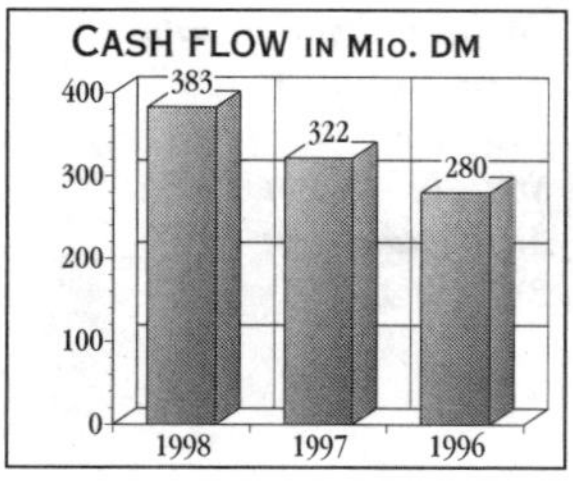

Umsatz 1998: *4.320,6 Mio.*
(davon Ausland: 75,0%)
Umsatz 1997: *4.246,3 Mio.*
(davon Ausland: 74,6%)
Umsatz 1996: *3.832,1 Mio.*
(davon Ausland: 78,7%)

Gewinn 1998: *130,3 Mio.*
Gewinn 1997: *100,9 Mio.*
Gewinn 1996: *78,0 Mio.*

Cash flow 1998: *383,1 Mio.*
Cash flow 1997: *321,5 Mio.*
Cash flow 1996: *279,9 Mio.*

Cash flow: *Der Cash flow deckte den laufenden operativen Finanzbedarf wie auch Investitionen in Sach- und Finanzanlagen.*

Steueraufkommen 1998:
159,3 Mio.

Beschäftigte 1998: *15.400*
(davon im Ausland: 10.400)
Beschäftigte 1997: *15.500*
(davon im Ausland: 10.400)
Beschäftigte 1996: *16.000*
(davon im Ausland: 10.610)

Umsatz pro Mitarbeiter 1998: *281.000,– DM*
Umsatz pro Mitarbeiter 1997: *274.000,– DM*
Umsatz pro Mitarbeiter 1996: *240.000,– DM*

Löhne und Gehälter 1998:
921,5 Mio.
Löhne und Gehälter 1997:
913,7 Mio.
Durchschnittsgehalt 1998:
59.838,– DM
Soziale Abgaben und Aufwendungen 1998:
301,9 Mio.
Soziale Abgaben und Aufwendungen 1997:
232,3 Mio.

(100%); Wella Korea Co. Ltd., Seoul/Südkorea (100%); Belcosa Distribuidora de Cosmeticos Ltda., Rio de Janeiro/Brasilien (100%); The Wella Corporation, Montvale (N.J.)/USA (100%).

GLOBALE STRATEGIEN UND DER STANDORT DEUTSCHLAND. Wella will die strategische Ausrichtung auf Haar und Duft international weiter vonantreiben. Dabei wird die Marke »Wella« mit einem angeblich weltweiten Bekanntheitsgrad von 80% als der eigentliche Unternehmenswert angesehen. Deshalb hat sich Wella ganz der Globalisierung verschrieben. Wella ist in 145 Ländern präsent, hat in 49 Ländern eigene Vertriebsgesellschaften, in 18 Ländern eigene Produktionen und zusätzlich weitere 20 Lizenzfertigungen. Die Weltmarktführerschaft soll im Friseurbereich deutlich ausgebaut werden, der Bereich Retail-Haarpflege soll durch neue Marken starke Marktpositionen erzielen, und im Duftbereich will man weltweit zu den ersten fünf Anbietern gehören. Die weltweite Expansion des Wella-Konzerns wird vom Standort Darmstadt aus gesteuert, wo auch die zentrale Forschung und Entwicklung beheimatet ist, die in den nächsten Jahren noch ausgebaut werden soll.
Im Rahmen der Produktionsstraffung wurden 1998 die Produktionsstandorte von 23 auf 20 reduziert. In den nächsten Jahren soll die Zahl der Wella-Fabriken auf etwa zwölf zurückgefahren werden. Die strategische Neuausrichtung des Konzerns mit der Konzentration auf traditionelle Wella-Stärken wurde zwischenzeitlich abgeschlossen. Die Verantwortung für lokale Märkte wurde auf die zentralen Organisationen übertragen. Das Stammhaus fungiert als Dienstleistungszentrale der Länder, verantwortlich für die Strategie in allen Unternehmensfunktionen. Den größten Umsatz außerhalb Deutschlands erzielt Wella über die Wella Corp. in Nordamerika; in den USA gehört Wella zu den prosperierenden Haarpflegeunternehmen im Friseurbereich. 1998 wurde mit Belvedere der Marktführer für Friseurtechnik und Salonausstattung in diesem Markt akquiriert. Auch in Asien versucht Wella, durch strategische Joint-ventures stärker Fuß zu fassen. Auf dem lukrativen koreanischen Markt wurde 1998 sogar der Joint-venture-Partner im Zuge der Asienkrise ganz übernommen.

INNERBETRIEBLICHE BÜNDNISSE. In Darmstadt gibt es eine grundsätzliche Flexibilität der Arbeitszeit. Danach können die Mitarbeiter in der Rahmenzeit zwischen 6 und 20 Uhr maximal zehn Stunden am Tag arbeiten (Zeitkonten). Zur Ansprache der Kunden definiert jeder Bereich seine »Bereichsfunktionszeit«. Die flexiblen Arbeitszeitmodelle, die von der Belegschaft äußerst positiv angenommen wurden, werden nach und nach auch an anderen Wella-Standorten übernommen. 1997 wurde bei der Wella AG eine Altersteilzeitregelung eingeführt, wonach bisher Vollzeitbeschäftigte ab Vollendung ihres 55. Lebensjahres für maximal fünf Jahre halbtags arbeiten und nach Vollendung des 60. Lebensjahres in Rente gehen können. Wella bietet allen Ausbildungsabsolventen einen befristeten einjährigen Arbeitsvertrag an. 1998 wurde für 500 leitende Angestellte weltweit ein leistungs- und ergebnisorientiertes Bonusmodell eingeführt, das seit 1999 auch auf Funktionen im Mittelmanagement ausgedehnt ist. 1998 waren bei Wella in Deutschland 142 Jugendliche in der Ausbildung.

Umweltschutz. Umweltschutz ist Wella-Unternehmensziel. 1998 wurde der Aufbau eines Umwelt-Management-Systems auf der Grundlage des Öko-Audits der EU vorangetrieben. Nach und nach sollen sich alle Wella-Produktionsstandorte in der EU am Öko-Audit beteiligen. Wichtigstes Projekt 1998 war der Aufbau und die Umsetzung des Umwelt-Management-Systems am Produktionsstandort Rothenkirchen/Sachsen zur Validierung nach der EU-Öko-Audit-Verordnung. Nächster Wella-Standort, der nach dem Öko-Audit geprüft wird, ist die weltweit größte Wella-Produktion, das Ondal-Werk in Hünfeld (Hessen). Wella definiert als Unternehmen der Haar- und Körperpflege Umweltschutz in einem steten kausalen Zusammenhang mit der gesundheitlichen Unbedenklichkeit aller Produkte. In den Bereich Forschung und Entwicklung ist die Abteilung Ökologie integriert worden, die sich mit Fragen zu Rohstoffen, zu Verpackungen und zur Produkteinführung befaßt. Einen eigenen Umweltschutzbericht veröffentlicht Wella nicht.

Bezüge pro Vorstandsmitglied 1998: *1.290.400,– DM*
Tantiemen pro Aufsichtsrat 1998: *24.083,– DM*

Investitionen 1998:
155,6 Mio.
Investitionen 1997:
126,8 Mio.
Investitionen 1996:
126,1 Mio.

Mitbewerber: *Beiersdorf, Benckiser, Clairol Bristol-Myers, Colgate-Palmolive, Estée Lauder, Henkel, Kao, L'Oréal, Procter & Gamble, Shiseido, Unilever*

Forschung, Entwicklung, Innovationen.
Schwerpunkte der Wella-Haarforschung sind Haarfärbesysteme, Dauerwelle, Haarpflegemittel und Stylingprodukte. Hinzu kommen Verpackungsmaterialien. Die Aktivitäten in der Forschung und Entwicklung von Wella sind in Darmstadt (Entwicklungsarbeiten) und im schweizerischen Marly bei Fribourg (Grundlagenarbeiten) zusammengefaßt. Im Zuge steigender Bedeutung der Life Sciences bzw. der Biotechnologie hat Wella in Woodland Hills (Kalifornien) eine Forschungs- und Entwicklungsdependance gegründet. Ziel ist der Einsatz neuer Rohstoffe aus den Bereichen Gen- und Biotechnologie in der Haarkosmetik.
Die Entwicklungsarbeit wird unterstützt durch ein internationales Netz von Friseursalons, die in den jeweiligen Märkten die neu entwickelten Produkte testen. 1998 gab es über 100 Erfindungsmeldungen, von denen die meisten zu Patenten führten (Wella nennt keine konkreten Zahlen). Die Kosten für Forschung und Entwicklung werden als integrierter Bestandteil der Produktionskosten nicht gesondert erfaßt und ausgewiesen. Ein wichtiger Aspekt ist der Ausbau von Kooperationen mit Instituten, anderen Forschungseinrichtungen und Industrieunternehmen sowie die intensive Beschäftigung mit neuen Technologien.

WERHAHN

Geschichte und Entwicklung. 1841 begann Wilhelm Werhahn von seinem Bauernhof in Büderich bei Neuss aus mit dem Handel von Holz, Grabsteinen und Düngemitteln. Es kam zur Gründung verschiedener Mühlenbetriebe. Durch ständige Expansion und Akquirierung vieler Unternehmen setzten die Erben die Erfolgsgeschichte über Generationen fort. Werhahn entwickelte sich zu einem großen Unternehmens-Konglomerat. Die Gruppe gehört seit Jahrzehnten zu den größten deutschen Familiengesellschaften. 1969 kam es zum Erwerb des Solinger Schneidwarenherstellers Henckels Zwillingswerk. Der erste familienfremde Manager kam 1981 mit Joachim

Standort:
Königstraße 1
41460 Neuss

Postanschrift:
Wilh. Werhahn KG
Postfach 101638
41416 Neuss

Telefon: *(02131) 916-0*
Telefax: *(02131) 916-404*
Internet: *www.werhahn.de*

Branche: *Holdinggesellschaft für Unternehmen in den Bereichen Baustoffe, Industrie und Finanzdienstleistungen*

Rechtsform: *Kommanditgesellschaft (Bankhaus Wilh. Werhahn KG)*

Geschäftsjahr: *1.1.-31.12.*

Gründungsjahr: *1841*

Unternehmenskommunikation:
Bloess + Partner Management Consulting
Tel.: (0228) 265657
Fax: (0228) 223981
E-Mail: redaktion@wirtschaftspressedienst.de

Verbände: *Verbandszugehörigkeit entsprechend den Industriebereichen*

Gerhard ins Unternehmen. Jahrzehntelang sehr verschlossen, erfolgte in den 90er Jahren eine leichte Öffnung. Spektakulär waren die Verkäufe der Lebensmittelketten Bolle (Berlin), Schätzlein (Mülheim/Ruhr) und Schade & Füllgrabe (Frankfurt/Main) im Jahr 1987, die Veräußerung der Großbrauerei Wicküler (1990) sowie der Verkauf der Strabag-Beteiligung von knapp 50% (1997). Dafür wurde mit dem Kauf der AKB Privat- und Handelsbank 1988 die Sparte Finanzdienstleistungen erfolgreich ausgebaut. Einmal jährlich trifft sich der Familien-Clan zur Gesellschafterversammlung und segnet die Geschäftspolitik des Vorstandes zur Geldvermehrung ab. Eines der reichsten Familienunternehmen Deutschlands macht zu den Unternehmensergebnissen traditionell keine Angaben.

BESITZVERHÄLTNISSE/EIGENTUMSSTRUKTUR.

- Familie Werhahn, Neuss (100%)

Die Werhahn-Familie umfaßt 236 Familiengesellschafter aus drei Familienstämmen, von denen jeweils die besten an der Spitze des Konzerns stehen sollen. Insgesamt haben acht Familienmitglieder Führungspositionen inne, von denen drei im Vorstand der Obergesellschaft sitzen. Die Werhahns – der Familienclan gilt als die »stille Macht am Rhein« – zählen zu den reichsten Familien im Land (neben dem eigenen Firmenkonglomerat besitzen die Werhahns Aktienpakete an RWE und zahlreichen Industrieunternehmen sowie umfangreichen Grundbesitz). Insgesamt umfaßt das Beteiligungsgeflecht der Werhahns rund 230 Unternehmen – überwiegend lukrative Beteiligungen aus dem Banken-, Baustoff-, Mühlen- und Vermögensverwaltungsgeschäft.

KONZERNÜBERBLICK. Wilh. Werhahn ist ein dezentral ausgerichtetes Unternehmen. Die überwiegend rechtlich selbständigen Gesellschaften der Werhahn-Gruppe sind in verschiedenen Geschäftsbereichen organisiert, die vier Unternehmensbereichen zugeordnet sind: Baustoffe, Industrie, Finanzdienstleistungen, Weitere Beteiligungen. Die zentrale Unternehmenssteuerung liegt direkt bei Wilh. Werhahn. Sie umfaßt die langfristige, strategische Ausrichtung, die Finanzierung und Erfolgskontrolle der einzelnen Gesellschaften. In Deutschland einmalig: Zentrale des Konzerns ist das Neusser Bankhaus Wilh. Werhahn KG, das seine bankfremden Geschäfte als Zweigniederlassungen betreibt und selbst in der Werhahn-Bilanz nicht aufgeführt wird. Die Geschäftsbereiche der einzelnen Unternehmensbereiche sind:

- Baustoffe: Basalt-Gruppe, Deutag-Gruppe (Natursteine – die Basalt-Gruppe gehört mit mehr als 440 Betriebsstätten zu den bedeutendsten Baustoffherstellern in Deutschland), Werhahn-Holz (Holz), Rathscheck (Schiefer). Umsatz 1998: 1.590 Mio. DM (Vorjahr: 1.632 Mio.).
- Industrie: Stuart-Gruppe (Spezialchemikalien) Heinrich-Gruppe (elektrische Sicherungen, Bauwirtschaft), MBU (Märkische Bau Union), Zwilling-Gruppe (Metallerzeugnisse, Schneidwaren). Umsatz 1998: 1.296 Mio. DM (Vorjahr: 1.328 Mio.).
- Finanzdienstleistungen: ABC-Gruppe (Leasing- und Vermögensverwaltungsgesellschaften), AKB-Gruppe (Vermögensverwaltungen, Spezialbank für Teilzahlungsfinanzierungen). Umsatz 1998: 646 Mio. DM (Vorjahr: 608 Mio.).

● Weitere Beteiligungen: Immobilien, Ladenbau. Umsatz 1998: 162 Mio. DM (Vorjahr: 167 Mio.).

BETEILIGUNGEN. In der Werhahn-Bilanz wurden 1998 neben der Obergesellschaft Wilh. Werhahn 82 inländische und 16 ausländische Gesellschaften konsolidiert. Zu den wichtigsten Unternehmen gehören:

● Baustoffe: Basalt-AG, Linz (100%); Deutag GmbH & Co. KG, Köln (51%); Georg Kussler Granitwerke GmbH & Co. KG, Hauzenberg (100%); Hanse-Asphalt GmbH, Wismar (38%); Basaltwerk Pechbrunn GmbH, Pechbrunn (47%); Werhahn & Nauen, Neuss (100%); Wilh. Werhahn ZN Holzimport-Hobelwerk, Neuss (100%); Porphyrwerke Weinheim-Schriesheim AG, Weinheim (97%); Rheinische Asphalt-Mischwerke GmbH & Co. KG, St. Augustin (53%); Westdeutsche Grauwerke-Union GmbH, Gummersbach (100%); I.B. Rathscheck Söhne KG Moselschiefer-Bergwerke, Mayen (100%); Rathscheck Schiefer- und Dachsysteme KG, Mayen (100%).

● Industrie: Heinrich Industrie AG, Essen (51%); erwilo GmbH, Bochum (51%); Wickmann-Werke GmbH, Witten (51%); Wilhelm Pudenz GmbH, Dünsen (51%); Märkische Bau-Union GmbH, Potsdam (100%); Werhahn Mühlen KG, Düsseldorf (100%); Diamant-Nahrungsmittel GmbH & Co. KG, Wels/Österreich (100%); Dresdner Mühlen GmbH, Dresden (100%); Georg Plange KG, Neuss (100%); Mühle Rüningen AG, Braunschweig (94%); Pfälzische Mühlenwerke GmbH, Mannheim (100%); D.A. Stuart Inc., Scarborough/Kanada (100%); D.A.Stuart Company, Warrenville/USA (100%); Zwilling J.A. Henckels AG, Solingen (100%); Zwilling J.A. Henckels Inc., Hawthorne/USA (100%).

● Finanzdienstleistungen: Bankhaus Wilh. Werhahn KG, Neuss (100%); AKB Privat- und Handelsbank AG, Köln (100%); Bankgeschäft Heinrich Behncke GmbH, Hamburg (100%); AKB Leasing GmbH, Köln (100%); ABC Vermögensverwaltung GmbH, Köln (100%).

● Weitere Beteiligungen: Wilh. Werhahn ZN Haus und Grund, Neuss (100%); Berner Ladenbau GmbH & Co. KG, Osnabrück (100%); Harr GmbH & Co. OHG, Sindelfingen (100%).

Zu den bedeutendsten assoziierten Unternehmen zählen: Bayerische Asphalt-Mischwerke Gesellschaft für Baustoffe mbH, Hofolding (17%); Biesterfeld Scheibler Linssen GmbH, Hamburg (32%); Deupa-Asphalt-Mischwerke Gesellschaft für Baustoffe mbH, Leipzig (26%); Dortmunder Gußasphalt GmbH & Co. Mischwerke, Dortmund (18%); Ems-Jade Mischwerke GmbH & Co. KG für Straßenbaustoffe, Cappeln (25%); Karl Schweyer AG, Mannheim (23%); Oder Havel Mischwerke GmbH & Co. KG, Berlin (12%); Sauerländer Asphaltmischwerke GmbH & Co. KG, Brilon (34%); Weser-Mischwerke Dr. Joachim Schmidt GmbH & Co. KG, Bremen (26%).

GLOBALE STRATEGIEN UND DER STANDORT DEUTSCHLAND. Weil ein Prinzip der Werhahn-Gruppe die Übertragung unternehmerischer Verantwortung und Kompetenzen auf die Gesellschaften vor Ort bzw. auf deren Führungskräfte ist, nennt Werhahn sich selbst ein »Unternehmen für Unternehmer«. Doch liegt die zentrale Unternehmenssteuerung unmittelbar bei Wilh. Werhahn. Zu ihr gehören die Finan-

Vorstand:
- *Gerhard, Joachim, Dr. (Sprecher; Koordination, Personal, Controlling, Kommunikation)*
- *Jung, Günter (Natursteine, Mehlmühlen, Deutag)*
- *Werhahn, Anton (AKB, ABC, Holz, Ladenbau)*
- *Werhahn, Michael, Dr. (Stuart, MBU, Rathscheck)*
- *Werhahn, Wilhelm (Heinrich, Zwilling, Immobilien, Kommunikation)*

Vorstandsbezüge 1998: *keine Angaben*

Verwaltungsrat:
- *von Koerber, Eberhard, Dr. (Vorsitzender)*
- *Freudenberg, Reinhart, Dr. (stellv. Vorsitzender)*
- *Bardenhewer, Franz, Dr.*
- *Braun, Ludwig Georg*
- *Goder, Lambert*
- *Josten, Paul*
- *Kallen, Paul-Bernhard, Dr.*
- *Kegel, Karl Ernst*
- *Kolb, Alexander, Dr.*
- *Ley, Nikolaus*
- *Miele, Rudolf, Konsul*
- *Rodewig, Heinrich J., Dr.*

Verwaltungsratstantiemen 1998: *keine Angaben*

Umsatz 1998: *3.694,9 Mio.*
Umsatz 1997: *3.734,6 Mio.*
Umsatz 1996: *3.579,3 Mio.*

Der Umsatz der Familie Werhahn liegt um einiges höher, da verschiedene Unternehmen u.a. im Bankenbereich nicht in den Konzernabschluß einbezogen werden. Zu Gewinn, Cash flow und Steuern macht Werhahn keine Angaben.

Grund- bzw. Stammkapital 1998: *778,7 Mio.*

Beschäftigte 1998: *8.192*
Beschäftigte 1997: *8.288*
Beschäftigte 1996: *7.560*

Umsatz pro Mitarbeiter 1998: *451.038,– DM*
Umsatz pro Mitarbeiter 1997: *450.639,– DM*
Umsatz pro Mitarbeiter 1996: *473.452,– DM*

Löhne und Gehälter 1998: *545,5 Mio.*
Löhne und Gehälter 1997: *556,3 Mio.*
Durchschnittsgehalt 1998: *66.590,– DM*
Soziale Abgaben und Aufwendungen 1998: *125,0 Mio.*
Soziale Abgaben und Aufwendungen 1997: *124,0 Mio.*

Investitionen 1998: *165,0 Mio.*
Investitionen 1997: *164,0 Mio.*
Investitionen 1996: *145,0 Mio.*

Mitbewerber: *Babcock Borsig, Benteler, Liebherr, Linde, MAN, Mannesmann, Preussag, Schott, Thyssen Krupp*

zierung und Erfolgskontrolle der einzelnen Gesellschaften sowie deren langfristige strategische Ausrichtung. Und die soll in den nächsten Jahren zunehmend international werden. Werhahn will das Auslandsgeschäft der Gruppe stark ausbauen. Wurden bisher 20% im Ausland erwirtschaftet, so soll sich diese Zahl mittelfristig verdoppeln. Die amerikanische Stuart-Gruppe expandiert durch Akquisitionen weiter in Nord- und Südamerika, die Basalt-Gruppe expandiert vor allem in Osteuropa und gehört heute schon zur europäischen Spitzengruppe. Die AKB-Bank gründet Tochtergesellschaften in Polen und Frankreich.

Das Portfolio der Werhahn-Gruppe wurde nach dem Strabag-Verkauf in einigen Teilen neu geordnet. Die knapp 50%-Beteiligung am Baukonzern Strabag, die in der Werhahn-Bilanz nicht berücksichtigt war, wurde 1997 aufgegeben, nachdem infolge der Baukrise und gravierender Managementfehler der Strabag-Konzern in große wirtschaftliche Probleme geraten war, die durch massive Stützung durch die Werhahn-Gruppe aufgefangen werden konnten. Die ansonsten erfolgsverwöhnten Neusser trennten sich folgerichtig von diesem Bauriesen, nachdem sie zuvor aus dessen Portfolio als Stützungskäufe die Märkische Bau-Union GmbH und die Deutag AG übernommen hatten, was die Eigenkapitalquote erheblich sinken ließ und rund 100 Mio. DM gekostet haben dürfte. Nach dem Verkauf des Mühlenunternehmens Soya Mainz GmbH & Co. KG wurde der Geschäftsbereich Mehl dem Unternehmensbereich Industrie zugeordnet. Insgesamt fielen den Deinvestitionen rund 1 Mrd. DM Umsatz zum Opfer.

INNERBETRIEBLICHE BÜNDNISSE. Die einzelnen Unternehmen der Werhahn-Gruppe verfügen über zahlreiche Arbeitszeit- und Gruppenarbeitsmodelle.

UMWELTSCHUTZ/INNOVATIONEN. Werhahn macht zentral zu diesen Themen keine Angaben. Zahlreiche Unternehmen der Gruppe verfügen jedoch über Umweltschutz-Managements und branchenspezifische Entwicklungs- und Forschungseinrichtungen. Eine Kontrolle erfolgt durch die Werhahn-Holding.

WESTLB

Standort:
Herzogstraße 15
40217 Düsseldorf

Postanschrift:
40199 Düsseldorf

Telefon: *(0211) 826-01*
Telefax: *(0211) 826-6119*
Internet: *www.westlb.de*

Branche: *Kreditinstitute*

GESCHICHTE UND ENTWICKLUNG. Die Westdeutsche Landesbank Girozentrale wurde am 1. Januar 1969 durch den Zusammenschluß der Landesbank für Westfalen Girozentrale, Münster (gegr. 1832), und der Rheinischen Girozentrale und Provinzialbank, Düsseldorf (gegr. 1854), gegründet. Aufgrund der Geschichte der beiden Vorgängerinstitute verfüge man – so die WestLB in der Selbstdarstellung – über mehr als 150 Jahre Bankerfahrung.

BESITZVERHÄLTNISSE/EIGENTUMSSTRUKTUR.
Am Kapital der WestLB sind als Gewährträger beteiligt:
- Land Nordrhein-Westfalen (43,2%)
- Landschaftsverband Rheinland, Köln (11,7%)

- Landschaftsverband Westfalen-Lippe, Münster (11,7%)
- Rheinischer Sparkassen- und Giroverband, Düsseldorf (16,7%)
- Westfälisch-Lippischer Sparkassen- und Giroverband, Münster (16,7%)

Die staatliche Aufsicht über die Bank führt der Finanzminister von Nordrhein-Westfalen im Einvernehmen mit dem Minister für Wirtschaft, Mittelstand und Technologie des Landes. Die Verbindlichkeiten der WestLB werden garantiert durch die gesamtschuldnerische Haftung ihrer Eigentümer und öffentlichen Gewährträger. Organe der Bank sind die Gewährträgerversammlung, der Verwaltungsrat und der Vorstand.

KONZERNÜBERBLICK. Die WestLB ist eine national und international tätige universelle Geschäftsbank. Sie ist das größte öffentlich-rechtliche Kreditinstitut der Republik und gehört zu den größten deutschen Banken. Sie übt satzungsgemäß drei Funktionen aus, die gleichgewichtig nebeneinander stehen: Sie ist Geschäftsbank, Sparkassen-Zentralbank und Staatsbank des Landes Nordrhein-Westfalen. Die Kundenbereiche des WestLB-Konzerns umfassen Firmenkunden, Immobilienkunden, Sparkassen, Öffentliche Kunden, Banken sowie Institutionelle Kunden und vermögende Privatkunden. Die Geschäftsfelder des WestLB-Konzerns sind Corporate Finance, Financial Markets, Asset Management, Beteiligungen, LBS, Investitions-Bank NRW und Wohnungsbauförderungsanstalt NRW.
Die WestLB ist an allen wichtigen nationalen und internationalen Finanz- und Handelsplätzen mit Tochtergesellschaften, Repräsentanzen oder Beteiligungen vertreten. Im Inland ist sie in neun großen Städten präsent. In Europa ist sie mit Niederlassungen, Repräsentanzen und Tochtergesellschaften in 14 Ländern vertreten. Die WestLB nutzt die Vorteile von Kooperationen, um ihre eigenen Ressourcen zu optimieren und ihre strategischen Ziele zu erreichen. So sind folgende Banken in Europa Kooperationspartner der WestLB: ASLK-CGER Bank, Brüssel/Belgien, Bank Austria AG, Wien/Österreich, Cassa di Risparmio delle Provincie Lombarde S.p.A., Mailand/Italien, Standard Chartered Bank, London/Großbritannien.
Seit Anfang der 90er Jahre ist die WestLB über ihre Tochtergesellschaft Banque Européenne pour l'Amérique Latine (BEAL) S.A. mit Niederlassungen und Repräsentanzen in sieben Ländern Südamerikas vertreten. Niederlassungen haben die Düsseldorfer in Brüssel, London, Madrid, New York, Hongkong, Singapur, Sydney, Tokio, Shanghai, Istanbul und Izmir; Repräsentanzen in Amsterdam, Bangkok, Chicago, Dubai, Jakarta, Kiew, Los Angeles, Mexico City, Mumbai, Nishnij Nowgorod, Osaka, Peking, Prag, St. Petersburg, Stockholm, Taipeh, Toronto und Zürich. Dazu kommen die Tochterinstitute Banque d'Orsay S.A., Paris (Schwerpunkt: Fondsverwaltung für französische institutionelle Anleger), WestLB International S.A., Luxemburg, Westdeutsche Landesbank (Schweiz) AG, Zürich, und die West Merchant Bank-Gruppe, London, zu der Panmure Gordon (Aktienbroker) und Quorum Capital Management Ltd. (Asset Manager) gehören.
Die WestLB gehört darüber hinaus aufgrund ihres großen Bestandes an Festzinshypotheken und Baudarlehen der zu ihr gehörenden Landes-Bausparkasse (LBS) zu den wichtigsten Hypothekenbanken Deutschlands. Sie ist als Universalbank tätig in den Bereichen

Rechtsform:
Anstalt des öffentlichen Rechts

Geschäftsjahr: *1.1.-31.12.*

Gründungsjahr: *1969*

Öffentlichkeitsarbeit:
Reinhard Parthe
Tel.: (0211) 826-2200
Fax: (0211) 826-6378

Vorstand:
- *Neuber, Friedel (Vorsitzender)*
- *Offen, Hans-Henning (stellv. Vorsitzender)*
- *Prautzsch, Wolf-Albrecht, Dr. (stellv. Vorsitzender)*
- *Falke, Dieter, Dr.*
- *Franke, Adolf, Dr.*
- *Holdijk, Rudolf, Dr.*
- *Ringel, Johannes, Dr.*
- *Roggemann, Gerhard*
- *Sengera, Jürgen*

Vorstandsbezüge 1998:
13.500.000,– DM

Verwaltungsrat:
- *Beutele, Karlheinz, Dr. (Vorsitzender; Rheinischer Sparkassen- und Giroverband), Düsseldorf*
- *Esser, Ferdinand (Landschaftsverband Rheinland), Köln*
- *Gerlach, Rolf, Dr. (Westf.-Lipp. Sparkassen- und Giroverband), Münster*
- *Schäfer, Wolfgang (Landschaftsverband Westfalen-Lippe), Münster*
- *Schleußer, Heinz (Finanzminister NRW), Düsseldorf*
- *Steinbrück, Peer (Minister für Wirtschaft und Mittelstand, Technologie und Verkehr NRW), Düsseldorf*

Von Gewährträgern entsandte Mitglieder:
- *Barbonus, Joachim (Stadtdirektor), Bochum*
- *Brunswig, Rolf (Sparkasse Siegen), Siegen*
- *Dammeyer, Manfred, Prof. Dr. (Vorsitzender der SPD-Landtagsfraktion NRW), Düsseldorf*
- *Geuenich, Michael, Köln*
- *Kettler, Heinz (Metallwarenfabrik GmbH & Co.), Ense-Parsit*
- *Krämer, Hans-Peter (Kreissparkasse Köln), Köln*
- *Krämer, Hermann, Dr., Seevetal*
- *Kranz, Michael (Sparkasse Bonn), Bonn*
- *Linssen, Helmut, Dr. (ehem. Vorsitzender der CDU-Landtagsfraktion NRW), Düsseldorf*
- *Petring, Jens (MdL NRW), Düsseldorf*
- *Späth, Friedrich (Ruhrgas AG), Essen*
- *Wixforth, Gerd, Dr. (Stadtdirektor i.R.), Gütersloh*

Vertreter der Belegschaft der Bank:
**Eicke, Fred*
**Gerigk, Christian*
**Löschmann, Gerd-Uwe*
**Ludwig, Doris*
**Matthewes, Manfred*
**Schimpf, Manfred*
**Schreiber, Hubertus*
**Wagemann, Peter*
**Weber, Elisabeth*

Ständige Vertreter der Verwaltungsratsvorsitzenden:
- *Gerlach, Ernst*
- *Krell, Dieter*
- *Molsberger, Udo*
- *Predeick, Hans-Ulrich*
- *Biesenbach, Heinz*
- *Döhrmann, Andreas, Dr.*

Tantiemen des Verwaltungsrates und der Gewährträgerversammlung 1998:
1.300.000,– DM

Bausparen, Leasing, dem Wertpapierhandel, der Anbahnung und Finanzierung von Firmenübernahmen und allen Varianten von Spezialfinanzierungen. Sie ist der größte Daueremittent von Bankschuldverschreibungen in Deutschland. Die WestLB ist die Zentralbank der Sparkassen in Nordrhein-Westfalen und Brandenburg und unterstützt sie bei allen Kredit- und Dienstleistungsgeschäften.
Als Staatsbank des Landes Nordrhein-Westfalen unterstützt die WestLB das Land und seine Kommunen in der Umsetzung der Wirtschafts- und Wohnungsbauförderung (Wirtschafts- und Strukturpolitik, Förderung der gewerblichen Wirtschaft und von Projekten der öffentlichen Hand, Wohnungsbauförderung – zum 1. Januar 1992 wurde die Wohnungsbauförderungsanstalt des Landes NRW auf die WestLB übertragen). Die Staatsbankaktivitäten sind in der Investitions-Bank NRW zusammengefaßt. Die WestLB stellt Kommunal- und Staatskredite zur Verfügung. Darüber hinaus gehören ihr im Auftrag des Landes die Spielcasinos des Landes NRW. Längst hat die WestLB den Status der wohlkontrollierten landeseigenen Bank verloren und ist im Stil der privaten Großbanken weltweit tätig. Mit Tochterbanken, Niederlassungen und Repräsentanzen ist der WestLB-Konzern weltweit in mehr als 35 Ländern vertreten. Ähnlich verhält es sich mit den Großakquisitionen und Beteiligungen außerhalb des Finanzbereiches. Die WestLB ist an zahlreichen bedeutenden Industrieunternehmen beteiligt und kontrolliert maßgeblich das westdeutsche Spielbanken- und Lotteriegeschäft.

BETEILIGUNGEN. Die Zahl der verbundenen Unternehmen der WestLB betrug Ende 1998 198 Gesellschaften, von denen 76 in den Konzernabschluß einbezogen wurden. Weitere 122 Unternehmen wurden nicht in den Konzernabschluß einbezogen. Zu den wichtigsten Bankenkonzerntöchtern gehören:
- Banque d'Orsay S.A., Paris/Frankreich (100%); West Merchant Bank Ltd., London/Großbritannien (100%); Banque Européenne pour l'Amérique Latine (BEAL) S.A., Brüssel/Belgien (100%); WestLB Panmure Ltd., London/Großbritannien (100%); WestLB International S.A., Luxemburg (75%); SAO Westdeutsche Landesbank Vostok, Moskau/Rußland (100%); WestKB Westdeutsche Kapitalbeteiligungsges. mbH, Düsseldorf (90%); WestLB Asset Management (UK) Ltd., London/Großbritannien (100%); WestLB New York Capital Investment Ltd., Jersey/USA (100%); WestLB Research GmbH, Düsseldorf (100%); WestLB Systems GmbH, Düsseldorf (100%); WPS WertpapierService Bank AG, Düsseldorf (83%); Landesbank Rheinland-Pfalz – Konzern, Mainz (37,5%); Landesband Schleswig-Holstein – Konzern, Kiel (39,9%); Westdeutsche ImmobilienBank – Konzern, Mainz (50%). Sonstige Konzerntöchter: Westfinanz Westdeutsche Finanzierungsges. mbH, Düsseldorf (100%); Westdeutsche Spielbanken GmbH & Co. KG, Münster (100%); WestLeasing Westdeutsche Leasing Holding GmbH, Düsseldorf (100%).
- Wesentlicher gewerblicher Anteilsbesitz der WestLB (mit einer Anteilsquote von mindestens 10%, zum Teil über Vorschaltgesellschaften gehalten): Preussag AG, Hannover (rund 33%); Babcock Borsig AG, Oberhausen (10%); AW-Beteiligungs GmbH, Ochsenfurt (24,24% – hält Anteile an der Fresenius AG, Bad Homburg v.d.H., von 10%); Kommunale Energie-Beteiligungs GmbH, Dortmund (28,3% – hält Anteile an der VEW AG, Dortmund, von 37,55%). Köln-Düsseldorfer

Deutsche Rheinschiffahrt AG, Köln (rund 90%); Kaufhof Warenhaus AG, Köln (12,5%); TA Triumph-Adler AG, Nürnberg (rund 19%); Telius Grundstücksverwaltungs-Gesellschaft mbH, Düsseldorf (20%); Mühl Product & Service und Thüringer Baustoffhandel Beteiligungs- und Verwaltungs GmbH (25%); ISIS Multimedia Net GmbH, Düsseldorf (50%); Schuh-Union AG, Rodalben (36,4%).

Globale Strategien und der Standort Deutschland. Die WestLB begleitet nach ihrer verstärkt am Markt orientierten Neuausrichtung als Universalbank die großen deutschen Unternehmen bei ihren Expansionen auf den Wachstumsmärkten der Welt. Entsprechend expansiv sind die Düsseldorfer auch auf allen lukrativ erscheinenden Märkten mit ihrem weltweiten Stützpunktnetz. Neben der verstärkten Präsenz im asiatisch-pazifischen Raum ist die WestLB in nahezu allen osteuropäischen Hauptstädten mit Niederlassungen, Tochtergesellschaften oder Repräsentanzen vertreten. In Polen erhielt sie als erste deutsche Bank die Lizenz zur Gründung der ersten rein deutschen Bank in Polen, der WestLB Polska. Die WestLB konzentriert sich zunehmend auf das Investment-Banking.
Mitte 1995 wurde die Westdeutsche Immobilienbank gegründet, die das überregionale Finanzierungsgeschäft der WestLB, der SüdwestLB, der Landesbank Rheinland-Pfalz und der Landesbank Schleswig-Holstein bündelt. Die sozialdemokratisch dominierte WestLB hat sich mit 50% an der im Frühjahr 1992 neu gegründeten Investitionsbank Brandenburg beteiligt. 1995 ging die Deutsche Außenhandelsbank AG von der Kreditanstalt für Wiederaufbau vollständig an die WestLB über. Gemeinsam mit anderen Landesbanken wurde 1998 die WertpapierService Bank gegründet.

Innerbetriebliche Bündnisse. Die WestLB hat ein Arbeitszeitsystem installiert, in dem die Arbeitszeit aufgabenorientiert ausgerichtet ist. Die Mitarbeiter können eigenverantwortlich und unabhängiger über ihre Zeit verfügen, Verantwortung soll stärker delegiert werden. Besonderen Wert legt die WestLB auf hochqualifiziertes Personal, besonders auch vor dem Hintergrund weiterer Expansionen ins Ausland. Die WestLB beschäftigte 1998 172 Auszubildende und Trainees. Infolge der geänderten Anforderungen im immer komplexer werdenden Bankgeschäft stellt die WestLB zunehmend Hochschulabsolventen ein.

Friedel Neuber – Der grosse Drahtzieher. Seit 1981 regiert Friedel Neuber die Düsseldorfer Bank – und erstmals wurde 1997 ein möglicher Nachfolger ins Spiel gebracht: Michael Frenzel, der Vorstandsvorsitzende der Preussag AG. Frenzel soll aufgebaut werden, um Neuber dann im Jahr 2000 aus Altersgründen abzulösen. Der starke Einfluß, den Neuber auf Frenzel und den Umbau des Preussag-Konzerns hin zu einem Touristik- und Dienstleistungskonzern ausübt, spricht für die Kronprinzenrolle Frenzels. Eine außergewöhnliche sozialdemokratische Karriere würde sich mit dem Abgang Neubers dann dem Ende neigen: Krupp-Buchhalter, Krankenhausverwalter, Juso-Funktionär, Duisburger SPD-Kommunalpolitiker, rheinischer Sparkassenpräsident. Die typische SPD-Karriere im SPD-Staat NRW. Unter dem engen Freund des früheren NRW-Ministerpräsidenten Johannes Rau,

Tantiemen der über 130 Beiräte aus Wirtschaft, Verwaltung und dem Bereich der Sparkassen 1998: *1.200.000,– DM*

Bilanzsumme 1998:
693.026,0 Mio.
Bilanzsumme 1997:
597.299,0 Mio.
Bilanzsumme 1996:
470.749,0 Mio.

Kreditvolumen 1998:
614.508,0 Mio.
Kreditvolumen 1997:
546.271,0 Mio.
Kreditvolumen 1996:
413.846,0 Mio.

Jahresüberschuß 1998:
809,0 Mio.
Jahresüberschuß 1997:
747,0 Mio.
Jahresüberschuß 1996:
735,0 Mio.

Grund- bzw. Stammkapital 1998: *2.315,3 Mio.*

Steueraufkommen 1998:
742,8 Mio.

Eigene Mittel 1998:
27.953,0 Mio.
Fremde Gelder 1998:
447.957,0 Mio. (Spareinlagen)
Beteiligungen 1998:
6.159,2 Mio.

Risikovorsorge 1998:
1.872,0 Mio.
Risikovorsorge 1997:
2.025,0 Mio.
Risikovorsorge 1996:
508,0 Mio.

Beschäftigte 1998: *14.135 (Bankkonzern: 10.602)*
Beschäftigte 1997: *29.827 (Bankkonzern: 10.116)*
Beschäftigte 1996: *26.349 (Bankkonzern: 10.009)*

Im Rahmen der strategischen Neuausrichtung der Touristikaktivitäten der WestLB bzw. des Konzerns wurden Anteile an der TUI, an der LTU-Gruppe und an der Thomas-Cook-Gruppe verkauft. Dadurch verringerte sich die Zahl der Beschäftigten in der WestLB-Gruppe um rund die Hälfte.

Löhne und Gehälter 1998: *1.840,0 Mio.*
Löhne und Gehälter 1997: *2.200,5 Mio.*
Durchschnittsgehalt 1998: *130.173,– DM*
Soziale Abgaben und Aufwendungen 1998: *614,0 Mio.*
Soziale Abgaben und Aufwendungen 1997: *549,1 Mio.*

Bezüge pro Vorstandsmitglied 1998: *1.500.000,– DM*

der von diesem eigenhändig in die hochdotierte Position gehievt wurde, entwickelte sich die WestLB zu einer der größten Banken in Deutschland, zu einem Machtzentrum der Wirtschaft, zu dessen Einflußbereich heute weit über 150 Unternehmen gehören und zu dem jedes zweite der 500 größten europäischen Unternehmen Geschäftsbeziehungen unterhält. Friedel Neubers Spezialität und die der Staatsbank: der Aufkauf von Großunternehmen bzw. lukrative Beteiligungen an diesen. Inzwischen umfaßt das Beteiligungsportefeuille Anteilspakete an Unternehmen wie Preussag, Babcock Borsig, Kaufhof, Fresenius, Schuh-Union, VEW und LTU.

Speziell die unvermindert boomende Reisebranche hat es Friedel Neuber seit Jahren angetan. Ging der Banker anfänglich daran, mit der Übernahme der LTU und des renommierten britischen Reiseveranstalters Thomas Cook seinen »eigenen« großen europäischen Reisekonzern zu zimmern, so steht ihm seit der 34,4%-Beteiligung an der TUI der Sinn nach noch Größerem. Innerhalb des Preussag-Konzerns, den die WestLB als größter Gesellschafter maßgeblich kontrolliert, wurde das »rote Lager« (nach den Farben der TUI) jetzt in noch größerem Stil etabliert. Auf Initiative Neubers und Frenzels hin übernahm die Preussag AG den Hapag-Lloyd-Konzern, der wiederum eine 30%-Beteiligung an der TUI hielt. Die WestLB brachte ihre TUI-Anteile und Thomas Cook ein, so daß die Preussag Hapag-Lloyd, die TUI und Thomas Cook unter ihrem Dach zum Teilkonzern Hapag-Touristik Union zusammenschmieden konnte. Den Preis, den Friedel Neuber für diese Konstruktion bezahlen muß: Auf Geheiß der Kartellbehörden mußte sich die WestLB von ihrer LTU-Beteiligung trennen und hält jetzt noch einen Restanteil von etwa 10%. Neuber dürfte dieses De-Engagement bei der eher desolaten LTU gar nicht einmal so schwergefallen sein, kam er doch schon seit Jahren immer wieder ins Gehege mit den Erben des LTU-Firmengründers Conle, deren Vorstellungen von einem großen Touristik-Konzern sich nie mit denen des NRW-Bankers gedeckt hatten.

Wintershall siehe BASF

WÜRTH

Standort:
Reinhold-Würth-Straße 12-16
74653 Künzelsau

Postanschrift:
Postfach
74650 Künzelsau

Telefon: *(07940) 15-0*
Telefax: *(07940) 15-1000*
Internet: *www.wuerth.com*

GESCHICHTE UND ENTWICKLUNG. 1945 gründete Adolf Würth, der schon seit Jahren in der Branche tätig war, eine Großhandelsfirma für Schrauben in Künzelsau. Nach dem Tod des Vaters 1954 Übernahme des Zwei-Mann-Betriebs durch Sohn Reinhold. 1962 erste Dependance im Ausland (Niederlande). 1973 Gründung der Reca Union GmbH in Chur/Schweiz als Holdinggesellschaft der Würth-Gruppe International. 1965 Umwandlung der OHG in eine KG. Jahre der Expansion und Gründungen zahlreicher Auslandsgesellschaften. 1985 Erreichung der ersten Umsatz-Milliarde. 1994 Ausscheiden aus der operativen Geschäftsleitung und Übernahme des Beiratsvorsitzes der Würth-Gruppe durch Reinhold Würth. 1995 Übernahme der Hahn & Kolb Werkzeuge GmbH, Stuttgart. 1996 Übernahme der Mepla-Werke Lautenschläger GmbH & Co. KG, Reinheim. 1997 begibt die Würth Finance International B.V. erstmals eine öffentliche Dollar-Anleihe über 100 Mio. US $, die an der Börse in Luxemburg notiert ist. Mit der Übernahme der Gesellschaften Baer Supply Company, Louis and Company, Adams Nut & Bolt Company sowie Eastern Fastener Corporation verstärkt Würth seine Marktpräsenz in den USA.

BESITZVERHÄLTNISSE/EIGENTUMSSTRUKTUR.
- Carmen-Würth-Familienstiftung, Niedernhall (25%)
- Bettina-Würth-Familienstiftung, Freiburg im Breisgau (25%)
- Marion-Würth-Familienstiftung, Reutlingen (25%)
- Markus-Würth-Familienstiftung, Stutensee (25%)

KONZERNÜBERBLICK. Die Würth-Gruppe ist das weltweit größte Handelsunternehmen für Montage- und Befestigungstechnik. Die meisten Unternehmen der Würth-Gruppe betreiben Handel mit technischen Verbrauchsgütern. 101 der insgesamt 190 Konzerngesellschaften firmieren unter dem Namen Würth. An der Spitze der Unternehmensgruppe steht die Adolf Würth GmbH & Co. KG in Künzelsau. Schwerpunkt der Geschäftstätigkeit ist der Handel mit Schrauben, Schraubenzubehör, chemisch-technischen Produkten, Möbel- und Baubeschlägen, Dübeln, Isolierungen, Hand-, Elektro- und Druckluftwerkzeugen, Service- und Pflegeprodukten, Verbindungs- und Befestigungsmaterial, Bevorratungs- und Entnahmesystemen. Das Kernsortiment umfaßt über 50.000 Artikel, die unter eigener Marke über den Würth-Außendienst angeboten werden. Würth betreibt im Inland 66 eigene Verkaufsniederlassungen. Weltweit werden 1,5 Mio. Kunden betreut, professionelle Endverbraucher im Kfz-Handwerk, im holz- und metallverarbeitenden Handwerk sowie in der Industrie. Die meisten nicht unter dem Namen Würth agierenden Unternehmen sind ebenfalls Handelsunternehmen, einige sind Produktionsgesllschaften. Die Geschäftstätigkeit der Würth-Gruppe unterteilt sich in die Marktsegmente: Kraftfahrzeughandwerk (Division Auto), Handwerk Metall (Division Metall), Handwerk Holz (Division Holz), Bauhandwerk (Division Bau) sowie Industrie (Division Industrie). Dazu kommen die Vertriebszweige Elektro, Sanitär und Cargo. Die nicht unter Würth firmierenden 89 weltweit operierenden Tochtergesellschaften werden unter Allied Companies geführt und kamen 1998 auf einen Umsatz von 2,1 Mrd. DM.

BETEILIGUNGEN. Würth war Anfang 1999 mit 190 Gesellschaften in 72 Ländern tätig. Zu den wichtigsten nicht unter Würth firmierenden Gesellschaften gehören zu 100%:
- Schrauben und Normteile: Bernd John GmbH, Hamburg; Molt Gelenkantriebe GmbH, Hamburg; ferrometal oy, Nurmijärvi/Finnland; Ruuvineri Oy, Riihimäki/Finnland; Spinelli S.r.l., San Giovanni Lupatoto/Italien.
- Werkzeuge: Hahn & Kolb Werkzeuge GmbH, Stuttgart; Hommel Hercules Werkzeughandel GmbH & Co. KG, Viernheim; Sartorius Nachf. GmbH & Co. KG, Ratingen; Monks and Crane Industrial Group Limited, West Bromwich/Großbritannien; Hommel & Seitz Gesellschaft mbH, Wien/Österreich; Metzler GmbH & Co. KG, Feldkirch-Altenstadt/Österreich; S. Kisling & Cie. AG, Zürich/Schweiz; A.J. Steenkist-Rooijmans B.V., Eindhoven/Niederlande.

Branche: *Handelsunternehmen für Montage- und Befestigungstechnik*

Rechtsform: *GmbH & Co. KG*

Geschäftsjahr: *1.1.-31.12.*

Gründungsjahr: *1945*

Presse- und Öffentlichkeitsarbeit:
Thomas Oberle
Tel.: (07940) 15-2574
Fax: (07940) 15-4400
E-Mail: thomas.oberle@wuerth.com

Konzern-Führungskonferenz:
- *Jaeger, Walter, Dr. (Sprecher der Führungskonferenz der Würth-Gruppe; Controlling, Rechnungswesen; Strategische Unternehmensplanung)*
- *Bauer, Rolf (stellv. Sprecher)*
- *Beilharz, Otto (Finanzen; Allied Companies)*
- *Knoblauch, Gerhard (stellv. Mitglied; Finanzdienstleistungen; Sonderaufgaben)*
- *Lorefice, Max (Allied Companies)*
- *Rampmaier, Wolfgang (Division Industrie Welt)*
- *Unkelbach, Harald, Dr. (Sprecher der Geschäftsleitung der Adolf Würth GmbH & Co. KG; Informationssysteme)*
- *Zürn, Peter (Vertrieb; Division Auto Welt)*

Bezüge der Führungskonferenz 1998:
keine Angaben

Beirat:
- *Würth, Reinhold (Vorsitzender), Künzelsau-Gaisbach*
- *Krupp, Georg (erster stellv. Vorsitzender; ehem. Mitglied des Vorstandes der Deutsche Bank AG), Frankfurt/Main*

Thiemann, Bernd, Dr. (zweiter stellv. Vorsitzender; Vorsitzender des Vorstandes der DG Bank), Frankfurt/Main
Floto, Udo (Hauptgeschäftsführer der Milchhof Eiskrem GmbH & Co. KG), Mettmann
Güldenberg, Hans G. (Vorsitzender des Vorstandes der Nestlé Deutschland AG), Frankfurt/Main
Maier, Frank-Dieter (Vorsitzender der Geschäftsführung der Temic Telefunken microelectronic GmbH), Heilbronn
Rogowski, Michael, Dr. (Vorsitzender der Geschäftsführung der J.M. Voith GmbH), Heidenheim
Sorg, Martin H. (Wirtschaftsprüfer, Steuerberater Anwaltskanzlei Binz & Partner), Stuttgart
Zimpelmann, Uwe (Mitglied des Vorstandes Landwirtschaftliche Rentenbank), Frankfurt/Main

Beiratstantiemen 1998:
keine Angaben

Umsatz 1998: *7.081,1 Mio.*
Umsatz 1997: *6.202,5 Mio.*
Umsatz 1996: *4.872,1 Mio.*

Gewinn 1998: *275,6 Mio.*
Gewinn 1997: *273,9 Mio.*
Gewinn 1996: *255,3 Mio.*

Cash flow 1998: *474,9 Mio.*
Cash flow 1997: *452,6 Mio.*
Cash flow 1996: *383,3 Mio.*

Cash flow: *Die Investitionen wurden vom Cash flow gedeckt.*

Grundkapital 1998:
174,7 Mio.

Die Würth-Gruppe verfügt über ein Eigenkapital von 1,4 Mrd. DM.

Steueraufkommen 1997:
152,5 Mio.

- reca: Reca Norm GmbH & Co. KG, Kupferzell; Siller & Laar GmbH & Co. KG, Augsburg; Normfest GmbH, Velbert; Baier & Michels GmbH & Co. KG, Frankfurt/Main; Reca AG, Dietikon/Schweiz; Reca Belux SA/NV, Huizingen/Belgien; reca union france, Mundolsheim/Frankreich; Kellner & Kunz AG, Wels/Österreich.
- Handel: Conmetall GmbH & Co. KG (Unternehmensgruppe), Celle; Fega Elektro-Großhandels GmbH (Unternehmensgruppe), Ansbach; Reisser Schraubentechnik GmbH, Ingelfingen-Criesbach; Schraubenwerk Gaisbach GmbH, Waldenburg; Arnold & Shinjo GmbH & Co. KG, Ernsbach; COSO Einkaufsservice GmbH, Stuttgart; IMS Verbindungstechnik & Co. KG, Neuenstein; IVT GmbH & Co. KG, Schwabach.
- Produktion: Arnold Umformtechnik GmbH & Co. KG, Forchtenberg-Ernsbach; Mepla-Werke Lautenschläger GmbH & Co. KG (Unternehmensgruppe), Reinheim; Würth Elektronik GmbH (Unternehmensgruppe), Niedernhall; BB-Baubeschlag Produktions- und Handels GmbH, Berga; Dringenberg GmbH Betriebseinrichtungen, Obersulm-Sülzbach; Sonderschrauben Güldner GmbH & Co. KG, Künzelsau; WTN Werkzeugtechnik Niederstetten GmbH & Co. KG, Niederstetten.

GLOBALE STRATEGIEN UND DER STANDORT DEUTSCHLAND. Die Unternehmenspolitik der Würth-Gruppe heißt »konsequente Expansionsstrategie«: Ausbau des weltweiten Vertriebssystems, Wachstum durch Akquisitionen und Neugründungen. Schwerpunkt der Expansionspolitik ist nach wie vor Amerika, wo die Würth-Gruppe neben den eigenen fünf Würth-Gesellschaften, die überwiegend im Automobilteilegeschäft tätig sind, über zehn Tochterunternehmen verfügt, die den Divisionen Industrie und Holz zugeordnet sind. Allein 1998 wurden weltweit zehn neue Gesellschaften bzw. Unternehmen gegründet oder zugekauft. Der Umsatz wurde 1998 um über 14% auf 7,1 Mrd. DM gesteigert, für 1999 sind 8,1 Mrd. DM avisiert; die »Vision 2000« geht von einem Umsatz von 10 Mrd. DM und 30.000 Beschäftigten aus. Zahlreiche Akquisitionen in Asien, Osteuropa und den USA lassen die Gruppe weiter wachsen. 1998 nahm die Gruppe, in erster Linie bedingt durch diese Akquisitionen, erneut um rund 4.100 Beschäftigte zu; bis Mitte 1999 erhöhte sich die Zahl der Beschäftigten auf fast 30.000. Der Gesamtumsatz der Würth-Gruppe verteilt sich mit 44% auf Deutschland und 56% auf das Ausland. Der Ausbau des Ge-

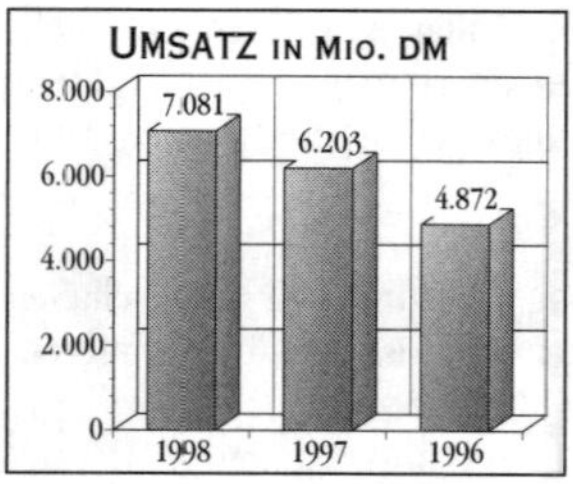

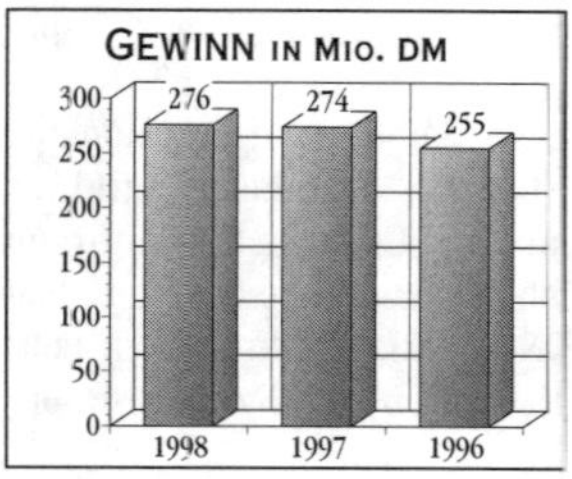

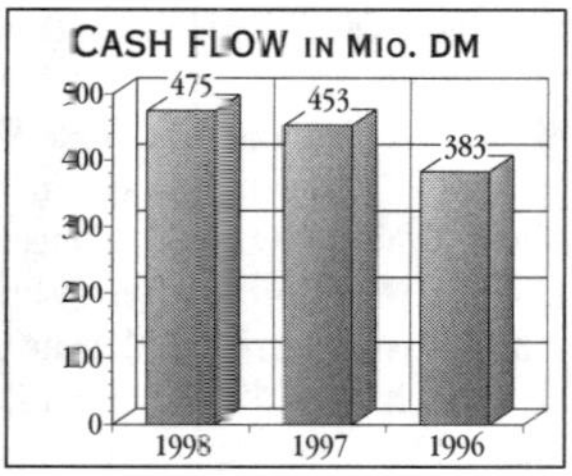

schäftsbereiches Industrie soll im In- und Ausland weiter forciert werden. Dazu wurde die Würth Industrie Service GmbH & Co. KG gegründet.

Beschäftigte 1998: *28.809*
Beschäftigte 1997: *24.688*
Beschäftigte 1996: *20.374*

INNERBETRIEBLICHE BÜNDNISSE. In nahezu allen Würth-Gesellschaften gibt es flexible Arbeitszeiten, verbunden mit Arbeitszeitkonten. Besonderer Wert wird auf Internationalität gelegt. Das gilt auch für Auszubildende, die zunehmend in Würth-Auslandsgesellschaften eingesetzt werden. 1998 waren in der Würth-Gruppe 225 (Vorjahr: 203) Jugendliche in der Ausbildung. Die Aufgaben der seit einigen Jahren bestehenden Akademie Würth: Aufbau eines Personalentwicklungssystems für die Gruppe, Transferzentrum des Würth-Know-how für alle Mitarbeiter weltweit, Weiterbildungsangebote, Pflege, Förderung und Weiterentwicklung der Firmenkultur, Forum für Erfahrungsaustausch und Kontakte zwischen Wissenschaft und Praxis, Lehrveranstaltungen, Aufbau von Train-the-Trainer-Konzepten, Management-Nachwuchs-Seminare.

Umsatz pro Mitarbeiter 1998: *245.791,– DM*
Umsatz pro Mitarbeiter 1997: *251.235,– DM*
Umsatz pro Mitarbeiter 1996: *239.133,– DM*

Löhne und Gehälter 1998: *1.620,9 Mio.*
Löhne und Gehälter 1997: *1.390,4 Mio.*
Durchschnittsgehalt 1998: *56.263,– DM*
Soziale Abgaben und Aufwendungen 1998: *347,8 Mio.*
Soziale Abgaben und Aufwendungen 1997: *297,7 Mio.*

UMWELTSCHUTZ. Die Adolf Würth GmbH & Co. KG hat am Firmensitz in Künzelsau den betrieblichen Umweltschutz systematisch organisiert. Das Unternehmen verfügt über ein Managementsystem. Ein Competence Center »Sicherheit und Umwelt« überwacht und koordiniert alle betrieblichen Umweltschutzmaßnahmen. Diese wurden in dem Umweltbericht 1999–2002 der Adolf Würth GmbH & Co. KG festgeschrieben.

Investitionen 1998: *373,0 Mio.*
Investitionen 1997: *278,0 Mio.*
Investitionen 1996: *236,0 Mio.*

FORSCHUNG, ENTWICKLUNG, INNOVATIONEN. Die Sortimentsbildung und -pflege stehen im Zentrum aller Aktivitäten. In der Entwicklungsabteilung werden neue Produkte mit eigens entwickelten Verfahrenstechniken unter extremen Einsatzbedingungen getestet. Der F+E-Bereich umfaßt 120 Mitarbeiter. Mit dem Stuttgarter Zentrum für Sonnenenergie und Wasserstoff-Forschung (ZSW) gründete Würth 1998 ein Gemeinschaftsunternehmen zur Entwicklung einer Pilotanlage zur Herstellung von Solarzellen. In diesem Zusammenhang wurden mehrere Patente für eine entsprechende Technolgie angemeldet, die erheblich kostengünstiger sei als die bisherige.

Mitbewerber: *Berner-Gruppe, Böllhoff, BTI, Gross, Hilti*

ZEISS-SCHOTT

GESCHICHTE UND ENTWICKLUNG. 1846 gründete der Mechaniker Carl Zeiss (1816–1888) eine Werkstätte für Feinmechanik und Optik in Jena. 1866 begann die Zusammenarbeit mit dem genialen Physiker Ernst Abbe (1840–1905), der im Auftrag von Zeiss die Theorie der Abbildung im Mikroskop entwickelte und eine Reihe revolutionärer Erfindungen in der technischen Optik einleitete. 1875 wurde Abbe Teilhaber, 1891 Vorstandsmitglied des Zeiss-Werkes. Abbe entwickelte damals als Sensation geltende Mikroskop- und Photo-Objektive. 1884 Gründung des Jenaer Glaswerkes Schott & Genossen durch Otto Schott (1851–1935), Carl Zeiss, Sohn Roderich Zeiss und Ernst Abbe. Schott gilt als der Begründer der modernen Glastech-

Sitz der Stiftung: *Heidenheim + Jena*

Standorte der Unternehmen: *Oberkochen und Mainz*

Carl Zeiss: *Carl-Zeiss-Straße 2-60*
73447 Oberkochen

Postanschrift:
73446 Oberkochen

Telefon: *(07364) 20-0*
Telefax: *(07364) 6808*
Internet: *www.zeiss.de*

Schott Glas:
Hattenbergstraße 10
55122 Mainz

Telefon: *(06131) 66-0*
Telefax: *(06131) 66-2000*
Internet: *www.schott.de*

Branchen: *Feinmechanik, Optik, Elektronik, Glastechnik*

Rechtsform: *Stiftung*

Geschäftsjahr: *1.10.-30.9.*

Gründungsjahre: *Carl Zeiss 1846; Schott Glas 1884; Carl-Zeiss-Stiftung 1889*

Verbände: *Verband der Deutschen Feinmechanischen und Optischen Industrie; Verband der Deutschen Photographischen Industrie; Bundesverband Glasindustrie und Mineralfaserindustrie*

Öffentlichkeitsarbeit:

Carl Zeiss, Oberkochen:
Dr. Uwe Braehmer
Tel.: (07364) 20-3242
Fax: (07364) 20-3122
E-Mail: braehmer@zeiss.de

Schott Glas, Mainz:
Dieter Kappler
Tel.: (06131) 66-3662
Fax: (06131) 66-4011
E-Mail: kpr@schott.de

nologie. Erfindung optischer und hitzebeständiger Gläser und des Thermometerglases.
1889 Gründung einer Stiftung durch Ernst Abbe, die er nach seinem verstorbenen Freund und Partner Carl-Zeiss-Stiftung nannte. 1891 wurde die Carl-Zeiss-Stiftung alleinige Eigentümerin des Zeiss-Werkes und ab 1919 auch der Glaswerke Schott & Genossen. Das Stiftungsstatut galt als sozialreformerische Sensation, die der Sozialgesetzgebung um Jahrzehnte voraus war: Anstellungen ausschließlich nach beruflicher Qualifikation, Arbeitervertretungen, festgeschriebene Mindesteinkommen, Neun- und ab 1900 der Achtstundentag, bezahlter Urlaub, Krankengeld, Gewinnbeteiligung, Invaliditäts- und Altersversorgung. Die Zeiss-Werke expandierten und galten als der deutsche Präzisionsbetrieb schlechthin. 1912 Einführung neuartiger Brillengläser; Gründung der Abteilung medizinisch-optischer Geräte; 1923 erstes Planetarium; 1936 Prototyp eines Phasenkontrastmikroskops; zahlreiche bahnbrechende Erfindungen.
1945 große Zerstörungen der Betriebe der Stiftung in Jena. Evakuierung der Führungskräfte der Stiftungsunternehmen von Jena nach Heidenheim durch die Amerikaner; 1946 Produktionsbeginn in Oberkochen. Beginn der Demontage der Werke in Jena; 1948 Enteignung der Stiftung, Nichtbeachtung des Stiftungsstatuts, Umwandlung in einen Staatsbetrieb. 1949 wurde Heidenheim Sitz der Carl-Zeiss-Stiftung. 1952 Produktionsbeginn im neuen Schott-Werk Mainz. Für Zeiss und Schott begann eine äußerst expansive Phase; große innovative Erfindungen, Tochtergründungen und Beteiligungen im Ausland; Aufbau eines weltweiten Produktions- und Vertriebsnetzes für optische Präzisionsinstrumente (Zeiss-Instrumente bei allen bemannten amerikanischen Raumflügen) und Spezialgläser.
Einen jahrzehntelangen Streit gab es zwischen Carl Zeiss/West Germany und dem V.E.B. in Jena um die Namensführung. Der Bundesgerichtshof entschied, daß Carl Zeiss, Oberkochen, als Rechtsnachfolgerin des Jenaer Unternehmens anzusehen war. 1971 fanden die Firmen eine Kompromißlösung. Das DDR-Unternehmen firmierte im Westen als »Jenoptik« und Zeiss, Oberkochen, in den Comecon-Ländern unter »Opton«. In den eigenen Hemisphären durfte jeder seine Qualitätsprodukte unter dem Markenzeichen »Carl Zeiss« vertreiben. Nach dem Zusammenbruch der DDR 1990/91 Gründung einer gemeinsamen Stiftung mit Sitz in Heidenheim und Jena auf der Grundlage des Stiftungsstatuts in der Heidenheimer Fassung. Im November 1991 Gründung der Carl Zeiss Jena GmbH unter dem Dach der Stiftung.

Besitzverhältnisse/Eigentumsstruktur.

Carl-Zeiss-Stiftung, Heidenheim an der Brenz und Jena (100%). Träger der unternehmerischen Tätigkeit der Carl-Zeiss-Stiftung sind die Stiftungsunternehmen Carl Zeiss, Oberkochen, und Schott Glas, Mainz. Beide Stiftungsunternehmen, die der Carl-Zeiss-Stiftung in Heidenheim gehören, werden jeweils unter ihrem eigenen Betriebsvermögen selbständig geführt. Carl Zeiss und Schott Glas besitzen eine Reihe von in- und ausländischen Tochterunternehmen, die in der Zeiss-Gruppe und Schott-Gruppe organisatorisch zusammengefaßt sind.

KONZERNÜBERBLICK. Die beiden zur Carl-Zeiss-Stiftung gehörenden Unternehmen Carl Zeiss und Schott Glas sind Firmen für Präzisionsprodukte. Carl Zeiss ist auf dem Gebiet der feinmechanisch-optischen und elektronischen Präzisionsgeräte Weltspitze, Schott auf dem Sektor Spezialgläser und Glaskeramiken. Beide Bereiche ergänzen sich vortrefflich und bilden eine Einheit. Beide Unternehmensgruppen machen ihre größten Umsätze im Ausland und verfügen weltweit über eine große Zahl von Produktions- und Vertriebsgesellschaften.

◆ Carl Zeiss gliedert sich in sechs Unternehmensbereiche, die weltweit eigenverantwortlich tätig sind. Der Unternehmensbereich Markenoptik ist der größte Bereich von Carl Zeiss und gliedert sich in die Produktgruppen Brillengläser, Brillenfassungen, Kontaktlinsen, Ferngläser/Zielfernrohre und Photoobjektive. Die wichtigsten Produktionsstandorte befinden sich in Deutschland (Aalen, Nattheim, Kiel, Oberkochen, Bad Wildbad, Wetzlar) und in Ungarn (Mateszálka Esztergóm). Der Unternehmensbereich Medizintechnik gliedert sich in die Geschäftsbereiche Chirurgische Geräte (Oberkochen), Ophthalmologie (Jena) und Humphrey Systems (San Francisco, Kalifornien/USA). Der Unternehmensbereich Mikroskopie besteht aus den Geschäftseinheiten Mikroskopiesysteme für die Biotechnologie, Pharmaforschung und Mikroelektronik (Jena) und Lichtmikroskopie (Göttingen). Hinzu kommen Produktionsstätten in Mexiko und Weißrußland. Zum Unternehmensbereich Optisch-Elektronische Systeme gehören die Geschäftsaktivitäten optisch-elektronische Module, Geodäsie, Anlagen & Projekte, Planetarien (Jena) sowie die Weltraumtechnik, Photogrammetrie (Oberkochen). Die Wehrtechnik wird als 100%ige Tochtergesellschaft der Zeiss Optronik GmbH von Oberkochen aus geleitet. Der Unternehmensbereich Halbleitertechnik hat seinen Hauptsitz in Oberkochen, dazu Produktionen in Jena und bei der Hensoldt AG in Wetzlar. Der Unternehmensbereich Industrielle Meßtechnik befindet sich in Oberkochen, die Carl Zeiss Industrielle Meßtechnik GmbH in Esslingen. Die Produktionsstätten für Portalmeßgeräte sind Oberkochen und Minneapolis/USA, für Horizontalarm-Meßgeräte Esslingen. Umsatz der Carl Zeiss-Gruppe 1997/98: 3.021 Mio. DM (Vorjahr: 2.704 Mio.); Beschäftigte 1997/98: 13.968 (Vorjahr: 11.913).

◆ Schott Glas ist in den Unternehmensbereichen Haustechnik, Fernsehen, Gebrauchsglas, Industrie, Optik, Opto-Elektronik, Rohr und Pharmaverpackung tätig. Die Angebotspalette umfaßt kundenorientierte Lösungen für Anwendungen und Systeme in Haus, Gesundheit und Industrie, z.B. Ceran-Kochflächen, Glasprodukte (Schott Jenaer Glas), Fernsehglas, Laserglas, Laborglas, Ampullen, Displayglas, Faseroptik. Schott ist der führende Spezialglas-Hersteller Europas. Die

Vorstand Carl Zeiss:
- *Grassmann, Peter H., Dr. (Sprecher), Oberkochen*
- *Berlien, Olaf, Dr., Aalen*
- *Kurz, Dieter, Dr., Aalen*

Vorstand Schott Glas:
- *Heimendahl, Leopold von, Dr. (Sprecher), Mainz*
- *Averkamp, Christian, Dr., Mainz*
- *Ungeheuer, Udo, Dr., Mainz*
- *Voigt, Roland W., Dr., Mainz*

Vorstandsbezüge der beiden Unternehmen 1997/98: *5.773.000,– DM*

Generalbevollmächtigte:
- *Falkenhausen, Franz Ferdinand von, Dr. (Carl Zeiss), Jena*
- *Kötter, Josef (Carl Zeiss), Aalen*
- *Ramming, Rainer, Prof. (Carl Zeiss), Aalen*
- *Sandt, Björn, Dr. (Schott Glas), Mainz*

Stiftungsverwaltung/ Stiftungskommissar:
- *Ministerien für Wissenschaft und Forschung Baden-Württemberg und Thüringen*
- *Dürr, Heinz, Dr. E.h., Berlin*

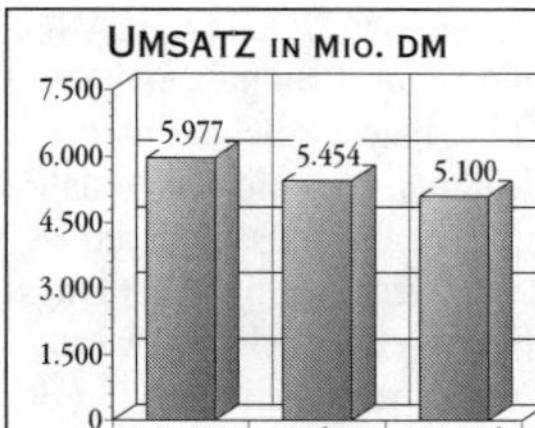

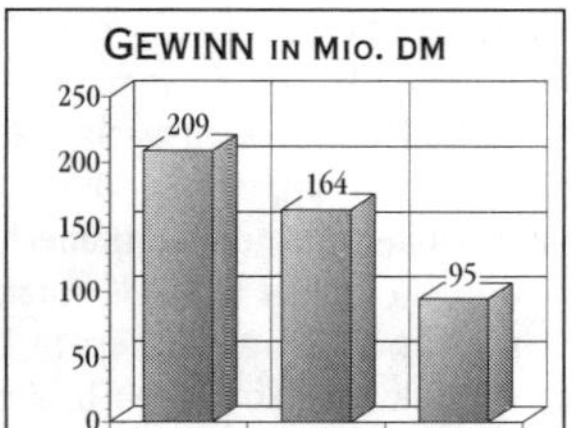

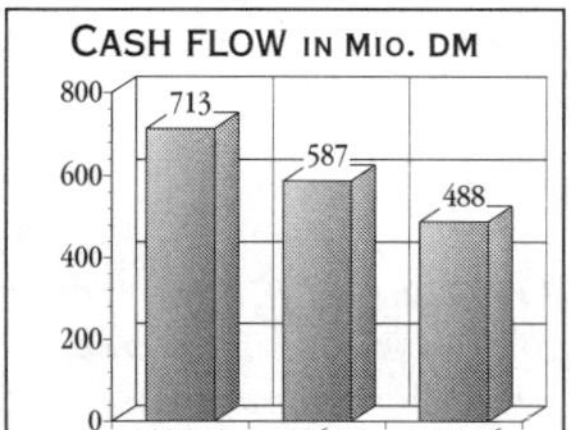

Unternehmensrat Carl Zeiss, Oberkochen:
- *Coenenberg, Adolf G., Prof. Dr. (Universität Augsburg), Stadtbergen*
- *Heydebreck, Tessen von, Dr. (Deutsche Bank AG), Frankfurt/Main*
- *Knoblauch, Eberhard (Hewlett-Packard GmbH), Böblingen*
- *Manger, Hansjörg, Dr. Schwieberdingen*
- *Schelling, Roland, Dr. (Rechtsanwalt und Notar), Stuttgart*
- *Weule, Hartmut, Prof. Dr. (Universität Karlsruhe), Karlsruhe*

**Bartelt, Burkhard*
**Michler, Edwin*
**Mühlfeld, Friedhelm*
**Schubert, Johann Georg*
**Theilacker, Willy*
**Wagner, Ingeborg*

Unternehmensrat Schott Glas, Mainz:
- *Endres, Michael, Dr. (Deutsche Bank AG), Königstein/Taunus*
- *Fahlbusch, Helmut, Mainz*
- *Friderichs, Hans, Dr. (Bundesminister a.D.), Mainz*
- *Pöppel, Joachim, Dr. E.h., Eichwalde*
- *Schaeffer, Helmut A., Prof. Dr. (Deutsche Glastechnische Gesellschaft e.V., Frankfurt/Main), Oberursel*
- *Schelling, Roland, Dr., Stuttgart*

**Böhm, Karl*
**Eckert, Franz-Josef*
**Isilak, Hasan*
**Klingler, Stefan*
**Schäfer, Hugo*
**Stadtmüller, Josef*

Vergütungen für den Stiftungskommissar und die Unternehmensräte 1997/98: *552.000,– DM*

Schott-Gruppe produziert in Deutschland in den Werken Mainz, Wiesbaden und Landshut und unterhält 38 eigene Vertriebsgesellschaften. Insgesamt gehören zur Schott-Gruppe rund 70 Unternehmen mit über 40 Produktionsstätten sowie 230 Vertretungen in über 100 Ländern. Umsatz der Schott-Gruppe 1997/98: 3.027 Mio. DM (Vorjahr: 2.814 Mio.); Beschäftigte 1997/98: 17.838 (Vorjahr: 15.206).

BETEILIGUNGEN. Zur Carl-Zeiss-Stiftung gehören die beiden Stiftungsunternehmen Carl Zeiss, Oberkochen, und Schott Glas, Mainz, mit rund 120 Unternehmen und Beteiligungsgesellschaften auf der ganzen Welt. Zu den wichtigsten Tochter- und Beteiligungsgesellschaften im Inland gehören:

- Carl Zeiss-Gruppe: Carl Zeiss Jena GmbH, Jena (100%); Carl Zeiss Beteiligungs-GmbH, Heidenheim an der Brenz (100%); Carl Zeiss Industrielle Meßtechnik GmbH, Esslingen/Neckar (100%); Hensoldt AG, Wetzlar (100% – Ferngläser); Carl Zeiss Lithos GmbH, Oberkochen (100%); Carl Zeiss Vision GmbH, Hallbergmoos (100%); LEO Elektronenmikroskopie GmbH, Oberkochen (50%); Marwitz & Hauser GmbH, Aalen (100% – Brillenfassungen); Wöhlk Contact-Linsen GmbH, Schönkirchen (100%); Microm Laborgeräte GmbH, Walldorf (74,9%); Zeiss Eltro Optronic GmbH, Oberkochen (100%); Prontor-Werk Alfred Gauthier GmbH, Bad Wildbad (100%)
- Schott-Gruppe: Schott Zwiesel AG, Zwiesel (71,9%); Schott-Geräte GmbH, Hofheim (100%); Schott Auer GmbH, Bad Gandersheim (100% – Halogenlampenreflektoren); Schott Desag AG, Grünenplan (92,2% – Brillenglas, Autospiegel); Schott-Rohrglas GmbH, Bayreuth (100%); Schott Jenaer Glas GmbH, Jena (100%); Schott Glaswerke Beteiligungs-GmbH, Mainz (100%); Schott Medica GmbH, Wertheim/Main (100%); Schott Spezialglas GmbH, Mainz (100%); Schott ML GmbH, Jena (100%).

CARL-ZEISS-STIFTUNG. Die Carl-Zeiss-Stiftung in Heidenheim hat keine Eigentümer. Ziele der 1889 von Ernst Abbe gegründeten Stiftung waren eine wirtschaftliche Absicherung der beiden Unternehmen Zeiss und Schott, eine im Stiftungsstatut festgelegte wirtschaftliche Fürsorge für die Mitarbeiter sowie die Förderung gemeinnütziger Einrichtungen. Diese Rechtsform ist in der Bundesrepublik einmalig. Die Organe der Carl-Zeiss-Stiftung, Heidenheim an der Brenz und Jena, sind die Stiftungsverwaltung, der Stiftungskommissar, der von je einem Unternehmensrat der Stiftungsunternehmen beraten wird, und die Vorstände der Stiftungsunternehmen Carl Zeiss und Schott Glas. Die Mitglieder der Vorstände sind Bevollmächtigte der Carl-Zeiss-Stiftung.

GLOBALE STRATEGIEN UND DER STANDORT DEUTSCHLAND. Noch mehr als Carl Zeiss versteht sich die Schott-Gruppe zunehmend in der Rolle eines hochspezialisierten Global Players. Beide Unternehmensgruppen optimieren durch Akquisitionen ihre internationalen Unternehmensportfolios. Immerhin liegt der Auslandsanteil am gemeinsamen Umsatz bei 74%. Aber »Made in Germany« bedeutet längst nicht mehr auch »produziert in Deutschland«. Bei Carl Zeiss werden die Produktionskapazitäten in den USA weiter vorangetrieben, Werke in Ungarn, Mexiko und Weißrußland als Fertigungsstandorte für einfache Komponenten und Geräte ausgebaut. Die »Niedriglohnstandorte« – so die Carl Zeiss Gruppe – sollen die deutschen »Carl Zeiss Hochtechnologie- und Hochlohnstandorte« weiterhin absichern. Schott produziert auch in Tschechien. Die Schott-Gruppe setzt in ihrer internationalen Expansion besonders auf Nordamerika, den größten Spezialglasmarkt der Welt. Beide Unternehmensgruppen forcieren aber auch die Expansion in den asiatischen Märkten durch Akquisitionen und Kooperationen vor Ort. In der Türkei wurde ein Joint-venture mit dem Glashersteller Pasabahce, einer Tochtergesellschaft des größten türkischen Glasherstellers Sisecam, eingegangen. Wenn die Carl Zeiss-Gruppe und die Schott-Gruppe jetzt wieder massiv expandieren, dann darf nicht übersehen werden, daß besonders Carl Zeiss Mitte der 90er Jahre eine Phase massiver Umsatz- und Gewinneinbrüche (Vereinigung zwischen den beiden Stiftungsteilen in Ost- und Westdeutschland, Kürzungen des Wehretats, rezessive Einflüsse) zu verzeichnen hatte. Die Folge: Entlassungen an allen deutschen Standorten (besonders Oberkochen und Jena) von über 6.000 Beschäftigten.

Zeiss Oberkochen (West) und Zeiss Jena (Ost).

Zeiss Jena und die Jenaer Glaswerke waren die Renommierunternehmen der ehemaligen DDR und wurden nach der Wende unverzüglich unter Westleitung gestellt. Nach Heraustrennung der »Altlasten« in Höhe von 1,3 Mrd. DM übergab die Treuhand die ostdeutsche Industrie-Perle der Carl-Zeiss-Stiftung Jena und damit in die Obhut der thüringischen Landesregierung. Dem westdeutschen Zeiss Oberkochen erwuchs jetzt eine ostdeutsche Konkurrenz unter derselben Firmierung, die ihm nicht recht sein konnte. Zwischen der Treuhandanstalt, dem Land Thüringen, dem Land Baden-Württemberg und den Unternehmen Jenoptik Carl Zeiss Jena GmbH, Carl Zeiss, Jenaer Glaswerk GmbH und Schott Glaswerke wurde schließlich eine Grundsatzvereinbarung unterzeichnet, wonach es nur noch eine Carl-Zeiss-Stiftung gab – und zwar mit Sitz in Heidenheim und in Jena, aber in der Heidenheimer Fassung. Auf diese Weise gehörten beide Jenaer Unternehmen zur Carl-Zeiss-Stiftung, hatten Zeiss und Schott nun die Mehrheit der Anteile mit je 51% an den Jenaer Stammunternehmen in ihrem Portfolio. 49% an der Carl Zeiss Jena GmbH hielt die von Baden-Württembergs Ex-Ministerpräsidenten Lothar Späth dirigierte Jenoptik GmbH, Jena, ein ebenfalls aus dem Zeiss-Kombinat hervorgegangenes Unternehmen des Landes Thüringen, dem außerdem 49% der Anteile der Jenaer Glaswerk GmbH gehörten. Mitte 1995 übernahm Carl Zeiss auch noch jeweils diese 49%-Gesellschafteranteile der Jenoptik GmbH, womit die Carl Zeiss Jena GmbH eine 100%ige Tochter der Oberkochener wurde. Gesellschaftsrechtlich waren damit die Voraussetzungen für die Integration von Carl Zeiss Jena in den Konzern gegeben.

Zwischen der Geschäftsführung West und dem Land Thüringen wurde aber ein ganzes Paket an Rahmenbedingungen festgeschrieben: Jena wurde als Kernstandort für Forschung und Technologie dauerhaft gesichert. Zukunftsträchtige Geschäftsfelder (Mikroskopie, Ophthalmologie, Geodäsie) sowie die zentrale Datenverarbeitung für Zeiss und Schott wurden nach Jena verlegt. Hinzu kamen Fertigungskapazitäten für den neuen Unternehmensbereich Halbleiter. Vertraglich vereinbart wurde, in Jena eine Belegschaft zu erhalten, die mindestens 20% der

Umsatz 1997/98: *5.977,3 Mio. (davon Ausland: 74%)*
Umsatz 1996/97: *5.454,4 Mio. (davon Ausland: 73%)*
Umsatz 1995/96: *5.100,0 Mio. (davon Ausland: 71%)*

Gewinn 1997/98: *209,2 Mio.*
Gewinn 1996/97: *163,6 Mio.*
Gewinn 1995/96: *94,8 Mio.*

Cash flow 1997/98: *713,0 Mio.*
Cash flow 1996/97: *587,0 Mio.*
Cash flow 1995/96: *488,0 Mio.*

Cash flow: *Der Cash flow floß in Investitionen für Sachanlagen von Zeiss und Schott.*

Stiftungskapital 1998: *580,0 Mio.*

Steueraufkommen 1997/98: *126,2 Mio.*

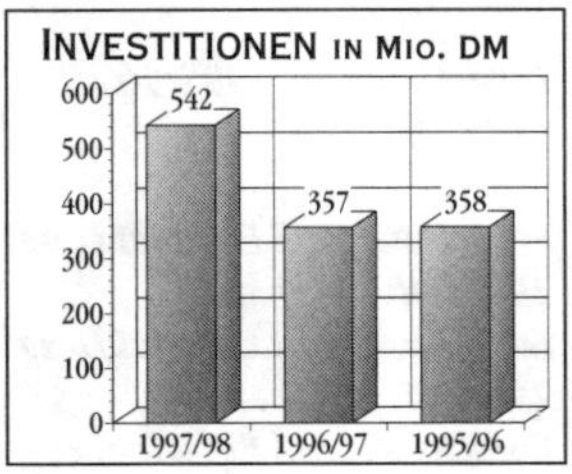

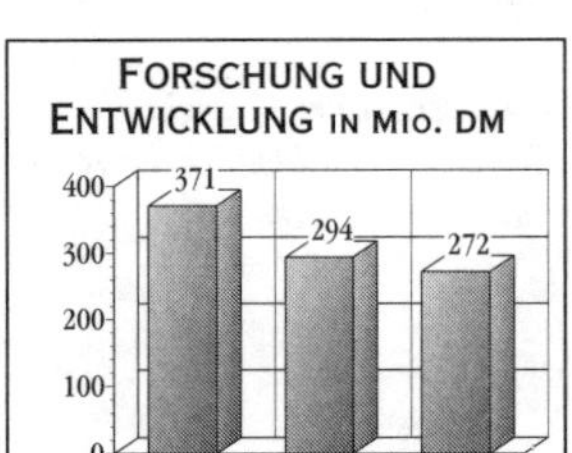

Beschäftigte 1997/98: *31.806*
Beschäftigte 1996/97: *28.119*
Beschäftigte 1995/96: *28.335*

Umsatz pro Mitarbeiter 1997/98: *187.930,– DM*
Umsatz pro Mitarbeiter 1996/97: *193.976,– DM*
Umsatz pro Mitarbeiter 1995/96: *179.989,– DM*

Löhne und Gehälter 1997/98: *1.993,0 Mio.*
Löhne und Gehälter 1996/97: *1.831,4 Mio.*
Durchschnittsgehalt 1997/98: *62.661,– DM*
Soziale Abgaben und Aufwendungen 1997/98: *627,4 Mio.*
Soziale Abgaben und Aufwendungen 1996/97: *471,8 Mio.*

Bezüge pro Vorstandsmitglied 1997/98: *824.714,– DM*
Tantiemen pro Unternehmensrat 1997/98: *22.080,– DM*

Investitionen 1997/98: *542,0 Mio.*
Investitionen 1996/97: *357,0 Mio.*
Investitionen 1995/96: *358,0 Mio.*

Forschung und Entwicklung 1997/98: *371,0 Mio.*
Forschung und Entwicklung 1996/97: *294,0 Mio.*
Forschung und Entwicklung 1995/96: *272,0 Mio.*

Mitbewerber: *Flachglas, Gerresheimer Glas, Oberland Glas, Olympus Optical*

bei dem Stiftungsunternehmen Carl Zeiss, Oberkochen, in Deutschland beschäftigten Mitarbeiter entsprechen soll. Das Konzept sichert somit etwa 1.600 Arbeitsplätze in der Region, davon 1.500 in der Carl Zeiss Jena GmbH (ursprünglich sollten einmal 10.000 Arbeitsplätze erhalten bleiben). Jena soll künftig ein Viertel des Weltumsatzes der Zeiss-Gruppe verantworten. Der Technologiekonzern Jenoptik AG, Jena, ging im Juni 1998 an die Börse und wurde zum größten Börsenauftritt eines ehemaligen DDR-Unternehmens.

INNERBETRIEBLICHE BÜNDNISSE. Bei Schott gibt es in nahezu allen Produktionsbereichen flexible Arbeitszeiten, Teilzeitarbeit einschließlich Altersteilzeit und verstärkte Gruppenarbeit. In einem 1998 zwischen Schott Glas und der IG Bergbau, Chemie und Energie abgeschlossenen Tarifvertrag wurden Mitarbeiter erstmals am Unternehmenserfolg beteiligt, wobei sich der Bonus am Gewinn des jeweiligen Vorjahres orientiert. 410 Jugendliche waren 1998 in der Schott-Gruppe in der Ausbildung, davon 209 bei Schott Glas in Mainz. Schott übernimmt nahezu alle Ausgebildeten in allerdings überwiegend befristete Arbeitsverhältnisse. In der Carl Zeiss-Gruppe gibt es zusehends Gruppenarbeitsmodelle und flexible Arbeitszeiten. 1998 waren bei Carl Zeiss 277 Jugendliche in der Ausbildung.

UMWELTSCHUTZ. Carl Zeiss veröffentlichte 1998 erstmals einen Umweltbericht, in dem die Ziele des neuen Umweltmanagements fixiert werden. Der Umweltschutz wird bei allem betrieblichen Handeln zu einem wichtigen Produktionsfaktor erhoben. Die Vermeidung von Umweltbelastungen soll hohe Priorität haben, ressourcenschonende und energiesparende Lösungen sollen angestrebt werden. Schott Glas hat »Leitsätze zu Sicherheit und Umweltschutz« formuliert, die hauptsächlich umgesetzt werden bei der Luftreinhaltung, z.B. bei der Entstaubung und Entstickung der Schmelzwannen besonders im Mainzer Hauptwerk. In einer europaweiten Initiative wird die umfassende Wiederverwertung von Bildröhrenglas angestrebt. Auch Schott Glas veröffentlicht einen Umweltbericht.

FORSCHUNG, ENTWICKLUNG, INNOVATIONEN.
Der zentrale Forschungs- und Technologiebereich von Carl Zeiss ist im neuen Innovationszentrum Jena angesiedelt. Entsprechend wurde der neue Forschungsstandort ausgebaut. Denn wohl kein anderes deutsches Unternehmen steht so für Innovation »Made in Germany« wie Zeiss – und das gilt für Oberkochen und Jena gleichermaßen. In Jena sind die Technologien für Projektionsoptik, optische Präzisions- und Mikrosysteme, Spektralanalyse und Laser die wichtigsten Schwerpunkte. Die Forschung in Oberkochen beschäftigt sich mit den Gebieten Optik und Bildsignalverarbeitung. In der Forschung und Entwicklung bei Carl Zeiss sind etwa 700 Naturwissenschaftler und Ingenieure beschäftigt. In der Schott-Gruppe arbeiten weltweit 600 Mitarbeiter im Bereich Forschung und Entwicklung, davon mehr als 230 im »Otto-Schott-Forschungszentrum« in Mainz, der modernsten Glasforschungsstätte Europas. Innovationsschwerpunkte sind Dünngläser für Displayanwendungen, Komponenten für die Chipherstellung, Laserglas und Beschichtungstechnologien. Alljährlich werden abwechselnd der Carl-Zeiss- und der Otto-Schott-Forschungspreis international ausgeschrieben.

ZF FRIEDRICHSHAFEN

GESCHICHTE UND ENTWICKLUNG. 1915 Gründung der Zahnradfabrik Friedrichshafen GmbH durch die Luftschiffbau-Zeppelin Ges.m.b.H. und die Max Maag Zahnräderfabrik Zürich. Herstellung von Antriebselementen für Luftschiffe und Flugzeuge. In der »Zackenbude« wurden die ersten Zahnräder für die Luftschiffe des Grafen Zeppelin gefertigt. 1916 bereits zehn Patente; 1917 Tod Graf Zeppelins, 80 Beschäftigte. Nach dem Ersten Weltkrieg wurde der ZF die Produktion von Getrieben für Luftschiffe und Flugzeuge verboten. Umstellung der Produktion auf die Fertigung von Getrieben für Automobile. Während der Weltwirtschaftskrise 1921 Umwandlung in eine Aktiengesellschaft. 1926 Zweigwerk Berlin. Entwicklung und Produktion der Einheitsgetriebe in Großserienfertigung; Sodengetriebe und Aphongetriebe (das Getriebe ohne Ton). 1934 Produktion des Allsynchrongetriebes. 1937 Zweigwerk Schwäbisch Gmünd. Mit Beginn des Zweiten Weltkrieges ausschließlich Rüstungsproduktion aller ZF-Werke. 1943 Errichtung des Werkes Passau zur Produktion von Panzergetrieben (ab 1946 ZF-Passau GmbH).
Obwohl nach dem Krieg die Zerschlagung des Industriepotentials in Friedrichshafen durch die Alliierten beschlossene Sache war, erhielt ZF von der französischen Militärregierung die Genehmigung, mit 650 Mitarbeitern die Produktion wieder aufzunehmen. Demontage des Werkes Berlin. 1947 Aufhebung der Zeppelin-Stiftung als juristische Person des privaten Rechts; das Stiftungsvermögen fiel an die Stadt Friedrichshafen; Gewinne waren gemeinnützigen und sozialen Zwecken zuzuführen. 1948 endgültige Streichung von der Demontage-Liste. ZF erlebte einen rasanten Aufstieg, vor allem im Sog des Auto- und Nutzfahrzeugbooms. 1959 Gründung von ZF do Brasil, Beginn der Auslandsaktivitäten. 1970 erstmals über 1 Mrd. DM Umsatz. 1972 Gründung der ZF-Getriebe GmbH, Saarbrücken. Beginn der Pkw-Automatikgetriebe-Produktion. 1979 Gründung der ZF of North America. 1984 Mehrheitsbeteiligung an der Lemförder-Gruppe. 1985 Umsatz über 4 Mrd. DM. 1990 Eröffnung des Forschungs- und Entwicklungszentrums in Friedrichshafen. Anfang 1992 Umfirmierung in ZF Friedrichshafen AG.

BESITZVERHÄLTNISSE/EIGENTUMSSTRUKTUR.
- Zeppelin-Stiftung, Friedrichshafen (100% – gehört der Stadt Friedrichshafen)

Die ZF AG ist nicht börsennotiert. Traditionsgemäß ist der Oberbürgermeister der Bodenseestadt Vorsitzender des Aufsichtsrates. Zur Zeppelin-Stiftung, Friedrichshafen, gehört auch die Zeppelin GmbH, Friedrichshafen, zu der die Zeppelin Baumaschinen GmbH, Garching bei München, gehört (Caterpillar-Baumaschinen unter dem Namen Zeppelin).

KONZERNÜBERBLICK. Die ZF Friedrichshafen ist das bedeutendste und größte Unternehmen für Antriebs-, Lenkungs- und Fahrwerktechnik in Europa. In den Fabriken Friedrichshafen, Saarbrücken, Passau, Schwäbisch Gmünd, in der 1991 erworbenen ZF Brandenburg

Standort:
Allmannsweilerstraße 25
88046 Friedrichshafen

Postanschrift:
88038 Friedrichshafen

Telefon: *(07541) 77-0*
Telefax: *(07541) 77-8000*
Internet: *www.zf-group.de*

Branche: *Automobilindustrie, Maschinen- und Anlagenbau, Metallwarenindustrie, Luftfahrt, Schiffbauindustrie*

Rechtsform:
Aktiengesellschaft

Geschäftsjahr: *1.1.-31.12.*

Gründungsjahr: *1915 als GmbH; 1921 als AG; 1992 Umfirmierung in ZF Friedrichshafen AG*

Öffentlichkeitsarbeit:
Matthias Lenz
Tel.: (07541) 77-2705
Fax: (07541) 77-2764
E-Mail: Matthias.Lenz@zf-group.de

PR/Presse Wirtschaft:
Klaus A. Gräber
Tel.: (07541) 77-2543
Fax: (07541) 77-2764
E-Mail: postoffice@zf-grub.de

Verbände: *Verband Deutscher Maschinen- und Anlagenbau e.V., Verband der Automobil-Industrie e.V., Zentralverband der elektrotechnischen Industrie e.V. (alle Frankfurt/Main)*

Vorstand:
- *Bleyer, Klaus (Vorsitzender)*
- *Ballmeier, Paul*
- *Berner, Uwe*
- *Goll, Siegfried*
- *Vogel, Wolfgang*

Vorstandsbezüge 1998:
5.586.000,– DM

Unternehmensleitung:
- *Bleyer, Klaus (Vorsitzender; Markt, Unternehmensentwicklung; Öffentlichkeitsarbeit)*
- *Goll, Siegfried (stellv. Vorsitzender; Forschung und Entwicklung)*
- *Ballmeier, Paul (Finanzen; Informatik, Kooperationen)*
- *Berner, Uwe (Personal; Dienstleistungsgesellschaften)*
- *Vogel, Wolfgang (Nkw-/Sonder-Antriebstechnik; Materialwirtschaft)*
- *Härter, Hans-Georg (Arbeitsmaschinen – Antriebe und Achssysteme; Marine, Fertigungstechnologie)*
- *Kilgenstein, Peter (Lenkungstechnik)*
- *Monschau, Hans-Lutz (Lenkungstechnik)*
- *Habersack, Bernd (Fahrwerktechnik)*

GmbH sowie bei der Tochtergesellschaft Lemförder Metallwaren werden Getriebe, Differentiale, Lenkungen und Achssysteme für Pkw, Sportwagen, Lkw, Omnibusse, Sonder- und Industriefahrzeuge, Baumaschinen, Werkzeugmaschinen, Gelände- und Schienenfahrzeuge, Schiffe (vom Sportboot bis zum Passagierschiff), Hubschrauber und Flugzeuge produziert. Die Konzernzentrale sowie das Forschungs- und Entwicklungszentrum sitzen in Friedrichshafen. Größte regionale Märkte der ZF sind die USA, Frankreich, Brasilien, Großbritannien, gefolgt von Schweden, den Niederlanden, Spanien, Belgien und Österreich. ZF exportiert in 86 Länder der Welt. ZF unterhält ein weltweites Vertriebs- und Servicenetz mit 19 eigenen Gesellschaften und fünf Verbindungsbüros sowie rund 500 Niederlassungen bzw. Kundenstützpunkte. Produziert wird in 41 Werken in elf Ländern. In Deutschland befinden sich neun Produktionsstandorte. Der Konzern gliedert sich in fünf Bereiche (ergänzt um die Geschäftsfelder Marine und Luftfahrt) sowie die Regionalgesellschaften in Nord- und Südamerika.

◆ Nkw-/Sonder-Antriebstechnik mit den Geschäftsfeldern Antriebstechnik für Lastkraftwagen, Omnibusse, Schienenfahrzeuge, militärische Sonderfahrzeuge und den Maschinenbau: Handschaltgetriebe, halbautomatische Getriebe sowie Lastschalt- und Automatgetriebe für Nutzfahrzeuge und andere Fahrzeuge, Synchronisierungen für Fahrzeuggetriebe, Boots- und Schiffsgetriebe, Getriebe für Industrieroboter, Getriebe und Aggregate für Flugzeuge und die Bahntechnik, Systeme für den Maschinenbau und für Sonderfahrzeuge. ZF ist weltweit der zweitgrößte freie Anbieter von Getriebesystemen für Nutzfahrzeuge. Produziert wird in Friedrichshafen sowie in Spanien, Ungarn, Japan und Indien. Umsatz 1998: 2.397 Mio. DM (Vorjahr: 2.054 Mio.); Beschäftigte 1998: 7.687 (Vorjahr: 7.415).

◆ Pkw-Antriebstechnik: mechanische und automatische Getriebe für Pkw (4-Gang-, 5-Gang-, 6-Gang-Getriebe), stufenloses Automatgetriebe ZF-Ecotronic, Allradantriebe. Produziert wird im Inland in Saarbrücken und Brandenburg. Umsatz 1998: 1.901 Mio. DM (Vorjahr: 1.655 Mio.); Beschäftigte 1998: 5.190 (Vorjahr: 5.064).

◆ Arbeitsmaschinen-Antriebe und Achssysteme: Der Geschäftsbereich mit Sitz in Passau umfaßt die Herstellung von Getrieben und Achsen für Land- und Baumaschinen, Straßenfahrzeuge und Prüfmaschinen. Daneben werden in Gotha komplette Antriebsstränge für Gabelstapler und Flurförderfahrzeuge produziert. Produziert wird auch in Padua/Italien. Der Geschäftsbereich ist in sechs Produktbereiche gegliedert, die weitgehend in eigener Regie und Verantwortlichkeit die unternehmerischen Funktionen wahrnehmen. Umsatz 1998: 1.694 Mio. DM (Vorjahr: 1.353 Mio.); Beschäftigte 1998: 5.029 (Vorjahr: 4.655).

◆ Lenkungstechnik: Dieser am stärksten international ausgerichtete Bereich des Konzerns und zugleich weltweit zweitgrößter Anbieter von Lenkungen und Pumpen mit Sitz in Schwäbisch Gmünd wurde Anfang 1999 in ein Gemeinschaftsunternehmen mit der Robert Bosch GmbH, Stuttgart, eingebracht und firmiert jetzt unter ZF Lenksysteme GmbH, Schwäbisch Gmünd. ZF bringt in die neue Gesellschaft, an der beide Unternehmen jeweils 50% halten, neben der Lenkungstechnik auch das Geschäftsfeld Lenksäulen aus dem Bereich Fahrwerkstechnik ein. Die Produktpalette umfaßt mechanische und hydraulische Lenkungen (Servolenkungen) für Pkw, Nutzfahrzeuge, Ackerschlepper, Baumaschinen, Mähdrescher, Gabelstapler und Spezialfahrzeuge; elektrische Hinterradlenksysteme für Lkw; Zahnstangen-Hydrolenkungen, Kugelmutter-Hydrolenkungen; Lenkhilfepumpen, Ölpumpen, Ventile und sonstige Hydraulik-Komponenten für die gesamte Fahrzeugindustrie; Gelenke und Gelenkwellen; Lenksäulen; Schalt- und Verteilergetriebe, Differentiale für Pkw und leichte Nutzfahrzeuge; elektronische Steuerungen, Sensorik und elektrische Antriebe. Produziert wird an insgesamt 13 Produktionstandorten in Schwäbisch Gmünd, Bietigheim und Berlin sowie in weiteren Werken in Frankreich, Großbritannien, Spanien, China, Malaysia, Thailand, Brasilien und den USA. Produziert wird mit hohem Automatisierungsgrad für große Serien und mit äußerster Präzision im Tausendstel-Millimeter-Bereich. Abnehmer sind Kunden in rund 60 Ländern. Umsatz 1998: 1.991 Mio. DM (Vorjahr: 1.849 Mio.); Beschäftigte 1998: 7.294 (Vorjahr: 7.864).

◆ Fahrwerktechnik: Spur- und Lenkstangen, Radgelenke, Achsstreben, Lenksäulen, Bediengestänge, Gummi/Metall- und Kunststoffprodukte. Dieser Geschäftsbereich wird durch die Lemförder Unternehmensgruppe repräsentiert. Produziert wird in Lemförde und Diepholz sowie den Lemförder Auslandsgesellschaften in Frankreich, Spanien, Großbritannien, der Türkei, den USA, Argentinien und China. Nahezu alle namhaften Fahrzeughersteller der Welt gehören zu den Kunden. Umsatz 1998: 2.404 Mio. DM (Vorjahr: 2.053 Mio.); Beschäftigte 1998: 7.215 (Vorjahr: 6.655).

◆ Geschäftsfeld Luftfahrt: Im Geschäftsfeld Luftfahrt der ZF Luftfahrttechnik GmbH sind die Luftfahrtaktivitäten (u.a. Luftfahrtgetriebe) der ZF Friedrichshafen AG und der Henschel Flugzeug-Werke GmbH gebündelt. Mit Hispano-Suiza wurde die Kooperation APT (Aerospace Power Transmission) zur Entwicklung und Produktion von Aggregatsgetrieben gegründet. Umsatz 1998: 96 Mio. DM (Vorjahr: 92 Mio.); Beschäftigte 1998: 472 (Vorjahr: 456).

◆ Geschäftsfeld Marine: Das Geschäftsfeld umfaßt die Produktionsstandorte Friedrichshafen, Vernon Hills/USA, São Paulo/Brasilien, Padua und Arco/Italien. Die Anfang 1995 erworbene Gesellschaft Hurth Marine Gear S.p.A., Arco/Italien, baut kleinere Schiffsgetriebe für Sportboote und Yachten. ZF liefert eine komplette Baureihe von Schiffsgetrieben für Sportboote bis zu Hochgeschwindigkeits-Personenfähren und ist einer der größten Schiffsgetriebehersteller der Welt. Umsatz 1998: 273 Mio. DM (Vorjahr: 252 Mio.); Beschäftigte 1998: 643 (Vorjahr: 644).

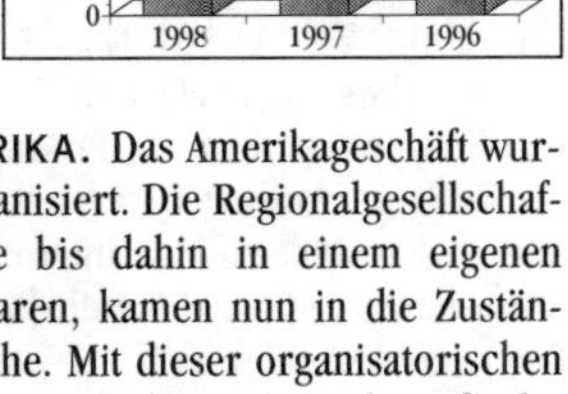

ZF FRIEDRICHSHAFEN IN AMERIKA. Das Amerikageschäft wurde Anfang 1997 grundlegend neu organisiert. Die Regionalgesellschaften in Nord- und Südamerika, die bis dahin in einem eigenen Geschäftsbereich zusammengefaßt waren, kamen nun in die Zuständigkeit der einzelnen Geschäftsbereiche. Mit dieser organisatorischen Neuausrichtung sollte auf die geänderten Markt- und Kundenanforderungen reagiert werden. Damit sind die einzelnen Geschäftsbereiche jetzt weltweit verantwortlich. In Gainesville, Georgia, produziert ZF Industries, Inc. im wesentlichen Getriebe und Parkbremsen für Pick-up-

Aufsichtsrat:
- *Wiedmann, Bernd, Dr. (Vorsitzender; Oberbürgermeister der Stadt Friedrichshafen), Friedrichshafen*
- *Breitschwerdt, Werner, Prof. Dr., Stuttgart*
- *Christ, Hubertus, Prof. Dr., Langenargen*
- *Döpper, Walter, Prof. Dr., Schweinfurt*
- *Dosch, Hilmar, Dr., Walldorf*
- *Gminder, Rolf, Dr., Neckarsulm*
- *Lochte, Wilfried, Dr. E.h., Berg*
- *Martini, Eberhard, Dr., München*
- *Mugler, Max, Friedrichshafen*
- *Prellwitz, Wolf Hartmut, Dr., Karlsruhe*

Kirchgässner, Johann (stellv. Vorsitzender)
Budde, Dieter
Christensen, Uwe
Dirndorfer, Josef
Hergert, Tankred
Kloos, Franz
Reichenauer, Franz
Rettich, Hermann
Schmidt, Hans
Schuler, Wolfgang

Aufsichtsratstantiemen 1998: *645.000,– DM*

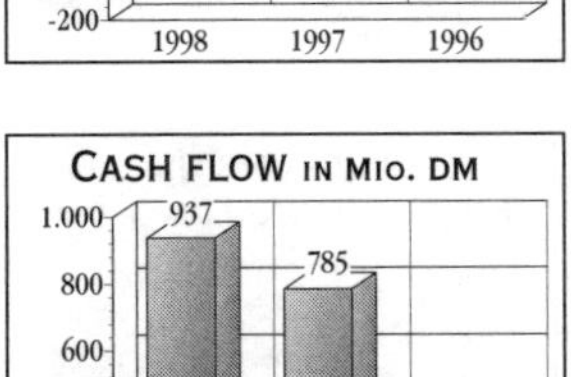

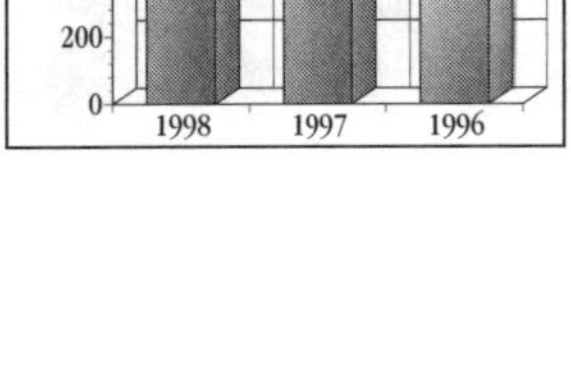

Umsatz 1998: *9.880,8 Mio.*
(Ausland: 5.413,0 Mio.)
Umsatz 1997: *8.750,8 Mio.*
(Ausland: 5.019,0 Mio.)
Umsatz 1996: *7.577,2 Mio.*
(Ausland: 4.157,0 Mio.)

Gewinn/Verlust 1998:
202,8 Mio.
Gewinn/Verlust 1997:
260,1 Mio.
Gewinn/Verlust 1996:
-134,5 Mio.

Cash flow 1998: *937,0 Mio.*
Cash flow 1997: *785,0 Mio.*
Cash flow 1996: *390,0 Mio.*

Cash flow: *Der größte Betrag der aus dem Cash flow finanzierten Investitionen wurde für Maschinen ausgegeben.*

Steueraufkommen 1998:
283,1 Mio.

Grund- bzw. Stammkapital 1998: *278,0 Mio.*

INVESTITIONEN IN MIO. DM

FORSCHUNG UND ENTWICKLUNG IN MIO. DM

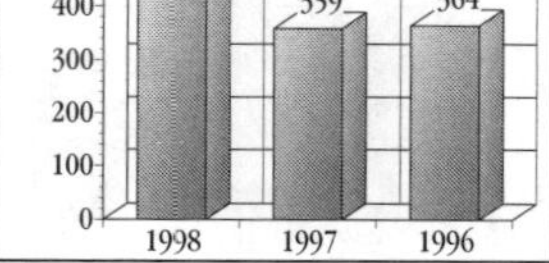

Trucks und Sportwagen. Am Standort Vernon Hills, Illinois, befindet sich die Produktion von Schiffsgetrieben. Am Standort Tuscaloosa, Alabama, werden komplette Achssysteme hauptsächlich für Transplants deutscher Automobilhersteller gefertigt (u.a. Mercedes-Benz, VW). In Spartanburg/South Carolina, befindet sich ein Werk zur Montage von Vorderachsen (BMW). In Plymouth, Michigan, Nähe Detroit, befinden sich das ZF-Entwicklungszentrum, der Vertrieb und die Verwaltung. Die ZF-Gesellschaften in den USA unterhalten allein in Nordamerika neun Produktionsstätten. Die ZF-Aktivitäten in Südamerika werden von der ZF do Brasil S.A. in Sorocaba sowie in Argentinien von der ZF-Argentina S.A., Buenos Aires, wahrgenommen. ZF Argentina liefert sämtliche Getriebe für Lastwagen und Omnibusse exklusiv an die Mercedes-Benz do Brasil S.A. ZF Argentina rüstet den Transporter »Sprinter«, der in Südamerika produziert wird, für die gesamte Region aus.

BETEILIGUNGEN. Der ZF-Konzern verfügt über zahlreiche Tochter- und Beteiligungsgesellschaften im In- und Ausland. Zu den wichtigsten produzierenden Gesellschaften zählen: Zahnradfabrik Passau GmbH, Passau (100%); ZF Getriebe GmbH, Saarbrücken (100%); ZF Hurth Bahntechnik GmbH, Friedrichshafen (100%); ZF Gotha GmbH, Gotha (100%); ZF Marine GmbH, Friedrichshafen (100%); ZF Luftfahrttechnik GmbH, Kassel (100%); ZF Maschinenantriebe GmbH, Friedrichshafen (100%); Lemförder Metallwaren AG, Lemförde (76%); Zeppelin Luftschifftechnik GmbH, Friedrichshafen (33%); ZF Lenksysteme GmbH, Schwäbisch Gmünd (50%); SFD Société de Fabrication de Directions S.A., Marignier/Frankreich (100%); ZF Argentina S.A., Buenos Aires/Argentinien (100%); ZF do Brasil S.A., Sorocaba/Brasilien (100%); ZF Hurth Marine S.p.A., Arco/Italien (100%); ZF Hungaria Kft., Eder/Ungarn (100%); ZF Industries Inc., Florence/Kentucky, USA (100%); ZF Meritor LLC, Troy/Michigan, USA (50%); ZF Padova S.p.A., Padua/Italien (100%); ZF Steering (Malaysia) SDN BHD, Penang/Malaysia (51%); Komatsu ZF Automotive Co. Ltd. i.G., Kawasaki/Japan (60%); Liuzhou ZF Machinery Co. Ltd., Liuzhou/China (51%); ZF Shanghai Steering Co. Ltd. i.G., Shanghai/China (51%); ZUA Autoparts Inc., Oakwood, Georgia/USA (51%); European Kinetic Systems (E.K.S.) B.V., Amsterdam/Niederlande (19%); Bharat Gears Ltd. Mumbai/Indien (26%); ZF Steering Gear (India) Ltd., Poona/Indien (26%); Componentes Mecanicos S.A., Barcelona/Spanien (38%); Unisia Jecs (Thailand) Co. Ltd., Chachoengsao/Thailand (12%).

GLOBALE STRATEGIEN UND DER STANDORT DEUTSCHLAND. ZF bezeichnet sich selbst als »Global Player«. Das Unternehmen verfügt konzernweit über 53 Produktionsstandorte, von denen 33 in Europa, elf in Nordamerika, sieben in Asien und zwei in Südamerika angesiedelt sind. Und die Internationalisierung des Konzerns schreitet unvermindert voran. Überall dort, wo große Automobilkonzerne beheimatet sind oder sich entsprechende Produktionsstandorte befinden, baut ZF eigene Fertigungen oder tritt in Joint-ventures ein. Ziel ist es, in allen wichtigen Märkten möglichst mit lokaler Produktion präsent zu sein. Das gilt in erster Linie für die USA. Neuester Standort ist Tuscaloosa/Alabama, wo 1997 ein Daimler-Benz-Werk eröffnet wurde und von ZF seitdem die notwendigen Vorder- und Hinterachsen produziert werden. In der Fahrwerktechnik wurden für den Bereich Vorderachsmodule eine Fabrik in der Nähe des BMW-Werkes in Spartanburg/South Carolina, USA, sowie für die Geschäftsfelder Lenksäulen und Gummi-Metall-/Kunststoff-Verbindungen eine Fabrik in Kentucky/USA errichtet. Die Fertigung leichter Nutzfahrzeuggetriebe wurde fast vollständig von Friedrichshafen nach Gainesville/USA verlegt. 1998 wurde mit der Ford Motor Company ein Joint-venture gegründet (ZF hält 51%), das in Batavia/Ohio, USA, künftig jährlich 1 Mio. stufenloser Automat-Getriebe für frontgetriebene Pkw produzieren wird. 1999 gründeten die ZF Friedrichshafen und die amerikanische Meritor Automotive, Inc., Troy/Michigan, das Joint-venture ZF Meritor LLC zur Herstellung mittlerer und schwerer Nkw-Getriebe für Erstausrüster und den Ersatzmarkt vor allem in den USA, Kanada und Mexiko. Ähnliches gilt für die Märkte Asiens. Mit Daewoo Precision Industries, einer 100%igen Tochter des südkoreanischen Daewoo-Konzerns, wurde ein Lizenzvertrag geschlossen, wonach zunächst Pkw-Automatgetriebe aus Deutschland an Daewoo-Motors geliefert werden, bevor später in einem neuen, bei Seoul gelegenen Werk Automatgetriebe neuester Bauart produziert werden sollen. Im Geschäftsbereich Lenkungstechnik wurde schon Mitte der 90er Jahre im Joint-venture mit der Shanghai Automotive Industrie Corporation die ZF Shanghai Steering Co. Ltd., Shanghai/China, gegründet, die seit 1997 mechanische und hydraulische Lenkungen für VW und andere Automobilhersteller fertigt. Insgesamt ist die ZF in der VR China mehrheitlich an vier Gemeinschaftsunternehmen beteiligt und will dort im Jahr 2000 mit rund 10.000 Beschäftigten etwa 1 Mrd. DM Umsatz machen. Die internationale Präsenz wurde durch Joint-ventures in Japan für Automatgetriebe (Komatsu Ltd.) und Rußland für mechanische Getriebe (Kamsib) weiter verstärkt. In Ungarn wurde ein Werk zur Herstellung mechanischer Getriebe für leichte und mittelschwere Nutzfahrzeuge in Betrieb genommen.

INNERBETRIEBLICHE BÜNDNISSE. Der Vorstand sieht durch die Flexibilisierung der Arbeit ein konzernweites Umsatzplus von fünf bis sechs Prozent bei konstanter Belegschaft. Im Rahmen größerer Flexibilisierung und Eigenverantwortung wurde das Arbeitsvolumen zunehmend an den tatsächlichen Geschäftsverlauf angepaßt. Zu den Flexibilisierungsinstrumenten, die ermöglichen sollen, auf veränderte Beschäftigungslagen schnell reagieren zu können, gehören neben den tariflichen Möglichkeiten des Beschäftigungssicherungsvertrages die mit den Arbeitnehmervertretungen geschlossenen Betriebsvereinbarungen, die eine Schwankungsbreite von plus/minus 150 Arbeitsstunden je nach Geschäftslage zulassen. Propagiert werden Regelungen zur Altersteilzeit. Im Bereich Pkw-Antriebstechnik wird in vielen Bereichen in Fertigungsinseln und Gruppen gearbeitet. Gruppenarbeit gibt es auch im Bereich Arbeitsmaschinen-Antriebe und Achssysteme, verbunden mit einem Entlohnungssystem, das den Mitarbeiter am »Produktivitätsfortschritt« teilhaben läßt. Der ZF-Vorstand plant an allen Standorten individuelle, den jeweiligen Anforderungen entsprechende Abschlüsse und Vereinbarungen. 1998 gab es im ZF-Konzern rund 1.300 Auszubildende. Nahezu alle Auszubildenden wurden in überwiegend unbefristete Arbeitsverhältnisse übernommen.

Beschäftigte 1998: *34.348*
Beschäftigte 1997: *33.516*
Beschäftigte 1996: *31.200*

Umsatz pro Mitarbeiter 1998: *287.667,– DM*
Umsatz pro Mitarbeiter 1997: *261.093,– DM*
Umsatz pro Mitarbeiter 1996: *242.859,– DM*

Löhne und Gehälter 1998: *2.339,8 Mio.*
Löhne und Gehälter 1997: *2.194,3 Mio.*
Durchschnittsgehalt 1998: *68.120,– DM*
Soziale Abgaben und Aufwendungen 1998: *679,5 Mio.*
Soziale Abgaben und Aufwendungen 1997: *650,3 Mio.*

Bezüge pro Vorstandsmitglied 1998: *1.117.200,– DM*
Tantiemen pro Aufsichtsrat 1998: *32.250,– DM*

Investitionen 1998: *608,0 Mio.*
Investitionen 1997: *529,0 Mio.*
Investitionen 1996: *481,0 Mio.*

Forschung und Entwicklung 1998: *419,6 Mio.*
Forschung und Entwicklung 1997: *359,0 Mio.*
Forschung und Entwicklung 1996: *364,0 Mio.*

Mitbewerber: *Behr, Delphi, Deutz, FAG Kugelfischer, Fichtel & Sachs, Kolbenschmidt, Koyo, Liebherr, MAN, Mannesmann, Preussag, Rheinmetall, SKF, Thyssen Krupp, VDO, Voith, Wieland*

UMWELTSCHUTZ. ZF verfügt über ein Umweltschutz-Managementsystem, über Umweltschutz-Beauftragte und entsprechende Arbeitskreise. Erstmals wurde 1998 ein Umweltbericht veröffentlicht. Geschäftsbereichsübergreifende Fragen werden sowohl im Konzernarbeitskreis als auch im Lenkungsausschuß Umweltschutz behandelt; 180 Mitarbeiter werden voll bzw. teilweise für Umweltschutzfragen eingesetzt. Im Bereich der Produktion werden u.a. recyclingfähige, chlor- und schwermetallfreie Kühlschmierstoffe eingesetzt. Die weltweite Vertriebs- und Service-Organisation von ZF bezieht seit einigen Jahren das Recycling-Geschäft in ihr strategisches Konzept ein. Die Gesamtaufwendungen für Umweltschutzmaßnahmen in den deutschen Werken betrugen 1998 insgesamt 44 Mio. DM. Bis zum Jahr 2000 sollen die ZF-Gesellschaften nach den in der EU-Umweltschutzrichtlinie gültigen Standards zertifiziert sein.

FORSCHUNG, ENTWICKLUNG, INNOVATIONEN.
Weltweit waren Anfang 1999 rund 2.300 Wissenschaftler, Ingenieure und Techniker mit der Entwicklung neuer Produkte, Systeme und Verfahren sowie mit der Verbesserung von Funktionen, Zuverlässigkeit und Umweltverträglichkeit bestehender Erzeugnisse beschäftigt. Die Zentrale Forschung und Entwicklung in Friedrichshafen und die Entwicklungsabteilungen der operativen Geschäftsbereiche stehen in enger Verbindung mit den inzwischen auch in Nord- und Südamerika sowie in Asien entstandenen Entwicklungszentren. Das erarbeitete Know-how wird durch eine »aktive Patentpolitik« abgesichert. 1998 wurden insgesamt 240 neue Patentanmeldungen (Erstanmeldungen) beim Deutschen bzw. Europäischen Patentamt eingereicht.

Züblin siehe Walter Bau

PERSONENREGISTER

VORSTÄNDE, GESCHÄFTSLEITUNGEN, GENERALBEVOLLMÄCHTIGTE, AUFSICHTSRÄTE LEITUNG ÖFFENTLICHKEITSARBEIT/PRESSE

A

B

C

D

E

F

G

H

I

J

K

L

M

N

O

P

Q

R

S

T

U

V

W

Y

Z

FIRMENREGISTER

KONZERNE, TOCHTERUNTERNEHMEN, BETEILIGUNGSGESELLSCHAFTEN

A

B

C

D

E

F

G

H

I

J

K

L

M

N

O

P

Q

R

S

T

U

V